Kinder des Krieges, Gewissen der Nation

Nicole Weber

Kinder des Krieges, Gewissen der Nation

Moraldiskurse in der Literatur der Gruppe 47

BRILL | WILHELM FINK

Die Druckvorstufe dieser Publikation wurde vom Schweizerischen Nationalfonds zur Förderung der wissenschaftlichen Forschung unterstützt.

DOI: https://doi.org/10.30965/9783846765388

Zugl. Diss. Universität Bern, 2018.

Bibliografische Information der Deutschen Nationalbibliothek
Die Deutsche Nationalbibliothek verzeichnet diese Publikation in der Deutschen Nationalbibliografie; detaillierte bibliografische Daten sind im Internet über http://dnb.d-nb.de abrufbar.

Umschlagabbildung: Martin Kippenberger: Ich kann beim besten Willen kein Hakenkreuz entdecken / With the Best Will in the World, I Can't See a Swastika. Öl, Silikon auf Leinwand, 160 × 133 cm, 1984.
© Estate of Martin Kippenberger, Galerie Gisela Capitain, Cologne.

Grafiken S. 197 und 199: Definitiv Design, Bern.

Covergestaltung: Evelyn Ziegler, München
Herstellung: Brill Deutschland GmbH, Paderborn

ISBN 978-3-7705-6538-2 (hardback)
ISBN 978-3-8467-6538-8 (e-book)

Inhalt

Dank

Allen voran danke ich Matthias N. Lorenz, der unser Projekt ermöglicht und großartig betreut hat: Für die Förderung und fachliche Unterstützung, das stets offene Ohr, den engen Austausch und die warme Atmosphäre im Team. Genauso dankbar bin ich unserem Zweitbetreuer Klaus-Michael Bogdal für die konstruktive Unterstützung aus Norddeutschland und die schönen gemeinsamen Colloquien in Nottbek, Essen und Schreyahn. Meiner Projektpartnerin und Kollegin Jennifer Bigelow danke ich für fachliche Diskussionen, die produktive Zusammenarbeit, die spannenden Gespräche, die Unterstützung und die schöne gemeinsame Zeit in unserem kleinen Büro; dem Schweizerischen Nationalfonds und der Joséphine de Karman-Stiftung für unsere großzügige finanzielle Unterstützung; und dem ganzen Team Lorenz / Bogdal: Christine Riniker, Selina Wüthrich, Nina Peter, Nicole Pasuch, Nike Thurn, Béatrice Blatter, Johannes Brunnschwiler und allen anderen für die angenehme Zusammenarbeit und die fachlichen Anregungen. Für weitere wichtige Inputs danke ich Oliver Lubrich, Yahya Elsaghe und ihren Lehrstuhlmitarbeitenden. Großer Dank gilt meinen lieben Freundinnen und Freunden, die Teile der Dissertation gelesen und korrigiert haben: Sarah Bärtschi, Tamara Ulrich, Benjamin Fröhlich, Michael Schroll, Elias Zimmermann, Joanna Nowotny, Fermin Suter, Marc Keller, Johannes Görbert, Fiona Gunst, nochmals Christine und Selina, Christian Wyler, Didier Burgener und Nina Peter. Und natürlich gilt dieser Dank meiner Familie, Marianne, Ruedi und Tom Weber sowie ganz besonders David Bruggisser; für die große Unterstützung und dafür, dass ihr immer für mich da wart und an mich geglaubt habt. Euch ist das Buch gewidmet.

TEIL I

Kontexte

‚Und allmählich dämmert unter der Totenmaske der nationalen Machtansprüche das wahre Gesicht der Völker herauf. Nirgend stärker als in Deutschland, wo die Maske nicht langsam abgenommen wird, sondern klirrend zerspringt, unter den Hammerschlägen eines tragischen Geschicks.' [...] Man kann im ‚Ruf' tatsächlich das Spielchen mit der Nadel spielen, wahllos in eine Seite stechen und den aufgespießten Satz lesen: Er wird immer so ähnlich klingen. Das ‚Dritte Reich' hat die Sprache in einem weit größeren Maß zerstört, als man annahm.[1]

So Urs Widmer 1965 in einem Artikel über die Ursprünge der Gruppe 47 in der *Zeit* mit dem Titel „So kahl war der Kahlschlag nicht".[2] Diese Beobachtung verdankt Widmer seiner damals im Entstehen begriffenen Dissertation über die Nachkriegszeitschrift *Der Ruf. Unabhängige Blätter der jungen Generation*[3] und die Prosa der ‚Jungen Generation', die ein Jahr später erscheinen sollte.[4] Widmers Studie kann als früheste wissenschaftliche Erforschung von Kontinuitäten aus dem Nationalsozialismus in der Gruppe 47 gesehen werden. Er untersucht darin, welche der Begriffe, die im ‚Dritten Reich' zu neuer Popularität gelangt oder umcodiert worden waren,[5] sich im *Ruf* finden, und kommt zum Schluss, „einige gängige Vorstellungen über diesen Neuanfang, über das Jahr

---

1 Widmer [1965] 1967, S. 330 f. Zum Zitat fügt Widmer an: „Diese sprachlichen Hammerschläge stammen von Alfred Andersch. Ich denke, es ist ein Symptom, wenn brillante Stilisten wie er (und andere) sich so hilflos ausdrücken." (Ebd.).

2 Ebd.

3 Aus der Redaktion des deutschen *Ruf* ging die Gruppe 47 hervor, womit Widmer seine Wahl der Zeitschrift auch begründet: „Ich habe diese Zeitschrift gewählt, weil sie durch die personelle Verbindung zum ‚Kahlschlag' und zur ‚Gruppe 47' – also zur Literatur der jungen Generation – eine Sonderrolle für unsere Untersuchungen spielt. Hans Werner Richter [...] weist auf diese enge Verbindung zwischen dem literarischen Leben von heute und der politischen Publizistik der ersten Nachkriegsjahre eigens hin: ‚Der ‚Ruf' wurde von der amerikanischen Militärregierung verboten. Es entstand die Gruppe 47. Sie wurde von vornherein von derselben Mentalität geprägt." (Widmer 1966, S. 29; vgl. dazu weiter unten in Teil I der vorliegenden Studie.)

4 Die Dissertation trägt den Titel *1945 oder die „neue Sprache". Studien zur Prosa der „Jungen Generation"* (1966). Bereits Widmer setzt den Begriff „junge Generation" in Anführungszeichen; so wird es wegen des deutlichen Konstruktionscharakters dieser Zuschreibung auch in der vorliegenden Studie gehandhabt; vgl. zur ‚jungen Generation' weiter unten in Teil I dieser Studie.

5 Dabei stützt er sich auf Wörterbücher aus dem Nationalsozialismus (vgl. ebd., S. 27) und auf linguistische Analysen des Nationalsozialismus, darunter die inzwischen oft aufgelegten Studien Victor Klemperers (*LTI. Notizbuch eines Philologen*, 1947) sowie Dolf Sternbergers,

Null", seien zu korrigieren:[6] „Auch 1945 steht niemand im luftleeren Raum."[7] Widmer beschränkt sich dabei, wie schon im einleitenden Zitat deutlich wird, explizit auf die *Sprache* der ‚jungen Generation': „die Mitarbeiter des ‚Ruf' sind politisch über jeden Zweifel erhaben", betont er; es handle sich um „erklärte[] Anti-Faschist[en]", die sich „des Vokabulars ihrer Gegner" bedienten.[8]

In der vorliegenden Studie soll die Frage nach Kontinuitäten aus dem Nationalsozialismus rund 70 Jahre nach der Gründung der Gruppe 47 noch einmal neu aufgerollt werden.[9] Sie wurde seit Widmers Arbeit erneut gestellt und unterschiedlich beantwortet,[10] in den letzten Jahrzehnten hat sie noch einmal an Relevanz gewonnen, da es zahlreiche „Enthüllungen" und „Skandale" um verdeckt gebliebene NS-Verstrickungen oder Antisemitismus gerade unter den wichtigsten Mitgliedern der Gruppe 47 gab. Diskutiert wurden (z. T. bestrittene) NSDAP-Mitgliedschaften von Gruppenmitgliedern aus dem ‚innersten Kreis' wie Günter Eich, Martin Walser und Siegfried Lenz,[11] Antisemitismus-Vorwürfe unter anderem gegen Hans Werner Richter[12] und

---

Gerhard Storz' und W. E. Süskinds (*Aus dem Wörterbuch des Unmenschen*; Erstdruck 1957, Widmer bezieht sich auf die Ausgabe von 1962); vgl. Widmer 1966, S. 27 f.

6   Ebd., S. 196.

7   Ebd., S. 197.

8   Ebd., S. 32. Hier geht es um Anderschs Satz im *Ruf*-Artikel „Das junge Europa formt sein Gesicht" (1946), wo Andersch schreibt, die Jugend Europas werde „den Kampf gegen alle Feinde der Freiheit fanatisch führen." (Andersch 1946, S. 1.) Widmer merkt dazu an: „Das ist ‚braune' Sprache: erst Hitler und Goebbels haben den Kampf für Deutschland fanatisch geführt, das Schlagwort (und andere) unermüdlich wiederholt. Alfred Andersch schwimmt, ohne es zu wissen, in ihrem Fahrwasser. Ein erklärter Anti-Faschist – die Mitarbeiter des ‚Ruf' sind politisch über jeden Zweifel erhaben – bedient sich des Vokabulars ihrer [sic] Gegner." (Widmer 1966, S. 32.)

9   Die vorliegende Studie ist im Rahmen eines Forschungsprojekts entstanden, das ausgehend von diesen Debatten die biografie- und generationengeschichtlichen Brüche und Kontinuitäten in literarischen Texten von Autoren/-innen der Gruppe 47 noch einmal neu beleuchtet hat. Das Projekt fragte aus zwei unterschiedlichen Perspektiven nach den literarischen Implikationen zum einen biografie- und generationengeschichtlicher Brüche und zum anderen mentalitärer und ideologischer Kontinuitäten. Es wurde vom Schweizerischen Nationalfonds zur Förderung der wissenschaftlichen Forschung finanziert und von Matthias N. Lorenz und Klaus-Michael Bogdal betreut. Parallel zu der vorliegenden Arbeit ist Jennifer Bigelows Studie mit dem Arbeitstitel „*... die Gewissheit einer unaustilgbaren Lebensschuld"? Erinnerungsdiskurse und Identitätskonstruktionen in der Literatur der Gruppe 47* [2020] entstanden, die den Fokus auf biografische Brüche und Identitätskonstruktionen in der Gruppe 47 richtet. Die Verweise auf ihre Studien erfolgen wegen der parallelen Entstehung ohne Seitenzahlen.

10   Vgl. den Forschungsüberblick weiter unten im vorliegenden Teil I der Studie.

11   Vgl. Weber 2015.

12   Vgl. insbesondere Briegleb 2003.

Walser,[13] Lenz' Teilhabe an der Apologie Emil Noldes,[14] Alfred Anderschs Hochstilisierung von KZ-Aufenthalt und Desertion sowie seine Anbiederung an die Reichsschrifttumskammer[15] und Günter Grass' Waffen-SS-Mitgliedschaft.[16]

Zwei neue Schwerpunkte sollen die bisherige Forschung zu NS-Kontinuitäten in der Gruppe 47 in der vorliegenden Studie ergänzen: Erstens richtet sich das Interesse verstärkt auf die *literarischen Texte* der Autorinnen und Autoren der Gruppe 47 und die darin erkennbaren Implikationen der Erfahrungen von Ideologie, Diktatur und Krieg. Zweitens wird insbesondere auf diskursive Verknüpfungen von Identitäts- und Alteritätskonstruktionen und Moraldiskurse in den Texten fokussiert; dies einerseits, um der dezidiert moralischen Rolle der Gruppe 47 gerecht zu werden, andererseits, um an aktuelle Forschung zur nationalsozialistischen Ideologie anzuschließen, in der partikulare NS-Moraldiskurse verstärkt an Bedeutung gewonnen haben.[17]

Bevor diese Perspektive genauer reflektiert wird, sollen der Problemzusammenhang und die Ursprünge der Gruppe 47 aber genauer ausgeführt werden. Als die Gruppe 47 im Jahr 1947 gegründet wurde, sah ihre öffentliche Wahrnehmung nämlich noch ganz anders aus als 20 Jahre später. Zunächst ist deshalb zu fragen, welche Position die Gruppe 47 im literarischen Feld der unmittelbaren Nachkriegszeit einnahm, wie sich ihre Bedeutung als moralische Instanz überhaupt entwickelte und von welchen Seiten sie inzwischen aus welchen Gründen kritisiert worden ist (1). Davon ausgehend werden Thesen und konkrete Fragen an die literarischen Texte der Gruppenmitglieder entwickelt und die Methoden diskutiert (2) und danach gefragt, inwiefern die schon gut beforschten außerliterarischen Debatten im Umkreis der Gruppe 47 auch für die vorliegende Arbeit relevant sind (3).

Die Ergebnisse dieser kontextuellen Annäherung fundieren und strukturieren die weitere Studie.[18] In Teil II werden Identitäts- und Alteritätskonstruktionen und Moralvorstellungen in den Subtexten der Literatur der Gruppe 47 untersucht: Werden in den literarischen Texten verschiedenen Gruppen unterschiedliche moralische Rechte zugestanden? Welcher moralische Wert ist dem ‚Eigenen', welcher dem ‚Anderen' zugeschrieben? Werden dichotome

---

13   Lorenz 2005.
14   Hieber 2014; vgl. auch Kap. 4.2.2 in Teil II der vorliegenden Studie.
15   Vgl. Döring/Joch 2011; vgl. auch Kap. 4.1.2 in Teil II der vorliegenden Studie.
16   Vgl. Bigelow 2015; auf diese einzelnen Debatten wird im Verlauf von Teil I der vorliegenden Studie genauer eingegangen.
17   Vgl. den Theorieteil weiter unten im vorliegenden Teil I dieser Studie.
18   Auch deren Ablauf wird an dieser Stelle nur grob umrissen, da die einzelnen Argumentationsschritte in den jeweiligen Zwischenbilanzen detaillierter und in den Fazits der drei Hauptteile dieser Studie noch einmal zusammengefasst sind.

Weltbilder kreiert und moralische Tugenden oder Abgründe mit Zugehörigkeiten verknüpft? Sind in alledem vorherrschende Diskurse erkennbar, und
wie verhalten sich diese zu Ideologemen des Nationalsozialismus? In Teil III
folgen stärker textimmanent ausgerichtete Analysen einzelner literarischer
Texte, in denen es auf der Textoberfläche um Zusammenhänge zwischen Moral
und Zugehörigkeit geht. Hier werden sowohl affirmative als auch kritische
literarische Reflexionen partikularer Moral genauer in den Blick genommen,
um schließlich ein quantitativ wie qualitativ möglichst repräsentatives Bild
vorherrschender diskursiver Verknüpfungen von Zugehörigkeit und Moral in
der Literatur der Gruppe 47 zu erhalten.

1   Einleitung: Was ist die Gruppe 47 und wie wird sie gesehen?

> Bei jeder neuen Rechtstendenz im Land engagierte er sich sofort und aktivierte
> seine Widerstandskraft. [...] Die Kraft und die Moral, die von ihm ausgingen,
> blieben nicht ohne Wirkung innerhalb und außerhalb der Gruppe 47.[19]

Über die Grundpfeiler der Gruppe-47-Geschichte ist man sich bis heute einig:
Es handelt sich um einen Kreis von Autorinnen und Autoren um Hans Werner
Richter, die sich 1947 zum ersten Mal trafen, bis 1967 ein- bis zweimal jähr-
lich und danach noch sporadisch tagten, bis die Gruppe 1990 offiziell aufgelöst
wurde.[20] Die meisten Gründungsmitglieder hatten im Zweiten Weltkrieg in
rangniederen Positionen gedient und waren kurz vor der ersten Gruppentagung aus amerikanischer Kriegsgefangenschaft heimgekehrt. Richter war,
wie einige weitere Beteiligte, zuvor Redaktionsmitglied der Zeitschrift *Der Ruf*
gewesen, die ursprünglich im US-Kriegsgefangenenlager Fort Philip Kearney
in Rhode Island erschienen und danach in Deutschland fortgeführt worden
war.[21]

---

19   Toni Richter über Hans Werner Richter, T. Richter 1997, S. 10.

20   Der wohl meistzitierte Überblick über diese Entwicklung stammt von Hans Werner
      Richter selbst im langen Aufsatz „Wie entstand und was war die Gruppe 47?" (1979).
      Darauf beziehen sich bis heute die wichtigsten Überblicksdarstellungen. Die vorliegende
      Studie verdankt ihre Informationen über Begebenheiten auf Tagungen, zeitliche Ab-
      läufe und Teilnehmende insbesondere den einschlägigen Publikationen von Böttiger
      (2012), der Bundeszentrale für politische Bildung (2007), Gilcher-Holtey (2007; 2000),
      Arnold (2004, 2004b), Nickel (1994) und Vaillant (1978); die wichtigsten „Stereotype
      zur Gruppe 47" hat Guntermann (1999) zusammengetragen; vgl. den Literaturüberblick
      weiter unten in diesem Kapitel.

21   Nun mit dem Zusatz „Unabhängige Blätter der jungen Generation", Neunzig (1976) hat
      eine Auswahl der wichtigsten Artikel zusammengestellt.

Aus diesem Zeitschriftenprojekt ging die Gruppe 47 hervor: Nachdem im März 1947 eine besatzungskritische Ausgabe nicht erscheinen durfte, lösten sich einige Redakteure von der Zeitschrift und Richter initiierte ein halbes Jahr später ein Treffen zur Planung einer neuen, eigenen Zeitschrift, die dem „alten Geist" des *Ruf* entsprechen sollte.[22] Dort las man sich unter anderem auch unfertige literarische Texte vor und diskutierte sie in der Gruppe. Stärker noch als von der Zeitschrift (von der nur die Nullnummer zustande kam)[23] ließen sich die Teilnehmenden von dem Konzept der Tagung begeistern: Sie alle waren mit den politischen und kulturellen Umständen im von den Besatzungsmächten geleiteten Nachkriegsdeutschland unzufrieden, sahen sich selbst als die ‚junge Generation', die für einen voraussetzungslosen Neuanfang einstand und sich gegen das NS-Pathos der ‚Alten' wehren wollte, als vom Nationalsozialismus betrogene Flakhelfer, die nie mit ‚den Nazis' sympathisiert und trotzdem ihre Jugend in einem sinnlosen Krieg verloren hatten.[24]

Rasch entschied man sich für regelmäßige Treffen und entwickelte auf der gemeinsamen Grundlage das Programm eines ‚radikalen' Realismus;[25] zentrale Schlagwörter der ersten Jahre waren „Stunde null", „Kahlschlagliteratur" und „Trümmerliteratur".[26] Der Ablauf der Tagungen blieb über die ganzen 20 Jahre unverändert: Richter lud ein, man traf sich an einem meist abgelegenen Ort und las sich Texte vor, um sie der unmittelbaren „Werkstattkritik" auszusetzen. In den ersten Jahren handelte es sich nur um einen kleinen Kreis von Bekannten, dem unter anderem die damals kaum bekannten Autoren Alfred Andersch, Heinrich Böll und Wolfgang Weyrauch angehörten. Im Laufe der Zeit wurden die Tagungen immer größer, in den 60er Jahren nahmen regelmäßig über 100 Personen teil, es fanden Gasttagungen in Schweden und in den USA statt.[27] Neben vielen anderen wurden Günter Grass, Martin Walser, Peter Handke, Günter Eich, Wolfgang Weyrauch, Siegfried Lenz, Ingeborg Bachmann, Hans

22   Vgl. Vaillant 1978.
23   Die Nullnummer des *Skorpion* wurde 1948 in einer Auflage von 100 Stück gedruckt, heute ist sie als Reprint erhältlich (Arnold 1991).
24   Zur Konstruktion des Bruchs mit dem Nationalsozialismus und den damit verbundenen Narrativen der Gruppe 47 vgl. Bigelow [2020].
25   Vgl. Richter 1962, S. 10.
26   Die zahlreichen publizistischen Reflexionen über politische und literarische Belange, die von frühen Mitgliedern der Gruppe 47 in den ersten Jahren verfasst wurden, haben einen wichtigen Teil zu diesem Selbst- und bald auch öffentlichen Bild beigetragen. So prägte Wolfgang Weyrauch 1949 in seiner Anthologie *Tausend Gramm* den Begriff des literarischen Kahlschlags, Heinrich Böll kanonisierte 1952 denjenigen der Trümmerliteratur (vgl. Weyrauch 1989, S. 178; Böll 1979, S. 31–34).
27   1964 triumphal in Sigtuna, 1966 konfliktreich in Princeton; vgl. dazu Böttiger 2012, S. 339–354, 378–395.

Magnus Enzensberger, Peter Weiss und Marcel Reich-Ranicki – und natürlich die schon erwähnten Gründungsmitglieder Heinrich Böll und Alfred
Andersch – im Rahmen der Gruppe populär und gehörten zu ihrem ‚inneren
Kreis‘.[28] Schon bald und noch lange über ihre Auflösung 1967 hinaus galten die
Mitglieder der Gruppe 47 als *die* führenden Intellektuellen der BRD; sie verfassten vielbeachtete politische Manifeste,[29] die Medien berichteten in Titel-
geschichten und TV-Beiträgen über die Tagungen, es gab enge Beziehungen
der Gruppe zu den wichtigsten SPD-Politikern wie den Bundeskanzlern Willy
Brandt und Helmut Schmidt.

1.1   *Verdienste und Errungenschaften: Die Gruppe 47 entwickelt sich zur*
       ‚moralischen Instanz‘

Die große Popularität und enorme Wirkungsmacht der Gruppe 47 in den Sech-
zigerjahren verdankte sich zu nicht unwesentlichen Teilen ihrem Wirken in
der frühen Nachkriegszeit. In den ersten Jahren des Bestehens der Gruppe
entstanden die Voraussetzungen für den Vorschuss an moralischer Integrität,
die ihren Mitgliedern oft bis heute zugeschrieben wird. Und angesichts der
hegemonialen Diskurse in den Jahren nach ihrer Gründung ist deutlich, dass
ihre Diskursposition in der Tat eine dringend nötige mahnende Stimme war.[30]

---

28   Daraus, wer genau dazugehörte und wer nicht, wurde zwar immer ein Geheimnis ge-
      macht: „Nicht jeder sei automatisch Mitglied der Gruppe 47, nur weil er ihre Tagungen
      besuchen dürfe. Die Gruppe 47 sei nur ein sehr kleiner Kreis, und wer einmal darin auf-
      genommen sei, das werde er, Hans Werner Richter, nie sagen." (Ebd. 2012, S. 340.) Ver-
      schiedene Mitglieder und vor allem Richter selbst haben aber in Interviews oder Essays
      Aufzählungen gemacht, wer zum ‚innersten Kreis‘ gehöre; diese Zuschreibungen sind in
      Kap. 2.3.1 im vorliegenden Teil I der Studie zusammengetragen.

29   Diese Stellungnahmen wurden zwar konsequenterweise nie von der Gruppe als
      Institution verfasst, sie wurden aber oft im inoffiziellen Teil der Tagungen initiiert, direkt
      mit der Gruppe in Verbindung gebracht und fanden einen enormen Widerhall in den
      Medien. Die „Resolutionen" aus dem Kreis der Gruppe 47 zusammengetragen hat Arnold
      (2004, S. 109). Einen Überblick über die Rezeption der Gruppe in den Medien hat Lettau
      (1967) zusammengestellt.

30   Die rasante gesellschaftliche Entwicklung in der Bundesrepublik der unmittelbaren
      Nachkriegszeit und der 50er und 60er Jahre ist historisch breit dokumentiert. Sie wird
      hier auch deswegen nicht genauer aufgerollt, weil Helmut Böttiger diese gesellschaft-
      lichen Kontexte, in deren Milieu sich die Gruppe 47 entwickelte, in seiner Monografie
      über die Gruppe 47 (2012) bereits ausführlich geleistet hat (wie auch Lorenz (2013) an-
      merkt, der die „Entfaltung eines Panoramas der fünfziger und sechziger Jahre" lobt, vgl.
      ebd., Passage 21). Die folgenden Schlaglichter sollen bloß exemplarisch an diesen Hinter-
      grund erinnern und das Gewicht verdeutlichen, das auch etwaigen problematischen
      Anstößen zur Aufarbeitung der Vergangenheit und vor allem des Holocaust in diesem
      Umfeld zuzuschreiben ist.

Deutlich wird das beispielsweise angesichts der politischen Diskussionen über Wiedergutmachungsleistungen an Opfer der NS-Verfolgung bzw. deutsche Vertriebene und Kriegsgefangene in den ersten Gründungsjahren der Bundesrepublik. Wie der Historiker Robert G. Moeller zusammengefasst hat,[31] war Adenauer bei den Aushandlungen der Wiedergutmachungszahlungen an Israel mit einer „ablehnenden, ja feindseligen öffentlichen Meinung" konfrontiert;[32] schließlich wurden im „Bundesentschädigungsgesetz" die Kategorien rechtmäßiger Opfer so massiv eingeschränkt,[33] dass der Anspruch der meisten Opfer von ‚rassischer, religiöser oder politischer Verfolgung' im Nationalsozialismus nach „langen Erörterungen"[34] zurückgewiesen wurde.[35] Die Ansprüche der deutschen Kriegsgefangenen und Vertriebenen wurden dagegen mit „außergewöhnlicher Energie und Gründlichkeit" bearbeitet, im Rahmen des ‚Lastenausgleichsgesetzes' fand finanziell eine „massive

---

31   Moeller 2001; der Aufsatz ist die auf Deutsch übersetzte Zusammenfassung einer Monografie des Autors mit dem Titel *War Stories. The Search for a Usable Past in the Federal Republic of Germany* (2001).

32   Moeller 2001, S. 37.

33   Vgl. ebd., S. 39 f.: „Die Gesetzgebung engte die Kategorie der rechtmäßigen Opfer in zweifacher Weise ein. Zum einen hatten die Opfer den Nachweis zu erbringen, daß ihre Rasse oder ihre Überzeugungen für die erlittenen Verluste und Leiden ausschlaggebend gewesen waren. Zum anderen waren nur diejenigen anspruchsberechtigt, die entweder noch Ende 1952 in der Bundesrepublik lebten oder – sofern sie durch die Nazis deportiert worden oder nach 1945 emigriert waren – den Nachweis erbringen konnten, daß sie zuvor innerhalb des Deutschen Reichs in den Grenzen von 1937 ihren Wohnsitz gehabt hatten. Vom Kreis der Berechtigten ausgeschlossen waren somit alle Bürger anderer Staaten, die in ihr jeweiliges Heimatland zurückgekehrt waren – so zum Beispiel polnische oder russische Staatsangehörige, die während des Krieges die Mehrheit der zivilen Zwangsarbeiter in Deutschland gestellt hatten. Nach den Bestimmungen des Gesetzes konnten ihre Wiedergutmachungsforderungen nur auf dem Wege staatlicher Reparationsforderungen ihrer Herkunftsländer geltend gemacht werden."

34   Ebd., S. 40.

35   Ebd., S. 38–43. Fast gänzlich chancenlos blieben die Ansprüche der homosexuellen Verfolgten, die auch nach dem Krieg noch einem diskriminierenden Verbot unterstanden, ebenso die Ansprüche der sog. „Asozialen" und der Sinti und Roma. Es wurde jeweils abgestritten, dass ihre Verfolgung mit „nationalsozialistischem Gedankengut" zu erklären sei, wie es für eine Entschädigung nötig gewesen wäre; vielmehr hielt man die Verfolgung auch „rückblickend zur Aufrechterhaltung der sozialen Ordnung für unerläßlich" (vgl. ebd., S. 40). Ähnlich wurde auch in Bezug auf Opfer von Zwangssterilisierung und auf verurteilte ‚Rassenschänder/-innen' argumentiert. (Ebd., S. 41.) Politisch Verfolgte wurden grundsätzlich als Opfer anerkannt, nicht aber Kommunisten, von denen man vermutete, sie würden nach wie vor „ein anderes totalitäres politisches System [...] unterstützen." (Ebd.)

Transferleistung"[36] statt, die von der Bevölkerungsmehrheit unterstützt und durch soziale Wohlfahrtsinitiativen und Wanderausstellungen flankiert war.[37]

Es bestehen wenig Zweifel, dass solche Ungleichgewichte und gesellschaftliche Aversionen tatsächlich, wie Moeller vermutet, auch mit einer Fortsetzung der im Nationalsozialismus geschürten Ressentiments zu erklären sind.[38] In Bezug auf den Antisemitismus ist diese Kontinuität konkret dokumentiert: Werner Bergmann hält in einer Überblicksdarstellung „Zum Schuldabwehr-Antisemitismus in Deutschland" (2007) zu einer Studie aus dem Gründungsjahr der BRD fest: „1949 bezeichneten 53 % der Befragten die ‚Eigenheiten jüdischer Volksgruppen' und weitere 12 % die ‚jüdische Religion' als Ursache des Antisemitismus, nur 30 % sahen sie nicht bei den Juden, sondern in der ‚antisemitischen Propaganda'".[39] Wie eine aktuelle Studie vom IfZ München–Berlin (2015) zeigt, waren auch solche ganz manifesten NS-Kontinuitäten keinesfalls eine kurzzeitige Problematik der ersten Nachkriegsjahre: Noch im Jahr 1970, als die Gruppe 47 bereits wieder nicht mehr regelmäßig tagte, setzte sich das Bundesamt für Inneres zu 50 % aus ehemaligen NSDAP-Mitgliedern, zu 25 % aus ehemaligen SA-Mitgliedern und zu ca. 5 % aus ehemaligen Angehörigen der SS zusammen.[40] 1990, nach der deutschen Wiedervereinigung, gab es in Rostock-Lichtenhagen eine Welle von Gewalt, die als „die massivsten rassistischen Ausschreitungen oder gar das größte Pogrom der deutschen

---

36   Ebd., S. 54.

37   Vgl. ebd., S. 43–56.

38   Vgl. ebd., S. 41 f.

39   Bergmann 2007, S. 20.

40   Vgl. IfZ München–Berlin 2015: „Auf der ersten Untersuchungsebene der Studie, der Frage der NS-Belastung des leitenden Personals beider Ministerien sowie der möglichen personellen Kontinuität zur NS-Zeit, standen sowohl die nachweisbaren beruflichen Stationen der einzelnen Mitarbeiter während der NS-Zeit wie die Frage, welche ‚Vergangenheiten' nach 1945 als ‚belastend' begriffen und zugeschrieben wurden, im Mittelpunkt des Interesses. Der Begriff der ‚Belastung' wurde auf seine Problematik sowie auf seine Zeit- und Standortabhängigkeit hin reflektiert und entsprechend differenziert. Relativ leicht feststellen lässt sich die ‚formale' Belastung im Sinne einer nachweisbaren Mitgliedschaft in der NSDAP oder in einer ihrer Parteiorganisationen. Sie erwies sich im BMI als ausgesprochen hoch: Hier lag die Zahl der früheren NSDAP-Mitglieder 1950 bei 50 Prozent und stieg danach bis Anfang der 1960er Jahre kontinuierlich an. In den Jahren 1956 und 1961 erreichte die Entwicklung mit einem Anteil von 66 Prozent ihren Höhepunkt und ging bis 1970 wieder auf das Ausgangsniveau zurück. Das BMI erreichte damit einen Spitzenwert unter den bisher untersuchten bundesdeutschen Ministerien und wurde darin, so weit bislang bekannt, nur durch das dem BMI nachgeordnete Bundeskriminalamt übertroffen. Ähnlich entwickelte sich der Anteil ehemaliger SA-Mitglieder: Er lag 1950 bei 17 Prozent, stieg bis 1961 auf 45 Prozent an und sank bis 1970 auf 25 Prozent ab. Weitgehend konstant blieb demgegenüber die Zahl der ehemaligen Angehörigen der SS, die zwischen 5 und 8 Prozent schwankte." (Ebd., S. 141 f.)

Nachkriegsgeschichte"[41] in die Geschichte einging; jüngst gewinnt die AfD in Deutschland mit rechtsradikalen Positionen[42] politischen Boden und die FPÖ stellt in Österreich antisemitische Regierungskandidaten.[43] Die im Folgenden untersuchte Frage nach NS-Kontinuitäten in der Gruppe 47 zielt, wie schon dieser knappe Überblick zeigt, auf bis heute vergleichsweise subtile Aspekte ab; die Ergebnisse sind deswegen aber nicht weniger virulent.

Die Gruppe 47 tagte im Gründungsjahr der BRD bereits zum dritten und vierten Mal. Die Mehrzahl ihrer Mitglieder hatte nicht nur den Krieg, sondern auch die US-amerikanische Reeducation hinter sich, sympathisierte mit einer (inzwischen nicht mehr kommunistischen) politischen Linken und sah die sich bildende junge Regierung kritisch.[44] Viele von ihnen engagierten sich aktiv gegen restaurative und antidemokratische Tendenzen; so war Andersch inzwischen bereits Rundfunkredakteur und plante eine Sendung über Antisemitismus;[45] Böll versuchte einen Verlag für seine literarischen Texte zu finden, aber scheiterte mehrfach an seiner allzu deutlichen Darstellung einer Mitschuld der Wehrmacht.[46] Später wurden die wichtigsten Mitglieder der Gruppe 47, wie in allen Überblicksdarstellungen nachzulesen ist, von der CDU kritisiert,[47] engagierten sich gegen Atomwaffen und gegen die Wiederbewaffnung der BRD[48] und kämpften für den ersten Wahlsieg der SPD.[49] Im Jahr 1949 hatte Ilse Aichinger, die 1952 zur Gruppe stieß, gerade ihren Roman *Die größere Hoffnung* publiziert, der eindringlich das jüdische Leid im Nationalsozialismus verarbeitete, und Richters Aufmerksamkeit geweckt. Auch jüdische Autoren wie Wolfgang Hildesheimer, der in Deutschland lange nicht

---

41   Vgl. Prenzel 2015, S. 307.
42   Wie Höckes Infragestellung des Gedenkens an den Holocaust (Höcke 2017, o. S.) oder Frauke Petrys Ansinnen, den Begriff „völkisch" aufzuwerten (vgl. Biermann 2016, o. S.).
43   Vgl. Horaczek 2018.
44   Vgl. Böttiger 2012, S. 42–60.
45   Die Sendung mit dem Titel „Bleibt der Antisemitismus ein deutsches Problem? Gespräch mit Karl Anders (Deutschland-Korrespondent der englischen Tribune), Axel Eggebrecht, Eugen Kogon, Karl Thieme (aus dem Schweizer Exil zurückgekehrter Theologe) und Wilhelm Weinberg (Frankfurter Rabbiner und Landesrabbiner für Hessen)" wurde am 29.11.1949 im Hessischen Rundfunk ausgestrahlt und dreimal wiederholt (Wiederholungen am 11.12.1949, 21.8.1951 und 21.9.1951); zit. n. Sarkowicz 2016, S. 243.
46   Vgl. Heer 2004, S. 171: Bölls erste Texte um 1946 wurden alle abgewiesen.
47   In der sog. „Dufhues-Affäre", vgl. Böttiger 2012, S. 312–316.
48   So allen voran Richter; dessen „bewusst nicht genau definierte Aktivität als Chef der Gruppe 47 trat neben weitere Aktivitäten, die Richter als zeitkritischer Journalist und gesellschaftspolitisch engagierter Intellektueller begann: vor allem im ‚Grünwalder Kreis', der sich gegen die Wiederbewaffnung Deutschlands wandte, sowie als Protagonist des ‚Kampfs gegen den Atomtod'." (Ebd., S. 217.)
49   Vgl. ebd., S. 366–370.

Fuß fassen konnte,[50] und der jüdische Literaturkritiker Marcel Reich-Ranicki[51] fanden in der Gruppe 47 über längere Zeit ihren Platz.

Von Beginn an dominierte die Wahrnehmung, sich als Mitglied der Gruppe 47 in einem seltenen geschützten Raum für die ‚junge Generation‘, die sich nirgendwo richtig zugehörig fühlte, zu bewegen. Am wenigsten fühlte man sich, wenngleich man aufseiten ‚der Nazis‘ hatte kämpfen müssen, dem angeschuldigten Täterkollektiv angehörig, das von in- und ausländischen Stimmen für den Krieg und die NS-Verbrechen verantwortlich gemacht wurde.[52] Man sah sich als progressive „Männer und Frauen zwischen 18 und 35 Jahren, getrennt von den Älteren durch ihre Nicht-Verantwortlichkeit für Hitler, von den Jüngeren durch das Front- und Gefangenschaftserlebnis, das eingesetzte Leben also",[53] die die „Hinwendung zum neuen Europa mit leidenschaftlicher Schnelligkeit [vollziehen]" würden, wie Andersch formuliert hat.[54] Diese ‚junge Generation‘ empfand sich als „unschuldig verstrickt"[55], da sie zur Zeit des politischen Aufstiegs der NSDAP und zum Zeitpunkt der ‚Machtergreifung‘ mehrheitlich noch nicht stimmberechtigt gewesen war,[56] damit kaum Verantwortung für den Aufstieg der NSDAP trug und dennoch ‚ihren‘ Krieg hatte kämpfen müssen.

Wichtiger als politische Positionen waren auch zunächst das Bewusstsein um das gemeinsame Erleben des sinnlosen Kriegs und ein *ästhetischer* Neuanfang. Diesen stellte man insbesondere gegen die „kalligraphische[]" Literatur,[57] das heißt die nach dem Krieg weiterhin pathetische, eskapistische Literatur der Autoren der nun so genannten ‚inneren Emigration‘, die das literarische Feld nach wie vor dominierte.[58] Den literarischen Forderungen,

---

50   Vgl. zur Entwicklung des Verhältnisses von Hildesheimer zur Gruppe 47 Braese 2001, S. 233–320 (i. e. Kap. „Die widerrufene Remigration"); Bigelow 2016; Bigelow [2020].

51   Besonders aufschlussreich über sein Verhältnis zur Gruppe 47 ist Reich-Ranickis 1999 erschienene Autobiografie *Mein Leben*, in der deutlich wird, wie grundlegend die Gruppe 47 dazu beigetragen hatte, dass Reich-Ranicki in der BRD der Nachkriegszeit Fuß fassen konnte.

52   Zu diesem Aspekt der Kollektivschuldthese in der Nachkriegszeit vgl. Bigelow [2020].

53   Andersch 1946, S. 2; vgl. auch Kap. 3.1 im vorliegenden Teil I Studie.

54   Andersch 1946, S. 2.

55   Böttiger 2012, S. 43.

56   Das aktive Wahlrecht erlangte man von 1918–1945 mit 20 Jahren, das passive mit 25; vgl. z. B. den Überblick im Band *Wahlen in Deutschland* (Vogel/Nohlen/Schultze 1971), S. 147. Die wichtigste Ausnahme zu dieser generationellen Zuordnung der Gruppe 47 bildet allerdings schon der 1908 geborene Gruppengründer Hans Werner Richter selbst; vgl. zu den Jahrgängen der Gruppe 47 auch Kap. 2.3.2 im vorliegenden Teil I der Studie.

57   Gustav René Hocke prägte diesen Begriff 1946 in einem *Ruf*-Artikel; Andersch wie auch Weyrauch nahmen in ihren Programmatiken Bezug darauf. Vgl. Hocke 1946.

58   Vgl. Egyptien/Louis 2007, insbesondere S. 220–237.

die in diesem Rahmen entstanden, war vor allem der dezidiert moralische Anspruch gemein. So schreibt Wolfgang Weyrauch im Nachwort zu seiner Anthologie *Tausend Gramm*, in der er 1949 den vielzitierten Begriff des literarischen Kahlschlags prägt:[59]

> Aber die vom Kahlschlag wissen, oder sie ahnen es doch mindestens, daß dem neuen Anfang der Prosa in unserm Land allein die Methode und die Intention des Pioniers angemessen sind. Die Methode der Bestandsaufnahme. Die Intention der Wahrheit. Beides um den Preis der Poesie. [...] Die Schönheit ist ein gutes Ding. Aber Schönheit ohne Wahrheit ist böse. Wahrheit ohne Schönheit ist besser. Sie bereitet die legitime Schönheit vor, die Schönheit hinter der Selbstdreingabe, hinter dem Schmerz.[60]

Was ideelle und politische Inhalte anging, positionierte man sich weniger deutlich; Hans Werner Richter wollte alle Grundsatzdiskussionen von den Tagungen fernhalten und stritt auch rückblickend eine explizite Programmatik immer ab.[61] Heute wird aber neben dem moralischen Anspruch oft ein diffuser ‚antifaschistischer Konsens‘ als kleinster gemeinsamer Nenner der Gruppe 47 gesehen;[62] Richter spricht in diesem Zusammenhang anlässlich des 15. Jubiläums der Gruppe 47 von deren „Mentalität":

> [Die Gruppe 47] war von Beginn an ein politischer, literarischer Freundeskreis, der eine bestimmte Art der Betrachtung gemeinsam hatte. Die Grundtendenz dieser Betrachtung war antifaschistisch und antiautoritär. Diese Mentalität, die schwer mit einem anderen Wort zu bezeichnen ist, schloß gewisse Verhaltensweisen von vornherein aus oder stieß sie, wenn sie dennoch auftraten, immer wieder ab. So kamen viele nicht wieder, die doch glaubten, ein Recht darauf zu haben, hier in der Gruppe 47 zu sitzen, und viele, die durch ihre öffentliche publizistische Tätigkeit meinten, einen Anspruch auf eine Einladung zu besitzen, wurden gar nicht erst eingeladen. Man blieb bei allen Veränderungen, bei allen zeitweiligen Gästen, bei aller Abwanderung und bei allem Zuwachs,

---

59   Weyrauch 1989, S. 178.

60   Ebd., S. 181.

61   Böttiger 2012, S. 62.

62   Wie es in Arnold 2004b festgehalten ist: „Repräsentativ für diese Haltung war Walter Jens: ‚Mir schien es so, daß mein Gefühlssozialismus, das moralische Engagement, die allgemeine Position [...], die Opposition derer war, die ein für allemal genug hatten von großen Worten und großen Taten. Der Begriff Antifaschist war immer ein Ehrenname im Kreise der Gruppenmitglieder. Dieser gemeinsame Konsens war gegeben [...]‘. Der emotionale Antifaschismus und Gefühlssozialismus spiegelten sich dann in der Haltung gegenüber der gesellschaftspolitischen Entwicklung der Bundesrepublik wider." (Ebd., S. 158; vgl. auch ebd., S. 35.)

immer unter sich. Der Geist der ersten Jahre wurde erhalten. Er widerstand allen Einflüssen.[63]

Bei dem Konzept der „Mentalität" handelt es sich um eine sehr zentrale Vorstellung Richters, die er mit der Gruppe 47 verband.[64] An deren diffuser Kontinuität ‚bei allen Veränderungen', die er hier postuliert, scheint er auch noch in seinem vielzitierten Essay „Wie entstand und was war die Gruppe 47?"[65] aus dem Jahr 1979 festzuhalten: Er spricht mehrfach die spezifische „Mentalität" der ‚wirklichen' Gruppe-47-Mitglieder an[66] und noch im „Epilog"[67] bringt er ihr Ende damit in Verbindung, wenn er schreibt:

> Es war die vorläufig letzte Tagung der ‚Gruppe 47'. Wohl [...] hatte sich die ursprüngliche Mentalität der ‚Gruppe 47' noch einmal durchgesetzt, aber es waren auch Tendenzen aufgetreten, die die ‚Gruppe 47' über kurz oder lang zerstören mußten [...].[68]

Die Verbindung von Engagement, Mentalität und Moral der Gruppe 47 äußert sich auch in der 1979 geäußerten Feststellung Richters, das Engagement der Gruppe-47-Autoren sei „immer ein moralisches, das oft weit über die Möglichkeiten der Politik hinausgeht", gewesen.[69] Man teilte eine Mentalität und wollte darin vorbildlich agieren und mit seiner Literatur moralisch auf Andere wirken; wie Richters Ehefrau Toni Richter ihn nach seinem Tod im Hommage-Band *Die Gruppe 47 in Bildern und Texten* (1997) abschließend und in großen Lettern zitiert: „Wir glaubten, langfristig werde die Mentalität eines Volkes von seiner Literatur geprägt".[70] Im selben Band betont Toni Richter auch, wie

---

63   Richter 1962, S. 13; vgl. zu den Implikationen dieser exklusiven Vorstellung von Mentalität das Kap. 3 im vorliegenden Teil I der Studie.

64   Im kurzen *Almanach*-Essay spricht Richter noch an zwei weiteren Stellen davon und betont noch ein zweites Mal, die Mentalität sei ausschlaggebend für die Zugehörigkeit gewesen, wenn er schreibt: „Wenn man den literarischen oder den kritischen, aber auch oft den politischen Maßstäben nicht gewachsen war oder den ‚Traditionen' und der Mentalität dieser Gruppe nicht gerecht werden konnte, dann wurde die Einladung nicht wiederholt." (Richter 1962, S. 12; vgl. auch ebd., S. 10.)

65   Richter 1979.

66   Ebd., S. 58, 120 f., 145, 171.

67   Ebd., S. 171.

68   Ebd., S. 171. Es seien sich auf dieser letzten Tagung „ideologische Verkrampfung auf der einen Seite, hochentwickelter Formalismus auf der anderen" gegenübergestanden, und in „den Mühlsteinen zwischen beiden konnte die ‚Gruppe 47' nicht existieren." (Ebd.)

69   Ebd., S. 131.

70   Richter, zit. n. T. Richter 1997, S. 201.

bereits einleitend zitiert, die „Kraft und die Moral", die von Richter ausgehend gewirkt hätten.[71]

Die literarischen Formen für das von Weyrauch und der ‚jungen Generation' geforderte ‚moralische Schreiben' haben sich im Laufe der Gruppenentwicklung stark verändert, die realistischen Formen experimentellerem und differenzierterem Schreiben Platz gemacht, der Begriff des Engagements hat sich gewandelt und konkretisiert –[72] eine in diesen Jahren präfigurierte Vorstellung hat sich aber fast unverändert gehalten: Die Gruppe 47 wird heute noch als „moralische[] Instanz"[73] der Nachkriegszeit und ihre Mitglieder nach wie vor als „Gewissen der Nation"[74] gesehen.

Zwar ist die Marke „Gruppe 47" nicht mehr gleich wirksam und ihr Name verliert zunehmend an Bekanntheit, aber ihr Geist soll in verschiedenen Veranstaltungen (am populärsten die direkt daraus hervorgegangene Ingeborg-Bachmann-Preisverleihung) weiterleben. Und vor allem haben ihre Autorinnen und Autoren noch immer einen besonderen Status, der sich in ihrer medialen Präsenz und im moralischen Kapital und Sendungsbewusstsein ihrer wichtigsten Mitglieder zeigt. Grass fungierte bis 2015 als, wie Jörg Döring schreibt, „Moraltrompete"[75] in den verschiedensten Belangen, Martin Walser hatte mindestens bis zu seiner Paulskirchenrede 1998 eine ähnliche öffentliche Rolle inne, Werke von Andersch, Böll, Lenz, Grass oder Bachmann sind fester Bestandteil des Schulkanons, Enzensberger gilt als linker Rebell Deutschlands, und um ihrer aller Stellungnahmen zu gesellschaftlichen Themen jeglicher Art bemühte sich das Feuilleton über die ganzen Jahre hinweg.

Im zerstörten und ideologisch noch stark vom Nationalsozialismus geprägten Nachkriegsdeutschland waren die Impulse der Gruppenmitglieder hin zu einer offenen Debattenkultur, zu freier Äußerung von Kritik und zu

---

71   T. Richter 1997, S. 10.

72   Eine Darstellung dieser inhaltlichen Entwicklung der Programmatik und Poetik der Gruppe 47 wird in der parallel entstandenen Studie von Bigelow [2020] nachvollzogen und hier nur knapp zusammengefasst, da sich der Fokus im Folgenden auf *Kontinuitäten* richtet, die sich über diese Entwicklungen hinaus dennoch beständig halten (vgl. dazu Kap. 2.1 im vorliegenden Teil I der Studie).

73   Wie Böttiger formuliert: „Am entrücktesten ist mittlerweile wohl die gesellschaftliche Funktion, die die Gruppe gehabt hat und die heute vor allem mit der Person von Günter Grass identifiziert wird – mit jener Art moralischer Instanz, die er für sich in Anspruch nimmt. Man assoziiert mit der Gruppe 47 automatisch etwas sozialdemokratisch Leitartikelhaftes." (Böttiger 2012, S. 10.)

74   Vgl. z. B. Guntermann 1999, S. 27; Grass berichtet in einer ZDF-Kurzdokumentation über sein Leben (ZDF 2015), er und Böll hätten sich immer gegen diese Zuschreibung gewehrt (ebd., ca. 4:30–4:35).

75   Döring 2015.

literarischen Neuerungen zweifellos von großer Bedeutung; Helmut Böttiger
postuliert sogar, die Gruppe 47 habe sich 1967 aufgelöst, weil sie quasi ihren
Zweck der Demokratisierung Deutschlands erfüllt habe.[76] Ob man dieser
starken These folgt oder nicht: Gerade angesichts ihrer großen gesellschaftlichen Bedeutung und ihrer moralischen Vorbildfunktion ist die Frage
interessant, welche Kontinuitäten in der „Mentalität" ihrer Mitglieder denn
tatsächlich seit der frühen Nachkriegszeit bestehen und ob sich darin auch
problematische Aspekte der Zeit vor 1945 fortsetzen – nicht nur trotz, sondern
gerade *wegen* der Rolle als moralische Instanz, die von Anfang an ein zentrales
Merkmal der Gruppe war.

1.2   *Kritik und Verteidigung: Forschungsstand*

Angesichts der großen Bedeutung und einer zugleich in den letzten Jahrzehnten durch Feuilletondebatten und ‚Enthüllungen' immer ambivalenteren
Wahrnehmung ist erstaunlich, wie wenige Studien zur ganzen Gruppe 47
es erst gibt. Als Helmut Böttigers journalistisch gehaltene Monografie *Die
Gruppe 47. Als die deutsche Literatur Geschichte schrieb* im Jahr 2012 erschien,
war der lauteste Tenor im Feuilleton dementsprechend die Freude darüber,
dass endlich etwas Umfassendes – und überhaupt wieder einmal etwas – über
die Gruppe zu hören sei. Jörg Döring lobt die gelungene Zusammenfassung zu
einer „sehr gut lesbaren Synthese – der besten, die es bislang gibt, wenn es nicht
überhaupt die einzige ist";[77] Dominik Geppert in seiner *Welt*-Rezension, dass
die Gesamtdarstellung „fair urteilt und weder in Ehrfurcht noch in hämischer
Polemik erstarrt."[78] 2013 wurde das Buch auf der Leipziger Buchmesse mit dem
Preis für das beste Sachbuch ausgezeichnet.[79]

---

76   Vgl. Böttiger 2012: „Paradoxerweise trug aber gerade ihre gesellschaftspolitische Funktion
     erheblich zu ihrer Wirkung bei. Es wirkt im Rückblick fast zwangsläufig, dass diese 1967
     überholt schien; die Gruppe 47 hatte zu diesem Zeitpunkt ihren Zweck erfüllt." (Ebd.,
     S. 15.) Gegen Schluss bestätigt er noch einmal: „Die Gruppe 47 spiegelt nicht einfach den
     Demokratisierungsprozess der Bundesrepublik wider, sie war ein erheblicher Teil davon."
     (Ebd., S. 430.)

77   Döring 2015, o. S.

78   Geppert 2013, o. S.

79   Die Begründung: „Nie kapituliert Böttiger vor der Fülle der Anekdoten, um so plastischer
     treten markante Situationen wie die Kirke-Episode hervor, in der Ingeborg Bachmann
     1954 Landser und Avandgardisten [sic] am Cap Circeo bei Rom versammelt. In Szenen wie
     diesen verdichtet sich ein Grundzug dieses vielstimmigen, klug komponierten Buches:
     Sein Autor erzählt die Geschichte der Neuformierung der Literatur und Erfindung des
     Literaturbetriebs in Deutschland nach 1945 mit dem Sensorium des Lesers und Kritikers –
     und mit den Mitteln der Literatur selbst." (o. A. 2013 [Pressemeldung].)

Böttigers genau recherchierte, ausführliche und nachvollziehbare Bünde-
lung des komplexen Themas war auch für die vorliegende Studie unverzichtbar, sie bildet einen Großteil des aktuellen Faktenwissens über die
Gruppe 47 und ihre Mitglieder ab, darunter auch Informationen, die zuvor
nur verstreut zu finden oder in Archiven versteckt waren. Gleichzeitig weist
sie Lücken auf, die auch in einigen Rezensionen hervorgehoben werden. So
zeigt Matthias N. Lorenz auf, dass „die publizistische Methode" Böttigers „an
Grenzen [stößt]":[80] Einschlägige literaturwissenschaftliche Publikationen,
insbesondere solche, die den Mythos der Gruppe hinterfragen, seien in der
Gesamtdarstellung teils komplett ausgeblendet, teils nicht auf Augenhöhe
erwidert worden.[81] Döring zeigt sich trotz seines positiven Gesamteindrucks
von Böttigers Monografie mit Lorenz' Rezension einverstanden, der Fingerzeig
auf das Ausblenden des Holocausts treffe den „sprechend-blinden Fleck des
Buches [...]".[82]

Alexander Cammann stellt bereits zuvor in einer *Zeit*-Rezension fest, in
Böttigers Band werde der Wunsch „[ü]berdeutlich [...], den in den vergangenen
Jahren modisch gewordenen Attacken auf die 47er etwas entgegenzusetzen".[83]
Den Errungenschaften der Gruppe 47 würden überproportional viel Platz ein-
geräumt, man erfahre dagegen nichts „von NSDAP-Mitgliedschaften" oder
„Weltkriegs-Frontabschnitten außerhalb Italiens" – und: „Dass der Jude Marcel
Reich-Ranicki nur wenige Jahre zuvor von einigen seiner 47er-Mitstreiter womöglich erschossen worden wäre, bleibt die bei Böttiger ausgeblendete ab-
gründige Grundkonstellation".[84] Die moderaten Kritiker Lorenz, Döring und
Cammann blieben aber Einzelstimmen in der medialen Landschaft, was
darauf hindeutet, dass Kritik an der Gruppe 47 in Wahrheit doch nicht ganz so
„modisch" ist, wie Cammann impliziert, oder sich zumindest in der Öffentlichkeit außerhalb der Wissenschaft erst wenig durchgesetzt hat.

1.2.1   Quellen und dokumentarische Literatur

Diese unkritische Auseinandersetzung mit der Gruppe 47 mag unter anderem
damit zu tun haben, dass noch lange über ihr Bestehen hinaus die meisten
Zeugnisse aus den eigenen Reihen stammten. Für die vorliegende Studie besonders wichtig ist der umfangreiche *Almanach der Gruppe 47* (1962c), in dem
Richter zum 15. Jubiläum der Gruppe 47 die als bis dahin am repräsentativsten

---

80   Lorenz 2013, Abs. 17.
81   Vgl. ebd., Abs. 17–18.
82   Döring 2015, o. S.
83   Cammann 2012, o. S.
84   Ebd.

erachteten Texte, sowohl Essays wichtiger Mitglieder als auch mehrere literarische Texte von jeder Tagung, versammelt hat.[85] Der *Almanach* wird im ersten Analyseteil der vorliegenden Studie den wichtigsten Teil des Korpus stellen, um vorherrschende literarische Konstruktionen zu identifizieren.[86] Er wird durch das von Hans A. Neunzig herausgegebene *Lesebuch der Gruppe 47* (1983) ergänzt, das einige weitere Essays von Gruppenmitgliedern sowie die wichtigsten literarischen Tagungstexte der Jahre 1962 bis 1967, also seit dem Erscheinen des *Almanachs* bis zum Ende der regelmäßigen Tagungen, enthält; es erschien anlässlich von Richters 75. Geburtstag.[87]

Richter selbst gab in späten Jahren noch den Band *Im Etablissement der Schmetterlinge* (1986) heraus, der „Einundzwanzig Porträts aus der Gruppe 47"[88] versammelt, die insbesondere gute Hinweise auf die ansonsten geheimnisumwobenen Mitgliedschaftsstatus der geladenen Gäste bieten;[89] Toni Richter veröffentlichte nach Richters Tod den Band *Die Gruppe 47 in Bildern und Texten* (1997). Dazu kommen ein TV-Feature über die Gruppe 47 von Sebastian Haffner aus dem Jahr 1964,[90] weitere Essay-Anthologien Richters, die nicht explizit die Gruppe 47 betreffen, aber hauptsächlich Texte ihrer Mitglieder versammeln,[91] sowie die eng mit der Gruppe verbunden Zeitschriften, die neben ihrer Hauptfunktion als Publikationsorgan vor allem für Gruppenmitglieder auch immer wieder Stellungnahmen zur Gruppe veröffentlichten,[92] und die

---

85   Vgl. zu der Auswahl Richter 1962, S. 13 f.; vgl. auch Kap. 2.3.3 im vorliegenden Teil I der Studie.

86   Vgl. dazu Kap. 2.3.3 im vorliegenden Teil I der Studie.

87   Vgl. Neunzig 1983.

88   Richter 1986, Untertitel.

89   Vgl. zum Mitgliederstatus Kap. 2.3.1 im vorliegenden Teil I der Studie. Im Band porträtiert sind Ilse Aichinger, Carl Amery, Alfred Andersch, Ingeborg Bachmann, Heinrich Böll, Günter Eich, Hans Magnus Enzensberger, Günter Grass, Wolfgang Hildesheimer, Walter Höllerer, Walter Jens, Uwe Johnson, Joachim Kaiser, Barbara König, Walter Kolbenhoff, Hans Mayer, Milo Dor, Marcel Reich-Ranicki, Wolfdietrich Schnurre, Martin Walser und Peter Weiss, vgl. Richter 1986.

90   Haffner 1964.

91   Am wichtigsten sind der Band *Bestandsaufnahme. Eine deutsche Bilanz* (Richter 1962d), in dem fast alle der „sechsunddreissig Beiträge deutscher Wissenschaftler, Schriftsteller und Publizisten" (ebd.) von Mitgliedern der Gruppe 47 stammen, und der von Weyrauch herausgegebene Band *Ich lebe in der Bundesrepublik* (1961), in dem kein einziger jüdischer Autor vertreten ist und den Hermann Kesten mit dem Band *Ich lebe nicht in der Bundesrepublik* (1964), in dem die jüdischen und exilierten Autoren zu Wort kommen, gekontert hat; vgl. dazu Lamping 1998, S. 130.

92   Besonders wichtig sind Hans Werner Richters *Die Literatur* (1952–1953), Walter Höllerers und Hans Benders *Akzente* (1953–1967), Alfred Anderschs *Texte und Zeichen* (1955–1957) und Hans Magnus Enzensbergers *Kursbuch* (1965–2008).

zahlreichen Rundfunkbeiträge einzelner Mitglieder.[93] Die wichtigste Quelle
für frühe politische Analysen aus dem Umkreis der Gruppe 47 ist die Zeitschrift *Der Ruf*.

Jennifer Bigelow zeichnet in ihrer Studie zu Konzeptionen des Bruchs nach
1945 und zum literarischen Engagement der Gruppe 47, die im Austausch mit
der vorliegenden Studie entstanden ist, nach, wie im *Ruf* bereits die Narrative
der Gruppe 47 vorgeprägt wurden.[94]

Das Quellen-Korpus wird ergänzt durch Essay-Bände, die von anderen
zu Ehren Richters oder der Gruppe 47 publiziert wurden.[95] Da der Fokus
der vorliegenden Studie vorwiegend den literarischen Texten gilt, wurde
von einer umfassenden Neubewertung dieser sehr zahlreichen Werke abgesehen. Dasselbe gilt für die unzähligen Interviews und Interviewbände,[96]
Zeitungsartikel, Briefwechsel und (Auto-)Biografien von und über einzelne
Gruppenmitglieder[97] wie auch die literarischen Anthologien von zentralen
Mitgliedern der Gruppe 47[98]. Diese und ähnliche Bände, in denen selbst keine
wissenschaftlichen Auswertungen vorgenommen werden, werden hier nicht

---

93   Vgl. dazu Böttiger 2012, S. 108–111, 212–217, 467–468.

94   Vgl. Bigelow [2020].

95   Henry Meyer-Brockmann (der selbst schon für den *Ruf* gearbeitet hatte, vgl. Richter
     1979, S. 58) stellte zum 15-jährigen Jubiläum der Gruppe 47 den Band *Die Gruppe 47 und
     ihre Gäste* (1962) mit eigenen Zeichnungen, vor allem Porträts von Gruppenmitgliedern
     und Texten aus der Rundfunkberichterstattung der letzten 15 Jahre zusammen; die von
     Neunzig herausgegebene Sammlung *Hans Werner Richter und die Gruppe 47* (1979) ist ein
     Kompendium von Lobreden auf den Gruppenchef durch viele wichtige Gruppenmit-
     glieder; aus diesem Band stammt der Essay „Wie entstand und was war die Gruppe 47?“,
     der längste und wohl meistzitierte Text über die Gruppe 47 von Hans Werner Richter
     selbst (ebd., S. 41–176). Jürgen Schutte et al. stellten im Namen der Akademie der Künste
     zu Richters 80. Geburtstag den Band *Dichter und Richter. Die Gruppe 47 und die deutsche
     Nachkriegsliteratur* (1988) zusammen, in dem, wie Peter Härtling im Vorwort formuliert,
     „ihm [Richter] als Geschenk und uns zur lehrreichen Unterhaltung in Dokumenten,
     Briefen, Schnipseln die Geschichte der Gruppe 47" (Härtling 1988, S. 5) vorgeführt
     werden soll. Barbara König, ebenfalls Gruppenmitglied, veröffentlichte anlässlich des 50.
     Jubiläums der Gruppe 47 einen Gedenkband mit dem Titel: *Hans Werner Richter. Notizen
     einer Freundschaft* (1997).

96   Für die vorliegende Studie ist Manfred Durzaks umfangreicher Band *Die deutsche Kurz-
     geschichte der Gegenwart. Autorenporträts. Werkstattgespräche. Interpretationen* (³2002)
     besonders ertragreich, der Einträge über und Interviews mit zahlreichen Schriftstellern
     und Schriftstellerinnen aus dem inneren Gruppe-47-Kreis enthält.

97   Allen voran natürlich die von Cofalla 1997 herausgegebenen Briefwechsel Hans Werner
     Richters (Richter 1997).

98   Besonders wichtig ist hier Weyrauchs 1949 erschienene Anthologie *Tausend Gramm*
     (1989), die mehrere frühe Gruppe-47-Texte enthält und in deren Nachwort er wie bereits
     erwähnt das Konzept des „Kahlschlags" prägte; vgl. dazu auch Kap. 1.1 in Teil III der vor-
     liegenden Studie.

abschließend diskutiert, sondern im Verlauf der vorliegenden Studie immer wieder aufgegriffen und hinsichtlich der spezifischen, jeweils im Interesse stehenden Fragen punktuell ausgewertet.

Wegen der großen Menge an Material über die Gruppe 47 als Institution und ihre einzelnen Mitglieder sind für die vorliegende Studie vor allem diejenigen Publikationen unverzichtbar, in denen bereits eine erste Zusammenstellung und Ordnung vorgenommen wurde. Allen voran Reinhard Lettaus 1967 erschienener Band *Die Gruppe 47. Bericht, Kritik, Polemik*,[99] in dem zahlreiche Rezeptionszeugnisse aus unterschiedlichen Quellen, insbesondere die Berichterstattung verschiedener Zeitungen über alle Tagungen der Gruppe 47, versammelt sind. Eine weitere nützliche Zusammenstellung bietet auch Artur Nickels Band *Hans Werner Richter. Ziehvater der Gruppe 47* (1994). Darin sind Informationen zu Tagungsorten und Teilnehmenden (inkl. der interessanten Kategorie „Wichtige Autoren und Kritiker, die ihre Einladung nicht wahrgenommen haben"), zu gelesenen Texten, dokumentarischen Materialien und „Veranstaltungen und Meetings in Verbindung mit [den] Treffen" zusammengetragen.[100] Das Hauptziel des Bandes ist allerdings eine statistische Analyse von Zeitungsartikeln zur Gruppe 47. Ein umfassenderes und breiter aufgelegtes Handbuch bleibt ein Desiderat. Auch andere frühe wissenschaftliche Studien über die Gruppe 47 sind für die vorliegende Studie vor allem wegen ihres dokumentarischen Charakters interessant, da sie die literarischen Texte meistens ausblenden und in den neueren Überblicksdarstellungen größtenteils bereits ausgewertet wurden.[101]

---

99 Lettau 1967. Lettau galt in den 60er Jahren als „Gruppenliebling[]" (Benziner 1983, S. 61).

100 Nickel 1994, S. 339–407.

101 Bemerkenswert ist eine abseitig erschienene wissenschaftliche Publikation von Lothar Ulsamer mit dem Titel *Zeitgenössische deutsche Literatur als Ursache oder Umfeld von Anarchismus und Gewalt? Aufgaben und Wirkungen der Kulturintelligenz, dargestellt an exemplarischen Beispielen* (1987), die die Gruppe 47 noch in den 80er Jahren von ‚rechts' mit ähnlichen Motiven angreift wie einige Medienschaffende in der frühen Nachkriegszeit; indem er sie als ‚linke Clique' abqualifiziert, in die nur Eingang gefunden habe, wer diesem ‚Mainstream' entsprochen habe (vgl. ebd.). Die meisten Untersuchungen aus den 1980er und 1990er Jahren zur Gruppe als Ganzes haben einen weniger polemischen Ton, es handelt sich aber meistens nicht um literaturwissenschaftliche Studien. So schreibt Fredrik Benzinger 1983 an der Universität Stockholm eine soziologische Monografie über *Die Tagung der Gruppe 47 in Schweden und ihre Folgen*. Im Jahre 1997 erscheint ein medienwissenschaftlicher Tagungsband von Peter Gendolla zum Thema *Die Gruppe 47 und die Medien*. Friedhelm Kröll hat die beiden umfangreichsten und meistrezipierten Bände in diesem Sinne verfasst: Auf seine Habilitationsschrift *Die „Gruppe 47"* (1977) folgte der schmalere Band *Gruppe 47* (1979). Das wichtigste Fazit seiner Habilitationsschrift (die „das ideologische Profil" und die „soziale Bewegung" der Gruppe als „spezifische Ausdrucksmomente der Entwicklung der objektiven Gesamtlage literarischer

Für die vorliegende Studie sind vor allem die kanonischen jüngeren Überblicksdarstellungen über die Gruppe 47 zentral, die diese und weitere frühen Publikationen und Quellen bereits systematisch gesichtet und geordnet haben. Den umfangreichen Sammelband *Gruppe 47* aus der Reihe *Text und Kritik* hat Heinz Ludwig Arnold ursprünglich 1978 zusammen mit Studierenden erarbeitet. Der Band bietet einen Überblick über Zahlen, Fakten und die populärsten Anekdoten und weist dabei die zu erwartenden Stärken und Schwächen eines solchen Gruppenprojekts auf: Durch die vielen Beitragenden deckt er viele wichtige Informationen ab, enthält aber einige Wiederholungen und innere Widersprüche. 2004 erschien der Band in dritter, überarbeiteter Auflage, im selben Jahr erschien auch eine schmale Monografie Arnolds zur Gruppe 47, worin die wichtigsten Informationen aus dem Sammelband in eine konzisere Form gebracht sind.[102] Arnolds Darstellungen bildeten, wie auch die hohe Auflagenzahl seines ursprünglich 1978 erschienenen Sammelbands zeigt, lange den State of the Art der Gruppe-47-Forschung.

In den letzten Jahren wurde dieser lange relativ unveränderte Kanon an dokumentarischer Gruppe-47-Literatur[103] um mehrere Publikationen ergänzt. 2012 erschien Böttigers stringente Darstellung, die sehr gelobt und ausgezeichnet wurde;[104] ihm verdankt diese Studie die unverzichtbare Vorarbeit eines geordneten und kenntnisreich reduzierten Überblicks der wichtigsten Diskussionen und Begebenheiten auf einzelnen Gruppentagungen und der Gruppenentwicklung. Zudem hat er die Grundlage für mehrere weitere

---

Intelligenz und ihres subjektiven, handlungskonstitutiven Widerscheins" analysiert, vgl. Kröll 1977, S. 1) ist eine differenzierte Unterteilung der Gruppenentwicklung in vier Phasen, auf die noch aktuelle Publikationen zur Gruppe 47 aufbauen: Er unterscheidet aufgrund von Auskünften und schriftlichen Zeugnissen der Gruppenmitglieder zwischen Konstituierungs- (1947–1949), Konsolidierungs- (1950–1957), Hoch- (1958–1963) und Spätphase (1964–1967) der Gruppe 47; Sonja Meyer übernimmt diese Einteilung in ihrem Band *Die Gruppe 47 und der Buchmarkt der frühen Bundesrepublik* (2013, S. 10–34). Besonders verdienstvoll ist auch Jérôme Vaillants frühe Studie *Der Ruf. Unabhängige Blätter der jungen Generation (1945–1949). Eine Zeitschrift zwischen Illusion und Anpassung* (1978), der bereits früh zentrale Gründungsmythen der Gruppe 47 widerlegt, aber in der darauffolgenden Gruppe-47-Forschung kaum rezipiert wurde (dazu kritisch Lorenz 2009, S. 54–58).

102   Arnold 2004 bzw. Arnold 2004b, auf diese beiden letzten Versionen von Arnolds Studien bezieht sich die vorliegende Studie.

103   Nicht zu vergessen sind auch der verdienstvolle Aufsatz von Ingrid Gilcher-Holtey „Zur Rolle der Gruppe 47 in der politischen Kultur der Nachkriegszeit" (2000) sowie die Zusammenstellung der von der Bundeszentrale für politische Bildung herausgegebenen Broschüre *Gruppe 47* (2007).

104   Böttiger 2012; vgl. weiter oben in diesem Kapitel.

in den letzten Jahren entstandene Monografien geschaffen, die seine dokumentarischen Materialien ergänzen.[105]

1.2.2   Der Mythos der Gruppe hinterfragt: Kritische Stimmen
Auch kritische Stimmen gegenüber der Gruppe 47 stammen lange Zeit vor allem von persönlich involvierten Personen und sind in Zeitungsartikeln, Interviews und Essaybänden zu finden, die schon zur Bestehenszeit der Gruppe 47 erschienen sind. Sie sind aufschlussreich bezüglich der gesellschaftlichen Stellung der Gruppe 47 und dem Verlauf ihrer Positionierung in Relation zum politischen Konsens der westdeutschen Nachkriegsgesellschaft. Insbesondere in den ersten Jahren kamen kritische Beiträge meistens vonseiten rechtskonservativer Publizisten. Die bekanntesten Antagonisten der Gruppe 47 waren in den 40er und frühen 50er Jahren wohl Friedrich Sieburg und Hans Egon Holthusen,[106] wobei ersterer die Gruppe unter anderem mit dem Vorwurf konfrontierte, die nationale Identität zu gefährden,[107] sowie Günter Blöcker, der im Jahr 1959 mit seinem antisemitischen Verriss von Paul Celans *Sprachgittern* (1959) in Erscheinung trat.[108] Die grundlegendste Kontroverse

---

105   Ein Jahr darauf publizierte Sonja Meyer den bereits erwähnten Band *Die Gruppe 47 und der Buchmarkt der frühen Bundesrepublik* (2013), in dem sie eine quantitative Perspektive auf die Gruppe 47 wählt, um die Bedeutung der Gruppe 47 auf dem Buchmarkt zu eruieren. Ihr Forschungsinteresse und Befund, dass „rein quantitativ [...] zu keinem Zeitpunkt von einer Monopolisierung der Literatur durch den Kreis um Hans Werner Richter gesprochen werden" könne (ebd., S. 172), ist angesichts der zeitgenössischen Debatten um die Gruppe 47 bemerkenswert; für die vorliegende Studie besonders wichtig sind die auf CD-ROM beigefügten Materialien: In je einem umfangreichen Autoren-, Teilnehmer-, Titel- und Verlagskorpus stellt Meyer die Ergebnisse ihrer Recherchen nach Tagungen und Verlagen in tabellarischer Form zur Verfügung (vgl. ebd., Beilage „Korpora auf CD-ROM"). Die englischsprachige Studie von Aaron D. Horton über *German POWs, Der Ruf, and the Genesis of Group 47* (2014) erhellt noch einmal die Gründungsphase der Gruppe 47 und das Verhältnis ihrer frühen Exponenten zu der US-amerikanischen Besatzung. Fast literarisch gehalten ist das jüngste Buch des Walser-Philologen Jörg Magenau über *Princeton 66: Die abenteuerliche Reise der Gruppe 47* (2015); auch er wurde im Feuilleton sehr positiv besprochen und konnte der vorliegenden Studie vor allem hinsichtlich spezifischer Hintergründe und Konstellationen zu außerliterarischen Gruppe-47-Begebenheiten interessante Impulse geben. Wiebke Lundius' 2017 erschienene Studie über *Die Frauen in der Gruppe 47* (vgl. auch ihren zusammenfassenden Aufsatz, 2017b) sowie Jörg Dörings 2019 erschienener Band *Peter Handke beschimpft die Gruppe 47* konnten nicht mehr im Detail eingearbeitet werden; sie bieten aber willkommene Ergänzungen zu weiteren Aspekten der hier gewählten Fragestellung, die im Folgenden wenig beleuchtet werden.

106   Vgl. unter anderem Böttiger 2012, S. 13.
107   Vgl. ebd., S. 170 f.
108   Vgl. Kap. 2.3.3 in Teil II der vorliegenden Studie m. w. H.

mit Blöcker fand bereits in späteren Jahren der Gruppe 47 statt und hat auch Eingang in den *Almanach* gefunden, wo mehrere der Festschriften implizit darauf eingehen.[109]

In diesen Jahren nahm aber allmählich auch die Kritik ‚von links' zu, die in den letzten Jahren der Gruppe 47 schließlich dominieren würde. Am eindrücklichsten wurde sie auf der letzten regulären Gruppentagung formuliert, wo Anhänger/-innen der Studierendenbewegung vor der Pulvermühle demonstrierten und die Gruppenmitglieder unter anderem als politisch zahnlose „Papiertiger" beschimpften.[110] So formulierte der jüdische Literaturkritiker und ehemalige Vorgesetzte Anderschs,[111] Hans Habe, schon 1964: „Für einen Teil der Gruppe 47 ist der Verein eine Art HJ – eine literarische Halbstarken-Jugend, in deren Turnsaalgarderoben man die eigenen Minderwertigkeitsgefühle abzulegen und die Uniform des Selbstbewusstseins anzulegen vermag."[112] Die Implikation von NS-Kontinuitäten klingt in der Anspielung auf die Hitlerjugend relativ deutlich an; andere Kritiker sind weniger konkret und kritisieren, wie Böttiger schreibt, ein „allzu offensichtliches Anbiedern an die Macht" vonseiten der Gruppe 47.[113] So schrieb der Sozialdemokrat Robert Neumann, der ebenfalls Jude und im Nationalsozialismus emigriert war, der Gruppe 47 in der linken Zeitschrift *konkret* 1966 „mafiöse Strukturen" zu;[114] Hans Erich Nossack zog bald mit dem Vorwurf der „literarischen Prostitution" nach.[115]

Die Zeitschrift *konkret* entwickelte sich in der Folge rasch auch zu einer wichtigen Plattform für Kritik an der Gruppe 47, einzelne politisch weit links stehende Gruppenmitglieder stellten sich ebenfalls auf die Seite der

---

109 Am ausführlichsten Enzensberger im Text „Die Clique" (Enzensberger 1962). Blöcker selbst erklärt einen Monat nach Erscheinen des *Almanachs* in einem *Zeit*-Artikel mit dem Titel „Die Gruppe 47 und ich" (Blöcker [1962] 1967), warum er „einem on dit zufolge als Gegner der Gruppe 47" gelte (ebd., S. 353; vgl. dazu Böttiger 2012, S. 293 f.). Eigentlich sei ihm die Gruppe egal, schreibt er – die „Sonderbare[] Inbrunst" (Blöcker [1962] 1967), mit der die Teilnehmer der Tagungen das „kritische[] Gemetzel" auf den Tagungen schildern (ebd.), die „Härteproben", die ihn an „die Mannbarkeitsriten gewisser primitiver Völkerstämme" (ebd.) oder an die „Elite-Vorstellungen einer schlagenden Verbindung" erinnerten (ebd., S, 356), sowie die Einstellung Richters, Haltung bei Hinnahme der Kritik sei wichtiger als schriftstellerische Qualität, seien ihm aber in der Tat suspekt (ebd.). Blöcker benennt hier erstaunlich treffend etliche derjenigen Aspekte der Gruppe, die auch heute noch, wenn auch aus anderen Gründen, kritisch betrachtet werden.

110 Vgl. Böttiger 2012, S. 396–418.

111 1945, bei der *Neuen Zeitung* als Assistent Erich Kästners, vgl. Böttiger 2012, S. 46.

112 Habe 1964, zit. n. Walser 1964, o. S.

113 Böttiger 2012, S. 397 f.

114 Neumann 1966, zit. n. Böttiger 2012, S. 397 f.

115 Nossack 1966, zit. n. Böttiger 2012, S. 397 f.

Kritisierenden.[116] Wie bereits weiter oben in Bezug auf die hagiografischen Quellen festgehalten, können auch die zahlreichen kritischen Einzelstimmen, Zeitungsartikel und Debatten wegen ihres großen Umfangs hier nicht annähernd abschließend zusammengetragen werden. Da, wie noch zu zeigen ist, die meisten kritischen Texte zur Gruppe 47 außerliterarische Aspekte fokussieren, sind sie schon relativ gut dokumentiert, es gibt sogar mehrere Aufsätze, die sich spezifisch mit dem (selbst-)kritischen Diskurs um die Gruppe 47 befassen.[117] Hier werden diese Positionen nicht mehr eigens aufgearbeitet, aber im Verlauf der Studie regelmäßig aufgegriffen und in Bezug auf spezifische Fragen weiter ausgewertet.

Die Revision der ‚Stunde Null‘

In den 70er Jahren begann sich die von Widmer bereits 1966 postulierte Vorstellung allmählich durchzusetzen, wenn Fritz Trommler 1971 schreibt: „Mit dem Jahre Null war es nichts."[118] Das Zitat geht auf Gruppenmitglied Hans Mayer zurück, den kommunistischen, jüdischen, in der Gruppe 47 überaus erfolgreichen Literaturkritiker; auf Trommlers kanonisch gewordenen Aufsatz „Der zögernde Nachwuchs. Entwicklungsprobleme der Nachkriegsliteratur in West und Ost" (1971) folgte kurz darauf ein weiterer Aufsatz von Heinrich Vormweg mit derselben These.[119] Ebenfalls im gleichen Jahr erschien die Monografie *Der Nullpunkt* (1971) von Volker Christian Wehdeking, in der die Nullpunkt-These anhand unzähliger Beispiele belegt werden soll, die also Vormwegs und Trommlers Argumentation in zentralen Punkten diametral entgegensteht, doch ebenfalls rasch den Status eines Standardwerks erlangte.[120]

---

116 „Aber die Ballung von Gruppe-47-feindlichen Texten in konkret, lauter schnell explodierende Knallkörper, beschäftigte Richter sehr. Sie schlossen daran an, was auch linke Gruppenrenegaten wie Martin Walser, Peter Weiss oder Heinrich Böll schon moniert hatten. Als Experte in publizistischen Dingen war Richter klar, was dieser Gegenwind zu bedeuten hatte, der der Gruppe 47 nun entgegenschlug. Robert Neumann, den linken Emigranten, der zudem eine sehr flotte Feder schrieb, musste er als Gegner äußerst ernst nehmen." (Böttiger 2012, S. 402) Der Band von Hans Dollinger *Außerdem: deutsche Literatur minus Gruppe 47 = wieviel?* (1967) zeigt die angespannte Stimmung, die inzwischen herrschte, wenn er dezidiert ausschließlich Nicht-Mitglieder der Gruppe abdruckt (vgl. ebd., Vorwort).

117 Vgl. Vormweg 1991; Preece 1999.

118 Trommler 1971, S. 14; Trommler zitiert Mayer 1968. Zur Entwicklung und Wahrnehmung der ‚Stunde Null‘ vgl. auch Hobuß 2015.

119 Heinrich Vormwegs Aufsatz trägt den Titel „Deutsche Literatur 1945–1960: Keine Stunde Null" (1971); vgl. ebd., S. 20.

120 Zusammengefasst ist diese Polarisierung u. a. bei Hoffmann 2006, S. 13–19, der Wehdekings (1971) These, die Jahre 1945–1952 seien als eine Art „Miniepoche" zu sehen, in der der Nullpunkt als „schriftstellerische Arbeitshypothese" stark gewirkt habe (Hofmann

Diese Polarisierung zeigt die Ausnahmeposition auf, die die Gruppe 47 im jeweiligen zeitgenössischen Diskurs innehatte: Wenn Wehdeking vom „andere[n] Deutschland" und von engagierter Literatur schreibt, dann meint er auch Autoren wie Ernst Wiechert und Hans Carossa.[121] Die Autoren der Gruppe 47 stehen, an seinem Maßstab gemessen, außerhalb jeder Kritik, wie an der folgenden Einschätzung Anderschs deutlich wird:

> Alfred Andersch gewinnt im Laufe des Jahres 1947 im politischen und literarischen Essay an Genauigkeit (Deutsche Literatur in der Entscheidung, 1948); seine Kritik zweier Romane Thornton Wilders und Ernest Hemingways [...] ist beispielhaft für faktische Informiertheit, soziologische Dimension, treffsichere Stilistik und knappe Formulierkunst.[122]

Zu dieser Wahrnehmung der Gruppenmitglieder trug sicher bei, dass sich einzelne Mitglieder der Gruppe 47 in den 6oer Jahren selbst kritisch gegenüber dem Konstrukt der ‚Stunde Null' geäußert hatten, neben dem eingangs zitierten Hans Mayer auch Helmut Heißenbüttel und Walter Jens.[123]

Auch Trommler nimmt zwar die Gruppe 47 von seinen Thesen aus, wenn er schreibt: „Nur wenige – darunter der Kreis um die Zeitschrift *Der Ruf* und die spätere ‚Gruppe 47' – versuchten eine gründlichere Aufarbeitung. Über ihre schwache Basis wird zu reden sein".[124] Er postuliert auch, Schriftsteller wie Böll, Schnurre und Richter hätten in ihren frühen Romanen gelernt,

> die beschwerliche Tatsache zu formulieren, daß der Nullpunkt noch gar nicht eingetreten sei, sondern die alten Ordnungen und Denkhaltungen weiterbestünden, der Krieg als Zwischenfall apostrophiert werde und die moralische Reinigung noch immer auf sich warten lasse.[125]

Dennoch sehen Trommler und Vormweg die Gruppe 47 nicht gleich unkritisch wie Wehdeking. Vormweg schrieb in den 9oer Jahren einen der ersten Aufsätze

---

2006, S. 17), die dann aber von einem Bruch abgelöst worden sei, mit Vormweg (1971) widerspricht: Ab 1950 hätten sich die Gruppe-47-Mitglieder intensiv mit der literarischen Moderne auseinandergesetzt, ihre Neuerungen „beruhten somit gerade auf einer spezifischen Akzentverschiebung in der Aneignung der Tradition (statt auf einem Bruch mit dieser)." (Hoffmann 2006, S. 18.)

121   Wehdeking 1971, S. 42–53.
122   Ebd., S. 140; wobei hier auch Wehdekings besonderes Interesse an Alfred Andersch mitspielt, der auch in der weiteren Karriere Wehdekings einen Forschungsschwerpunkt bildete (u. a. Wehdeking 1983, 2016).
123   Vgl. Peitsch [2006], S. 4 f.
124   Trommler 1971, S. 9.
125   Ebd., S. 20.

über die „Kritiker der Gruppe 47 – innen und außen" (1991), und Trommler
impliziert bereits in seinem Nullpunkt-Aufsatz vorsichtig, aber stellenweise
recht deutlich, es sei lange nur beim Versuch geblieben ‚die beschwerliche
Tatsache' deutscher Kontinuitäten literarisch zu bearbeiten[126] und betont
in Bezug auf den deutschen *Ruf,* seine Autoren zeigten „keineswegs die analytische Klarheit, die die Nachkriegsaktivitäten französischer und italienischer
Literaten und Regisseure auszeichnete."[127] Zudem stellt er einen Zusammenhang zwischen dem unkritischen „Nullpunkt-Denken" und der Faszination
vieler Gruppe-47-Mitglieder für Ernst Jünger her.[128]

Debatten in den 90er Jahren
Die Thesen Vormwegs und Trommlers zu der ‚Stunde Null' haben sich im Verlauf der 70er und 80er Jahre allmählich durchgesetzt; das Bild der Gruppe 47
dagegen war nach wie vor kaum von diesen neuen Impulsen berührt. Die in
den 90er und 2000er Jahren einsetzenden kritischeren Untersuchungen der
Gruppe 47 wurden maßgeblich von mehreren Debatten in den frühen 90er Jahren angestoßen. Die wahrscheinlich wichtigste war der große „Literaturstreit"
im Jahr der deutschen Wiedervereinigung 1990, der vom Journalisten Frank
Schirrmacher mitinitiiert worden war und sich zunächst um Christa Wolf und
die systemstabilisierende Funktion der ‚engagierten' Autoren und Autorinnen
der DDR gedreht hatte,[129] wobei Schirrmacher in seinem Debattenbeitrag
auch NS-Kontinuitäten in der BRD und der DDR sowie Kollaborationen mit
dem NS- und DDR-Regime durch ‚engagierte' Autoren/-innen beider Seiten

---

126 Vgl. beispielweise ebd., S. 14: „Besonders die Autoren der ‚Gruppe 47' integrierten in ihren
      Kurzgeschichten, Berichten und Gedichten [...] das Bewußtsein von der Verantwortlich-
      keit in dieser geschichtlichen Stunde. Der späteren Frage gegenüber, warum deutsche
      Autoren nach dem Kriege ihre konkrete Geschichtserfahrung nicht wie ihre Kollegen in
      Frankreich oder Italien [...] in ebenso konkrete, aufrüttelnde literarische Werke zu ver-
      wandeln vermochten, muß man mit aller Vorsicht auf die Grenzen dieser Programmatik
      verweisen, die zwar nicht literarisches Talent ersetzen, wohl aber wichtige Voraus-
      setzungen zur Darstellung der Gegenwart liefern konnte. Angesichts der Tatsache, daß in
      Deutschland die Tradition gesellschaftskritischer Literatur nur schwach ausgebildet war
      und ohne die Emigranten vollends verschüttet gewesen wäre, ist die volle Beantwortung
      der Frage stark davon abhängig, wie genau die Schriftsteller die historische Situation
      durchschauten, eine Situation, die, wie sich langsam herausstellte, den Nullpunkt keines-
      wegs zur Voraussetzung hatte."
127 Ebd., S. 15.
128 Ebd., S. 32 f.
129 Die ganze Debatte ist zusammengefasst von Anz ([1996] 2011), der die wichtigsten
      Beiträge bereits ein Jahr nach dem Streit im Band *Es geht nicht um Christa Wolf* (1991)
      dokumentiert hat.

wie Christa Wolf, Walter Jens oder Günter Grass kritisierte.[130] In seinem Beitrag „Abschied von der Literatur der Bundesrepublik" greift Schirrmacher noch
einmal die Dekonstruktion der ‚Stunde Null' als Mythos auf und postuliert,
die Gruppe 47 habe wesentlich zur Konstruktion dieser Vorstellung des Neuanfangs und zur Verdrängung von Erinnerung beigetragen;[131] wie Vogt zusammenfasst, weist er dabei auch auf NS-Kontinuitäten hin und klagt „implizit
eine Art Revitalisierung nationalliterarischer Traditionsbestände" ein.[132]

Die kurze Zeit später geführte „Sebald-Debatte" ist inzwischen ebenfalls
umfassend dokumentiert worden.[133] W. G. Sebald hatte in seinem 1993 veröffentlichten Essay Alfred Anderschs Rolle im Nationalsozialismus und deren

---

130 Vgl. Schirrmacher 1990; Jochen Vogt (1991) fasst Schirrmachers Thesen im Streit in
Bezug auf die BRD wie folgt zusammen: „Erstens: Die Literatur der Bundesrepublik ist
wesentlich das Produkt einer Generation von Gründervätern und -müttern, die sich
fast vollständig in der Gruppe 47 versammelt hatten und rund um 1960 diejenigen
Romane, Dramen und Gedichte hervorbrachten, die bis heute den ‚klassischen' Bestand der westdeutschen Nachkriegsliteratur ausmachen. Diese Literatur hat, zweitens,
nach der totalen Niederlage von 1945 – und der damit einhergehenden Entwertung
nationaler Mythen – unserer Nachkriegsgesellschaft im Westen eine neue Identität, ein
‚Ich' verliehen. Sie sei Produktionsstelle der westdeutschen Identität gewesen [...]. Eine
Legende sei beispielsweise Grassens Behauptung, er habe sich gegen eine reaktionäre
und nationalistische Öffentlichkeit durchsetzen müssen. Drittens nun: Derart identi-
tätsstärkend in einer Epoche des globalen Ich-Zerfalls, und das heißt für Schirrmacher
letztlich: geradezu staatstragend habe diese Literatur wirken können, weil sie die so-
genannte ‚Stunde Null' als unüberschreitbaren ‚Anfang der Geschichte', als ‚Zäsur zur
Vorwelt', als ‚Abschied vom Holocaust' gesetzt und insofern den ‚Preis der Vergangenheit'
gezahlt habe. Diese Literatur habe sich ‚mit guten Gründen veranlaßt' gesehen, ‚die Vergangenheit als Erinnerung wachzuhalten, von ihr zu erzählen [...]'. Zugleich aber, und
darin lag ihr Widerspruch, versuchte die neue westdeutsche Literatur, auf anderem Wege
diese Vergangenheit auszulöschen und Kontinuitäten zu brechen, ganz ähnlich wie das
‚restaurative Establishment'. Durch diese Fixierung auf das ‚Gedächtnis einer Generation'
verschließe sie – viertens und letztens – den Zukunftshorizont fast ebensosehr, wie
sie Vergangenheit und Tradition verkürze." (Vogt 1991, S. 453.) Vgl. dazu aber im selben
Kontext auch Klaus-Michael Bogdals (1991) differenzierende Stellungnahme gegen die
Vorwürfe durch Schirrmacher und insbesondere Bohrer und Greiner. Wie Bogdal betont,
habe die Rolle „des Schriftstellers als politisch-moralische Instanz" eine reiche Tradition
(ebd., S. 598); er äußert sich gegen die generalisierte Skepsis gegen „eine Wiederkehr der
Moral in die Literatur" (ebd., S. 601) und zeigt auf, dass die Einschränkungen, die in der
Debatte für die engagierte Literatur durch Autorinnen und Autoren, die in der Diktatur
leben mussten, gefordert wurden, faktisch ein „lebenslanges Sprech- und Schreibverbot"
(ebd., S. 602) implizieren würden. Diese Haltung laufe der traditionellen Rolle von
Autoren/-innen in der Gesellschaft und auch Michel Foucaults Konzeption des kritischen
Umgangs mit Macht zuwider (ebd., S. 602 f.).
131 Schirrmacher 1990, o. S.
132 Vogt 1991, S. 453 f.
133 Vgl. Ritter 2007, Hahn 2011, Joch 2011.

rückwirkende Umformung thematisiert, wobei es ihm vor allem um (werk-) biografische Aspekte wie die Tatsache ging, dass sich Andersch 1943 von seiner ‚halbjüdischen‘ Ehefrau scheiden ließ und dies in seinem Aufnahmeantrag für die Reichsschrifttumskammer betonte, sich dann aber in Kriegsgefangenschaft darauf berief, seine (in Wahrheit nun eben geschiedene) Ehefrau sei ‚Halbjüdin‘.[134] Aus diesen zunächst allzu persönlichen Vorwürfen entwickelten sich differenzierte Revisionen autobiografischer Aspekte des Werks von Andersch.[135] Die Fronten blieben aber durchgehend verhärtet: Bis heute wird den Andersch-Kritikern eine undifferenzierte oder moralisierende Haltung vorgeworfen und den Kritikern, die diese Vorwürfe äußern, wiederum ihr apologetischer Gestus.[136]

Im Jahr 1998 setzte die lange anhaltende Debatte um den Antisemitismus in Martin Walsers Paulskirchenrede, in seinen Stellungnahmen und literarischen Texten ein;[137] die insbesondere durch die negative Darstellung der jüdischen Figuren in *Tod eines Kritikers* (2002) erneut befeuert wurde.[138] Um die Jahrtausendwende gab es die ersten Diskussionen um NSDAP-Mitgliedschaften wichtiger deutscher Germanisten und Schriftsteller, darunter auch mehrere Gruppenmitglieder, die wider die historische Plausibilität abstritten, von ihrer Mitgliedschaft gewusst zu haben.[139] Als im Jahr 2006 schließlich Günter Grass' Waffen-SS-Mitgliedschaft enthüllt wurde, war die Diskussion um die moralischen Instanzen der Nachkriegszeit allem Anschein nach bereits in eine neue Phase übergegangen; inzwischen ließen bereits die ersten Analysen

---

134   Sebald 1993, S. 80–84.
135   So durch Ruth Klüger (1994), die auf die klischierten Judenfiguren in Anderschs Werk
      hinweist (Klüger 1994; vgl. Kap. 4.1.2 in Teil II der vorliegenden Studie), Publikationen von
      Johannes Tuchel und Felix Römer, die rekonstruieren konnten, dass Anderschs KZ-Haft
      in Dachau nicht wie dieser geschrieben hatte ein „Vierteljahr" bzw. später angegeben ein
      halbes Jahr, sondern maximal 6 Wochen gedauert hatte (Tuchel 2008, S. 33; vgl. Römer
      2011 und Joch 2011, S. 262 f.). Rolf Seubert führt im Band *Alfred Andersch ‚revisited'* (2011)
      sogar zahlreiche Indizien dafür an, dass die Haft sogar erfunden sein könnte (vgl. Seubert
      2011); vgl. auch weitere im selben Sammelband zusammengetragene werkbiografische
      Widersprüchlichkeiten, so in Bezug auf Anderschs Desertion (dazu detailliert auch
      Döring/Römer/Seubert 2015).
136   Vgl. dazu noch die stark polarisierten Debattenbeiträge auf *literaturkritik.de* zum 100. Geburtstag Anderschs von Jaumann 2014, Lamping 2014, Joch 2014.
137   Vgl. die Dokumentation der Walser-Bubis-Debatte von Schirrmacher 1999 und Lorenz
      2015.
138   Aufgearbeitet in Lorenz 2005, S. 79–220; vgl. auch Kap. 2 in Teil III der vorliegenden
      Studie.
139   Walter Jens und Walter Höllerer (2003), die Schriftsteller Martin Walser und Siegfried
      Lenz (2007) und Hans Werner Henze (2009); vgl. dazu Weber 2015.

verlauten, eine übermäßige (hier erst antizipierte) Kritik an Grass wäre
ungerechtfertigt.[140]

In der Monografie *Missachtung und Tabu. Eine Streitschrift zur Frage: „Wie
antisemitisch war die Gruppe 47?"* (2003) des Literaturwissenschaftlers Klaus
Briegleb klingt der kämpferische Gestus der Diskussionen in den 90er Jahren
noch deutlich nach. Es handelt sich um die erste Monografie zur gesamten
Gruppe 47, die sich vorrangig mit der Frage nach NS-Kontinuitäten beschäftigt;
ganz im Sinne ihrer Anlage als „Streitschrift" ist sie aber wenig ausgewogen
gehalten, sondern einseitig und kämpferisch geschrieben und hat dementsprechend polarisiert. Auch wenn Briegleb darin seine Positionen, wie vielfach kritisiert, sehr zugespitzt darstellt und die Beispiele für seinen Befund des
Antisemitismus auf den Tagungen und in den Briefen Richters oft mit wenig
Kontext präsentiert, verdankt ihm die vorliegende Studie viel. Es handelt sich
um ein wenig geordnetes, umfang- und kenntnisreiches Kompendium von
Versäumnissen und Angriffen gegenüber jüdischen Mitgliedern und Nicht-
mitgliedern durch die Gruppe 47, das auf Dynamiken hinweist, die auch für
die vorliegende Studie wichtig sind.

---

140 Vgl. zur Debatte um Grass' Waffen-SS-Mitgliedschaft Bigelow 2015. Der Verlauf dieser
Debatten um die Gruppe 47 und ihre wichtigsten Vertreter lässt sich adaptiert mit einer
Beobachtung aus der *Frankfurter Rundschau* illustrieren, die Matthias N. Lorenz in seiner
Monografie zu literarischem Antisemitismus im Werk Martin Walsers aus dem Jahr
2005 umschreibt: „Zunächst gebe es den Antisemiten. Er fühle sich als Opfer einer Ver-
schwörung, die je nach Prägung Weltjudentum, Wallstreet oder Medienmacht heißen
könne. Gleichwohl verstehe sich der Antisemit nicht als Judenfeind und meine, dies
auch nicht zu erkennen zu geben. Sein Gegenspieler sei der Anti-Antisemit. Er müsse
den Antisemiten überführen [...]. Dazu bediene sich der Anti-Antisemit des Verdachts:
Er überprüft Sprache und Rhetorik des Verdächtigen und suche nach Anzeichen einer
latenten Judenfeindschaft [...]. Da der Anti-Antisemit nur mit Verdachtsmomenten und
mit seinen eigenen Interpretationen arbeite, werde er sein Urteil nie beweisen, sondern
immer nur begründen können. Es gebe aber noch den Typus des Anti-Anti-Antisemiten.
Dieser unterstelle dem Anti-Antisemiten, sich ebenso wie der Antisemit in einem
Wahnsystem zu bewegen [...]. Diese Haltung werde schließlich kritisiert vom Anti-Anti-
Anti-Antisemiten. [...] Treffender lässt sich die erhitzte, moralisierende und verquaste
deutsche Antisemitismusdebatte in ihrer überkomplizierten Begrifflichkeit und Ver-
krampftheit nicht fassen." (Lorenz 2005, S. 16 f.; er bezieht sich auf einen Artikel in der
Frankfurter Rundschau von Speck 2002.) Auch wenn Antisemitismus und als solche benannte NS-Kontinuitäten im „Literaturstreit" und in der Sebald-Debatte nur am Rande
eine Rolle spielten, zeigten sich ähnliche Diskursmechanismen.

Gruppe 47 ,revisited': Die Entwicklung einer kritischen
Gruppe-47-Philologie

Schon vor der Studie Brieglebs sind um die Jahrtausendwende auch weniger
polemische wissenschaftliche Anstöße zur Neubewertungen der Gruppe 47
erschienen, in denen sich die für die vorliegende Studie nach wie vor grundlegenden Beobachtungen über Kontinuitäten und Brüche in der Gruppe 47
finden. Eine der wichtigsten ist Sabine Cofallas Edition der Briefwechsel Hans
Werner Richters,[141] auf die sich alle neueren Studien zur Gruppe 47 stützen:
Diese „Briefe an und von Richter" bieten eine unverzichtbare und, wie Cofalla
bereits selbst betont, „eine – nicht selten kontrastive – Ergänzung zu den
öffentlichen Darstellungen, Erinnerungen und Autobiografien aus dem Kreis
der Gruppe 47 [...].“[142]

Tatsächlich sind hier zahlreiche seither oft erwähnte Beispiele für problematische Aspekte der Gruppe 47 dokumentiert, so insbesondere zahlreiche
Zeugnisse einer antisemitischen Haltung Richters, die auch Briegleb in seiner
Studie aufgreift; am deutlichsten die seither oft zitierte Stellungnahme zu
Herman Kesten in einem Brief an Christian Ferber: „Kesten ist Jude und wo
kommen wir hin, wenn wir jetzt die Vergangenheit untereinander austragen,
d. h., ich rechne Kesten nicht uns zugehörig, aber er empfindet es so“.[143] Be-
gleitend zu dieser Edition hat Cofalla auch eine knappe Monografie publiziert,
in der sie zahlreiche Beobachtungen aus ihrer genauen Kenntnis der Briefe
zusammenträgt und dabei unter anderem auch auf Hans Werner Richters Umgang mit der NS-Vergangenheit,[144] den Exilautoren[145] und jüdischen Gruppenmitgliedern[146] sowie auf die verschiedenen Strategien der Abgrenzung[147]
eingeht. NS-Kontinuitäten werden dabei nicht systematisch untersucht, in
einer frühen Fußnote bemerkt Cofalla aber bereits, was die Briefe tatsächlich
sehr deutlich machen:

> Wenngleich Widmers Vorgehen [in der Dissertation von 1966, NW] methodisch
> problematisch sein mag, stützen die Briefe von und an Hans Werner Richter

---

141 Richter 1997.
142 Cofalla 1997, S. 9.
143 Richter 1997, S. 336 [Brief an Ferber vom 25.01.1961].
144 Vgl. Cofalla 1997, insbesondere S. 110–113.
145 Vgl. ebd., insbesondere S. 19–27.
146 Vgl. ebd., insbesondere S. 23–25.
147 Vgl. ebd., insbesondere S. 17–30 und 62–65. Sie folgert mit Bourdieu: „Die genannten
     Überschneidungen erschwerten es der aufstrebenden ,jungen Generation', sich gegen-
     über den etablierten Autoren der ,inneren Emigration' zu profilieren. Ihre Durchsetzungs-
     strategien im literarischen Feld der ersten Nachkriegsjahre zeugen von der Problematik
     einer Distinktion bei relativer Nähe." (Ebd., S. 29.)

jedoch seine Ergebnisse: Nicht nur die Sprache, sondern auch das Denken der
‚jungen Generation‘ blieb weit über das Kriegsende hinaus von der Sozialisation
im Nationalsozialismus geprägt.[148]

In den 90er und frühen 2000er Jahren sind auch mehrere kritische Sammelbände zur Gruppe 47 bzw. zur ‚jungen Generation‘ erschienen.[149] Die Bände
blieben als Sammelbände naturgemäß relativ fragmentarisch und die explizite
Frage nach NS-Kontinuitäten wird auch in diesen Aufsätzen nur stellenweise berührt, so besonders in Clare Flanagans Aufsatz zum „Ruf and the
Charge of Nationalism" (1991), in Hans-Joachim Hahns Aufsatz zum Vorwurf
der „Literarischen Gesinnungsnazis" (1991) oder in Klaus Brieglebs wieder-
abgedrucktem Aufsatz über den nur scheinbaren „Neuanfang‘ in der westdeutschen Nachkriegsliteratur" der Gruppe 47[150]. Alle vier Bände enthalten
aber grundlegende Anstöße zur kritischen Neubewertung der Gruppe 47
und ihres Umgangs mit der NS-Vergangenheit und versammeln die Arbeiten
weiterer kritischer Geschichts- und Literaturwissenschaftler wie Sabine
Cofalla, Jochen Vogt, Jérôme Vaillant und der Herausgeber selbst.

Nach wie vor grundlegend ist Stephan Braeses Habilitationsschrift *Die
andere Erinnerung* (2001), die Autoren der Nachkriegszeit fokussiert, die auf
der ‚anderen Seite‘ der Gruppe 47 und ihrer hegemonialen Diskurse standen;
dies, weil sie gerade nicht eingeladen wurden und mit ihr in Konflikt standen
oder wie Hildesheimer zentrale Aspekte ihrer Identität und ihres Schaffens
zurückdrängen mussten. Auch jüngere Studien zu einzelnen Außenseitern/
-innen der Gruppe 47 bieten oft wichtige Anstöße für die vorliegende Arbeit:[151]
So enthält Elke Schlinsogs Studie *Berliner Zufälle* (2005) zu Ingeborg Bachmanns Todesarten-Projekt ein eigenes Kapitel zur Gruppe 47,[152] in dem
sie den Mythos von Bachmanns erster Lesung hinterfragt und auf einen

---

148   Cofalla 1997, S. 21.
149   Der Band von Justus Fetscher et al. zur *Gruppe 47 in der Geschichte der Bundesrepublik*
       (1991), Stephan Braeses *Bestandsaufnahme. Studien zur Gruppe 47* (1999), Stuart Parkes'
       und John J. Whites *The Gruppe 47 Fifty Years on. A Re-Appraisal of its Literary and Political
       Significance* (1999) und schließlich Hans-Gerd Winter: *„Uns selbst mussten wir miss-
       trauen". Die „junge Generation" in der deutschsprachigen Nachkriegsliteratur* (2002).
150   Briegleb 1999, erstmals abgedruckt 1996.
151   Der 2019 erschienene Sammelband *Im Abseits der Gruppe 47* (Eickmans/Jung/Pütz 2019)
       konnte nicht mehr im Detail eingearbeitet werden. Hier liegt der Schwerpunkt aber
       weniger auf der Beziehung ausgeschlossener Autoren/-innen zur Gruppe 47 als auf deren
       eigenen Werken. Besonderer Fokus gilt Albert Vigolais Thelen, dem gleich vier Aufsätze
       gewidmet sind. Zu Thelens Status in der Gruppe 47 vgl. Kap. 2.3.2 im vorliegenden Teil I
       der Studie.
152   Schlinsog 2005, S. 69–78.

fragmentarischen Bericht Bachmanns hinweist, in dem diese schreibt, sie habe sich in der Gruppe zeitweise wie „unter deutsche Nazis gefallen" gefühlt.[153] Celan-Philologin Christine Wiedemann benennt in mehreren Studien NS-Kontinuitäten, insbesondere Antisemitismus in den literarischen Texten der Gruppe 47, deutlicher als die meisten Philologen/-innen in Studien über im Krieg ‚dabei gewesene' Gruppe-47-Autoren.[154]

Inzwischen liegen auch revisionistische Studien zu einzelnen Autoren aus dem ‚innersten Kreis' der Gruppe 47 vor, die von den Debatten der 90er Jahren ausgehend wissenschaftlich fundierte Neubewertungen vornehmen. Dabei haben die bereits erwähnten Bände von Cofalla zu Richters sozialem Austausch und seinem strategischen Agieren im literarischen Feld sowie Lorenz' umfangreiche Revision des Gesamtwerks Martin Walsers wichtige Grundsteine gelegt. Lorenz geht auch auf die hier in den Blick genommene Frage nach NS-Kontinuitäten explizit ein, wenn er aufzeigt, dass hinter Walsers literarischem Antisemitismus „das Wunschbild einer homogenen und unbelasteten, also: Identifikation wieder zulassenden und Identität stiftenden Nation, die letztlich mit dem völkischen Gedanken eines einheitlichen ‚Urzustands' korrespondiert", stehe.[155] Walsers Mitgliedschaft in der Gruppe 47 habe lange als „Ausweis einer ‚anti-antisemitischen' Gesinnung" gegolten; auch diese Zuschreibung sei aber nicht mehr unumstritten.[156]

Mit dem jüngeren Aufsatz zum Wechselspiel von NS-Kontinuitäten und inszeniertem Bruch in Günter Grass' Novelle *Katz und Maus* (1961)[157] konnte Lorenz inzwischen auch die Debatte um Grass' Waffen-SS-Mitgliedschaft für Lektüren seiner literarischen Texte fruchtbar machen. Der Aufsatz dient zudem als maßgebliche Grundlage für Bigelows Relektüre der *Blechtrommel* (1959).[158] Inzwischen sind auch mehrere Studien erschienen, die eine differenziertere Sicht auf die in den 90er Jahren diskutierten Kritikpunkte an Alfred Andersch ermöglichen. Neben dem frühen kanonischen Aufsatz Ruth Klügers (1994)

---

153 Bachmann 2005, S. 376, hier zit. n. Schlinsog 2005, S. 71; vgl. dazu Kap. 3 in Teil III der vorliegenden Studie.

154 Vgl. Wiedemann 2000; 2013; 2015; vgl. zur zentralen Rolle des ‚Dabeigewesenseins' in der Gruppe 47 Kap. 2.3.2 und 3.3.1 im vorliegenden Teil I sowie Kap. 3 in Teil II der vorliegenden Studie; auf Antisemitismus in der Literatur Gruppe 47 wird auch in der vorliegenden Studie im Verlauf der Argumentation immer wieder eingegangen, da er, wie sich herausstellt, eng mit der untersuchten Fragestellung zusammenhängt; vgl. insbesondere Kap. 2.3., 2.4., 4.3 und das Zwischenfazit in Teil II sowie Kap. 1.2., 2.2 und das Fazit in Teil III der vorliegenden Studie.

155 Vgl. Lorenz 2005, S. 483.

156 Ebd., S. 16.

157 Lorenz 2011.

158 Bigelow [2020].

sind das vor allem die von Döring und Markus Joch publizierte umfangreiche
Sammlung werkbiografischer Studien *Alfred Andersch ,revisited'* (2011) sowie
Dörings eigene Studie *Alfred Andersch desertiert* (2015), die in interdisziplinärer
Zusammenarbeit mit den Historikern Felix Römer und Rolf Seubert weitere
grundlegende Fragen um die Desertion Anderschs und die Genese ihrer lite-
rarischen Aufarbeitung und Umformung aufklären konnte.

Den größten Teil der dieser Studie zugrunde liegenden Literatur macht
neben historiografischen Arbeiten zur „Vergangenheitsbewältigung" in Deutschland[159] die Fachliteratur zur Aufarbeitung des Nationalsozialismus in der
Nachkriegsliteratur als Ganzes aus,[160] in der die Gruppe 47 nicht im Mittelpunkt steht, aber oft angesprochen wird, und oft auch die Frage nach NS-
Kontinuitäten anklingt. Sie kann hier nur in ihren wichtigsten Grundzügen
erwähnt werden; besonders relevant waren die (ideologie-)kritischen Studien,
deren Schwerpunkt auf dem Verhältnis dieser Nachkriegstexte zu ‚vergangen-
heitspolitischen' Diskursen in der BRD, zur NS-Vergangenheit und zur NS-
Ideologie liegt.[161]

Die explizite Frage nach einer Kontinuität nationalsozialistischer Ideologie wird in literaturwissenschaftlichen Publikationen sehr selten gestellt;[162]
wobei mehrere einschlägige Studien zu literarischem Antisemitismus nach

159 Im *Lexikon der „Vergangenheitsbewältigung"*, das von Torben Fischer und Matthias N.
     Lorenz (2015) herausgegeben wurde, sind die zahlreichen Entwicklungslinien, die Fach-
     literatur sowie „Debatten und Diskurse" ausführlich zusammengetragen. Einleitend ist
     die Problematik des Begriffs „Vergangenheitsbewältigung" dargelegt, der die Möglichkeit
     impliziert, wenn man sich ihr genügend stelle, werde die Vergangenheit komplett über-
     wunden, der aber dennoch mehr Dimensionen umfasse als genauere, politischere Be-
     griffe (Fischer/Lorenz 2015b, S. 15 f.).
160 Neben der großen Menge von Aufsätzen und Sammelbänden (jüngst von Maldonado-
     Alemán/Gansel 2018 und Baßler/Hubert/Schutte 2016) bieten didaktisch aufbereitete
     Monographien (Dieter Hoffmanns *Arbeitsbuch Deutschsprachige Prosa seit 1945*, 2006,
     wirft auch einen kritischen Blick auf die Gruppe 47) und das *Handbuch Nachkriegs-
     literatur* (Agazzi/Schütz 2013) gute Überblicke.
161 So u. a. die einschlägigen Publikationen von Dieter Lamping (1998, 2005), Klaus Briegleb
     (1989, 1996, 1997, 1999), Stephan Braese (1998), Jochen Vogt (1991, 2014), Helmut Peitsch
     (2009), Janina Bach (2007), Klaus-Michael Bogdal (1991, 2017) oder Sigrid Weigel (1994,
     2014) bzw. Sigrid Weigel mit Brigit Erdle (1996) und mit Bernhard Böschenstein (1997),
     aber auch kritische geschichtswissenschaftliche Publikationen mit einem kultur-
     geschichtlichen Schwerpunkt wie, neben vielen anderen, die in den Einzelkapiteln
     herangezogen werden, die Bände *Erfolgsgeschichte Bundesrepublik?* (Glienke/Paulmann/
     Perels 2008) oder *Nachkrieg in Deutschland* (Naumann 2001).
162 Aufschlussreich für das diesbezüglich wenig weit entwickelte Instrumentarium ist bei-
     spielsweise die (inzwischen schwierig erhältliche) Studie von Andreas Lothar Günter zu
     Präfaschistischer Weltanschauung im Werk Max Halbes (2002), der zunächst selbst ‚(prä-)
     faschistische' Ideologeme zu identifizieren versucht, die er mit der Ideologie in Halbes

Auschwitz[163] sowie einige Seitenblicke der historiografischen Forschung über NS-Moraldiskurse auf literarische Texte[164] eine Ausnahme bilden, aus der die vorliegende Studie ihre wichtigsten Anregungen zieht; auf sie wird im folgenden Kapitel noch genauer eingegangen. Die zweite wichtige Tendenz ist die, dass Jahrzehnte nach der Dekonstruktion des Mythos der ‚Stunde Null‘ inzwischen zudem auch der Bruch im Jahr 1959 infrage gestellt wird; 2009 erschienen anlässlich des Jubiläums des ‚Wendejahrs‘ mit einem von Matthias N. Lorenz und Maurizio Pirro herausgegebenen Sammelband *Wendejahr 1959? Die literarische Inszenierung von Kontinuitäten und Brüchen* sowie dem fünften Band des Jahrbuchs *Treibhaus* zum Jahr 1959 in der deutschsprachigen Literatur zwei wichtige Kompendien, die sich mit der Neujustierung auch dieses Konstrukts befassen.[165]

1.3   *Zwischenbilanz: Der heutige Stand der Diskussion um die Gruppe 47*
Nach den hitzig geführten Debatten und verdienstvollen Studien in den 1990er und 2000er Jahren ist es wieder etwas ruhiger um die Gruppe 47 geworden. In aktuellen Bänden zur Nachkriegsliteratur wird die Rolle der Gruppe 47 dementsprechend hinsichtlich Kontinuitäten und Brüchen meist ambivalent gesehen und, wie beispielsweise Christian Adam in seinem aktuellen Band zum *Traum vom Jahre Null* (2016) schreibt, in der diskursiven „Grauzone"[166] der

---

Werk korrelieren kann (vgl. ebd., S. 34–71); zu NS-Kontinuitäten und Literaturwissenschaft vgl. auch Kap. 2.1 im vorliegenden Teil I der Studie.

163   Für die vorliegende Studie besonders wichtig sind Klüger 1994, Gubser 1998, Körte 2004, Lorenz 2005, Lorenz 2005b, Bogdal/Holz/Lorenz 2007; einen Überblick über den älteren Forschungsstand gibt Bogdal 2007, S. 3.

164   Insbesondere bei Gross 2010, S. 201–236; zum Forschungsstand zur ‚NS-Moral‘ vgl. Kap. 2.1 im vorliegenden Teil I der Studie.

165   Sie stellen damit eine verbreitete Wahrnehmung infrage, die bereits in einem Spruch Enzensbergers von 1969, mit der Publikation der *Blechtrommel* habe die Nachkriegsliteratur 1959 „das Klassenziel der Weltkultur" erreicht, verbürgt ist (zit. n. Lorenz/Pirro 2011, S. 10); ebenso wie die Analyse Arnolds, 1959 habe ein ‚Sprung‘ stattgefunden (Arnold 1973, S. 70–80). Dass die Postulate beider ‚Brüche‘ 1945 und 1959 aus dem engsten Umfeld der Gruppe 47 stammen, hat sicher maßgeblich dazu beigetragen, dass die zahlreichen Kontinuitäten oft übersehen werden; vgl. dazu auch die Einleitung zu Teil II sowie Kap. 2.3.2 in Teil II der vorliegenden Studie.

166   Adam 2016, S. 355: In diesem Band wird auch deutlich, wie wenig das Thema abgeschlossen ist, da er immer noch der Narration folgt, mit dem Bild vom ‚Jahre Null‘ müsse aufgeräumt werden. Sein Fazit mit dem Titel „Ausgeträumt" (ebd., S. 357–362) wird mit dem folgenden Satz eingeleitet: „So dramatisch die Einschnitte und Umwälzungen waren, die Deutschland und der deutsche Buchmarkt von den dreißiger bis zu den fünfziger Jahren des 20. Jahrhunderts erlebten, ein Jahr Null lässt sich in diesen Jahrzehnten nicht verorten. Das Bild der Tabula rasa war allenfalls ein Traum, den Autoren, Büchermacher oder Leser aus unterschiedlichsten Gründen bisweilen träumten." (Ebd., S. 357.)

Nachkriegszeit verortet. Als Konsens gilt größtenteils, wie Christian Sieg in seiner Monografie *Die ‚engagierte Literatur' und die Religion. Politische Autorschaft im literarischen Feld zwischen 1945 und 1990* (2017) festhält: Die zahlreichen „Untersuchungen der letzten Dekaden haben aufgezeigt, wie höchst problematisch der Umgang vieler Mitglieder der Gruppe 47 mit der nationalsozialistischen Vergangenheit war."[167]

Einzelne Stimmen plädieren dafür, einer als einseitig wahrgenommenen kritischen Forschung etwas entgegenzuhalten. Insbesondere die Gießener Germanisten Carsten Gansel und Norman Ächtler blicken in neueren Studien zur Gruppe 47 und ihren wichtigsten Mitgliedern ihrerseits kritisch auf die kritische Forschungstradition zur Gruppe 47. Ächtler problematisiert in seiner Dissertation zum *Soldatischen Opfernarrativ im westdeutschen Kriegsroman 1945–1960* (2013) in diesem Sinne, dass bisher „primär gefragt" worden sei: „Was hat die (Kriegs-)Literatur nach 1945 nicht geleistet?"[168] Solche ideologiekritischen Ansätze seien „bereits hinreichend diskutiert" worden,[169] weswegen er seinen „narrativistische[n] Zugang" entgegenhalten will.[170] Den sehr detaillierten und kenntnisreichen Untersuchungen Ächtlers (2013, 2014, 2016) und Gansels (2011, 2012), die in diesem Sinne entstanden sind, verdankt auch die vorliegende Studie viel. Dem grundsätzlichen ‚Schlussstrich'-Gestus, wie er von Gansel und Ächtler erneut 2017 im *Call for Papers* für eine Gruppe-47-Tagung formuliert wurde, wird hier aber nicht gefolgt:[171] Sie betonen, die „Vor- und Frühgeschichte der Gruppe 47" sei bereits „hinreichend erforscht[]", weswegen sie auf ihrer Tagung „dezidiert ausgespart" werden solle. Sie verweisen auf fünf Publikationen, darunter zwei von Ächtler selbst,[172] was m. E. für die Aufforderung zum Schlussstrich eine schmale Grundlage darstellt.

Für einen solchen Schlussstrich dürfte es, so die Annahme in der vorliegenden Studie, schon deswegen zu früh sein, weil auch innerhalb der

---

167   Sieg 2017, S. 78.
168   Ächtler 2013, S. 19.
169   Ebd., S. 9: „Die Publizistik der sogenannten ‚Jungen Generation' aus den Jahren 1945-1949 wurde unter (kultur-)politischen und poetologischen, unter sprach- und ideologiekritischen Gesichtspunkten bereits hinreichend diskutiert."
170   Ebd. Aus diesen Überlegungen geht Ächtlers sehr fundierte Studie über die „narrative[] Diskursebene der Texte" hervor; wie er zusammenfasst ein „bislang wenig beachteter Analyseansatz, der den publizistischen Arbeiten einen rhetorischen Eigenwert einräumt und die Erzählstrukturen aufzeigt, in die die jungen Autoren das Soldatische Opfernarrativ kleideten." (Ebd., S. 10.)
171   Gansel/Ächtler 2017; der Sammelband, der aus der Tagung vom 16. bis 18. November 2017 im Hans Werner Richter-Haus in Bansin/Usedom hervorgehen wird, ist im Entstehen begriffen.
172   „Arnold 2004; Gansel/Nell 2009; Döring/Joch 2011, Ächtler 2013, 2016", vgl. ebd.

kritischen Gruppe-47-Forschung keineswegs Einigkeit besteht. Dies zeigen
zwei jüngst erschienene Artikel von Lorenz und Böttiger exemplarisch, die
beide an der Schnittstelle von Wissenschaft und Öffentlichkeit stehen und so
den gegenwärtigen Diskursstand gut abbilden. Böttiger kommt im Jahr 2017
in einem Beitrag für *Deutschlandfunk Kultur*, teilweise in Revision seiner Darstellungen in der Gruppe-47-Monografie,[173] zum Ergebnis, die Gruppe 47
werde zu großen Teilen zu Unrecht „mit ‚Antisemitismus' assoziiert".[174] Lorenz
postuliert hingegen im selben Jahr in der linken Zeitschrift *Junge Welt*, schon
vor den neuen „Enthüllung verschiedenster Verstrickungen in den Nationalsozialismus" hätten Einzelstudien gezeigt, dass „eine Absage an faschistische
Denkmuster wie etwa den Antisemitismus [...] gerade bei zentralen Vertretern
der Gruppe nicht durchgängig feststellbar [ist], im Gegenteil."[175] Die „Häufung
der neueren Erkenntnisse [mache] eine Neubewertung der Gruppe 47 dringend notwendig."[176]

Solche grundsätzlichen Differenzen in der öffentlichen Wertung – bei denen
es sich nicht um Meinungen, sondern durchaus um begründbare Forschungs-
positionen handelt – lassen vermuten, dass zu der Frage nach Kontinuitäten
und Brüchen in der Gruppe 47, anders als im oben zitieren *Call for Papers* behauptet, noch viel zu sagen ist. Während viele kritische Beobachtungen über
die Gruppe 47 als Einzelfälle ausgiebig diskutiert wurden, werden sie nämlich
(wie gerade Böttigers, Ächtlers und Gansels Arbeiten zeigen) im Kontext der
Gruppe 47 nach wie vor oft als Ausnahmen von der Regel gewertet.[177] Dabei
deuten nicht nur die Menge der angeblichen ‚Einzelfälle', die Verstrickungen
einzelner Gruppenmitglieder in den Nationalsozialismus und Umformungen
der eigenen Biografien, die in den letzten Jahrzehnten bekannt wurden,[178]
sondern auch die konkreten Begebenheiten auf Tagungen, die in der kritischen
Forschung herausgearbeitet wurden, darauf hin, dass es sich dabei durchaus
um konstitutive Aspekte der Gruppe 47 handelt.

So nahmen über die ganze Bestehenszeit der Gruppe fast keine jüdischen
Autorinnen und Autoren an den Tagungen teil; die wenigen jüdischen Mitglieder
waren nur um den Preis akzeptiert, dass sie über ihre Erlebnisse im Nationalsozialismus schwiegen.[179] In den ersten Jahren der Gruppe 47 stellten sich die

---

173   Vgl. zur Lesung Paul Celans Böttiger 2012, S. 133–137.
174   Böttiger 2017, S. 3; vgl. dazu Kap. 2.4 in Teil II der vorliegenden Studie.
175   Lorenz 2017, S. 12.
176   Ebd., S. 13.
177   Vgl. weiter oben in diesem Kapitel.
178   Vgl. weiter oben in diesem Kapitel.
179   Vgl. insbesondere Braese 1999 und Briegleb 2003; vgl. auch Kap. 2.3 in Teil II der vor-
       liegenden Studie.

wichtigsten Mitglieder auch dezidiert gegen die „Literatur der Emigration",
deren Autorinnen und Autoren nicht an der nationalen Erfahrung des Zweiten
Weltkriegs teilgehabt und damit ihr Recht auf Mitsprache in Deutschland ver-
wirkt hätten.[180] Zu diesen Fakten kommen diskriminierende Stellungnahmen
gegen einzelne Juden und Emigrierte auf den Tagungen hinzu; gerade vonseiten des ‚Gruppenchefs' Richter sind zahlreiche exkludierende Äußerungen
überliefert, die sich nicht in der bereits zitierten Stellungnahme erschöpfen,
Kesten sei der Gruppe ‚nicht zugehörig', weil er Jude sei.[181] Er attestierte dem
Autor Albert Vigoleis Thelen „Emigrantendeutsch", das man im Kreis der
Gruppe ‚nicht brauchen könne', woraufhin dieser an keiner Tagung mehr teil-
nahm.[182] Bekannt ist auch die (nicht mehr unumstrittene) Episode, wie Paul
Celan nach seiner Lesung der „Todesfuge" abgekanzelt und beleidigt worden
sei und daraufhin den Gruppentreffen fernblieb.[183]

Möchte man ausgehend von solchen Überlieferungen der Frage nach NS-
Kontinuitäten in der Gruppe 47 nachgehen, kann, wie aufgezeigt, bereits auf
viel Material zurückgegriffen werden; es gibt aber nach wie vor ganz zentrale
Desiderate. Am offenkundigsten ist, dass es neben der qua Anlage polemischen
und entsprechend einseitigen Studie von Klaus Briegleb und der älteren *Ruf*-
Dissertation von Widmer keine einzige Monografie zur Frage nach dem Umgang mit dem Nationalsozialismus in der Gruppe 47 gibt. Während die Gruppe
als *Institution* ansonsten grundsätzlich gut beforscht ist, gibt es darüber
hinaus kaum Forschungsliteratur zu den *literarischen* Texten der Gruppe 47.
Und selbst außerhalb der Gruppe sind in der aktuellen Forschung explizite
literarische NS-Kontinuitäten erst selten als solche untersucht worden.[184] Die
Ausnahme hierbei bilden Studien zu literarischem Antisemitismus und zu
NS-Moraldiskursen, an die die vorliegende Studie anknüpft, wie im Folgenden
genauer zu umreißen ist.

2   Vorgehen und theoretischer Rahmen

> Jeder kennt unsere geschichtliche Last, die unvergängliche Schande, kein Tag,
> an dem sie uns nicht vorgehalten wird. Könnte es sein, daß die Intellektuellen,
> die sie uns vorhalten, dadurch, daß sie uns die Schande vorhalten, eine Sekunde
> lang der Illusion verfallen, sie hätten sich, weil sie wieder im grausamen

---

180   Vgl. dazu Kap. 3.2.4 im vorliegenden Teil I der Studie.
181   Richter 1997, S. 336; vgl. weiter oben in diesem Kapitel.
182   Vgl. Briegleb 2003, S. 137 f.; auch Böttiger 2012, S. 155.
183   Zuletzt Böttiger 2017; vgl. Kap. 2.4 in Teil II der vorliegenden Studie m w. H.
184   Vgl. weiter oben in diesem Kapitel.

Erinnerungsdienst gearbeitet haben, ein wenig entschuldigt, seien für einen Augenblick sogar näher bei den Opfern als bei den Tätern? Eine momentane Milderung der unerbittlichen Entgegengesetztheit von Tätern und Opfern.[185]

Diese Sätze aus einer Rede des ehemaligen Gruppe-47-Mitglieds Martin Walsers, die er 1998 anlässlich der Verleihung des Friedenspreis des Deutschen Buchhandels in der Paulskirche hielt, wurden, wie die gesamte Rede, ausgiebig debattiert.[186] Die Debatte soll nicht neu aufgerollt, sondern nur hinsichtlich eines spezifischen Aspekts noch einmal aufgegriffen werden: In diesem besonders andeutungsreichen Zitat werden durch die Schlagworte „Erinnerungsdienst", „Täter" und „Opfer" die wichtigsten Aspekte der deutschen Diskussion um ,Vergangenheitsbewältigung' aufgegriffen und durch die herausragende Stellung des Begriffs „Schande" moralisch aufgeladen. Raphael Gross und Werner Konitzer haben in einer genauen Analyse der Rede zeigen können, dass sich darin eine moralische Beurteilungsweise äußert, die an partikulare Moralsysteme des Nationalsozialismus anknüpft.[187]

Der Fokus auf die Erforschung literarischer Moraldiskurse bietet sich angesichts des bisher Erläuterten doppelt an: Einerseits ist die Wahrnehmung der Gruppe 47 nach wie vor maßgeblich von der Zuschreibung besonderer moralischer Verdienste und „Mentalität" geprägt. Andererseits liegt, wie in der Folge genauer aufzuführen ist, hierzu ein handhabbares Instrumentarium vor, das die Frage nach einzelnen NS-Ideologemen und deren Fortsetzung ermöglicht, ohne literarische Texte als *Ganze* ,abzuqualifizieren' oder, was klassischer Ideologiekritik oftmals vorgeworfen wird,[188] als Zeugnisse eines falschen Bewusstseins ,entlarven' zu wollen. Konkret soll danach gefragt werden, ob, und wenn ja, welche moralischen Implikationen sich in den Zeugnissen der Gruppe 47 als Kontinuitäten aus dem Nationalsozialismus verstehen lassen. Dabei sind Moralvorstellungen in den wichtigen literarischen Texten der Gruppe 47 von Interesse sowie die Frage danach, wie sich diese zu Moraldiskursen in der NS-Ideologie verhalten. Zeigt sich eine Kontinuität partikularistischer, exkludierender Moralkonfigurationen, setzen sich sogar konkrete NS-Moraldiskurse in den Texten fort? Und wie verhalten sich Konstruktionen ,des Jüdischen' und literarischer Antisemitismus dazu?

---

185 Walser 1999, S. 11.
186 Die wichtigsten Beiträge sind dokumentiert in Schirrmacher 1999; zur wissenschaftlichen Aufarbeitung vgl. auch weiter unten in diesem Kapitel m. w. H.
187 Gross 2010, S. S. 201–236; vgl. dazu weiter unten in diesem Kapitel.
188 Vgl. dazu z. B. Cruz/Sonderegger 2014, S. 27–32.

Walsers eingangs zitierte Wendung von der „*unerbittlichen Entgegengesetztheit* von Tätern und Opfern"[189] weist bereits auf die zentrale Rolle von dichotomen Zugehörigkeiten und damit auf Vorstellungen von Identität und Alterität hin, die den methodischen Zugriff der vorliegenden Studie leiten sollen. Doch zunächst sollen im Folgenden das dieser Studie zugrunde liegende Verständnis von NS-Kontinuitäten und die Theorien nationalsozialistischer Moral beleuchtet werden (2.1), bevor der Frage nachgegangen wird, wie Moral in literarischen Texten eigentlich untersucht werden kann (2.2), wobei der Fokus auf Konstruktionen von Identität und Alterität genauer auszuführen ist. Schließlich wird festgelegt, wie das weitere Untersuchungskorpus zustande kommt, wobei zu klären ist, welches die ‚wichtigsten Texte' der Gruppe sind und damit auch, welche Autoren und Autorinnen überhaupt als wirkliche *zugehörige* Gruppenmitglieder gelten (2.3). Aufgrund dieses Überblicks können die zentralen Begriffe der Studie geklärt und schließlich die Fragestellung geschärft werden (2.4).

2.1 Kontinuitäten aus dem Nationalsozialismus und ‚NS-Moral'[190]

Von NS-Kontinuitäten zu sprechen, ist schon deswegen problematisch, weil bereits über die Deutung des Nationalsozialismus selbst kaum Einigkeit herrscht und die Kontroversen um seine Geschichtsschreibung einen außergewöhnlich „hohe[n] Emotionalitätsgrad" aufweisen,[191] wie Gross (2010) zusammenfasst:

> Über die NS-Geschichte wurden und werden in Deutschland fortwährend Kontroversen ausgetragen. [...] Grob können drei Ebenen unterschieden werden, auf welche sich diese Konflikte beziehen: die faktisch richtige Rekonstruktion des Geschehens, seine moralisch richtige Beurteilung und schließlich das der Geschichte angemessene Gedenken und Erinnern. Es ist von der Sache her unmöglich, die drei Ebenen getrennt voneinander zu analysieren, obgleich dies aus verschiedenen Überlegungen heraus immer wieder gefordert wird.[192]

Entsprechend kontrovers wird auch die Definition historischer Kontinuitäten diskutiert. Es kann und soll hier nicht die ganze Kontroverse aufgearbeitet und ergänzt werden, sondern nur wegen der Vielzahl möglicher Positionen eine Verortung in Bezug auf die wichtigsten Fragen vorgenommen und die

---

189 Walser 1999, S. 11 [Hervorhebung N. W.].

190 Einzelne Teile dieses Kapitels wurden bereits in einer älteren Fassung publiziert (vgl. Weber 2015).

191 So Gross 2010, S. 204 zur öffentlichen Kontroverse zwischen Martin Broszat und Saul Friedländer im Jahr 1988.

192 Gross 2010, S. 203.

zugrunde liegende Perspektive mit Schwerpunkt auf NS-Moraldiskurse eingeführt werden.

   Die Historikerin Birthe Kundrus hat das Thema wiederholt bearbeitet und
im Band *Kontinuitäten und Diskontinuitäten. Der Nationalsozialismus in der
Geschichte des 20. Jahrhunderts* (2013) einleitend eine Zusammenfassung des
Forschungsgebietes gegeben.[193] Wie sie darlegt, ist die Frage, „wieviel Vergangenheit in eine gesellschaftliche Gegenwart eingeht", aus naheliegenden
Gründen ein „Kernproblem der Geschichtswissenschaft",[194] und gerade in
Bezug auf den Nationalsozialismus verschärfen sich die diesbezüglichen
Schwierigkeiten: Die vielen widersprüchlichen NS-Interpretationen im Ver-
laufe der Zeit ließen bis heute vor allem den Schluss zu, dass sich der Erfolg
des Nationalsozialismus erst aus dem Zusammenspiel unzähliger Faktoren
ergab.[195] Einzelne dieser Faktoren – und eben auch die je einzelnen Aspekte
der Ideologie –, als monokausale Begründung, als alleinige „Auslöser" für die
NS-Diktatur zu betrachten, ist angesichts dessen kaum möglich; aber die Frage
nach Kontinuitäten einzelner Faktoren ist dennoch wichtig, denn auch wenn
sie jeweils nicht die *einzige* Ursache waren, führten sie zusammengenommen
dennoch zum „Zivilisationsbruch Auschwitz"[196]. Die Rede von der Kontinuität eines Diskurses impliziert in diesem Verständnis zunächst, dass die entsprechenden Ideologeme *auch* im Nationalsozialismus wichtig waren.[197] Bei
dem Hintergrund vieler 47er-Autorinnen und Autoren, die im Nationalsozialismus sozialisiert worden sind, kommt nun insbesondere dazu, dass der Bezug
zum Nationalsozialismus am nächsten liegt: Selbst bei sehr eng gefassten
Definitionen des Kontinuitätsbegriffs soll eine „partielle Identität" der „Träger
von Wissen und / oder Erfahrungen, seien es Personen oder Institutionen" es

---

193   Kundrus/Steinbacher 2013, S. 9–29.

194   Ebd., S. 12.

195   Einen umfangreichen Überblick über Interpretationen des Nationalsozialismus und
        Debattenverläufe in der BRD gibt das *Lexikon der „Vergangenheitsbewältigung"* (Fischer/
        Lorenz 2015).

196   Der Begriff wurde von Dan Diner (1988) geprägt, der auf den wichtigen Aspekt hinweist,
        dass der Fokus auf Kontinuitäten Gefahr laufen kann, die Perspektive der Opfer des
        Nationalsozialismus zu missachten – diese mussten das Jahr 1945 sehr wohl als grund-
        legende Zäsur empfinden (ebd. S. 7 f.).

197   Vgl. z. B. Kundrus/Steinbacher 2013, S. 15–21; der Historiker Philipp Sarasin hat diesen
        Punkt jüngst in einem polemischen Zeitungsartikel über gegenwärtigen Rassismus
        in Deutschland pointiert formuliert: „Der NS war nicht einfach ein schicksalhafter
        Zivilisationsbruch, sondern die von vielen gewollte und mitgetragene *Radikalisierung
        einer bestimmten Form der Moderne*. Rassismus, Diktatur und Vernichtungskrieg sind
        nicht unerklärliche ‚Tragik', sondern auch *Teil der Geschichte* Europas." (Sarasin 2016, o. S.)

legitimeren, von einer Kontinuität zu sprechen, wenn diese „über verschiedene Kontexte hinweg fortbestehen [...].“[198]

2.1.1   ‚NS-Moral‘

Als Folie der Analysen in der vorliegenden Studie dient neuere Forschung zur Weltanschauung des Nationalsozialismus, die nach Werten, Normen und verbreiteten Moralvorstellungen der NS-Ideologie fragt.[199] „Moral“ ist in diesem Zusammenhang rein deskriptiv zu verstehen, als „System von Normen, Werten und moralischen Gefühlen“,[200] wie es Gross formuliert. Diese Betrachtungsweise kann zentrale Vorgänge im ‚Dritten Reich‘ gut erklären: Ethik-Debatten und genuin moralische Konzepte wie Treue, Ehre und Schande zogen sich nämlich sogar formativer als in anderen Systemen durch die NS-Ideologie. Augenfällig ist die zentrale Stellung moralisch aufgeladener Begriffe beispielsweise im SS-Eid „Meine *Ehre* heißt *Treue*“ oder in Himmlers Posener Geheimrede vom 4. Oktober 1943, wo er vom „moralischen Recht“ spricht, alle Juden umzubringen, und einen Katalog von „Tugenden“ listet, die seine SS-Männer mitzubringen hätten.[201] Auch die Überzeugung vieler Kriegsverbrecher nach 1945, keine moralische Schuld zu tragen, korrespondiert mit der Annahme, dass im Nationalsozialismus Moralvorstellungen nicht einfach gänzlich zurückgedrängt, sondern auch justiert und zu einem integralen Teil der Ideologie wurden.[202]

Der Widerspruch zwischen NS-Unrechtsstaat und Moral lässt sich durch das Konzept der „partikularen Moral“ nach Ernst Tugendhat erklären.[203] „Unsere“ vertraute universelle Moral sucht nach Werten und Normen, die für alle Menschen gleichermaßen gelten können. Eine partikulare Moral gilt dagegen nur für eine bestimmte Gruppe (im Nationalsozialismus natürlich die „arische Rasse“) – dies sowohl in den moralischen Pflichten als auch in den moralischen Rechten. Anders als zum Beispiel bei den biologistischen Aspekten der Rassenlehre handelt es sich bei solchen Moralvorstellungen um keine rein rational dekonstruierbaren Konzepte: Verstöße gegen eine eingeübte Moral lösen *spontane* Gefühle der Empörung aus; moralische Urteile beinhalten immer ein „vorratoides Moment der Erleidens“, wie der Moralphilosoph Dietmar Mieth

---

198   Vgl. Kundrus/Steinbacher 2013, S. 12 f.

199   Der wichtigste Bezugspunkt der vorliegenden Studie ist Raphael Gross’ Monografie *Anständig geblieben. Nationalsozialistische Moral* (2010); zu der breiten Forschungsliteratur, auf die zusätzlich zurückgegriffen werden kann, vgl. weiter unten in diesem Kapitel.

200   Gross 2010, S. 52.

201   Himmler 1943, S. 123.

202   Vgl. u. a. Gross 2010, Kap. 7: „Die Ethik eines wahrheitssuchenden Richters“, S. 143–170.

203   Tugendhat 1993; vgl. auch Tugendhat 2009, Gross 2010, S. 7–15.

formuliert.[204] Dementsprechend schwierig sollte es sein, diese spontanen moralischen Urteile rational zu fassen und im Bestreben eines kompletten Neuanfangs von einem Tag auf den anderen zu verändern, was sie für die Frage nach Kontinuitäten auch soziologisch oder psychologisch besonders anbietet.

,NS-Moral' in den Geschichtswissenschaften

NS-Moraldiskurse sind insbesondere im letzten Jahrzehnt intensiv beforscht worden. Neben zahlreichen Studien der Forschungsgruppe um Gross und Konitzer sind auch Monografien von Wolfgang Bialas (2014), Lothar Fritze (2012) Johann Chapoutot (2016) erschienen, zahlreiche Aufsätze,[205] darunter mehrere einschlägige Sammlungen im Jahrbuch des Fritz Bauer Instituts (2009; 2014, 2016) und der Sammelband von Bialas und Fritze, der im selben Jahr auf Deutsch und auf Englisch erschienen ist (2014b). Die Vorläufer der Beschreibung von NS-Moralvorstellungen und -diskursen hat Raphael Gross in seiner Monografie *Anständig geblieben. Nationalsozialistische Moral* (2010) umfassend zusammengetragen.[206]

Gross und Konitzer haben im Anschluss an Tugendhat vorrangig die *grundsätzliche* Frage nach einer ,Moralität"[207] der NS-Ideologie bearbeitet, worauf jüngere Studien aufbauen konnten. So hat der Philosoph und Kulturwissenschaftler Wolfgang Bialas anhand einer großen Menge an Quellen philosophische und politische Moraldebatten im Nationalsozialismus rekonstruieren und so ein umfangreiches Bild einer „rassenbiologische[n] Ethik"[208] zeichnen können, in deren Sinne die nationalsozialistischen Theoretiker durch „die biopolitische Radikalisierung des Sozialdarwinismus und romantischer Konzepte von Nation und Volk [...] eine wissenschaftliche Moral zu entwickeln" suchten.[209] Seine spezifischen Einzelbeobachtungen über den Umgang mit „Rasseninstinkt und moralische[r] Urteilskraft",[210] moralischen Bedenken[211]

---

204   Mieth 2007, S. 221; zur Verortung der Moral zwischen Vernunft und Verstand vgl. ebd., S. 220–223; vgl. auch Gross 2010, S. 205–228.

205   Konitzer 2005, Fritze 2009 und alle Beiträge in den im Folgenden erwähnten Sammelbänden.

206   Gross 2010, S. 237–257.

207   „Moralität des Bösen" lautet der Titel des vom Fritz Bauer Institut herausgegebenen Jahrbuchs „zur Geschichte und Wirkung des Holocaust" aus dem Jahr 2009.

208   Bialas 2014, S. 15.

209   Ebd., S. 13.

210   Ebd., S. 39.

211   „Zu [den klassischen moralischen Denkfiguren], die übernommen und funktional in die neue moralische Ordnung integriert wurden, gehörten das Gewissen als innere Instanz moralischer Selbstbefragung, die ethische Diskriminierung des Egoismus als unmoralisch und das Zulassen von Bedenken als Zeichen moralischer Ernsthaftigkeit und deren

oder Mitleid[212] und insbesondere mit dem Konstrukt der Volksgemeinschaft als Ziel moralischen Strebens[213] werden im Folgenden im Rahmen einzelner Analysen herangezogen und genauer ausgeführt. Auch der französische NS-Historiker Johann Chapoutot betont in seiner Einleitung zum jüngsten Jahrbuch des Fritz Bauer Instituts die weitreichende Bedeutung, die die im Nationalsozialismus angestrebte „normative Revolution"[214] für dessen philosophische Grundierung gehabt habe:

> Es ist in der Tat vor und während der NS-Zeit viel zum Thema Normen geschrieben worden: in der Presse und an den Universitäten; Bücher, Artikel, Pamphlete, Gedichte. Man hat Filme gedreht, in denen es um diese Normen ging. Und man hat argumentiert. Juristen, Historiker, Biologen, Philosophen, aber auch weniger wissenschaftliche Wortführer des Nationalsozialismus haben viel geredet und geschrieben, um zu erklären, dass die überkommenen Normen falsch, ungesund und gefährlich seien und man daher eine normative Revolution durchführen müsse, wenn man die eigene ‚Rasse' retten wolle. Viel heißt hier wirklich viel.[215]

Obwohl sich die Betrachtung dieser NS-Normen, wie auch Jörn Retterath (2018) in seiner Rezension des Bands festhält, in diesem Sinn zunehmend und für ganz verschiedene Disziplinen als „sinnvoll und lohnenswert" erweist,[216] gibt es noch wenige Studien dazu, wie sie sich in fiktionalen Werken des Nationalsozialismus niedergeschlagen haben oder sogar nach dem Nationalsozialismus fortsetzten.[217]

Überwindung als Beleg moralischer Stärke." (Ebd., S. 13.) Vgl. auch Kap. 1.3 in Teil III der vorliegenden Studie.

212 Ebd., insbesondere S. 220–232; vgl. auch Kap. 2 in Teil II der vorliegenden Studie.

213 Ebd., insbesondere S. 54–62 (i. e. Kapitel: Das Ethos des Dienstes an der Gemeinschaft); vgl. Kap. 1.2 in Teil III der vorliegenden Studie.

214 Chapoutot 2016, S. 16.

215 Ebd.

216 Retterath 2018.

217 Insbesondere zu Wertvorstellungen im NS-Film (Kleinhans 2016) und zu ihrer Fortsetzung im Film (Klockow 2016) sind bereits erste Studien erschienen. Auf der Tagung zum Sammelband von Konitzer/Palme 2016 wurde zudem ein aus literaturwissenschaftlicher Sicht besonders bemerkenswertes Projekt der Germanistin Katrin Henzel und des Pädagogen Stefan Walter vorgestellt: Die interdisziplinäre Studie erforscht Grundwerte des Nationalsozialismus anhand von Poesiealben der NS-Zeit. Auf einer breiten empirischen Basis im Vergleich mit Bänden aus DDR und BRD konnten sie vier „Solitäre Kernwerte" des Nationalsozialismus identifizieren, also vier Bereiche, die nur im Nationalsozialismus den Charakter moralischer Imperative eingenommen haben: „1. Totale Identifikation mit eigener Rasse, Volk und Nation; 2. Antisemitismus, Rassenhygiene und Rassenerhaltung; 3. Ungleichheit der Individuen, Auslese, Führerprinzip; 4. Bäuerlich-ländliche Lebensweise (Vortragstitel: „Du trägst dein Blut nur zur Lehn ..." – Wertvorstellungen

Schwierigkeiten

Dass bisher nur wenige Studien zu Moraldiskursen in fiktionalen Werken im und nach dem Nationalsozialismus vorliegen, dürfte auch daran liegen, dass das Konzept nicht unproblematisch zu handhaben ist. So wurde in der Rezeption von Gross' Monografie bereits ein Einwand laut, dem auch die vorliegende Studie begegnen muss: In Gross' Theorie bleibe die Grenze zwischen ‚NS-Moral' und verwandten Konstrukten wie „Ideologie, Mentalität und Gesinnung [...] durchaus fliessend", so Ahlrich Meyer in der *NZZ* (2010). Die Ursache dafür ist allerdings nicht zuletzt in der Beschaffenheit dieser NS-Moraldiskurse zu sehen: Gross arbeitet einleitend heraus, dass in partikularistischen Moralsystemen solche Grenzen, insbesondere zwischen Konvention und Moral, verwischt würden.[218] Es ist damit gerade ein konstitutives Moment der ‚NS-Moral', dass auch Konzepte moralisch aufgeladen wurden – das heißt ‚vorratoid' oder ‚intuitiv' beurteilt wurden –, die heute ‚neutraler' als Gesinnung oder Ideologeme wahrgenommen werden. Im Nationalsozialismus wurden Verstöße dagegen anders als heute von moralischen „Sanktionsgefühlen" wie Groll und Empörung, Schuldgefühlen und Scham begleitet.[219] Damit kann es gerade ein NS-Spezifikum einzelner Ideologeme sein, wie stark moralisch aufgeladen sie waren: Weder eine hochmoralische Aufladung von Treue noch die Vorstellung, es sei falsch zu desertieren, nicht einmal die Idealisierung von „Führertreue" sind für sich genommen einzigartig für den Nationalsozialismus; wohl aber die enge Verknüpfung dieser Aspekte im Eid „Meine Ehre heißt Treue".

---

des NS-Staats in Poesiealben zwischen 1933 und 1945"; die Publikation ist noch in Vorbereitung. Herzlichen Dank an Katrin Henzel und Stefan Walter, die mir ihre Unterlagen zur Verfügung gestellt haben).

218   Vgl. Gross 2010: „Universelle und partikulare Moralen unterscheiden sich also auch durch die Art und Weise der Begründung ihrer Normen. Partikulare Moralsysteme verzichten, wie gesagt, auf Begründungen allen gegenüber, und sie unterscheiden nicht sehr scharf zwischen Moral und Konvention. Dies ist nicht einfach zufällig, sondern darauf zurückzuführen, dass hier die Begründung moralischer Normen in derselben Weise funktioniert wie die Begründung von Konventionen, nämlich im Sinne eines apodiktischen ‚Wir machen es so'. [...] Während in einer universellen Moral die Einhaltung moralischer Normen in ganz anderer Weise emotional eingefordert wird als das Befolgen von Konventionen, lösen sich diese Unterscheidungen in einer partikularen Moral immer mehr auf." (Ebd., S. 14 f.)

219   Gross (2010) spricht in diesem Zusammenhang von ‚moralischen Gefühlen' (ebd., S. 39), in denen er auch die von Sartre als solche beschriebene „antisemitische Leidenschaft" im Nationalsozialismus begründet sieht, wenn er erläutert: „Diese Leidenschaft [...] gewinnt ihre Brisanz aus der Tatsache, dass sie sich auf geteilte und gegenseitig einforderbare Gefühle von Schuld, Scham, Groll und Empörung stützen kann, kurz: auf moralische Gefühle." (Ebd.)

Entsprechend vorsichtig muss die Frage nach Fortsetzungen solcher Diskurse beantwortet werden.[220] Die Diskurse überhaupt genau erfassen zu können, ist ein junges und noch nicht zu einem vorläufigen Konsens konsolidiertes Forschungsziel von Gross' Studie und den weiteren zentralen Studien zu Nationalsozialismus und Moral von Bialas, Konitzer oder Chapoutot, was den ‚praktischen' literaturwissenschaftlichen Umgang damit erschwert: Die Ergebnisse sind voraussetzungsreich und lassen es nicht zu, eine Art „Fragenkatalog" einzelner Moralvorstellungen oder Ideologeme zu erstellen, nach denen literarische Texte anschließend befragt werden können. Selbst die moralischen Begrifflichkeiten sind je nach Kontext grundsätzlich anders zu verstehen:[221] Ist die Rede von einer ‚guten' literarischen Figur, so bleibt sprachlich uneindeutig, ob es sich um einen moralisch handelnden Nationalsozialisten im Sinne eines NS-Moralsystems, im Sinne des jeweiligen Texts oder im Sinne einer heute aktuellen universalistischen Moralvorstellung handelt. Da der Begriff der Moral im Kontext der NS-Moraltheorien *deskriptiv* ist, muss seine Verwendung in der vorliegenden Studie auch *relational* bleiben. Normative Begriffe sind in diesem Sinn kontextabhängig, das heißt ‚moralisches Verhalten' bezeichnet, was im jeweiligen Kontext als solches markiert ist.

Für die vorliegende Studie wurde aus diesen Gründen ein Ansatz gewählt, der nicht nach spezifischen NS-Moraldiskursen ‚sucht', sondern zunächst von einzelnen Wertvorstellungen in den jeweiligen *literarischen Texten* ausgeht.[222] Die moralischen Implikationen der Texte können nun wiederum mithilfe der Studien zu konkreten NS-Moraldiskursen ausgedeutet und in ihrer Nähe bzw. Distanz zum Wertesystem des Nationalsozialismus eingeordnet werden. Dieses Vorgehen setzt den weiten und nicht von vornherein abschließend definierten Moralbegriff, der in Bezug auf Gross' Studie kritisiert wurde, gerade voraus.

---

220 Zum Begriff der NS-Kontinuität vgl. auch weiter oben in diesem Kapitel.

221 Dies noch davon abgesehen, dass sie in der Ethik als eigenes Gebiet der Philosophie sowieso schon Gegenstand immer neuer Aushandlungen sind. Auf solche grundsätzlichen Betrachtungen wird in der vorliegenden Studie gänzlich verzichtet, die Terminologie orientiert sich am theoretischen Rahmen.

222 Die Werke zunächst allgemein auf ihre Moralvorstellungen hin zu befragen, soll eine unvoreingenommene Herangehensweise gewährleisten. Insbesondere unter Berücksichtigung des wenig fortgeschrittenen Forschungsstandes zu NS-Moral in literarischen Werken scheint es gewinnbringender, die Analysen in diesem Sinne in einer klassischen kulturwissenschaftlichen Vorgehensweise anzugehen, und die Erkenntnisse der NS-Moralforschung sowie weitere Kontexte, wie nichtliterarische Zeugnisse der Gruppe 47 und Rezeptionszeugnisse erst zur Deutung der Ergebnisse heranzuziehen. Daraus ergibt sich die Grundlage, die eine Zusammenstellung moralischer Strukturen aus dem / mit Bezug zum Nationalsozialismus in literarischen Texten überhaupt ermöglichen kann, sollten sich diesbezüglich bemerkenswerte Regelmäßigkeiten zeigen.

Damit kann an Nora Bernings Studie zu einer *Critical Ethical Narratology* (2013) angeschlossen werden, die, wie positiv hervorgehoben wurde, deutlich macht, „dass eine narratologische Analyse erzählerischer Wertekonstruktionen möglichst flexibel angelegt sein muss."[223]

2.1.2   Identität und Alterität I: Partikulare Moral

Trotz dieser grundsätzlichen Offenheit soll nicht voraussetzungslos an die literarischen Texte herangetreten werden. Um den Blick auf Texte zu lenken, die hinsichtlich Kontinuitäten und Brüchen mit NS-Moraldiskursen relevant sein könnten, hat sich der Fokus auf *moralische Zuschreibungen von Identität und Alterität* als besonders gewinnbringend erwiesen. Der Grundsatz einer von Tugendhat als „partikularistisch" beschriebenen Moralsystems bildet wie beschrieben den kleinsten gemeinsamen Nenner der zahlreichen Theorien zu ,NS-Moral'. Und diesem Moralsystem ist eine grundlegende Unterscheidung zwischen der ,Wir-Gruppe' und ,den Anderen'[224] konstitutiv eingeschrieben. Eine partikulare Moral schließt Nichtzugehörige der jeweiligen ,Wir-Gruppe', das heißt ,Andere', in doppelter Weise von der ,eigenen' Moral aus:[225]

– Erstens wird ,den Anderen' zugeschrieben, für andere moralische Werte zu stehen als die ,Wir-Gruppe'. Im Nationalsozialismus äußerte sich diese Wahrnehmung am deutlichsten in der Hetze gegen die gesamte angeblich nicht-,arische' und / oder ,gemeinschaftsfremde' Bevölkerung,[226] der dezidiert unmoralische Eigenschaften attribuiert wurden wie Falschheit in der antisemitischen, unehrliche und diebischer Lebensweise in der antiziganistischen oder „perverse" Sexualität in der Homosexuellen-Hetze. In Vorstellungen wie der „Rassenschande" zeigt sich die Radikalität dieser Sichtweise: Wie Gross am Beispiel der Gerichtsverhandlung gegen den NS-Richter Edmund Kessler herleitet,[227] haftet bereits die Schande, die sexueller Kontakt einer/-s Einzelnen mit ,Gemeinschaftsfremden' „für die deutsche Ehre bedeutet, [...] gleichsam jedem einzelnen Deutschen an";[228] kann also

---

223   Hubmann 2015, S. 106; die methodischen und theoretischen Prämissen der narrativen
        Ethik und der *Cultural Studies*, die in der vorliegenden Studie die methodische Grundlage
        dafür bieten, werden weiter unten in diesem Kapitel ausgeführt.
224   Zu dem der vorliegenden Studie zugrunde liegenden Verständnis von Identität und
        Alterität vgl. weiter unten in diesem Kapitel.
225   Diese Überlegungen sind eine Synthese der Ergebnisse Tugendhats (1993) und Gross/
        Konitzers (Gross 2010).
226   Vgl. Gross 2010, S. 203 mit Hinweis auf Peukert 1982.
227   Gross 2010, S. 46–53.
228   Ebd., S. 52.

die ‚eigene‘, naturgegebene Tugendhaftigkeit der deutschen Volksgemeinschaft gefährden.

– Zweitens gelten in Bezug auf ‚Andere‘ auch andere moralische Pflichten. Sie
brauchen nicht gemäß denselben moralischen Regeln behandelt zu werden
wie die Angehörigen der ‚Wir-Gruppe‘. Himmlers Posener Rede ist auch
hierfür ein gutes Beispiel, wenn er sagt: „Ein Grundsatz muss für den SS-
Mann absolut gelten: ehrlich, anständig, treu und kameradschaftlich [also
hochmoralisch, NW] haben wir zu Angehörigen unseres eigenen Blutes
zu sein und sonst zu niemandem“.[229] Im Nationalsozialismus wurde diese
Auffassung so weit getrieben, dass als unmoralisch galt, wer sich anderen
„Rassen“ gegenüber moralisch verpflichtet fühlte: Normative Maxime war
die bedingungslose Verpflichtung an die eigene Volksgemeinschaft und die
Ächtung der „rassenindifferenten“, egalitären Gesellschaftsform;[230] wie
Tugendhat formuliert, wurde „den Außenstehenden gegenüber überhaupt
keine moralischen Einschränkungen mehr anerkannt [...].“[231]

Wichtig ist, wie Tugendhat an dieser Stelle betont, dass „Partikularismus und
Universalismus sich nicht einfach ausschließen“.[232] Ein Zugehörigkeitsgefühl
zu einer Nation oder Kultur laufe einem moralischen Universalismus nicht
grundsätzlich zuwider, doch „der Partikularismus hört auf, aus der Perspektive
des Universalismus moralisch harmlos zu sein, sobald er eine Abwertung
der anderen impliziert.“[233] In der vorliegenden Studie ist die Konstatierung
partikularer Moralvorstellungen in einzelnen Texten in diesem Sinne nicht

---

229   Himmler 1943, S. 123.

230   Vgl. z. B. Bialas/Fritze 2014, S. 18: „Tiere, die aus der Art schlügen und sich widernatürlich verhalten würden, hätten dank des Gesetzes natürlicher Auslese keine Überlebens-
chancen. Bei Menschen sei das grundsätzlich anders. Die Geschichte menschlicher
Zivilisation könne als fehlgeschlagenes Experiment der prinzipiellen Förderung von
Vielfalt, Differenz und Toleranz beschrieben werden. [...] In bewusster Gegensteuerung
zur kulturellen Domestizierung müssten die ihrer biologischen Natur entfremdeten
Menschen erst wieder lernen, Versuchungen zu rassenindifferentem Verhalten zu
widerstehen und die Souveränität eines artgemäßen Egoismus auszubilden. Ihre
Konditionierung zu instinktsicherem Verhalten legte ihnen ein solches Verhalten als
moralisch nahe.“

231   Tugendhat 2009, S. 73.

232   Ebd., S. 72.

233   Ebd. Wie er ausführt, ist es deswegen sinnvoll, „vom Partikularismus als solchem diejenige
Haltung zu unterscheiden, in der die Identifizierung mit der Gruppe dazu führt, gegenüber den Außenstehenden nicht mehr die universalistischen Normen einzuhalten“, in
der also „das Partikularistische [...] dem Universalistischen nicht mehr untergeordnet“
wird (ebd., S. 72 f.).

gleichzusetzen mit einer grundsätzlichen Problematisierung dieser Texte.[234]
Insbesondere konkrete Schlüsse über eine Nähe oder Distanz zur NS-Ideologie
können ausgehend von dieser Perspektive zunächst nur *ex negativo* gezogen
werden, indem die Abwesenheit solcher dichotomer Konfigurationen eine
deutliche Distanz zur ‚NS-Moral‘ nahelegt.

Enthalten Texte deutliche moralische Dichotomien, so sind diese dennoch
nicht zwingend als Fortsetzungen nationalsozialistischer Vorstellungen zu
lesen, und auch wenn sie vom heutigen Kenntnisstand aus mit NS-Ideologemen
korreliert werden können, wurden sie deswegen in der Bestehenszeit der
Gruppe 47 nicht zwingend ebenfalls als solche verstanden und gründen
so nicht zwingend auf *intentionalen* Abwertungen.[235] Sie können aber ein
Zeugnis der „besonderen Bindungskraft moralischer Normen" sein,[236] die
gemäß Gross zu ihrer Beständigkeit führt: Moralsysteme sind „tiefer in inter-
subjektiv eingeübte und subjektiv übernommene Verhaltensweisen, in
Gefühle, spontane Beurteilungen und Reaktionsformen eingewoben als tages-
politische Überzeugungen".[237]

---

234 Auch wenn im Sinne gegenwärtiger Ansätze der *Cultural Studies* davon ausgegangen
    wird, dass der Übergang zur von Tugendhat als problematisch benannten „Abwertung
    der anderen" fließend ist, wird diese Problematik nicht mit einer NS-Kontinuität gleich-
    gesetzt und ein Schreiben im Sinne dieses postmodernen Identitätsverständnisses nicht
    von der Gruppe 47 erwartet; vgl. weiter unten in diesem Kapitel.

235 Martin Gubsers (1998) in diesem Zusammenhang formuliertes Postulat „sine ira et
    studio" (ebd., S. 155) wie auch an die von ihm an dieser Stelle zitierte sehr treffende
    Aussage Ruth Klügers über klischierte Judenfiguren in literarischen Texten gelten auch
    für die vorliegende Studie: „Bei der Auswahl der Beispieltexte ist das Prinzip *sine ira et
    studio* unerlässlich: Die Tatsache, daß selbst vornehmste Exponenten der deutschen
    Literaturgeschichte nicht immer frei sind von amisemitischen Regungen, sollte nicht
    zum Verdikt gegen diese gebildet werden. Ruth Klüger schreibt zu dieser Gefahr: ‚Die
    Beschäftigung mit ihnen [Werken mit antisemitischer Tendenz] erfordert von der Kritik
    eine Bereitschaft, sich mit moralischen und ästhetischen Widersprüchlichkeiten geduldig
    auseinanderzusetzen. Es geht einerseits nicht an, Werke, in denen negative jüdische Ge-
    stalten auftauchen, pauschal zu verwerfen. Aber ebensowenig sollten wir verkennen, daß
    diese Gestalten Produkte der Judenfeindlichkeit sind, daß ihnen, bildlich gesprochen,
    eine untergeschobene Leiche zugrundeliegt.'" (Klüger 1994b, S. 104, zit. n. Gubser 1998,
    S. 155 f.)

236 Gross 2010, S. 219. Diese besondere Bindungskraft beruhe darauf, „dass Handlungsregeln
    unmittelbar in die Gefühle und Stimmungen der moralischen Person eingelassen sind.
    Auf diese Weise greifen sie schon in die Bildung der Absichten ein. Von jemandem, der
    sich generell schlecht fühlt, wenn er gegen eine Norm verstößt, kann ich mit großer Wahr-
    scheinlichkeit erwarten, dass er sich an die Norm hält." (Ebd.)

237 Ebd., S. 210.

2.1.3   Kontinuitäten partikularer Moral

Dass diese Perspektive auf die Gruppe 47 lohnenswert ist, zeigt Konitzers
und Gross' Analyse von Martin Walsers Paulskirchenrede,[238] in der gerade
die moralische Dichotomie zwischen der deutschen ‚Wir-Gruppe' und den
‚Anderen' besonders ins Gewicht fällt. Wie Konitzer und Gross zeigen konnten,
zeugt das Leitmotiv der „Schande" in Walsers Rede kaum von einer moralischen
Verurteilung der nationalsozialistischen Verbrechen. Dies würde nämlich
Empörung oder Groll erfordern, Gefühle, die Walser bei einzelnen linken
deutschen (nichtjüdischen) Intellektuellen aber gerade als heuchlerisch und
als unrechtmäßige Annäherung an die Opferseite kritisiert.[239] Stärker als von
einer solchen Empörung zeugt seine Rede, wie die Analyse deutlich macht, von
der partikularistischen Vorstellung, durch die Angehörigkeit zu einer Gemeinschaft, deren Moralsystem – und so auch den ‚moralischen Wert', das heißt
allenfalls auch Zuschreibungen von unmoralischen Handlungen – selbstverständlich *a priori* mitzutragen und sich deswegen ggf. auch dafür schämen zu
müssen.[240]

In dieser Wahrnehmung muss ein Urteil über ‚unsere' Taten vonseiten
‚Anderer' als Anmaßung und Kränkung empfunden werden.[241] Und es setzt
sich darin nicht nur die Art und Weise partikularen moralischen Urteilens

---

238   Zuletzt abgedruckt ebd., S. 201–236.

239   „Es geht ihnen, so kann man seine Darstellungen verstehen, nicht darum, die Hand-
       lungen der rechtsradikalen Täter zu verurteilen. Vielmehr, so Walser, wollten die Kritiker
       mit ihrer Empörung über die Gewalttaten der Rechtsradikalen eine bestimmte Gruppe
       von Menschen (die Deutschen) verletzen, ohne dafür wirklich einen Grund zu haben.
       Als Motiv für diese Verhaltensweise unterstellt Walser ihnen, dass sie sich auf diese Weise
       entschuldigen wollten, dass sie sich von der Seite der Beschuldigten lösen und ‚für einen
       Augenblick näher bei den Opfern als bei den Tätern' sein wollten." (Ebd., S. 224.)

240   Dies im Sinne der nationalsozialistischen essentialistischen Vorstellung, dass man ent-
       weder ‚von Natur aus' zu einem moralischen Kollektiv gehöre oder niemals; Deutsche
       konnten dieses Recht zwar durch gemeinschaftsschädigendes Handeln verwirken, Juden
       waren aber von vornherein von der Möglichkeit der Zugehörigkeit ausgeschlossen: „Ein
       Deutscher, der Widerstand leistete, verwirkte seine Rechte als Deutscher, ein Jude aber
       hatte gar nicht die Möglichkeit, seine Rechte zu verwirken, da er *a priori* keine besaß."
       (Ebd., S. 228.)

241   Wie Gross/Konitzer konsequenterweise auch in Bezug auf die ‚positive' Deutung ab-
       lehnen, Deutsche hätten eine größere moralische Verantwortung als alle anderen: „Ver-
       antwortungsvolles Handeln gründet sich auf universell gültige moralische Werte, und
       dazu gehört es, dass alle Menschen gleiche Rechte und Pflichten haben. Niemand darf
       also allein wegen seiner Zugehörigkeit zu einer bestimmten Gruppe benachteiligt oder
       bevorzugt werden. In diesem Sinne ist es falsch zu sagen, manche Menschen seien wegen
       ihrer historischen Situation, wegen ihrer Herkunft oder ihrer Zugehörigkeit zu einer
       bestimmten Nation verantwortlicher als andere. Wenn damit gemeint sein soll, dass
       Deutsche irgendwie besonders moralisch sein müssten, so ist dieser Gedanke schlicht

aus dem Nationalsozialismus fort, sondern in direkter Konsequenz auch der Ausschluss ‚Anderer‘ aus seiner ‚Wir-Gruppe‘, die sich als Täter-Kollektiv konstituiert:

> Angesichts eines Verbrechens kann und muss sich jeder moralische Mensch empören, sofern er nicht selbst Schuld daran hat. Ein Verbrechen ist eine Schande aber nur für diejenigen, die einer scheinbar im Voraus bestimmten Gemeinschaft angehören. Wo vom Holocaust als einer Schande für alle Deutschen gesprochen wird, darf ein Jude nicht mehr Deutscher sein.[242]

Für Walser gelte so wie bereits für die jungen Deutschen in der unmittelbaren Nachkriegszeit:

> Dass sie sich für Handlungen schämten, die sie nicht begangen hatten, zeigt […], wie sehr sich die Form des moralischen Urteilens nach dem Krieg erhielt […]. Auschwitz war, so kann man sagen, in der Wahrnehmung dieser jungen Deutschen deshalb ein Verbrechen, weil es eine ‚Schande‘ war.[243]

Gross’ und Konitzers Beobachtung, dass die Opfer des Nationalsozialismus aus Walsers nationaler ‚Wir-Gruppe‘, die an ihrer Schande leidet, nach wie vor ausgeschlossen sind, ist nicht zu widersprechen. Zu erklären versuchen sie dies über einen generationellen Zugriff: Über Walsers Generation könne man „mit Gewissheit sagen, dass sie den Nationalsozialismus, allein schon aufgrund ihres jugendlichen Alters, gar nicht aktiv verschuldet haben kann“.[244] Es sei aber diese Generation gewesen, die „die Maßstäbe der für den Nationalsozialismus charakteristischen partikularen Moral in ihrer Kindheit erlernt hat“; sodass „diese Form des Beurteilens selbstverständlich“ erlernt wurde.[245] Lorenz äußert in seiner Studie zu Walsers Antisemitismus (2005) den Vorbehalt gegen solche generationellen Erklärungen: Es solle „nicht der Versuchung nachgegeben werden, Walsers Schreiben mit einem Generationenansatz zu begründen“, da „konkrete Texte aus dieser Gruppenidentität zu erklären, ein

---

unverständlich. Alle Menschen sind gleichermaßen verpflichtet, moralisch zu handeln – hier zeichnet sich niemand vor anderen aus.“ (Ebd., S. 214.)

242 Ebd., S. 226. Walser äußert diese exklusive Definition der deutschen Nation später auch explizit, wie Gross und Konitzer zusammenfassen: „‚Was wir in Auschwitz begangen haben, haben wir als Nation begangen, und schon deswegen muß diese Nation weiterbestehen als Nation‘, erklärte Walser im Gespräch mit Ignatz Bubis – und schloss Bubis damit aus der Einheit dieser Nation aus.“ (Ebd.)

243 Ebd., S. 213.
244 Ebd., S. 217.
245 Ebd., S. 217.

kurzschlüssiges, präjudizierendes Verfahren" wäre.[246] Die Argumentation müsse vielmehr anhand „nachvollziehbarer Textarbeit"[247] erfolgen. Mittels Textarbeit konnte er in seiner Studie seine These einer „Werkkontinuität"[248] belegen und zeigen, dass sich Walsers Haltung in den 90er Jahren nicht nennenswert von den Positionen unterschied, die er bereits in seinen frühen Jahren in der Gruppe 47 vertreten hatte.[249]

Die Maxime nachvollziehbarer Textarbeit soll selbstverständlich auch für die vorliegende Studie gelten. Da sich in der Gruppe 47 anders als im Werk eines einzelnen Autors zahlreiche unterschiedliche Moralvorstellungen und unterschiedliche Schreibweisen dieser Moralvorstellungen finden, muss ein möglichst offener Ansatz gewählt werden, der dieser Pluralität gerecht werden kann. Da dies wie beschrieben dadurch ermöglicht werden soll, dass von Verknüpfungen von Identität und Alterität mit Moralvorstellungen *innerhalb einzelner Texte* ausgegangen wird, sind im Folgenden zunächst die Möglichkeiten einer literaturwissenschaftlichen Untersuchung von Moralvorstellungen in Texten zu eruieren und danach zu fragen, wie ein möglichst repräsentativer Blick auf die ‚Literatur der Gruppe 47'[250] ermöglicht werden kann.

2.2   *Methodische Fragen: Narrative Ethik, Alterität in der Literatur*

Auch die Frage nach Moralvorstellungen in der Literatur ist nämlich nicht einfach zu beantworten. Seit dem sog. „ethical turn" der 90er Jahre[251] liegt das Heranziehen von Theorien der narrativen Ethik nahe, die für die Literaturwissenschaft schon fruchtbar gemacht, aber sehr unterschiedlich konzeptualisiert wurden.[252] Ursprünglich gewann das Konzept in theologischen und philosophischen Theorien der späten 70er-Jahren an Bedeutung;[253] in den Fokus der Literaturwissenschaft rückte die narrative Ethik im Rahmen einer Debatte zwischen dem Rechtswissenschaftler Richard Posner und der Philosophin Martha Nussbaum im Jahr 1997, in der verhandelt wurde, ob Literatur überhaupt eine benennbare Ethik enthalte und ob man ihrer Vielschichtigkeit durch entsprechende Analysen gerecht werden könne.[254] Der

---

246   Lorenz 2005, S. 488 f.
247   Ebd., S. 489.
248   Ebd., S. 31; vgl. ebd., S. 31–34.
249   Vgl. ebd., Resümee des Hauptkapitels „Werkkontinuität oder -diskontinuität?", S. 485–487.
250   Vgl. zu deren Definition in der vorliegenden Studie weiter unten in diesem Kapitel.
251   Vgl. Lubkoll 2009; Waldow 2013, S. 22–24.
252   Vgl. den Überblick ebd., S. 29–35.
253   Vgl. Mieth 2007, S. 215, der für sich in Anspruch nimmt, den Begriff „narrative Ethik" 1976 in die Theologie eingeführt zu haben.
254   Zusammengetragen in Davis 2001.

daraus entstandene Fokus prägt noch immer die meisten Theorien narrativer
Ethik: Warum und wie ist es sinnvoll, mit moralischen und ethischen Fragen
an ‚schöne Literatur' heranzutreten?

Die daraus hervorgegangenen Überlegungen zu moralischen Implikationen,
Ethik und literarischen Texten sollen im Folgenden grob dargestellt werden,
bevor die wichtigsten dieser Studie zugrunde liegenden Theorien narrativer
Ethik sowie methodischer Zugänge zu Identitäts- und Alteritätskonstruktionen
in literarischen Texten umrissen werden.

2.2.1   ‚Ethical Turn' und die ‚Moral der Geschichte'

Ausgangspunkt der meisten aktuellen Studien über narrative Ethik ist das
Konstatieren einer neuen Sehnsucht nach Werten, der der „postmoderne
Nihilismus"[255] oder die „postmoderne Blasiertheit"[256] gewichen sei. Das stelle
auch die Literaturwissenschaft vor neue Herausforderungen; „Gefordert ist
eine Literaturwissenschaft, die [...] das Sinnangebot des Textes ernst nimmt".[257]
Dabei geht es nicht vorrangig darum, Sets von Normen und Werten zu identifizieren; die leitende Frage ist, wie der Theologe und Philosoph Dietmar Mieth
formuliert, was Literatur zu der „Konstituierung des ethischen Subjektes und
seines moralischen Weltverständnisses" beitragen könne.[258] Im Lesen würden
Aushandlungsprozesse angestoßen, durch die die Lesenden ihre Position
im Diskurs reflektieren könnten; diese ethischen Sinnangebote gelte es zu
beschreiben.[259]

Die methodischen Grundlagen dazu sind in der Literaturwissenschaft noch
nicht ausdifferenziert, was Mieth damit begründet, dass der Autor auch dann,
wenn er moralische Themen anschneide, ästhetischen Gesetzen folge, weswegen man ihn „nicht unmittelbar bei moralischen Implikationen greifen"
könne.[260] Dennoch ruft er dazu auf, man dürfe der Interpretation literarischer
Texte „durchaus zumuten, auch diese moralischen Implikationen zu erhellen."[261]
Obwohl sich die narrative Ethik aber bereits „auf eine plurale internationale
Diskussion in Philosophie und Theologie abstützen" könne, habe sie „unter den
‚erzähltheoretischen Handlungsmodellen' noch keinen Platz gefunden"[262] –
was er damit belegen kann, dass im erzähltheoretischen Standardwerk von

---

255   Waldow 2013, S. 18.
256   Sidowska 2013, S. 13.
257   Waldow 2013, S. 24.
258   Mieth 2000, S. 9.
259   Vgl. Kupczyńska 2013, S. 10–12.
260   Mieth 2007, S. 231.
261   Ebd., S. 216.
262   Ebd., S. 231.

Matías Martínez und Michael Scheffel[263] weder „Moral" noch „Ethik" im angehängten „Lexikon und Register erzähltheoretischer Begriffe"[264] Platz gefunden haben.[265]

Dabei spielt Erzähltheorie natürlich dennoch eine zentrale Rolle für die Frage nach Moralvorstellungen in literarischen Texten. Ein erster Anknüpfungspunkt an Moral und Literatur liegt auf der Hand, wenn man sich vergegenwärtigt, dass die Frage nach der ‚Moral der Geschichte' wohl die erste Grundlage aller reflektierten Lektüren und viel älter als die Literaturwissenschaft ist.[266] Dafür, dass diese Frage so nahe liegt, gibt es aber erst sehr wenig methodische Zugänge, die sich konkret mit dem Aspekt der Moral auseinandersetzen. Dennoch ist die narratologische Terminologie hilfreich. Martínez/ Scheffel fassen mit dem Begriff „Geschichte" denjenigen inhaltlichen Aspekt eines Texts, der nicht nur die chronologische,[267] sondern auch die kausale Abfolge der Geschehnisse berücksichtigt.[268] Im Anschluss an diese Definition kann in der vorliegenden Studie die Formel ‚Moral der Geschichte' beibehalten werden, da hier diejenigen Aspekte der so verstandenen „Geschichte" eines Texts relevant sind, die auf ein dahinterstehendes *Wertesystem* verweisen.

Ähnlich argumentiert auch Mieth, wenn er als Aufgabe einer narrativen Ethik in der Literaturwissenschaft sieht, „zitierbare Kurzformen eines ethisch relevanten Musters" zu identifizieren.[269] Er äußert den Anspruch, „nicht nur de[n] Gewinn (oder Verlust) der Literatur(wissenschaft) für die Ethik, sondern auch de[n] Gewinn der Ethik für die Literatur(wissenschaft)" neu zu überdenken,[270] und will zu diesem Zweck eine systematische Herangehensweise an die Frage nach Moral und Ethik in literarischen Texten anregen. Zu

---

263 In der vorliegenden Studie in der 9. Auflage (2012) zitiert.

264 Das gilt auch noch für die neuste Auflage, vgl. Martínez/Scheffel 2012, S. 208–215.

265 Dem kann angefügt werden, dass die Begriffe „Moral" (Martínez/Scheffel 2012, S. 103, 105) und „Werte" (ebd., S. 181) im Fließtext des Bands durchaus einige Male vorkommen, aber nicht standardisiert verwendet werden. Mieth ergänzt zudem, dass auch zum Begriff der „Implikation" nur auf wenige kurze Stellen verwiesen wird. Wenn man sich erwähnten Stellen genauer ansieht, erweist sich Mieths Verständnis von „Implikationen" aber als deutlich abweichend von demjenigen in Martínez/Scheffels Erzähltheorie. Vgl. Mieth 2007, S. 231; Martínez/Scheffel 2012, S. 211 f.

266 Nicht nur in der Analyse von Fabeln und Märchen, bereits in der Tradition der Bibelexegese ist es ja das primäre Ziel, konkrete Handlungsanweisungen aus Textdokumenten abzuleiten, die diese nur implizit äußern.

267 In diesem Zusammenhang sprechen sie von „Geschehen", vgl. ebd., S. 28.

268 Dieser Aspekt eines fiktionalen Texts wird im Begriff der „Fabel" (Lämmert) oder Fabula (Bal, Segre, Sternberg, Tomasevskij); „story" (Chatman, Rimmon-Kenan, White); Geschichte (Pfister; Schmid; Stierle) erfasst, vgl. Martínez/Scheffel 2012, S. 27 f.

269 Mieth 2007, S. 232.

270 Ebd., S. 216.

diesem Zweck denkt Mieth eine Liste von narratologischen Fragen an, die eine systematische narrative Ethik an Texte stellen sollte. Seine noch nicht zu einem systematischen Werkzeug ausgebauten ersten Vorschläge zielen darauf ab, die „Implikationen der erzählerischen Haltung" zu fassen:[271]

> [W]ird auktorial erzählt, wird polyphon und perspektivisch erzählt? Wann wird erzählt, wie wird erzählt, wer erzählt wem? Hat die Wahl der Erzählhaltung moralische Voraussetzungen oder strebt sie Folgen an? Werden moralische Überzeugungen expliziert und reflektiert? Geschieht dies durch die Erzähl-instanz, durch die Figuren, ihr Blickfeld und ihre Reflexion, durch die Hand-lungen und ihre wechselseitige Erschließung? Geht die Erzählung ‚aufs Ganze‘, etwa einer Totalität der Welterschließung? Inwieweit reflektiert sie sinnbildende und / oder ordnende Funktionen? Inwiefern und inwieweit erhebt sie Anspruch auf Repräsentanz, auf Bündnisse mit Positionen und Meinungen oder anders-herum, inwieweit legt sie Wert auf eine Außenseiterperspektive?[272]

Solche Fragen leiten auch die Lektüren in der vorliegenden Studie, ins-besondere im letzten Teil, wo nach Reflexionen partikularer Moral auf der Textoberfläche, das heißt der ‚Moral der Geschichte‘ im hier definierten Sinn, gefragt wird.[273]

Zudem soll aber auch über die Frage nach solchen ‚intentionalen‘ bzw. in den Texten angelegten moralischen Aussagen hinausgegangen werden. Sie ist zu ergänzen um die Frage nach dem, was im Folgenden mit Moralsystem oder Moraldiskursen in den *Subtexten* der literarischen Werke benannt wird: also nach dem Set an Normen und Werten *hinter* der ‚Moral der Geschichte‘. Damit wird der Annahme Rechnung getragen, dass wenig gezielte Ab-wertungen ‚Anderer‘ vorliegen, sondern die Texte der Gruppe 47 vor allem unterschwellige Fortsetzungen partikularer Wertvorstellungen aufweisen. Den wichtigsten theoretischen Rahmen für das Moral- und Ethikverständnis in der vorliegenden Studie gibt die Untersuchung der Literaturwissenschaftlerin und Philosophin Stephanie Waldow, die im Folgenden etwas detaillierter aus-geführt werden soll.

2.2.2   Moral und Ethik

Waldow geht von der These aus, die „für die Moderne und Postmoderne vor-genommene Trennung von Ethik und Ästhetik" könne in der Gegenwart „nicht

---

271   Ebd., S. 316.
272   Ebd., S. 317.
273   Vgl. Teil III der vorliegenden Studie.

mehr aufrechterhalten werden".[274] Damit können ihre Überlegungen für die Fragestellung der vorliegenden Studie und die Literatur der Nachkriegszeit nicht unmittelbar ins Gewicht fallen, da sie dezidiert vom Jetztzustand und dem Wissen der Postmoderne ausgeht und deren mögliche ‚Überwindung' postuliert. Sie beleuchtet eine „neue Generation von Texten", die möglicherweise dabei sei, den „Postmodernen Nihilismus" zu überwinden.[275] Die Fragestellung ihrer Arbeit trifft aber über die postmoderne Literatur hinaus auch die „Literaturwissenschaft heute", die sie „als Form des ethischen Dialogs"[276] versteht; die damit verbundenen Reflexionen und begrifflichen Differenzierungen sind grundlegend, um der voraussetzungsreichen Fragestellung der vorliegenden Studie angemessen zu begegnen.

Der Studie Waldows liegen philosophische Grundlagentexte der Postmoderne von Judith Butler, Michel Foucault, Emmanuel Levinas und Paul Ricœur zugrunde, als deren Gemeinsamkeit sie „die enge Verknüpfung von Subjekt, Sprache und Ethik und schließlich de[n] Aufruf zu einem verantwortungsvollen Umgang mit Sprache" identifiziert.[277] Literatur erscheint in diesem Sinne besonders geeignet dafür, vorherrschende Diskurse zu subvertieren, sich im Diskurs als ‚Anderes' zu positionieren und so kritische ethische Gegenmodelle zu entwerfen.[278] Darin, was sie mit Foucault als „Haltung einnehmen" bezeichnet, sieht sie die Möglichkeit einer Rückkehr des Subjekts nach der Postmoderne: „Im Bewusstsein des Diskurses wird eine Subversion des Diskurses vorgenommen, die schließlich zu einer authentischen Positionierung des Subjekts führt."[279]

Ausgehend von den philosophischen Grundlagentexten ist es das Ziel ihrer Studie,

aus der Ästhetik heraus eine Ethik zu formulieren, eine Ethik also, die den konkreten Text als Ausgangspunkt der Beobachtung nimmt und auf dieser

---

274 Waldow 2013, S. 19; sie lehnt aber ab, von einer „Nachpostmoderne" oder „Postpostmoderne" zu sprechen, sondern belässt es bei dem weniger voraussetzungsreichen Terminus „Gegenwart" (ebd., S. 14).

275 Ebd., S. 16; im zweiten Teil der Studie analysiert sie literarische Texte von Christoph Peters, Terézia Mora, Ulrike Draesner, Markus Orths, Michael Lentz, Minka Pradelski, Doron Rabinovici und Eva Menasse unter diesem Blickwinkel.

276 Ebd., S. 380.

277 Ebd., S. 33.

278 Vgl. auch ebd., S. 16: „Wenn in dieser Arbeit die erzählende Literatur im Mittelpunkt steht, so u. a. aufgrund von Ricœurs Prämisse, nach der die Erzählung das ‚erste Laboratorium des moralischen Urteils' sei. In dieser Funktion sei sie ‚immer ethisch und niemals neutral'."

279 Ebd., S. 19.

Basis erst theoretische Prämissen formuliert. Die literarischen Texte fungieren demzufolge nicht als bloßes Anschauungsmaterial, sondern sind genuiner Bestandteil der zu entwickelnden Ethik-Konzeption.[280]

Gefragt wird also gerade nicht „nach moralischen Implikationen von Literatur [...], sondern vielmehr nach ethischen Entwürfen in literarischen Texten";[281] Literatur soll nicht einfach auf einen „Wissensvorrat" reduziert werden, „den es zu analysieren gilt".[282] Das (post-)postmoderne Verständnis der Wechselwirkung zwischen Literatur und Ethik, das Waldows Studie zugrunde liegt, ist weit entfernt von Weyrauchs programmatischer Forderung nach einer moralischen realistischen Literatur, die er 1949 in der bereits erwähnten Formel „Schönheit ohne Wahrheit ist böse. Wahrheit ohne Schönheit ist besser" gefasst hat.[283]

Dennoch ist eine Moral, wie sie Weyrauch postuliert, nicht einfach ein Gegenbegriff zu Ethik; beide Konzepte sind im Sinne von Levinas nicht trennscharf zu unterscheiden.[284] Während „Moral" stärker mit einem Set von Normen, ,Sittlichkeit' und mit konkreten Handlungsanweisungen korreliert ist, ist Ethik ein Prozess der Aushandlung und des Dialogs, die sich eben *narrativ* konstituiert:[285]

> Grundlegendes Spezifikum von Ethik scheint es demnach zu sein, dass sie sich als ein ständig zu erneuerndes Modell versteht, welches vom Subjekt selbst entworfen wird. Anders hingegen die Moral, die ein von außen gesetztes Wertesystem voraussetzt, an dem sich Teilnehmer einer gesellschaftlichen Ordnung abarbeiten und dem sie sich letztlich unterordnen. Moral erhebt Anspruch auf Normativität, Pflicht und Allgemeingültigkeit, während Ethik die Wollens- und Könnensansprüche des Individuums und den Moment der Selbstverpflichtung in den Mittelpunkt stellt.[286]

Die Ansätze, auf die Waldow sich bezieht, sind in diesem Sinne einer Ethik verpflichtet, die dauernd Gegenstand von Aushandlungen ist, und „verweigern [...]

---

280   Ebd., S. 21.
281   Ebd., S. 22.
282   Ebd., S. 380.
283   Weyrauch 1989, S. 181; vgl. Kap. 1.1 im vorliegenden Teil I der Studie; vgl. zu diesem Programm auch Kap. 3.4.1 in Teil II und 3.2.3 in Teil II der vorliegenden Studie.
284   „Levinas trennt häufig nicht scharf zwischen den Begriffen Ethik und Moral, für ihn ist Ethik nicht als Entgegensetzung zur Moral zu verstehen. Dementsprechend liefert er auch keine neuerliche Ethik-Theorie. Für ihn ist Ethik einzig und allein eine ethische Beziehung, die er auch absolute Beziehung nennt, da diese präontologisch gedacht wird." (Waldow 2013, S. 95.)
285   Vgl. ebd., S. 30–35.
286   Ebd., S. 33.

sich dadurch einer festschreibenden Definition, die immer schon Ausdruck von (Diskurs)Macht wäre".[287] Da Ethik aber zugleich als das „Reflexionsorgan von Moral" anzusehen ist, hat auch jede moralische Setzung ethisches Potential, was die Perspektive für die vorliegende Studie fruchtbar macht: Mit der Frage nach Moraldiskursen können die normativen Wertesysteme in den literarischen Texten beschrieben, untereinander korreliert und zugleich das ethische Potenzial der moralischen Reflexionen mitgedacht werden.

2.2.3 Identität und Alterität II: Das ‚absolut Andere‘

Die von Waldow herausgearbeitete Perspektive narrativer Ethik ist für die vorliegende Studie zudem insbesondere deshalb zentral, da es sich um eine „Ethik vom Anderen her"[288] – bzw. wie der Titel sagt ‚als Begegnung mit dem Anderen‘ – handelt. Gerade dadurch, dass Ethik nur prozessual zu fassen ist, wird die Frage nach dem Umgang mit ‚dem Anderen‘ grundlegend, mit dem Ethik erst dialogisch ausgehandelt werden kann. Alterität erscheint hier nun nicht wie in NS-Moraldiskursen als Ort des Unmoralischen, sondern als Gegenüber zur ethischen Verständigung und Ziel ethischen Strebens. Neben der Aufforderung zu einem verantwortungsvollen Umgang mit Sprache und zur aktiven Positionierung im Diskurs sieht Waldow darin den zweiten konstitutiven Aspekt der Theorien narrativer Ethik: „Für alle drei Autoren [Foucault, Butler, Levinas, Anm. N. W.] ist der Andere unerlässlich für die Konstitution des Subjekts, erst in der sozialen Beziehung zum Anderen erwacht das ethische Bewusstsein".[289] Die ethische Aufgabe sei es gemäß allen Ansätzen, „den herrschenden Diskurs von den Rändern der Andersheit her aufzubrechen und zu unterlaufen mit dem Ziel, die an ihm beteiligten Subjekte zu einer Neukonstitution aufzufordern."[290]

Levinas' Ansatz des „absolut Anderen" hat dabei eine gesonderte Stellung; er könne, wie Waldow schreibt, „als programmatisch für die Zeit nach der Postmoderne gelesen werden."[291] Seine Argumentation erscheine

> als radikale Weiterführung der Debatte um Ethik und Narration [...]. Es ist in erster Linie Levinas, der für eine dezidiert narrative Ethik der Gegenwart herangezogen werden kann, da er in seinen Texten immer wieder darauf hinweist, dass

---

287 Ebd., S. 31.
288 So auch der Titel des theoretischen Teils von Waldows Studie, vgl. ebd., S. 29–196.
289 Ebd., S. 91. Auch Ricœur wird in diese Reihe gestellt; zu differenzieren ist, dass bei Foucault und Butler das ‚Andere‘ primär als „ein vom Diskurs Ausgeschlossenes" gedacht werde, bei Ricœur und Levinas „an die konkrete Person des Gegenübers, oder wie bei Levinas an den stets mitgedachten Dritten, gebunden" sei (ebd., S. 36).
290 Ebd., S. 36.
291 Ebd., S. 92.

die Ich-Konstitution allein in der sprachlichen Begegnung mit dem Anderen stattfindet.[292]

Identität entsteht so in diesem Sinne nicht in Abgrenzung, sondern gerade in der Begegnung mit dem ‚Anderen'; das „Subjekt hat [...] kein Sein außerhalb seiner Beziehung zum Anderen."[293] Levinas wendet sich damit gegen die abendländische Subjektphilosophie, die er in einem Gewaltzusammenhang verortet;[294] er sieht Ethik als wichtigste Frage der Philosophen vor ontologischen Bestimmungen der Wahrnehmung und Identität an und will von den Beziehungen statt von den Subjekten ausgehen, um sich ihr zu nähern:

> Die Anerkennung der Andersartigkeit des Anderen bewahrt seine Würde, er wird unantastbar. Darin liegt das ethische Moment der Begegnung. Der Andere wird nicht als Objekt wahrgenommen, sondern als ein unabhängig von meiner Wahrnehmung Seiender, der sich jeglicher Beschreibung durch das Subjekt entzieht.[295]

Ethisches Handeln bedeutet in diesem Sinne also nicht einfach eine Art ausgeprägte Toleranz für Abweichungen, sondern das positive Anerkennen von absoluter Alterität, die sich „meiner Beschreibbarkeit und gewaltsamen Zuschreibung entzieht".[296] Ethisch zu schreiben, ist im Sinne von Levinas die Vermeidung von Zuschreibungen und Eröffnung eines Dialogs, in dem „die Andersheit der anderen Rede anerkannt wird ".[297] Das Subjekt kommt darin „dem Anderen nahe, indem es sich dem Anderen öffnet und seine festgeschriebene Identität verlässt."[298]

Für die vorliegende Studie ist dieser Ansatz gerade deswegen so bemerkenswert, weil er den radikalen Gegenpol zu partikularistischen Moralsystemen darstellt, in denen Alterität die Begründung und das Ziel der Abwertung ist.[299] Dass auch hier das ‚Andere' im Zentrum steht, zeigt auch von der anderen Seite her, wie fruchtbar der Fokus auf Identität und Alterität ist, wenn die

---

292 Ebd., S. 91; davon geht sie aus, obwohl Butler und Foucault Levinas in ihren Texten bereits diskutieren, vgl. ebd.

293 Ebd., S. 106.

294 Vgl. ebd., S. 106.

295 Ebd., S. 107.

296 Ebd., S. 132.

297 Ebd., S. 165.

298 Ebd., S. 134.

299 Wie sich im Verlauf der vorliegenden Untersuchung gezeigt hat, gibt es mit (mindestens) Bachmann, Celan und Aichinger mehrere Gegenstimmen in der Gruppe 47, die sich auf Martin Buber und damit auf einen Grundlagentext und Bezugspunkt von Levinas' Theorie beziehen, und gerade hier lässt sich eine Auseinandersetzung mit hegemonialen Gruppe-47-Diskursen nachzeichnen; vgl. dazu Kap. 3 in Teil III der vorliegenden Studie.

literarischen Texter ergebnisoffen nach den ihnen zugrunde liegenden Wertvorstellungen befragt werden sollen. Abschließend ist deswegen zu klären,
welche literaturwissenschaftlichen Ansätze es gibt, um der Frage nach Verbindungen von Moralvorstellungen mit Identität und Alterität nachzugehen.

2.2.4   Identität und Alterität III: Strukturelle Dichotomien und
diskursive Verknüpfungen

Ausgehend von Waldows postmodernem Ethikbegriff und dem Fokus auf
Alterität in literarischen Texten bietet es sich an, sich für den konkreten
Textzugriff an narratologischen und kulturwissenschaftlichen Zugängen zu
orientieren, die literarisch konstruierte Oppositionen fokussieren. Mit Foucault
und Butler sind zentrale Grundlagentexte aus Waldows Theorie der narrativen
Ethik auch für die *Cultural Studies* von zentraler Bedeutung. Zwar steht die
vorliegende Studie schon durch den Untersuchungszeitraum der Nachkriegsliteratur nicht direkt in deren Tradition, kann aber durch die Bezugnahme
darauf an einige gut ausgearbeiteten Zugänge und eine etablierte Terminologie anknüpfen.

Imagined Communities und Identitätspolitik
Die vorliegende Studie ist einem konstruktivistischen Identitätsbegriff im
Sinne von Benedict Andersons *Imagined Communities* (1983) und Stuart
Halls Reflexionen über die Prozesshaftigkeit kultureller „Identifikation" verpflichtet.[300] Postmoderne Subjekte konstituieren sich in diesem Verständnis
als „fortlaufende[r] Prozess der Artikulation von Identifikationen auf Basis verschiedener, insbesondere auch medial vermittelter kultureller Ressourcen."[301]
Demgemäß sind Vorstellungen nationaler, popkultureller, ethnischer und
geschlechtlicher Identität anti-essentialistisch als Ergebnisse von gesellschaftlichen Zuschreibungen zu verstehen, die letztlich „nichts anderes als eine
Erzählung, eine Art der Repräsentation" sind.[302]
   In diesem Sinne sollen im Folgenden die literarisch gestalteten „narrativen Identitätskonstruktionen" und damit verbundenen „Alteritätskonsti-
tuierungen"[303] in den literarischen Texten genauer beleuchtet werden. Vor
allem die nationalen und ethnischen Zuschreibungen kultureller Identität stehen in der vorliegenden Studie im Zentrum, da sie bekanntermaßen

---

300   Die Grundlage für den folgenden knappen Abriss bietet das *Handbuch Cultural Studies
      und Medienanalyse* von Hepp et al. 2015.
301   Hepp 2015, S. 259.
302   Hall 1994, S. 74; dazu Krönert/Hepp 2015, S. 267.
303   Schmidt-Lauber 2010, S. 7.

auch in der nationalsozialistischen Propaganda eine hervorgehobene Rolle
spielten; insbesondere Vorstellungen ‚des Fremden' sind es also, auf die hin die
literarischen Texte der Gruppe 47 untersucht werden.

Wenn im Folgenden nach solchen Vorstellungen des ‚Anderen' oder
‚Fremden' und Identitätskonstruktionen in literarischen Texten der Gruppe 47
gefragt wird, dann aber selbstverständlich nicht mit der Erwartungs-
haltung, dass ihnen dieses postmoderne und postkoloniale Identitäts- und
Alteritätsverständnis zugrunde liegt oder liegen sollte. Das Bewusstsein um
die Prozesshaftigkeit von Identitätskonstruktionen muss aber schon deswegen
mit bedacht werden, um essentialistische Zuschreibungen in der vorliegenden
Arbeit zu vermeiden; wenn in diesem Sinne vom ‚Eigenen' – in der Gruppe 47
oft deutsche Angehörige der Tätergesellschaft – die Rede ist, dann ist das
immer bereits als Analyseergebnis zu verstehen im Sinne dessen, dass der Text
dieses ‚Eigene' als solches *konstruiert* hat. In diesem Sinne werden die entsprechenden Zuschreibungen auch durchgehend in einfachen Anführungszeichen geschrieben.

Dabei interessiert im Folgenden also weniger die ‚strategische' Identitätskonstruktion im Sinne Pierre Bourdieus, durch die sich die Akteure der
Gruppe 47 als Subjekte im literarischen Feld positionieren.[304] Es geht um
kulturelle Selbstzuschreibungen und deren Korrelation mit Moral, und erst
wenn diese wiederum mit Moraldiskursen aus dem Nationalsozialismus
korrelieren, können Aussagen über NS-Kontinuitäten getroffen werden. Dabei
ist im Sinne des partikularen Moraldiskurses im Nationalsozialismus insbesondere die Partikularisierung dieser Vorstellungen und ihre Abgrenzung
gegenüber ‚Anderen' zentral, sodass neben der Konstruktion von Identität
auch die Konstruktion von Alterität in den Blick geraten muss.

Othering und manichäische Weltbilder

Othering ist bereits unabhängig von Moraldiskursen grundlegend für die
Frage nach NS-Kontinuitäten, da auch den rassistischen und antisemitischen
Zuschreibungen im Nationalsozialismus dieses Prinzip zugrunde lag. Lajos
Brons zitiert eingangs seiner Studie über Othering ein Zitat der kroatischen
Journalistin Slavenka Drakulić:

> I understand now that nothing but ‚otherness' killed Jews, and it began with
> naming them, by reducing them to the other. Then everything became possible.
> Even the worst atrocities like concentration camps or the slaughtering of civil-
> ians in Croatia or Bosnia.[305]

---

304 Dazu Cofalla 1997, Bigelow [2020].
305 Drakulić 1992, zit. n. Brons 2015, S. 69.

In diesem Sinne werden die negativen Alteritätskonstruktionen in den literarischen Texten der Gruppe 47 auch in dieser Studie insgesamt als relevant für die Frage nach NS-Kontinuitäten eingeschätzt, da der Unterschied zwischen ‚gutem‘ und ‚schlechten‘ Othering nicht sinnvoll gezogen werden kann: Brons’ Analyse, die der Frage nach dieser Unterscheidung nachgeht, ergibt, dass Othering immer mit einer Abwertung einhergehen muss, außer wenn der ‚Andere‘ als „radically alien“ wahrgenommen wird:[306] auch scheinbar „sophisticated othering“ erweist sich so größtenteils als „crude“,[307] wenn es Festschreibungen des ‚Anderen‘ beinhaltet.[308]

Diesen Zusammenhang zeigen auch gegenwärtige Nationalismus-, Rassismus-, Queer- oder Gendertheorien auf,[309] und bereits in Martin Gubsers Theoretisierung von literarischem Antisemitismus wird deutlich, wie eng Othering im Sinne einer strengen Unterscheidung zwischen Eigenschaften des ‚Eigenen‘ und Eigenschaften der ‚Anderen‘ oder ‚Fremden‘ mit einer moralischen Abwertung verbunden ist. Wie er zeigt, sind die von ihm so genannten „manichäische[n] Grundmuster“[310] ein grundlegendes Moment der Konstruktion antisemitischer literarischer Fiktionen: Man dürfe annehmen, dass es sich „beim Antisemitismus um eine stark ‚manichäisch‘[...] geprägte Anschauung handelt, die sich [...] auch auf textueller Ebene nachweisen lassen muß.“[311] „Manichäismus“ fasst er nicht als religiöses, sondern als philosophisches Konstrukt,[312] wie es bereits Jean-Paul Sartre in seinen „Betrachtungen der Judenfrage“ (1948) beschrieben hat: „Er erklärt den Lauf der Welt durch den Kampf des Guten mit dem Bösen. Zwischen diesen beiden ist kein Ausgleich möglich. Der eine muß siegen, der andere untergehen.“[313] Gubser spezifiziert, dass er den Begriff dem des „Dualismus“ vorziehe,[314] weil er implizieren wolle,

---

306 Brons 2015, S. 72.
307 Ebd., S. 72.
308 Vgl. ebd., S. 86 f.
309 Vgl. Anderson 1983; Hepp et al. 2015, S. 49–58 bzw. 299–321.
310 Gubser 1998, S. 86–93.
311 Ebd., S. 87.
312 In Anlehnung an die Definition der „Enzyklopädie Philosophie und Wissenschaftstheorie“ von 1988: „‚Manichäisch‘ verstehe ich hier in dem eingeschränkten, nicht religiösen Sinne, wie ihn die Enzyklopädie Philosophie und Wissenschaftstheorie beschreibt: ‚In der Philosophie wurde Manichäismus polemische Kennzeichnung dualistischer Systeme. [...] Im System Manis stehen die ‚Prinzipien‘ des Lichts (Gon) und der Finsternis (Materie) in dauerndem Kampf miteinander bis zur Endzeit.“ (Ebd., S. 156.)
313 Sartre 1948, zit. n. Gubser 1998, S. 87.
314 Gubser 1998, S. 156.

daß sich nicht nur zwei Kräfte gegenüberstehen, sondern auch, daß die eine von diesen Kräften als ‚Prinzip‘ des Lichts und die andere als ‚Prinzip‘ der Finsternis gemeint ist. Aufgrund dieser Unterscheidung scheint mir ‚Manichäismus‘ die Abwertung, die jüdische Figuren in Werken mit manichäisch-antisemitischer Grundstruktur erfahren, besser zum Ausdruck zu bringen.[315]

Bei manichäischen Weltbildern handelt es sich quasi um die radikalste Form von partikularer Moral und von Othering, da jegliche ‚unmoralische‘ Verhaltensweisen auf das ‚Andere‘ ausgelagert sind, das als das ‚böse Prinzip‘ erscheint. Die Annahme in der folgenden Studie ist nun, dass sich durch Othering partikulare Moralsysteme auch weniger umfassend äußern können, in Dichotomien einzelner moralischer Diskurse, in Bezug auf moralische Deutungshoheit oder Mitleid; weniger umfassende Konfigurationen, die für die vorliegende Studie ebenfalls von Interesse sind.

Strukturelle Oppositionen und Moral
Methodisch heißt das, dass der Blick zunächst auf narrative Identitäts- und Alteritätskonstruktionen und damit auch auf narrativ konstruierte Oppositionen gelenkt wird. Damit schließt sich der Kreis zu den bereits aufgebrachten narratologischen Aspekten. Klassische narratologische und kulturwissenschaftliche Fragen nach literarisch konstruierten binären Oppositionen und Differenzen dienen als methodische Grundlagen, um deren Zusammenhang mit Wertzuschreibungen herauszuarbeiten. Neben den am nächsten liegenden Fragen nach relevanten Gattungsmerkmalen und stereotypen Zuschreibungen ‚des Fremden‘ wird deswegen (wie eingangs zitiert von Mieth vorgeschlagen) auch unter anderem nach verschiedenen Perspektiven in den Texten und möglicher Polyphonie gefragt, das heißt nach den Erzählstimmen, nach Reflexionen „sinnbildende[r] und / oder ordnende[r] Funktionen"[316] oder nach Außenseiterperspektiven.[317] Zudem spielen die Figurenkonstellationen und raumsemantischen Konstruktionen der Texte[318] eine wichtige Rolle – Aspekte, die Gubser als ‚textstrukturelle Ebene‘ fasst.

Auf diese Weise strukturalistisch an die Texte heranzugehen, bietet sich auch deswegen an, weil die „Hauptstärke des (Post-)Strukturalismus", wie Hall schreibt, darin zu sehen sei, dass er es ermögliche, „über die Beziehungen innerhalb einer Struktur nachzudenken, [...] ohne sie auf bloße Beziehungen

---

315 Ebd.
316 Mieth 2007, S. 317.
317 Ebd.; vgl. weiter oben in diesem Kapitel.
318 Lotman/Keil 1972.

zwischen Personen zu reduzieren."[319] Das gilt für die vorliegende Studie im besonderen Maße, da sie nicht die Autorinnen und Autoren der Gruppe 47 infrage stellen soll, die solche Oppositionen narrativ konstruieren; die entsprechenden Mechanismen aber dennoch aufzeigen und auch nicht verharmlosen will.

In Bezug auf die Fragestellung nach NS-Kontinuitäten unmittelbar relevant ist deswegen auch erst ein zweiter Schritt, in dem die diskursive Verortung solcher narrativ konstruierten Oppositionen beleuchtet wird. Literatur wird als Interdiskurs im Sinne von Jürgen Link (1988) verstanden, in dem Zuschreibungen von Identität und Alterität mit Vorstellungen von moralisch ,gutem' und ,schlechtem' Handeln oder moralischem Wert verknüpft sein können. Erst ausgehend von solchen moralischen Zuschreibungen ist die Frage zu stellen, ob und inwiefern die Wertesysteme in den Texten mit Moraldiskursen des Nationalsozialismus in Bezug stehen. Auch von dieser Seite her hat die Studie insofern ein kritisches Potenzial, als Moral im Sinne von Link zugleich eine Form hegemonialen Drucks sein kann[320] und nach Fortsetzungen gewaltsamer NS-Moraldiskurse gefragt wird.[321] Da Moral zugleich auch die wichtigste Ausdrucksform ethischer Reflexionen ist,[322] kann der Fokus auf ihre diskursiven Verknüpfungen mit Identitäts- und Alteritätskonstruktionen aber zugleich den Texten zugrunde liegende Ethiken erhellen, die sich gerade in dezidierter Distanz zu diesem Aspekt der NS-Ideologie positionieren.

2.3 Die ,Literatur der Gruppe 47': Was ist das und wer schrieb sie?

> Man spricht oft von der Literatur der Gruppe 47, aber eine solche Literatur gibt es nicht und hat es nie gegeben.[323]

> Wenn man den literarischen oder den kritischen, aber auch oft den politischen Maßstäben nicht gewachsen war oder den ,Traditionen' und der Mentalität dieser Gruppe nicht gerecht werden konnte, dann wurde die Einladung nicht wiederholt.[324]

Diese beiden Zitate unterschiedlicher Gruppe-47-Mitglieder aus verschiedenen Jahrzehnten nebeneinanderzustellen, erscheint zunächst etwas ,unlauter'; Richter hat im Jahr 1962 mit letzterem Zitat selbstverständlich nicht

---

319   Hall 1999, S. 129.
320   Vgl. Link 1988, S. 298 f.
321   Mit Gross 2010; vgl. weiter oben in diesem Kapitel.
322   Waldow 2013; vgl. weiter oben in diesem Kapitel.
323   Reich-Ranicki 1997, S. 218.
324   Richter 1962, S. 12.

Reich-Ranickis zuerst zitierter Aussage aus einem *Spiegel*-Interview von
1997 widersprochen. Die beiden Aussagen stecken aber die beiden Pfeiler
ab, zwischen denen die Frage nach Wertvorstellungen in ‚der‘ Literatur der
Gruppe 47 sich in der vorliegenden Studie bewegt: Einerseits ist die starke
Heterogenität der Gruppe 47 und ihrer literarischen Texte zu berücksichtigen,
andererseits auch Richters klares Verständnis davon, wer zur Gruppe 47 gehörte und wer nicht und mit welcher Haltung das korreliert.

Der beschriebene kulturwissenschaftliche Blick auf die Texte legt es nahe,
das zweite Zitat als eine Art Widerspruch zum ersten zu verstehen: Hier wird
davon ausgegangen, dass sich die von Richter behauptete gemeinsame ‚Mentalität‘ trotz aller stilistischer Unterschiede und literarischer Entwicklungen
dennoch in den literarischen Werken der wichtigsten Autoren/-innen niederschlagen sollte, und dies wegen ihrer Beständigkeit auch während der ganzen
Bestehenszeit der Gruppe 47.[325] Damit genauer beleuchtet werden kann, um
welche Mentalität es sich handelt und wie sie sich zum Nationalsozialismus
verhält, ist hier abschließend noch die Frage zu klären, welche Autorinnen und
Autoren und welche Texte in diesem Zusammenhang überhaupt relevant sind.

Bereits die Ausmaße der Gruppe 47 stellen eine literaturwissenschaftliche
Analyse nämlich vor Schwierigkeiten: Die Gruppe hat über 20 Jahre lang regulär
bestanden, von der unmittelbaren Nachkriegszeit über die wirtschaftlichen
‚Wunderjahre‘ bis zum politischen Umsturz der späten 6oer Jahre, durch eine
Reihe verschiedener historischer Kontexte, gesellschaftlicher und medialer
Entwicklungen. In dieser Zeit hat sie 31 Mal getagt, der Kreis der Eingeladenen
wurde über lange Jahre erweitert, auch später haben sich die Mitglieder bis in
die 9oer Jahre sporadisch weiterhin getroffen. Meyer (2013) verzeichnet dementsprechend 200 Autoren/-innen,[326] ein Vielfaches an Teilnehmern/-innen,[327]
die irgendwann in dieser Zeitspanne an den Gruppe-47-Tagungen beteiligt
waren.

Entsprechend viele Texte wurden auf Gruppentagungen gelesen. Richter
spricht bereits in seinem *Almanach*-Vorwort 1962 von „fast über vierhundert Lesungen".[328] Artur Nickel (1994) hat Informationen zu ungefähr
550 Erzählungen, Roman- oder Dramenkapiteln, Hörspielen und Gedicht-
konvoluten zusammengetragen, die auf Tagungen gelesen wurden,[329] und
selbst bei ihm sind die Lesungen – besonders, aber nicht nur aus den ersten

---

325   So auch Arnold 2004b, S. 82; vgl. weiter unten in diesem Kapitel.
326   Vgl. Meyer 2013, Anhang „Autorenkorpus".
327   Vgl. ebd., Anhang „Teilnehmerkorpus".
328   Richter 1962, S. 12.
329   So ca. 520 Texte auf den regulären Tagungen (ohne die „Fernsehspieltagung" von 1961)
      von 1947–1967; dazu noch einmal ca. 30 von den späteren Tagungen 1972, 1977 und 1990;
      vgl. Nickel 1994, S. 341–407.

Jahren – nur unvollständig dokumentiert. Gemäß seiner Schätzung, dass er ca. 80 % aller Lesungen ermitteln konnte,[330] kämen noch einmal weitere rund 100 Texte dazu. Nicht nur war die Zahl der Lesungen schon sehr groß, obwohl nicht alle dokumentiert sind; dazu kommt noch, dass auch von den dokumentierten Texten viele nie publiziert wurden oder heute vergriffen sind. Eine Beschaffung und Sichtung der *gesamten* Literatur der Gruppe 47 im weitesten Sinne aller auf Tagungen gelesener Texte wäre nach wie vor ein eigenes großes Forschungsprojekt.

Hier sollen nun in Anbetracht dieser Erwägungen nur die *wichtigsten und einflussreichsten* Texte untersucht werden – wozu zunächst geklärt werden muss, wer als die wichtigsten und einflussreichsten Mitglieder galten, welche Autorinnen und Autoren für die Fragestellung der vorliegenden Studie relevant sind und schließlich, welche Texte als besonders repräsentativ für die Gruppe 47 gelten können.

2.3.1   Teilnehmer/-innen aus dem ‚innersten Kreis‘

Hans Werner Richter hat immer ein Geheimnis darum gemacht, wer *wirklich* zur Gruppe 47 gehörte; so betonte er schon 1955 in einem Radio-Interview, sie sei „keine Organisation. Es gibt keine Mitglieder. Es gibt keinen Präsidenten. Es gibt eben entsprechend keine Statuten und keine Beiträge.“[331] Auch Marcel Reich-Ranicki hebt im oben bereits anzitierten Interview aus den 90er Jahren hervor, dass es nie eine Mitgliederliste gegeben habe: „Richter sagte gern: ‚Wer Mitglied ist, weiß nur ich, aber ich sage es niemand.‘ Er entschied über die Zugehörigkeit.“[332] Zu dieser Darstellung gehört auch die Behauptung, die Gruppe sei gar keine wirkliche Gruppe, die Bezeichnung sei „durch Zufall entstanden. Es ist ein Freundeskreis [...]“,[333] wie Richter im Interview von 1955 formulierte. Hans Magnus Enzensberger schrieb ebenfalls in diesem Sinne in seinem bekannten *Almanach*-Essay „Die Clique“,[334] die Gruppe sei „eigentlich nichts anderes als ihre eigene Tagung“, wenn diese vorbei sei, löse sie sich „in einen

---

330   Nickel beschreibt im Anhang, wie er bei der Auswertung zahlreicher Zeitungsartikel, Umfragen und Interviews mit ehemaligen Gruppenmitgliedern auf viele Widersprüchlichkeiten und Dokumentationslücken stieß (vgl. ebd., S. 339 f.). Er schätzt aber: „Trotz dieser Einschränkungen konnten in der Dokumentation etwa 70 % der Tagungsbesucher pro Treffen und etwa 80 % aller Lesungen ermittelt werden. (Eine Ausnahme bildet bekanntlich die Zusammenkunft im September 1948 in Allenbeuren.) Sie ist damit weitaus umfassender und auch sehr viel genauer als alle anderen Dokumentationen, die bislang über die Gruppe 47 erschienen sind.“ (Ebd., S. 340.)

331   Richter 1955, zit. n. Böttiger 2012, S. 98.

332   Reich-Ranicki 1997, S. 216.

333   Richter 1955, zit. n. Böttiger 2012, S. 98.

334   Enzensberger 1962; dabei ist allerdings zu berücksichtigen, dass er sich hier gerade gegen einen Vorwurf von außen – nämlich von Günter Blöcker, der diesen Vorwurf in der Folge

Schwarm von Individuen auf", sodass sie „an 362 Tagen des Jahres [...] nur virtuell vorhanden" sei.[335]

Trotz solcher Darstellungen ist man sich heute aber relativ einig, dass es, wie in Arnolds *Text-und-Kritik*-Band zur Gruppe 47 (2004b) formuliert ist, dennoch ein „nicht allein auf die Treffen beschränkte[s] ‚Wir-Gefühl'" gab,[336] das auch von anderen Autoren und Autorinnen getragen wurde, nicht nur von Richter; „ein spezifisches Zusammengehörigkeitsgefühl" der Gruppe-47-Mitglieder.[337] In Richters Nachwort zum *Etablissement der Schmetterlinge* (1986) wird bereits deutlich, dass die diesbezügliche Selbstwahrnehmung ambivalent war. Richter betont hier zwar erneut, es habe keine Mitglieder gegeben, weist aber auch auf die sehr spezifische Mentalität hin, die Zugehörigkeit eben doch zu definieren scheint:

> Man kann den Eindruck gewinnen, dies sei ein fluktuierender Kreis von Freunden gewesen, aber es war nicht so, der Kern blieb immer erhalten, war immer da, diese Freundschaften der ersten Nachkriegsjahre hielten über zwanzig Jahre hinweg. Es war in jenen jungen Leuten der Kriegsgeneration wohl eine Mentalität entstanden, die unzerstörbar war. Nur so ist dies und die zähe Haltbarkeit der ‚Gruppe 47' zu erklären. Es war deswegen auch nicht nötig, irgend etwas zu gründen. Wir brauchten keine Statuten, keinen Verein, keine Abmachungen, um zusammenzubleiben und zusammenzuhalten. Sowenig wie es Mitglieder gegeben hat, sowenig hat es einen Gründer oder hat es Mitbegründer gegeben. Alles entstand so, entwickelte sich – ich sage das gern – organisch, nach einem ungeschriebenen Gesetz, wenn es so etwas gibt.[338]

Auf diese etwas widersprüchlich scheinende Definition von Gruppenzugehörigkeit ist weiter unten in diesem Kapitel noch einmal einzugehen, weil sie auch hinsichtlich der Frage nach Fortsetzungen von Vorstellungen aus dem Nationalsozialismus bemerkenswert ist.[339] Zunächst aber wird deutlich, dass sich die Mitgliedschaft in der Gruppe 47 zumindest rückblickend anhand solcher Zuschreibungen eben doch herleiten lässt, auch wenn niemand aktiv ‚beigetreten' ist. Dieser Meinung war nicht nur Richter selbst. Schon Fritz J. Raddatz schrieb beispielsweise bereits 1962 im *Almanach*-Vorwort, stilistisch zeichne sich eine „gewisse Neuorientierung" seit den frühen Texten

---

in der *Zeit* noch einmal detailliert ausführte (Blöcker 1962) – wehrt; es handele sich bei der Gruppe 47 um ein eingeschworenes Kollektiv, eben um eine „Clique".

335   Enzensberger 1962, S. 23.
336   Arnold 2004b, S. 159.
337   Vgl. ebd., S. 159.
338   Richter 1986, S. 280 f.
339   Vgl. die Einleitung zu Kap. 3.2 im vorliegenden Teil I der Studie.

der Gruppe 47 ab, die ein „Aufschreien ohne Schrei" gewesen seien,[340] sie seien aber auch „notwendige moralische Befreiungen" gewesen, und: „wenn die Gruppe 47 heute noch irgendeine politische Substanz hat, dann bezieht sie sie dort. Das ist das Elternhaus."[341]

In diesem Sinne haben verschiedene Mitglieder und vor allem Richter selbst in Interviews und Essays auch immer wieder konkrete Angaben darüber gemacht, wer zu ihrem ‚Freundeskreis' gehöre. Davon sollen nur die wichtigsten kurz erwähnt werden, um einen groben Eindruck zu vermitteln. Allen voran dürfte Richters jüngste Auswahl, nämlich der gerade zitierte Band *Etablissement der Schmetterlinge* aus dem Jahr 1986, als repräsentativ gesehen werden. Hier zeichnet Richter, so der Untertitel, „Einundzwanzig Portraits aus der Gruppe 47".[342] Diese anekdotisch gehaltenen Beschreibungen und Erinnerungen widmet er Aichinger, Amery, Andersch, Bachmann, Böll, Dor, Eich, Enzensberger, Grass, Hildesheimer, Höllerer, Jens, Johnson, Kaiser, König, Kolbenhoff, Mayer, Reich-Ranicki, Schnurre, Walser und Weiss.[343] Im Nachwort schränkt er aber ein, es gebe keine klaren Gründe, „warum ich gerade über diese einundzwanzig Autoren geschrieben habe und nicht über andere. Jemand könnte meinen, dies sei eine Auslese, aber das ist es nicht."[344] Wie er schreibt, hätte er noch 21 weitere Autorinnen und Autoren nennen können;[345] er erwähnt im Folgenden auch tatsächlich noch zahlreiche weitere Mitglieder, die er für zentral hält[346] und die ihm gemäß „alle [...] zum ersten Kreis der ‚Gruppe 47'" gehört hätten;[347] „viele blieben ihr bis zum Schluß treu."[348] Neben

---

340 Raddatz 1962, S. 54.
341 Ebd.
342 Richter 1986.
343 Vgl. ebd.
344 Ebd., S. 275.
345 Vgl. ebd., S. 276 f.
346 Nämlich Lenz (ebd., S. 274), Heißenbüttel, Bobrowski, Bichsel und Becker (ebd., S. 276). Später die Kritiker Raddatz, Karasek und Baumgart, die Frauen Rehmann, Elsner, Nowak, Wohmann und Bachér (ebd., S. 277); Roehler, Buch, Fichte Piwitt, Born, Herburger, Wellershoff (ebd., S. 278) und Kluge (ebd., S. 279). Dazu kämen etliche, die „von Anfang an dabei waren und noch zu den engsten Mitarbeitern unserer Zeitschrift ‚Der Ruf' gehört haben: Walter Maria Guggenheimer, Friedrich Minssen und Walter Mannzen. [...] In diesen Kreis gehören auch Wolfgang Bächler [...] und Heinz Friedrich." (Ebd.) Später erwähnt er „Horst Mönnich, Franz Josef Schneider, Hans Josef Mundt, Christian Ferber, Armin Eichholz, Jürgen von Hollander, Roland H. Wiegenstein, Ernst Schnabel" sowie die „Ausländer" Morriën und Nowakowski (ebd., S. 280).
347 Ebd., S. 280.
348 Ebd. Das schreibt er übrigens *vor* der Nennung der beiden letzten Namen, die er ganz am Schluss *pars pro toto* für „die Ausländer" erwähnt: „Sie alle gehörten zum ersten Kreis der

dieser wichtigsten Quelle können unter anderem auch Briefe Richters[349] konsultiert werden, Interviews[350] oder unvollständige Listen in verschiedenen Berichten über die Gruppe;[351] die früheste Aussage über Mitglieder der Gruppe 47 stammt bereits aus deren Gründungsjahr.[352]

Entsprechend zahlreich und teilweise widersprüchlich wurden die Mitglieder der Gruppe 47 auch in der Forschungsliteratur verzeichnet. So ist im Anhang von Arnolds Gruppe-47-Sonderband *Text und Kritik* (2004b) eine ausführliche Liste von 119 als „Gruppenmitglieder" bezeichneten Personen enthalten,[353] von denen noch einmal 124 „Gäste der Gruppe 47" unterschieden werden.[354] An einer anderen Stelle des Bands (der wegen seiner mehrfachen

---

‚Gruppe 47' und viele blieben ihr bis zum Schluß treu. Ausländer nahmen fast immer an den Tagungen teil [...]." (Ebd.)

349   So beispielsweise in einem Brief vom 22.10.1949 an Franz Josef Schneider, in dem er schreibt: „Als Angehörige der Gruppe betrachten wir: Günter Eich, Ernst Schnabel, Hans Jürgen Söhring, Walter Kolbenhoff, Nikolaus Sombart, Hans Georg Brenner, Fred Andersch, Friedrich Minssen, Walter Mannzen, Willi Steinborn, Rudolf Krämer-Badoni (falls er nicht ablehnt), Walter Hilsbecher, Wolfgang Bächler, Ilse Schneider-Lengyel, Hans Joseph Mundt, Georg Hensel, Wolfdietrich Schnurre, Bastian Müller, Toni Wiss-Verdier, Louis Clappier, Adrian Morrien, Fritz Kracht, Jürgen v. Hollander, Armin Eichholz, Horst Männich, Heinz Ulrich, Walter Heist, Hans Werner Richter, Hartmann Görtz, Karl August Horst, Gunter Groll, Franziska Violet und Franz Joseph Schneider (falls er Wert darauf legt), Heinz Friedrich. Gäste der Gruppe waren: Gottfried Beutel, Arnold Bauer [...], Claus Hardt, Reinhart Holt, Prof. Rasch, Rosengarten usw." (Richter 1997, S. 93)

350   So im von Toni Richter (1997) abgedruckten Interview von Cofalla mit Delius und Schütte (ebd., S. 188–200), wo die verschiedenen Generationen ebenfalls namentlich benannt und jeweils einige dazugehörige Mitglieder aufgezählt werden (vgl. ebd., S. 195).

351   Insbesondere in Einleitungen von Berichten über die Gruppe; Arnold schreibt zu Beginn seiner Monografie beispielsweise, „um zentrale Autoren der Gruppe 47 wurden noch immer die spektakulärsten Schlachten im deutschen Feuilleton- und Literaturbetrieb geschlagen: um Günter Grass und Martin Walser, um Hans Magnus Enzensberger und Peter Rühmkorf. Auch Siegfried Lenz, Dieter Wellershoff, Gabriele Wohmann, Peter Härtling, Jürgen Becker, Peter Handke, Peter Bichsel, Günter Kunert, F. C. Delius, Carl Amery, Ingrid Bachér, Ernst Augustin haben mit vielen anderen, die zur Gruppe 47 gerechnet werden, die deutsche literarische Landschaft auffällig geprägt [...]." (Arnold 2004, S. 8.)

352   In einer Meldung der *Neuen Zeitung* vom 7.11.1947, zit. n. Arnold 2004b, S. 68; wie bei Arnold hervorgehoben ist, fasste diese Meldung „die Gruppe bereits als Institution auf und wies den Teilnehmern des Treffens Mitgliederstatus zu." Als zugehörig benannt wurden „die Schriftsteller Hans Werner Richter, Heinz Ulrich Walter Kolbenhoff, Alfred Andersch, Wolfdietrich Schnurre, Heinz Friedrich, Ernst Kreuder, Walter M. Guggenheimer, Wolfgang Bächler, Friedrich Minssen, Nicolaus Sombart, Walter Mannzen, Günter Eich, Siegfried Heldwein, Walter Hilsbecher, Wolfgang Lohmeyer, Dietrich Warnesius, Walter Heist und andere [...]." (Ebd.)

353   Arnold 2004b, S. 321–323.

354   Ebd., S. 323 f.

Autorschaft einige interne Widersprüchlichkeiten aufweist)[355] ist dagegen eine Liste zusammengestellt worden, die nach Generationen des Beitritts und nach ‚Beständigkeit' der Mitgliedschaft unterscheidet.[356] Hier sind nun bloß noch zehn Namen genannt, die zum „beständigsten Teil" der Gruppe gehören, da sie „von den Anfängen bis weit in die sechziger Jahre hinein mit einer gewissen Regelmäßigkeit anwesend" gewesen seien;[357] nämlich neben Richter selbst Böll, Dor, Eich, Hildesheimer, Jens, Lenz, Mannzen, Weyrauch und Schnurre.[358] Dazu kommen 46 weitere Namen, die entweder „in den ersten Jahren ständig, seit Mitte der fünfziger Jahre jedoch nicht mehr dabei waren",[359] die sich „seit Beginn der sechziger Jahre zurückziehend" zeigten,[360] „seit der zweiten Hälfte der fünfziger Jahre neu hinzugekommen und in der Gruppe teilweise dominierend"[361] waren oder „zu Beginn der sechziger Jahre die neue Generation, die bis zum Ende das Bild der Gruppe mitprägte",[362] waren.[363]

In seiner Monografie hat sich Arnold dann auf 28 Namen beschränkt, die er als die „wichtigsten Autoren und Kritiker der Gruppe 47" auflistet.[364] Damit bleibt er nach wie vor sehr nahe an Richters Auswahl in *Etablissement der Schmetterlinge*, die er um Becker, Bichsel, Bobrowski, Fried, Handke, Heißenbüttel, Lenz, Raddatz und Richter selbst ergänzt (also neben Richter alles Personen, die dieser alle auch im Nachwort der *Schmetterlinge* erwähnt hat); nur Bachmann, Dor und Mayer, die von Richter in *Etablissement der Schmetterlinge* porträtiert wurden, lässt Arnold erstaunlicherweise weg.[365] Diese Synthese dieser beiden Listen, ergänzt um die in Arnolds Sammelband identifizierte Gruppe derer, die über die ganze Bestehenszeit relativ regelmäßig

---

355   Vgl. Kap. 1.2 im vorliegenden Teil I der Studie.
356   Arnold 2004b, S. 164 f.
357   Ebd., S. 164.
358   Ebd.
359   Ebd.; genannt werden: Schneider-Lengyel, Schroers, Sombart, Ulrich, Hilsbecher, Hollander, Bauer, Brenner.
360   Ebd., S. 164; genannt werden: Aichinger, Bächler, Schneider, Bachmann, Andersch, Schallück, Kolbenhoff, Morriën, Federmann.
361   Ebd.; genannt werden: Amery, Enzensberger, Ferber, Hey, Johnson, Röhler, Bachér, Grass, Heißenbüttel, Höllerer, Rehmann, Walser.
362   Ebd., S. 165; genannt werden: Bayerm Bichsel, Cramer, Herburger, König, Fichte, Weiss, Rühmkorf, Wohmann, Becker, Delius, Haufs, Kluge, Elsner, Fried, Wellershoff.
363   Ebd., S. 164 f.
364   Vgl. Arnold 2004, S. 145–147; er nennt Aichinger, Amery, Andersch, Becker, Bichsel, Bobrowski, Böll, Celan, Eich, Enzensberger, Fried, Grass, Handke, Heißenbüttel, Hildesheimer, Höllerer, Jens, Johnson, Kaiser, König, Kolbenhoff, Lenz, Raddatz, Reich-Ranicki, Richter, Schnurre, Walser und Weiss.
365   Vgl. ebd., S. 145–147.

anwesend waren,[366] dürfte nun also diejenigen 33 Autorinnen und Autoren umfassen, über deren Zugehörigkeit zur Gruppe alles in allem die wenigsten Differenzen bestanden:

> Ilse Aichinger (*1921), Carl Amery (*1922), Alfred Andersch (*1914), Ingeborg Bachmann (*1926), Jürgen Becker (*1932), Peter Bichsel (*1935), Johannes Bobrowski (*1917), Heinrich Böll (*1917), Paul Celan (*1920), Milo Dor (*1923) Günter Eich (*1907), Hans Magnus Enzensberger (*1929), Erich Fried (*1921), Günter Grass (*1927), Peter Handke (*1942), Helmut Heißenbüttel (*1921), Wolfgang Hildesheimer (*1916), Walter Höllerer (*1922), Walter Jens (*1923), Uwe Johnson (*1934), Joachim Kaiser (*1928), Barbara König (*1925), Walter Kolbenhoff (*1908), Walter Mannzen (*1905), Hans Mayer (*1907) Siegfried Lenz (*1926), Fritz J. Raddatz (*1931), Marcel Reich-Ranicki (*1920), Hans Werner Richter (*1908), Wolfdietrich Schnurre (*1920), Martin Walser (*1927), Peter Weiss (*1916), Wolfgang Weyrauch (*1904).[367]

Dazu kommen aber zahlreiche weitere Autorinnen und Autoren, die über lange Zeit, je nach Perspektive oder je nachdem, wen man gefragt hat, ebenfalls zum engsten oder engeren Kreis oder zumindest zu den Mitgliedern gewählt wurden; sonst hätten schließlich nicht die erwähnten ausführlichen Listen in Arnolds Sammelband (2004b) mit über 100 und die Liste von Meyer (2013) mit sogar 200 Autoren/-innen der Gruppe 47 entstehen können. Es gibt Namen, die nicht zu jedem Zeitpunkt oder nicht von allen Mitgliedern zum Kern gezählt oder in manchen Aufzählungen vergessen wurden, weil sie eher am Rand des ‚innersten Kreises‘ standen; so vor allem viele frühe Mitglieder wie Horst Mönnich, Heinz Friedrich oder Franz Joseph Schneider. Zudem gibt es Widersprüche; zum Beispiel zählt Raddatz in Arnold 2004b nur zu den Gästen,[368] Richter erwähnt ihn im Nachwort der *Schmetterlinge* als Mitglied[369] und in seiner Monografie hat ihn Arnold (2004) sogar in seine Liste der wichtigsten 28 Autoren und Kritiker aufgenommen.[370]

Es wird deutlich, dass der hier zusammengetragene Überblick keineswegs einfach als verbindlich oder abschließend anzusehen ist. Er soll nur einen Eindruck vermitteln, inwiefern solche und ähnliche Informationen im Weiteren als Hinweis darauf dienen können, ob sich die Untersuchung von Texten

---

366   Also Böll, Dor, Eich, Hildesheimer, Jens, Lenz, Mannzen, Weyrauch und Schnurre (Arnold 2004b, S. 164), vgl. weiter oben in diesem Kapitel; Weyrauch und Mannzen werden weder von Arnold (2004) noch von Richter (1986) erwähnt.

367   Synthese den Namen aller Porträtierten in Richter 1986, Arnold 2004, S. 145–147 und Arnold 2004b, S. 164.

368   Vgl. ebd., S. 323 f.

369   Vgl. Richter 1986, S. 277.

370   Vgl. Arnold 2004, S. 145.

einzelner Autoren/-innen im Rahmen der Fragestellung dieser Arbeit lohnt, und im Verlauf der Argumentation kann darauf zurückgegriffen werden; vom innersten Kern abgesehen, handelte es sich aber tatsächlich um einen eher „fluktuierende[n] Kreis von Freunden".[371]

2.3.2 Die relevanten Autoren/-innen-Jahrgänge

Die gerade zusammengetragene Liste der wichtigsten Gruppenmitglieder weist auf einen offenbar relativ zentralen Aspekt hin, der die Gruppenzugehörigkeit neben ‚mentalitären' Aspekten beeinflusst zu haben scheint: Nämlich der Jahrgang. Von den 33 Namen, die als wichtigste Mitglieder gezählt werden können, sind nur vier später als 1930 geboren, nämlich Jürgen Becker (*1932), Peter Bichsel (*1935), Peter Handke (*1942) und Uwe Johnson (*1934) – dies obwohl sehr viele junge Mitglieder wie Handke erst Anfang / Mitte der 40er Jahre geboren sind,[372] und bereits seit den frühen 60er Jahren größere Tagungen mit entsprechend vielen jüngeren Autorinnen und Autoren stattfanden.[373] Da sie dennoch bis zuletzt zum ‚inneren Kreis' zählten, wird sich die vorliegende Studie auf diejenigen Autorinnen und Autoren beschränken, die vor 1930 geboren sind – wie kurz umrissen werden soll, bietet sich diese Auswahl sowohl angesichts des Selbstverständnisses der Gruppe 47 als auch angesichts der Frage nach NS-Kontinuitäten an.

Das Selbstverständnis zeichnet sich schon in Richters zahlreichen bis hier erwähnten Definitionen des ‚inneren Zusammenhalts', ‚ideellen Ausgangspunkts' oder der ‚Mentalität' der Gruppe 47 ab. In *Etablissement der Schmetterlinge* betont er, die „zähe Haltbarkeit der ‚Gruppe 47'" komme daher, dass „in jenen jungen Leuten der *Kriegsgeneration*" eine „unzerstörbar[e]" Mentalität entstanden sei und dass die Leute mit dieser Mentalität den „Kern" der Gruppe

---

371 Richter 1986, S. 280.

372 Darunter zum Beispiel Hans Christoph Buch (1944), F. C. Delius (1943), Gerd Fuchs (1941), Elisabeth Plessen (1944) oder Guntram Vesper (1941); vgl. Meyer 2013, die 15 nach 1940 geborene Autorinnen und Autoren (vgl. ebd., Anhang „Autorenkorpus") und 20 nach 1940 geborene Teilnehmerinnen und Teilnehmer (vgl. ebd., Anhang „Teilnehmerkorpus") listet; wobei in beiden Listen ein nennenswerter Anteil der Jahrgänge unbekannt bleibt.

373 Auch die jungen Autoren selbst nahmen wahr, dass sie nicht zum inneren Kreis gehörten. So zitiert Böttiger aus seinem Gespräch mit Klaus Stiller über die Tagung in Princeton im Jahr 1965, bei der dieser erst 25 Jahre alt war: „Es gab eine Solidarität des ‚inneren Freundeskreises', wie der Hans Werner Richter das sagte, nicht offiziell sagte, aber ich hab das zufällig einmal gehört, als er mit anderen sprach, vom ‚inneren Freundeskreis' sprach, zu dem gehörten wir alle nicht! Es war dann eher dieses Abschotten gegenüber diesen jungen Leuten, die vielleicht in Amerika allein von der Haltung her schon besser angekommen wären." (Stiller, zit. n. Böttiger 2012, S. 390 f.)

bilden würden.[374] Bereits im *Almanach* hält er fest, man sei in der Gruppe 47
dann „unter sich", wenn alles dem „Geist der ersten Jahre", das heißt der unmittelbaren Nachkriegszeit, entspräche.[375] Und in diesen ersten Jahren hätten
die Mitglieder nun keinesfalls älter als Jahrgang 1930 und damit 17 Jahre alt sein
können. Diese Altersgrenze – an die sich Richter wie gesehen auch tatsächlich noch im Jahr 1986 gehalten hat, als er aus großer Distanz die wichtigsten
Mitglieder auflistete – korreliert zudem mit einer der wichtigsten und ersten
Quellen zur Frage danach, wer zur ‚jungen deutschen Generation' der Nachkriegszeit gehöre: Gemäß Anderschs bereits einleitend zitiertem Essay zählen
dazu nämlich

> Männer und Frauen zwischen 18 und 35 Jahren, getrennt von den Älteren durch
> ihre Nicht-Verantwortlichkeit für Hitler, von den Jüngeren durch das Front- und
> Gefangenschaftserlebnis, das eingesetzte Leben also [...].[376]

Damit sind, da der Essay aus dem Jahr 1946 stammt, die Jahrgänge zwischen
1911 und 1929 gemeint. Die ‚junge Generation' wird dadurch auf diejenige
Altersgruppe festgelegt, die frühestens im Jahr 1931 aktiv- und erst 1936 passiv
wahlberechtigt war,[377] das heißt auch zum Zeitpunkt der ‚Machtergreifung'
politisch noch nicht vollständig mündig war.[378] Es handelt sich also um jene
Gruppe im Nachkriegsdeutschland, die sicherlich nicht vorrangig für Nationalsozialismus und Krieg verantwortlich war, aber dennoch den Krieg bereits
bewusst erlebt hat und eingezogen werden konnte; die sich also wirklich gegebenenfalls ‚unschuldig schuldig' machen mussten.

Insbesondere das bewusste Erleben des Kriegs steht für Richter auch noch
in seinem langen Rückblick-Essay „Wie entstand und was war die Gruppe 47"
(1979) nicht nur in Bezug auf die junge Generation, sondern in Bezug auf die

---

374   Richter 1986, S. 280 f.; vgl. weiter oben in diesem Kapitel.

375   Richter 1962, S. 13; vgl. auch Kap. 3.1 im vorliegenden Teil I der Studie.

376   Andersch 1946, S. 2.

377   Reichsgesetzblatt 06.03.1924, T. 1, S. 159 f., zit. n. Bernhard/Nohlen/Schulze 1971, S. 367 f.;
      vgl. auch ebd., S. 170–174.

378   Cofalla betont, dass diese Definition „alle Wahlberechtigten, die 1933 bei ihrem Votum für
      Hitler unter dreiundzwanzig Jahre alt gewesen waren, von politischer Verantwortung" be-
      freit habe (Cofalla 1997, S. 18). Gansels Deutung dagegen ist angesichts dessen, dass man
      das passive Wahlrecht – also das Recht, zu Wählen –, bereits mit 20 erhielt, verunklarend,
      wenn er schreibt: „Das Alter von 33 Jahren entschuldete nämlich jene Jungen, die 1933
      unter 23 Jahren und somit nicht wahlberechtigt waren." (Gansel 2011, S. 24.) Es war nur
      das *aktive* Wahlrecht, dass diese Jungen noch nicht hatten; sie hatten also 1933 nicht für
      die NSDAP in das Parlament gewählt werden, aber durchaus gerade seit dem Aufstieg der
      NSDAP wählen können.

gesamte Gruppe 47 im Zentrum: Über die „erste Wende der Entwicklung"[379] der Gruppe 47 in Niendorf 1952 mit den Lesungen von Aichinger, Bachmann oder Celan betont er, diese neuen Mitglieder seien „die Jugendlichen des Dritten Reiches" gewesen, „die die Barbarei des Faschismus im eigenen Leben schmerzlich erfahren hatten."[380] Auch die in den darauffolgenden Jahre dazustoßenden Autoren und Autorinnen beschreibt er primär über deren Bezug zum Nationalsozialismus; sie seien bei der Machtübernahme „drei oder vier Jahre alt oder gerade geboren, als der Krieg zu Ende ging und das Dritte Reich zusammenbrach, waren sie noch Schüler wie Hans Magnus Enzensberger oder gehörten zum letzten Aufgebot wie Günter Grass."[381]

Er wundert sich darüber, dass diese jüngere, mehrheitlich von der Universität kommende Generation – erwähnt werden hier zum Beispiel auch Walser und Kaiser – sich in die Gruppe integrieren konnte; betont zunächst, wie „sehr viel agiler, schneller und präziser in ihren Reaktionen" sie waren als die Älteren; sie hätten „alles parat" gehabt, „jedes Zitat, jeden Vergleich und die oft spielerische und artistische Möglichkeit, alles einzuordnen".[382] Dennoch hätten sie sich problemlos eingefügt – was er sich wie folgt erklärt:

> Was sie darüber hinaus mit uns verband, war [...] die gleiche Mentalität, die man oberflächlich als links bezeichnen kann. Es bleibt trotzdem erstaunlich, daß diese Generation sich ganz ohne Opposition integrieren ließ. Ich glaube, es gibt nur eine Erklärung dafür: Obwohl sie die Kinder des Krieges waren, war für sie die entscheidende Erlebniswelt das Dritte Reich und der Zweite Weltkrieg, wie auch für viele von uns.[383]

Die ‚junge Generation' aus Anderschs Definition und der ‚innere Kreis' der Gruppe 47, den Richter über die gesamte Bestehenszeit der Gruppe als mentalitär zugehörig verstanden haben – und die bis heute in der Forschungsliteratur als wichtigste Mitglieder gelten –, sind damit altersmäßig fast deckungsgleich. Mit diesen Feststellungen soll nun nicht impliziert werden, die Gruppe 47 habe die *gesamte* ‚junge Generation' umfasst,[384] auch nicht,

---

379 Richter 1979, S. 109; vgl. zu dieser Tagung Böttiger 2012, S. 122–156 [Kapitel: Fräulein Kafka. Aichinger, Bachmann, Celan: Ein unvermutet neues Abc].

380 Richter 1979, S. 109.

381 Ebd., S. 119.

382 Ebd., S. 120. Zu der Verknüpfung von Intellektualität und ‚mentalitärer' Gruppenzugehörigkeit vgl. auch Kap. 3 in Teil II der vorliegenden Studie.

383 Richter 1979, S. 121.

384 Wie beispielsweise der Sammelband über die „*Junge Generation*" von Winter (2002) zeigt, der auch Beiträge über Bruno Hampel, Claus Hubalek, Susanne Kerckhoff, Max Frisch oder Wolfgang Borchert enthält, sind dazu zahlreiche weitere junge Autorinnen und Autoren zu zählen.

alle Mitglieder der Gruppe 47 würden diesen Jahrgängen angehören. Wichtig ist aber, dass von Anderschs frühem *Ruf*-Essay von 1946 bis hin zu Richters spätesten Stellungnahmen zur Gruppe 47 im Rückblick-Essay von 1979 und im Nachwort zum *Etablissement* von 1986 die ‚Kern'-Identität, die die Gruppe ausmachen soll, damit in Bezug steht, im Krieg dabei gewesen zu sein.

Und im Krieg bewusst dabei gewesen zu sein, ist nun naheliegenderweise wiederum auch hinsichtlich der Frage nach NS-Kontinuitäten in der vorliegenden Studie von Bedeutung. Bereits Widmer stellt in seiner Dissertation von 1966 diesen Zusammenhang her, er wählt sogar eine engere Definition der ‚jungen Generation' als diejenige Anderschs, wenn er sich auf Autoren/-innen konzentriert,

> die bei Kriegsende zwischen zwanzig und dreißig Jahre alt waren. Sie sind 1915 und später geboren und bildeten sich, ob sie wollten oder nicht, sprachlich in der Luft des ‚Dritten Reiches'. Für sie war das Jahr 1945 wirklich ein Jahr Null.[385]

Widmer geht es hier also um die ‚generationelle' Prägung, die in sehr ähnlicher Weise auch noch Gross und Konitzer implizieren, wenn sie die Fortsetzung partikularer Moral in Martin Walsers Friedenspreisrede damit erklären, er habe der Generation angehört, die „die Maßstäbe der für den Nationalsozialismus charakteristischen partikularen Moral in ihrer Kindheit erlernt hat."[386] In der vorliegenden Studie wird zwar nicht *a priori* davon ausgegangen, dass der Nationalsozialismus die entsprechenden Jahrgänge entscheidend geprägt hat,[387] aber das entsprechende Untersuchungsinteresse, dem anhand konkreter Analysen nachgegangen werden soll, kommt nicht zuletzt aufgrund dieser naheliegenden Hypothese zustande.[388] Und auch im Sinne historiografischer Theorien über NS-Kontinuitäten rechtfertigt es sich wie gesagt dann am deutlichsten, von Kontinuitäten zu sprechen, wenn direkte Linien in der Biografie einer Person nachgezeichnet werden können.[389]

Deswegen erscheint es auch in der vorliegenden Untersuchung sinnvoll, wenn die untersuchten Autorinnen und Autoren die Zeit des Nationalsozialismus bewusst wahrgenommen haben können, was auch von dieser Seite her die Altersgrenze Jahrgang 1930 nahelegt.[390] Da es in der vorliegenden Studie nicht

---

385 Widmer 1966, S. 8.
386 Gross 2010, S. 217; vgl. weiter oben in diesem Kapitel.
387 Vgl. weiter oben in diesem Kapitel.
388 Vgl. Kap. 1.3 im vorliegenden Teil I der Studie.
389 Kundrus/Steinbacher 2013, S. 12 f.; vgl. weiter oben in diesem Kapitel m. w. H.
390 Die vor 1930 Geborenen können sich als letzte zumindest diffus an die „Machtergreifung" 1933 erinnern, da sie zu diesem Zeitpunkt mindestens drei Jahre alt waren, der entwicklungspsychologisch entscheidende Zeitpunkt, zu dem die ersten Erinnerungen

um eine jugendliche Infiltration wie bei Widmer[391] oder um Zuschreibungen von Schuld wie in Anderschs Definition[392] geht, sondern um die allfällige diskursive Fortsetzung von NS-Werten – die weniger nach 1945, aber durchaus auch schon vor 1933 erlernt worden sein können – spielt die Altersgrenze gegen oben hier keine Rolle. Anders als im *Ruf*, den Widmer untersuchte, ist die Altersgrenze gegen oben in der Gruppe 47 sowieso relativ eng gesteckt; das älteste Mitglied der ‚wichtigsten‘ und frühen Mitglieder ist mit Jahrgang 1904 Wolfgang Weyrauch; auch er war 1933 erst 29 Jahre alt. Die Untersuchung wird also auf diejenigen Autorinnen und Autoren der Gruppe 47 beschränkt, die a) die Zeit des Nationalsozialismus zumindest partiell auch in Deutschland oder in von Deutschland besetzen Gebieten verbracht haben und b) vor 1930 geboren sind.

Da die Autoren/-innengruppen innerhalb der Gruppe 47 wie gesehen in der Sekundärliteratur bisher meistens nicht nach Jahrgängen, sondern nach der Chronologie der Teilnahme, dem Zeitpunkt der ersten Lesung oder der Distanzierung von der Gruppe unterteilt wurden, müssen die Begrifflichkeiten zur Einordnung der Gruppenmitglieder hier etwas genauer definiert werden,[393] wobei auf die bereits bestehende Terminologie auch in der vorliegenden Studie zurückgegriffen wird. Meistens wird die *Ruf*- oder Gründergeneration unterschieden, die auch als *erste Generation* bezeichnet werden kann; dazu werden meist, und auch in der vorliegenden Studie, die etwas später dazugestoßenen Autoren wie A. G. Bauer oder H. G. Brenner gezählt;[394] also alle, die in der Konstituierungsphase der Gruppe dazugekommen sind. Als *zweite Generation* gelten die allmählich in den 50er Jahren dazugekommenen Autoren/-innen und Kritiker wie Aichinger und Bachmann, Kaiser, Walser, Enzensberger oder

---

einsetzen. Im Jahr 1945 waren sie mindestens sechzehn Jahre alt; damals wie heute eine wichtige Stufe bei Fragen nach Schutzalter und Mündigkeit (z. B. war es in Deutschland bis 2017 bereits mit 16 Jahren erlaubt, eine Ehe einzugehen). Die jüngsten Vertreter der vor 1930 Geborenen absolvierten die gesamte obligatorische Schulpflicht, die zweifellos grundlegend für die Ausbildung von Werten ist, in der NS-Diktatur.

391 Widmers Entscheidung, sich auf die Jahrgänge zu beschränken, die *nach* 1915 geboren sind, kommt von seiner Prämisse einer jugendlichen ‚Infiltrierung‘, der in der vorliegenden Studie nicht *a priori* gefolgt wird; vgl. weiter oben in diesem Kapitel.

392 Die mit den Jahrgängen, die nach 1911 geboren sind, nur diejenigen Jahrgänge umfasst, die 1933 noch kein Wahlrecht hatten; vgl. weiter oben in diesem Kapitel.

393 So in der bereits erwähnten Tabelle in Arnolds Sammelband (2004b, S. 164 f.), die sich an der frühen literatursoziologischen Studie von Kröll (1977) orientiert. In die dort unterscheidenen Konstituierungs- (1947–1949); Konsolidierungs- (1950–1957); Hoch- (1958–1963) und Spätphase (1964–1967) der Gruppe 47 können auch die Mitglieder nach ihren ersten Lesungen eingeteilt werden.

394 Die beide im Jahr 1949 zur Gruppe 47 stießen, vgl. Arnold 2004b, S. 164.

Grass.[395] Die *späten Generationen*, die nach dem ‚Wendejahr', als die Gruppe
den Höhepunkt ihrer Popularität erreichte, oder in der Spätphase dazukamen,
spielen in der vorliegenden Studie schließlich keine große Rolle mehr, da sie zu
großen Teilen nach 1930 geboren sind – wobei mit Heinz v. Cramer (*1924) beispielsweise auch ein Autor zu diskutieren sein wird, der erst 1961 zur Gruppe
gestoßen ist.[396]

Ausgehend von diesen chronologischen Gruppen werden nach wie vor
auch die wichtigsten inhaltlichen Schlüsse gezogen, so wenn Böttiger über die
Tagung im Jahr 1953 in Mainz schreibt:

> Diese zweite Generation der Gruppe 47 prägte das Bild ihrer Institution viel
> stärker als die Gründergeneration um Richter. Kaisers Ablehnung eines Autors
> wie Mehring war rein ästhetisch begründet. Mehring und Richter standen, ob-
> wohl der eine Emigrant, der andere ein deutscher Soldat gewesen war, auf der
> anderen Seite. Und Kaiser ist in seinen ästhetischen Prämissen ohne Weiteres
> mit dem Emigranten Thelen zu verbinden. Man sollte Richters Ressentiments,
> die auch in seinem umfangreichen Briefwechsel manchmal aufblitzen, also
> keineswegs mit der Gruppe gleichsetzen.[397]

Angesichts der erwähnten Diskussion um Walter Mehring (*1896) meint
Böttiger mit Ressentiments hier die Ablehnung der Exilautoren und die Antisemitismen im Briefwechsel.[398] Zu seiner impliziten Annahme, dass die
‚neue' Generation in diesen Hinsichten grundsätzlich anders eingestellt gewesen sei als die Gründergeneration, kommt Böttiger aufgrund der Selbstaus-
sage von Kaiser im Interview mit der *Akademie der Künste* 1988[399] sowie, wie

---

395 Vgl. Böttiger 2012, S. 164.
396 Vgl. Arnold 2004b, S. 165.
397 Böttiger 2012, S. 164 f.
398 Vgl. Cofalla 1997b; Braese 2001, Briegleb 2003; vgl. dazu Kap. 3.3 im vorliegenden Teil I der
     Studie.
399 Vgl. Kaiser 1988. Wie Böttiger es verharmlosend zusammenfasst, „mokiert sich" Kaiser
     darin „ein bisschen über jenen ‚nostalgisch-verkitschten Berliner Ton, jenen zweitklassig
     pseudo-brillanten Stil' Mehrings und konstatiert, dass es ‚eine Ausnahme, vielleicht
     eine etwas sentimentale Ausnahme' gewesen sei, dass Mehring überhaupt lesen
     durfte: ‚Mehring hatte sehr gebeten: er wollte unbedingt einmal lesen, sich den jungen
     Deutschen vorstellen.'" (Böttiger 2012, S. 164.) Kaisers Bericht der Kritik lautet: „Und da
     legte ich, Punkt für Punkt, dar, so logisch ich konnte, warum ich diese Art von Prosa nicht
     in Ordnung finde, warum ihre Form auf etwas ganz anderes zu zielen scheint als auf das,
     was ungenau ausgedrückt wird, und warum mir vieles schlecht feuilletonistisch vor-
     gekommen ist, wenig durchdacht und einfach flüchtig. Als ich fertig war, hatten viele Zu-
     hörer offenbar den Eindruck, ich hätte ungefähr das verbalisiert, was sie auch empfunden
     hatten. Und es war auch nicht ‚böse' gemeint gewesen. Ich hatte alles sehr höflich gesagt.
     Aber das Höfliche kann ja besonders schneidend wirken. Jedenfalls: Mehring reagierte

gerade zitiert, aufgrund dessen, dass Kaiser „in seinen ästhetischen Prämissen ohne Weiteres mit dem Emigranten Thelen zu verbinden" sei. Er zieht also ästhetische und chronologische Argumente heran, um möglicherweise antisemitische oder diskriminierende Motive Kaisers *a priori* abzulehnen – dies obwohl Kaiser, wenn er Mehrings Lesung als gönnerhafte ‚Ausnahme‘, ihn vor ‚jungen Deutschen‘ lesen zu lassen (Mehring war nur 8 Jahre älter als beispielsweise Weyrauch), als Kitsch, Nostalgie und ‚Pseudo-Brillanz‘ abqualifiziert,[400] ganz ähnliche Kritikpunkte aufbringt wie Richter in Bezug auf Thelen oder auf Celan, und in der damit implizierte Wirklichkeitsferne der Texte auch ein antisemitisches Motiv anklingt.[401]

Die Grenze zwischen Richters Ressentiments und Kaisers ‚objektiver‘ Kritik ist mit Sicherheit nicht so deutlich zu ziehen, wie Böttiger das tut; Kaisers Interview dient Briegleb in dessen Streitschrift denn immerhin sogar gerade im Gegenteil als Beispiel dafür, „wie jene Einkapselung und Wirkung vermittelter Antisemitismen in der Gruppen-Geschichte funktioniert".[402] Bereits der Zeitgenosse Hans Habe wandte sich einige Jahre später an Kaiser mit dem Vorwurf des Antisemitismus in der Gruppe 47, was Kaiser im selben Interview und im selben Zusammenhang erzählt, wie er über den Affront gegen Mehring berichtet.[403] Hier sollen diese Positionen noch nicht ergänzt, sondern vorerst nebeneinander stehen gelassen werden; das Beispiel macht aber deutlich, dass gerade hinsichtlich der Frage nach NS-Kontinuitäten der einfache Verweis auf ästhetische und chronologische Entwicklungen keine abschließende befriedigende Antwort bieten kann. Böttigers Postulat, die Gruppe 47 könne nicht mit Richters Ressentiments gleichgesetzt werden, soll hier deswegen nicht übernommen, sondern gerade *geprüft* werden, indem die untersuchte Gruppe von Autorinnen und Autoren näher an Richters eigener Zuschreibung von Mentalität bleibt.

---

daraufhin ungeheuer bestürzt, reiste wohl auch gleich ab." (Kaiser 1988, S. 7 f.; vgl. Böttiger 2012, S. 164); Briegleb deutet das Interview ganz anders als Böttiger, vgl. Briegleb 2003, S. 260 f.; vgl. dazu auch Braese 1999b, S. 190 f. und weiter unten in diesem Kapitel.

400 Kaiser 1988, S. 8.

401 Vgl. Wiedemann 2014, S. 48 („Der durch seinen Intellekt geprägte ‚Jude‘ hat keinen natürlichen Bezug zu Landschaft und Natur; zutiefst unkreativ kombiniert er bereits vorliegendes Material.") Vgl. Kap. 3.3.2 in Teil II der vorliegenden Studie zu der Gruppe-47-Lesung des Kapitels „Das jähe Ende des Pater Sebaldus" von Carl Amery ([1957] 1962), in der er genau diese Haltung, die hier Kaiser im Sinne des ganzen ‚inneren Kreises‘ vertritt, zu persiflieren scheint.

402 Briegleb 2003, S. 24; vgl. ebd., S. 260 f.

403 Vgl. Kaiser 1988, S. 9; Briegleb weist ebenfalls auf diesen offenbar assoziativen Zusammenhang hin (Briegleb 2003, S. 261).

Deswegen ist in der vorliegenden Studie wie gesehen nicht nur die ästhetische, sondern auch die altersmäßige Zuteilung in Gruppen wichtig, die begrifflich ebenfalls klar eingeführt werden muss, weil ja beispielsweise im Zusammenhang mit der ‚Jungen Generation' der Begriff ‚Generation' schon nicht mehr auf die Gruppengeschichte, sondern eben auf das Alter abzielt. Wie gesehen, liegt Richters Fokus nicht einfach auf dem Alter an sich, sondern insbesondere auf ‚dem Erlebnis' des Zweiten Weltkriegs oder der NS-Diktatur als Kind. Wichtig ist deswegen im Folgenden neben der Bezeichnung ‚relevante Jahrgänge', die eben alle vor 1930 Geborenen meint, auch die Kategorisierung ‚Dabeigewesene' / ‚Nichtdabeigewesene', die auf den Zweiten Weltkrieg referiert. Zu den ‚Dabeigewesenen' gehören die männlichen Angehörigen der Tätergesellschaft, die aktiv in einer NS-Organisation und / oder am Krieg beteiligt waren;[404] zudem auch Frauen, die an der ‚Heimatfront' aktiv waren, und die NS-Jugendgeneration zwischen 1927 und 1930 – in der vorliegenden Studie geht es ja nicht um die Kriegshandlungen, sondern um die NS-*Ideologie*. Bevor auf mögliche Kontinuitätslinien bereits im Konstrukt der ‚jungen Generation', auf das sich die frühen Gruppenmitglieder bezogen, noch etwas tiefer eingegangen wird, da es hinsichtlich des Wechselspiels von Kontinuität und Bruch eine zentrale Rolle spielt, soll zunächst noch das Untersuchungskorpus definiert werden.

2.3.3   Korpus

Die Heterogenität der literarischen Texte, auf die Reich-Ranicki mit seiner eingangs zitierten Aussage, es habe nie eine Literatur der Gruppe 47 gegeben,[405] anspielt, ist neben der Heterogenität der Gruppe selbst und ihrer moralischen Funktion ein weiterer grundlegender Topos der Gruppengeschichtsschreibung. In Arnolds Sammelband (2004b) sind zahlreiche entsprechende Aussagen von Gruppenmitgliedern bereits zusammengetragen worden.[406] Weiter heißt es aber:

---

404   Der Begriff wird in der vorliegenden Studie durchgängig in Anführungszeichen geschrieben, um den Konstruktionscharakter dieser Einteilung und scheinbaren Zusammengehörigkeit auszustellen, zumal sich die Erfahrungen im Krieg und in Gefangenschaft beispielsweise je nach Einsatzort oder Rang diametral unterscheiden konnten und die unterstellten Gemeinsamkeiten ganz andere Gründe hatten; vgl. auch Kap. 3 in Teil II der vorliegenden Studie.

405   Reich-Ranicki 1997, S. 218; vgl. weiter oben in diesem Kapitel.

406   „Die Gruppe hat kein gemeinsames literarisches Programm. [...] Sie besteht aus Individuen, die nichts weiter gemeinsam haben als die schriftstellerische Tätigkeit und den Wunsch, dann und wann miteinander zu reden.' (Christian Ferber) [...] Oder: die Gruppe sei lediglich ein Freundeskreis, ‚der sich mit lebendiger Literatur beschäftigt' (Hans Werner Richter) [...]. Und: ‚Jeder schreibt, wie er will: fortschrittlich oder

Kann man eine noch so allgemein beschriebene und mit negativen Begriffen umrissene, von ideellen moralischen Hoffnungen getragene gemeinsame Haltung der Gruppe 47 aber für den politischen Bereich annehmen, so wird man mit einigem Recht, wenngleich mit Vorsicht, auch von einer gewissen Gemeinsamkeit in Sachen Literatur sprechen dürfen, zumal das Politische mit dem Literarischen, wie Äußerungen von Gruppenmitgliedern aus der Gründungszeit der Gruppe belegen [...], nicht nur ‚irgendwie' verbunden war, sondern erklärtermaßen eine Einheit bildete.[407]

Bereits bei Arnold wird deswegen angenommen, es gebe eben doch eine ‚Literatur der Gruppe 47';[408] und um diese zu beschreiben, wird insbesondere auf den *Almanach der Gruppe 47* (1962c) eingegangen, da die darin enthaltenen Texte, wie es lapidar heißt, „als für die literarische Produktion der Gruppe 47 repräsentativ verstanden werden können".[409] Im dort folgenden Überblick wird chronologisch vorgegangen, auf „Innovationen und Strömungen" und auf die „Entwicklung" fokussiert;[410] aus diesem Grund werden auch zeitgleich entstandene weitere Texte von Guppe-47-Autorinnen und Autoren berücksichtigt.[411]

Hier soll ja diese Chronologie gerade keine Rolle spielen, aber da im Folgenden insbesondere die *vorherrschenden* Moraldiskurse in den literarischen Texten der Gruppe 47 interessieren, ist auch die Auswahl der repräsentativsten Texte sinnvoll. Der *Almanach der Gruppe 47* ist mit Blick auf die populärsten und breit akzeptierten Diskurse schon deswegen besonders relevant, da die Auswahl ohne größere zeitliche Distanz erfolgte. Er erschien im Jahr 1962, fünf Jahre vor dem Ende der regelmäßigen Gruppentreffen, und wie Richter betont, wurden die *Almanach*-Texte

> nicht nach der Qualität ausgesucht. Es soll vielmehr ein Querschnitt dessen sein, was gelesen wurde: das Unvollkommene und das Gelungene, das noch zu Erarbeitende wie das sich schon fertig Gebende und auch einiges, was der Kritik

---

> traditionell, realistisch oder verspielt, verstiegen oder ‚funkisch", so Joachim Kaiser [...]. Auch Fritz J. Raddatz stellte in seinem einführenden Kommentar zu den Texten des Richterschen ‚Almanach' die Gruppe vor als ein ‚Phänomen des Heterogenen, sowohl im, Verzeihung, ideologischen Ansatzpunkt als auch im ästhetischen Resultat' [...]. Und weitergehend konstatiert er, daß nach der Ermattung des pathetisch-moralischen Aufbruchs der ‚Ruf'-Zeit mit einer ‚Literarisierung der Literatur [...] auch eine gewisse Individualisierung' [...] eingesetzt habe." (Arnold 2004b, S. 80.)

407 Ebd., S. 82.
408 Vgl. ebd., S. 80–84.
409 Vgl. ebd., S. 83.
410 Ebd., S. 84.
411 Ebd., S. 83; vgl. S. 184–156.

verfiel. Es widerspräche dem Geist der Gruppe 47, hätte man nur das ausgewählt, was nach Ansicht der Kritik literarisch Bestand hat.[412]

Die Repräsentativität der darin enthaltenen Erzählungen bringt Richter also gerade mit jenem beständigen „Geist" der Gruppe 47 in Zusammenhang, der ja seit den „ersten Jahren" immer „erhalten"[413] geblieben sei. Der *Almanach* bildet deswegen im ersten Analyseteil der Studie (Kap. II) das Hauptkorpus, um die *wichtigsten* und *häufigen* Verknüpfungen von Identitätskonstruktionen und Wertvorstellungen in den *Subtexten* der literarischen Texte zu identifizieren. Auch um nur Texte von vor 1930 Geborenen zu untersuchen, bildet der *Almanach* eine ideale Auswahl, da die älteren Jahrgänge in den ersten 15 Jahren in größerer Zahl auf den Treffen vertreten waren.[414] Zudem hat die Gruppe in den frühen Jahren öfter getagt, weswegen im *Almanach* bereits immerhin 23[415] von 31 Tagungen vertreten sind. Damit in Teil II dennoch alle Tagungsjahrgänge abgedeckt sind, werden bereits hier auch noch die preisgekrönten Texte aus den späteren Jahren dazugenommen. Dadurch wird auch die ‚schweigende Mehrheit' einbezogen; die Preisverleihung wurde, anders als die Einladungen und die Auswahl und Reihenfolge der Lesungen, tatsächlich in einem demokratischen Prozess eines mehrgängigen anonymen Wahlverfahrens entschieden, an dem sich auch alle an den jeweiligen Lesungen Anwesenden beteiligen durften.[416]

---

412 Richter 1962, S. 13.
413 Ebd.
414 Vgl. weiter oben in diesem Kapitel.
415 Richter 1962, S. 12.
416 Vgl. dazu Arnold 2004, S. 59–64. Ob auf einer Tagung überhaupt ein Preis vergeben wurde, wurde jeweils relativ kurzfristig von Richter mitgeteilt; es entschied sich nach seinem Gutdünken und danach, ob ein ausreichend hohes Preisgeld – das von Verlagen oder Gönnern gestiftet wurde – zusammengekommen war. Der Preis wurde nach der Auszeichnung von Grass zeitweise zum „bedeutendsten deutschen Literaturpreis" (Böttiger 2012, S. 232). Insgesamt wurden zehn Preise vergeben, sie gingen an: 1. Günter Eich (für Gedichte, Inzigkofen im Mai 1950, 1'000 DM); 2. Heinrich Böll (für „Die schwarzen Schafe", Bad Dürkheim im Mai 1951, 1'000 DM); 3. Ilse Aichinger (für „Spiegelgeschichte", Niendorf im Mai 1952, 2'000 DM); 4. Ingeborg Bachmann (für Gedichte, Mainz im Mai 1953, 2'000 DM); 5. Adriaan Morriën für „Zu Große Gastlichkeit verjagt die Gäste", Cap Circeo im April/Mai 1954, 1'000 DM); 6. Martin Walser (für „Templones Ende", Berlin im Mai 1955, 1'000 DM); 7. Günter Grass (für zwei Kapitel aus der *Blechtrommel*, Großholzleute im Oktober/November 1958, 5'000 DM); 8. Johannes Bobrowski (für Gedichte, Berlin im Oktober 1962, 6'000 DM); 9. Peter Bichsel für Kapitel aus *Die Jahreszeiten*, Berlin im November 1962 7'000 DM); 10. Jürgen Becker (für Kapitel aus *Ränder*, Pulvermühle im Oktober 1967, 6'000 DM).

Ausgehend von diesen Ergebnissen werden im zweiten Analyseteil der Studie (Kap. III) auch weitere Texte von Autorinnen und Autoren einbezogen, die 1930 oder früher geboren sind,[417] In diesem zweiten Analyseteil wird der Frage nachgegangen, ob und inwiefern die im ersten Teil herausgearbeiteten Moraldiskurse in den Subtexten auch auf der *Textoberfläche*, im Rahmen der ,Moral der Geschichte' reflektiert werden. Hierfür kann auch breiter gesucht werden; das einzige zwingende Kriterium ist, dass die Lesung des Texts auf einer Gruppentagung in einer der verschiedenen Quellen dokumentiert ist.[418]

2.4   *Zwischenbilanz: Zusammenfassung und verfeinerte Fragestellung*

Ausgehend von der gesellschaftlichen Wahrnehmung der Gruppe 47 als moralische Instanz sowie davon, dass aktuell in der Philosophie wie auch in den Geschichtswissenschaften Moraldiskurse im Nationalsozialismus intensiv beforscht werden,[419] interessiert sich die vorliegende Studie also für Moralvorstellungen in den wichtigen literarischen Texten der Gruppe 47 sowie dafür, wie sich diese zu Moraldiskursen in der NS-Ideologie verhalten. Zeigt sich eine Kontinuität partikularistischer Wertsysteme, setzen sich sogar konkrete NS-Moraldiskurse in den Texten fort? Um ergebnisoffen zu arbeiten, wird nicht primär nach einzelnen Diskursen gefragt, sondern offener danach, wie Identitäts- und Alteritätskonstruktionen in den literarischen Texten mit Moral verknüpft werden. Die zentralen Fragestellungen der Arbeit lauten:

Wie werden in wichtigen Texten der Gruppe 47 Identität und Alterität narrativ konstruiert und mit Werten aufgeladen, wie wird das ,Eigene' zum ,Anderen' hinsichtlich moralischer Fragen ins Verhältnis gesetzt? Gibt es Dichotomien, gibt es ein Ungleichgewicht, was die moralischen Werte oder Rechte dieser konstruierten Gruppen anbelangt? Geschieht dies in einer Weise, die auf Ähnlichkeiten mit partikularistischen Moraldiskursen in der nationalsozialistischen Ideologie hindeutet? Wenn ja, werden in manchen literarischen Konstruktionen konkrete NS-Moraldiskurse fortgesetzt? Oder werden solche Diskurse und literarischen Konstruktionen vielleicht sogar explizit thematisiert beziehungsweise in ihr Gegenteil verkehrt?

Die Untersuchung diskursiver Verschränkungen von Moral und Identität / Alterität hat sich aus mehreren Gründen als fruchtbar und methodisch sinnvoll erwiesen: Einerseits weil die Abwertung des ,Anderen' und Aufwertung des

---

417   Vgl. weiter oben in diesem Kapitel.
418   Die Korpora beider Teile werden in den jeweiligen Teilen noch genauer reflektiert und
        festgelegt.
419   Tugendhat 1993; Tugendhat 2009; Gross 2010; Bialas 2014; Sammelbände zum Thema u. a.
        von Gross/Konitzer 2009; Bialas 2014; Konitzer 2016; vgl. weiter oben in diesem Kapitel.

,Eigenen' den Kern nationalsozialistischer Moraldiskurse bildet, sozusagen den kleinsten gemeinsamen Nenner aller spezifischen NS-Normen. Andererseits ist der Fokus auch methodisch anschlussfähig: Alterität ist in den aktuellen Theorien zum Verhältnis von Ethik und Literatur und insbesondere zur „narrativen Ethik" zentral,[420] hier im Sinne eines ,radikal Anderen' (Levinas) und vom Diskurs Unterdrückten.[421] In ethischen Texten wird das ,Andere' gerade dialogisch in den Diskurs einbezogen. Durch die Berücksichtigung auch dieser Theorien können auch literarische Werke aus der Gruppe 47 in den Blick genommen werden, die sich von partikularen NS-Moraldiskursen gerade dezidiert abwenden und das ,Andere' gleichberechtigt in ihre Textethik einbeziehen.

Für den konkreten Zugang zu den Texten können zahlreiche literatur- und kulturwissenschaftliche Reflexionen über die narrative Konstruktion von kultureller Identität und Alterität[422] und von strukturellen Dichotomien oder Manichäismen[423] herangezogen werden, von deren Methodik die konkreten Lektüren profitieren können. Durch diese mehrfache Anschlussfähigkeit soll die Fragestellung eine differenzierte Neubewertung der Moraldiskurse in der Literatur der Gruppe 47 ermöglichen, die auch Platz für Schattierungen und unerwartete Ergebnisse lässt.

Das Untersuchungskorpus konnte mithilfe eines Überblicks über die zahlreichen dokumentierten Aussagen von Gruppenmitgliedern über den ,inneren Kreis' der Gruppe 47 und ihre spezifische ,Mentalität' sowie der bestehenden Forschungsliteratur auf Texte der ,wichtigsten' und – was sich wie gesehen meistens überschneidet und auch im Zusammenhang mit der verfolgten Fragestellung sinnvoll scheint – vor 1930 geborenen Mitglieder festgelegt werden. Die Analyse der literarischen Texte soll in zwei Teilen erfolgen: Zunächst, im Hauptteil der Studie (Teil II), soll es um *implizite* Verknüpfungen von Identität und Alterität mit Moral in den *Subtexten* der wichtigsten Erzählungen gehen. Dabei muss das Korpus noch enger gefasst werden, um Motive und Narrative herausarbeiten zu können, die mit *hegemonialen* Diskursen in der Gruppe 47 einhergehen, bzw. um umgekehrt erkennen zu können, wenn es sich um seltene Konstruktionen handelt. Das Untersuchungskorpus wird hier wie

---

420   Insbesondere Mieth 2007 und Waldow 2013; vgl. weiter oben in diesem Kapitel.

421   Insbesondere Waldow 2013, die das ,Andere' ins Zentrum ihrer Untersuchungen stellt; vgl. weiter oben in diesem Kapitel.

422   Hall 1994, Hall 2004, Hepp 2015, Schmidt-Lauber/Schwibbe 2010, Brons 2015; vgl. weiter oben in diesem Kapitel.

423   Insbesondere Lotman/Keil 1972, Gubser 1998, Hall 1999, Hepp 2015; vgl. weiter oben in diesem Kapitel.

bereits erwähnt auf den *Almanach der Gruppe 47* und die von der Gruppe 47 preisgekrönten Texte beschränkt. Teil III der Studie ist daraufhin stärker text-immanent ausgerichtet; hier geht es um die *expliziten* Thematisierungen verschiedener Verknüpfungen zwischen ‚Eigenem' / ‚Fremdem' und Moral. Anders als in Teil II werden hier vor allem genaue Einzellektüren besonders relevanter Texte vorgenommen, in denen die Frage nach Identität und Alterität im Zentrum der ‚Moral der Geschichte' steht, also von Texten, die auf der Text-oberfläche Moraldiskurse, die auch im Nationalsozialismus wichtig waren, Vorurteile oder sonstige partikularistische Verknüpfungen zwischen Identitätskonstruktionen und Moralvorstellungen reflektieren. Hier kommen grundsätzlich alle auf Tagungen gelesenen Texte von Gruppenmitgliedern, die vor 1930 geboren sind, infrage.

Nachdem die Rezeption der Gruppe 47, jüngere Debatten um ihre moralische Integrität und die Herangehensweise an die literarischen Texte herausgearbeitet sind, bleibt noch die Frage offen, ob sich bereits von den außerliterarischen Begebenheiten in der Gruppe 47, aus ihrer Identitäts-konstruktion und ihren essayistischen Stellungnahmen, Bezüge zur Frage nach Kontinuitäten einer ‚NS-Moral' herstellen lassen. In der bestehenden Fachliteratur über die Gruppe 47 gibt es bereits deutliche Hinweise darauf, dass sich in diskriminierenden Praktiken auf Gruppentagungen und Stereo-typisierungen in Texten auch gewisse problematische Denkfiguren und Dis-kurse aus dem Nationalsozialismus fortsetzen.

Zum Abschluss von Teil I sollen deswegen einige dieser bereits gut er-forschten außerliterarischen Begebenheiten und publizistischen Stellung-nahmen zur Gruppe 47 daraufhin befragt werden, inwiefern sie für die hier verfolgte Fragestellung relevant sind und ob sie auf Kontinuitäten von NS-Moraldiskursen hinweisen: Wie konstruieren diese Autoren ihre Identität in der Gruppenzugehörigkeit, wovon grenzen sie sich ab? Und weisen die Ge-meinsamkeiten der Werte und Normen, die ‚Mentalität', die Richter seinem ‚innersten Kreis' zuweist, Bezüge zu NS-Moraldiskursen auf?

3   „Man blieb [...] immer unter sich." Nonfiktionale Texte und
      Begebenheiten auf den Tagungen

Ich schrieb: schauen Sie, die Gruppe 47 hat auch deutsche Schriftsteller, die vor 33 produzierten, oder die während der Nazizeit berühmt waren, nicht ein-geladen, weil sie sich als eine junge Gruppe empfindet. [...] Die werden halt auch nicht eingeladen, genausowenig wie Sie; ich schreibe Ihnen das nur, um Ihnen klar zu machen, daß das mit Antisemitismus oder Fremdenhaß nichts zu tun hat, sondern eine spezifische Eigentümlichkeit der Gruppe 47 ist; jede Gruppe muß sich selbst Gesetze geben und definieren, wenn sie nicht vollkommen diffus sein soll.[424]

Wie bis hierhin schon deutlich geworden ist, weist Richters Verständnis der Gruppen-‚Mentalität' darauf hin, dass es trotz der Weigerung, über Grundsätzliches zu diskutieren,[425] implizite ‚Maßstäbe' gab, die den kleinsten gemeinsamen Nenner aller wirklich *zugehörigen* Autorinnen und Autoren der Gruppe 47 ausmachten. Fast alle Stellungnahmen in diesem Zusammenhang machen auch deutlich, dass diese Vorstellung von Zugehörigkeit einen dezidiert exkludierenden Aspekt enthält, der meist sogar ganz explizit gemacht wird, so in Richters bereits zitierter Betonung, dass man „bei allen Veränderungen, bei allen zeitweiligen Gästen, bei aller Abwanderung und bei allem Zuwachs, immer unter sich" geblieben sei.[426] Das hier einleitend angeführte Zitat von Joachim Kaiser war seine briefliche Antwort auf Hans Habes Vorwurf von „Ende der 50er, Anfang der 60er",[427] die Gruppe 47 sei antisemitisch, weil sie kaum jüdische und emigrierte Autoren/-innen lesen lasse.[428] Auch hier klingt die enge Verknüpfung zwischen der postulierten Jugend, dem Ausschluss ‚anderer' und zumindest dem Eindruck diskriminierender Gesten deutlich an. Dieser Verknüpfung und ihrem Zusammenhang mit der Identitätskonstruktion der Gruppe 47 als moralisches Kollektiv soll nun zum Schluss des ersten Studienteils in Bezug auf die wichtigsten der vieldiskutierten außerliterarischen Begebenheiten nachgegangen werden.

Die Exklusivität, die Richter für ‚seine' Gruppe 47 beanspruchte, galt wie bereits gesehen nicht nur in der Theorie; wenn jemand der von Richter entworfenen Gruppenidentität nicht entsprach, „den ‚Traditionen' und der Mentalität dieser Gruppe nicht gerecht werden konnte, dann wurde die Einladung nicht wiederholt".[429] Und Richter hat über die gesamte Bestehenszeit der Gruppe 47 die Einladungen für die Treffen verschickt;[430] auch wenn er sich von seinen Vertrauten im Gruppenumfeld beraten und beeinflussen ließ, traf er letztlich immer die alleinige Entscheidung darüber, wer an den Gruppentreffen

---

424 Joachim Kaiser an Hans Habe „Ende der 50er, Anfang der 60er Jahre", Zitat aus der Erinnerung Kaisers in einem Interview für die Gruppe-47-Ausstellung der Akademie der Künste; vgl. Kaiser 1988, S. 10.
425 Vgl. Böttiger 2012, S. 62; vgl. Kap. 1.1 im vorliegenden Teil I der Studie.
426 Richter 1962, S. 13; vgl. auch Kap. 2.3 im vorliegenden Teil I der Studie.
427 Kaiser 1988, S. 10.
428 Vgl. ebd.
429 Richter 1962, S. 12.
430 Vgl. Böttiger 2012, S. 340.

dabei sein konnte und wer nicht.[431] Es handelte sich bei der Zugehörigkeit zur ‚wirklichen' Gruppe 47 also um eine durchgehend streng kontrollierte und abgegrenzte Zugehörigkeit, und gerade in diesem Zusammenhang, in diesem ‚innersten Kreis', verstand man sich, wie bereits zu Beginn der vorliegenden Studie gesehen, auch als dezidiert moralisches Kollektiv. Im Sinne des hier verfolgten Forschungsinteresses für die Verknüpfung von Wertvorstellungen und Zugehörigkeit liegt es angesichts dessen nahe, danach zu fragen, ob vielleicht bereits in dieser strikt abgegrenzten Identitätskonstruktion *an sich* Kontinuitätslinien aus dem Nationalsozialismus angelegt sind.

Darauf deutet eine bereits weiter oben zitierte Aussage Richters zur Gruppenzugehörigkeit hin, wenn man die darin beschriebene Vorstellung, worin sich diese Zugehörigkeit ausdrückt, genauer betrachtet:

> Es war in jenen jungen Leuten der Kriegsgeneration wohl eine Mentalität entstanden, die unzerstörbar war. Nur so ist dies und die zähe Haltbarkeit der ‚Gruppe 47' zu erklären. [...] Alles entstand so, entwickelte sich – ich sage das gern – organisch, nach einem ungeschriebenen Gesetz, wenn es so etwas gibt. Ich habe dafür keine historischen Vergleichsmöglichkeiten, und wahrscheinlich gibt es auch keine. Dies erklärt auch, warum ich keine Schriftsteller der damals älteren Generation eingeladen habe. Und wenn es doch einmal vorgekommen ist, zeigten sich schnell die Gegensätze.[432]

Der Aspekt der Exklusivität von Richters Generationenkonstrukt – alle, die der Gruppenmentalität nicht entsprechen, werden nicht eingeladen –, wird hier lapidar dadurch begründet, dass sich Gegensätze zeigen. Alterität wird in selbstverständlicher Weise negativ beurteilt, es scheint ein ‚automatischer' kausaler Zusammenhang damit zu bestehen, dass man nicht mehr eingeladen wird. Insbesondere angesichts der Beschreibung der Gruppe 47 als ‚organische' und ‚natürliche', die den als ‚anders' Markierten gegenübersteht, klingt sogar

---

431 Vgl. z. B. ebd., S. 277–280, wo Böttiger rekonstruiert hat, wie Richter sich von verschiedenen Seiten beraten ließ, als er 1962 wieder nur noch den ‚innersten Kreis' der Gruppe 47 tagen lassen wollte und nicht sicher war, ob er Reich-Ranicki dazu einladen sollte; anscheinend hatten u. a. Hildesheimer, Aichinger und Eich sich unmutig über ihn geäußert, während sich Lenz und Ferber für ihn einsetzten (vgl. ebd., S. 279). Richter rechtfertigte sich zwar gegen alle Seiten, aber entschied ganz deutlich alleine, wenn er schließlich Hildesheimer um „Nachsicht und Vergebung" bat, „falls ich unter dem Ansturm solcher heraufbeschworener Gefühle schwach werde" (zit. n. Böttiger 2012, S. 280), und am selben Tag auch schon Reich-Ranickis Einladung abschickte (vgl. ebd.). Reich-Ranicki selbst betonte 1997 im Interview, „[ü]brigens wollte Richter, wie gar mancher Herrscher auf dieser Erde, keinen zweiten Führer neben sich dulden." (Reich-Ranicki 1997, S. 216.) Den NS-Begriff ‚Führer' wird er bei seinem feinen Sprachempfinden an dieser Stelle wahrscheinlich kaum versehentlich gewählt haben.

432 Richter 1986, S. 281.

eine biologistisch begründete Idealisierung der Gemeinschaft an – einer Gemeinschaft, wie sie im Nationalsozialismus in der radikalsten Version als
rassische Volksgemeinschaft propagiert wurde, bei der Zugehörigkeit als *natürliche*, eben: „organisch, nach einem ungeschriebenen Gesetz" verlaufende,
und unter dem selbstverständlichen Ausschluss ‚Anderer' verstanden wurde.[433]
Der Begriff der ‚Rasse' wird hier durch den grundsätzlich durchlässigeren Begriff der ‚Mentalität' ersetzt; indem die Mentalität aber als naturgegeben beschrieben wird, nähern sich die beiden Konzepte einander an.

Im letzten Kapitel wurde ausgeführt, dass die ‚tatsächliche' Haltung der
Autorinnen und Autoren der untersuchten Literatur grundsätzlich nicht
im Zentrum dieser Studie stehen soll; wichtig sind vor allem diskursive
Formationen der Texte auf semantischer und textstruktureller Ebene. Diese
können prinzipiell auch entgegen den Haltungen des empirischen Autors
auf ‚subkutane' moralische Kontinuitäten hinweisen. Dennoch sollen im
Folgenden zumindest einige Schlaglichter auf diese außerliterarischen
Haltungen der Autoren/-innen geworfen werden, um einen groben Eindruck
des Kontexts dieser Texte zu gewinnen. Auch bei der hier verfolgten These
spielen die Jahrgänge und die Prägung der Autoren/-innen eine Rolle, und die
Texte werden in ihrer konkreten Verhaftung in der Nachkriegszeit gedeutet.

Es wird zudem davon ausgegangen, dass die literarischen Texte auf einen
‚impliziten Autor' im Sinne von Wayne C. Booth schließen lassen,[434] der,
wie Nünning zusammenfasst, sowohl „die Struktur und Bedeutung eines
literar[ischen] Textes als auch dessen Werte- und Normensystem" verantwortet;[435] also für den Sinn- und Wertezusammenhang eines Texts steht.
Auch wenn die außerliterarischen Positionen der empirischen Autoren/-
innen in Bezug auf die literarischen Texte noch keine endgültigen Schlüsse
zulassen, kann ein exemplarischer Überblick solcher Positionen allenfalls die

---

433   Vgl. zur Kontinuität einer Imagination der Volksgemeinschaft die Kap. 3.1 in Teil II und 1.2
      in Teil III der vorliegenden Studie. Richters Aussage ist auch deswegen bemerkenswert,
      weil auch sie zunächst den Bruch betont: Man lehnt jede Zugehörigkeit zu Vereinen und
      Gruppierungen wie Parteien ab, in denen man auch im Nationalsozialismus die Macht
      verortete. Dabei ist diese vehemente Betonung, man habe keine Statuten etc. gehabt und
      niemand sei beigetreten, seltsam; Beitreten war ja gerade deshalb nicht möglich, weil
      Richter alleine als „guter Diktator" über die Einladungen entschied. Wenn dazu noch das
      ‚Organische', d. h. naturgegebene, wie nach einem Gesetz Verlaufende der Zugehörigkeit
      positiv gegen „Gegensätze", d. h. Alterität, ausgespielt wird, dann wird hier schon eine
      Nähe zu der Vorstellung einer Volksgemeinschaft deutlich, der man ebenfalls nicht ‚bei-
      treten' konnte, aber durch vermeintliche Ähnlichkeit angehörte.
434   Booth hat das Konzept in seiner (zuerst 1961 auf Englisch erschienenen) Studie *Die
      Rhetorik der Erzählkunst* (1974) geprägt (vgl. ebd., S. 74).
435   Nünning 2013, S. 46.

in den darauffolgenden Lektüren gezogenen Schlüsse auf Werte und Normen plausibilisieren, wenn sich Parallelen zwischen den impliziten und den explizit geäußerten Haltungen der Autoren/-innen zeigen.

Da Richter, wie gesehen, mit der ‚Mentalität‘ der Gruppe 47 insbesondere die Zuschreibung der ‚jungen Generation‘ verband, erscheint es sinnvoll, dieses Konzept im Folgenden etwas genauer zu beleuchten. Das plausibilisiert nun bereits, dass in der oben zitierten Stelle über Richters Bild des ‚Gruppengeists‘ tatsächlich die Vorstellung von der Volksgemeinschaft anklingt, da zumindest seine ‚junge Generation‘ an sich nämlich sehr wohl ein ‚historisches Vorbild‘ hatte, das er nicht zu kennen meint; nämlich die propagierte ‚junge Generation‘ *im* Nationalsozialismus (3.1). Um der Frage näher zu kommen, welche ‚Anderen‘ es sind, deren Einladung Richter jeweils „nicht mehr wiederholt" hat, soll daraufhin in einer Relektüre eines der wichtigsten Gruppe-47-Gründungsdokumente, Alfred Anderschs Essay *Deutsche Literatur in der Entscheidung* ([1947] 1948), exemplarisch der Frage nach Moralvorstellungen nachgegangen werden (3.2), um daraufhin erste Schlüsse ziehen zu können, inwiefern sich partikulare Deutungsmuster in der Gruppe 47 als Institution fortgesetzt haben mochten. Ausgehend davon werden außerdem einige der bereits bis hier angesprochenen außerliterarischen Begebenheiten daraufhin befragt, ob und wie sie auch mit partikularen Moralvorstellungen zusammenhängen (3.3).

3.1   Die ‚junge Generation‘

Gerade das Konstrukt der ‚jungen Generation‘ selbst, das heißt der quasi ‚institutionelle‘ Rahmen qua Alter, den sich die Gruppe 47 gab, ist nun hinsichtlich der Frage nach Kontinuitäten und Brüchen im Verhältnis zum Nationalsozialismus bereits bemerkenswert. Bereits Cofalla hat nicht nur auf die schuldabwehrenden Effekte des Konstrukts hingewiesen, sondern auch betont, es habe auch maßgeblich der Distinktion gedient, wie in Anderschs Definition der ‚jungen Generation‘ als Personen „zwischen 18 und 35 Jahren, getrennt von den Älteren durch ihre Nicht-Verantwortlichkeit für Hitler, von den Jüngeren durch das Front- und Gefangenschaftserlebnis"[436] besonders deutlich werde:

> Diese Definition rehabilitierte erstens die Wehrmacht als nationale Armee ohne unmittelbare Verbindung zum Nationalsozialismus. [...] Sie befreite zweitens alle Wahlberechtigten, die 1933 bei ihrem Votum für Hitler unter dreiundzwanzig Jahre alt gewesen waren, von politischer Verantwortung. Und sie grenzte drittens über das ‚Front- und Gefangenschaftserlebnis‘ Exilanten aus

---

436   Andersch 1946, S. 2; vgl. weiter oben in diesem Kapitel.

sowie auch – indirekt – die mehrheitlich der Zivilbevölkerung angehörenden Frauen.[437]

Markus Joch weist in einer jüngeren Analyse desselben Essays[438] aus feldtheoretischer Perspektive darauf hin, dass das Konstrukt abgesehen von diesem distinguierenden Effekt gar nicht plausibel sei: Eine „künstlerische Generation" umfasse in der Moderne üblicherweise weniger als zehn Jahre, der Altersunterschied unter den Gruppenmitgliedern betrage hingegen mehr als 20 Jahre, sie verbinde nichts als das Kriegserlebnis. Deswegen sei das ästhetische Programm im Essay wie auch in der Gruppe 47 so vage: Was die Gruppe statt eines stilistischen oder literarischen Ideals zusammengehalten habe, sei vielmehr der moralische Anspruch eben der kompletten Überwindung des Nationalsozialismus bzw. eines möglichst ‚unbelasteten' Neuanfangs.[439]

Norman Ächtler arbeitet in seiner Dissertation *Generation in Kesseln* (2013) in Abgrenzung zu Joch heraus, dass dieser Anspruch insbesondere aus der gemeinsamen („totalen") Erfahrung als deutsche *Opfer* von Nationalsozialismus und Krieg erklärt werden müsse, der auch den Generationenbegriff rechtfertigte.[440] Ächtlers Lesart ordnet die Dominanz der soldatischen ‚Wir-Gruppe' in programmatischen Nachkriegstexten als eine der „typischen Strategien der Selbstermächtigung und Gruppenbildung" ein.[441] Bereits in einem früheren Aufsatz betont er zudem den engagierten Impetus gerade in der Generationenkonstruktion, da, wie er zeigen kann, ein Aufruf zu moralischem Handeln eng damit verbunden ist.[442] Darauf wird am Schluss dieses Kapitels noch einmal eingegangen; zunächst soll eine weitere Lesart der ‚jungen Generation' in den Blick genommen werden.

Die Studien des Historikers Benjamin Möckel zur ‚jungen Generation' im und nach dem Nationalsozialismus konnten zeigen, dass die Vorstellung der ‚jungen Generation' im und nach dem Nationalsozialismus direkt an dieselbe Vorstellung *im* Nationalsozialismus, die bereits in der NS-Propaganda eine zentrale Rolle spielte, anschließt bzw. sich größtenteils damit deckt.[443] Diese Tatsache ist im Zusammenhang mit der Identitätskonstruktion der Gruppe 47 noch nicht berücksichtigt worden und soll deswegen kurz umrissen werden. Möckels Überlegungen sind für die vorliegende Studie aber auch deswegen

---

437   Cofalla 1997, S. 18.
438   Joch 2002.
439   Vgl. Joch 2002, S. 77.
440   Ächtler 2013, u. a. S. 89–110.
441   Ebd., S. 95.
442   Ächtler 2011.
443   Vgl. weiter unten in diesem Kapitel.

besonders interessant, weil auch er zunächst den natürlich dennoch zentralen Aspekt des *Bruchs* und der Abgrenzung vom Nationalsozialismus der ‚jungen Generation‘ in der Nachkriegszeit herausarbeitet, aber gleichzeitig die engen Verbindungen zum Nationalsozialismus mitdenkt, die gerade *in* diesem intendierten Bruch enthalten sind. Beide Aspekte sollen im Folgenden kurz beschrieben werden.

3.1.1 ‚Junge Generation‘ als Verteidigung gegen Fremdzuschreibung

Im Aufsatz „Warum schweigt die junge Generation? Die Jugend des Zweiten Weltkriegs im Spannungsfeld ambivalenter Generationserwartungen" (2013) interpretiert Möckel das *„generation building"*[444] der frühen Gruppe-47-Mitglieder noch einmal anders als Cofalla, Joch oder Ächtler.[445] Wie er zeigen kann, ist insbesondere Richters *Ruf*-Essay „Warum schweigt die junge Generation" (1946) ein gutes Beispiel dafür, dass es sich bei der Zuschreibung ‚junge Generation‘ zunächst weniger um eine Selbstinszenierung als um eine Reaktion auf „Diskurse *über* diese Jugendjahrgänge" handelt.[446]

Der Diskurs über den Nationalsozialismus in den ersten Nachkriegsjahren sei nämlich durch Stimmen wie die von Kaschnitz, Wyneken und Schempp[447] oder auch dem geflohenen Friedlaender[448] geprägt gewesen, die teilweise von ihrer eigenen Erfahrung der jugendlichen Radikalisierung nach dem Ersten Weltkrieg ausgegangen seien. Mit diesem Hintergrund der ‚Älteren‘ sei die Vorstellung „von der Jugend als einer fanatisch am Nationalsozialismus festhaltenden Generation"[449] sehr verbreitet gewesen: Man befürchtete, jene Jahrgänge, die im Nationalsozialismus aufgewachsen waren, seien besonders tiefgehend durch die NS-Ideologie indoktriniert worden, ging also schon in der unmittelbaren Nachkriegszeit von einer möglichen generationellen Prägung aus, wie sie auch die Fragestellung der vorliegenden Studie angeregt hat. Insbesondere die Exilautoren/-innen sowie die Besatzer/-innen haben, wie Möckel zeigt, befürchtet, die junge Generation könnte das „größte[] Hindernis eines friedlichen Neuanfangs in Deutschland"[450] werden. Die Unterstellung,

---

444 Möckel 2013, S. 162.
445 Vgl. zu Cofalla, Joch und Ächtler weiter oben in diesem Kapitel.
446 Möckel 2013, S. 164 [Hervorhebung im Original]. Es sei „sehr deutlich, dass die Rede von einer vermeintlich ‚schweigenden Generation‘ nicht auf die Selbstzuschreibung einer bestimmten Generation verweist, sondern auf eine mediale Fremdzuschreibung [...]." (Ebd., S. 166.)
447 Ebd., S. 154 f.
448 Ebd., S. 162.
449 Ebd., S. 163.
450 Ebd., S. 162.

indoktriniert zu sein, ging auch mit der Annahme einer gefügigen, passiv undemokratischen oder apolitischen Haltung einher, und gerade in diesem Kontext der „Sorge um eine politische Radikalisierung und soziale ‚Verwahrlosung'" wurde die Jugend in der Nachkriegszeit also „zum ersten Mal als eine gemeinsame Generation interpretiert".[451]

Der Drang, dieser Zuschreibung etwas entgegenzuhalten, das ‚Schweigen der jungen Generation' anders zu erklären – und durch entsprechende Stellungnahmen zu brechen, also dem Vorwurf, apolitisch zu sein, etwas zu entgegnen –, ist nun ganz vorrangig in diesen Zusammenhang einzuordnen. Und so wurde im *Ruf* nicht nur eine Satire auf diese Zuschreibungen abgedruckt, nämlich eine anonyme „500ste Rede an die junge Generation", die frei nach Ernst Wiechert gestaltet sei;[452] Richters Essay „Warum schweigt die Junge Generation" sei sogar die erste „generationelle Selbstzuschreibung" überhaupt,[453] sie nehme darin auf genau diese Vorwürfe der Älteren Bezug, wenn sie die ‚schweigende' junge Generation anspreche – und das Schweigen werde „zum ersten Mal als positive Selbstzuschreibung umgedeutet".[454]

Richter gehe in seinem Essay durch die „dichotomische Gegenüberstellung zweier klar voneinander getrennter Generationen"[455] von einem ähnlichen Ausgangspunkt aus wie die Älteren, interpretiere das Schweigen ‚seiner' Generation aber gerade als die einzig angemessene Reaktion auf die Ereignisse im Nationalsozialismus. Möckel postuliert, Richter habe dadurch einer Denkweise Vorschub geleistet, die „auf doppelte Weise als generationelle Abgrenzungsstrategie der sogenannten ‚45er' Verwendung fand"; nicht nur von der Nachkriegsgeneration des Ersten Weltkriegs, sondern später auch von der 68er Bewegung, „der man die eigene gesunde Nüchternheit als genuin demokratisches Bewusstseinsmaterial gegenüberstellte."[456]

3.1.2   Junge Generation im Nationalsozialismus und danach

Diese ‚junge Generation' wurde nun aber nicht erst in der Nachkriegszeit als solche beschworen. Sie hatte vielmehr schon im Nationalsozialismus unter dem identischen Schlagwort einen besonderen Stellenwert, galt

---

451   Ebd., S. 163.
452   O. A. 1946, S. 12; vgl. Möckel 2013, S. 167. Dafür, wie dominant das Thema war, spricht auch, dass der Artikel, der in der ersten Münchner *Ruf*-Ausgabe vom 15.08.1946 abgedruckt wurde, gemäß eigener Angabe bereits „dem ‚Kurier', der deutschen Tageszeitung für die französische Zone Berlins", entnommen wurde (o. A. 1946, S. 12).
453   Möckel 2013, S. 167.
454   Ebd., S. 168.
455   Ebd.
456   Ebd., S. 169.

naheliegenderweise bereits dort als wichtige Instanz und als Hoffnungsträger für die Zukunft des ‚deutschen Volkes‘ – und wurde, wie später noch ausgeführt wird, ebenfalls als eine Art Erlebnisgemeinschaft inszeniert, wie auch die junge Nachkriegsgeneration, die sich über die gemeinsame Kriegerlebnisse definierte.[457] Bei der ‚jungen Generation‘, der sich der *Ruf* und die Gruppe 47 zuordneten, dürfte es sich zunächst sogar bewusst um genau denselben Personenkreis gehandelt haben, den auch schon die nationalsozialistische Propaganda angesprochen hatte.[458] Besonders aufschlussreich ist in diesem Kontext eine weitere Studie von Möckel (2014), für die er die Tagebücher junger Deutscher im und nach dem Nationalsozialismus ausgewertet und auf ihre Einstellung gegenüber der NS-Propaganda über Gemeinschaft und Kriegserlebnis befragt hat. Seine Ergebnisse stehen in engem Zusammenhang mit der Identitätszuschreibung der Gruppe 47. Gerade von der Propagierung eines dezidiert distinktiven Gemeinschaftsideals sei die Jugend nämlich besonders stark betroffen gewesen:

> Auf der einen Seite war sie eine jener Bevölkerungsgruppen, die unter dem Schlagwort der ‚jungen Generation‘ besonders stark im Fokus des nationalsozialistischen Gemeinschaftsdiskurses stand. Zugleich kann angenommen werden, dass auch die Jugendlichen selbst oft sehr viel stärker als andere Altersgruppen distinkte Gemeinschaftssehnsüchte besaßen, die vom Nationalsozialismus auf vielfältige – und nicht selten sehr erfolgreiche – Weise instrumentalisiert worden sind.[459]

Die ersten privaten Deutungsversuche der ‚jungen Generation‘ in der Nachkriegszeit verliefen denn auch in genau dem Rahmen, der in der NS-Ideologie

---

457   Vgl. Kap. 3.1 in Teil II der vorliegenden Studie.

458   Möckel 2014 untersucht in seiner aufschlussreichen Studie über die „Jugendjahrgänge des Zweiten Weltkriegs [...]“ in Anlehnung an zeitgenössische Definitionen vor allem die Geburtsjahrgänge der 1920er Jahre“ (ebd., S. 158). Dass die Kontinuitäten aus dem Nationalsozialismus zunächst selbstverständlich und bekannt waren, erst allmählich durch die jüngeren Generationen verschleiert worden seien, betont Peitsch [2006, S. 3] mit Verweis auf Schwarz 1981.

459   Möckel 2014, S. 157 f. Darauf, welche Sehnsüchte geweckt wurden und inwiefern sich diese in der Gemeinschaftskonstruktion auch der Gruppe 47 niederschlugen, wird im zweiten Teil der vorliegenden Studie noch genauer eingegangen (vgl. Kap. 3.1 in Teil II der vorliegenden Studie). Dort wird auch das Fazit von Möckels Quellenstudie wichtig, dass in der „Vorstellung des Kriegs als ‚Generationserfahrung‘ womöglich auch ein Teil jener Gemeinschaftssehnsucht erhalten [blieb], der ein Überhang aus den Erwartungen an den Krieg darstellte“, wie sie in der NS-Ideologie genährt worden waren (Möckel 2014, S. 179). Die NS-Fortsetzung beschränkt sich also nicht auf den Begriff der ‚jungen Generation‘, der ja noch „primär der Abgrenzung und strategischen Umdeutung der Vorwürfe ‚von außen‘“ gedient hat (ebd.).

bereits vorgegeben worden war. Möckels Beobachtungen beziehen sich auf persönliche Dokumente junger Männer und Frauen, die im Nationalsozialismus als die ‚junge Generation‘ angesprochen worden waren; angesichts der frühen Selbstinszenierung der Gruppe 47 ist ziemlich deutlich, dass seine Beobachtungen auch für die literarische Öffentlichkeit und deren ‚junge Generation‘ von Bedeutung sind. So diente die rückblickende Selbstzuschreibung, man habe *im* Nationalsozialismus zur jungen Generation gehört, auch in den persönlichen Dokumenten der ersten Nachkriegsjahre der Abgrenzung und der Selbstexkulpation. Ein junges Mädchen formuliert es 1946 in einem von Möckel ausgewerteten Schulaufsatz wie folgt:

> Mir und vielen anderen jungen Menschen wurde es zum Verhängnis, daß unsere Jugendzeit [...] mit der vollkommenen Machtentfaltung des Nationalsozialismus zusammenfiel. Ich wuchs hinein in diese neue Ideenwelt mit einer Selbstverständlichkeit, mit der die Jugend wohl immer ihrer eigenen Zeit gegenübersteht, wenn sie nicht von der älteren Generation mit Bedacht geleitet wird.[460]

An genau diese Vorstellung, die ältere Generation habe als orientierende Instanz versagt, knüpft auch Anderschs Bild der jungen Genration im *Ruf* an, was die „Nicht-Verantwortlichkeit für Hitler" angeht, die die Jungen „von den Älteren" trenne.[461] Wenn sich Richter in seinem Essay über die ‚junge Generation‘ darüber beklagt, dass die „ältere Generation ihr *vorzuwerfen* pflegt", dass sie – und hier zitiert er –, „„in der Phrase, das heißt in der Lüge aufgewachsen, mit Phrase genährt worden, von Phrasen entscheidend gebildet worden ist"",[462] dann fällt er allerdings hinsichtlich seiner Aufarbeitung des Nationalsozialismus hinter die Aussage aus dem gerade zitierten Schulaufsatz zurück. Wie das zitierte Mädchen knüpft auch er an das zugeschriebene generationelle Deutungsmuster eben jener älteren Generation an, aber anders als sie weist er den Vorwurf komplett zurück, die ‚junge Generation‘ könnte durch diese Indoktrinierung tatsächlich von der „Ideenwelt" des Nationalsozialismus geprägt sein.

Dabei ist es ganz offensichtlich eine sehr ähnliche ‚junge Generation‘ wie diejenige, die im Nationalsozialismus als besonderes Ziel der Propaganda galt, die Richter in seinem frühen Appell im *Ruf* anspricht:

> Der Mensch, der junge Mensch, der zwischen diesen beiden Kriegen aufgewachsen ist, der durch ein Inferno der Not, des Hasses, der Leidenschaft,

---

460 Zit. n. ebd., S. 78.
461 Andersch 1946, S. 2; vgl. weiter oben in diesem Kapitel.
462 Richter 1946, S. 2 [Hervorhebung N. W.]. Der Satz, die Jugend sei in der Phrase aufgewachsen, weist Richter als ein Zitat aus, das aber nicht belegt ist.

der Begeisterung und des Rausches schritt, der Jahre der Einsamkeit und der geistigen Einengung auf den Kasernenhöfen ertrug und der schließlich durch die Hölle des Krieges, durch den Todestaumel der Front und durch die seelische Abgeschiedenheit der Gefangenenlager ging, er hat sich gewandelt.[463]

Eine von Möckel auch in den Tagebüchern aus dem Nationalsozialismus identifizierte naive Begeisterung der Jugend in den ersten Jahren des National-sozialismus und in der Vorbereitung des Kriegs,[464] wie auch die Ernüchterung und Isolation durch das Kriegserlebnis,[465] werden hier angesprochen und sozusagen in den Deutungsrahmen einer Erlebnisgemeinschaft eingepasst.[466] Die ‚Erlebnisgemeinschaft‘ war ein zentrales Moment der NS-Propaganda für die Jugend,[467] und ihre Nähe zum Gruppe-47-Kriterium, ‚dabei gewesen‘ zu sein, ist groß. Dass Richters ‚junge Generation‘ „zwischen diesen beiden Kriegen aufgewachsen ist“, entspricht (naheliegenderweise, da der Text nur ein Jahr nach Kriegsende entstanden ist) ebenfalls genau der jungen Generation im Nationalsozialismus, die Möckel auf die 1920er Jahrgänge festlegt.[468] Sie umfasst also sogar später Geborene als die in der Gruppe 47 besonders wichtige Andersch-Definition, in der die Jahrgänge 1911 bis 1929 angesprochen werden.[469]

3.1.3   Identität und Moral in der ‚jungen Generation‘
Diese Parallelen zwischen NS- und Nachkriegsvorstellungen wurden nicht be-tont, um die Rede von einer jungen Generation allgemein als NS-Kontinuität zu klassifizieren, zumal der Rückgriff auf die NS-Zuschreibung ja dennoch vor-rangig dem Bruch mit dem NS-System dient. Die ‚junge Generation‘ konnte sich schon *im* ‚Dritten Reich‘ als die unschuldig hineingezogene verstehen; ihre Angehörigen waren noch Kinder, als die entscheidenden Schritte hin zur NS-Diktatur und Krieg vollzogen wurden, sodass eine Zugehörigkeit die Ab-grenzung von Führungselite und Nationalsozialisten der ersten Stunde stärkt.

Dennoch zeigt Möckels Studie der Tagebücher und Schulaufsätze deutscher Schülerinnen und Schüler der Nachkriegszeit, dass eine Fortsetzung der als positiv empfundenen Aspekte einer jugendlichen Gemeinschaftlichkeit, wie sie im Nationalsozialismus unter dem Schlagwort ‚junge Generation‘ propagiert wurden, nicht unwahrscheinlich ist:

---

463   Ebd., S. 1.
464   Vgl. Möckel 2014, S. 164–169; vgl. Kap. 3.1 in Teil II der vorliegenden Studie.
465   Vgl. Möckel 2014, S. 170 f.
466   Ebd., S. 171–179.
467   Vgl. dazu Kap. 3.1.1 in Teil II der vorliegenden Studie.
468   Möckel 2014, S. 158.
469   Vgl. Kap. 2.3.2 im vorliegenden Teil I der Studie.

Die Inszenierung und vorgetäuschte Erfüllung spezifischer Gemeinschaftssehnsüchte gehörte zu den wichtigsten Aspekten der nationalsozialistischen
Propaganda. [...] Es war zugleich jener Aspekt der nationalsozialistischen
Ideologie, der auch nach 1945 auf zum Teil verdeckte oder verdrängte Weise
in einigen Bereichen aktuell blieb. [...] Dies gilt möglicherweise in besonderen
Maße für [...] [d]ie Gruppe der Jugendlichen, [...] die [...] in besonderer Weise
mit der Gemeinschaftsrhetorik des Nationalsozialismus verbunden war.[470]

Dass die Gruppe 47 in ihrer Selbstdefinition nahe an dem bereits im Nationalsozialismus propagierten Konstrukt der ,jungen Generation' anschloss, ist
deswegen für die weiteren Erwägungen in der vorliegenden Studie bemerkenswert. Im Zusammenhang mit der vorliegenden Fragestellung ist nun vor allem
wichtig, ob diese Selbstzuschreibungen der ,jungen Generation' auch mit
Moralvorstellungen korrelieren; ob es also moralische Werte oder moralische
Pflichten gibt, die gerade aus der dichotom konstruierten Zugehörigkeit abgeleitet werden.

Bereits das Sendungsbewusstsein, das in der Gruppe 47 gerade aus der Erfahrung von Krieg und Nationalsozialismus abgeleitet wird, ist in diesem Zusammenhang relevant: Etwa wenn Richter behauptet, die ,junge Generation'
hätte durch ihre Prägung im Nationalsozialismus auch gerade „ein besonderes
Empfinden für die Lüge entwickelt".[471] Und gerade dadurch schlägt Richter
einen – per se nicht problematischen, aber sehr deutlichen – Bogen zurück
zu Deutungsmustern aus dem Nationalsozialismus, wenn er die moralische
Überlegenheit aus der Zugehörigkeit zur NS-Erlebnisgemeinschaft ableitet.
Gerade weil die ,junge Generation' indoktriniert worden sei, wolle sie, so sein
Deutungsangebot, nun „einmal die Wahrheit, einmal das Recht, einmal die
Freiheit sehen, von der ihr so viel gesprochen worden ist [...]".[472]

Wie Ächtler in seinem Aufsatz (2011) über den *Ruf*-Artikel „Warum schweigt
die junge Generation" herausarbeitet, sieht Richter in diesem Sinne gerade
in der als „distinktiv" verstandenen[473] Generationszugehörigkeit den entscheidenden Impetus dafür, dass man geeignet sei, einen literarischen Neuanfang zu begründen. Er ruft die ,schweigende Generation', wie Ächtler
nachweisen kann, in einer Rhetorik der Störung und mit einem „appellgleichen
Unterton"[474] zum Schreiben auf und inszeniert sich als „communal voice", um

---

470   Möckel 2014, S. 157. Vgl. zu der Kontinuität einer Idealisierung der Erlebnisgemeinschaft
       in den Wertvorstellungen der ,jungen Generation' und der Gruppe 47 in der Nachkriegs-
       zeit das Kap. 3 in Teil II der vorliegenden Studie.
471   Richter 1946, S. 2; vgl. Ächtler 2011.
472   Richter 1946, S. 2.
473   Ebd., S. 57, S. 61.
474   Ebd., S. 56.

der schweigenden Gruppe einen Anstoß zum Sprechen zu geben.[475] Ächtler führt aus, dass der Text dadurch zwar einen gewissen „Manifestcharakter" habe,[476] es ihm aber vor allem um die Störung *an sich* gehe und ein erster „Bezugsrahmen" abgesteckt werde,[477] wobei das gemeinsame Kriegserlebnis einen der Eckpfeiler bilde.[478]

Dennoch deute sich gerade darin bereits ein Zusammenhang mit Sartres Konzept der engagierten Literatur an, wo „stilistische Individualität zum existentiellen Ausdruck selbstbestimmter, engagierter Autorschaft" werde.[479] Dieses Verständnis von literarischem Engagement, das aus einer diffusen Mischung von unpolitischem Nonkonformismus und engagiertem Impetus in Anlehnung an den Existentialismus gewonnen wurde, sollte die Gruppe 47 über ihre ganze Bestehenszeit prägen.[480] Gerade ausgehend von der Vorstellung, man sei durch die eigene Jugendlichkeit unschuldig involviert gewesen und *dadurch* besonders kritisch geworden, gründet also auch das moralische Pflichtgefühl, aus dem sich die engagierte Literatur der Gruppe 47 speist.[481]

Aus verschiedenen Zeugnissen ist damit herzuleiten, dass die Gruppe 47 als ‚junge Generation' durchaus bereits die Ansprüche vertrat, die ihr bis heute die Wahrnehmung als moralische Instanz verschafft haben. Diese moralische Rolle wird in den frühen Zeugnissen gerade mit exklusiven Eigenschaften begründet, die an anderen Stellen durch die strenge Abgrenzung zum ‚Anderen', die „Gegensätze" zur Mentalität der Gruppe zeigen, konstruiert werden. Und die Konstitution dieser exklusiven Gruppe erfolgte in all ihren wichtigsten Zügen bereits im Nationalsozialismus, auch wenn sie in der Nachkriegszeit paradoxerweise der Abgrenzung von demselben dienen sollte. Ob das auch für das konkrete Programm und Moralvorstellungen, die im Rahmen dieser ‚jungen Generation' formuliert wurden, gilt, soll im Folgenden genauer beleuchtet werden.

---

475 Ebd., S. 54.
476 Ebd., S. 67.
477 Ebd., S. 66.
478 Ebd.
479 Ebd.
480 Vgl. Bigelow [2020].
481 Vgl. Kap. 1.1 im vorliegenden Teil I der Studie.

3.2   *Alfred Anderschs programmatischer Essay* Deutsche Literatur in
        der Entscheidung (*1948*)[482]

Dazu wird exemplarisch das wichtigste Gründungsdokument der Gruppe 47
beleuchtet, der Essay *Deutsche Literatur in der Entscheidung*[483], den Alfred
Andersch im Rahmenprogramm der zweiten Gruppentagung im November
1947 vorgetragen hat. In Böttigers Gesamtdarstellung der Gruppe 47 wird
dieser Text als „große Ausnahme"[484] bezeichnet: Waren während des offiziellen
Teils der Tagungen Grundsatzdebatten über Kunst und Politik ungern gesehen, habe Andersch hier ausnahmsweise, im Anschluss an die offiziellen
Lesungen, dem Bedürfnis entsprochen, „die Existenz der Gruppe durch etwas
Programmatisches zu legitimieren."[485]

Der Essay soll dementsprechend auch gemäß Richter mit „spontaner Begeisterung" aufgenommen worden sein;[486] wie Arnold schreibt, „feierten" die
Mitglieder der jungen Gruppe den „Blick auf die Zukunft",[487] den er eröffnete.
Bis heute gilt der Essay in allen einschlägigen Gesamtdarstellungen als erste
und einzig relativ explizite Programmatik der Gruppe 47 – davon also, dass
ein grundsätzlicher Konsens über die darin vertretenen Maximen bestand,
kann angesichts dieser als durchweg positiv tradierten Rezeption ausgegangen
werden.

Andersch war gerade in den ersten Jahren ein wichtiger Förderer junger
Gruppenmitglieder, wurde als ihr Stratege betrachtet[488] und gilt neben
Richter als „wichtigste[r] Protagonist[] in der Initiationsgeschichte der
Gruppe 47 [...]."[489] Seinen richtungsweisenden Essay paradigmatisch für die
Prämissen der Gruppe zu lesen, bietet sich demnach auch aus diesen Gründen
an.[490] Die Analyse der Argumentation in Anderschs Essay soll exemplarisch

---

482   Teile dieses Kapitels wurden bereits in älterer Fassung publiziert (vgl. Weber 2018).
483   Andersch [1947] 1948; in der Folge im vorliegenden Kapitel im Fließtext zitiert (Sigle: AD).
484   Böttiger 2012, S. 62.
485   Ebd.
486   Richter 1997, S. 62 [Brief an Schnurre vom 14.11.1947].
487   Arnold 2004, S. 51.
488   Z. B. ebd., S. 52: „Alfred Andersch war, verglichen mit dem pragmatischen Hans Werner
       Richter, der sich mit den Realitäten arrangieren konnte, der weitaus reflektiertere, auch
       theoretisch versiertere Kopf."
489   Ebd., S. 17.
490   Das wurde auch schon mehrfach unternommen (vgl. weiter unten in diesem Kapitel)
       und zuletzt harsch kritisiert: In seiner Rezension zu der Studie *Alfred Andersch Desertiert*
       von Döring et al. (Döring/Römer/Seubert 2015, dazu Ächtler 2015, o. S.), die auch auf den
       Essay eingehen, kritisiert Ächtler die Tatsache, die Forschergruppe würde den „historisch-
       werkbiografischen Entstehungskontext" von Andersch Essay ignorieren (ebd.) – bei
       einer solchen „Abwertung" dieses Essays handle es sich um eines der „verbreitetsten un-
       historischen Umdeutungen seiner Kritiker." (Ebd.) Gemäß Ächtler formuliere Andersch

breit akzeptierte Moraldiskurse in der frühen Gruppe 47 aufzeigen und herausarbeiten, in Bezug auf welche Themen und auf welche Weise die Verknüpfung
von Moral und Identität erfolgen konnte.

3.2.1   Der Essay und sein historischer Kontext
Zunächst zum Thema und zur Struktur des Texts. Wie Anderschs kurzes Vorwort
(AD 3 f.) signalisiert, ist es sein Ziel, im Essay „die Verquickung der Literatur
mit den herrschenden Tendenzen der Epoche [...] ins Auge zu fassen" (AD 3).
Im ersten Kapitel, „Deutsche Literatur als innere Emigration" (AD 5–14), erläutert Andersch sein Verständnis des Verhältnisses von Literatur und Politik
im Nationalsozialismus und in der Nachkriegszeit. Darauf aufbauend will er
zwischen 1933 und 1945 vorherrschende literarische Strömungen innerhalb
Deutschlands kategorisieren und ihre Beziehung zum Nationalsozialismus
interpretieren. Im zweiten Kapitel widmet er sich der „[d]eutsche[n] Literatur
als offener Widerstand" (AD 15–23), wobei primär emigrierte Autoren/-
innen thematisiert werden. Ernst Jünger, Thomas Mann und Bertolt Brecht
sind neben größeren Gruppen wie den „Volkstümler[n]" (AD 9 f.), der „Kalligraphie" (AD 11–13) oder der „realistische[n] Tendenzkunst" (AD 19 f.) in
eigenen Unterkapiteln verhandelt.

Das darauffolgende Kapitel „Deutsche Literatur im Vorraum der Freiheit"
(AD 24–31) ist der Zukunft der deutschen Literatur gewidmet, die nun vor einer

---

stattdessen „mit seiner Generalapologie der inneren Emigration und dem Brückenschlag
zum Exil sowie zur eigenen Autorengeneration im Jahr des ersten und einzigen gesamtdeutschen Schriftstellerkongresses eine Einladung zur Bildung einer antifaschistischen
Einheitsfront aller ‚Gutwilligen'" (ebd.). Dieser Auffassung wird hier nicht gefolgt, wie
im Folgenden genauer auszuführen ist. Gerade angesichts einer historischen Kontextualisierung wird deutlich, so die These, die im Folgenden verfolgt wird, dass kein
echter Brückenschlag zum Exil stattfindet, sondern den geflohenen Autoren/-innen
hinsichtlich ihrer Befähigung, etwas zu den innerdeutschen Diskursen beizutragen,
vielmehr große Skepsis signalisiert wird. Und vor allem – und es erschiene gelinde gesagt etwas problematisch, wenn die Konstatierung dieses Fakts von heute aus als ‚unhistorisch' gebrandmarkt würde – sind weitere Opfergruppen des Nationalsozialismus,
insbesondere die Juden, nach wie vor aus der von Andersch imaginierten moralischen
‚Einheit' von ‚Gutwilligen' ausgeschossen. Insbesondere da dies in einer sehr ähnlichen
Weise erfolgt, wie Gross das in Bezug auf die mehr als 40 Jahre spätere – und ebenso
bejubelte – Friedenspreisrede von Martin Walser 1989 beschrieben hat, erscheint es hier
notwendig, eine Beschreibung exkludierender Aspekte im Text nicht mit Rücksicht auf
den empirischen Autor Andersch zu beschweigen. Die historische Verhaftung ist der
Grund, dass Andersch auch hier keineswegs verurteilt werden soll; nichtsdestotrotz
sollen die aus der historischen Verhaftung erwachsenden exkludierenden Diskurse beschrieben werden, um die Linien, die zurück in den Nationalsozialismus und nach vorne
bis in die Gegenwart reichen, erfassen zu können.

„tabula rasa" stehe, vor der „Notwendigkeit, in einem originalen Schöpfungsakt eine Erneuerung des deutschen geistigen Lebens zu vollbringen" (AD 24). Die Autoren, die seines Erachtens in Frage kommen, diesen schöpferischen Akt zu leisten, sind zu großen Teilen Mitglieder der Gruppe 47; ihr Programm wird unter den Schlagworten „Realisten und Surrealisten" (AD 25) – Letztere ungefähr der Idee des magischen Realismus entsprechend, den einige Autoren/-innen der Gruppe 47 in ihren Anfängen für sich beanspruchten –[491] gefasst. Dieser letzte Teil wird komplettiert von einer Klage über die US-amerikanische Besatzungspolitik und einer eigenwilligen Interpretation des französischen Existenzialismus.[492]

Für das Verständnis des Essays ist der Kontext der Emigrations-Debatte („Große Kontroverse") zwischen Frank Thiess, Walter von Molo und Thomas Mann, die im Vorjahr in den Feuilletons ausgetragen worden war, wesentlich.[493] Markus Joch (2002) hat bereits gezeigt, wie Andersch bei seinem Versuch, sich in *Deutsche Literatur in der Entscheidung* zwischen den beiden Polen – Thiess' konservativer, nationalistischer, die Emigration verurteilender, und Manns modernerer, kosmopolitischer Einstellung – zu positionieren, wesentlich näher an Thiess' Position steht, als es auf den ersten Blick zu vermuten wäre. Zwar wird Thomas Mann von Andersch als der „größte lebende Autor deutscher Sprache" (AD 18) bezeichnet, doch: „Den *Missfallensbekundungen* Manns aber hat er sich *nicht* angeschlossen, die Vorstellung von Thiess *nicht* mit erbitterten Buhrufen quittiert".[494]

Andersch war bekanntermaßen ein großer Bewunderer Manns und trug mit seinen Rundfunkbeiträgen dazu bei, dass dieser bereits in der unmittelbaren Nachkriegszeit wieder öffentliche Plattformen in der BRD bekam.[495] Joch weist zudem darauf hin, dass der Hinweis auf die „kalligraphischen" Autoren, von denen Andersch sich abgrenzen will, immerhin als Seitenhieb gegen Thiess verstanden werden könne.[496] Thiess selbst ist aber mit keinem Wort erwähnt – und die Argumentationslogik Anderschs impliziert zuletzt eine diametrale Gegenposition zu Mann, der im Rahmen der Debatte „Bücher, die von 1933 bis 1945 in Deutschland überhaupt gedruckt werden konnten", vehement

---

491   Vgl. Hoffmann 2006, S. 342–358.
492   Vgl. Rahner 1993.
493   Gesammelt in: Mann/Thiess/Molo 1946. Neu zusammengestellt und kommentiert – beides einseitig zugunsten von Molo und Thiess – in Grosser 1963.
494   Joch 2002, S. 69 [Hervorhebungen im Original] – Jochs Theater-Metaphorik spielt auf Frank Thiess' Aussage an, im Exil habe man „aus den Logen und Parterreplätzen des Auslands der deutschen Tragödie zugeschaut" (vgl. ebd., S. 67).
495   Vgl. Sarkowicz 2016, S. 235 f.
496   Vgl. Joch 2002, S. 77.

als „weniger als wertlos" qualifiziert hatte.[497] Andersch postuliert dagegen, „daß jede Dichtung, die unter der Herrschaft des Nationalsozialismus ans Licht kam, Gegnerschaft gegen ihn bedeutete, sofern sie nur Dichtung war" (AD 7). Darauf wird gleich noch einmal genauer eingegangen.

Die Literatur der Emigrantinnen und Emigranten wird im Essay dagegen implizit abgewertet. Stephan Braese ordnet in seiner Habilitationsschrift zur „*andere[n] Erinnerung*" (2001) jüdischer Autorinnen und Autoren in Westdeutschland Anderschs Essay als einen der entscheidenden Texte für die exkludierende, einseitige Entwicklung des westdeutschen Literaturbetriebs der Nachkriegszeit ein.[498] Er fasst zusammen, dass ‚andere' Stimmen zum Einbezug von jüdischer Literatur, hier diejenigen Thomas und Klaus Manns, schon zum Zeitpunkt, als Anderschs Essay erschien, kaum mehr gehört wurden: „Die Maßgaben darüber, was die deutsche Gegenwartsliteratur künftig bestimmen sollte, kamen, wie die ersten Zeugnisse ihres repräsentativen Ausdrucks, schon von ‚deutschen Stellen'."[499]

3.2.2 Identität und Schuld

Joch deutet Anderschs apologetische Argumentation als Versuch einer Positionierung im literarischen Feld, den Andersch aufgrund seiner eigenen publizistischen Vergangenheit[500] in dieser Weise vornehmen wollte. Ein weiteres zentrales Moment des Essays, das für den hier verfolgten Fokus wichtiger und noch weniger gut beleuchtet ist, ist die Art und Weise, *wie* diese Positionierung vollzogen werden soll. Zunächst geht es tatsächlich um Aufwertung des ‚Eigenen', indem die Schuld der ‚Dabeigewesenen' abgewehrt wird. Der Anfang des ersten Kapitels soll hier etwas ausführlicher zitiert werden:

> Was soll, so möchte man grübeln, die Frage nach der Literatur Deutschlands, da dieses Land ganz und gar vom Hunger und vom Schwarzmarkt und von einer Hoffnungslosigkeit ohnegleichen gezeichnet erscheint? Darf die Forderung, die in dieser Frage liegt, an die geistig schöpferischen Menschen Deutschlands überhaupt gestellt werden, obgleich sie, genau wie der größte Teil des deutschen Volkes, gleich Tieren auf der Nahrungssuche, auf der Jagd nach einer warmen Unterkunft, im Kampf mit den widrigsten und lächerlichsten Auswüchsen einer bürokratischen Verwaltung des Nichts sich befindet? [...] Die Folgen des

---

497 „Es mag Aberglaube sein, aber in meinen Augen sind Bücher, die von 1933 bis 1945 in Deutschland überhaupt gedruckt werden konnten, weniger als wertlos und nicht gut in die Hand zu nehmen. Ein Geruch von Blut und Schande haftet ihnen an; sie sollten alle eingestampft werden." (Mann 1963, S. 31.)

498 Braese 2001, S. 56–67.

499 Ebd., S. 67.

500 Vgl. auch Döring/Joch 2011.

historischen Irrtums, in den das deutsche Volk durch seine führenden Schichten
getrieben wurde, liegen besonders schwer auf den Trägern des Geistes in Deutschland. Mit [...] Genauigkeit [...] registrieren sie das Maß der Verantwortung, das
einem Teil von ihnen als Treibenden oder Getriebenen [...] zukommt. Aber nicht
nur diese Einsicht ist es, die ihnen manchmal den Atem nimmt, sondern auch
die Schwere des Vorwurfes, der gegen Sie, wie gegen ihr ganzes Volk erhoben
wird, die unmittelbar nach der Niederlage vom Ausland, von einzelnen Kräften
der Emigration [...] gegen sie erhoben wurde. Jede Untersuchung des Zustandes
der deutschen Literatur [...] muß daher von einer sorgfältigen Betrachtung des
wahren Verhaltens des deutschen Geistes in den Jahren der Diktatur ausgehen.
Eine solche Betrachtung wird die Frage entscheiden, ob die geistigen Kräfte der
deutschen Gegenwart in den trüben Strudeln der Selbstbezichtigung notwendig
untergehen müssen, oder ob der Druck der Verzweiflung, den eine solche Anklage mit sich bringt, gelüftet werden kann. (AD 5 f.)

Ein zentrales Anliegen von Andersch ist bereits in dieser Einleitung formuliert:
Andersch bemüht sich, den unerträglichen Druck der ausländischen Anklage gegen ,das deutsche Volk', insbesondere gegen ,seine Intellektuellen', zu
lindern. Die Verzweiflung, die diese Einleitung prägt und gegen die Abhilfe geschafft werden soll, ist explizit nicht primär (bzw. „nur") durch das Wissen um
die Verbrechen des nationalsozialistischen Deutschlands motiviert, sondern
dadurch, dass „das Ausland" diese Verbrechen dem gesamten deutschen Volk
und den „geistigen Kräfte[n] der deutschen Gegenwart" anlastet. Die Ehre des
Volkes muss wiederhergestellt, der „deutsche Geist" muss von der Schande vor
„dem Ausland" befreit werden. Andersch will, wie er in der Folge formuliert,
sich einsetzen für „eine Zukunft, deren höchste Forderung an den deutschen
Geist die Wiederherstellung seiner Reinheit und Unabhängigkeit verlangt."
(AD 6)
    Schon in diesem ersten Abschnitt zeigen sich die Verfahren, die Andersch
in diesem Zusammenhang verwendet. Der Nationalsozialismus wird – ganz
im Sinne der zeitgenössischen Diskurse um Doppelmoral und Verführung
,von oben' –[501] als ein „Irrtum" dargestellt, in den „das Volk durch seine
führenden Schichten getrieben" worden sei. Das Konzept der Schuld ist
damit schon auf ,Andere' ausgelagert: Wer in die Irre geführt wird, kann für
seine Entscheidungen kaum vollständig verantwortlich gemacht werden. Die
deutschen Intellektuellen sollen dennoch eine Verantwortung registrieren;
um welche Art von Verantwortung es sich dabei handelt, wird allerdings nicht
thematisiert. Betont wird vielmehr, dass sie nicht nur „Treibende", sondern
auch „Getriebene" gewesen seien.

---

501   Vgl. Gross 2010, S. 124–142 [Kapitel 6: Der Führer als Betrüger. Moral und Antipositivismus
       in Deutschland 1945/46 am Beispiel Fritz von Hippels].

Eine weitere Strategie, den Druck der „Schwere des Vorwurfs [...] vom Ausland" zu lindern, ist die Betonung des eigenen Opferstatus, mit der die ganze Argumentation einsetzt. Hunger, Schwarzmarkt und Hoffnungslosigkeit des deutschen Volkes werden im ersten Satz aufgerufen; Obdachlosigkeit, der Kampf mit einer widrigen Bürokratie und der elende Zustand, „gleich Tieren auf der Nahrungssuche" zu sein, im zweiten. Dass diese Lamentos eher Assoziationen mit der Opfer- als mit der Tätergruppe wecken, ist kein Zufall; deutsche Opfernarrative waren in der unmittelbaren Nachkriegsliteratur sehr populär.[502] Zu Ende gedacht bedeutete das auch, dass das „eigene" Leiden dem der vormaligen Opfer der ‚Nazis' vergleichbar sei, womit letztlich auch der Anspruch eines Schuldenausgleichs angedeutet ist, wie er ja tatsächlich schon in den ersten Nachkriegsjahren gefordert wurde.[503] Der Holocaust[504] hingegen kommt im ganzen Text Anderschs kein einziges Mal vor.

Diese Beobachtungen sprechen zwar dagegen, dass die Programmatik entsprechend dem Anspruch der Gruppe 47 eine Position außerhalb des herrschenden Diskurses einnimmt; sie sind aber noch wenig überraschend. Die folgenden Argumentationsschritte sind das schon eher. Nun geht Andersch zunächst auf den Vorwurf ein, innerhalb Deutschlands habe es keinen echten Widerstand gegeben. Dieser Ansicht widerspricht er vehement:

> Denn deutsche Literatur, soweit sie den Namen einer Literatur noch behaupten kann, war identisch mit Emigration, mit Distanz, mit Ferne von der Diktatur.

502 Vgl. Ächtler 2013; vgl. dazu Kap. 2, insbesondere 2.2.1 in Teil II der vorliegenden Studie.

503 Sehr pointiert formuliert ist diese Denkfigur als Figurenrede in einer Erzählung aus Wolfgang Weyrauchs Anthologie *Tausend Gramm*, deren Nachwort wohl als zweitwichtigste Programmatik der Gruppe 47 gilt. Ein deutscher Soldat, der seine Familie in einem Bombenangriff verloren hat, erklärt sich einem jüdischen Händler [!]: „Die Mörder waren von Gott erlöst. Darum sind oder werden sie gerichtet. Und die Dulder der Sintflut erdulden heute den Schlamm.' [...] ‚Die Rechnung stimmt also, meinen Sie?', fragte Barnabas [der jüdische Händler – N. W.]. Und Steiner: ‚Das Maß bestimmt Gott allein. Niemand sollte seinen Scheffel eichen.'" (Pohl 1989, S. 111); vgl. dazu auch Weber 2017, S. 312–214.

504 In der vorliegenden Studie wird meistens der Begriff „Holocaust" verwendet, da er international seit den 70er Jahren am gängigsten ist. Zu Problematik und Rechtfertigung dieser Entscheidung vgl. die Ausführungen in Lorenz' Monografie zum Antisemitismus im Werk Walsers (2005), S. 15 (mit Hinweis auf Jasper 2004 und Klüger 1992): Obwohl problematische Assoziationen darin mitgetragen werden, ist eine solche Chiffre zur Verständigung unabdingbar; sonst, wie Klüger schreibt, „muß man jedesmal erklären, wovon die Rede ist." (Klüger 1992, zit. n. Lorenz 2005, S. 15.) Der im jüdischen Diskurs gebräuchliche Begriff „Shoah" kann in der Verwendung aus Perspektive der Tätergesellschaft problematisch sein (vgl. ebd.); in der vorliegenden Studie wird er stellenweise aufgegriffen, wenn es aufgrund direkter Darstellungen der Opferperspektive passender zu sein scheint.

> Das muß einmal ausgesprochen und festgehalten werden, daß jede Dichtung,
> die unter der Herrschaft des Nationalsozialismus ans Licht kam, Gegnerschaft
> gegen ihn bedeutete, sofern sie nur Dichtung war. (AD 7)

Aufgrund dieser Prämisse verurteilt er nicht etwa einen Großteil der Literatur
der „inneren Emigration" als Nicht-Dichtung. Vielmehr wertet er fast ausnahmslos alle Publikationen der Zeit zwischen 1933 und 1945 mit dem tauto-
logischen Argument auf, ihr literarischer Wert sei allein schon ein Beweis für
ihre Widerständigkeit, was zur Folgerung führt: „Die Tatsache, dass es eine
deutsche Literatur während dieser Zeit überhaupt gab, genügt allein schon,
die Absurdität der Behauptung vom kollektiven Verrat der deutschen Geistesarbeiter am Geist nachzuweisen" (AD 8). Die partielle Anerkennung einer
Schuld des „deutschen Geist[es]", wie sie im einleitenden Abschnitt vorgenommen wurde, ist damit fast restlos wieder aufgehoben.

Wie konfus dieser Schluss hergeleitet wird – und die sehr problematischen
Implikationen einer solchen Haltung –, wurde schon im Kontext werkbiografischer Lesarten konstatiert, die auf Anderschs individuelles Interesse an
einer solchen Beurteilung hinweisen.[505] Die Bemerkung von der „Absurdität",
einen „kollektiven Verrat der deutschen Geistesarbeiter" zu behaupten – die
im Kontext der Kollektivschuldthese in der Nachkriegszeit zu verstehen ist –[506]
zeigt aber, dass das Anliegen zur Exkulpation hier über individuelle Interessen
privater Schuldabwehr hinausgeht.

3.2.3   Die deutsche Nation

Tatsächlich kommt bei Anderschs Schuldabwehr nämlich noch ein weiterer
zentraler Argumentationsschritt dazu. Die Identität, die Andersch der ‚jungen
Generation' und den ‚Geistesarbeitern' zuschreibt, ist sehr eng an die deutsche

---

505   Joch 2002; vgl. auch Williams 1991, S. 30 f.; vgl. zu Anderschs persönlichen biografischen
        Verstrickungen Kap. 4.1.2 in Teil II der vorliegenden Studie.

506   Norbert Frei beleuchtet, wie die Kollektivschuldthese in der Nachkriegszeit als Mythos
        aufgebaut wurde, obwohl sie nie von öffentlicher Seite geäußert wurde (Frei 2005,
        S. 145 f.). Er interpretiert dies primär als Hinweis auf ein schlechtes Gewissen und damit
        gerade als „unbewußte Anerkennung der Kollektivschuldthese" (ebd., S. 155). Vgl. zu der
        unzureichenden Unterscheidung zwischen kollektiver und individueller Schuld in dieser
        Debatte Michael Schefczyk (2015), der beschreibt, dass in der Bevölkerung die Tendenz
        vorherrschte, den Schuldbegriff kollektivistisch auszulegen, obwohl das „dem modernen
        Moral- und Rechtsverständnis fremd" (ebd., S. 46) sei. Schefczyk zeigt, dass sich das mit
        dem „griechisch-vorchristlichen" Konzept eines *„míasma, einer Befleckung des gesamten
        Kollektivs durch das schuldhafte Handeln einzelner Mitglieder"* (ebd. [Hervorhebung
        im Original]) in Zusammenhang stellen lässt. Wie zu ergänzen ist, liegt zudem auch der
        Bezug zu dem kollektivistischen Moralempfinden im Nationalsozialismus, wie es Gross
        (2010) beschreibt, sehr nahe.

Nation bzw. an das ‚deutsche Volk' geknüpft: Identität wird nicht nur über das Konzept einer ‚jungen Generation' imaginiert, sondern eben auch über das ‚Deutsche Volk'. Dabei ist es nicht einfach unhistorisch, in diesem Zusammenhang vom Nationalismus des Texts zu sprechen. Im Rahmen von Anderschs explizit kommuniziertem Vorhaben, ein Programm für das mehr oder weniger junge Schriftsteller/-innen-Deutschland zu propagieren, ist bemerkenswert, dass es nicht die Schriftsteller sind, sondern vielmehr das Konstrukt der Nation, um die sich ein Großteil der Argumentation entspinnt: Das Lexem „deutsch" wird auf den 23 Seiten 79 Mal verwendet; zum Vergleich erscheint das Wort „Literatur" dagegen nur 33 Mal. Auch die Argumentation macht deutlich, wie der Kampf gegen Schuldvorwürfe nicht nur einem autobiografischen, sondern zugleich einem zutiefst moralischen Anliegen zugunsten der ‚eigenen' Nation entspringt:[507] Einerseits wird es zu einem Kampf fürs ‚Volk' stilisiert, andererseits stärkt es abermals das konsequent aufgebaute deutsche Opfernarrativ, da betont wird, wie sehr man unter den Vorwürfen zu leiden hat.

Damit verbunden impliziert der Kampf gegen die Schuldvorwürfe an den ‚deutschen Geist' noch eine weitere partikulare Kategorie. Mit der konstruierten „Wir"-Gruppe, die an den Vorwürfen von außen verzweifelt und deren nationale Ehre gerettet werden soll, ist Deutschland eindeutig nicht nur in Abgrenzung zu anderen Nationen, sondern auch zum ‚Fremden' innerhalb der Nation gemeint: im Nationalsozialismus verfolgte Minderheiten können in einem Kollektiv, das aus diesen Gründen leidet, ja kaum mitgemeint sein. Die Personengruppe, für die eine neue Zukunft geplant und deren Bild rehabilitiert werden muss, ist so implizit ganz unmissverständlich diejenige Gruppe, die von Schuldvorwürfen überhaupt getroffen werden *konnte*, nämlich das deutsche, nicht jüdische, nicht homosexuelle, körperlich und geistig nicht eingeschränkte – also ‚arische Volk'. Diese essentialistische und exklusive Vorstellung des Konstrukts der Nation steht einerseits in einer direkten Kontinuität eines zentralen Aspekts auch der NS-Ideologie, im Einklang mit dem vorherrschenden Diskurs der Nachkriegszeit, in dem, wie Moeller im Zusammenhang mit Opferausgleichzahlungen festgestellt hat, nur die deutschen[508]

---

507 Den Zusammenhang zwischen Kollektivschuld und Nationalismus stellt u. a. auch Clare Flanagan (1999) her, vgl. ebd., S. 18.

508 Das begriffliche Problem, das sich hier ergibt, weil ‚deutsch' im Sinne des NS-Begriffs verwendet werden muss (da ja die Opfer der Deutschen in heutiger Begriffsverwendung selbstverständlich auch Deutsche sind), kann Moeller nicht auflösen, er reflektiert es aber mit. Moeller erklärt: „Diese sich wechselseitig ausschließenden Kategorien von Opfern hielten Grenzen aufrecht, die vormals Deutsche, die Teil der nationalsozialistischen Volksgemeinschaft gewesen waren, von denjenigen getrennt hatten, die aus dieser ausgesondert worden waren. Wenn ich hier diese Kategorien wiederaufnehme, so geschieht

Opfer „Mitglieder der westdeutschen *imagined community*" waren, die „Opfer
der Deutschen hingegen gehörten dieser Gemeinschaft nicht an."[509]

Die expliziten Stellungnahmen *gegen* nationalistisches Denken durch
populäre Mitglieder der Gruppe 47, nicht zuletzt durch Andersch selbst im
hier diskutierten Essay, stehen dem nur vordergründig entgegen.[510] In den
Schlussbetrachtungen seiner Abhandlung ruft Andersch zum Kampf gegen
die deutsche „Kolonialität" (AD 26), den Status der Deutschen als Angehörige
eines „halbkolonialen Volkes" (ebd.) auf. Dieser Kampf müsse sich nicht nur
gegen die Besatzungspolitik – die Ursache des angeblichen Kolonialstatus –
richten, sondern „ebensosehr gegen die latente Bedrohung der Freiheit aus
dem Denken heraus [...], also mithin gegen den deutschen Nationalismus und
das Ressentiment, das er heute produziert, gegen jegliches Aufkommen von
Revanchegedanken, gegen den deutschen Superioritätskomplex" (AD 27).
Dass diese Aussage so deutlich den im Rest des Essays vorausgesetzten Werten
und Idealen widerspricht, lässt sich auf zwei verschiedenen Ebenen erklären.

Einerseits wird auch hier eine strategische Positionierung im literarischen
Feld vorgenommen: Ein Grund dafür, dass der deutsche *Ruf* unter Redaktion

---

dies, um die Grenzziehungen der rhetorischen Konstruktionen in den fünfziger Jahren
zu markieren, wobei ich mir dessen völlig bewußt bin, daß diese Konstruktionen ebenso
der Erfahrung von Juden Gewalt antaten, die Deutsche waren, wie sie auch der Erfahrung
derjenigen nichtjüdischen Deutschen nicht gerecht wurden, die nicht etwa Opfer des
Bombenkriegs oder der Sowjetischen Aggression, sondern vielmehr Opfer des nationalsozialistischen Unrechtregimes waren." (Moeller 2001, S. 34.) In der vorliegenden Studie
wird, um diesem Problem zu begegnen, möglichst konsequent von „Angehörigen der
Tätergesellschaft" gesprochen, es sei aber auf Moellers Erläuterungen verwiesen, da es
manchmal, wie eben im vorliegenden Beispiel, dennoch unumgänglich ist, die Kategorien in ihrer ungenauen bzw. diskriminierenden Bedeutung zu verwenden.

509   Ebd., S. 34. Zugleich gibt es schon in der unmittelbaren Nachkriegszeit viele Gegenstimmen zu diesem ‚nationalen Eifer', etwa vonseiten der Exilautoren/-innen (vgl. weiter
unten in diesem Kapitel) und nicht zuletzt auch bei späteren Gruppe-47-Autorinnen und
Autoren wie Aichinger, Bachmann oder Celan, auf die im Verlauf der Arbeit noch eingegangen wird (vgl. insbesondere Kap. 3 in Teil III der vorliegenden Studie).

510   Der Nationalismusbegriff in der vorliegenden Studie ist im Sinne von Andersons
imagined communities zu verstehen (vgl. auch Kap. 2.2 im vorliegenden Teil I der Studie);
produktiv ausgewertet sind diese Reflexionen auch in Ferber 2014, insbesondere S. 31–53.
Ferber fasst zusammen, wie das Konstrukt einer nationalen Identität im 19. Jahrhundert –
übrigens zeitgleich mit und perpetuiert durch den literarischen Realismus, auf den sich
die ‚junge Generation' nach 1945 beruft – herausgebildet wurde und sich insbesondere
in „Legitimations- und Exklusionsbedürfnissen" (ebd., S. 32) äußert. Die Aufwertung
des „Eigenen" gegenüber dem „Fremden" ist ein konstitutives Element davon. Patriotis-
mus und Nationalismus könnten dabei nicht trennscharf abgegrenzt werden, schon die
frühesten Strömungen beinhalteten eine „aggressive nationale Abgrenzung" (ebd., S. 41).

von Richter und Andersch angeblich[511] verboten worden sei, war der Vorwurf des Nationalismus durch Carl Hermann Ebbinghaus in der *Neuen Zeitung* und vom späteren *Ruf*-Redaktionsleiter Erich Kuby unter dem Pseudonym „Alexander Parlach" in der *Süddeutschen Zeitung*.[512] Anderschs Bemerkung im Jahr dieser Auseinandersetzung kann sicher auch als indirekte Replik darauf, als versuchte Festigung seiner progressiven Rolle, verstanden werden.

Andererseits gibt es schon vor sowie auch deutlich nach dieser Auseinandersetzung klare Stellungnahmen Anderschs gegen den Nationalismus. So im bereits mehrfach wegen seines Generationenkonstrukts zitierten Essay „Das junge Europa formt sein Gesicht" von 1946,[513] in dem er auch seine „Ablehnung nationaler und rassischer Vorurteile" betont,[514] oder in einem 1955 erschienenen Aufsatz in seiner Zeitschrift *Texte und Zeichen* über Thomas Mann, in dem er problematisiert, wie sich Deutschland nach dem Ersten Weltkrieg „in ein nationalistisches Ressentiment fast ohne Beispiel in der neueren Geschichte" verloren habe.[515] Auch im *Ruf* zeigt sich ein gespaltenes Verhältnis zum Nationalismus. Clare Flanagan weist in ihrem Artikel „Der Ruf and

---

511 Tatsächlich existierte der *Ruf* auch noch lange nach Andersch und Richter weiter. Auch hatten sie zunächst selbst gekündigt, um sich gegen die Einmischungen durch die Zensurbehörde und Verleger Curt Vinz zu wehren. Als eine einzelne Ausgabe der Zeitschrift verboten wurde, entließ Vinz sie endgültig als Herausgeber, hätte zumindest Andersch aber weiterhin als Mitarbeiter angestellt. Vgl. Vaillant 1978, S. 133–138; Lorenz 2009, S. 53–57.

512 Beide Artikel sind abgedruckt in: Vaillant 1978, S. 202–205; vgl. zu diesen Konflikten ebd., S. 114–122. Die *Ruf*-Replik auf Hermann Ebbinghaus' Vorwürfe im Ruf vom 17.02.1947 zeigen den bereits deutlichen Ton der Gegner und das fehlende Verständnis vonseiten der ‚jungen Generation' für die Vorwürfe: „Es ist ein kritischer Brief, den uns Ebbinghaus schreibt. Er will ‚die Stimmen all derjenigen jungen Deutschen stellvertreten, die aus der anfänglichen ungeteilten Freude über das Erscheinen des ersten Blattes ihrer Generation mittlerweile nun in eine Art Zwiespalt und besorgten Zweifel geraten sind.' Die gemischten Gefühle, mit denen Ebbinghaus dem ‚RUF' gegenübersteht, haben ihre Ursache. Wir erweckten den Eindruck, teilt er uns mit, als ob wir ‚den Namen des jungen Deutschland dazu benützten', eine orthodox-nationalistische Propaganda zugunsten von Gesichtspunkten zu betreiben, die Deutschland eigentlich mit der Niederlage Hitlers aus den Augen verloren haben sollte.' Man sieht; ein recht massiver Vorwurf. Ganz wohl scheint ihm selbst dabei nicht zu sein, denn er fügt hinzu: ‚Nun, ich glaube das nicht.' Aber er warnt uns vor dem ‚Beifall von der falschen Seite.' Und er fragt, ob wir erkennen, was unsere Appelle an die nationalen Kräfte von den Umtrieben neu-nationalistischer Elemente noch eben trennt. [...] Soweit Ebbinghaus einen Nachweis seiner Behauptungen· mit aus dem Zusammenhang gerissenen Zitaten unseres Leitartikels ‚Zwischen Freiheit und Quarantäne' (‚Ruf' Nr. 10) versucht, haben wir nicht die Absicht, darauf einzugehen. Entweder befaßt er sich mit diesem Aufsatz im ganzen oder er läßt es ganz bleiben." (Ebd., S. 3.)

513 Andersch 1946.

514 Ebd., S. 1.

515 Andersch 1955, S. 93.

the Charge of Nationalism" (1999) beispielsweise auf einen Leitartikel Heinz Friedrichs hin, in dem dieser „emphasised that while nationalism had proved its destructive potential, this did not mean ,daß wir nicht mehr vaterländisch denken dürfen".[516]

Flanagans Artikel zeigt, dass beinahe alle Definitionen von Nationalismus auf das politische Programm des *Ruf* zutreffen – aber, wie sie betont, diese Form nationalistischen Denkens sich vom „messianism, [...] pan germanism, [...] triumphalism"[517] des nationalsozialistischen Nationalismus abhebe.[518] Diese Beobachtung kann auch die Diskrepanz zwischen geäußerter Intention und tatsächlicher Argumentation in Anderschs Texten erklären: Im Zuge der NS-Propaganda war das Konzept des Nationalismus mit scheinwissenschaftlichen Theorien und populistischem Pathos wie dem Konstrukt der arischen Herrenrasse, der Idealisierung einer deutschen Volksgemeinschaft und der kultischen Überhöhung alles Germanischen aufgeladen.[519] Dieser über angebliche Fakten funktionierende Nationalismus, der durch Propaganda konstruiert und perpetuiert wurde, konnte durch Aufklärung im Rahmen von *Reeducation* und ,Entnazifizierung' auf rationaler Ebene relativ einfach als falsches Bewusstsein erkannt werden, und Andersch hat dazu beigetragen, liberaldemokratischeres Denken aus seiner Kriegsgefangenschaft in den USA nach Deutschland zu tragen und zu popularisieren.[520]

Dennoch zeugt es von einer einseitigen Prägung im Nationalsozialismus, nur diese ideologisch klar umrissene Form des Nationalismus als solchen zu erkennen und zu verurteilen;[521] diese erlernte Wahrnehmung, das liberaldemokratische Denken, scheint mit länger eingeübten Diskursen partikularer Moral zu konfligieren, da sich dennoch ein starkes Bedürfnis zeigt, das national definierte ,Eigene' aufzuwerten, das von denselben Gruppen abgegrenzt wird wie zuvor. Das Postulat vom kompletten Bruch mit der Vergangenheit bei gleichzeitiger Subversion der Gegenwart wird im Essay doppelt unterwandert: Die Moralkonfiguration im Text entspricht vielmehr einer Kontinuität nationalistischer Diskurse, wie sie in der gerade entstehenden BRD nach wie vor dominant waren.[522]

---

516 Ebd., S. 20; vgl. weiter unten in diesem Kapitel.
517 Ebd., S. 20.
518 Ebd., insbesondere S. 20 f.
519 Vgl. Wehler 2002; vgl. auch Fahlbusch/Haar 2010; Thieler 2014; Behrenbeck 1996.
520 Zu den diskurspolitischen Verdiensten Anderschs vgl. u. a. Sarkowicz 2016 sowie Ächtler 2016.
521 Vgl. dazu auch Kap. 4.3.2 in Teil II der vorliegenden Studie.
522 Vgl. Echternkamp 2002.

3.2.4   Besatzung und Exil: Moralische Rechte ‚der Anderen‘ in Deutschland

Nicht zuletzt zeigt sich dieser Impuls zur Aufwertung ‚des Deutschen‘ gerade an jener Stelle des Essays, wo Andersch postuliert, dass der Nationalismus zu bekämpfen sei. Die oben zitierte Argumentation wird wie folgt fortgesetzt:[523]

> Die Aufgabe der Intellektuellen ist also eine zweifach unpopuläre: er muß im Namen der wahren Demokratie die Heuchelei derjenigen enthüllen, die heute die Demokratie durch ihre Politik gegenüber Deutschland diskreditieren, und er muß den Geist der Demokratie verteidigen gegen alle, die aus der Diskrepanz zwischen Theorie und Praxis, an der wir leiden, bereits wieder ihre faschistischen Schlüsse ziehen.

Damit beschreibt er die zweifellos schwierige Situation der jungen Intellektuellen in einem Nachkriegsdeutschland, das zwei Jahre nach 1945 noch immer von der nationalsozialistischen Ideologie geprägt war. Genau besehen enthält selbst diese Stelle aber einen argumentativen Dreh, der alle Angehörigen des ‚deutschen Volks‘ größtenteils entlastet: Wenn Andersch sagt, die faschistischen Schlüsse kämen *aus* der „Diskrepanz zwischen Theorie und Praxis", das heißt aus dem Fehlverhalten und einer Art unterstellten ‚Doppelmoral‘ der Besatzungsmächte, dann verortet er die Schuld daran implizit auf der Seite der ‚Anderen‘; in dieser Logik handelt es sich bei diesem ‚Faschismus‘ um einen *Schluss*, der erst wegen der Besatzung gezogen wird.[524]

Klarer noch positioniert sich der Essay hinsichtlich des Rechts ‚Anderer‘, moralisch zu *urteilen*, insbesondere im zweiten Teil, wo Andersch die deutsche Exil-Literatur beschreibt. Obwohl er konstatiert: „Die Emigration war es, die das internationale Ansehen des deutschen Namens wenigstens teilweise retten konnte" (AD 16) – auch hier das prominente Interesse der *Ehre* des ‚Volkes‘ –,

---

523 Schon in der Herleitung erscheint der Kampf um die ‚Freiheit des Geists‘ in Deutschland abgesehen vom Nationalismus gleichbedeutend damit, die Besatzung zu ‚bekämpfen‘: „Dieser Kampf wird nicht einfach nur dadurch geführt, daß man die kolonialen Erscheinungsformen angreift, also etwa die Wegnahme der staatlichen Souveränität, die Eingriffe in Fragen der inneren Ordnung, die Ausbeutung der deutschen Wirtschaft für fremde Zwecke, und die Sanktionierung all dieser Maßnahmen durch die aufgedrungene Anerkennung einer Kollektivschuld, ihre Verhüllung durch ein schein-humanitäres und geistig völlig flaches System der sogenannten ‚Rück-Erziehung‘ – dieser Kampf muß sich ebensosehr gegen die latente Bedrohung der Freiheit aus dem Denken heraus richten, das für diese Zustände verantwortlich ist, also mithin gegen den deutschen Nationalismus und das Ressentiment, das er heute produziert [...]." (AD 27.)

524 Dabei war die Kritik an der Besatzungsmacht in der *Ruf*-Redaktion offenbar ein Streitpunkt und Andersch war diesbezüglich moderater als Richter, wie dieser rückblickend in einem Porträt Anderschs berichtet (vgl. Richter 1986, S. 30).

geschieht in der Folge quasi die Umkehrung dessen, was zuvor in Bezug auf die Autoren/-innen der ‚inneren Emigration' vorgenommen wird: Das anfängliche Lob wird allmählich relativiert, zuletzt erscheint das Potenzial der Unterstützung durch Autoren/-innen im Exil bei der Ausformung einer neuen deutschen Literatur als dürftig – und zwar weil sie „abgetrennt vom Raum der deutschen Sprache und damit vom Strom des deutschen Lebens" (AD 17) gewesen seien. Thomas Manns Literatur sei nur deswegen so gut geblieben, weil er nicht wie andere, „assimiliert von der Fremde, einer unheilvollen Isolation anheim[gefallen]" (ebd.), sondern im Geiste ganz bei Deutschland geblieben sei: „In Wirklichkeit ist er niemals fortgewesen [...]." (AD 18)

Hierin ist ein früher und klarer Beleg jenes problematischen Verhältnisses der Gruppe 47 zu den Exilautoren/-innen zu sehen, das lange Zeit prägend bleiben sollte und auch in Brieglebs Streitschrift zum Thema Antisemitismus in der Gruppe 47 wichtig ist.[525] Einer der meistgelobten Autoren in Anderschs Exilliterartur-Kapitel „Literatur als offener Widerstand" ist denn auch dazu passend der ‚daheimgebliebene' Erich Kästner, der nichtsdestotrotz als „echter Emigrant" (AD 21) anzusehen sei. Jüdische Exilautoren/-innen werden nur wenige erwähnt, keine unter einer eigenen Überschrift;[526] und das Lob, das dem zu diesem Zeitpunkt immer noch im Exil verbliebenen Bertolt Brecht zuteilwird, ist anders als das für Kästner durchgehend im Konjunktiv gehalten: „Er wie kein anderer würde in unsere gleichfalls flackernde, unsichere und aufgerissene deutsche Gegenwart passen, könnte zum Richtpunkt und Rückhalt der jungen Generation gegen die lastende Masse eines sogenannten Kulturerbes werden" (AD 23) – wenn er denn wieder in Deutschland leben würde. Die Emigration könne „auf die zukünftige Entwicklung der deutschen

---

525 Briegleb hat sehr eindrücklich beschrieben, wie sich diese Abneigung auch im Umgang mit Emigrierten in der Gruppe 47 geäußert hat; auch wenn sie wieder in Deutschland lebten. Die wenigen Zurückgekommen, die regelmäßig an Gruppentagungen teilnahmen, waren immer wieder scharfer Kritik – und nicht selten rassistischen oder antisemitischen Anfeindungen – ausgesetzt, weil sie nicht ‚dabei gewesen' seien. Vgl. Briegleb 2003, insbesondere S. 82–95.

526 Erwähnt werden Franz Werfel, Arnold Zweig, Alfred Polgar und Walter Mehring, niemand von ihnen hat aber einen eigenen Zwischentitel wie Mann und Brecht (oder zuvor Jünger), und die beiden letzteren dienen als Beispiel für die „Tragik" und das „Verstummen" der deutschen Satire im Nationalsozialismus, das Andersch wie folgt erklärt: „Was sollte ein deutscher Satiriker noch ohne das deutsche Volk und ohne den deutschen Staat?" (AD 21) Die wenigen jüdischen Namen passen zu Anderschs an derselben Stelle ausgeführten existentialistischen Definition des Exils, die Juden letztlich erneut als scheinbares Nebenergebnis ausschließt: „Die Produktion dieser Werke wiederum war möglich, weil die Entscheidung zur Emigration eine Entscheidung zur Freiheit – nicht etwa zur Flucht – bedeutete." (AL 16.)

Literatur nur Einfluß nehmen, wenn sie sich als Emigration selbst aufhebt, das heißt also: wenn sie zurückkehrt" (AD 17).

Auch räumlich wird dadurch die Kompetenz, moralisch zu urteilen, in Deutschland verortet.[527] Eine nationalistische Begründung moralischer Rechte ist in Anderschs Argumentation eindeutig tiefer verankert als nur als rhetorisches Mittel zum Zweck der Abwehr eigener Verfehlungen vor 1945. In anderen kulturpolitischen Stellungnahmen taucht sie überdies in sehr ähnlicher Weise auf: So beispielsweise in dem schon erwähnten *Ruf*-Artikel „Das junge Europa formt sein Gesicht",[528] dessen Titel das Gegenteil vermuten ließe. Zwar spricht Andersch dort zunächst von der „Forderung nach europäischer Einheit", unter deren Gesetz die europäische Jugend antrete.[529] Der vielzitierte *LTI*-Satz,[530] dass diese Jugend den „Kampf gegen alle Feinde der Freiheit fanatisch führen" werde,[531] mag dabei auch dem Versuch geschuldet sein, möglichst breit rezipiert zu werden. In der Aussage, dass die Wurzeln dieses gemeinsamen Kampfes in der „Gemeinsamkeit der Haltung und des Erlebens"[532] im „religiösen Erlebnis [...] aus dem Kriege"[533] liege, geht die Kontinuität aber eindeutig über das Sprachliche hinaus: Erneut sind Opfer und Geflohene aus denjenigen „Wir"-Gruppen exkludiert, die für die Zukunft Europas verantwortlich seien. Und die Autorinnen und Autoren im Exil werden schließlich auch in sehr ähnlichen Worten wie im Essay *Deutsche Literatur in der Entscheidung* zur Besinnung aufgerufen: Für Deutschland gelte,

> dass die Emigration für uns fruchtbar werden muß. Emigration kann überhaupt nur leben aus der Erwartung der Heimkehr. Wir fordern und erwarten die Vereinigung der Emigration mit Deutschlands junger Generation.[534]

---

527 Damit steht Andersch nahe an dem, was gemäß Joch die Ideale eines Thiess von einem modernen Weltbild wie demjenigen Manns unterscheidet. Während sich für Mann „die Grenzen des literarischen Feldes nicht mit denen des Nationalstaats decken", verurteile Thiess die Abwendung von Deutschland: „Symbolisches und ökonomisches Kapital, das man ursprünglich im Inland erworben hat, darf nicht im Ausland genossen oder gar gemehrt werden, es sei denn zu Lasten des Prestiges daheim." (Joch 2002, S. 73) Anderschs Argumentationsstruktur impliziert dieselbe Einstellung. In Bezug auf Andersch deutet Joch zwar die nationalistischen Elemente an, konstatiert aber gleich eingangs diplomatisch, dass eine solche Einstellung angesichts seiner frühen Gegnerschaft zum Nationalsozialismus überraschend wäre. (Ebd., S. 68.)

528 Andersch 1946, S. 1.

529 Ebd., S. 1.

530 Klemperer 1947.

531 Andersch 1946, S. 1; vgl. dazu bereits Widmer 1966, S. 32, S. 43, S. 53.

532 Andersch 1946, S. 1.

533 Ebd.

534 Ebd., S. 2.

Andersch legt mit solchen Postulaten nahe, man könne nur adäquat über deutsche Belange schreiben, wenn man selbst ein Teil davon sei und die nationalen Erlebnisse unmittelbar teile. Implizit diskreditiert das die Bedeutung moralischer Urteile aller in seinem Urteil Außenstehenden: nur die Deutschen selbst könnten über ihre eigene Schuld adäquat urteilen. Mit der universalistischen Ethik allgemeiner Menschenrechte und internationaler Verantwortung, wie sie durch die Reeducation vermittelt wurden, ist diese Einstellung kaum mehr vereinbar. Vielmehr werden partikulare Moralkonfigurationen unterschwellig in Anderschs Bemühungen um eine liberale literarische Einheitsfront gegen den Nationalsozialismus weitergetragen:[535] Indem diese Einheitsfront nach wie vor ausschließlich als exklusive Gruppe denkbar bleibt, aus der gerade die Opfergruppen des Nationalsozialismus weiterhin ausgeschlossen sind.

Aus der Perspektive einer partikularen Moral lässt sich gut beschreiben, wie diese nationalistischen, partikularen Vorstellungen einem adäquaten Umgang mit der Vergangenheit bis heute entgegenstehen kann. In Bezug auf Martin Walsers Friedenspreisrede hebt der Historiker Gross, wie weiter oben schon ausgeführt, hervor, wie ungebrochen die partikulare Moral im Beklagen einer „deutschen Schande", im Gefühl einer Scham an Stelle von Empörung oder Hass, bestehen bleibt: Die Vorstellung, dass ein ‚Volk' als Kollektiv in seiner Ehre beschädigt sei und nun damit zu kämpfen habe, ist im Kern etwas grundsätzlich anderes als die Verachtung für die Verbrechen des Nationalsozialismus.[536]

Die „Last", unter der die jungen Deutschen bzw. in Anderschs Fall die jungen „Träger des Geistes in Deutschland" wie einleitend zitiert zusammenbrechen, scheint in einem ganz ähnlichen Sinne ganz andere Ursachen als eine Ablehnung der nationalsozialistischen Verbrechen zu haben: nämlich einerseits das materielle Elend der Nachkriegszeit und andererseits die Schande, die über das „deutsche Volk" und den „deutschen Geist" gekommen sei, dessen Ehre nun wiederhergestellt werden müsse. Opfer und Geflohene, als Außenstehende

---

535   Zu den „höchste[n] Ansprüche[n]" (Sarkowicz 2016, S. 231), von denen die politische Agenda von Anderschs essayistischen Beiträgen dabei zweifelsohne zeugt, vgl. ebd.

536   Vgl. Gross 2010, S. 201–236 (i. e. Kap. 9.: „Unvergängliche Schande". Martin Walser und das Fortwirken der NS-Moral); vgl. Kap. 2.1 im vorliegenden Teil I der Studie. Er zitiert zur Verdeutlichung eine pointierte Aussage Hannah Arendts: „Diese zur Schau getragenen und reichlich publizierten Schuldgefühle [können] gar nicht echt sein [...]. Sich schuldig zu fühlen, wenn man absolut nichts getan hat, und es in die Welt zu proklamieren, ist weiter kein Kunststück [...] und wird gern gesehen. [...] Die normale Reaktion einer Jugend, der es mit der Schuld der Vergangenheit ernst ist, wäre Empörung. [...] Wenn diese Jugend von Zeit zu Zeit [...] in eine Hysterie von Schuldgefühlen ausbricht, so nicht, weil sie unter der Last der Vergangenheit, der Schuld der Väter, zusammenbricht [...]." (Arendt 1964, S. 298 f.; vgl. Gross 2010, S. 212.)

des nationalen Konstrukts, kommt in dieser Vorstellung von moralischer Verantwortung in der Nachkriegszeit kaum Relevanz zu.

Ein partikulares Moralverständnis zeigt sich hier – neben dem Mangel an Mitgefühl für die ‚Anderen'[537] – auch darin, dass *Urteile* wie auch *Verantwortung* gegenüber der ‚Wir-Gruppe' anders gewichtet sind als gegenüber ‚den Anderen'. Einerseits äußert sich diese Asymmetrie im Postulat der moralischen Verantwortung für das „deutsche Volk", dessen Anerkennung und Ehre vor anderen partikularen Gemeinschaften – „dem Ausland" und „einzelnen Kräften der Emigration" – wiederhergestellt werden muss. Andererseits äußert es sich darin, dass moralische Urteile über dieses ‚Volk' nur Mitgliedern der eigenen Nation zugestanden werden; ‚Fremde' scheinen dieses Recht grundsätzlich nicht zu besitzen; und man kann es darüber hinaus sogar verwirken, wenn man zu lange durch Emigration von der Nation „abgetrennt" war.

3.3 Deutung, Mitleid und Tugend in außerliterarischen Zeugnissen der Gruppe 47

Der exemplarische Nachvollzug des frühen Selbstverständnisses der Gruppe 47 deutet nun alles in allem, wie zum Abschluss dieses ersten Teils ausgeführt werden soll, auf *zwei verschiedene Ausprägungen einer partikularistischen Beurteilungsweise moralischer Fragen* hin: Alterität erscheint entweder hinsichtlich moralischer Fragen als weniger *relevant* als das ‚Eigene' oder als weniger *tugendhaft*, also weniger prädisponiert, die moralischen Werte des ‚Eigenen' zu verkörpern. Beide dieser Ausprägungen scheinen nun auch den verschiedenen diskriminierenden Handlungen und Haltungen zugrunde zu liegen, wie sie in Kritiken der Gruppe 47 schon oft erwähnt worden sind und auch schon in dieser Studie angesprochen wurden. Diesem Zusammenhang soll in der Folge anhand ausgewählter Beispiele genauer nachgegangen werden, wobei danach gefragt wird, ob und inwiefern die diskriminierenden Begebenheiten auf Tagungen und Aussagen in Briefen, die im Verlauf der Argumentation bereits angesprochen worden sind, mit einem partikularen Moralverständnis zusammenhängen.

---

537 Eine Abwesenheit von Mitgefühl, also Empathie und damit auch Mitleid für ‚Andere' wird im Anschluss an Gross in der vorliegenden Studie insofern als Ausdruck einer partikularen Moral verstanden, als sie zeigt, dass das moralische Gefühl der Empörung über unmoralisches Verhalten auf die „Wir-Gruppe" beschränkt ist (vgl. ebd., S. 168–170). Das korrespondiert auch damit, dass es *im* Nationalsozialismus als dezidiert moralische Pflicht propagiert worden war, Mitleid nur für die ‚arische Rasse' zu empfinden; vgl. die Einleitung zu Kap. 2 in Teil II der vorliegenden Studie m. w. H.

3.3.1   Identität, Alterität und moralische Relevanz

Wie beschrieben erscheint Alterität in den bisher betrachteten Zeugnissen und im Selbstverständnis der gesamten Gruppe 47 zunächst als moralisch weniger *relevant* als das ‚Eigene‘. So wird es gerade als Merkmal der Gruppenidentität bzw. -‚mentalität‘ verstanden, dass man zu Urteilen *besonders* (und damit stärker als die Nichtzugehörigen) befähigt sei. Richter leitet dies in seinem *Ruf*-Essay zu der ‚jungen Generation‘ daraus her, die ‚junge Generation‘ habe durch ihre unschuldige Verwicklung in den Nationalsozialismus „ein besonderes Empfinden für die Lüge entwickelt [...].“[538] Und Anderschs Essay *Deutsche Literatur in der Entscheidung* macht auch den überindividuellen Aspekt dieser Vorstellung relativ explizit, wenn er ‚deutsche Identität‘ und moralische Verantwortung verknüpft. Andersch betont, die Exilautoren/-innen könnten wegen ihrer räumlichen Distanz zu Deutschland, die er mit ‚Isolation‘ gleichsetzt, nichts zu dessen ‚geistiger Erneuerung‘ beitragen, das heißt schon wegen räumlicher Distanz zu der ‚Wir-Gruppe‘ nicht das leisten, was der Gruppe zugeschrieben wird und was sie sich selbst zuschreibt: eine moralische Instanz für Deutschland zu sein, das Gewissen der Nation zu verkörpern und zur Demokratisierung der Nachkriegsgesellschaft beizutragen.

Diese Dichotomisierung von moralischer Relevanz kann sich also einerseits in Bezug darauf äußern, inwiefern ‚Anderen‘ moralische *Deutung* zugestanden wird. Dass auch *Mitgefühl* und die Thematisierung der Opfer des Nationalsozialismus vorrangig für das ‚Eigene‘ von Bedeutung sind, ist ein zweiter Aspekt einer einseitigen Verteilung moralischer Relevanz. Mit beiden Aspekten lassen sich, wie hier angenommen wird, mehrere Konflikte und Haltungen in der Gruppe in einen engeren Zusammenhang bringen.

Deutung

Die Nichtzuständigkeit einzelner abgegrenzter Gruppen für Fragen der jeweils anderen und damit auch eine Partikularisierung von moralischer Deutung wurde bis in die späten Jahre der Gruppe 47 immer wieder explizit geäußert, vor allem in Bezug auf nationale Fragen. Wie bei Lettau (1967) nachzulesen ist, haben sich die Gruppenmitglieder 1960 in einer Erklärung gegen den Algerienkrieg geäußert. Anders als die französischen Demonstranten/-innen haben sie aber nicht zu „Ungehorsam und zur Kriegsdienstverweigerung“ aufgerufen,[539] sondern sich, als die französische Demonstration verboten wurde; nur „bewußt auf einen Protest gegen diese Repressalien [beschränkt], um nicht

---

538   Richter 1946, S. 2; vgl. weiter oben in diesem Kapitel.
539   Lettau 1967, S. 452.

in die inneren Angelegenheiten eines anderen Landes einzugreifen."[540] Wie schon 1947 bei Andersch postuliert, berief man sich hier nach wie vor darauf, am nationalen ‚Strom des Lebens' beteiligt sein zu müssen, um eine legitime Haltung dazu zu haben.

Aus ähnlichen Gründen kam es schließlich bei der Auslandstagung in Princeton im Jahr 1965, wie schon gut dokumentiert ist, ebenfalls zu Streit, da einige Gruppenmitglieder die US-amerikanische Politik kritisieren wollten, der ‚innere Kreis' der Gruppe 47, insbesondere Richter und Grass, das aber verurteilte, weil sie sich auch hier aus ‚fremden' Angelegenheiten heraushalten wollten; den jungen Aktivisten/-innen sei, wie Weiss in seinen Erinnerungen zusammenfasst, entgegengehalten worden, dass „wir als ‚deutsche Schriftsteller' nicht das Recht hätten, uns in amerikanische Angelegenheiten einzumischen."[541]

Diese beiden Beispiele entsprechen einer bis heute verbreiteten Haltung. Dennoch liegt ihnen aber eindeutig nicht das grundsätzliche universelle Moralverständnis zugrunde, wie es Gross und Konitzer beschrieben haben:

> Verantwortungsvolles Handeln gründet sich auf universell gültige moralische Werte, und dazu gehört es, dass alle Menschen gleiche Rechte und Pflichten haben. [...] In diesem Sinne ist es falsch zu sagen, manche Menschen seien wegen ihrer historischen Situation, wegen ihrer Herkunft oder ihrer Zugehörigkeit zu einer bestimmten Nation verantwortlicher als andere. [...] Alle Menschen sind gleichermaßen verpflichtet, moralisch zu handeln – hier zeichnet sich niemand vor anderen aus.[542]

Problematisch wird ein davon abweichendes Verständnis da, wo es nicht zu ‚eigener' Zurückhaltung führt, sondern ‚anderen' das Recht abspricht, Urteile zu fällen, wenn sie nicht zur jeweils identifizierten Gruppe gehören. Dies geschah im Zuge der gerade schon angesprochenen Tagung in Princeton beim Zwischenfall mit Weiss; die weitere Notiz in seinem Tagebuch führt in Bezug auf denselben Konflikt noch weiter und wurde auch schon im Zusammenhang mit Antisemitismus in der Gruppe 47 angeführt.[543] Weiss notierte:

> Zusammenstoß im Hotelzimmer. Ich hätte mich in amerikanische Angelegenheiten nicht einzumischen. Mißbrauche die Gastfreundschaft. Und überhaupt: was ich denn für ein Recht hätte, auf diese Weise politisch Stellung zu nehmen.

---

540 Ebd., S. 452.
541 Weiss 1981b, S. 734. Vgl. dazu Böttiger 2012, S. 384; Müssener 1991, S. 139 f.; Kramer 1999, S. 159 f. und weiter unten in diesem Kapitel.
542 Gross 2010, S. 214; vgl. dazu auch Kap. 2.1.3 im vorliegenden Teil I dieser Studie.
543 Vgl. Hofmann 2007, S. 150; Briegleb 2003, S. 264.

Hätte auch über deutsche Fragen schon viel zuviel gesagt. Wo ich denn während
des Kriegs gewesen wäre.[544]

Die rückblickend notierte Erinnerung im Jahr 1978 expliziert, wie man plötzlich zu diesen Vorwürfen wegen Weiss' Exil – er war als Sohn jüdischer Eltern
gezwungen zu fliehen – kam:

> Wir waren dann auf die Notwendigkeit zu sprechen gekommen, sich gegen
> Brutalitäten zur Wehr zu setzen, wo auch immer sie auftraten. Auch Kritik an
> Deutschland, sagte ich, hielte ich nicht zurück, weil ich in Schweden ansässig sei.
> Und dann kam es: du kannst dich über Deutschland nie äußern, du bist draußen
> gewesen, in der Sicherheit der Emigration, wir waren drinnen, wir haben am
> Krieg teilgenommen [...].[545]

Bei diesem Zwischenfall ist zwar anonym von Gruppe-47-‚Senioren‘ die Rede,
angesichts der vorhergehenden Konflikte liegt aber die Vermutung nahe, es
habe sich unter anderem um Grass und Richter gehandelt.[546]

Gerade bei Richter gibt es auch weitere Zeugnisse für diese Haltung – wer
nicht zugehörig sei, habe nicht zu urteilen –, die bei ihm mit deutlicher Ablehnung einherging. Das wird auch an der eingangs dieser Studie schon anzitierten Stelle in seinem Briefwechsel besonders deutlich, an der er an
Christian Ferber 1961 über Hermann Kesten schreibt:[547] „Kesten ist Jude und wo
kommen wir hin, wenn wir jetzt die Vergangenheit untereinander austragen,
d. h., ich rechne Kesten nicht uns zugehörig, aber er empfindet es so".[548] Der
ausführlichere Kontext dieses Zitats zeigt nun zudem, dass in diesem Konflikt
moralische Relevanz auch in einem anderen Zusammenhang abgesprochen

---

544 Weiss 1981, S. 491 f. Sven Kramer erwähnt in diesem Zusammenhang den Aufsatz zur
     „Gruppe 47 und die Exilliteratur" von Helmut Peitsch (1991), in dem dieser „abgrenzbare
     Phasen' des Umgangs mit dem Exil identifiziert hat und postuliert, auf die Ablehnung sei
     schließlich eine Identifikation gefolgt (vgl. Peitsch 1991, S. 108, zit n. Kramer 1999, S. 159);
     tatsächlich habe Richter betont, in Princeton solle die Versöhnung mit der Exilliteratur
     gefeiert werden." (Ebd.) Demgegenüber stellt Kramer aber fest: „Bei aller von Peitsch ge-
     zeigten Wandlung im Verhältnis zu den Exilierten legt die von Weiss aufgezeichnete Aus-
     grenzung eine Kontinuität dieser Ansichten in Teilen der Gruppe nahe. Im Anschluß an
     die Hotelszene findet sich, durch einen Absatz getrennt, die Eintragung: ‚20 Jahre waren
     an ihnen abgelaufen wie Regenwasser'. [...] Sehr präzise wählt Weiss die Jahreszahl,
     denn die beschriebene Frontstellung stammt noch aus der Zeit des Ruf, der Urzelle der
     Gruppe 47." (Ebd., S. 159 f.)
545 Weiss 1981b, S. 734.
546 Vgl. Kramer 1999, S. 158; vgl. weiter unten in diesem Kapitel.
547 Richter 1997, S. 336 f. [Brief an Ferber vom 25.01.1961].
548 Ebd., S. 336.

wird, da auch keinerlei Mitgefühl für die Hintergründe des ‚Anderen‘ zu bemerken ist.

Mitleid

Um diesen letztgenannten Aspekt zu verdeutlichen, soll die meistens nur knapp widergegebene Kesten-Stelle etwas ausführlicher zitiert werden:

> Doch zu dem eigentlichen Anlass Deines Briefes. [...] Als ich das von Kesten las, war ich sehr unangenehm berührt [...]. Ich hätte gern darauf geantwortet, sehe aber immer wieder zwei Schwierigkeiten: Kesten ist Jude und wo kommen wir hin, wenn wir jetzt die Vergangenheit untereinander austragen, d. h., ich rechne Kesten nicht uns zugehörig, aber er empfindet es so. Wie aber soll man diesem eitlen und von sich so überzeugten Mann beibringen welches Unheil er anrichtet. [...] Ich habe überlegt, ob ich Deiner Mutter nicht einen Brief schreiben soll. Ich würde es gern tun, einfach um ihr zu sagen, daß ich sie nie so gesehen habe wie es der Herr Kesten tut. [...] Für mich ist Nationalsozialismus eine Mentalitätsfrage, und obwohl ich Deine Mutter nicht kenne, kann sie niemals Nationalsozialistin gewesen sein. [...] Ich habe [...] niemals etwas anerkannt oder gar bewundert, was aus nationalsozialistischen Federn kam. In dieser, aber nur in dieser Hinsicht, ist mir noch niemals ein Irrtum unterlaufen.[549]

In Cofallas Kommentar zum Briefwechsel[550] ist nachzulesen, dass sich Ferber zuvor anlässlich eines Beitrags von Kesten in der Zeitschrift *Kultur* an Richter gewandt hatte. Kesten weist dort darauf hin, dass in der BRD viele Auszeichnungen für Autorinnen und Autoren vergeben würden, die eine „pronazistische Vergangenheit" hätten.[551] Er erwähnt neben vielen anderen auch Ina Seidel und schreibt:

> Das Gedicht zu Hitlers 50. Geburtstag, zahlreiche nationalsozialistische Abscheulichkeiten. 1948 Bayrische Akademie der Künste, München. 1955 Westberliner Akademie der Künste. [...] 1959 der große Kunstpreis des Landes Nordrhein-Westfalen, mit der Begründung ‚Wir ehren in Ina Seidel die Hüterin unvergänglicher Werte‘. Aber sie ehrte den millionenfachen Mörder Hitler, ‚le bel Adolphe‘.[552]

Ferber hat sich über Kestens Beitrag zutiefst erschüttert gezeigt – auch, durchaus nachvollziehbar, weil der Artikel seiner kranken Mutter „zur Kenntnisnahme" ins Spital geschickt wurde, worüber sich Richter nun, wie er ihn

---

549 Richter 1997, S. 336 [Brief an Ferber vom 25.01.1961].
550 Cofalla 1997b, S. 337–338.
551 Ebd., S. 337.
552 Kesten 1960, S. 16; vgl. Cofalla 1997b, S. 337. Auszüge aus dieser Hitler-Ode Seidels, vgl. weiter unten in diesem Kapitel.

brieflich bat, beim Verlag beschweren solle.[553] Cofalla hat dokumentiert, wie
er betont habe „zu wissen, ‚wo und wie meine Mutter politisch irrte und daß sie
diesen Irrtum nicht nur eingesehen, sondern auch recht gründlich öffentlich
bekannt hat‘“;[554] nach Kriegsbeginn 1939 habe sie sich von Hitler abgewandt.
Ferber behauptet in seinem Brief, Kesten „verleumde Ina Seidel bewußt, offensichtlich habe er solcherlei Lügen nötig, um von sich reden zu machen".[555]
Mag Ferbers Haltung als Sohn erklärbar sein, ist doch spätestens die Antwort
Richters höchst problematisch und dementsprechend bereits mehrfach kritisiert worden. Briegleb hat dazu bemerkt, dass Richter bei seinem „engen
Freund"[556] Ferber offen darüber sein konnte, warum er Kesten ablehne: der
Grund lasse sich „Ferber gegenüber [...] in aller Härte festschreiben und in
aller Verächtlichkeit!"[557]

Eine Rekapitulation der Vergangenheit Seidels zeigt, wie viel von Richter
und Ferber ausgeblendet werden musste, da ihr Werk von einer deutlichen
Kontinuität ideologischer Versatzstücke des Nationalsozialismus zeugt. Ernst
Klee hat Seidels Verstrickung im *Kuturlexikon zum Dritten Reich* (2009) zusammengetragen: Bereits in ihrem Erfolgsroman *Das Wunschkind* aus dem Jahr
1930 geht es um die bedingungslose Aufopferung einer liebenden Mutter und
kriegsverherrlichende Ideologie.[558] Auch die von Kesten erwähnte Hitler-Ode
aus dem Jahr 1939 spricht in dieser Hinsicht eine besonders deutliche Sprache:

> Wir Mit-Geborenen der Generation, die im letzten Drittel des vergangenen
> Jahrhunderts aus deutschem Blute gezeugt war, waren längst Eltern der gegen-
> wärtigen Jugend Deutschlands geworden, ehe wir ahnen durften, daß unter
> uns Tausenden der eine [also Adolf Hitler, N. W.] war, über dessen Haupte die
> kosmischen Ströme deutschen Schicksals sich sammelten, um sich geheimnis-
> voll zu stauen und den Kreislauf in unaufhaltsam mächtiger Ordnung neu zu
> beginnen.[559]

---

553 Vgl. Cofalla 1997b: „Ferber hatte sich über die ‚Perfidie' des Desch-Verlags aufgeregt,
     die ‚Kultur' mit besagtem Artikel Kestens Ina Seidel zur Kenntnis ins Krankenhaus zu
     schicken; er bat Richter, bei Desch zu intervenieren, um dergleichen in Zukunft auszu-
     schließen." (Ebd., S. 338.)
554 Ebd., S. 338.
555 Ebd.; er sprach von einer Lüge, weil sie sich nach dem Kriegsbeginn 1939 von Hitler ab-
     gewandt habe (vgl. ebd.); vgl. dazu weiter unten in diesem Kapitel.
556 Briegleb 2003, S. 201.
557 Ebd., S. 203. Vgl. zum schwierigen Verhältnis Kestens zur Gruppe 47 auch Braese 1999b
     (insbesondere ebd., S. 196–198 zum Konflikt um Ina Seidel).
558 Klee (2009) fasst die Handlung wie folgt zusammen: „Ein Mann muß in den Krieg. Seine
     Frau weiß, daß er sterben wird. Sie ist ‚leer von allen Wünschen ... bis auf den einen
     Willen zur Fruchtbarkeit'. Der Mann erfüllt seine Pflicht als Samenspender, nun kann er
     im Kriege fallen ‚nicht anders als Früchte fallen'." (Ebd., S. 507 f.).
559 Seidel 1939, zit. n. Klee 2009, S. 508.

Und auch noch in Meyers *Kulturlexikon* von 1942 steht, Seidels Literatur zeige ‚in allen Schicksalen das Bluterbe als Lebensgesetz‘;[560] bis Kriegende stand sie dementsprechend auf Hitlers „Sonderliste der sechs wichtigsten Schriftsteller der Gottbegnadeten-Liste".[561] Sollte sie sich nach Kriegsbeginn tatsächlich von Hitler distanziert haben, wie Ferber sagt, dann angesichts dieser Rolle im Nationalsozialismus wohl nicht wegen dessen menschenverachtender Ideologie, sondern wegen der Konsequenzen des Kriegs für Deutschland. Dass Kesten dennoch als Jude und damit als Opfer der antisemitischen Verfolgung, nicht der Kampfhandlungen, von Richter und Ferber als Lügner und Ignorant gesehen wird, weil er Textstellen wie die eben zitierte als „nationalsozialistische Abscheulichkeiten" bezeichnet hat,[562] zeigt das eklatante Missverhältnis, zu dem der Wunsch nach einer Aufwertung des ‚Eigenen‘ führen kann: nämlich zu einer radikalen Beschränkung auf diese eigene Perspektive und eine damit einhergehende Verweigerung von Empathie für die ‚nicht uns Zugehörigen‘.

Diese Unterscheidung zwischen ‚eigenem‘ und ‚fremdem‘ Leid wird auch noch in Richters Beitrag über Wolfdietrich Schnurre im *Etablissement der Schmetterlinge* (1986) deutlich. Schurre wird dort als ‚emotioneller‘ und labiler Hitzkopf beschrieben:

> Ganz besonders konnte er sich erregen, wenn eine vorgelesene Geschichte sich mit dem Schicksal des Judentums beschäftigte. Ja, in solchen Augenblicken erschien er mir als Philosemit, der auch den geringsten Anlaß zu einem kämpferischen Auftritt benutzte. Nichts hatte ihn so getroffen wie das Schicksal des europäischen Judentums. Es ließ ihn nie mehr los. Dagegen erschienen ihm seine eigenen Kriegserlebnisse harmlos und unbedeutend. Er hatte den Krieg in Rußland mitgemacht und eine erfrorene Nase zurückgebracht. Aber das war wohl nicht der einzige Schaden, den er genommen hatte.[563]

Der letzte Satz ist ambivalent, er könnte sich auch auf die zuvor beschriebene leichte Erregbarkeit Schnurres beziehen. Der Zusammenhang zum ‚Philosemitismus‘ liegt aber näher, und in beiden Lesarten wird deutlich, dass Richter es noch im Jahr 1986 als absurd empfindet, wie sehr das Schicksal der Juden Schnurre bewegt – mehr sogar als die eigene Kriegserfahrung, wie Richter verblüfft konstatiert.

Dieser Aspekt des Beschweigens jüdischer Opfererinnerungen und Verweigerung von Empathie in der deutschen Nachkriegszeit – der sich auch in den erwähnten Dokumenten besonders darin äußert, dass der Holocaust bei

---

560 Meyer 1942, zit. n. Klee 2009, S. 508.
561 Vgl. Klee 2009, S. 507.
562 Kesten 1960, S. 16; vgl. weiter oben in diesem Kapitel.
563 Richter 1986, S. 243 f.

aller Aufarbeitung der deutschen Vergangenheit nie erwähnt wird – ist schon gut erforscht und wird im weiteren Verlauf der Studie vor allem im Sinne einer kritischen Sichtung der bereits bestehenden Forschung aufgegriffen.[564] Auch auf außerliterarische Aspekte einer deutsch-jüdischen Opferkonkurrenz wird in diesem Zusammenhang im zweiten Teil dieser Studie noch einmal eingegangen, da sie für die Literatur der Gruppe 47 von Bedeutung sind: Speziell Paul Celan wurde als Figur in mehreren Romanen von Gruppe-47-Autorinnen und -Autoren verarbeitet. Im auf die Literatur bezogenen Teil dieser Studie soll danach gefragt werden, ob eine Verweigerung von Empathie – die Celan persönlich in der Gruppe 47 ja sehr stark wahrnahm – sich in diesen Romanen wiederfinden lässt.[565]

3.3.2   Identität, Alterität und ‚Tugend‘

Neben dieser Unterscheidung moralischer Relevanz kann nun Identität auch über Zuschreibungen von *Tugendhaftigkeit* mit Moralvorstellungen verknüpft sein, nämlich indem das ‚Eigene‘ als moralischer wahrgenommen wird als das ‚Fremde‘ oder sonstiges ‚Anderes‘. Im Selbstverständnis der Gruppe 47 ist die Vorstellung moralischer Relevanz von Beginn an mit derjenigen der moralischen Integrität und Tugendhaftigkeit der ‚Wir-Gruppe‘ verknüpft. Die Selbstwahrnehmung lautet: Wir sind verpflichtet, Stellung zu beziehen und moralische Urteile zu fällen, weil wir die sind, die im Krieg unschuldig blieben, die sich moralisch nichts zuschulden haben kommen lassen – eben weil wir ‚die Guten‘ sind.

Wie grundlegend diese Vorstellung von Tugendhaftigkeit die Identität der Gruppe definierte, wird daran deutlich, dass ehemalige Gruppenmitglieder selbst des ‚innersten Kreises‘, deren moralische Integrität öffentlich in Frage gestellt wurde, „am Selbstbild der Gruppe gemessen und gegebenenfalls ausgemustert" wurden, wie es Lorenz zusammenfasst.[566] Das geschah bei Walser[567] genauso wie bei Eisenreich[568], die beide einen angeblichen ‚Rechtsruck‘ vollzogen und damit den ‚Geist der Gruppe 47‘ verraten hätten. Lorenz weist darauf hin, dass auch weitere, zeitgeschichtlich jüngere Konflikte um die

---

564   Vgl. Kap. 2.2 in Teil II der vorliegenden Studie.
565   Vgl. Kap. 2.3.3 in Teil II der vorliegenden Studie.
566   Lorenz 2017, S. 12.
567   Vgl. ebd., S. 12 f.: „Bestes Beispiel hierfür ist Martin Walser, der nach seiner skandalösen Friedenspreis-Rede [...] und dem Hantieren mit antisemitisch aufgeladenen Bildern in seinem Schlüsselroman ‚Tod eines Kritikers‘ nicht nur von vielen Feuilletons, sondern auch zahlreichen Germanisten kurzerhand zum ‚Rechten‘ erklärt wurde, wodurch sein Schatten nicht länger auf die ‚linke‘ Gruppe 47 fallen konnte."
568   Vgl. Kap. 1.3 in Teil III der vorliegenden Studie.

Gruppe sowie die NSDAP-Mitgliedschaften unter anderem von Höllerer oder Lenz und die Waffen-SS-Vergangenheit von Grass vermuten lassen, dass es sich „bei den diskutierten Einzelfällen der letzten Jahre eben nicht um solche und damit Abweichungen" handle; vielmehr liege es in Bezug auf die Gruppe 47 nahe, „es hier mit Variationen eines Standards zu tun zu haben."[569]

Dieser Standard scheint dahingehend mit Moral zusammenzuhängen, dass im Selbstverständnis nur dazugehören durfte, wer ‚moralisch' war, und es im Gegenzug fast tautologisch als ‚moralischer' Akt galt, zur Gruppe zu gehören. Dabei scheint nun insbesondere die moralische Integrität des ganzen exklusiven Kollektivs zu interessieren, sodass in einem partikularistischen Verständnis Unmoral auf jede/-n Einzelne/-n der ‚Wir-Gruppe' zurückfallen kann. Ein Beispiel dafür, das sich schon lange vor den jüngeren ‚Skandalen' um NS-Verstrickungen abspielte, hat Helmut Peitsch (1999) genauer betrachtet: Er zeichnet nach, dass bereits 1959 das zuvor wichtige Gruppenmitglied Rolf Schroers von der Gruppe 47 ausgeschlossen wurde, weil das Gerücht umging, er sei im Krieg als Oberleutnant an einer kriminellen Ermordung eines italienischen Partisans in einem Verhör beteiligt gewesen.[570] Die tatsächlichen Geschehnisse scheinen in diesem Zusammenhang gar nicht besonders wichtig gewesen zu sein; Peitsch geht davon aus, dass Richter auch aus Konkurrenzgründen in der Anti-Atombewegung ein politisches Interesse an Schroers ‚Sturz' gehabt habe.[571] Bemerkenswert ist aber in unserem Zusammenhang, *wie* Richter den Ausschluss in diesem „Fall Schroers" begründet hat:

> Es geht mir nicht darum, ob Herr Schroers sich zu Recht oder Unrecht krimineller Geiselerschießungen bezichtigt hat; dies mag er mit seinem Gewissen abmachen. Es geht mir darum, daß Herr Schroers sich unbestritten dieser Verbrechen bezichtigt hat. Ob er dies tat, weil er angetrunken war oder weil – wie er erklärt – er sich mit seinen Romanfiguren identifizierte, mag für die Frage des Vorliegens eines Straftatbestandes von Bedeutung sein, ist es aber nicht für die Frage, ob ein Mann geeignet ist, führend an einem moralischen Kampf teilzunehmen.[572]

---

569 Lorenz 2017, S. 13.

570 Im Freundeskreis kursierte die „Vermutung, daß Rolf Schroers [...] während des Zweiten Weltkriegs bei der deutschen Abwehr in Italien gewesen sei und dort möglicherweise einen Partisanen im Verhör ermordet habe. Schroers habe sich dieser Tat bei einem alkoholreichen Abend mit Franz Josef Schneider selbst bezichtigt." (Cofalla 1997b, S. 290.)

571 Vgl. Peitsch 1999, S. 262 f.

572 Hans Werner Richter an Walter Menzel am 17.12.1959, AdK, Hans Werner Richter-Archiv, 72/86/506171–72, zit. n. Peitsch 1999, S. 260. [Dieser Brief konnte wie die gesamte Debatte um Schroers wegen einer zu spät erfolgten Genehmigung zum Abdruck nicht in Cofallas Edition aufgenommen werden; vgl. Cofalla 1997b, S. 290.]

Auch später würde Richter immer von „Vorwürfe[n] betreffs der Selbst-
bezichtigungen des Herrn Schroers",[573] und nicht des Mordes, sprechen.
Diese Aussage widerspiegelt ein paradoxes Verhältnis zwischen kollektiver
Identitätskonstruktion (als ‚moralische Kämpfer') und Interesselosigkeit für
individuelle Haltungen, solange sie die moralische ‚Wir-Gruppe' nicht be-
schädigen. Taten sie es dennoch, konnte das nicht die Integrität des Kollektivs
infrage stellen, sondern nur verdeutlichen, dass sie eben doch kein Teil der
‚Wir-Gruppe' (mehr) sein konnten.

Wie stark die einzelne Identität von kollektiven Wir-Gefühlen beeinflusst war, zeigt der nationalistische Gestus, den Flanagan, wie bereits im
Zusammenhang mit Anderschs Essay *Deutsche Literatur in der Entscheidung*
erwähnt, in zahlreichen *Ruf*-Artikeln identifiziert hat. So an der bereits anzitierten Stelle, an der Heinz Friedrich, frühes und langjähriges Gruppenmitglied,[574] die moralische Pflicht zur Überwindung des NS-Nationalismus
mit einem flammenden neuen Nationalismus und dem Dienst am Vaterland
begründet:

> Wir Deutschen [...], die wir nun endlich nach der Katastrophe von 1945 aus
> diesem engen, verderblichen Nationalismus herauskommen wollen, die wir eine
> freiere und umfassendere Basis suchen, um unserem Vaterland zu dienen. Wir
> sind froh, endlich die Scheuklappen ablegen zu dürfen [...]. [...] Das heißt nicht,
> daß wir uns entwurzeln sollen, daß wir nicht mehr vaterländisch denken dürfen
> oder unser Volk oder unser Land aufgeben müssen – im Gegenteil: Gerade durch
> das Aufgeben des extremen Nationalismus können wir völkisch frei werden und
> die nationalen Kräfte fruchtbar wirken lassen.[575]

---

573 Hans Werner Richter an Reinhold Kreile am 5.4.1960, AdK, Hans Werner Richter-Archiv,
     72/86/506/339, zit. n. Peitsch 1999, S. 260.
574 Vgl. Arnold 2004b, S. 164.
575 Friedrich 1947, S. 8. Eine Stellungnahme im *Ruf* im Zusammenhang mit den Vorwürfen
     nationalistischer Argumentation behauptet zwar, es handle sich bei solchen Stellen
     um rhetorische Kniffe von Leuten, die eigentlich ganz andere Haltungen hätten, um
     mehr Leser/-innen anzusprechen (vgl. weiter oben in diesem Kapitel zu der Debatte
     mit Ebbinghaus). Ein Brief von Friedrich an Richter zeigt aber deutlich, dass es sich zu-
     mindest bei ihnen beiden zweifellos um die tatsächliche Haltung handelte. Friedrich be-
     richtet hier zutiefst empört von einem Zusammenstoss mit Stephan Hermlin, nachdem
     er ihm erzählt hat, der *Ruf* sei aufgrund von Nationalismus-Vorwürfen abgesetzt worden:
     „Da packte er aus. Ich war sprachlos [...]. Er habe den Ruf eigentlich nie recht gemocht,
     obwohl er eine der lebendigsten Zeitschriften gewesen sei. Die Tendenz sei anti-östlich
     und pro-deutsch gewesen usw. [...] Ich schaute auf das Bändchen Eluard. [...] Hier lodert
     derselbe Hass gegen das Deutsche, nicht gegen Deutschland. Und da fühle ich mich
     betroffen – ebenso, wie sich der Jude betroffen fühlte, wenn man gegen das Jüdische
     anginge." (Richter 1997, S. 19 [Brief von Heinz Friedrich vom 04.08.1947]); Briegleb weist
     bereits 1996 knapp auf diesen Brief hin und auch auf das irritierende Konjunktiv der

Daran kann nicht nur eine ungebrochene Fortsetzung von Nationalismus ab-
gelesen werden, sondern auch, dass es bereits früh Stimmen aus der politischen
Linken gab, die das Programm der ‚jungen Generation' sehr kritisch sahen:
Wie das ja bereits die oben zitierte *Ruf*-Stellungnahme gegenüber Ebbinghaus
und nicht zuletzt die Konflikte mit der *Ruf*-Redaktionsleitung selbst zeigten,[576]
warf man der Chefredaktion des *Ruf* um Richter und Andersch gerade diesen
Nationalismus vor. Und dieser Vorwurf war schließlich, wie oben gesehen,
auch ein zentraler Grund dafür, dass die Zeitschrift abgesetzt wurde.[577]

Umgekehrt ging diese positive Identitätskonstruktion denn auch wirklich
im Sinne des oben beschriebenen Wechselspiels von Othering und Aufwertung
des Selbst mit einer deutlichen Abwertung ‚Anderer' einher. Bereits das
politische Anliegen des *Ruf* äußerte sich ja insbesondere in der Ablehnung der
Besatzung, die neben dem nationalistischen und „chauvinistischen" Impetus[578]
der zweite Grund dafür war, dass man die Chefredaktion auswechselte.[579] Und
es war ein wichtiger Aspekt dieser *Ruf*-Kritik an der Besatzung, dass man der
fremden Besatzung Böswilligkeit oder sogar Bösartigkeit, das heißt Unmoral,
unterstellte.

Einer der *Ruf*-Artikel, die schließlich zensiert wurden und damit zum endgültigen Bruch zwischen den Gründungsmitgliedern der Gruppe 47 und dem
Periodikum führten, stammt von Andersch. Unter dem Pseudonym Gerd
Klaass problematisiert er ein Warnschild an einem deutschen Brunnen, das
nur auf Englisch geschrieben auf die schlechte Trinkqualität des Brunnen-
wassers aufmerksam macht. Der Autor kommentiert: „Das Trinkwasser auf
dem Mindener Bahnhof in seiner Ungenießbarkeit macht einen klaren Unterschied zwischen deutschen Kindern und alliierten Soldaten."[580] Die Brisanz
solcher schnippischer Vorwürfe an die Besatzer wird deutlich angesichts
des vorherrschenden öffentlichen Diskurses, wie ihn in einem anderen *Ruf*-
Artikel Theodor Steltzer, der damalige Ministerpräsident Schleswig-Holsteins,

---

Überlegung, ‚der Jude' *würde* sich betroffen fühlen, wenn man gegen ihn vor*ginge* (vgl.
Briegleb 1996, S. 40 f.).

576 Ein gutes Beispiel dafür ist die weiter oben angesprochene Debatte mit Hermann
Ebbinghaus, auf die im *Ruf* vom 17.02.1947 reagiert wurde; vgl. weiter oben in diesem
Kapitel.

577 Vgl. Vaillant 1978, S. 114–122; s. auch Böttiger 2012, S. 48. Auch beispielsweise Hans Habe,
der Chefredakteur der *Neuen Zeitung*, des „Organs der amerikanischen Militärregierung
für die deutsche Bevölkerung" im besetzten Deutschland (Böttiger 2012, S. 46), würde die
Gruppe 47 aus Gründen des Nationalismus und Antisemitismus während ihrer ganzen
Bestehenszeit kritisch sehen; vgl. weiter oben in diesem Kapitel.

578 Vgl. Vaillant 1978, S. 123.

579 Vgl. ebd.

580 Andersch 1947, S. 8; vgl. Vaillant 1978, S. 124 f.

formuliert.[581] Er konstatiert, dass „die Verwaltung so negativ wirkt und das deutsche Volk so übermäßig zu leiden hat", dass es nicht verwundern dürfe, „daß die Masse der Deutschen in ihr ein Instrument sieht, um Deutschland für alle Zeiten niederzuhalten."[582] Er teile zwar nicht die Auffassung, „England wolle Deutschland vernichten [!]", müsse aber „zugeben, daß bisher die Verwaltung diesen Eindruck – gewiß durchaus ungewollt – erweckt hat."[583] Diese verschwörungstheoretische Unterstellung erscheint hier noch deutlich von der NS-Propaganda geprägt (die England stets als den eigentlichen Kriegstreiber darstellte). Indem die Chefredaktoren des *Ruf* in dieselbe Richtung argumentierten und die Kritik an der Besatzung zu einem ihrer Kernanliegen machten, waren sie ein wichtiges Organ dieser Kritik.

Auch die Skepsis gegenüber den Exilautoren/-innen war in der Gruppe 47 nicht auf die bereits angesprochene Verweigerung von Deutungslegitimation beschränkt, sondern traf auch den moralischen ‚Wert' der Emigrierten *an sich*. Wie Cofalla ausgehend von ihrer fundierten Kenntnis der Briefwechsel Richters in einem jüngeren Aufsatz beschreibt, bewies auch die „in den dreißiger Jahren hergestellte Verknüpfung der Begriffe ‚Emigrant' und ‚Vaterlandsverräter'" in der Wahrnehmung der Gruppe 47 gegenüber dem Exil „über 1945 hinaus Kontinuität."[584] Cofalla fasst zusammen:

> Das zentrale Argument lautete: Aufgrund der räumlichen Entfernung verfügten Exilierte weder über die moralische noch die politische Basis, sich über Deutschland ein Urteil zu bilden. Das erzwungene Exil wurde entpolitisiert, zum bequemen Auslandsaufenthalt erklärt und mit dem Vorwurf mangelnder Heimatliebe verbunden.[585]

Eine weitere, noch grundsätzlichere Form der moralischen Dichotomie zwischen ‚uns' Guten und ‚ihnen' Schlechten wäre nun eine *a priori* angenommene Abwertung im Sinne rassistischer und antisemitischer Stereotype. Dieses Phänomen, das sich anhand der literarischen Texte bzw. der fiktionalen Figuren der Gruppe 47 noch deutlicher nachvollziehen lässt als in ihren essayistischen Stellungnahmen, wird im nächsten Teil der vorliegenden Studie im Detail betrachtet.

An dieser Stelle bleibt festzuhalten, dass sich die Gruppe 47 in ihren frühen Jahren und auch in zahlreichen späteren Stellungnahmen als exklusive

---

581   O. A. 1947, S. 3.
582   Ebd.
583   Ebd.
584   Cofalla 1999, S. 79.
585   Ebd.

Moralgemeinschaft gegen zwei Seiten abgrenzt: Wer nicht in ihrem Sinn moralisch ist, gehört nicht mehr dazu (Schroers, Walser) und wer nicht zu ihnen gehört, erscheint als weniger moralisch (Besatzung) oder hat weniger Recht auf moralische Urteile (Exil). Diese unterschiedlichen Versionen relativ enger Verknüpfung von Identitäts- und Alteritätskonstruktionen mit Moralvorstellungen deuten darauf hin, dass der Beurteilungsmodus der partikularen Moral, wie ihn Gross beschreibt, auch in der Gruppe 47 eine wichtige Rolle spielt.

4   Zwischenfazit I

> Ihre ideellen Ausgangspunkte [...] blieben immer erhalten [...]. Ob und inwieweit die Gruppe 47 diese hochgesteckten Ziele der ersten Nachkriegsjahre auch nur zum Teil erreicht hat, [...] bleibt dahingestellt. Sie wurden nie ausgesprochen, auch nicht innerhalb der Gruppe. Sie waren ihr von Anfang an immanent. Sie waren durch ihren Vorläufer, der Redaktion des *Ruf*, der Zeitschrift der damals jungen Generation, wie selbstverständlich gegeben.[586]

Mit der exemplarischen Betrachtung des Selbstverständnisses der ‚jungen Generation', des wichtigsten Gründungsdokuments der Gruppe 47 und einem partikularistischen Verständnis von moralischer Deutung in einigen jüngeren Gruppe-47-Zeugnissen schließt sich ein Kreis zum Anfang dieser Studie. Einige jüngere außerliterarische Stellungnahmen der ‚jungen Generation', die seit dem *Ruf* den ‚mentalitären' Kern der Gruppe 47 bilden sollen, deuten bereits darauf hin, dass die „ideellen Ausgangspunkte", die gemäß Richter bereits der Redaktion des *Ruf* „selbstverständlich gegeben" gewesen seien, wirklich erhalten geblieben sind. Alfred Andersch – der bereits Mitglied in besagter *Ruf*-Chefredaktion war und der die vorliegende Studie mit einem Zitat eröffnet hat, das bereits Urs Widmer hinsichtlich der sprachlichen Kontinuitäten im *Ruf* hervorgehoben hatte – hat mit seinem Essay *Deutsche Literatur in der Entscheidung* in der vorliegenden Studie nun eine Grundlage dafür geschaffen, auch *inhaltliche* Kontinuitäten in der Gruppe 47 genauer zu beleuchten. Nachdem einige außerliterarische Begebenheiten eine erste Ordnung in mögliche Varianten einer partikularen Verknüpfung von Zugehörigkeit und Moral gebracht haben, wird ausgehend davon im weiteren Verlauf der Studie auch die

---

586   Richter 1962, S. 10 f.; als ‚ideelle Ausgangspunkte' nennt er ‚demokratische Elitenbildung' und ‚praktische Demokratie' und das Ansinnen, „beide Ziele zu erreichen ohne Programm, ohne Verein, ohne Organisation und ohne irgendeinem kollektiven Denken Vorschub zu leisten." (Ebd., S. 11.)

Literatur der Gruppe 47 genauer beleuchtet. Zu diesem Zweck soll die bisherige Argumentation knapp rekapituliert werden.

Kapitel 1: Das Untersuchungsinteresse der vorliegenden Studie ergibt sich, wie
im ersten Kapitel gesehen, daraus, dass die Gruppe 47 bis heute als moralische
Instanz der Nachkriegszeit gilt, ein Bild, das durch zahlreiche gesellschaftspolitische Verdienste der Institution und einzelner Mitglieder entstanden
ist. Die Gruppe-47-Mitglieder gehörten derjenigen ‚jungen Generation‘ an,
die schon wegen ihres Alters nichts zum Aufstieg der Nationalsozialisten beigetragen hatte, ‚unschuldig‘ in den Krieg verstrickt worden war und sich nun, in
einer nach wie vor stark von NS-Ideologie und personellen Kontinuitäten geprägten Gesellschaft, für Demokratie und für eine offene Debattierkultur ein-
setzte. In der Gruppe kamen von Beginn an weibliche und auch früh jüdische
Mitglieder zu Wort; außerhalb der Tagungen setzten sich viele Mitglieder
politisch für eine progressivere und pazifistische BRD ein. Zugleich geriet
dieses Bild als gänzlich ‚unbefleckte‘ junge Generation aber spätestens seit den
frühen 90er Jahren immer mehr in Zweifel, da immer mehr NS-Verstrickungen
sowie Antisemitismus unter den wichtigsten Mitgliedern ans Licht kamen
und öffentlich diskutiert wurden. Obwohl die kritische Literatur zu einzelnen
Mitgliedern, im Feuilleton auch schon teilweise zur Gruppe 47 als Institution,
seither bereits recht umfangreich wurde, gibt es noch kaum Studien zu NS-
Kontinuitäten in der gesamten Gruppe 47 und noch keine Studie, die sich in
diesem Zusammenhang auf die literarischen Texte konzentriert.

Kapitel 2: Aus diesen beiden Desideraten – einer bisher kaum theoretisch
fundierten Frage nach inhaltlichen Kontinuitäten in der Gruppe 47 und der in
diesem Zusammenhang noch nicht beachteten Literatur der Gruppe – leitet
sich die Fragestellung nach diskursiven Verknüpfungen von Identität, Alterität
und Moral in den Subtexten und in der ‚Moral der Geschichte‘ der literarischen
Gruppe-47-Texte sowie deren Verhältnis zu NS-Moraldiskursen her, deren
theoretischer Rahmen im zweiten Kapitel diskutiert wurde. Der Fokus auf
Identität und Alterität ist erstens angesichts gegenwärtiger Theorien zu
partikularer Moral und NS-Moraldiskursen fruchtbar, in denen die normative
Aufladung der nationalsozialistischen Ideologie herausgearbeitet wurde, was
eine neue Perspektive auf NS-Kontinuitäten ermöglicht. Zudem ist das Verhältnis von Identität und Alterität auch in Theorien narrativer Ethik zentral, die die
Untersuchung von Moral und Ethik in literarischen Texten in der vorliegenden
Studie zusammen mit aktuellen kulturwissenschaftlichen Perspektiven, die
Identitätspolitik und Othering als gesellschaftliche Konstruktionen sicht-
barmachen, theoretisch fundieren. In diesem Kapitel war zudem zu klären,
welche literarischen Werke überhaupt als ‚Literatur der Gruppe‘ gelten und
wie diese angesichts ihrer großen Menge auf die wichtigsten Texte beschränkt

werden können. Der Nachvollzug, wer zum ‚inneren Kreis' der Gruppe gehört und damit die ‚Mentalität' der Gruppe 47 gemäß Richter prägen soll, führte zum Schluss, die Untersuchung auf Gruppemitglieder zu beschränken, die vor 1930 geboren sind. Das Korpus setzt sich aus deren Tagungslesungen, für den ersten Teil insbesondere dem *Almanach der Gruppe 47*, den Richter selbst herausgegeben hat, und denjenigen Texten, die den Preis der Gruppe 47 erhalten haben, zusammen.

Kapitel 3: Im dritten Kapitel wurden ausgehend davon die wichtigsten außerliterarischen Aspekte der Gruppe-47-Identität auf mögliche Zusammenhänge mit partikularen Moralvorstellungen befragt. Dabei verdeutlichte die Kontextualisierung des zentralen Distinktionsmerkmals der Gruppe 47 – die Generation unschuldiger, aber ‚dabei gewesener' Junger zu sein – dass in der Zuschreibung der ‚jungen Generation' selbst direkt an Vorstellungen angeknüpft wurde, die bereits im Nationalsozialismus propagiert worden waren. Gerade daraus wurde nun die exklusive moralische Rolle abgeleitet, die Selbst- und Fremdwahrnehmung der Gruppe 47 lange prägen sollte. Anderschs Reflexionen über die Aufgaben der deutschen Literatur in der Nachkriegszeit im Essay *Deutsche Literatur in der Entscheidung*, der in der Gruppe 47 begeistert aufgenommen wurde, verdeutlicht die Exklusivität der moralischen Aufladung dieser Konstruktion und zeigt, dass Negativbilder wie insbesondere die Exilautoren/-innen und die Besatzungsmächte das konstruierte Selbstbild noch zusätzlich schärften. Diesen ‚Anderen' werden im Essay das Vermögen und die Legitimation abgesprochen, moralische Urteile zu fällen, ihr Leben in der ‚Fremde' erscheint mit ‚Unheil' verknüpft. Der moralische Dienst an Deutschland wird als wichtigste Aufgabe der jungen ‚dagebliebenen' Deutschen skizziert, wobei auch alle Opfergruppen des Nationalsozialismus weiterhin aus der Identitätskonstruktion ausgeschlossen sind, und zwar in einem partikularistischen Argumentationsmuster, dessen sich Martin Walser rund 50 Jahre später nach wie vor bedient, wenn er ‚unsere Schande' beklagt. Einige bereits im Verlauf der vorherigen Argumentation erwähnte, bekannte außerliterarische Beispiele von Exklusion wurden schließlich noch einmal herangezogen, um sie daraufhin zu befragen, ob und inwiefern sie mit verschiedenen Äußerungsformen partikularer Beurteilungsweisen in Zusammenhang stehen könnten.

Dieser Überblick ließ eine erste Ordnung verschiedener Varianten zu, wie sich eine Fortsetzung partikularer Moralvorstellungen in Konstruktionen von Identität und Alterität in der Gruppe 47 äußern konnte. Einerseits scheint Alterität oft als weniger *relevant* bewertet zu werden: ‚Die Anderen' hätten sich auch in moralischen Fragen nicht in ‚unsere' internen Angelegenheiten einzumischen; dem Recht auf moralisches Urteilen wird also seine Universalität abgesprochen. Ebenfalls ein Aspekt von geringerer Relevanz ist die Verweigerung von Mitleid, die wie gesehen auch noch 1986 so weit geht, dass Richter belustigt berichtet, Schurre hätte das Leid der Juden schlimmer gefunden als die eigenen Kriegserfahrungen. Eine zweite Variante partikularen moralischen Beurteilens ist die, dass Alterität *a priori* als weniger tugendhaft verstanden wird; dass man also Vorurteile gegenüber ‚Anderen' hat, sie abwertet – und im Gegenzug auch Zugehörige ausschließt, wenn sie sich entgegen der herrschenden Moral verhalten, was implizit der Logik entspricht: Wer nicht wie ‚wir' tugendhaft ist, gehört ab jetzt zu ‚den Anderen'.

Die Ergebnisse aus allen drei Kapiteln sollen im folgenden Teil II dieser Studie den Hintergrund bilden, um den Fragen nachzugehen, ob sich ein solcher partikularer Beurteilungsmodus auch in den literarischen Texten der Gruppe 47 niederschlägt und ob und inwiefern in den fiktionalen Texten auch eine Kontinuität spezifischer NS-Moraldiskurse mit den Verknüpfungen von Zugehörigkeit und Moralvorstellungen verbunden ist; kurz: wie sich die entsprechenden literarischen Konstruktionen zu einzelnen Ideologemen der NS-Ideologie verhalten.

Subtexte

> Die Schubladen waren leer, eine Stunde Null hatte nie geschlagen, und einen
> ‚Kahlschlag' gab es nicht: Die deutsche Nachkriegsliteratur hat nicht nach dem
> Krieg begonnen.[587]

Diese im Jahr 1979 für die *Zeit* verfasste Polemik von Gruppe-47-Mitglied
Fritz J. Raddatz erschien lange, nachdem der Mythos der ‚Stunde Null' fast ein
Jahrzehnt zuvor noch unter Ausnahme der Gruppe 47 erschüttert worden
war[588] und Widmer die Texte des *Ruf* längst kritisch beleuchtet hatte.[589]
Raddatz meint mit diesen Zeilen nun aber ganz dezidiert auch die Literatur
der ehemaligen Gruppe 47.[590] Er trägt Beispiele für ästhetische Kontinuitätslinien und ideologische Beeinflussung durch die NS-Vergangenheit sowie für
beschönigte oder verschleierte Biografien zusammen und schließt daraus,
eine Nachkriegsliteratur, die diesen Namen verdiene, habe auch in der ‚jungen
Generation' nicht 1945, sondern erst im Jahr 1959 eingesetzt.[591]

Erst in jüngsten Publikationen wird inzwischen auch diese Annahme
einer Zäsur oder eines ‚Sprungs' im Jahr 1959, wie sie meistens mit Hinweis
auf die ästhetischen Neuerungen der drei großen Romane *Die Blechtrommel*
(Grass, 1959), *Billard um halbzehn* (Böll, 1959) und *Mutmaßungen über Jakob*

---

587 Raddatz 1979, S. 33.

588 Trommler 1971; Vormweg 1971; vgl. Kap. 1.2.2 in Teil I der vorliegenden Studie.

589 Widmer 1966; vgl. die Einleitung zu Teil I der vorliegenden Studie.

590 Der Text setzt sich u. a. mit Andersch, Eich, Köppen, Enzensberger, Schnurre, Bächler und
Weyrauch ausführlich auseinander (vgl. Raddatz 1979). Er wurde von anderen wichtigen
Stimmen der Gruppe 47 sehr kritisch aufgenommen (vgl. Karasek 1979 und das „Schluss-
wort. Zur Kontroverse über das Zeit-Dossier" der gesamten *Zeit*-Redaktion, o. A. 1979),
wobei der Fokus auf den zahlreichen, teilweise haarsträubenden Sachfehlern des Texts
lag, der tatsächlich kaum redigiert erscheint (vgl. insbesondere Reich-Ranicki 1979).
Rückblickend wird aber deutlich, dass in dieser Debatte die „Schludrigkeit" (o. A. 1979)
von Raddatz gewissermaßen dankbar aufgenommen wurde: Der Kern von Raddatz' Darstellungen konnte weitestgehend ausgeblendet werden; auf die eigentlichen Vorwürfe
wurde kaum eingegangen, stattdessen wurden die Rezensionen mit vom Lektorat über-
sehenen Stellen gefüllt. Im *Zeit*-Schlusswort zum Essay wird denn auch betont, dass es in
der gesamten Kontroverse „nie um die darin vertretene Meinung gegangen" sei (ebd.).

591 Vgl. Raddatz 1979, S. 36. Er schließt damit wie schon weiter oben erwähnt an die Vorstellung an, mit der Publikation der *Blechtrommel* habe die Nachkriegsliteratur 1959 „das
Klassenziel der Weltkultur" erreicht, wie dies Enzensberger 1969 formuliert hat (Enzensberger 1969, zit. n. Lorenz/Pirro 2011, S. 10), bzw. 1959 habe ein ‚Sprung' stattgefunden (vgl.
Arnold 1973, S. 70–80).

(Johnson, 1959) postuliert wurden,[592] vermehrt hinterfragt.[593] Wie bereits
beim Postulat eines ‚Bruchs' im Jahr 1945 scheint sich dieses Umdenken gerade
in Zusammenhang mit der Gruppe 47 besonders langsam zu vollziehen – was
wohl auch hier maßgeblich damit zusammenhängt, dass die Behauptung wie
auch die gerade genannten wichtigsten Werke des ‚Wendejahrs 1959' aus dem
engsten Umfeld der Gruppe 47 stammen. Dennoch ist auch die These eines
zweiten angeblichen ‚Nullpunkts' der Literaturgeschichte nach dem Nationalsozialismus dabei, derjenigen einer „Gleichzeitigkeit des Ungleichzeitigen"[594]
zu weichen; eine Annahme, an die, wie bereits im ersten Teil gesehen, auch die
vorliegende Studie anknüpft. In diesem Sinne wird im vorliegenden Teil der
Studie der Blick nun antithetisch zum Postulat eines Bruchs auf moralische
Kontinuitäten in den literarischen Gruppe-47-Texten gerichtet, die sich über
die gesamte Bestehenszeit der Gruppe 47, von den frühen Nachkriegsjahren
über das ‚Wunderjahr 1959' hinweg bis in die 6oer Jahre, ziehen.

Wie im ersten Teil der vorliegenden Studie gesehen, gibt es Hinweise
darauf, dass die Installation der Gruppe 47 als moralische Instanz, die durch
ihr literarisches Engagement mit dem Nationalsozialismus bricht, einer streng
umgrenzten Identität bedarf, die alles ‚Andere' weiterhin verdrängen muss.[595]
Die vorliegende Studie geht deshalb mit der Forschung zu NS-Moralsystemen
und zu NS-Kontinuitäten davon aus, dass sich darin ein partikulares Wert-
verständnis äußert, wie es nicht *nur*, aber eben *auch* im Nationalsozialismus
hegemonial war,[596] sodass es bereits grundsätzlich bemerkenswert ist, wenn
im hegemonialen Diskurs der Gruppe 47 nicht damit gebrochen wird.

---

592 Einen ausführlichen Forschungsüberblick zum ‚Wendejahr 1959' geben Lorenz/Pirro 2011,
      S. 9–14.

593 Vgl. auch Kap. 2.3.2 im vorliegenden Teil II der Studie.

594 Lorenz/Pirro 2011, S. 10.

595 Was gerade Richter (der über die Einladungen immer alleine entschied), wie im letzten
      Teil gesehen, teilweise ganz explizit formuliert, so wenn er im *Almanach* die „Mentali-
      tät" der Gruppe 47 wie folgt beschreibt: „Diese Mentalität, die schwer mit einem anderen
      Wort zu bezeichnen ist, schloß gewisse Verhaltensweisen von vornherein aus oder stieß
      sie, wenn sie dennoch auftraten, immer wieder ab. So kamen viele nicht wieder, die doch
      glaubten, ein Recht darauf zu haben […]. Man blieb bei allen Veränderungen, bei allen
      zeitweiligen Gästen, bei aller Abwanderung und bei allem Zuwachs, *immer unter sich*.
      Der Geist der ersten Jahre wurde erhalten. Er widerstand allen Einflüssen" (Richter 1962,
      S. 13 [Hervorhebung N. W.]); vgl. Kap. 2.3.2 und 3 in Teil I der vorliegenden Studie. Wie
      Richters Beteuerungen bis in die späteren 8oer Jahre zeigten, scheint diese Sichtweise
      auch lange mit dem ‚Kern' der Gruppe 47 verbunden geblieben zu sein; vgl. ebd.

596 Vgl. Kap. 2.1 in Teil I der vorliegenden Studie. Es handelt sich also nicht zwingend um
      spezifische NS-Kontinuitäten, da sich dasselbe Moralverständnis z. B. in etwas anderer
      Ausformung bereits im Nationalismus des 19. Jahrhunderts findet. Dennoch handelt es
      sich bereits beim Prinzip, das ‚Eigene' radikal auf- und das ‚Andere' radikal abzuwerten,

Ausgehend davon soll nun im vorliegenden Teil II der Studie danach gefragt werden, ob sich dieses partikulare Moralverständnis auch in den Subtexten literarischer Texte der Gruppe 47 niederschlägt, und ob einzelne Themen und Motive, die in solchen moralischen Zusammenhängen stehen, auch enger an *spezifische* NS-Moraldiskurse anschließen.[597] Dabei wird von den in Teil I unterschiedenen drei Möglichkeiten ausgegangen, wie Moral und Zugehörigkeit in der außerliterarischen Gruppengeschichte in einer Weise verknüpft wurden, die auf ein partikulares Moralverständnis hinweist: In Bezug auf *moralische Deutung*, wenn ‚Anderen‘ das Recht abgesprochen wird, moralisch zu urteilen; in Bezug auf *Mitleid*, wenn moralische Mitgefühle ‚Anderen‘ verwehrt bleiben; in Bezug auf *Tugendhaftigkeit*, wenn ‚Andere‘ vornehmlich als unmoralisch dargestellt werden oder das ‚Eigene‘ als exklusiver Ort ‚des Guten‘.

Nachdem das Korpus, das zu diesem Zweck genauer untersucht wird, mit einigen quantitativen und kursorischeren Fragen konfrontiert worden ist und erste Eindrücke gewonnen sind, in welchen Schreibweisen sich diese Verknüpfungen in den literarischen Fiktionen äußern können (1), werden die einzelnen Formen dieser literarischen Verknüpfungen genauer betrachtet. In Zusammenhang mit Mitleid spielt, wie gezeigt werden soll, wie auch im Außerliterarischen die Konstitution einer Opferkonkurrenz eine besondere Rolle; wobei hier genauer beleuchtet werden soll, welche Rolle jüdische Figuren, wenn sie denn überhaupt zur Sprache kommen, in den Fiktionen einnehmen (2). Die Dichotomisierung von Deutung äußert sich insbesondere im Motiv der Erlebnisgemeinschaft, das anschließend untersucht wird; davon ausgehend wird auch der These nachgegangen, ob ein Zusammenhang mit der speziellen ‚moralisierenden‘ und zugleich fast unverständlich anspielungsreichen Schreibweise des innersten Gruppe-47-Kreises bestehen könnte, deren Verständnis oft ‚Dabeigewesenen‘ vorbehalten bleibt (3). In Bezug auf die Verknüpfung von Tugend und Identität / Alterität sind die literarischen Möglichkeiten besonders vielfältig; in diesem Kontext wird unter anderem auf die in der Gruppe 47 sehr beliebte Figur des ‚guten Deutschen‘, auf verschiedene Arten von semantischer Alterierung und Auslagerung des ‚Bösen‘ und Unmoralischen sowie auf stereotypisierende Bilder fremder und jüdischer Figuren eingegangen (4). Ein solcher breit angelegter Überblick sollte es ermöglichen, einige nachvollziehbare Schlüsse über partikulare Moraldiskurse in den Subtexten der wichtigsten Gruppe-47-Texte zu ziehen (5). Ausgehend

---

bekanntermaßen auch um eine besonders zentrale Grundlage und eine *conditio sine qua non* der antisemitischen und rassistischen NS-Ideologie (vgl. ebd.).

597   Vgl. zu der Fragestellung Kap. 2.4 in Teil I der vorliegenden Studie.

davon wird die Studie dann mit einer Betrachtung literarischer Reflexionen dieser Moraldiskurse auf der Textoberfläche beschlossen (III).

1   Annäherung an das Korpus: Überblick und Musteranalyse

> Der Richter der Gruppe 47 ist ihr eigener Almanach. Man findet darin sehr viel, was zugunsten der Gruppe spricht, und einiges, was gegen sie spricht.[598]

So äußert sich Hermann Kesten (der bekanntermaßen der Gruppe 47 dezidiert nicht „zugehörig“ war)[599] in seiner Rezension des *Almanach der Gruppe 47*,[600] die sich davon ausgehend immer mehr zu einem Verriss entwickelt, bis Kesten die Frage aufbringt: „Welches falsch verstandene Interesse bewog die Gruppe, uns schon nach fünfzehn Jahren historisch zu kommen, statt in ihrer ersten und einzigen Gruppenpublikation ihr Bestes zu geben?“[601]

Richter selbst hat dieses Interesse und damit seine *Almanach*-Auswahl, wie im ersten Teil der Studie gesehen,[602] dahingehend erklärt, dass der „Geist der ersten Jahre“, der die Essenz der Gruppe 47 ausmache, in dieser Weise am deutlichsten abgebildet werde:

> Der Geist der ersten Jahre wurde erhalten. Er widerstand allen Einflüssen. Dieser Almanach enthält etwa fünfzig Beiträge aus den vierhundert Lesungen in den fünfzehn Jahren, die hinter der Gruppe 47 liegen. Sie wurden nicht nach der Qualität ausgesucht. Es soll vielmehr ein Querschnitt dessen sein, was gelesen

---

598 Kesten [1963] 1967, S. 320.

599 So Richter in einem Brief an Ferber in 1960; vgl. Richter 1997, S. 336; vgl. Kap. 3.3.3 in Teil I der vorliegenden Studie sowie ausführlich zu diesem Verhältnis Braese 1999b (zu den Hintergründen des *Almanach*-Verrisses, vgl. ebd., S. 202–206).

600 Kesten [1963] 1967, S. 320–328.

601 Ebd., S. 321. Er führt aus: „Mühelos könnte man eine Anthologie der Gruppe 47 machen, die besser, witziger, amüsanter, literarisch und politisch interessanter wäre. Einschließlich der preisgekrönten Beiträge ist kaum ein Beitrag der beste seines Autors. Was bewog also die Autoren der Gruppe 47, auf den Gruppentagungen ihre schwächeren Texte vorzulesen?“ (Ebd.) Und später: „Richter schreibt: ‚Wer aber das besaß, was in der Gruppe 47 oft mit dem an preußische Traditionen erinnernden, hier aber anders gemeinten Wort ‚Haltung‘ bezeichnet wird, wer also auch die schärfste und vernichtendste Kritik hinnehmen konnte, ohne emotionelle Reaktionen zu zeigen, der konnte gewiß sein, auch dann wieder eingeladen zu werden, wenn er literarisch nicht gleich zum Zuge gekommen war.‘ Indianer auf dem Kriegspfad oder Autoren? Ich fürchte, Thomas Mann, Heinrich Mann, Franz Kafka, James Joyce und Marcel Proust, die alle fünf ‚vernichtendste Kritik‘ schlecht vertrugen, wären nicht wieder eingeladen worden, wie H. W. Richter mit einem kuriosen Triumph schreibt.“ (Ebd., S. 322.)

602 Vgl. Kap. 2.3.3 in Teil I der vorliegenden Studie.

wurde: das Unvollkommene und das Gelungene, das noch zu Erarbeitende wie das sich schon fertig Gebende und auch einiges, was der Kritik verfiel. Es widerspräche dem Geist der Gruppe 47, hätte man nur das ausgewählt, was nach Ansicht der Kritik literarisch Bestand hat.[603]

Dieser ‚Geist' scheint, wie einleitend gesehen, außerliterarisch in einer engen Verbindung mit diskriminierenden Praxen der Gruppe 47 zu stehen.[604] Der *Almanach* (ergänzt um die Preistexte der Gruppe, damit auch die wichtigsten Texte der letzten Jahre abgedeckt sind) scheint angesichts dessen, dass er in einer dezidiert inhaltlichen Repräsentativität für diesen ‚Geist' stehen soll, eine für die vorliegende Studie sinnvolle Reduktion der wahrscheinlich über 600 auf Gruppentagungen gelesenen Texte zu sein,[605] um der Frage nach literarischen Kontinuitäten partikularer Moral in der Gruppe näher zu kommen. Gerade angesichts dieser revisionistischen Fragestellung erscheint es sinnvoll, die Auswahl der ‚wichtigsten Texte' so unvoreingenommen wie möglich zu halten.

Dass durch die Beschränkung auf den *Almanach* und die Preistexte eine gut überschaubare Textmenge übrig bleibt, ist ein weiterer Vorteil dieser Auswahl. Es ermöglicht, die hier interessierenden Kriterien – auf die in diesem Kapitel gleich genauer eingegangen wird – für *jeden* Text herauszuarbeiten, um die Ergebnisse repräsentativ zu halten und nicht durch eine Vorauswahl zu verzerren. Und groß genug bleibt die Auswahl dennoch; es handelt sich um 89 Texte.[606] Auch nach dieser ersten Reduktion bleiben aber angesichts der Vielzahl unterschiedlicher Autoren/-innen und Gattungen im *Almanach* und den Preistexten noch die wichtigsten Fragen offen: Wie kann man sich einem so umfangreichen und heterogenen Korpus nähern, ohne ihm bereits vorgefertigte Thesen ‚überzustülpen', aber so, dass dennoch Aussagen möglich werden? Bei der vorliegenden diskursanalytischen Fragestellung und dem großen Korpus der Gruppe 47 rechtfertigt es nämlich, so die Annahme in der

---

603   Richter 1962, S. 13.
604   Vgl. Kap. 3 in Teil I der vorliegenden Studie.
605   Vgl. Kap. 2.3.3 in Teil I der vorliegenden Studie.
606   Die Differenz zu Richters Angabe, es seien „etwa fünfzig Beiträge aus den vierhundert Lesungen in den fünfzehn Jahren" enthalten (Richter 1962, S. 13), ergibt sich daraus, dass hier nicht nach Lesungen, sondern nach einzelnen Texten unterschieden wird, was insbesondere bei den Gedichten ins Gewicht fällt, die in der vorliegenden Studie auch einzeln untersucht und deswegen auch einzeln erfasst werden müssen. Zudem kommen hier noch die Texte dazu, die nach Erscheinen des *Almanachs* mit dem Preis der Gruppe 47 ausgezeichnet wurden. Da 1962 die Gedichte von Bobrowski ausgezeichnet wurden, werden die *Almanach*-Texte schon durch diese drei Preislesungen noch um neun weitere Texte ergänzt.

vorliegenden Studie, erst eine größere Menge von kursorischen Lektüren, gewisse Diskurse als *vorherrschend* in der Gruppe 47 zu beschreiben.

Um die Auswahl der Texte für genauere Lektüren, wie sie im weiteren Verlauf der Studie vorgenommen werden, nachvollziehbar zu halten, sollen deshalb zunächst die Thesen transparent gemacht werden, mit denen in einem ersten *distant reading* an das gesamte Korpus herangegangen wurde. Ausgehend davon kann beschrieben werden, wie die im ganzen Teil II immer wieder aufgegriffenen quantitativen Beobachtungen über das Korpus und einzelne darin enthaltene Motive, Themen und Textstrukturen entstanden sind und welche Überlegungen Aussagen über Erzählstimmen und Figurenkonstellationen zugrunde liegen (1.1). Dabei sollen einige besonders interessante Texte bereits identifiziert und einer davon für eine Musterlektüre (1.2) ausgewählt werden, um die wichtigsten aus einer ersten Sichtung und einer ersten vertieften Lektüre gewonnenen Erkenntnisse hinsichtlich möglicher literarischer Schreibweisen partikularer Moral (1.3) dann in Teil II in einzelnen Kapiteln weiterverfolgen zu können.

1.1   *Tabellarischer Überblick und erste Organisation des Materials*
Ein erster distanzierter Überblick über die *Almanach-* und Preistexte wurde für die vorliegende Studie gewonnen, indem jeder im Korpus enthaltene Einzeltext tabellarisch erfasst und mit einer größeren Zahl von Fragen konfrontiert wurde, die erste Hinweise auf die Anzahl und Beschaffenheit einzelner Diskurse, Motive oder Schreibweisen ermöglichen. Im Folgenden werden die Voraussetzungen dieses tabellarischen Überblicks beschrieben, um die im weiteren Verlauf des Kapitels stellenweise nur knapp präsentierten Ergebnisse des davon ausgehenden *distant readings* transparenter zu machen.

1.1.1   Hypothesen und Fragen an die Texte
Aus den Ergebnissen des ersten Teils der vorliegenden Studie und der ersten Lektüre der relevanten Texte wurden zunächst Hypothesen abgeleitet, inwiefern sich die verschiedenen außerliterarisch identifizierten Varianten der Verknüpfung von Identität und Moral in literarischen Texten äußern könnten:
– So wurde angenommen, dass sich eine *Dichotomisierung von moralischer Deutung* vorwiegend auf der Inhaltsebene der Texte niederschlagen dürfte, in Figurenreden oder -konstellationen, in denen ‚Anderen' explizit abgesprochen wird, moralische Urteile fällen zu können, oder sie in ihren Einschätzungen von der Handlung unrecht bekommen. Denkbar ist aber auch, die deutende Erzählstimme in diesem Zusammenhang genauer zu beleuchten; eine These dabei ist, dass diese in der Gruppe 47 gerade in

besonders stark moralisierenden Texten auch besonders eng an die Identität des Autors selbst geknüpft ist.

– Die für die vorliegende Studie relevante Form der *Dichotomisierung von Mitleid* – nämlich in dem Sinne, dass Empörung über unmoralisches Verhalten gegenüber ‚Anderen‘ anders empfunden wird als gegenüber Angehörigen der ‚Wir-Gruppe‘ – ist enger an den Nationalsozialismus gebunden; hier interessierte insbesondere die auch quantitativ auszuwertende Interesselosigkeit für die ‚nicht deutschen‘ Opfer des Nationalsozialismus und insbesondere den Holocaust, die explizite Empathieverweigerung, wo jüdische Figuren und der Holocaust vorkommen, oder die Konstruktion von Opferkonkurrenzen.

– Die *Dichotomisierung von Tugend* kann sich in fiktionalen Texten, wie hier angenommen wurde, in besonders vielen Varianten äußern; am offensichtlichsten in rassistischen und antisemitischen Figurenzeichnungen, die unmoralische Handlungen nur den ‚Anderen‘ zuschreiben: vergewaltigende Russen, mitleidlose, sadistische Alliierte, gefährliche, rachelustige Juden; aber auch strukturell darin, dass das Unmoralische an ‚anderen‘ Orten stattfindet oder nur ‚gute‘ Figuren intern fokalisiert werden. Korrespondierende Motive im Bereich des ‚Eigenen‘ sind ‚gute Deutsche‘, wo sie einem ‚bösen Fremden‘ gegenüber stehen; die Heimat als Sehnsuchtsort und Raum des Guten, die Ehre der Nation und Nationalismus; Scham und Schande oder Kameradschaft und Desertion.

Hinsichtlich mehrerer dieser Themenbereiche sollte nun, so die Annahme, bereits einfaches Zählen zu ersten aussagekräftigen Ergebnissen führen. So ist es in Bezug auf einen einzelnen Text kaum interessant, wenn darin der Holocaust nicht erwähnt ist. Wenn aber im gesamten repräsentativen Korpus zu konstatieren ist, dass kaum Texte über den Holocaust enthalten sind oder dass demgegenüber viele deutsche Opfer konstruiert werden – dass also im gesamten Korpus das jüdische Leid beschwiegen bleibt oder eine unausgeglichene Opferkonkurrenz eröffnet wird –,[607] dann gewinnt die Beobachtung für jeden einzelnen Text an neuer Bedeutung. Ausgehend von solchen Annahmen wurden aus den gerade beschriebenen Thesen konkrete Fragen abgeleitet, die an Texte gestellt und relativ knapp beantwortet werden sollten. Einerseits wurden einfache Fragen, zum Beispiel nach Gattung, Erzählperspektive oder Fokalisierung gestellt, andererseits auch Fragen, die bereits einfache Interpretationen voraussetzen, zum Beispiel nach der ‚Moral der Geschichte‘, rassistischen oder antisemitischen Stereotypen oder der Herkunft von Opfern oder Schuldigen.

---

607   Vgl. dazu weiter unten in diesem Kapitel und Kap. 2.2 im vorliegenden Teil II der Studie.

Ausgehend von diesem Überblick sollen in den folgenden Kapiteln neben genaueren Einzelanalysen auch Fragen beantwortet werden können wie: Wie oft kommt die intern fokalisierte Figur aus Deutschland? Aber auch: Wie oft spielt die Erzählung im Nationalsozialismus, kommt der Protagonist aus Deutschland *und* ist der Protagonist eine dezidiert ‚gute‘ Figur? Gerade für solche etwas komplexere Fragen bot sich eine tabellarische Zusammenstellung der einfachen Fragen an, da so auch nach mehreren Bedingungen gleichzeitig gefragt werden und die Tabelle entsprechend bedingt gefiltert werden kann.[608] Die Fragen für die tabellarische Erfassung wurden im Verlauf des Ausfüllens immer wieder ergänzt und überarbeitet; die folgenden sind bis zuletzt stehen geblieben und werden im Verlauf des vorliegenden Teils der Studie aufgegriffen:[609]

> Tagungsort, Monat, Jahr – ‚Moral der Geschichte‘ (ggf.) – Gattung – Sprachstil[610] – Gut / Böse offensichtlich?[611] – Erzählperspektive? – Anzahl intern fokalisierter Figuren? – Wer ist intern fokalisiert? – Autobiografischer Gehalt zeitlich / örtlich / logisch möglich? – Woher ist Fokalisierte/-r? – Wann spielt es? – Wo spielt es? – Ggf. Rolle der / des Fokalisierten im Krieg – Implizite Hinweise auf Handlungszeit und -ort? – Implizite deutliche Holocaust-Andeutungen? – Kommen von den intern fokalisierten Figuren abweichende ‚Andere‘ (Herkunft, Sprache, Religion) vor?[612] – Woher kommen die Schuldigen? – Woher kommen die Opfer? – Woher kommen die dezidiert Guten / Unschuldigen? – Woher kommen die Unmoralischen? – Mögliche rassistische / antisemitische Stereotype?[613] – Ansprache der/des Lesers/-in oder poetisches ‚Du‘?[614] – Besonderheiten? – Jüdische Figuren / andere verfolgte Minderheiten?

608   Zu dieser Art der Auswertung vgl. weiter unten in diesem Kapitel.

609   Bei mehreren dieser Fragen konnte die Antwort nur aufgrund erster Leseeindrücke erfolgen; es handelt sich also nicht um ‚endgültige‘ Analyseergebnisse; die Kategorien dienen nur dazu, Texte für genauere Lektüren in den Blick nehmen oder gerade ausschließen zu können. Zu Auswertung, Schwierigkeiten und Unschärfen bei dieser ersten Sichtung und dem Umgang damit vgl. weiter unten in diesem Kapitel.

610   Diese Kategorie ist ein gutes Beispiel für eine solche erste Zuordnung, die noch nicht einem ‚endgültigen‘ Analyseergebnis entspricht; hier wurde der sprachlichen Eindruck festgehalten, den der Text hinterlässt; unterschieden wurde in „Landser“, jüngerer „Realismus“, „Surrealismus“ etc., um später je nach Frage Texte genauer untersuchen oder ausschließen zu können.

611   Diese Kategorie dient vor allem dazu, eine Quelle von Unschärfen bei komplexeren Auswertungen zu reduzieren und ambivalentere Texte auszufiltern; vgl. weiter unter in diesem Kapitel.

612   Ähnlich wie die Frage, ob ‚Gut‘ und ‚Böse‘ eindeutig unterschieden sei, dient diese Kategorie vor allem der Reduktion der Gesamtstichprobe: Texte, in denen keinerlei Alterität vorkommen, sind für viele Fragestellungen nicht relevant und würden die Anteile verfälschen.

613   Den Begriff Rassismus wird im Sinne der theoretischen Grundlage der Studie auch in Zusammenhang mit nationalen negativen Stereotypen verwendet (vgl. Kap. 2.2.4 in Teil I der vorliegenden Studie).

614   Diese Kategorie wird erst im Teil III dieser Studie relevant.

Diese Fragen wurden alle in einer Excel-Tabelle auf der X-Achse eingetragen und jeweils für alle 89 Texte des Untersuchungskorpus einzeln beantwortet; einerseits mit ausführlichen Notizen und andererseits in einer zweiten Version auch vereinfacht, um einfache Auszählungen zu ermöglichen.[615]

	A	B	E	F	G	H	I	J	K	L	M	N	O	P	Q	R	S	T	U
1		Tagungsort, Monat, Jahr	Moral der Geschichte (ggf.)	Gattung	Sprachstil	Gut / Böse offensichtlich?	Erzählperspektive?	Anzahl fokalisierter Figuren?	Wer ist fokalisiert?	Autobio. zeitlich / örtlich / logisch möglich?	Woher ist Fokalisierte/-r?	Wann spielt es?	Wo spielt es?	Ggf. Rolle der/des Fokalisierten im Krieg?	Implizite Hinweise auf Handlungszeit und -ort	Impl. deutl. Holocaust-Andeutungen?	Kommen von den fokalisierten Figuren abweichende ‚Andere' (Herkunft, Sprache, Religion)	Woher kommen die Schuldigen?	Woher kommen die Opfer?
43	Walter Jens: Der Mann, der nicht alt werden wollte	Mainz Mai 1953																	
44	Adriaan Morriën: Zu große Gastlichkeit verjagt die Gäste	Cap Circeo April 1954																	
45	Paul Schallück: Monologe eines Süchtigen	Cap Circeo April 1954																	
46	Reinhard Federmann: Die Stimme	Berlin Mai 1955																	
47	Martin Walser: Templones Ende	Berlin Mai 1955																	
48	Helmut Heißenbüttel: In Erwartung des roten Flecks	Bebenhausen bei Tübingen Oktober 1955																	
49	Horst Mönnich: Die Wanderkarte	Niederpöcking Oktober 1956																	
50	Carl Amery: Das jähe Ende des Pater Sebaldus	Niederpöcking Oktober 1957																	
51	Günter Grass: Der weite Rock	Großholzleute Oktober 1958																	
52	Wolfgang Hildesheimer: Der Brei auf unserem Herd	Großholzleute Oktober 1958																	

Abb. 1   Ausschnitt der leeren Tabelle der *Almanach-* und Preistexte

Abb. 1 soll einen Eindruck davon geben, wie das Textmaterial sortiert ist; es handelt sich um einen kleinen Ausschnitt, denn wie bereits die Koordinaten – 24 Fragen und 89 einzelne Texte – verdeutlichen dürften, ist die gesamte Tabelle in beiden Versionen zu umfangreich, um sie in der vorliegenden Studie als Ganze abzubilden. Aus einem zweiten Grund wurde auch darauf verzichtet, sie ausgefüllt in den Anhang zu stellen: Für sich alleine genommen, ohne die entsprechenden Erklärungen, sind unkommentierte Antworten auf die komplexeren der gerade aufgezählten Fragen, so die nach antisemitischen Stereotypen oder rassistischen Figurenzeichnungen, zu heikel, um sie unkommentiert stehen zu lassen. Die Erklärungen zu den einzelnen Einträgen sind aber zu komplex, um sie in direkter Nähe dazu eintragen zu können; sie können immer erst in den einzelnen Analysekapiteln dargelegt werden.

---

615   Vgl. zu der Auswertung weiter unten in diesem Kapitel.

Bereits für die ersten groben Auswertungen müssen aber zudem einige
Schwierigkeiten reflektiert werden. Die meisten Unschärfen der Auswertung
können bei der gerade skizzierten Vorgehensweise bereits beim Ausfüllen
der Tabelle entstehen, wobei die offensichtlichsten Ungenauigkeiten der
doppelten Vereinfachung geschuldet sind: Schon die Lektüreeindrücke und
ersten Analyseergebnisse in knappe Notizen zu transformieren, benötigte
drastische Vereinfachungen, und die weitere Verknappung durch die Zuordnung zu einzelnen vorgegebenen Stichwörtern erst recht. Durch die genaue
Dokumentation aller Schritte und Ergebnisse[616] sowie der einer genaueren
Analyse aller Texte, die in einer besonders ,heiklen' Kategorie wie *Antisemitismus oder Rassismus*,[617] aber auch *Moral oder ,Unmoral' der Reflexionsfiguren*[618]
oder *Vorhandensein von Opferfiguren*[619] als relevant hervorgehoben werden,
soll dieses Problem so weit als möglich abgefedert werden.

Weniger offensichtlich sind die Gefahren von Ungenauigkeiten bei scheinbar einfacheren Fragen wie beispielsweise derjenigen nach den nationalen
Zugehörigkeiten einzelner Figuren. Auch hier ist fast nichts so einfach zu beantworten, wie es aussieht; so hinterlässt der *Almanach* bei der ersten Lektüre
zwar den deutlichen Eindruck, dass eine große Zahl der Erzählungen in
Deutschland spiele, aber in der großen Mehrheit der Erzählungen wird das
nicht explizit gesagt. Da es oft wenigstens relativ deutliche Hinweise auf Handlungsort, -zeit und Herkunft der Figuren gibt, wurde eine Spalte für Notizen
ergänzt, wo solche Hinweise verzeichnet werden können, sowie die Antwort-
möglichkeit ,Deutschland implizit' hinzugefügt.

Am heikelsten sind nun die komplexeren und voraussetzungsreicheren
Fragen wie „Woher sind die Schuldigen?" zu beantworten. Hier ist einerseits
ebenfalls das Problem mitzudenken, dass die Herkunft oft impliziert, aber
nicht explizit benannt wird, und dazu kommt hier noch, dass eine Kategorie
wie ,Schuld' in einem künstlerischen Text natürlich meistens ambivalent
und voraussetzungsreich gestaltet ist. Diesem Problem wurde zu begegnen

---

616   Alle quantitativen Ergebnisse werden in den Fußnoten aufgeschlüsselt, indem die Namen
      aller Autoren/-innen genannt werden, die in einem Eintrag mitgezählt wurden. Vgl. zur
      Verdeutlichung die Fußnoten 627 und 628 [##] weiter unten in diesem Kapitel: Die Be-
      merkung, dass die Wendung „zum ersten Mal" in sieben Texten vorkommt, wird durch
      die Nennung aller Namen der Verfasserinnen und Verfasser dieser sieben Texte in der
      Fußnote ergänzt. Da alle Autoren/-innen im *Almanach* nur einmal vertreten sind, können
      so alle Ergebnisse überprüft und anhand der konkreten Texte nachvollzogen werden. In
      der Bibliografie sind die *Almanach-* und Preistexte aus Platzgründen nur dann einzeln
      verzeichnet, wenn sie auch im Fließtext erwähnt wurden.
617   Vgl. dazu Kap. 2.1.3 im vorliegenden Teil II der Studie.
618   Vgl. dazu Kap. 3.4 im vorliegenden Teil II der Studie.
619   Vgl. dazu Kap. 2.3.1 im vorliegenden Teil II der Studie.

versucht, indem eine Kategorie ergänzt wurde, in der angemerkt werden kann, ob ‚Gut‘ und ‚Böse‘ einigermaßen eindeutig zugeordnet sind. Für einfache Auswertungen können so nur diejenigen Texte berücksichtigt werden, die relativ manichäisch strukturiert sind.

All diese Schwierigkeiten fallen bei ästhetisch besonders komplexen Texten noch stärker ins Gewicht. Während sich die meisten Fragen für die realistischen Texte der ersten Jahre oft noch relativ eindeutig entscheiden lassen, ist es bei Kapiteln aus ganzen Romanen und ganz besonders bei den Gedichten komplizierter. So sind die Gedichte Celans, Bachmanns oder Bobrowskis alle derart vielfach codiert und anspielungsreich, dass beispielsweise ein „Nein“ bei der Frage nach deutlichen Holocaust-Verweisen, das ohne systematische Sichtung der Sekundärliteratur gewonnen wurde, offensichtlich genauso gut falsch sein kann.[620]

Daraus folgt, dass die jeweiligen Einzelergebnisse trotz tabellarischer Übersicht jeweils etwas genauer hergeleitet werden müssen und die hier beschriebene Zusammenstellung erst der Ausgangspunkt ist, der vor allem viele neue Fragen aufwirft und eine fundiertere, breiter abgestützte qualitative Analyse ermöglicht. Einige großflächigere Auswertungen sind aber trotz dieser Einschränkung möglich; wie diese jeweiligen Auswertungen zustande kommen, wird nun knapp ausgeführt.

1.1.2   Möglichkeiten der Auswertung – einige Beobachtungen
Wenn man diese Unschärfen mitdenkt und angesichts dessen, dass die jeweiligen Analysen auch in den entsprechenden Kapiteln konsultiert werden können, sollten einzelne Verknappungen nun keine Schwäche der großflächigeren Auswertungen mehr bedeuten. Vielmehr sollte sich ein Mehrwert aus diesem abstrakten Überblick generieren lassen.

---

620   Da es grundsätzlich um die Analyse von vorherrschenden Diskursen in der Gruppe 47 geht, ist selbst das im Ergebnis nicht ganz so problematisch: Der Großteil der Sekundärliteratur war zum Zeitpunkt der Lesungen und der Aufnahme in den *Almanach* noch nicht entstanden, auf den Gruppentagungen zählte nur der erste Eindruck (was oft gerade kritisiert wurde, vgl. dazu bereits Reich-Ranickis Beitrag zum *Almanach* mit dem Titel: „Von der Fragwürdigkeit und Notwendigkeit mündlicher Kritik“ 1962; vgl. auch Arnold 2004, S. 61–64). Deswegen wurde auch umgekehrt berücksichtigt, dass bei Romankapiteln wie demjenigen aus der *Blechtrommel* (1959) die Einträge nicht von Anfang an vom Wissen um die ganzen Romane beeinflusst sein durften. So spielen beide *Almanach*-Kapitel der Blechtrommel beispielsweise, anders als der größte Teil des Romans, gerade *nicht* im Nationalsozialismus, sodass das bei der Analyse des *Almanachs* entsprechend einzutragen ist – schließlich sind die Kapitel nicht zufällig für die Lesungen auf den Gruppentagungen ausgewählt worden. Vgl. zu den *Blechtrommel*-Auszügen Kap. 4.3.1 im vorliegenden Teil II der Studie.

Zunächst kann schon das Zusammenstellen des Materials zu ersten Erkenntnissen führen; in der vorliegenden Studie beispielweise die Tatsache,
dass das Wort „Wehrmacht" bei der Frage, woher die Opfer kämen, kein einziges Mal eingetragen ist: Immer, wenn die Opfer aus der Wehrmacht kommen,
ist auch die intern fokalisierte Figur selbst Wehrmachtangehöriger, sodass der
Eintrag immer „Fokalisierte/-r" lautet. Zudem ergeben sich auch erste Hypothesen bereits durch die tabellarische Ordnung selbst, so in der vorliegenden
Studie die, dass gerade in denjenigen Texten die deutlichsten Holocaust-
Anspielungen zu finden sind, deren Handlung zeitlich oder örtlich am weitesten
weg vom Nationalsozialismus zu verorten ist. Nirgends konnte die Frage nach
Holocaust-Anspielungen so zweifelsfrei mit „Nein" beantwortet werden wie
bei den Erzählungen, die von Krieg und / oder ‚Heimatfront' handeln.[621] Das
ist allerdings nicht unerwartet und kann nur den Ausgangspunkt bilden, um
weitere Einflüsse zu bedenken; in diesem Beispiel unter anderem, dass im einfachen Realismus der ersten Nachkriegsjahre schon der gewählte Stil keine
ausgeprägte Multiperspektivität erlaubt. Wenn nun gerade diese realistischen
Texte den Anspruch hatten, vom Kriegserlebnis zu berichten, und die frühen
Gruppe-47-Mitglieder mehrheitlich im Krieg ‚Dabeigewesene' waren, konnte
in solchem dokumentarischen Realismus der Holocaust formal keinen Platz
finden.[622] Um dem differenzierter zu begegnen, könnte nun beispielsweise
wiederum der Stil der Texte berücksichtigt werden und es könnten nur noch
solche Texte angesehen werden, die multiperspektivisch gehalten sind.

Solche mehrfaktoriellen Fragen können dank einer tabellarischen Liste mit
simplen Excel-Funktionen angegangen werden, nämlich dem „Filtern" (Daten
> Filtern) von Spalten, das es ermöglicht, nur noch diejenigen Spalten an-
zeigen zu lassen, die in Bezug auf die jeweilige Frage interessieren, und dem
Erstellen einfacher Diagramme anhand ausgewählter Kategorien (Einfügen >

---

621   Vgl. dazu auch Kap. 2.3.1 im vorliegenden Teil II der Studie. Eine recht auffällige Be-
      sonderheit, für die mit Bezug zur vorliegenden Fragestellung keine schlüssige Erklärung
      gefunden wurde und auf die nicht genauer eingegangen wird, ist die, dass bei der Frage,
      wer sich in irgendeiner Form als ‚schuldig' erweist, relativ oft ‚Pfarrer' eingetragen
      wurde. Denkbar ist beispielsweise ein Zusammenhang mit dem diffusen Existentialis-
      mus, dem sich viele wichtige Mitglieder der Gruppe 47 verpflichtet fühlten (vgl. Bigelow
      [2020]), oder sogar eine weitere Variante der Externalisierung von Schuld, da der ‚jungen
      Generation' ja gerade ihr „Nihilismus" vorgeworfen wurde.
622   So auch Gansel im Zusammenhang mit Richters Roman *Die Geschlagenen* (vgl. Gansel
      2011, S. 18); zu entgegnen wäre hier aber wiederum, dass diese monoperspektivische Form
      der Texte ja bereits einer formalästhetischen Entscheidung entspringt, die vielleicht
      ihrerseits Schlüsse über die partikularistische Perspektive der Verfasser zulässt; vgl. dazu
      auch Kap. 4.3.2 im vorliegenden Teil II der Studie.

Diagramme).[623] Besonders die Filterfunktion erlaubt dank verschiedener Einstellungsmöglichkeiten Befunde, die händisch nur mit großem Aufwand geleistet werden könnten: Neben „ist gleich" kann der Textfilter auch auf „ist nicht gleich", „Beginnt mit", „Endet mit", „Enthält" sowie „Enthält nicht" eingestellt werden oder ein „Benutzerdefinierter Filter" eingesetzt werden. So ist es beispielsweise möglich, nur diejenigen Texte anzeigen zu lassen, die einen männlichen Ich-Erzähler *oder* einen männlichen intern fokalisierten Protagonisten im personalen Erzählstil enthalten *und* explizit in Deutschland spielen *und* deren Protagonist der Wehrmacht angehört.

Zwar würden sich neben dieser einfachen Form der digitalen Auswertung auch ausdifferenziertere Möglichkeiten zum Umgang mit einem so großen Korpus anbieten; infrage kämen statistische Textauswertungen, Kollokationsanalysen oder sogar quantitative, stilistische und Emotionsanalysen, die es wohl grundsätzlich sogar zuließen, Kontinuitäten quantitativ zu erheben, indem Ähnlichkeiten im Wortschatz und Stil oder sogar in der Rhetorik zwischen Texten aus der Zeit des Nationalsozialismus und Texten der Gruppe 47 eruiert werden könnten.[624] Die Hauptschwierigkeit in diesem Zusammenhang ist neben der Notwendigkeit technischer Kenntnisse, die besonders für komplexere Auswertungen Spezialisten/-innen erfordert, auch bereits die Tatsache, dass frei zugängliche Texterkennungsprogramme (OCR) noch immer so viele Fehler produzieren, dass ein reines *distant reading* keine sicheren Ergebnisse bringen kann.[625]

Deswegen wird in der vorliegenden Studie nur ganz vereinzelt auf einige einfache Möglichkeiten, wie die digitale Auszählung einzelner Wörter und

---

623 Die Angaben beziehen sich auf Microsoft Excel 2013. Für die Publikation der Ergebnisse (vgl. Kap. 2.3.1 im vorliegenden Teil II der Studie) wurden die Diagramme grafisch verschönert (Definitiv Design, Bern).

624 Einen aktuellen Überblick über die praktischen Anwendungsmöglichkeiten der *digital humanities* für große Textkorpora gibt beispielsweise die Studie von Sarah Bärtschi (2018); herzlichen Dank an sie und an den Politikwissenschaftler und Statistiker Michael Schroll für die große Unterstützung beim Umgang mit *Excel* und *R Studio*.

625 Die Transformation von .pdf- in .txt-Dateien funktioniert deswegen auch bei qualitativ sehr hochwertigen Scans nur fehlerhaft. Buchstabenkombinationen wie „rn" werden nicht von „m" unterschieden, das deutsche „ß" wird nicht erkannt, und für Frakturschrift gibt es auch nach wie vor keine kostenpflichtigen fehlerlosen OCR-Programme. Bei einer simplen Textsuche in mittelgroßen Korpora, wie sie auch in der vorliegenden Studie vorgenommen wird, kann dem begegnet werden, indem für Lexeme, die entsprechende „Problemkombinationen" enthalten, einfach auch die möglichen Fehllektüren (z. B. „frernd" statt „fremd") sowie für den Fall, dass nur Teile des Worts richtig erkannt wurden, auch solche Wortteile (z. B. „emd" oder „fre") gesucht werden; simple Lösungen, die bei rein statistischen Auswertungen und Wortlisten in größerer Menge nicht möglich wären.

die etwas ausdifferenziertere statistische Erstellung von N-Grammen,[626] zurückgegriffen.[627] Für den *Almanach* wurde versuchshalber eine Trigramm-Analyse gemacht, die wegen möglicher kleiner Fehler in der Texterkennung im Dokument nicht vollkommen repräsentativ ist, aber zumindest einen groben Eindruck der Aussagekraft dieser Herangehensweise vermitteln kann: Das interessanteste Ergebnis bei der Auszählung der häufigsten Trigramme war, dass die Wendungen „zum ersten Mal"[628] und „in diesem Augenblick"[629] jeweils sehr häufig und in unterschiedlichen Erzählungen aus der gesamten *Almanach*-Zeitspanne vorkommen. Inhaltlich entsprechen beide Wendungen erstaunlich genau der Idee des Nullpunkts, der Plötzlichkeit und des Fokus auf den Moment oder eben Augenblick. Dennoch zeigt dieses Ergebnis angesichts seiner Erwartbarkeit und des Aufwands, mit dem es erreicht werden kann, deutlicher die Schwierigkeiten eines solchen Verfahrens auf, als dass es interessante Ergebnisse gebracht hätte.

Aufschlussreicher ist diese Art der Auswertung meist bei einem langen Text eines / einer einzelnen Autors/-in. Das bestätigt die Trigramm-Analyse der *Blechtrommel* (1959), die für die vorliegende Studie als einwandfreie digitale Datei zur Verfügung stand und in der sich mehrere häufige Wendungen als interessant erwiesen haben,[630] insbesondere, dass das mit weitem Abstand häufigste Trigramm in der *Blechtrommel* „meiner armen Mama" mit ganzen 40 Ergebnissen ist; dazu kommt noch 25 Mal der Nominativ „meine arme Mama". In allen Flexionen kommt die Wendung „meine/e arme/n Mama" mehr als *dreimal* häufiger vor als jede andere Wendung im Buch, was auch

---

626 Das Zählen und Sortieren von so genannten (Wort-)N-Grammen, also der Folge einer gewissen Anzahl (N) von Wörtern, ist ein Beispiel für besonders einfaches digitales „Data Mining". Tools dafür stehen für kurze Texte auch online zur Verfügung (für eine umfangreiche Zusammenstellung solcher Tools vgl. https://www.linguistik.hu-berlin.de/de/institut/professuren/korpuslinguistik/links/software [Abruf: 09.06.2018]), für längere Texte können solche einfachen Auswertungen mit Statistikprogrammen wie *R Studio* einfach programmiert werden. Trigramme, d. h. die Verbindung von drei aufeinanderfolgenden Wörtern (z. B. „der junge Mann"), haben sich dabei als am ergiebigsten herausgestellt. Die technischen Schritte dazu sind standardisiert und können vielerorts nachgelesen werden, deswegen werden sie hier nicht genauer ausgeführt.

627 Das war in Bezug auf Günter Grass' *Blechtrommel* möglich, da der Text in digitaler Form vorliegt; vgl. weiter unten in diesem Kapitel.

628 Siebenmal: Bei Bichsel, Weyrauch, Morriën, Roehler, Höllerer, Dor, Lenz, v. Cramer.

629 Zehnmal: Bei Nowakowski, mehrmals bei Jens, Weyrauch, Mönnich, Walser, Lenz, Dor und v. Cramer, dabei handelt es sich um die häufigste Wendung in den literarischen Texten des *Almanch* (unter Ausschluss der *stop words* „und", „der", „die" und „das"; Groß- und Kleinschreibung nicht berücksichtigt).

630 Unter Ausschluss der *stop words* „und", „der", „die" und „das"; Groß- und Kleinschreibung nicht berücksichtigt.

eine genaue hermeneutische Analyse wahrscheinlich nicht so deutlich hätte machen können.[631] Für die vorliegende Studie ist das Ergebnis nicht nur hinsichtlich der Frage nach individueller Schuld und deren Aufarbeitung nach dem Nationalsozialismus,[632] sondern auch hinsichtlich einseitigem Mitgefühl gegenüber dem ‚Eigenen‘ noch im wichtigsten Roman des ‚Wendejahrs‘ interessant.[633]

Mit PDFs von fehlerfreier Qualität und guten Informatikkenntnissen ließe sich, wie deutlich werden sollte, aus einem Korpus wie dem der vorliegenden Studie bereits jetzt eine Vielzahl weiterer Erkenntnisse gewinnen; da die quantitative Herangehensweise hier nur von marginaler Bedeutung sein kann, muss von dem dafür nötigen Zeitaufwand abgesehen werden. Sowohl die tabellarisch vorgenommenen Auswertungen als auch insbesondere

---

631   Dass die Trigrammanalysen durchaus relevante Hinweise auf Inhalte geben und ev. Bias in der hermeneutischen Lektüre ausgleichen kann, zeigt sich hier auch an weiteren häufigsten Wendungen. So sind „Herz-Jesu-Kirche" (30), „Der alte Heilandt" (28); „Die schwarze Köchin" (18), „meine / meiner Großmutter Anna" (zusammen 17), „Auf dem Friedhof" (15) oder „zum Fußende hin" (11) relativ häufig vertreten. In Bezug auf 4-Gramme ist es ähnlich: „Der / Die Herz Jesu Kirche" (zusammen 30) stehen ganz oben – gefolgt von einer Wendung, die einen Hinweis auf die Form gibt: „Es war einmal ein" (15) sowie zwei Variationen des Liedes über die schwarze Köchin. All diese Textstellen haben einen hohen Wiedererkennungswert, zudem dürften sie alle direkt auf besondere Eigenschaften des Romans verweisen. Die Märchenformel und die Schwarze Köchin unterstreichen den Märchenbezug, den magischen Realismus und einen zentralen Code des Texts (vgl. dazu Bigelow [2020]). Auch die anderen in den häufigen Trigrammen niedergeschlagenen Szenen, also die „Zeugungsanekdote" unter dem Rock der Großmutter, das Doppelleben und Tod der Mutter, die scheiternde mystische Vereinigung mit Jesus in der Kirche (vgl. dazu ebd.) und die Beerdigung (auf der sich der Sarg so dezidiert „zum Fußende hin" verjüngt) gehören zu den Kernszenen des Romans; dass gerade die jeweils beschriebenen Wendungen in deren Zentrum stehen, wäre eine genauere Analyse wert. Zu fragen wäre, wieso die Sprache gerade in diesen Szenen offenbar besonders repetitiv wird und welche Implikationen die wiederholten Stellen besonders verstärken. Im Rahmen der vorliegenden Fragestellung sticht insbesondere der Fokus auf den Opferstatus der Mutter durch das Attribut „arm" überdeutlich hervor. Überpointiert lässt sich von hier aus sogar relativ leicht eine weitere Linie zu der verschwiegenen Vergangenheit des Autors selbst und der Last, die damit verbunden ist (vgl. Bigelow [2020]), ziehen: Auch die „arme Mama" trägt ein großes Geheimnis mit sich herum, sie betrügt nämlich ihrem Ehemann (der bekennender Nationalsozialist ist) mit dem ‚vergeistigten‘, sanften Jan Bronski, weiß nicht einmal, von wem der beiden ihr Sohn strammt, und zerbricht schließlich an diesem Doppelleben. Weniger psychologisch und für die vorliegende Studie relevanter ist ihre in dieser Formulierung angelegte Inszenierung als „Opfertäterin"; ein in der Gruppe 47 beliebtes Motiv und eine in der ganzen BRD verbreitete „Illusion[] der Vergangenheitsbewältigung" (Jureit/Schneider 2010); vgl. dazu auch Kap. 2.2 im vorliegenden Teil II der Studie.

632   Vgl. dazu Bigelow [2020].

633   Vgl. dazu auch Kap. 2 im vorliegenden Teil II der Studie.

elaboriertere Formen der digitalen Textanalyse führen zu ersten Spuren und sollen im Folgenden dazu dienen, die Thesen zu stützen oder zu relativieren; eigene Ergebnisse bringen sie aber in der vorliegenden Studie noch nicht; auch die kursorischeren Sichtungen des Materials sollen in der Folge immer um umsichtige *close readings* ergänzt werden.

1.1.3   Annäherung über die interessantesten Texte: Musteranalysen

Ein solches *close reading* wird im Folgenden bereits im Rahmen der ersten Annäherung an das Korpus vorgenommen, indem einer der Texte, die sich bei der Ordnung des Materials in Bezug auf besonders viele Kategorien als auffällig erwiesen haben, exemplarisch vorgestellt und hinsichtlich darin enthaltener Oppositionen und deren Verknüpfungen mit Moral analysiert wird. Dadurch soll ein erster Eindruck gewonnen werden, welche Themen und Motive tatsächlich mit moralischen Textimplikationen korrelieren und mit welchen Schreibweisen dies einhergeht. Drei weitere dieser besonders relevanten Texte werden in den darauffolgenden drei Kapiteln eingehender analysiert, um diesen Katalog von Schreibweisen weiter auszubauen; auch sie sollen bereits an dieser Stelle kurz vorgestellt werden. Die Auswahl der Texte ist anhand des gerade skizzierten Überblicks und der eingangs genannten Thesen, wie sich verschiedene Varianten von moralischer ‚Ungleichbehandlung‘ in den literarischen Texten äußern können,[634] erfolgt, und soll im Folgenden knapp nachvollzogen werden.

Gemäß den eingangs formulierten Thesen ließen sich die folgenden Fragen an die Texte ableiten: *Gibt es (konkurrierende) Opfererzählungen? Spielt die Erlebnisgemeinschaft des Kriegs eine besondere Rolle? Tritt der Erzähler als dezidiert deutende moralische Instanz in Erscheinung? Kommen deutliche Holocaust-Andeutungen, aber gerade keine Juden vor, oder gibt es deutliche antijüdische Stereotype, aber keine explizit als jüdisch ausgewiesene Figuren? Oder kommen explizit jüdische Figuren vor, was an sich schon bemerkenswert ist? Wie sind sie gestaltet? Gibt es sonstige auffällig markierte Fremde? Gibt es begriffliche Auffälligkeiten wie die Verwendung von NS-Vokabular oder die konkrete Erwähnung von KZs? Sind manichäische Strukturen erkennbar? Gibt es Figuren dezidiert guter Deutscher oder stereotype Figurendarstellungen von Fremden? Gibt es raumsemantische oder sonstige semantische Auslagerungen ‚böser‘ Handlungen, also Oppositionen auf der textstrukturellen Ebene?*

Um die hinsichtlich dieser Fragen potenziell besonders relevanten Texte zu identifizieren, wurde in allen Kategorien der Tabelle, in denen ein Eintrag oder eine Kombination von Einträgen als relevant erschien, eine Markierung

---

634   Vgl. weiter oben in diesem Kapitel.

angebracht, nach der die Tabelle gefiltert werden konnte. So konnten Texte mit besonders vielen Markierungen, das heißt Auffälligkeiten, sichtbar gemacht und den verschiedenen Bereichen zugeordnet werden, hinsichtlich derer sie mit Moralvorstellungen zusammenhängende (text-)strukturelle Oppositionen enthalten könnten.

Vier Texte im *Almanach* haben sich hinsichtlich besonders vieler dieser Fragen als potenziell relevant erwiesen: „Mimosen im Juli" von Christian Ferber[635] (gelesen 1960), „Die Mandel reift in Broschers Garten" von Franz Joseph Schneider (gelesen 1949), Horst Mönnichs Kapitel „Die Wanderkarte" (gelesen 1956) aus dem Roman *Erst die Toten haben ausgelernt* (1956) sowie Siegfried Lenz' Erzählung „Gelegenheit zum Verzicht" (gelesen 1960). Auf Ferbers Erzählung wird im vorliegenden Kapitel eingegangen; die drei anderen Texte werden im Verlauf von Teil II dieser Studie in je einem Kapitel genauer in den Blick genommen.[636] Die Auswahl von Ferbers Erzählung als erstem ‚Mustertext' bietet sich deshalb an, weil er einer der beiden zuletzt gelesenen Texte ist, was ihn hinsichtlich möglicher Kontinuitäten besonders hervorhebt; zudem ist die Wahl dem Ausschlussprinzip verdankt, da die drei anderen Texte jeweils deutlicher einem der spezifischen Kapitelthemen dieses Teils II zugeordnet werden konnten.[637] Alle vier Texte sind aber hinsichtlich zahlreicher Hypothesen dieses Kapitels interessant, und wie in den entsprechenden Analysen zu zeigen sein wird, knüpfen sie alle auch tatsächlich besonders eng an Moralvorstellungen und Diskurse an, die schon im Nationalsozialismus eine wichtige Rolle spielten.

Wie bereits an dieser Stelle angemerkt werden kann, zeigen die vier Texte bemerkenswerterweise darüber hinaus auch weitere Gemeinsamkeiten, die bei der Auswahl nach den beschriebenen inhaltlichen Kriterien eigentlich gar keine Rolle gespielt haben. So kann bereits als erstes Ergebnis gewertet werden, dass es Texte von vier so *wichtigen* Mitgliedern sind, die sich hinsichtlich der rein textimmanent gestellten Frage nach Oppositionen im Text, die auf NS-Moralkontinuitäten hinweisen könnten, als besonders anschlussfähig erwiesen haben: Alle vier Autoren sind nämlich regelmäßige und beliebte Tagungsteilnehmer; zwar gehört nur Lenz dem ganz engen ‚innersten Kreis' an, der eingangs dieser Studie aus einer Synthese von Richters jüngsten Aussagen

---

635 Eigentlich Georg Seidel, er veröffentlichte auch unter den Pseudonymen Simon Glas und Lisette Mullère, trat aber meistens als Christian Ferber auf.

636 Zu Schneiders „Die Mandel reift in Broschers Garten" vgl. Kap. 2.2 im vorliegenden Teil II der Studie; zu Mönnichs „Die Wanderkarte" vgl. Kap. 3.2.2 im vorliegenden Teil II der Studie; zu Lenz' „Gelegenheit zum Verzicht" vgl. die Kap. 4.2.2 und 4.3.3 im vorliegenden Teil II der Studie.

637 Vgl. die vorangehende Fußnote.

und der Einschätzung in der kanonischen Standardliteratur zur Gruppe 47 hergeleitet wurde;[638] alle vier Autoren werden aber in weiteren Stellungnahmen
über die Gruppenzugehörigkeit mehrfach erwähnt.[639] Dass gerade Texte von
solchen Autoren auch hinsichtlich rein *inhaltlicher* Kriterien besonders auf-
fielen, stützt die vorliegend getroffene Annahme, dass sich der in Teil I beschriebene ‚Geist' der ‚wahren' Gruppe 47 tatsächlich in ähnlicher Weise auch
in den literarischen Texten eben jenes ‚innersten Kreises' niederschlägt.

Dass diese verschiedenen Erzählungen sich als besonders typisch herausgestellt haben, ist auch deshalb bemerkenswert, weil sie aus ganz verschiedenen Phasen der Gruppe stammen, was die Annahme einer Kontinuität
stärkt: Schneiders „Die Mandel reift in Broschers Garten" wurde 1949 gelesen, nur zwei Jahre nach der Gruppengründung und nach wie vor in einem
recht kleinen Kreis. Die Erzählungen von Ferber und Lenz dagegen, beide im
November 1960 vorgetragen,[640] fielen in die erfolgreichste Gruppenzeit, nachdem Bachmann längst das *Spiegel*-Cover geziert hatte und Grass für seine
Lesung des Kapitels „Der weite Rock" aus der *Blechtrommel* (1959 [gelesen
1958]) ausgezeichnet worden war, nach dem ‚Romanjahr 1959'.

Mit Schneider und Ferber stehen zudem zwei dieser vier Autoren, deren
Almanach-Texte zeitlich weit auseinander liegen, in einer außerliterarischen
Anekdote gemeinsam für den ‚Geist der ersten Jahre': In Böttigers Monografie
ist ein Konflikt dokumentiert, in dem Ferber im Jahr 1960 nach seiner Lesung
von „Mimosen im Juli" von Klaus Völker für seine ‚Landser-Sprache' kritisiert
worden sei.[641] Wie Böttiger weiter ausführt, habe Völker damit

> ohne dass ihm die ganze Dimension bewusst war, ein geheimes Nervenzentrum
> der Gruppe [getroffen]. Schon aufgrund seines Alters zog er wohl Aggressionen
> des harten Kerns um Hans Werner Richter auf sich, am offensivsten trat Franz
> Joseph Schneider auf.[642]

---

638 Vgl. Kap. 2.3.1 in Teil I der vorliegenden Studie.
639 Vgl. dazu ebd.; vgl. auch in den jeweiligen Kapiteln zu den einzelnen Texten Genaueres zu
     der Rolle der jeweiligen Autoren in der Gruppe 47 und zur Rezeption ihrer Texte (wie in
     FN 635 angegeben [##]).
640 Und damit auf einer der letzten Tagungen (Aschaffenburg im Oktober 1960), die überhaupt
     noch Eingang in den *Almanach* gefunden haben; der letzte *Almanach*-Eintrag stammt von
     der darauffolgenden Tagung im Jagdschloss Göhrde bei Lüneburg im Oktober 1961.
641 Vgl. Böttiger 2012, S. 229.
642 Ebd.; wie Böttiger weiter ausführt: „Völker hatte bei Walter Höllerer in Frankfurt zu
     studieren begonnen und dabei die Sprache von Landserheften analysiert – und genau
     diese Sprache erkannte er jetzt in dem Text Ferbers, einem ‚Urgestein' der Gruppe 47".
     Es sei Grass gewesen, der den jungen Studenten Völker zur Gruppe 47 gebracht habe, er
     habe ihn nun in dieser Debatte verteidigt – wobei die Verteidigung offenbar nicht gerade
     leidenschaftlich ausfiel; gemäß Böttigers Bericht soll er gesagt haben, „Beiträge wie

Ferbers Text, auf den im Folgenden gleich genauer eingegangen wird, wurde also noch 1960 aus außerliterarischer Sicht dem ‚Nervenzentrum' – oder wie Richter sagt der ‚Mentalität' – der Gruppe 47 zugeordnet; und ausgerechnet Schneider verteidigte diese ‚Mentalität' am „offensivsten".

Dass alle vier ‚Mustertexte' inhaltlich eng mit dem Nationalsozialismus verknüpft sind, dürfte auch mit den Thesen, auf Basis derer sie ausgewählt wurden, zusammenhängen; dennoch ist auch das insofern repräsentativ, als, wie noch zu zeigen ist, eine große Mehrzahl der *Almanach-* und Preistexte explizit (oder relativ eindeutig implizit) im oder direkt nach dem Nationalsozialismus spielt.[643] Und bemerkenswert ist zudem, dass auch alle vier Autoren, deren Texte nach einer ersten Sichtung hier als besonders interessant erscheinen, auch in deutlich stärkerer Weise mit dem Nationalsozialismus ‚verstrickt' waren, als es das Selbstbild der Gruppe als ‚Landsergeneration' nahelegen würde. Sie sind nicht nur alle vier ‚Dabeigewesene' wie fast alle Mitglieder des inneren Gruppe-47-Kreises; sie waren auch fast alle schon 1947 nicht mehr ganz jung: Franz Joseph Schneider ist 1912 geboren, war bei der Gruppengründung also ca. 35 Jahre alt, Christian Ferber (1919) und Horst Mönnich (1918) waren beide fast 30. Nur Siegfried Lenz gehörte mit Jahrgang 1926 wirklich jener Generation an, die fast noch als Kinder in den Krieg involviert worden war – bei ihm wurde aber wie gesehen erst jüngst, im Jahr 2007, ein Eintrag in der Mitgliederliste der NSDAP ‚enthüllt'.[644] Schneider war als Kriegsberichterstatter an der nationalsozialistischen Propaganda beteiligt, Ferber – unter seinem bürgerlichen Namen Georg Seidel – hatte nach dem Studium als Wehrmachtsoldat gedient und verteidigte zeitlebens vehement seine Mutter Ina Seidel, eine der wichtigsten ‚Hofkünstlerinnen' Hitlers, die nach 1946 nicht minder erfolgreich weiterpublizierte.[645] Und Horst Mönnich war in der Luftwaffe am Zweiten Weltkrieg beteiligt gewesen und hatte schon 1942 einen Lyrikband und 1944 einen Roman publiziert, die später beide auf die Liste der auszusondernden Literatur der DDR gesetzt wurden.[646]

---

derjenige Völkers müssten möglich sein." (Vgl. ebd., S. 230.) Böttiger weist seine Quelle an dieser Stelle nicht aus, vermutlich handelt es sich um ein persönliches Gespräch; mehr Details über den Inhalt der Kritik konnte für die vorliegende Arbeit leider nicht rekonstruiert werden.

643 Vgl. Kap. 2.3.1 im vorliegenden Teil II der Studie.

644 Weber 2015; vgl. Kap. 1.2 in Teil I der vorliegenden Studie.

645 Vgl. weiter unten in diesem Kapitel.

646 Vgl. die Listen aus den Jahren 1946 (Mönnichs Lyrikband *Die Zwillingsfähre* ist Eintrag 8040, vgl. o. A. 1946b) und 1953 (Mönnichs Roman *Russischer Sommer* ist Eintrag 3433, vgl. o. A. 1953).

Das alles ist deswegen besonders interessant, weil diese außerliterarischen Spezifika und die Rolle der Autoren in der Gruppe 47 bei der engeren Auswahl der repräsentativsten Texte gar keine Rolle gespielt hatten; wie die Lektüren in den einzelnen Kapiteln im Folgenden genauer zeigen sollen, sind sie alle vor allem auch inhaltlich und formal hinsichtlich der eingangs aufgeworfenen Fragen besonders aufschlussreich. Dem soll nun zunächst im Text von Christian Ferber etwas genauer nachgegangen werden, um exemplarisch erste partikulare Moraldiskurse herauszuarbeiten, auf die dann in den weiteren Kapiteln genauer eingegangen werden kann.

1.2 ‚Mustertext' Christian Ferber: „Mimosen im Juli" (gelesen 1960)

‚Der Kommandant – er soll doch einfach übergeben haben? Er hat der Insel doch den Krieg erspart?' [...] ‚Er sagt, der Kommandant hat im richtigen Augenblick richtig gehandelt, weil er die Menschen hier liebte.'[647]

Christian Ferbers Erzählung, die also im Folgenden exemplarisch als erster ‚Mustertext' untersucht wird, stammt wie auch diejenige von Siegfried Lenz von der zweitletzten Tagung, die überhaupt Eingang in den *Almanach der Gruppe 47* gefunden hat: Ferber las sie im November 1960 auf der Tagung in Aschaffenburg. Sie wurde, wie Böttiger dokumentiert hat, von einem jungen Studenten wegen ihrer ‚Landser-Sprache' kritisiert;[648] gemäß den weiteren überlieferten Quellen wurde sie aber davon abgesehen grundsätzlich sehr positiv aufgenommen; weitere leisere Vorbehalte scheinen offenbar ebenfalls lediglich den Stil betroffen zu haben. So schreibt Rudolf Walter Leonhardt in seinem Tagungsbericht in der *Zeit*: „Ein gutes Echo fand auch Christian Ferbers Erzählung ‚Mimosen im Juli', das Werk eines Meisters, der sich in der Beschränkung zeigt";[649] Heißenbüttel schreibt über die Tagung: „Breitere Zustimmung erhielten Erzähler, die sich mit einer Modifizierung konventioneller Erzählweisen begnügten, so vor allem Siegfried Lenz, aber auch Christian Ferber."[650] Ferber war zu diesem Zeitpunkt ein bereits lange gekanntes und geschätztes Gruppe-47-Mitglied;[651] 1961 kam ihm die Ehre zu, in Göhrde ein

---

647   Ferber [1960] 1962, S. 368 f.; in der Folge im vorliegenden Kapitel im Fließtext zitiert (Sigle: FM).

648   Böttiger 2012, S. 229 f.; vgl. weiter oben in diesem Kapitel.

649   Leonhard 1960, o. S.

650   Heißenbüttel [1960] 1967, S. 157.

651   Zwar war er nicht unter den Gründungsmitgliedern, sondern las erst im Frühling 1951 in Bad Dürkheim zum ersten Mal auf einem Gruppentreffen, er blieb aber bis zuletzt dabei (vgl. Arnold 2004b, S. 164), und wie weiter oben beschrieben verteidigten ihn die älteren Gruppenmitglieder mit „Aggressionen", als seine Schreibweise unter den Jungen

Gedicht des gerade verstorbenen Urgesteins und Namensgebers der Gruppe 47 Hans Georg Brenner zu lesen.[652]

In der oben beschriebenen tabellarischen Auswertung ist seine *Almanach*-Erzählung aufgefallen, weil sie hinsichtlich besonders vieler Themen und Motive als potenziell interessant für die Frage nach einer Kontinuität von NS-Moraldiskursen erscheint. Die ersten Eindrücke, denen nun im Folgenden nachgegangen wird, sind: Die Erzählung handelt vom Nationalsozialismus und von seiner Aufarbeitung, enthält aber keine jüdischen Figuren. Sie könnte autofiktionale Elemente enthalten, da der Erzähler ein junger Mann in der Nachkriegszeit ist, der der Tätergesellschaft angehört. Es wird darin in sehr positiver – und teilweise ausgestellt apologetischer – Weise über einen Wehrmachtsangehörigen im Zweiten Weltkrieg gesprochen, und im Text selbst diskutieren die Figuren darüber, ob man über 'fremde Sitten' urteilen dürfe. Mehrere der in der vorliegenden Studie angenommenen literarischen Verknüpfungen von Zugehörigkeit und moralischer Relevanz werden also schon auf der Textoberfläche zum Thema, was einen vertieften Blick auf die Erzählung nahe legt, um einen genaueren Eindruck von womöglich 'typischen' literarischen Konstruktionen von Zugehörigkeit und Moral in der Gruppe 47 zu erhalten. Die folgende Analyse fragt also: Wie sind Moral und Zugehörigkeit im Subtext dieses Texts verknüpft? Könnte sich darin tatsächlich eine spezifische 'Mentalität' der Gruppe 47 niederschlagen?

1.2.1   „Mimosen im Juli": Text, Kontext und 'Moral der Geschichte'

Die Erzählung setzt damit ein, dass ein junger Mann namens Klieber – er wird durchgehend intern fokalisiert und ist, wie wir später implizit erfahren, zur

---

als überholt kritisiert wurde. Zuletzt erfolgte dann doch ein Bruch mit der Gruppe 47, aber erst auf der letzten Tagung im Jahr 1967 und nicht aus 'mentalitären', sondern aus pragmatischen Gründen, nämlich, weil sich Ferber als Mitarbeiter der *Welt* nicht am Springer-Boykott beteiligen wollte (vgl. Ferber 1996, S. 206 f. – übrigens ist es gemäß dieses Berichts Schneider, der ihn über den Boykott informierte; die beiden scheinen lange eng verbunden gewesen zu sein). In seiner Autobiografie ist vom Bruch nicht mehr viel zu spüren; abgesehen vom Ende erzählt er die Geschichte der Gruppe 47 sehr affirmativ und genau im Sinne von Richters Darstellungen (vgl. ebd., S. 181–210).

652   Wie sich Ferber erinnert: „An einem Oktobermorgen des Jahres 1961 habe ich im Jugendherbergs-Jagdschloß Göhrde vor einer noch verschlafenen Versammlung von Freunden und Feinden gesessen und ein Gedicht vorgelesen in fünf Teilen, genannt Versuch einer Flurbereinigung. Nicht von mir war das Gedicht, sondern von einem toten Mann, der Hans Georg Brenner hieß. In diesem Kreis war er ein Gefährte gewesen der ersten Stunde; auch verdankte die Gruppe 47 ihm ihren Namen. Gestorben war er zwei Monate vor dieser Tagung in Hamburg." (Ebd., S. 181.)

erzählten Zeit 1960 ungefähr 30 Jahre alt[653] – mit seiner Mutter die Meeres-
küste in Frankreich erreicht. Sie wollen eine Insel besuchen, auf der, wie im
Verlauf der Erzählung allmählich deutlich wird, der Vater im Krieg stationiert
gewesen war, wovon er in Briefen berichtet hatte. Bereits auf der Fähre zu
dieser ungenannt bleibenden Insel unterhält sich der Protagonist mit einem
anderen Deutschen, der im Krieg als Obergefreiter auf der Insel gedient hatte.
Klieber kommt zunächst nur „widerwillig" mit ihm ins Gespräch (FM 366);
Interesse entwickelt er aber, als der Mann ihm vom Kommandanten der Insel
erzählt: Dieser sei ein Segen für die „Insulaner" gewesen, er habe sich kampflos
ergeben; das sei sogar in der Zeitung gekommen: „Verräter stand da, Sippenhaft
und so weiter." (Ebd.) Ihn habe es erstaunt, da der Kommandant sonst sehr
hart gewesen sei; eigentlich sei er, „obgleich Reservist" (ebd.), ein „richtiger
Kommißkopf" (ebd.) gewesen.

Auf der Insel finden Klieber und seine Mutter nun aufgrund der Erinnerungen an die Briefe des Vaters sofort eine offenbar gesuchte „Auberge"
(FM 367), in der Klieber mit dem Besitzer ins Gespräch kommt – einem
„dicke[n], weißhaarige[n] Mann mit großer Nase" (ebd.), den die beiden aus
ungenannt bleibenden Gründen als Cremier erkennen (ebd.). Sie geben sich
ihm nicht zu erkennen, Klieber plaudert aber eine Weile auf Französisch
mit ihm und gibt vor zu übersetzen, was die Mutter fragt und was Cremier
antwortet – wobei er aber in Wahrheit die Aussagen Cremiers für die Mutter
beschönigt und auch eigene Fragen stellt. Erst im Nachhinein findet er heraus,
dass Cremier ihn wohl verstanden hat, da er, wie die Mutter sich aus den
Briefen des Vaters erinnert, „wahrscheinlich ganz gut deutsch" (FM 369) könne
und es nur verberge.

Auch das Gespräch zwischen Klieber und Cremier dreht sich vor allem um
den Kommandanten der Insel, wobei sich Cremier relativ ähnlich über ihn
äußert wie bereits der Deutsche auf der Fähre. An dieser Stelle werden Tonfall
und Machart der Erzählung besonders deutlich, und die meisten Themen, auf
die in der Folge eingegangen wird, werden schon in dieser kurzen Stelle angesprochen, weswegen sie ausführlicher zu zitieren ist:

> Klieber [...] bemühte sich, leise zu sprechen. ‚Die Insel – war es nicht so, daß sie
> auch in der Vergangenheit nicht allzusehr zu klagen hatte?' ‚Krieg war überall',
> antwortete Cremier; er blickte nun über ihre Köpfe hinweg. ‚Und Soldaten, und all
> das.' ‚Natürlich. Das meinte ich auch nicht. Aber ich hörte, es sei hier nicht mehr
> gekämpft worden. Der Kommandant – er soll doch einfach übergeben haben? Er
> hat der Insel doch den Krieg erspart?' ‚Wenn Sie es so nennen ...' Cremier senkte
> langsam den Kopf. ‚Ich nenne es so', sagte Klieber. [...] ‚Der Kommandant war

---

653   FM 366; vgl. zu der Herleitung weiter unten in diesem Kapitel.

kein Narr, erwiderte Cremier. ‚Was sprecht ihr miteinander?‘ fragte die Mutter. ‚Von der Übergabe der Insel‘, antwortete Klieber. ‚Monsieur Cremier sagt, man wüßte hier genau, wie mutig und menschlich der Kommandant gehandelt hat.‘ ‚Was sollte er machen?‘, sagte Cremier. ‚Die Alliierten rückten auf dem Festland vor, an der Ostspitze hatte sich der Maquis schon organisiert – es war reine Vernunft, nicht wahr?‘ Klieber wandte sich wieder zu seiner Mutter. ‚Er sagt, der Kommandant hat im richtigen Augenblick richtig gehandelt, weil er die Menschen hier liebte.‘ [...] ‚Der Kommandant war eben klug‘, fuhr Cremier fort. ‚Er war ja auch Lehrer für Französisch und Englisch, nicht wahr, kein durchschnittlicher Deutscher – verzeihen Sie. Das ist, wie gesagt, Vergangenheit und längst vergessen. Lassen wir es.‘ ‚Er sagt, der Kommandant wäre von der Bevölkerung immer geachtet worden – jeder wußte, daß er nicht der Durchschnitt war. Und er hätte gewußt, was er tat, und hätte es eben trotzdem getan ...‘ ‚Ja‘, sagte die Mutter. ‚Es war Ende Oktober, ein paar von den Mimosen müssen schon geblüht haben.‘ Die Mutter sah Cremier nach. [...] ‚Es war schön hier, mein Junge, sehr schön, und es war richtig, daß wir hier waren. [...] Weißt du, es ist jetzt nicht mehr so schlimm, daß ich nicht weiß, wie er gestorben ist und daß wir sein Grab nicht finden konnten.‘ (FM 368 f.)

Hier klären sich mehrere zuvor nur angedeutete Aspekte der Handlung auf: Es wird deutlich, dass Klieber positive Erinnerungen an den Kommandanten hören möchte, aber auch, dass die lokale Bevölkerung diesen nicht vorbehaltlos geschätzt zu haben scheint. Er scheint, den Aussagen Cremiers zufolge, zwar klug und vernünftig gewesen zu sein, aber allem Anschein nach auch streng, und er habe sich durchaus am Krieg beteiligt. Ganz am Schluss der Erzählung wird schließlich relativ explizit, was die ganze Handlung bereits nahe gelegt hatte, wenn die Mutter sagt, sie könne nun damit abschließen, dass sie das Grab des Vaters nicht gefunden hätten: Der Vater ist im Krieg verstorben, und das Interesse der beiden Hauptfiguren am Kommandanten deutet stark darauf hin, dass er der besagte Kommandant der Insel gewesen ist, über den Klieber mit dem Deutschen und mit Cremier gesprochen hat.

Dieser Schluss ist im Text als eine Art Pointe konstruiert, nachdem vorher viel Spannung aufgebaut worden ist. Trotz dieser halben Auflösung bleiben aber auch viele Fragen offen. Es wird nicht explizit gesagt, wo die Erzählung spielt, es wird nicht klar, wieso die Mutter die Briefe ihre Mannes im *Gefängnis* gelesen hat, wie nur an einer einzigen Stelle am Rande bemerkt wird (vgl. FM 367), warum sie nach einer spezifischen Auberge suchen („Da ist das Haus. Es stimmt – es ist wieder eine Auberge, und man kann hinein", ebd.) und dort gerade mit diesem Cremier ins Gespräch kommen wollen. Wer ist er, dass der Vater so ausführlich von ihm berichtet hat? Und wieso wird erst am Schluss klar, dass Cremier wohl auch Deutsch verstanden hätte, wozu dieses bedeutungsschwanger platzierte Detail? All das wird nicht aufgelöst, und auch die im Folgenden vorgenommene Analyse kann, wie bereits vorwegzunehmen ist, sie nicht in jedem Detail auflösen; es soll aber zuletzt eine Deutung vorgeschlagen werden, die diese unauflösbaren Anspielungen als solche einordnet.

Historische Verortung

Eins von wenigen Dingen, die sich mit Sicherheit feststellen lassen, ist, dass es sich bei der Erzählung *nicht* um einen einfachen autobiografischen Bericht handeln kann. Wie der Protagonist im Gespräch auf der Fähre sagt, war er nämlich um das Ende des Kriegs herum erst vierzehn Jahre alt; er müsste also ungefähr Jahrgang 1931 oder 1932 sein, was deutlich von Ferbers Jahrgang (1919) abweicht. Da an derselben Stelle gesagt wird, 1943 sei 17 Jahre her (FM 366), lässt sich darüber hinaus immerhin das Jahr der Handlung – 1960, also das Jahr, in dem Ferber auf der Gruppentagung gelesen hat – ableiten.

Weniger einfach ist es zwar, den ungenannt bleibenden Ort der Erzählung zu identifizieren; tatsächlich genügen aber die vagen Hinweise dennoch, damit ein Handlungsort sehr wahrscheinlich wird: Mehrere Indizien im Text weisen auf die oft so genannte „Mimoseninsel" Île d'Oléron hin, die im Atlantik liegt und der Stadt La Rochelle vorgelagert ist. Wenn man erst auf dieser Spur ist, ist bemerkenswert, wie genau die Details der Erzählung mit verschiedenen Details der Insel übereinstimmen: Schon der Titel der Erzählung benennt die Mimosen, über die die Mutter dann auch mit Cremier ins Gespräch kommt (vgl. FM 367 f.). Der zweite Übername der Île d'Oléron ist „Oléron la lumineuse", also ungefähr „die Erleuchtete", da der französische Schriftsteller Pierre Loti (1850–1923) in seinem Werk ihr besonderes und helles Licht beschrieben hat.[654] In Ferbers Erzählung wird ein solches Licht bereits im ersten Dialog der beiden Hauptfiguren beschrieben: „„Es ist plötzlich alles so hell' [...] ‚Das ist oft so, wenn man auf die Küste zukommt. Es kommt vom Wasserdunst in der Sonne.' ‚Ich weiß, mein Junge. Vater hat von all diesen Dingen in seinen Briefen geschrieben.'" (FM 365) Und einen „Leuchtturm an der Westspitze" (FM 366), von dem der Deutsche auf dem Schiff erzählt, gibt es ebenfalls auf der Île d'Oléron; bereits seit 1836 befindet sich am westlichen Ende der Insel der „Phare de Chassiron".

Am wichtigsten sind aber die historischen Parallelen zwischen den erzählten Fakten in Ferbers Erzählung und der Geschichte der Île d'Oléron im Nationalsozialismus. Die Insel war zusammen mit der vorgelagerten Stadt La Rochelle einer der letzten Bastionen der Nationalsozialisten in Frankreich. Bis heute wird dieser Teil des ‚Atlantikwalls' der Nationalsozialisten als „Festung"

---

654   Vgl. z. B. die Internetseite der Insel (online: https://www.oleron.fr/ile-oleron-lumineuse-2292.html [Abruf 25.04.2018]).

bezeichnet;[655] sie blieb auch nach der *Operation Overlord* noch bis Kriegsende als eine der wenigen deutschen Enklaven bestehen. Eine Aussage der Figur Klieber in Ferbers Erzählung dürfte genau darauf anspielen. Als die Mutter enttäuscht ist, wie nah die Insel am Land sei, erwidert er: „Eine einsame Festung war sie auch so" und „ärgerte sich darüber, daß seine Stimme heiser klang." (FM 365) Sowohl diese Bezeichnung als Festung wie auch das der Erzählung eingeschriebene Datum, der Kommandant habe „Ende Oktober" entschieden, die Insel nicht zu verteidigen, (FM 369) und sogar, dass das überraschend gewesen sei, weil er „hart" und ein „richtiger Kommißkopf" gewesen sei – all das berichtet wie beschrieben der Deutsche, mit dem Klieber auf der Fähre ins Gespräch kommt (FM 366), entsprechen in den Grundzügen der Geschichte der Île d'Oléron.

Tatsächlich ist noch fünfzig Jahre später – in einem Artikel in der *Zeit* aus dem Jahr 1994 anlässlich des Jubiläums der Alliiertenlandung – die Rede davon, dass der Kommandant über „La Rochelle, La Pallice mit Hafen und U-Bootbunker sowie die Inseln Ile de Ré und Ile d'Oléron"[656], nämlich Vizeadmiral Ernst Schirlitz, als besonders „harter, energischer Mann"[657] gegolten habe. Ihm war am 20. August 1944 nach der Landung der Alliierten das Kommando übertragen worden, weil sein Vorgänger, ein 64-jähriger Oberst, als „zu krank und außerdem als zu empfindlich gegolten hatte", wie der Historiker Schroth zusammenfasst.[658] Im *Zeit*-Artikel sind die aufwändigen Bemühungen des französischen Capitaine de Fregatte Hubert Meyer beschrieben, die nötig waren, um Schirlitz zu einer Unterschrift auf der Konvention zu bringen, die besagte, dass „im Falle von Kampfhandlungen die Zerstörung der Hafen- und städtebaulichen Anlagen von La Rochelle/La Pallice zu vermeiden"[659] sei. Schließlich unterzeichnete Schirlitz aber am 20. Oktober 1944 tatsächlich die von Colonel Adeline am 18. Oktober aufgesetzte Konvention[660] – also genau wie bei Ferber (FM 369) Ende Oktober.

‚Moral der Geschichte'?
Die Parallelen zwischen der Fiktion und den historischen Gegebenheiten auf L'Oléron reichen also bis in die Details. Bei allen Ähnlichkeiten zwischen der Erzählung und den historischen Fakten gibt es aber auch deutliche

---

655 Vgl. Giesen/Hobsch 2005, S. 456; Lotz 1994, S. 62; Hellwinkel (2012) spricht von einer der „letzten Bastionen" (ebd., S. 154).
656 Lotz 1994, S. 62.
657 Ebd.
658 Schroth 2016, S. 230.
659 Lotz 1994, S. 62.
660 Ebd.

Unterschiede und Unklarheiten, die nun verschiedene Lesarten der ‚Moral der Geschichte' ermöglichen. Die Handlung in der erzählten Gegenwart lässt sich weniger einfach als das Setting historisch einordnen, da der intern fokalisierte Protagonist, der auf der Suche nach seinem Vater ist, Klieber heißt. Nun gab es sogar mindestens zwei ranghöhere nationalsozialistische Politiker mit diesem Namen –[661] beide waren aber offenbar nicht auf der Île d'Oléron stationiert.

Da kaum eine andere Insel gemeint sein kann (auch keiner der beiden „Klieber" im Nationalsozialismus Befehlshaber einer vergleichbaren Insel gewesen wäre), könnte es sich also innerfiktional bei dem Kommandanten grundsätzlich *nicht* um den Vater des Protagonisten handeln, wenn man von einer historisch authentischen Wiedergabe der Geschichte der Île d'Oléron ausginge. Das würde aber die Frage aufwerfen, wieso die ganze Handlung offenbar auf die Bemerkung zuläuft, dank des Gesprächs mit Cremier sei es nicht mehr schlimm für die Mutter, dass man nicht wisse, wo der Vater beerdigt sei. Was für eine Funktion hätte dieser Vater gehabt und wieso hätten sich Klieber und seine Mutter denn immer nur für den Kommandanten interessiert?

Dass der Vater dennoch der Kommandant ist, ist auch deswegen weitaus plausibler, weil einige weitere zunächst verwirrende Randbemerkungen in der Erzählung nur so auflösbar sind. Die Mutter könnte ins Gefängnis gekommen sein (wie ja am Rande erwähnt wird, FM 367), weil der Vater sich innerfiktional entgegen dem Willen überzeugterer Nationalsozialisten kampflos ergeben hatte: Der Deutsche auf dem Schiff spricht davon, dass er in der Zeitung als „Verräter" bezeichnet worden sei und man von „Sippenhaft" gesprochen habe (FM 366). Dass die Mutter im Gefängnis seine Briefe „immer wieder" (ebd.) gelesen habe und bereute, dass sie sie nicht schon beim ersten Mal so genau gelesen und ausführlicher geantwortet habe, impliziert, dass sie erst gegen Ende des Kriegs inhaftiert worden war: Vorher wäre Gelegenheit dazu gewesen, nachher hatte sie keinen Kontakt mehr zu ihm.

Plausiblere Erklärungen für die Abweichung der Namen wären angesichts dessen die, dass der Kommandant der gesuchte Vater und Ehemann war, aber entweder innerfiktional Klieber statt Schirlitz heißt – oder dass der Sohn anders heißt als der Vater. Für Ersteres spricht zwar, dass es natürlich ein übliches Vorgehen fiktionaler Texte ist, die historischen Hintergründe abzuändern; dazu passen weitere Abweichungen wie die, dass das historische Vorbild im Jahr 1945 nicht starb (Ernst Schirlitz lebte 1893–1978) und eine Sippenhaft wegen seines Vertrags mit den Franzosen unwahrscheinlich ist, da er deutlich nach Abschluss dieses Vertrags, am 11.03.1945, mit dem Ritterkreuz

---

661   Rudolf Klieber (1900–1980), NSDAP-Politiker in Liegnitz; Guido Klieber (1898–1959),
        NSDAP-Politiker in Berlin.

für seine Treue ausgezeichnet wurde.[662] In dieser Hinsicht scheint also tatsächlich erzählerische Freiheit gewaltet zu haben, so dass auch eine Änderung des Namens nicht überraschen würde.

Andererseits stärkt die Bemerkung über die ‚Sippenhaft‘, der man anscheinend ausgesetzt gewesen sei, wiederum auch die letzte Variante, nämlich dass der Sohn (um eben dieser Sippenhaft zu entkommen) seinen Namen *geändert* hat. Das scheint auch angesichts der sonst so deutlichen und exakten historischen und geografischen Parallelen nicht unplausibel – und es würde mit der Biografie des Autors korrespondieren, der seinerseits seinen Namen von Seidel zu Ferber geändert hat. Der Nachname „Klieber" des Protagonisten – der ausschließlich bei diesem Nachnamen genannt wird – erinnert sogar klanglich entfernt an „Ferber". Wenn man diese Spur aufnähme, ließe sich die Erzählung auf einer Metaebene als eine Art Parabel darüber lesen, wie belastend es ist, von der historischen Schuld der Elterngeneration verfolgt zu werden, und wie verschiedene Gründe dazu führen können, dass man deren Geschichte etwas anders erzählt, als sie wirklich war.

Auch wenn es sich nicht um die einzige mögliche Lesart handelt, sollen die biografischen Hintergründe Ferbers und sein Umgang mit der NS-Belastung seiner Mutter Ina Seidel deshalb etwas genauer beleuchtet werden. Ausgehend davon kann gefragt werden, ob sich ein Anliegen zu persönlicher Exkulpation, wie es sich in diesen biografischen Fakten zeigt, denn auch in „Mimosen im Juli" niederschlägt und wie dieses sich zur kollektiven Aufarbeitung deutscher Schuld und der Opfer des Nationalsozialismus im Text verhält.

1.2.2   Exkurs: Georg Seidel alias Christian Ferber in der Autobiografie
         Ein Buch könnte ich schreiben (1996)

Wie bereits im ersten Teil der Studie gesehen, war Christian Ferbers Mutter Ina Seidel besonders vor Kriegsbeginn 1939 eine begeisterte Anhängerin des Nationalsozialismus.[663] Sie stand auf Hitlers „Sonderliste der sechs wichtigsten Schriftsteller der Gottbegnadeten-Liste"[664] und hatte Hitler-Oden geschrieben; wegen ihrer „Hitlerhuldigung" sei sie sogar in Anspielung auf ihr Hauptwerk *Das Wunschkind* (1930) „Glückwunschkind" genannt worden.[665] Als Georg Seidel geboren, wehrte sich Ferber nun zeitlebens gegen die Unterstellung, er sei ebenjenes ‚Wunschkind‘ aus dem Roman,[666] und distanzierte sich seit der

---

662 Vgl. Fellgiebel 2003, S. 307.
663 Vgl. Kap. 3.3.1 in Teil I der vorliegenden Studie.
664 Vgl. Klee 2009, S. 507.
665 Ebd., S. 507 [im Original kursiv].
666 Er erinnert sich an den jungen Georg Seidel (von dem er ähnlich wie Grass in *Beim Häuten der Zwiebel* in dritter Person schreibt): „Sehr peinlich ist es Georg stets gewesen,

unmittelbaren Nachkriegszeit auch durch verschiedene Pseudonyme.[667] Im Kreis der Gruppe 47 trat er ausschließlich als „Christian Ferber" auf,[668] und das Pseudonym setzte sich so deutlich durch, dass Ferber sogar als Verfasser der Autobiografie *Ein Buch könnte ich schreiben. Die autobiographischen Skizzen Georg Seidels (1919–1992)* (1996) angegeben ist.

Wie noch in ebenjenen späten autobiografischen Aufzeichnungen deutlich wird, hat Ferbers Abwehr, mit seiner Mutter identifiziert zu werden, aber kaum daran gelegen, dass er sich hinsichtlich ihrer NS-Vergangenheit von ihr distanzierte. Eher scheint es sich um eine Strategie gegen entsprechende Zuschreibungen von außen und nicht zuletzt einfach gegen die Erwartungen, die an den berühmten Namen geknüpft waren, gehandelt zu haben: Ferber selbst erklärt seine Namensänderung damit, es sei eine Pseudonym-Spielerei gewesen, die wie bei vielen anderen Autoren das Schreiben habe erleichtern sollen, und es habe schon fünf Autoren mit dem Namen Seidel gegeben.[669] Sein Freund Erwin Wickert schreibt im Nachwort zu Ferbers Autobiografie, Ferber habe mit seinem ersten Pseudonym in den 50er Jahren „aus dem Schatten der bewunderten und verehrten Mutter" treten wollen, von der er „sich nur

---

wenn dieser Buchtitel ihm aufgenötigt wurde als Bezeichnung seiner Person. Selbst ein sonst gescheiter Mann wie Verleger Ledig-Rowohlt hielt das für goldenen Humor. Er ist das Wunschkind, hat er gesagt und Georg präsentiert [...]. Georg schäumte still vor sich hin." (Ferber 1996, S. 18.)

667   Wie bereits weiter oben erwähnt, veröffentlichte er auch unter den Pseudonymen Simon Glas und Lisette Mullère und trat meistens als Christian Ferber auf.

668   Ferbers Geburtsname erscheint weder in den Biogrammen der wichtigsten Anthologien (Richter 1962c, Neunzig 1983, T. Richter 1997) noch in den bei Lettau (1967) dokumentierten Tagungsberichten. Im *Almanach* wird das Verwirrspiel noch weiter getrieben, indem im Biogramm beim Namen Christian Ferber auf den Eintrag zu „Simon Glas" verwiesen wird, auch dort ist aber der Geburtsname Seidel nicht erwähnt. Obwohl wohl alle engeren Bekannten Bescheid wussten, fand so doch für Außenstehende eine durchaus ‚ernsthafte' Übernahme der anderen Identität statt, die einige Parallelen zu der Verschleierung der Vergangenheit zeigen, wie sie bei anderen Gruppe-47-Mitgliedern wie Grass, Andersch oder Walser in jüngeren Jahren kritisch zum Thema wurde. Womöglich lag das daran, dass man sich in der öffentlichen Positionierung der Gruppe 47 eben doch lieber von dem Namen der NS-Autorin distanzierte? Privat äußerte man zwar wie im Konflikt mit Kesten gesehen Verständnis für Ferbers Verteidigung der Mutter, aber in Bezug auf die Öffentlichkeit könnte es sich um ein ähnliches Prinzip der Wahrung der kollektiven Gruppenintegrität handeln wie beim weiter oben beschriebenen Umgang mit Rolf Schroers' betrunkener Aussage, er sei an der Ermordung einer Geisel beteiligt gewesen – ob er es getan habe oder nicht, müsse er mit sich selbst ausmachen, aber dass er sich dessen öffentlich bezichtigt habe, habe ihn für den öffentlichen ‚moralischen Kampf' untauglich gemacht, wie Richter schrieb (vgl. Kap. 3.3.2 in Teil I der vorliegenden Studie).

669   Vgl. Ferber 1996, S. 159.

schwer [...] lösen" habe können: Er habe auch nach seiner Heimkehr aus der Kriegsgefangenschaft noch lange in ihrem Haus gewohnt und ihr ‚gedient‘, „es bereitete ihm Schmerzen, sich zu emanzipieren, sie zurückzulassen [...]."[670] In diesem Sinne arbeitete Ferber auch wirklich bis zuletzt an der Erinnerung seiner Mutter, gab im Jahr 1980 ihre „Monologe, Notizen, Fragmente" (*Aus den schwarzen Wachstuchheften*) heraus und setzte sich für sie ein, wenn sie in Kritik geriet.[671]

Auch in der posthum erschienenen Autobiografie äußert sich Ferber an keiner Stelle kritisch über Ina Seidel; vielmehr betont er gerade in den Stellen über die Zeit vor und während des Nationalsozialismus dezidiert viele gute Taten der Mutter.[672] Dieses so deutliche Ansinnen, Seidels Gedenken trotz ihrer massiven ideologischen Verstrickung aufzuwerten, legt nahe, genauer zu beleuchten, wie denn in Ferbers Texten mit dieser Ideologie umgegangen wird. Ist das private Anliegen, die Biografie der Mutter aufzuwerten, mit Relativierungen in Bezug auf den Nationalsozialismus verknüpft? Es dürfte schwierig sein, dies ohne solche Relativierungen zu erreichen, wie sich ja bereits im weiter oben beschriebenen Konflikt mit Kesten gezeigt hat,[673] in dem Ferber Kesten der Lügen bezichtigte, weil dieser ein – tatsächlich ideologietriefendes – Gedicht Ina Seidels als „nationalsozialistische Abscheulichkeiten"[674] beschrieben hat.

Zumindest in der Autobiografie wird ebenfalls relativ deutlich, dass die ‚eigene‘ moralische Position nicht zuletzt auch auf Kosten der historischen Gerechtigkeit für die Opfer des Nationalsozialismus' gestärkt wird. So impliziert Ferber immer wieder wider alle historische Plausibilität, der Holocaust sei der Bevölkerung verborgen geblieben, und schreibt explizit: „Nein, wir haben wirklich fast nichts gewußt."[675] Er hat in den 30er und 40er Jahren in Berlin

---

670 Wickert 1996, S. 251.

671 So im Konflikt mit Hermann Kesten; vgl. Kap. 3.3.1 in Teil I der vorliegenden Studie.

672 So habe sie sich für ihn als Kind entschieden trotz bekannter Lebensgefahr bei der Geburt (vgl. Ferber 1996, S. S. 19 f.); zeigt sich entsetzt, als das Dienstmädchen zu viel arbeitet (vgl. ebd., S. 31); ist eine liebende Schwester, die für ihren gestorbenen Bruder vieles auf sich nimmt (vgl. ebd., S. 69–73); eine liebende Mutter, die ihren Sohn sehr wertschätzt (vgl. ebd., S. 82); sie lehrt ihn, „daß Bettler Menschen sind, die nichts zu essen haben und denen man helfen muß, wenn es geht" (ebd., S. 39); und sie lässt ihm alle Freiheiten in Bezug auf seinen Lebensentwurf (vgl. ebd., S. 89).

673 Vgl. Kap. 3.3.1 in Teil I der vorliegenden Studie. Hier sagt Ferber auch explizit, dass er kein ethisches Verschulden seiner Mutter sehe, was die Behauptung stützt, dass seine Namensänderung nur gegen ‚außen‘ wichtig war.

674 Kesten 1960, S. 16; vgl. Cofalla 1997b, S. 337. Auszüge aus dieser Hitler-Ode Seidels; vgl. Kap. 3.3.1 in Teil I der vorliegenden Studie.

675 Ferber 1996, S. 100.

studiert, behauptet aber, von den Novemberpogromen 1938[676] nicht mehr
mitbekommen zu haben als eine einzige – ausgerechnet von einer „andere[n]
Stimme"[677] gestellten – Frage an ihn: „San Sie a Jud?"[678] Sein einfaches und vor-
lautes „Nein [...] – Und Sie?"[679] genügt, damit er wieder in Ruhe gelassen wird,
was natürlich nicht zuletzt impliziert, diese Reaktion wäre auch für andere ein
gangbarer Weg gewesen, antisemitischen Übergriffen zu entkommen.

Auch vom Antisemitismus in der Bevölkerung habe er, so gibt er in demselben Text an, nichts mitbekommen:

> Viele Gelbe Sterne sind mir nicht begegnet. Den ersten habe ich [...] gesehen
> auf einem Volksfest zu Bruyères in den Vogesen. Er war an dem Rock eines alten
> Herrn, der nicht am Vergnügen teilnahm; jedermann machte ihm höflich Platz
> auf seinem Weg, und dann dankte er. In diesem Spätsommer 1942 wurde auf
> viele Wagen der Wehrmacht per Folie ein großes V gepinselt und dazu die In-
> schrift *Victoria! Deutschland siegt an allen Fronten!* Churchills Zweifinger-V sollte
> das ausgleichen. Mir war es peinlich.[680]

Dass diese beiden Informationen im selben Abschnitt stehen, ergibt Sinn,
wenn man sie aufeinander bezieht: Die Juden waren mit einer Markierung
stigmatisiert, das habe man aber kaum mitbekommen, ‚ich habe nur Höflichkeiten mitbekommen' – und ‚wir, wir waren ebenfalls mit einer Markierung
stigmatisiert, die war peinlich'. Dass er an dieser Stelle der Sicht des jungen
Soldaten verhaftet bleibt, ändert nichts daran, dass diese Art der Erinnerung
der erinnerten Situation von den 90er Jahren aus nicht mehr gerecht wird.[681]

Die Formulierung, ‚wir' hätten ‚wirklich nichts gewusst', verweist zunächst
wieder darauf, dass die ‚Führerbegeisterung' der Mutter und die eigene Rolle als
Soldat durch das Unwissen über den Holocaust relativiert werden soll. Durch
die Ausweitung seiner Beispiele auf die ganze Bevölkerung, von der er nur
Höflichkeiten gegenüber Juden mitbekommen habe, kommt aber auch ein all-
gemeinerer Aspekt hinzu, der für die vorliegende Studie interessanter ist: Diese

---

676 Vgl. ebd., S. 99 f.
677 Ebd., S. 98 [Hervorhebung N. W.].
678 Ebd., S. 99.
679 Ebd.
680 Ebd., S. 114 [Hervorhebung im Original].
681 Vgl. dazu Bogdal 2017, der kritisch auf Walsers Beharren darauf hinweist, dass, wie er ihn
     paraphrasiert, das gegenwärtige Wissen „die Erinnerung – obwohl sie in der Zeit des Er-
     innerns stets nur eine gegenwärtige sein kann – nicht verändern dürfe." (Ebd., S. 236.)
     Walser schreibt in diesem Sinne, was auch aus Ferbers Erinnerungen spricht: „Die Er-
     innerung ist nicht davon abzubringen, daß die Jugend das Beste gewesen sei. Auch wenn
     diese Jugend stattfand zwischen 1933 und 1945 in Deutschland." (Walser 1998, zit. n.
     Bogdal 2017, S. 236.)

apologetische Darstellung wertet alle deutschen ‚Mitläufer' rückblickend auf. Und hierbei fällt in der Autobiografie nun gerade die Koppelung der Identitätskonstruktion mit Moral sehr stark auf. Implizit schon in der beschriebenen übermäßig positiven Zeichnung der deutschen Tätergemeinschaft, aber viel deutlicher noch darin, dass ein ‚guter' Charakter und Verführtwerden vom Nationalsozialismus mehrfach explizit kurzgeschlossen werden: Wie bereits beschrieben werden der gute Charakter und die menschliche Haltung der Eltern stark betont, während mit keinem Wort ihre rechtskonservative Überzeugung und Führertreue bereits im Jahr 1933 erwähnt werden.

Und es gibt gleich zwei weitere Figuren im Text, die als außergewöhnlich ‚gutartige' Menschen eingeführt werden und sich später als glühende Nazis entpuppen.[682] Einerseits einer seiner Feldwebel, ein Berufssoldat mit einer Menge „Fanatismus", der aber „ursprünglich gutartig gewesen" und *gerade deswegen* besonders unangenehm sei.[683] Andererseits eine Figur mit dem Namen „Walthari", die richtiggehend als Instanz eingeführt wird: „Er ist gefallen, *er ist ein guter Mensch gewesen*, ich nenne ihn Walthari. Ein Rätsel hat er mir aufgegeben, das ich nie ganz habe lösen können."[684] Später wird klar: Dieser Bekannte war lyrisch begabt, er war schlagfertig, er hat ironische Texte über den Nationalsozialismus geschrieben – und plötzlich hätten sie anscheinend aufgehört, ironisch zu sein:

> Noch immer haben die Begeisterungstöne bestechend schwachsinnig sich angehört, aber dem Walthari klangen sie gar nicht mehr humoristisch. Sie waren echt geworden. Sie kamen aus dem Herzen, wie man sagt. Anzubeten begann Walthari, was er ausgespottet hatte.[685]

An derselben Stelle wird über den ehemals engen Freund dieses Waltharis, der dagegen „Sohn eines jüdischen Gelehrten"[686] gewesen ist und sich demensprechend von Walthari distanziert hat, gesagt: „Auch jener ist gefallen

---

682   Einen weiteren Bruder im Geiste haben diese beiden Figuren in Ferbers Erzählung „Kalendergeschichte" aus dem Jahr 1963, in der die Figur „Johannes Puls" als besonders moralische Person, einer, der „niemals an sich selbst, sondern nur an die Mitmenschen" dachte (ebd., S. 131), eingeführt wird und sich gerade deswegen vom Nationalsozialismus ‚verführen lässt', der „das Dienstbare in Johannes Puls noch fruchtbarer" gemacht habe (ebd., S. 133). Er bewirkt später den Tod eines Mannes im Krieg, weil er ihn durch seine gut gemeinten Besuche verrät, schläft dann aus Mitleid quasi ‚versehentlich' mit dessen Witwe, wodurch er sie und seine eigene Frau ins Elend stürzt – und alles geschieht der Erzählung zufolge gerade weil er so gut ist und es allen recht machen will.
683   Ferber 1996, S. 109: „Das ergibt eine besonders unangenehme Mischung."
684   Ebd., S. 85 [Hervorhebung N. W.].
685   Ebd., S. 86.
686   Ebd.

im Krieg".[687] Ihm bleibt nicht nur die ‚Gutartigkeit' vorbehalten, die dem Nationalsozialist zugeschrieben wird, sondern in dieser Aussage werden auch Holocaust und soldatische Opfer kurzerhand gleichgestellt.

1.2.3   Subtext: Moraldiskurse und Identität in „Mimosen im Juli"
Angesichts der Relativierung von nationalsozialistischer Schuld in Ferbers Autobiografie soll nun der Blick wieder zurück auf die Erzählung „Mimosen im Juli" gerichtet werden, um danach zu fragen, ob auch hier die private Schuldabwehr mit einer darüber hinausgehenden Abwertung der fremden Opfererfahrungen und kollektiven Aufwertung der deutschen Bevölkerung einhergeht. Zeigen sich die weiter oben unterschiedenen Arten der Dichotomisierung von moralischer Relevanz in Bezug auf Mitgefühl und Deutung sowie der Dichotomisierung von Tugendhaftigkeit auch in der *Almanach*-Erzählung?

Moralische Relevanz: Opferkonkurrenz und Deutung
Auch ohne historisches Hintergrundwissen fällt bereits auf, dass in „Mimosen im Juli" französische und deutsche Opfer des Nationalsozialismus gegeneinander gestellt werden. Die französischen Opfer werden gleich am Anfang der Erzählung erinnert, als die Mutter sich nach Tafeln am Wegrand erkundigt und Klieber erklärt: „‚Gedenktafeln. Für Franzosen, die an dieser Stelle gefallen sind. Oder hingerichtet.' ‚Das ist wahrscheinlich eine gute Sitte', sagte die Mutter." (FM 365) Der letzte Satz der Mutter in der Erzählung enthüllt, dass der gesuchte Vater *keine* Gedenktafel hat und man nicht weiß, wo er begraben ist. Indem die Erzählung von diesen beiden gegensätzlichen Beschreibungen gerahmt wird, wobei die Deutschen, wie sich als ‚Pointe' herausstellt, deutlich schlechter dran sind, scheint durchaus eine Opferkonkurrenz auf, in der das ‚andere' Leid im Vergleich mit dem ‚eigenen' als weniger schwerwiegend erscheint.[688] Im Gespräch auf der Insel klingt ebenfalls in diesem Sinne an, dass die Familie ‚doppelt' zum Opfer wurde: Die Mutter war wegen ‚Sippenhaft' im Gefängnis, weil der Kommandant der Insel sie kampflos übergeben hat, trotzdem wird sein Andenken von der lokalen Bevölkerung, die er damit offenbar schützen wollte, nicht geehrt.
     In der oben zitierten Szene, in der Mutter und Sohn über die Gedenktafeln für die Franzosen sprechen, klingt zudem eine partikulare Unterscheidung moralischer Zuständigkeit schon darin an, dass die beiden zwar Verständnis haben, aber sich ganz selbstverständlich keine konkrete Bewertung ‚anderer

---

687   Ebd.
688   Vgl. Kap. 3 im vorliegenden Teil II der Studie.

Sitten' erlauben, wie in ihrer Einigkeit, dass es „wahrscheinlich" eine „gute Sitte" sei (ebd.), deutlich wird. Dieser Vorstellung entspricht auch der Anlass der Reise: Die beiden wollen sich *vor Ort* ein Bild davon machen, was genau geschehen ist; sobald sie dort sind, erscheint ihnen (trotz der wie gesehen sehr spärlichen zusätzlichen Informationen) alles klarer; worin die Vorstellung mitschwingt: Erst wer *in persona* an einem Ort war, kann eine Situation richtig deuten. Die Erzählung ist so aufgebaut, dass das als eine Art Fazit stehen bleibt: ‚Jetzt, wo ich da war, bin ich beruhigt'.

Dieser Eindruck wie auch die in der Figurenrede aufgebrachte implizite Wertvorstellung, dass nur Beteiligte Urteile zu fällen hätten, werden vor allem durch die dezidiert rätselhafte Machart des Texts gestützt; nämlich durch die Tatsache, dass eine Vielzahl seiner Anspielungen für nicht ‚Dabeigewesene' unverständlich bleiben muss und vor allem vor dem Zeitalter des Internets nur mithilfe zusätzlicher Kenntnisse aufgeschlüsselt werden kann: Anders als intertextuelle Verweise oder philosophische Theorien sind hier Verweise verarbeitet, die (vor der Möglichkeit, zahlreiche Stichworte kombiniert bei Google einzugeben) kaum nachschlagbar gewesen wären. Diese Beobachtung ist für sich genommen wenig interessant, da das Phänomen aber in so vielen Texten der Gruppe 47, und zwar *gerade* der ‚Dabeigewesenen' und *gerade* in Kriegserzählungen vorkommt und so eng mit der Vorstellung der Erlebnisgemeinschaft verknüpft ist, wird es später noch genauer beleuchtet.[689]

Tugend

Am deutlichsten wird in Ferbers Erzählung das Wechselspiel zwischen der literarischen Konstruktion von guten Deutschen im Nationalsozialismus und Missachtung des ‚fremden Leids' nun aber angesichts eines Abgleichs mit den historischen Fakten, der vor allem hinsichtlich der dritten Variante einer Verknüpfung von Moral und Identität relevant ist: Die moralische Tugendhaftigkeit des ‚Eigenen' wird in ein deutlich besseres Licht gerückt, als das die historischen Fakten eigentlich erlauben. Bereits indem der Kommandant der ‚Mimoseninsel', der außerliterarisch als Kommandant Schirlitz aufgelöst werden kann, als einigermaßen *vernünftiger* Deutscher installiert wird, findet nämlich bereits eine an Leugnung grenzende Verschiebung statt.

Zwar sagen beide innerfiktionalen Quellen, nämlich der Deutsche auf dem Schiff und der Franzose Cremier, der Kommandant sei hart gewesen, ein richtiger Militarist (vgl. FM 366), und Krieg sei schließlich überall gewesen (vgl. FM 368). Wie beschrieben umschreibt Klieber diese Auskunft für seine Mutter zum Bericht, der Kommandant sei von allen geliebt worden und habe

---

689 Vgl. Kap. 3.4.2 im vorliegenden Teil II der Studie.

die französische Bevölkerung schützen wollen. Dass in dieser Weise eine apologetische Darstellung vom Text selbst ausgestellt wird, erweckt den Eindruck,
hinter dem Rücken der Mutter arbeite der Text die ganze Wahrheit auf. Aber
angesichts der historischen Fakten ist diese innerfiktionale Verschiebung
nun in Wirklichkeit gar nicht groß, und es handelt sich auch bei der scheinbar schonungslosen Variante, die Klieber seiner Mutter nicht zumuten will,
keineswegs um die ‚wahre‘ Wahrheit bzw. um eine ‚echte‘ Aufarbeitung: Der
reale Schirlitz gilt nämlich anders als in der Erzählung dargestellt, wie abschließend etwas genauer ausgeführt werden soll, als besonders ‚fanatischer‘
Nationalsozialist, als fast lächerlich ‚führertreu‘ bis zum allerletzten Ende.

In diesem Zusammenhang zeigt sich nun in beiden Varianten der Geschichte, die Ferbers Erzählung anbietet, geradezu eine Umkehr von Tätern
und Opfern: Das besagte Abkommen von Ende Oktober, die Insel nicht zu
zerstören (aufgrund dessen der Kommandant in Ferbers Geschichte von den
Nationalsozialisten als „Verräter“ gebrandmarkt wird), gibt es tatsächlich, aber
der Grund dafür, dass es ausgearbeitet wurde, ist das Gegenteil dessen, was
die Erzählung auch in der ‚ungeschönten‘ Version impliziert. Gerade weil sich
Schirlitz anders als die meisten Kommandanten am ‚Atlantikwall‘ nicht ver-
treiben ließ, war das Abkommen die einzige Lösung, die man vonseiten der
französischen Befehlshaber sah;[690] vonseiten der Deutschen war es dagegen
weniger ein Nachgeben als ein Mittel zum Zweck, die Besetzung noch länger
durchzuhalten.[691] Wegen der Führertreue Schirlitz' wird die Insel sogar in Anspielung auf Asterix und Obelix als „letzte Garnison unentwegter ‚Boches‘“
beschrieben, die als allerletzte noch ausharrten und Widerstand leisteten.[692]
Und anders als in der Umgebung wurde gerade hier bis zuallerletzt gekämpft:

> Als Adolf Hitler am 30. April im Bunker unter der Reichskanzlei endlich
> seinem Leben ein Ende setzt, toben auf der Ile d'Oléron noch Kämpfe. Um
> Schirlitz' Truppen in La Rochelle zu binden, greift ein französisches Kommando

---

690   Lotz 1994: „[D]ie Verbindungen zur Heimat sind so gut wie abgeschnitten. Und was über
      Funk zu erfahren ist, läßt selbst die Optimisten verzweifeln. Trotzdem lehnt Vizeadmiral
      Schirlitz ein letztes Angebot ab, das Fregattenkapitän Meyer im Auftrag von General
      Larminat unterbreitet: Rückzug aus La Rochelle auf ein Gebiet, das die Ile de Ré und
      einen Teil von La Pallice (mit Hafen) umfassen soll. Auch jetzt noch kann der Deutsche
      mit seiner Drohung, die Hafenanlagen von La Rochelle zu sprengen, den Gegner in
      Schach halten." (Ebd., S. 62.)
691   Der *französische* Kommandant war es, der damit den Respekt seiner Soldaten einbüßte;
      vgl. ebd.
692   Vgl. Giesen/Hobsch 2005, S. 456.

die Inselgarnison an. Noch einmal werden Menschen geopfert. Allein auf französischer Seite zählt man an diesem Tag zwölf Tote und fünfzig Verwundete.[693]

Ein Ausnahmefall ist der Kommandant der „Mimoseninsel" mit seinem Abkommen also nicht wegen seiner Nachgiebigkeit, sondern wegen seiner Radikalität. Noch im Januar 1945 wurde der neueste Film Veit Harlans über dem eingekesselten Gebiet um La Rochelle zur Premiere abgeworfen, zur Belohnung, um den Durchhaltewillen der dort stationierten Soldaten zu stärken.[694] Noch im März 1945 machte Schirlitz 250 Gefangene, erregte dadurch die Aufmerksamkeit Goebbels' und wurde im selben Monat mit dem Ritterkreuz ausgezeichnet.[695] Und selbst als längst alles verloren galt, bestand Schirlitz in einer, wie Lotz schreibt, „Perversion dieser militärbürokratischen Korrektheit"[696] darauf, seine Niederlage nicht vor der offiziellen Kapitulation des Deutschen Reiches einzugestehen – tatsächlich gilt die Insel erst am 9.5.1945, also sogar einen Tag nach der offiziellen Kapitulation und nach monatelangen lokalen Kämpfen, als ‚kampflos gefallen'.[697]

Schlüsse

Diese historischen Verschiebungen können zunächst auf die bereits angedeutete biografische Lesart der Erzählung bezogen und damit gedeutet werden, dass Ferbers Beziehung zu seiner Mutter im Text aufgearbeitet wird: Wenn man um die ‚wahren' Fakten weiß, ist es ein besonders treuer, besonders NS-begeisterter Vater, für dessen Andenken die Figur Klieber lügt. Auch Ina Seidel war wie gesehen besonders ‚führertreu'; und die Erzählung entschuldigt nun den Sohn, der für das Gedenken des Elternteils lügt. In diesem Kontext könnte auch der erst im Nachhinein von Klieber erkannten Tatsache, dass Cremier wahrscheinlich Deutsch versteht (vgl. FM 369), noch eine Funktion im Text zugeordnet werden: Womöglich hat Cremier schnell verstanden, dass es sich bei den beiden Gästen um Angehörige des Kommandanten handelt, da er ja die Lüge des Sohns mitbekommen hat. Cremier wird als

---

693 Lotz 1994, S. 62.
694 Giesen/Hobsch, S. 456.
695 Lotz 1994, S. 62.
696 Ebd.
697 Ebd.: „Die Perversion dieser militärbürokratischen Korrektheit beschert allen noch einmal spannungsreiche Tage. Unter den französischen Militärs gibt es nicht wenige, die einen Sieg ohne Schlacht nur schwer mit ihrer Berufsehre in Einklang bringen können. Die Bevölkerung ist kaum mehr im Zaum zu halten. Sie schmückt die Straßen von La Rochelle mit der Trikolore. Da aber der Kapitulationsakt noch nicht vollzogen ist, bleiben auch die deutschen Hakenkreuzfahnen an den Masten. Ein kurioses Rendezvous feindlicher Symbole." Vgl. auch Giesen/Hobsch 2005, S. 456.

netter Mann beschrieben, sodass es sich auch bei seinen Aussagen schon um
ausgestelltermaßen beschönigte Erinnerungen handeln könnte. Dieser weitere
Dreh würde die Relativierung der Figur des Kommandanten durch den Text
wiederum leicht relativieren, da sie nun komplett auf die Ebene der Figurenrede verschoben wäre.

Selbst wenn diese Deutung mitschwingt, ist sie aber für ‚Nichtdabeigewesene'
kaum zu entschlüsseln. War die Identifikation der Insel ein Zufallsfund, der
im Zeitalter des Internets erleichtert wird, gibt es möglicherweise weitere
historische Hintergründe des Texts, denen die vorgestellte Lesart noch
nicht gerecht wird. So könnte auch die Figur des Auberge-Wirts Cremier ein
historisches Vorbild haben, das man als ‚Dabeigewesener' möglicherweise
leicht erkannte, da es in der NS-Propaganda omnipräsent war – wie das für
die Île d'Oléron ja wie gesehen gilt –, aber für ‚Nichtdabeigewesene' und aus
der zeitlichen Distanz kaum mehr zu entziffern ist. Um das erzählte Weltbild
im Subtext zu beschreiben, genügen die gefundenen Fakten *gerade* deswegen
bereits. Dass nur ‚Dabeigewesene', die der NS-Propaganda ausgesetzt waren,
die doppelte Hintergründigkeit der Relativierung des Vaters verstehen können,
entspricht der bereits beschriebenen Partikularisierung von Deutung: ‚Wir'
wollen unter uns entscheiden, was wirklich von diesem Kommandanten zu
halten ist. Mit Günter Grass hat der wohl wichtigste Gruppe-47-Autor überhaupt das in seinen Texten ganz ähnlich gelöst, und bei ihm wurde das nach
seinem ‚Waffen-SS-Geständnis' explizit damit in Zusammenhang gebracht,
dass nur die ‚Dabeigewesenen' nachsichtig gewesen seien.[698]

Auch die eingangs beschriebene Eröffnung einer Opferkonkurrenz und die
Relativierung der ‚wahren' historischen Schuld des Kommandanten werden
deswegen durch die Unklarheiten im Text nicht verunklart: Für den größten
Teil der nichteingeweihten Leserschaft wird die Geschichte des ‚Eigenen',
des Vaters, in einer Weise relativiert, dass schon fast von einer Leugnung gesprochen werden kann.[699] Und dieser Vater kann durch die historische Ent-
konkretisierung und durch die biografischen Bezüge auch allgemeiner für die
Schuld der ‚Elterngeneration' gelesen werden. Dadurch führt diese Aufwertung
im Sinne der binären Moralvorstellung einer ‚Sippenhaftung' auch zu einer

---

698   Grass' Waffen-SS-Vergangenheit soll den ‚Dabeigewesenen' bis in die 60er Jahre bekannt
        gewesen sein (vgl. Bigelow 2015, S. 423), dass er sie dennoch nur verklausuliert und so nur
        für ‚Eingeweihte' verständlich in seine Romane eingebaut hat, wird damit erklärt, dass
        diese – eben die ‚Dabeigewesenen' – darüber nicht entrüstet gewesen seien, weil sie sich
        noch erinnert hätten, wie junge Männer fast als Kinder und wenig freiwillig zur SS ein-
        gezogen worden seien (vgl. ebd., S. 423 f.). Vgl. dazu auch Kap. 3.4.3 im vorliegenden Teil II
        der Studie.

699   Vgl. dazu Kap. 2.2 im vorliegenden Teil II der Studie.

allgemeinen Relativierung der Schuld: ,Entweder werden alle oder niemand von uns moralisch verurteilt', deswegen muss aus dieser Sicht Beweis geführt werden, dass die NS-Taten der ,normalen' Deutschen gar nicht so schlimm waren. Und wie der Blick auf Ferbers 1996 veröffentlichte Autobiografie gezeigt hat, hat diese Sichtweise zumindest in seinem Werk große Beständigkeit.

1.3   Zwischenbilanz: Literarisierung von Diskursen partikularer Moral in der Gruppe 47?

In einer ersten Annäherung an das Untersuchungskorpus der wichtigsten Gruppe-47-Texte im *distant reading* konnten bereits verschiedene mögliche Verknüpfungen von dichotomen Konstruktionen und Moralvorstellungen identifiziert werden: In konkurrierenden Opfererzählungen, im Postulat einer Deutungshoheit durch ,Dabeigewesensein', in einer moralisierenden Rolle des Erzählers, in der (Nicht-)Darstellung des Holocaust und jüdischer Figuren, in der Darstellung fremder Figuren oder Figuren dezidiert ,guter Deutscher', auf der textstrukturellen Ebene in der manichäischen Strukturierung des Texts, in raumsemantischer oder sonstiger semantischer Auslagerung ,böser' Handlungen.

Diese Ergebnisse wurden wiederum auf das gesamte Korpus zurückbezogen, um einige ,Mustertexte' zu identifizieren, die hinsichtlich besonders vieler dieser Aspekte relevant zu sein scheinen. Alle vier Texte, die mehrere der häufigen Verknüpfungen von dichotomen Konstruktionen mit Moralvorstellungen zu enthalten scheinen, stammen tatsächlich auch von wichtigen Gruppenmitgliedern aus der Generation der ,Dabeigewesenen'. Es kann deswegen bereits als Ergebnis verzeichnet werden, dass der außerliterarisch betonte ,Geist' des Gruppe-47-Kerns, aus dem sich die Fragen an die Texte herleiten, tatsächlich mit dem ,Geist' der Texte selbst zu korrespondieren scheint.

Die exemplarische Lektüre eines dieser ,Mustertexte' hat einige spezifische Varianten verdeutlicht, wie ,die Anderen' auch in der literarischen Fiktion als moralisch weniger relevant oder weniger tugendhaft erscheinen, die für die genauere Untersuchung der entsprechenden Mechanismen in den nun folgenden Kapiteln noch einmal mit all ihren möglichen Implikationen zusammengefasst werden sollen:

- Ferbers Text zeugt insofern von vermindertem Mitleid gegenüber den ,Anderen', als der Text eine *Opferkonkurrenz* installiert: Er wird gerahmt von der Betonung, dass das verlorene Familienmitglied der deutschen, intern fokalisierten Figuren (die Angehörige der Tätergesellschaft sind) kein Grab bekommen hat, ,seine' Opfer, die gefallenen Franzosen, aber schon. Mit dem Verlust des Vaters, ,Sippenhaft' und Gefangenschaft erinnert die Opfererfahrung der Protagonisten und Reflexionsfiguren an diejenige der

vom Nationalsozialismus verfolgten Gruppen. Die ‚fremden' Opfer kommen
nur ganz am Rand durch die Gedenktafeln zur Sprache, es äußert sich
keine moralische Empörung gegenüber den ‚deutschen' Untaten an der
französischen Bevölkerung und die jüdischen Opfer des Nationalsozialismus spielen in der Fiktion gar keine Rolle. Diese Koppelung von Opfernarrativ und Opferkonkurrenz ist nun weniger als Einzelbespiel, aber durch
die Teilhabe an den entsprechenden sehr dominanten Nachkriegsdiskursen
problematisch und auch schon hinsichtlich einer Kontinuität nationalsozialistischer Ideologie – vor allem Antisemitismus – gut beforscht
worden. Auf dieses Phänomen, seine Ausprägung in weiteren Texten der
Gruppe 47 und mögliche Parallelen zu konkreten NS-Moraldiskursen wird
im nächsten Kapitel (2) dieser Studie genauer eingegangen.

– „Mimosen im Juli" ruft zudem auf zwei Ebenen das Konstrukt der überlegenen *Erlebnisgemeinschaft* auf, das insofern mit Moral verknüpft ist, als
aus dieser erwachsene moralische Deutungen bevorzugt werden: Einerseits
schlägt es sich in der Figurenrede nieder, indem die beiden Hauptfiguren
ganz dezidiert *kein* Urteil über ‚fremde Sitten' fällen wollen. Andererseits
klingt es implizit in Ferbers anspielungsreicher Schreibweise an, die einen
Ausschluss von Deutung ‚Nichtdabeigewesener' auf der formalen Ebene
bewirkt: Die Anspielungen können durch ‚intellektuelles' Wissen kaum gezielt aufgeschlüsselt werden und sind deshalb nur für diejenigen verständlich, die im Krieg der NS-Propaganda ausgesetzt waren. Auf die literarische
Verarbeitung einer Verknüpfung der Vorstellung einer exklusiven Erlebnisgemeinschaft mit Moralvorstellungen im und nach dem Nationalsozialismus wird im 3. Kapitel dieses Teils II der Studie genauer eingegangen.

– Eine Dichotomisierung von Zuschreibungen *moralischen Werts und Tugendhaftigkeit* äußert sich bei Ferber vor allem in der Aufwertung der deutschen
Tätergruppe; zwar wird bei Ferber kein typischer ‚guter Deutscher'
konstruiert – anders als in allen drei anderen ‚Mustertexten' von Schneider,
Mönnich und Lenz, wie noch zu zeigen ist –, hier wird aber ein fanatisch
führertreuer Kommandant zum einfachen Mitläufer ‚hinabgestuft'. Der
intern fokalisierte Protagonist wird zudem trotz autobiografischer Anspielungen zu einem ‚Nachgeborenen' gemacht, indem sein Jahrgang
gerade so viel von demjenigen Ferbers abweicht, dass er zu jung ist, um
im Krieg involviert gewesen zu sein, was seine Rolle als Instanz im Text
stärkt – da er wahrscheinlich Jahrgang 1931 ist, fällt er auch *tout juste* aus
derjenigen Altersgruppe, die für die vorliegende Studie als relevant klassi-
fiziert wurde.[700] Als Gegenstück dazu wird ‚das Böse' insofern ausgelagert,

---

700   Vgl. dazu Kap. 2.3.2 in Teil I der vorliegenden Studie.

als die Handlung zwar den Nationalsozialismus betrifft, aber gerade nicht in Deutschland stattfindet. Darauf wurde in der Analyse nicht eingegangen, weil es vor allem insofern bemerkenswert ist, als es auch in einer Mehrheit der anderen *Almanach*-Texte, die im Nationalsozialismus spielen, der Fall ist: Auf diese und weitere Varianten einer Dichotomisierung von Tugend wird im 4. Kapitel von Teil II genauer eingegangen.

Fast alle beschriebenen Arten, wie das ‚Eigene' hinsichtlich moralischer Aspekte auf- und das ‚Andere' und die ‚Fremden' abgewertet werden, scheinen nun zunächst dem Anliegen eines Bruchs mit dem Nationalsozialismus zu entspringen und dennoch gerade darin quasi eine Kontinuität zu bewirken: Gewissermaßen löst sich darin außerliterarisch tatsächlich, wie Lorenz und Pirro in ihrem Band zum „Wendejahr 1959" als Hypothese formuliert haben, der „Wunsch nach Diskontinuität über großräumige Umwege gleichsam in einer höheren Form der Kontinuität auf[]":[701] Gerade der Konstruktion als moralisches Kollektiv ist wieder eine dezidierte Exklusivität inhärent, die in ihrem Moralverständnis an partikulare Moralvorstellungen anschließt.

Dieses Wechselspiel soll in allen folgenden Kapiteln genauer beleuchtet werden, indem jeweils auch die entsprechenden Diskurse *im* Nationalsozialismus und ihre Verknüpfung mit Moralvorstellungen aufgegriffen werden.

2 Mitleid: Opferkonkurrenz und Empathieverweigerung

‚Es ist so langweilig', sagte er. ‚Mit dir möchte ich mich mal betrinken. In die Stadt gehen mir dir, wenn dein neues Kleid fertig ist, und Bukowinawein trinken, und dann was mit dir machen.' [...] ‚Und dich dann einsperren lassen', sagte sie. ‚Sei still damit.' ‚Pah', sagte er. ‚Alle Rumäninnen sehen jüdisch aus, und keiner würde was merken.' ‚Du kennst die Leute schlecht.' ‚Sie hatte recht. Natürlich kannte er die Leute, und natürlich würden sie es merken, daß sie eine Jüdin war. ‚Ich habe es bald satt, das alles mitzumachen', sagte er.[702]

Die Positionierung als moralisch besonders legitimierte ‚junge Generation' der Gruppe 47 war, wie im ersten Teil der Studie gesehen, eng mit der Wahrnehmung verknüpft, dass man zu den Opfern, nicht zu den Tätern des Nationalsozialismus gehörte. Eine Wahrnehmung, die sich auch in zahlreichen Stellungnahmen niederschlug, beispielsweise in der Betonung, ‚unschuldig schuldig' geworden zu sein, einer *‚lost generation'* anzugehören, im Krieg

---

701   Lorenz/Pirro 2011, S. 12.

702   Aus Franz Joseph Schneiders *Almanach*-Erzählung „Die Mandel reift in Broschers Garten" ([1949] 1962), S. 134; in der Folge im vorliegenden Kapitel im Fließtext zitiert (Sigle: SM). Zum Zitat vgl. weiter unten in diesem Kapitel.

‚verschlissen' worden zu sein.[703] Außerliterarisch war sie auch immer wieder
damit verbunden, dass man den NS-Erlebnissen ‚anderer', insbesondere der
verfolgten Juden, mit wenig moralischer Empörung begegnete (so im Briefwechsel von Richter und Ferber über Kesten oder in Bezug auf Celans Lesung
der „Todesfuge" über den Holocaust, die als pathetisch abqualifiziert wurde)
und deren Leid verkleinerte oder abstritt (Ferber in seiner Autobiografie) oder
gegen das ‚eigene' Leid ausspielte (so Richter in seiner Etablissement-Miniatur
über Schnurre).[704]

Über solche Einschätzungen moralischer Relevanz, so wird vorliegend
angenommen, sind das in der Forschung bereits mehrfach beschriebene Beschweigen des Holocaust in der Nachkriegszeit wie auch Opferkonkurrenzen
und Empathieverweigerung nun eng mit der untersuchten Frage nach Zugehörigkeit und Moral verknüpft. Und grundsätzlich könnte es sich durchaus um die noch direktere Fortsetzung eines erlernten Beurteilungsmusters
handeln: Mitleid für ‚Andere' war, wie Bialas herausarbeitet, *ex negativo* bereits
ein grundlegender Aspekt der im Nationalsozialismus propagierten Moraldiskurse, und zwar als Negativfolie einer „Moral in Übereinstimmung mit
den Lebens- und Naturgesetzen".[705] Propagiert wurde, im Rahmen der so genannten ‚bürgerlichen Moral' hätten es

> widernatürliches Mitleid und eine verkehrte Humanität [...] zur moralischen
> Pflicht erklärt, alles Krankhafte besonders zu pflegen und zu fördern. Das habe
> durch künstliche Gegenauslese dazu geführt, dass sich Minderwertige und
> Schwache, die sich im Lebenskampf niemals hätten behaupten und durchsetzen
> können, stärker als Hochwertige und Starke vermehrt hätten.[706]

Universalistische Moralvorstellungen, die zu Mitgefühl mit ‚Schwachen' und
‚Fremden' führten, galten als Gefahr für die Volksgemeinschaft und sollten
durch eine Moral der Härte ersetzt werden, in der Mitleid und Fürsorge in
Bezug auf ‚Andere' überwunden seien. Es handelte sich um ein zentrales Anliegen, das auch explizit so gefordert wurde, wie Bialas zeigt:

---

703   Vgl. Teil I der vorliegenden Studie, insbesondere Kap. 1.1 und Kap. 3.2.

704   Vgl. Kap. 3.3 im Teil I der vorliegenden Studie.

705   Vgl. Bialas 2014, S. 39; vgl. dazu u. a. ebd., S. 39–47.

706   Ebd., S. 44. Er zitiert im Folgenden den NS-Ethiker Gerhard Schinke: „Damit werde der
      ‚Wille der Natur', der auf die ‚Ausmerze der Kranken und Schwachen ziele', [...] infrage
      gestellt. Die Natur kenne keine ethischen Erwägungen und Einschränkungen." (Schinke
      1939, zit. n. ebd.) Schinke war „Hauptmann der Waffen-SS und Lehrer für weltanschau-
      liche Schulung an der SS-Junkerschule in Braunschweig [...]." (Vgl. o. A. 1970, S. 65.)

‚Artfremden' und ‚Gemeinschaftsschädlingen' wurde moralische Zuwendung verweigert. Mensch-Sein wurde ideologisch differenziert: ‚Wir wissen wohl', so heißt es in einer von Himmlers Reden vor Kommandeuren der Einsatzgruppen und vor höheren SS- und Polizeiführern, ‚wir muten Euch Übermenschliches zu, wir verlangen, dass ihr übermenschlich unmenschlich seid'. [...] In der direkten Konfrontation mit ihren Opfern wurde den Tätern ein gleichsam animalisches Mitleid mit der menschlichen Kreatur nicht mehr zugestanden. Das Mitleid mit den Opfern, das sie nicht haben durften, transformierte sich in das Selbstmitleid der Täter.[707]

Auch wenn in der vorliegenden Studie keineswegs davon ausgegangen wird, dass sich eine solche unmenschliche Maxime, ‚fremde' Gefühle seien zu verachten, als Moralvorstellung *direkt* fortgesetzt hat, ist doch vorstellbar, dass eine Abwesenheit von Empörung und das ‚Empathieverbot' gegenüber den Angehörigen der Opfergruppen der Nationalsozialisten mit der starken Ablehnung gegenüber Empathie für ‚Andere' im Nationalsozialismus zusammenhängt. Dies, zumal im Nationalsozialismus nicht nur Mitleidlosigkeit als Wert hochgehalten wurde, sondern die moralische Abwertung ‚Anderer', wie Bialas ebenfalls betont, gezielt bewirken sollte, dass verfolgte Minderheiten „nach ihrer moralischen Stigmatisierung als minderwertige Untermenschen nicht mehr mit Empathie oder Mitleid rechnen konnten".[708]

Opferkonkurrenz und Empathieverweigerung sind denn auch diejenigen in der vorliegenden Studie vertieft betrachteten Themen, die auch in der bisherigen Erforschung von NS-Kontinuitäten in literarischen Texten die größte Rolle spielen; insbesondere in der Erforschung des literarischen Antisemitismus nach Auschwitz.[709] Auch über deutsche Opfernarrative und über Opferfiguren in der Nachkriegsliteratur gibt es schon mehr Forschung als zu den beiden Themen, die in den beiden weiteren Kapiteln untersucht werden.[710] Die bestehende Forschungslage wird in diesem Kapitel deswegen etwas eingehender gesichtet, wobei herauszuarbeiten ist, inwiefern die aus verschiedenen Forschungsrichtungen postulierten Aspekte von Opfernarrativ, Opferkonkurrenz und Empathieverweigerung auf die vorliegende Fragestellung bezogen werden können (2.2).

Ausgehend davon soll demselben Zusammenhang auch in den literarischen Texten der Gruppe 47 genauer nachgegangen werden, wobei der Blick nach einem Überblick über deutsche und jüdische Opferfiguren in

---

707   Bialas 2014, S. 86.

708   Ebd., S. 81.

709   Vgl. insbesondere den Sammelband von Bogdal/Holz/Lorenz 2007; vgl. weiter unten in diesem Kapitel m. w. H.

710   Vgl. insbesondere Ächtler 2013; vgl. weiter unten in diesem Kapitel m. w. H.

den *Almanach*- und Preistexten auch über den engen Kreis der wichtigsten Gruppe-47-Texte hinausgeht. Insbesondere eine bestehende Lektüre über die verschlüsselte literarische Verarbeitung von Paul Celan in Heinrich Bölls Roman *Billard um halbzehn* (1959) wird herangezogen und um einige andere Dokumentationen literarischer Verarbeitungen von Paul Celan als Figur in literarischen Gruppe-47-Texten ergänzt, um exemplarisch zu untersuchen, wie sich Empathie gegenüber ‚anderen‘ Opfern im und nach dem Romanjahr 1959 in der Gruppe 47 äußert (2.3).

Das Kapitel hat einen etwas stärkeren Charakter von Tertiärliteratur als die beiden nachfolgenden, da bereits auf zahlreiche historiografische und literaturwissenschaftliche Arbeiten zurückgegriffen werden kann, die aber jeweils um den Zusammenhang mit der Gruppe 47 und mit der Fragestellung nach NS-Kontinuitäten zu ergänzen sind. Zunächst soll noch einmal eine beinahe voraussetzungslose Lektüre erfolgen, indem mit Franz Josef Schneiders Erzählung „Die Mandel reift in Broschers Garten" (gelesen 1949) ein weiterer der oben identifizierten ‚Mustertexte‘ aufgegriffen wird (2.1),[711] bevor dann die ‚Mustertexte‘ in den weiteren Kapiteln (3 und 4) nur noch in dem jeweils spezifischen Analysezusammenhang betrachtet werden.

2.1   *Franz Joseph Schneider: „Die Mandel reift in Broschers Garten"* (*gelesen 1949*) – *eine unwahrscheinliche Liebesgeschichte*

Franz Joseph Schneider ist für die Fragestellung der vorliegenden Studie neben den oben beschriebenen Auffälligkeiten[712] seiner Erzählung „Die Mandel reift in Broschers Garten" und den Gemeinsamkeiten mit den Autoren der anderen oben identifizierten ‚Mustertexte‘ als Autor auf eine weitere Art interessant: Einerseits gibt es kaum veröffentlichte Dokumente über ihn; in Studien zur Nachkriegsliteratur wird er nur selten erwähnt, selbst in literarischen Anthologien aus den 70er und 80er Jahren, in denen Gruppe-47-Mitglieder oft den größten Anteil der erwähnten Personen ausmachen, findet sich sein Name kaum;[713] es gibt keine literaturwissenschaftlichen Publikationen über ihn. In allen Dokumenten zur Gruppe 47 kommt er aber andererseits sehr oft vor, und abgesehen von einem einzigen Band mit Erzählungen (*Kind unsrer Zeit.*

---

711   Vgl. Kap. 1.3 im vorliegenden Teil II der Studie.

712   Vgl. Kap. 1.1.3 im vorliegenden Teil II der Studie.

713   So ist er z. B. weder in Balzer et al., *Die deutschsprachige Literatur in der Bundesrepublik Deutschland* (1988), noch in Durzaks *Die Deutsche Kurzgeschichte der Gegenwart* (1980) erwähnt; auch noch Peitschs *Nachkriegsliteratur 1945–1989* (2009) hat keinen Eintrag für seinen Namen im Personenregister. In Koebners *Tendenzen der deutschen Literatur seit 1945* (1971) erscheint sein Name einmal, und zwar im Zusammenhang mit dem *Almanach der Gruppe 47* (vgl. ebd., S. 217).

Deutsche Stories, 1947) sind seine wenigen literarischen Publikationen der Nachkriegszeit alle engstens mit der Gruppe verbunden: In *Tausend Gramm* hat er „Es kam der Tag" veröffentlicht,[714] im *Almanach* „Die Mandel reift in Broschers Garten"[715] und in Toni Richters Band *Die Gruppe 47 in Bildern und Texten* ist seine Erzählung „Die Ziege hat ein weißes Fell" (gelesen 1951) abgedruckt;[716] mehr scheint er nicht publiziert zu haben.

Es sind weniger seine einzelnen literarischen Texte an sich als sein relativ eng auf die Gruppe 47 begrenztes Wirken und die angeblich damit zusammenhängende „Mentalität"[717] in seinen Texten, die die Erzählung „Die Mandel reift in Broschers Garten" auch hinsichtlich ihrer Aussagekraft über diese ‚Mentalität‘ in einen besonderen Fokus rücken. Seine zentrale Rolle in der Gruppe 47, die gerade auf seinen Haltungen zu basieren scheint, soll deswegen zunächst rasch umrissen werden.

2.1.1   Schneider und die Gruppe 47

Schneider wird zwar in jüngeren Aufzählungen der wichtigsten Gruppenmitglieder oft vergessen,[718] war aber unter den Mitgliedern der ersten Stunde und wurde 1951 zum Kreis der „Mitbegründer oder alte[n] Freunde"[719] der Gruppe 47 gezählt; zwar soll er sich ab 1962 allmählich zurückgezogen haben,[720] er war aber auch auf der letzten Tagung in der Pulvermühle noch dabei.[721] Noch in Toni Richters persönlich gehaltenen Erinnerungen an die Gruppe 47

---

714   Schneider 1989, S. 46–50.

715   Das als einziger Text von ihm später auch einzeln publiziert wurde (Schneider 1967).

716   Vgl. T. Richter 1997, S. 44–46; erstmals abgedruckt wurde der Text schon in Schneider 1947.

717   Auch im Zusammenhang mit Schneider verwendet Richter explizit dieses Wort, so als er ihm in einem Brief andeutet, wenn er den Preis der Gruppe 47 organisieren könne, käme er sicher auch dafür in Frage: „Um dem Preis eine gewisse Wertigkeit zu geben, soll[en] [...] nur literarisch wirklich qualifizierte Leute damit ausgezeichnet werden, doch müssten sie auf jeden Fall der Mentalität der Gruppe 47 entsprechen. Um Dir deutlich zu machen, was ich meine, nenne ich ein paar Namen: Eich, Krämer-Badoni, Kolbenhoff, Franz Josef [sic] Schneider." (Richter 1997, S. 94 [Richter an Schneider am 30.10.1949]. Wie in Arnolds Gruppe-47-Monografie von 2004 nachzulesen ist, schreibt Richter „immer Franz Josef Schneider; richtig: Joseph", ebd., S. 138.) Zu dieser ‚Mentalität‘ der Gruppe 47 und insbesondere Richters exklusivem Verständnis davon vgl. Teil I der vorliegenden Studie.

718   Vgl. zu den verschiedenen Zusammenstellungen der wichtigsten Gruppenmitglieder Kap. 2.3.1 in Teil I der vorliegenden Studie.

719   So Ernst Theo Rohnert im Tagungsbericht aus Bad Dürkheim (Rohnert [1951] 1967, S. 59).

720   Arnold 2004b, S. 164; ebenso in Meyer (2013), Anhang „Autorenkorpus".

721   Wie bereits weiter oben zitiert, erinnert sich Christian Ferber, wie ihm Schneider die Nachricht vom geplanten Springer-Boykott überbracht habe (Ferber 1996, S. 206 f.).

aus dem Jahr 1997 taucht sein Name sehr oft auf: Obwohl im Biogramm, das bei anderen eine halbe A3-Seite füllt,[722] zu ihm offenbar nur zwei Wörter gesagt werden können, „Schriftsteller und Werbefachmann",[723] verzeichnet das Namensregister ganze 12 Erwähnungen im Band, mehr als für viele andere Autoren der ersten Generationen.[724]

Passend dazu stammen die wenigen biografischen Informationen, die sich über ihn finden lassen, fast allesamt aus Publikationen über die Gruppe 47 – und über seine Rolle im Nationalsozialismus und die unmittelbare Nachkriegszeit findet sich dementsprechend wenig. Bekannt ist, dass er 1947 weder besonders jung, sondern bereits 35 Jahre alt, noch völlig unbelastet war, weil er im Nationalsozialismus als Kriegsberichterstatter für Deutschland, das heißt im Dienst der Propaganda, gearbeitet hat[725] und mit „einer schweren Verwundung"[726] aus dem Krieg zurückgekehrt war. Er war also wie viele der Gruppenmitglieder der ersten Stunde weder jung noch Landser, geschweige denn gar nicht ‚dabei gewesen'.

Schneiders große Beliebtheit in der Gruppe hatte nun vielleicht zum einen mit seiner Finanzkraft zu tun,[727] dank der er als eine Art Mäzen besonders wichtig wurde: Er rief den Preis der Gruppe 47 ins Leben, indem er die US-amerikanische Werbefirma McCann Company, bei deren Ableger in Frankfurt am Main er angestellt war, dazu überredete, eine finanzielle Unterstützung bereitzustellen, „wofür man damals das Zauberwort ‚Sponsoring' noch nicht kannte", wie Böttiger schreibt.[728] Nur die ersten beiden Preise mussten auf diese Weise finanziert werden, später rissen sich namhafte Verlage darum, sich am Preis zu beteiligen.[729] Schneider wurde erst in den 70er Jahren noch einmal als Geldgeber aktiv, als er den ersten Stadtschreiberpreis Deutschlands

---

722   Vgl. das ausführliche „Bio-bibliographische[] Personenregister" in T. Richter 1997, S. 209–223.

723   Ebd., S. 221.

724   So wird er z. B. öfter erwähnt als Heinz Friedrich (7), Klaus Roehler (8), Peter Rühmkorf (6) oder Wolfgang Weyrauch (9), aber auch als Siegfried Lenz (9), vgl. T. Richter 1997, S. 209–223.

725   Weyrauch 1989, S. 220.

726   Reich-Ranicki [1984] 2014, S. 10.

727   Diese scheint auch weithin bekannt gewesen zu sein, Armin Eichholz schreibt bereits 1951 in einem Tagungsbericht: „für die Werbetexte einer Zigarettenfirma hämmert er monatelang an einem Satz, und wenn er ihm abgekauft wird, bringt ihm das einzelne Wort mehr als drei Bücher zusammen." (Eichholz [1951] 1967, S. 70); vgl. auch Böttiger 2012, S. 212.

728   Ebd.

729   Wie es im Text-und-Kritik-Band von Arnold (2004b, S. 187) heißt, „richteten dann zunehmend die Verlage ihre ‚gewiß nicht schlecht kalkulierte Großmut'[...] auf die Gruppe 47."

erfand.[730] Er blieb aber auch in der Zwischenzeit immer sehr erfolgreich in der Gruppe 47 und scheint zu den durchsetzungsstärksten Stimmen gehört zu haben: Bereits auf seiner zweiten Tagung soll er die ungleich bekanntere Luise Rinser mit einem vernichtenden Spruch in die Schranken gewiesen haben, nachdem sie ihrerseits rabiate Kritik geäußert hatte;[731] Reich-Ranicki beschreibt ihn im Nachruf 1984 als zu Gruppe-47-Zeiten „etwas rabiaten jungen Mann mit viel Temperament und Phantasie und auch noch Humor".[732] Er habe „das Deutliche und Direkte und zuweilen auch das Derbe und Drastische" geliebt,[733] dementsprechend seien auch seine Beiträge auf den Tagungen „außergewöhnlich" gewesen: „immer kurz und knapp, meist kauzig und kurios."[734]

Vielleicht war diese Rolle als großzügiger und selbstbewusster, sympathischer „Kauz"[735] – ähnlich wie zum Beispiel beim Preisträger Adriaan Morriën[736] – auch ein Grund dafür, dass auch seine Literatur lange so positiv beurteilt wurde. Raddatz schreibt noch 1955, man kenne Schneider „als

---

730 Vgl. Schneider 2014.

731 Vgl. Mönnich 1997, S. 33.

732 Reich-Ranicki [1984] 2014, S. 10.

733 Ebd.

734 Ebd., S. 11. Eine Anekdote von einer Lesung Enzensbergers, die Reich-Ranicki 2009 in einem *F.A.Z.*-Interview berichtet, zeigt deutlich, wie hoch Schneider in der Gruppe 47 offenbar angesehen war: „[Enzensbergers Lesung] begann sehr merkwürdig: Alle wurden in eine Scheune kommandiert, Enzensberger auf eine kleine Anhöhe gesetzt. Die Zuhörer durften es sich auf dem Heu bequem machen. Nach einer stimmungsvollen Pause ging es los: Enzensberger las langsam und pointiert. Es war sehr still, um nicht zu sagen: andächtig. [...] Hans Werner Richter beobachtete das Auditorium etwas misstrauisch, zumal den inzwischen verstorbenen Franz Joseph Schneider, der auf einer mitgebrachten Luftmatratze lag. Dieser Schneider war zwar ein schwacher Autor, wurde aber aus zwei Gründen besonders geschätzt: Erstens hatte er Humor, und, zweitens, vermochte er von Zeit zu Zeit in einer Frankfurter (ich glaube amerikanischen) Werbefirma, in der er arbeitete, etwas Geld für die Gruppe 47 zu organisieren. Richter wusste, dass dieser Schneider oft zu Schabernack aufgelegt war, was, unter uns, den Tagungen der Gruppe 47 nicht schadete. Plötzlich überraschte uns, schon während der Lesung, ein lauter Knall. Franz Joseph Schneider hatte aus seiner Matratze die Luft rausgelassen. Denn die Andacht schien ihm doch nicht angemessen. Richter, dem dieser Vorfall nicht unwillkommen war, gab gleichwohl ein herrisches Zeichen, man solle doch wieder ernsthaft sein. Enzensberger nickte dankbar und las weiter. Alle befürchteten oder erhofften einen Skandal. Richter beobachtete Schneider. Plötzlich brach Enzensberger die Lesung ab, ich glaube, mitten im Satz. Er sagte ganz ruhig: ‚Das hat keinen Zweck. Ich lese schon über eine halbe Stunde. Das soll eine Komödie sein. Aber noch niemand hat gelacht. Machen wir Schluss damit.' [...] Die Komödie wurde nie gedruckt oder gar aufgeführt. Den Titel habe ich vergessen." (Ebd., o. S.)

735 Reich-Ranicki [1984] 2014, S. 10.

736 Bei Morriën wurden ähnliche Sympathien für seine ‚kauzige' Art rückblickend als Erklärung dafür herangezogen, dass er den Preis der Gruppe 47 gewonnen hatte, was man

talentierten Erzähler";[737] und in den ersten Jahren scheinen seine Texte regelmäßig Erfolge gefeiert zu haben. Auf seiner ersten Tagung im April 1949 in
Marktbreit wird er in einem Tagungsbericht von Friedrich Minssen bereits zu
den „bekannteren Namen der jungen Literatur, die diesem Kreis nahestehen"
gezählt,[738] und ein halbes Jahr später scheint er mit dem Text „Die Mandel
reift in Broschers Garten" positiv herausgestochen zu sein. So schreibt ein
unbekannter Verfasser in den *Kasseler Nachrichten*, seine Texte hätten „besondere Beachtung" gefunden: „Sie stehen zwischen Reportage und Dichtung,
der meistdiskutierten Frage dieser Tagung, und entwickeln in Stoff und Form
eine durchaus eigenständige deutsche Story."[739] Auch andernorts wird beschrieben, dass er „mühelos den Engpaß der Kritik passierte[ ] [...]."[740]
    Jürgen von Hollander soll zwar bereits auf derselben Tagung den Begriff
„Simplizitätsprotzerei" aufgebracht haben und damit gemäß Herbert Hupka
auch Schneider gemeint haben: „Noch wehrten sich die von diesem Wort Getroffenen, wie etwa Franz Josef Schneider und Horst Mönnich, aber das Wort
steht."[741] Da die Rezeption sonst aber durchwegs als positiv tradiert wird,
dürfte es sich noch nicht um die grundsätzliche Kritik handeln, wie sie heute
an den Texten geübt wird; schließlich dominierten 1949 nach wie vor die ‚kalligraphischen' Autoren den Diskurs und Schneider bezeichnete sich auch selbst
als „Journalist"[742] und betonte sein „publizistisches Anliegen".[743] Schneider
scheint damit trotz „bescheiden[er]" literarischer Begabung (wie Reich-
Ranicki es ausgerechnet im Nachruf formulierte)[744] noch lange Zeit genau

---

          oft als einzigen Irrtum der Preisverleihung sah; vgl. auch Kap. 2.3 in Teil III der vor-
          liegenden Studie m. w. H.
737   Raddatz [1955] 1967, S. 111.
738   Minssen [1949] 1967, S. 40.
739   Gy. [1949] 1967, S. 45.
740   MM [1949] 1967, S. 50.
741   Hupka [1949] 1967, S. 46 f.
742   Wobei das sicher auch eine Art zeitgenössische Bescheidenheitsgeste war, derer sich auch
          Richter selbst bediente, obwohl beide Autoren damals Prosa verfassten: „[...] ich erinnere
          mich noch recht gut, dass Sie mir damals sagten, Sie seien nur ein Journalist. Ich nehme
          an, dass Sie sich auch noch meiner erinnern, zumal ich ja immer schweigend auf einem
          Präsidentennebenstuhl gesessen habe, was darauf zurückzuführen ist, dass ich eben-
          falls nur ein Journalist bin, d. h. ich fühlte mich unter soviel Literatur recht unglücklich."
          (Richter 1997, S. 86 [Brief an Schneider vom 22. 03.1949]).
743   Hupka [1949] 1967, S. 46: „Es haben sich hier Schriftsteller zusammengeschlossen, die
          fast alle ein gemeinsames Herkommen haben, und das ist das Erlebnis der Diktatur und
          des Zweiten Weltkrieges, und die fast alle ein gemeinsames Ziel haben, und das ist ihr
          ‚publizistisches Anliegen', wie es Franz Josef [sic] Schneider in Utting ausdrückte"; vgl.
          auch Kap. 3.4 im vorliegenden Teil II der Studie.
744   Vgl. Reich-Ranicki [1984] 2014, S. 10.

den richtigen Ton in der Gruppe 47 getroffen zu haben und kann als eine Art spezifischer Gruppe-47-Charakter – außerhalb kaum bekannt, innerhalb aber im Zentrum der Aufmerksamkeit – gesehen werden.

2.1.2   „Die Mandel reift in Broschers Garten"

Umso aussagekräftiger dürfte auch seine *Almanach*-Erzählung „Die Mandel reift in Broschers Garten" in Bezug auf die Charakteristika erfolgreicher Gruppe-47-Literatur sein. In der tabellarischen Auswertung der *Almanach*- und Preistexte der Gruppe 47 ist sie aufgefallen, weil sie hinsichtlich besonders vieler Themen und Motive als potenziell relevant für die Frage nach einer Kontinuität von NS-Moraldiskursen erschien:[745] Sie spielt im Nationalsozialismus, aber in Rumänien, eine Verschiebung, die raumsemantisch bedeutsam sein könnte; sie enthält jüdische Figuren, thematisiert aber nicht den Holocaust; sie könnte autofiktional sein, da auch Schneider in Rumänien stationiert war und sein Schreiben als journalistisch bezeichnet; der womöglich autofiktionale Protagonist ist ein moralisch sehr positiv aufgeladener ,guter Deutscher'.

Und da dieser deutsche Angehörige der Tätergesellschaft deutlich als Opfer des Nationalsozialismus gezeichnet ist und zugleich jüdische Figuren, nicht aber der Holocaust vorkommen, bietet es sich besonders an, die Erzählung im Kontext einer Dichotomisierung von Mitgefühl genauer zu untersuchen. Schneiders Text erzählt nämlich die höchst unwahrscheinliche Konstellation, dass ein deutscher Wehrmachtssoldat in Rumänien bei einer jüdischen – im August 1944 glücklich in einer Villa in Galați lebenden – Familie unterkommt und einträchtig mit ihnen im Luxus lebt. Die zarte Liebe des Soldaten zu der jüdischen Tochter der Familie wird schließlich durch die einfallenden Russen gestört; die ganze Familie ist verzweifelt und fürchtet um das Leben des Protagonisten, als die Deutschen aus Rumänien vertrieben werden sollen.

Da es keine Sekundärliteratur zur Erzählung gibt, werden die Hintergründe und die damit zusammenhängenden Implikationen dieser Handlung hier zunächst etwas genauer beleuchtet. Wie daraufhin zu zeigen ist, ist die antisemitische Konstruktion das Ergebnis mehrerer in der Gruppe 47 beliebter Erzählstrategien zur Aufwertung der Deutschen, die die ,Moral der Geschichte' zu ,eigenen' Gunsten strukturieren sollen und sie gerade dadurch an einem diskriminierenden Diskurs teilhaben lassen.

Handlung und historischer Kontext

Die Erzählung spielt im Jahr 1944 in Rumänien. Handlungsort und -zeit werden nicht explizit genannt, aber implizit umso deutlicher: Schon im ersten

---

745   Vgl. Kap. 1.3 im vorliegenden Teil II der Studie.

Satz werden die Straßennamen „Strada Morfeu" und „Breilastraße" genannt
(SM 133), im zweiten Satz der Wind beschrieben, der „von der Donau her" (ebd.)
komme, was eindeutig die rumänische Stadt Galaţi ausweist. Vom Ort lässt sich
auch die genaue Zeit der Handlung ableiten. Die Erzählung endet kurz nachdem im Radio verkündet wurde: „Rasbio e ghatte! Der Krieg ist aus" (SM 136).
Im geteilten Rumänien ist die genaue Ortangabe wichtig, um zu wissen, dass
es sich um die Kapitulation der deutschen und rumänischen Streitmächte der
Ostfront des damaligen Kernrumäniens handelt. Damit lässt sich die Handlungszeit auf Ende August 1944 datieren. Protagonist der Erzählung ist der
deutsche Wehmachtsoldat Stefan, seine Kompanie ist in Galaţi stationiert
und sein „Quartier" (SM 133) ist die Villa der jüdischen Familie Broscher, wo
die Handlung größtenteils stattfindet. Der Vater der Familie heißt Schmul
Broscher und ist ehemaliger Angestellter bei der „Donaudampfschiffahrtsge-
sellschaft" (ebd.), seine Frau wird Madame Pauline genannt, die Tochter heißt
Fotinja – und wie schon der eingangs von diesem Kapitel zitieren Stelle deutlich zu entnehmen ist, begehrt der Protagonist die attraktive Fotinja.

Dieses Begehren strukturiert einen großen Teil der Handlung: Die Erzählung
setzt ein, als der Protagonist seine Kompanie verlässt, da er „eins der üblichen Saufgelage" weniger verlockend findet als einen Abend mit Fotinja in
„Broschers Garten" (ebd.). In besagtem Garten führt er ein Gespräch mit ihr,
während dessen sein Knie „die ganze Zeit die ihren" (SM 134) berührt und in
dem er sie wissen lässt, dass er „was mit dir machen" (ebd.) möchte, woraufhin sie errötet und er „einen Augenblick ihren Busen" (ebd.) sieht. Auch seine
‚inneren Monologe' stehen ganz im Zeichen dieser Lust, wenn er „heftig" denkt,
dass er sie „für mich allein haben" (SM 133) müsse, oder in der folgenden Überlegung darüber, was sie davon abhalte, mit ihm zu schlafen:

> Nicht ihre Unerfahrenheit macht ihr den Entschluß so schwierig, dachte er, nicht
> die mädchenhafte Scheu ihrer achtzehn Jahre – ihre Mutter ist daran schuld.
> Jüdinnen konnten die besten und angenehmsten Frauen sein, aber irgendwie
> mußte man sie immer mit ihren Müttern teilen. (SM 134)[746]

---

746 Diese Stelle wurde bereits in Kestens *Almanach*-Rezension hervorgehoben (vgl. Kesten
[1963] 1967, S. 325 f.); und implizit wird deutlich, dass die Erwähnung gar nicht positiv
gemeint ist: Kestens Feuilletonkritik des *Almanach* zeugt von einiger Häme gegen Richter
und die Gruppe als Ganze (vgl. auch Kap. 1.1 im vorliegenden Teil II der Studie), hebt aber
durchaus etliche *Almanach*-Erzählungen positiv hervor. „Zu den besten Beiträgen" zählt
Kesten „die Texte der beiden fremdsprachigen Autoren der Gruppe, des preisgekrönten
Holländers Adriaan Morriën und des Polen Tadeusz Nowakowski" (ebd., S. 225), und eine
ganze Reihe weiterer Texte hebt er als „sehr schön" (ebd., S. 327), witzig oder anderweitig
zu den „besten Geschichten im Almanach" gehörend (ebd., S. 326) positiv hervor, nämlich
die von Schnurre, Böll, Aichinger, Eisenreich, Schallück, Weyrauch, von Cramer, Grass,

Er bedrängt sie aber im Verlauf der Erzählung so lange, bis trotz dieser Schwierigkeit die Aussage stehen bleibt, er würde sie noch „heut' Nacht" (SM 135) aufsuchen.[747] In der Erwartung dessen zieht sich Fotinja früh in ihr Zimmer zurück, statt wie üblich mit der Familie zu essen: „‚Ich kann jetzt nicht mit ihnen am Tisch sitzen', sagte sie. ‚Meine Mutter würde es merken.'" (Ebd.) Deswegen bekommt sie die dramatische Wende der Geschehnisse nicht mit: Der Protagonist wird vom „alten Broscher" (SM 136) ins Wohnzimmer und ans Radio geholt, wo das Kriegsende in Kernrumänien verkündet wird. Alle freuen sich, aber als klar wird, dass nun „die Russen kommen", kippt die Freude der Familie Broscher schnell in Bestürzung, und als Stefan sagt, für ihn sei der Krieg nicht aus – „[v]ielleicht für euch. Für mich nicht" (ebd.) – und sich verabschiedet, um sich seiner Kompanie beim Rückzug anzuschließen, brechen die anwesenden Frauen in Tränen aus (vgl. ebd.).

Von Fotinja, die immer noch in ihrem Bett auf ihn wartet, verabschiedet er sich nicht; als er aber das Haus verlässt und sich noch einmal umdreht, sieht er sie am Fenster stehen:

> Sie war im Nachtgewand. Er erkannte nicht ihr Gesicht, aber er sah, wie ihr erhobener Arm langsam niedersank – sah sie und faßte den Entschluß. Leise ging er zurück, öffnete die Tür, schlich auf den Fußspitzen am Wohnzimmer vorbei [...]. Als er den Treppenabsatz erreicht hatte, peitschten in der Nähe drei, vier Karabinerschüsse [...]. Gleich darauf das harte, inständige Gebell eines Maschinengewehrs; aber all das kam bereits wie aus einer anderen Welt ... Er öffnete die Tür. (SM 137 f.)

Damit endet die Erzählung; der Protagonist hat seiner Leidenschaft nachgegeben – oder ist ihr vielmehr erlegen, so traumwandlerisch wird die Szene

---

Enzensberger, Rühmkorf, Bachmann, Celan, Bächler und Eich (vgl. ebd.). Schneider wird an keiner Stelle positiv erwähnt, und das Zitat über die jüdischen Mütter aus „Die Mandel reift in Broschers Garten" leitet Kesten mit der Bemerkung ein, es fänden sich im *Almanach* „Szenen, die in Europa im 20. Jahrhundert [...] alltäglich sind." (Ebd., 325 f.) Die Hervorhebung kann in diesem Kontext kaum unkritisch gemeint sein: An der Reflexion von Schneiders Protagonisten fällt nicht nur der begehrliche Blick eines deutschen, reiferen Soldaten auf eine in der Nachkriegszeit als minderjährig geltende, ‚exotische' Frau auf, sondern auch ein pejoratives Stereotyp über jüdische Mütter wird ungebrochen – und nicht nur explizit, sondern sogar in didaktischem Ton – tradiert (vgl. dazu weiter unten in diesem Kapitel). Wenn Kesten sagt, solche Szenen seien im 20. Jahrhundert *alltäglich* (ebd., 326), dann dürfte das kaum als Kompliment im Sinne des realistischen Literaturverständnisses in der frühen Gruppe 47 gemeint sein, sondern ruft unterschwellig die Alltäglichkeit des Antisemitismus im 20. Jahrhundert auf.

747 „Sie schwieg. ‚Ich muß darüber nachdenken', sagte sie nach einer Weile. ‚Nächste Woche –' ‚Diese Woche, heute', drängte er. ‚Heut' nacht. Heut' nacht komm' ich zu dir hinauf –' [...]." (SM 134 f.)

geschildert, und hat sich damit wohl in Lebensgefahr gebracht. Die jüdische
Familie aber, so impliziert die Erzählung, dürfte glücklich sein, ihn nun trotz
der Gefahr, in die er sich durch seine mutmaßliche Desertion begibt,[748] bei
sich zu behalten.

‚Moral der Geschichte‘

Trotz der einfachen Konstruktion der Erzählung und ihrer relativ eindeutigen Machart im Sinne des frühen Nachkriegsrealismus ist die ‚Moral der
Geschichte‘ auch in dieser Erzählung bei genauerer Betrachtung ambivalent.
Es ist sogar möglich, dass ihr großer Erfolg auf der Gruppentagung in Utting
auch damit zusammenhängt, dass sie dadurch für verschiedene politische
Haltungen gleichermaßen anschlussfähig war: Sie kann nämlich entweder so
gelesen werden, dass sie von der Verführung eines guten deutschen Soldaten
durch ‚das Jüdische‘ und seinem damit einhergehenden Niedergang erzählt;
immerhin zieht der Protagonist Reichtum, Dekadenz und eine „schöne Jüdin"
Kameradschaft und Loyalität vor und desertiert zuletzt sogar wahrscheinlich,
ein damals als Kriegsverbrechen beurteilter Akt, für den man in der BRD erst in
jüngster Vergangenheit nach jahrzehntelangen Debatten rehabilitiert wurde.[749]
Sowohl der Verfolgung durch die ‚Nazis‘ als auch der durch die Russen, die
die Stadt erobert haben, setzt sich der Protagonist damit aus, und bringt sich
also durch seine Entscheidung in Lebensgefahr. Ausgehend davon ist aber
grundsätzlich auch die umgekehrte Lesart möglich: Dass die Geschichte von
einem mutigen, widerständigen Mann erzählt wird, der sich zur Desertion entscheidet, weil er Zuneigung zu einer Jüdin empfindet.

Beide Lesarten lassen sich ohne größere Störung aufrechterhalten, was
dadurch zu erklären ist, dass die erzählerische Bewertung der Entscheidung
des Protagonisten, zu Fotinja umzukehren, ausbleibt, und beide Lesarten
von weiteren Hinweisen im Text gestützt werden. Für die Implikation, dass
der Protagonist an der ‚schönen Jüdin‘ zerbricht, sprechen insbesondere ihre
zahlreichen Anklänge an das antisemitische Bild der gefährlichen jüdischen
Verführerin.[750] Obwohl sie in ihren Handlungen eher ‚unschuldig‘ und sexuell
zurückhaltend erscheint, wird ihre Verführungskraft und damit quasi ‚Mitschuld‘ durch schiere Attraktivität in der Szene, in der er sich schließlich zur
Umkehr entscheidet, deutlich impliziert:

---

748   Es bleibt offen, ob er wirklich desertiert, aber der Gedanke klingt schon früher im Text an,
      im Zusammenhang damit, dass er davon träumt, sich mit Fotinja öffentlich in der Stadt
      zu zeigen: „Es erschien ihm plötzlich eine Kleinigkeit, zu desertieren. ‚Aber du willst gar
      nicht‘, fuhr er in jäh aufsteigendem Zorn fort. ‚Wegen deiner Mutter.‘" (SM 124.)
749   Vgl. z. B. Döring/Römer/Seubert 2015, S. 221–232.
750   Vgl. Jakubowski 1999, Gubser 1998, S. 102; vgl. weiter unten in diesem Kapitel.

> Er verließ das Haus und ging, *ohne sich noch einmal umzusehen*, durch den dunklen Vorgarten [...]. Eine Scheibe klirrte; als er sich *umschaute, sah* er Fotinja im dunklen Fenster stehen. [...] Er erkannte nicht ihr Gesicht, aber er *sah*, wie ihr erhobener Arm langsam niedersank – *sah sie* und faßte den Entschluß. (SM 137 [Hervorhebungen N. W.])

Um standhaft zu bleiben, ‚sieht' er sich zuerst nicht ‚um', erst als er sich doch ‚umschaut', kommt eine Umkehr in Frage – und dass er den Entschluss fasst, weil er sie *sieht*, wird gleich doppelt markiert. Das Bild der Verführerin, das ihr trotz ihrer ‚Scheu' und ‚Unschuld' eingeschrieben ist, wird vom Titel gestützt; die „reife Frucht" des Baums rückt sie assoziativ in die Nähe der biblischen Eva; es handelt sich aber nicht um eine speziell ausgestellte Konstruktion: Da die frühesten Mandelsorten Anfang Herbst reifen, dürfte diese Beschreibung als realistisches Element in Verbindung mit der Erzählgegenwart Ende August biologisch nicht ganz stimmig, aber durchaus möglich sein.

Zudem deutet der Baum jedoch insofern wieder vom Bild der Verführerin weg, als es sich um einen Mandelbaum handelt, der in der alttestamentarischen, jüdisch-christlichen Symbolik als Zeichen für die Präsenz Gottes an einem Ort und das göttliche Gewissen gelesen wird.[751] Das spricht dafür, die Erzählung nicht einfach als eine Irrweg- und Zerfallsgeschichte des abtrünnigen Protagonisten zu lesen. Insbesondere für eine ‚philosemitische' Lesart spricht die Emotions- und Sympathielenkung: Man mag den Protagonisten und hofft über weite Strecken der Erzählung mit ihm, dass er mit Fotinja zusammenkommen wird; die Erfüllung seines Begehrens erscheint hier zumindest nicht eindeutig als seine moralische ‚Bankrotterklärung'.[752]

Wie im Folgenden gezeigt werden soll, deutet die Gestaltung des Protagonisten eher auf eine dritte Variante hin; nämlich, dass ‚das Jüdische' fast beiläufig herangezogen wird, um die zentralen Anliegen des Texts quasi als ‚externe' und im Zusammenhang mit dem Nationalsozialismus natürlich besonders unverdächtige Instanz zu untermauern. Erzählt wird im Subtext der Handlung nämlich vor allem die Geschichte eines ‚einfachen' und guten deutschen Soldaten, der von verschiedenen Seiten her zum Opfer von Nationalsozialismus und Krieg wird. Gerade durch die dezidierte Trennlinie, die diese Aufwertung des *eigenen* Leids und der *eigenen* guten Taten mit sich

---

751 Gott zeigt sich Jeremia in einem frühzeitig blühenden Mandelzweig (Jeremia 1,11–14); was auf Hebräisch zudem einem Worspiel entspricht: „*Mandel* (hebr. schaged) und *wachen* (hebr. schoged)" (Guthrie/Motyer 1970, S. 722 [Hervorhebung im Original]).

752 In adaptierter Form findet sich diese Konstellation in Gruppe 47-Texten von Weyrauch und Eisenreich; vgl. Kap. 1 in Teil III der vorliegenden Studie.

bringt, werden aber, wie gezeigt werden soll, auch diskriminierende Diskurse
aufgebracht und weitergeführt.

2.1.3   Dichotomien im Subtext der Erzählung

Dabei scheint die grundsätzliche Konstruktion des Texts hinsichtlich der Diskriminierung ‚Anderer' zeitgenössische Diskurse zunächst eher zu subvertieren: Dass jüdische Figuren überhaupt eine Rolle spielen und mit Sympathie
geschildert werden, ist in der Nachkriegsliteratur und auch in der Literatur
der Gruppe 47 selten.[753] Hier aber erscheint der „alte Broscher" großzügig und
liebenswert schrullig,[754] die Ehefrau stilvoll,[755] Schwester und Schwager der
Mutter, die oft zu Besuch sind, werden vom Erzähler ebenfalls mit Wärme beschrieben: Der Mann hat griechische Wurzeln, aber verehrt den rumänischen
König loyal (SM 136), seine Frau ist in Bezug auf Fotinja sogar zur Vertrauten
des Protagonisten geworden.[756] Und, natürlich allem voran, ist der deutsche
Protagonist in ebenjene Fotinja, die schöne jüdische Tochter, verliebt.

Figurenzeichnung: Juden, Russen und Deutsche

Wie bereits dieser Überblick zeigt, knüpft die Schilderung der jüdischen
Figuren bei aller Sympathie des Erzählers dennoch an tradierte antisemitische
Bilder an; die ausgestellte Eleganz der Mutter kann lächerlich wirken, ihre
Schwester erinnert an das Stereotyp der jüdischen Kupplerin, die K.u.K.-
Bindung des Vaters kann als von der Nachkriegsdemokratie als ‚anders' ab-
getrennte monarchistische Haltung gedeutet werden. Ganz explizit formuliert
wird das Stereotyp der typischen jüdischen Mutter in der bereits oben zitieren
Stelle (SM 134). In einer ähnlichen Tradition wie dieses alte Bild von der über-
behütenden jüdischen Mutter kann auch verortet werden, dass die Broschers
als besonders gastfreundliche, gesellige Familienmenschen erscheinen: Die
Schwester der Mutter ist dauernd zu Besuch, sie verbringen die Abende gemeinsam unter dem Mandelbaum (vgl. SM 133), alle weiblichen Familienmitglieder kümmern sich übermäßig um Fotinjas Wohl und wollen „das
Mädchen in ihrer Kontrolle [...] halten" (ebd.), der Vater seinerseits „hatte noch

---

753   Vgl. weiter unten in diesem Kapitel.
754   Er trägt immer noch unablässig seine alte Kapitänsmütze aus K.u.K.-Zeiten (SM 135).
755   Sie wird ganz ‚ladylike' französisch „Madame Pauline" genannt und erinnert dadurch, wie
        der Vater Fotinjas durch seinen Bezug zur K.u.K.-Monarchie, an den alten Adel.
756   „Lola Demetriades, Madame Paulines Schwester, kannte seine Absichten auf Fotinja, aber
        sie war gut auf ihn zu sprechen und begünstigte sie; augenzwinkernd hatte sie ihn für den
        nächsten Sonntag zum Kaffee eingeladen, und ganz gewiß würde auch Fotinja dort sein."
        (SM 133)

niemals vergessen, ihn zum Essen einzuladen" (SM 135), und erzählt „hundert lustige Geschichten" (SM 133).

Solche Zuschreibungen knüpfen an exotistische Bilder an und setzen, auch wenn sie hier positiv erscheinen, „den Diskurs über die Juden als die Anderen"[757] fort. Diese Implikation von essentialistischer Differenz wird durch die Figuren-rede Fotinjas noch gestärkt: „„Quäl' mich nicht', sagte sie, den Tränen nahe. *Du kannst ja nicht wissen, wie es bei uns ist.*'" (SM 134 [Hervorhebung N. W.]) Auch die Jüdin selbst grenzt das ‚Uns' der jüdischen Familie gegen die Kultur des deutschen Soldaten ab; und tatsächlich gibt es in der innerfiktionalen Welt große Unterschiede, die alle Figuren der Familie Broscher mit Stereotypen aus dem antijüdischen Figurenarsenal richtiggehend beladen erscheinen lassen: Sie sind nicht nur sehr reich,[758] sondern scheinen auch Kosmopoliten ohne ‚natürliche' Nationalität zu sein,[759] und Tante Lola erscheint als ‚Mannsweib'.[760]

Am deutlichsten wird die Fortsetzung antisemitischer Zuschreibungen über die Figur Fotinja. Als der Protagonist sie in die Stadt ausführen will und sie sich sorgt, als Jüdin erkannt zu werden, versucht er sie zu beruhigen:

> ‚Pah', sagte er. ‚Alle Rumäninnen sehen jüdisch aus, und keiner würde was merken.' ‚Du kennst die Leute schlecht.' Sie hatte recht. Natürlich kannte er die Leute, und natürlich würden sie es merken, daß sie eine Jüdin war. (SM 134)

Das Othering wird in dieser Szene zunächst erneut in ihre Figurenrede verlegt: Sie selbst äußert die physiognomische rassisierende Zuschreibung, sie sehe eindeutig jüdisch aus, seine Reaktion bestärk diesen Eindruck: ‚natürlich' sehe man es ihr sofort an. Ihre Attribute – dauerndes Erröten (vgl. ebd.), „mädchen-hafte Scheu" (ebd.), die zweimal wörtlich wiederholte Beschreibung: „Fotinja, sanftes weißhäutiges Wesen" (SM 133, 137) – entsprechen denn auch, sogar fast wörtlich, den nach Gubser stereotypisierenden Attributen der „schönen Jüdin" im 19. Jahrhundert als von „Natur aus scheu und sanft"; ihre weiße Haut ent-sprich deren „alabasterfarbene[m] Teint".[761]

---

757 Bogdal 2007, S. 10.

758 Sie sind wie weiter oben erwähnt mit dem alten K.u.K.-Adel assoziiert, und vor allem be-sitzen sie im Jahr 1944 im kriegsgebeutelten Rumänien eine Villa und (mindestens) noch ein weiteres Haus; vgl. weiter unten in diesem Kapitel.

759 Madame Pauline scheint Französin zu sein, ihr Schwager ist „in Konstantinopel geboren und griechischer Nationalität" (SM 136), sie leben alle in Rumänien.

760 Wenn sie als augenzwinkernde Kupplerin fungiert (SM 133) und in der Nacht so laut schnarcht, dass das ganze Haus es hören kann (SM 135).

761 Wie Gubser über die Literatur des 19. Jahrhunderts schreibt, lägen deren „Reize [...] in ihrem makellosen Körper, den schwarzen Mandelaugen mit schweren Lidern, in schwarzen oder roten langen, stets gelockten Haaren und in einem alabasterfarbenen

In der Wirkung, die sie auf den Protagonisten hat, klingt dabei wie bereits oben gesehen zugleich eine zweite, eigentlich entgegengesetzte Tradition jüdischer Frauenfiguren an, nämlich diejenige der gefährlichen, sexuell über-aktiven, zerstörerischen Verführerin.[762] Dieser zweite Assoziationsraum öffnet sich schon in seiner Überlegung zu Beginn der Erzählung, in der die Begegnung mit ihr als fatalistische ‚süße Sünde‘ angelegt ist, in der die Vernichtung mit-schwingt: „‚Fotinja, sanftes weißhäutiges Wesen‘, dachte er – ‚nur dies noch, bevor der Krieg uns alle frißt‘.“ (SM 133) Als sie in der Erzählung zum ersten Mal auftaucht, überlagern sich die beiden Bilder: Sie sitzt im Halbdunkel unter einem Baum, strickt und errötet, als sie den Protagonisten sieht, Sinnbild der scheuen braven Tochter; der Baum und die „heftig“ (ebd.) begehrlichen Gedanken des Protagonisten rufen dennoch bereits vage die biblische Erb-sünde auf.[763]

Das Begehren, das Fotinja in Stefan weckt, ist es, das ihn schließlich in Lebensgefahr bringen wird, während sich der Protagonist selbst mit keiner-lei erkennbarer Schuld belädt; im Gegenteil machen die Sorge der Familie Broscher um ihn und die Zuneigung, die sie ihm entgegenbringt, implizit deut-lich, wie ‚anständig‘ er ist. In der Szene, als die Familie ums Radio versammelt vom Kriegsende erfährt, wird dies besonders deutlich:

> Die Stimme im Lautsprecher verstummte. Alle standen reglos, wie erstarrt, bis Broschers rauhe [sic] Stimme in die Stille tönte: ‚Rasboi e ghatta! Der Krieg ist

---

Teint. Von Natur aus scheu und sanft, scheint sie an ihrer zweifelhaften Herkunft zu leiden, hat aber kaum eine Chance, je glücklich zu werden – was wiederum zur sanften Trauer oder, je nach Tönung, Melancholie beiträgt, die einen wichtigen Teil ihrer Fremd-heit und Exotik ausmachen.“ (Gubser 1998, S. 102.) Wenn die zurückhaltende Fotinja als Reaktion auf Stefans Annoncen mit den Tränen kämpft und sagt: „Du kannst ja nicht wissen, wie es bei uns ist“ (SM 134), klingt – zumal sie angesichts des weiteren Hand-lungsverlaufs damit eher nicht ihre Verfolgung meinen dürfte – auch erneut dieses Bild einer ‚sanften Trauer‘ oder Melancholie an. Gubsers Beschreibung der mandelfarbenen Augen gibt zudem dem Titel noch eine weitere Bedeutungsebene.

762   Vgl. dazu u. a. Jakubowski 1999, insbesondere S. 205: „Sowohl das Bild der durch extremes jüdisches Patriarchat versklavten Jüdin wie auch das Bild der rebellierenden jüdischen Frau, die die gesetzte christliche Ordnung sündhaft verkehrt, leisteten einen nicht un-wesentlichen ideologischen Beitrag zur Vernichtung der Juden im Nationalsozialismus. Letztlich dienten beide Bilder jüdischer Frauen, die häufig in der gleichen antisemitischen Schrift an verschiedenen Stellen auftauchen konnten, zur Diffamierung der jüdischen Minderheit in einem traditionellen Kontext christlicher Sündenvorstellungen.“

763   Vgl. SM 134 f.: „Es dunkelte bereits, als er Broschers Haus in der Brailastraße erreichte, und er sah Fotinja schon von der Straße aus im Vorgarten sitzen. Sie saß allein an dem Tisch-chen unterm Mandelbaum und arbeitete an ihrem neuen Wollkleid. ‚Nun bist du doch gekommen‘, sagte sie, überrascht und glücklich, und wie immer, wenn sie sich trafen, überzog eine feine Röte ihr Gesicht.“

aus' sagte er feierlich; und, nach einer Pause, in der sich *in allen die Freude in Bestürzung verwandelte*: ,... und die Russen kommen.' Madame Pauline eilte ihm, vor *Bewegung schluchzend*, in die ausgebreiteten Arme [...], *dann umringten alle Stefan*, der seltsam unbeteiligt an der Tür stand, und schüttelten ihm die Hände. [...] Die Frauen weinten. ,Keine Bomben mehr, keine Angst ...' schluchzte Madame Pauline. ,*Wir leben, und der Krieg ist aus!*' sagte Broscher. ,Aus und fertig!' ,Vielleicht', sagte Stefan. ,Vielleicht für euch. Für mich nicht' [...] ,Ich muß zur Kompanie', sagte er. [...] ,Sie kommen doch wieder?' fragte Tante Lola. (SM 136 [Hervorhebungen N. W.])

Dem Protagonisten wird der größte Respekt entgegengebracht, und dass sich die Freude bereits „in allen" in Bestürzung verwanden soll, aber Broscher dennoch dankbar sagt, sie hätten überlebt, zeigt den Aufwand, mit dem die Moralkonstellation auch auf Kosten der Erzähllogik gewahrt wird: Die Vernichtung der Juden ist in diesem Text einerseits inexistent, so dass sie genauso wie die deutsche Zivilgesellschaft abgesehen von Bomben nichts zu befürchten haben und einträchtig mit dem deutschen Soldaten zusammenleben können – sie freuen sich, überlebt zu haben. Wovor sie sich denn aber in Bezug auf die Russen so sehr fürchten, dass alle bestürzt sind und Madame Pauline sogar schluchzt, (zumal „[i]n Rußland Antisemitismus mit dem Tode bestraft" werde, wie Stefan zu berichten weiß, vgl. SM 137) bleibt unklar. Aber: es unterstützt die Implikation, dass sich der Protagonist positiv von allem Schlechten, vor dem sich die Juden fürchten, abhebt.

Obwohl der Protagonist nicht aktiv Juden rettet – wie das viele ,gute Deutsche', so in Anderschs *Sansibar oder der letzte Grund* (1957) tun[764] – sie sind in der erzählten Realität ja gar nicht wirklich in Gefahr –, erzählt der Text so dennoch die Geschichte eines ,guten Deutschen' im Nationalsozialismus. Entsprechend traurig wird sein Abschied; während alle Frauen weinen, führen der Protagonist und Herr Demetriades den oben bereits anzitierten Dialog:

,Vielleicht schläft morgen schon ein Russe in seinem Bett', sagte Herr Demetiades düster. ,In Tiraspol haben sie die Front durchbrochen', sagte Broscher. ,Wir müssen pakettieren!' sagte Madame Pauline. ,In Turnu Severin wird's besser sein als hier'. [...] ,Schlimm, schlimm', seufzte Broscher, ,arme Judenheit ...' [...] Schlimmer wie die SS wird's auch der Russe nicht treiben', sagte Stefan. Broscher zog zweifelnd die Schultern hoch. ,Wer weiß ... [...].' (SM 136 f.)

Dieser Dialog verdeutlicht, wie Stefans positive Darstellung auch durch Abgrenzung erlangt wird, indem der Text eine Hierarchie des ,Unheils' impliziert: Darin steht ,der Russe' ganz oben, knapp danach kommt die SS, und der

---

764   Vgl. dazu auch Kap. 4.1 und 4.2.1 im vorliegenden Teil II der Studie.

Protagonist, der für die einfachen Deutschen steht, ist dezidiert und von jüdischen Figuren abgesichert am anderen Ende des Spektrums zu verorten.

Juden und deutsche Soldaten in Rumänien: Opferkonkurrenzen

Neben diesen offensichtlichen Figurenstereotypen enthält der Text zudem eine indirekte Ebene der Abwertung, die von Bergmann als stärkste Form von „Schuldabwehr-Antisemitismus"[765] beschrieben worden ist, nämlich eine „Leugnung oder drastische[] Minimierung der Verbrechen an den Juden."[766] Die Situation der jüdischen Familie in Rumänien im Jahr 1944 erscheint – verglichen mit der tatsächlichen Bedrohung sowohl durch die rumänische antisemitische Politik und inländische rassistische und antisemitische Einstellung der Bevölkerung[767] als auch durch die deutschen Soldaten im Land, wie gleich zu zeigen ist – so harmlos, dass man sogar von Leugnung und damit mit Bergmann von der „krasseste[n] Form der Schuldabwehr",[768] das heißt des „Schuldabwehr-Antisemitismus" nach Auschwitz sprechen kann.[769]

Damit schreibt sich der Text in eine lange während Tradition ein: Das Narrativ, die Rumänen hätten die Juden eher human behandelt, hat in Rumänien noch bis in die 90er Jahre die Geschichtsschreibung geprägt;[770] es handelt sich aber um eine drastische Umformung der tatsächlichen Begebenheiten: Zwar lag Galați, der Handlungsort der Erzählung, auf der weniger gefährlichen Seite der „meist über Leben und Tod entscheidende[n] Grenzlinie [...] zwischen Kernrumänien auf der einen Seite sowie Bessarabien, der Bukowina und Transnistrien auf der anderen."[771] Auch in Kernrumänien war die jüdische Bevölkerung aber seit 1939 antisemitischen Gesetzen unterworfen – deren Ausarbeitung ausgerechnet mit Beginn der Diktatur desjenigen Königs begonnen hat, den der Schwager von Madame Pauline in Scheiders Fiktion anscheinend so verehrt[772] –, die bis 1943 regelmäßig verschärft wurden.[773] Galați war dabei mitnichten eine positive Ausnahme, im Gegenteil: Der Konsul der „Agenten

---

765 Bergmann 2007, S. 13.
766 Ebd., S. 17; vgl. weiter unten in diesem Kapitel.
767 Vgl. dazu Turda 2009.
768 Bergmann 2007, S. 17.
769 Ebd.; ausgeführt ebd., S. 13–35.
770 Vgl. Benz 2009 S. 11.
771 Glass 2014, S. 15.
772 Ebd., S. 1; vgl. SM 136.
773 Vgl. Glass 2014., S. 18–21: Im Jahr 1939 begann die Aufhebung der bürgerlichen Gleichberechtigung, indem die Rechtmäßigkeit der Staatsbürgerschaft aller Juden ‚untersucht' wurde. In Bessarabien wurden in dieser ersten Welle 62 % der Juden die Staatsbürgerschaft entzogen.

der Abwehr" in Galați, Alfred Lörner, war (wie sonst nur in Czernowitz) sogar NSDAP-Mitglied.[774]

Nicht nur ihr vertrauensseliger, ja bewundernder Umgang mit einem Angehörigen der deutschen Besetzungsmacht, zum Beispiel auch die titelgebende Eigenschaft der Familie Broscher, nämlich dass sie Hausbesitzer sind, ist angesichts dieser Lage in Rumänien im Sommer 1944 unwahrscheinlich. Nachdem 1940 die Juden bereits von sämtlichem Grundbesitz außerhalb der Städte enteignet worden waren, folgte im Frühjahr 1941 ein Gesetz, das auch „alle städtischen Immobilien im Besitz jüdischer Privatpersonen [...] in Staatsbesitz" brachte.[775] In Schneiders Erzählung wird nicht nur betont, wie groß das Haus der Familie sei, sondern auch, dass sie zudem einen Landsitz haben. Zu Beginn der Erzählung will die Mutter „in der nächsten Woche" nach Turnu Severin reisen (SM 133), als die Russen das Land übernehmen, will die Familie sofort „pakettieren" (SM 137), um dorthin zu fliehen, und es wird deutlich, dass sie dort einen „kleinen Bauernhof verpachtet" haben (ebd.).

Die Familie kann also offenbar entgegen der historischen Wahrscheinlichkeit frei reisen, um sich in Sicherheit zu bringen, in einer Villa wohnen und durch die Verpachtung des Landsitzes mit einer weiteren Immobilie Geld erwirtschaften. Dass der Deutsche in ihrer Villa unterkommt, weckt in diesem Setting eher Assoziationen an Flucht- und Vertreibungsgeschichten, in denen Ostgeflohene in den Häusern deutscher Bürger/-innen unterkommen; die Shoah dagegen findet im ganzen Text keine Erwähnung. Zwar spricht Broscher von der „arme[n] Judenheit" (SM 137), das sagt er aber aus Angst vor den *Russen*, die die Deutschen in Galați ablösen. Und als sich Stefan daraufhin kritisch über die SS in Rumänien äußert, ist es wieder Broscher, der seine Aussage relativiert: „Schlimmer wie die SS wird's auch der Russe nicht treiben', sagte Stefan. Broscher zog zweifelnd die Schultern hoch. ‚Wer weiß ...'" (Ebd.)

Dass der Protagonist mit Fotinja in die Stadt will, um ausgerechnet „Bukowinawein" zu trinken „und dann was mit dir" zu machen (SM 134), ist angesichts der historischen Fakten schließlich darüber hinaus noch geschmacklos, ist die Bukowina ja eine von mehreren Chiffren für die systematische Vernichtung der Juden im Osten: Bereits 1941 waren in den ersten Wochen nach der Eroberung Bessarabiens und der Bukowina durch die Deutschen 45'000 bis 60'000 Juden ermordet worden, die meisten Überlebenden wurden

---

774 Glass erwähnt das (zusammen mit Czernowitz) als Beispiele dafür, dass diese „Agenten der Abwehr" – die deutschen Soldaten, die zur Schulung des rumänischen Militärs an der Ostfront stationiert waren –, teilweise von linientreuen Ideologen geführt worden seien. (Vgl. ebd., S. 29). Zu der prekären Situation und rassistischen, antisemitischen und Eugenik-Diskursen innerhalb Rumäniens vgl. auch Benz 2009.

775 Glass 2014, S. 18.

später deportiert, wobei 200'000 bis 300'000 der Opfer starben – der größte Teil der jüdischen Bevölkerung in diesen Regionen.[776]

Dieses Ausblenden des jüdischen Leids erscheint dadurch umso gravierender, dass die deutsche Leidenserfahrung in Rumänien im Vergleich noch zusätzlich betont wird. Stefans Leid bekommt quantitativ und qualitativ mehr Gewicht: Bereits im ersten Abschnitt der Erzählung wird betont, Stefan sei „trotz der Gerüchte, die über die Ereignisse am Pruth umliefen" (SM 133) gut gelaunt; seine Gefährdung wird also sofort aufgerufen. Der Holocaust bleibt dagegen bis zuletzt unerwähnt, und als die Familie vom Kriegsende erfährt, „schluchzt" Madame Pauline denn auch nicht vor Freude darüber, dass sie nicht deportiert wird: „Keine Bomben mehr, keine Angst" (SM 136), ruft sie, was die zentrale Angsterfahrung der deutschen *Täter*gesellschaft im Nationalsozialismus aufruft.

Der Protagonist scheint sich dabei immerhin noch mehr Sorgen um die jüdische Familie zu machen als die Familienmitglieder selbst. Er erklärt Fotinja nämlich: „Jede Stunde kann uns etwas passieren. *Dir und mir und uns allen*" (SM 134 [Hervorhebung N. W.]), er geht also von einem ungefähr ausgeglichenen ‚Opferkonto' aus. Es sind die jüdischen Figuren, die dieses Verhältnis anders wahrzunehmen scheinen. Besonders zugespitzt wird dies im Dialog deutlich, der bis hierher schon unter verschiedenen Gesichtspunkten anzitiert worden ist: Hier laufen fast alle in der vorliegenden Analyse angesprochenen Konfigurationen zusammen, die den deutschen Protagonisten und seinen Opferstatus auf- und das Leid und die Personen der jüdischen Figuren abwerten:

> ‚Es ist so langweilig', sagte er. ‚Mit dir möchte ich mich mal betrinken. In die Stadt gehen mir dir, wenn dein neues Kleid fertig ist, und Bukowinawein trinken, und dann was mit dir machen.' ‚Sag' solche Sachen nicht', wehrte sie heftig errötend ab. Sie fand einen Knoten in der Wolle, und als sie sich niederbeugte, um ihn zu entwirren, sah er einen Augenblick ihren Busen. ‚Schön', sagte er, ‚ich werd's nicht sagen. Aber machen möchte ich's doch.' ‚Und dich dann einsperren lassen', sagte sie. ‚Sei still damit.' ‚Pah', sagte er. ‚Alle Rumäninnen sehen jüdisch aus, und keiner würde was merken.' ‚Du kennst die Leute schlecht.' Sie hatte recht. Natürlich kannte er die Leute, und natürlich würden sie es merken, daß sie eine Jüdin war. ‚Ich habe es bald satt, das alles mitzumachen', sagte er. Es erschien ihm plötzlich eine Kleinigkeit, zu desertieren. ‚Aber du willst gar nicht', fuhr er in jäh aufsteigendem Zorn fort. ‚Wegen deiner Mutter.' Nicht ihre Unerfahrenheit macht ihr den Entschluß so schwierig, dachte er [...]. Jüdinnen konnten die besten und angenehmsten Frauen sein, aber irgendwie mußte man sie immer mit ihren Müttern teilen. (SM 134)

---

776   „Raport final" über die Vernichtung der Juden in Rumänien aus dem Jahr 2005, S. 176; 178, zit. n. Glass 2014, S. 10.

Er ist es also, der eingesperrt würde, wenn die beiden sich zusammen sehen lassen würden. Wie bereits die antijüdischen Stereotype wird auch diese Aussage, dass er sich in die größere Gefahr begebe, in *ihre* Figurenrede verlegt. Fotinja scheint dagegen in keinerlei Gefahr zu sein, weder er noch sie befürchten Konsequenzen für sie. Und wie die Einbettung dieser Szene zeigt, dient der ganze Aufwand, mit dem sie als stereotypische ‚schöne Jüdin‘ mit einem auffällig jüdischen Gesicht und einer ebenso typischen jüdischen Mutter konstruiert wird, nur dazu, sein Dilemma zu verdeutlichen: Würde sie nicht so typisch aussehen, könnte er mit ihr in die Stadt fahren; wäre die jüdische Mutter nicht zwischen ihnen, hätte er längst mit ihr geschlafen, wäre sie nicht so verwirrend und gefährlich anziehend, wäre das alles kein Problem und er würde nicht an Desertion denken.

Schlüsse

In „Die Mandel reift in Broschers Garten" wird die Geschichte eines Deutschen erzählt, der sich in eine Jüdin verliebt und deswegen seine Kompanie verlässt – eine Handlung, die eigentlich 1949 und auch in der Gruppe 47 kaum erzählbar ist.[777] Erzählbar scheint sie hier, so könnte man aus den dichotomen Zuschreibungen von Identitäten und Alteritäten im Text folgern, dadurch, dass die gesamte Empathie und das gesamte Unrechtsbewusstsein ‚dem Deutschen‘ zugeschrieben wird, während alle ‚Anderen‘, die Juden und die Russen, mittels antisemitischer und rassistischer Stereotype abgewertet werden. Zuletzt erscheint der Protagonist gerade durch seinen Kontakt zur jüdischen Familie und vor der Folie dieser ‚Fremden‘ als moralisch herausragender einwandfreier Mann – der je nach Lesart mutig desertiert, um der Liebe zu folgen, oder sich verwirrt von der sexuellen Ausstrahlung einer schönen Jüdin in sein eigenes Elend stürzt, wobei letztere Lesart durch die deutliche Betonung der Gefahr, in der er sich befindet, näher liegt.

An dieser einseitigen Betonung des deutschen Leids und weiterer dichotomer Konstruktionen im Subtext dürfte es liegen, dass der Text bei einer ersten Sichtung hinsichtlich der Konstruktion von Oppositionen als besonders typisch erschien, obwohl die Vielzahl der darin vorkommenden jüdischen Figuren eine Seltenheit ist. Sie erscheinen hier quasi als Gewährsleute, um die Dichotomisierung moralischer Zuschreibungen im Text ‚von außen‘ zu bestätigen: Alle antisemitischen und antirussischen Vorurteile – so die antisemitischen Zuschreibung, man erkenne Fotinja auf den ersten Blick als Jüdin, und der Gedanken, ‚der Russe‘ werde es schlimmer „treiben" als die SS – sind

---

777   Aufschlussreich ist dazu die Studie von Döring/Römer/Seubert 2015, insbesondere S. 189–212 zu den Desertionserzählungen von Andersch und Richter.

in die Rede der jüdischen Figuren verlegt worden, und die jüdischen Figuren sind es auch, die den Opferstatus des Protagonisten verdeutlichen, wenn sie sich um ihn mehr Sorgen machen als um sich selbst. Sie scheinen für die Implikation zu stehen: ‚Sogar *sie* sagen, dass wir uns nichts haben zuschulden kommen lassen und dass wir die wahren Opfer in diesem Krieg waren'. Die moralischen Gruppen erscheinen dadurch voneinander abgegrenzt, ‚unser' moralischer Wert definiert sich im Vergleich zu den ‚Anderen': den Russen, die anders als ‚wir' böse sind, und den Juden, die viel weniger als ‚wir' Opfer sind. Dass antisemitische Zuschreibungen die Folie für diese Konstruktion bieten, zeugt auch noch darüber hinaus von einem Desinteresse an der ‚anderen Seite' und von einer doppelten Missachtung der jüdischen Opfer.

2.2   *Stand der Forschung: Opfernarrative und -kollektive, Opferkonkurrenz und Empathieverweigerung*

Wie Bergmann in einer Studie zum „Schuldabwehr-Antisemitismus in Deutschland" (2007) zeigt, entspricht Schneiders Erzählung mit seiner an Holocaust-Leugnung grenzenden Umformung dem vorherrschenden Nachkriegsdiskurs: Noch 1954 hielten insgesamt 63 % der Teilnehmer/-innen in einer Befragung die Zahl von 5 Millionen ermordeten Juden für „stark" oder „etwas übertrieben"[778] – ein erstaunliches Resultat, wenn man bedenkt, dass die Fakten der deutschen Bevölkerung im Zuge der Reeducation eindringlich präsentiert worden waren und dementsprechend bekannt sein mussten. In Schneiders Erzählung wird diese Implikation nun von einer zweiten ergänzt, die sich mit Bergmann als weitere Form der Schuldabwehr-Antisemitismus fassen lässt, nämlich von der Konstitution eines genuin deutschen Opferkollektivs:[779] Die jüdischen Figuren gehen selbstverständlich davon aus, dass der deutsche Protagonist in großer Gefahr ist, was eine generelle große Gefahr für deutsche Soldaten in Kernrumänien impliziert. Da in „Die Mandel reift in Broschers Garten" diese beiden Implikationen nebeneinander gestellt sind, kann dieser Aspekt der Erzählung besonders mithilfe von Theorien erfasst werden, die eine Unterscheidung und Aufrechnung bzw. Konkurrenz zwischen Opfern vonseiten der Tätergruppe des Nationalsozialismus und Opfern der NS-Verfolgung thematisieren. Diese theoretischen Hintergründe sollen im Folgenden kurz ausgeführt werden.

---

778   Bergmann 2007, S. 17.
779   Vgl. ebd., S. 22–28.

2.2.1 Deutsche Opfernarrative

Wie Norman Ächtler in seiner Dissertation *Generation in Kesseln. Das Soldatische Opfernarrativ im westdeutschen Kriegsroman 1945–1960* (2013) aufzeigt, spielen Opfergeschichten deutscher Soldaten wie die gerade vorgestellte Erzählung Schneiders in der Literatur der Nachkriegszeit eine zentrale Rolle. Ächtler betont, dass es zunächst viele psychologisch und historisch nachvollziehbare Gründe für diese Hegemonie von Opferberichten vonseiten der Tätergesellschaft gebe.[780] Gerade in sehr autobiografisch geprägten Texten erscheint es auf den ersten Blick tatsächlich wenig sinnvoll, einzelne deutsche Opfererzählungen als solche kritisch zu beleuchten; handelt es sich doch um tragische Erlebnisse einzelner, oft traumatisierter Personen, die keine ‚Schuld‘ an der Übermacht eines Diskurses zeigen.

Dennoch zeigt die schiere Übermacht deutscher Opfererzählungen in der Nachkriegsliteratur angesichts des gut dokumentierten Wissens um den Holocaust von der frühesten Nachkriegszeit an deutlich, dass die heute als „Zivilisationsbruch" erinnerten Taten zunächst kaum Wellen der Empörung oder Trauer hervorgerufen haben.[781] Und Texte, die sich exklusiv mit der ‚eigenen‘ Opfererfahrungen beschäftigen, werden dadurch oft zugleich Teil diskriminierender Diskurse wie Opferkonkurrenzen und Empathieverweigerung, wenn sie die ‚eigene‘ Opfererfahrung nicht einfach abbilden, sondern wie gerade bei Schneider gesehen deutend einordnen und dadurch oft auch explizit oder implizit mit ‚anderen‘ Erfahrungen vergleichen.

Auch dieses Phänomen ist im öffentlichen und literarischen Diskurs der deutschen Nachkriegszeit verbreitet, wie bereits in zahlreichen Studien und Sammelbänden, zunächst insbesondere aus dem angelsächsischen Sprachraum, herausgearbeitet wurde. So in Helmut Schmitz' Band *A Nation of Victims? Representations of German Wartime Suffering* (2007), der wohl noch im Eindruck der Debatten Anfang 90er Jahre Studien zu Sebald, Wolf und Weyrauch, aber auch zu Werken der 2000er wie Uwe Timms *Am Beispiel meines Bruders* (2003) oder Bernd Eichingers und Oliver Hirschbiegels Film DER UNTERGANG (2004) versammelt. Nur kurze Zeit später ist ein weiterer Band mit einem ähnlichen Schwerpunkt unter dem Titel *Germans as Victims in the Literary Fiction of the Berlin Republic* (2009) erschienen, in dem mit Grass und Böll ebenfalls zwei zentrale Autoren der Gruppe 47 zur Sprache kommen

---

780 Vgl. Ächtler 2013, insbesondere S. 44–56.
781 Mitscherlich/Mitscherlich (1967) haben dafür auf der Grundlage ihrer psychoanalytischen Studien das Wort von der *Unfähigkeit zu trauern* geprägt.

und zudem ein Aufsatz der folgenden Frage gewidmet ist: „Expulsion Novels of the 1950s. More than Meets the Eye?"[782]

Dennoch ist gerade im öffentlichen deutschsprachigen Raum die Wahrnehmung, die deutschen Opfer des Zweiten Weltkriegs seien ein diskursives Tabu, nach wie vor breit vertreten. Das wird beispielsweise im kulturwissenschaftlichen *Lexikon der „Vergangenheitsbewältigung"*[783] deutlich, das aktuellen deutschen Opfernarrativen und ihrer Rezeption mehrere kritische Einträge widmet:[784] Unter anderem in Günter Grass' *Im Krebsgang*,[785] der rechtsextrem durchzogenen Erinnerungsveranstaltung „Dresden 1945"[786] und den *Spiegel*-Serien über den Nationalsozialismus der frühen 2000er Jahre, zu deren Beginn die Verantwortlichen verkündeten, „es sei nun möglich, den ‚Blick auf die Deutschen auch als Opfer' freizugeben",[787] zeigt sich eine diesbezügliche Verschiebung der öffentlichen Wahrnehmung. Im *Lexikon der „Vergangenheitsbewältigung"* ist nun auch der Eintrag zur Gruppe 47 bereits unter dem Überthema „Widerstreitende Opfererfahrungen in Literatur und Film" verzeichnet.[788] Es handelt sich also bei den Überlegungen im vorliegenden Kapitel, wie bereits einleitend erwähnt, nicht um einen *grundsätzlich* neuen Aspekt in der Forschung zur Gruppe 47; dennoch wird das Thema nach wie vor kontrovers betrachtet und es steht noch aus, die bestehenden Forschungsgrundlagen im Kontext von Kontinuitäten in der Gruppe 47 einzuordnen; insbesondere in Bezug auf die literarischen Texte.

2.2.2   Beschweigen jüdischer Erinnerung

Die systematische literaturwissenschaftliche Aufarbeitung eines Missverhältnisses zwischen der Erinnerung der Täter und der Erinnerung der Opfer des Nationalsozialismus setzte mit der Beobachtung des Verschweigens des Holocaust ein, wie es insbesondere von Hans Ulrich Gumbrecht abgehandelt wurde. Gumbrecht bezeichnet das Jahrzehnt nach 1945 mit Havenkamp als „Latenzzeit"[789] und spricht von „[b]linde[n] Passagiere[n] in den Geisteswissenschaften".[790] Das ‚beschwiegene' Wissen um die Geschehnisse im Nationalsozialismus wird hier durch die Referenz auf den Latenzbegriff in

---

782   Berger 2009.
783   Fischer/Lorenz 2015.
784   Vgl. ebd., S. 364–385.
785   Vgl. Janssen/Fischer 2015, S. 375–377.
786   Vgl. Thiessen 2015, S. 383–385.
787   Vgl. Russo 2015, S. 379.
788   Fischer/Lorenz 2015, S. 116.
789   Gumbrecht 2011, S. 9.
790   Ebd.

spürbarer Nähe, aber knapp „nicht im Bereich der aktuellen Wahrnehmung"[791] verortet. Präsent sei Latentes nur in Form von „Stimmungen als Ahnung".[792]

Diese grundsätzliche Beobachtung eines Beschweigens des Holocaust hat insbesondere der Antisemitismusforschung wichtige Impulse gegeben,[793] die auch in die Literaturwissenschaft ausstrahlten, gerade im Zusammenhang mit der Gruppe 47: In seiner Studie *Die andere Erinnerung. Jüdische Autoren in der westdeutschen Nachkriegsliteratur* (2001) hat Stephan Braese die Schwierigkeiten jüdischer Autorinnen und Autoren herausgearbeitet, in der Nachkriegszeit der BRD überhaupt einen Raum für ihre Erinnerung zu bekommen. In seiner Dokumentation unter anderem auch der Aufnahme des Gruppe-47-Mitglieds Wolfgang Hildesheimer in der BRD werden manifeste Unterdrückungsmechanismen im Buchmarkt und im öffentlichen Diskurs deutlich.[794] Jörg Döring hat anhand verschiedener Stufen von Günter Eichs Hörspiel-Zyklus *Träume* (erstmals 1951 gesendet) gezeigt, wie die darin aufscheinenden Erinnerungen an den Holocaust aufgrund empörter Rückmeldungen der frühen Hörerschaft im Verlauf der Zeit deutlich abgeschwächt wurden und allmählich ins Latente abglitten.[795] Diese beiden Studien belegen mit umfangreichem historischem Material wie Verlagsbriefwechsel und Leser/-innenbriefen, dass die Erinnerung an die jüngste Vergangenheit und insbesondere die Opfer aus den im Nationalsozialismus verfolgten Gruppen oft sehr gezielt unterdrückt wurde. Und Sascha Feuchert geht in einem Aufsatz über Anderschs Roman *Efraim* (1967) darauf ein, dass die dem jüdischen Protagonisten in den Mund gelegte generelle Kritik an Holocaust-Deutungen in dieser Zeit vor allem jüdische Lagerliteratur getroffen habe – die in den ersten Nachkriegsjahren zahlreich erschienen, aber, wie er mit Herf formuliert, auf „taube Ohren und harte Herzen" gestoßen sei.[796]

Andere Stimmen hinterfragen solche kritischen Töne. So betont Ächtler in seiner Monografie über das *Soldatische Opfernarrativ* mit Moeller, dass es bei Debatten um Opferausgleiche primär um „Identitätspolitik" gegangen

---

791   „Gewissheit über die räumliche Nähe eines Körpers oder eines materiellen Gegenstandes, der nicht im Bereich der aktuellen Wahrnehmung liegt und dessen Ort wir ebenso wenig kennen wie seine Identität." (Ebd., S. 10.)

792   Ebd., S. 11.

793   Vgl. Bergmann 1998, insbesondere S. 396–398.

794   Braese 2001, zu Hildesheimer vgl. S. 233–320; 365–428; 485–516.

795   Döring 2009.

796   Vgl. Feuchert 2016, S. 175; das Zitat stammt aus Jeffrey Herfs *Zweierlei Erinnerung* (1998), S. 457, wobei dieser sich an der zitierten Stelle mit dem „Minimalprogramm[] von Wiedergutmachung und öffentlicher Erinnerung" (ebd.) in Politik und Gesellschaft auseinandersetzt. Zu früheren kritischen Lektüren von *Efraim* vgl. Hahn 2011, S. 370–376.

sei[797] – dabei geht er allerdings nicht weiter darauf ein, dass dadurch ganz
beiläufig deutsche Identität auch nach 1945 ohne Juden definiert wird. Der
Literaturwissenschaftler Helmut Peitsch postuliert in einem jüngeren Aufsatz, es sei seiner Ansicht nach wiederum essentialistisch, das deutsche gegen
das jüdische Leid auszuspielen. Eine Überbetonung des ‚eigenen' Leids als
Antisemitismus zu klassifizieren und zu kritisieren, sei anachronistisch und
zu wenig differenziert;[798] die Zeitgenossen seien sich gewisser Kontinuitäten
durchaus bewusst gewesen, aber der Diskurs sei damals einfach so gelagert
gewesen, dass das ‚eigene' Leid die Wahrnehmung habe dominieren müssen.[799]
   In diesem Sinne sollen auch die hier festgehaltenen Beobachtungen selbstverständlich nicht vor dem Hintergrund zu verstehen sein, dass individuelle
Opfergeschichten *an sich* als problematisch bewertet oder gar gegen andere
Opfererfahrungen ausgespielt werden. Es besteht wenig Zweifel darüber, dass
hinsichtlich der Traumatisierungen im Zweiten Weltkrieg realistische Berichte
über Leiden in der Wehrmacht oder im Bombenkrieg oft als einzige Möglichkeit überhaupt erschienen, das Erlebte ansatzweise aufzuarbeiten. Die heutige
Distanz ermöglicht es aber auch, deskriptiv aufzuarbeiten, welchen Einfluss
die Diskursmechanismen der Nachkriegsjahrzehnte hatten, welche Stimmen
dadurch ungehört blieben und welche Diskriminierungen daraus resultierten.
Auch diese Sichtweise kann sich, wie bereits einleitend festgehalten, auf eine
breite Forschungsgrundlage insbesondere aus der Antisemitismusforschung
stützen. Diese zeigt, dass ein kritischer Blick auf Opfertexte der Nachkriegszeit nötig ist und möglich sein sollte, ohne dass dadurch eine anachronistische
‚Verurteilung' der Opfererzählungen von heute aus gesehen erfolgt.

2.2.3   Deutsche Opferkollektive, Täter-Opfer-Dichotomien,
          Empathieverbot und Missachtung
Eine richtungsweisende Studie von Moeller über „Deutsche Opfer, Opfer der
Deutschen" (2001) zu ganz konkreten Konsequenzen der Überhöhung der
‚Eigenen' und Relativierung der ‚anderen' Opfer wurde bereits eingangs dieser
Studie zitiert:[800] Moeller zeigt anhand der Debatten um Opferausgleiche im
Jahr 1949, wie dezidiert die deutschen, ‚arischen' Opfergruppen bevorzugt
wurden und wie eng die Diskussionen in diesem Zusammenhang mit einer
Fortsetzung der diskriminierenden Aversionen aus dem Nationalsozialismus

---

797   Ächtler 2013, S. 15.
798   Peitsch [2006], S. 9 f.
799   Ebd., S. 3–5.
800   Vgl. Kap. 1.1 in Teil I der vorliegenden Studie.

verbunden waren.[801] Unter Schlagworten von Täter-Opfer-Dichotomie (Holz), Täter-Opfer-Paradigma (Weigel), von Formen der Aufrechnung und deutschen Opferkollektiven (Bergmann), von Empathieverbot (Frei) und Missachtung (Briegleb) wurde das Beschweigen und Konkurrieren insbesondere jüdischer Opfer bereits mehrfach kritisiert und als neue Ausprägung des Antisemitismus nach 1945 beschrieben.

Die vorliegende Arbeit schließt am engsten an Klaus Holz' Überlegungen zu Antisemitismus und nationaler Identität an,[802] deswegen soll seine Darstellung etwas genauer zitiert werden:

> [D]ie Täter-Opfer-Dichotomie [rückt] im Antisemitismus nach Auschwitz in einer spezifischen Variante in den Mittelpunkt. Nach der Judenvernichtung muss den Juden, um sie erneut anklagen zu können, ihr Status als Opfer des national-sozialistischen Verbrechens auf die eine oder andere Weise abgesprochen werden. Indem man das Verhältnis von Täter und Opfer nach Auschwitz umkehrt, werden die Antisemiten im Allgemeinen und die Nation der Täter im Besonderen von Auschwitz entlastet. Was auch immer in jenen ,dunklen zwölf Jahren' geschehen sein mag, heute beschuldigen uns die Juden zu unrecht.[803]

Holz weist darauf hin, dass eine Dichotomie von Tätern und Opfern für den Antisemitismus *vor* 1945 zentral ist, in dem den Juden auf verschiedenen Ebenen die Schuld am Zerfall einer imaginierten traditionellen germanischen Volksgemeinschaft zugeschrieben wurde.[804] Daraus gehe hervor, dass den Juden nach 1945 ihr Opferstatus angesprochen werden musste, um sie innerhalb derselben Logik einer Opfer-Täter-Dichotomie noch anklagen zu können, worin eine Verbindung von Empathieverweigerung und Antisemitismus zu sehen sei.[805] Eine ähnliche Überlegung formuliert auch Weigel in ihrer Studie *Bilder des kulturellen Gedächtnisses* (1994), wenn sie von einem „Opfer-Täter-Schema"[806] bzw. -„Paradigma"[807] schreibt und problematisiert, dass in diesem Rahmen Schuldige und Unschuldige des Nationalsozialismus lange grundsätzlich polarisiert worden seien.[808]

---

801   Vgl. Moeller 2001, insbesondere S. 38–43 zu den Schwierigkeiten anderer Opfergruppen, überhaupt Ausgleichszahlungen zu bekommen; vgl. Kap. 1.1 in Teil I der vorliegenden Studie.

802   Vgl. Holz 2001; Holz 2007.

803   Ebd., S. 40.

804   Vgl. ebd., S. 39.

805   Vgl. ebd., S. 39 f.

806   Weigel 1994, S. 184.

807   Ebd., u. a. S. 15; 185 f.

808   Vgl. ebd., S. 181–195; so S. 186: „Als Deutungsmuster vorgeblich universeller und existentieller Erfahrungen situiert bereits das Opfer-Täter-Paradigma die Ereignisse, um

Der Zeithistoriker Norbert Frei geht in seiner Zusammenstellung der deutschen Erinnerungskultur *1945 und wir* (2005) ebenfalls auf diese Polarisierung bzw. Dichotomisierung ein; er spricht von einem „Transfer[] von Empathie"[809] und später von einem „Empathieverbot",[810] was den Aspekt der Kontinuität gerade aus der Perspektive der vorliegenden Arbeit noch stärker hervorhebt: Wie eingangs beschrieben, wurde in der NS-Propaganda Mitleid als überholte und rassengefährdende bürgerliche Moral gebrandmarkt und selbst als unmoralisch mit einer Art Verbot belegt. Die Studien des Antisemitismusforschers Bergmann verdeutlichen, dass es sich bei solchen Reflexionen keineswegs um anachronistische ‚Verurteilungen' handelt: Er knüpft nämlich an verschiedene zeitgenössische Beobachtungen, meist vonseiten der Opfergruppen des Nationalsozialismus, an.

So hat der US-Amerikaner Moses Moskowitz bereits 1946 von einem „enigma of the German irresponsibility"[811] gesprochen und dieses als neue Form des Antisemitismus beschrieben.[812] Hannah Arendt beschreibt bereits im Jahr 1950 ihre Erfahrung so pointiert, dass sie etwas ausführlicher zitiert werden soll:

> Das einfachste Experiment besteht darin, *expressis verbis* festzustellen [...], daß man Jude sei. Hierauf folgt in der Regel eine kurze Verlegenheitspause; und danach kommt – keine persönliche Frage [...] kein Anzeichen von Mitleid, etwa dergestalt: ‚Was geschah mit Ihrer Familie?' – sondern es folgt eine Flut von Geschichten, wie die Deutschen gelitten hätten (was sicher stimmt, aber nicht hierhergehört); und wenn die Versuchsperson dieses kleinen Experiments zufällig gebildet und intelligent ist, dann geht sie dazu über, die Leiden der Deutschen gegen die Leiden der anderen aufzurechnen, womit sie stillschweigend zu verstehen gibt, daß die Leidensbilanz ausgeglichen sei und daß man nun zu einem ergiebigeren Thema überwechseln könne.[813]

---

deren Erinnerung und Verstehen es geht, in einem Ort jenseits des Sozialen und des Historischen, es polarisiert die in einen gemeinsamen Schuldzusammenhang Verstrickten in Schuldige und Unschuldige und blendet die Befragung der diesen Zusammenhang konstituierenden Möglichkeitsbedingungen aus. In der Markierung und Repräsentation von Tätern und Opfern werden dabei nicht selten verschobene ethnozentrische Deutungen virulent."

809   Frei 2005, S. 15.
810   Vgl. ebd. 2005, S. 52.
811   Moskowitz 1946, zit. n. Bergmann 2007, S. 13.
812   Ebd.
813   Arendt 1993, S. 25 f.; vgl. dazu Bergmann 2007, S. 23 f.

Und die Frankfurter Schule um Horkheimer / Adorno führte dieses – von ihnen zu diesem Zeitpunkt auch bereits empirisch untersuchte –[814] Phänomen im Jahr 1952 auf „Schuld und Abwehr"[815] zurück und konnten darin in zahlreichen Aspekten eine Fortsetzung von Antisemitismus beschreiben.[816] Wie Bergmann ausführt, meinten sie mit diesem Schuldabwehr-Antisemitismus das Phänomen, „dass Juden als ein Kollektiv gesehen werden, das durch seine bloße Existenz die Erinnerung an Verbrechen wach hält".[817]

Davon ausgehend beschreibt Bergmann den Zusammenhang zwischen Zuschreibungen von Schuld- und Opferstatus, Abwertung jüdischer Opfer und allgemeinem Antisemitismus als eine Wechselwirkung der folgenden Aspekte, die im Verlauf der Zeit unterschiedlich gewichtet gewesen seien:

> 1) die Leugnung des Holocaust bzw. die Abmilderung der unbequemen Vergangenheit, oft verbunden mit einer Abspaltung der Verantwortung; 2) Formen der Aufrechnung: a) Mitschuld der Juden; b) Schaffung eines großen Opferkollektivs durch Verweis auf die Leiden der Deutschen; c) indirekte Aufrechnung durch die Konstruktion der Juden als ‚Tätervolk'; 3) Thematisierungsverweigerung: a) Schlussstrich unter die Vergangenheit, b) Negierung der Existenz von Antisemitismus; 4) Moralische Diskreditierung der Ansprüche der Opfer.[818]

Sowohl die Behauptung einer Mitschuld der jüdischen Opfer als auch die Konstitution eines „großen Opferkollektivs" sieht Bergmann als „Formen der Aufrechnung";[819] die für den öffentlichen Diskurs auch empirisch gut belegt sind.[820]

---

814 Im „Gruppenexperiment" des Frankfurter Instituts für Sozialforschung aus den Jahren 1950/51 (vgl. Horkheimer/Adorno 1955, S. V–VIII) wurden in einem aufwändigen Studiendesign (Pollock 1955, S. 15–270) Gespräche zu Nationalsozialismus, Schuld und Ideologie mit verschiedenen Bevölkerungsgruppen geführt und aufgezeichnet. In den qualitativen Auswertungen der Gespräche, insbesondere einer umfangreichen Analyse Adornos (1955), wurden zahlreiche bereits höchst ausdifferenzierte problematische Kategorien von Schuldabwehr und Leugnung sowie deren Zusammenhang mit der NS-Ideologie beschrieben (vgl. ebd., S. 278–428).

815 Pollock 1955, S. 278.

816 So wurde von den Teilnehmenden die Vorstellung einer ‚Jüdischen Rache' geäußert (Adorno 1955, S. 372) oder unterstellt, dass „die Juden an allem [...] selbst Schuld" seien (ebd., S. 392–396; dies verknüpft mit der Zuschreibung von Unehrlichkeit und Raffgier, vgl. ebd., S. 394); und es zeigten sich zahlreiche „Überbleibsel der Rassentheorie" (ebd., S. 386) in den Gesprächen.

817 Bergmann 2007, S. 13.

818 Ebd., S. 17, ausführlich zu den einzelnen Punkten S. 17–35.

819 Ebd., S. 20.

820 Bergmann zitiert dazu Studien zur Umkehr der Schuld: „1949 bezeichneten 53 % der Befragten die ‚Eigenheiten jüdischer Volksgruppen' und weitere 12 % die ‚jüdische Religion'

Diese Forschungsperspektiven – Betonung der eigenen Schuld als unvermeidbare Identitätskonstruktion vs. antisemitischer Impuls – stecken
die beiden Pole ab, innerhalb derer sich die Literaturwissenschaft heute
in Bezug auf deutsche NS-Opfererzählungen meistens positioniert. Angesichts der umfangreichen Forschungsliteratur zu beiden Aspekten ist davon
auszugehen, dass sich Kontinuität und Bruch hier nicht grundsätzlich ausschließen, sondern vielmehr bedingen. Bei einzelnen Opfertexten handelt es
sich um Zeugnisse traumatisierender Erlebnisse und um die einzige Möglichkeit, dem Erlebten gerecht zu werden. Diese unverzichtbaren Erinnerungsdokumente zeugen aber zugleich von Kontinuitäten gewisser Polarisierungen
und Empathieverweigerung und beteiligen sich dadurch an diskrminierenden
Diskursen.

Wie relevant das Thema nun auch in Bezug auf die Gruppe 47 ist, wird schon
darin ersichtlich, dass Bergmann als frühes Beispiel für die Konstitution eines
deutschen Opferkollektivs gerade einen *Ruf*-Artikel Alfred Anderschs zitiert.
Darin postuliert dieser: „Selbst die allerunwilligsten und strengsten Beobachter
der deutschen Entwicklung im In- und Ausland kommen nicht um die Feststellung herum, dass das deutsche Schuldkonto sich allmählich zu schließen
beginnt"; was er mit der „Fülle der Leiden" begründet, die, „scheinbar als
natürliche Folge einer so totalen Schuld, über Deutschland hereinbrechen."[821]
Diese Stelle wurde auch von Braese hervorgehoben, der diesen Aspekt des Umgangs mit deutscher Schuld im *Ruf* kritisch vertieft hat.[822] Weigel geht in ihren
Reflexionen zum Täter-Opfer-Paradigma wie gesehen ebenfalls auf Andersch

---

als Ursache des Antisemitismus, nur 30 % sahen sie nicht bei den Juden, sondern in der
,antisemitischen Propaganda'. [...] Auch die EKD deutete 1948 in ihrem Darmstädter
,Wort zur Judenfrage' den Holocaust noch im Einklang mit der theologischen Tradition
als göttliche Strafe an den ,untreuen' Juden: ,Dass Gott nicht mit sich spaßen lässt, ist die
stumme Predigt des jüdischen Schicksals'. [...] Ein Report der amerikanischen Militärregierung zum ,Anti-Semitism in Germany'[...] resümierte 1947, dass viele Deutsche die
verheerenden Auswirkungen des Antisemitismus dadurch rationalisierten, dass die Juden
die Feindschaft, die ihnen entgegengebracht wird, auch verdienten." (Ebd., S. 20.) Zum
Opferkollektiv schreibt er: „Die Schuldabwehr bediente sich von Anfang an der Strategie,
die ,deutsche Volksgemeinschaft' ihrerseits zum ,Opferkollektiv' zu erheben: zum Opfer
des Nationalsozialismus – ,ganz Deutschland war ein einziges großes Konzentrationslager', so der Katholische Mainzer Bischof Albert Stohr 1945 [...] – zum Opfer alliierter
Politik [...] und zum Opfer ,jüdischer Rache', sei es in Form politischer und juristischer
Verfolgung [...] oder angeblich maßloser jüdischer Entschädigungsforderungen. [...]
Die Deutschen sahen sich, darin bestärkt von den christlichen Kirchen, als Opfer der
Geschichte." (Ebd., S. 20.)

821 Andersch 1946b, S. 1f.; dazu Bergmann 2007, S. 22.
822 Vgl. Braese 2003, S. 77.

ein; seinen Roman *Die Rote* (1960) liest sie als exemplarisches Beispiel für eine Übertragung des Täter-Opfer-Paradigmas auf Gender-Aspekte.[823] Solche Beispiele und auch die bis hier vorgenommenen ‚Musterlektüren‘ zeigen, dass Identitätskonstruktion und Abwertung eng zusammenspielen, und dass zur Aufrechterhaltung solcher Erinnerungsstrukturen die Empathie, gerade im Sinne moralischer Empörung über das Leid, das den ‚Anderen‘ vonseiten der als Opferkollektiv konstruierten ‚Eigenen‘ angetan wurde, notwendig gering bleiben muss.

2.3   *Opferfiguren und -konstellationen in der Literatur der Gruppe 47*

Inwiefern die beiden bis hier vorgenommenen ‚Musterlektüren‘ der *Almanach*-Texte von Ferber und Schneider in diesen theoretischen Rahmen passen, ist schnell rekapituliert.[824] Ferbers „Mimosen im Juli" (gelesen 1960), erzählt die traurige Geschichte eines jungen Mannes und seiner Mutter, die den Erinnerungen des Vaters an seinem Einsatzort in Frankreich im Zweiten Weltkrieg nachgehen, wobei negative Erinnerungen an ihn an seinem alten Einsatzort als Last für den Sohn beschrieben werden. Da die Erzählung deutlich auf eine reale Begebenheit anspielt, betont sie nicht nur einseitig das Leid des deutschen Kollektivs, sondern relativiert im Hintergrund die Schuld, mit der die Verwandten ringen: Das ‚reale Vorbild‘ des in der Erzählung evozierten Offiziers und Vaters ist ein ‚fanatischer‘ Nationalsozialist, der die ‚Mimoseninsel‘ bis auf den letzten Mann und wider jede Vernunft verteidigt hatte. In der im vorliegenden Kapitel untersuchten Erzählung von Schneider wird die Aufrechnung der Opfer noch deutlicher, hier werden die rumänischen Opfer regelrecht geleugnet und eine Täter-Opfer-Umkehr angedeutet: Es ist als sein Untergang markiert, als er sich schließlich auf eine Affäre mit der schönen Jüdin einlässt, deren Reizen er erliegt.

In beiden Erzählungen scheinen die historischen Verzerrungen mit einer dichotomen Wahrnehmung von Opfern und Tätern zusammenzuhängen. Die Opfererfahrungen der beiden Protagonisten und Angehörigen der Tätergruppe sollen, so scheint es, nicht durch moralische Vergehen ihrer ‚Wir-Gruppe‘ in Zweifel gezogen werden, sondern möglichst ‚unbelastet‘ bleiben. Das ist in der Täter-Opfer-Logik, wie sie Weigel und Bergmann beschrieben haben,[825] und genauso auch im Sinne einer Partikularisierung von moralischen Gefühlen,[826]

---

823   Weigel 1994, S. 181–197 (Kap.: Zur nationalen Funktion des Geschlechterdiskurses im Gedächtnis des Nationalsozialismus. Alfred Andersch ‚Die Rote‘).
824   Zu den Musterlektüren vgl. Kap. 1.2 und Kap. 2.2 im vorliegenden Teil II der Studie.
825   Vgl. weiter oben in diesem Kapitel m. w. H.
826   Vgl. Kap. 2.1.1 in Teil I der vorliegenden Studie.

nur möglich, wenn ihre *ganze* ‚Wir-Gruppe' auf der Opferseite der Dichotomie verortet wird. Und dies geht in derselben Logik notwendigerweise damit einher, dass ihr Täterstatus relativiert bzw. abgesprochen wird. In dieser dichotomen Wahrnehmung werden die Opfererfahrungen der ‚Anderen' so doppelt relativiert: Erstens, weil eine Dichotomisierung des Anspruchs auf Mitleid Empathie gegenüber den ‚Anderen' verbietet, um nicht den eigenen Anspruch zu verlieren. Zweitens, weil die Angehörigen der ‚Wir'- und Tätergruppe nicht mit ‚deren' Opferstatus – den ein Teil der ‚Wir'-Gruppe verschuldet hat – belastet werden soll – da auch dies im Sinne der Dichotomie die Legitimation der ‚eigenen' Opfererfahrung schmälern würde.

Ausgehend von diesen ersten Beobachtungen über Opferkonkurrenzen in besonders repräsentativen *Almanach*-Texten und deren theoretischer Kontextualisierung wird im Folgenden der Frage nachgegangen, wie sich diese Phänomene von Opferkollektiven, Opferkonkurrenzen und Empathieverweigerung in weiteren Texten der Gruppe 47 äußern.

2.3.1   Kollektive: Deutsche und jüdische Opfer in den *Almanach*- und Preistexten

Dazu sollen zunächst die *Almanach*- und Preistexte nach deutschen und jüdischen Opferfiguren und -Erzählungen betrachtet werden, wobei danach gefragt wird, wie sie sich rein mengenmäßig zueinander verhalten. Fritz J. Raddatz hat in seiner Einleitung zum *Almanach* geschrieben:

> In dem ganzen Band kommen die Worte Hitler, KZ, Atombombe, SS, Nazi, Sibirien nicht vor – kommen die Themen nicht vor. Enzensberger und Cramer sind die einzigen Ausnahmen – bei Weyrauch gibt es ‚Lager' –, will man von Nowakowski absehen, der nicht zur deutschen Literatur im engeren Sinne zählt, sondern dessen Bücher jetzt in Deutschland erscheinen.[827]

Wie Briegleb bereits kritisch bemerkt hat,[828] ist diese Aussage insofern auch selbst problematisch, als sie Celan ausschließt, der seine Gedichte als „Grabmal" für die ermordeten Juden und für seine Eltern bezeichnet.[829] Der kritische Gestus von Raddatz zeigt auf den zweiten Blick vor allem, dass Raddatz wohl gar nicht vorrangig an die jüdischen NS-Opfer denkt, wenn er von KZ, SS oder Nazis schreibt. In v. Cramers Text, den er wie zitiert als einen von zwei

---

827   Raddatz 1962, S. 55.
828   Briegleb 2003, S. 215.
829   Vgl. u. a. Wiedemann 2005b, S. 606 f. (in einem Brief an Schroers: „Die Todesfuge <u>ist</u> ein Grabmal" [Hervorhebung im Original]; in einem Brief an Bachmann: „[D]ie Todesfuge [ist] auch dies für mich [...]: eine Grabschrift und ein Grab." Vgl. ebd.)

positiven Beispielen erwähnt, kommen weder Juden noch der Holocaust oder Antisemitismus vor, obwohl er einen glühenden ‚Nazi' zum Thema hat;[830] und einige weitere *Almanach*-Texte, in denen jüdische Opferfiguren relativ deutlich anklingen, wie nun genauer gezeigt werden soll, werden in seiner Auflistung nicht erwähnt.

Die Lektüren, die in der vorliegenden Studie für den tabellarischen Überblick vorgenommen wurden,[831] haben ergeben, dass jüdische Opferfiguren in sieben der *Almanach*-und Preistexte mindestens assoziativ anklingen;[832] und eindeutige jüdische Opferfiguren in vier *Almanach*-Texten vorkommen, von denen Raddatz zwei nicht erwähnt: In Paul Celans Gedicht „In Ägypten" (gelesen 1952)[833] sowie in den Erzählungen von Tadeuz Nowakowksi („Polonaise Allerheiligen", gelesen 1959), Wolfgang Weyrauch („Mit dem Kopf durch die Wand", gelesen 1958)[834] und Siegfried Lenz („Gelegenheit zum Verzicht", gelesen 1960). Dazu kommt im Korpus der vorliegenden Studie noch ein weiterer Text, der eine jüdische Opferfigur explizit benennt: In dem 1962 nach Erscheinen des *Almanach* preisgekrönten Gedicht „Der lettische Herbst" von Johannes Bobrowski.[835] Hier kommt, allerdings poetisch fragwürdig überhöht, ein jüdisches Kind als Opfer vor, wenn er „das Haar / des Judenkindes" in einer Reihe von Assoziationen mit brennenden Dingen erwähnt.[836]

---

830   Vgl. Kap. 4.2.2 im vorliegenden Teil II der Studie.
831   Vgl. Kap. 1.1 im vorliegenden Teil II der Studie.
832   Nicolaus Sombart (Begegnung der Generationen): Capriccio Nr. 1; Ilse Schneider-Lengyel: schlachtvieh; Paul Celan: In Ägypten; Tadeuz Nowakowksi: Polonaise Allerheiligen; Wolfgang Weyrauch: Mit dem Kopf durch die Wand; Siegfried Lenz: Gelegenheit zum Verzicht; Johannes Bobrowski: Der lettische Herbst. Bei Sombart ([1947] 1962) werden die „dunkle[n] Augen unter starken Brauen" (ebd., S. 67) hervorgehoben, Zwangsarbeit in einer Fabrik klingt an und das Paar in der Erzählung will sich Menschen mit ‚arischen Großeltern' (ebd. 72) erschaffen, der den Platz der weiblichen Figur einnehmen könnte. Schneider-Lengyel hat ihr Gedicht „Schlachtvieh" genannt; der Holocaust klingt in diesem Titel und Begriffen wie Todesfall, Ausschaltung und Diamanten an (vgl. Schneider-Lengyel [1949] 1962, S. 98: „schlachtvieh / das schlachtvieh erholt sich langsam / wenn es nicht mehr wiederkäut / und unter ausschaltung des gewesenen / wie nach einem todesfall oder mehreren / in schlächterläden hängt / wenn darunter ein ave maria zur aufheiterung von tausenden / gesungen wird sprechen / beliebige leute von diamanten". Zu den anderen Texten vgl. weiter unten in diesem Kapitel m. w. H.
833   Vgl. dazu Kap. 4.3.1 im vorliegenden Teil II der Studie.
834   Vgl. ebd.
835   Bobrowski [1962] 1983, S. 111 f.
836   Ebd., S. 112: „Dann entzünd ich dein Licht, / das ich nicht sehn kann / die Hände legt' ich darüber, dicht / um die Flamme, sie blieb / stehen rötlich vor lauter Nacht / (wie die Burg, die herabkam / über den Hang zerfallen, / wie mit Flügeln das Schlänglein Licht durch den Strom, wie das Haar / des Judenkindes) / und brannte mich nicht."

Raddatz' Auflistung könnte zudem (zumal er „Schaum" von Enzensberger nennt, da dieser explizit von Auschwitz spricht)[837] auch um Eichs Gedicht „D-Zug München-Frankfurt" ergänzt werden,[838] in dem das lyrische Ich im Zug an den Ortschaften Ansbach und Gunzenhausen vorbeifährt. In Ansbach war ein KZ-Außenlager, und Gunzenhausen war eine der ersten NSDAP-Hochburgen, wo es bereits 1934 zu einem international stark wahrgenommenen Pogrom kam. In Eichs Gedicht kommen zudem Wörter wie „verbrannt" und „Schmerz" vor und es ist von „Besitztümer[n]", die in Bahnhöfen ausgebreitet sind, die Rede, was diese Assoziation noch stützt.[839] Mit Blick auf literarischen Antisemitismus ist schließlich hinsichtlich jüdischer Figuren noch ein weiterer Aspekt erwähnenswert: Es gibt unter den *Almanach-* und Preistexten auch einige Texte, die zwar keine jüdischen Figuren enthalten, aber ihre negativen Figuren mit Attributen ausgestattet haben, die man auch aus dem Repertoire antisemitischer Stereotype kennt – lebensuntauglicher Intellektualismus, Hinken, Hakennase oder die Assoziation mit Ratten.[840]

Im vorliegenden Kapitel ist nun zunächst bereits der einfache Vergleich aufschlussreich: In welchem Verhältnis stehen diese jüdischen Opferfiguren und Opfererzählungen zu den Opferfiguren und -erzählungen aufseiten der Tätergruppe? Es ist angesichts des beschriebenen hegemonialen Diskurses wenig überraschend, dass in der Literatur der Gruppe 47 die deutschen Opfergeschichten in großer Mehrheit sind, wie ein Blick auf die Tabelle verdeutlicht. Allerdings stellen sich einige Varianten der Gegenüberstellung als weniger eindeutig heraus, als das zu vermuten gewesen wäre; insbesondere in der Gegenüberstellung derjenigen Opfer, die *explizit* der Täter- oder der jüdischen Opfergruppen angehören.

---

837   Vgl. Enzensberger [1959] 1962, S. 299.

838   Eich [1950] 1962, S. 144 f.: „D-ZUG MÜNCHEN-FRANKFURT / Die Donaubrücke von Ingolstadt, / das Altmühltal, Schiefer bei Solnhofen /in Treuchtlingen Anschlußzüge – / Dazwischen / Wälder, worin der Herbst verbrannt wird, / Landstraßen in den Schmerz, / Gewölk, das an Gespräche erinnert, / flüchtige Dörfer, von meinem Wunsch erbaut / in der Nähe deiner Stimme zu altern. / Zwischen den Ziffern der Abfahrtszeiten / breiten sich die Besitztümer unserer Liebe aus. / Ungetrennt / bleiben darin die Orte der Welt, / nicht vermessen und unauffindbar. / Der Zug aber / treibt an Gunzenhausen und Ansbach / und an Mondlandschaften der Erinnerung / – der sommerlich gewesene Gesang / der Frösche von Ornbau – / vorbei."

839   Vgl. Beutner 2006.

840   Auf mehrere dieser Texte wird an anderer Stelle dieser Studie noch eingegangen; so auf Georg Hensel: „In der großen Pause. Abiturientengespräch im November 1946" (Kap. 3.2.1 im vorliegenden Teil II der Studie), Adriaan Morriën: „Zu große Gastlichkeit verjagt die Gäste" (Kap. 2.3 in Teil III der vorliegenden Studie), Martin Walser: „Templones Ende" (Kap. 2 in Teil III der vorliegenden Studie), Horst Mönnich: „Die Wanderkarte" (Kap. 3.2.2 im vorliegenden Teil II der Studie) und Christian Ferber: „Mimosen im Juli" (Kap. 1.2 im vorliegenden Teil II der Studie).

Um diese auszuwerten, wurden zunächst alle Texte identifiziert, in denen die intern fokalisierten Figuren als Opfer erscheinen, wobei in 11 Texten diese Opferfiguren auch relativ explizit aus Deutschland stammen.[841] Diese müssen noch um diejenigen weiteren Texte mit expliziten deutschen Opferfiguren ergänzt werden, in denen nicht (nur) die intern fokalisierte Figur, sondern (auch) andere explizit deutsche Opfer vorkommen; das sind noch 13 weitere Texte,[842] sodass insgesamt 24 der *Almanach-* und Preistexte identifiziert wurden, die relativ explizite deutsche Opferfiguren enthalten. Diesen stehen wie soeben dargelegt fünf Texte mit expliziten jüdischen Opferfiguren gegenüber; wenn man als Gesamtmenge alle 71 *Almanach-* und Preistexte nimmt, in denen irgendeine Art von Opferfiguren vorkommt, ergibt sich daraus folgendes Bild der Verhältnisse:

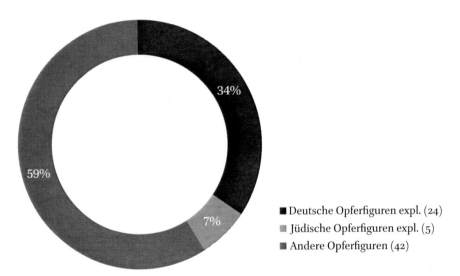

Abb. 2   Opferfiguren in allen *Almanach-* und Preistexten

---

841   Hans Werner Richter: Die Holzkreuze; Georg Hensel: In der großen Pause. Abiturientengespräch im November 1946; Franz Joseph Schneider: Die Mandel reift in Broschers Garten; Günter Eich: Gegenwart; Paul Schallück: Monologe eines Süchtigen: Reinhard Federmann: Die Stimme; Martin Walser: Temploses Ende; Ingrid Bachér: Unaufhaltsam vor Jamaika; Milo Dor: Salto Mortale: Christian Ferber: Mimosen im Juli; Uwe Johnson: Das dritte Buch über Achim.

842   Nicolaus Sombart: Capriccio Nr. 1; Wolfgang Bächler: Die Erde bebt noch; Wolfgang Bächler: Jugend der Städte; Alfred Andersch: Weltreise auf deutsche Art; Jürgen von Hollander: Liebe 49; Hans Georg Brenner: Das Wunder; Heinrich Böll: Die schwarzen Schafe; Herbert Eisenreich: Tiere von ganz natürlicher Grausamkeit; Horst Mönnich: Die Wanderkarte; Günter Grass: Der weite Rock; Hans Magnus Enzensberger: Schaum; Siegfried Lenz: Gelegenheit zum Verzicht; Johannes Bobrowski: Trauer um Jahnn.

In dieser Grafik (Abb. 2) wird deutlich, dass jüdische Opfer nur einen sehr kleinen Anteil an den gesamten erzählten Opferfiguren haben – aber auch, dass in vielen Erzählungen, die Opferfiguren enthalten, diese offenbar weder explizit deutsch noch explizit jüdisch sind. Das liegt nun, wie sich bei genauerer Differenzierung zeigt, keineswegs daran, dass andere Opfergruppen des Nationalsozialismus vorkommen: Die wenigen jüdischen Figuren sind vielmehr die einzige vertretene Opfergruppe überhaupt; es gibt in allen *Almanach*- und Preistexten der Gruppe 47 trotz der großen Anzahl an Opfergeschichten, die im Nationalsozialismus spielen, keine Sinti und Roma, keine homosexuellen, psychisch kranken, geistig behinderten, dunkelhäutigen oder sonstige vom Nationalsozialismus verfolgten Minderheiten.

Vielmehr sind die übrigen rund 60 % der Opfertexte, die keiner der beiden Gruppen zuzuordnen sind, dadurch zu erklären, dass viele Opfererzählungen entweder gar nicht im Krieg oder Nachkrieg spielen oder die Herkunft der Figuren oft nicht ganz explizit, sondern nur andeutungsweise benannt ist. Wenn man als Gesamtmenge nur noch diejenigen *Almanach*- und Preistexte nimmt, in denen irgendeine Art von Opferfiguren vorkommt *und* die implizit oder explizit im Nationalsozialismus oder in der Nachkriegszeit spielen – was noch 36 Texte übrig lässt, die Gesamtmenge also ungefähr halbiert[843] –, und wenn dazu die *impliziten* Zugehörigkeiten auch miteinberechnet werden, dann fällt das Ergebnis anders aus: es kommen fünf Texte dazu, in denen die *deutsche* Herkunft einiger Opferfiguren deutlich impliziert wird,[844] das heißt insgesamt 29, dazu die beiden oben erwähnten Texte, in denen *jüdische* Opfer

---

843   Wolfgang Bächler: Die Erde bebt noch; Wolfgang Bächler: Schräg im Nichts; Wolfgang Bächler: In der erlösenden Flamme; Wolfgang Bächler: Jugend der Städte; Hans Werner Richter: Die Holzkreuze; Walter Kolbenhoff: Ich sah ihn fallen; Jürgen von Hollander: Liebe 49; Hans Georg Brenner: Das Wunder; Georg Hensel: In der großen Pause. Abiturientengespräch im November 1946; Franz Joseph Schneider: Die Mandel reift in Broschers Garten; Günter Eich: Der Mann in der blauen Jacke; Günter Eich: Gegenwart; Günter Eich: Der grosse Lübbe-See; Günter Eich: D-Zug München-Frankfurt; Heinrich Böll: Die schwarzen Schafe; Paul Celan: In Ägypten; Ilse Aichinger: Spiegelgeschichte; Herbert Eisenreich: Tiere von ganz natürlicher Grausamkeit; Ingeborg Bachmann: Nachtflug; Adriaan Morriën: Zu grosse Gastlichkeit verjagt die Gäste; Paul Schallück: Monologe eines Süchtigen; Reinhard Federmann: Die Stimme; Martin Walser: Templones Ende; Horst Mönnich: Die Wanderkarte; Ruth Rehmann: Der Auftritt; Ingrid Bachér: Unaufhaltsam vor Jamaika; Wolfgang Weyrauch: Mit dem Kopf durch die Wand; Tadeuz Nowakowksi: Polonaise Allerheiligen; Milo Dor: Salto Mortale; Gabriele Wohmann: Die Verabredung; Siegfried Lenz: Gelegenheit zum Verzicht; Uwe Johnson: Das dritte Buch über Achim; Heinz von Cramer: Bericht des jungen Mannes; Johannes Bobrowski: Der lettische Herbst.

844   Walter Kolbenhoff: Ich sah ihn fallen; Günter Eich: Der Mann in der blauen Jacke; Adriaan Morriën: Zu grosse Gastlichkeit verjagt die Gäste; Ruth Rehmann: Der Auftritt; Gabriele Wohmann: Die Verabredung.

anklingen, das heißt insgesamt sieben. Wie in Abb. 3 deutlich wird, machen die Texte mit jüdischen Opferfiguren also einen unverhältnismäßig kleinen, doch zumindest nennenswerten Anteil an der Gesamtmenge aller hinsichtlich des Gedenkens an den Nationalsozialismus relevanten Opfertexte aus.

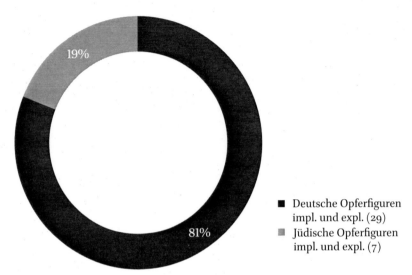

- Deutsche Opferfiguren
  impl. und expl. (29)
- Jüdische Opferfiguren
  impl. und expl. (7)

Abb. 3   Texte mit Opferfiguren in den *Almanach*- und Preistexten, die im Krieg oder Nachkrieg spielen

Aufgrund dieser ersten Auswertung lässt sich festhalten, dass immerhin rund 20 % der wichtigsten Gruppe-47-Texte, die im Nationalsozialismus oder in der Nachkriegszeit spielen, jüdische Angehörige der Opfergruppen des Nationalsozialismus thematisieren oder zumindest anklingen lassen. Im Vergleich mit der ersten Grafik wird zudem deutlich, dass die Unterscheidung zwischen jüdischen und deutschen Opferfiguren offenbar ganz vorrangig in denjenigen Texten von Bedeutung ist, die von der Kriegs- und Nachkriegszeit handeln.[845]

Das stützt auch die Annahme, dass Verzerrungen in den abgebildeten Verhältnissen von Opferfiguren hinsichtlich der Aufarbeitung des Nationalsozialismus und damit auch hinsichtlich Empathieverweigerung interessant sind. Zwar müssen die vorliegend getroffenen Thesen leicht relativiert werden;

---

845   Grundsätzlich können aber auch abstraktere Verhältnisse, die weniger direkt an den Nationalsozialismus geknüpft sind – so wie oft die fokalisierten Figuren und / oder die Erzählinstanz als formale Vertreter des ,Eigenen' als Opfer, wie oft als Schuldige erscheinen – für die vorliegende Fragestellung von Bedeutung sein; auf solche Aspekte wird weiter unten im Kapitel 4 zur Dichotomisierung von Tugend eingegangen (vgl. Kap. 4 im vorliegenden Teil II der Studie).

angesichts der Nachkriegszeit als Latenzzeit[846] zeugen die hier eruierten Verhältnisse von einem vergleichsweise hohen Anteil jüdischer Opferfiguren.
Dennoch sind die Verhältnisse verglichen mit der Realität im Nationalsozialismus natürlich enorm verzerrt, und zudem spielt für eine genauere Beurteilung
solcher Zahlen hinsichtlich Opferkonkurrenz und Empathieverweigerung
wie bereits erwähnt auch der qualitative Aspekt eine wichtige Rolle. Auch
wenn jüdische Opferfiguren erwähnt sind, kann ihr Leid so deutlich relativiert
worden sein, dass es an Leugnung des Holocaust grenzt,[847] und die deutschen
Opfer können in einer Weise betont oder den jüdischen Opfern gegenübergestellt sein, die eine Missachtung der ‚anderen‘ Erfahrungen mit sich bringt.
Ein Beispiel aus dem ‚innersten Kreis‘ der Gruppe 47, in dem dieser Zusammenhang sehr deutlich wird und durch außerliterarische Zeugnisse gestützt ist, soll
abschließend vorgestellt werden.

2.3.2   Konkurrenzen: Heinrich Bölls *Billard um halbzehn* (1959) und Opferkonstellationen im ‚Wendejahr 1959‘

Heinrich Bölls Roman *Billard um halbzehn*[848] (1959) gilt, wie hier bereits mehrfach angesprochen wurde, neben Grass' *Blechtrommel* (1959) und Johnsons
Mutmaßungen über Jakob (1959) als einer der Romane, der eine erste Wende
der Erinnerung an den Holocaust in der BRD der Nachkriegszeit brachte
und eine neue Phase der Nachkriegsliteratur einläutete.[849] Zum Abschluss
dieses Kapitels sollen die darin konfigurierten Opferfiguren genauer betrachtet werden: Bestehende Lektüren, die genauer vorgestellt werden sollen,
lassen sich nämlich sehr deutlich in Zusammenhang mit Theorien zu Opferkonkurrenz und Empathieverweigerung stellen. Gerade weil Böll, wie weiter
unten ebenfalls ausgeführt wird, hinsichtlich der Aufarbeitung des Nationalsozialismus noch als besonders mitfühlend gilt, gibt diese Beobachtung erneut Aufschluss über die Kraft des Diskurses, der jüdische Opfererfahrungen
unterdrückt – und es liegt nahe, dass sich an diesem Versäumnis der ‚Vergangenheitsbewältigung‘ auch im ‚Wendejahr 1959‘ noch kaum etwas veränderte.
    Der Blick auf die drei wichtigsten Wenderomane zeigt bereits ohne großen
Analyseaufwand, dass das zumindest für die Dominanz deutscher Opfer und

---

846 Gumbrecht 2011; vgl. weiter oben in diesem Kapitel.
847 Die Erzählung „Die Mandel reift in Broschers Garten", die ja grundsätzlich auch jüdische
     Figuren im Krieg enthält, wurde für die Auswertung gar nicht einbezogen, da die
     jüdischen Figuren an keiner Stelle als Opfer von Verfolgung erscheinen und auch deut-
     lich besser leben als die deutsche Figur; vgl. weiter oben in diesem Kapitel.
848 Der Titel wird hier geschrieben wie in der Erstausgabe von 1959, aus der auch die Zitate in
     der vorliegenden Studie stammen.
849 Zum ‚Wendejahr 1959‘ vgl. auch die Einleitung zum vorliegenden Teil II m. w. H.

auch Opferkonkurrenzen gilt: In der *Blechtrommel* ist „Meine arme Mutter"
die am häufigsten verwendete Phrase;[850] das Wissen um Grass' Waffen-SS-
Vergangenheit konnte eine weitere Ebene freilegen, in deren Zentrum insbesondere Grass' eigenes Leiden am Schuldgefühl steht.[851] Und mit dem Juden
Fajngold hat Grass zwar früh eine jüdische Figur geschaffen, die ihre Familie
im Holocaust verloren hat, die Darstellung lässt aber, wie später noch aufgegriffen wird, Empathie vermissen in einer Weise, die nicht vollständig mit
dem dezidiert unmoralischen Blick des Protagonisten erklärbar ist.[852]

Auf Grass' jüdische Figuren wird weiter unten in dieser Studie noch einmal eingegangen;[853] Johnson dagegen ist mit Jahrgang 1934 deutlich jünger als
die hier als relevant klassifizierte Gruppe,[854] weswegen *Mutmaßungen über
Jakob* nicht genauer untersucht wird. Ein Blick darauf wäre aber gerade im
Zusammenhang mit der Konstitution eines genuin deutschen Opferkollektivs
interessant, wenn Johnson mit Jakob einen vor den Roten Armee geflohenen
Angehörigen der Tätergesellschaft ins Zentrum des Romans stellt und sein Text
eine relativ deutliche schuldabwehrende Argumentation enthält. Auch wenn
es sich hier schon primär auf die DDR bezieht, wenn Kaiser rückblickend über
die *Jahrestage* sagt, Johnson formuliere die „tröstliche Utopie", dass „auch die
rücksichtsloseste Diktatur nicht die Seelen ihrer Opfer zu beherrschen vermag",[855] wurde das doch zweifellos auch in Bezug auf den Nationalsozialismus
verstanden. Dass auch die Erinnerung an den Nationalsozialismus in Johnsons Gesamtwerk zentral ist, wird im *Almanach*-Kapitel (Johnson [1960] 1961)
aus dem Folgeroman *Das dritte Buch über Achim* (1961) sehr deutlich, in dem
Achims Vergangenheit als überzeugter Nationalsozialist thematisiert wird und
in der Figur des Vaters ein dezidiert guter Deutscher gezeichnet wird.

Bölls *Billard um halbzehn* ist von den drei Romanen am traditionellsten
konstruiert und findet vielleicht auch deshalb, trotz Bölls Nobelpreises, in der
Wissenschaft nicht mehr so viel Beachtung wie die beiden anderen ‚Wende-
romane'.[856] Eine jüngst erschienene Studie ist in Zusammenhang mit der

---

850 Vgl. Kap. 1.1.2 im vorliegenden Teil II der Studie.
851 Vgl. Bigelow [2020].
852 Vgl. Kap. 4.3.2 im vorliegenden Teil II der Studie m. w. H.
853 Vgl. ebd.
854 Vgl. Kap. 2.3.2 in Teil I der vorliegenden Studie.
855 Kaiser 1988, S. 337.
856 Obwohl er als einer von drei Wenderomanen gilt, wird er beispielsweise in keinem
     einzigen Aufsatz des Bands zum Wendejahr von Lorenz und Pirro (2011) ausgiebig be-
     sprochen, was im Vorwort mit seinen ästhetischen Schwächen begründet wird (vgl. ebd.,
     S. 12). Ähnlich sagt auch Reich-Ranicki in einem Interview im Jahr 2010: „Er ist weitgehend
     vergessen [...]. Er war kein Sprachkünstler, und viele seiner Geschichten und Figuren
     wirken sehr künstlich und mühsam konstruiert. Aber er hatte eine Nase für Themen, die

vorliegenden Fragestellung sehr relevant: Barbara Wiedemann (2015) konnte
anhand von Archivmaterialien und Briefwechseln rekonstruieren, dass Böll
den Roman auch als Antwort auf Celans Klage über Antisemitismus in der
BRD konstruiert hat. Davon ausgehend soll hier der Frage nachgegangen
werden, inwiefern der zugrunde liegende Mechanismus mit den in diesem
Kapitel beschriebenen Zusammenhängen einer Dichotomisierung von Mitleid beschrieben werden kann. Dass eine solche Dichotomisierung eine Rolle
spielt, liegt schon deswegen nahe, weil der Roman mit der Familie Fähmel ein
genuin deutsches Opferkollektiv, wie es Bergmann benannt hat, konstruiert.
Durch seine implizite Antwort an Celan rückt er dieses in eine Konkurrenz,
wie Holz sie beschrieben hat, zu dessen Leiderfahrung – und wie im folgenden
Kapitel ausgeführt wird, führte sein Roman wahrscheinlich zum Bruch mit
Celan, der die mangelnde Empathie Bölls als Affront wahrnahm.

Heinrich Böll und der Nationalsozialismus

Heinrich Böll gilt bis heute hinsichtlich des Umgangs mit dem Nationalsozialismus als positive Ausnahme unter den Mitgliedern der Gruppe 47. So hat er,
wie Janina Bach in ihrer Studie über *Erinnerungsspuren an den Holocaust in der
deutschen Nachkriegsliteratur* (2007) zeigt, in seiner Erzählung „Todesursache:
Hakennase" (1947) außerordentlich früh und sehr vehement die Mitschuld
der Wehrmacht an den NS-Verbrechen thematisiert.[857] Wehdeking lobt Bölls
Romane *Wo warst du, Adam?* (1951) und *Haus ohne Hüter* (1954) als frühen Beleg
für Empathie mit den Opfern des Nationalsozialismus,[858] und auch Briegleb
bezeichnet Böll in ganz anderem Ton als im größten Teil seiner Polemik
gegen die Gruppe 47 als den „angenehmste[n], weil absolut redlichste[n]
Philosemit[en], den die westdeutsche Nachkriegsliteratur hervorgebracht
hat [...]."[859] Eine Erinnerung Reich-Ranickis an Böll in seiner Anfangszeit in
der BRD verdeutlicht, woher diese Zuschreibungen gekommen sein dürften:

---

den Deutschen auf den Fingern brannten. Aber nun ist Böll 25 Jahre tot, heute sind ganz
andere Themen aktuell." (Im Interview mit Wittstock 2010, o. S.)
857 Bach 2007, S. 12 f.
858 Vgl. Wehdeking 2016, S. 47.
859 Briegleb 2003, S. 71. Er hebt hervor, dass Richter ihn aus diesem Grund in seinem Band
     Bestandsaufnahme. Eine deutsche Bilanz (1962d) den Artikel „über das Problem der Juden
     in Nachkriegsdeutschland" habe schreiben lassen; zeigt aber auch die unbestrittenen
     deutlichen Schwächen des Texts auf, dessen Fazit aus einer fiktionalen und wenig
     glaubwürdigen jüdischen Perspektive lautet, der Umgang der deutschen Tätergesell-
     schaft mit den Juden sei zu verkrampft (vgl. ebd.). Dennoch bleibt Briegleb dabei, Böll
     bringe darin das „[ä]ußerste an Einfühlung hervor, das von Nichtjuden aus der Gruppe 47
     hervorgebracht worden ist" (ebd.). Er betont, dass ihn Yoram Kaniuk deswegen im *Letzten*

Wir waren 1958 aus Polen nach Frankfurt gekommen. Wir hatten buchstäblich nichts. Von den ersten Honoraren für meine Rezensionen konnten wir uns gerade ein möbliertes Zimmer zur Untermiete leisten. Als Böll kurz darauf nach Frankfurt kam, besuchte er uns und brachte meiner Frau einen Strauß Blumen mit. Meine Frau hat das bis heute nicht vergessen. Da war ein Deutscher, der zwei unbekannte polnische Juden mit Blumen in seinem Land willkommen hieß. So etwas hatten wir mit keinem anderen erlebt. Nur mit Böll.[860]

Auch in anderen Bereichen des Außerliterarischen spielt Böll eine Sonderrolle: Anders als Walser, Lenz und Wellershoff oder auch Andersch und Grass wurde seine ideologische Verstrickung in den Nationalsozialismus kaum je zum Thema – sicher auch, weil er bekennender Katholik war.[861] Anders als die meisten ,dabei gewesenen' Gruppenmitglieder wird er heute denn auch eher im Zusammenhang mit der APO der 1970er Jahre als mit dem Nationalsozialismus erinnert; von der Gruppe 47 distanzierte er sich im Verlauf der 60er Jahre immer weiter.[862] Sein Werk ist dennoch eng mit der Gruppe 47, deren Preis er 1951 erhielt, und mit dem Nationalsozialismus verbunden; noch in der Laudatio zu seinem Literaturnobelpreis wurden die drei Nachkriegs-Romane *Und sagte kein einziges Wort* (1953), *Haus ohne Hüter* (1954) und *Das Brot der frühen Jahre* (1955), die seinen Durchbruch bewirkt hätten, besonders hervorgehoben.[863]

Diese drei Romane handeln nun auch alle vom Leid deutscher Angehöriger der Tätergesellschaft in Krieg und Nachkriegszeit; und es wurde bei aller

---

Juden auch als möglichen „Partner im Projekt jüdischdeutscher Co-Autorschaft verewigt" habe (ebd.).

860 Wittstock 2010, o. S.

861 Außerliterarisch problematisiert wurden ,nur' seine Pervitin-Sucht, die sich in Feldpostbriefen an seine Eltern sehr deutlich zeigt, wie Norman Ohler in seiner vielbeachteten Monografie *Der totale Rausch. Drogen im Dritten Reich* (2015) gezeigt hat (vgl. ebd., S. 65–67). Götz Aly hat zudem in der Studie *Hitlers Volksstaat* (2005) darauf hingewiesen, dass Böll mutmaßlich an Plünderungen beteiligt war, vgl. ebd., S. 128–131.

862 Zum gegenseitigen ambivalenten Verhältnis zwischen Böll und der Gruppe 47 vgl. Reid 1999; dennoch hielt Böll bis zuletzt daran fest, ein Mitglied der Gruppe zu sein (vgl. ebd., S. 114).

863 In der Nobelpreis-Laudatio heißt es: „Zu seiner Meisterschaft gehört gerade seine Fähigkeit, mit sparsamen, mitunter nur angedeuteten Konturen sein Milieu und dessen Figuren lebendig werden zu lassen. Aber es gibt eine andere Wirklichkeit, der Bölls Dichtung ständig bedarf: Jenen Hintergrund, vor dem sich sein Dasein abzeichnet, die Lebensluft, die seine Generation atmen mußte, das Erbe, das sie anzutreten hatte. [...] Seinen eigentlichen Durchbruch erreichte Böll in den Jahren 1953, 1954 und 1955 mit drei rasch nacheinander veröffentlichten Romanen: ,Und sagte kein einziges Wort', ,Haus ohne Hüter' und ,Das Brot der frühen Jahre'. Obwohl der Verfasser dies wahrscheinlich nicht beabsichtigt hat, könnte man mit diesen drei Buchtiteln jene Wirklichkeit umreißen, die er so beharrlich und mit solcher Kraft gestaltet." (zit. n. https://www.boell.de/de/content/heinrich-boell-leben-und-werk-13 [Abruf: 27.02.2018].)

außerliterarischen Sympathie Bölls für die Opfer des Nationalsozialismus auch schon mehrfach kritisch konstatiert, dass der Holocaust in seinem Gesamtwerk kaum eine Rolle spielt. Michael Serrer formuliert kritisch, Böll stelle „die Differenz zwischen Krieg und KZ nicht als entscheidende dar";[864] und das „Zahngold, das in seinen Erzählungen Toten aus dem Mund gebrochen wird, stammt nicht von Juden, sondern von gefallenen Soldaten."[865] Auch der Wenderoman *Billard um halbzehn* wurde schon in dieser Hinsicht kritisch gelesen; insbesondere im Zusammenhang mit der Leitmetapher des Romans: Der Gegensatz zwischen Büffeln und Lämmern bzw. die Wendung vom „Sakrament des Büffels" wurde von Christine Hummel als „Vermeidungsdiskurs" beschrieben;[866] wie Serrer postuliert, entwerfe Böll damit eine „ahistorische Dichotomie von Gut und Böse, von Lämmern und Büffeln [...]."[867] Dadurch bestehe in Bölls Fiktion „ein großer Teil der Deutschen aus Menschen mit der Wurmperspektive [...], aus Menschen also, für die eine weitreichende Unschuldsvermutung gilt [...]."[868] Die Frage nach Bölls literarischem Umgang mit deutschen und jüdischen Opfern im Wendejahr 1959 stellt sich angesichts solcher Beobachtungen trotz seines respektvollen privaten Umgangs mit den Opfern des Nationalsozialismus und seiner Vorreiterrolle in der Aufarbeitung der Vergangenheit.

Deutsche und jüdische Opfer in Billard um halbzehn: *Der Roman als Antwort an Paul Celan*

Schon durch das Gerüst des Romans, der drei Generationen einer deutschen Familie, die der Tätergesellschaft angehört und durchaus in den Nationalsozialismus verstrickt war, ins Zentrum der Opfererzählung stellt, wird ein dezidiert deutsches Opferkollektiv evoziert. Und wie Barbara Wiedemann festhält, spielen dagegen die „Nazi-Ideologie des Herrenmenschen [...] und die besondere Stufe, die der Vernichtungs-Antisemitismus nach 1933, besonders aber nach Januar 1942, erreicht, [...] im Roman keine Rolle."[869] Wiedemann weist auch bereits darauf hin, dass die „Opfer der Jüdischen Katastrophe [...]

---

864 Serrer 1998, S. 217.
865 Ebd., S. 222.
866 Zit. n. Lorenz/Pirro 2011, S. 12.
867 Serrer 1998, S. 217 f.; dazu bereits beiläufig Mitscherlich/Mitscherlich 1967, S. 56 f.; die den melancholischen Patienten „E.", der im Nationalsozialismus in der Hitlerjugend gewesen sei und viel von den Opfern des Nationalsozialismus spreche, aber „eigentlich mehr im Sinne dessen, was ihm, E., durch solche entsetzlichen von Deutschen begangenen Taten angetan worden ist" (ebd., S. 56), Ähnlichkeiten zu Bölls Figuren in *Billiard um Halbzehn* sehen (ebd., S. 57). Vgl. auch Vogt 2014, S. 77 f.
868 Serrer 1998, S. 222.
869 Wiedemann 2013, S. 246.

sogar gegen die im Roman betrauerten Deutschen ausgespielt" werden[870] – im Text wird diese Konkurrenz sogar ganz explizit formuliert, in einer Erinnerung an Ferdi und an Schrellas Vater:[871] „Nicht einmal in den Trauergesängen der jüdischen Gemeinde wird ihrer gedacht, sie waren keine Juden [...]."[872]

Besonders interessant ist im Beispiel dieses Romans nun, dass durch außerliterarische Zeugnisse deutlich wird, dass diese Opferkonkurrenz mit einer Verweigerung von Empathie einhergeht. In diesem Zusammenhang ist Wiedemanns Studie sehr aufschlussreich, weil sie mehreren Hinweisen aus Celans Briefwechseln nachgegangen ist, dass ein indirekt dokumentierter Konflikt zwischen Celan und Böll im Jahr 1959 direkt mit *Billard um halbzehn* zusammenhänge.[873]

Die Schärfe des Konflikts zwischen den beiden Gruppe-47-Mitgliedern wird in einem Brief deutlich, den Celan im Jahr 1959 an Frisch geschrieben hat.[874] Darin schreibt Celan, er habe Böll lange für „der Hitlerei [...]" unverdächtig" gehalten,[875] habe nun aber „einen Brief bekommen, von Heinrich Böll, einen Brief, der mir ein weiteres Mal bewies, wieviel Gemeinheit noch in den Gemütern sitzt, die man, leichtgläubig genug [...] zu denjenigen zählte, auf die es ,ankommt'".[876] Die Begebenheiten um *Billard um halbzehn*, die im Briefwechsel zwischen Böll und Celan nachzulesen sind und deren Kontexte Wiedemann, die Herausgeberin der Briefe, nachgezeichnet hat, sind diesem Brief an Frisch kurz vorangegangen. Im Winter 1958 hatte sich Celan an Böll mit der Bitte um Hilfe gewandt, weil er über einen antisemitischen Vorfall nach seiner Lesung in Bonn informiert worden war. Der Student Jean Firges berichtete ihm davon in einem Brief, den er in seiner Bitte an Böll wörtlich zitiert:

> Vor allem fiel man aber über Ihr Pathos an der Hosiannah-Stelle her. Eine unfaire Kritik kam mir nach der Lesung in Form einer Karikatur zu Gesicht. Darauf stand in gebückter Haltung ein gefesselter Sklave, der schnaubend gegen seine Ketten aufbegehrte. Unter der Zeichnung stand (und hier beginnt die Gemeinheit): Hosiannah dem Sohne Davids.[877]

---

870 Ebd., S. 267 f.
871 Böll 1959, S. 292.
872 Ebd.
873 Wiedemann 2013; um die Zusammenhänge, die in ihrem sehr umfangreichen Aufsatz herausgearbeitet werden, zu verdeutlichen, muss hier etwas weiter ausgeholt werden.
874 Vgl. Bachmann/Celan 2008, S. 163 [Brief an Frisch vom 14.04.1959]; die wichtigsten Briefe auch an Bachmann in diesem Zusammenhang sind bereits in der *F.A.Z.*-Rezension des Briefwechsels zusammengetragen (vgl. o. A. 2008).
875 Bachmann/Celan 2008, S. 163.
876 Ebd.; vgl. dazu auch o. A. 2008.
877 Firges 1958, zit. n. Wiedemann 2013, S. 243; abgedruckt auch in Bachmann/Celan 2008, S. 99.

Böll antwortete auf diesen Brief, er sei mit seinem neusten Roman – eben *Billard um halbzehn* – sehr beschäftigt, bald sei der Roman aber fertig, und er werde auch eine Antwort auf Celans Brief enthalten.[878] Celan reagierte darauf sehr enttäuscht und mit harscher Kritik daran, dass Böll wie bereits in einem früheren Fall „galanter- und christlicherweise" nachsichtig auf Antisemitismus reagiere, „obwohl dieses Problem „nicht nur mich, sondern [...] auch Sie" angehe.[879]

Das Ergebnis von Wiedemanns Sichtung zahlreicher Dokumente ist die gut begründete Annahme, dass mehrere Teile von *Billard um halbzehn* als Antwort auf diesen Konflikt konzipiert sind und Böll damit Celan sehr verletzt hat. Außerliterarisch sprechen dafür neben der brieflichen Ankündigung, der Roman werde Celans Brief beantworten, zwei Punkte: Dass Böll die Arbeit am Roman unmittelbar nach dem Briefwechsel mit Celan im Dezember wieder aufnimmt, nachdem er sie schon fast verworfen hatte.[880] Und in einem 1961 gehaltenen Interview über den Roman sagt er, er habe darin „zwei, drei Worte" versteckt, von denen er hoffe, dass „der Leser sie findet"; und man könne auch Personen im Roman verstecken.[881]

Es dürfen nun, wie Wiedemann detailliert begründen kann, unter anderem genau die oben im Briefwechsel mit Böll von Celan zitierten ‚zwei, drei' Worte des antisemitischen Studenten sein, die Böll als diese Antwort an Celan im Roman in adaptierter Form ‚versteckt' hat. Die Ehefrau des alten Fähmel, Johanna, die im Nationalsozialismus in eine Psychiatrie eingewiesen wurde und in der erzählten Gegenwart immer noch in der Psychiatrie ist, spricht sie nämlich in adaptierter Version, als sie ein Attentat auf einen militaristischen Umzug plant: „Und werden wir rufen: ‚Hosianna, der Braut Davids, die aus dem verwunschenen Schloß heimgekehrt ist?'"[882] – womit „zitierend auf das Matthäus-Evangelium, auf Firges' Brief und auf Celans ‚Engführung'" angespielt wird.[883] Diese Stelle ist zudem unter anderem auch damit verknüpft,

---

878 Celan 2011, S. 358 [Brief von Böll am 03.04.2018]; vgl. Wiedemann 2013, S. 242 f.
879 Ebd., S. 359 [Brief an Böll vom 08.04.1959]; vgl. dazu ebd., S. 661.
880 Vgl. Wiedemann 2013, S. 251 f.
881 Böll 1961, zit. n. Wiedemann 2013, S. 241.
882 Böll 1959, S. 265.
883 Es ist unklar, ob diese Stelle vor oder nach dem Konflikt mit Celan in den Roman aufgenommen wurde; ob es sich also hier um eine ‚Rache' für Celans wütenden Brief oder um die noch freundschaftlich angekündigte Antwort handelt. Bezug genommen wird sehr eindeutig: Anders als im Rest von Bölls Roman ist „Hosianna" nur an dieser Stelle in derselben Schreibweise wie in Celans Gedicht „Engführung", über das sich der antisemitische Student in seiner Karikatur lustig gemacht hatte, geschrieben (vgl. Wiedemann 2013, S. 262). Wie Wiedemann zeigt, spielt „Hosianna, der Braut Davids' [...] zitierend auf das Matthäus-Evangelium, auf Firges' Brief und auf Celans ‚Engführung' an." (Ebd., S. 262 f.)

dass Johannas Ehemann, der Architekt Heinrich Fähmel, im ganzen Roman immer wieder mit der biblischen Figur David assoziiert und auch wörtlich benannt wird, in dem Sinne, als er als privater Architekt gegen die Goliaths der großen Büros ankämpft.[884] Dadurch wird der Satz zunächst auf Fähmel bezogen und, wie Wiedemann konstatiert, die Anspielung an Celan zusätzlich versteckt.

Das ist mit Blick auf die Fragestellung in der vorliegenden Studie deswegen hervorzuheben, weil dadurch Projektionen des Jüdischen hier ausgerechnet auf eine sehr katholische Figur geschrieben werden.[885] Das passt dazu, dass Böll umgekehrt seine jüdischen Opferfiguren mehrfach dem ‚Eigenen‘ annähert, so ist bereits die Geliebte des Protagonisten in *Wo warst du, Adam* (1951), die deportiert wird, eine konvertierte, streng katholische Jüdin. Wie zudem expliziert werden kann, wird auch gerade das spezifisch Jüdische der Opfererfahrung, die in Celans Gedicht an ebenjener „Hosianna-Stelle" evoziert, getilgt: Johanna ist keine Jüdin, sondern eine ‚Verrückte‘, die bei Böll die Opferrolle als ‚Braut Davids‘ innehat – und sie wird ausgerechnet an derjenigen Stelle mit Celan assoziiert, an der sie das Attentat plant, das heißt an der sie sich, dichotom beschrieben, vom Opfer zur Täterin wandelt.[886]

Es liegt nahe, angesichts dessen den Text auch als Zeugnis der Konstitution eines deutschen Opferkollektivs *gerade* zu dem Zweck, Antwort auf Celans Hilferuf wegen eines fortlebenden Antisemitismus zu geben, zu lesen. Böll eröffnet also in diesem Bezug auf Celan – unklar bleibt, ob als Antwort für

---

Zudem spreche das „merkwürdige, vielleicht versehentlich stehen gebliebene ‚wir‘" für eine nachträgliche Einfügung, „und werden wir rufen‘ –, das so bereits im Vorabdruck in der ‚Frankfurter Allgemeinen Zeitung‘ steht und in keiner späteren Fassung korrigiert wurde. Sprecherin ist ja Johanna selbst, sie ist die zu bejubelnde ‚Braut‘ – will sie sich etwa selbst bejubeln? Oder ist nicht eher ‚und werden sie rufen‘ gemeint?" (Ebd., S. 253.)

884   Vgl. ebd., S. 266 f.

885   Vgl. auch ebd.: „Jüdische Projektionen auf eine ausdrücklich als katholisch gekennzeichnete Figur – Heinrich besucht allmorgendlich die Messe in St. Severin – ist die eine Seite, die fast vollständige Abwesenheit von Juden im Roman, sei es als Vertreter ihrer Glaubensgemeinschaft, sei es als ‚Juden‘ im rassistischen Verständnis der Nazi-Ideologie, die andere." (Ebd., S. 266.)

886   Vgl. auch Wiedemann 2013, S. 268, die betont: „Die Beobachtung veranlasst nicht zuletzt zu der Frage, warum Böll den jüdischen Freund und seine Probleme überhaupt so ‚versteckt‘ hat, dass ein nicht informierter Leser die Anspielungen nicht erkennen kann; warum er die – im Übrigen nicht nur diesen betreffenden – Probleme des Nachkriegs-Antisemitismus in diesem Buch nicht thematisiert, sondern stattdessen die weiter bestehenden militärischen ‚Seilschaften‘ und die deutschen militärischen Opfer in den Vordergrund stellt: Trägt er doch auf diese Weise wie viele seiner Zeitgenossen dazu bei, die Vernichtung der Menschen durch die Verweigerung der Erinnerung an sie zu vollenden."

Celan oder erst als gekränkte Reaktion auf Celans Vorwürfe –[887] eine fast explizite Opferkonkurrenz zwischen den jüdischen und den deutschen Opfererfahrungen, wobei Erstere wie bereits eingangs gesehen im Roman auch sonst sehr abstrakt bleiben, Letztere dagegen in zahlreichen Varianten durchgespielt werden. Und Celan scheint das auch selbst so wahrgenommen zu haben, wie nicht nur sein eingangs zitierter Brief an Frisch zeigt, sondern auch ein Brief an Ingeborg Bachmann vom 10. 08. 1959 in demselben Zusammenhang. Er spricht dort, angesichts des Verlaufs des Briefwechsels zwischen den beiden scheinbar unmotiviert, von Bölls „Niedertracht" und bezeichnet ihn ironisch als „patentierten Antinazi[ ]"[888] – an demselben Tag, an dem ein neues Kapitel aus *Billard um halbzehn* im Vorabdruck der *Frankfurter Allgemeinen Zeitung* erscheint.

Wie Wiedemann ausführt, dürfte sich Celan gerade in diesem Kapitel darüber hinaus in der Zeichnung mehrerer Figuren wiedererkannt haben.[889] Das soll im Folgenden noch knapp ergänzt werden, um anschließend zu zeigen, inwiefern diese ‚Verarbeitung' Celans mit mehreren weiteren literarischen und nichtliterarischen Darstellungen Celans in der Gruppe 47 korrespondiert – was auch hinsichtlich der Frage nach Antisemitismus in der Gruppe 47 relevant ist.

2.3.3   Empathie: Paul Celan als literarische Figur in Werken der Gruppe 47

Ausgehend von der Beobachtung, dass Celan-Zitate im Roman versteckt sind, kann nämlich auch Bölls zweite poetologische Aussage im oben zitierten Interview,[890] er verstecke Personen in seinen Romanen, auf Celan bezogen werden. Das betrifft mehrere Figuren: Durch das Celan-Zitat „Hosianna, der Braut Davids"[891] von der Figur Johanna Fähmel werden die bereits beschriebenen David-Assoziationen in der Figurenzeichnung von Hinrich Fähmel – ihres Gatten, der also ‚David' wäre – nun deutlicher auch jüdisch konnotiert, was ihn in die Nähe Celans rückt.[892] Und eine explizit jüdische Konnotation ist

---

887   Vgl. weiter oben in diesem Kapitel.
888   Bachmann/Celan 2008, S.118 f.; dazu Wiedemann 2013, S. 254.
889   Vgl. ebd., S. 254 f.; vgl. weiter unten in diesem Kapitel.
890   Böll 1961, zit. n. Wiedemann 2013, S. 241.
891   Böll 1959, S. 265; vgl. zu den Bezügen auf Celans Gedicht „Engführung" weiter oben in diesem Kapitel.
892   Wiedemann 2013, S. 265: „Und Böll projiziert auf die Figur Heinrich auch andere jüdische Elemente. In einem betont christlichen Kontext (‚Advent') wird Jüdisches durch Robert in einem Gespräch mit dem Hotelboy Hugo aufgerufen, und zwar ausdrücklich in Erinnerung an das eigene Elternhaus: ‚Samstag, mit sabbatischer Feierlichkeit begangen, schlug sie das Meßbuch schon auf, aus dem sie uns die Sonntagsliturgie erklären würde

nun auch seiner Beschreibung als junger Mann eingeschrieben, die in eben dem Kapitel vorkommt, das am 10.08.1959 Tag in der *F.A.Z.* veröffentlicht wurde, demselben Tag, als Celan den oben zitierten wütenden Brief über Böll an Bachmann schrieb:[893]

> Die Glastür, innen mit grüner Seide bespannt, zeigte mir mein Bild: zart war ich, fast klein, sah aus wie etwas zwischen jungem Rabbiner und Bohemien, schwarzhaarig und schwarzgekleidet, mit dem unbestimmten Air ländlicher Herkunft.[894]

Diese Beschreibungen trifft genau die Erscheinung, die von Celan in dieser Zeit tradiert wird;[895] und zahlreiche weitere Figuren (die mehrheitlich deutsche Angehörige der Tätergesellschaft sind) werden mit explizit jüdischen Attributen ausgestattet – besonders deutlich auch die von Heinrich Fähmels Patenonkel Marsil, der in demselben Kapitel beschrieben wird,[896] und es werden mehreren Figuren Aussagen zugeschrieben, die im Zusammenhang mit Celan gefallen sind.[897] Besonders wichtig ist das beim Sohn von Heinrich

---

mit ihrer sanften Stimme, die nach ewigem Advent klang; Weide-meine-Lämmer-Stimme [...].' [...] Das Jüdisches christlich vereinnahmende Element ‚mit sabbatischer Feierlichkeit' gehört zu den mehrfach verwendeten Textbausteinen."

893 Bachmann/Celan 2008, S. 118 f.; vgl. weiter oben in diesem Kapitel.

894 Wiedemann 2013, S. 255 f. Wie Wiedemann weiter ausführt, korrespondiert das deutlich mit der Beschreibung Celans aus verschiedenen Quellen; vgl. ebd., S. 255 f.

895 Vgl. ebd.; vgl. weiter unten in diesem Kapitel.

896 Wie Wiedemann zusammenfasst: „Der dichtende Onkel wird als einer geschildert, der ‚von Mädchenlippen träumte, von Brot, Wein und von Ruhm, den er sich von gelungenen Versen erhoffte' und der dem Patensohn neben dem schwarzen Anzug, der die Verbindung zwischen beiden Figuren herstellt, ‚ein Quartheft mit Versen' und ‚zwei Goldstücke' vererbt hat." (Ebd., S. 255.)

897 Vgl. ebd., S. 255–258; die Zusammenfassung der Bezüge lautet: „Die meisten dieser auf Romanfiguren projizierten Wirklichkeitspartikel aus dem Kontext von Celan sind mit Sicherheit nur von ihm erkennbar, für ihn lesbar. Da ist einmal der träumende Dichter-Onkel Marsil, in dem sich Celan sicher nicht gern erkennt, und der er als Dichter der von den Bonner Studenten verhöhnten „Engführung" tatsächlich auch nicht ist. Da ist zum andern aber auch Robert Fähmels Schulfreund und Amsterdamer Exilkollege Schrella, der in die Gegenwart des Romans erstmals aus dem englischen Exil nach Deutschland kommt und der staatenlos ist – so wie Celan selbst noch, als er 1952 erstmals nach der Jüdischen Katastrophe nach Deutschland kommt und Böll kennen lernt [...]. Gerade an Schrella lässt sich deutlich machen, wie wenig eindeutig die Figuren auch innerhalb des Celan-Kontextes zuzuordnen sind: Auf Schrella sind zwar einige ‚Celan'sche' Schicksalsfragmente projiziert, gleichzeitig wird ihm aber ein Gedanke in den Mund gelegt, der aus einem Brief des Autors Böll selbst an diesen Celan stammt: ‚Vielleicht wäre die simplere Reaktion die beste: ihn einfach ins Gesicht schlagen; ich könnte auch das nicht.' [...], schreibt Böll am 21. September 1957 im Zusammenhang mit Sieburg. Im Roman sieht Schrella den Wendehals Nettlinger lange an, sehnt sich nach ‚handgreiflichem' Hass und

und Johanna, Robert Fähmel. Wiedemann zeigt, dass seine Figur besonders
viele Züge Celans trägt[898] – und er wäre ja, wenn Johanna als Braut Davids gelesen wird, in der wörtlichen Logik der *Sohn* Davids, also ebenfalls mit Celan
selbst assoziiert, nun aber mit seinem Bild aus der Karikatur und aus dem Gedicht. Indem auf Robert Fähmel Elemente aus der Passion Christi projiziert
werden, rückt er noch näher an diese Assoziation.[899]

Angesichts der zahlreichen Beispiele, die Wiedemann anführt, wird also
deutlich, dass Böll „[z]weifellos [...] verschiedenen Figuren einzelne Züge
Celans [verleiht] und [...] sich punktuell auf ihn [bezieht]."[900] Das ist nun
insofern besonders interessant, als auch erstaunlich viele weitere zentrale
Gruppe-47-Mitglieder Paul Celan in ihren literarischen Texten ‚verarbeitet‘
haben, und das gerade hinsichtlich Opferkonkurrenz und Empathie in sehr
ähnlicher Weise, in denen auch Bölls Bezüge stattfinden. Zu all diesen verschiedenen Bezugnahmen gibt es ebenfalls bereits Studien, deswegen sollen
sie nicht genauer ausgeführt, sondern nur nebeneinandergesellt werden, um
das Prinzip zu verdeutlichen, das sich hinsichtlich der Wahrnehmung und des
Umgangs mit Celan in Texten der Gruppe 47 abzeichnet.

Paul Celan in den Werken von Schroers, Dor / Federmann, Bobrowski und Bachmann

Rolf Schroers, Gruppenmitglied und langjähriger Brieffreund von Celan,[901] hat
Celan selbst darauf hingewiesen, dass er mit einem Gedicht und als Person
in einem Kapitel in Schroers' Roman *Jakob und die Sehnsucht* (1953) „zu Gast"
sei:[902] er habe ihn „als Natur, als Person, als schwarzer Edelstein"[903] darin
verewigt, wie Schroers ihm schreibt. Celan hat sich für diese Geste bedankt,

---

denkt: Jemand ins Gesicht schlagen oder in den Hintern treten, dabei rufen: ‚Du Schwein,
du elendes Schwein‘, er hatte immer die Menschen beneidet, die zu solch einfachen Gefühlen fähig waren, aber er konnte in dieses runde, verlegen lächelnde Gesicht nicht
hineinschlagen und nicht in diesen Hintern treten‘ [...]." (Ebd., S. 259 f.)

898   Wiedemann hält „[v]or dem Hintergrund der besonderen Konstellation" sogar Roberts
      Sprengungen – sein „Denkmal aus Staub und Trümmern", und Celans „das Deutsche
      sprengende Kenotaph-Gedichte" für vergleichbar, vgl. ebd., S. 272.

899   Vgl. ebd., S. 264.

900   Ebd., S. 259; wie sie betont, musste Celan dieser diese Anspielungen auch verstanden und
      einordnen gekonnt haben (vgl. ebd.).

901   Dieser Briefwechsel wurde in demselben von Barbara Wiedemann herausgegebenen
      Band *Briefwechsel mit den rheinischen Freunden* (Celan 2011) veröffentlicht wie derjenige
      mit Böll, er ist deutlich umfangreicher als letzterer; vgl. ebd., S. 7–242.

902   Vgl. ebd., S. 36 [Brief von Schroers am 23.03.1953]; dazu May/Großens/Lehmann 2015,
      S. 229.

903   Celan 2011, S. 36 [Brief von Schroers am 23.03.1953]; vgl. dazu auch Wiedemann 2010.

er habe bis spät in die Nacht gelesen: „Dieses Buch bedeutet mir mehr, als Bücher mir bedeuten [...]."[904] Er blieb noch länger in brieflichem Kontakt mit Schroers,[905] obwohl der Roman, wie Wiedemann in einer weiteren Lektüre zeigt, die Opfererfahrung der an Celan erinnernden Figur auf die militärische Ebene verlagert,[906] und die Opfererfahrungen so „einander angenähert" sind.[907]

In dem kollektiv verfassten Kriminalroman *Internationale Zone* (1951) von Milo Dor und Reinhard Federmann – beide ebenfalls Gruppenmitglieder und im *Almanach der Gruppe 47* vertreten –, erscheint die Figur Petre Margul als deutliches fiktionales Alter Ego Celans. Seine Konstruktion kann offenbar unterschiedlich aufgefasst werden: Mihaela Aanei beschreibt, er erscheine „als antiheroische Gestalt" und „zögerlicher Antiheld";[908] Böttiger schreibt, Celans „lyrische Verträumtheit und Ernsthaftigkeit" seien „in der Figur des Petre Margul eingefangen",[909] und betont daraufhin die enge Freundschaft zwischen Dor und Celan.[910] In beiden Darstellungen wird besonders hervorgehoben, dass die Celan-Figur ‚fremd' und ‚dunkel' erscheine, ganz ähnlich wie auch in den oben zitierten Anklängen der Beschreibung des jungen Heinrich Fähmel an Celan als ‚schwarzhaarig und schwarzgekleidet', mit einem unbestimmt fremden ‚Air'.

Erst deutlich später wurde Celan auch von Johannes Bobrowski – dem drittletzten Preisträger der Gruppe 47 – ein literarisches Denkmal geschaffen; diesmal in dem Celan gewidmeten Gedicht „Wiedererweckung" (1964). Hier zeigt sich eine andere Parallele zu Bölls *Billard um halbzehn*: In dem Gedicht wird der Holocaust mit der Passion Christi parallelisiert, wie das bei Böll wie oben gesehen über die verschiedenen Referenzen des Protagonisten Robert Fähmel als Celan, Jude und Christus ebenfalls anklingt. Bei Bobrowski wird das noch expliziter; wie Graubner im Band zu Bobrowskis *Leben und Werk* (2009) formuliert, setze er in dem Gedicht mit „Anspielungen auf alt- und neutestamentliche Wiedererweckung [...] christliche Hoffnung gegen Celans Totensprache."[911]

---

904 Celan 2011, S. 43 [Brief an Schroers am 16.09.1953]; vgl. May/Großens/Lehmann 2012, S. 230.

905 Vgl. dazu auch Böttiger 2012, S. 143–146.

906 Vgl. Wiedemann 2010, S. 210; das erinnert an die Stelle in Ferbers Autobiografie, an der er über einen Juden schreibt, ‚auch er sei im Krieg gefallen'; vgl. dazu Kap. 1.2 im vorliegenden Teil II der Studie.

907 Wiedemann 2010, S. 211.

908 Aanei 2015, S. 185.

909 Böttiger 2012, S. 150.

910 Vgl. ebd., S. 150.

911 Graubner 2009, S. 101.

Vereinfacht gesagt appelliert Bobrowski in diesem Gedicht unter Anspielungen auf zahlreiche Gedichte Celans mit Hinweis auf Jesus daran, dass
die deutsche Schuld vergeben und getilgt werden müsse –[912] und es überrascht
angesichts dessen kaum, dass Celan die Widmung nicht akzeptieren wollte, wie
er zurückschrieb: „Was jedoch das Gedicht angeht, das Sie mir als ‚gewidmet‘
bezeichnen, so muß ich es ausdrücklich ablehnen, daß mir ein solches Gedicht gewidmet, zugedacht oder auch nur zugeschickt wird."[913] Auch diesem
Konflikt sind bereits Schwierigkeiten zwischen den beiden Dichtern vorangegangen, die auch damit zusammenhingen, dass Celan den deutschen Umgang mit dem Holocaust kritisierte und Bobrowski diesen Umgang verteidigen
wollte.[914] Graubner spricht von Bobrowskis „grimmige[r] Einsicht, dass die
deutsche Schuld jüdische Dichter zum Schreiben über die Vernichtung verdammt hat, deutsche Dichter aber, die darüber zu schreiben versuchen, ins
Zwielicht rückt."[915]

Ingeborg Bachmanns literarische Verarbeitung von Paul Celan in *Malina*
(1971), Bachmanns einzigem zu Lebzeiten erschienenen Roman, ist das persön-
lichste von diesen Beispielen. Auch hier kommt Celan als dunkle Figur vor; er
ist analogisiert in dem dunklen, fremden Ritter im Märchen von der „Prinzessin
von Kagran", das die namenlose Ich-Erzählerin des Romans immer wieder zu
schreiben beginnt.[916] Die Referenz wird besonders deutlich an der Stelle, an
der die Nachricht von Celans Suizid in der Seine als Albtraum der Erzählerin
verarbeitet ist. Hier vermischen sich biografische Fakten der Bekanntschaft
zwischen Bachmann und Celan (wie ihr Kennenlernen in Wien) mit den
literarischen Referenzen und mit Celans tragischem Schicksal:

---

912   Vgl. ebd., S. 103.
913   Zit. n. ebd., S, 105. Bobrowski, der 1965 verstarb, erreichte die Antwort bereits nicht mehr
      (vgl. ebd.).
914   Vgl. ebd., S. 100 f.; vgl. auch Degen 2017: „Schwerer wogen die unterschiedlichen Bio-
      grafien. Celan spricht Bobrowski die Legitimation ab, in Gedichten aus der Position eines
      Juden zu sprechen. In seinem Gedicht ‚Hüttenfenster‘ wendet er sich, wie Hendrik Birus
      nachweist, verdeckt an den einstigen Briefpartner: Über den ‚Schwarzhagel‘ deutscher
      Gewehrkugeln heißt es: ‚und sie, die ihn säten, sie / schreiben ihn weg / mit mimetischer
      Panzerfaustklaue!‘ Davon nichts wissend und Celans Position erstaunlich verkennend,
      widmet Bobrowski diesem das Gedicht ‚Wiedererweckung‘, das ganz auf die belebende
      und erneuernde Kraft der Sprache setzt." (Ebd., o. S.)
915   Graubner 2009, S. 100. Diese „Verbitterung" bezieht sich eindeutig nicht auf die Verdamm-
      nis der jüdischen Dichter, sondern auf das Zwielicht der Deutschen, wie darein deutlich
      wird, dass Bobrowski mit Celan und anderen jüdischen Autoren in einem Lebenslangen
      Austausch um deren Legitimation ringt.
916   Vgl. Jagow 2003, S. 31–37; zu weiteren Korrespondenzen in *Malina* u. a. Koschel 1997.

Der Lastwagen muß durch einen Fluß, es ist die Donau, es ist dann doch ein anderer Fluß, ich versuche ganz ruhig zu bleiben, denn hier, in den Donauauen, sind wir einander zum erstenmal begegnet, ich sage, es geht schon, aber dann reißt es mir den Mund auf, ohne einen Schrei, denn es geht eben nicht. [...] Im Fluß, im tiefsten Fluß. Kann ich Sie sprechen, einen Augenblick? Fragt ein Herr, ich muß Ihnen eine Nachricht überbringen. Ich frage: Wem, wem haben Sie eine Nachricht zu übergeben? Er sagt: Nur der Prinzessin von Kagran. Ich fahre ihn an: Sprechen Sie diesen Namen nicht aus, niemals. Sagen Sie mir nichts! Aber er zeigt mir ein vertrocknetes Blatt, und da weiß ich, daß er wahr gesprochen hat. Mein Leben ist zu Ende, denn er ist auf dem Transport im Fluß ertrunken, er war mein Leben. Ich habe ihn mehr geliebt als mein Leben.[917]

In dieser Vielfalt von Bezügen unterscheidet sich diese Referenz von den bisher erwähnten. Besonders wichtig ist dabei, dass Bachmann, deren gesamtes Werk in einem Austausch mit Celan gestanden hat und die mit ihm lange Jahre ein Liebesverhältnis hatte,[918] als erste deutlich die Verbindung von Celans Leben und Sterben mit Auschwitz verbindet, wenn sie die Ich-Erzählerin von einem Transport sprechen lässt, auf dem er ertrunken sei.[919]

Alle diese literarischen Verarbeitungen Celans ähneln sich also darin, dass die entsprechende Figur als dunkel und verträumt, aber auch als fremd bzw. als „Fremdling"[920] beschrieben ist, also sehr deutlich als ‚Anderer' markiert ist. Abgesehen von Bachmanns Referenz ist es dabei aber ausgerechnet seine Opfererfahrung, die trotz seiner dezidierten Alterisierung der jeweils ‚eigenen' Opfererfahrung angenähert ist, wenn der Holocaust durch eine militärische oder christliche Opfergeschichte ersetzt wird. Gerade in *dieser* Hinsicht, in Bezug auf den Holocaust, wird also das ‚andere' seiner Erfahrung getilgt, gerade in Bezug auf das Mitgefühl, das die Texte evozieren, der ‚Andere' der ‚Wir-Gruppe' angenähert. Und mehr noch, obwohl Celan so dezidiert als Fremder literarisiert wird, wird gerade hier ungehalten reagiert, wenn Unterschiede – Celan betonte stets den Unterschied der *Motive* für die verschiedenen Opfererfahrungen, nämlich antisemitische Aversionen – hervorgehoben werden.

---

917   Bachmann 1971, S. 203 f.
918   Zwei Sammelbände (Böschenstein/Weigel 1997; Wimmer 2014) dokumentieren die intensive literarische Korrespondenz zwischen den beiden, der sehr intime Briefwechsel ist im Jahr 2008 erschienen.
919   Vgl. auch Jagow 2003, S. 31.
920   Böll verwendet diesen wörtlichen Begriff aus einem Verriss von Holthusen der Gedichte Celans, über den sich Böll und Celan auch ausgetauscht haben, wo er diesen als „Fremdling" einführt; vgl. Wiedemann 2013, S. 257.

Opferkonkurrenzen und Antisemitismus

Natürlich haben nicht ausschließlich Gruppe-47-Mitglieder in ihren Werken auf Celan referiert; so hat auch der jüdische Autor (und Konkurrent in der Beziehung mit Bachmann) Hans Weigel Celan in seinem Schlüsselroman *Unvollendete Symphonie* verewigt.[921] Zweifellos ist dieses Phänomen auch damit zu erklären, dass der Autor sehr charismatisch war, „eine persönliche Anziehungskraft [besaß], die er unwillkürlich auf viele seiner Generationskollegen ausübte", wie Aanei schreibt.[922] Dennoch fällt auf, wie präsent Celan in der Literatur der Gruppe 47 gewesen sein muss, wenn er als literarische Figur in Werken von ganzen sechs Autorinnen und Autoren aus deren innerstem Kreis auftaucht: Mit Böll, Bachmann und Bobrowski bei drei von 10 Preisträgern/-innen, dazu mit Schroers, Federmann und Dor drei weitere zentrale Gruppe-47-Autoren, die alle ebenfalls im *Almanach* vertreten sind.

Abgesehen von *Malina* spielt in keiner einzigen dieser Verarbeitungen Celans Schicksal als jüdisches Opfer der nationalsozialistischen Verfolgung eine entscheidende Rolle. Gerade angesichts der unzähligen Opfererzählungen aus Wehrmacht und Heimatfront in den *Almanach*- und Preistexten[923] liegt es nahe, diese Celan-Figuren als Zeugnisse der verminderten Empathie und verminderten moralischen Empörung gegenüber seiner so dezidiert als ‚anders' markierten Erfahrung zu lesen – zumal er in all diesen Texten in zahlreichen Hinsichten als Fremder erscheint, nur gerade nicht in der jeweiligen Opfererfahrung. Es fügt sich in dieses Bild, dass nicht nur Böll verständnislos und aggressiv abwehrend reagierte, als Celan sich vorwurfsvoll auf seine tragische persönliche Geschichte berief. Auch mit Schroers erfolgte der Bruch, nachdem er ihm sein Buch *Der Partisan. Ein Beitrag zur politischen Anthropologie* (1961) schickte; wie Böttiger dokumentiert, finden sich „in Celans Exemplar des Schroers'schen Textes [...] Unterstreichungen bei Wörtern wie ‚artfremd', ‚Mischpoke' oder ‚volksunmittelbar', was Celan für sich als ‚völkisch' übersetzte."[924] Auch Bobrowskis Gedicht ist nur wie gesehen das letzte Zeugnis von jenem Unverständnis, das zum endgültigen Bruch geführt hat, nachdem er mit

---

921 Vgl. dazu Aanei 2015.
922 Ebd., S. 186.
923 Vgl. weiter oben in diesem Kapitel.
924 Vgl. Böttiger 2012, S. 145 f. Böttiger äußert sein Unverständnis, dass sich Celan zuvor gerade mit Schroers so intensiv ausgetauscht hatte, denn „dieser war im Krieg kein normaler Landser gewesen wie die üblichen Kriegsteilnehmer der Gruppe 47 [!], sondern, als Sohn eines SS-Brigadeführers familiär eindeutig geprägt, ein ranghoher Wehrmachtsoffizier und als Oberleutnant in einer ‚Frontaufklärungseinheit' in Italien an führender Stelle im Kampf gegen Partisanen tätig – also in der ‚Abwehr', eine auch politisch eindeutig positionierte Aufgabe." (Ebd., S. 143.)

Celan einen jahrelangen Konflikt die unterschiedlichen Erlebnishintergründe verhandelt hatte.[925]

Selbst die enge Vertraute Ingeborg Bachmann scheint sich damit schwergetan zu haben, die Tragweite von Celans antisemitischen Erfahrungen zu sehen, wie anhand eines nicht abgeschickten Briefs an Celan deutlich wird.[926] Wiedemann (2014) hat in einem weiteren Aufsatz auch zu diesem Brief Hintergründe aufgearbeitet. Wie sie darlegt, hatten Celan und Bachmann in einem Telefongespräch, das diesen Briefentwürfen vorangegangen ist, offenbar länger schwelende Konflikte lösen und Missverständnisse auflösen wollen, die aber im Gespräch nicht aufgeklärt werden konnten;[927] Bachmanns Briefe zeugen von Verletzung und haben den Charakter eines letzten Appells an die frühere Freundschaft. Gerade diese unabgeschickten Entwürfe wurden in den Rezensionen des Bandes besonders positiv hervorgehoben, als endlich erfolgte Emanzipation der unterdrückten Frau.[928] Wie Wiedemann betont, lassen sie sich aber darüber hinaus auch „innerhalb einer ‚exemplarischen‘ Konstellation von Menschen [...] lesen, [...] die während der NS-Diktatur und des Eroberungskriegs auf unterschiedlichen Seiten gelebt haben.“[929] Und in diesem Sinne zeigt sich nun die deutliche Opferkonkurrenz schon durch die Zusammenstellung von Bachmanns Argumentation:

> In ihrem Versuch, sich verständlich zu machen, kommt sie immer wieder auf den gleichen Vorwurf zurück, den sie in vielen Varianten einbringt. Sie wirft ihm vor, ‚dass das grössere Unglück in Dir selbst ist‘ (153), und wenig später: ‚Du willst das Opfer sein, aber es liegt an Dir, es nicht zu sein‘ (155) [...] Ihre Wertung ist ausdrücklich negativ: ‚aber ich kann das nicht gutheissen, denn Du kannst es ändern‘ (155). Sie ist sich sicher, dass ‚[e]s‘ ‚nur von Dir abhängen‘ ‚kann‘, ‚ihm richtig zu begegnen‘ (153), und fordert ihn geradezu auf: ‚Ich erwarte, dass Du [...] Dir selbst hilfst, Du Dir.‘ Ihre Argumentation stützt sie dadurch, dass sie sich als Vergleichsmodell neben ihn stellt, ja, als gutes Vorbild anbietet. Auch

---

925 Vgl. weiter oben in diesem Kapitel.

926 Den Brief versuchte Bachmann nach einem längeren Kontaktabbruch und nach einem Telefongespräch im Herbst 1961 zu schreiben, im Briefwechsel sind mehrere Fassungen abgedruckt, die sie alle nicht abschickt; vgl. Bachmann/Celan 2008, S. 152–157 [Bachmann an Celan zwischen dem 27.09.1961 und dem 24.10.1961].

927 Celan habe sich in dieser Zeit nach einer langen Phase psychischer Probleme an mehrere seiner Freunde gewandt (vgl. Wiedemann 2014, S. 43).

928 „Ulla Hahn nennt ihn den ‚Angelpunkt dieser Briefsammlung‘ [...], Dirk Knipphals einen ‚Analysebrief‘, [...] Andrea Stoll eine ‚grundsätzliche Klärung‘ [...], Peter Hamm schließlich bezeichnet ihn als ‚todtraurigen Abschieds- und Abrechnungsbrief‘. [...] Alle diese Einschätzungen geben dem Text eine ausschließlich persönliche Bedeutung und interpretieren ihn als Dokument einer Beziehung zwischen Mann und Frau, durch das ein bisher unausgewogenes Verhältnis in das erwünschte Gleichgewicht kommt.“ (Ebd., S. 42.)

929 Ebd., S. 42.

das erscheint in vielfältigen Varianten: ‚Ich kann alles überstehen', ‚weil ich mich stärker fühle' (154), ‚weil ich glaube, dass ich stärker bin als diese Fetzen' (155). Sie verlange von ihm nicht zu viel, denn: ‚ich verlange es auch von mir für mich' (155)(156).[930]

Es überrascht angesichts der Nachvollziehbarkeit dieser Wut gegenüber einer als larmoyant empfundenen Opferhaltung nicht, dass der Briefentwurf so positiv aufgenommen wurde; er ist persönlich nachvollziehbar und wird erst nach Jahrzehnten des (im vorangegangenen Briefwechsel dokumentierten) großen Verständnisses geschrieben. Dennoch ist in dem Brief angesichts der ‚exemplarischen' Konstellation[931] zwischen den beiden auch ein Beleg für die Grenzen des Mitgefühls im öffentlichen Diskurs zu sehen, wenn die Situation Celans so dezidiert und offenbar überzeugt als vergleichbar mit der *eigenen* Situation wahrgenommen wird; wenn Bachmann beispielsweise betont, dass Blöcker ihre Texte ja ebenfalls verrissen habe.[932] Bachmann schickt den Text allerdings nicht ab, und später in dieser Studie wird noch darauf eingegangen, dass ihre Poetik und ihre Art der literarischen Korrespondenz mit Celan von einer deutlich größeren Nähe und Respekt zeugt, wenn sie mit dessen Gedichten in einen Dialog tritt und seine theoretischen und biografischen Prämissen einbezieht.[933]

Selbstverständlich sind all diese Konflikte also primär einzelne und private Zeugnisse von Verletzungen und Schwierigkeiten im Umgang mit einer schwierigen und später psychisch kranken Person. Dennoch wird angesichts der Parallelen in allen diesen Konflikten ein Muster erkennbar, das mit dem Verweis auf Celans private Probleme nicht abschließend erklärt ist. Die Auslöser für Celans Hilferufe, seine Enttäuschungen und Angriffe auf die Freunde, sind sämtlich Begebenheiten, die er als Antisemitismus empfindet, in denen er aber von den Freunden keine Unterstützung bekommt oder sogar zurechtgewiesen wird, er sei allzu empfindlich. Und in Bezug auf sämtliche

---

930   Ebd., S. 45 f.
931   Bachmann war die Tochter eines überzeugten Nationalsozialisten, die Eltern Celans wurden von den Nationalsozialisten ermordet. Celan wehrte den Begriff des Exemplarischen allerdings (milde) ab, als ihn Bachmann in einem frühen Brief einmal – und ebenfalls nur durchgestrichen, die Vorbehalte scheinen beidseitig gewesen zu sein – aufgriff. (Bachmann/Celan 2008, S. 25 [Celan an Bachmann vom 07.07.1951]: „Wie soll ich auch an mir selbst ein Exempel statuieren?", ebd.)
932   Ebd., S. 154, vgl. dazu Wiedemann 2014, 46–47.
933   Auch die Attribuierung als ‚dunkel' und ‚fremd' können in diesem Kontext auch als Bezugnahmen auf Celans eigene Poetik gelesen werden; vgl. Kap. 3.2 in Teil III der vorliegenden Studie.

dieser Begebenheiten – die Karikatur des Bonner Studenten,[934] Holthusens Rezension der „Todesfuge", in der Celan als „Fremdling" eingeführt wird,[935] Blöckers *Sprachgitter*-Rezension,[936] die Goll-Affäre[937] – besteht von heute aus wenig Zweifel, dass Celan tatsächlich antisemitischer Missachtung ausgesetzt war, wie sie den zeitgenössischen Diskurs in der BRD der 50er und 60er ja auch in anderen Bereichen entscheidend prägte.[938]

Angesichts dessen wird auch deutlich, dass er in der Reaktion seiner Freunde, trotz deren gutem Willen, mit einer unbewussten Empathieverweigerung konfrontiert war. Die Empörung über das, was ihm wiederfahren war – der als junger Student ins Arbeitslager deportiert wurde, dessen Vater im KZ an Typhus starb und dessen Mutter von einem SS-Mann mit einem Genickschuss ermordet wurde,[939] der lebenslänglich glaubte, seine Eltern im Stich gelassen zu haben, an dieser Überlebensschuld litt, tief traumatisiert war und sich schließlich das Leben nahm –[940] war kleiner als die Empörung gegenüber seiner angeblich überempfindlichen ‚Larmoyanz' gegenüber Antisemitismus. Celan sprach offener als andere Opfer über seine traumatischen Erlebnisse und

---

934 Vgl. Wiedemann 2013, S. 241; vgl. weiter oben in diesem Kapitel.

935 Holthusen 1954, S. 385; vgl. Wiedemann 2013, S. 257.

936 Wiedemann (2014, S. 47–51) fasst den antisemitischen Gehalt in Blöckers Kritik wie folgt zusammen: „Mit dem Verweis auf die ‚Herkunft' [Blöcker erklärt sich die hermetische Lyrik Celans mit „Das mag an seiner Herkunft liegen", vgl. ebd., S. 48] werden die vorausgehenden Kritikpunkte zu typischen Elementen eines antisemitischen Klischees: Der durch seinen Intellekt geprägte ‚Jude' hat keinen natürlichen Bezug zu Landschaft und Natur; zutiefst unkreativ kombiniert er bereits vorliegendes Material. Der Erlebnishintergrund von Celans Gedichten hat demnach mit der Wirklichkeit nichts zu tun, hat also auch nie stattgefunden" (ebd., S. 48).

937 Vgl. dazu die Zusammenstellung der Debattenbeiträge und Analyse von Wiedemann 2000. Auf seinen Kampf gegen Claire Golls Verleumdung, Celans Gedichte seien Plagiate – der erst *nach* den hier dokumentierten Ereignissen stattfand – fällt der Ausbruch von Celans psychischer Erkrankung, die schwere Depressionen und Psychiatrieaufenthalte nach sich zog; vgl. z. B. die Chronik im Celan-Handbuch (May/Goßens/Lehmann 2015, S. 14).

938 Insbesondere in besagtem Jahr 1959 – das literarisch als ‚Wendejahr' gesehen wird und in dem Celan und Böll sich verstritten und Blöcker die Rezension von *Sprachgitter* publizierte – kam es einer deutlichen „Häufung von Friedhofs- und Synagogenschändigungen und antisemitischen öffentlichen Äußerungen" (Munzert 2015, S. 91), die eigens im *Lexikon der Vergangenheitsbewältigung* (2015) als „Neue Antisemitismuswelle" (vgl. ebd., S. 91–93) erfasst wurde und mit der sicher auch Celans zunehmende Sensibilisierung für das Fortleben von Antisemitismus zusammenhing. Auch Wiedemann hält im Aufsatz zu Bachmann und Celan fest: „Heute lässt sich seine Interpretation vor allem deshalb bestätigen, weil wir den unmittelbaren politischen Kontext überschauen [...]." (Wiedemann 2014, S. 51.)

939 Vgl. May/Goßens/Lehmann 2012, S. 10.

940 Vgl. zu Celans Geschichte im Nationalsozialismus die Biografie von Felstiner 1997, S. 25–47; zu seiner psychischen Erkrankung ebd., S. 260–275; 362–364.

seine Einsicht, dass der Antisemitismus, der sie verursacht hatte, fortlebte, und auch die Relativierungen, Opferkonkurrenzen und Empathieverweigerung vonseiten der Freunde nahm er als Missachtung wahr. Wie er an Böll wegen dessen Zurückhaltung, zu der Karikatur des Bonner Studenten Stellung zu nehmen, schreibt:

> Nun, ich habe ja mit einem anderen ‚Engagierten', Ihrem Freund Alfred Andersch (Jaja, der mit [...] dem so schönen mandeläugigen Judenmädchen [...])[941] bereits die Erfahrung gemacht, dass man, wenn man sich an seinesgleichen mit der Bitte um Rat und Solidarität wendet, eines schönen Tages als ‚an Verfolgungswahn leidender' das schöne Wort ‚Haun Sie ab!' zu hören bekommt ... Zum Teufel mit den Menschen, es lebe die engagierte Literatur![942]

Celan benannte in solcher Kritik subtile und strukturelle Antisemitismen, lange bevor sich in der wissenschaftlichen Erforschung des Antisemitismus ähnliche Schlüsse durchsetzen würden; wie es im Kommentar zu diesem Brief an Böll heißt, wehrte er sich „in vielen Kontexten [...] dagegen, seine Empfindlichkeit negativ oder als krankhaft beurteilt zu sehen",[943] was sie vor seiner Erkrankung von heute aus gesehen auch kaum war. Bei den Freunden stieß er damit auf Hilflosigkeit und sogar Ablehnung – eben genau auf jene moralische Empörung, die er gegenüber den antisemitischen Erlebnissen einforderte. Die Reaktionen Schroers', Bölls, Bachmanns, Bobrowskis – übrigens auch Max Frischs[944] – zeigen, dass der zeitgenössische Diskurs dieses Verständnis wohl

---

941   Vgl. zu der antisemitischen Darstellung der Jüdin Judith in Anderschs kurz zuvor erschienenem Roman *Sansibar oder der letzte Grund* (1957) Kap. 4.1 im vorliegenden Teil II der Studie m. w. H.

942   Celan 2011, S. 360 [Brief an Böll vom 08.04.1959].

943   Ebd., S. 661 [Anmerkung zum Brief an Böll vom 08.04.1959].

944   Auf einen Brief von Paul Celan, in dem er ihn um Hilfe, Verständnis oder eine Stellungnahme wegen der antisemitischen *Sprachgitter*-Rezension von Günter Blöcker bat, reagierte auch Frisch mit einem Vergleich mit sich selbst (vgl. Bachmann/Celan 2008, S. 167–169 [Brief Max Frisch an Celan vom 03.11.1959] – auch dieser Brief wurde schließlich nicht abgeschickt). Frisch sieht sich von Celans Empörung an seinen eigenen Umgang mit Kritik erinnert, wegen auch er, Frisch, sich schnell „verraten, ausgeliefert, verhöhnt, ausgestossen, preisgegeben" fühle (ebd., S. 168). Er schreibt deswegen: „Der Verwundete, der sich an mich wendet wie Sie, muss wissen, dass er zu einem Verwundeten kommt; auch Ihnen gegenüber, lieber Paul Celan, fühle ich mich unfrei durch das Bedürfnis, geachtet zu werden [...]. Ich bin aber nicht einverstanden mit Ihrer Haltung in dieser Sache." Frisch schreibt Celan also dieselben Motive für seine Wahrnehmung des Antisemitismus in der BRD der 50er Jahre zu, wie er sie von seiner eigenen Persönlichkeit – die in dieser Beschreibung als narzisstisch erscheint – kennt. Und später im Brief betont er zwar, er kenne Celan nicht und wolle ihn nicht mit sich gleichsetzen, impliziert aber im selben Atemzug, der Vorwurf des Antisemitismus sei bei Kritik nun einmal ein willkommenes

bei den meisten seiner Korrespondenzpartnern einfach nicht zuließ: Man
versuchte, die Antisemitismen zu relativieren, ihm zu zeigen, dass seine Verletzungen übertrieben seien – und verweigerte ihm dadurch umso klarer das
Mitgefühl, das er in dieser Wahrnehmung allzu vehement einforderte.

2.4   *Zwischenbilanz: Mitleid und Moral in der Literatur der Gruppe 47*
       und einige Ergänzungen zur Frage des Antisemitismus
Davon, dass die ‚eigene' Opfererfahrung aufgrund eines dichotomen Verständnisses von Opfern und Tätern gerade dadurch aufgewertet werden kann, dass
ein Teil des Täterkollektivs entschuldet oder Taten deutlich reduziert werden,
hatte bereits Ferbers im vorangehenden Kapitel als ‚Mustertext' untersuchte
Erzählung „Mimosen im Juli" und der Umgang mit dem Gedenken an Ina
Seidel in Ferbers Autobiografie gezeugt.[945] Mit einem geschärften Blick für
dieses Phänomen konnte nun gezeigt werden, dass es im Zusammenhang
mit der Gruppe 47 in verschiedener Hinsicht von Bedeutung ist und nicht
zuletzt auch mit einem unterschiedlichen Moralempfinden in Bezug auf Unrecht gegenüber der ‚eigenen' und Unrecht gegenüber ‚anderen' Gruppen zusammenzuhängen scheint. Auch im zweiten ‚Mustertext' „Die Mandel reift
in Broschers Garten" von Schneider, der bei der ersten Sichtung hinsichtlich
besonders vieler Verknüpfungen von Moral und Identität aufgefallen ist, wird
in diesem Sinne eine Opferkonkurrenz eröffnet und der Protagonist als Angehöriger des Täterkollektivs entschuldet. In dieser Fiktion wird nun die Leiderfahrung der jüdischen Opfer in Kernrumänien darüber hinaus geradezu
geleugnet, wenn eine jüdische Familie im Jahr 1944 in Luxus lebt, sich um einen
deutschen Wehrmachtssoldaten und Familienfreund sorgt und verzweifelt, als
die Deutschen von den Russen aus Rumänien vertrieben werden.

In Literatur- und Geschichtswissenschaften gibt es ein breites Spektrum
an Fachliteratur, in der die Latenthaltung des Holocaust, die Konstituierung
eines den jüdischen Opfern dichotom gegenübergestellten deutschen Opferkollektivs und auch die damit verbundene Leugnung ‚eigener' Schuld oder

---

Gegenargument, das er selbst leider nicht habe: „Da bei mir der Verdacht, dass ich aus
Antisemitismus getadelt oder missverstanden werde, nicht anzuwenden ist, wohin soll
ich mich wenden? Ich muss mit mir selbst fertigwerden, was immer wieder eine müh-
same und leidige Arbeit ist [...]". Und er dreht sogar den Vorwurf um, unterstellt, Celan
rufe „die Todeslager" womöglich wegen seiner Eitelkeit – und „wäre in Ihnen mit Bezug
auf diese Kritik, auch nur ein Funke gekränkter Eitelkeit, so wäre ja die Nennung der
Todeslager, scheint mir, unerlaubt, ungeheuerlich." (Ebd., S. 169.) Es bestehen rückblickend keine Zweifel daran, dass eine solche Unterstellung und Zurechtweisung von
einem Unverständnis der Situation zeugt.

945   Vgl. Kap. 1.2.2 im vorliegenden Teil II der Studie.

‚anderen' Leids und damit des Holocaust beschrieben und auch als Fortsetzungen antisemitischer Aversionen theoretisiert sind. Unter dem Aspekt
der partikularen Moral hängen diese verschiedenen Beobachtungen alle insofern eng zusammen, als auch moralische Mitgefühle und Empörung für
unmoralisches Verhalten dichotom für verschiedene Gruppen unterschieden
werden: In Bezug auf die ‚Wir-Gruppe' wird Schuld weniger dezidiert verurteilt;
in Bezug auf die ‚Anderen' demgegenüber Leid.

Opfererzählungen der deutschen Tätergesellschaft sollen dabei natürlich
dennoch – angesichts der traumatischen Erlebnisse und Verluste auf allen
Seiten – niemals an sich als einzelne problematisiert werden. Bereits die
Einzeltexte können aber dann problematisch sein, wenn sie, wie in den beiden
‚Mustertexten' beschrieben, das ‚eigene' Leid so gegen das ‚fremde' ausspielen,
dass sie die ‚eigene' Schuld zugunsten eines dichotom verstandenen deutschen
Opferkollektivs relativieren müssen oder die ‚andere' Opfererfahrung sogar,
wie bei Schneider, in einer Verweigerung von Empathie leugnen. Und auch
wenn die Missachtung weniger deutlich wird, können solche Texte als einzelne an einem diskriminierenden Diskurs teilhaben. Gerade im Kontext der
Gruppe 47, die ein großes Korpus an Texten, Hintergründen und außerliterarischen Fakten bereitstellt, können solche vorherrschenden Diskurse besonders gut nachvollzogen werden.

Den drei besonders relevanten mit Mitleid verbundenen Aspekten von
deutschen Opfernarrativen und deutschen Opferkollektiven, Opferkonkurrenzen und Empathieverweigerung bzw. -verbot wurde deshalb noch
einmal einzeln exemplarisch in den literarischen Texten der Gruppe 47 nachgegangen. Die Annahme, dass es sich bei dem deutschen *Opferkollektiv* um
einen deutlich vorherrschenden Diskurs handelt, wurde vom quantitativen
Überblick über die *Almanach*- und Preistexte bestätigt, wobei sich herausgestellt hat, dass jüdische Opferfiguren im *Almanach* durchaus auch einen
Raum bekommen. Ein exemplarischer Blick auf das ‚Wendejahr 1959' verdeutlichte, dass sich dieser Aspekt auch hier bruchlos fortsetzt: Schuld sind zwar
jetzt stellenweise auch einfache Deutsche, aber Opfer sind nach wie vor nicht
die ‚Anderen', sondern die Protagonisten und Angehörigen verschiedener ‚Wir-
Gruppen' ihrer Autoren, die alle der Tätergesellschaft zuzuordnen sind: Wehrmachtsangehörige bei Grass, Böll und Johnson, die deutsche Familie bei Grass
und Böll, die christliche Religion bei Böll.

In Bezug auf Bölls *Billard um halbzehn* konnte eine vertiefte Betrachtung der
Opferkonkurrenz, die hier schon durch die Konstruktion anklingt und durch
einzelne Bemerkungen der Figuren auch explizit formuliert wird, den Blick
zudem auf ein interessantes Gruppe-47-Phänomen lenken. Die Präsenz von
Paul Celan in einer beachtlichen Menge von literarischen Werken besonders

wichtiger Gruppe-47-Mitglieder kann durch das Hinzuziehen einiger außerliterarischer Zeugnisse relativ eindeutig mit dem einer verminderten Empathie gegenüber dem ‚anderen‘ Leid Celans, für das er durch seine tragischen Erlebnisse mit Verfolgung und Genozid allem Anschein nach fast ‚exemplarisch‘ wahrgenommen wird,[946] korreliert werden. Celan wird nur in Bachmanns Roman *Malina* mit einer spezifisch jüdischen Leidenserfahrung im Nationalsozialismus assoziiert, in allen anderen Texten wird er zwar ebenfalls als dezidiert ‚anderer‘, dunkler und fremder Mann konstruiert, aber gerade seine Verfolgungserfahrung wird durch ‚eigenes‘ Leid ersetzt, indem sie durch Erlebnisse auf dem Schlachtfeld oder durch die Passion Christi überschrieben wird.

Diese Beobachtung wie auch die außerliterarischen Belege, dass Celan selbst dies durchaus als genau diese Verweigerung von Empathie wahrnahm, soll keine moralische Verurteilung der Autorinnen und Autoren zufolge haben, deren Bemühungen um eine Verständigung mit Celan hier nachgezeichnet wurden. Es handelte sich um Celans engste Briefpartner/-innen in Deutschland und sehr wahrscheinlich um Angehörige der Tätergesellschaft unter den Mitgliedern der Gruppe 47, die sich viel stärker als die meisten Gruppenmitglieder mit den jüdischen Opfern des Nationalsozialismus auseinandersetzten. Böll hieß jüdische Einwanderer, die ihm noch nicht einmal bekannt waren, mit Blumen in Deutschland willkommen, Bachmann zeichnet sich auch intellektuell durch einen differenzierten Blick auf Nationalsozialismus und NS-Kontinuitäten aus und widmete Celan größte Teile ihres Gesamtwerks. Und auch Bobrowski oder Schroers setzten sich wie gesehen intensiv mit der deutschen Schuld und der jüdischen Erinnerung auseinander – gerade deswegen lässt sich an ihren Werken die Macht dieses Diskurses, der Empathie mit den ‚Anderen‘ erschwert, überhaupt ablesen; weil sie, anders als die viele andere Angehörige der Tätergesellschaft, überhaupt über Juden schrieben.

Allerdings, und das soll hier abschließend als Replik auf einen kürzlich veröffentlichten Radiobeitrag Böttigers zum Antisemitismus in der Gruppe 47 festgehalten sein, sind die diskriminierenden Mechanismen, die diesen Reflexionen bei allen Bemühungen zugrunde liegen, *heute* hinlänglich beschrieben und zweifelsfrei als solche erkannt worden. Und diesen Erkenntnissen werden nun Böttigers Folgerungen im Beitrag „Alle Dichter sind Juden" im *Deutschlandfunk* (2017), in dem er wie bereits weiter oben erwähnt Celans Lesung der „Todesfuge" auf der Niendorfer Tagung der Gruppe 47 noch einmal neu beleuchtet, nicht gerecht. Böttiger schreibt:

---

946   Wie bereits weiter oben angemerkt, distanzierte sich Celan selbst von solchen Zuschreibungen (Bachmann/Celan 2008, S. 25).

Wenn man vom Antisemitismus des deutschen Literaturbetriebs der damaligen
Zeit spricht, sind an erster Stelle Namen wie Günter Blöcker oder Hans Egon
Holthusen zu nennen, die einflussreichen Wortführer der Literaturkritik. Deren
Sprache ist bei keinem Vertreter der Gruppe 47 zu finden.[947]

Und:

Sicher ist, dass er durch die Art seines Vortrags und seiner Sprache einige der
Älteren, die aus politischen Gründen eine radikale Kargheit wollten, provozierte
und zur Kritik herausforderte. Mit ‚Antisemitismus‘ hatte das jedoch überhaupt
nichts zu tun.[948]

Die Reaktion der Gruppe 47 auf Celans Lesung gelten in den meisten Gruppe-
47-Dokumentationen als problematisch;[949] gerade dem widerspricht Böttiger
hier. Er hält dagegen, dass die Deutlichkeit der Aussage, Celan sei nach seiner
Lesung ausgelacht worden, die den Vorwurf von Antisemitismus begründe,
erst lange Jahre im Nachhinein zum ersten Mal erwähnt worden, in einem
Interview mit Walter Jens im Jahr 1976, der berichtete:

Als Celan zum ersten Mal auftrat, da sagte man: ‚Das kann doch kaum jemand
hören!‘, er las sehr pathetisch. Wir haben darüber gelacht. ‚Der liest ja wie
Goebbels!‘ sagte einer. Er wurde ausgelacht, so dass dann später ein Sprecher der
Gruppe 47, Walter Hilsbecher aus Frankfurt, die Gedichte noch einmal vorlesen
musste. Die ‚Todesfuge‘ war ja ein Reinfall in der Gruppe! Das war eine völlig
andere Welt, da kamen die Neorealisten nicht mit, die sozusagen mit diesem
Programm groß geworden waren.[950]

---

947 Böttiger 2017, S. 13.
948 Ebd., S. 20.
949 Diese Wahrnehmung Celans als pathetischer, altmodischer Dichter hat sich bei den
    Gruppe-47-Mitgliedern offenbar unhinterfragt fortgesetzt, wie sich noch im Jahr 2006
    ausgerechnet im *F.A.Z.*-Interview mit Grass über sein Waffen-SS-Geständnis zeigt. Grass
    berichtet dort über die Entstehung der *Blechtrommel* und Celans Lesung in Niendorf; auf
    die Frage, wie Celan ihn bei der Entstehung der *Blechtrommel* beraten habe, antwortet
    er: „Beraten wäre bei Celan zuviel gesagt. Aber er hat mir Mut gemacht. Ich habe ihm
    vorgelesen, und er fand das toll. Ein bißchen spielte wohl auch Eifersucht hinein, die
    hat er durchaus zugegeben, denn er hätte gern selbst Prosa geschrieben. Nach ein, zwei
    Schnäpsen [...] konnte er sehr fröhlich sein und sang dann russische Revolutionslieder.
    Aber meistens war er ganz in die eigene Arbeit vertieft und im übrigen von seinen realen
    und auch übersteigerten Ängsten gefangen. Er hatte eine Vorstellung vom Dichter, die mir
    völlig fremd war, das ging bei ihm eher in Richtung Stefan George: feierlich, sehr feier-
    lich. Wenn er seine Gedichte vortrug, hätte man Kerzen anzünden mögen." (Grass 2006b,
    S. 35.)
950 Jens 1976, abgedruckt in Arnold 2004, S. 76; dazu Böttiger 2017, S. 22.

Die ebenfalls seither schon mehrfach problematisierte Bemerkung, dass Celan wie in einer Synagoge gelesen habe, sei sogar erst im Jahr 1988 in der Autobiografie von Milo Dor erstmals dokumentiert worden;[951] nur die Aussage Richters, Celan habe wie Goebbels gelesen, habe Richter selbst in seinem Tagebuch dokumentiert.[952] Böttiger beschreibt Richters Reaktion nun als typischen Verdrängungsmechanismus eines Wehrmachtsoldaten, der den Skandal der Aussage nicht habe erkennen können;[953] und das, was Celan mit „Auflehnung" gegen seine Stimme und seine Gedichte beschrieben habe, sei einfach der Ton der Kritik in der Gruppe gewesen.[954] Es werde in „etlichen antifaschistischen Texten" von Richter deutlich, dass der „deutsche Massenmord an den Juden in Richter arbeitete [...]."[955]

Zudem zitiert er Celans Jugendfreundin Edith Silbermann, die sich erinnert, dass Celan schon vor dem Holocaust einen schwierigen Charakter gehabt habe.[956] Er betont auch, dass pathetisches Lesen eine Tradition in Celans Heimatstadt Czernowitz gehabt hatte,[957] dass Celan in der unmittelbaren Nachkriegszeit sogar mit Ernst Jünger habe ins Gespräch kommen wollen,[958] welche Verdienste die Gruppe 47 in der Nachkriegszeit gehabt habe[959] und dass andere Celan schärfer angegriffen hätten. Auch einige weitere ähnliche Argumente, die moralische Errungenschaften der Gruppe 47 gegen Fehler Celans und Zugeständnisse an ‚schlimmere' ‚Nazis' stellen, sollen offenbar die Behauptung, in der Gruppe 47 hätten sich Antisemitismen fortgesetzt,

---

951 Böttiger 2017, S. 23.

952 Richter hat notiert: „Nach der Lesung Celans beim Mittagessen hatte ich ganz nebenbei und ohne jede Absicht gesagt, dass die Stimme Celans mich an die Stimme Joseph Goebbels' erinnere. Da beide Eltern Celans von der SS umgebracht wurden, kam es zu einer dramatischen Auseinandersetzung. Paul Celan verlangte Rechenschaft und versuchte mich in die Position eines ehemaligen Nationalsozialisten zu drängen. Ilse Aichinger und Ingeborg Bachmann weinten und baten mich unter wahren Tränenströmen immer wieder, mich zu entschuldigen, was ich dann schließlich tat." (Richter 2012, S. 158 [Eintrag vom 07.05.1970]; vgl. Böttiger 2017, S. 24.)

953 Vgl. ebd., S. 24.

954 Vgl. ebd., S. 26 f.

955 Ebd., S. 24.

956 „Paul konnte sehr lustig und ausgelassen sein, aber seine Stimmung schlug oft jäh um, und dann wurde er entweder grüblerisch, in sich gekehrt oder ironisch, sarkastisch. Er war ein leicht verstimmbares Instrument, von mimosenhafter Empfindsamkeit, narzisstischer Eitelkeit, unduldsam, wenn ihm etwas wider den Strich ging oder jemand ihm nicht passte, zu keinerlei Konzession bereit. Das trug ihm oft den Ruf ein, hochmütig zu sein." (Edith Silbermann, zit. n. Böttiger 2017, S. 6 f.)

957 Böttiger 2017, S. 6–9.

958 Ebd., S. 9 f.

959 Ebd., S. 11 f.

entkräften. Würde die Argumentation so stehen bleiben, würde sie nicht zuletzt sogar an das gerade beschriebene Argumentationsmuster in der Gruppe 47 selbst erinnern: Man ist entweder mit seiner ganzen Existenz ein Opfer / Täter, oder der entsprechende Vorwurf ist ganz entkräftet.

Böttigers Argumentation bleibt aber natürlich nicht so einfach; die Folgerung, mit ,Antisemitismus‘[960] habe das alles nichts zu tun, sollen vor allem Beispiele positiver Erlebnisse Celans auf der Tagung in Niendorf belegen, die davon zeugen, dass Celan durchaus nicht nur Ablehnung ausgesetzt war. Insbesondere die Briefe an seine Frau direkt nach der Tagung zeugen davon, dass die Erfahrungen nicht nur negativ waren.[961] Celan schreibt, alles sei „so überwältigend gewesen, so verworren, widerspruchsvoll. Dennoch ist das Ergebnis positiv", er habe einige Aufträge bekommen. Und kurz darauf schreibt er:

> Ich habe ein gutes Drittel der deutschen Schriftsteller kennengelernt – ich denke dabei nur an die, denen man die Hand drücken kann, ohne Gewissensbisse haben zu müssen. Doch unter diesen findet man eine große Zahl Ungebildeter, Aufschneider und Halbversager, und sie haben es nicht versäumt, mich aufs Korn zu nehmen.[962]

Böttiger schließt daraus, Celan sei sich also bewusst gewesen, dass es sich bei der Gruppe 47 um diejenigen gehandelt hatte, denen man die Hand drücken konnte – dass sie *also* nicht „vom Ungeist der Nazis geprägt" gewesen seien, wie Böttiger schreibt.[963] Und hierin besteht die Differenz zu den in der vorliegenden Studie vertretenen Annahmen: Die beiden Aussagen, dass man ihnen die Hand drücken konnte und dass sie also nicht vom ,Ungeist der Nazis‘ geprägt seien, als logische Folgerungen aufzuführen, wird m. E. der Komplexität der Situation in der deutschen Nachkriegszeit nicht gerecht. Selbstverständlich hatten sich die Gruppe-47-Mitglieder weniger zuschulden kommen lassen als andere Deutsche. Das hieß aber nicht – wie auch Celan immer deutlicher bewusst wurde und worüber heute kaum Zweifel bestehen – dass sich nicht dennoch strukturelle Prägungen durch den ,Ungeist der Nazis‘ zeigen

---

960   Im Transkript der Sendung ist der Begriff in Anführungszeichen geschrieben (ebd., S. 20).

961   Wie auch die Tatsache, dass Richter später immer wieder versuchte, ihn einzuladen (vgl. ebd., S. 28) und dass Celan mit Richter auch noch später in Kontakt gewesen ist und ihm sogar Widmungen habe zukommen lassen (vgl. ebd., S. 30).

962   Celan/Lestrange 2001, S. 19 f. [Brief von Celan an Lestrange am 30.05.1952]; vgl. Böttiger 2017, S. 25.

963   „Man muss dabei eines festhalten: Celan ist sich bei alldem sehr bewusst, in der Gruppe 47 Schriftsteller gefunden zu haben, ,denen man die Hand drücken kann‘. Die also nicht vom Ungeist der Nazis geprägt sind, trotz mancher literarischen, ästhetischen und charakterlichen Beschränktheiten." (Ebd., S. 26.)

und fortsetzen konnten. Die Konstatierung des einen schließt nicht kategorisch das andere aus.

Mit den Studien von Bergmann und Holz wird deutlich, dass selbst die Reaktionen engerer Freunde Celans, als Richter einer war – so die Reaktionen Bölls, der, wie Celan schrieb, der ‚Hitlerei‘ unverdächtig war, und sogar diejenigen Bachmanns – auf Celans Hilferufe als Verweigerung von Mitgefühl gesehen werden können, die auch an antisemitische Muster anknüpften. Und die Reaktion auf Celans Lesung der „Todesfuge" in der Gruppe 47 war zweifellos von einer Verweigerung von Empathie geprägt, wenn eine unverkennbare poetische Verarbeitung des Holocaust und der Ermordung der Eltern einige Jahre zuvor als Kitsch und Pathos abqualifiziert wurden. Ob Celan offen ausgelacht worden ist oder nicht, ob seine Lesung auch vielen gefiel, ob sich auch einzelne Juden in der Gruppe wohlfühlten und Erfolg hatten, ist hierbei nicht entscheidend. Genauso wenig wie die Selbstwahrnehmung der Gruppenmitglieder: Dass man Celan grundsätzlich mit Sympathie begegnete, ist nun einmal gemäß keiner aktuellen Definition von Antisemitismus (wie auch nicht von Rassismus und Sexismus) ein Ausschlusskriterium dafür, dass man ihn zugleich auch mit Antisemitismen konfrontierte.

Eine so kategorische Verneinung von Antisemitismus in der Gruppe 47, wie sie Böttiger in seinem Deutschlandfunk-Beitrag postuliert, ist deswegen, so die hier vertretene Position, mit dem aktuellen Forschungsstand und den verfügbaren Zeugnissen nicht vereinbar. Ein Fortleben einzelner Aversionen wird vielmehr auch angesichts der beiden weiteren Verknüpfungen von Identität und Moral in der Gruppe 47 deutlich, die im Folgenden genauer betrachtet werden sollen.

3   Deutung: Erlebnisgemeinschaft vs. die Intellektuellen

> Ihr habt alle den Freiheitskoller, ihr seid butterweiche Knaben. Ich sage: Wir sind es nie gewesen, Herr Doktor. Die Protze sagt: Aber ihr seid es jetzt. Weint euch aus, Kinderlein, hockt euch auf die Hosen und macht euer Abitur. Ich sage: Dazu gehört ein spezifischer Mangel an Erfahrung. Den haben wir nicht mehr, Herr Doktor.[964]

Dass sich die frühe Gruppe 47 als exklusive ‚Junge Generation‘ wahrnahm, ist wie bereits ausgeführt einer ihrer wichtigsten vermeintlich unpolitischen

---

964   Aus Georg Hensels *Almanach*-Erzählung „In der großen Pause" ([1949] 1962), S. 131; in der Folge im vorliegenden Kapitel im Fließtext zitiert (Sigle: HG). Zum Zitat vgl. weiter unten in diesem Kapitel.

Grundpfeiler, der kleinste gemeinsame Nenner ihrer Anfangsjahre.[965] Die Teilnahme am Zweiten Weltkrieg wurde dabei zunächst als eines der wichtigsten Merkmale für die Mitgliedschaft in dieser moralisch besonders verpflichteten Gruppe gesehen und als Voraussetzung, stellenweise sogar als Ursache eines gelungenen Neuanfangs postuliert.[966] Ausgehend davon wurde herausgearbeitet, dass sich in der Selbstwahrnehmung als streng abgegrenztes moralisches Kollektiv ein partikularistisches Moralverständnis fortsetzt, wie es schon die Moraldiskurse im Nationalsozialismus prägte, wobei auch das Konstrukt der ‚Jungen Generation‘ selbst direkt an die analoge Zuschreibung im Nationalsozialismus anschließt.[967]

Auch wenn dies unter anderem als Reaktion auf Zuschreibungen von außen sowie als Abgrenzung von stärker belasteten Gruppen der Nachkriegszeit erklärbar ist,[968] lassen diese deutlichen Überschneidungen vermuten, dass sich auch konkrete Ideologeme des Nationalsozialismus im Selbstbild der frühen Gruppe 47 fortsetzen. Im vorangehenden Kapitel hat sich gezeigt, dass die moralische Empörung gegenüber Leid, das der ‚eigenen‘ Gruppe einer Mehrheit der Gruppe-47-Mitglieder – also genau jener ‚jungen Generation‘ der deutschen Tätergesellschaft – sich nicht nur im Außerliterarischen, sondern auch in den fiktionalen Texten vehementer äußert als die Empörung gegenüber dem Leid ‚der anderen‘. Dafür, dass sich darin auch ein dichotomes Verständnis von Opfern und Tätern sowie ein ‚Empathieverbot‘ insbesondere gegenüber Juden fortsetzt, sprechen das konkrete Beispiel von Paul Celans literarischer Verarbeitung in der Gruppe 47, in der sich kaum Mitleid für seine Opfererfahrung abzeichnet.

In Bezug auf die Kontinuität konkreter NS-Ideologeme im partikularen Zugeständnis moralischer *Deutung* ist der Forschungsstand noch weniger ausdifferenziert. Dennoch gibt es einige Hinweise auf eine solche Kontinuität. Eingangs dieser Studie wurde bereits gesehen, dass ‚Nichtdabeigewesenen‘ im Außerliterarischen oft gerade deswegen die Legitimation zur Deutung abgesprochen wurde, weil sie die Erfahrung des Kriegs nicht teilten; das deutlichste Beispiel dafür ist der Konflikt mit Peter Weiss auf der Princeton-Tagung im Jahr 1965.[969] Die eingangs von diesem Teil beschriebene erste Annäherung an das Korpus und Sichtung der ‚Mustertexte‘ hat ein ähnliches Bild ergeben:

965 Vgl. den Forschungsüberblick im Kap. 1.2 in Teil I der vorliegenden Studie.
966 Vgl. Kap. 2.3.2 in Teil I der vorliegenden Studie.
967 Vgl. Kap. 3 in Teil I der vorliegenden Studie.
968 Vgl. ebd.
969 In Princeton warfen ‚alteingesessene‘ Gruppe-47-Mitglieder, wahrscheinlich Richter, Grass und Ferber, Weiss vor, er habe schon viel zu viel zu Deutschland geäußert, wo er denn im Krieg gewesen sei; vgl. Kap. 3.3.1 in Teil I der vorliegenden Studie m. w. H.

Alle vier als ‚Mustertexte' identifizierten Erzählungen handeln von Krieg und Nachkriegszeit.[970] Und in beiden bereits analysierten Erzählungen sind ‚Erlebnis' und Deutung verknüpft: Bei Ferber auf der Handlungsebene darin, dass der Protagonist und seine Mutter die ‚Mimoseninsel' besichtigen wollen, um sich vor Ort, eben durch die konkrete ‚Erfahrung' Klarheit zu verschaffen, und auf formaler Ebene darin, dass Ferbers Schreibweise reich an Andeutungen ist, die nur ‚Dabeigewesene' verstehen können. Bei Schneider ist die Verknüpfung noch direkter, da er seine Texte als ‚Journalismus' bezeichnet,[971] also quasi paratextuell betont, es handle sich um Augenzeugenberichte von einem, der das alles selbst erlebt habe.

Die These, der im Folgenden nachgegangen werden soll, geht von diesen bisherigen Beobachtungen sowie den in Teil I bereits aufgegriffenen geschichtswissenschaftlichen Studien zur ‚jungen Generation' *im* Nationalsozialismus aus.[972] Es wird vermutet, dass sich der diskursiven Verknüpfung von Erlebnisgemeinschaft und moralischer Deutung im Nationalsozialismus geprägte Vorstellungen von Gemeinschaft und ‚Erlebnis' des Kriegs fortsetzen, wobei die *Gemeinschaft* als ‚intuitive' moralische Instanz erneut in einem moralischen Sinn der abstrakter urteilenden *Gesellschaft* gegenübergestellt wird.

Um diesen Zusammenhang zu erhellen, soll nach einer Sichtung der Forschungslage zu Vorstellungen einer Erlebnisgemeinschaft im und nach dem Krieg (3.1) die Vorstellung der Erlebnisgemeinschaft als literarisches Motiv in den *Almanach-* und Preistexten zunächst anhand von Horst Mönnichs „Die Wanderkarte" (gelesen 1956)[973] – ein Text, der wie diejenigen von Ferber und Schneider als besonders repräsentativer Gruppe-47-Text identifiziert worden ist[974] – und Georg Hensels „In der großen Pause" (gelesen 1949) genauer untersucht werden. In beiden Texten wird durch Figurenrede und -zeichnung der affirmativen Darstellung einer (quasi-)soldatischen Erlebnisgemeinschaft eine negativer konnotierte Gesellschaft gegenübergestellt, die auf theoretischen Übereinkünften basiert statt auf Erfahrung; zu fragen ist, wie sich diese Opposition zu dem Diskurs über die Erlebnisgemeinschaft und über ‚die Intellektuellen' im Nationalsozialismus verhält (3.2). Ebenfalls im *Almanach* finden sich auch zwei Persiflagen des Ideals einer Erlebnisgemeinschaft, Schallücks „Monologe eines Süchtigen" (gelesen 1954)[975] und Amerys

---

970 Vgl. Kap. 1 im vorliegenden Teil II der Studie.
971 Vgl. Kap. 2.1 im vorliegenden Teil II der Studie.
972 Vgl. Kap. 3.1 in Teil I der vorliegenden Studie.
973 In der Folge im vorliegenden Kapitel im Fließtext zitiert (Sigle: MW).
974 Vgl. dazu Kap. 1.1.3 im vorliegenden Teil II der Studie.
975 In der Folge im vorliegenden Kapitel im Fließtext zitiert (Sigle: ScM).

„Pater Sebaldus" (gelesen 1957),[976] auf die in der Folge genauer eingegangen wird. Besonders Amerys Text schärft den Blick dafür, dass sich die Vorstellung einer moralischen Überlegenheit ‚Dabeigewesener' in der Literatur womöglich länger halten konnte als in der Zusammensetzung der Gruppe, wo die Akademiker/-innen relativ bald genauso tonangebend waren wie die ehemaligen ‚einfachen Soldaten' (3.3). Der Frage, ob das auch in Bezug auf die *Form* der frühen engagierten Texte, deren Engagement-Verständnis in den 1960er Jahren von erfolgreichen Gruppenmitgliedern wie Grass und Lenz noch einmal aufgegriffen wurde, werden abschließend im Kontext der Exklusivität einer Erlebnisgemeinschaft einige Überlegungen gewidmet (3.4).

3.1   *Der Diskurs: Erlebnisgemeinschaft als Abgrenzung und*
        Identitätsstiftung im und nach dem Nationalsozialismus
Wie zunächst zu zeigen ist, waren sowohl die Konzepte „Erlebnis" und „Gemeinschaft" als auch die damit verbundene Vorstellung, aus einem Gemeinschaftserlebnis erwachsene Urteile seien einer intellektuellen Herangehensweise überlegen, zentrale Ideologeme des antisemitischen und intellektuellenfeindlichen Diskurses über die arische Vergemeinschaftung im Nationalsozialismus, die auch in der Nachkriegszeit Bestand hatten.

3.1.1   Junge Generation als Erlebnisgemeinschaft *im* Nationalsozialismus
Das Konstrukt der Erlebnisgemeinschaft ist keine genuin national-sozialistische Vorstellung;[977] historiografische Studien sind sich aber einig, dass die Idealisierung der Gemeinschaft genauso wie die damit verbundene Vorstellung des Erlebnisses als moralischem Wert und als gemeinschafts-stiftendem Phänomen einen der wichtigsten Grundpfeiler der NS-Ideologie bildete.[978]

Erlebnisgemeinschaften wurden in diesem Kontext gefördert, sie sollten, so Knoch, „Gemeinschaftraditionen der Gewalt, Reinheit und des Kampfes"[979] stiften und so als Selbstbestätigung der Propaganda von der Volksge-meinschaft dienen.[980] Möckel hat in aufschlussreichen Untersuchungen Tagebücher junger Deutscher während und nach dem Nationalsozialismus

---

976   In der Folge im vorliegenden Kapitel im Fließtext zitiert (Sigle: AP).

977   Vgl. Merkel 2014, der das Konstrukt der Erlebnisgemeinschaft als wichtigen Aspekt jeg-licher modernen Organisationsformen sieht.

978   Vgl. u. a. die Sammelbände von Konitzer 2016; Reinicke 2014 und Bajohr/Wildt 2009 sowie Wildt 2007; konkret zur Verbindung von Gemeinschaft und Moral vgl. u. a. Kleinhans 2016; Gross 2010, S. 18–20, 168–170; Bialas 2014, S. 54–63, 127–139.

979   Knoch 2014, S. 30.

980   Vgl. ebd.

untersucht; wie bereits im ersten Teil dieser Studie zitiert, hat er dabei die „Inszenierung und vorgetäuschte Erfüllung spezifischer Gemeinschaftssehnsüchte" als wichtigen Kern der NS-Propaganda *gerade* im Zusammenhang mit der ‚Jungen Generation' identifiziert.[981] Er plädiert deswegen dafür, diese Gemeinschaftssehnsüchte als „zentralen Mythos" des NS-Ideologie ernst zu nehmen; es handle sich um „jene[n] Aspekt [...], der auch nach 1945 auf zum Teil verdeckte oder verdrängte Weise in einigen Bereichen aktuell blieb."[982]

Durch die Idealisierung der Gemeinschaft im Nationalsozialismus wurde das gemeinschaftliche Erleben insbesondere in moralischen Fragen der Gesellschaft und deren abstraktem Zugang diametral entgegengestellt.[983] Widmer hat mehrere zeitgenössische Quellen zusammengetragen, die ‚das Erlebnis' als NS-Ideologem besonders hervorheben:

> Erlebnis hängt ‚eng mit der nationalsozialistischen ‚Ideologie' der Geistfeindlichkeit, mit der Verachtung [...] allen Intellekts' zusammen (Seidel, § 213). [...] Nach Klemperer (S. 257) war es ‚das stärkste und allgemeinste Gefühlswort, das sich der Nazismus dienstbar machte [...]. Zum Erlebnis werden uns nur die außerordentlichen (Stunden), in denen unsere Leidenschaft schwingt.' In dieser für den Nationalsozialismus typischen Anwendung tritt das Wort im Singular auf, wo wir eher einen Plural erwarten würden.[984]

Über die Kategorie ‚Erlebnis' konnte die Gemeinschaft als positives Gegenbild zur heterogenen, intellektuell geprägten Gesellschaft installiert werden. Dabei spielte die Ablehnung des Intellekts eine besonders wichtige Rolle;[985] während ‚Intellekt' der Gesellschaft zugeordnet war, wurde ‚Erlebnis' als Gegenbegriff dazu der Gemeinschaft zugeschrieben und als instinktive, gefühlsgeleitete Gemeinschaftserfahrung inszeniert. Der Intellekt galt als Domäne ‚des Jüdischen', ihr wurde die kalte und abstrakte Analyse ohne Realitätsbezug zugeordnet.[986]

---

981 Möckel 2014, S. 157; zu seinen Beobachtungen in Bezug auf die ‚junge Generation' als Fremd- und Selbstzuschreibung vgl. Kap. 3.1 in Teil I der vorliegenden Studie.

982 Möckel 2014, S. 157.

983 Vgl. u. a. Bialas 2014, S. 127–139; vgl. auch Kap. 1.2 in Teil III der vorliegenden Studie.

984 Widmer 1967, S. 40 f.

985 Vgl. insbesondere Behring 1978, S. 94–147.

986 Wie Behring in seiner Monografie über *Die Intellektuellen* zeigt, erfährt der Begriff ‚des Intellektuellen' im Nationalsozialismus dabei gerade keine Kontrastierung, sondern „bleibt vage, muß es bleiben, denn es geht um Propaganda. Emotionelle Aufladung ist ihr Zweck – nicht präzise Beschreibung." (Ebd., S. 99.) Es sei „eine Schimpfe" gewesen, die letztlich als „universelle Waffe gegen jedermann" eingesetzt wurde (ebd., S. 147); zuletzt sei die Beweislast umgedreht gewesen: „Gegner Hitlers – das *sind* ‚Intellektuelle'." (Ebd., S. 145.) Vgl. auch Bialas 2014, der die Verbindung zum NS-Moraldiskurs herausarbeitet: „Das Vertrauen in die befreiende Tat sei ungleich wertvoller als der analysierende

Wie Holz herausarbeitet, ist das Gegensatzpaar Gemeinschaft und Gesellschaft deswegen sogar als eines der drei zentralen „Gegensatzpaare[n] des
Antisemitismus vor und nach Auschwitz"[987] anzusehen.[988]

3.1.2   Gemeinschaft vs. ‚Nichtdabeigewesene' in der Nachkriegszeit

Wie eingangs von dieser Studie ausgeführt, beschreibt die Definition der
„junge[n] deutsche[n] Generation",[989] die sich in der Gruppe 47 durchsetzt –[990]
nämlich mit Andersch „die Männer und Frauen zwischen 18 und 35 Jahren, getrennt von den Älteren durch ihre Nicht-Verantwortlichkeit für Hitler, von den
Jüngeren durch das Front- und Gefangenschaftserlebnis"[991]– dieselbe Gruppe,
der bereits im Nationalsozialismus als ‚junge Generation' besondere Aufmerksamkeit zuteilwurde.[992] Es zeigen sich überdies bereits in diesem Zitat die
Übernahme der positiven Kategorie ‚Erlebnis' (wie in der Propagandasprache
des Nationalsozialismus im Singular, als wäre es *das* Fronterlebnis einer
ganzen Generation)[993] und die darauf aufbauende Vergemeinschaftung als
Ausweis für besondere Integrität: Diese ‚junge Generation' ist es, die Deutschlands „Wandlung als eigene Leistung" vollziehen soll.[994] Wie Ächtler in seinem
Aufsatz zu Richters Essay „Warum schweigt die junge Generation" (1946)
formuliert, beziehe „das Attribut ‚jung' sich [...] grundsätzlich nicht einseitig
auf Altersgrenzen [...], sondern [meint] die Lebenseinstellung einer Erlebnisgemeinschaft [...]."[995]

Intellekt. Gegen die Schwächung der völkischen Substanz durch die bürgerliche Moral
habe der ‚deutsche Wille zum Leben ungeheure Kräfte frei gesetzt'." (Ebd., S. 128.)

987   Holz 2007, S. 38; daneben geht er auf die Gegensatzpaare „Täter und Opfer" (ebd.,
      S. 39; vgl. dazu Kap. 2 im vorliegenden Teil II der Studie) sowie „Identität versus nicht-
      identische Identität" (ebd., S. 45; vgl. dazu Kap. 4 im vorliegenden Teil II der Studie) ein.
988   Vgl. Holz 2007, S. 40–45.
989   Andersch 1946, S. 2.
990   Vgl. insbesondere den Sammelband Winter 2002 zu den zunächst sehr unterschiedlichen
      Definitionen der ‚jungen Generation' 1947–1952; vgl. auch Kap. 2.3.2 in Teil I der vor-
      liegenden Studie m. w. H.
991   Andersch 1946, S. 2.
992   Vgl. Kap. 3.1.2 in Teil I der vorliegenden Studie m. w. H.
993   Vgl. Widmer 1966, S. 40.
994   Andersch 1946, S. 2; vgl. Kap. 3.1 in Teil I der vorliegenden Studie.
995   Ächtler 2011, S. 61. Wenngleich bemerkenswert ist, wie ähnlich Anderschs Kategorisierung
      derjenigen der NS-Propaganda ist, ist die Deutung, dass das Alter nicht im Kern dieser Zu-
      schreibung stand, mehr oder weniger Konsens. Joch sieht die strategische Positionierung
      im literarischen Feld als zentral an, bereits Richter und die *Ruf*-Generation der Gruppe 47
      betonten die von Ächtler stark gemachte Erlebnisgemeinschaft; vgl. dazu Kap. 3.1 in Teil I
      der vorliegenden Studie.

3.2.1   Georg Hensel: „In der großen Pause. Abiturientengespräch im
           November 1946" (gelesen 1949)

Georg Hensels „In der großen Pause"[1005] verhandelt die Opposition Erlebnis-
gemeinschaft vs. Intellektuelle auf der Textoberfläche und hat sie größtenteils
sogar zum Thema. Der Text spielt in der großen Pause der Sonderklasse eines
Gymnasiums, bestehend aus ehemaligen Wehrmachtsangehörigen, die ihr
Abitur nachholen. Während 15 Minuten unterhalten sie sich im Landser-Jargon
über Kriegserfahrung, Frauen und Mathematik, die Erzählung wird von der
Schulklingel und dem ungeduldig wartenden Lehrer unterbrochen. Ihr Autor
Hensel tat sich im späteren Leben vor allem als Theaterkritiker beim *Darmstädter Echo* und in der *Frankfurter Allgemeinen Zeitung* hervor, er war nur in
den ersten Jahren bei den Gruppentreffen dabei,[1006] in den späteren Gruppen-
darstellungen findet er entsprechend wenig Erwähnung. Obwohl eines von
wenigen Zeugnissen über seine Lesung, die Rezension H. R. Münnichs in der
Süddeutschen Zeitung, wenig objektiv zu sein scheint,[1007] deutet sie doch
darauf hin, dass die Erzählung mit Erfolg gelesen wurde, da sie positiv erwähnt
wird. Auch ihre Aufnahme im *Almanach* spricht dafür.

Das erstaunt wenig, da sie sehr gut ins Programm der ganz frühen Jahre
passte, das ja bekanntlich aus ästhetischer Sicht relativ bald als überholt galt.
Bereits 1962 wird Hensels Text rückblickend als Musterbespiel für den frühen
radikalen Realismus erwähnt und diesbezüglich kritisch gesehen: „Es scheint,
als habe sich die Literatur des ‚wir sind aus den Koordinaten gerutscht' (Georg
Hensel) und des ‚Die Scheißkerle, immer müssen sie schlafen' (Hans Werner
Richter) überlebt",[1008] schreibt Raddatz in seinem *Almanach*-Essay „Die ausgehaltene Realität" (1962). Wichtiger noch ist aber seine darauffolgende

---

1005 Gelesen wurde sie gemäß *Almanach* im Oktober 1949, gemäß einer Rezension in Lettau
      1967 aber bereits im April auf der 5. Tagung der Gruppe 47. Da besagte Rezension von
      H. R. Münnich von der *Süddeutschen Zeitung* (vgl. Lettau 1967, S. 42–44) bereits im
      Mai 1949 gedruckt wurde, ist der frühere Termin gesichert. Ob die Erzählung so gut an-
      kam, dass sie zweimal gelesen wurde, oder bei der Redaktion des *Almanachs* ein Fehler
      passierte, konnte für die vorliegende Studie nicht ermittelt werden.

1006 Gemäß Mayer 2013 (Anhang „Autorenkorpus") nahm er viermal in den Jahren 1948 und
      1949 teil.

1007 Böttiger zitiert die Rezension in seiner Gruppe-47-Monografie, um zu verdeutlichen,
      dass die frühen Tagungsberichte von Teilnehmenden geschrieben wurden und vor allem
      dem Selbstlob dienten (vgl. Böttiger 2012, S. 107). H. R. Münnich hebt darin tatsächlich
      neben den Texten von Brenner, Bauer, Heist, Kolbenhoff, Holländer und Hensel auch
      seine eigenen Texte besonders hervor. Er sieht in all diesen Texten die Gemeinsamkeit,
      „eine junge Schriftsellergeneration" bemühe sich „die Auffassung [auszudrücken], die ein
      Mensch, der aus sich selbst und der Welt vertrieben wurde, vom Universum und vom
      geringsten Gegenstand hat." (Münnich [1949] 1967, S. 43.)

1008 Raddatz 1962, S. 54.

inhaltliche Anmerkung, es habe sich bei diesen ‚Aufschreien' um „moralische Befreiungen" gehandelt, und: „wenn die Gruppe 47 heute noch irgendeine politische Substanz hat, dann bezieht sie sie dort. Das ist das Elternhaus."[1009] Raddatz' These, Hensels Art der Literatur habe sich überlebt, trifft also die Sprache; in Bezug auf die Inhalte wird im Gegenteil ganz im Sinne von Richters Vorstellung der ‚Mentalität' der ersten Jahre, postuliert, gerade diese Haltung mache die Essenz der Gruppe 47 aus.[1010] Die im Folgenden beschriebenen Figurenkonstellationen und Wertvorstellungen dürften also trotz Mönnichs kurzer aktiver Zeit in der Gruppe 47 als durchaus repräsentativ für diese Essenz angesehen werden.

Opferfiguren

In ihrer ‚politischen Substanz' postuliert die Erzählung, wie gezeigt werden soll, ein ähnliches Bild von Erlebnisgemeinschaft wie die außerliterarischen Gruppe-47-Programmatiken der frühen Jahre: Die Jugend sei zum Opfer des Nationalsozialismus geworden, sei schon jetzt abgeklärt von der ‚Schule des Lebens' – und sehe sich als diese Erlebnisgemeinschaft einer Gesellschaft gegenüber, die sie mit ihrer rationalen Distanz nicht verstehen könne und deswegen kein Recht habe, moralisch über sie urteilen.

Sowohl die Beschreibung der Figuren als auch deren eigene Aussagen implizieren diese ‚Moral der Geschichte' in Hensels Text. Ihr Opferstatus und ihre tiefe Prägung durch den Krieg werden schon zu Beginn über die ausführliche Beschreibung der Schuhe der fünf jungen Schüler deutlich, die symbolisch stark aufgeladen sind (vgl. HG 128): Einer trägt wasserdichte Schuhe, weil er sie von den Amerikanern geklaut hat, für die er kurz gearbeitet habe. Wertvoller Besitz stammt also, so wird hier implizit deutlich, nicht aus Deutschland, sondern von den Siegermächten; und dass er die Schuhe *gestohlen* hat, zeigt, dass er dennoch nicht kollaboriert, sondern opponiert hat. Ein anderer trägt „nur noch einen Schuh, orthopädisches Zeug, […] prima dicht" (ebd.) – er hat also einen Fuß oder ein Bein im Krieg verloren. Zwei der jungen Männer tragen nach wie vor ihre Militärstiefel, und während die des ehemaligen Offiziers „immer noch praktisch" sind (ebd.), sind die des einfachen Soldaten „Kommißtreter […], wichsverkrustet, ewig grau" (ebd.). Die Hierarchien aus jüngst vergangener Zeit setzen sich also fort. Und der

---

1009 Ebd.

1010 Wie gesehen behielt Richter – der über Teilnahme und Nichtteilnahme entschied – diese Sichtweise bis zur Auflösung der Gruppe 47 bei; vgl. Kap. 3.1 in Teil I der vorliegenden Studie.

Protagonist Paul schließlich hat seine Schuhe vom Vater, sie sind ihm zu groß und füllen sich mit Wasser (vgl. ebd.) – er hat also Angehörige im Krieg verloren und ist ebenfalls arm.

Die Schuhe rufen in dieser kurzen Szene die Differenzen der Kriegserfahrung auf der Seite der Tätergruppe und die verschiedenen damit verknüpften zentralen Opferrollen auf: Verlust von Familienmitgliedern, Invalidität, Kriegsgefangenschaft und Armut. Zudem implizieren die Schuhe deutlich eine Hierarchie von Privilegien, in der die ‚einfachen Deutschen‘ und die ‚Flakhelfer‘ ganz unten stehen: Die Kollaborateure mit den Amerikanern, die ehemaligen Offiziere, hier sogar die Kriegsverletzten[1011] haben es besser – sie alle haben wasserdichte Schuhe – als die einfachen Soldaten. Dazu passt wenig überraschend auch die gesamte Figurenkonstellation des Texts. Es ist der ehemalige Offizier, der als einziger eine Freundin hat,[1012] und der intern fokalisierte Protagonist, einfacher Soldat, stellt sich im Verlauf der Handlung als traumatisiert heraus: Durch Wasser, das in seine Schuhe rinnt, hat er eine Art Flashback und wird bewusstlos.[1013] Auf die Szene wird weiter unten genauer eingegangen.

Erlebnisgemeinschaft
Als wichtiger noch als diese Unterschiede stellt sich nun aber im Verlauf der Erzählung die Gemeinsamkeit der jungen Männer heraus, die sie jetzt, in der Nachkriegszeit, zu einer Gruppe zusammenschweißt: Nämlich dass sie alle aktiv am Krieg teilgenommen haben. Wie gezeigt werden soll, entwickelt sich das in der Erzählung dokumentierte Gespräch genau im Sinne dieser allmählichen Verbrüderung, wie sie Möckel aufgrund der realen Tagebücher junger

---

1011 Dieser Eindruck wird später noch gestützt, wenn einer zum jungen Kriegsverletzten sagt: „Embryo, das verstehst du nicht‘, sagte Ludwig, ‚du hast den Krieg nicht mitgemacht. Du hast Glück gehabt und den Knochen in fünf Minuten beim ersten Bombenangriff verloren. Luftwaffenhelfer!‘ Er lachte." (HG 126.)

1012 Vgl. HG 128–130.

1013 „Paul starrte in die Pfütze. Dort hockte, klatschnaß, ein Knäuel Papier, Butterbrotpapier, zweckentfremdet, hat nie ein Butterbrot zu sehen bekommen, und wurde zusammengehämmert, ins Wasser gehauen, zu Tode getunkt. Paul ging langsam vorwärts, trat in die Pfütze, eiskalt schoß es ihm die Waden hoch, er fühlte die Hand nicht mehr auf seiner Schulter, rechts von ihm, 100 m entfernt, Visier 100, standen Horst und Ilse unter dem roten Schirm. Paul dachte: Seine Stiefel sind dreckverschmiert, man kriegt immer dreckverschmierte Stiefel, wenn man die Stellung abgeht, bis man ganz abgeht, verschwindet von der Bühne, exit, wie bei Shakespeare, dann kommt die Ablösung, die Füße drehen sich nicht mehr […] zittern befreit, die Stalltür knarrt, ich taste mich hinein, es ist warm und dunkel, ich stolpere über Beine […], das Kochgeschirr ist ziemlich hart, aber ich bin müde, ich habe jetzt große Pause […], und ich will nie wieder geweckt werden, man stirbt so leicht, wenn man wach ist." (HG 130.)

Deutscher beschrieben hat.[1014] Und am Ende der Erzählung sieht man sich als
Erlebnisgemeinschaft, obwohl dieses Empfinden durch die in Wahrheit ganz
unterschiedlichen Erlebnisse, die zu Beginn der Erzählung evoziert werden,
kaum eine reale Grundlage hat.

Im Symbol der Schuhe klingt bereits an, dass das Leben all dieser jungen
Männer immer noch untrennbar mit dem Krieg verknüpft ist, ihre Erlebnisse
sich aber so sehr voneinander unterschieden, dass es – so zwischen den Erinnerungen des ehemaligen Offiziers und denjenigen des achtzehnjährigen
(vgl. HG 121) Flakhelfers Erich, der nur kurz im Feld war und seinen Fuß verloren hat (vgl. HG 126) – kaum Überschneidungen geben kann. Im Kontext
der Schule, die sie nun besuchen, stellt sich aber nach dieser Exposition rasch
heraus, dass die Differenz zu den ‚Nichtdabeigewesenen‘ und zur abstrakten
Bildung alle Unterschiede in Wohlstand und Gewalterfahrung vergessen
lassen.

Im Verlauf der Erzählung werden alle Unterschiede allmählich eingeebnet,
und stattdessen beginnt die Gemeinsamkeit der verpassten Bildung durch ‚das
Kriegserlebnis‘ zu dominieren. Der Verlauf ihres Gesprächs über die nächste
Schulstunde zeigt das fast explizit:

> ‚Wie ist das eigentlich mit der linearen Exzentrizität?‘ fragte Horst. [...]
> ‚Kindische Frage‘, sagte Walter. ‚Dann erkläre mir's doch!‘ schrie Horst. ‚Tret’ ihm
> die Leutnantsstiefel in den Hintern‘, schlug Erich vor und angelte nach seiner
> Krücke. ‚Jetzt darfst du's‘, ermunterte ihn Jakob, ‚beim Kommiß fünf Jahre Tor-
> gau.‘ ‚Ruhe!‘ brüllte Horst. [...] ‚Egal‘, sagte Walter. ‚Warum hat's ihm keiner er-
> klärt?‘ ‚Weißt du's?‘ ‚Nein.‘ [...] ‚Weiß es keiner?‘ Es gab niemand eine Antwort.
> ‚Gott sei Dank‘, sagte Walter. (HG 129)

Die Freude darüber, dass man nun, anders als früher, gegen Horst als ehemals
Höherrangigen aufmucken kann – eine Freude, die sich noch aus den vergangenen *Unterschieden* speist –, wandelt sich im Verlauf des kurzen Dialogs
in die Freude darüber, dass *niemand* von ihnen, die Soldaten und Landser so
wenig wie der Offizier, mit der Mathematik klarkommt, die sie nun lernen
sollen. Sie nähern sich einander gerade dank dieses Unverständnisses für die
Welt der Bildung an.

Trotz aller Unterschiede wird der Krieg so zum gemeinsamen Deutungs-
horizont und die Verständigung darüber zu einer Bewältigungsstrategie,
die einen tragbaren Umgang mit der verpassten Jugend und der fehlenden
Bildung ermöglicht. Insofern spiegelt der Text den vorherrschenden Nachkriegsdiskurs inklusive des Konstruktionscharakters der Erlebnisgemeinschaft,

---

1014 Vgl. weiter oben in diesem Kapitel.

wie ihn Möckel anhand von Tagebucheinträgen nachvollzogen hat, wider:[1015]
Gerade *wegen* der Differenz und des traumatischen Gehalts der tatsächlichen
Erlebnisse scheint hier im Rückblick das Konstrukt der Erlebnisgemein-
schaft zu entstehen. Und wie nun zu zeigen ist, ist dieses Selbstverständnis
als Erlebnisgemeinschaft eng mit einer Skepsis gegenüber den ‚anderen‘,
‚Nichtdabeigewesenen‘ verknüpft, die gerade durch ihre Bildung von der
‚Wir-Gruppe‘ abgegrenzt werden – was den Diskurs nahe an die national-
sozialistische Opposition von Gemeinschaft und Gesellschaft rückt.[1016]

Intellektuellenskepsis

Wie die gemeinsame Ablehnung der Gebildeten eine neue Verbundenheit
schafft, wird schon in einem kleinen Dialog deutlich, in dem das Fronterlebnis zur Hilfe bei einer Strategie des Versteckens gegenüber der abstrakten, ge-
bildeten, ehemals der ‚Gesellschaft‘ zugeordneten Welt wird: „Zum Speien‘,
sagte Jakob, ‚ihr benehmt euch wie die Pennäler‘ ‚Sind wir ja auch‘, sagte
Ludwig. ‚Einzig wahre Parole: anpassen! Nicht auffallen. Deckung nehmen. Die
alte Masche.‘“ (HG 127)[1017] Und über die Figurenkonstellation des Texts wird
deutlich, dass es sich nicht nur um die Wahrnehmung der Schüler und damit
Figurenperspektive handelt; die Erzählung impliziert vielmehr auch über die
Handlungsebene einen allgemeinen Graben zwischen ‚den Intellektuellen‘
und ‚der Gemeinschaft‘; das Unverständnis scheint durchaus gegenseitig zu
sein.

Ein Lehrer, der die Jungs nicht versteht, steht nämlich für die ‚andere Seite‘
der Dichotomie zwischen Intellekt und Erlebnisgemeinschaft. Sein Name „Dr.
Protz“ verdeutlicht die Diskreditierung, die er in der Erzählung erfährt und die
durch den verweiblichenden Übernamen „die Protze“, den die Schüler ihm
geben, zusätzlich verstärkt wird. Der Protagonist fällt nach seinem ‚Flashback‘
in der Pfütze in einen tranceartigen Zustand und stellt sich dabei vor, wie er
dem Lehrer im Namen aller ‚Dabeigewesener‘ die Meinung sagt. Diese Szene
umfasst mehr als eine Seite, macht somit einen Fünftel der kurzen Erzählung
aus und bildet auch deren inhaltlichen Schwerpunkt. Dadurch erfährt die
Opposition zwischen Erlebnisgemeinschaft und Intellekt – die hier auch
ganz typisch als eine zwischen Jung und Alt dargestellt wird – eine explizite
erzählerische Ausgestaltung.

Paul, der Protagonist, geht zu ‚der Protze‘, um mit ihm zu sprechen, wobei
er denkt: „Unter dem Glasdach pendelt hin und her Dr. Protz, die Protze mit

---

1015 Möckel 2014; vgl. weiter oben in diesem Kapitel.
1016 Vgl. weiter oben in diesem Kapitel.
1017 Die Abgrenzung erfolgt also gerade über die Erneuerung einer ‚Landser-Tugend‘.

weißem Vollbart, er kann das alles nicht so recht kapieren, soll im Sanatorium gewesen sein die letzten Jahre, man muß ihm das erklären". (HG 130)[1018] Als ihn der Lehrer als erstes fürs Rauchen kritisiert, klärt er ihn auf: „Sehen Sie, Herr Doktor, wir haben uns das so angewöhnt" (ebd.). Bereits einleitend werden die beiden Figuren dezidiert zwei unterschiedlichen Welten zugeordnet, die sie sich gegenseitig mühsam erklären müssen, und die Opposition zum gemeinschaftlichen ‚Wir' wird über die Betonung des Doktortitels ‚der Protze' als die zwischen Erlebnisgemeinschaft und Gesellschaft kontextualisiert – wobei die Gesellschaft hier nun ganz direkt von ‚den Intellektuellen' verkörpert wird.

Im darauffolgenden Gespräch, das, wie sich erst am Schluss herausstellt, von Paul nur in seinem tranceartigen Zustand geträumt ist, wird die Ignoranz des ‚Herrn Doktors' überdeutlich. Das folgende (stark gekürzte) Zitat gibt die Stoßrichtung des Dialogs wieder:

> Dr. Protz sagt: Wir sind hier in einem Gymnasium und bereiten das Abiturium vor. Ich sage: Aber wir haben doch jetzt große Pause, Herr Doktor. [...] Das ist doch nicht so schwer zu verstehen. Sie verstehen doch auch die lineare Exzentrizität. Sehen Sie, da ist zum Beispiel Walter: seitdem der wieder eine kurze Hose trägt, hat er alles vergessen, was gewesen ist, Schießerei plus Dreck [...], auch das, Herr Doktor, müssen Sie begreifen, wir sind alle wieder ein bißchen kindisch geworden, wir sind aus den Koordinaten gerutscht [...]. Dr. Protz sagt: Aber seien Sie doch endlich still, man kann das ja nicht mehr hören, das ist doch überhaupt nicht so wichtig. [...] Ihr habt alle den Freiheitskoller, ihr seid butterweiche Knaben. [...] Weint euch aus, Kinderlein, hockt euch auf die Hosen und macht euer Abitur. Ich sage: Dazu gehört ein spezifischer Mangel an Erfahrung. Den haben wir nicht mehr, Herr Doktor. [...] Die Klingel schrillte auf, Paul erschrak. [...] Walter schüttelte ihn. ‚Pennst du, oder willst du nicht antworten?' (HG 131 f.)

Zwar kann diese Konstruktion durch das Ende der Erzählung grundsätzlich auch als Zeugnis des verwirrten Bewusstseins der traumatisierten Figur gelesen werden, dennoch wird der hier erläuterte Gegensatz nirgends durchbrochen. Der Professor erscheint am Schluss in der Realität genauso verständnislos und schnippisch wie im Traum:

> Dicke Tropfen schlugen ihnen ins Gesicht. Hinter der Tür wartete Dr. Protz. ‚Die Herren vom Sonderkursus', sagte er, als sie an ihm vorübergingen. ‚Sie haben es nicht nötig, sich zu beeilen. Die große Pause kann den Herren nicht lange genug dauern.' (HG 132)

1018 Der implizierte Zusammenhang zwischen der Tatsache, nicht ‚dabei gewesen' zu sein und einem Aufenthalt im Sanatorium erinnert an Frank Thiess' berühmtes Wort von den „Logenplätzen" des Exils; vgl. dazu Kap. 3.2.4 in Teil I der vorliegenden Studie.

Die Erzählung scheint mit dieser einseitigen Darstellung also nicht zu implizieren, dass die negative Beurteilung ‚der Protze' einem Delirium entspringt. In Phantasie wie in der Realität zeigt er kein Verständnis für die Schüler; beide Male leitet er seine Beschimpfung mit einem Hinweis auf die Schule ein. Es scheint vielmehr darum zu gehen, dass sich diese Gedanken nur im Delirium offen äußern können – in der Wirklichkeit müsse man sich, wie ganz am Anfang schon betont wird, „anpassen! Nicht auffallen. Deckung nehmen." (HG 127) Offen reden lasse sich mit den ‚Nichtdabeigewesenen', das heißt hier auch der ‚älteren Generation', nicht.

Diese aus dem Krieg auf die Nachkriegszeit übertragene „Parole" (ebd.) repräsentiert im Kleinen denselben ‚Kniff', den das Generationen-Motiv im Großen widerspiegelt.[1019] Dasselbe Konstrukt, mit dem man sich nachträglich vom Nationalsozialismus abgrenzt (‚wir wurden unschuldig indoktriniert und haben uns zu unserem Schutz angepasst'), dient auch der identitätsstiftenden Abgrenzung in der Nachkriegszeit – dabei entspricht aber paradoxerweise die Gruppe, von der man sich abgrenzt, wiederum gerade einem Feindbild ‚der Nazis', das zudem bereits *im* Nationalsozialismus der soldatischen Erlebnisgemeinschaft gegenübergestellt worden war. Die jungen ‚Dabeigewesenen' erscheinen nämlich unüberbrückbar von den Intellektuellen getrennt, die zu weich zum Kämpfen waren, so der effeminierte „Protze", der im Krieg „im Sanatorium" (HG 130) gewesen sein soll – und dieses Erlebnis mit ihrem abstrakten Wissen nicht fassen und dementsprechend auch nicht beurteilen können.

3.2.2   Horst Mönnich: „Die Wanderkarte" (gelesen 1956)

Horst Mönnichs Roman-Ausschnitt „Die Wanderkarte"[1020] wertet, wie nun im Folgenden gezeigt werden soll, ähnlich wie Hensels Text die Kategorie des Erlebnisses gegenüber dem abstrakten Intellekt auf. In Mönnichs Text geht die Verknüpfung mit Moralvorstellungen noch weiter als in demjenigen Hensels, indem die Erlebnisgemeinschaft nicht nur wie in der Nachkriegszeit als Legitimation für moralische Urteile gezeichnet wird, sondern selbst in direkter Übernahme des NS-Ideologems als moralisch positiver *Wert* erscheint. Das korrespondiert damit, dass er auch anders als jener *im* Nationalsozialismus

---

1019 Vgl. dazu Kap. 3.1 in Teil I der vorliegenden Studie m. w. H.
1020 Der Roman namens *Erst die Toten haben ausgelernt* erschien im selben Jahr (Mönnich 1956). Vgl. das Kap. 1.1.3 im vorliegenden Teil II der Studie zu den auffällig vielen Verknüpfungen von Identität und Moral, die sich bei der ersten Sichtung darin gezeigt haben.

spielt, ist aber, wie zu zeigen ist, nicht einfach dadurch zu erklären, dass die Ideologie kritisch aufge*zeigt* werden soll.[1021]

Der gesamte Roman *Erst die Toten haben ausgelernt* (1956), aus dem Mönnichs *Almanach*-Kapitel entnommen ist, wurde in einem erhellenden Aufsatz von Helmut Peitsch schon einmal im Zusammenhang mit dem Verhältnis von Kontinuität und Bruch analysiert,[1022] und von allen untersuchten Texten am nächsten an den Deutungsmustern des Nationalsozialismus verortet. Peitsch stellt im Roman einen „Widerspruch zwischen Absage an Nazi-Ideologie und Fortsetzung, mit ihr übereinzustimmen" fest,[1023] was er damit begründet, dass Mönnich mit Schlagworten wie „Wunder, Opfer und Einsatz"[1024] um sich werfe; letztlich konstruiere er dadurch „eine ungebrochene soldatisch-männliche Identität".[1025]

Der Blick auf die Vorstellungen von Intellekt und Gemeinschaft fügt sich, wie hier nun ergänzt werden soll, widerspruchslos in dieses Bild. Der Roman spielt größtenteils im Nationalsozialismus, der *Almanach*-Teil in den Monaten vor der Machtübernahme. Die hier erzählte Episode dreht sich um einen Außenseiter – schwächlich, bebrillt, gehänselt und auch mit dem Namen Przybilla als der ‚Andere' markiert –,[1026] der für kurze Zeit beliebt wird, als er einen äußerst gelungenen Wandertag in der unberührten Natur organisiert. Im Verlauf des Romans wird dieser Przybilla zur tragisch scheiternden Hauptfigur werden, da er sich im Krieg als freiwilliger Soldat die Anerkennung erzwingen will, die er in der Schule nicht bekommen hat.[1027] In der *Almanach*-Stelle

---

1021 Die Unterscheidung zwischen Aufzeigen und Aufweisen ist an Martin Gubsers Kriterienkatalog zur Identifikation von literarischem Antisemitismus im 19. Jahrhundert (Gubser 1998, S. 309 f.) orientiert. Das zentrale Kriterium dieses Katalogs, das allen anderen übergeordnet ist, ist die Frage: „Will ein Autor mit einem fiktionalen Text literarischen Antisemitismus aufzeigen, so muß er durch geeignete Distanzierungsmittel den Unterschied zum *Aufweisen* hinreichend deutlich machen." (Ebd., S. 310 [Hervorhebungen im Original].) Vgl. zu Gubser auch Kap. 2.2.4 in Teil I der vorliegenden Studie.

1022 Er wird von Peitsch ausgehend von der Diskussion um den „Fall Schroers" (vgl. dazu Kap. 3.3 in Teil I dieser Studie) in Bezug zu weiteren Erzählungen des Kriegsendes aus der Gruppe 47 gesetzt (u. a. Böll: *Wandrer, Kommst du nach Spa*; Schroers: „Der Hauptmann verläßt Venedig"; Schneider: „Es kam der Tag"). Peitsch fragt nach den ideologischen Implikationen dieser Texte, vor allem in Bezug auf „Antimilitarismus" und „Antifaschismus", die sich die Gruppenmitglieder zuschreiben; sein Fazit lautet, als pauschale Wertung seien beide Begriffe zu ungenau für die frühe Gruppe 47 (vgl. ebd.).

1023 Peitsch 1999, S. 256.

1024 Ebd.

1025 Ebd.

1026 Vgl. dazu weiter unten in diesem Kapitel.

1027 Der ganze Roman ist auf dem Umschlag der Erstausgabe wie folgt zusammengefasst: „Wie eine Idylle beginnt die Geschichte von dem merkwürdigen Leben des Schülers und

geht es aber um die Vorgeschichte dieser Entwicklung. Erzählt wird sie aus
der Perspektive des namenlosen Ich-Erzählers, der allem Anschein nach
anders als der ‚Streber‘ Przybilla zu den ‚durchschnittlichen‘ Schülern gehört.
Der Erzähler scheint breit akzeptiert zu sein und schildert die Situation in
der Klasse mit mitleidigem Verständnis und bereits einem Anklang der Be-
wunderung, die er dann im Verlauf des Romans deutlicher zeigen wird.[1028]

Przybilla als ‚der Andere‘

Im Zentrum des *Almanach*-Kapitels steht das ‚erfolgreichste‘ Schulerlebnis des
Außenseiters Przybilla, das aus einem gemeinsamen Erlebnis der Klasse in der
Natur erwächst. Im Vorfeld des jährlichen Schulausflugs hat er nämlich die
Idee zu einem ganz neuen Ausflugsziel, das allen zusagt, und auf dem Ausflug
selbst übertrifft er mit seinen Geländekenntnissen alle anderen, verhilft allen
zu einem unvergleichlichen Wandertag und verschafft sich so den Respekt, der
ihm sonst versagt bleibt. Przybilla hat nämlich eine Spezial-Wanderkarte für
Eingeweihte von seinem Onkel bekommen, auf der, wie der Ich-Erzähler nost-
algisch konstatiert, das „verlorene Paradies“ (MW 241) abgebildet sei.[1029]

Przybilla vermag nun die Karte zu lesen und die Klassenkameraden auf
direktestem Weg an ein wunderschönes Ziel in einem seltenen Stück un-
befleckter Natur zu führen. Dort stellt sich zudem heraus, dass er es geschafft
hat, die Jungen- mit der Mädchenklasse zusammenzubringen, obwohl die
Schulleitung das vermeiden wollte. Durch praktische Lebenserfahrung und
fast soldatisches Navigationswissen außerhalb der Schule wird er also für

---

späteren Soldaten Przybilla, dem es nie gelingt, im Kreise der Kameraden eine Rolle zu
spielen. Nur an den Wandertagen tritt er für Augenblicke aus der Anonymität hervor,
wenn er mit der Karte die Klasse durch das Gewirr des heimatlichen Braunkohlengebietes
führt. Im Kriege dann erkennt er, daß das Schicksal ihn zurückweist, ihn wie nebensäch-
lich beiseite stellt, und er beginnt, ihm nachzulaufen. Denn nun will er die Anerkennung
erzwingen, die ihm immer versagt blieb. Und er erhält seine Chance: wie in einem wüsten
Traum findet sich der Mann Przybilla mit vierzig Gefährten im Gelände seiner Schüler-
wanderungen wieder – diesmal im Kampf um das nackte Leben. Die Schuld, in die er
dabei gerät, indem er für einen Augenblick einer Regung seines Herzens folgt, peinigt
ihn noch, als die Jahre des Krieges vergangen sind. Aber er hat es nicht vermocht, die
Lehre aus dem Erlebten zu ziehen. So geht er in den Alltag zurück, in die Geleise, die
er verlassen hatte. Und in grausamer Ironie verwandelt sich der Lehrsatz ‚Nicht für die
Schule, für das Leben lernen wir‘ zu der Erkenntnis: Erst die Toten haben ausgelernt.“ (Vgl.
Mönnich 1956, Umschlag.)

1028   Vgl. dazu Peitsch 1999, S. 255.
1029   Wegen Tagebauen sei die ehemalige Landschaft entstellt: „Alle diese Veränderungen [...]
waren nun in die Karte eingetragen worden: jede Sandkippe, jede Abraumhalde [...].
Unter diesem durch Farbstiche gekennzeichneten Gesicht der neuen Landschaft lag das
Bild der alten mit Höhelinien, Ortszeichnungen, mit Wegen und Grenzen.“ (MW 241.)

einen einzigen Tag zum Helden: „Am Abend war Przybilla der erklärte Held
der Klasse. [...] Unsere Verblüffung war so vollkommen, daß die Tonangeber
der Klasse keine Zeit fanden, den allgemeinen Umschwung der Gunst zu ver-
hindern." (MW 243)

Zurück in der Schule lässt Przybillas Beliebtheit aber wieder nach, als er
der einzige ist, dem ein neues Kunstwerk in der Schule gefällt. Es handelt sich
um ein abstraktes Fresko von einem „Professor von der Akademie der Künste
Berlin" (MW 245), und die anderen Jungen überbieten sich mit abschätzigen
Bemerkungen in einem „Sturm der Ablehnung" (MW 246). Przybilla dagegen
sagt, das Bild drücke aus, was er denke – und „für jeden war Przybilla der, der
er immer gewesen, [...] dem es nicht zustand, aus der Reihe zu tanzen" (ebd.),
obwohl sie der Zeichenlehrer ‚nervös' auffordert: „Seid doch tolerant" (ebd.).

Die abschließende Bemerkung des *Almanach*-Kapitels ist, dass das Gemälde
ein halbes Jahr später staatlich verordnet wieder entfernt worden und durch
eine Art NS-Schrein ersetzt worden sei (MW 247),[1030] was den zeitlichen
Rahmen des Texts zu Beginn der Diktatur festlegt. Damit ist die Implikation
der vorangehenden Szene explizit; die zugespitzt ausgedrückt lautet, dass
der ‚Andere', ‚Streber' und Außenseiter schon vor dem Nationalsozialismus
der einzige gewesen ist, der ‚entartete' Kunst gemocht hat. Diese Konstruktion
ist bemerkenswert, da im Subtext sowie auf der Textoberfläche und in der
Figurenrede dasselbe Bild einer Überlegenheit ‚des Erlebnisses' in der Gemeinschaft gegenüber dem abstrakten Intellekt entsteht, für den Przybilla
über weite Strecken der Erzählung mit Ausnahme von jenem einen Wandertag
steht.

Er kann nämlich nicht nur als einziger etwas mit abstrakter Kunst anfangen, sondern scheint ständig nur in sein Heft (MW 238; 239) oder seine
Bücher (MW 240) vertieft und zeigt wenig Sozialkompetenz oder eben ‚Ge-
meinschaftssinn': Er realisiert selbst, dass er „bloß Luft" für alle (MW 239)
sei, und selbst der Erzähler, der sich ihm gegenüber respektvoller zeigt als
die meisten, ist am Anfang „benommen" (MW 237), als er Przybilla mit einer
„Rasse"-Frau (ebd.) sieht, und ruft den anderen zu: „ausgerechnet Przybilla!"
(Ebd.) Und nicht zuletzt sein Name – Przybilla ist polnisch, also in NS-Logik
niederem Leben zugehörig, und bedeutet zudem „der Neuangekommene", also

---

1030   „Als [...] wir wie immer am Montagmorgen zur Andacht in die Aula strömten, sahen wir
          an Stelle des Freskos die weiße Wand und in der Mitte, in sie eingelassen, die Bronze-
          tafel aus unserer alten Schule. Sie trug in alphabetischer Reihenfolge die Namen der ge-
          fallenen Schüler aus dem Ersten Weltkrieg. Auf einer Art Sockel unter ihr lag wie früher
          ein Lorbeerkranz, damit man sie aber in geziemendem Abstand passiere, hatte man ein
          Eisengeländer davor angebracht. Es wurde uns jetzt zur Pflicht gemacht, wenn wir vorbei-
          gingen, die Tafel anzublicken und grüßend den rechten Arm zu heben." (MW 247.)

Fremde –[1031] unterstützt dieses Othering und hebt die Dichotomie zwischen dem Intellektuellen und den ‚normalen‘ deutschen Jungen hervor. Und die Handlung unterbindet die negative Figurenzeichnung nicht, sondern gibt beispielsweise dem Erzähler in seiner Verwunderung, dass Przybilla eine Frau habe, recht: Diese Frau entpuppt sich später im Roman als seine Cousine, er hat sie also gar nicht ‚bekommen‘.[1032]

Es entspricht einem in der vorliegenden Studie bereits mehrfach beobachteten Paradoxon, dass der Junge Przybilla, der für etliches steht, was im Nationalsozialismus geächtet wurde, sich im Verlauf des Romans nicht als Jude oder sonstiges Opfer des Nationalsozialismus herausstellt – sondern als einer, der sich freiwillig an die Front meldet. Damit werden in der Textlogik Werte für den Nationalsozialismus verantwortlich gemacht, die auch *im* Nationalsozialismus als Gefahr für die Moral der Volksgemeinschaft propagiert worden sind. Die lernenden „Streber" und der Anblick abstrakter Kunst (die hier dezidiert von einem „Professor" stammt, der bei jeder Erwähnung als solcher markiert ist, vgl. MW 245; 246) erscheinen als die Gefahr, die die Gemeinschaft der Schüler entfremdet – und, wie abschließend gezeigt werden soll, pflastern gerade sie gemäß Mönnichs ‚Moral der Geschichte‘ den Weg in die Diktatur.

Natur vs. Intellekt

Das zeigt sich insbesondere in der symbolischen Aufladung der Raumbeschreibungen des Texts. Przybilla bekommt nur ein einziges Mal von der Handlung recht, und zwar als er sich entgegen seiner sonstigen Art eben *nicht* wie ein ‚Streber‘ verhält, sondern durch seine Erfahrung punkten kann und in der freien Natur allen anderen überlegen ist. Gerade in dieser Szene zeigt er also ausnahmsweise Eigenschaften, die der ‚Gemeinschaft‘ zuzuschreiben wären, ist naturverbunden und ‚urwüchsig‘. Und auch in dieser Wanderszene werden nun dieselben Antagonisten einer friedlichen, natürlichen Idylle identifiziert, wie sie in der nationalsozialistischen Ideologie im Rahmen der Opposition von Gemeinschaft und Gesellschaft als Feindbild geprägt worden waren.[1033]

Der Wandertag wird nämlich genau in diesem Sinne als ursprüngliche Idylle beschrieben, in der für einmal alle Anzeichen der Moderne unsichtbar sind:

1031 Przybilla ist ein polnischer Name und bedeutet „der Neuangekommene" nach polnisch przybył = angekommen; vgl. Kazimierz/Hoffmann 2010.

1032 Mönnich 1956; vgl. Peitsch 1999, S. 256.

1033 Auch der Romantitel *Erst die Toten haben ausgelernt* stützt diese Lesart, wie dem Rückdeckel zu entnehmen ist: „[...] in grausamer Ironie verwandelt sich der Lehrsatz ‚Nicht für die Schule, für das Leben lernen wir‘ zu der Erkenntnis: Erst die Toten haben ausgelernt." (Vgl. Mönnich 1956.)

In dieses unangetastete Fleckchen Erde, eine Art Naturschutzgebiet, wollte
Przybilla uns also führen ... uns für einen Tag in jene Welt zurückversetzen ...
Geschickt vermied er alle Straßen, umging Siedlungen und armselige Dörfer, um
die die Gruben[1034] schon ihren Würgegriff gelegt hatten, und ließ mit Spürsinn
die Gleisanlagen der elektrischen Bahnen aus [...]. Er führte uns [...] Bachläufe
hinaus, die mit grünen Moospolstern ausgeschlagen waren, in weiße Birkenwäld-
chen hinein, die aussahen, als habe noch kein Menschenauge sie erblickt. [...]
Unser Musiklehrer war der glücklichste von allen. Ununterbrochen summte er
seine Müllerslieder, und wenn er es nicht tat, lobte er Przybilla [...]. (MW 241 f.)

Hier wird mit einer märchenhaft-idyllischen Natur, die noch dazu mit Schubert-
Liedern unterlegt ist (vgl. auch MW 240, 243), ganz ungebrochen ein Ideal
von Natürlichkeit beschrieben, wie es auch im Nationalsozialismus propagiert
wurde –[1035] und dieses Idyll wird auch in genau diesem Sinne in einen direkten
und sehr deutlichen Kontrast nicht nur zur industrialisierten Moderne,
sondern vor allem zur „neue[n] Schule, die man uns gegeben hatte" (MW 244),
gestellt.

Nach dem Wandertag denkt der Ich-Erzähler denn auch erstmals darüber
nach, wie kalt ihm die neu gebaute Schule plötzlich vorkomme:

Am nächsten Tag kam mir die Schule merkwürdig verwandelt vor. Schon von
weitem sah sie aus wie eine Fabrik, und die fliesenbelegten hellen Flure mit
den glatten Türen, deren jede als einzigen Schmuck eine Nummer trug, ließen
mich frösteln. [...] Zweckhaft, nichts als zweckhaft jede dieser schnurgeraden
Linien, die immer in einem rechten Winkel endeten, [...] eine Brutanstalt des
Lernens das Ganze, wo in gleichförmigen Zellen lauter Musterschüler und kühl
rechnende Streber auf einen rücksichtslosen Kampf um den Platz an der Sonne
vorbereitet werden sollten. (Ebd.)

1034 Es handelt sich um Gruben der umliegenden Braunkohlewerke (vgl. MW 241). Die davon
       geprägte Landschaft wird regelrecht apokalyptisch beschrieben: „Wälder und Wiesen,
       Teiche und Tümpel, Bauernhöfe, ja ganze Dörfer waren das Opfer gefräßiger Bagger ge-
       worden. [...] So glich die Landschaft, wo sie nicht zu einem ungeheuren Kraterfeld ge-
       worden war, einem Sandkasten, wie er bei den Planspielen der Militärs Verwendung
       findet: kleine grüne Zweige, in leblose Erde gesteckt, künstlich wirkende Pfade darin, ein
       blau markiertes Rinnsal hier und dort, das einen Fluß oder einen Bach andeutete." (Ebd.)
1035 Wie im Literaturüberblick in Teil I der vorliegenden Studie bereits angesprochen, haben
       Henzel und Walter in ihrer umfangreichen Sichtung von Poesiealben im Nationalsozialis-
       mus eine „bäuerlich-ländliche Lebensweise" sogar als einen von vier ‚solitären Kern-
       werten' des Nationalsozialismus, auf den sich viele andere Ideologeme zurückführen
       lassen, identifiziert (vgl. Henzel/Walter [2015]. Und auch Günter, der für seine Unter-
       suchung ‚(prä-)faschistischer' Ideologie bei Habe einzelne NS-Ideologeme identifiziert
       hat, hat „Natur(gewalt)" einzeln verzeichnet und schreibt dazu unter anderem: „Die
       Natur [...] Gegenbild zur industriellen Massengesellschaft, die den Menschen von der
       Scholle der Vorväter entfernt." (Günter 2002, S. 53.)

Und *aufgrund* dieser Überlegungen und während er vom Fenster aus beobachtet, wie die Natur von Industrie zerstört wird, überkommt den Ich-
Erzähler nun die dunkle Vorahnung, „daß die neue Schule [...] gar nicht anders
hätte aussehen dürfen." (Ebd.) Er stellt also ausgerechnet die moderne Archi-
tektur der neuen Schule, ‚Streber' und die Modernisierung der Umgebung in
einen Zusammenhang mit dem ‚Kommenden', und dass damit der Nationalsozialismus gemeint ist, klingt bereits durch mehrere Signalwörter wie ‚Zellen',
‚Nummer' und natürlich ‚Kampf' an (und wird sich im Roman ja bestätigen).
Mönnich zeichnet so eine Kriegsstimmung im Frieden, die sich ausgerechnet
in Attributen der Moderne und des Intellekts äußert.

Er macht so implizit eine Art ‚Entfremdung' der modernen Schule der 20er
Jahre für den Niedergang Deutschlands in den Nationalsozialismus verantwortlich.[1036] Das Böse erscheint dabei in Form von ‚kühl rechnenden Strebern',
einem klassischen Feindbild des Nationalsozialismus, denen in einer Logik der
binären Opposition das urwüchsige ‚Erlebnis' in der unberührten Natur, das
nun vergangen sei, entgegengesetzt wird: Die Wanderung bleibt der einzige
Moment im Text, der in der Textlogik nicht direkt auf den Nationalsozialismus zuführt, sondern eine Alternative dazu erahnen lässt. Die im Nationalsozialismus propagierte Sehnsucht nach Vergemeinschaftung schlägt sich
hier also sogar in der Interpretation für die Ursachen des Nationalsozialismus
nieder: Es sei der kalte Intellekt gewesen, der das Gemeinschaftserlebnis in der
Natur zerstört und in „nebelhafte Ferne entrückt" habe (MW 244) – was sich
genau mit der nationalsozialistischen Gesellschaftsanalyse über die zu überwindende „bürgerliche[] Gesellschaft und Moral" deckt.[1037]

[1036] Wie Peitsch festgehalten hat, wird die Wanderkarte dabei im ganzen Roman zum
„Symbol der Kontinuität von Schule und Krieg" (Peitsch 1999, S. 255). Er kommentiert
dazu, die Reflexionen über die Schule richteten sich „als alternative Geschichte vom Zusammenhang von Schule und Krieg gegen Bölls Infragestellung der preußisch-deutschen
Tradition von Humanismus." (Ebd.) Wenn die ambivalente Haltung des Erzählers gegenüber Przybilla und der von Peitsch konstatierte „Widerspruch zwischen Absage an Nazi-
Ideologie und Fortsetzung, mit ihr übereinzustimmen" (ebd., S. 256), im ganzen Roman
auch in Bezug auf dieses Thema mitgedacht werden, erschließt sich ein eindeutiger Zusammenhang von Aspekten des Nationalsozialismus, die auch bei Mönnich negativ erscheinen, mit der dezidiert *modernen* Schule.

[1037] Bialas 2014, S. 127. Er führt aus: „An die Stelle von Moral, Blut und Rasse seien in der
bürgerlichen Gesellschaft Stand, Bildung und Besitz getreten. Auf den Trümmern dieser
auf äußeren Werten gegründeten Gesellschaft müsse sich die neue Gesellschaft wieder
auf innere Werte besinnen. [...] Während das Zeitalter des Humanismus auf Erziehung
durch Bildung gesetzt habe, stelle der Nationalsozialismus die Willenserziehung in den
Mittelpunkt." (Ebd., S. 128.)

3.3   *Skeptische Stimmen*

Wohl gerade wegen der Präsenz dieser Gemeinschaftssehnsüchte und
-inszenierungen in der Gruppe 47 gibt es auch zwei Texte im *Almanach*, die
dieses Bild eindeutig skeptisch verhandeln. Schallück („Monologe eines Süchtigen", gelesen 1954) unterwandert in einem Nebenstrang seines *Almanach*-
Texts dezidiert die mit dem Deutungsmuster der Erlebnisgemeinschaft eng
verbundene Vorstellung eines stillen Einverständnisses zwischen Kriegs-
kameraden. Amery („Das jähe Ende des Pater Sebaldus", gelesen 1957) geht
noch weiter und persifliert die mit der Vorstellung einer Deutungshoheit
durch ‚Dabeigewesensein' einhergehende Intellektuellenfeindlichkeit –
wobei einiges dafür spricht, dass sich seine Persiflage ganz konkret gegen die
Gruppe 47 richtet.

3.3.1   Paul Schallück: „Monologe eines Süchtigen" (Gelesen 1954)

Paul Schallücks ästhetisch vergleichsweise komplexer Text „Monologe eines
Süchtigen", gelesen 1954 in Cap Circeo, also bereits zwei Jahre vor der „Wanderkarte", kritisiert das Konstrukt der soldatischen Erlebnisgemeinschaft zwar
nur in einem nebensächlichen Handlungsstrang, aber nichts desto trotz ganz
deutlich. Seine Erzählung spielt wie Hensels Text in der unmittelbaren Nachkriegszeit und handelt von einem drogensüchtigen jungen Mann namens
Ulrich. Er hat gerade seine nicht näher definierten „Tabletten" (ScM 211)[1038]
wieder bekommen und wartet in einer Bar im Entzugs-Delirium zunächst
darauf, dass er sie in Ruhe einnehmen kann, und dann, dass sie wirken und der
Rausch kommt. Die gesamte Handlung ist als eine Art ‚innerer Dialog' mit dem
im Krieg verstorbenen Bruder gestaltet (dem wirkliche Repliken in direkter
Rede zukommen), gestört nur ab und zu durch den Kellner der Bar und das
„Mädchen", das ihn später bedient.

Im Kontext der literarischen Verarbeitung einer eingeschworenen NS-‚Erlebnisgemeinschaft' ist insbesondere der Kellner von Interesse, obwohl er
nur eine kleine Nebenrolle hat. Seine Figur ist interessant, weil er genau jene

---

1038 Der Text expliziert dies nicht, aber bei den Tabletten dürfte es sich um „Pervitin" (das war
der zeitgenössische Markenname für Metamphetamin, das auch ‚Hitlerdroge' genannt
wurde) handeln: Der Protagonist zeigt alle Anzeichen eines schweren Entzuges und
tiefen Rauschs, bekommt die Tabletten aber in der Apotheke (vgl. ScM 211). Mittlerweile
als stark abhängig machende Partydroge Crystal Meth verbreitet, wurden im Nationalsozialismus die Wehrmachtsoldaten mit Pervitin ausgestattet. Eine jüngst erschienene
Monografie von Norman Ohler (*Der totale Rausch*, 2015) hat die enormen Ausmaße des
Drogenkonsums im Nationalsozialismus und in der Nachkriegszeit beleuchtet und geht
darin auch auf regelmäßige Feldpostbriefe Bölls ein, in denen dieser seine Eltern um
Nachschub der Droge bittet. (Vgl. ebd., S. 64–67.) Die Droge kann unter anderem Alp-
träume, Schwindel, Schweißausbrüche und Halluzinationen auslösen.

soldatische Erlebnisgemeinschaft mit dem Protagonisten zu evozieren versucht, wie sie im vorangehenden Kapitel in Mönnichs und Hensels Text beschrieben wurde. Anders als die Figuren in deren Texten verhält der Kellner sich aus seiner Erfahrung heraus aber nicht tatsächlich angemessener als irgendwelche ‚Nichtdabeigewesenen‘, sondern schätzt die Situation im Gegenteil gerade dadurch falsch ein und geht dem Protagonisten auf die Nerven. Der Keller spricht Ulrich nämlich an und fragt ihn mit „freundlicher Neugier" (ScM 213), mit wem er die ganze Zeit spreche, worauf dieser unwillig reagiert. Als der Kellner daraufhin den Verdacht entwickelt, Ulrich könnte betrunken sein, und sich um sein Interieur sorgt, beruhigt ihn Ulrich mit dem Hinweis auf seine Vergangenheit als Soldat:

> Ulrich schwatzte und lachte töricht, tippte mit dem Zeigefinger in lässiger Bewegung mehrmals gegen die Brust, reckte sich dann mit schmerzverzerrtem Gesicht und sagte: ‚Macht mir manchmal schwer zu schaffen. Lungensteckschuß, wissen Sie.‘ Und der Kellner beeilte sich verständnisvoll: ‚Ach so, das ist etwas anderes.‘ Er entdeckte in sich den Kameraden. ‚Dann entschuldigen Sie bitte, ich konnte es nicht wissen.‘ ‚Bitte!‘ sagte Ulrich zornig kalt und hart und hob das Glas. (ScM 213)

Der Kellner, der „in sich den Kameraden" entdeckt, fasst dadurch Vertrauen und entpuppt sich nun erst recht als Störenfried: Ulrich möchte endlich seine Tabletten schlucken, aber der Kellner bleibt am Tisch stehen und redet auf ihn ein. Er gesteht, dass er „Spiritismus" zum Hobby habe (ebd.) und spekuliert darüber, ob Ulrich wohl eine Verbindung zu den Toten aufgebaut habe, weil er offenbar unbewusst die Lippen bewege. Der Kellner gerät in Begeisterung:

> [E]r glühte vor Freude, kameradschaftlich und dumm, und zog auch schon einen der Stühle heran, an den Tisch, um sich zu setzen; aber Ulrich Bürger ruckte den Stuhl mit dem Fuß zurück. (ScM 214)

Die Figur des Kellners hat also einiges lächerliches Potenzial, das dezidiert von seiner betont *dummen* ‚Kameradschaftlichkeit‘, also der falschen Erwartung einer allein durch das Kriegserleben gegebenen Gemeinschaft, herrührt. Der Protagonist wimmelt ihn schließlich sehr deutlich mit einem ironischen Spruch ab und wird in der Folge nur noch vom Serviermädchen bedient. Damit wird die einzige Figur, die sich in diesem Text positiv über Kameradschaft und Verbundenheit durch den Krieg äußert, von der Figurenrede wie auch vom Text diskreditiert.

Der subversive Gehalt dieser Stelle ist weniger ausgeprägt, als es zunächst scheinen mag, schließlich ist der Protagonist, der den Wirt ablehnt, eben ein Süchtiger und keine völlig unzweifelhafte Figur. Er erscheint zwar sympathisch, ist selbst Opfer zahlreicher Schicksalsschläge und wird (wohl nicht zuletzt auch über seinen Namen Ulrich)[1039] insgesamt positiv markiert. Die Irritation des Wirts darüber, dass die Erlebnisgemeinschaft keine Vertrautheit stiftet, impliziert aber vor allem, dass das normalerweise anders ist und der traumatisierte Süchtige mit seiner Ablehnung eine Ausnahme darstellt. Dadurch wird auf der Metaebene der vorherrschende Diskurs zwar eindeutig verhandelt, im Zentrum steht aber nicht eigentlich die Kritik an diesem, sondern ein anderer Punkt: nämlich, dass die Drogenopfer und Traumatisierten selbst von der eingeschworenen Erlebnisgemeinschaft der ‚Dabeigewesenen' ausgeschlossen und so in ihrer Opferrolle noch bemitleidenswerter sind.[1040]

3.3.2   Carl Amery: „Das jähe Ende des Pater Sebaldus" (gelesen 1957)
Deutlicher noch wird die Vorstellung eines Überlegenheitsgefühls durch ‚das Erlebnis' in einem anderen Text unterwandert, der, wie gezeigt werden soll, wahrscheinlich sogar konkret auf die Gruppe 47 zielt. In Amerys satirischem *Almanach*-Text „Das jähe Ende des Pater Sebaldus" ist nun insbesondere der intellektuellenfeindliche Gehalt der Verbrüderungsrhetorik, der sich in einer Opposition von Erlebnisgemeinschaft und Bildung manifestiert, überdeutlich karikiert. Der Fokus liegt hier nicht mehr auf der Vergemeinschaftung durch das Kriegserlebnis, sondern auf dem Bild des ‚dabei gewesenen', harten Realisten, also der Fortsetzung des Diskurses in der Gruppe 47. Der Anschluss an die alte Opposition von Gemeinschaft und Gesellschaft durch eine Überbetonung der Lebenserfahrung des Landsers und seiner Intellektuellenfeindlichkeit wird deutlich evoziert.

Amery[1041] wurde 1922 geboren, geriet in Kriegsgefangenschaft in den USA, war seit 1955 Mitglied der Gruppe 47 und wurde später Umweltaktivist und Mitbegründer der Grünen. Er galt als relativ typisches Gruppe-47-Mitglied und wurde wegen seiner linkskatholischen Haltung oft mit Böll verglichen.[1042] In seinem *Almanach*-Text scheint er sich aber gegen die populäre

---

1039 Dass er diesen Namen mit dem Protagonisten von Musils *Mann ohne Eigenschaften* (1930) teilt, könnte als vager Hinweis auf die grundsätzlich vernünftige und moralische Haltung der Figur trotz privater Probleme verstanden werden.

1040 Zur Präsenz deutscher Opferdiskurse und Opferkonkurrenzen in der Literatur der Gruppe 47, vgl. Kap. 2 im vorliegenden Teil II der Studie.

1041 Der Geburtsname Carl Amerys lautet Christian Anton Mayer; wie auch der jüdische Autor Jean Améry hat er Mitte der 50er Jahre seinen Geburtsnamen Mayer zum Anagramm umgeformt.

1042 Eggebrecht 2005, o. S. (Nachruf in der *Süddeutschen Zeitung*; im Nachruf von Tilman Urbach in der NZZ wird dieser Vergleich dagegen infrage gestellt (vgl. Urbach 2005, o. S.).

Identitätskonstruktion und andeutungsweise sogar gegen ein populäres Gruppenmitglied zu stellen.

Im kurzen Romankapitel „Das jähe Ende des Pater Sebaldus", gelesen 1957 in Niederpöcking, monologisiert ein Ich-Erzähler darüber, wie schwer er es in der Filmbranche habe. Das Kapitel stammt aus dem Roman *Die große deutsche Tour* (erschienen 1958),[1043] der in Montagetechnik verschiedene Stimmen vom Aufstieg eines Reiseunternehmens unter der Leitung eines klugen, zynischen jungen Mannes schildert, der sich in den ersten Jahren der BRD hocharbeitet.[1044] Das *Almanach*-Kapitel ist für den Roman trotz dessen Vielstimmigkeit eher untypisch, weil es wenig mit der restlichen Handlung zu tun hat. Der Ich-Erzähler dieses Teils wird auch nur noch einmal am Rande vorkommen; es ist die Figur Putz Niegel, die hier vom Ich-Erzähler geschildert wird, die im restlichen Roman im Mittelpunkt stehen wird – was im *Almanach*-Teil aber nicht deutlich wird. Für den gruppeninternen Diskurs ist dieses Kapitel ausschlaggebend, und es ist, wie zu zeigen ist, kaum zufällig ausgewählt worden; im Folgenden soll deswegen ganz auf das fokussiert werden, was durch die alleinige Lektüre des *Almanach*-Ausschnitts ersichtlich wird, um den Gruppe-47-internen Diskurs nachzuvollziehen.

Der Text im *Almanach* startet mit der wörtlichen Wiedergabe einer Szene aus einem fiktiven Drehbuch des Ich-Erzählers: Ein Pater rettet bei einem Firmenbrand unter Gefährdung seines eigenen Lebens seinen Antagonisten, einen Kommunisten, obwohl das Feuer sogar von einem von dessen kommunistischen Anhängern gelegt worden ist (vgl. AP 248–249). Der Erzähler selbst kommt erst nach dieser einleitenden ‚Stück-im-Stück'-Szene zu Wort. Es stellt sich heraus, dass er verbittert ist, weil der Film nie gedreht worden ist und ein

---

1043 Es handelt sich um das erste reguläre Kapitel des Romans, vgl. Amery 1986, S. 9–20.

1044 Das Reiseunternehmen „Die große Deutsche Tour" bietet inszenierte „Insider"-Einblicke in das echte Deutschland, wie es sich die Besucher vorstellten; zu diesem Zweck kaufen sich die beiden Verantwortlichen beispielsweise die Rechte an einem erfundenen Wunder, das im Rahmen der Tour „religiöses Deutschland" besichtigt werden kann, flirten bei der Tour „romantisches Deutschland" mit ihren weiblichen Reisegruppenmitgliedern oder führen einen Altnazi ‚in Aktion' für die Tour „Politisches Deutschland" vor. Amery selbst soll dieses Geschäftsmodell angeblich tatsächlich einmal vorgeschlagen haben, vgl. Kiermeier-Debre 1996: „Der Plot der Satire hat jedoch eine weitere Vorgeschichte ganz anderer Art, denn die Große Deutsche Tour war zunächst ein ganz reales Geschäftsprojekt, das C[arl] A[mery] der Touropa schon 1954 aus Broterwerbsgründen vorschlug; allerdings hieß es dort noch die ‚The Little Background Tours'. Die ‚Little Background Tours' bei Touropa kamen nicht zustande; dafür bereichern sie die Literatur und werden als ‚Die Große Deutsche Tour' CAs erster respektabler Romanerfolg." (Ebd., S. 58.) Für eine ausführliche Zusammenfassung des gesamten Romans und eine Einordnung seiner satirischen Bedeutung in der BRD der 1950er Jahre vgl. Kilian 2015, S. 1300–1308.

Kollege von ihm, der an der Drehbucharbeit beteiligt war, inzwischen erfolg-
reicher ist als er. Diesen Gegenspieler, Putz Niegel, beschreibt er als radikalen
Gegenpol zu sich selbst. In dieser Dichotomisierung klingt diejenige in der
Gruppe 47 bereits an:

> Er wurde mir vom Dramaturgen der VICTORIA empfohlen. Und ich merkte
> sofort, daß Putz ein gescheiter Bursche ist. Einfälle hatte er wenig, das besorgte
> ich selber. Ich brauchte einen Mann mit Bildung. Meine eigene Bildung ist
> nicht die beste – ich sehe keinen Grund, das zu leugnen. Ich bin in die Schule
> des Lebens gegangen, ich habe mich hinaufgearbeitet vom Export-Kommis zu
> einem der vielbeschäftigsten Drehbuchautoren Deutschlands. Leider nicht zum
> bestbezahlten, aber das steht auf einem andern Blatt. In Geschichte und Geistes-
> leben hapert's bei mir. Und da kennt sich Niegel aus, das muß man ihm lassen.
> (AP 250)

Das Prinzip des Texts wird hier im Kleinen bereits deutlich. Die Beschreibung
Putz Niegels ist an antiintellektuellen Stereotypen der NS-Zeit – Einfalls-
losigkeit, aber Bildung, amerikanische Konnotation durch „Victoria", typisch
‚intellektuelle' Wissensschwerpunkte „Geschichte und Geistesleben" –
orientiert, die auch die oben untersuchten Texte prägt, hier nun aber unterwandert werden. Gleich zu Beginn wird die geringe Bildung des Ich-Erzählers
betont, seine Sprache ist übersimpel, fast ohne Nebensätze, und im Verlauf seiner Rede entlarvt er sich zunehmend als eitler, einfach gestrickter
Kitschautor.

Der Erzähler und der Gruppe-47-Realismus

Der Erzähler selbst sieht sich allerdings ganz im Gegenteil als einfachen, lebens-
erfahrenen „Kommis" (AP 250)[1045] – und diskreditiert sich damit zugleich
selbst. Er spricht davon, wie „realistisch" und „hart" sein Text sei (ebd.), besteht
aber gleichzeitig auf simple und von Niegel als „Kitsch" (AP 251) bezeichnete
Abweichungen vom Realismus, so wenn der Pater um jeden Preis einen Bart
tragen muss („Der [Bart] war sozusagen der Angelpunkt meiner Konzeption",
ebd.), obwohl das historisch nicht korrekt ist, oder er anachronistisch im Licht
einer Öllampe schreiben soll (ebd.). Das fiktive Drehbuch, das den Titel und
die ersten beiden Seiten der kurzen Erzählung ausmacht, ist dazu passend
auch stilistisch eine ziemlich treffende Persiflage auf die frühe „Kahlschlagliteratur". So ist nicht nur der Titel eine Stilblüte, sondern auch die Figurenrede

---

1045 Dieselbe Bezeichnung aus dem Soldatenjargon wird in Hensels „In der großen Pause" (HG
      128, s. o.) und noch viel später in Ferbers „Mimosen im Juli" (FM 366; vgl. dazu Kap. 1.2
      im vorliegenden Teil II der Studie) affirmativ verwendet; hier erscheint sie als Teil der
      ironisierten Selbstbeschreibung.

des fiktiven Stücks ist von solchen durchsetzt („Groß, verzerrt vor Zorn und Angst: Herrgott, wer ist denn der hirnverbrannte Idiot da drüben? [...] / Stimme Kunitz', grell aufreißend: Pater Sebaldus!!", CA 248); platte Wendungen in den Szenenbeschreibungen werden zusätzlich durch ihre Wiederholung aus-gestellt (mehrere Figuren werden beispielsweise als „mühsam verhalten" be-schrieben, AP 248; 251; der Pater mehrfach als ‚kantig' charakterisiert, AP 250, 251).[1046]

Darüber hinaus weist die Beschreibung des Textinhalts durch den Erzähler Parallelen zur Programmatik der frühen Gruppe 47 auf:

> Hier, in KREUZ AM FLIESSBAND, sollte ein ganz harter, ein realistischer und doch tief religiöser Film entstehen – das hatte ich mir geschworen. Jenseits aller theologischen und ideologischen Spitzfindigkeit – im Tiefmenschlichen – siedelte ich die Handlung an: da ist Pater Sebaldus, kein Kopfhängertyp, sondern ein kantiger, hart zupackender Mann, der auch Priester ist, wenn Sie verstehen, was ich meine. Und Jehle, der Kommunist, sein klassischer Gegner im Ringen um die Seelen der Fabrikarbeiter. Kein Schmonzes sollte in dem Film drin sein, kein Seelenkäse [...]. (AP 250)

„[A]lles ganz hart, realistisch" wird später ebenfalls noch einmal wiederholend betont (AP 252); das künstlerische Ideal des Ich-Erzählers zeigt übermäßiges Selbstvertrauen, die Forderung nach männlicher Härte und ein simples Literaturverständnis, wie es der frühen Gruppe 47 zu eigen war. Nur der An-spruch der tiefen Religiosität passt nicht dazu, dafür wiederum die heraus-gestellte Betonung, dass ein Pater vorkommt („wenn Sie verstehen, was ich meine"): Wie weiter oben schon bemerkt, spielen Pfarrer in den *Almanach*-Texten auffällig oft eine besondere Rolle.[1047]

1046 „Stretz nickt mühsam verhalten" (AP 248) bzw. „der Pater raucht dann noch mit Jehle eine Zigarette am Werktor, kantig und mühsam verhalten" (AP 251). Solche Wendungen erinnern zwar nur assoziativ, aber doch bemerkenswert an die beherrschte Männlichkeit der Figurenbeschreibung in frühen Kriegstexten, die sich z. B. in Richters *Geschlagenen* (1949) in der ebenfalls vielfach wiederholten stereotypen Wendung „Gühler sagte nichts" äußert (vgl. ebd., S. 15, 22, 26, 41, 136, 142, 155, 172, 174, 181, 191, 194, 199, 200, 204, 216, 242, 245, 249, 265; an fünf Stellen ist „Gühler" durch „er" ersetzt, vgl. ebd., S. 61, 63, 65, 98, 262). Wenn der Priester „kantig und mühsam verhalten" *raucht*, klingt zudem das Phänomen an, dass entsprechende Attribute auf Kosten von sprachlicher Genauigkeit eingebaut werden, ähnlich wie beispielsweise in der weiter oben bereits zitierten schiefen Wendung „dachte er heftig" in Schneiders „Die Mandel reift in Broschers Garten" (Schneider [1949] 1962, S. 133).

1047 Vgl. Kap. 1.1.2 im vorliegenden Teil II der Studie.

Auch die Qualität dieser programmatischen Vorstellungen des Erzählers
wird von Amerys Text infrage gestellt, etwa wenn sich der Ich-Erzähler selbst
für eine besonders klischierte Szene lobt:

> Der Pater weiß, daß es sich nur noch um Sekunden handeln kann, ehe die Halle
> endgültig zusammenbricht (der Brand war von einem Anhänger Jehles gelegt
> worden, aber gegen Jehles Absicht, das ist ein guter Gedanke, finde ich), und der
> Pater will und muß seinen Erzfeind retten. Liebet Eure Feinde und so." (AP 251)

Die eingangs zitierte Unterstellung, dass Niegel einfallslos sei und der Ich-
Erzähler sich darin von ihm unterscheide – später betont der Erzähler noch
einmal, ihm selbst falle im Gegensatz zu Niegel „mehr [ein] als einem Stall
voller Dichter zusammen" (AP 252) – wird hier relativiert, wenn der Erzähler
seine eigenen Einfälle so deutlich überschätzt.[1048]

Putz Niegel und Intellektuellenfeindlichkeit

Dieser Figur des plump realistischen „Kommis" steht der Intellektuelle Putz
Niegel gegenüber. Er wird vom Protagonisten zwar als „netter umgänglicher
Bursche" (AP 251) bezeichnet, aber gerade in seiner Intellektualität dezidiert
herabgesetzt. Der Information, er sei zu Beginn ihrer Zusammenarbeit „noch
ein intellektueller Snob" gewesen (ebd.), wird im abgedruckten Kapitel nie
eine andere Zuschreibung aus der Erzählzeit entgegengehalten, stattdessen
wird später noch wiederholt: „Wie gesagt, er war ein kleiner Snob, der Doktor
Niegel" (AP 253). Die diffamierend gemeinte Betonung des Doktortitels wie
auch die Tatsache, dass ein ‚Mangel an Einfällen‘[1049] (AP 250) unterstellt
wird, erinnern deutlich an den nationalsozialistischen Diskurs über ‚die
Intellektuellen‘.[1050] Vor allem Letzteres, die angeblich intellektuelle Eigenheit,

---

1048 Ein weiteres Beispiel dieser Selbstüberschätzung ist die Szene, in der er ein Kompliment
seiner Auftraggeber ohne Vorbehalt geschmeichelt annimmt – „Sie hatten Recht: Herz
mit Niveau war immer meine Spezialität gewesen, aber das stand hier nicht zur Debatte"
(AP 253) –, obwohl es im Kontext einer aggressiven Verhandlung und offensichtlich aus
taktischen Gründen geäußert wird.

1049 „Einfälle hatte er wenig, das besorgte ich selber" (AP 250).

1050 Dieser Diskurs ist, wie Berings Studie *Die Intellektuellen* (1978) gezeigt hat, kein spezifisch nationalsozialistischer. Er kann aber als „ein Zentrum der ‚rechten‘ Ideologie"
(ebd., S. 102) gesehen werden und im Nationalsozialismus war die negative Aufladung
der Intellektuellen besonders wichtig: Kalter „Verstand" wurde der positiven Qualität
„Charakter" gegenübergestellt (vgl. ebd., S. 109); ‚intellektuell‘ wurde schließlich sogar als
allgemeines Schimpfwort generalisiert (vgl. ebd., S. 144–147; vgl. weiter oben in diesem
Kapitel) und zum Synonym für den „undeutsche[n] Typ, den Gegner schlechthin" (ebd.,
S. 144). Durch diese Tradierung ist das Konstrukt in der Nachkriegszeit mindestens krypto-
antisemitisch belastet; vgl. auch Nordmann 1999, die beschreibt, dass das antisemitische

unkreativ und ideenlos zu sein, war auch antisemitisch aufgeladen[1051] und in der Nachkriegszeit nach wie vor aktuell: Sie spielte in der Goll-Affäre um Celan eine zentrale Rolle, die 1957 bereits eingesetzt hatte,[1052] und sollte später auch in Zusammenhang mit der Kritik Günter Blöckers an Celans Gedichtband *Sprachgitter* diskutiert werden.[1053]

Der Erzähler beschreibt Niegel durchgängig als vergeistigten, unpraktischen und etwas lächerlichen Intellektuellen. Er soll wegen der bereits erwähnten kitschigen Szenen im gemeinsamen Drehbuch „wie ein wunder Eber" schreien und „sich völlig wahnsinnig" gebärden (AP 251); im Zusammenhang mit einer Uneinigkeit über einen Schauspieler spricht der Erzähler davon, Niegel habe „einen seiner intellektuellen Anfälle" gehabt (AP 252). Der Text selbst widerspricht dieser Darstellung aber quasi hinter dem Rücken seines Erzählers: Wenn Niegels Haltung in direkter Rede wiedergegeben wird, relativiert das die herablassenden Beschreibungen. Niegel erscheint keineswegs hysterisch und unpraktisch, spricht sogar eine ähnliche Sprache wie der Erzähler selbst. So lehnt er den unrealistischen Bart des Paters Sebaldus mit der (als Zitat markierten) Begründung ab: „Sie lassen ihn nicht ans Fließband mit so einem Biber" (AP 250). Er spricht also genauso rau wie der Erzähler selbst und scheint zudem, ganz ‚unintellektuell', mehr vom Arbeiterleben zu verstehen als der angeblich so lebenserfahrene Realist, wenn er darauf hinweist, dass ein Bart am Fließband verboten ist, weil er gefährlich wäre. Aus den Verhandlungen

---

Intellektuellen-Stereotyp schon seit dem Dreyfus-Prozess eine Rolle gespielt habe (ebd., S. 252 f.), aber erst im Nationalsozialismus zu einer Ideologie transformiert worden sei, die „unabhängig von der Realität funktionierte, weil sie nach der inneren Logik des Rassismus zwangsläufig richtig war." (Ebd., S. 255.) Die negativen Eigenschaften „entwurzelt, schwankend, rationalistisch, naturentfremdet, überzüchtet, blutleer, pathologisch" (ebd., S. 256) wurden nämlich „sowohl auf den Intellektuellen als auch auf den Juden projiziert" (ebd.).

1051 Vgl. dazu u. a. Bering 1978, S. 102–108; so zitiert er Goebbels: „Ihre sterile Phantasie reicht nicht aus, sich ein konstruktives Weltbild für die Zukunft auszumalen.' […] Also: Abstraktes und kreatives Denken schließen einander überhaupt aus. Folglich ist ‚der Intellektuelle' der unkünstlerische Mensch par excellence: ‚Aus den bisherigen Ausführungen folgt, daß der Intellektuelle keine Fähigkeit zu echter, schöpferischer Gestaltung besitzen kann. Dies tritt besonders überzeugend auf dem gesamten Gebiet der Kunst in Erscheinung, auf dem der Intellektuelle wesensnotwendig versagen muß. Organische Kunstwerke vermag er nicht zu erzeugen, sondern ‚Kunst' nur nach formalistischen Gesichtspunkten zu machen." (Zit. n. ebd., S. 105.)

1052 Vgl. Wiedemann 2000, S. 13–148 zu den Phasen I (1949–1952) und II (1953–1959) der Goll-Affäre.

1053 Vgl. Wiedemann 2013, S. 47–51; vgl. dazu auch Kap. 2.3.3 im vorliegenden Teil II der Studie. Die Diskussionen um Celan wurden von der Gruppe 47 nachweislich wahrgenommen. (Vgl. ebd.)

über einen neuen Film namens die „KASTAGNETTEN DER LIEBE" (AP 253), der Niegel als gutes „Geschäft" verkauft wird (AP 254), entfernt sich dieser mit den Worten: „Mein großes Geschäft erledige ich selbst, hat mir meine Mama beigebracht." (Ebd.) Auch dieser derbe Humor und die grobe Ausdrucksweise stehen in Widerspruch zu den Zuschreibungen des Erzählers, Niegel sei prätentiös und elitär.

Zudem wird schon zu Beginn des *Almanach*-Texts vorweggenommen, dass der Verlauf der Erzählung letztlich Niegel Recht geben wird und er bei aller unterstellten Praxisferne die besseren Entscheidungen trifft als der Erzähler als angeblicher „alter Fachmann" (AP 250). Mit dem Ende der gemeinsamen Zusammenarbeit habe nämlich „gewissermaßen Niegels überraschender Aufstieg" begonnen (AP 249 f.), und wie der Erzähler abschließend zugibt: „Heute beneide ich ihn manchmal – jedenfalls hat er mehr Zaster als ich" (AP 254).

Wie bereits bemerkt vereindeutigt sich diese Konstellation im Verlauf des weiteren Romans, der im *Almanach* nicht mehr abgedruckt ist. Der Ich-Erzähler des hier diskutierten Kapitels wird kaum mehr zu Wort kommen, Putz Niegel erscheint dagegen als reflektierter, ironischer und über weite Strecken auch sympathischer Charakter, dessen Stimme derjenigen von Amery selbst am nächsten kommt. Zwar wird er am Schluss der Erzählung vom Reichtum korrumpiert sein, zu dem er es durch seine Lebenstüchtigkeit – die damit letztlich größer ist als die des ‚Dabeigewesenen' – gebracht hat. Diese Konstellation erscheint aber nicht mehr im Rahmen von NS-Oppositionen, sondern als eine Art faustischer Niedergang,[1054] weil er sich von einer schönen Frau und einem schlauen Geschäftsmann dazu verleiten lässt, seine Ideale allmählich aufzugeben.

Die Haltung des Erzählers im *Almanach*-Abschnitt, seine eigene Lebenserfahrung ersetze oder übertreffe die theoretische Bildung Putz Niegels, dürfte sich daher kaum mit den Haltungen Amerys decken, sondern im Roman wie auch in der außerliterarischen Situation eher Ziel seines Spottes sein. Nicht zuletzt auch Amerys Biografie spricht dafür, dass es sich bei der beschriebenen Figurenkonstellation um eine Problematisierung von Intellektuellenfeindlichkeit und rigorosem Realismus-Ideal, nicht um deren Manifestation handelt: Amery hat sein Studium schon vor dem Krieg begonnen und unmittelbar nach seinem Wehrmachteinsatz weiterstudiert.

1054 Auf die Parallele zu Faust weist auch Kilian (2015) hin; vgl. ebd., S. 1305.

Der Erzähler als Andersch-Karikatur? Hinweise und (das Ausbleiben von) Reaktionen

Über die Parallelen in Stil und ‚Mentalität' hinaus gibt es auch einen text-externen Hinweis dafür, dass es sich bei der Poetik des Ich-Erzählers um eine konkrete Persiflage auf den Gruppe-47-Realismus handelt. Der Erzähler wird auf der letzten Seite des *Almanach*-Texts erstmals namentlich angesprochen, seine Agentin nennt ihn „Ferde" (AP 254). Dieser Name kann als Koseform von Alfred gelesen werden, was angesichts dessen, dass in Programmatik und Ein-stellung der Figur des Erzählers deutlich die *Ruf*-Generation der Gruppe 47 an-klingt, die Frage aufwirft, ob es womöglich Bezüge zwischen dem Erzähler und Alfred Andersch – seinerseits von Freunden „Fred" genannt – gibt.[1055]

Und tatsächlich gibt es mehrere Stellen, die an Anderschs im gleichen Jahr erschienenen Roman *Sansibar oder der letzte Grund* erinnern.[1056] In Amerys fiktivem Drehbuch wie in Anderschs Roman sind ein Pfarrer und ein gemäßigter Kommunist zentrale Figuren; hier wie da geht es um Grund-satzkonflikte zwischen den Figuren, die *pars pro toto* für ihr jeweiliges System stehen, und hier wie da stehen eine Rettung aus Lebensgefahr sowie die Infragestellung des Kommunismus' im Zentrum der Handlung. ‚Ferdes' Beschreibung seines Drehbuchs könnte denn auch wörtlich auf *Sansibar* über-tragen werden: „Nächstenliebe, Männlichkeit, und der antikommunistische Dreh für die Bundesbürgschaft" (AP 251).

Als deutlicher Marker ist aber vor allem eine weitere Namensparallele zu sehen: Der Schauspieler, der bei Amery den Pater spielen sollte, heißt ausgerechnet Jörg Knudsen (AP 252) und wird nur „Knudsen" genannt (AP 252, AP 253) – genau wie die dritte zentrale Männerfigur in Anderschs *Sansibar*-Roman neben dem Pfarrer und dem Kommunisten, der Fischer Knudsen. Obwohl es bei Andersch nicht der Pfarrer selbst ist, der den Namen

---

1055 Der Kosename Fred für Andersch ist in Tagebuchaufzeichnungen seiner Freunde und in verschiedenen Briefwechseln belegt (vgl. beispielsweise Richter 1997, S. 41, wo Andersch einen Brief an Richter mit „Fred" unterzeichnet, oder ebd. S. 86, wo Richter in einem Brief an Schneider von „Fred Andersch" schreibt). Wie seine Tochter Annette Korolnik-Andersch beschreibt, hätten ihn seine Ehefrau und der „ganz nahe, innere Freundes-kreis [...] Fred genannt, mit dem langen ‚eee'." (Seibel 2009, o. S.) In Amerys Romankapitel selbst ist stattdessen von „Ferdi" die Rede (vgl. Amery 1986, S. 19, auch S. 8); bemerkens-werterweise eine von nur wenigen Abweichungen zwischen den beiden Fassungen; in „Ferde" und damit im *Almanach*-Kapitel (das extra für die Gruppe 47 ausgewählt wurde) klingt der Kosename Fred also noch deutlicher an als im Roman.

1056 Anderschs Roman ist im Herbst erschienen, erste Rezensionen datieren auf den 05.10.1957, es ist aber sehr wahrscheinlich, dass Amery das detaillierte Konzept des Romans im September bereits bekannt war, zumal sich auch Friedrich Sieburg bereits im Juli 1957 zum Roman äußern konnte (vgl. Sieburg 1957).

trägt, ist es unwahrscheinlich, dass die frappanten Ähnlichkeiten der Figurenkonstellation und des Namens angesichts der großen Popularität Anderschs in
der Gruppe 47 zufällig sind – zumal ja auch die Programmatiken Anderschs
und des Erzählers Ähnlichkeiten aufweisen.

In den von Lettau gesammelten Tagungsberichten und den Gesamtdarstellungen der Gruppe findet sich kein Hinweis darauf, dass diese Bezüge zur
Gruppe 47 jemandem aufgefallen wären,[1057] obwohl der mehrfach genannte
Name Knudsen zumindest Spekulationen hätte erwarten lassen. Zum einen
liegt das wohl daran, dass Amery als Autor – anders denn als Politiker –
größtenteils in Vergessenheit geraten ist.[1058] Als weitere Erklärung für die aus-
bleibenden Reaktionen auf Amerys Seitenhiebe könnte man auch Richters
rückblickendes *Schmetterlinge*-Porträt von Amery aus dem Jahr 1986 heranziehen, das impliziert, dass man zu Gruppe-47-Zeiten Mühe gehabt habe, ihn
überhaupt zu verstehen:[1059]

> Er setzte sich auch auf den ‚elektrischen Stuhl' und las vor, kam aber nie recht
> an. Vielleicht war seine Art des Denkens, des Schreibens und des Erzählens zu
> vertrackt, vielleicht zu bayerisch intellektuell, wie ich es nennen möchte, oft mit
> einem Humor, über den man nur zu Anfang lachte, später aber verstummte, [...]
> weil man als Zuhörer nichts mehr ganz verstand. Er erzählt [...] dreizehnstöckig.
> Bis zum zwölften Stock kam man amüsiert und interessiert, wenn auch schon
> keuchend, mit. Im dreizehnten Stock aber ging einem der Atem aus. Vielleicht
> werden spätere Leser ihn viel besser verstehen als wir heutigen [...].[1060]

Daraus könnte man schließen, Amerys implizite Persiflage auf die alten
Gruppe-47-Mitglieder sei gerade von diesen schlicht gar nicht als solche verstanden worden. Dieser unterstellte anspruchsvolle und schwerverständliche
Stil dürfte aber eher Amerys weitere literarische Werke meinen, die größtenteils der Gattung Science-Fiction zuzuordnen sind, kaum aber *Die große*

1057 Vgl. Lettau 1967, S. 123–136; Amerys Lesung wird in den Tagungsberichten nur einmal im
      langen Bericht von Alexander Tschejschwili in der Moskauer *Literaturnaja Gazeta* er-
      wähnt ([1957] 1967, S. 129).

1058 So kommt er in Helmut Peitschs Band *Nachkriegsliteratur 1945–1989* (2009) laut Namens-
      register nur einmal vor; es ist entsprechend schwierig, überhaupt an biografische
      Informationen über Amery zu kommen. Neben dem bereits zitierten Ausstellungskatalog
      (Kiermeier-Debre 1996) und dem Aufsatz in einer juristischen Festschrift zur BRD
      (Kilian 2015) können insbesondere zwei Bände konsultiert werden, die je ein Portrait
      des Autors enthalten – und zwar ein Band zu wichtigen deutschen Umweltschützern
      (Simonis 2014) und einer zu wichtigen deutschen Katholiken (Schwab 2009).

1059 Richter 1986 S. 22; Richters Einschätzung wird auch noch in einer Amery-Ausstellung
      komplett zitiert, vgl. Kiermeier-Debre 1996, S. 174–178.

1060 Richter 1986, S. 22.

deutsche Tour. Amery montiert hier zwar verschiedene fiktionale Zeugnisse und der Text ist für den *Almanach* unüblich ironisch geschrieben; dass die Gruppe 47 von diesen Verfahren aber überfordert gewesen wäre, ist angesichts dessen, dass sie längst nicht mehr neu waren, und vor allem angesichts der sehr konventionellen Sprache und linearen Chronologie des Texts kaum vorstellbar. Verglichen mit Texten von Gruppenmitgliedern wie Aichinger oder Grass ist *Die große deutsche Tour* und erst recht das *Almanach*-Kapitel daraus, das ja wie beschrieben in betont einfacher Sprache verfasst ist, fast klassisch.

Ein wichtiger Grund dafür, dass die Andersch-Anspielungen rückblickend nicht mehr thematisiert wurden, dürfte sein, dass die Lesung Amerys auf dem „Höhepunkt einer ersten Krise der Gruppe 47"[1061] stattfand. Wie Böttiger ausführlich beschreibt, habe es auf der Tagung im September 1957 erstmals offenen Streit zwischen den alten Realisten und den neuen Gruppenmitgliedern gegeben –[1062] und dieser Streit wurde unter anderem von Amery ausgelöst und könnte wiederum eng mit der Gegnerschaft zwischen Erlebnisgemeinschaft und Intellektuellen zusammenhängen, wie nun abschließend gezeigt werden soll.

3.3.3   Zum Streit auf der Tagung in Niederpöcking

Gerade auf dieser Tagung wurde eine Gruppendiskussion erstmals (illegal) mitgeschnitten und ein Ausschnitt der Debatte um Bachmanns Gedicht „Liebe: Dunkler Erdteil" später von Arnold transkribiert,[1063] sodass der von Böttiger beschriebene Streit direkt nachvollzogen werden kann. Es war Carl Amery, der nach Bachmanns Lesung als erster das Wort ergriff und damit offenbar prompt die wohl bereits erhitzte Debatte entzündete. Er hatte den Titel von Bachmanns Gedicht falsch verstanden („Lieber Dunkler Erdteil") und warf dem Gedicht implizit Exotismus vor, indem er einen Bezug zu D. H. Lawrence herstellte.[1064] Diese Stellungnahme Amerys wird nun in den einschlägigen Gruppe-47-Darstellungen zitiert[1065] und dürfte dazu beigetragen haben, dass

---

1061 Vgl. Böttiger 2012, S. 219–226.

1062 Vgl. ebd., S. 219–226. Wie nach der Tagung berichtet wurde, hätten die ‚alteingesessenen' Realisten nach der Lesung von Ilse Aichinger sogar damit gedroht, die Tagung zu verlassen (vgl. Bauer [1957] 1967, S. 127).

1063 Vgl. Böttiger 2012, S. 223.

1064 Er sagt: „Und zwar kommt mir eine Parallele in den Sinn, die ich mir auszureden bitte, mit dem D. H. Lawrence, mit der Geschichte ‚Die Frau, die wegritt'. Die Frau, die reitet weg und geht zu den Indianern und wird dort in einem Ritualmord, in einer Opferfeier, mit dem Obsidianmesser hingeschlachtet. Und zwar hat sie das gern, she likes it. (Gelächter)". (Amery, zit. n. Böttiger 2012, S. 223 f.)

1065 Vgl. Arnold 2004, S. 88; Böttiger 2012, S. 223–226.

die vorangehende Lesung seines eigenen Texts – die als allererste dieser Tagung stattgefunden hatte –[1066] darüber in Vergessenheit geriet.

Möglicherweise hing der gleich genauer zu beschreibende vehemente Widerspruch, den Amerys doch relativ harmlose Kritik auslöste, sogar damit zusammen, dass seine Lesung manche Tagungsteilnehmer in ihrer Eitelkeit gekränkt hatte. Umgekehrt ist es aber auch denkbar, dass er den Auszug für den *Almanach* erst *wegen* dieses Streits im Nachhinein ausgewählt hat.[1067] Einiges bleibt in Bezug auf diesen Streit mangels weiterer Zeugnisse unklar. Eine mögliche Ergänzung der bisher tradierten Erzählung kann nun aber vorgeschlagen werden, indem die Diskussionsbeiträge wiederum auf den Gegensatz zwischen Intellektuellen und ‚Dabeigewesenen‘ bezogen werden. Wird der Streit nicht nur als ästhetischer, sondern auch im Sinne ebenjener Opposition als inhaltlicher gedeutet, ergeben sowohl die wütende Reaktion auf Amerys Beitrag als auch die Schärfe seiner Gruppe-47-Satire mehr Sinn.

Böttiger erzählt noch in seiner aktuellsten Gruppendarstellung – in enger Anlehnung an Richters kanonische Darstellung aus dem Jahr 1979[1068]– den Konflikt so, als habe er ausschließlich ästhetische Fragen betroffen:[1069] Auf der Tagung in Niederpöcking seien erstmals „offen Generationsgegensätze“ ausgetragen worden;[1070] ein schon länger schwelender „ästhetischer Dissens“ sei an die Oberfläche getreten und habe „persönlich werdende[] Auseinandersetzungen zwischen den Älteren, den ‚Realisten‘ und ‚Autodidakten‘, wie Hans Werner Richter sie nannte, und den jüngeren ‚Formalisten‘, die ‚von den Universitäten‘ kamen“, verursacht.[1071] Damit werden die Unterschiede im Bildungsgrad zwar erwähnt, sollen aber angeblich nur den Stil betreffen.

1066 Vgl. Tschejschwili [1957] 1967, S. 129.

1067 Aus der Zusammenfassung der Lesung durch Alexander Tschejschwili (ebd.) geht deutlich hervor, dass der im *Almanach* abgedruckte Text nicht das einzige Kapitel sein kann, das Amery auf der Tagung gelesen hatte, da er von der „Lesung einiger Kapitel“ spricht (vgl. ebd.). Es wäre also auch möglich, dass die Auswahl des *Almanach*-Auszugs als Stellungnahme Amerys aus dem Jahr 1962 zu verstehen ist.

1068 Vgl. Richter 1979, S. 119–126.

1069 Böttiger 2012, S. 219–226, wie im Verlauf dieses Kapitels gezeigt werden soll, vereindeutigt er damit Richters Erzählung dieser Gruppenphase (Richter 1979, S. 119–126, s. auch weiter unten) noch weiter in diese rein ästhetische Richtung, deswegen soll zunächst seine Darstellung ausgeführt werden.

1070 Böttiger 2012, S. 219.

1071 Ebd., S. 220. Die Autoren Grass, Walser, Höllerer und Enzensberger werden in dieser Darstellung Richters zusammen mit Aichinger und Bachmann auf der *Gegenseite* der realistischen „Erzähler“ gesehen. So beschreibt Richter ‚formalistische‘ Einwände durch Grass, Walser und Enzensberger gegen den Soziologen Theo Pirker, da dieser die Texte „mit soziologischen Argumenten“ (Richter 1979, S. 121), also inhaltlich kritisieren wollte, im selben Kontext, wie er auch auf die Ablehnung von Aichingers Prosa und Bachmanns

Tatsächlich ging die Debatte wohl, wie hier ausgeführt werden soll, anders als die Überlieferung vermuten ließe, deutlich weiter und betraf auch Inhalte – und zwar ebenfalls im Rahmen der Unterscheidung zwischen den neuen, ge-bildeten und den alten, vom Leben geschulten Mitgliedern. Damit erinnert sie sehr an eben jene Problematik, die Amerys auf derselben Tagung gelesene Satire verhandelt. Wie gesagt löste Amerys Bemerkung über Bachmann Entrüstung aus, wobei in mehreren Stellungnahmen gerade die ‚gelehrte‘ Perspektive daran kritisiert wurde. Das wird beispielsweise im Diskussionsbei-trag Schnurres – dem Gruppenmythos nach quasi das erste Gruppe-47-Mitglied überhaupt –[1072] sehr deutlich, als er nach längerer Debatte „noch mal zu dem Wort ‚Exotismus‘“ Stellung nehmen will:

> Wenn ein Mensch, der ein Gedicht schreibt und hat die *Vision* von Büffel, Elefant oder Panther [...], warum muß der jetzt in dem Augenblick, wo er diese *Vision oder Idee oder Gedanken* hat, jetzt erst *überlegen* und die *Literaturgeschichte wälzen* und *nachsehen*, ob das schon mal da war? Wenn er's *in seiner Form* sagt und sagen kann – und das ist ja wunderbar gesagt – warum soll er sich dann darum scheren, daß das irgendwo schon mal aufgezeichnet ist, daß das irgend-ein *Fremdwort* hat? Das war doch ganz *echt*.[1073]

Schnurre stellt dem Überlegen, dem Wälzen von Literaturgeschichte und der Verwendung von Fremdwörtern – es handelt sich hier quasi um die schnippische Paraphrase eines Germanistikstudiums – etwas ‚Echtes‘ ent-gegen, ein ganz eigenes, originelles Sprechen, das ihm zufolge aus Visionen und Gedanken entspringt, das heißt ein Ergebnis reiner, künstlerischer Kreativität ist. Zwar wird der Begriff des „Intellektuellen“ nicht explizit ver-wendet, aber davon abgesehen kommt die Stellungnahme der oben zitierten intellektuellenfeindlichen Rede von Amerys karikierter Figur sehr nahe. Dabei wird insbesondere auf die Kreativität abgestellt, die auch im antisemitischen Diskurs in der Form der Unterstellung eines Mangels eine ausgesprochen wichtige Rolle spielt.[1074] Verhandelt werden hier also eindeutig inhaltliche Fragen nach der Originalität und dem theoretischen Anspruch des Stoffs.

Lyrik durch die alten Realisten hinweist, weil sie ihnen zu formalistisch gewesen sei (ebd., S. 126).

1072 Seine Erzählung „Das Begräbnis“ ([1947] 1962) war der erste Text, der auf der ersten Tagung gelesen wurde, was tief im kollektiven Gedächtnis verankert war; zu ehren dieser Tatsache ließ man es ihn zur Beschließung einer Gedenk-Tagung im Jahr 1977 noch ein-mal lesen.

1073 Schnurre 1957, zit. n. Böttiger 2012, S. 225.

1074 Vgl. dazu Bering 1978, S. 102–108, Wiedemann 2013, S. 48; vgl. weiter oben in diesem Kapitel.

Richter scheint denn auch einigermaßen allein damit zu stehen, die Debatte
als rein ästhetische Debatte deuten zu wollen:

> Carl Amery: Ich hab auch die Dings ... auch nicht von der Exotik her als solcher ge-
> meint, die Sache mit dem Lawrence, nicht? Das hoff ich, klargemacht zu haben. /
> Hans Werner Richter: Er hat von der Form gesprochen, nicht vom Gegenstand. /
> NN: Nein, das ist nicht ganz richtig. Er hat es mit Lawrence verglichen. Also von
> dem Inhalt her hat er gesprochen. / Hans Werner Richter: Ich finde etwas er-
> staunlich [...] Ich merke hier bei einigen eine gewisse Verstimmung, weil die
> Kritik scharf ist ...[1075]

Richter scheint mit seinem Einwand keine Zustimmung zu erhalten, worauf-
hin er sich auf seinen altbewährten Standpunkt zurückzieht, dass man harte
Kritik nun einmal hinnehmen müsse, um in der Gruppe 47 zu bestehen.
Direkt darauf folgt eine Stellungnahme Joachim Kaisers, die die Debatte ab-
schließend zusammenfasst und wieder viel stärker als Richters Beitrag auf das
Inhaltliche zielt:

> [...] Wir sind aus dem Stadium des Experimentierens, wo jemand auch *in Gottes
> Namen mal übers Ziel hinausgehen kann,* raus, sondern er wird *immer gleich auf
> diese Weltanschauung festgelegt:* Und das hast du gesagt, *wie war denn das mög-
> lich.* Und das scheint mir, ist *gefährlich,* denn dadurch wird das, was gesagt wird,
> allmählich zum Zeitungsartikel. Man muß sich so *vorsehen,* als ob es gedruckt
> wäre. Und daran liegt es, das hängt mit der Verstimmung zusammen.[1076]

Dieser ganze Verlauf verdeutlicht, dass sich der Konflikt keineswegs nur
um die *ästhetischen* Unterschiede zwischen ‚Formalisten‘ und ‚Realisten‘
dreht. Besonders die Stellungnahme Kaisers zeigt, dass es eher um eine Art
Übergenauigkeit in Gesinnungsfragen gegangen zu sein scheint. Es ist bemerkenswert, wie sehr seine Aussagen an aktuelle Positionen in der „Political-
Correctness"-Diskussion erinnern –[1077] und dass er sagt, solche Kritik komme
„immer gleich", zeigt bereits, dass sich dieser Punkt vor allem auf ein anderes
Thema der Tagung bezieht, das die Gemüter stärker erhitzt hat als der
Exotismus, nämlich auf den Gegensatz zwischen der Schreibweise der ‚alten‘

1075 Zit. n. Böttiger 2012, S. 225.
1076 Zit. n. ebd., S. 226 [Hervorhebungen N. W.].
1077 Kaiser vollzieht eine Umkehrung der ‚Opfer‘ und der ‚Täter‘ von Diskriminierung – es ging
      ja um Exotismus in Bachmanns Gedicht – durch das Postulat, dauernde Kritik an Welt-
      anschauung sei „gefährlich" und eine Art Zensur: man müsse sich nun ‚vorsehen‘, man
      dürfe nicht „in Gottes Namen" einfach einmal etwas Exotistisches sagen – kein Wunder,
      dass man ‚verstimmt‘ sei. Zu einem ähnlichen Mechanismus in der Political-Correctness-
      Diskussion vgl. Lorenz 2007, S. 223–227 m. w. H.

Realisten und derjenigen der neuen, studierten Generationen in Bezug auf den Nationalsozialismus.

Die rückblickende Beschreibung der Tagung von Heinz Friedrich spricht genau dafür. Er argumentiert in sehr ähnlicher Logik wie Kaiser, postuliert nun aber, die *„antifaschistische* Haltung schlechthin als künstlerisches Kriterium" sei ein Problem.[1078] Wie er ausführt, leiste „die Kritik" damit

> einer *gefährlichen* Flucht aus der Gegenwart Vorschub; denn der Kampf gegen den Nationalsozialismus birgt heute kein Risiko, der Gegner ist tot. Die Unmenschlichkeit unserer Tage hat subtilere Züge [...]. Verzweifelt klammern sich die Schriftsteller an die *Themen von gestern*, um ihre Unschlüssigkeit vor dem Heute zu kaschieren.[1079]

Kritisiert werden damit offenbar die *neuen* Diskussionsteilnehmer. Friedrich selbst gehörte zu den Gruppenmitgliedern der ersten Stunde und hatte bereits am *Ruf* mitgearbeitet, seine Kritik leitet er mit den Worten ein: „Sie beschwören mit schier manischer Besessenheit die Schatten der Vergangenheit oder vergnügen sich mit surrealistischen Spielereien [...]."[1080] Indem er allzu konsequenten ‚Antifaschismus' als „antiquiert"[1081] brandmarkt, diffamiert er in einem Zug die neuen, kritischen Autoren/-innen als unpolitisch – was mit der Vorstellung korrespondiert, Intellektualität sei intrinsisch wirklichkeitsfremd und von ‚realen' Erlebnissen entkoppelt – eine Vorstellung, die auch im Begriff ‚Formalismus' mitschwingt und ebenfalls an das Intellektuellenbild des Nationalsozialismus anknüpfte, in dem bereits wortgleich „das ‚intellektuelle Denken' als ‚formalistisch' gegeißelt" worden war.[1082] So suggeriert Friedrich, dass seine Generation den Antifaschismus ja schon vor zehn Jahren erledigt habe; heute funktioniere politisches Schreiben anders. Damit scheint bereits im Jahr 1957 einer ‚inzwischen' als übermäßig empfundenen ‚antifaschistischen' Genauigkeit die authentischere Literatur der ‚Dabeigewesenen' entgegenzustehen, die sich aktuelleren Themen zugewandt hat und früher „in Gottes Namen mal übers Ziel hinausgehen"[1083] konnte.

Dafür, dass diese Opposition deutlicher im Mittelpunkt der Debatte stand als rein formale Fragen und die von Friedrich geforderte Sichtweise genau wie in der Figurenrede von Amerys Satire dezidiert an das Erleben des Kriegs geknüpft war, spricht die Rolle der neuen, aber ‚dabei gewesenen' Autoren wie

---

1078 Friedrich [1957] 1967, S. 136 [Hervorhebung N. W.].
1079 Ebd.
1080 Ebd., S. 135.
1081 Ebd., S. 136.
1082 Bering 1978, S. 105; vgl. dazu weiter oben in diesem Kapitel.
1083 Kaiser 1957, zit. n. Böttiger 2012, S. 226.

Grass, Walser oder Enzensberger.[1084] Auf den ersten Blick müssten sie angesichts ihres Werdegangs und ihrer Schreibweise in den ersten Gruppe-47-Jahren
jenen ‚Formalisten' zugeordnet werden, die von den Universitäten kommen;
Richter reiht sie zunächst auch scheinbar, Böttiger dezidiert in dieses ‚Lager'
ein.[1085] Andererseits scheinen aber gerade Grass und Walser beide in dieser
Debatte gleich in mehreren Punkten eher im anderen Lager zu verorten zu
sein und zahlreiche Haltungen mit der *Ruf*-Generation zu teilen. Insbesondere
äußerten sich beide, genau wie die ‚erste Generation' der Gruppe 47, gegen
„antifaschistische Haltung schlechthin als künstlerisches Kriterium",[1086] wie
Lettau in einer Fußnote zu ebenjenem oben zitierten Artikel Friedrichs bemerkt.[1087] Es ist wenig erstaunlich, dass Friedrichs Zitat in späteren Darstellungen sogar Walser zugeschrieben wird,[1088] auch wenig erstaunlich, dass
sich Walser bereits in der Debatte um Amerys Kritik an Bachmann *gegen* die
angeblich spitzfindige Kritik am Exotismus richtetet:

> Bloß weil Afrika genannt wird und weil in der Literaturgeschichte steht,
> Freiligrath habe über Afrika geschrieben – nehmt doch die Metaphorik, den
> Rhythmus, ich will jetzt gar nicht über dieses Gedicht sprechen – aber es ist Un-
> sinn, solche Vergleiche heranzuziehen.[1089]

1084 Von Grass und Enzensberger spricht Richter hier, wie weiter oben bereits zitiert, ein-
       leitend: „Als Hitler die Macht übernahm, waren sie drei oder vier Jahre alt oder gerade
       geboren, als der Krieg zu Ende ging und das Dritte Reich zusammenbrach, waren sie
       noch Schüler wie Hans Magnus Enzensberger oder gehörten zum letzten Aufgebot wie
       Günter Grass. Die wiedergewonnene Freiheit war etwas anderes für sie als für uns. Viele
       ihrer Väter waren Anhänger Hitlers gewesen und als der Zusammenbruch kam, saßen sie
       noch in dem politischen und sprachlichen Schul- und Familiengehäuse dieser Zeit [...].‟
       (Richter 1979, S. 119.) Bachmann und Aichinger nennt er erst später im Zusammenhang
       mit den neuen Gebildeten, hier spricht er von einer neuen „Geringschätzung, wenn nicht
       Verachtung gegenüber der Literatur von gestern oder gegenüber einer Literatur, die sie für
       gestrig halten.‟ (Ebd., S. 126.)
1085 Vgl. Böttiger 2012, S. 219–226; Richter 1979, S. 121 – Richter benutzt hier die Bezeichnung
       des ‚Formalismus' in diesem Sinne, dass er einer ‚soziologischen' inhaltlichen Kritik
       gegenübersteht; wobei Plivier, den Grass und Walser mit diesem ‚formalistischen' Impetus
       angegriffen hätten, im besagten Streit um ‚P. C.' *avant la lettre* sicher eher aufseiten der
       ‚überkorrekten' Gebildeten stand.
1086 Lettau 1967, S. 136; vgl. weiter oben in diesem Kapitel.
1087 Er schreibt, dass Kritik in diesem Sinne „in den folgenden Jahren [...] auch währen der
       Tagungen verstärkt geäußert wurde, besonders von Walser und Grass (teilw. auch als
       Kritik am Philosemitismus [...]).‟ (Friedrich [1957] 1967, S. 136.)
1088 Vgl. Oldenburg 2003, S. 77.
1089 Walser 1957, zit. n. Böttiger 2012, S. 224.

Dass Grass und Walser inhaltlich näher an Richter, Schnurre und Andersch standen als an anderen angeblichen ,Formalisten', zu denen Aichinger und Bachmann gezählt werden,[1090] ist angesichts ihrer Entwicklung wie auch rückblickend mit Blick auf Programmatik, Engagement-Verständnis und die Rolle im Nationalsozialismus der beteiligten Personen wie auch auf NS-Kontinuitäten und Moralvorstellungen in ihren Texten deutlich überzeugender.

Und tatsächlich ist es auch genau im Zusammenhang mit dieser Tagung und diesem Konflikt, dass Richter seine bereits eingangs dieser Studie zitierte These formuliert, der ,Geist' der Gruppe 47 wurzle wohl im ,Erlebnis' des Kriegs. Nachdem er die formalen Unterschiede in der Schreibweise der ,Neuen' und ihre intellektuelle Herkunft betont hat, fügt er nämlich hinzu:

> Es bleibt trotzdem erstaunlich, daß diese Generation sich ganz ohne Opposition integrieren ließ. Ich glaube, es gibt nur eine Erklärung dafür: Obwohl sie die Kinder des Krieges waren, war für sie die entscheidende Erlebniswelt das Dritte Reich und der Zweite Weltkrieg, wie auch für viele von uns.[1091]

1090 Bereits im unterschiedlichen Verständnis der gesellschaftlichen Relevanz dieses abstrakten, ,formalistischen' Schreibens zeigt sich genau dieser Unterschied deutlich: Zunächst wurden nämlich alle Jungen wie Grass und Walser, aber auch Aichinger oder Bachmann wegen ihrer formalistischen Schreibweise als unpolitische Autoren und Autorinnen wahrgenommen: „Politisch traten sie in jenen Jahren fast kaum in Erscheinung – das kam später – immer ging es um die Sprache, um das Wie einer Darstellung [...]." (Richter 1979, S. 120 f.) Dass nun Grass und Walser ab den 60er Jahren ihre frühen Texte rückblickend selbst als unpolitisch bezeichneten und sich vordergründig engagierteren Schreibweisen zuwandten – dass sie also quasi als inkorporierte Beispiele für einen Unterschied zwischen Wirklichkeitsbezug und Formalismus standen, gab dieser Wahrnehmung natürlich starken Aufwind. Es könnte nicht zuletzt auch damit zusammenhängen, dass der politische und ethische Gehalt in Texten Bachmanns und Aichingers, auch Celans – die gesellschaftlich hoch relevant schrieben, deren ,Wirklichkeitsbezüge' aber in der Gruppe 47 bis zuletzt unbemerkt blieben oder zumindest ignoriert wurden – unterschätzt wurden. Ähnliche Mechanismen scheinen Mitte der 60er Jahre in der Debatte um den Tod des Romans und um den Gegensatz zwischen dem l'art pour l'art und engagierter Literatur. Während Ächtler in einem Aufsatz über Anderschs „Poetik des Beschreibens" (2016b) gerade diese Skepsis gegenüber dem Strukturalismus als Poststrukturalismus avant la lettre deutet, könnte sie durchaus auch gegenteilig als rückwärtsgewandte Unterschätzung des ethischen Potenzials strukturalistischer Theorien gerade durch ihre Abkehr von normativen Setzungen gedeutet werden. Die theoretischen Bezugspunkte von Anderschs Poetik aus den deutschen 30er und 40er Jahren sprechen genauso dafür wie die Tatsache, dass einige in der vorliegenden Studie als besonders kritische Gegenstimmen gegenüber NS-Kontinuitäten in der Gruppe 47 identifizierte Gruppenmitglieder sich besonders stark auf den Strukturalismus bezogen; vgl. dazu auch Kap. 3 in Teil III der vorliegenden Studie.

1091 Richter 1979, S. 121; vgl. dazu Kap. 2.3.2 in Teil I der vorliegenden Studie.

Obwohl dieser Konflikt als einer über die literarische *Form* in die Geschichtsschreibung der Gruppe 47 eingegangen ist, kann gerade darin auch ein Beleg für das Gegenteil gesehen werden. Wenn man den Blick auf diejenigen Beteiligten richtet, die formal den ‚neuen‘, aber hinsichtlich ihrer Kriegerlebnisse und ihrer Skepsis gegenüber Urteilen, die aufgrund abstrakter, angelernter Informationen gefällt werden, eher den ‚alten‘ Gruppenmitgliedern näher standen, zeigt sich, dass ihre Position bereits in jener frühen Debatte auf der Seite Richters war.

Um den konkreten *Begriff* des ‚Intellektuellen‘ ging es dabei nicht mehr – die Gruppe-47-Mitglieder galten ja auch als die führenden Intellektuellen der Nachkriegszeit, und bereits Andersch hat den Begriff in seinem Essay *Deutsche Literatur in der Entscheidung* (1948) positiv verwendet.[1092] Die ‚Dabeigewesenen‘, die in der Gruppe 47 tonangebend blieben, scheinen sich aber gleichwohl von zahlreichen im Nationalsozialismus mit genau diesem Begriff verbundenen und negativ stigmatisierten Eigenschaften abzugrenzen. Der Gruppe-47-Intellekt, der sich nur aus Erfahrung speist, erscheint in Abgrenzung zu den angeblichen NS-‚Intellektuellen‘ gerade nicht als formalistischer, ‚kalter‘ und abstrakter,[1093] sondern als quasi ‚praktischer‘ Intellekt – was ihn näher an das rückt, was im Nationalsozialismus als „echte deutsche Intelligenz“[1094] bezeichnet wurde: „Arbeiter des Geistes“ hatten „Arbeiter der Stirn und der Faust“ zu sein.[1095]

3.4   *Autor und Erzähler als ‚Dabeigewesene‘*

Vor dem Hintergrund von Erlebnisgemeinschaft und Deutung zeugt also der erste große Streit in der Gruppe 47, der bisher primär auf unterschiedliche Sichtweisen in reinen Stilfragen zurückgeführt worden ist, davon, dass bereits in dieser Diskussion 1957 Form und Inhalt enger verknüpft waren, als die Überlieferungen vermuten ließen. Tatsächlich scheint auch die Kluft zwischen den Realisten, die Deutung durch Augenzeugenschaft anstrebten, und den ‚abstrakter‘ agierenden Intellektuellen, über die Amerys Erzählerfigur sich lustig macht, 1957 auf einem ersten Höhepunkt angelangt zu sein. Amerys Satire wie auch die zeitgleich einsetzende Krise in der Gruppe 47 erinnern also auch daran, wie eng die Identitätskonstruktion als Erlebnisgemeinschaft

---

1092 Andersch [1947] 1948, S. 15, 26, 27; vgl. zu dem Essay Kap. 3.2 in Teil I der vorliegenden
       Studie.
1093 Vgl. zu dieser Aufladung im Nationalsozialismus Bering 1978, S. 113–117.
1094 Ebd., S. 142.
1095 Ebd.

offenbar nicht nur mit dem Inhalt, sondern auch mit dem ‚harten‘ Stil der realistischen Gruppe-47-Literatur verknüpft war.

Auf diese Verknüpfung soll abschließend ein Blick geworfen werden, wobei im Umkehrschluss aus den gerade beschriebenen Ergebnissen gefragt wird, ob auch *formale* Aspekte der realistischen Schreibweise im Zusammenhang mit dem Primat der Erlebnisgemeinschaft gelesen werden können. Wie bereits im ersten Teil der Studie und im Zusammenhang mit den ‚Mustertexten‘ angedeutet,[1096] sehen die Autoren der frühen engagierten Texte gerade ihr Engagement, das heißt ihre moralisierende Schreibweise, ganz dezidiert durch ihr ‚Dabeigewesensein‘ begründet. Die Frage ist angesichts der bis hier gesehenen engen Verknüpfung der Selbstwahrnehmung als moralischer Instanz mit diskriminierenden Positionen, ob und inwiefern sich ein Ausschluss ‚Nichtdabeigewesener‘ ebenfalls bereits in der *Machart* dieser engagierten Texte niederschlägt. In zweierlei Hinsicht soll das Verhältnis der ‚dabei gewesenen‘ Autoren zu ‚Anderen‘ abschließend kurz reflektiert werden, um dann zu prüfen, wie dieses Verhältnis mit der Machart der Texte der ‚Dabeigewesenen‘ zusammenhängt: das Verhältnis zu Autoren, die formal anders schreiben, sowie das zu den ‚Nichtdabeigewesenen‘ unter den Lesenden. Lässt sich die Opposition zu diesen Personengruppen an der engagierten Schreibweise festmachen, und setzt sich dies möglicherweise nach dem frühen Gruppe-47-Realismus in den jüngeren Generationen der ‚Dabeigewesenen‘ fort?

3.4.1   Autor als ‚Dabeigewesener‘ vs. andere Autoren im Kahlschlag

Als simpelster formaler Ausdruck eines Selbstverständnisses als Erlebnisgemeinschaft kann bereits die Idealisierung des Realismus an sich gesehen werden, den sich die ‚junge Generation‘ ja gerade in Abgrenzung zu den Älteren und zu den Exilautoren auf die Flagge schrieb. Gemäß Programmatik sollte in dieser realistischen Literatur schließlich alles so beschreiben werden, wie man es selbst gesehen und also erlebt hatte; man erinnere sich an Weyrauchs programmatischen Kahlschlag-Essay.[1097] Es handle sich beim Realismus, wie er schreibt, um die

> Methode der Bestandsaufnahme. Die Intention der Wahrheit. Beides um den Preis der Poesie. [...]. Wenn der Wind durchs Haus geht, muß man sich danach erkundigen, warum es so ist. Die Schönheit ist ein gutes Ding. Aber Schönheit ohne Wahrheit ist böse. Wahrheit ohne Schönheit ist besser. [...] Es gibt vier

---

1096   Vgl. Kap. 1.1 in Teil I und Kap. 1.1.3 im vorliegenden Teil II der Studie.

1097   Zum großen Stellenwert dieser Programmschrift am Ende der 1949 erschienenen Anthologie *Tausend Gramm* in der Gruppe 47 vgl. Kap. 1.1 in Teil I und Kap. 1.1 in Teil III der vorliegenden Studie.

Kategorien von Schriftstellern. Die einen schreiben das, was nicht sein sollte. Die andern schreiben das, was nicht ist. Die dritten schreiben das, was ist. Die vierten schreiben das, was sein sollte. Die Schriftsteller des Kahlschlags gehören zur dritten Kategorie. Einer von ihnen, Gerd Behrendt, hat es selbst einmal formuliert: ,ich schrieb das auf, was passierte.'[1098]

Hier wird nicht nur, wie bereits in Teil I der vorliegenden Studie diskutiert, der moralische Impetus der realistischen Programmatik sehr deutlich – Schönheit ohne Wahrheit sei *böse* –, sondern auch die Tatsache, dass es in dieser Literatur um einen möglichst unvermittelten Bericht dessen, was *passiert ist*, gehen soll. Wie bereits gesehen, schreiben die wichtigsten frühen Gruppe-47-Mitglieder in diesem Sinne hyperrealistisch, wobei dieser Hyperrealismus implizit oder explizit sogar als quasi journalistisches Schreiben verstanden wurde. Das zeigt die bereits oben erwähnte achtungsvolle Versicherung von Richter gegenüber Schneider, sie beide seien eigentlich keine Autoren, sondern vielmehr Journalisten;[1099] aber auch, dass Richter noch 1984 erklärt, *Die Geschlagenen* (1949) sei eine Reportage gewesen.[1100]

Journalistisches Schreiben bedeutet nun definitionsgemäß, dass man das Beschriebene auch selbst erlebt hat, ist Augenzeugenschaft doch die Grundbedingung jedes journalistischen Texts. Wenn man das wieder auf den Anspruch, Wahrheit ohne Schönheit darzustellen und dadurch im Sinne Weyrauchs moralisch *gut* zu schreiben, zurückbezieht, dann wird die enge Verbindung des moralischen Schreibens und des ,Dabeigewesenseins' gerade *durch* die Form des Realismus deutlich. Und auch hier ist dem moralischen Anspruch eine Exklusion von moralischer Deutung durch ,Andere' logisch inhärent: Wer nicht dabei war, kann gar nicht schreiben, was ist und was passiert ist; kann also in diesem Sinne gar nicht moralisch über den Nationalsozialismus schreiben.

1098 Weyrauch 1989, S. 181.
1099 Vgl. den bereits weiter oben zitierten Brief von Richter an Schneider vom 22. März
      1949: „[...] ich erinnere mich noch recht gut, dass Sie mir damals sagten, Sie seien nur
      ein Journalist. Ich nehme an, dass Sie sich auch noch meiner erinnern, zumal ich ja
      immer schweigend auf einem Präsidentennebenstuhl gesessen habe, was darauf zurück-
      zuführen ist, dass ich ebenfalls nur ein Journalist bin, d. h. ich fühlte mich unter soviel
      Literatur recht unglücklich" (Richter 1997, S. 86); vgl. auch Kap. 2.1 im vorliegenden
      Teil II der Studie; wie bereits oben angemerkt handelt es sich hier sicher auch um eine
      Bescheidenheitsgeste, dennoch fällt der achtungsvolle Ton des Briefs auf, und dieses
      „publizistische Anliegen" der frühen Generation wurde und wird bekanntermaßen viel-
      fach betont, vgl. z. B. bereits Hupka [1949] 1967.
1100 Vgl. Zimmermann 1992, S. 105–118.

Dazu passt, dass sich Autoren wie Schneider, Ferber oder Mönnich, die genau den hyperrealistischen und quasi journalistischen Stil der ersten Jahre pflegen, als besonders repräsentative *Almanach*-Vertreter hinsichtlich partikularistischer Verknüpfungen von Moralvorstellungen und Identität herausgestellt haben. Für weitere Texte, in denen implizit bleibt, inwieweit das ‚Dabeigewesensein‘ der Erzähler dem der Autoren entspricht, lässt sich die Frage nach der Verknüpfung von Identität und Moral aber schwieriger beantworten. Man müsste die Biographien der realistischen Autoren direkt mit den deutenden Instanzen ihrer Erzählungen vergleichen, um zu bestimmen, ob es sich wirklich um Augenzeugenberichte handelt. Das ist kursorisch für eine große Menge an *Almanach*- und Preistexten nicht leistbar, zumal gerade die journalistisch schreibenden Autorinnen und Autoren der ersten Jahre heute kaum mehr bekannt sind.

Bestimmt werden kann aber zumindest, ob die Texte den Eindruck der Augenzeugenschaft erwecken: Das tun sie, wenn sie realistisch oder quasi-journalistisch geschrieben sind und die intern fokalisierte Figur der ‚Wir-Gruppe‘ der Autorin oder des Autors angehört. Und hier ergibt der Blick auf die Tabelle das deutliche Bild, dass von den 37 Texten, die keine Gedichte sind – und im *Almanach* sind keine Gedichte enthalten, die dem Realismus zugeordnet werden könnten –, immerhin ganze 31 in einem eher realistischen Stil verfasst sind.[1101] In 19 davon ist die intern fokalisierte Figur implizit oder explizit aus Deutschland –[1102] und in allen dieser 19 Texte ist sie mindestens

---

1101 Wolfdietrich Schnurre: Das Begräbnis; Nicolaus Sombart: Capriccio Nr. 1; Hans Werner Richter: Die Holzkreuze; Alfred Andersch: Weltreise auf deutsche Art; Walter Kolbenhoff: Ich sah ihn fallen; Jürgen von Hollander: Liebe 49; Hans Georg Brenner: Das Wunder; Georg Hensel: In der großen Pause. Abiturientengespräch im November 1946; Franz Joseph Schneider: Die Mandel reift in Broschers Garten; Hans Jörgen Söhring: Schnitt in die Natur; Günter Eich: Der Mann in der blauen Jacke; Günter Eich: Kurz vor dem Regen; Herbert Eisenreich: Tiere von ganz natürlicher Grausamkeit; Walter Jens: Der Mann, der nicht alt werden wollte; Adriaan Morriën: Zu grosse Gastlichkeit verjagt die Gäste; Paul Schallück: Monologe eines Süchtigen; Reinhard Federmann: Die Stimme; Horst Mönnich: Die Wanderkarte; Günter Grass: Der weite Rock; Ruth Rehmann: Der Auftritt; Ingrid Bachér: Unaufhaltsam vor Jamaika; Hans Magnus Enzensberger: Schaum; Tadeuz Nowakowksi: Polonaise Allerheiligen; Klaus Roehler: Ein Fall von Kalten Füssen; Milo Dor: Salto Mortale; Christian Ferber: Mimosen im Juli; Gabriele Wohmann: Die Verabredung; Siegfried Lenz: Gelegenheit zum Verzicht; Uwe Johnson: Das dritte Buch über Achim; Heinz von Cramer: Bericht des jungen Mannes; Peter Bichsel: Skizzen aus einem Zusammenhang.

1102 Wolfdietrich Schnurre: Das Begräbnis; Nicolaus Sombart: Capriccio Nr. 1; Hans Werner Richter: Die Holzkreuze; Alfred Andersch: Weltreise auf deutsche Art; Walter Kolbenhoff: Ich sah ihn fallen; Jürgen von Hollander: Liebe 49; Georg Hensel: In der großen Pause. Abiturientengespräch im November 1946: Franz Joseph Schneider: Die Mandel reift in

andeutungsweise dem Täterkollektiv im oder nach dem Nationalsozialismus angehörig.[1103]

Das ist kein überraschender Befund, stützt aber angesichts dessen, dass der moralische Impetus der Gruppe 47 in der internen Wahrnehmung mit genau jenem Realismus verknüpft ist, quantitativ die These, dass Erlebnisgemeinschaft und moralische Deutung auch formal einen exkludierenden Aspekt beinhalten. Von dem moralischen, engagierten Gehalt des ‚Kahlschlags' scheinen in der Theorie und in der Praxis der Gruppe 47 die meisten derjenigen Autorinnen und Autoren ausgeschlossen zu sein, die dieses realistische Schreiben, dieses Beschreiben dessen, ‚was passiert ist', nicht leisten wollen, weil sie andere Schreibweisen bevorzugen, oder aber es nicht leisten können, weil sie nicht aktiv am Krieg teilgenommen haben. Das eine geht dabei nicht selten mit dem anderen einher.

3.4.2   Autor als ‚Dabeigewesener' vs. ‚nicht dabei gewesene' Leser/-innen im Kahlschlag

Der ‚magische Realismus' als zweite beliebte Realismus-Variation neben dem gerade beschriebenen journalistischen Stil hat nun einen quasi analogen Effekt weniger in Bezug auf die ‚nicht dabei gewesenen' Autorinnen und Autoren als auf die Lesenden. Die Nachkriegsautoren beziehen sich in ihrem Ideal des magischen Schreibens auf Hemingways „Eisbergtheorie", die fordert, nur einen kleinen Teil dessen, was man meint – die Spitze des Eisbergs –, auch wirklich zu explizieren; dieser kleine Teil müsse genügen, um auf den Rest zu schließen.[1104] Die oben vorgeschlagene Lektüre von Christian Ferbers „Mimosen im Juli"[1105] hat bereits paradigmatisch gezeigt, wie diese Schreibweise aufseiten der

---

Broschers Garten; Günter Eich: Der Mann in der blauen Jacke; Herbert Eisenreich: Tiere von ganz natürlicher Grausamkeit; Paul Schallück: Monologe eines Süchtigen; Reinhard Federmann: Die Stimme; Horst Mönnich: Die Wanderkarte; Günter Grass: Der weite Rock; Ruth Rehmann: Der Auftritt; Christian Ferber: Mimosen im Juli; Siegfried Lenz: Gelegenheit zum Verzicht; Uwe Johnson: Das dritte Buch über Achim; Heinz von Cramer: Bericht des jungen Mannes.

1103 Wobei die einzigen beiden Ausnahmen, die wegen ihrer Anlage aber dennoch dazu gezählt werden können, erneut Alfred Anderschs „Weltreise auf deutsche Art" und Günter Grass' „Der weite Rock" sind; vgl. dazu weiter oben in diesem Kapitel.

1104 Wie Hemingway in einem Interview beschrieben hat, versuche er „[...] immer nach dem Prinzip des Eisbergs zu schreiben. Auf jeden sichtbaren Teil kommen sieben Achtel, die sich unter Wasser befinden. Sie können so ziemlich alles, was Sie wissen, weglassen, und Ihr Eisberg wird nur kräftiger davon. Es kommt auf den Teil an, den man nicht sieht." (Plimpton 1959, S. 541.) Bigelow (2018) hat herausgearbeitet, wie sich Gruppe-47-Mitglieder der *Ruf*-Generation in ihren Konzeptionen des magischen Realismus' darauf bezogen haben (ebd., 95 f.); vgl. auch Bigelow [2020].

1105 Vgl. Kap. 1.2 in Teil II der vorliegenden Studie.

‚Nichtdabeigewesenen' dazu führen kann, dass ihnen ganze Textebenen un-
zugänglich bleiben müssen,[1106] wenn die Entschlüsselung von Anspielungen
nicht primär Bildung und Wissen, sondern Erfahrung voraussetzt.

Und gerade in Weyrauchs Anthologie *Tausend Gramm*, in der er, wie oben
zitiert, den Kahlschlag definiert, findet sich ein nennenswerter Anteil von
Texten voller bedeutungsschwerer Andeutungen, deren Referenz von heute
aus überaus rätselhaft bleibt.[1107] Die Verfahren sind immer sehr ähnlich und
sollen hier nur an einem Beispiel grob umrissen werden: Drewes „Hoffnung"
handelt von einem Ehepaar, das in eine ‚große Stadt' ins Spital fährt, weil der
Mann offenbar innerhalb des letzten Jahres erblindet ist. Das wird gleich zu
Anfang angedeutet; es wird beschrieben, wie er sich neben ihr hertastet, und
seine Ehefrau denkt: „Die Anstellung im Laboratorium kam so schnell und
dann – Sie sah wieder auf seine Augen."[1108] Im Spital wird er untersucht, es
wird schon etwas deutlicher, dass seine Blindheit etwas mit der Arbeit zu tun
haben muss: Der Arzt „erkundigte sich genau nach allen Einzelheiten des Un-
falls. ‚Eine Explosion also?' fragte er. ‚Ja, im Laboratorium', sagte der Mann; ‚ich
bin Chemiker. Wir wurden von Herrn Blom an Sie verwiesen. Sie operierten
ihn mit so viel Erfolg.'"[1109] Was im Laboratorium genau explodiert ist, was sich
danach zugetragen hat und wieso diese Begebenheit erzählt wird, bleibt auch
in dieser ganzen Diskussion unklar – und die ‚Pointe' des Textes schließlich wird
erneut von bedeutungsschweren Gedankenstrichen verschluckt: Nachdem der
Mann die Nacht im Spital verbracht hat, ist anscheinend klar, dass er anders als
besagter Herr Blom nicht operiert werden kann. Woran das gemäß dem Arzt
liegt, erklärt der Mann seiner Frau wie folgt:

> ‚Hat er dich denn noch einmal untersucht?' fragte die junge Frau behutsam
> [...] ‚Nein' sagte der Mann schwer. ‚Aber er wollte doch noch eine Probe– –' ‚Er
> hat mir nur von seinen Patienten erzählt, als ich es ahnte, und davon, wie viele
> Männer im Krieg – –'‚So', sagte die junge Frau beklommen und leise und sah in

---

1106 Eine solche Ebene eröffnet sich etwa, wenn man aufgrund der Anspielungen auf eine
      französische Insel und der Betonung der Mimosen eine Verbindung zur Insel Île d'Oléron
      bzw. der Festung „La Rochelle" herstellen kann. Wer im ‚dritten Reich' der NS-Propaganda
      ausgesetzt war, wird fast unvermeidlich von ihr gehört haben und sich an den standhaften
      General dort erinnern, für dessen treue Soldaten schließlich noch 1945 der aktuellste
      Veit-Harlan-Film abgeworfen wurde, damit er dort zeitgleich mit Deutschland erstaus-
      gestrahlt werden konnte (vgl. dazu Kap. 1.2 in Teil II der vorliegenden Studie m. w. H.).
      Der Text kann deswegen inklusive seines apologetischen Gehalts ganz vorrangig von An-
      gehörigen der Tätergesellschaft gedeutet werden.
1107 So insbesondere die Erzählungen „Das Katapult und die Pauke" (Kolbenhoff), „Geburts-
      tagsfeier" (Behrend), „Hoffnung" (Dreyer) oder auch „Es kam der Tag" (Schneider).
1108 Dreyer 1989, S. 142.
1109 Ebd., S. 143.

den leuchtenden Schnee. ‚Dann hat er mir die Hand gegeben und ist gegangen. Und nun sind wir wieder hier draußen, du'– und er knackte mit den Schuhen im Schnee, drückte den Arm seiner jungen Frau und bot dem kalten Wind sein nacktes Gesicht …[1110]

Mit diesen drei Auslassungspunkten endet die Erzählung. Sowohl die Ursache für die Erblindung des Mannes als auch die Begründung dafür, wieso er nicht operiert werden kann („viele Männer im Krieg – –"), bleiben durch die Auslassungen in Form von jeweils zwei Gedankenstrichen im Dunkeln, der Text belässt es bei der zitierten vagen Andeutung auf die Kriegsblinden – und das, obwohl es sich bei der Operation um den Erzählanlass und den gesamten Inhalt des Texts handelt. Spuren, die nach Signalverweisen aussehen, die auch mit abstraktem Wissen gedeutet werden könnten, laufen ins Leere; so erschließt sich keine eindeutige Referenz des Namens „Daniel Blom".[1111] Das einzige, was in diesem Text und in allen analogen Texten in *Tausend Gramm* überdeutlich wird, ist nun eben das, was sie für die Frage nach der Erlebnisgemeinschaft besonders interessant macht: Diese mit rein abstraktem Wissen nicht auflösbaren Anspielungen und Spannungsmomente beziehen sich *ausnahmslos* relativ eindeutig auf den Krieg oder die direkten Kriegsfolgen für die deutsche Tätergesellschaft in der Nachkriegszeit. Für die ‚Dabeigewesenen' dürften sie deswegen verständlich gewesen sein.

Dieses ästhetische Verfahren in dieser frühen Form des magischen Realismus' Marke Gruppe 47 dürfte wohl einen nicht unwesentlichen Teil dazu beigetragen haben, dass die meisten dieser Texte heute vergessen sind: Nur wer ‚dabei war', den Krieg selbst aus Soldatenperspektive erlebt hat, verspürt hier nämlich den Reiz einer künstlerischen Vieldeutigkeit. Dabei muss das Motiv für diese Schreibweise zunächst gar nicht zwingend ein gezielter Ausschluss gebildeter, nichtdabeigwesener Lesender gewesen sein; ein Grund für das Einflechten solcher Verweise könnte auch gewesen sein, dass den Autoren ‚universelle' Verweise auf den Bildungskanon mangels Schulbesuch gar nicht möglich waren. Dass das sich schnell aufbauende Selbstverständnis als moralische Instanz und als Stimme des ‚Wahren' und des ‚Guten' der Gruppe 47 so eng an dieser reinen Abbildfunktion von Literatur orientiert war,

---

1110 Ebd., S. 144 f.

1111 Der Vorname wird an einer anderen Stelle des Texts genannt (vgl. ebd., 142). Ein Zusammenhang mit James Joyces Leopold Bloom, der sich noch am ehesten andeutet, ist unwahrscheinlich, zumal Blom anders als Bloom kein jüdisch konnotierter, sondern ein vor allem in Skandinavien verbreiteter Name ist.

zeigt aber, dass aus dieser Not rasch ganz buchstäblich eine Tugend gemacht wurde.[1112] Und dafür, dass auch der *inhaltliche* Aspekt, die Texte einer exklusiven Gemeinschaft vorzubehalten, eine Rolle spielte, spricht nun dafür, dass die viel elaborierteren Schreibweisen späterer Gruppe-47-Mitglieder, erneut unter anderem diejenigen von Grass und Walser, denen des Kahlschlags gerade in dieser Hinsicht gar nicht unähnlich sind.

3.4.3   Moralische Schreibweisen der ‚Dabeigewesenen‘ bei den ‚Kriegskindern‘?

Dass die realistischen und magisch-realistischen Schreibweisen der ersten Gruppe-47-Generation nicht nur in ihrer Programmatik, sondern auch im Engagement-Verständnis hinsichtlich moralischer Deutungshoheit einseitig waren, erstaunt wenig. Aber hat sich auch dieser Aspekt einer partikularen Verknüpfung von ‚Erlebnis‘ und Moral in der Schreibweise der zweiten Gruppe-47-Generation der ‚Dabeigewesenen‘ fortgesetzt?[1113] Die literarischen Formen in der Gruppe 47 haben sich nach den ersten Jahren Dominanz des (magischen) Realismus schnell ausdifferenziert; auf der inhaltlichen Ebene spricht aber einiges für ein Fortleben eines partikularen Verständnisses von moralischer Deutungshoheit.

Der grundsätzliche Unterschied zwischen Augenzeugenschaft und abstrakter, theoretischer Herangehensweise blieb, wie weiter oben in diesem Kapitel gesehen, noch lange nach der ‚Alleinherrschaft‘ der ‚Dabeigewesenen‘ ein wichtiger Aspekt in den außerliterarischen Diskussionen der Gruppe 47,[1114] und auch im Selbstbild der Autoren als moralische Instanzen scheint die beschriebene Vorstellung der moralischen Texte als exklusiver Deutungsort auf.[1115] Abschließend sollen deswegen zwei Aspekte der Literatur der jüngeren ‚Dabeigewesenen‘ versuchshalber in einen Zusammenhang mit einer Vorstellung von exklusiver Deutungshoheit und eines Anrechts auf Normativität durch Augenzeugenschaft gestellt werden.

1112 Dies in einer ähnlichen Weise übrigens, wie man auch die Tatsache umdeutete, durch die Indoktrinierung im Nationalsozialismus einer verlorenen ‚jungen Generation‘ anzugehören, indem man den Vorwürfe durch eine Umkehrung der Logik begegnete und behauptete, gerade *weil* man den Nationalsozialismus so jung kennengelernt habe, sei man nun besonders skeptisch. Hier nun: Gerade *weil* man sie nicht durch abstrakte Bildung ‚verzerrt‘ wahrnahm, konnte man die Wirklichkeit so abbilden, wie sie *wirklich* war und wie man sie selbst erlebt hatte.

1113 Also Grass, Jens, Lenz oder Walser, die Richter als „Kriegskinder" bezeichnet (Richter 1979, S. 107); vgl. dazu weiter oben in diesem Kapitel.

1114 Vgl. Kap. 3.3.1 in Teil I der vorliegenden Studie.

1115 Vgl. dazu auch Kap. 1.1 in Teil I der vorliegenden Studie.

Erstens scheint sich gerade das oben für die Programmatik des ‚Kahlschlags‘ beschriebene Grundprinzip, dass die Texte selbst für moralische Integrität stehen und mit einer grundsätzlichen Deutungshoheit und moralischen Überlegenheit assoziiert werden, in den literarischen Texten der ‚Kriegskinder‘ auch in den späteren Jahren gehalten zu haben. Zwar wird das *Motiv* der Erlebnisgemeinschaft auf der Textoberfläche bald unwichtig. Aber die Vorstellung, dass die Autoren für ihre eigenen Erlebnisse einstehen und sie dementsprechend selbst und abschließend deuten könnten, ist noch Grass' Autobiografie *Beim Häuten der Zwiebel* inhärent, die in der öffentlichen Debatte für das „Bestreben, ‚das letzte Wort haben‘ zu wollen", und dafür, „die moralische Bewertung seiner Mitverantwortung der eigenen Person vorzubehalten", kritisiert wurde.[1116] Und noch das jüngste Gruppe-47-Mitglied, Hans Christoph Buch, steht für eine engagierte Literatur mit klarer Botschaft. Auch in seinen Büchern bleibt der moralische Impetus eng an ihn als empirischen Autor und sein Dabeisein geknüpft – wobei er und seine Figuren sich auf den globalen Kriegsschauplätzen der jüngsten Vergangenheit bewegten und bewegen.[1117]

Zweitens könnte eine sehr spezifische Schreibweise, die sich in vielen Texten dieser ‚Kriegskinder‘ äußert, mit diesem normativen Anspruch verbunden sein. Unter anderem Walter Jens' *Almanach*-Ausschnitt aus dem Roman *Der Mann, der nicht alt werden wollte* ([1953] 1962), in Günter Grass' Novelle *Katz und Maus* (1961), in Peter Bichsels „Skizzen aus einem Zusammenhang" ([1965]

1116 Vgl. Bigelow 2015, S. 424 f.: „In diesem Sinne wurden auch weitere Stimmen in der Forschung laut, die Grass vorwarfen, die Deutungshoheit über die deutsche Vergangenheit für sich proklamiert und sich gegen kritische Einrede immunisiert zu haben. Sein Bestreben, ‚das letzte Wort haben‘ zu wollen, sei darauf ausgerichtet gewesen, die moralische Bewertung seiner Mitverantwortung der eigenen Person vorzubehalten und so Verurteilungen von außen abzuwehren, bevor sie überhaupt erst formuliert werden konnten. Entsprechend wurde das Schuldbekenntnis von Grass zugleich auch als Entlastungsversuch gesehen, da er den ethischen Rahmen für die Diskussion um seine Rolle in der NS-Zeit im Voraus abgesteckt habe. Ein solcher Versuch der Immunisierung gegen Kritik lässt sich auch an der starken literarischen Stilisierung von *Beim Häuten der Zwiebel* festmachen: Der junge Grass tritt als fiktive Figur auf, auf die etwa in der dritten Person Singular rekurriert wird. Grass präsentiert den Rückblick auf sein Leben bewusst als narrativen Akt, in dem sich die Grenzen zwischen Fiktionalität und Faktizität ausdrücklich fließend gestalten."

1117 Vgl. dazu Lorenz 2017b, S. 470–472, 476–479, der beschreibt, wie in Buchs Reiseliteratur der „Einsatz des eigenen Körpers" (ebd., S. 471) anders als bei Christian Kracht zentral ist. Die große Häufung von dezidiert normativen, hinsichtlich ihrer Moral ganz eindeutigen literarischen Texten in der Literatur der Gruppe 47 ist bereits an sich durchaus bemerkenswert, da eine so eindeutig moralisierende Literatur im Kanon der Weltliteratur außerhalb der Gruppe 47 eine deutlich geringere Rolle zu spielen und auch hinsichtlich Moral vielmehr literarische *Vieldeutigkeit* das wichtigste Gestaltungsprinzip zu sein scheint.

1983) aus seinem Roman *Die Jahreszeiten* (1967), für die er 1965 den Preis der Gruppe 47 bekommen hat, aber auch noch Martin Walsers Roman *Tod eines Kritikers* (2002) ist gemein, dass sie zwar auf den ersten Blick polyphon geschrieben sind, weil sie mehrere intern fokalisierte Figuren enthalten. Letztlich vertreten aber alle Figuren, durch die fokalisiert wird, dieselbe Position, sodass gerade durch diese scheinbare Polyphonie eine maximal einseitige Darstellungsweise erreicht wird.

In all den erwähnten Texten ist das den Autoren nun nicht einfach unterlaufen, sondern wird ausgestellt. So wird bei Jens wie auch bei Bichsel sehr betont, dass die Erzählinstanz innere Monologe, die anderen Figuren zugeordnet werden, selbst erfindet.[1118] Und bei Grass und Walser kommt noch eine weitere Ebene hinzu: Auch die schreibende Instanz, die alle Figuren (selbst den Erzähler) erfindet, wird als solche ausgestellt *und* implizit mit dem empirischen Autor korreliert. In *Katz und Maus* (1961) scheint Grass selbst in der Figur des „Auftraggebers" auf, in *Im Krebsgang* (2002) hat die Figur des „Alten" einen ähnlichen Effekt; in Walsers *Tod eines Kritikers* (2002) stellt sich als letzte Pointe die Erzählinstanz als *alter ego* des Angeklagten Hans Lach heraus. Dadurch schließt sich gerade in diesen formal anspruchsvoller gestalteten, polyphonen Texten der Kreis zu den Schreibweisen der ersten Gruppe-47-Generation: Auch wenn die Verwirrspiele und Camouflagen die Texte ästhetisch interessanter gestalten, ist das Prinzip doch jenes, dass immer nur *eine* Deutung des jeweils Verhandelten stehen bleibt. Anstatt eine inhaltliche Vieldeutigkeit zu bewirken und Positionen gegeneinander zu stellen, stützen in solchen Konstruktionen alle Stimmen die Setzungen des einen Erzählers, der sie erfindet, oder sogar des empirischen Autors: Die Betonung, dass man mit seiner Person und seinen Erlebnissen für das Geschriebene steht, wird quasi auf zahlreiche Figuren aufgefächert.

1118   Bei Jens wird das Kapitel direkt als Fiktion *eines* Ich-Erzählers eingeleitet: „In diesem Augenblick, da ich, Friedrich Jacobs, zwei Jahre nach meiner Emeritierung dieses Buch beginne, endlich frei für Aufgaben, die zu lösen mich bisher mein Lehramt hinderte – in diesem für mich so bedeutsamen Augenblick kommt mir ein merkwürdiger Gedanke." (Jens [1953] 1962, S. 182.) Bichsel stellt wiederholt die Strapazen aus, unter denen ein Ich-Erzähler eine Fiktion und einen fiktionalen Protagonisten zu kreieren versucht: „Alles dem Kieninger unterschieben: Kieninger, Wiener, mietet sich in einem Vorort der Stadt ein Zimmer. Die Stadt gefällt ihm nicht [...]. Ich bin der, der das schreibt. Ich versuche, nicht von mir zu schreiben, sondern von Tisch, Zimmer, Haus und Straße." (Bichsel [1965] 1983, S. 119.) Dieses Verfahren findet sich auch in mehreren Romanen Max Frischs, der als ‚Gewissen der Nation' in der Schweiz eine ähnliche Bedeutung in Fragen der Moral hatte, wie die Gruppe 47 in Deutschland. Besonders deutlich ist die Metafiktionalität in *Mein Name sei Gantenbein* (1964) ausgestellt.

Besonders Grass verbindet in seinem Werk sogar beide Spezifika, die oben als mögliche formale Korrelate einer Verknüpfung von Erlebnisgemeinschaft und moralischer Deutungshoheit der (magisch-)realistischen Werke in der ersten Gruppe-47-Generation beschrieben wurden. Nicht nur vervielfacht er den ‚dabei gewesenen‘ Erzähler mit moralischem Sendungsbewusstsein, der die frühen, einfacheren Texte der Gruppe 47 dominiert hat, indem der ‚dabei gewesene‘ Erzähler von anderen Stimmen und bisweilen eben vom fiktionalisierten empirischen Autor unterstützt wird. Seine Romane führen auch das oben beschriebene ‚Eisbergprinzip‘, Andeutungen zu machen, die nur ‚Dabeigewesene‘ verstehen können,[1119] weiter: Wie Bigelow in Bezug auf *Die Blechtrommel*[1120] und Lorenz in Bezug auf *Katz und Maus*[1121] herausarbeiten konnten und wie Grass selbst oft betonte,[1122] ist seine eigene NS-Vergangenheit in seinen Romanen codiert eingearbeitet.

Verstehen kann man diesen Code aber nur, wenn man weiß, wonach man suchen soll, und dazu muss man um Grass’ Mitgliedschaft bei der Waffen-SS wissen – was angeblich die meisten ‚Dabeigewesenen‘ auch tatsächlich taten: Bis Mitte der 6oer Jahre sei Grass’ Vergangenheit kein Geheimnis gewesen. Sie sei aber genau deshalb nicht als Skandal empfunden worden, weil die, die darum wussten, den Kontext selbst erlebt hatten; weil „die Erinnerung an die letzten Kriegsmonate, in denen zahlreiche Jugendliche von der Waffen-SS rekrutiert und nicht zwingend freiwillig aufgenommen wurden, gesellschaftlich noch präsent gewesen sei.“[1123] Es konnten also genau diejenigen ‚dabei gewesenen‘ Angehörigen der Tätergesellschaft die Codes in Grass’ Romanen

1119 Vgl. weiter oben in diesem Kapitel.
1120 Vgl. Bigelow [2020].
1121 Vgl. Lorenz 2005.
1122 Vgl. Bigelow [2020].
1123 Vgl. dazu Bigelow 2015, S. 423 f. Der Kontext dieser Bemerkung: „Erst 2007 wurde bekannt, dass Grass in den 1960er Jahren noch vergleichsweise offen mit seiner Waffen-SS-Vergangenheit umging. Klaus Wagenbach – ehemaliger Lektor des S. Fischer Verlags – berichtete, 1963 von Grass selbst über dessen Mitgliedschaft informiert worden zu sein. In Gesprächen anlässlich einer geplanten Monografie über den Schriftsteller sei der Waffen-SS-Einsatz als eines von zahlreichen Themen gestreift worden. Wagenbach beließ den als beiläufig empfundenen Hinweis unveröffentlicht. Im Nachhinein begründete er dies mit dem Wandel des Erinnerungsdiskurses in den 1960er Jahren: Zu Beginn des Jahrzehnts wäre die Waffen-SS-Mitgliedschaft eines 17-Jährigen keineswegs als skandalös empfunden worden, da die Erinnerung an die letzten Kriegsmonate, in denen zahlreiche Jugendliche von der Waffen-SS rekrutiert und nicht zwingend freiwillig aufgenommen wurden, gesellschaftlich noch präsent gewesen sei. Der Wandel im deutschen Erinnerungsdiskurs der 1960er Jahre jedoch erschwerte ein öffentliches Geständnis zunehmend […]. […] Erst als gegen Ende der 1990er Jahre das von vielen Seiten propagierte Verständnis für eine deutsche Opferperspektive den deutschen Vergangenheitsdiskurs zu dominieren

schon lange deuten, bevor er sie offiziell ‚enthüllte', die bereits in den frühesten Gruppe-47-Texten exklusiv angesprochen worden waren.

3.5   Zwischenbilanz: Moralische Deutung in der Literatur der Gruppe 47

Die Vorstellung, die Erlebnisgemeinschaft aus dem Krieg sei als positiver Wert zu sehen, der anders als abstrakte Deutungen besonders für moralische Urteile qualifiziere, hat sich wie gesehen in einigen wichtigen literarischen Texten der Gruppe 47 direkt als affirmativ präsentierte Meinung einzelner Figuren und Stoßrichtung ganzer Handlungsstränge niedergeschlagen. Erlebnisgemeinschaft und moralische Deutungshoheit wurden so nicht nur diskursiv verknüpft, sondern auch an genau die gleichen Vorbehalte gegenüber den ‚Anderen', die ‚das Erlebnis' nicht vorweisen können, gebunden, wie sie bereits im Nationalsozialismus vorherrschten: Abstrakter Intellekt und der gemeinschaftsfremde Blick von außen erscheinen gerade in Zusammenhang mit moralischer Deutung als minderwertig. So in Hensels Erzählung, in der der Lehrer ‚die Protze' offenbar *wegen* seines Intellekts und weil er nicht ‚dabei war' keinen Zugang zu den jungen Landsern bekommen kann, die ihren Schulabschluss nachholen sollen. Oder bei Mönnich, wo der sogar namentlich als ‚der Andere' markierte Schulkollege Przybilla nur ein einziges Mal in die Gemeinschaft aufgenommen werden kann: nämlich als er von seinem intellektuellen Gehabe abkommt und für einen gelungenen Wandertag in der ‚urwüchsigen' Natur sorgt.

Das Motiv scheint aber schon früh auch von anderen Gruppenmitgliedern kritisch gesehen worden zu sein, im *Almanach* finden sich nämlich auch zwei Texte von Amery und Schallück, in denen eine Vergemeinschaftung und moralische Überlegenheit durch ‚das Erlebnis' gerade infrage gestellt werden. Und solche sehr inhaltlichen Aspekte scheinen nun, wie ein Seitenblick auf eine Debatte mit Amery zeigte, in den regelmäßig wieder aufkommenden Debatten zwischen den Realisten und den Surrealisten in der Gruppe 47 eine mindestens genauso große Rolle gespielt zu haben wie die rein ästhetischen Diskussionen. Indem Ästhetizismus und abstrakter ‚Formalismus' mit dem akademischen Hintergrund der entsprechenden jüngeren Generation von Autoren/-innen in Zusammenhang gebracht wurde und daran festgemacht wurde, ihre Schreibweise sei angeblich wenig wirklichkeitsnah und unpolitisch, knüpft die Haltung der ‚Dabeigewesenen' gerade in dieser Diskussion besonders eng an die NS-Dichotomie zwischen Intellekt und Gemeinschaft an.

---

begann, seien die Voraussetzungen für das Waffen-SS-Geständnis wieder günstiger gewesen." (Ebd.)

Abschließend wurden einige Argumente dafür reflektiert, dass sich dieses
Verständnis in doppelter Hinsicht auch in der Form der Literatur der Gruppe 47
niederschlägt: Einerseits, indem in den frühen Jahren ‚andere‘ Schreibweisen
in der Gruppe 47 kaum eine Bühne finden konnten, da per Definition nur
‚Dabeigewesene‘ glaubwürdige Vertreter des bevorzugten ‚journalistischen‘
Realismus’ sein konnten, andererseits, indem die programmatisch geforderte
magisch-realistische Schreibweise von den Angehörigen der Erlebnisgemeinschaft besser verstanden werden konnte als von ‚Nichtdabeigewesenen‘. Auch
wenn sich dieses simple Realismus-Verständnis nicht lange hielt, soll sich
ja doch in diesen Jahren das bis zuletzt beibehaltene Moral- und engagierte
Selbstverständnis, das heißt, wie Richter sagt, die ‚Mentalität‘ der Gruppe 47,
geformt haben.

Und tatsächlich können auch in avancierter geschriebenen, polyphonen
Texten der jüngeren ‚Dabeigewesenen‘ ähnliche exklusive Andeutungen aus-
gemacht und dieselben normativen moralischen Setzungen identifiziert
werden, wie in den Texten der früheren Gruppe-47-Generation, und zwar
gerade dort, wo die Textimplikation vom Autor als Person mitgetragen wird.
Indem die verschiedenen Akteure/-innen in solchen Texten als Projektionen
eines/einer Erzählers/-in ausgestellt sind, sind ihre Stimmen nämlich gerade
nicht als verschiedene Perspektiven, sondern umgekehrt als mehrere Exempli-
fizierungen *eines* Gedankens zu sehen. Die Vervielfachung der Perspektiven
führt in diesen Beispielen dazu, dass immer *dasselbe* – die Position des
empirischen Autors – mit mehr Vehemenz und von mehreren Stimmen vertreten werden kann, so dass die Normativität der Texte nun sogar *mehrfach*
abgesichert wird. Dass die Gemachtheit der Texte ausgestellt wird, weist also
immer noch auf die Autoren und etwas weniger dezidiert auch auf ihre Zeit-
zeugenschaft zurück. Es sind denn auch, wie die Beispiele gezeigt haben, ganz
vorrangig ‚dabei gewesene‘ Autoren, die so schreiben.

Zwar muss ein Zusammenhang dieser Schreibweisen mit dem Bild einer
Deutungshoheit durch ‚das Erlebnis‘ spekulativer bleiben als der Zusammenhang in Bezug auf das literarische Motiv. Was die Phänomene in der Gruppe 47
auffällig macht, ist erstens ihre große Häufung: In den frühen Jahren findet
sich eine große Mehrheit moralisch einwandfrei handelnder Protagonisten
mit Deutungshoheit, die meist autofiktional erscheinen und auf ihre dabei
gewesenen Schöpfer verweisen, und die Häufung setzt sich in den späteren
Jahren insofern fort, als mit Jens, Grass oder Walser gerade besonders populäre
Gruppe-47-Autoren daran anknüpfen.

Und zweitens korrelieren beide Varianten dieser ‚monologischen‘ Schreibweisen in der Gruppe 47 mit einem Ausschluss anderer Stimmen und Sichtweisen – denen der ‚Nichtdabeigewesenen‘ nämlich – und, eng verknüpft

damit, der oben beschriebenen Intellektuellenfeindlichkeit: Die Inhalte der magisch-realistischen Andeutungen der ersten Jahre referieren sehr oft auf ‚Insiderwissen' aus dem Nationalsozialismus und können dementsprechend von ‚Nichtdabeigewesenen' weder verfasst noch angemessen rezipiert werden. Dieses Verfahren wird von Grass' autofiktionalem Rätsel in seiner *Danziger Trilogie* noch verfeinert: Nur wer Bescheid weiß, kann es verstehen, und bewerten kann sowieso nur, wer es auch selbst erlebt hat. In beiden Varianten spielt dabei die Moral eine grundlegende Rolle: Die *Ruf*-Generation sieht ihr Schreiben als moralische Aufgabe an, Grass deutet sein Schreiben noch 2006 in *Beim Häuten der Zwiebel* als Buße und besteht zugleich darauf, dass nur er selbst über seine Verfehlungen urteilen könne.

Bereits im ersten Teil der Studie hat sich gezeigt, dass diese Vorstellung, ein besonderes Recht auf *Urteile* über Richtig und Falsch zu haben, eng mit dem Postulat zusammenhängt, selbst auch besonders moralisch agiert zu haben, indem man im Nationalsozialismus wenig Schuld auf sich geladen hat. Das Recht auf Urteile geht also gewissermaßen mit der Überzeugung einher, auch besonders moralisch zu *sein*. Abschließend soll diesem Zusammenhang nun in Bezug auf die literarischen Texte nachgegangen und gefragt werden, ob auch er an partikularistische Moraldiskurse im Nationalsozialismus anknüpft.

4   Tugend: Zugehörigkeit und moralische Integrität

> Es wird bald keine Plätze mehr geben, an denen sich Menschen treffen können. Es gibt fast nur noch Plätze für die Anderen.[1124]

Die direkte Abwertung nicht-‚arischer' ‚Volksfremder' war derjenige Aspekt der nationalsozialistischen Ideologie, in dem moralischer Wert und Zugehörigkeit am unmittelbarsten verknüpft waren. Der Aspekt von deren *moralischer* Diskreditierung und der Installation des ‚Eigenen' als moralisch überlegenes Kollektiv war ein unverzichtbarer Grundpfeiler der Diskriminierungen: Der ‚deutsche Volkskörper' wurde, ausgehend von angeblichen „erbgenetischen Anlagen zu einem Rasseninstinkt",[1125] als Ort und Ziel der partikularen Moral konstruiert, die demgegenüber ins Zentrum der Propaganda gestellten Negativbilder aller ‚Nichtarier' knüpften an antisemitische, rassistische und sonstige diskriminierende Traditionen der Abwertung an. Gerade hinsichtlich Moral

---

1124   Aus Alfred Andersch Roman *Sansibar oder der letzte Grund* (1957), S. 71; in der Folge im vorliegenden Kapitel im Fließtext zitiert (Sigle: AS). Zum Zitat vgl. weiter unten in diesem Kapitel.

1125   Bialas 2014, S. 51.

wurde dabei durchaus differenziert; das angeblich „marxistisch-jüdische Voll-kommenheitsideal und die Annahme, dass der Mensch von Natur aus gut sei", wurde zugunsten der Vorstellung, bereits Entscheidung zur Moral sei nur den ‚Ariern' möglich, verworfen:[1126]

> Durch Erbgut und Blut sei zwar vorherbestimmt, ob die Menschen zu moralischer Vollendung fähig seien. Ihr Verhalten sei durch ihre Erbanlagen jedoch nicht so weit festgelegt, dass sich für sie jede Entscheidung für gut oder böse erübrigen würde. [...] Gerade die Fähigkeit der Deutschen, sich zwischen Gut und Böse zu entscheiden, qualifiziere sie zu moralischen Wesen. Ihre bewusste Entscheidung für moralisches Verhalten müsse ihnen als Verdienst angerechnet werden. Sie ermögliche es ihnen, in Übereinstimmung mit ihrem Gewissen als der inneren Instanz der Gesetze des Lebens moralisch zu handeln.[1127]

Anderen ‚Eigenrassen' wurde unterstellt, davon abweichende, als unterlegen konstruierte moralische Voraussetzungen zu haben, und die Juden galten als „eigentümliche, inzüchtige Mischung verschiedener Rassen",[1128] die keine natürliche Moral hätten und gerade *deshalb* einem zersetzenden uni-versalistischen Moralverständnis anhängen würden,[1129] was sie besonders ge-fährlich für die moralische Integrität des deutschen ‚Volkskörpers' mache. Wie auch Gross zusammenfasst, handelt es sich dabei um ein inhärentes Problem eines biologistisch begründeten Antisemitismus:

> Wenn die eigene Ehre so sehr darauf beruht, von allem Jüdischen unberührt zu bleiben, sich die Ehre aber nie nur auf ein Individuum, sondern auf die gesamte Volksgemeinschaft bezieht, dann leidet diese umgekehrt unter jedem einzelnen Kontakt eines Ariers mit einem Juden oder einer Jüdin.[1130]

1126 Ebd., S. 75.

1127 Bialas 2014, S. 75.

1128 Ebd., S, 88.

1129 Vgl. ebd., S. 88 f.

1130 Gross 2010, S. 56. Man unterstellte aus diesem Empfinden heraus, der ‚Volkskörper' könne bereits durch körperlichen Kontakt einzelner ‚Arier' mit Juden ‚geschändet' und dadurch ‚entehrt' werden; Gross spricht in diesem Zusammenhang von „kontagionistische[m] Antisemitismus" (ebd., S. 44) und weist darauf hin, dass schon Sartre in seinen „Be-obachtungen zur Judenfrage" dieses Phänomen beschrieben hat. Sartre hielt dort fest: „Die Deutschen verboten als erstes den Juden den Zutritt zu den Schwimmbädern. Sie glaubten, das ganze Bassin würde verunreinigt, wenn der Körper eines Juden hinein-tauchte." (Sartre 1948, S. 29.) Dass diese Kontaminations-‚Angst' gerade auch die ‚Volks-moral' betraf, wird schon an der Benennung des Gesetzes „zum Schutze des deutschen Blutes und der deutschen Ehre", das beschlossen wurde, um solchen ‚Kontaminationen' abzuhelfen, deutlich. Das Gesetz wurde im Rahmen der Nürnberger Gesetze am 15.09.1935 veröffentlicht (Reichsgesetzblatt 1935 I, S. 1146 f.; vgl. dazu Gross 2010, S. 45); neben Ehe-schließungen und Sex zwischen Juden und Nichtjuden verbot es den Juden auch, ‚arische'

Erneut gilt hier, dass selbstverständlich nicht untersucht werden soll, ob sich solche nationalsozialistischen Moraldiskurse in ihrer gesamten ideologischen Verbindung von Rassenbiologie und Moralvorstellungen in der Literatur der Gruppe 47 fortsetzten. Wie bereits dieser knappe Überblick nahe legt, sind kollektivistische und vor allem exklusive Zuschreibungen moralischer Eigenschaften zu der Gruppe des 'Eigenen' aber ein so zentraler Aspekt davon, dass die bereits eingangs der vorliegenden Studie beschriebene Fortsetzung von diesem Aspekt einer genaueren Betrachtung wert ist. Dazu soll zunächst noch einmal von der Identitätskonstruktion der 'jungen Generation' ausgegangen werden: Neben der Wahrnehmung als Opfer des Nationalsozialismus und als exklusive Erlebnisgemeinschaft war der dritte zentrale Aspekt der Legitimierung der Gruppe 47 als 'moralische Instanz' derjenige der *Unschuld* und damit der 'moralischen Unbeflecktheit'. Man galt, wie oft betont, als die junge Generation und Erlebnisgemeinschaft derjenigen 'Dabeigewesenen', die, wenn überhaupt, dann *schuldlos* schuldig geworden seien.[1131] In der Gruppe 47 wie im gesamten Nachkriegsdiskurs waren 'die Nazis' dabei die wichtigste Gruppe, der man die Schuld an Krieg und Holocaust zuwies und selbst dezidiert *nicht* angehörte.

Diese Dichotomisierung, wobei die größte Gruppe der Deutschen zu den unschuldigen und sogar 'guten Deutschen' gezählt wurde, spielte im Nachkriegsdiskurs eine wohl noch wichtigere Rolle als die zwischen 'Dabeigewesenen' und 'Nichtdabeigewesenen'. Ausgehend davon liegt die Frage nahe, inwiefern die damit verbundenen radikalen Auslagerungen von Schuld nicht nur mit individueller Abwehr und Selbstrechtfertigung, sondern auch mit einem Fortleben des im Nationalsozialismus grundsätzlich partikularisierten Moralverständnisses zu tun hat, in dem die moralische Integrität des Kollektivs nur durch die Unbeflecktheit der gesamten Gemeinschaft gewahrt bleiben kann. Ausgehend von einer Sichtung des damit verbundenen Forschungsstands soll beleuchtet werden, welche Rolle Figuren guter Deutscher und ihnen dichotom gegenüberstehende Figuren des 'Bösen' in den *Almanach*- und Preistexten spielen und welche Feindbilder dabei aufgegriffen werden. Die beiden späten *Almanach*-Erzählungen „Gelegenheit zum Verzicht" von Lenz (gelesen 1960) und „Bericht des jungen Mannes" von v. Cramer (gelesen 1961) werden

---

Hausangestellte einzustellen oder die deutsche Flagge zu hissen (vgl. ebd.). Wie Gross ausführt, stand dabei „das Gebot der arischen deutschen Ehre, sich das eigene Schamgefühl und die Keuschheit gegenüber Juden und Jüdinnen zu bewahren" im Zentrum all dieser Beschlüsse (ebd., S. 44).

1131 Vgl. dazu insbesondere Kap. 1.1.1 und Kap. 3.3 in Teil I der vorliegenden Studie.

daraufhin genauer beleuchtet, da sie insbesondere zusammen gelesen diese Opposition besonders gut verdeutlichen (4.2).

Daraufhin ist auf den immer damit verknüpften wichtigsten Aspekt der Dichotomisierung von Moral einzugehen, der vor allem im Nationalsozialismus den Kern dieser Opposition ausmachte: Die Abwertung der ‚Anderen‘ als moralisch ‚minderwertig‘ erfolgte über die Propagierung rassistischer und antisemitischer Stereotype. Die Frage, ob und welche Negativbilder sich in den *Almanach*- und Preistexten finden, soll den vorliegenden Teil der Studie zu subkutanen Fortsetzungen von NS-Moraldiskursen abschließen, wobei nach einem letzten Überblick über entsprechende Figuren in einer größeren Menge von literarischen Texten und im ‚Wendejahr 1959‘ genauer auf eine spezifische Art antisemitischer Figurenzeichnung von Hans Werner Richters Roman *Die Geschlagenen* (1949) eingegangen wird. In dessen Verfahren der Auslagerung der NS-Schuld in ein Gefangenenlager in den USA, in dem nun nicht nur ‚die Nazis‘, sondern zudem ein jüdischer Aufseher als Hauptschuldiger an KZ-ähnlichen Zuständen erscheint, schließt sich ein Kreis der Dichotomisierung von Schuld im Nationalsozialismus zu einer kollektivistischen Auswertung der Tätergesellschaft und diskriminierenden Abwertung der ‚Anderen‘, die bereits im Nationalsozialismus zu Opfern wurden. Ausgehend davon wird noch einmal auf Lenz' *Almanach*-Erzählung und die Rolle der jüdischen Figur eingegangen (4.3).

Diesen Überlegungen ist eine Analyse von Alfred Anderschs Roman *Sansibar oder der letzte Grund* (1957) vorangestellt; obwohl der Roman nicht einmal auf einer Gruppentagung gelesen wurde, dürfte er aus mehreren Gründen in Bezug auf die vorliegende Fragestellung besonders aufschlussreich sein, die gleich genauer auszuführen sind: Andersch gilt als eines der wichtigsten Gruppenmitglieder und *Sansibar* ist derjenige seiner Romane, der auch heute noch ein breites Publikum findet und in vielen Schulen zur Pflichtlektüre gehört. Bereits in den letzten Kapiteln der vorliegenden Studie hat sich gezeigt, dass der Roman offenbar in mehreren Debatten unter Gruppenmitgliedern eine wichtige Rolle spielte; Amerys *Almanach*-Erzählung könnte darauf anspielen und Celan kritisierte den Roman bereits 1959 in einem Brief an Böll für die Darstellung der jüdischen Figur Judith. In der Andersch-Debatte der 90er Jahre rückte ebenjene Darstellung erneut in den Blick, zudem wurde auf eine schuldabwehrende Darstellung deutscher Angehöriger der Tätergesellschaft geschlossen. Und ‚die Nazis‘ kommen in *Sansibar*, wie bereits in der eingangs dieses Kapitels zitierten Stelle deutlich wird, nicht namentlich, sondern nur als ‚die Anderen‘ vor. Angesichts dieser Vielzahl an potenziell relevanten Diskursen soll ihr Zusammenspiel und ihre möglichen Bezüge zu vergleichbaren

Moralkonfigurationen im Nationalsozialismus deswegen zunächst genauer
betrachtet werden (4.1).

4.1   Alfred Andersch: Sansibar oder der letzte Grund (1957)

In einem bereits weiter oben zitierten Brief Celans, den er Böll 1959 anlässlich von dessen ausbleibender Reaktion auf einen antisemitischen Vorfall
geschrieben hat, äußert er sich nebenbei auch enttäuscht über Andersch.
Er habe ja bereits „mit einem anderen ‚Engagierten', Ihrem Freund Alfred
Andersch",[1132] schlechte Erfahrungen gemacht – und er konkretisiert: „(Jaja,
der mit der Barlach-Statue und dem so schönen mandeläugigen Juden-
mädchen, der Andersch im Tessiner Exil ...)".[1133] Auch wenn der Anlass seiner
Empörung über Andersch ein anderer war,[1134] klingt hier relativ deutlich eine
Missbilligung der Figurenzeichnung eben jenes ‚Judenmädchens' an.

Und wie im letzten Kapitel gesehen, wird der Roman darüber hinaus auch
in Amerys im Almanach abgedruckter Satire, dem Kapitel aus seinem Roman
Die große deutsche Tour, Gegenstand von Kritik, wenn der Roman im Drehbuch von Amerys einfach gestrickter Figur „Ferde" anklingt: Da Andersch von
seinen Freunden Fred genannt wurde, könnte schon diese Namenswahl eine
Anspielung auf ihn sein. Dazu kommt, dass in beiden Texten eine der Hauptfiguren Knudsen heißt und der Plot bei Amery so beschrieben wird, dass es
auch gut auf Sansibar passt: Es seien „Nächstenliebe, Männlichkeit, und der
antikommunistische Dreh für die Bundesbürgschaft" (CA 251) enthalten.[1135]
Amery stellt in seiner Satire diesen Sansibar-Verschnitt wie gesehen als
Musterbeispiel für den Gruppe-47-Realismus und dessen exkludierenden Gehalt dar – eine Darstellung, der angesichts dieser kritischen Rezeption in der
Gruppe 47 und der Bedeutung des Romans bis heute hier noch einmal genauer
nachgegangen werden soll.

Bevor solche problematischen Aspekte näher beleuchtet werden, ist bei
diesem Autor besonders wichtig, noch einmal zu betonen, dass es bei ihm
stärker noch als bei anderen Gruppe-47-Autoren der ersten Generation
auch eine andere Seite gibt: Der in den USA geschulte Andersch hat sich in

---

1132   Celan 2011, S. 360 [Brief an Böll vom 08.04.1959]; vgl. dazu Kap. 2.3.3 im vorliegenden Teil
II der Studie.

1133   Celan 2011, S. 360 [Brief an Böll vom 08.04.1959].

1134   Celan geht es hier primär darum, dass Andersch offenbar auf seine „Bitte um Rat und
Solidarität" mit der Einschätzung, er sei zu empfindlich, und „eines schönen Tages" sogar
mit: „Haun Sie ab!" reagiert habe (ebd.); vgl. dazu Kap. 2.3.3 im vorliegenden Teil II der
Studie.

1135   Vgl. dazu Kap. 3.3.2 im vorliegenden Teil II dieser Studie.

mehrfacher Hinsicht konsequent ,antifaschistisch' engagiert, sich explizit gegen Nationalismus geäußert,[1136] hat jüdischen Autoren und ehemaligen Exilautoren in seinen Sendungen eine Plattform geboten[1137] und den Holocaust früh und deutlich benannt, wenn er bereits 1956 explizit über die „maschinelle[] Vernichtung von 6 Millionen Juden" schrieb.[1138] Literarisch hat er in *Efraim* als einer der ersten deutschen Nachkriegsautoren vonseiten der Tätergruppe einen jüdischen Protagonisten gestaltet.[1139]

Dennoch hinterfragen die seit den 90er Jahren im Zuge der Sebald-Debatte immer häufiger werdenden kritischen Stimmen mit Recht den langjährigen Ruf als verhinderter Widerstandskämpfer und als „politisch über alle Zweifel erhaben[en]"[1140] Autor. Sowohl Anderschs Rolle im Widerstand, seine KZ-Inhaftierung und Desertion und seine 1943 geschiedene Ehe mit einer „Halbjüdin" als auch sein literarisches Werk, gerade auch die bereits von Celan problematisierte Darstellung der Jüdin Judith in *Sansibar*, wurden inzwischen kritischen Relektüren unterzogen,[1141] viele sind im von Döring und Joch herausgegebenen Sammelband *Alfred Andersch ,revisited'*[1142] versammelt.

Auf diese Debatten um Andersch und insbesondere sein literarisches Werk wird im Folgenden eingegangen, um danach zu fragen, inwiefern der Fokus der vorliegenden Studie auf Verknüpfungen von Identitäts- und Alteritätskonstruktionen mit Moraldiskursen die bestehenden kritischen

---

1136 Wie bereits im ersten Teil der Studie angemerkt (vgl. Kap. 3.2.3 in Teil I der vorliegenden Studie), betont er beispielsweise im Essay „Das junge Europa formt sein Gesicht" von 1946 seine „Ablehnung nationaler und rassischer Vorurteile" (ebd., S. 1) oder problematisiert in einem Thomas-Mann-Essay in *Texte und Zeichen* (1955), wie sich Deutschland nach dem Ersten Weltkrieg „in ein nationalistisches Ressentiment fast ohne Beispiel in der neueren Geschichte" verloren habe (ebd., S. 93). Die Divergenz zwischen solchen Bekundungen und eigenen nationalistischen Tendenzen kann unter anderem durch unterschiedliche Nationalismus-Begriffe erklärt werden, wie sie Flanagan (1999) bereits für den *Ruf* beschrieben hat; vgl. dazu ebenfalls Kap. 3.2.3 in Teil I der vorliegenden Studie m. w. H.

1137 Vgl. Sarkowicz 2016; vgl. dazu Kap. 3.2 in Teil I der vorliegenden Studie m. w. H.

1138 Andersch [1956] in Die Blindheit des Kunstwerks und andere Aufsätze (Frankfurt, 1965), anlässlich der blutigen Niederschlagung der Aufstände in Ungarn, hier aber mit Bezug auf Adenauers Staatssekretär Hans Globke, der im Nationalsozialismus an den Nürnberger Gesetzen mitschrieb. Zit. n. Reinhardt 1996, S. 272.

1139 Zu den problematischen Implikationen, die damit verknüpft sind, vgl. u. a. Klüger 1994, S. 18; Feuchert 2016.

1140 So Widmer 1966 (S. 32) im Zusammenhang mit einem Zitat Anderschs über alle Mitarbeiter des *Ruf*; vgl. die Einleitung zu Teil I der vorliegenden Studie.

1141 Am prominentesten in der Sebald-Debatte und in Ruth Klügers Aufsatz über das „Judenproblem" in der deutschsprachigen Literatur (Klüger 1994); vgl. weiter unten in diesem Kapitel.

1142 Döring 2011; vgl. auch weiter unten in diesem Kapitel.

Sansibar-Lektüren ergänzen kann und was der Roman dadurch über NS-Kontinuitäten in der Literatur der Gruppe 47 verrät. Dazu ist zunächst knapp zu erläutern, wieso der Roman in der vorliegenden Studie als durchaus typisch für solche Diskurse verstanden wird.

4.1.1   *Sansibar*, Andersch und die Gruppe 47

Obwohl Andersch von 1953 bis 1957, das heißt in seiner aktivsten Gruppe-47-Zeit, an *Sansibar* gearbeitet hat,[1143] und trotz des sofort einsetzenden großen Erfolgs des Romans hat Andersch allen verfügbaren Quellen nach nie auf einer Gruppentagung daraus gelesen.[1144] Über die Gründe dafür kann nur spekuliert werden: Andersch las auch später nie aus einem laufenden Romanprojekt, sodass es womöglich mit persönlichen Vorlieben, vielleicht einer Vorsicht, Unfertiges der Kritik auszusetzen, zu tun hatte. Wie Richter im Andersch-Porträt im *Etablissement der Schmetterlinge* ausführt, war seine allererste literarische Lesung der noch im Krieg entstandenen, gemäß Böttiger „kolportagehaften" Erzählung „Heimatfront"[1145] auf Kritik gestoßen, und man habe ihm angesehen, „wie sehr er unter dieser Kritik litt. Er nahm sie nicht geduldig auf, sondern im Zorn".[1146]

Auch markiert das Erscheinen von *Sansibar* schon fast die zeitliche Grenze, nach der sich Andersch zusehends allgemein von der Gruppe distanzierte. In den frühen 60er Jahren sagte er mehrere Einladungen Richters ab und nahm überhaupt zuletzt im Jahr 1962 an einem Treffen teil.[1147] Die letzte bei Meyer

---

1143 Andersch schreibt in einem Brief an Richter bereits im Januar 1953, er wolle „in absehbarer Zeit ein neues Buch beginnen" (Richter 1997, S. 150); Cofalla weist im Stellenkommentar darauf hin, dass es sich dabei um *Sansibar* handelt (vgl. Cofalla 1997b, S. 152; Reinhardt 1996, S. 734).

1144 Vgl. insbesondere Meyer 2013, Böttiger 2012 und Nickel 1994, aber auch einschlägige Andersch-Biografien von Reinhardt 1996, Jendricke 1988 und Wehdeking 1983, wo nirgends von einer Resonanz auf Gruppentagungen die Rede ist.

1145 Vgl. Böttiger 2012, S. 61.

1146 Richter 1986, S. 33; wie er ausführt, sei Andersch stolz auf seine Erzählung und „überzeugt von ihrer hohen Qualität", gewesen, „eine Meinung, die seine Zuhörer nicht teilten" (ebd.). Noch im Rahmen derselben Tagung las er aber den Essay *Deutsche Literatur in der Entscheidung*, der wie beschrieben auf sehr positive Resonanz stieß, (vgl. Kap. 3.2 in Teil I der vorliegenden Studie); was ihn gemäß Richter „sofort entspannte und wieder liebenswert machte." (Richter 1986, S. 33.)

1147 Meyer (2013) verzeichnet 14 Teilnahmen Anderschs, von denen er sieben Mal las (vgl. ebd., Anhang „Autorenkorpus", S. 1). Er nahm bis 1955 mindestens einmal pro Jahr teil, dann zum ersten Mal nach einem etwas längeren Unterbuch auf der 19. Tagung 1957 im September – also im Erscheinungsjahr von *Sansibar* und auf der mitgeschnittenen Tagung, auf der Amery seine Satire las (vgl. Kap. 3.3 im vorliegenden Teil II der Studie) –;

verzeichnete Gruppe-47-Lesung fand bereits auf der 17. Tagung im Oktober
1955 statt,[1148] wo Andersch den Essay „Die Blindheit des Kunstwerks" las;
anderen Quellen zufolge las er aber noch einmal im Jahr 1960 auf der Hör-
spieltagung das Stück „Albino".[1149]

Für die Distanzierung von der Gruppe dürften unter anderem der Umzug
in die Schweiz und die Uneinigkeiten mit Richter und Grass über das tages-
politische Engagement eine Rolle gespielt haben.[1150] Ein 2016 erstmals auf
Deutsch veröffentlichtes Typoskript aus dem Jahr 1963 zeigt,[1151] dass Anderschs
Verhältnis zur Gruppe zu diesem Zeitpunkt tatsächlich bereits gespalten war:
In der italienischen Presse spricht er davon, „dass die Gruppe 47 die deutsche
Literatur nicht allein vertritt, und dass sie schwere Unterlassungs-Sünden

---

daraufhin war er nur noch dreimal, zum letzten Mal 1962 dabei. Heidelberger-Leonhard
(1999) spricht in Bezug auf Anderschs Verhältnis zur Gruppe 47 von einer „Dramaturgie
einer Abwesenheit." (Ebd., S. 87.)

1148   Vgl. Meyer 2013, Anhang „Autorenkorpus", S. 1. In der Rubrik „Wichtige Autoren und
       Kritiker, die ihre Einladung nicht wahrgenommen haben" in Nickel 1994, S. 331–407,
       taucht Andersch im Verlauf der Zeit dementsprechend immer öfter auf (insbesondere
       S. 358 ff.).

1149   Vgl. Nickel 1994, S. 367. Dass die Lektüre von „Albino" nicht überall verzeichnet ist, lässt
       sich mit dem Sonderstatus der Hörspieltagung erklären; es korrespondiert aber auch
       damit, dass das Hörspiel nicht in den gesammelten Werken (vgl. Andersch 2004, Bd. 7)
       aufgenommen wurde. Einer zeitgenössischen *Spiegel*-Rezension von *Die Rote* (1960)
       zufolge (o. A. 1960) wurde der nicht sehr positiv aufgenommene Roman besonders für
       diejenigen Stellen kritisiert, die mit der „Fabel des ‚Albino'" (ebd., 81) zusammenhängen –
       die „in den wesentlichen Zügen mit dem kriminalistischen Teil der ‚Roten' identisch" sei
       (ebd.). So wird Kurt Lothar Tank mit den vernichtenden Worten über den aus „Albino"
       übernommenen Handlungsstrang zitiert: „Das klingt nach Klischee und Kriminalroman,
       und das ist auch Klischee und Kriminalroman." (Ebd., S. 81 f.) Auch der anonyme Kritiker
       des *Spiegel* selbst spricht vom „Geschmack politischer Kolportage-Klischees" (ebd., S. 81)
       und betont, dass gleich zwei andere Rezensionen das Ende von *Die Rote* ausgerechnet mit
       dem Roman *Das einfache Leben* von Ernst Wiechert verglichen hätten (vgl. ebd., S. 82 f.).
       Dieser Roman ist nun im Jahr 1939 im NS-Deutschland erschienen und ein erfolgreicher
       Roman der ‚inneren Emigration', während *Die Rote* als zeitkritische Reflexion über die
       politische Linke und nationalsozialistische Untergrundorganisationen konzipiert ist –
       also ein vernichtendes Urteil über den ‚kriminalistischen Handlungsstrang' in Anderschs
       Roman und damit auch über „Albino", dem dieser Aspekt der *Roten* zugrunde liegt. Es
       dürfte also durchaus im Sinne des Autors gewesen sein, „Albino" der Vergessenheit an-
       heimfallen zu lassen.

1150   Reinhard zitiert einen Angriff von Grass auf Böll und Andersch, weil sich diese nicht
       im SPD-Wahlkampf engagiert hätten (Reinhardt 1996, S. 605). Auch Richter habe sich
       Andersch erst in späten Jahren wieder politisch angenähert (ebd., S. 606).

1151   Andersch [1963] 2016, S. 356.

begangen" habe.[1152] Er scheint damit aber vor allem den Fakt zu meinen, dass sie „Wolfgang Koeppen und Arno Schmidt, den Romancier und Dramatiker Max Frisch, den Lyriker Paul Celan, die Philosophen Theodor W. Adorno und Max Bense, den Soziologen Eugen Kogon" nicht habe integrieren können.[1153]

Politisch und literarisch stellt er sich in dieser Stellungnahme aber sehr deutlich hinter die Gruppe, wenn er ihr „Qualitätsgefühl"[1154] bei den Preisverleihungen, „politische Aktionen von großer Kraft",[1155] politischen „Nonkonformismus"[1156] und Gegnerschaft zur „offiziellen westdeutsche[n] Politik wegen ihrer Tendenz zum militärischen Machtstaat"[1157] und sogar ihre Funktion als „nahezu einzige oppositionelle Kraft in Deutschland"[1158] hervorhebt. Obwohl er zu diesem Zeitpunkt kaum mehr auf Tagungen präsent ist, scheint er sich weniger radikal von der Gruppe abgewandt zu haben als Celan, Bachmann oder Böll;[1159] und in einem späteren Brief an Richter zeigt er sich „[v]ersöhnlich"[1160] und macht deutlich, dass er dessen Engagement rückblickend bewundert.[1161]

An weiterer unerfreulicher Kritik dürfte es jedenfalls trotz des Misserfolgs seiner ersten Lesung nicht gelegen haben, dass er nach 1954 keine literarischen Werke mehr las; sowohl die Lesung von „Die bitteren Wasser von Lappland" 1953 in Schloss Bebenhausen als auch die von „Diana mit Flötenspieler" in Cap Circeo 1954 scheinen sehr positiv aufgenommen worden zu sein.[1162] Auch der Roman *Sansibar* wurde nach seinem Erscheinen nicht nur

---

1152 Ebd., S. 355.

1153 Ebd.

1154 Ebd., S. 354.

1155 Ebd., S. 356.

1156 Ebd., S. 355.

1157 Ebd.

1158 Ebd.

1159 Zu Celan und der Gruppe 47 vgl. Kap. 2.3 im vorliegenden Teil II der Studie m. w. H.; zu Bachmann und der Gruppe 47 vgl. Kap. 3 in Teil III der vorliegenden Studie m. w. H.; zur Distanzierung Bölls von der Gruppe 47 vgl. insbesondere Finlay 1999.

1160 Reinhardt 1996, S. 606.

1161 Andersch 1978, zit. n. Reinhardt 1996, S. 605 f.

1162 Auf der Lesung auf Cap Circeo im Jahr 1954 hätte Andersch beinahe den Preis der Gruppe 47 gewonnen; wie auch Hildesheimer wurde er zur Wahl vorgeschlagen (vgl. Reinhardt 1996, S. 225), der Preis ging dann aber an Adriaan Morriën. Zu Anderschs Lesung in Schloss Bebenhausen vgl. auch die Rezension von Heinz Friedrich: „Das Niveau der Tagung wurde vielmehr von Autoren wie Ingeborg Bachmann, Walter Jens, Alfred Andersch, Wolfgang Hildesheimer bestimmt. So beeindruckte Alfred Andersch mit einem vorzüglich komponierten und in dichterische Bezirke vorstoßenden Rundfunk-Feature über eine Lapplandreise (‚Die bitteren Wasser von Lappland'), das elementares

in kürzester Zeit international erfolgreich,[1163] sondern auch von wichtigen Gruppe-47-Mitgliedern gelobt; so wollte sich Reich-Ranicki selbst in der Figur des Gregor wiedererkennen.[1164] Dass auch Günter Blöcker, der heute vor allem noch für seine zwei Jahre später geschriebene antisemitische Rezension von Celans Gedichtband *Sprachgitter* bekannt ist,[1165] den Roman Anderschs in höchsten Tönen lobte, passt nun angesichts der im Folgenden vorgestellten späteren Lektüren mindestens so gut zu dem Roman wie Reich-Ranickis Begeisterung.[1166]

4.1.2   Sekundärliteratur und Debatten

Die Liste kritischer Lektüren von *Sansibar oder der letzte Grund* hat sich in den letzten Jahrzehnten allmählich verlängert, nachdem der Roman eine lange Zeit mit Begeisterung und Auszeichnungen rezipiert worden war, die Andersch selbst früh prognostizieren ließen, der Roman könnte zu einem „Best-, wenn nicht sogar Longseller" werden.[1167] Bereits die positive Rezeption war stark von inhaltlichen Kriterien geprägt, so wurden schon in den frühesten Rezensionen die „Modellsituation" in der Figurenzeichnung gelobt[1168] und in der Forschung bis in die 8oer Jahre der ‚moralistische' Gestus[1169] sowie der „Charakter einer Versuchsanordnung, eines ästhetischen Modells" in der Aufarbeitung des Nationalsozialismus hervorgehoben,[1170] und der Roman wurde rasch zur beliebten Schullektüre.[1171]

Naturerlebnis mit moderner Bewußtseinsspannung geradezu mythisch verschmolz." (Friedrich [1953]1967, S. 94.) Auch die Lesung des Essays „Über die Blindheit des Kunstwerks" wurde gelobt; in einem Tagungsbericht schreibt Christian Ferber, Andersch habe „kulturzeitschriftreif über das Kunstwerk" gesprochen und damit „das rechte Bassin für die schöpferischen Wogen" gegeben (Ferber [1955] 1967, S. 115).

1163   Vgl. Reinhardt 1996, S. 308, zur fast durchgängig positiven zeitgenössischen Rezeption von *Sansibar* vgl. auch Reinhardt 1996, S. 281–308; Wehdeking 1983, S. 82–83; Jendricke 1988, S. 85; auch den aktuellsten Band der Königs Erläuterungen zu *Sansibar* von Hasenbach 2013, S. 103–105.

1164   So schreibt er in der ebenfalls bereits 1957 erschienenen „Studienausgabe" von *Sansibar oder der letzte Grund*, zit. n. Reinhardt 1996, S. 300.

1165   Vgl. auch Kap. 2.3.3 im vorliegenden Teil II der Studie.

1166   Wobei wiederum zu erwähnen ist, dass sich der ebenfalls rechtskonservative Publizist Friederich Sieburg in seiner Kritik „sichtlich wand", wie Andersch-Biograf Reinhard umschreibt. (Reinhardt 1996, S. 292.)

1167   Ebd., S. 285.

1168   Wehdeking 1983, S. 77; vgl. auch Ächtler 2016, S. 18 f.

1169   Vgl. Wehdeking 1983, S. 77.

1170   Reinhold 1988, S. 130.

1171   Was er, ungeachtet der Entwicklung in der Forschung, bis heute relativ unverändert blieb; vgl. weiter unten in diesem Kapitel.

Gerade diese ‚Modellhaftigkeit' gab schon früh Anlass zu Kritik; wie Alexander Ritter in seinem Aufsatz über die „Skandalinszenierung ohne Skandalfolge" um Andersch schreibt, „verbleiben" die Vorwürfe aber bis zur Andersch-Kontroverse in den 90er Jahren lange „im Diskurs der Andersch-Forschung [...].“[1172] Dabei hatte es schon im Jahr 1957 erste kritische Stimmen gegeben; Ritter zitiert Kay Hoff, der in einer frühen Rezension unter anderem darauf hinwies, dass der Autor von *Sansibar* „der Wirklichkeit andere Akzente gegeben" habe und dies „dem (politischen) Moralisten [...] gefährlich erscheinen" könne.[1173]

Andersch-Debatte

Die nach wie vor wichtigsten Anschübe für kritischere Relektüren gaben aber erst Ruth Klüger in ihrem ursprünglich 1985 auf Englisch erschienenen, schon im nächsten Jahr auf Deutsch übersetzen Aufsatz „Gibt es ein Judenproblem in der deutschen Literatur?“[1174] und Sebald in seinem 1993 veröffentlichten Rundumschlag gegen Anderschs Verhalten im und nach dem Nationalsozialismus.[1175] Sebald geht es vor allem um (werk-)biografische Aspekte wie den Aufenthalt in Dachau und Desertion, aber auch den Umgang mit seiner ersten Ehefrau, die wegen ihrer jüdischen Mutter in Gefahr war und von der sich Andersch 1943 scheiden ließ. *Sansibar* kritisiert er wegen Letzterem als biografische Umformung, da der Protagonist (der zahlreiche Züge Anderschs trägt) hier eine Jüdin gerade rette.[1176] Klügers Aufsatz ist trotz des eher essayistischen Charakters ein Grundlagentext der Erforschung des literarischen Antisemitismus;[1177] breiter rezipiert wurde er aber erst im Rahmen der Sebald-Kontroverse.[1178] Gleich drei Romane Anderschs werden darin kritisch beleuchtet, nämlich *Sansibar, Die Rote* und *Efraim*.

Auch Klüger liest *Sansibar* mit Bezug auf Anderschs Biografie als „Wiedergutmachungsphantasie“,[1179] die sie zudem erinnerungspolitisch betrachtet und so auf die gesamte Nachkriegsgesellschaft ausweitet, indem sie auf Verschiebung der historischen Realität in der gesamten Konstruktion hinweist. Sie kritisiert, dass KZs als Gefahr stärker für die Kommunisten und den Pfarrer Knudsen

---

1172 Ritter 2007, S. 472.
1173 Ritter 2007, S. 472.
1174 Im Folgenden zitiert aus Klüger 1994.
1175 Sebald 1993. Die Kontroverse, die er auslöste, ist zusammengefasst in Ritter 2007.
1176 Vgl. ebd.
1177 Vgl. u. a. Lorenz 2005, S. 74 f.; Bogdal 2007, S. 3.
1178 Vgl. Ritter 2007, S. 472.
1179 Klüger 1994, S. 12.

als für Judith erscheinen,[1180] die drohende ‚Euthanasie' der Ehefrau Helanders
berühre stärker als die Gefährdung der Jüdin. Diese sei als wehrloses Opfer,
als hübsches, naives und auch sehr verwöhntes Geschöpf konstruiert. Durch
ihre passive und wenig differenzierte Rolle im Roman werde sie deutlich der
geretteten Holzstatue „der Klosterschüler" angenähert, erscheine daher nur
unspezifisch gefährdet und vor allem eher Objekt als Subjekt.[1181] Der herab-
lassende Gestus in ihrer Beschreibung werde dadurch, dass der ‚Junge' auf dem
Schiff ihre Rolle mit derjenigen des „Niggers" Jim in Twains *Huckleberry Finn*
(1884) vergleicht (vgl. AS 194),[1182] unfreiwillig noch deutlicher: Jim wird längst
von Afroamerikanern/-innen dafür kritisiert, „verzeichnet und vom Dünkel
weißer Herablassung behaftet"[1183] zu sein.[1184]

Auch hier gab es seit den 2000er Jahren eher eine Relativierung der Kritik.
Ritter fasst in einem jüngeren Beitrag die wichtigsten Stellungnahmen zu
der Debatte zusammen und liest daraus ein „Manko eines seriösen Sach-
bezugs der Sebaldschen Initiative" ab.[1185] Gelten lässt er vor allem Lothar
Baiers „geistreiche Replik", der „die biografistische Methode als untaugliches
Mittel ideologiekritischer Überprüfung" verurteile.[1186] In diesem Zusammenhang greift er auch das Schlagwort der „Gesinnungsästhetik" wieder auf. Bei

---

1180 Ebd., S. 13 f.

1181 Vgl. ebd., S. 14: „Die Gefahr, in der sich die Jüdin befindet, ist wie die Gefährdung des
        Kunstwerks: Beide sind hilflos ausgeliefert und moralisch nicht autonom in einem Werk,
        dessen eigentliches Anliegen das Problem der ethischen Autonomie ist und das dieses
        Anliegen im Rahmen einer Rettungsaktion für die beiden ‚Objekte', Jüdin und Schnitz-
        werk, ausführt." Klüger betont, dass Widerstand auch vonseiten der Jüdin historisch nicht
        so unmöglich gewesen wäre, wie der Roman impliziert, und es durchaus auch jüdischen
        Widerstand gegeben habe (ebd.). Auch Wiedemann (2015) macht darauf aufmerksam,
        dass der jüdische Widerstand noch in den jüngsten Unterrichtsmaterialien zu *Sansibar*
        gar keine Rolle spielt; selbst wo Judith als „Vertreterin der politisch Verfolgten" bezeichnet
        wird (zit. n. ebd., S. 181), wird der jüdische Widerstand dann im „Dossier zum politischen
        Widerstand" (ebd.) übergangen. Vgl. zur Rolle Judiths auch weiter unten in diesem
        Kapitel.

1182 Der Junge denkt an dieser Stelle: „[...] aber er verstand plötzlich, daß Juden so was
        Ähnliches waren wie Neger, das Mädchen spielte hier an Bord genau die gleiche Rolle
        wie der Neger Jim für Huckleberry Finn, sie war jemand, den man befreien mußte. Der
        Junge war fast ein wenig neidisch: man mußte also 'n Neger oder 'n Jude sein, damit man
        einfach abhauen konnte; beinahe dachte er: die haben es gut." (AS 194). Vgl. dazu auch die
        weiter unten in diesem Kapitel vorgeschlagene Lektüre des Romans in der vorliegenden
        Studie, dass ‚Abhauen' als unmoralisch markiert ist, die ‚andern' Figuren aber davon aus-
        geschlossen sind, so eine Entscheidung überhaupt erst treffen zu können.

1183 Klüger 1994, S. 15.

1184 Ebd., S. 15.

1185 Ritter 2007, S. 474.

1186 Ebd., S. 475.

Weigel spricht er dagegen von einem „antifaschistische[n] Reflex der sog. 68er",[1187] auf den er größte Teile ihrer Argumentation zurückführt. Dass Ritters eigene Positionierung näher an den ‚Apologeten'[1188] als an den Kritikern zu verorten ist, zeigt sich an solchen kämpferischen Formulierungen[1189] wie auch an seiner eigenen Umschreibung des Werks Anderschs als „einem die NS-Schuldfrage nicht dezidiert ansprechenden, sondern artistisch sublimierenden Erzählwerk".[1190]

Die Lager haben sich seither im Literaturbetrieb kaum verschoben, wie die Rezeption des Bands *Alfred Andersch desertiert* (2015) oder die auf *Literaturkritik.de* veröffentlichten kontroversen Stellungnahmen zu Anderschs 100. Geburtstag im Jahr 2014 zeigen.[1191] Die Einleitung von Norman Ächtlers erst jüngst erschienenem umfangreichen *Andersch*-Sammelband (2016) kann als repräsentativ für die aktuellen Differenzen gesehen werden. Einige Kritikpunkte aus den 90er Jahren erscheinen hier als Selbstverständlichkeit, wenn Ächtler in der Einleitung schreibt, dass die „Opposition zwischen einem durchweg identifikatorischen, mitunter ‚wunschbiografisch' ausgestalteten Figurenensemble und nur schemenhaft auftauchenden Schergen (‚die Anderen')" sich „auf den ersten Blick eher bruchlos in den apologetischen Vergangenheitsdiskurs der zeitgenössischen Literatur" einzufügen scheine.[1192] Gegen diese Sichtweise führt Ächtler jedoch das „gegenwartsbezogene parabolische Deutungsangebot" im Text an,[1193] das vor allem angesichts des Gesamtwerks zeige, dass es Andersch nicht um eine ‚Fälschung' der eigenen Geschichte gegangen sei, sondern darum, angesichts gegenwärtiger Entwicklungen zu reflektieren, wie Widerstand „möglicherweise aussehen könnte".[1194]

Diese jüngeren Repliken auf Kritiken an Andersch nehmen nun aber keine Stellung zum Vorwurf des Antisemitismus. Dabei wird ja die antisemitische Figurenzeichnung Judiths durch die Konstatierung eines Gegenwartsbezugs

---

1187 Ebd.

1188 Vgl. ebd., S. 474.

1189 Zumal er weiter unten auch in Bezug auf Briegleb von „reflexhaft antifaschistischen Polemiken" (ebd.) schreibt. „Antifaschismus" in einem so kurzen Aufsatz zweimal mit ‚Reflex' zu assoziieren, ist bei aller Objektivität der Darstellung eine deutliche Stellungnahme, bezeichnen Reflexe doch maximal ‚unreflektiertes' und nicht rationales Verhalten.

1190 Ebd., S. 470.

1191 Vgl. zu *Alfred Andersch Desertiert* beispielsweise die negative Rezension von Ächtler 2015. Vgl. die Beiträge auf *literaturkritik.de* vom 04.02.2014 mit Dieter Lamping (2014) in der Position des ‚Apologeten' (Lamping 2014) und Herbert Jaumann (2014) in derjenigen des ‚Anklägers' (Jaumann 2014).

1192 Ächtler 2016, S. 18.

1193 Ebd.

1194 Egyptien 2012, S. 88, dazu Ächtler 2016, S. 19.

in *Sansibar* nicht etwa relativiert, sondern eher noch verstärkt. Für den Fokus der vorliegenden Studie sind solche textimmanent sowie diskursgeschichtlich relevanten Aspekte in *Sansibar*, die in der gesamten Debatte eine überraschend nebensächliche Rolle gespielt haben, wichtiger als Fragen nach Biografie und moralischem Verhalten der Autorperson; sie sollen im Folgenden genauer beleuchtet werden.

Relektüren von Sansibar

Auf solche erinnerungspolitischen und ideologiekritischen Aspekte, nicht auf eine biografische Verurteilung Anderschs, fokussieren (wie ja bereits Klüger) denn auch die meisten gegenwärtigen kritischen Lektüren des Texts. So zieht Hans-Joachim Hahn (2011) in einer Aufarbeitung der Sebald-Debatte und der Antisemitismusvorwürfe mit Blick auf Literatur und Moral am Rande Parallelen zu den NS-Moral-Theorien von Gross und Konitzer.[1195] Wie ausgeprägt der zeittypische Antisemitismus im Roman ist und wie wenig dies im öffentlichen Diskurs zum Thema wird, arbeitet eine besonders bemerkenswerte Studie von Barbara Wiedemann (2015) heraus, die seine Verwendung im Deutschunterricht seit den 90er Jahren untersucht hat,[1196] wobei empirisch sehr deutlich wurde, dass kritische Aspekte im Unterricht überhaupt keine Rolle spielen. Ihre Sichtung von neuen Lektürehilfen zu *Sansibar* aus den Jahren 1995 bis 2010[1197] zeigt, dass Anderschs Roman in der größten Mehrheit der Lektürehilfen entweder als Beispiel durchwegs gelungener Erinnerungsliteratur und linken Engagements vorgestellt wird, oder aber ganz vom Nationalsozialismus

---

1195   Vgl. Hahn 2011, S. 361.

1196   Dass der Roman trotz dieser Revisionen vonseiten der Literaturwissenschaft nach wie vor als kanonische Schullektüre für Oberstufenschüler/-innen gilt, muss angesichts solcher zeittypischer apologetischer und stereotypisierender Aspekte selbstverständlich nicht grundsätzlich problematisch sein. Der Roman ist deswegen geradezu paradigmatisch für das Wechselspiel von Bruch und Kontinuitäten im Erinnerungsdiskurs der 50er Jahre zu sehen, da er zweifellos auch ein Zeugnis für Anderschs Bemühungen darum ist, die Vergangenheit aufzuarbeiten und das öffentlich Sagbare zu erweitern (vgl. weiter oben in diesem Kapitel). So waren jüdische Opferfiguren in der Publikationszeit des Romans nach wie vor selten, und anders als Blöcker hat beispielsweise der rechtskonservative Publizist Friedrich Sieburg denn auch wie erwähnt keinen Gefallen am Roman gefunden (vgl. Reinhardt 1996, S. 292). *Sansibar* könnte also im Positiven wie im Negativen ein eindrückliches Beispiel für hegemoniale Diskurse und verschiedene Spielarten der ‚Vergangenheitsbewältigung' in den 50er Jahren abgeben.

1197   Vgl. Wiedemann 2015; gesichtet hat sie Lehrmittel von Geist 2005; Krapp und van der Laar 2004; Mersiowsky 2010; Metzger 2001; Müller 2002; Poppe 2005; Schallenberger 2002; Schewe und Wilms 1995; Schiller 2002, zit. n. ebd., S. 184 f.

entkoppelt wird, indem postuliert wird, der Roman thematisiere „zeitlose Probleme", die „schonungslos offen[ge]legt" würden.[1198]

Dabei ist gerade die Zeichnung der Figur der Judith, wie Wiedemann noch einmal betont, ein typisches Beispiel von Antisemitismus in der BRD, zudem trägt sie auch nach wie vor Züge des „Nazi-Juden";[1199] insbesondere durch ihre angeblich so typische Physiognomie, auf die ja bereits Celan hingewiesen hat.[1200] Sie ist mit schwarzen Haaren und „einem schönen, zarten, fremdartigen Rasse-gesicht [!]" (AS 83) orientalisiert,[1201] der Identifikationsfigur Gregor wegen ihres ebenfalls im Gesicht ablesbaren Reichtums diffus unsympathisch (vgl. u. a. AS 137)[1202] und wird wegen ihres Äußeren wie auch wegen ihrer Ver-wöhntheit überall sofort als nicht zugehörig und als Jüdin erkannt.[1203] Diesem „Jüdin-weil-reich-Erkennen"[1204] werde, wie Wiedemann ausführt, im Roman nichts entgegengesetzt – im Gegenteil unterstützen auch alle Überlegungen Judiths (etwa dass sie denkt, dass sie sich die Flucht eigentlich auch hätte kaufen können) diese Zuschreibung.[1205]

Diese Beobachtungen kontrastiert Wiedemann nun mit den gesichteten Lektürehilfen, in denen solche problematischen Aspekte des Romans größten-teils komplett übergangen werden.[1206] Nur in einer einzigen der neun von Wiedemann gesichteten Lektürehilfen wird eine „Klischeehaftigkeit [...] in der

---

1198 Mersiowsky 2010, S. 12, zit. n. Wiedemann 2015, S. 178 f.

1199 Wiedemann 2015, S. 174.

1200 Vgl. weiter oben in diesem Kapitel.

1201 Vgl. dazu Wiedemann 2015, S. 174.

1202 Diese diffuse Abneigung ist, wie hier bereits ergänzt werden kann, genau wie ihre Schön-heit an ihre ‚Fremdheit' gekoppelt, wie an folgender Stelle deutlich wird: „Eine Art von Abneigung hatte ihn erfaßt, während er in ihr verwöhntes Gesicht sah; gereizt durch ihre abwesende und *fremdartige* Hilflosigkeit, trieb er einen Augenblick lang das grausame Spiel seiner Fragen weiter." (AS 137 [Hervorhebung N. W.].)

1203 Eine diesbezüglich besonders deutliche Stelle, auf die weiter unten noch einmal genauer eingegangen wird, ist ein Dialog zwischen dem wichtigsten Sympathieträger des Romans und Judith: „Woher wußten Sie es? fragte Judith. Was habe ich gewußt? sagte Gregor erstaunt. Was meinen Sie? Daß ich Jüdin bin, sagte Judith. Das sieht man, erwiderte Gregor. So, wie man sieht, daß ich Geld habe? Ja. Sie sehen aus wie ein verwöhntes junges Mädchen aus reichem jüdischem Haus." (AS 145.)

1204 Wiedemann 2015, S. 174.

1205 Vgl. weiter unten in diesem Kapitel; vgl. Wiedemann 2015, S. 174–177. Die Plausibilisierung von Stereotypen funktioniert hier also nach wie vor ähnlich wie bereits in Schneiders frühem *Almanach*-Text „Die Mandel reift in Broschers Garten" ([1949] 1962), wo sich die begehrte Jüdin auch selbst ‚bewusst ist', dass sie in der Stadt ‚natürlich' auf den ersten Blick als Jüdin erkannt würde. (Schneider [1949] 1962, S. 134; vgl. dazu Kap. 2.1 im vor-liegenden Teil II der Studie.)

1206 Vgl. Wiedemann 2015, S. 179.

Typisierung"[1207] der Figur Judiths erkannt, und auch dort ist nur eher beiläufig angemerkt, Judith sei

> darin typisch, dass sie und ihr Elternhaus sowohl Vorurteile der Nazis als auch Vorurteile der Philosemiten bedienen: Juden sind tüchtig und intelligent deshalb reich, Juden haben sich Zugang zu Hamburger Tennisclubs verschafft [...] Judith ist geradezu ein Musterexemplar, *und* auf den ersten Blick fragt sich Gregor, ob er etwas riskieren möchte.[1208]

Wiedemann merkt dazu überzeugend an, dass der kritische Gehalt dieser Stelle wegen Begriffen wie „verschafft", in dem Unrechtmäßigkeit mitschwinge, und dem darauf folgenden kommentarlosen „und" auch nicht unzweifelhaft sei.[1209] Es klinge sogar die Deutung an, „wenn sich Antisemiten und Philosemiten so einig" seien, könnte auch ein Grund in der Realität bestehen.[1210]

Ansonsten werde von Bemerkungen zu diesen Klischierungen ganz abgesehen, der Nationalsozialismus verharmlosend als „politisch sehr unruhige[] Zeit" umschrieben[1211] oder antijüdische Vorurteile sogar kommentarlos weitertradiert.[1212] In manchen Bänden überrascht das weniger, da beispielsweise ein vor der Wende erschienener Band im Jahr 1998 nur um didaktisches Material erweitert und wieder aufgelegt und noch 2010 in einer anderen Lektürehilfe vorbehaltlos empfohlen wurde;[1213] wie hier ergänzt werden kann, enthält aber auch die 2013 neu erschienene Ausgabe der *Königs Erläuterungen* über Anderschs *Sansibar*[1214] diesbezüglich keine Neuerungen. Zwar wird eine angeblich vorherrschende „weltanschaulich-werkästhetische[]" Herangehensweise der Literaturwissenschaft an den Roman erwähnt,[1215] im Überblick der Forschungsliteratur kommt aber von allen hier besprochenen kritischen Lektüren nur diejenige Klügers vor, und wie in Ächtlers Entgegnung[1216] wird auch hier nur auf den ‚Vorwurf' der „Wiedergutmachungsphantasie" und der Ausblendung des Holocaust, nicht aber auf die klischierte Konstruktion Judiths eingegangen.[1217] Auch im Analyseteil zu Judith wird der Antisemitismus im

---

1207 Ebd., S. 180.

1208 Metzger 2001, S. 23, zit. n. Wiedemann 2015, S. 180 [Hervorhebung im Original].

1209 Wiedemann 2015, S. 180.

1210 Ebd.

1211 Mersiowsky 2010, S. 12, zit. n. Wiedemann 2015, S. 181.

1212 So beispielsweise bei Poppe 2005, der ‚Tochter aus gutem Haus' und ‚Jüdin' ohne weiteres gleichsetzt, zit n. Wiedemann 2015, S. 181.

1213 Mersiowsky 2010, zit. n. Wiedemann 2015, S. 178.

1214 Hasenbach 2013.

1215 Ebd., S. 106.

1216 Vgl. weiter oben in diesem Kapitel.

1217 Hasenbach 2013, S. 20.

Roman mit keinem Wort als solcher erwähnt: Die drei zusammenfassenden Randnotizen bei ihrem Eintrag lauten: „Eine junge Frau, deren Welt weggebrochen ist"[1218]; „Sie ist intelligent"[1219] und schließlich „Sie hat Takt und menschliche Größe".[1220]

Es gilt also weiterhin, wie Wiedemann in Bezug auf die älteren Lektürehilfen formuliert hat: „Wenn die Figur der Judith nicht als antisemitische Konstruktion erkennbar wird, kann ja auch Anderschs Entscheidung, die Täter zu anonymen ‚Anderen' zu machen, nicht sinnvoll, d. h. als Konstruktion, eingeordnet werden [...]."[1221] Wiedemann spricht in diesem Zusammenhang von einem „Akt von Othering";[1222] eine Beobachtung, die bereits Klüger formulierte:

> Und wo stecken die Nazis in Sansibar? Niemand ist ein Nazi, und das Wort kommt nicht vor. Statt dessen gibt es ‚die Anderen', und unsere kleine Stadt hat scheinbar keine Anderen. Ein Portrait des ‚Führers der Anderen' hängt an der Wand des Hotelrestaurants, von den Schweden überhaupt nicht, vom Deutschen dagegen mit Ekel wahrgenommen. Dem Leser wird durch diese Ersatzbildungen für die vermiedenen Vokabeln nahegelegt, daß wir, die guten Deutschen, eben ganz anders waren als Jene, die Anderen – Fremde unter uns.[1223]

In diesen kritischen Lektüren wird bereits alles erwähnt, was im Folgenden mit Blick auf die Frage nach Kontinuitäten partikularer Moralvorstellungen aus dem Nationalsozialismus einer etwas genaueren Betrachtung unterzogen werden soll. Das Verhältnis der verschiedenen kritisierten Aspekte zueinander – die Konstruktion der ‚Wir-Gruppe' als unplausibel ‚gute Deutsche', die dem dichotom gegenübergestellten ‚Nazis' und die klischierte, objekthafte Figur Judith – soll zu diesem Zweck hinsichtlich der damit verbundenen moralischen Implikationen untersucht werden.

4.1.3   Die Anderen, der Deutsche und die Jüdin: Identität und Dichotomien

Angesichts der bereits umfangreichen Literatur soll im Folgenden gezielt auf die wichtigsten Punkte im Zusammenhang mit der vorliegenden Fragestellung eingegangen werden: Zunächst ist die Figurenzeichnung der ‚guten Deutschen' und der ihnen gegenübergestellten ‚Anderen' – den schemenhaft bleibenden

---

1218 Ebd., S. 60.
1219 Ebd., S. 61.
1220 Ebd., S. 62 – während die erste Randnotiz über den Jungen auf der nächsten Seite ausgerechnet lautet: „Der Junge fühlt sich stigmatisiert" (ebd., S. 63).
1221 Wiedemann 2015, S. 183.
1222 Ebd.
1223 Klüger 1994, S. 16.

‚Nazis‘, aber auch den nichtdeutschen Figuren – genauer zu beleuchten. Davon
ausgehend kann genauer auf die moralischen Implikationen der inneren *Entwicklung* dieser unterschiedlichen Figuren auf Handlungsebene sowie die
damit verbundene Besonderheit der Judith-Figur eingegangen werden.

Figuren I: Die guten Deutschen und die bösen Fremden

Es ist relativ augenfällig, dass in der Figurenzeichnung mit der Umschreibung
der Nazis als ‚Andere‘ das Unmoralische geradezu explizit ausgelagert wird,
während das ‚Eigene‘ durch ganze vier ‚gute Deutsche‘ – Nazigegner, die der
Jüdin im Verlauf der Handlungsentwicklung alle (wenn auch unter moralischen
Zweifeln, s. u.) helfen wollen – als Ort des Moralischen konstruiert wird. Dass
sich die Konstellation *gut = normale Deutsche* vs. *schlecht = Fremde und Anderen*
als Konstruktionsprinzip durch den ganzen Roman zieht, beispielsweise auch
in der Darstellung der Schweden, ist schon fast ohne Analyseaufwand ersichtlich. Anders als der literarische Antisemitismus und die Abgrenzung der ‚Nazis‘
vom ‚Eigenen‘ wurde diese manichäische Konstruktion und die Ausgestaltung
der ‚guten Deutschen‘ in den bestehenden kritischen Lektüren noch nicht
eigens thematisiert und soll deswegen zunächst rekonstruiert werden.

Darüber, dass die Schuld am Nationalsozialismus durch die Benennung
der NS-Elite als ‚Andere‘ semantisch ausgelagert wird, kann wenig Zweifel bestehen. Es wurde auch schon gelegentlich auf die Parallele zu Peter Bamms
Kriegsroman *Die unsichtbare Flagge* aus dem Jahr 1951 hingewiesen;[1224] wobei
hier ergänzt werden kann, dass die Implikation einer Auslagerung durch diese
Parallele noch gestärkt wird. Wie Egyptien und Raffaele in einem anderen Zusammenhang beschrieben haben, sei Bamms „Distanzierung von den Nationalsozialisten, die in *Die unsichtbare Flagge* nur ‚die Anderen‘ genannt werden“,
mit Bamms „konservative[n] Rückbezug auf die überzeitlichen menschlichen
Werte“ zu erklären.[1225]

Die Funktion der ‚guten Deutschen‘ in *Sansibar* ist nicht ganz so offensicht-
lich. Sie sind alle nicht einfach bedingungslos ‚gut‘, haben alle an irgendeinem
Punkt der Handlung große Zweifel, ob sie sich an der Rettungsaktion von
Judith und dem Klosterjungen[1226] beteiligen sollen und sträuben sich sogar

---

1224 So ganz beiläufig von Ritter 2007, S. 471.

1225 Egyptien/Louis 2007, S. 213; vgl. auch den Tabelleneintrag ebd., S. 225.

1226 Zur deutlichen Gleichsetzung zwischen Judith und dem Kunstwerk vgl. Klüger 1994;
vgl. weiter oben in diesem Kapitel. Dieser Aspekt ist, wie ergänzt werden kann, auch an
anderen Stellen sehr explizit ausgearbeitet, so denkt Gregor: „Bis dahin mußte die Aktion
den Scheitelpunkt ihrer Kurve erreicht haben. Die Aktion ‚Lesender Klosterschüler‘.
Oder war es jetzt die Aktion ‚jüdisches Mädchen‘? Jedenfalls wird es meine Aktion
sein, dachte Gregor arrogant.“ (AS 112 f.) Das ist insofern bemerkenswert, als Andersch

mehr oder weniger vehement dagegen (bzw., im Fall des Jungen, bringen sie kein Interesse daran auf). Der Roman wendet aber einige Mühe darauf, zu plausibilisieren, wieso sie dennoch alle im nationalsozialistischen Deutschland geblieben sind und wieso sie zögern, den hilflosen Opfern zu helfen. So ist Knudsen Kommunist und hat eine Ehefrau, die geistig behindert ist und somit in der Gefahr ist, ermordet zu werden; er selbst macht sich Sorgen, was aus ihr werde, wenn er weg sei (vgl. AS 85), und die anderen Figuren unterstützen diese Einschätzung: „Knudsen konnte sich nicht drücken, vielleicht mußte er bei der Frau bleiben, die irrsinnig war, wie der Pfarrer erzählt hatte [...]." (AS 121) In dieser Überlegung Gregors wird auch schon deutlich, dass das Verlassen Deutschlands hier nicht als Widerstand, sondern im Gegenteil als ‚sich drücken' beschrieben wird. Das ist auch bei Gregor so, der bis zum Zeitpunkt der erzählten Handlung ebenfalls im kommunistischen Widerstand aktiv war. Ob er fliehen wird, bleibt offen (vgl. AS 191–193); es wird aber deutlich, dass eine Flucht aus Deutschland bei Knudsen wie bei Gregor als „Fahnenflucht" (AS 119) vor dem Kommunismus zu verstehen wäre.

Auch der dritte erwachsene Mann hat gute Gründe dafür, in Deutschland zu bleiben: Dem Pfarrer Helander fehlt ein Bein, die Wunde – eine Kriegsverletzung aus dem Ersten Weltkrieg, was ihn zusätzlich als nationalen Helden ausweist –, hat gerade wieder angefangen zu eitern, er rechnet damit, nicht mehr lange zu leben. Auch er ist also selbst ein Gefährdeter, und körperlich schon lange nicht mehr im Stand, das Land zu verlassen (vgl. AS 69). Als sich herausstellt, dass er wegen seiner Wunde in „Todesgefahr" (AS 128) ist, ist er zunächst erleichtert, dass er noch am selben Abend ins Krankenhaus fahren soll und deswegen von der Fluchtaktion befreit ist:

> Die Nacht über hier bleiben, heißt: den Klosterschüler retten. Den Klosterschüler retten, heißt: morgen früh abgeführt werden. In ein Konzentrationslager mit dem Tod im Bein. Der Doktor hat das Problem für mich gelöst [...]. (AS 128)

---

die irritierende Gleichsetzung von Kunst und verfolgten Juden im Nationalsozialismus auch in einer nichtliterarischen Reflexion impliziert. In einer Rede im Jahr 1959 sagt er, er sei schockiert, dass man in Deutschland so wenig gegen den Nationalsozialismus angeschrieben habe; das liege nicht an der Unterdrückung, sondern daran, „daß in Deutschland im Jahr 1933 eine Entscheidung gefallen ist, deren Radikalität nicht zu übertreffen war: die Entscheidung gegen die Literatur überhaupt. [...] Diese Radikalität ist es, die das deutsche totalitäre Experiment von allen anderen totalitären Experimenten auf der Welt unterscheidet [sic!]." (Vgl. Andersch [1959] 1995, S. 76 f.) Will man die Implikationen in *Sansibar* im Werkzusammenhang erschließen, dann kann auch diese Denkfigur berücksichtigt werden, die eine (auch über Genderstereotype evozierte) Passivität der Figur Judith auch in dieser Parallelisierung unterstützt. Zudem wird die Beobachtung gestützt, dass Gregor identifikatorisch verstanden werden kann.

Wie bei den beiden anderen Figuren wird auch hier die Gefahr genau und explizit durchdekliniert, in die er sich begibt,[1227] als er sich nach einem langen
inneren Ringen dazu entscheidet, trotz ärztlichem Rat nicht ins Krankenhaus
zu fahren (vgl. AS 134). Dass der Gedanke siegt, es sei unmöglich, den Klosterschüler „den Teufeln zu überlassen" (AS 133), und dass in Rerik zu bleiben bedeuten würde, dass „Gott vielleicht gar nicht so fern" sei, wie er immer gedacht
habe (AS 134), macht deutlich, dass er schon durch sein Bleiben alles tut, was
in seiner Macht steht.

Bei allen drei erwachsenen männlichen Figuren wäre es also wegen ihrer
großen Verantwortung moralisch sehr zweifelhaft, wenn sie das Land verlassen
(und ihre Ehefrau, Gemeinde oder Partei im Stich zu lassen) würden:[1228] Obwohl sie ‚die Anderen' verachten, haben sie sehr gute Gründe dafür, Judith bzw.
dem Klosterschüler nicht sofort und unreflektiert zu helfen. Dass ihr schließlich trotzdem alle helfen, erscheint durch die besondere Gefährdung aller drei
Figuren umso moralischer. Damit können alle drei auch modellhaft gesehen
werden: Weniger für mögliche Verhaltensweisen im Nationalsozialismus als
für mögliche Schuldabwehrargumentationen der Nachkriegszeit, warum man
geblieben sei und warum man allenfalls nicht habe helfen können: Sie opfern
sich für ihre pflegebedürftige Familie, für den Widerstand oder für das Über-
leben ‚des Geistes' in Deutschland auf – alles wichtige und edle Gründe, die
aber empirisch verhältnismäßig natürlich nicht ansatzweise so häufig vor-
kamen wie in *Sansibar*. In ihrer ‚Modellhaftigkeit' sind die intern fokalisierten
Männer doppelt apologetisch aufgeladen: Alle sind moralisch integre gute
Deutsche, und in dieser Funktion verkörpern sie zugleich mehrere Argumente
dafür, dass es oft das moralisch einzig richtige war, in Deutschland zu bleiben.

Auf die Seite der ‚guten Deutschen', die Judith und dem Klosterschüler
helfen, gehört auch der Junge, und auch er passt sich gut in die apologetische
Darstellung ein: Er wird bald sechzehn (AS 48), ein symbolisches Alter in Zusammenhang mit der NS-Schuld, da man auch zuletzt erst mit 17 eingezogen

---

1227 Besonders genau ausgemalt in den folgenden Überlegungen: „Sie werden mich schlagen
lassen, die Anderen, aus Rache und um in Erfahrung zu bringen, wo ich die Figur versteckt
halte, und in der Folter wird die Wunde an meinem Beinstumpf aufbrechen, ich werde
auch in den Stunden, in denen ich nicht geschlagen werde, vor Schmerzen wimmernd in
einer Zelle liegen oder auf der Pritsche in irgendeiner Lagerbaracke, nichts mehr werde
ich sein als ein stöhnendes Stück Fleisch, das man am Ende auf ein Bett schmeißen wird,
um es verrecken zu lassen." (AS 130 f.)
1228 Wie Knudsen es ausdrückt: „Verdammt, ich will mein Boot behalten, ich will Fische heim-
bringen, ich will bei Bertha bleiben und warten, bis die Anderen verschwunden sind und
die Partei wiederkehrt." (AS 185.)

werden konnte.[1229] Und in seiner Beschreibung ist er auch wirklich noch ganz ein Kind, sieht alles als Abenteuer und versteht eindeutig über lange Strecken der Handlung die möglichen Konsequenzen nicht annähernd; als er vom Plan der nächtlichen Überfahrt erfährt, denkt er nur diffus, „zum erstenmal geht etwas vor" (AS 125) und ist „aufgeregt" und „riesig gespannt" (ebd.), entscheidet sich aber, nicht genauer nachzufragen. Sein ‚keine Fragen Stellen' wird durch kritische Gedankenrede Gregors als politisches Nichthandeln markiert: „Er hat Fragen zu stellen, dachte Gregor heftig. Und er wird sie eines Tages stellen." (AS 116)[1230] Die Formulierung, dass er sie *eines Tages* stellen *werde*, macht aber zugleich deutlich, dass er einfach zu jung dafür sei, was allfällige Mitschuld in derselben Weise von Mitläufertum zu Naivität umdeutet, wie das auch Grass in seiner Autobiografie tut.[1231]

Mit der Ausnahme von Judith, auf die weiter unten noch genauer eingegangen wird, sind also alle der intern fokalisierten Figuren mit eigener Stimme vollkommen unschuldige und sogar hochmoralisch handelnde Deutsche. Und wie sieht es mit den anderen Figuren aus? Neben den Hauptakteuren gibt es mit den Einwohnern Reriks, dem Wirt und den schwedischen Matrosen nur wenige Nebendarsteller; sie sind aber ähnlich modellhaft im Sinne einer Dichotomisierung zwischen ‚uns' guten Deutschen und ‚den bösen Anderen' ausgestaltet. Die physiognomische Einschätzung Gregors, der von sich behauptet, mit „unfehlbarer Sicherheit" (AS 83) zu erkennen, ob jemand ein ‚Nazi'-Spitzel ist („Das Gesindel war leicht zu erkennen für ihn; er hatte einen Blick dafür. Hier, in Rerik am Kai, war die Luft noch rein, stellte er fest.", ebd.) bestätigt sich im Verlauf der Handlung; die anonymen Einwohner Reriks verraten Judith tatsächlich nicht, obwohl sie wegen ihres ‚rassischen'

1229   Das ist zwar letztlich nicht von Bedeutung, da die Handlung ja 1937 spielt (AS 18); er wird also später eingezogen werden können. Dennoch hat sich das Alter 17, wie man in der Diskussion um Grass oder um die NSDAP-Mitgliedschaften gesehen hat (vgl. dazu Kap. 1.2.2 in Teil I der vorliegenden Studie), als so symbolische Grenze ins kollektive Gedächtnis eingeschrieben, dass die Erwähnung des Alters 16 hier rein assoziativ mit Schuldunfähigkeit verknüpft sein kann.

1230   Die schiefe Wendung „dachte Gregor heftig" kommt genauso bereits in Schneiders „Die Mandel reift in Broschers Garten" vor (ebd., S. 133; vgl. dazu Kap. 2.1.2 im vorliegenden Teil II der Studie). Wie dort bereits angemerkt, ist nicht unwahrscheinlich, dass sie Amery zu seiner Persiflage des Drehbuchautoren „Ferde" inspiriert haben, dessen Figuren beispielsweise, ähnlich schief, „kantig und mühsam verhalten" *rauchen* (Amery [1957] 1962, S. 251; vgl. Kap. 3.3.2 im vorliegenden Teil II der Studie).

1231   Vgl. dazu Bigelow [2020], die herausarbeitet, dass er eine Hauptschuld darin sieht, „keine Fragen gestellt zu haben", was er bereits in der *Blechtrommel* verarbeitet und u. a. mit Bezügen zum mittelhochdeutschen Gralsroman *Parzival* (1200-1210) Wolframs von Eschenbach literaturhistorisch fundiert.

Aussehens offenbar von allen sofort als Jüdin erkannt wird.[1232] Sie drohen ihr –
abgesehen vom Wirt (s. u.) – auch nicht, wenn „alle so tun, als sähen sie die
Fremde überhaupt nicht." (AS 82)

Der Wirt ist dabei die einzige deutsche Figur, die ein Gesicht bekommt und
sich gleichzeitig ohne nachvollziehbare entlastende Begründung falsch verhält: Als er Verdacht schöpft, Judith könnte Jüdin sein, deutet er an, sie könne
sich sein Schweigen durch sexuelle Gefälligkeiten ‚erkaufen' (vgl. AS 46).[1233]
Das Verhalten des Wirts ist dabei opportunistisch und widerwärtig, aber es
scheint nicht merklich antisemitisch motiviert zu sein: Seine Rolle und der
Verlauf der ihn betreffenden Handlung müsste nicht verändert werden, wenn
Judith aus anderen denn aus antisemitischen Gründen verfolgt würde. Er ist
also, obwohl er auf den ersten Blick als typischer Mitläufer erscheint, doch
keine Ausnahme von der Regel, dass ‚einfache Deutsche' nicht als ideologisch
am Nationalsozialismus beteiligte Figuren auftauchen.[1234]

Die Schweden erscheinen im Gegensatz zu den Deutschen nun gerade im
Kollektiv als kulturlose Barbaren, die bei jeder Erwähnung, zuletzt „schwei-
gend und bösartig" (AS 111), ‚saufen'.[1235] Der junge schwedische Steuermann,
in den Judith zunächst ihre Hoffnung richtet, scheint zwar überaus anständig
und ordentlich auszusehen (AS 99, 104, 107); er erweist sich dann aber doch
als „grob" (AS 106) und vor allem als nutzlos und feige (AS 106 f.). Und die
einzige andere Gruppe, die noch als Kollektiv erwähnt wird, sind Leute ‚im
Süden'; diese erscheinen nur als Negativfolie: „Gefährlich sind auch die Leute

---

1232   Das ist wie erwähnt die offensichtlichste antisemitische Vorstellung im Text, die mehrfach
       auftaucht; schon als Gregor Judith zum ersten Mal sieht, beschreibt er sie als „ein junges,
       schwarzhaariges Mädchen, das einen hellen Trenchcoat anhatte, [...] eine Fremde mit
       einem schönen, zarten, fremdartigen Rassegesicht, [...] eine Ausgestoßene mit wehenden
       Haarsträhnen über einem hellen, elegant geschnittenen Trenchcoat" (AS 83); vgl. dazu
       weiter oben in diesem Kapitel.

1233   „Ach so, deswegen, sagte der Wirt. Sein Lampiongesicht blühte wieder hinter der Theke.
       Bringen Sie mir nur Ihren Paß, sagte er mit einer Stimme, die so weiß war wie sein Ge-
       sicht, sonst muß ich heute Nacht klopfen und Sie aus dem Bett holen! Judith war sehr
       jung, aber sie begriff plötzlich, für welchen Preis sie es vergessen durfte, dem Wirt ihren
       Paß zu geben. Abscheulich, dachte sie." (AS 46.)

1234   Zwar sagt er einmal zu Gregor: „Sie können das Zimmer von der da haben [...]. Die fliegt
       raus. *Solche wie die fliegen bei mir raus.*" (AS 102 [Hervorhebung N. W.].) Das klingt nach
       einer typischen rassistischen oder antisemitischen Formulierung, er sagt es aber unmittel-
       bar nachdem er sie als „Flittchen" (AS 101) beschimpft hat, während er sein Interesse für
       ihren Pass offenbar schnell wieder verloren hat (vgl. AS 96), sodass sich die Aussage viel
       eher auf ihren Flirt mit dem Schweden als auf ihre ‚Fremdheit' beziehen lässt.

1235   „Der Kneipier hat jetzt nur noch die Chance, daß sie sich vollaufen lassen, dachte Gregor.
       Sie müssen so sternhagelvoll sein, daß sie nur noch kriechen können – wenn sie früher
       aufhören, schlagen sie ihm die Bude zusammen." (AS 111.)

hier, die alle so tun, als sähen sie die Fremde überhaupt nicht, aber sie sehen sie doch und beobachten sie, auch wenn sie sie nicht anstarren, wie es die Leute in einem Hafen im Süden tun würden." (AS 82) Zwar denkt Gregor hier, diese Zurückhaltung sei auch gefährlich, auf diesen Gedanken folgt aber direkt Gregors Erkenntnis, dass niemand „Spitzel der Geheimen Staatspolizei" (AS 83) ist, sodass vom Vergleich mit dem Hafen im Süden nur der Unterschied bezüglich Zurückhaltung und die Auffälligkeit der Jüdin stehen bleiben.

In dieser ‚modellhaften' Konstruktion in *Sansibar* sind also eine Vielzahl von überaus guten Deutschen, die überaus gute Gründe haben, Judith nicht helfen zu wollen, es aber dann dennoch tun, was sie moralischer erscheinen lässt, einer Gruppe barbarischer Schweden, starrenden Südländern und natürlich „den Anderen", den ‚Nazis', zu denen niemand gehört, gegenübergestellt. Kulisse bildet ein Städtchen in Deutschland mit zurückhaltenden, dezenten Menschen – und wie im Zitat, das dieses Kapitel eingeleitet hat, sehr deutlich auf den Punkt gebracht ist, sind Menschen eben keine ‚Nazis': „Es wird bald keine Plätze mehr geben, an denen sich Menschen treffen können. Es gibt fast nur noch Plätze für die Anderen." (AS 71) Und von diesen manichäischen Implikationen wird im Verlauf der Handlung keine unterlaufen; keine der handelnden Figuren stellt sich plötzlich doch als Antisemit oder Parteigänger heraus, kein Schwede zeigt Mitleid, Judith wird trotz angeblicher Vielstimmigkeit von *allen* Figuren als verwöhntes, naives und fremdartiges Mädchen geschildert.

Moral der Geschichte: Warum es falsch ist, Deutschland zu verlassen
Vielmehr kommt auf der Handlungsebene sogar, wie nun in der Folge ausgeführt werden soll, ein Aspekt dazu, der die moralischen Implikationen in Bezug auf das ‚Eigene' zu bestärken scheint: Alle ‚guten' Figuren entscheiden sich nach ihren inneren Auseinandersetzungen ja dafür, in Deutschland zu bleiben. Wie Klüger bereits beschrieben hat, handelt es sich bei dem Problem „der ethischen Autonomie" um das „eigentliche[] Anliegen" des Romans,[1236] von dem sowohl Judith als auch der ‚Klosterschüler' ausgenommen seien.[1237] Klügers Beobachtung wirft die Fragen auf, wie die um den Verbleib in Deutschland herum gebaute Handlung mit der ‚Ethik' der moralisch autonomen

---

1236 Klüger 1994, S. 14 [Hervorhebungen N. W.], wie bereits oben in einem anderen Zusammenhang zitiert: „Die Gefahr, in der sich die Jüdin befindet, ist wie die Gefährdung des Kunstwerks: Beide sind hilflos ausgeliefert und *moralisch nicht autonom* in einem Werk, dessen *eigentliches Anliegen das Problem der ethischen Autonomie ist* und das dieses Anliegen im Rahmen einer Rettungsaktion für die beiden ‚Objekte', Jüdin und Schnitzwerk, ausführt."
1237 Ebd.

Figuren korrespondiert, und was es in Bezug auf partikulare Moraldiskurse bedeutet, dass gerade Judith davon ausgenommen ist.

Wie bereits gesehen, erscheint das Bleiben in Deutschland bei allen ‚guten‘
Figuren als moralische Entscheidung, sodass sie als besonders ‚gute Deutsche‘
konzipiert werden. Das kann natürlich zunächst als, wie Klüger formuliert
hat, „Wiedergutmachungsphantasie“[1238] und als Apologie dafür, tatenlos geblieben zu sein, verstanden werden. Der Roman geht aber in seiner Moral der
Geschichte eindeutig noch einen Schritt über eine solche individuelle Rechtfertigung hinaus; er impliziert nämlich nicht nur, es habe moralische Gründe
gegeben, in Deutschland zu bleiben, sondern noch viel dezidierter umgekehrt,
Deutschland zu verlassen sei gleichbedeutend damit, den leichteren Weg
zu nehmen. Alle bereits erwähnten Figuren würden es sich ja grundsätzlich
wünschen, wegzugehen; Helander möchte ins Spital kommen statt ins KZ (vgl.
AS 128); Gregor begehrt Judith, aber ‚verzichtet‘ auf sie. Und insbesondere für
die beiden Kommunisten, also *aktiven* Nazigegner, Knudsen und Gregor erscheint die Flucht aus Deutschland wie gesehen explizit als „Fahnenflucht“
(AS 119) und als „sich drücken“ (AS 121)[1239]– die Möglichkeit zum Widerstand wird so also ganz entgegen der historischen Realität, aber nach wie vor
im Sinne der Debatte um ‚die Emigration‘ in der Nachkriegszeit,[1240] *nur* in
Deutschland verortet.

Am deutlichsten wird diese Logik auf der Handlungsebene in der Geschichte
des Jungen. Dass er beide ‚Varianten‘ des Titels prägt (er träumt von Sansibar,
er sucht den letzten Grund, warum er Rerik verlassen will),[1241] legt nahe, dass
er auch eine Schlüsselrolle für die ‚Moral der Geschichte‘ einnimmt. Geht man
danach, ist der Roman noch deutlicher als Narration über die Vorteile des
Daheimbleibens statt als Manifest eines nachgeholten Widerstands zu lesen,

---

1238 Ebd., S. 12.

1239 Könnte man zunächst meinen, ‚sich drücken‘ sei gleichbedeutend mit einem Austritt aus
      der Partei, so wird im folgenden Satz klar, dass damit die Flucht gemeint ist: „Knudsen
      konnte ihn, Gregor, nicht leiden, das war klar; für Knudsen bin ich der Mann vom ZK,
      der sich drücken will, während er der einfache Genosse ist, der sich nicht drücken kann.
      Knudsen konnte sich nicht drücken, vielleicht mußte er bei der Frau bleiben, die irrsinnig
      war, wie der Pfarrer erzählt hatte, vielleicht konnte er sich nur einfach nicht vorstellen,
      was er nach seiner Flucht tun sollte, wie das Leben eines Mannes verlaufen sollte, der kein
      Boot mehr hatte." (AS 121.)

1240 Vgl. dazu Kap. 3.2.4 in Teil I der vorliegenden Studie.

1241 „Auf einmal fiel ihm der dritte Grund ein. Während er auf Rerik blickte, dachte er Sansi-
      bar, Herrgott noch mal, dachte er, Sansibar und Bengalen und Mississippi und Südpol.
      Man mußte Rerik verlassen, erstens, weil in Rerik nichts los war, zweitens, weil Rerik
      seinen Vater getötet hatte, und drittens, weil es Sansibar gab, Sansibar in der Ferne, Sansi-
      bar hinter der offenen See, Sansibar oder den letzten Grund." (AS 110.)

ein Fazit, zu dem bereits Pascale Avenel-Cohens aus einer anderen Perspektive, aber ebenfalls mit Blick auf Identität und Alterität kommt.[1242] Er fragt nach der Funktion der Ferne für die Selbstfindung der Figuren und arbeitet heraus, dass „[f]ast alle Figuren [...] sich auf diese Weise für die Konfrontation mit der Realität anstatt für eine Ferne [entscheiden], die sie nicht zufrieden stellen kann, aber die allein ihre Selbstfindung ermöglicht".[1243]

Ausgehend von den Handlungssträngen um Gregor, Knudsen und Helander ist zu fragen, inwiefern auch in der Geschichte des Jungen nicht nur private Selbstfindung, sondern auch moralische Reife und Verantwortungsbewusstsein mit der Heimat korreliert werden. Schließlich träumt er zunächst in ausgestellt jugendlicher Unbescholtenheit von einer unbekannten, phantastischen Fremde, der er die Chiffre „Sansibar" gibt (vgl. u. a. AS 110). Im Verlauf des Romans wird ihm bewusst, dass er doch nach Deutschland zurückkehren will, was mit einer allgemeinen inneren Reifung gleichgesetzt wird – und, so die These, auch mit einem dezidiert moralischen Aspekt. Nachdem er lange überhaupt nichts von den ‚Anderen', das heißt vom Nationalsozialismus, mitbekommen hat, wird ihm erst auf dem Schiff, von Judith, die Gefahr erklärt, die Knudsen droht, wenn dieser alleine zurückkommen sollte:

> [D]u willst doch hoffentlich den Mann dort oben nicht im Stich lassen. [...] Das kannst du nicht! Judith geriet in Erregung. Stell dir vor, wenn er ohne dich zurückfahren muß, dann ist er doch geliefert. Was soll er ihnen denn erzählen, wo du geblieben bist? [...] Wenn du nicht mit zurückkommst, so werden sie wissen, daß er im Ausland gewesen ist, und sie werden ihn verhaften [...]." (AS 195 f.).[1244]

Der Junge lässt sich davon zuerst wenig beeindrucken und denkt nur, „so eine Gelegenheit kommt nie wieder." (AS 196) Als sie tatsächlich sicher nach Schweden kommen, stiehlt er sich auch wirklich vom Boot und findet prompt eine perfekte Idylle: Einen „prima" Wald voller „Bäche und kleine[r] Teiche" (AS 210), darin eine Blockhütte „an einem silbergrauen See" (ebd.), die verlassen und nicht verschlossen ist, wo aber alles zum Feuermachen und Kochen und ein „Lager aus Fellen" (AS 211) bereitliegt; davor ein altes Fischerboot, das funktioniert und mit dessen Hilfe er sofort Fische fängt, „viel frischer und zarter [...] als Seefische" (ebd.), die er sich brät, während er weitere Pläne schmiedet – kurz: ein fast unglaubliches Paradies.

1242 Vgl. Avenel-Cohen 2007, S. 13–24.

1243 Ebd., S. 13.

1244 Übrigens erinnert die Konstruktion Judiths auch hierin an die weiter oben beschriebene jüdische Familie in Schneiders Erzählung „Die Mandel reift in Broschers Garten" (vgl. Kap. 2.1 im vorliegenden Teil II der Studie): Gerade sie ist es, die sich am meisten Sorgen um die deutschen Angehörigen der Tätergesellschaft macht.

Eher beiläufig – eigentlich will er nur rasch schauen, ob Knudsen schon weg
ist, um endgültig frei zu sein (AS 212) – entscheidet er sich dann aber plötzlich
doch anders. Er sieht Knudsen auf seinem Kutter sitzen und auf ihn warten.
Die letzten beiden Sätze des Romans lauten: „Der Junge blickte nicht mehr
in den Wald zurück, als er den Steg betrat. Er schlenderte auf das Boot zu,
als sei nichts geschehen." (Ebd.) Die in diesem Handlungsstrang bis so kurz
vor Schluss dominierende positive Aufladung des Raums des ‚Anderen' und
‚Fremden' wird also ganz zuletzt auch noch, und besonders effektreich als Auflösung und ‚Moral der Geschichte', umgedreht. Es ist ohne Frage ein Happy
End, dass er den treuen und vertrauensseligen Knudsen – und damit auch
dessen behinderte Ehefrau Bertha – nicht in Lebensgefahr bringt, um seinen
eigenen Traum zu verwirklichen.

Indem er für diese moralische Tat auf seinen großen Lebenstraum und eine
Bilderbuchidylle verzichtet, wiederholt er besonders selbstlos das, wofür wie
gesehen auch die anderen männlichen Figuren stehen: dass ein Ausharren in
Deutschland im Nationalsozialismus ein Akt besonderen Mutes und Selbst-
losigkeit bedeuten konnte. Der Junge macht diese Entwicklung ganz besonders modellhaft durch, die Stellen, an denen er intern fokalisiert ist, sind
kursiv hervorgehoben, eröffnen den Roman und schließen ihn ab. Auf der
ersten Seite des Romans denkt er: „Verstecken war übrigens nicht das Richtige,
dachte der Junge – man mußte weg sein." (AS 7) Zuletzt sieht es aus, als würde
er endgültig – oder zumindest bis auf Weiteres, er hat ja kein eigenes Schiff
und soll noch länger Knudsens Junge bleiben (vgl. AS 26, 48), sodass das tatsächlich seine einzige Gelegenheit gewesen wäre – einsehen, dass er sich irrte.

Diese Textethik wird noch von der Nebenfigur des Vaters flankierend unterstützt. Er ist verschwunden, als der Junge fünf war (AS 20) und bildet eine
Spiegelung und Gegenprinzip des Jungen, wie Aussagen der Mutter verdeutlichen: „Zu sehen, zu sehen, sagte die Mutter, immer wollt ihr was zu sehen
kriegen, dein Vater wollte auch immer was zu sehen kriegen. Sie fing zu nölen
an." (AS 32) Auch der Vater wollte anscheinend weg und sehnte sich nach
der Ferne; dass er getrunken hat (vgl. AS 14, 20, 32), dürfte in der Logik des
Texts am ehesten als Umgang mit dem Leidensdruck, dass ihm das Weggehen
nicht gelang, zu erklären sein. Anders als der Junge hätte der die Möglichkeit
dazu gehabt und ist mit einem Schiff auch immer wieder auf die „offene See"
hinausgefahren (AS 14), statt wie die anderen Fischer in sicheren Gewässern
zu bleiben – woran er schließlich zugrunde ging: Sein Schiff wurde geborgen
(AS 26), man scheint anzunehmen, er sei betrunken auf offener See gekentert
(AS 14). Es wird allerdings nichts darüber gesagt, ob man seine Leiche gefunden hat und die Mutter scheint auch nicht zu trauern, sondern den Vater
nach Aussagen des Jungen „nicht leiden" zu können (AS 32). Deswegen bleibt

grundsätzlich auch die Deutung offen, dass der Vater letztlich wirklich ‚ab-
gehauen' ist. Dass das Verschwinden auf das Jahr 1927 datiert,[1245] das wegen
der einsetzenden Wirtschaftskrise bekanntermaßen als Anfang vom Ende der
Weimarer Republik und damit vom Aufstieg der NSDAP gesehen wird, unterstützt noch diese Lesart, dass es sich bei ihm um die einzige deutsche Figur
handelt, die sich erfolgreich vor dem Nationalsozialismus ‚gedrückt' hat.

Und ob er das getan hat, indem er mangels Vorsicht ertrunken ist oder indem er sich früh aus Deutschland abgesetzt hat; er scheint auf jeden Fall falsch
gehandelt zu haben. Er hat eine verbitterte Ehefrau mit Schulden (AS 26) und
einen kleinen Jungen, dem er eindeutig sehr fehlt, wie seine fast in jedem
Redeanteil zum Vater zurückkehrenden Gedanken zeigen, hinterlassen. Und
der Grund dafür ist in allen Lesarten einzig die Tatsache, dass er seine Sehnsucht nach der Ferne nicht überwinden konnte. Wie bei den anderen Figuren
ist auch beim Jungen das Fortgehen also mit Scheitern oder Aufgeben (in der
Story des Vaters) und Unmoral (in der Story des Jungen) assoziiert und damit,
dass es der einfachere Weg wäre. Fortgegen wird ähnlich wie schon von Gregor
und Knudsen als „Kneifen" gebrandmarkt, während das Bleiben in Deutschland Opfer, aber auch Selbstfindung und moralisches Handeln bedeutet.

Viele der moralisch aufgeladenen Handlungsstränge können dadurch auch
als implizite Abwertung des Exils gelesen werden, während Sehnsucht nach,
aber Abkehr von der Fremde in der Art eines heimatlichen Entwicklungs-
romans – gerade auch ein beliebtes Narrativ im NS-Film –[1246] als positive
Entwicklung gestaltet ist. So kehren denn im Sinne des Happy Ends fast alle
Figuren wieder nach Deutschland zurück – neben dem diskreditierten Vater
und dem „Klosterschüler" nur mit einer Ausnahme, nämlich der hier noch
nicht zur Sprache gekommenen Judith, die nun abschließend genauer zu betrachten ist.

Figuren II: „Nicht-Identische Identität" der Figur Judith
Judiths Figur erscheint schon hinsichtlich ihrer Eigenschaften als Herausforderung im ansonsten eher manichäisch konstruierten Weltbild des Romans:
Es gibt die guten Deutschen, es gibt die bösen ‚Nazis' und die barbarischen
Schweden, die dezidiert und dichotom abgegrenzt sind, und nur Judith
oszilliert dauernd zwischen ‚Eigenem' und ‚Fremdem'. Formal ist sie wie die
vier Deutschen intern fokalisiert, macht aber als einzige eine ganz andere Entwicklung durch; sie ist auch durchaus eine Sympathieträgerin. Gleichzeitig ist

---

1245 Der Text spielt im Jahr 1937 (AS 18); der Junge soll „im Januar", d. h. im Januar 1938,
      sechzehn werden (AS 48), das heißt, er wurde im Januar 1927 fünf.
1246 Vgl. Kleinhans 2016; vgl. auch Kap. 1.2 in Teil III der vorliegenden Studie.

sie aber doch irgendwie ,anders': nicht unmoralisch, aber fremd, sieht gut aus, aber gerade nicht ,normal' und ,unauffällig' wie Gregor (AS 85, 147, 148), verhält sich nicht unmoralisch, trägt aber durch ihre Passivität auch nichts entscheidend Positives zur Handlung bei.[1247] Auch ihr Name passt sich in diese Logik ein; während die drei männlichen erwachsenen Protagonisten ,normale' und unauffällige deutsche Namen haben,[1248] bei ,den Anderen' semantisch nicht einmal markiert ist, dass es sich überhaupt um Deutsche handelt, ist Judith Levin[1249] semantisch mit einem typisch jüdischen Nach- und quasi sprechenden Vornamen markiert.[1250] Holz deutet die Wahl stereotyper jüdischer Namen im Zusammenhang mit Identität und Alterität so, dass sie durch ihre Austauschbarkeit „jüdische Identität' [...] bestreiten und zugleich ,den Juden' als Genus [...] identifizieren."[1251]

Das gleiche Oszillieren zwischen ähnlicher, fremder und abwesender Identität findet auch in Bezug auf die Figurenzeichnung statt. Wie viele jüdische Frauenfiguren in Texten der Gruppe 47 ist sie getauft, und sie sagt von sich selbst, sie fühle sich erst seit kurzem als Jüdin, seit man sie „zur Jüdin gemacht" habe (AS 144).[1252] Ihrer eigenen Aussage, sie habe sich immer als Deutsche gefühlt (ebd.), werden aber zahlreiche Außenperspektiven und Handlungsmomente entgegengesetzt, allem voran die Betonung aller anderer Figuren, die

---

1247 Ihre ,Objekthaftigkeit' und dass sie gerade auch „moralisch nicht autonom" ist, hat wie gesehen schon Klüger problematisiert (Klüger 1994, S. 14); vgl. weiter oben in diesem Kapitel.

1248 Die Namen der Deutschen sind zudem sehr positiv aufgeladen: Im Namen Helander klingt „Heiland" an; „Gregor" stammt von Altgriechisch γρηγορέω, was substantivisch „Wächter" bedeutet (vgl. Kohlheim/Kohlheim 2007, S. 182), und „Knut" stammt aus dem Althochdeutschen und wird entweder auf „chnot" für „frei", „adelig" oder auf von chnuz für „waghalsig", „vermessen" zurückgeführt wird (vgl. ebd., S. 252 f.).

1249 Der Nachname wird nur selten, aber sehr exponiert genannt, so fast zu Beginn des Romans: „Judith hörte auf, in ihrer Handtasche zu kramen, und dachte an ihren Namen. Judith Levin. Es war ein stolzer Name, ein Name, der abgeholt werden würde, ein Name, der sich verbergen mußte. Es war furchtbar, Judith Levin zu sein in einer toten Stadt, die unter einem kalten Himmel von roten Ungeheuern bewohnt wurde." (AS 25; vgl. auch AS 170.)

1250 Vgl. Bering 1987 zum Nachnamen Levi, den er (in verschiedenen Varianten) als Familiennamen mit der zweitstärksten „antisemitischen Ladung" (ebd., S. 206) auflistet (ebd., 212). Der Vorname „Judith" fehlt in Bering 1987, seine Etymologie aus dem Hebräischen Jehudit, was Frau von Judäa bedeutet (vgl. Kohlheim/Kohlheim 2007, S. 238), verdeutlicht aber die ebenfalls starke jüdische Markierung.

1251 Holz 2007, S. 47.

1252 „Ich bin seit meiner Konfirmation nicht mehr zur Kirche gegangen. Ich weiß nicht, ob ich an irgend etwas glaube. An Gott schon. Und seit ein paar Jahren weiß ich, daß ich eine Jüdin bin. Früher dachte ich, ich sei eine Deutsche. Aber da war ich noch ein Kind. Seitdem hat man mich zu einer Jüdin gemacht." (AS 144)

sie offenbar nicht als ‚normale Deutsche' wahrnehmen, sondern immer sofort als Jüdin ‚erkennen' (s. o.). Diese essentialistische Komponente entspricht dem von Holz beschriebenen Klischee einer „nicht-identischen Identität"[1253] ‚des Jüdischen': „Sie passen sich überall schnell und oberflächlich an, gehören aber nirgendwo richtig dazu."[1254] Er erklärt das wie folgt:

> Untersucht man antisemitische Texte daraufhin, welche Fremdbilder auf-
> tauchen, so findet man häufig neben dem Judenbild ein zweites Fremdbild.
> In diesem zweiten Fremdbild werden andere Völker und Nationen, Ausländer,
> kurz Fremde im Sinne von: einer anderen, für sich wiederum eigenen Nation
> zugehörig, bedacht. [...] Dadurch wird der Antisemitismus dreigliedrig. Erstens
> gibt es die Wir-Gruppe, z. B. die Deutschen, zweitens Fremde, z. B. die Franzosen
> und drittens die Juden.[1255]

Die nationalistische Unterscheidung werde dichotomisiert, „in dem eine Seite das Eigene, alle anderen das Fremde" bezeichneten.[1256] Zwar würden die Fremden meist abgewertet, aber ihnen würde zumindest „nicht abgesprochen, ein Volk, ein Staat, eine Nation zu sein" und somit Teil einer „eindeutige[n] Ordnung der Welt."[1257] Die Rolle der Juden liege in diesem System dagegen mangels nationaler Identität „darin, nicht identisch und die Negation von Identität zu sein." Sie stehen für alles Bedrohliche, was sich binärer Unterscheidung entzieht, wie „die ‚Gesellschaft' oder die ‚Globalisierung'."[1258]

Genau in diesem Sinne ist nun auch insbesondere auch die *moralische* Position Judiths als einzig moralisch neutrale Figur in einer relativ manichäischen Welt von guten Deutschen und bösen Fremden gestaltet. Und damit korrespondiert die ‚Moral der Geschichte' in *Sansibar*, in der in Deutschland zu bleiben für alle intern fokalisierten Figuren außer für Judith als Resultat einer Selbstfindung und als moralischer Akt konstruiert ist.[1259] Dass Judiths Geschichte als einzige von allen Hauptfiguren anders verläuft, erscheint auf den ersten Blick historisch plausibel, da sie als Jüdin im Nationalsozialismus ganz anderen Gefahren ausgesetzt ist als die anderen Figuren. Auf den zweiten Blick stellt sich die Konstruktion aber auch in dieser Hinsicht als verzerrt heraus: Innerhalb der Romanlogik ist Judiths Gefährdung ja wie gesehen als

---

1253 Vgl. Holz 2007, S. 45–49.
1254 Holz 2007, S. 46.
1255 Ebd., S. 45.
1256 Ebd., S. 45 f.
1257 Ebd., S. 46.
1258 Ebd., S. 46.
1259 Avenel-Cohen 2007; vgl. weiter oben in diesem Kapitel.

eher kleiner als die aller anderer Figuren dargestellt. Dennoch wird ihr Unterschied zu allen anderen sehr betont:

> [W]ir drei wollen weg – ich, der Klosterschüler, das Mädchen. Aber es ist ein Unterschied, dachte er plötzlich, zwischen mir und den beiden anderen. Ich will weg, aber sie müssen weg. Ich bin zwar bedroht, mit dem Konzentrationslager, mit dem Tod, aber ich kann trotzdem frei entscheiden, ob ich bleibe oder gehe. Ich kann wählen: die Flucht oder das Martyrium. Sie aber können nicht wählen: sie sind Ausgestoßene. (AS 80 f.)

Der Roman impliziert also nicht nur, dass Judith den Akt moralischer Selbstfindung durch nationale Identifikation nicht nur als einzige intern fokalisierte Figur nicht durchlebt, sondern ihn offenbar auch gar nicht durchleben *kann*. Dabei ist ihre Passivität auch historisch betrachtet viel weniger zwingend, als dies in *Sansibar* dargestellt wird, wie schon Klüger angesichts der gerade zitierten Stelle betont hat. Wie sie absolut überzeugend bemerkt, geht aus diesem Zusammenhang eigentlich

> keineswegs hervor, warum es der Jüdin nicht ebenso freistehen sollte wie dem ‚Arier‘, zwischen so verzweifelten Alternativen zu wählen. Den Lebenskampf kann jeder freiwillig aufgeben. An jüdischen Märtyrern, wenn wir darunter Menschen verstehen, die ein ungewöhnliches Opfer bringen, war unter den Juden der Holocaust-Zeit auch kein Mangel.[1260]

Dass Judith dennoch als Figur erscheint, die zwischen allen Identitäten steht, als einzige nicht über diese von Gregor beschriebene ‚ethischen Autonomie‘[1261] verfügt, die das Hauptanliegen des Romans ausmacht, erinnert nun relativ stark an den konkreten antisemitischen Ausschluss von Juden aus den im Nationalsozialismus propagierten Moralvorstellungen. Wie eingangs dieses Kapitels beschrieben, sei es gar nicht das moralische Handeln an sich gewesen, das den Deutschen ‚rassenbiologisch‘ eingeschrieben gewesen sei, sondern dass sie, anders als die Juden, überhaupt die grundsätzliche Möglichkeit dazu hätten: „Gerade die Fähigkeit der Deutschen, zwischen Gut und Böse zu entscheiden, qualifiziere sie zu moralischen Wesen.“[1262] Dass Judith als einzige Figur die moralische Entscheidung für ‚ihr Land‘, die bei allen anderen als Ergebnis einer moralischen Entwicklung erscheint, angeblich gar nicht treffen kann, erinnert an diesen Diskurs.

1260 Klüger 1994, S. 14.
1261 Ebd.
1262 Bialas 2014, S. 75 [Hervorhebung N. W.]; vgl. die Einleitung zum vorliegenden Kapitel.

Am Schluss wird dieses Bild sogar noch mit dem bereits weiter oben beschriebenen der ,schönen Jüdin' gekoppelt.[1263] Auch Holz geht auf dieses Klischee ein und hält fest: Wird das Bild einer ,schönen Jüdin' [...] gezeichnet, so ist sie eine verbotene Versuchung oder ein unerreichbares Versprechen. Sie ist zugleich schutzlos und hat die Macht, den Helden von seinem Weg abzubringen."[1264] In genau diesem Sinne fühlt sich Gregor von ihr angezogen, wie unter Berücksichtigung der bisherigen Befunde recht deutlich wird: Ihre Anziehungskraft erscheint schon deswegen eher wie eine zu überwindende Versuchung, da sie ihm ja eigentlich unsympathisch ist. Ihr Reichtum stößt ihn ab und ihr Gesicht nervt ihn, und wie der Text impliziert, beides nicht zu Unrecht. Dass Gregor hervorragende ,Fähigkeiten' als Physiognomiker hat, wird ja wie gezeigt anhand mehrerer Beispiele bestätigt,[1265] was nahe legt, dass er sich auch hier nicht irrt. Und in Bezug auf ihren Reichtum (den er ihr ja ebenfalls sofort korrekt am Gesicht angesehen hat)[1266] liegt er denn auch ganz richtig in der Annahme, dass ihr Sinn für Kunst vor allem deren monetären Wert abzuschätzen weiß.[1267]

Die ,Modellsituation' ist also zunächst, dass er ihr hilft, *weil* sie eine bedrohte Jüdin ist – und zwar *trotz* ihrer Verwöhntheit und ihres Reichtums, die ebenfalls mit ihrem Jüdischsein korreliert sind und die er als Kommunist ablehnt. Trotz ihrer Gegensätze kommen sich Judith und Gregor – offenbar gegen Gregors Instinkte – aber etwas näher, bis das Motiv der verführerischen,

---

1263 Vgl. dazu Kap. 2.1.4 im vorliegenden Teil II der Studie zu der ,schönen Jüdin' in Schneiders *Almanach*-Erzählung.

1264 Holz 2007, S. 47. Dazu nennt er (mit Gubser 1998) als weitere Merkmale der schönen Jüdin: „Sie instrumentalisiert ihre Schönheit, drängt sich in die Öffentlichkeit oder ist gar Frauenrechtlerin, anstatt das Heim des Helden zu zieren" (ebd.), was abgesehen von Ersterem, das auf Judith natürlich auch zutrifft, aber vom Text nicht unbedingt verurteilt wird, weniger gut passt bzw. hier als Kategorie keine Rolle spielt.

1265 So wenn er sie auf den allerersten Blick als Jüdin erkennt (AS 78), aber auch in Bezug auf „Spitzel" der Nationalsozialisten: „Eine seiner Begabungen, für die er immer wieder von den Genossen gelobt wurde, war, daß er unter hundert Leuten mit unfehlbarer Sicherheit einen Achtgroschenjungen herausfand." (AS 83) Vgl. auch weiter oben in diesem Kapitel.

1266 Was Wiedemann (2015) wie weiter oben zitiert mit der Wendung „Jüdin-weil-reich-Erkennen" (ebd., S. 174) bezeichnet.

1267 Als sie den Bildhauer des „Klosterschülers" sofort nennen kann (vgl. AS 149), denkt er: „In ihren Kreisen haben solche Namen wahrscheinlich einen bestimmten Preis und deshalb kennt man sie." (AS 150) – eine Einschätzung, die erneut sogleich bestätigt und dadurch als besonders ,hellsichtig' markiert wird: „Und in der Tat hörte er sie sagen: Das ist eine sehr wertvolle Plastik." (Ebd.) Es ist schließlich nicht einmal als problematisches Verhalten markiert, als er darauf „spöttisch" – und angesichts ihrer Lage respektlos – antwortet: „So wertvoll [...] daß Sie die Chance haben, von diesem Burschen aus Holz mitgenommen zu werden. Als Draufgabe sozusagen. Er ist uns nämlich wichtiger als Sie." (Ebd.)

aber zu überwindenden Jüdin schließlich in ihrer letzten Aufforderung, mit ihr
mitzukommen, kulminiert:

> Los! sagte Gregor zu Judith. Es ist soweit. Sie bewegte sich noch immer nicht vom
> Fleck, aber sie machte eine Bewegung mit der Hand, eine stumme Aufforderung
> an Gregor, mitzukommen. Aber Gregor schüttelte den Kopf. Er ging auf sie zu,
> packte sie an der Schulter und stieß sie fast in die Richtung der Bühne (AS 190 f.).

Angesichts der beschriebenen durchweg positiven Aufladung der Entscheidung, in Deutschland zu bleiben, scheint sie hier tatsächlich als ver-
führerische Gefahr zu versuchen, Gregor „von seinem Weg abzubringen".[1268]
Dass er ihrem Reiz nicht erliegt und sich stattdessen wieder auf den Rückweg
macht (ebd.), erscheint nicht als gescheiterte Liebesbeziehung, sondern als
erfolgreich abgeschlossene politische bzw. moralische Mission.

Schlüsse
Es finden sich also in *Sansibar oder der letzte Grund* – trotz der Vielstimmigkeit
des Romans, die sich von den im letzten Kapitel angesprochenen notorischen
Landsertexten abhebt – im Zusammenhang mit moralischer Identität und
unmoralischer Alterität mehrere bemerkenswerte Verfahren in kristallisierter
Weise. Die männlichen Hauptfiguren sind ausnahmslos ‚gute Deutsche', die
eine arme, hilflose Jüdin vor ‚den Bösen', ‚den Anderen' – zu denen sie und
alle ‚normalen Deutschen' absolut nicht gehören –, nämlich den ‚Nazis', retten.
Durch deren Bezeichnung als die ‚Anderen' sind die NS-Verbrechen bis in die
Benennung der Gefahr dezidiert ausgelagert und eben vom ‚Eigenen' dichotomisch abgegrenzt. Analog dazu sind die Figuren, die qua Herkunft tatsächlich fremd oder anders sind, moralisch abgewertet: Die Schweden, bei denen
die Jüdin Judith zunächst Zuflucht sucht, erweisen sich als wenig hilfreich
und ihrerseits als Bedrohung, am Rande wird behauptet, dass die Südländer
sie zudringlicher anstarren würden als die Leute in Rerik. Das Gute dagegen
ist dezidiert mit außer- wie innertextuellen Markierungen des ‚Eigenen' ausgestattet: Die guten Figuren tragen autofiktionale Züge, sie gehören der Tätergesellschaft an, sie sind fokalisiert und damit die wahrnehmenden Subjekte
des Texts.

Wie sich gezeigt hat, ähneln sich zudem auch die scheinbar individuellen
moralischen Konflikte der Hauptfiguren in ihrem Ergebnis sehr. Ihre jeweiligen
Gründe, wieso sie zögern, Judith und die Statue zu retten, sind geradezu modellhaft für die wichtigsten Gründe, die in Nachkriegsdeutschland angeführt

---

1268 Holz 2007, S. 47.

wurden, warum man Deutschland nicht verlassen habe: Dass man die Kirche, Religion und Kunst schützen wolle, bei den Angehörigen bleiben müsse, im Widerstand aktiv sei. Die Bedeutung dieser Beachtung erschöpft sich nicht in der werkbiografischen Konstatierung einer „Wiedergutmachungsphantasie"; alle Figuren entscheiden sich tatsächlich, das Land nicht zu verlassen, und bei allen erscheint es als eine Art Opfer, als tapfere Wahl, obwohl man es im Exil viel leichter gehabt hätte. Damit knüpft der Text nach wie vor in derselben Haltung an die Exil-Debatte der Nachkriegszeit an, wie sie Andersch bereits in seinem frühen Essay *Deutsche Literatur in der Entscheidung* (1948) formuliert hat.[1269] Und auch hier wird durch diese Haltung die Entscheidung für das ‚Eigene', für Deutschland, eng an moralisches Verhalten gekoppelt.

Nur Judith als Jüdin nimmt hier in mehrfacher Hinsicht eine Sonderrolle ein. Sie ist weniger ‚normal' und ‚unauffällig' als die anderen, stark als fremd markiert, und sie ist auch hinsichtlich ihrer Moral anders gestaltet als die vier männlichen Figuren, die sich alle nach einem inneren Konflikt zu gutem Handeln verschiedener Art entscheiden. Sie handelt nicht, deswegen kann sie auch nicht moralisch handeln; sie ist eine passive, hilflose und verwöhnte Figur mit einem „besonders schöne[n] Exemplar" (AS 78) eines „fremdartigen Rassegesicht[s]" (AS 83). Der antisemitische Gehalt dieser Figurenzeichnung wurde schon in mehreren Studien hervorgehoben und kann hier um den Befund ergänzt werden, dass sie in der Moralkonfiguration des Texts genau in dem Sinne der Vorstellung einer jüdischen ‚nicht-identischen Identität' zwischen den verschiedenen Möglichkeiten der Zugehörigkeit steht, die der Text eröffnet. Sowohl in ihrer Unfähigkeit, überhaupt eine moralische Entscheidung treffen zu können, als auch in ihrer Rolle als Verführerin zur Unmoral knüpft ihre Beschreibung auch direkter an konkrete NS-Moralvorstellungen an.

4.2   *Einfache Deutsche, die ‚Nazi'-Elite und die Verortung von Schuld*

Mehrere Aspekte sprechen dafür, dass die *Sansibar* strukturierende Dichotomie von ‚guten Deutschen' und ‚bösen Nazis' auch für die Gruppe 47 als ‚modellhaft' gelesen werden kann. Der Roman gilt als prototypisch für die junge Generation und wurde wie gesehen von Amery und von Celan auch genauso gelesen;[1270] Andersch gilt als eines der wichtigsten Gruppenmitglieder. In der nationalistischen Argumentationsweise und partikularen Moralvorstellungen, die sich insbesondere in einer Abwertung des Exils äußern, knüpft *Sansibar* zudem an mehrere Vorstellungen an, die sich bereits in Anderschs

---

1269 Vgl. dazu Kap. 3.2 in Teil I der vorliegenden Studie.
1270 Vgl. Kap. 3.3.3 im vorliegenden Teil II der Studie zu Amery und Kap. 2.3.3 im vorliegenden Teil II der Studie zu Celan.

Essay *Deutsche Literatur in der Entscheidung* äußern – der ja seinerseits als besonders programmatisch für die Gruppe 47 gilt und wie gesehen im Einklang mit vorherrschenden Nachkriegsdiskursen an partikularistische Beurteilungsmuster aus dem Nationalsozialismus anschließt.[1271]

Wie nun im Folgenden zu zeigen ist, war auch die in der Lektüre von *Sansibar* identifizierte manichäische Interpretation des Nationalsozialismus im Nachkriegsdiskurs sehr dominant; anders als für die Gruppe 47 gibt es dazu für die Nachkriegsgesellschaft und -literatur auch bereits Studien. Diese Forschungslage soll nun zunächst etwas genauer ausgeführt werden, um ausgehend davon einen ersten vergleichenden Blick auf die vorherrschenden Konstruktionen in den *Almanach-* und Preistexten werfen zu können (4.2.1). Zwei Texte aus dem *Almanach* werden daraufhin genauer untersucht, in denen die Dichotomisierung der NS-Schuld besonders deutlich wird: Siegfried Lenz' Erzählung „Gelegenheit zum Verzicht" ([1960] 1967) handelt von einem guten Deutschen, der quälende Gewissensbisse hat, weil er einen Juden deportieren muss, und der betontermaßen für die gesamte ‚Wir-Gruppe' eines deutschen Dorfs steht, die die Erzählung konstruiert (4.2.2). Heinz v. Cramers Romankapitel „Bericht des jungen Mannes" ([1961] 1967) verarbeitet quasi das ‚Gegenprinzip'; sie handelt von einem abgrundtief bösen Menschen, der sich fanatisch zum Nationalsozialismus bekennt (4.2.3). Es ist sicherlich kein Zufall, dass dabei Lenz' Erzählung wie Anderschs *Sansibar* eine jüdische fokalisierte Figur enthält, in v. Cramers Text dagegen nicht nur keine Juden vorkommen, sondern auch kein Antisemitismus, obwohl die Sprache des Protagonisten ansonsten mit NS-Jargon überladen ist. Darauf wird schließlich im letzten Unterkapitel (4.3) genauer eingegangen.

4.2.1   Einfache Deutsche und ‚Nazis' in der Nachkriegszeit und in den
             Almanach- und Preistexten

Die Dichotomisierung zwischen ‚den Nazis' und den ‚normalen Deutschen', zu denen die große Mehrheit der Bevölkerung gezählt wurde, spielte im Nachkriegsdiskurs eine zentrale Rolle und zog sich bis mindestens in die 90er Jahre weiter. Erst nach der Jahrtausendwende wurde sie zum Gegenstand breiterer grundsätzlicher Kritik, nachdem die deutsche Ausgabe von Goldhagens Band *Hitlers willige Vollstrecker*[1272] und kurze Zeit später die

---

1271   Vgl. Kap. 3.2 in Teil I der vorliegenden Studie. Die Analyse des Essays machte deutlich,
       dass die darin formulierten moralischen Rechte und Pflichten nur für die ‚dabei ge-
       wesenen' Angehörigen der Tätergesellschaft gelten. Das wird besonders deutlich in Bezug
       auf Exilautoren/-innen, aber auch generell in Bezug auf im Nationalsozialismus verfolgte
       Gruppen.
1272   Goldhagen 1996; vgl. dazu u. a. Paul 2002, S. 39–42; Fischer 2015.

Wehrmachtsausstellungen in den Jahren 1995 bis 1999 und von 2001 bis 2004, die die Verbrechen der Wehrmacht erstmals einem breiteren Publikum ins Bewusstsein riefen,[1273] auf viel Widerstand gestoßen waren. Die Debatten, die damit verbunden waren, zeigten, wie tief sich die Vorstellung eines Grabens zwischen unschuldigen einfachen Bürgern und einer kleinen Gruppe alleine verantwortlicher Führungskräfte des Nationalsozialismus auch über den erinnerungspolitischen Bruch von 1968 hinaus gehalten hatte.[1274]

Der Diskurs um Deutsche und ‚Nazis‘ in Öffentlichkeit und Forschung
Einer der zentralen wissenschaftlichen Gestalter der ursprünglichen Wehrmachtsausstellung, Hannes Heer, hat zwei umfangreiche Monografien geschrieben, die sich um diesen Komplex drehen; *Hitler war's* (2005) und *Vom Verschwinden der Täter* (2004). Heer arbeitet in beiden Bänden diverse kulturelle Zeugnisse und Debatten der ‚Vergangenheitsbewältigung‘ auf, wobei sein Fokus, wie bereits die Titel sagen, in beiden Bänden auf dem „Entlastungsmanöver der mehrheitlich guten und der wenigen bösen Deutschen mit Hitler an der Spitze"[1275] von der Nachkriegszeit bis in die Gegenwart liegt.[1276] Wie in diesen Bänden deutlich wird, wurzelt dieses „Entlastungsmanöver" bereits in der unmittelbaren Nachkriegszeit. So beschreibt Heer die Erfolglosigkeit von Bölls frühen Kriegstexten, die in der BRD wegen ihrer „analytisch[en] Hellsicht und ein[em] unerbittliche[n] Urteil bei der Darstellung von Nationalsozialismus und Krieg",[1277] mit denen Böll als einer von wenigen auch die Wehrmacht kritisch beleuchtet hat, nicht erscheinen konnten.[1278]

Dabei wurde die Schuld nicht ausschließlich auf die Führungselite, sondern in der unmittelbaren Nachkriegszeit zunächst auch auf die Alliierten, ‚den Russen‘ und implizit natürlich nach wie vor ‚die Juden‘ übertragen, die in der NS-Propaganda bekanntermaßen durchwegs als Aggressoren und Gefahr

---

1273 Die Ausstellungen liefen unter den Titeln *Vernichtungskrieg. Verbrechen der Wehrmacht 1941 bis 1944*, und *Verbrechen der Wehrmacht. Dimensionen des Vernichtungskrieges 1941–1944*; vgl. dazu u. a. Paul 2002, S. 42.

1274 Vgl. u. a. Wernecke 2015, S. 188–192.

1275 Heer 2005, S. 13.

1276 Er beschäftigt sich mit der Dämonisierung Hitlers und Exkulpation der ‚einfachen Deutschen‘ im Film „Der Untergang" (Heer 2005, S. 11–27) wo die imaginäre Welt in Berlin 1945 kurz vor der Niederlage aus „einer Handvoll Schurken und der Masse der Anständigen und Sympathischen" bestehe (ebd., S. 12) oder beschreibt apologetische Tendenzen in historiografischen NS-Dokumentationen wie den Filmen Guido Knopps, in denen das „Selbstbild des Hörigen" (ebd., S. 167) sogar für die engsten Mitarbeiter Hitlers übernommen werde (vgl. ebd., S. 170–197).

1277 Heer 2004, S. 174.

1278 Ebd., S. 170–197; vgl. auch Bach 2007, S. 12 f.

aufgetreten waren, die die NS-Politik als notwendige Notwehr erscheinen
ließen.[1279] In Bezug auf die deutsche Bevölkerung herrschte dagegen die
Wahrnehmung vor, sie treffe als Kollektiv keinerlei Schuld an Nationalsozialismus und Holocaust, vielmehr seien die einfachen Deutschen die größte
Opfergruppe ‚der Nazis'.[1280] Das wird heute wegen des Wissens um Wähler/-
innenanteile, ideologische Zustimmung, die Rolle der Wehrmacht oder das
früh verbreitete Wissen um den Holocaust in der Bevölkerung nicht mehr so
wahrgenommen; in der unmittelbaren Nachkriegszeit trugen aber zahlreiche
Faktoren dazu bei, dass sich das Narrativ der unschuldig Verführten lange
hielt.[1281] Allem voran ist ein Zurückweisen jeglicher Mitschuld aus psycho-
logischen und juristischen Gründen nachvollziehbar. Zudem wurde die
deutsche Tätergesellschaft in der Entnazifizierungspolitik der Alliierten von
Amtes wegen in verschiedene Gruppen unterteilt, wobei ein Großteil der
Bevölkerung in eine der beiden untersten Kategorien als „Mitläufer" oder
„Unbelastete" fiel.[1282] Die relativ klare Dichotomisierung der Schuld im
Nationalsozialismus entsprach also nicht nur dem Bild der Beteiligten,
sondern einer *international* vorherrschenden Deutung in der unmittelbaren
Nachkriegszeit. Darüber hinaus wurden mit zunehmender Verlagerung der
Interessen der Westmächte weg vom Nationalsozialismus hin zum Kalten

---

1279 Ausführlich dazu Herf 2008.

1280 Vgl. Kap. 2.2 im vorliegenden Teil II der Studie m. w. H.

1281 Wie beispielsweise in der Diskussion um die ‚Kollektivschuldthese' deutlich wird (vgl.
Schefczyk 2015), ist die Frage nach ‚tatsächlicher' Mitschuld vielschichtig und nach wie
vor umkämpft. Es ist umstritten, ob ein solcher Vorwurf überhaupt so geäußert wurde
oder nicht; die Deutung ändert sich je nachdem, ob man von moralischer oder rechtlicher
Schuld spricht oder sogar die Zugehörigkeit selbst zu einem Kollektiv, in dem andere
Angehörige der Wir-Gruppe' schuldig wurden, als Schuld wahrnimmt (ebd., S. 45 f.).
Letzteres kann, wie weiter oben gesehen, als Fortsetzung einer kollektivistischen NS-
Moralvorstellung verstanden werden (Gross 2010, S. 213–228; vgl. Kap. 2.1 in Teil I der vorliegenden Studie). Vgl. auch Bergmann 2007, S. 14–17 zu der Entwicklung des Diskurses
und seinem Zusammenhang mit Antisemitismus. Zum Umgang mit der ‚Kollektivschuldthese' in der Gruppe 47 vgl. Bigelow [2020].

1282 Der Prozess ist zusammengefasst im *Lexikon der Vergangenheitsbewältigung* (Fischer/
Lorenz 2015): Aufgrund eines von Laien ausgewerteten Fragebogens wurde die gesamte
erwachsene Bevölkerung in die fünf Gruppen Hauptschuldige (Kriegsverbrecher), Be-
lastete (Aktivisten, Militaristen und Nutznießer), Minderbelastete (Bewährungsgruppe)
sowie Mitläufer und Entlastete, die juristisch nicht belangt werden sollten, eingeteilt
(Meyer 2015, S. 20). Das Vorgehen war in der Bevölkerung unbeliebt und gilt auch
juristisch als gescheitert, da die allzu große Anzahl der Fälle schließlich meistens zu Frei-
sprüchen führte (ebd., S. 21); dennoch gilt die „Entnazifizierung als wichtiger Schritt zur
Etablierung einer deutschen Demokratie" (ebd.).

Krieg immer mehr Amnestien gewährt und auch eine große Zahl aktiver NSDAP-Mitglieder als „Unbelastete" geführt.[1283]

Paul hat im Forschungsspiegel zu seinem Sammelband *Die Täter der Shoah. Fanatische Nationalsozialisten oder ganz normale Deutsche?* die verschiedenen Mechanismen beschrieben, mit denen ‚die Nazis' lange Zeit von der ‚normalen' deutschen Gesellschaft getrennt worden seien –[1284] und herausgearbeitet, wie weit diese Darstellung von der historischen Realität entfernt ist: Wie er deutlich macht, war der Holocaust eine „arbeitsteilige Kollektivtat";[1285] an der nicht nur diabolische Psychopathen[1286] und auch nicht, wie beispielsweise in Arendts Deutung,[1287] nur gefügige Schreibtischtäter beteiligt waren. Die Führungseliten konnten selbstverständlich nur durch die vielfältige Zuarbeit von Tätern im „weiteren Sinne" wie „all jene am Judenmord mittelbar Beteiligten wie die Beamten der Zivilverwaltung",[1288] oder auch die „Ehefrauen, die ihren Männern den notwendigen emotionalen und sozialen Halt für ihr mörderisches Tun gaben", funktionieren.[1289]

Nach langen Jahren der starken Diskrepanz zwischen der historischen Realität und dem öffentlichen und auch wissenschaftlichen Diskurs haben sich in der Historiografie inzwischen sowohl die Beobachtung dieser Dichotomisierung und der Auslagerung von Schuld als auch die Beobachtung des Phänomens der verzerrten, quantitativ übermäßigen Präsenz ‚guter Deutscher' in der Erinnerungskultur durchgesetzt. Nachdem Brownings Studie darüber, dass am

---

1283 Vgl. Weber 2015, S. 428 f.

1284 Wie er in seinem Forschungsbericht zeigen kann, verschränkte sich „[i]m populären Bewußtsein [...] der geschichtswissenschaftliche Täterdiskurs mit dem durch die Rechtsprechung geschaffenen Täterbild und dem visuellen Täterdiskurs in Form von Filmen und Ausstellungen zu einem hoch künstlichen Bild von den Tätern der Shoah." (Paul 2002, S. 15.) Paul unterscheidet vier Epochen: „I. Distanzgewinnung durch Exterritorialisierung, Kriminalisierung und Diabolisierung: der frühe Täterdiskurs bis Anfang der 1960er Jahre" (ebd., S. 16–20). „II. Distanzgewinnung durch Entpersonalisierung und Abstrahierung: der Täterdiskurs vom Beginn der 1960er bis Ende der 1980er Jahre" (ebd., S. 20–37). Schließlich folgen: „III. Browning, Goldhagen und die Wehrmachtsausstellungen: Impulse für den neuen Täterdiskurs (ebd., S. 37–42) und „IV. Konkretisierung, Differenzierung und Perspektivenwechsel: der neue Täterdiskurs der 1990er Jahre" (ebd., S. 43–61). Wie er zeigt, ist die Entwicklung noch keineswegs zu einem Ende gelangt; auf die aktuellen Diskussionen wird hier nicht genauer eingegangen, da, wie zu zeigen ist, der Gruppe-47-Diskurs genau der ersten Epoche und damit dem vorherrschenden Diskurs ihrer Zeit entspricht.

1285 Ebd., S. 15.

1286 Ebd., S. 13.

1287 Vgl. dazu ebd., S. 24–27.

1288 „Dazu zählen jene, die die Deportationen und Erschießungen vorbereiteten, an Razzien und Absperrungen teilnahmen, die Lager bewachten [...]." (Ebd., S. 15.)

1289 Ebd., S. 15.

Holocaust *Ganz normale Männer* (1992) beteiligt waren, und Goldhagens
These von *Hitlers willigen Vollstreckern* (1996) in den 90er Jahren in Deutschland noch hochkontrovers debattiert worden waren,[1290] hatten jüngere Bände
aus der US-amerikanischen Geschichtswissenschaft zur Frage nach der Mitschuld ,einfacher Deutscher', wie Mary Fulbrooks *Dissonant Lives. Generations
and Violence Through the German Dictatorships* (2011) oder ihr jüngster, auf
Deutsch übersetzter Band *Eine kleine Stadt bei Auschwitz. Gewöhnliche Nazis
und der Holocaust* (2015) keine vergleichbare Resonanz mehr.

Auch in der Soziologie ist die Tendenz der Auslagerung der Schuld inzwischen untersucht. So gibt es breit rezipierte sozialpsychologische Studien,
die die verzerrte Rezeption der Vergangenheit hinsichtlich der Verhältnisse
von Schuld und guten Taten in der NS-Tätergesellschaft beleuchten. In der
empirischen Studie *Opa war kein Nazi* (2002) zeigen Harald Welzer et al., dass
das Bewusstsein schuldbehafteten oder unmoralischen Verhaltens der Verwandten in der Enkel/-innengeneration sogar noch deutlich abgenommen
hat gegenüber der Töchter- und Söhnegeneration. In der zweiten Auflage des
Bandes aus demselben Jahr haben die Autoren ihre qualitativen Ergebnisse
um eine knappe Zusammenfassung einer quantitativen Studie zu demselben
Thema ergänzt, die ihre Ergebnisse deutlich stützt.[1291] Dies insofern, als beispielsweise nur 2 % der Befragten davon ausgingen, ihre Eltern und Großeltern hätten dem Nationalsozialismus „sehr positiv" gegenübergestanden,
4 % sprachen sich für „positiv" aus – während dagegen ganze 49 % davon ausgingen, die Angehörigen seien Gegner des Nationalsozialismus gewesen.[1292]

Wie stark die Verzerrung dieser Wahrnehmung ist, ist in Susanne Beers ebenfalls sehr bemerkenswerter Studie *Helene Jacobs und die „anderen Deutschen"*
(2010) nachzulesen, wo es um diejenigen ,Anderen' geht, die verfolgten Juden
tatsächlich aktiv zu Hilfe kamen, nachzulesen. Beer arbeitet die Rolle von
Helene Jacobs im deutschen Widerstand auf und zeigt dabei auch anhand
verschiedener Quellen auf, wie gering Hilfsbereitschaft oder gar Widerstands-
regungen in der Bevölkerung vertreten waren. Gemäß der von ihr angefragten

---

1290 Vgl. u. a. ebd., S. 37–42; vgl. weiter oben in diesem Kapitel m. w. H.

1291 Vgl. Welzer ²2002, S. 246–248.

1292 Es handelt sich um die Ergebnisse einer repräsentativen Bevölkerungsumfrage, die im
    Juni 2002 vom Emnid-Institut in Bielefeld durchgeführt wurde, vgl. ebd., „Nachwort zur
    zweiten Auflage" S. 246. Interessanterweise – und allenfalls im Einklang mit den Ergeb-
    nissen dieses Kapitels, dass die (eher bildungsaffinen) Mitglieder der Gruppe 47 an dieser
    Verzerrung des Diskurses beteiligt waren – sind die Ergebnisse unter den Befragten mit
    Abitur und den Akademikerinnen und Akademikern sogar noch eindeutiger ausgefallen.
    Hier gehen 56 % der Befragten davon aus, ihre Angehörigen seien dem Nationalsozialis-
    mus negativ gegenübergestanden, nur 4 % gehen von einer „eher positiven" Haltung aus
    und nur 1 % gaben „sehr positiv" an, vgl. ebd.

Gedenkstätte Deutscher Widerstand seien bloß 3'600 aktive Helfer/-innen von Jüdinnen und Juden *namentlich* bekannt (Stand: Februar 2010);[1293] die Schätzung von Historikern/-innen beliefen sich auf „mehrere zehntausend Menschen" –[1294] aber wie sie hervorhebt, ergebe sich selbst dann nur ein Anteil von 0.1 % der gesamten Bevölkerung, wenn man von 100'000 Helfenden ausgehen würde.[1295]

In der Literaturwissenschaft ist der Konsens noch etwas weniger breit, was die Aufwertung der deutschen Tätergesellschaft, Externalisierung von Schuld und Dämonisierung ‚der Nazis' angeht. Zwar wird eine entsprechende Verschiebung in der literarischen Verarbeitung des Nationalsozialismus immer wieder angenommen oder am Rand erwähnt, gerade implizit, wenn Grass' *Blechtrommel* als erstes Werk der deutschen Nachkriegsliteratur gelobt wird, das die Mitschuld ‚einfacher Deutscher' aufarbeite. In Studien, die sich mit der literarischen Verarbeitung von Tätern im Nationalsozialismus befassen, ist die Bewertung der Ergebnisse aber weniger kritisch. So stellt sich Ächtler in einem Aufsatz zum „Auftauchen der Täter im deutschen Kriegsroman" (2014) gerade gegen die Annahme, die Elterngeneration hätte in Bezug auf die Darstellung von Tätern im Zweiten Weltkrieg versagt;[1296] vielmehr habe es sich in der Nachkriegszeit um notwendige ‚Diskursivierungsstrategien' gehandelt.[1297]

Eine moralische Bewertung des grundsätzlichen Prinzips, individuelle Schuld zu externalisieren, soll auch in der vorliegenden Studie nicht erfolgen; die Modelllektüre von *Sansibar* hat aber schon gezeigt, dass hierin durchaus ein Zusammenhang mit direkter Abwertung von ‚Anderen' bestehen kann. Und auch die bereits erwähnten Studien, die Bergmann (2007) über die Fortsetzung antisemitischer Tendenzen in der BRD zusammengetragen

---

1293 Beer 2010, S. 85.

1294 Ebd.

1295 Ebd., vgl. für eine genauere Einordung die gesamte Einführung (ebd., S. 85–87) sowie das Ergebnis Beers, dass die Hilfeleitungen Jacobs weniger durch „großmütiges, antiautoritäres oder außergewöhnliches Verhalten" zu erklären seien, sondern sich in die gewohnten „Handlungsmuster einer Angestellten" eingereiht hätten (ebd., S. 108). Um Jacobs' Verhalten nachzuvollziehen, würden also auch bei ihr „Motiv-Kategorien wie Widerstand, demokratische Einstellung oder antiautoritäre Kompromisslosigkeit überhaupt keine Rolle" spielen (ebd.).

1296 Vgl. Ächtler 2014, S. 76. Er kommt zum Schluss, dass der „industriell betriebene Genozid in den Vernichtungslagern" kein Thema dieser Texte sei. Der „Vernichtungsaspekt der Kriegsführung" spiele in Bezug auf russische Zivilbevölkerung und Juden eine periphere Rolle, werde aber „als Erlebnisdimension der deutschen Soldaten [...] präsent gehalten." (Ebd.)

1297 Ebd.

hat, weisen auf den engen Zusammenhang zwischen Dichotomisierung von Schuldzuschreibungen nicht nur mit der bereits oben angesprochenen Empathieverweigerung gegenüber den Opfern des Nationalsozialismus, sondern auch mit direkteren Anknüpfungen an die Abwertung ,Fremder' und Juden hin.[1298] Von dieser kritischen Perspektive aus sollen im Folgenden auch die *Almanach*- und Preistexte der Gruppe 47 analysiert werden, wobei zunächst zu beleuchten ist, wie sie sich in quantitativer Hinsicht zum vorherrschenden Nachkriegsdiskurs verhalten.

Almanach und Gruppe-47-Preise, Zahlen und Verhältnisse
Der Literatur kann zwar weniger als der öffentlichen Erinnerungsarbeit die Aufgabe zugeschrieben werden, solche Realitäten im ,korrekten Verhältnis' abzubilden. Hinsichtlich der untersuchten Frage nach komplexeren diskursiven Verknüpfungen von Moral und Identität scheint aber die einfache moralische Aufwertung der ,eigenen' Gruppe schon sehr beachtenswert zu sein: Wie weiter oben gesehen, hat sich das Motiv des ,guten Deutschen' im *Almanach* als zuverlässigster Indikator dafür herausgestellt, dass auch weitere besonders interessante Themen im Zusammenhang mit Moral und Zugehörigkeit in

---

1298 Vgl. Bergmann 2007, S. 15 f.: „Meinungsumfragen belegen, dass die Westdeutschen [...] mit großer Mehrheit eine kollektive Schuld oder Verantwortung für die Verbrechen des Nationalsozialismus ablehnten und diese auf die ,nationalsozialistischen Führer' abschoben. [...] 1951 stimmten nur 4 % der Aussage zu, dass ,jeder einzelne Deutsche eine gewisse Schuld für die Handlungen Deutschlands während des Dritten Reiches [habe] und jeder diese Schuld anerkennen solle'. Weitere 21 % fühlten eine gewisse Verantwortung für eine Entschädigung der Opfer. [...] Im Zusammenhang mit dem Eichmann-Prozess wurde 1961 direkt nach einem Gefühl der Mitschuld gefragt: ,Wenn Sie jemand fragen würde, ob Sie sich selbst als Deutscher irgendwie mitschuldig fühlen an den Judenvernichtungen – was würden Sie sagen?' Die große Mehrheit (88 %) wählte die Antwortvorgabe: ,Fühle mich nicht mitschuldig', 2 % räumten eine gewisse Mitschuld ein (,Zum Teil, bleibt an uns hängen') und nur 6 % bekannten sich zu einer Mitschuld. [...] Zur selben Zeit war der Wunsch, ,nichts mehr davon zu hören', weil, man ,persönlich nicht damit zu tun gehabt habe' (59 %), und ,diese Angelegenheit zu vergessen' und sich mit Gegenwart und Zukunft zu beschäftigen' (53 %), vorherrschend. [...] Im Rückblick schreiben Deutsche heute (wie schon 1991) größeren Teilen der (damaligen) Bevölkerung eine ,Schuld [...] gegenüber den Juden aufgrund der Judenverfolgung im Dritten Reich' zu als in den ersten Jahrzehnten nach dem Krieg: 4 % bejahen so etwas wie eine Schuld aller Deutschen einschließlich der nach dem Krieg Geborenen, 15 % eine Kollektivschuld der ,erwachsenen Deutschen der damaligen Generation', weitere 33 % schließen auch diejenigen ein, die ,von der Judenverfolgung wussten' und 45 % begrenzen die Schuld auf diejenigen, ,die an der Judenverfolgung direkt beteiligt waren'. [...] [Z]wei Drittel der deutschen Bevölkerung, unabhängig von Geschlecht, Alter und Bildung, [geben] an (66 %; 1991: 60 %), darüber beschämt zu sein, ,dass Deutsche so viele Verbrechen an den Juden begangen haben' (nur 8 % nehmen sich davon völlig aus; 1991: 13 %)."

einer Erzählung vorkommen.[1299] Und die *Almanach*-Texte weisen gerade in diesen weiteren interessanten Diskursen wiederum Parallelen zu *Sansibar* auf; insbesondere Schneiders „Die Mandel reift in Broschers Garten", wo der Protagonist sogar ähnlich wie in *Sansibar* von einer „schönen Jüdin" verführt wird; mit dem Unterschied, dass er dort ihren Reizen wohl ‚erliegt', was ihn vermutlich ins Verderben stürzt.[1300]

Bereits die zahlenmäßige Präsenz ‚guter Deutscher' und ‚böser Nazis' in der breiten Menge der *Almanach*- und Preistexte verspricht angesichts dessen erste Aufschlüsse über den Gruppe-47-Diskurs:[1301] Wie sind die ‚Nazi'-Figuren konstruiert, wie ‚einfache Deutsche', in wie vielen Texten stehen sich solche gegensätzlichen Figuren gegenüber, und wie sieht es mit dezidiert positiv aufgeladenen Deutschen in Texten aus, die nicht im Nationalsozialismus spielen? Am deutlichsten können allfällige Zeugnisse partikularistischer Aufteilungen von Moral und Unmoral in denjenigen Texten nachvollzogen werden, die entsprechend eindeutig konstruiert sind. Mit 17 von 89 Texten, also nur knapp 20 %, sind das weniger als erwartet.[1302]

1299 Vgl. dazu Kap. 1.1 im vorliegenden Teil II der Studie. Von den vier als besonders repräsentativen ‚Mustertexten' identifizierten Texten enthalten zwei ganz dezidiert ‚gute Deutsche', nämlich Schneiders „Die Mandel reift in Broschers Garten" (vgl. Kap. 2.1.1) und Siegfried Lenz' „Gelegenheit zum Verzicht", auf das gleich noch genauer eingegangen wird. Und in Ferbers „Mimosen im Juli" (vgl. Kap. 1.2) ist der NS-Täter zwar kein ‚guter Deutscher', aber eine vergleichbare Verschiebung in seiner Konstruktion von einem besonders fanatischen Nationalsozialisten zu einem umsichtigen Wehrmachtsangehörigen.

1300 Vgl. Kap. 2.1.4 im vorliegenden Teil II der Studie.

1301 Zu der Herleitung und Auswertung dieser Zahlen vgl. Kap. 1.1 im vorliegenden Teil II der Studie.

1302 Es handelt sich in der oben beschriebenen Tabelle (vgl. Kap. 1.1 im vorliegenden Teil II der Studie) um diejenigen Texte, bei denen im Feld „Gut / Böse offensichtlich?" der Eintrag „ja" oder „eher ja" steht. Nach dem Setzen dieses einen Filters bleiben stehen: Hans Werner Richter: Die Holzkreuze; Alfred Andersch: Weltreise auf deutsche Art; Ilse Schneider-Lengyel: wort; Ilse Schneider-Lengyel: schlachtvieh; Walter Kolbenhoff: Ich sah ihn fallen; Franz Joseph Schneider: Die Mandel reift in Broschers Garten; Günter Eich: Der grosse Lübbe-See; Günter Eich: Augenblick im Juni; Paul Schallück: Monologe eines Süchtigen; Hans Magnus Enzensberger: Schaum; Tadeuz Nowakowksi: Polonaise Allerheiligen; Milo Dor: Salto Mortale; Christian Ferber: Mimosen im Juli; Siegfried Lenz: Gelegenheit zum Verzicht; Uwe Johnson: Das dritte Buch über Achim; Heinz von Cramer: Bericht des jungen Manns; Johannes Bobrowksi: Die Wolgastädte. Wenn man die Gedichte nicht einzeln betrachtet – die in dieser Hinsicht erwartungsgemäß weniger relevant sind, unter den 17 Texten mit eindeutiger Zuordnung von ‚Gut' und ‚Böse' sind nur sechs Gedichte –, dann steigt die verhältnismäßige Anzahl schon deutlich. Von den 39 übriggebliebenen Prosa-Texten können in immerhin 11 eine relativ eindeutige Zuordnung von Gut und Böse festgestellt werden, d. h. nun knapp 30 %: Hans Werner Richter: Die Holzkreuze; Alfred Andersch: Weltreise auf deutsche Art; Walter Kolbenhoff: Ich sah ihn fallen; Franz Joseph Schneider: Die Mandel reift in Broschers Garten; Paul Schallück: Monologe

Dafür wird in *diesen* Texten schon auf den ersten Blick recht deutlich, dass die Unterscheidung zwischen ‚guten' oder neutralen Erzählern und ‚bösen' oder schuldigen ‚Anderen' eine wichtige Rolle spielt. In 11 dieser 17 manichäisch strukturierten Texten sind die unmoralischen oder ‚bösen' Figuren ‚Fremde' oder Angehörige der ‚Nazielite'.[1303] Und immerhin noch sechs Texte von diesen 11, also mehr als die Hälfte, enthalten zugleich auch ‚gute Deutsche'.[1304] Das stützt einerseits die Annahme, dass die Konstitution besonders guter Deutscher mit der Dämonisierung der ‚Anderen' zusammenhängt und diesem Phänomen nicht nur apologetische, sondern auch allgemeinere moralische Anliegen zugunsten der ‚Wir'-Gruppe zugrunde liegen dürften. Zugleich zeigt es aber auch, dass es sich dennoch nicht um einen der quantitativ wichtigsten Diskurse handelt: Bei diesen sich gegenseitig bedingenden Kriterien sind letztlich aber nur sechs von 89, das heißt nicht annähernd ein Zehntel der *Almanach*- und Preistexte übriggeblieben, die Gut und Böse ganz eindeutig verhandeln, das Böse eindeutig auf Fremde oder eine ferne Nazielite auslagern und einfache Deutsche, meist intern fokalisierte Figuren als dezidiert Gute setzen.

Tatsächlich zeigt sich auch, wenn der Fokus weg von den deutlich manichäischen Texten gerichtet wird, dass es schon bemerkenswert ist, wenn NS-Schuld in einem *Almanach*-Text überhaupt thematisiert wird: Im gesamten Korpus sind nur neun Texte enthalten, die eine unmoralisch handelnde

---

eines Süchtigen; Tadeuz Nowakowksi: Polonaise Allerheiligen; Milo Dor: Salto Mortale; Christian Ferber: Mimosen im Juli; Siegfried Lenz: Gelegenheit zum Verzicht; Uwe Johnson: Das dritte Buch über Achim; Heinz von Cramer: Bericht des jungen Mannes.

1303 Hans Werner Richter: Die Holzkreuze; Alfred Andersch: Weltreise auf deutsche Art; Walter Kolbenhoff: Ich sah ihn fallen; Franz Joseph Schneider: Die Mandel reift in Broschers Garten; Paul Schallück: Monologe eines Süchtigen; Hans Magnus Enzensberger: Schaum; Tadeuz Nowakowksi: Polonaise Allerheiligen; Christian Ferber: Mimosen im Juli; Siegfried Lenz: Gelegenheit zum Verzicht; Uwe Johnson: Das dritte Buch über Achim; Johannes Bobrowski: Die Wolgastädte.

1304 Hans Werner Richter: Die Holzkreuze; Franz Joseph Schneider: Die Mandel reift in Broschers Garten; Paul Schallück: Monologe eines Süchtigen; Hans Magnus Enzensberger; Schaum, Christian Ferber: Mimosen im Juli; Uwe Johnson: Das dritte Buch über Achim. Wie bereits erwähnt, sind die meisten dieser Texte für die vorliegende Studie besonders interessant und werden auch thematisiert; nur Johnson ist erst im Jahr 1934 geboren und fällt deswegen deutlich aus der Kategorie derjenigen, die bei Ende des Nationalsozialismus erwachsen waren. Seine Texte sind deswegen von der Fragestellung nicht mehr betroffen (vgl. Kap. 2.3.2 in Teil I der vorliegenden Studie), obwohl die unzähligen Parallelen seiner Texte hinsichtlich moralischer Dichotomien mit denjenigen der Landser- und *Ruf*-Generation ebenfalls bemerkenswert wären.

‚Nazi'-Figur enthalten.[1305] Ähnlich sieht es mit Texten aus, die *Schuldige* aus Deutschland enthalten; das sind sogar nur sieben Texte im gesamten Korpus.[1306] Beachtenswert ist nun, dass diese sieben Texte nicht einfach eine Teilmenge der neun ‚Nazi'-Texte sind: Es deutet darauf hin, dass der Fokus auf *Schuld*-Zuschreibungen nicht ausreicht, um eine Fortsetzung von partikularen Moral-zuschreibungen zu erfassen; dass schuldhaftes Verhalten losgelöst von Moral gewertet wird. Tatsächlich bestätigt sich diese Beobachtung angesichts der Gesamtheit der *Almanach*- und Preistexte, in denen die fokalisierte Figur eine deutliche Schuld auf sich lädt (oder auf sich geladen zu haben scheint und nun Schuldgefühle zeigen). Von 12 Texten, in denen dies der Fall ist,[1307] sind nur in fünf, das heißt nicht einmal der Hälfte der Texte, die jeweiligen Protagonisten auch *unmoralisch*.[1308]

Es scheint also eine Unterscheidung zwischen Schuld (im Sinne von schlechtem Handeln) und Unmoral (im Sinne von ‚böser' Intention) vor-genommen zu werden, wie sie sich ja durchaus auch in *Sansibar* findet: Fast alle erwachsenen männlichen Protagonisten machen sich irgendwie schuldig, indem sie der Jüdin zunächst ihre Hilfe verweigern; aber niemand von ihnen erscheint als unmoralisch, weil alle gute Gründe dafür haben. In den beiden Erzählungen, die in der Folge genauer untersucht werden, ist das ähnlich. Mit Lenz' Erzählung „Gelegenheit zum Verzicht" (gelesen 1960)[1309] und v. Cramers „Bericht des jungen Mannes" (gelesen 1961)[1310] sind die beiden Gegenpole der Dichotomie ‚gute Deutsche / böse Nazis' im *Almanach* noch einmal dezidiert vertreten. Beide Texte sind für den *Almanach* eher spät, beide nach dem ‚Wendejahr 1959' erschienen, und beide sind von überdurchschnittlich

---

1305 Nicolaus Sombart: Capriccio Nr. 1; Hans Werner Richter: Die Holzkreuze; Paul Schallück: Monologe eines Süchtigen; Reinhard Federmann: Die Stimme; Günter Grass: Der weite Rock; Christian Ferber: Mimosen im Juli; Siegfried Lenz: Gelegenheit zum Verzicht; Uwe Johnson: Das dritte Buch über Achim; Heinz von Cramer: Bericht des jungen Mannes.

1306 Hans Werner Richter: Die Holzkreuze; Ilse Schneider-Lengyel: schlachtvieh; Paul Schallück: Monologe eines Süchtigen; Reinhard Federmann: Die Stimme; Christian Ferber: Mimosen im Juli; Siegfried Lenz: Gelegenheit zum Verzicht; Uwe Johnson: Das dritte Buch über Achim.

1307 Wolfgang Bächler: Die Erde bebt noch; Alfred Andersch: Weltreise auf deutsche Art; Hans Georg Brenner: Das Wunder; Günter Eich: Der grosse Lübbe-See; Heinrich Böll: Die schwarzen Schafe; Ingeborg Bachmann: Holz und Späne; Martin Walser: Templones Ende; Milo Dor: Salto Mortale; Johannes Bobrowski: Der Adler; Heinz von Cramer: Be-richt des jungen Mannes; Johannes Bobrowski: Der lettische Herbst; Johannes Bobrowski: Erfahrung.

1308 Hans Georg Brenner: Das Wunder; Heinrich Böll: Die schwarzen Schafe; Martin Walser: Templones Ende; Milo Dor: Salto Mortale; Heinz von Cramer: Bericht des jungen Mannes.

1309 Lenz [1960] 1962, in der Folge im vorliegenden Kapitel im Fließtext zitiert (Sigle: LG).

1310 Cramer [1961] 1962, in der Folge im vorliegenden Kapitel im Fließtext zitiert (Sigle: CB).

bekannten und besonders wichtigen Gruppe-47-Mitgliedern verfasst worden. Um den *Almanach*-Diskurs genauer fassen zu können, sollen ihre besonders einschlägigen Aspekte daraufhin befragt werden, was sie über Moralkonfigurationen des Texts aussagen.

4.2.2   Das Dorf gegen ‚die da oben‘: Gute Deutsche in Siegfried Lenz’
                Erzählung „Gelegenheit zum Verzicht“ (gelesen 1960)

Siegfried Lenz ist in verschiedener Hinsicht eines der repräsentativsten Gruppe-47-Mitglieder überhaupt; sowohl laut zeitgenössischer Stellungnahmen seiner Kollegen als auch von heute aus gesehen:[1311] Wie Böll, Andersch, Grass oder Johnson schrieb er mit *Deutschstunde* (1968) einen der großen Romane, die als Zeugnisse eines neuen Umgangs mit dem Nationalsozialismus aus dem Umfeld der Gruppe 47 gelten.[1312] Ähnlich wie auch bei Andersch, Grass und der Gruppe 47 als Ganze wurde sein Status als ‚Gewissen der Nation‘ inzwischen aber auch schon hinterfragt. Dies sowohl in Bezug auf seine Biografie – wie Walser, Jens oder Höllerer war auch Lenz in der NSDAP-Mitgliederkartei eingetragen, hat aber bestritten, davon gewusst zu haben –[1313] als auch in Bezug auf *Deutschstunde*,[1314] mit der er sich gemäß kritischer Stimmen an der

---

1311   Vgl. Kap. 1.1.3 im vorliegenden Teil II der Studie. Er nahm auch über die ganze Zeit regelmäßig an Treffen teil, war von der 19. bis zur 31. Tagung insgesamt neunmal, davon sechsmal mit einer eigenen Lesung, dabei (vgl. Meyer 2013, Anhang „Teilnehmerkorpus“, S. 9).

1312   So betont Reich-Ranicki, dass Lenz ein Vorreiter gewesen sei, dessen Vorbild eine ganze Welle von NS-Reflexionen „aus der Sicht von nachdenklichen Halbwüchsigen“ gefolgt sei. Vgl. Reich-Ranicki 1985, S. 10. Auch kritische Stimmen wurden aber schon vergleichsweise früh laut, so im bereits erwähnten kritischen Aufsatz von Theodor Elm aus dem Jahr 1985. Er hinterfragt den Wert der „historische[n] Analyse“ (ebd., S. 98) in der Sammlung *Jäger des Spotts* (1958), im Stück *Zeit der Schuldlosen* (1961) und in den Romanen *Deutschstunde* (1968) und *Heimatmuseum* (1978; vgl. Elm 1985, S. 128) und liest sie als Texte mit Neigung zu „Sentenz und Generalisierung“ (ebd., S. 98), die „trotz zunehmend historischer Orientierung“ bis zuletzt „historische Aufklärung verwehrt[en]“ (ebd., S. 99).

1313   Lenz erklärte anlässlich der ‚Enthüllung‘ seines Eintrags 2007, nichts von dieser Mitgliedschaft gewusst zu haben, er habe den Antrag – den man eigentlich notwendigerweise selbst unterschreiben musste – gar nicht stellen können, da er in der fraglichen Zeit in der Wehrmacht gedient habe (vgl. Weber 2015, S. 428). Unabhängige Gutachter gehen aber davon aus, dass es kaum möglich war, ohne eigenes Zutun und Wissen, quasi ‚hinter dem Rücken‘, eine NSDAP-Mitgliedschaft für jemanden anzufordern, da die Partei bis zuletzt eine Elitepartei bleiben wollte. Es sei aber zumindest plausibel, dass die Anwärter in den letzten Jahren des Kriegs möglicherweise nicht mehr über ihre *Aufnahme* in die Partei informiert worden seien (vgl. ebd., S. 427), und es sei psychologisch glaubwürdig, dass man einen Antrag angesichts der traumatisierenden Erlebnisse in den letzten Kriegsjahren verdrängt habe (ebd., S. 428).

1314   Wie bei Nickel (1994) dokumentiert ist, hat er auf der letzten regulären Tagung der Gruppe 47, 1967 in der Pulvermühle, noch das Kapitel „Das Malverbot“ aus dem Roman gelesen (vgl. ebd., S. 400).

Apologie Emil Noldes beteiligte.[1315] Stärker noch als dasjenige anderer Gruppe-47-Autoren wurde sein literarisches Werk auch aus ideologiekritischer Sicht bereits in den 80er Jahren ziemlich vehement kritisiert.[1316] Dass sich jüngst keine Debatten mehr darum entsponnen, liegt wohl nicht zuletzt daran, dass es als „für die jüngeren Leser hoffnungslos altmodisch" gilt, wie ein Rezensent 2006 schrieb.[1317] Zuletzt wurde Lenz in den Medien aber für seinen frühen Nachkriegsroman *Der Überläufer*, den er 1951 beendete, für den er aber in der Nachkriegszeit keinen Verlag gefunden hatte, hoch gelobt. Sein Roman konnte posthum im Jahr 2016 publiziert werden und machte deutlich, dass die darin enthaltene NS-Kritik wohl ein wichtiger Grund war, der sein Erscheinen damals verhindert hatte, da er die Grenzen des Sagbaren in den 50er Jahren überschritten hatte.[1318]

Seine *Almanach*-Erzählung scheint aber zumindest hinsichtlich der vorliegenden Fragestellung dem Gruppendurchschnitt gerade besonders gut zu entsprechen: Wie weiter oben gesehen, konnten in „Gelegenheit zum Verzicht" bei der ersten Verzeichnung aller *Almanach*- und Preistexte besonders viele Themen und Motive identifiziert werden, die Moral und Identität ‚gruppentypisch' verknüpfen.[1319] Insbesondere scheint die Erzählung ein besonders breites Arsenal ‚guter Deutscher' zu enthalten, was sie für das vorliegende Kapitel interessant macht.

‚Gute Deutsche' im Werk von Siegfried Lenz

Lenz hat mehrere ‚gute Deutsche' geschaffen; so erzählt allem voran auch sein bekanntester Roman *Deutschstunde* von einem. Gerade das wurde in der Debatte um Nolde problematisiert, wie Hieber im *F.A.Z.*-Artikel über den ‚Fall Nolde' schreibt:

> Nein, ambivalent ist Max Ludwig Nansen keineswegs. Sein lauterer Charakter, sein so unbeugsamer wie spöttischer Mut vor den Mächtigen und deren Schergen bilden den Erzählkern des Buchs. Mehrere Generationen von Lesern, ungezählte Schulklassen eingeschlossen, mussten und wollten die „Deutschstunde" deshalb als Parabel darüber verstehen, wie der innere Widerstand eines Menschen und Künstlers in Zeiten des Nationalsozialismus entstehen und sich gegen alle äußeren Nachstellungen und Schikanen behaupten konnte.[1320]

1315   Vgl. weiter unten in diesem Kapitel m. w. H.
1316   Lenz selbst sagte dazu schon 1982 in einem Interview, für die jungen Leute liege er „politisch und als Schriftsteller [...] seit ungefähr tausend Jahren unter den Pyramiden." (Zit. n. Treichel 2006, o. S.)
1317   Ebd.
1318   Vgl. zum Roman und seiner Rezeption Bigelow [2020].
1319   Vgl. Kap. 1.1.3 im vorliegenden Teil II der Studie.
1320   Hieber 2014, o. S.

Er problematisiert, dass Lenz den Roman in dieser apologetischen Weise konstruiert habe, obwohl Walter Jens schon ein Jahr vor dem Erscheinen von *Deutschstunde* auf einer Festrede zum hundertsten Geburtstag des Malers Nolde von dessen Affinität für die nationalsozialistische Ideologie, dessen Antisemitismus und Parteimitgliedschaft gesprochen habe. Diese Fakten seien also durchaus bekannt gewesen.[1321]

Um gute Deutsche drehte sich zudem bereits Lenz' erste Lesung auf einer Gruppentagung mit der Erzählung „Die Nacht im Hotel"[1322] (gelesen 1952 in Niendorf). Sie handelt von der herzensguten Tat eines nur scheinbar griesgrämigen alten Manns, die einen kleinen Jungen glücklich macht.[1323] Hier sind zwar Ort und Zeitpunkt der Handlung auf den ersten Blick unklar; tatsächlich liegt aber sehr nahe, dass es sich bei den Figuren ebenfalls um Deutsche *im* Nationalsozialismus handelt. Der Protagonist will in einem Zug nach „Kurzbach"[1324] fahren, was der Name eines alten deutsch-schlesischen Adelsgeschlechts ist und heute nur noch Ortsteile größerer Städte in Tschechien bezeichnet, aber 1937–1945 die deutsche Bezeichnung für die polnische Stadt

---

1321 „Jens hielt die Festrede und zeigte sich in hohem Maße irritiert über dessen ‚antithetischrohe Ideologie: das Deutsche gut, das Französische bös'. Er sprach vom ‚antizivilisatorischen' Nolde, bei dem ‚die Ideale der Reinrassigkeit triumphieren', und vom ‚Parteigenossen', der ‚die Zukunft der Kunst' mit ‚judenferner Kunst' gleichsetzt. Es war das erste Mal, dass dergleichen offiziell publik wurde. Eingang in den Roman des Freundes Lenz hat es nicht gefunden." (Ebd.)

1322 Vgl. Lenz [1952] 1958.

1323 Der kurze Text dokumentiert ein zufälliges Gespräch im Hotel zwischen zwei Männern, die sich ein Zimmer teilen müssen. Einer bleibt namenlos, man erfährt nur, dass er an Krücken laufe; der intern fokalisierte Protagonist namens Schwamm erklärt ihm, er sei in der Stadt, um einen Zug nach Kurzbach (ebd., S. 213) – ein alter deutsch-schlesischer Ortsname – zu erwischen, dem sein Junge jeden Tag auf dem Schulweg zuwinke, ohne dass ihm je jemand zurückwinke. Der Junge sei so sensibel, dass er deswegen „wenn er nach Hause kommt […] verstört und benommen" sei; „und manchmal heult er auch. Er ist nicht imstande, seine Schularbeiten zu machen, er mag nicht spielen und nicht sprechen: das geht nun schon seit Monaten so, jeden lieben Tag." (ebd., S. 212). Deswegen wolle er einmal in jenem Zug mitfahren und zurückwinken. Der griesgrämige Zimmergenosse zeigt wenig Verständnis und bemerkt nur, dass er Kinder hasse („Ich hasse sie und weiche ihnen aus", ebd., S. 212), seit seine Frau bei der Geburt gestorben sei. Schwamms Vorhaben bezeichnet er als „Betrug" (ebd., 213). Am nächsten Tag verschläft Schwamm, verpasst den Zug und kehrt bedrückt nach Hause zurück – um zu erfahren, dass sein anonymer, scheinbar so unsympathischer Zimmergenosse wohl doch ein gutes Herz hatte und dem Jungen gewinkt hat: „Sein Junge öffnete ihm die Tür, glücklich, außer sich vor Freude. Er warf sich ihm entgegen und hämmerte mit den Fäusten gegen seinen Schenkel und rief: ‚Einer hat gewinkt, einer hat ganz lange gewinkt.' ‚Mit einer Krücke?' fragte Schwamm. ‚Ja, mit einem Stock. Und zuletzt hat er sein Taschentuch an den Stock gebunden und es so lange aus dem Fenster gehalten, bis ich es nicht mehr sehen konnte." (Ebd., S. 213 f.)

1324 Ebd., S. 213.

Bukołowo und 1936–1945 für die ebenfalls polnische Stadt Rosniontau war, die beide wie auch die Masuren, Lenz' verlorene Heimat, in ehemals deutschen, heute polnischen Gebieten liegen.[1325] Die Masuren stehen im Zentrum von Lenz' erstem und wohl berühmtesten Erzählband, *So zärtlich war Suleyken*,[1326] Lenz selbst bezeichnet den Band als „aufgeräumte Huldigung an die Leute von Masuren",[1327] deren „Seele"[1328] er darin beschreiben will. Auch die im *Almanach* abgedruckte Erzählung „Gelegenheit zum Verzicht" spielt in Masuren (LG 375), und auch hier werden die ‚Leute von Masuren', wie gezeigt werden soll, als besonders gute Leute gehuldigt.[1329] Wie das mit weiteren moralischen Zuschreibungen in der Erzählung zusammenspielt, ist nun eine etwas genauere Betrachtung wert.

Lenz im Almanach: *„Gelegenheit zum Verzicht"*
Obwohl die Erzählung auf den ersten Blick weniger eindeutig und einseitig moralisierend ist als die bis hier bereits untersuchten ‚Mustertexte',[1330] erweist sie sich bei genauer Betrachtung für die vorliegende Fragestellung tatsächlich als sehr bemerkenswert. Wie bei Schneider und bei Andersch kommt auch hier eine explizit jüdische Figur vor und zu Wort – eine von sehr wenigen jüdischen Figuren im *Almanach* trotz dessen Fokus auf den Nationalsozialismus –,[1331] und wie zunächst gezeigt werden soll, ist wie in den beiden anderen Texten diese Ausnahme auch hier eng an die Figur des guten Deutschen, der ihm helfen möchte, gebunden.

Die Erzählung ist recht kurz, ändert dennoch mehrfach die Perspektive und ist dadurch eine der vergleichsweise komplexesten im *Almanach*. Im Vorwort zu der 2006 erschienenen Ausgabe sämtlicher Erzählungen in einem Band hebt Marcel Reich-Ranicki (2006) sie[1332] neben „Das Feuerschiff" und

---

1325 O. A. 1998, Bd. 14, S. 321 f.
1326 Lenz 1955. Die Erzählungen spielen allesamt im noch deutschen Masuren; obwohl sie recht absurd gehalten sind und Lenz selbst in einer 1955 verfassten „Auskunft über die Masuren" betont, die Erzählungen sollten nicht von einer Sehnsucht nach dieser nicht mehr existierenden Welt zeugen (Lenz 2006, S. 321; vgl. Reich-Ranicki 1985, S. 12, der im selben Sinne eine „menschliche Komödie im Miniatur-Format", ebd., S. 13, wahrnimmt), sind die Texte von Nostalgie geprägt und spielen im umstrittenen Diskurs um Flucht und Vertreibung der Deutschen eine wichtige Rolle (vgl. auch Weber 2015b, S. 129).
1327 Lenz 2006, S. 321.
1328 Ebd.
1329 Vgl. Ahrends 1988, o. S.
1330 Vgl. dazu Kap. 1.3 im vorliegenden Teil II der Studie.
1331 Vgl. dazu weiter unten in diesem Kapitel.
1332 Wie schon in den gesammelten Erzählungen in drei Bänden von 1985 trägt sie auch in der Ausgabe von 2006 den Titel „Der Verzicht" (vgl. Lenz 2006, S. 717–725).

„Ein Kriegsende" als einen der „Höhepunkte[] des Lenzschen Werks"[1333] besonders hervor. Wie bereits in „Die Nacht im Hotel" handelt auch hier eine
Figur unerwartet gut; hier ist es aber zunächst die jüdische Figur. Die Doppelbödigkeit seiner Rolle ist im nächsten Unterkapitel (4.3) noch genauer zu
untersuchen; zunächst sind bereits die deutschen Figuren bemerkenswert.
Diese sind zwar nicht auf den ersten Blick als traditionelle ‚gute Deutsche'
konzipiert, weisen aber in mancherlei Hinsicht bemerkenswerte Parallelen
zur der Konstellation in Anderschs *Sansibar* auf: Wie zu zeigen ist, liegt eine
besonders bemerkenswerte Ähnlichkeit in der grammatikalischen Unterscheidung zwischen *uns* und *ihnen* durch die Gedankenrede des Erzählers, in
der die jüdische Figur keinen Platz hat. Und damit verknüpft ist es auch hier
so, dass niemand von der ‚Wir-Gruppe' sich mit der NS-Ideologie identifiziert
oder auch nur Anklänge antisemitischer Abneigung zu zeigen scheint.

Der Text handelt davon, dass ein Mann namens Heinrich Bielek an einem
Wintertag in einem Dorf in einer „hoffnungslosen Ecke Masurens" (LG 375)
eintrifft, um „Wilhelm Heilmann, de[n] Letze[n] mosaischen Glaubens" (ebd.),
abzuführen. Er muss ihn, wie sich im Verlauf der Erzählung herausstellt, an
die Grenze bringen (vgl. LG 380), wo er von einem Mann in einer „erdbraunen
Joppe" (ebd.) weitergeführt wird. Bielek trägt „ihre Uniform" (LG 373) und
muss ‚ihnen' trotz einer schweren Krankheit dienen; wie der Erzähler bemerkt, um „ihre" Zahl zu vermehren und ihnen „die Sicherheit einer Reserve"
(ebd.) zu geben. Im Lehrerzimmer, wo Bielek rastet, hängt die „Fotografie
eines uniformierten Mannes mit Kneifer" (LG 374)[1334] – auch ohne genauere
Datumsangabe ist also eindeutig, dass der Text im Nationalsozialismus spielt,
Wilhelm Heilmann Jude ist und er deportiert werden soll.

Die ‚Pointe' der Geschichte ist nun, dass Bielek, der Heilmann von früher
kennt, an der Deportation offenbar deutlich stärker leidet als der Deportierte
selbst: Bieleks Magenleiden, das ihn zwar regelmäßig zu befallen scheint (vgl.
373), scheint sich während der Ausführung seines Auftrags verschlimmert zu
haben. Im Verlauf der Erzählung zeigt sich, dass er alleine nicht imstande wäre,
Heilmann zu ‚übergeben'. Für den Abgeführten ergeben sich immer wieder Gelegenheiten zu fliehen: Bielek fällt halb ohnmächtig in den Schnee (LG 377),
muss schließlich sogar in einer Hütte einkehren, um zu rasten, (LG 378 f.) und
ist zeitweise quasi im Delirium (LG 379). Heilmann lässt diese Gelegenheiten
aber in einer Seelenruhe und in einer Art gutmütigem Fatalismus verstreichen;

1333 Reich-Ranicki 2006, S. 13.

1334 Dabei dürfte es sich um Heinrich Himmler handeln, der oft mit Kneifer porträtiert wurde
(vgl. beispielsweise die Bebilderung seines Eintrags auf der internationalen Biografie-
Seite www.biography.com [Abruf: 10.05.2018]).

er zeigt sogar Mitgefühl mit Bielek und löst dessen Uniformgürtel, damit sich seine Krämpfe bessern (ebd.). Wie weiter unten noch genauer zu beleuchten ist, impliziert die Erzählung sogar immer wieder, Heilmann selbst wolle seinen Abtransport am meisten von allen Beteiligten, nachdem er ihn schon so lange befürchtet hat: bereits als er in seiner ‚Hütte' abgeholt wird, heißt es, er habe „damit gerechnet und sich nicht ein einziges Mal die Schwäche der Hoffnung geleistet" (LG 376).[1335] Noch als er schon übergeben wird, kommt er einem Befehl zuvor und geht schon einige Schritte voraus (LG 380).

Der Masure Heinrich Bielek ist damit, für den *Almanach* ungewöhnlich, zunächst ein relativ einfacher Deutscher, der direkt am Holocaust beteiligt ist, und die jüdische Figur ist fokalisiert, scheint allen sympathisch zu sein und sich fast unnatürlich moralisch zu verhalten. Auf den zweiten Blick werden die althergebrachten Deutungsmuster, in denen ‚das Deutsche' als besonders moralisch konstruiert ist, aber doch nicht so deutlich unterwandert: Wieso erscheint es als moralisch, dass er seine eigene Deportation vorantreibt? Und warum empfindet man als Lesende/-r Mitleid mit dem ‚Nazi' Bielek, anstatt zu hoffen, dass sein Magenleiden lange genug dauert, um Heilmann entkommen zu lassen? Zunächst machen diese Überlegungen deutlich, dass die Gefahr, in der Heilmann schwebt, im Text recht marginal erscheint, da keine der beteiligten Figuren auch nur ansatzweise eine Gefahr für ihn bedeutet. Sie sind keine aktiven Widerständler, aber sie scheinen doch zu tun, was in ihrer Macht steht, um ihm zu helfen.

Und genauer betrachtet fügt sich auch die Rolle Bieleks in dieses Bild ein: Es scheint auch bei ihm vor allem Angst zu sein, die ihn „ihre" Befehle ausführen lässt, obwohl er einer von „uns" ist. Anders als Heilmann ist er nie fokalisiert, der Text impliziert aber sehr stark, dass die Magenleiden deswegen so schlimm sind, weil er damit ringt, seinen Bekannten aus Kindheitstagen abzuführen (vgl. insbes. LG 378);[1336] so wurde die Story auch rezipiert, wie

---

1335 Vgl. dazu auch weiter unten in diesem Kapitel.

1336 Die beiden scheinen sich sehr gut gekannt zu haben, wie die Erinnerungen Heilmanns an Bielek als Junge zeigen: „Wilhelm Heilmann dachte an den Mann, der ihn führte oder vielmehr überführte, entsann sich dessen einäugigen Vaters, der Kate, in der die Bieleks wohnten, fleißige und geschickte Besenbinder, deren sichtbarster Reichtum dreckige Kinder waren, die im Frühjahr durch die Birkenwälder schwärmten, um elastische Reiser zu schneiden. Er dachte an den Knaben Heinrich Bielek, der auf den Bäumen gesessen hatte, um Lindenblüten für den Tee zu pflücken, der bis spät in den Oktober barfuß gegangen und bei einer Hochzeit unter die Räder der Kutsche gekommen war, in der die Braut gesessen hatte. Er entsann sich sogar jener Begabung Heinrichs, die sie damals immer wieder verblüfft hatte, die Begabung nämlich, ein Schnitzmesser mit der Spitze auf seinen Schenkel fallen zu lassen, und zwar so, daß er sich nicht die geringste Wunde beibrachte." (LG 378.)

Ahrends' Zusammenfassung der Schlüsselszene zeigt: „Der ‚Jude' löst dem
‚Arier' den Gürtel, um ihm Erleichterung zu verschaffen von den Gewissens-
qualen, die ihm auf den Magen geschlagen sind."[1337] Dass Bielek in der Hütte,
wo er sich wegen seines Leidens hinlegen muss, schließlich panische Angst
davor hat, Heilmann wolle fliehen, muss vor diesem Hintergrund nicht als
überzeugte Diensttreue gesehen werden, sondern kann auch umgekehrt erklären, warum er den Befehl nicht von Anfang an verweigerte, wenn er ihm
doch so zu schaffen macht: Er würde sich selbst in große Gefahr bringen, wenn
er ohne Heilmann zurückkäme, wie seine „aufgerissenen Augen" (LG 379), mit
denen er Heilmann „erschrocken, abwehrend" (ebd.) ansieht, als er befürchtet,
dieser könnte fliehen, vermuten lassen.

Dadurch, dass der zentrale Akteur Bielek nicht fokalisiert ist, bleiben grundsätzlich auch andere Deutungen offen; die besondere Schwere dieser Magenschmerzen könnte eine ganz andere Ursache haben. Der Erzähler, offenbar
ein Schüler im Dorf,[1338] gibt in seinem Bericht aber noch weitere Hinweise,
dass Bielek Heilmann lieber helfen als ihn deportieren würde. Er nimmt Bielek
schon von weitem als einen „verzweifelten und verdrossenen Mann[]" wahr
(LG 373). Und insbesondere zählt er ihn über die schon im letzten Abschnitt
angedeutete Logik der Identifizierung und Alterisierung über die Sprache zu
den ‚Guten'. Indem ‚die Nazis' als „sie", die Gemeinschaft des Erzählers als „wir"
bezeichnet wird, und Bielek dezidiert zu der ‚Wir-Gruppe' gehört, wird er nämlich implizit ‚automatisch' auch zu den Guten gezählt: Man erfährt wenig vom
Erzähler, aber doch, dass Bielek wie er selbst eine Art ‚indigener' Masure zu
sein scheint, wenn er sagt:

> Wir erkannten ihn sofort, mit dem schnellen und untrüglichen Instinkt, mit dem
> man einen Mann aus seinem Dorf erkennt, selbst in schneegrauer Dämmerung,
> selbst wenn dieser Mann jetzt eine Uniform trug [...]. (LG 373)

Bielek gehört also zu der ‚Wir-Gruppe' des Dorfs; wo, wie der Erzähler berichtet,
schon „unsere Großväter, unsere Väter und wir" (ebd.) über Generationen dieselben Gepflogenheiten hatten, wo „wir alle" (ebd.) das Haus der Heilmanns
kannten. Es ist eine sprachlich stark markierte eingeschworene masurische
Wir-Gemeinschaft. Wie bei den Figuren in *Suleyken*, denen auch außertextuell

---

1337 Ahrends 1988, o. S.
1338 Der Erzähler sieht Bielek „durch die Fenster der Schulklasse [...] näher kommen" (LG 373)
       und erzählt später von Streichen, die er Heilmann in dieser Zeit mit seinen Freunden ge-
       spielt habe (vgl. LG 375).

von Lenz ein gemeinsamer spezifischer Charakter zugeschrieben wurde,[1339] entsteht so der Eindruck, dass die Zugehörigkeit einen gewissen eigenen moralischen Wert habe: Da er einer von ‚uns' ist, ergibt die sprachlogische Konsequenz, dass er „ihre Uniform" tragen *muss* (ebd.), es aber nicht die seine, weil eben nicht die ‚unsere' ist.

Das deutliche Mitgefühl mit Bielek *und* mit dem Juden, das dieser Erzähler äußert, lenkt die Empathie letztlich doppelt auf Ersteren, da Bielek als einer von ‚uns' wie das Ich zur Gruppe derer gehört, die Mitleid mit Heilmann haben. So wenig diese Logik expliziert ist, so konsequent ist sie doch durchgezogen; ausnahmslos alle Nebenfiguren der Erzählung handeln ganz selbstverständlich in ihrem Sinn. Die beiden Männer, die Bielek empfangen, empfinden den betont „unerwünschten Zwang" (LG 374), ihm bei der Durchführung seines Auftrags zu helfen. Und der Schüler „Bernhard Gummer" (ebd.), der gerufen wird, um Heilmann aus seinem Haus zu holen, damit sich Bielek erholen kann, passt sich ein. Er ist ebenfalls betontermaßen ein Mitglied der ‚Wir-Gruppe': „Er selbst wohnte in Schalussen, und er kannte auch – *wie wir alle* – die Hütte von Wilhelm Heilmann." (LG 375 [Hervorhebung N. W.]) Und trotz seines „sanften, freundlichen Schwachsinn[s]" (LG 374), der den Auftraggeber veranlasst zu zweifeln, ob er überhaupt verstanden habe, was er tun solle (ebd.), legt er Heilmann mehrmals ganz deutlich nahe, zu fliehen (vgl. LG 376).[1340] Die *gesamte* Dorfgemeinschaft, das ‚Wir', scheint also gegen die Deportation Heilmanns zu sein. Zwar haben ‚wir alle' ‚die Heilmanns' früher offenbar liebevoll veräppelt (vgl. LG 375),[1341] aber es sind offenbar keine Judenfeinde und keine Nazis im Dorf – niemand gehört zu „ihnen", und auch hier bleiben die Nazis, wie bei Andersch, namenlose ‚andere'.

Ausgehend davon wird nun auch deutlich, dass die jüdische Figur eine vergleichbare Position innehat wie Judith in *Sansibar*, auch wenn sie hier, anders als bei Andersch, gerade nicht gerettet wird. Das weist erneut darauf hin, dass diese Art der Externalisierung von Schuld, die das ‚Eigene' zugleich

---

1339 Wenn er *So zärtlich war Suleyken* im Ganzen als „aufgeräumte Huldigung an die Leute von Masuren" bezeichnet und die „Seele" der Masuren beschreiben will (Lenz 2006, S. 321; vgl. weiter oben in diesem Kapitel).

1340 Diese Szene subvertiert dagegen insofern vorherrschende Diskurse, als zu dieser Zeit eine beachtliche Zahl der deutschen Bevölkerung angab, nichts vom Holocaust gewusst zu haben. In Lenz' Text ist der Holocaust zwar nur verklausuliert und keineswegs explizit beschrieben (Raddatz erwähnt diesen Text ja nicht einmal, wenn er im *Almanach*-Essay sagt, der Holocaust sei erst spät zur Sprache gekommen; vgl. Kap. 2.3.1 im vorliegenden Teil II der Studie). Es wird aber sehr deutlich, dass für niemanden Zweifel darüber bestanden, warum der Mann ‚mosaischen Glaubens' abgeholt wird, wenn sogar der etwas ‚schwachsinnige' Dorfjunge sofort weiß, worum es geht.

1341 Vgl. dazu noch einmal weiter unten in diesem Kapitel (4.3.3).

als dezidiert moralisches Kollektiv konstruiert, eben nicht nur mit „Wieder-
gutmachungsphantasien", sondern auch mit dem Fortleben eines Moralverständnisses zu tun hat, in dem verschiedenen Gruppen als Kollektiv ein
unterschiedlicher moralischer Wert zugeschrieben wird. Wegen der Vergleich-
barkeit mehrerer wichtiger jüdischer Gruppe-47-Figuren wird darauf im
letzten Unterkapitel noch einmal eingegangen; zunächst soll ein weiterer
Almanach-Text untersucht werden, in dem gerade keine Juden vorkommen,
dafür aber ein überzeugter ‚Nazi‘, der die ‚Gegenseite der Medaille‘ in solchen
manichäisch gehaltenen Weltbildern verkörpert.

4.2.3   Heinz v. Cramers „Bericht des jungen Mannes" (gelesen 1961) –
         der Nazi-Dämon

In v. Cramers *Almanach*-Text „Bericht des jungen Mannes", einem Kapitel aus
seinem schon einige Jahre zuvor erschienenen Roman *Die Kunstfigur* (1958),
ist nun, wie im Folgenden gezeigt werden soll, diese notwendige Kehrseite
der ‚guten Deutschen‘ geradezu paradigmatisch gestaltet. Und an v. Cramers
Konstruktion wird fast noch deutlicher als in Anderschs und Lenz’ schemen-
haften Umschreibungen der ‚Nazis‘ als ‚Andere‘, wie die Externalisierung
von Unmoral in solchen polarisierten Reflexionen des Nationalsozialismus
funktioniert: In „Bericht des jungen Mannes" kommt ein überzeugter Nazi
und durchwegs ‚böser‘ Mensch in einem Monolog zu Wort und offenbart seine
inneren Abgründe.

Da die Perspektive der ‚Bösen‘ eine Ausnahme im *Almanach* darstellt,[1342]
handelt es sich damit ähnlich wie auch bei Lenz’ Text zunächst um ein verhältnismäßig kritisches Dokument deutscher Vergangenheitsbewältigung im
Rahmen der Gruppe 47. Genau in diesem Sinne wurde er auch schon früh
rezipiert,[1343] schon auf der Tagung gut aufgenommen und gemäß einem
Tagungsbericht von Schnurre für die Zeichnung der ‚Nazi‘-Figur gelobt, wenn
er den Text wie folgt beschreibt:

1342 Vgl. ebd.

1343 Schon im *Almanach* selbst spielt der Eintrag eine Sonderrolle: Es handelt sich um den
      letzten literarischen Beitrag des Bands, die leicht teleologische Implikation wird in
      Raddatz’ bereits weiter oben erwähntem *Almanach*-Essay „Die ausgehaltene Realität"
      (1962) gestützt, wo er schreibt, „erst 1961" seien manche Wörter von v. Cramer reflektiert
      und „in ihrer ganzen Perversion ausgekostet" worden, die vorher tabu gewesen seien
      (ebd., S. 52: „Wichtig nämlich ist, welche Worte nicht gebraucht werden; aus diesen nicht-
      benutzten Wörtern läßt sich ein Vokabular zusammenstellen – Glaube, Liebe, Pflicht,
      Vertrauen, Nation, Mensch, gut – man wird in diesen ersten Texten vergebens nach ihnen
      suchen. Erst 1961, bei Heinz von Cramer, werden sie reflektiert, in ihrer ganzen Perversion
      ausgekostet." Wobei das Vorwort Raddatz einer sehr ungenauen Lektüre entspringt; vgl.
      Kap. 2.3.1 im vorliegenden Teil II der Studie.)

Es geht ihm darum, in sechs Phasen zu zeigen, wie ein militanter Retorten-Nazi seine Retorten-Freundin sich hörig zu machen versteht. Cramer ist beängstigend viel Abwegiges eingefallen dabei, und er las das alles auch keineswegs indigniert. Die Kritik, Marcel Reich-Ranicki voran, war ihm dankbar dafür [...].[1344]

Dass ausgerechnet v. Cramer diese abwegigste Nazi-Figur des ganzen *Almanachs* geschaffen haben soll, erscheint angesichts der Konstruktion seines ganzen Romans und v. Cramers biografischem Hintergrund zunächst erstaunlich. Dennoch zeigt die Lesart, wie nach einer kurzen Zusammenfassung der Hintergründe ausgeführt werden soll, wenig Brüche.

Hintergründe

Das *Almanach*-Kapitel ist in der ‚Abwegigkeit' des ‚Nazis' gerade sehr untypisch für den ganzen Roman, dem es entstammt. Ähnlich wie in Amerys Kapitel aus *Die große deutsche Tour* oder Grass' *Blechtrommel*-Kapitel im *Almanach* spricht hier eine Figur, die im gesamten Roman eher unwichtig ist:[1345] Der größte Teil des 700 Seiten starken Buchs v. Cramers handelt von einem typisierten opportunistischen Mitläufer vor, im und nach dem Nationalsozialismus und thematisiert so bereits ein Jahr vor der *Blechtrommel* die Mitschuld eher einfacher Deutscher.[1346] Wie es im Klappentext der Erstausgabe aus dem Jahr 1958 heißt, zeige der Protagonist John Belitz „die jeweils opportune ‚Gesinnung' und übersteht auf diese Weise alle Konjunkturen".[1347] Beim auf der Gruppentagung 1961 gelesenen Kapitel handelt es sich bereits um die überarbeitete Fassung des Romans, die im Jahr der Gruppe-47-Lesung erschien;

1344 Schnurre [1961] 1967, S. 161.
1345 Vgl. Kap. 3.3.2 im vorliegenden Teil II der Studie zu Amery und weiter unten in diesem Kapitel zu Grass.
1346 War doch in den Entnazifizierungskategorien „Mitläufer" die letzte Kategorie vor „Unbelastet", während die Figur aus dem *Almanach*-Kapitel sicher in eine juristisch relevante Kategorie gefallen wäre. Einer von wenigen wissenschaftlichen Beiträgen zum ganzen Roman stammt von Monika Melchert, die *Die Kunstfigur* im Rahmen eines langen Aufsatzes zur „Zeitgeschichtsprosa nach 1945 im Kontext der Schuldfrage" (2000) ausführlich zusammenfasst und positiv gegenüber den meisten untersuchten Texten hervorhebt; er zeuge von „konsequent antifaschistischen wie auch antikapitalistischen Positionen" (ebd., S. 126). Dass der Roman in der Beschreibung des Mitläufers an den Grenzen des Sagbaren steht, zeigt auch der Klappentext der Erstauflage, in dem sich der Verlag offenbar verpflichtet fühlte anzumerken, dass er „die Meinung des Autors nicht in jeder Hinsicht" teile (vgl. Cramer 1958, Klappentext). Eventuell hängt es auch damit zusammen, dass schon die zweite Auflage von 1961 nicht mehr bei Kiepenheuer und Witsch, sondern bei Hoffmann und Campe erschienen ist, obwohl der Roman 1959 den „Preis der jungen Generation" erhalten hat (vgl. Herrmann 1959, o. S.).
1347 V. Cramer 1958, Klappentext.

der *Almanach*-Text unterscheidet sich tatsächlich in zahlreichen Punkten vom Erstausgabentext.[1348] Und gerade weil das *Almanach*-Kapitel für den gesamten Roman untypisch ist, ist es nun trotz v. Cramers eher untypischer Position in der Gruppe 47 besonders interessant: Es wirft die Frage auf, ob bzw. inwiefern die Abweichung vom Gesamtkonzept des Romans damit zusammenhängt, dass gerade in diesem Kapitel ein in der Gruppe-47 besonders erfolgreicher Diskurs aufgegriffen wird.

Abgesehen von diesem *Almanach*-Beitrag war Heinz v. Cramer (1924–2009) einer der weniger typischen Gruppe-47-Mitglieder: Er nahm nur an sechs Tagungen von 1958–1964 teil,[1349] darunter auch an beiden Tagungen in Sigtuna und in Princeton, die viele ‚innere' Mitglieder gerade boykottierten; in Sigtuna hielt er seine zweite und bereits letzte Lesung.[1350] Auch biografisch entsprach er nicht dem unauffälligen Mittel der Gruppenmitglieder: Seine Eltern waren baltischer Herkunft, er studierte im Nationalsozialismus Musik, und tauchte im Jahr 1943, wohl wegen jüdischer Wurzeln,[1351] unter.[1352] Obwohl sich v.

1348   So ist in der ersten Fassung von 1958 die gesamte Rede des „jungen Mannes" mit Anführungszeichen als fremde Rede markiert, die im *Almanach*-Beitrag dagegen nicht; und vor allem ist die erste Romanfassung von 1958 deutlich umfangreicher, enthält mehr Reflexionen und auch weitere in den Nationalsozialismus verstrickte Nebenfiguren wie ein junges Mädchen, das sich „für einen Dachauer SS-Mann hängen lassen" wollte (Cramer 1958, S. 634), oder eine erste ‚Gefährtin', die er vor Luise hatte (ebd., S. 636 f.). Zudem wurde umformuliert und gestrichen, wie etwa, als eins von zahlreichen Beispielen, der in der ersten Fassung noch enthaltene Stoßseufzer „Armes Deutschland ..." (ebd., S. 635), der ja auch heute, u. a. als häufiges „Hashtag" auf der Onlineplattform Twitter, in rechten Kreisen beliebt ist. Diejenigen Romanstellen, die im *Almanach* auch enthalten sind, haben sich aber nicht stark verändert; da der Text vor allem in seiner Relation zu anderen Gruppe-47-Texten und Diskursen von Interesse ist, werden die Unterschiede nicht genauer herausgearbeitet.

1349   Er war auf den Tagungen 20, 25, 26, 27, 28 und 30 (Meyer 2013, Anhang „Autorenkorpus", S. 2).

1350   Vgl. ebd.

1351   Vgl. Olbert 2009, o. S., wo Stefanie Hoster (Hörspielchefin bei *Deutschlandradio Kultur* und „[e]ine, die Heinz von Cramer gut kannte", ebd.) im Gespräch richtigstellt: „Er wurde als junger Mann während des Krieges in Berlin versteckt wegen jüdischer Herkunft und nicht etwa wegen Desertion, wie es in Wikipedia steht." (Ebd.)

1352   Auch seine Rolle als Künstler scheint von derjenigen der engagierten Gruppe-47-Autoren des ‚inneren Kreises' abgewichen zu sein. Zur Erscheinungszeit von *Die Kunstfigur* lebte er bereits in Süditalien (vgl. Herrmann 1959, o. S.), wo er bis an sein Lebensende blieb (vgl. Olbert 2009, o. S.). Seine Romane sind nicht viel aufgelegt und teils vergriffen. Wichtiger sind aber seine Hörspiele und vor allem seine Hörspielübersetzungen und seine Hörspiel- und Operninszenierungen. Er inszenierte beispielsweise Bachmanns *Ein Geschäft mit den Träumen*, Henzes *Il re cervo* oder *Die Irrfahrten der Wahrheit* oder auch Kafkas *Verwandlung* und Stücke aus dem Nachlass von Soma Morgenstern. Er erhielt zweimal den Hörspielpreis der Kriegsblinden, für Dieter Kühns „Goldbergvariationen" und für

Cramer damit kaum den Landsern der Gruppe 47 zugeordnet haben dürfte, hat Peitsch in Bezug auf den gesamten Roman *Die Kunstfigur* beobachtet, dass es sich um eine einseitige Konstruktion ganz im Sinne der in der vorliegenden Studie bereits beschriebenen Identitätskonstruktion der Gruppe 47 handelt: Der Soldat, der die Hauptrolle im Roman innehabe, werde „mit dem Opportunismus – des Emigranten – und der Ironie – des Inneren Emigranten" konfrontiert, nicht aber mit dem „desillusionierten Landser[]".[1353] Gerade durch diese Leerstelle bleibe hier der einzige Raum für eine identifikatorische Lektüre und für Mitgefühl: „Von der Handlungsstruktur wie von den medialen Erzählern wird die Nähe der Autorposition zu dieser Figur, dem – neben dem Sohn – einzigen Opfer der Geschichte, belegt."[1354]

Wie hier nun ergänzt werden soll, ist der Text nicht nur in Bezug auf Empathie bemerkenswert, sondern auch hinsichtlich der dämonisierenden Zeichnung ‚des Nazis'. Dass der Protagonist des *Almanach*-Texts als herzloser Psychopath, also als alles andere als ‚normal' gezeichnet ist, stärkt *ex negativo* die bereits beschriebene Konstruktion der guten, ‚normalen' Deutschen und knüpft dadurch an Deutungsmuster der ‚Vergangenheitsbewältigung' aus der unmittelbaren Nachkriegszeit an.

Der Text im Almanach

Im *Almanach* kommt der Protagonist des gesamten Romans, John Belitz, wie gesagt gar nicht vor. Der junge Mann, der im *Almanach* spricht, ist mit Belitz nun insofern verbunden, als er ihn, wie er gleich zu Beginn des *Almanach*-Kapitels sagt, umbringen will: „Wir müssen vernichten, was uns nicht gleicht. [...] Es war ein Todesurteil zu vollstrecken. Der Mann hatte versagt." (CB 396) Das gesamte Kapitel, das im *Almanach* abgedruckt ist, besteht aus dem darauffolgenden inneren Monolog über die Motive für den geplanten Mord.

Wie sich herausstellt, hat der sprechende junge Mann ein Buch verehrt, das der Romanprotagonist Belitz im Nationalsozialismus geschrieben hat.[1355] Auf

---

Friederike Roths „Nachtschatten" (ebd.); wie es im Nachruf auf *Deutschlandfunk* heißt, soll er einer der „produktivsten Regisseure[], Bearbeiter und Autoren" des Hörspiels gewesen sein, habe wohl an die 300 Produktionen verantwortet und sei ein „Regiegigant []" gewesen (ebd.).

1353 Peitsch 1999, S. 250.

1354 Ebd., S. 250. Es handelt sich nicht um eine ausführliche Analyse, sondern um einen kleinen Teil der bereits weiter oben zitierten Studie zu mehreren Gruppe-47-Texten im Zusammenhang mit dem ‚Fall Schroers'; vgl. dazu Kap. 3.3.2 in Teil I der vorliegenden Studie.

1355 „Dann bekam ich Bücher von John Belitz in die Hand. Ich verschlang sie. Wir gingen ganz ineinander auf. Man konnte sich ihnen überlassen, ohne Vorbehalt. Da war fester Boden. Führung und Geleit. Was für ein Brocken in diesem Morast, dachte ich, daß

dessen Grundlage hat er eine (gleich noch genauer zu beleuchtende) Tat begangen, für die er vor Gericht kommt. Dort begegnet er Belitz zum ersten Mal
und ist von ihm enttäuscht, da dieser (als Opportunist) jetzt, in der Nachkriegszeit, die Ideologie seines eigenen Buchs verleugnet (vgl. CB 414 f.). Anders als
der opportunistische Belitz beschreibt der Protagonist des *Almanach*-Texts
sich selbst als konsequenten Nationalsozialisten, der alles Inkonsequente
verachtet, weil es unmoralisch sei (vgl. CB 415), und es im Sinne seiner Ideologie vernichten will, eben weil zu vernichten sei, „was uns nicht gleicht"
(CB 396, 316).

Der *Almanach*-Protagonist ist schon deshalb bemerkenswert, weil seine
Überzeugungen oder vielmehr Floskeln genau wichtigsten Grundpfeilern
der NS-Ideologie und insbesondere von deren moralischer Aufladung, wie
sie auch in der vorliegenden Studie im Zentrum steht, entsprechen.[1356] So
begründet er wie zitiert moralische Wertschätzung über Zugehörigkeit und
nimmt davon abweichende ‚Andere' als derart starke Bedrohung wahr, dass er
sie „vernichten" will. Noch deutlicher wird es, wenn er „die Treue ist das Mark
der Ehre" rezitiert (CB 397) und die „verstaubten Moralbegriffe[]" der Justiz
(ebd.) oder den „jüdische[n] Sklaven-Aufstand der Moral" (CB 399) beklagt. In
diesem Sinne sieht er denn auch seine Tat, die ihn vor Gericht gebracht hat, als
eine „rein ethische, ideelle und philosophische" (CB 414) an – obwohl es sich
um ein grauenvolles Verbrechen handelt: Er bringt nach einer Anleitung von
Belitz eine junge Frau dazu, ihr eigenes Kind zu ermorden (vgl. CB 411 f.; dazu
weiter unten in diesem Kapitel).

Und nicht nur darin, sondern in fast allen Details dieser Konstruktion im
Almanach-Kapitel ist der Protagonist konsequent als dämonischer und radikal
‚unnormaler' ‚Nazi' gezeichnet. Nach der Niederlage und nachdem er 1949
aus russischer Kriegsgefangenschaft nach Deutschland zurückgekehrt ist
(vgl. CB 398), will er wieder da anknüpfen, wo im Nationalsozialismus aufgehört wurde, und sucht zu diesem Zweck Mitstreiter. Zuerst schließt er sich
der „Aktion deutscher Jugend" an, einer Gruppe, die „nicht auf Ideale, nicht
auf soldatischen Geist verzichten will" (CB 399); sich aber rasch als in seinen
Augen „biederer Toleranzverein" herausstellt (ebd.). Daraufhin sucht er sich
eine einfach manipulierbare junge Frau, ein „geeignete[s] Objekt" (CB 401), um
sie für sich einzuspannen und über sechs einzelne „Planziele"[1357] zu formen.

---

das überhaupt noch möglich ist, so ein Mann! Mutig. Auf verwandte Weise zeitnah,
konsequent, verantwortungsbewußt." (CB 400.)

1356 Vgl. Kap. 2.1 in Teil I der vorliegenden Studie.

1357 Im Verlauf des Kapitels benennt er alle sechs ‚Planziele' wie folgt: „Erstes Planziel: Kontakt
aufnehmen, oder – wie wir im Verein sagten – kontaktieren." (CB 402) / „Zweites Planziel:
Luise unter meinen Einfluß bringen, eine gewisse und immer deutlicher profilierte Macht

Was er mit der jungen Frau namens Luise, die er schließlich ganz zufällig an einer Bushaltestelle zu diesem Zweck auswählt, weil sie sehr unsicher wirkt (ebd.),[1358] erreichen will, ist eine komplette Hörigkeit, die er als Ideal offenbar dem bereits oben erwähnten Buch des Opportunisten Belitz entnommen hat:

> Vor allem dies Buch – Neue Welt Freiheit! [...] Da war eine Lebensvorschrift. [...] Ein Ausnahmezustand, den es zu verwirklichen galt. [...] In gelebtes Leben umsetzen. Eine heroische, eine soldatische Liebe, Aufopferung, Wagnis, Überwindung des inneren Schweinehunds. Eine – man kann nur sagen – deutsche Liebe! Die abstrakte Liebe, die absolute Liebe. [...] Liebe als Weg zur Überwindung des Menschen! Sein Schicksal selber in die Hand nehmen. Den Zufall durch eigenen Willen ersetzen. (CB 400)[1359]

Um diese „absolute Liebe" zu erreichen, will der Protagonist Luise so lange bearbeiten, bis sie jegliche Menschlichkeit verloren hat und nur noch „Kälte, Nüchternheit, Abstand" (CB 407) zeigt. Und es funktioniert: er schafft es durch eine Unmenge an bösartigen ‚Psychospielen‘, sie für sich zu gewinnen und zur Willenlosigkeit zu manipulieren. Sie gehorcht ihm blind, wendet sich von allen Bezugspersonen ab, lässt sich von ihm Narben zufügen und zwingen, sich mit ausgeschnittenen Kleidern öffentlich zu zeigen (CB 406), würde sich von ihm erschießen lassen (ebd.) oder selbst das Leben nehmen (CB 408)[1360] – und ermordet schließlich ihr eigenes Kind:

über sie bekommen!" (Ebd.) / „Drittes Planziel: Eine Bindung herstellen, übers Gefühl, aus der es für sie keine Befreiung gab!" (CB 403) / „Viertes Planziel: Hart machen die Frau. Sie sollte zerbrechen oder mir ebenbürtig werden. Ausnahme. Elite." (CB 405) / „Fünftes Planziel: Prüfung des Materials, die Zerreißproben!" (CB 408) / „[L]etzte[s] Planziel: Die Feuerprobe!" (Ebd.)

1358 „Ich sah Luise zum erstenmal an der Autobushaltestelle am Zoo. Hübsch, ein bißchen schmal. Nicht mehr fabrikneu. Unruhige Augen. Ausgehungerter Blick, der einen nur zu streifen wagt, wenn er sich unbeobachtet glaubt. Das kennen wir! Ich sah sie voll an. Sie wurde sofort rot. Man konnte sie zappeln lassen, indem man sie kurz abhängte. Sich auf irgendein Mädchen konzentrierte, das gerade vorüberlief. Schoß man sie dann an, ein bißchen mehr Feuer im Blick – wußte sie nicht mehr, wohin. So was läßt sich rasch und gut einheizen." (CB 401)

1359 Es wird deutlich, dass Belitz' Buch offenbar eine ganz konkrete Anleitung dazu gibt, wenn der Protagonist denkt: „Die Stunde der Bewährung rückte näher, das, was Belitz die ‚Feuerprobe' nannte" (CB 407), oder sich darüber beschwert, dass einige Punkte unklar seien, aber: „Abgesehen von besagten Lücken, gab das Buch von Belitz genügend Anregungen, was die Materialprüfung anbetraf." (CB 408).

1360 „Besser schon, vernünftiger, die Forderung an anderer Stelle: ‚Begehe Selbstmord, um deine Liebe zu beweisen!' Und Luise wäre mir beinah draufgegangen dabei. Es war ein tapferer Kerl aus ihr geworden, der vor nichts mehr zurückschreckte." (Ebd.)

> Mit einem merkwürdigen Lächeln [...] zog sie mich ins Badezimmer. Da lag
> die Kleine in der Wanne. Unters Wasser gerutscht, reglos. [...] Wie unter einem
> Glasdeckel. Luise und ich, wir sahen uns zum ersten Mal an, wie wir uns schon
> immer hätten ansehen sollen. [...] Dann überkam uns Schwindel. Wie wenn
> man sich plötzlich bewußt wird, allein auf sehr großer Höhe zu stehen. (CB 412)

Der Erzähler sieht diesen Triumph als „Durchbruch zum *eigensten*" (ebd.
[Hervorhebung N. W.]) an – eine hinsichtlich der semantischen Verknüpfung
von Moral und Identität erneut bedeutsame Aussage, da er gerade in einer
Superlative des Eigenen sein ideologisches Ziel erreicht steht: Sie hätten zusammen „eine Unbedingtheit zwischen Mann und Frau wiedergefunden, die
dieser Welt längst abhanden gekommen ist." (CB 412) Nach der Tat stellt sich
Luise zwar der Polizei (CB 413), scheint aber bis zum Schluss keine Reue zu
empfinden; wie der Erzähler von der Verhandlung berichtet, „hielt [sie] sich
gut. Großartig sogar. Hatte sich vollkommen gefangen. Ein Panzer aus Gleichgültigkeit. [...] Da fischten die Herren vergeblich nach der ‚Mutterträne', sogenannten ‚menschlichen Regungen'." (CB 415)
    Wie diese wenigen Zitate schon zeigen, vertritt der Erzähler in diesem Text
nicht nur die NS-Ideologie bis ins kleinste Detail und bietet eine heute nach
wie vor aktuelle Analyse auch von NS-Moraldiskursen; als Mensch zeigt er zugleich in allen Eigenschaften ein nach wie vor aktuelles Psychogramm eines
„Psychopathen"; einer pathologisch gefühllosen, manipulativen Person, wie sie
in der Psychologie heute tatsächlich als bei einem kleinen Teil der Bevölkerung
empirisch belegt gilt.[1361] Das kann deutlicher kaum werden, wenn er von
„Material" (CB 408) und „geeigneten Objekt[en]" (401) statt von Menschen
spricht und von „Gefühlsverwertung" (CB 403), selbst dagegen so gut wie keine
Gefühlsregungen empfindet, sondern nur „Leere" (CB 398), sobald er seine
Umgebung nicht mehr eiskalt und überlegen analysieren und manipulieren
kann. Zufriedenheit scheint er nur dann zu empfinden, wenn er ein Ziel erreicht und sich alles unterwerfen kann; so mag er Tiere und sei „recht gerne
mit Kindern zusammen" (CB 409), denn: „Kinder, weil sie an mir hängen, ge-
horchen mir aufs Wort. Wie auch Tiere." (Ebd.)
    Luise, die die kriminelle Tat schließlich alleine verübt, scheint im Gegen-
satz zu ihm zunächst durchaus menschliche Gefühlsregungen zu empfinden,

---

1361 Vgl. Hare 2005, S. 1–6; als wichtigste Symptome nennt er die folgenden Persönlichkeits-
    merkmale: heuchlerisch und oberflächlich, egozentrisch und grandios, Mangel an Reue
    oder Schuldbewusstsein, Mangel an Einfühlungsvermögen, hinterlistig und manipulativ,
    flaches Gefühlsleben, impulsiv, unbeherrscht, sucht Erregung, verantwortungslos, ge-
    störtes Verhalten als Kind und abweichendes Sozialverhalten als Erwachsener (ebd.,
    S. 30).

sie erscheint am Anfang ganz ‚normal' und rücksichtvoll, wenn sie ihm in der ersten Interaktion offenherzig aus ihrem Leben erzählt: „Ihr Mann war im Krieg gefallen. Und alle ihre Freunde. Sie brächte den Menschen, mit denen sie zusammenkäme, kein Glück, sagte sie. Fast fürchtete sie sich schon, jemanden kennenzulernen" (CB 402), und im Zoo mit ihrem Kind ist sie „erhitzt und glücklich" (CB 410). Sie versucht immer wieder, sich von ihm zu lösen. Dass sie es nicht schafft, scheint zunächst vor allem an ihrer Unsicherheit zu liegen:

> Es war zu spät. Sie kam nicht mehr von mir los. Wenn sie es auch versuchte. Ein, zweimal ... [...] Sie verließ mich. Für einen Tag. Danach kam sie wieder. Aber in die Wohnung kam sie mir nicht. Sie blieb die ganze Nacht draußen, auf der Treppe. Am nächsten Tag schickte ich sie fort. Sie wußte, daß sie nicht besonders reizvoll war. Sie fürchtete, nicht unterhaltsam genug zu sein. Es war eine fixe Idee, man könnte sich mit ihr langweilen. Das galt es ein bißchen zu kultivieren! [...] Ich hatte angedeutet, daß es schließlich noch andere Frauen gibt ... Tag für Tag stand sie auf der Straße und ließ mein Fenster nicht aus den Augen. Dann holte ich sie wieder herauf. [...] Gelobt sei, was hart macht! (CB 405)

Von Anfang an erscheint sie in solchen Beschreibungen als Marionette und er als großer Manipulator, der immer mehr „Fäden in den Fingern" (CB 401) hat; sie zweifelt noch lange, kurz vor dem Mord versucht sie noch ein letztes Mal, „zu desertieren" (CB 411), wie er es bezeichnet, bevor ihr Wille schließlich endgültig gebrochen ist.

Schlüsse

Durch diese Konstellation in v. Cramers *Almanach*-Kapitel wird ‚das Böse' gerade besonders dezidiert ausgelagert, in einer relativ klassischen Weise, wie sie Paul (2002) als erste Phase der Aufarbeitung der NS-Täterschaft beschrieben hat, die Anfang der 60er Jahre schon allmählich abgelöst worden sei: durch „Kriminalisierung und Diabolisierung" wird eine „Distanzgewinnnung" erreicht.[1362] Obwohl es sich bei der bösen Figur hier um den Erzähler selbst, das Ich des Textes, handelt, distanziert man sich als Leser/-in von Anfang bis Ende des Textes von ihm, empfindet keinerlei Sympathie. Vor allem bekommt man im Text auch deutliche Hinweise, dass das ‚Eigene' scharf von diesem Erzähler abzugrenzen ist: Wie gezeigt implizieren seine Charaktereigenschaften sehr deutlich pathologische Züge, das heißt, er ist per Definition *unnormal*

1362 Paul 2002, S. 16. In seiner Beschreibung der Entwicklung im öffentlichen Diskurs handelt es sich dabei um die erste Epoche, die er „bis Anfang der 1960er Jahre" datiert (ebd.; vgl. weiter oben in diesem Kapitel).

markiert und eben *anders* als ,normale' Deutsche.[1363] Angesichts dessen, dass
eine solche pathologische Gefühlskälte nach gegenwärtigem Wissensstand bei
ca. 1 % der Bevölkerung vorkommen soll, wird die diskursive Auslagerung der
nationalsozialistischen Ideologie, die bis zuletzt ganz andere Prozentsätze des
Rückhalts in der Bevölkerung hatte, deutlich.[1364]

Es dürfte durchaus bezeichnend sein, dass Paul in seiner Studie über den
Umgang mit NS-Tätern diese Epoche der Diabolisierung in der direkten Nachkriegszeit und bis *Anfang* der 60er Jahre verortet.[1365] Die Lesung v. Cramers im
Jahr 1961 steht also am Ende einer Entwicklung – was erneut darauf hinweist,
dass die mit einer moralischen Aufwertung des ,Eigenen' verbundenen Diskurse, die auch an partikulare NS-Vorstellungen anknüpfen, in der Gruppe 47
besonders erfolgreich waren und sich sehr hartnäckig hielten. Dafür spricht
auch, dass v. Cramer, wie eingangs gesehen, für die Gruppe-47-Lesung
gerade dasjenige Kapitel ausgewählt hat, in dem sowohl die Dämonisierung
des Nationalsozialismus als auch die Verführbarkeit der eigentlich ,guten
Deutschen' besonders eindeutig gestaltet sind.

Über die Gründe dafür kann nicht entschieden werden, aber es ist zumindest bemerkenswert, dass der Vergleich zwischen dem Wertesystem im
Almanach-Text v. Cramers und demjenigen in der gesamten Romankonzeption
der bis hier in der Gruppe 47 beobachteten Tendenz zur Dichotomisierung
von Schuld entgegenkommt. Der gesamte Roman hingegen, in dem, wie eingangs beschrieben, mit Belitz ein opportunistischer Mitläufer im Mittelpunkt
steht, ist demgegenüber viel weniger dichotom gestaltet als das *Almanach*-
Kapitel und bricht auch die darin enthaltenen Implikationen: Der ,Psycho-
path' hat ja die meisten Informationen für sein böses Verhalten aus dem Buch
von Belitz, also von einem ,normalen' Deutschen. Die abgründigen Ideen, auch
die Verantwortung für den Kindsmord, entspringen in der Logik des gesamten
Romans also nicht einfach dem kranken Kopf des Erzählers, sondern dem Buch
eines ,Mitläufers'. Wie Melchert schreibt, setzte sich „mit Heinz von Cramers
satirischer Überhöhung des Opportunistentypus […] ein neuer Ansatz durch",
nachdem die, „die den Untaten der Nazis den Boden bereiteten, indem sie

---

1363 Denn wenn eine Eigenschaft von genügend Leuten geteilt wird, ist sie auch dann die
    Norm, wenn sie schädlich ist. Der Protagonist des *Almanach*-Kapitels erscheint auch
    innerfiktional offensichtlich nicht als „protonormal" (Link); er findet ja außer einer
    willenlosen Frau niemanden, den er überzeugt, und wie in einer Szene deutlich wird,
    wenden sich selbst seine alten, nach wie vor fanatischen „Kameraden" schockiert von
    ihm ab, nachdem er, um sie zu prüfen, schon im Voraus behauptet, eine Frau habe ihm
    zuliebe ihr Kind umgebracht (vgl. CB 407).

1364 Vgl. Hare 2005, S. 2.

1365 Paul 2002, S. 16.

sie gewähren ließen, [...] als Schuldige lange Zeit gar nicht vor[gekommen sind].“[1366] Ohne das Wissen darum sind die moralischen Implikationen im *Almanach* ganz andere als im gesamten Roman.

Der *Almanach*-Teil dagegen spinnt die Dämonisierung ‚des Nazis‘ auch in genau dem Sinne weiter, wie sie auch in der Gruppe 47 zum Teil einer moralischen Dichotomie wird. Im „Bericht des jungen Mannes“ findet sich auch die Unterscheidung wieder, die weiter oben in diesem Kapitel schon in Bezug auf andere Texte beschrieben wurde: schlecht und von außen gesehen unmoralisch zu handeln, wird dezidiert davon unterschieden, auch von diesen Handlungen überzeugt und damit selbst ‚böse‘ zu sein. Für die moralisch unschuldigen ganz ‚normalen Deutschen‘ steht im *Almanach*-Kapitel Luise, was schon ihre völlig zufällige ‚Auswahl‘ an einer Bushaltestelle verdeutlicht. Und hier lässt der Text keinen Zweifel, dass sie ein verführtes Opfer, keine moralisch Schuldige ist: Luise verübt keine ihrer schlechten Handlungen aus eigenem Antrieb; sie wird vielmehr mit den furchtbarsten und geschicktesten Tricks dazu manipuliert, schlecht zu handeln – ein Verführungsnarrativ, wie es ebenfalls schon in frühen Nachkriegsdeutungen des Nationalsozialismus eine wichtige Rolle spielte.[1367] Unmoralisch *handeln* können hier, wie auch schon bei Lenz, auch ‚eigene‘ Figuren, das wird aber dezidiert davon abgegrenzt, unmoralisch und damit Böse zu *sein*. Das Böse wird ausgelagert und vom ‚normalen‘ Eigenen abgegrenzt – in den beiden vorherigen Beispielen über die Sprache („ihre Uniform“ bzw. „die Andern“), hier nun über die Pathologisierung, die ihn schon rein statistisch als „unnormal“ markiert, das heißt zugleich nicht identisch mit ‚uns Normalen‘.

Auch im *Almanach*-Teil gibt es aber einige Hinweise darauf, dass v. Cramer nur vordergründig ein inhaltlich so ‚genehmes‘ und so eng mit den Gruppe-47-Diskursen korrespondierendes Kapitel ausgewählt haben könnte, und dass er auch eine unterschwellige Kritik an genau diesen Diskursen eingebaut haben könnte. Seine überzeugte, dämonisierte Nazi-Figur äußert

---

1366 Melchert 2000, S. 123; v. Cramer erscheint hier als Vorläufer, wenn sie dazu anmerkt: „Insgesamt konzeptionsbildend wird die Frage nach massenhaft durchschnittlichen Mitläuferfiguren für die deutsche Literatur dann erst viele Jahre später mit Büchern wie Christa Wolfs Kindheitsmuster (1976).“ (Ebd.)

1367 Vgl. zum Motiv der Verführung in der Gruppe 47 auch Bigelow (2018b) und Bigelow [2020]. Hier wie an anderen Stellen deutet der Text allerdings an, dass er im Bewusstsein solcher Narrative geschrieben ist und auch mit ihnen spielt: An einer Stelle zitiert der Erzähler aus Kierkegaards *Tagebuch eines Verführers* (CB 403), an das seine Geschichte ja auch entfernte Anklänge hat, merkt aber kurz später an: „Nein, ich war kein Verführer, kein Spieler. Ich führte lediglich brauchbares Menschenmaterial einer höheren Bestimmung zu. Erziehung, die Ausbildung zum Besonderen, zur Elite.“ (Ebd.)

nämlich Meinungen, die sich deutlich mit den Positionen der ersten Gruppe-
47-Generation überschneiden:

> Im Zuge der Umerziehung waren wir Landsknechte, Söldner und Mörder ge-
> worden. Alles in Trümmern, Städte wie Kampfgeist. Amerikaner und Russen
> hatten ganze Arbeit geleistet. Den Rest besorgten die Emigranten. Mit der
> Kollektivschuld hatten sie uns an der Kandare. [...] Wir hatten auch wieder eine
> Schwatzbude, wo Sozis und Betschwestern das große Wort schwangen. Und eine
> Regierung, die vor dem Ausland auf den Knien rutschte. (CB 398)

Diese Annäherung ‚des Bösen' an die ‚Wir-Gruppe' der Zuhörer/-innen könnte
die moralische Dichotomie etwas relativieren. Obwohl aber zu dieser besonders deutlichen Stelle, die ganz ähnlich auch aus dem *Ruf* stammen
könnte,[1368] noch einige weitere Parallelen des ‚Nazis' zur Gruppe 47 hinzu-
kommen,[1369] gibt es in den Rezeptionszeugnissen keine Hinweise darauf,
dass der *Almanach*-Text in diesem Sinn ‚selbstkritisch' verstanden wurde. Im
Gegenteil wurde er ja gerade für seine Auslagerung des Bösen gelobt. Wie
eingangs zitiert, schätzte man gerade das „Abwegige[]"[1370] – das heißt ja im
Wortsinn Unnormale – das v. Cramer sich über seinen „militante[n] Retorten-
Nazi" (ebd.) ausgedacht habe. Ob v. Cramers untypischer *Almanach*-Auswahl
ein Zugeständnis an die vorherrschenden Gruppe-47-Diskurse oder (auch)
eine unbemerkte subtile Kritik zugrunde liegt: Die positive Aufnahme seines
manichäisch gestalteten Kapitels zeigt die auch Anfang der 60er Jahre noch
große Popularität des Diskurses, der gute Deutsche und böse, ‚andere' Nazis
dezidiert unterscheidet und wenig Raum für ein Dazwischen lässt.

Wie oben in der Analyse von *Sansibar* gesehen, kann dieser Raum, wenn er
denn doch mitgedacht wird, selbst zu einem Teil dieses manichäischen Weltbilds werden, wenn er ‚Dritten' zugeordnet ist, die ganz aus den herkömmlichen
moralischen Kategorien hinausfallen; insbesondere ‚den Juden'. Im Folgenden
soll zunächst kurz darauf eingegangen werden, inwiefern auch allgemeinere
Varianten von Auslagerungen des Bösen in Form von grammatikalischen Verknüpfungen, Raumsemantik oder negativer Klischierungen fremder Figuren

---

1368 Vgl. dazu Kap. 3.3 in Teil I der vorliegenden Studie.

1369 Der Protagonist liest u. a. Benn und Jünger (CB 400), die hier als Ideologieträger er-
      scheinen, aber bekanntermaßen u. a. auch von Andersch sehr verehrt wurden. Auch
      zitiert der Protagonist Kierkegaard (CB 403), auf den sich auch Aichinger bezieht.
      Politisch werden neben der Kollektivschuldthese auch wie in der Gruppe 47 – allerdings
      aus anderen Motiven – die Wehrmachtseinführung (CB 399 f.) und Freisprüche durch die
      Nachkriegsgerichte (vgl. CB 215) kritisiert.

1370 Schnurre [1961] 1967, S. 161.

im *Almanach* eine Rolle spielen, bevor noch einmal vertieft wird, inwiefern die jüdischen Figuren auch hier eine gesonderte Position einnehmen und wie eng das mit dem manichäischen Deutungsmuster verknüpft ist.

4.3   *‚Eigene‘, ‚fremde‘ und jüdische Figuren*

Nachdem bis hier insbesondere Auslagerungen von unmoralischen und schuldhaften Handlungen angesprochen wurden, die in direktem Zusammenhang mit der Erinnerung an den Nationalsozialismus stehen, soll nun zum Abschluss dieses Studienteils zu Verknüpfungen von Moral und Alterität in den Subtexten der Blick noch einmal etwas breiter werden und allgemeiner danach gefragt werden, wie Tugend und Zugehörigkeit in allen *Almanach*- und Preistexten verbunden sind; ob sie sich mit dem Nationalsozialismus befassen oder nicht: Welche Rolle spielen ‚Fremde‘ und ‚Andere‘ allgemein in den Texten; wie sind ‚andere‘ Figuren beschrieben, was für moralische und unmoralische Eigenschaften werden ihnen zugeordnet? Es soll also um konkrete essentialistische Zuschreibungen von ‚gut‘ und ‚böse‘ gegenüber fremden *Figuren* und fremden *Räumen* gehen. Über allgemeine Imaginationen des Fremden oder sogar rassistische Tendenzen in der Literatur der Gruppe 47 (oder der Gruppe 47 als Institution) gibt es, anders als über Antisemitismus, noch keinen etablierten Forschungsdiskurs. Aus der hier verfolgten Perspektive kann diese Forschungslage, wie bereits vorweggenommen werden soll, ebenfalls vor allem in Bezug auf Imaginationen ‚des Jüdischen‘ ergänzt werden: Wie zu zeigen ist, macht die Darstellung jüdischer Figuren einen großen Teil der Imaginationen von ‚Alterität‘ im Korpus aus.

Zunächst sollen im Folgenden einzelne Beispiele betrachtet werden, wie fremde Figuren und fremde Räume in den *Almanach*- und Preistexten eingearbeitet sind, und gefragt werden, inwiefern Alterität in diesen verschiedenen Verfahren mit moralisch Positivem oder Negativem verknüpft ist und wie das analog in Bezug auf die jüdischen Figuren aussieht (4.3.1). Anhand von *Die Geschlagenen* (1949), Hans Werner Richters erstem Roman, soll daraufhin noch einmal nachvollzogen werden, wie eine national motivierte Dichotomisierung von Moral mit antisemitischer Abwertung korrespondieren kann, da dort alle bis dahin besprochenen Aspekte – ein guter Deutscher als autofiktionaler Protagonist, raumsemantische Auslagerung des Nationalsozialismus und die Stereotypisierung fremder Figuren – in einer antisemitischen Figurenbeschreibung zusammenfließen (4.3.2). Ausgehend davon wird auch die jüdische Figur in der Erzählung von Lenz noch einmal in den Blick kommen, da auch sie Parallelen zu den anderen jüdischen Figuren der Gruppe 47 aufzuweisen scheint (4.3.3).

4.3.1   Fremde und jüdische Figuren in den *Almanach-* und Preistexten
Da im vorliegenden Kapitel moralische Zuschreibungen in Bezug auf ‚Andere‘
im Zentrum stehen und klischierte rassistische Figurenzeichnungen eine der
offensichtlichsten Formen solcher Abwertung sein dürften, soll der Blick also
zunächst darauf gerichtet werden, welche Figuren und Figurationen ‚Fremder‘
und ‚des Fremden‘ sich überhaupt in den *Almanach-* und Preistexten finden.

Fremde Figuren, Fremde Orte und Semantik des Fremden:
Einige Beobachtungen
Eine Tendenz, die sich dabei trotz der Verschiedenheiten in der Zeichnung
fremder Figuren und Orte und in den Semantiken ‚des Fremden‘ erneut sehr
deutlich abzeichnet, ist die Vorherrschaft von Konstruktionen, in denen
Fremdheit als Gegenkonzept zu Tugend erscheint und in irgendeiner Form mit
Unmoral konnotiert ist.

Am häufigsten geschieht dies nun im *Almanach*, indem Alterität und Unmoral semantisch verknüpft sind, ohne dass überhaupt konkrete fremde
Figuren auftreten: Nämlich, wie bereits in der Benennung der ‚Nazis‘ als
‚Andere‘ gesehen, dadurch, dass ein Vokabular von ‚Fremdheit‘ verwendet
wird, um ‚böses‘ Verhalten zu markieren. Das fällt in der frühen, rätselhaften
Erzählung Kolbenhoffs „Ich sah ihn fallen“ (gelesen 1949) besonders deutlich
auf, in der eine Hängung dargestellt wird. Hier wird mehrfach die Perspektive
zwischen verschiedenen Beobachtern und dem Gehängten gewechselt und
vieles bleibt im Vagen, aber eine einzige Sache wird ganz deutlich: Dass die
sehr bedrohlich erscheinende Gruppe, die für die Hängung des Mannes verantwortlich ist, irgendwie *fremd* ist: ihre Rede wird als unverständlich, sie selbst
als ‚andere‘ beschrieben, und ihr Anführer, dessen „gemurmelte[] Laute [...]
fürchterlich[]“ klingen, hat „ein fremdes Gesicht“.[1371]

1371 Vgl. Kolbenhoff [1949] 1962, S. 102: „Der Geistliche [...] war ein großer, dicker Mann, er
      ging im feierlichen Gleichschritt mit dem Todgeweihten und murmelte ununterbrochen
      Gebete. Sein Gemurmel begann die unaushaltbare Stille zu überdröhnen; obwohl ich
      die *Worte nicht verstand*, begannen sie wie mit Keulen auf mich einzuhauen [...]. Die
      gemurmelten Laute klangen fürchterlicher als der unheimliche Laut, mit dem die Füße
      über den Sand schlurften. [...] Dann sah ich die Gesichter der *anderen*. Sie gingen direkt
      hinter den *anderen*, riesenhafte Männer mit ernsten, feierlichen Gesichtern, die Büttel,
      und wieder *andere* mit Menschengesichtern und herabhängenden Armen und gekauften
      Anzügen. Sie gingen alle im gleichen Schritt wie der gefesselte Mann im rostroten
      Totenhemd [...], und die Melodie, nach der sie marschierten, waren die dröhnenden,
      unverständlichen Worte des großen, dicken Mannes im weißen Spitzenüberwurf,
      der ein *fremdes Gesicht* hatte und ein Gebetbuch in den Händen hielt.“ (Ebd. [Hervor-
      hebungen N. W.].) In dieser kurzen Stelle wird zweimal betont, dass die unheimlichen
      Worte des Pfarrers „unverständlich“ sind, sein Gesicht wird als „fremd“ beschrieben und

Besonders entschieden bedient sich zudem erstaunlicherweise gerade Enzensberger in seinem langen Gedicht „Schaum" (gelesen 1959) einer semantischen Markierung des ‚Bösen' als ‚Anderes'. In diesem Gedicht ist, wie schon weiter oben erwähnt und auch bereits von Raddatz im *Almanach* hervorgehoben, der Holocaust außergewöhnlich früh sehr explizit erwähnt;[1372] es kann als wichtiges Dokument der Entwicklung des literarischen Engagements in der Gruppe 47 gesehen werden.[1373] Zugleich wird aber grammatikalisch fast explizit eine manichäische Verteilung von Schuld durchdekliniert, wenn das lyrische Ich sowie ein ‚Wir' als moralisch positiv markiertes Kollektiv einer angesprochenen Gruppe von ‚anderen' gegenüber stehen: „so geht doch! geht! worauf wartet ihr noch?"[1374]; „reicht mir die bruderhand, ihr verräter"[1375]; „zieht mich zugrund"[1376], „loslassen! fingerweg!"[1377] „schluß damit! aufhören!"[1378] und so weiter. Durch solche Stellen, auch weil das Gedicht durchgehend als direkte Anrede, oft im Imperativ gehalten ist, entsteht der Eindruck, dass das lyrische (und autofiktionale)[1379] Ich einem moralisch integren Kollektiv angehört, das dezidiert *anderen* all diese Vorwürfe macht – eine Lesart des Gedichts, die wegen dessen Vielschichtigkeit keineswegs die letztmögliche ist, im Hinblick auf semantische Codierung von Unmoral als Alterität aber zweifellos erwähnenswert bleibt.[1380]

---

die „anderen" werden in einer unschönen Wortwiederholung gleich dreimal als solche ausgewiesen.

1372 So wenn er von Rampen schreibt: „ehrlich gesagt: warum nicht? und warum / keine rampen? sollen es unsere kinder vielleicht / besser haben als wir? aber woher denn!" (Enzensberger [1959] 1962, S. 298.) Später nennt er Hitler und Auschwitz: „und ich kenne diesen geschmack nach chlor und blei: / schmeckt ihr es nicht im sahnebaiser, / ihr unaufhörlichen fressenden leichen bei kranzler? / heil hitler! vergelts gott! diesen geschmack / nach auschwitz im cafe flore, im doney, / nach budapest, im savoy, und nach johannesburg?" (Ebd., S. 299.) Zu Raddatz vgl. Kap. 2.3.1 im vorliegenden Teil II der Studie.

1373 Vgl. Bigelow [2020].

1374 Enzensberger [1959] 1962, S. 297.

1375 Ebd., S. 296.

1376 Ebd.

1377 Ebd., S. 299.

1378 Ebd.

1379 Eingeleitet wird das Gedicht damit, dass das Ich vor 30 Jahren geboren sei, was 1959, als es gelesen wurde, auch für Enzensberger galt.

1380 Einzuschränken ist beispielsweise, dass sich dieses lyrische Ich ganz dezidiert von *jedem* Kollektiv distanziert, sodass sich die zuhörenden Mitglieder der Gruppe 47 nicht bruchlos aufseiten derer verorten konnten, die nicht zur Verantwortung gezogen werden: „loslassen! loslassen! ich bin keiner von euch und keiner von uns […]" (ebd., S. 297), heißt es mehrfach variiert. Da ‚ich' im ‚wir' ja enthalten ist, kann die paradoxe Formulierung zudem auch so verstanden werden, dass sich der Sprechende nicht vom Schlechten, das er auflistet, ausnimmt; auch an der oben zitierten Stelle klingt an, dass das Ich von ‚ihnen'

Dazu kommen nun im *Almanach* vier Texte, in denen ganz traditionell fremde Figuren und fremde ‚Welten' vorkommen. In dreien davon ist ‚das Fremde' auf verschiedene Arten moralisch herabgesetzt: Am explizitesten ist mit Nowakowskis Romankapitel „Polonaise Allerheiligen" (gelesen 1959) ein weiterer Text dabei, der den Holocaust ungewohnt deutlich anspricht. Es handelt sich um ein Kapitel aus Nowakowskis gleichnamigem Roman; der *Almanach*-Text spielt am Tag der Befreiung eines KZs in Polen. Was hinsichtlich der vorliegenden Fragestellung auffällt, ist, dass in der Schilderung des damit verbundenen Durcheinanders und der Barbarei konstant fast exzessiv die Nationalitäten aller Beteiligten betont werden.[1381] Diese verschiedenen ‚Ausländer' sind es, die schließlich sogar aus Neid und Antisemitismus eine Jüdin ermorden[1382] – und die Deutschen sind die einzigen, die nur als Abwesende erwähnt werden und an der allgemeinen Barbarei und am Antisemitismus gerade *nicht* teilhaben.[1383]

---

       auf ‚deren' Seite gezogen wird, in seiner Position als Stimme und Ort der Moral also nicht stabil ist. Trotz dieser starken Störungen baut aber das ganze Prinzip des Texts auf einer Anklage an die Anderen auf, die das ‚Gutsein' der Ichs erschweren.

1381 Diese exzessive Benennung erfolgt bereits zu Beginn im eher positiven Sinne: „Die Ungarinnen küßten ihm die Hand. Die Italiener warfen Kußhändchen, die Franzosen sangen. Und den armen Teufeln aus Polen und der Ukraine flossen die Tränen über das Gesicht, und sie verneigten sich tief, fast bis auf die kirschfarbenen Stiefel des fremden Soldaten. Der schob wortlos die Menge mit einer Handbewegung zur Seite." (Nowakowski [1959] 1962, S. 302.) Im Verlauf der Erzählung kommen auch immer mehr negative Stereotype zum Tragen und alle verhalten sich zunehmend unmoralisch. Die Amerikaner erscheinen vor allem gefühllos, so wenn sich ein Offizier vor dem Lager einer „Gruppe von verweinten Jüdinnen" (ebd., S. 302) nähert und keinerlei Mitgefühl zeigt: „Er [...] drückte ihnen nicht die schmutzigen Hände, brach nicht in Tränen über sie aus [...], er stand nur breitbeinig da und betrachtete sie, ein ausländischer Tourist, von weit her. Sie hatten einander nichts zu sagen." (Ebd., S. 302 f.) Im Verlauf des Texts wird auch eine Barbarisierung der verschiedenen gefangenen Nationalitäten immer weiter aufgebaut; die ganze Stadt erscheint wie ein Gruselkabinett, da durch die nach wie vor betonte Nennung der Nationalitäten mit den verschiedenen Herkünften korreliert wird: „Unweit der sich vor Schmerzen windenden Leiber auf der Schwelle des geplünderten Warenhauses lagen zwei betrunkene französische Gefangene, [...] der Balustrade des Marktbrunnens spie eine alte Frau mit wirrem Haar und einem weißen Adler auf dem Ärmel Blut. Zigeunerkinder bestreuten sie mit Mehl aus einem Sack [...]. Und dort, jenseits des Kanals hatten ein paar Serben auf einem Nebengleis einen Zisternenwagen mit Alkohol entdeckt. Hunderte von Menschen liefen dem Bahnhof zu [...]. An der Spitze der dahinjagenden Herde schoben sich die Serben vor. [...] Zu Boden Getrampelte und Eingekeilte schrien auf. [...] Die kräftigeren Franzosen stießen die Serben zur Seite." (Ebd., S. 203.)

1382 Vgl. dazu weiter unten in diesem Kapitel.

1383 Die Deutschen werden in der ganzen Handlung nur einmal explizit erwähnt: man plane „eine Überführung in die von den Deutschen verlassenen Kasernen." (Ebd., S. 304.) Ebenfalls einmal fällt der Name Hitler: Für die Feier am Schluss des Kapitels versammelt man

Eine genauere Untersuchung wäre auch Anderschs *Almanach*-Erzählung „Weltreise auf Deutsche Art" (gelesen 1949) wert, die 1899–1906 spielt, also innerhalb der vergleichsweise kurzen Phase des deutschen Kolonialismus in der Phase des Herero-Kriegs und des chinesischen Kriegs, die auch beide in der Erzählung vorkommen. Der Protagonist reist mit einer deutschen Gesandtschaft durch die Welt, sehnt sich nach seiner Heimat und sieht furchtbare Untaten. Seine Kameraden verhalten sich zwar teilweise inkorrekt, für die Barbareien, die geschildert werden und die ihn schließlich als Traumatisierten zurücklassen, erscheinen aber auch hier (und auch hier entgegen der historischen Realität) insbesondere die ‚Fremden', nämlich die Indigenen der ‚bereisten' Länder, verantwortlich.[1384] Die Fremde ist dazu passend vom

---

sich auf dem „Fußballplatz der ‚Hitlerjugend'" (ebd., S. 307). Die Deutschen sind also nur als dezidiert Abwesende im Text vorhanden, als die, die die Kasernen und Fußballplätze *zurückgelassen* haben – und erst in ihrer Abwesenheit haben sich die so plastisch geschilderten bestialischen Zustände entwickelt. Durch die Betonung aller anderen Nationalitäten erscheinen diese im Gegenteil als *An*wesende, und die Betonung der Gleichgültigkeit und unangemessenen Verhaltensweisen der US-amerikanischen Befreier verschiebt die Rollen verglichen mit den tatsächlichen Begebenheiten noch zusätzlich. Diese Darstellungsweise ist deshalb besonders interessant, weil Nowakowski selbst von 1940–1945 in mehreren Konzentrationslagern interniert gewesen sein soll (vgl. Lewandowski 2016). Später soll er, weil er deutsch sprach, in ein Arbeitslager verlegt worden sein; er floh nach dem Krieg aus Polen und lebte lange als ‚displaced person' (ebd.). Die Abwesenheit von deutschen Tätern im Text ist schon aus diesen Gründen etwas anders zu werten; sie ist hier nicht das Produkt einer unkritischen Darstellung des ‚Eigenen', weil Nowakowski kein Deutscher ist und der Text zuerst auf Polnisch erschienen ist und weil überhaupt keine guten Figuren vorkommen, die dem Bestialischen dichotomisch entgegenstehen. Dennoch ist es nicht unwahrscheinlich, dass er aus Sicht der Gruppe 47 als Apologie oder zumindest Relativierung der deutschen Schuld rezipiert wurde.

1384 Der Titel „Weltreise auf Deutsche Art" scheint ironisch und deutschlandkritisch zu verstehen zu sein, gleichzeitig ist der Text aber in Bezug auf Deutschland auch apologetisch angelegt. Er handelt nämlich wie viele ‚Nazi'-Erzählungen von historischen deutschen Untaten und einem Genozid, an dem die Deutschen zwar eine Mitschuld zugeschrieben wird, aber andere als Barbaren erscheinen: Heute gilt das, was Andersch als Krieg mit den Herero schildert, als Genozid durch die Deutschen. Auch wegen derselben Dauer der traumatisierenden Zeit (7 Jahre: 1899–1906 bzw. 1939–1946, wenn die Gefangenschaft mitgezählt wird) liegen Parallelen zu damals populären NS-Deutungen nahe, die sich über den empfundenen Zwang des Protagonisten, sich an den deutschen Untaten zu beteiligen bis hin zum latent gehaltenen deutschen Genozid ziehen. Durch die Evokation des Genozids an den Herero ist der Text einerseits subtil sehr kritisch; er zeigt auch – abstraktes – Mitgefühl für die Opfer (wenn beispielsweise vom „verdurstenden schwarzen Volk" geschrieben wird; ebd., S. 96). Es überwiegt aber auch hier der Aspekt der Auslagerung von unmoralischem Verhalten: Nicht nur wird eine NS-Allegorie zeitlich versetzt und örtlich fast buchstäblich ans andere Ende der Welt verschoben. Die meisten Figuren in dieser Wildnis erscheinen unmoralischer als der deutsche Protagonist. Er

ersten Augenblick an als Albtraum geschildert: Schon bei seinem ersten Ein-
treffen am goldenen Horn zerreißen „[z]ahllose Kinder [...] den heißen, gelben
Dunst mit ihrem Geschrei und klammerten sich bettelnd an die Schöße von
Johann Benedikt[] [...], die Schweißtropfen quollen ihm [...] hervor und über
den hohen steifen Kragen, und er schwang den Spazierstock zur Abwehr [...]."
(AW 88) Als er mit dem Schiff losgefahren ist, erstirbt „[d]er lustige Betrieb an
Bord, das aufgeregte Treiben von tausend Männern [...] in der feuchten Hitze
des Suezkanals" (AW 89);[1385] und auch national-ethnische Stereotype finden
sich in der Gedankenrede der Protagonisten zuhauf.[1386]

   Zwei 1960 gelesene Gedichte von Rühmkorf, die im *Almanach* aufgenommen
wurden, sind schließlich wegen ihrer banalen Rassismen erwähnenswert. Das
Luft-Lied[1387] enthält eine Assoziation von schlechtem Deutsch und naivem
Geist, wenn er es mit dem Vers: „Ich bin der Herr Kannitverstan, ganz ohne
Ernst und Grund" einleitet und danach das ganze Gedicht in ausgelassenem
Ton von der Dummheit dieses „Herrn Kannitverstan" zu handeln scheint: „Die

---

      wird zudem gerade durch seine Teilhabe an kämpferischen Untaten zum Opfer, indem
      er als „unfreiwillige[r] Weltfahrer" (ebd., S. 92) konstruiert wird, der unter seiner Pflicht
      leidet. In diesem Sinne ist er nicht mehr derselbe wie vorher, als er schließlich nach
      Hause kommt: Seine Frau hat zwar auf ihn gewartet, er bekommt auch ein Kind, aber
      er scheint nachhaltig traumatisiert, kann nicht mehr lachen und darf, wie er zuletzt be-
      richtet, nicht zu viel trinken, um nicht ins Erzählen zu geraten (vgl. ebd., S. 97). Obwohl
      diese Konstellation für eine genauere Betrachtung aufschlussreich erscheint, wird von
      einer vertieften Analyse abgesehen: Andersch nimmt in der vorliegenden Studie bereits
      viel Raum ein, und hier scheint es sich um einen der weniger typischen Gruppe-47-Texte
      zu handeln.

1385 Damit klingt das orientalistische Motiv einer Dämpfung von Körper und Geist durch die
      Bewegung nach Süden an; wie auch in der Rede des Protagonisten vom „flüssigen Blei
      eines träge unter der Hitze brodelnden Meeres" (Andersch [1949] 1962, S. 89).

1386 So empfindet er die Chinesen als „ruhige und freundliche Leute"; besonders wenn er
      sie mit anderen ‚Völkern' vergleiche, den „Bewohnern des Balkans etwa, die, seinen Er-
      fahrungen nach, sich einen Streit, den nicht ein Faustschlag oder das gezückte Messer
      beendete, gar nicht vorstellen konnten." (Ebd., S. 90.) Trotz einiger Distanzierungsgesten
      von der Haltung dieses Protagonisten werden seine ‚Völkerkunde' und die Orientalismen
      und Rassismen vom Text nicht demontiert.

1387 Rühmkorf [1960] 1962, S. 362 f.; der ganze Text lautet: „Ich bin der Herr Kannitverstan, / ganz
      ohne Ernst und Grund. / Du hältst um weise Rede an, / ich leck an Himmels Spund. / Spät
      kommt, doch kommt der große Spaß, / der kehrt das Gerade um. / Er nimmt an meinem
      Buckel Maß / und heißt die Erde krumm / Mit einem Kebsvogel zeuge ich / ein lustig
      Feuerlein- / Die Stirn ist schön unleserlich, / ich grab auch nichts hinein. / Doch düng
      ich dann mit Feen-Kot / ein bleiches Stück Papier, / pickst du von meinem Jamben-Brot /
      als wär es Stoff von mir. / Die ganze Seele gibst du her / für luftigen Erlös; / und Ein- und
      Krebsgang segnet ER, / der Wind im Laubgekrös. / Er soll für nichts gepriesen sein, / der
      kuppelnde Eunuch. / Das rührt an Rock und Hosenbein / und schlägt als Lust zu Buch."

Stirn ist schön unleserlich, / ich grab auch nichts hinein."[1388] Ein weiteres Gedicht von Rühmkorf enthält den Vers: „Ehe, ehe die somalibraune / Nacht die Sterne bleckt / schmelze was mir als morali- /sches Gesetz im Halse steckt."[1389]

Demgegenüber kann die *Almanach*-Erzählung „Unaufhaltsam vor Jamaika" (gelesen 1958) von Ingrid Bachér, der vierte *Almanach*-Text, der explizit fremde Figuren enthält, fast als postkoloniales Schreiben eingeordnet werden. Hier ist Fremdheit fast durchgehend eher positiv konnotiert; so denkt eine fiebernde Frau auf dem Schiff, von der die Erzählung handelt, träumerisch über „Dinge fremder Art" nach,[1390] in einer Umdrehung des orientalistischen Narrativs wird sie gesünder, je weiter südlich sie gelangen, und die fremden Figuren, die vorkommen, sind betont unauffällig gestaltet.[1391] Wie die Diskussion um Bachmanns Gedicht „Liebe: Dunkler Erdteil"[1392] deutet auch dieser Text darauf hin, dass in der Gruppe 47 mit orientalistischen Stereotypen und Fremdenbildern schon früh vergleichsweise differenziert umgegangen wurde.

Wie diese Zusammenfassung deutlich macht, wären die einzelnen Texte zur genaueren Untersuchung interessant; abgesehen von der allgemein vorherrschenden Auslagerung des Negativen lässt sich aber keine spezifische

---

1388 Ebd., S. 363.

1389 Ebd., S. 361. Ob die Rassismen problematisiert wurden – wie die oben beschriebene Debatte um Amery zeigt, war man ja durchaus sensibilisiert gegenüber Exotismus (vgl. Kap. 3.3.3 im vorliegenden Teil II der Studie) – ist nicht dokumentiert; den Dokumenten ist nur zu entnehmen, dass Rühmkorf bei dieser Lesung noch sehr erfolgreich gewesen, aber im Folgejahr mit sehr ähnlichen Gedichten durchgefallen sei. Vgl. Böttiger 2012, S. 245 f., ausführlich dazu Kohl 1999, S. 159–178.

1390 Bachér [1958] 1962, S. 287.

1391 Das verdeutlicht eine Textstelle vom Schluss der Erzählung, als die Protagonistin endlich aus ihren Fieberträumen erwacht und nach dem Kapitän fragt, der sie an Deck bringen soll, damit sie das Auftauchen des Lands sehen könne: „Was nützte ihr der Ruf, daß Jamaika zu sehen sei, irgendwann am Morgen. Sie wollte Stunde um Stunde lang auf der Brücke stehen und den ersten Anblick der Küste erwarten. [...] Es war nicht Herr Fischer, der hereinkam, sondern ein braungesichtiger Junge, einer von der Mannschaft, die sie in all den Tagen ihrer Fahrt noch nie gesehen hatte. ,Natürlich können Sie mit uns auf Wache gehen', sagte er. ,Danke. Ich wußte nicht, daß es so einfach ist.' Er lachte verlegen, und sie legte sich aufatmend zurück und dachte, daß sie aus dem Kreis wäre. Da fühlte sie wieder die wiegende Bewegung des Schiffes, nahm sie nun geduldig hin und sagte: ,Ich liebe das Schiff.' Und der Junge lachte nicht mehr, sondern erwiderte sachlich: ,Ja, es ist brauchbar, aber doch nicht mehr ganz neu. Jetzt baut man alle Kabinen mit Klimaanlagen.' Und er blieb bei ihr stehen und erklärte seine Meinung von dem Schiff." (Ebd., 287 f.) Hier ist abgesehen von der ersten Beschreibung betont unwichtig, dass der Junge, mit dem sie sich unterhält, ,braungesichtig' sei. Er spricht ohne imitierten fremdartigen Akzent (wie das die Italiener bei Richter oder der „Kannitverstan" bei Rühmkorf tun), er bringt eine gute Nachricht und benimmt sich fast ausgestellt sachlich und unauffällig.

1392 Vgl. Kap. 3.3.3 im vorliegenden Teil II der Studie.

Tendenz ausmachen, die wiederholt vorkommt. Es lässt sich festhalten, dass
negative Fremde bis zum Erscheinen des *Almanachs* noch eng an die Feindbilder des Nationalsozialismus gekoppelt waren: Abgesehen von den ‚bösen
Nazis', den Juden und, in Nowakowskis Text, auch Franzosen, Amerikanern
und Russen, scheinen Figuren, die nicht der deutschen Tätergesellschaft angehören, eine vergleichsweise geringe Rolle zu spielen.

Jüdische Figuren

Anders sieht es in Bezug auf jüdische Figuren in der Gruppe 47 aus, auf die
im Zusammenhang mit Figurenzeichnungen ‚anderer' Figuren und Zuschreibungen von Moral und Unmoral nun auch noch einmal genauer einzugehen ist. Und hier lassen sich viel deutlichere Tendenzen ausmachen, was ihre
verschiedenen möglichen Funktionen in Texten der Gruppe 47 angeht. Weiter
oben in dieser Studie hat sich schon gezeigt, dass die Literarisierung Celans
in *Billard um halbzehn* (1959), einem der Romane des Wendejahrs, trotz Bölls
reflektierter Haltung von Empathieverweigerung zeugt, an die darüber hinaus
auch Celans literarische Verarbeitung durch mehrere weitere Gruppenmitglieder anschließt.[1393] Und obwohl der Holocaust in mehr Texten vorkommt
als vermutet, hat sich diese Tendenz zu einer Latenthaltung des Holocausts
und insbesondere zu Opferkonkurrenz und zu Empathieverweigerung auch in
den *Almanach-* und Preistexten bestätigt.[1394]

Ging es dabei um Opfer des Holocaust, die auch in der Chiffre ‚Auschwitz'
anklingen, sind die aktiv handelnden jüdischen Figuren, um die es in diesem
Kapitel geht, im *Almanach* in geringerer Zahl vertreten, sie kommen nur in
fünf der 89 Texte vor.[1395] Das sind aber mehr als die vier oben beschriebenen,
in denen *jegliche* sonstigen ‚fremden' Figuren vorkommen – und die bisher
erfolgten *close readings* der Texte mit jüdischen Figuren haben schon darauf
hingewiesen, dass es hier auch mehr Auffälligkeiten in ihrer Funktion für die
jeweiligen Texte zu geben scheint. Ganz anders als bei den Texten mit fremden
Figuren scheint es sich nämlich, was zunächst erstaunt, bei den Texten mit
jüdischen Figuren gerade um eher *typische* Gruppe-47-Texte zu handeln. Mit
Schneiders „Die Mandel reift in Broschers Garten" und Lenz' „Gelegenheit zum
Verzicht" sind sogar zwei Texte dabei, die einleitend als besonders typisch
identifiziert und als Modelltexte analysiert wurden.

1393 Vgl. Kap. 2.3.3 im vorliegenden Teil II der Studie.
1394 Vgl. Kap. 2.3.1 im vorliegenden Teil II der Studie.
1395 Franz Joseph Schneider: Die Mandel reift in Broschers Garten; Paul Celan: In Ägypten;
      Wolfgang Weyrauch: Mit dem Kopf durch die Wand; Tadeuz Nowakowksi: Polonaise
      Allerheiligen; Siegfried Lenz: Gelegenheit zum Verzicht.

An dieser Stelle muss deswegen nicht mehr im Detail ausgeführt werden, wie auffällig die Funktion der jüdischen Figuren in beiden Texten ist: Sie stehen in allen Beispielen in einem engen Verhältnis zu den ‚guten Deutschen‘ im Text und erscheinen dadurch insbesondere als ‚Gewährsfiguren‘ dafür, herausragend ‚gutes‘ Verhalten dieser jeweiligen Protagonisten noch zu verdeutlichen. Das steht bei Schneider wie auch bei Lenz im Zentrum. Auch Judith in *Sansibar* ist mit ähnlichen Implikationen verbunden. Wahrscheinlich ist hierin sogar der Grund dafür zu sehen, dass zwei von vier ‚Mustertexten‘ jüdische Figuren enthalten, obwohl insgesamt nur wenige jüdische Figuren vorkommen: Sie scheinen gerade dann aufzutreten, wenn die Aufwertung des ‚Eigenen‘ besonders dezidiert erfolgen soll.

Hierin kann nun aber auch die Kehrseite dieser an sich relativ positiven Funktion gesehen werden: Die jüdischen Figuren kommen bei Schneider und Andersch und (etwas weniger deutlich, darauf wird weiter unten noch einmal eingegangen) auch bei Lenz fast *ausschließlich* in dieser Funktion vor. Sie sind dadurch kaum als mehrdimensionale, entwicklungsfähige Wesen gezeichnet, sondern entsprechen zahlreichen Stereotypen über Juden, was sie von den entwicklungsfähigen Figuren des ‚Eigenen‘ abgrenzt und zu Projektionsflächen macht. Dadurch sind sie zwar nicht unmoralisch gezeichnete ‚ganz fremde‘ Figuren; sie treten aber auch nicht als ‚moralische‘ Figuren auf, sondern scheinen quasi außerhalb dieser Kategorien zu stehen. Für Judith in *Sansibar* wurde das weiter oben schon etwas genauer beschrieben: ihre Position des ‚Dazwischen‘ hinsichtlich partikularer Moral kann mit dem Begriff der „nicht-identischen Identität" (Holz) erfasst werden und ist direkt mit ihrer Rolle als schöne Verführerin, deren Anziehung überwunden werden muss, verbunden.[1396]

Nowakowskis gerade schon erwähnter Text, der dritte von fünf *Almanach-* und Preistexten mit handelnden jüdischen Figuren, reiht sich nun ebenfalls relativ gut in diesen Befund ein. Obwohl er von deutlich größerer Sensibilität gegenüber antisemitischen Klischees zeugt, sind es die verschiedenen vom Text stereotypisierten Ausländer, die diese Klischees äußern, und gerade dezidiert *nicht* die Deutschen. Die gerade befreiten KZ-Insassen verschiedener Nationen geraten nämlich wegen eines Gerüchts, die Jüdinnen würden von den Befreiern bevorzugt behandelt, in Rage.[1397] Und dieselben

---

1396 Vgl. weiter oben in diesem Kapitel.

1397 Man erzählt sich, die Jüdinnen seien schon in „seidene[] Morgenröcke[]" gekleidet und in Villen untergebracht (Nowakowski [1959] 1962, S. 307), während andere Gefangene noch im Dreck auf ein Quartier warteten, was zu einer Kaskade von antisemitischen Vorwürfen führt: „Was?‘ Sie griffen sich an den Kopf. ‚Mit Jüdinnen?‘ ‚Da sieht man's ja, wie diese Lumpen für ihre Leute sorgen‘, schrie jemand mit neidzerfressener Stimme. ‚Ein Jud wird

,Fremden' ermorden schließlich sogar eine Jüdin und ihren Beschützer am Tag der Befreiung.[1398] Das Auftreten und der Tod der beiden verstärkt im für den *Almanach* ausgewählten Kapitel vor allem den Eindruck, dass die Zustände jetzt, nachdem die Deutschen abgezogen sind, noch immer schlimm sind, und wie verbreitet der Antisemitismus auch unter den Gefangenen selbst war.

Zwei dieser fünf Texte funktionieren nun aber auch ganz anders. Weyrauchs Hörspiel „Mit dem Kopf durch die Wand" (gelesen 1958) stellt schon insofern eine Ausnahme im *Almanach* dar, als nur hier eine jüdische Figur durchgehend intern fokalisiert ist: Der Text ist als *stream of consciousness* einer durch den Holocaust traumatisierten Jüdin konzipiert und expliziert die deutsche Schuld sehr deutlich. Zwar hat Hans-Joachim Hahn (2007) herausgearbeitet, wie auch hier die jüdische Figur mit einigen Stereotypen markiert ist und dazu beträgt, den Holocaust zu verharmlosen, weil ihre Traumatisierung im Verlauf des Hörspiels immer wahnhafter erscheint.[1399] Dennoch ist der Text grundlegend anders gestaltet als die bisher beschriebenen: Die Protagonistin ist eine empathisch gezeichnete traumatisierte Opferfigur; ihr ist kein ,guter Deutscher' zur Seite gestellt, der sie rettet, sondern sie fürchtet sich vor den Deutschen und zerbricht daran.[1400] Auch die Rezeption des Hörspiels deutet

---

den andern immer unterstützen, und du, Christenvolk, verreck wie ein Hund, wie ein Hund!' ,Kak sobaka!' wiederholten ein paar Dutzend Stimmen auf russisch. ,Bist ja kein krätziger Jude wie die', stöhnte ein altes Weib mit einer Männermütze." (Ebd., S. 305.)

1398 Ein junges Mädchen, das Jüdin ist und ebenfalls noch auf eine Unterkunft wartet, ergreift gegen die antisemitischen Zuschreibungen die Stimme, indem sie selbst losschimpft: „Aber uns haben sie auch in Öfen verbrannt [...] Und ihr habt mit den Bauernkerlen in den Scheunen rumgehurt'" (ebd., S. 305) – was alle anderen dazu bringt, sich auf sie zu stürzen. Ein Mann will sie verteidigen, aber schließlich werden das junge Mädchen und der Mann grausam umgebracht: „Die rasende Menge drückte die beiden mit einem Schwunge an die Wand. Eine Lawine von Brüsten, Bäuchen und Knien klemmte sie ein [...]. Sie wurden beide umgerissen. Ihre Münder mit Säcken verstopft. Weiber fielen über das verhaßte semitische Gesicht her, preßten die Augen in die Höhlen, zerrten an den kurzen Haaren, packten die roten abstehenden Ohren und rissen sie hin und her. [...] Durch die Sackleinwand drang ein leises Fiepen wie von einer Katze. Der Mann mit dem Aussehen eines Professors warf sich nicht mehr wie ein Fisch im Netz, schlug nicht mehr mit den Beinen um sich und hörte zu röcheln auf. Seine Bewegungen wurden immer schwächer, bis er, erstickt, langsam erstarrte. ,O Jesu', schrie plötzlich eins von den
·   Weibern auf. ,Sie sind tot!'" (Ebd., S. 306.) Gleich darauf erfährt man, dass das Gerücht nicht gestimmt hatte, was die Grausamkeit dieser Entwicklung noch deutlicher ausstellt.

1399 Vgl. Hahn 2007, S. 65 f., der aber auch den progressiven Impetus der Konstruktion im Vergleich zu vorherrschenden universalisierenden Diskursen oder der häufigen Täter und Opfer umkehrenden Diskursen in der Nachkriegszeit und in anderen Texten Weyrauchs betont (vgl. ebd., S. 64 f.); vgl. zu Weyrauch auch Kap. 1 in Teil III der vorliegenden Studie.

1400 Auch hinsichtlich Fragen von Identität und Nicht-Identität ist diese Figur interessant gestaltet; sie ist die einzige Reflexionsfigur des Texts, als einzige jüdische Figur im *Almanach*

darauf hin, dass hier anders mit dem Thema umgegangen wurde als in den meisten Gruppe-47-Texten: Es wurde auf der Gruppentagung verrissen und löste wohl eine Debatte über „Philosemitismus" aus; Weyrauch nahm danach trotz mehrfacher Einladung an keiner Tagung mehr teil.[1401]

Die zweite Ausnahme bildet der einzige der fünf Texte, die eindeutig jüdische Figuren enthalten, der von einem Juden geschrieben worden ist, nämlich Celans „Lied in Ägypten" (gelesen 1952).[1402] Es erstaunt nicht, dass sich auch hier ein großer Unterschied zu der Mehrheit der anderen Texte in der Weise zeigt, in der das Judentum evoziert wird: Bei Celan werden die biblischen weiblichen Vornamen Ruth, Mirjam und Noemi genannt, die auto-biografisch in mehrfacher Hinsicht bedeutsam sind und in denen zugleich durch ihre biblischen Konnotationen eine jüdische Ahnenlinie anklingt:[1403] Ruth und Noëmi waren die beiden Vornamen einer Jugendfreundin Celans aus Czernowitz; alle drei Namen sind alttestamentarisch, wobei Noëmi Ruths Mutter ist und ihren Mann wie Celan seine Eltern „in der Fremde" verloren hat.[1404] In diesem Gedicht zeigt sich ein grundsätzlich anderer Umgang mit der Shoah, der den Text zu einem Ort des Gedenkens werden lässt und Adorno

---

überhaupt eine Ich-Erzählerin, und die Intention, ihr positive Züge einzuschreiben, wird schon daran deutlich, dass sie Texte denkt, die Weyrauch andernorts als seine eigenen Haltungen vertreten hat. Allem voran sieht man das an der Schrift, die die Protagonistin in ihrem Wahn an der Wand sieht; diese wird mit Weyrauchs eigener Vorstellung des Schreibens als „Schrift an der Wand" korreliert (vgl. zu dieser Vorstellung Landzettel 2003, S. 320 f.; zu „Mit dem Kopf durch die Wand" vgl. auch ebd., S. 387–392 m. w. H.). Weil das Hörspiel dabei ganz genuin von der Leidenserfahrung der Protagonistin handelt, wird sie trotz dieser Annäherung weniger von ihm vereinnahmt oder gar als *alter ego* gestaltet, wie das für Anderschs *Efraim* (1967) mehrfach beschrieben wurde (vgl. u. a. Klüger 1994, S. 18; Feuchert 2016).

1401   Vgl. dazu Landzettel 2003, S. 350.

1402   Zwar befassen sich auch seine anderen *Almanach*-Gedichte mit dem Holocaust; nur hier sind aber jüdische Figuren explizit benannt.

1403   Der Text des Gedichts lautet: „IN ÄGYPTEN Du sollst zum Aug der Fremden sagen: Sei das Wasser. / Du sollst, die du im Wasser weißt, im Aug der Fremden suchen. Du sollst sie rufen aus dem Wasser: Ruth! Noemi! Mirjam! / Du sollst sie schmücken, wenn du bei der Fremden liegst./ Du sollst sie schmücken mit dem Wolkenhaar der Fremden, / Du sollst zu Ruth und Mirjam und Noemi sagen: /Seht, ich schlafe bei ihr! / Du sollst die Fremde neben dir am schönsten schmücken. / Du sollst sie schmücken mit dem Schmerz um Ruth, um Mirjam/ und Noemi. /Du sollst zur Fremden sagen: / Sieh, ich schlief bei diesen!" (Celan [1952] 1962, S. 150; vgl. dazu Wiedemann 2005, S. 610 f.)

1404   Vgl. ebd.; zu diesem Gedicht und Parallelen dazu in Bachmanns Erzählung „Alles" (ge-lesen 1959), vgl. auch Kap. 3 in Teil III der vorliegenden Studie.

bekanntermaßen als Grund dafür diente, seine Aussage, Gedichte nach Auschwitz zu schreiben, sei barbarisch, weiter zu relativieren.[1405]

Ein *Almanach*-Text, in dem dagegen keine jüdischen Figuren vorkommen, obwohl angesichts seiner Rezeption als Dokument einer neuen Etappe der ‚Vergangenheitsbewältigung‘ im ‚Wendejahr 1959‘ damit zu rechnen wäre, ist das mit dem Preis der Gruppe 47 ausgezeichnete Kapitel aus Grass' *Blechtrommel*; „Der weite Rock" ([1958] 1962). Ähnlich Amerys und v. Cramers *Almanach*-Auswahl ist dieses Kapitel nun in mehreren Hinsichten untypisch für den gesamten Roman: Es spielt nicht in der Zeit des Nationalsozialismus wie die meisten anderen Teile, sondern zunächst in der Gegenwart der Rahmenhandlung, die im ganzen Roman viel weniger Anteil hat und in der Oskar in der Psychiatrie ist; daraufhin wird die Vorgeschichte, die Zeugung der Mutter Oskars erzählt. Ähnliches gilt auch für das zweite Kapitel, dessen Lesung auf der Gruppentagung dokumentiert ist, „Wachstum im Güterwagen": Auch dieses Kapitel ist von der Rahmenhandlung eingeleitet, es spielt nun *nach* dem Krieg und beschreibt die Flucht der Familie, erzählt also eine klassische Opfergeschichte. Übersprungen werden die späte Weimarer Republik, der Aufstieg und die Herrschaft des Nationalsozialismus.

Die Regel, dass gerade in den wichtigsten Gruppe-47-Texten stereotyp gezeichnete jüdische Figuren vorkommen, bestätigt sich angesichts des gesamten Romans, wie an dieser Stelle knapp ergänzt werden soll, aber dennoch. Schon in Klügers frühem Essay über Judenfiguren in der Nachkriegsliteratur ist neben Andersch auch Grass vertreten,[1406] und es gibt weitere kritische Lektüren, von denen die neueste kurz erwähnt werden soll, da genauer beleuchtet kein Zweifel besteht, dass sich mit Grass' Judenfiguren in der *Blechtrommel*[1407] auch im Wendejahr 1959 nichts an der klischierten Imagination ‚des Juden‘ änderte. Zwar sind die jüdischen Figuren Sigismund Markus und Mariusz Fajngold im Gegensatz zu anderen Figuren in der *Blechtrommel* nicht persifliert, weswegen

---

1405 Nach seinem Aufsatz „Kulturkritik und Gesellschaft" (1951), in dem er diese Aussage ursprünglich machte, äußerte sich Adorno noch mehrfach zu der Frage, wie Schreiben nach Auschwitz möglich sei; seine wichtigsten Stellungnahmen zu dieser Frage und die Reaktionen zahlreicher deutscher Schriftstsller darauf wurden im sehr aufschlussreichen Band *Lyrik nach Auschwitz?* (2006) von Petra Kiedaisch zusammengestellt, die im Vorwort die verkürzte Rezeption von Adornos Essay nachzeichnet und auf die wichige Rolle der Lyrik Celans für seine Überlegungen hinweist (ebd., S. 16 f.).

1406 Vgl. weiter oben in diesem Kapitel.

1407 Da im Forschungsprojekt, in dessen Rahmen die vorliegende Studie entstanden ist, durch Jennifer Bigelow ([2019]) eine umfangreiche Relektüre der *Blechtrommel* hinsichtlich der Verarbeitung individueller Schuld geleistet wurde, wird hier von einer weiteren Relektüre abgesehen.

Christian Sieg sogar schreibt, sie seien „überaus positiv"[1408] gestaltet. Das widerspricht allerdings nicht Klügers Beobachtung, dass Sigismund Markus, wenn auch ein Freund Oskars, da er ihm seine Blechtrommeln besorgt, als chancenloser, lächerlicher Verehrer von Oskars Mutter fungiert, wenig realistisch gestaltet ist und alte Stereotype bedient, was zur Bildung von „Klischee und Kitsch" führe.[1409] Und ähnliches gilt, wie jüngst Matthies zusammengetragen hat, auch für Fajngold, die zweite jüdische Figur. Auch deren Zeichnung erscheint durchaus sympathisch: Fajngold hat seine Angehörigen im Holocaust verloren, man empfindet Mitgefühl mit ihm, und er ist Oskar gut gesinnt. Zugleich erscheint er aber auch zunehmend parasitär[1410] und nähert sich durch seinen sprechenden Namen und seiner dubiosen Geschäftüchtigkeit stark dem Vorurteil des „Finanzjudentums" an[1411] und übernimmt schließlich sogar den Platz in Oskars Familie, als diese in sehr symbolischen Szenen aus ihrer Heimat vertrieben wird, während er ihren Laden übernehmen kann.[1412]

Dieser Überblick stützte noch einmal die Annahme, dass jüdische Figuren in Gruppe-47-Texten nicht nur wegen einem Schuldkomplex in Bezug auf den

---

1408 Sieg 2017, S. 245.

1409 Klüger 1994, S. 36; sie umschreibt seine Figur wie folgt: „Wie der typische Jude der Nazi-Presse ist auch Markus als Mann unattraktiv, doch voll Begierde nach einer arischen Frau. Als Mensch ist er lächerlich, denn er handelt und sieht aus wie ein Hund. Als einzelner ohne jüdische Gemeinde oder Familie, ohne Tradition oder Religion, doch mit der Raffinesse des Trödeljuden ausgestattet, mit der er Agnes billige Seidenstrümpfe verschafft, führt er ein Parasitenleben, ohne Überzeugungen und in der sinnlosen Hoffnung, daß die Taufe ihm zu einem besseren Dasein mit Agnes in England verhelfen könne. [...] Und da sein Leben nichts anderes zu enthalten scheint als eine törichte erotische Hörigkeit und einen Laden voll nicht gerade hochwertiger Gegenstände, so geht auch nicht viel verloren, wenn die Kristallnacht diesem Laden und Leben ein Ende setzt." (Ebd., S. 23.)

1410 Wie Matthies formuliert: „[M]it Fajngolds Ankunft im Hause der Matzeraths halten Raffgier und Materialismus Einzug, ja er ist ökonomischer Nutznießer der Niederlage der Deutschen: ‚Herr Fajngold übernahm sofort das Kolonialwarengeschäft, zeigte seiner Frau Luba, die aber weiterhin unsichtbar blieb und auch keine Antworten gab, die Dezimalwaage, den Petroleumtank, die Wurststange aus Messing, die leere Kasse und hocherfreut die Vorräte im Keller'. [...] Damit geht eine Enteignung der Matzeraths einher, die von nun an im Keller leben." (Matthies 2017, S. 181.)

1411 Das beschränkt sich nicht auf seine Leidenschaft fürs Rechnen und seine allmähliche Verdrängung der Familie, sondern zeigt sich vor allem in einem enormen Geschick beim Tauschen von Waren auf dem Schwarzmarkt, durch die er zur Verwunderung aller in kürzester Zeit aus Kunsthonig und Haferflocken Pelze und Nähmaschinen ertauscht. Seine ganze Entwicklung im Roman erinnert an die Vorstellung, die Juden hätten vom Krieg profitiert (vgl. ebd., S. 181 f.).

1412 Wie Matthies hervorhebt, bleibt er denn auch in Besitz des Ladens zurück, als die Familie im Güterzug Richtung Westen abreist; ein besonders deutlicher Vergleich der Verteibung mit dem Holocaust und durch den verschont bleibenden Juden eine Art Umkehr (vgl. ebd., S. 182).

Nationalsozialismus wichtig sind, sondern sich darin auch alte Aversionen fortsetzen: Sie stellen auch unabhängig vom Nationalsozialismus die Mehrheit der
Texte, in denen überhaupt ‚Andere' vorkommen, erscheinen so als wichtigste
Chiffre für Alterität und sind darin entsprechend klischiert gezeichnet. Um
diesem Befund etwas genauer nachzugehen, soll abschließend auf zwei weitere
wichtige Gruppe-47-Texte und die darin enthaltenen jüdischen Figuren und
deren Funktion im Zusammenhang mit einer Auslagerung des ‚Bösen' noch
einmal etwas genauer eingegangen werden, in denen die Auslagerung des
Bösen so weit geht, dass sogar eine Art Täter-Opfer-Umkehr daraus erfolgt.
Richters Roman *Die Geschlagenen* (1949) ist hinsichtlich des Wechselspiels
zwischen Vorurteilen ‚des Fremden' und ‚des Jüdischen' besonders bemerkenswert; da bis hier noch kein Text des ‚Chefs' der Gruppe genauer untersucht
wurde, wird er etwas genauer beleuchtet, bevor die jüdische Figur aus Lenz'
Almanach-Text noch einmal aufgegriffen wird.

4.3.2   Hans Werner Richters *Die Geschlagenen* (1949)
Von Richters erstem Roman handelt eine vielerzählte Gruppe-47-Anekdote:
Auf der dritten Tagung der Gruppe 47 im Frühling 1948 hat Richter zwei Kapitel
aus dem noch unfertigen Roman vorgelesen, und wurde dafür verrissen –
„ein Klischee nach dem anderen.“[1413], scheint ein Hauptkritikpunkt gewesen
zu sein –, woraufhin er alles in den Müll geschmissen und noch einmal von
vorne begonnen habe.[1414] Böttiger hält fest, dass man den „späteren Erfolg des
Romans durchaus auch als Ergebnis der Gruppenkritik lesen“ könne.[1415] Das
macht den Text besonders interessant, um ihn als ganzen repräsentativ für die
frühe Gruppe 47 zu lesen, weswegen die folgende Lektüre auch nicht auf das
Almanach-Kapitel (das dem ersten Kapitel der Romanfassung entspricht), beschränkt wird.
  Grob zusammengefasst erzählt *Die Geschlagenen* in 30 Kapiteln die Kriegs-
und Gefangenschaftserlebnisse des Obergefreiten Gühler, wobei sich die
Eckpunkte mit Richters Biografie decken.[1416] Die Handlung zieht sich über

---

1413 Richter 1979, S. 90; vgl. dazu Arnold 2004, S. 52, der diesen Unterschied in der Kritikfähig-
      keit zwischen Richter und Andersch sieht, und Böttiger 2012, S. 101, der den Erfolg des
      Romans deswegen „durchaus auch als Ergebnis der Gruppenkritik“ (ebd.) versteht.
1414 Wahrscheinlich ist der Schluss dieser Anekdote wörtlich zu verstehen und die alte Fassung
      wurde vernichtet. Allem Anschein nach ist sie zumindest heute nicht mehr erhalten; so
      hat Gansel (2011) im Archiv zur Entstehungsgeschichte geforscht und begleitende Typo-
      skripte, aber keine Vorstufen des Texts erwähnt, und schon im *Almanach* ist das erste
      Kapitel der fertigen Romanfassung abgedruckt.
1415 Böttiger 2012, S. 101.
1416 Vgl. Gansel 2011, S. 15–18.

Kampfhandlungen in Italien, die Gefangennahme seiner Einheit bei Monte Cassino, eine kurze Gefangenschaft in Italien, die Überfahrt in die USA und schließlich in einem langen zweiten Teil die Kriegsgefangenschaft in St. Louis. In diesem Lager können sich der Protagonist und seine Freunde gegen neu erstarkende ‚Nazis‘ kaum wehren und werden von den Amerikanern auch nicht geschützt. Der Roman endet mit dem Beginn der Reeducation, die die Rückkehr der Gefangenen einleitet.

Für die vorliegende Fragestellung ist der Roman erstens wegen dieser offensichtlichen Auslagerung unmoralischer Handlungen des Nationalsozialismus in die Kriegsgefangenschaft und damit assoziativ auf die USA interessant. Zweitens enthält der Roman, da die Kampfhandlungen in Italien stattfinden, auch weitere ‚fremde‘ Figuren, deren Zeichnung hinsichtlich dieser moralischen Dichotomien ebenfalls bemerkenswert ist. Und drittens ist ein zentraler Akteur im Kriegsgefangenenlager Jude; seine Rolle ist angesichts der eher dichotomen Strukturen von Gut und Böse im Roman und hinsichtlich der bereits angesprochenen antisemitischen Stellungnahmen Richters einen genaueren Blick wert.[1417]

Rezeption, Kritik und wichtige Diskurse

Nachdem die beiden bereits fertigen Romankapitel auf der Gruppe-47-Tagung im April kritisiert worden waren und er alles in den Papierkorb geworfen hatte, schrieb Richter den Roman sehr zügig neu,[1418] bereits im August war er fertiggestellt und erschien im Jahr 1949 im Verlag Kurt Desch. Diesmal war die Resonanz viel positiver, der Roman wurde ein großer Erfolg.[1419] Während einiger Jahre war Richter in der Öffentlichkeit dementsprechend stark mit dieser Publikation verknüpft,[1420] noch in jüngsten Würdigungen wird er oft

---

1417 Vgl. zu Richters außerliterarischen Positionen Kap. 3.3 in Teil I der vorliegenden Studie.

1418 Zur Entstehungsgeschichte des Romans vgl. Gansel 2011, der u. a. ein unveröffentlichtes Typoskript Richters mit dem Titel „Die Entstehung des Romans ‚Die Geschlagenen‘ oder Von den Schwierigkeiten mit Klischees fertig zu werden" dazu gesichtet hat (dazu ebd., S. 12–14). Genauere Informationen zu den von der Gruppenkritik zerrissenen Kapiteln scheinen darin aber leider auch nicht erhalten zu sein.

1419 Bereits 1950 wurde der Roman mit dem Fontane-Preis der Stadt Berlin ausgezeichnet, und wie Walser betont hat, handelte es sich darüber hinaus um „das erste Buch aus diesem Kreis, das allgemeine Aufmerksamkeit nicht nur in Deutschland erregte." (Walser [1952] 1967, S. 279.) Es wurde 1951 auf Französisch übersetzt und auch in der internationalen Presse gelobt (vgl. ebd.: „Il s'agit ... d'une conception générale de la vie humaine ...', hieß es in Le Monde, als dieser Roman ins Französische übersetzt wurde"; vgl. dazu auch Gansel 2011, S. 24 f.).

1420 Gansel hat im Archiv rekonstruiert, dass mehr als 100 Rezensionen dazu erschienen sind (ebd., S. 25). Noch 2 Jahre nach dem Erscheinungstermin wird Richter in einem

besonders hervorgehoben.[1421] Gleichzeitig kam der Applaus aber schon früh ‚von rechts'; so hat der konservative Journalist Sieburg *Die Geschlagenen* wiederholt als bestes Kriegsbuch gelobt.[1422]

Inzwischen gilt der Roman relativ einhellig als Beispiel für die literarisch und inhaltlich wenig ausgearbeitete erste Nachkriegsliteratur.[1423] In Hoffmanns *Arbeitsbuch Deutschsprachige Prosa seit 1945* (2006) wird die Selbststilisierung zum Opfer bis hin zur Umdrehung von Tätern und Opfern kritisiert;[1424] Geppert nennt den Roman als gutes Beispiel dafür, dass es in der Gruppe 47 zunächst weniger um Qualität als darum gegangen sei, mit eigenen Erinnerungen an den

---

Tagungsbericht aus Bad Dürkheim als der „mit dem Fontane-Preis ausgezeichnete Verfasser der *Geschlagenen*" ausgewiesen (Rohnert [1951] 1967, S. 58). Auch in der *Spiegel*-Titelgeschichte über die Gruppe 47 aus dem Jahr 1962 wird er noch hervorgehoben und erwähnt, dass die „Rezensenten [...] das Erfolgsbuch, das seither in sieben Sprachen übersetzt worden ist, mit Remarques eklatantem Anti-Kriegsroman ‚Im Westen nichts Neues' verglichen" hätten (o. A. [1962] 1967, S. 301). Und auch nach dem Ende der Gruppe 47 blieb der Roman noch lange im kulturellen Gedächtnis erhalten. Im Jahr 1971 wurde in Trommlers kritischem Aufsatz zur ‚Stunde null' (1971; vgl. dazu Kap. 1.2.2 in Teil I der vorliegenden Studie) neben Texten von Böll und Schnurre hervorgehoben: Er sei „eine erste gründliche Abrechnung" damit, „daß der Nullpunkt noch gar nicht eingetreten sei, sondern die alten Ordnungen und Denkhaltungen weiterbestünden, der Krieg als Zwischenfall apostrophiert werde und die moralische Reinigung noch immer auf sich warten lasse." (Ebd., S. 20.)

1421 Im Jahr 1982 wurde Richter für sein „epische[s] Werk" mit der „Ehrengabe" des Kulturkreises ausgezeichnet und *Die Geschlagenen* als einer der Gründe für die Auszeichnung explizit erwähnt (Bender 1997, S. 147), und Arnold lobt ihn in seiner Erinnerung an die Nachkriegsliteratur 1993 als einen der „wichtigsten frühen Romane, die mit Krieg und Nazi-Herrschaft abrechneten [...]." (Arnold 1993, S. 22.)

1422 Vgl. Böttiger 2012, S. 100: „Das Buch wurde ein recht großer, auch internationaler Erfolg (auf Anhieb wurde es in neun Sprachen übersetzt). Auch Friedrich Sieburg, der sich kurze Zeit später als wichtigster Gegner der Gruppe 47 entpuppte, lobte *Die Geschlagenen* als das bis dahin beste Kriegsbuch eines Soldaten aus dem Zweiten Weltkrieg." Vgl. auch *Spiegel*-Titelgeschichte aus dem Jahr 1962: „Kritiker Friedrich Sieburg, seit Anbeginn dezidierter Gegner der ‚Kahlen Welle', gestand damals dem Fontanepreisträger Richter ‚hohe Erzählgabe' zu." (O. A. [1962] 1967, S. 301.)

1423 Vgl. auch Richter selbst im Interview mit Zimmermann 1992 (ebd., S. 117), der behauptet, dass der (immerhin ca. 250 Seiten starke) Roman in zwei Monaten entstanden sei. Arnold wie Böttiger betonen in ihren Gruppe-47-Darstellungen, dass Richter als Autor wenig ernstgenommen worden sei, wobei *Die Geschlagenen* aber noch als bester seiner Texte erscheint (Böttiger 2012, S. 101: „Der Roman hat zwar seine literarischen Schwächen, aber er ist handwerklich recht sauber geschrieben.")

1424 Hoffmann (2006) macht die „Selbststilisierung zu Opfern des Nationalsozialismus", die auch in den anderen Werken der ‚jungen Generation' zu bemerken sei (ebd., S. 110), unter anderem an der Gleichsetzung der ‚Nazis' mit der US-Armee fest (ebd., S. 109); vgl. dazu weiter unten in diesem Kapitel.

Krieg fertigzuwerden.[1425] Jüngst scheint die Rezeption wieder ambivalenter zu sein: In Böttigers Gesamtdarstellung ist mehrdeutig (und vielleicht deswegen gleich zweimal identisch) formuliert, dass der Roman „Richters Parteinahme für die ,Verlierer' signalisiert, ein Roman über deutsche Kriegsgefangene und ihr Schicksal",[1426] und dass der Roman international sehr erfolgreich war.[1427] Klaus-Michael Bogdal weist dagegen in einem Aufsatz zu Narrativen eines historischen Epochenumbruchs im Jahr 1945 darauf hin, dass schon der Titel *Die Geschlagenen* die „kulturellen Semantiken" einer „Mythisierung des Aufstiegs und Niedergangs eines ,nordischen' Volks, der Goten, durch Verrat und Hinterhalt, gegen den die Helden den Opfertod setzen", entspricht.[1428]

Eine Gegenrede zu den bestehenden kritischen Lektüren hat Gansel geschrieben. Zwar weist er mit Ächtler in einem Halbsatz darauf hin, dem „Lagerdiskurs" sei „in der Tat eine apologetische Tendenz [...] eingeschrieben."[1429] Er beschreibt auch, dass „diese entlastende Rhetorik, die den industriell betriebenen Massenmord allen Ernstes gleichsetzt mit der Wirklichkeit des Gefangenenlagers [...] für den zweiten Teil des Kriegsromans ,Die Gefangenen' [sic] bestimmend werde."[1430] Hierzu zitiert er die einschlägigsten Stellen; so wenn Gühler schon beim Eintreffen im US-Lager „KZ-Luft" wahrnimmt,[1431] ein Eindruck, der sich später noch einmal bestätigt,[1432] sich weigert, Stellungen der Wehrmacht zu verraten („nicht gegen mein Land. Nicht für fremde Interessen", RG 142)[1433] und immer wieder gegen die Kollektivschuldthese andiskutiert:

1425 Geppert 2011, S. 207 f.; wie er ausführt: „Kriegsheimkehrer mit Richters Erfahrung hatten nicht das Gefühl, schuldig geworden zu sein. Jedenfalls findet sich davon in ihren zeitgenössischen Texten keine Spur." (Ebd., S. 208.) Vielmehr sei der Text ein weiteres Pamphlet gegen die Kollektivschuldthese (ebd.).

1426 Böttiger 2012, S. 49, S. 99.

1427 Ebd., S. 100.

1428 Bogdal 2017, S. 241 f.: „Im Roman [Heinz Rein: *Finale Berlin*] wird ein ,Endkampf' minutiös beschrieben und dokumentiert. Doch der Titel *Finale* dämpft die Leseerwartungen hinsichtlich eines heroisch-tragischen Schlachtenepos nach dem narrativen Muster z. B. der Schlacht bei den Thermopylen oder des wohl erfolgreichsten deutschen historischen Romans, Felix Dahns *Ein Kampf um Rom* (1876): einer Mythisierung des Aufstiegs und Niedergangs eines ,nordischen' Volks, der Goten, durch Verrat und Hinterhalt, gegen den die Helden den Opfertod setzen. Im Unterschied zu Rein rufen andere Romantitel wie Hans Werner Richters *Die Geschlagenen* (1949), Rolf Bongs' *Die feurige Säule* (1953) und Wolfgang W. Parths *Die letzten Tage* (1946) genau diese kulturellen Semantiken auf."

1429 Gansel 2011, S. 21.

1430 Ebd., S. 22.

1431 Vgl. ebd.; *Die Geschlagenen* wird in der Folge im vorliegenden Kapitel im Fließtext zitiert (Sigle: RG 188).

1432 „Konzentrationslager', dachte er, ,wie in einem Konzentrationslager'" (RG 199); vgl. Gansel 2011, S. 23.

1433 Ebd., S. 23.

,Sie verstehen uns nicht', sagte Gühler, ,sie werden uns nie verstehen. Für sie sind
wir deutsche Soldaten und alle gleich. Sie begreifen das ganze System nicht, weil
sie die Macht des Terrors nicht kennen, weil sie nicht wissen, was die Angst bedeutet.' (RG 217)[1434]

Neben diesen kritischen Schlaglichtern betont Gansel aber, dass eine andere
Perspektive kaum möglich und vom Autor auch nicht angestrebt gewesen
sei,[1435] und lobt die plastische Darstellung der „unerhörten Situation von Krieg
und Gefangenschaft",[1436] die zeigen, dass der „Einzelne keine Chance [hat],
dem zu entgehen, unentrinnbar [...] in einer Maschinerie [steckt], auf die er
keinen Einfluss hat."[1437]

In dieser empathischen Wiedergabe der Leiden der Hauptfiguren wie auch
in der ästhetischen Beurteilung des Romans bleibt diese Einschätzung sowie
die weitere Analyse des Romans sehr eng an den Beobachtungen Wehdekings
aus den 70er Jahren, und übernimmt große Teile von dessen Argumentation.[1438]
Und passend zu diesem Rückbezug auf ältere Deutungsmuster problematisiert
Gansel schließlich kritischere Beurteilungen des Romans. Er zitiert eine kritische Lektüre Embachs aus den 80er Jahren, Richter würde „verdrängen"[1439],
dass der Dienst in der Wehrmacht die Stabilität des NS-Systems erst gewähr-
leistet habe; er werfe die Frage nach der Kriegsursache nicht auf und neige dazu,
die deutsche Kriegsführung zu idealisieren.[1440] Gansel meint, dabei handle es
sich um „durchaus vergleichbare Überlegungen" wie in der DDR-Kulturpolitik
der 1950er Jahre;[1441] in seinen Augen „fordert Embacher für 1948/49 einen
souverän urteilenden Erzähler, der eine Art Evaluation des Dargestellten vornimmt[,] und eine auf eine Gesellschaftsanalyse abzielende Präsentation".[1442]
Dem soll hier vorab entgegnet werden, dass dies bei Embacher, anders als in
der DDR, eben nicht gefordert, sondern einfach kritisch konstatiert und so
demokratisch zur Diskussion gestellt wird.

1434 Ebd., S. 24.
1435 Vgl. ebd., S. 27 f.: „Es war dies allerdings ein Ansatz, den Hans Werner Richter bei der Ver-
       arbeitung seiner Kriegs- und Nachkriegserfahrungen weder leisten wollte noch konnte."
1436 Ebd., S. 16.
1437 Ebd., S. 20.
1438 Vgl. Gansel 2011, S. 15–19 und Wehdeking 1971, S. 128–131 f. Der Anspruch, bestehenden
       kritischen Lektüren der letzten Jahrzehnte eine neuere Lesart entgegenzuhalten, wird so
       nicht überzeugend eingelöst.
1439 Embacher 1985, hier zit. n. Gansel 2011, S. 27.
1440 Ebd.
1441 Vgl. ebd., S. 27.
1442 Ebd., S. 27 f.

Und dazu kommt, wie nun genauer ausgeführt werden soll, dass *Die Geschlagenen* solche „Evaluationen" und „Gesellschaftsanalysen" durchaus über die Auswahl der erzählten Szenen oder Figurenbeschreibungen vornimmt. Besonders deutlich wird das im Diskurs über die Desertion,[1443] der immer wieder aufgegriffen wird, wobei die wichtigste Haltung, die der Protagonist demgegenüber zeigt, im Text durchaus als ‚Evaluation' und sogar moralischer Imperativ präsentiert ist: Er vertritt nämlich, wie gleich noch genauer auszuführen ist, eine unmissverständlich nationalistische Haltung, die sehr deutlich Richters eigene, außerliterarisch schon problematisierten Gesellschaftsanalysen im *Ruf* entspricht.

Gerade wenn Gansels Wunsch, man möge „nicht nur vor dem Hintergrund von neueren Entwicklungen in der deutschen Gegenwartsliteratur seit Ende der 1990er Jahre [...] den Erzähler Hans Werner Richter neu [...] entdecken",[1444] sich erfüllt, ist eine Fortsetzung der kritischen Forschung über den Roman angesichts dessen Umgang mit nationalistischen, apologetischen – und wie im Folgenden ergänzt auch fremdenfeindlichen – Diskursen umso wichtiger. Die bis hier vorgestellten Lektüren sollen deswegen um eine Einordnung dieser Aspekte ergänzt werden.

Die Deutschen, der Fremde und der jüdische Lagerleiter

Richters Protagonist betont immer wieder, nur weil man ‚die Nazis' verachte, könne man dennoch nicht die Kameraden im Stich lassen und die Nation verraten. „Das also ist es. Ein Gegner der Nazis wird zum Verräter degradiert" (RG 155), denkt er sich, als er Details der deutschen Kriegsführung verraten soll, entscheidet sich dazu, sehr auffällig zu lügen, und hebt seine eigene Einstellung so als moralisch und deutsch von der militärischen Haltung der Amerikaner ab:

> ‚Ich wünsche die Niederlage Hitlers.' ‚Nun und?' fragte der Hauptmann. ‚Das ist eine innenpolitische Sache.' ‚Sicher', sagte der Hauptmann, ‚sicher, aber der Sieg Amerikas wird auch Ihr Sieg sein.' ‚Vielleicht ... vielleicht wird es Sieg und Niederlage zur gleichen Zeit sein.' ‚Für Sie?' ‚Für alle Gegner des Nationalsozialismus in Deutschland.' ‚Und warum sagen Sie mir nicht die Wahrheit?' ‚Weil ich

---

1443 Daneben gibt es auch andere ‚Evaluationen', die relativ elaboriert eingearbeitet sind; so eine christliche, wenn die Soldaten gleich zu Beginn ihre eigenen Kreuze transportieren, wie Jesus sein eigenes Kreuz trug, die moralisch integerste Figur neben dem Protagonisten „Santo" heißt, die Geliebte ihm ein Madonnenbild mit dem Text, Madonna möge ihn beschützen, hinterlässt. Zudem, wie Gansel auch beschreibt, ist die Deutung der US-Gefangenenlager als KZs sehr dominant.

1444 Gansel 2011, S. 28.

ein Gegner der Nazis, aber kein Verräter in Ihrem Sinne bin.' ,In meinem Sinne?'
,Im Sinne einer militärischen, nicht einer politischen Auffassung. (RG 155 f.)

In dieser Szene wird nicht nur die starke nationale Überzeugung der Figur
deutlich, sondern auch, dass der Text eben sehr wohl Stellung bezieht zu
dem von Embach angesprochenen Punkt, die Wehrmacht sei maßgeblich
am Erfolg des Nationalsozialismus beteiligt gewesen. Richter ,verdrängt' das
nicht,[1445] sondern schreibt mit deutendem Impetus dezidiert dagegen an,
wenn er politische und militärische Ziele strikt auseinanderhält.[1446] Noch
deutlicher wird das in einer Szene in den USA, in der Gühler mit dem Lager-
kommandanten spricht und ihm eröffnet wird, dass er eine Sonderposition in
einer Bibliothek bekommen soll:

> Trotz gewisser Widerstände haben wir uns in einer Besprechung der drei
> Bataillonsführer und der Kompanieführer auf Sie geeinigt.' ,Was für Widerstände
> waren das, Herr Oberfeldwebel?' ,Man sagt, Sie seien kein Nationalsozialist,
> man hat in Ihrem Unterricht manches Haar gefunden. Er soll nicht einwandfrei
> sein.' ,Ich bin kein Nationalsozialist.' ,Ja, das ist bekannt, aber man sagt, Sie seien
> deutschnational.' Gühler schwieg einen Augenblick. Der Oberfeldwebel stand
> wie ein Hüne vor ihm. ,Auch das stimmt nicht. Ich bin nicht deutschnational.'
> ,Was sind Sie denn?' ,Ich sagte es Ihnen schon.' ,Na, nun raus mit der Sprache.'
> ,Ich sagte es Ihnen schon, ich bin kein Nationalsozialist.' (RG 272)

Das Weltbild Gühlers und damit des Romans erscheint hier von einer heute
nicht mehr überzeugenden sorgfältigen Unterscheidung zwischen Nationalsozialismus, Deutschnationalismus und Nationalstolz / -treue geprägt, und der
beschriebene Konflikt erinnert an die Auseinandersetzungen zwischen den
Herausgebern des deutschen *Ruf* und Andersch und Richter, der schließlich
zum Personalwechsel in der *Ruf*-Redaktion geführt hat.[1447] Das bestärkt noch
zusätzlich zum deutlich autobiografischen Gestus des Romans, dass die Figur
Gühler hier eben durchaus nicht nur ihre ungefilterten Eindrücke schildert,

---

1445 Vgl. ebd., S. 27.
1446 Die Haltung vertritt er durchgängig, und sie wird auch von der zweiten moralisch sehr
       integren Figur Santo vertreten, obwohl es durchaus auch andere Stimmen gibt; vgl. u. a.
       die Szene, in der Gühler und Santo über die italienische Geliebte Gühlers sprechen; „,Sie
       haßte uns?' fragte Santo. ,Ja, vielleicht weil sie uns liebte, deshalb haßte sie unsere Brutali-
       tät und unsere Großmannssucht. Sie wußte, daß wir den Krieg verlieren würden, und sie
       wünschte es uns.' ,Den Nazis?' ,Nein, uns allen, uns, die wir mit unseren Kommisstiefeln
       durch ihr Land liefen.' ,Aber sind wir nicht genauso gegen den ganzen Mist wie sie?' ,Wir
       werden für sie immer die Verteidiger einer Sache sein, die ein Verbrechen ist. Auch wenn
       wir dieses Verbrechen ablehnen. Auch wenn wir es bekämpfen.' (RG 174.)
1447 Vgl. Kap. 3.2.3 und 3.3.2 in Teil I der vorliegenden Studie.

sondern dahinter auch eine Analyse des Geschehenen durch den politischen Publizisten Richter steht. Und als solche Analyse ist die Darstellung der Fremden gegenüber den ‚normalen Deutschen' und insbesondere die Darstellung des jüdischen Lagerleiters von Bedeutung.

Die italienischen Figuren spielen nur im ersten Teil des Romans eine Rolle. Sie erscheinen zwar nicht durchgehend negativ: Mit Santo, Gühlers bestem Freund im Lager, ist eine zentrale sehr positive Figur leicht fremd konnotiert,[1448] und der Protagonist verliebt sich in eine Italienerin (vgl. RG 59–68).[1449] Mehrheitlich kommen sie aber als Feinde vor und sind in diesem Sinne barbarisiert[1450] und abschätzig als „Itaker" bezeichnet,[1451] wobei Gühler, der sich sonst betont differenziert ausdrückt,[1452] den Begriff ebenfalls verwendet (vgl. RG 24). Besonders bemerkenswert ist aber, dass sowohl die brutale Gewalt als auch die ideologische Verblendung im Nationalsozialismus hier den italienischen Figuren zugeschrieben und damit ausgelagert ist: Gegenüber einer Gruppe hungriger italienischer Frauen verhält sich Gühler sehr korrekt; seine weniger moralischen Kameraden machen zwar sexistische Sprüche (RG 27)[1453] und

---

1448 Der Name klingt italienisch, er hat betont dunkle Augen (RG 162) und versteht auch sehr gut italienisch (vgl. RG 174, wo er als einziger den Text „Die Madonna möge dich beschützen in der Schlacht" übersetzen kann); er ist aber deutscher Unteroffizier und hat einen „schwäbelnden Unterton" (RG 158).

1449 Da sie Deutsch spricht, weil ihre Mutter aus Mera ist, ist sie auch nur ‚halb fremd' (vgl. RG 60). Ihre Rolle wäre interessant genauer zu beleuchten, da sie ähnlich wie die Jüdin in Schneiders *Almanach*-Erzählung „Die Mandel reift in Broschers Garten" ([1949] 1962; vgl. Kap. 2.1 im vorliegenden Teil II der Studie) vor allem betont, wie gut sich Gühler verhalte und dass sie sich viel mehr von den Amerikanern fürchte; „denen da drüben" (RG 62), die nun an die Macht kämen.

1450 Im ersten Bild erscheinen die „Itaker" als „zerlumpte Kinder", die spöttisch schreien: „Tedesko kaputt, Tedesko kaputt." (RG 10) Danach gibt es mehrere barbarisierende Szenen, so wenn italienische Frauen sich wie Tiere benehmen, stinken und plündern (RG 27), nachdem ihnen Gühler gerade noch mitleidig Essen gegeben hatte (vgl. RG 26 f.). Eine weitere italienische Figur erscheint als ‚verrückter', aggressiver Eseltreiber, vor dem die Deutschen von den Amerikanern beschützt werden müssen: „Die haben uns mit einem italienischen Eseltreiber aus dem Loch geholt, einer, der die Maultiere abgeliefert hat. Der war ganz verrückt, der Hund. Hatte eine Flinte und wollte uns abknallen [...]. Die Amis haben ihm die Flinte abgenommen." (RG 146.)

1451 Vor allem gleich auf den ersten Seiten, vgl. RG 10, 15, 23, 24.

1452 Vgl. dazu Wehdeking 1971, S. 130, der dazu viele Beispiele zusammengetragen hat. Richter nuanciere sehr genau und lasse z. B. Hahnemann von „Aufräumen" sprechen, wenn er töten meine, während „Gühler die Dinge beim Namen nennt" (zit. n. ebd.); als die Italienerin von einem Bauchschuss getötet wird, konstatiert das Breutzmann „laut", dagegen „kann der mitfühlende Gühler nur ‚flüstern'" (zit. n. ebd.).

1453 „‚Mensch', sagte er, ‚alles Nutten.' Gühler warf eine Konservenbüchse nach der anderen von dem Wagen herunter. Hahnemann sagte: ‚Was machst du denn da?' ‚Die haben Hunger.' ‚Du bist verrückt. Für jede Konservenbüchse kannst du mit einer von denen

einer schießt wie „verrückt geworden" in die Luft (ebd.) – es sind aber schließlich *italienische* Polizisten, die die Frauen tätlich angreifen, aus ihrem Auto
wahllos und brutal auf sie schießen und sogar eine Frau mit einem Bauchschuss ermorden (RG 28). Eine von wenigen italienischen Figuren, die überhaupt längere Gesprächsanteile haben, stellt als überzeugter Faschist Italien
über Deutschland und Frankreich („Italien mehr Kultur als alle [sic]", RG 74)
und schlägt kurze Zeit später überraschend auf einen Kameraden von Gühler
ein, als dieser ihm aufträgt, Kaffee zu holen (ebd.).

Überzeugte Nationalsozialisten aufseiten der Deutschen kommen dagegen
zunächst gar nicht vor: Die deutschen Wehrmachtsleute, vom Obergefreiten
Gühler über den Unteroffizier Santo bis hin zum Leutnant sind mehrheitlich
recht offene Gegner Hitlers und mehr oder weniger offen davon überzeugt,
dass sie den Krieg verlieren werden. Erst nachdem sie in Gefangenschaft geraten sind, stehen sie nach der ersten Erleichterung, dass der Krieg für sie
vorbei ist, in den USA vor dem bereits eingangs erwähnten Problem, dass das
Lager von ‚Nazis' unterwandert ist und die Amerikaner nichts dagegen tun,
dass quasi *in nuce* ein neues KZ entsteht: „‚Die Schweine', sagte Konz, ‚an
der Front haben wir keinen gesehen und jetzt wollen sie uns hier noch ihren
Segen verpassen.'" (RG 169) Wie Gansel unter Zuzug von Foucaults Konzept
der „‚Abweichungsheterotopie' des Lagers" beschreibt,[1454] ist das Lager hier als
Ausnahme-Zustand konstruiert. Und, wie ergänzt werden kann, gilt angesichts
dieser Verschiebung hier noch deutlicher, was Śliwińska für den umstrittenen
zweiten Richter-Roman *Sie fielen aus Gottes Hand* formuliert hat: dass „der
konkrete Ort der Tat – ‚das Lager' [....] exterritorialisiert" wird.[1455]

Als ‚Gastgeber' dieses Terrors und als Lagerleiter spielen hier nun auch die
US-Amerikaner, die zunächst als ‚Retter' aus dem Krieg eher positiver erscheinen als die Italiener, eine sehr negative Rolle; hier im Lager die Vertauschung der Positionen und die Auslagerung nationalsozialistischer Schuld
noch weiter. Die Kriegsgefangenen erscheinen durch ihre Bedrohung durch
‚Nazis' im Lager nun nicht mehr nur (wie noch auf dem Feld gegenüber den

---

schlafen.' Hahnemanns breites, fleischiges Gesicht strahlte. ‚Mach' es wie wir', sagte er
und zeigte auf zwei Flaschen Olivenöl in seiner Tasche. ‚Für jede Flasche einmal.' Gühler
sah Hahnemann an und schwieg. Er nahm die restlichen Konservenbüchsen und warf sie
den Frauen zu." (RG 27.)

1454 Gansel 2011, S. 20 f.

1455 Auch in dieser Lesart Slivenkas geht es um die Haltung der am ehesten autofiktional
      lesbaren Figur Krauser: „In Krauses Argumentation wird der konkrete Ort der Tat – ‚das
      Lager' – in doppelter Weise exterritorialisiert: in der Forderung nach dem Rückbau des
      Lagers und in dessen Verortung ‚am Rande unseres Lebens' (567) und jenseits ‚unserer'
      Zivilisation. ‚Wenn es das Lager nicht gäbe' – behauptet Krause – ‚gäbe es auch die
      Hoffnungslosen nicht. Das hängt alles zusammen' (665)." (Śliwińska 2011, S. 80.)

Italienern) als moralisch überlegen, sondern als Opfer. Und in ihrer deutlich ausgestellten Machtlosigkeit und ihrem versuchten Widerstand kann ihnen hier nun auch dezidiert keine Kollektivschuld durch Unterlassen mehr zugeschrieben werden. Die US-Amerikaner ihrerseits, die durch diese Verschiebung kollektiv am Elend dieser einfachen Deutschen und an den ,wildgewordenen' Nazis im Lager Schuld sind, auf die so implizit die Kollektivschuldvorwürfe übertragen wurden, sind wiederum jüdisch markiert: Eine Schlüsselfigur der Tatenlosigkeit gegenüber den Nazis, der erklärt, wieso „wir" (RG 274) – die Amerikaner – nichts machen könnten, ist ein deutscher Jude (vgl. RG 273 f.).[1456] Mit dieser Figur, auf die nun noch etwas genauer einzugehen ist, ist die Vertauschung der Rollen vollendet: Jüdisch markierte Amerikaner tragen die Kollektivschuld, deutsche Mitläufer und Wehrmachtsoldaten sind Opfer von Naziterror und in einer Art KZ eingesperrt.

Weil es sich um eine kurze Szene handelt, kann Gühlers Gespräch mit besagtem jüdischen „Studienrat aus Deutschland" – der einzigen jüdischen Figur dieses Romans –mit einigen Kürzungen als Ganze wiedergegeben:

> Der jüdische Studienrat aus Deutschland erhob sich hinter seinem Schreibtisch. Er lächelte und grüßte zurück. ,Sie sind Gühler?' ,Ja.' ,Ihr Unterricht hat uns gefallen. Sie scheinen ein vernünftiger Mann zu sein.' Gühler antwortete nicht. ,Wir möchten, daß Sie die Lagerzeitung und die Bibliothek übernehmen.' ,Man hat es mir schon gesagt.' ,Gut, Sie können sich alles bestellen, was Sie wünschen. Wir werden Ihnen alles besorgen.' ,Ja', sagte Gühler. ,Wir wollen keine Nationalsozialisten mehr, wir wollen ein ruhiges Lager, dessen Führung in der Hand vernünftiger Leute liegt.' ,Jetzt auf einmal, Herr Leutnant!' ,Wie meinen Sie das?' ,Bis jetzt hat sich niemand um uns gekümmert. Bis jetzt haben wir unter einem schlimmeren Terror als in Deutschland gestanden.' ,Der Leutnant lehnte sich zurück und lächelte säuerlich. ,Ja', sagte er, ,ich weiß.' ,Sie wissen es?' sagte Gühler. ,Ich habe davon gehört.' Er lächelte wieder. ,Aber Sie müssen das verstehen', sagte er dann, ,jedes Lager untersteht der Genfer Konvention. Wir haben nicht das Recht zu gewaltsamen Eingriffen. Jeder Eingriff, den wir hier vornehmen, bedeutet, daß die Nazis mit unseren Gefangenen in Deutschland genauso umgehen können.' [...] ,Wir müssen uns also selber helfen.' ,Ja, wir können Sie nur unterstützen', sagte der Leutnant. Gühler ging hinaus. An der Tür drehte er sich um und grüßte mit dem Deutschen Gruß. ,Bei mir können Sie das lassen', sagte

---

1456 Zwar setzen zunächst vor allem die unsympathischeren Figuren Amerikaner und Juden in ,Nazi'-Jargon gleich, während sich Gühler dagegen ausspricht: „Alles Juden', sagte Grundmann. ,Amerikaner', antwortete Gühler" (RG 149); oder: „Wir werden siegen', sagte er, ,daran ist kein Zweifel. Die Juden werden diesen Krieg verlieren.' Ein Beifallssturm raste durch den Küchensaal. Dann sprach er von dem eisernen Willen des Führers, von der Festung Europa und von der Notwendigkeit, den jüdischen Einfluß auszurotten. ,Idiot', flüsterte Gühler." (RG 241) Aber gerade in dieser Hinsicht belehrt einen der Text hier eines Besseren.

der Leutnant. Er lächelte wieder säuerlich und nickte ihm zu, ,aber nur, wenn wir allein sind, Sie verstehen.' ,Jawoll, Herr Leutnant!' (RG 273 f.)

Wie hier deutlich wird, ist diese Figur vom Moralsystem des Texts mehrfach negativ belastet: Anders als der Offizier im Gespräch zuvor, der offen sagte, man sei kritisch, weil man ihn für deutschnational halte[1457], lügt der jüdische Leutnant nun in Bezug auf Gühlers Unterricht und ist so beiläufig mit dem Attribut der Verschlagenheit ausgestattet. Vor allem aber zeigt sich an ihm das Problem der ,deutschnationalen' oder zumindest zutiefst patriotischen Haltung des Protagonisten. Obwohl der Leutnant Deutscher ist, identifiziert er sich offenbar völlig mit den Amerikanern und kämpft gegen Deutschland, was in Gühlers Wertesystem, wie oben gezeigt, mit Verrat gleichzusetzen ist: als er selbst Stellungen verraten und so gegen die Wehrmacht aktiv werden soll, wird ganz deutlich, dass das gegen seine moralischen Grundsätze – und damit gegen die des Texts – verstößt. Er sieht sich selbst als „Gegner der Nazis, aber kein Verräter in Ihrem Sinne", wobei im Sinne der Amerikaner für ihn „[i]m Sinne einer militärischen, nicht einer politischen Auffassung" (RG 155 f.) bedeutet: Er hilft den Amerikanern „nicht gegen mein Land. Nicht für fremde Interessen." (RG 142)

Der deutsche Studienrat ist nun ein Verräter in genau diesem Sinne, wenn er für die Amerikaner arbeitet – bzw. sind angesichts des nationalistischen Weltbilds im Roman zwei Lesarten der Figur möglich: Entweder müsste er, der einzige jüdische Akteur in einem Text über den Nationalsozialismus, in Gühlers Logik als ein untreuer Verräter verstanden werden, der nicht zu ,seinem Land' hält. Wahrscheinlicher noch ist eine zweite Lesart, nämlich dass er, anders als die Personen, die Gühler mit seiner Aussage über Verrat anspricht, als Jude gar nicht von der Loyalität für Deutschland betroffen sein *kann* – er war nie Deutscher, deswegen kann er ruhigen Gewissens für die Amerikaner gegen Deutschland kämpfen.

In beiden Lesarten ist seine Figur so noch zusätzlich zu der mit ihm verbundenen Täter-Opfer-Umkehrung problematisch gestaltet: Erstere Möglichkeit würde bedeuten, dass Richter in seinem besten Nachkriegstext nicht nur die einzige jüdische Figur als Täter und Befehlshaber in einem Lager, das an ein KZ erinnert, konstruiert hat, sondern auch als unmoralischen Verräter. Letztere Lesart knüpft an die Ausgrenzung durch den nationalen Antisemitismus an

---

1457 Diesem Gespräch war, wie eingangs zitiert, die ,Vorsondierung' mit dem amerikanischen Offizier vorangegangen, der anders als der deutsche Leutnant offenbar ehrlich mit Gühler geredet hat, sodass an dieser Stelle schob bekannt ist, dass es „gewisse[] Widerstände" gegen ihn gegeben habe: „Man sagt, Sie seien kein Nationalsozialist, man hat in Ihrem Unterricht manches Haar gefunden. Er soll nicht einwandfrei sein." (RG 272.)

und schreibt diese auch hinsichtlich Werten und Normen fort, da die Juden nach wie vor kein Teil der moralisch agierenden Gemeinschaft sein können. In beiden Lesarten ist die jüdische Figur also, da Loyalität für Deutschland als positiver moralischer Wert konstruiert worden ist, nicht imstande, dieser Moralvorstellung gerecht zu werden. Dass der sonst so respektvolle Gühler ihn sehr schnippisch behandelt (und zuletzt sogar mit dem ‚deutschen Gruß‘ grüßt, was wohl den Gestus ‚ihr wolltet es ja so‘ signalisieren soll, vgl. RG 274), unterstützt diese Implikation.

4.3.3   Noch einmal zu Siegfried Lenz’ „Gelegenheit zum Verzicht“ und einige Schlüsse

Abschließend soll nun noch einmal auf Lenz’ oben bereits hinsichtlich ihrer Konstruktion ‚guter Deutscher‘ und ‚böser Nazis‘ analysierte Erzählung „Gelegenheit zum Verzicht“ eingegangen werden. Hier ist die jüdische Figur zwar mit mehr Sympathie gestaltet, dennoch äußert sich darin, wie im Folgenden ergänzt werden soll, eine weitere Variante, in der Täter und Opfer durch die Konstruktion verschiedener moralischer Gruppen annäherungsweise verkehrt werden. Auch hier nimmt Heilmann, die jüdische Figur, einen Ort zwischen den binären Polen ein, wenn er zwar natürlich nicht zu ‚ihnen‘, ‚den Nazis‘ gezählt, sondern von der ‚Wir‘-Gruppe geschätzt wird, aber zugleich auch von Letzteren ausgeschlossen ist und nicht an deren Wertesystem teilhaben kann. Und auch hier wird er paradoxerweise in seiner enormen Bereitwilligkeit, sich abführen zu lassen, letztlich sogar stärker der Seite der Täter angenähert als die ‚guten Deutschen‘.

Der Jude Heilmann

Wie oben beschrieben, geht es in der Erzählung darum, dass der ‚letzte‘ jüdische Bewohner eines Dorfs deportiert werden soll. Angesichts der Tatsache, dass wie nun gesehen nur so wenige jüdische Figuren im *Almanach* vorkommen und Heilmann die einzige jüdische Figur ist, die wohl in einem Lager von Deutschen umgebracht werden wird, ist seine Figur auch deswegen im Rahmen erinnerungstheoretischer Fragen bemerkenswert. Die Analyse der Erzählung hat aber bereits gezeigt, dass sie ansonsten in den zeitgenössischen Deutungsmustern verhaftet bleibt; auch hier wird die Unterscheidung zwischen dem moralisch guten ‚Wir‘ des Dorfs und „ihnen“, den Nazis, sehr stark gemacht.[1458]

1458 Bielek, der Protagonist, der den Juden holen kommen soll, ist ein Angehöriger der ‚Wir-Gruppe‘ des Dorfes; es wird betont, dass er „ihre“ Uniform, d. h. die Uniform der Nazis, tragen müsse; er leide so sehr darunter, dass er unterwegs fast zusammenbreche.

Das wirft die Frage auf, wie sich denn die Figur Heilmann in diese moralische Dichotomie einfügt. Dass er implizit von der ‚Wir'-Gruppe der Erzählung ausgenommen ist, die schon seit Generationen im Dorf gewohnt habe, wird nämlich schnell deutlich. So an der Stelle, an der die Hütte der Heilmanns beschrieben wird, die, wie der Erzähler einleitet, „wir alle" kennen würden:

> [D]ie Hütte von Wilhelm Heilmann und den Schuppen und den Lagerplatz hinter dem Schuppen, auf dem sich ein Hügel von rostigem Eisen erhob: alte Fahrradrahmen, Bleche, braun-rotes Drahtgewirr, leere Pumpgehäuse, abgestoßene Hufeisen und zerbeulte Kessel [...]. Dieser Hügel schien uns mehr ein Wahrzeichen der Heilmanns als ihr Kapital, von dem sie lebten; denn er wurde nie flacher und geringer, wurde nie in unserer Gegenwart auf Lastwagen geladen, wurde nicht einmal, wie Erbsen, nach guten und schlechten Teilen verlesen, sondern lag nur da [...], ein Hügel der Nutzlosigkeiten. Und doch mußten sie davon leben und gelebt haben, geheimnisvoll und gewitzt; ganze Geschlechter von ihnen hatten altem Eisen vertraut, ernährten sich mit seiner Hilfe, wuchsen heran und ließen den rostroten Hügel wieder den nächsten Heilmanns als Erbe zufallen [...]. Unsere Großväter, unsere Väter und wir: Generationen unseres Dorfes stahlen hinten von dem Hügel, wenn sie Groschen brauchten, und gingen vorn zu den Heilmanns und verkauften ihnen, was diese schon dreimal besaßen, wonach unsere Leute nur noch Zeugen wurden, wie der Krempel wieder auf den Hügel flog, so daß dieser zwar nicht seine alte Form, aber doch sein altes Gewicht hatte, was ihm jene seltsame Dauer verlieh. Obwohl Wilhelm Heilmann allein lebte, zweifelten wir nicht daran, daß eines Tages irgendwoher ein neuer Heilmann auftauchen werde, um den Hügel aus altem Eisen in seinen Besitz zu nehmen [...]. (LG 375)

Zwar sollen auch die Heilmanns schon seit Generationen dort leben, aber die ‚Wir-Gruppe' setzt sich gerade aus denjenigen zusammen, die *sie*, die Heilmanns, betrügen, wobei diese Grenzziehung sprachlich sehr manifest wird, wenn „Generationen *unseres* Dorfes" „*ihnen*" verkaufen, „was *diese* schon dreimal besaßen, wonach *unsere* Leute noch Zeugen wurden, wie der Krempel wieder auf den Hügel flog" (ebd., s. o.); eine Unterscheidung, die der Text nirgends reflektiert oder aufzeigt, sondern sie unterschwellig als ganz selbstverständlich voraussetzt.

Dazu passt auch, dass einige Klischees bedient werden: Die Heilmanns erscheinen weniger als Familie (wie die Jungen aus der ‚Wir-Gruppe', die Väter und Großväter haben), sondern als eine Art unheimliche Sippe, die aus dem Nichts auftaucht, aus dem Nichts Wert schafft – ähnlich wie Grass' Fajngold – und ewig weiterlebt. In der beruflichen Beschreibung wird das alte Stereotyp

---

Heilmann ist der Jude, der unter dem Beileid auch weiterer Einwohner des Dorfs abgeholt wird; vgl. weiter oben in diesem Kapitel (4.2.2).

des jüdischen Schrotthändlers variiert:[1459] Die Familienmitglieder scheinen mit ihrem Handel zweifelhafte Geschäfte zu machen, die die ‚Wir-Gruppe' im Dorf nicht richtig durchschaut: die Familie lebe „geheimnisvoll und gewitzt" von einem Haufen Müll.[1460] Dass sie gleichzeitig Opfer von krummen Geschäften werden, wenn die Jugendlichen aus dem Dorf ihnen ihre eigene Ware verkaufen, läuft dem Stereotyp entgegen; dabei handelt es sich aber um Streiche, während die jüdische Familie durch ihre Machenschaften offenbar nicht nur „ein paar Groschen" bekommt, sondern gut davon leben kann.

Besonders interessant ist diese Abgrenzung vom alten Heilmann durch den Erzähler nun am zentralen Punkt der Handlung, nämlich in Bezug auf Heilmanns Deportation. Wie oben gesehen, wird die ‚Wir-Gruppe' im Dorf gerade dadurch konstituiert, dass niemand seine Deportation will: Der Protagonist der Handlung, der ihn in der Uniform ‚der Andern' deportieren muss, erleidet deswegen sogar schreckliche Qualen. In Bezug auf Heilmann wird aber auch hier die Alterisierung durchgehalten: Der Deportierte selbst wehrt sich nämlich als einziger nicht, sondern arbeitet von seinem ersten bis zu seinem letzten Erscheinen im Text eifrig daran mit, dass man ihn abführen kann.

Dies wird schon daran deutlich, dass er offenbar lange darauf gewartet haben soll. Als er geholt wird, lächelt „Heilmann, der Letzte mosaischen Glaubens in unserer hoffnungslosen Ecke Masurens, [...] säuerlich, das Lächeln einer ertragbaren und doch unwiderruflichen Gewißheit, und er schlug das Zudeck zurück und stand auf. Er hatte mit Stiefeln im Bett gelegen." (LG 375) Die Intention dieser Stellen ist deutlich, da die Figur in ihrer Ergebenheit würdiger wirkt, als wenn sie die Fassung verlieren würde. Dennoch irritiert schon dieser erste Satz: Wieso ist die Gewissheit des deportierten Juden „ertragbar[] und *doch* unwiderruflich[]"?[1461] Und so geht es weiter: Drei Figuren vonseiten der ‚Wir-Gruppe' im Text sind daran beteiligt, ihn abzuführen – aber das scheint gar nicht nötig zu sein: meist geht er übereifrig voraus (LG 376, 380); neben seinem alten Bekannten Bielek geht er her „mit der überzeugenden Selbstverständlichkeit eines Mannes, der den Weg und Plan des andern kennt und teilt." (LG 377) Ausgerechnet hier wird eine Gemeinsamkeit hergestellt: Eigentlich

---

1459 Zu diesem Stereotyp vgl. bereits weiter oben in diesem Kapitel zu Matthies' (2017) kritischer *Blechtrommel*-Lektüre; vgl. auch Gubser 1998, S. 146 f. und ebd., S. 120–123 zum „Trödeljuden"; auf dieses Figurenstereotyp wird noch einmal in Kap. 1.2.3 in Teil III der vorliegenden Studie eingegangen.

1460 Auch in dieser Verschlagenheit und der Fähigkeit, trotz Mangel an wertigen Dingen reich zu werden, erinnern die Heilmanns an Grass' Fajngold, der in der Nachkriegszeit innert kürzester Zeit sehr reich wird; vgl. weiter oben in diesem Kap. m. w. H.

1461 Und, zumindest eine Erwähnung wert: Wieso ist sein Name ausgerechnet ein Kompositum aus „Heil" und „Mann"?

will keiner der Beteiligten den ‚Abtransport', aber sowohl Täter als auch Opfer müssen resigniert einsehen, dass es nun einmal nötig ist.

Der Text geht noch einen Schritt weiter, als dass das Opfer Heilmann in der Textlogik eine Art Würde daraus gewinnt, sich nicht zu wehren und niemanden in Schwierigkeiten zu bringen. Heilmann scheint nämlich sogar aktiv zur Deportation beizutragen und sie selbst irgendwie zu wollen: Er habe, wie es heißt, lange „unversöhnt" (LG 376) gewartet, jetzt aber, „da der Junge ihn holte, war er versöhnt [...]." (Ebd.) Nicht nur Bielek, der vor lauter Magenschmerzen mehrfach die Kontrolle über die Situation verliert und sich nicht bewegen könnte, böte Heilmann im Verlauf der Erzählung die Gelegenheit, sich zu retten. Auch der Junge, der ihn aus der Hütte holt, legt ihm eine Flucht nahe. Gleich als er ihn aus dem Bett holt, rät er ihm zum ersten Mal, „sich zu verstecken oder die Hütte zu verschließen [...] doch Wilhelm Heilmann [...] lächelte säuerlich [...] und stand auf." (LG 375) Trotz seinem „sanften, freundlichen Schwachsinn" (LG 374) weist der Junge ihn schon kurz darauf noch auf eine weitere Fluchtgelegenheit hin; und es scheint sich durchaus um eine mögliche Lösung zu handeln:

> Vor den Weiden, die mit einer Eisglasur überzogen waren, holte der Junge ihn ein einziges Mal ein, und zeigte auf die dunkle, undurchdringlich erscheinende Flanke des Waldes [...], wobei seine Geste und seine Haltung nichts anderes als eine heftige Aufforderung ausdrückten: Wilhelm Heilmann lächelte säuerlich und schüttelte den Kopf. Vielleicht wußte er, daß er in unserer Ecke der Letzte war, den sie lediglich vergessen oder geschont – wahrscheinlich aber nur vergessen hatten. (LG 376)

Heilmann fügt sich also nicht nur aus Sorge um seinen alten Bekannten Bielek in sein Schicksal, sondern er fügt sich auch dem Jungen, der ihn holt. Die einzige Stelle, an der man einen leichten Widerstand bemerkt, ist, wenn er hier schon zum zweiten Mal „säuerlich" (ebd.; vgl. RG 375) lächelt.[1462] Und sogar mit dem fremden Mann, dem er am Schluss der Erzählung übergeben wird, geht er übereifrig mit, was als eine Art Pointe gestaltet ist, mit der die ganze Erzählung schließt: „Ein junger [...] Mann kam ihnen entgegen, sein Gewehr schräg vor der Brust. [...] Er befahl Heinrich Bielek, zurückzugehen. Als er sich umdrehte, bemerkte er, daß der Mann in der erdbraunen Joppe, den er weiterzuführen hatte, ihm bereits mehrere Schritte leise vorausgegangen war." (LG 380)

1462 Das ist insbesondere deswegen interessant, weil auch Richters jüdische Figur in kurzer Zeit gleich zweimal wortwörtlich „säuerlich" lächelt (RG 273 f; vgl. das Zitat weiter oben in diesem Kapitel).

Dieses Verhalten erscheint nun vor allem als Resignation, wenn es über seine Deportation heißt, er habe „damit gerechnet und sich nicht ein einziges Mal die Schwäche der Hoffnung geleistet" (LG 376); in Heilmanns gelassener Hingabe an ‚sein Schicksal' impliziert der Text wohl auch, dass seine Figur Züge von Christus trage. Wenn man diese Assoziation ernst nimmt, trägt sie aber auch die ungute Bedeutung mit, seine Vernichtung sei gottgewollt. Dass im Titel von „Verzicht" die Rede ist, passt zu dieser Implikation, dass sich in der Deportation sein Schicksal vollziehe, und ist entsprechend zynisch, wenn man davon ausgeht, dass er im KZ ermordet werden soll.[1463]

Die Problematik dieser Konstruktion wird angesichts ihrer Nähe zu einer weiteren Figur, die ihrerseits diffuse Züge eines aufopfernden Christus' trägt und einer unterdrückten Minderheit angehört, deutlich, nämlich Harriet Beecher Stowes (1852) Figur „Onkel Tom". Die Grundkonstellation, dass ein Protagonist, der einer ausgebeuteten Minderheit angehört, ergeben und mit Respekt akzeptiert, was eine Tätergesellschaft für ihn vorgesehen hat, scheint hier inklusive aller problematischer Aspekte übernommen worden zu sein[1464] – ein Prätext, der für die Aufarbeitung des Holocaust denkbar ungeeignet ist. Die Aspekte, die in Beecher Stowes Roman kritisiert worden sind, sind hier sogar noch verschärft: In Onkel Toms Hütte wird die Unmenschlichkeit der Sklaverei durch die Darstellung verschiedener an den Untaten beteiligter Figuren deutlich. In „Gelegenheit zum Verzicht" sind dagegen alle Angehörigen der Tätergesellschaft, die ein Gesicht bekommen, positiv gezeichnet und leiden an den (zudem unausgesprochen bleibenden) Untaten, die sie begehen *müssen*. Damit werden auch hier Opfer und Täter noch einmal anders verkehrt als bisher gesehen: Die einzige jüdische Figur im *Almanach*, die als Holocaustopfer konstruiert ist, ist damit selbst an ihrer Deportation schuld.

Schlüsse

Im *Almanach* gibt es also wenige ‚fremde' und wenige jüdische Figuren, aber Zeichnung und Funktion Letzterer zeigen viel deutlichere Tendenzen:

1463 Dass der Titel später von „Gelegenheit zum Verzicht" zu „Der Verzicht" geändert wurde (so heißt er bereits im ersten Erzählband; bei der Erstveröffentlichung in der *Zeit*, 1960, lautet der Titel aber noch gleich wie im *Almanach*) ändert gerade an dieser Implikation nichts. Seit der ersten Aufnahme in einen eigenen Erzählband, in der *Zeit*, wo er zum ersten Mal veröffentlicht wurde, hieß er aber auch „Gelegenheit zum Verzicht".

1464 Ohne dass damit die progressiven Intentionen der Verfasserin Mitte des 18. Jahrhunderts infrage gestellt werden, sieht man die Figur eines Sklaven, der sich mit seiner eigenen Versklavung identifiziert, heute als wenig respektvolle Zeichnung eines „lustigen Zurückgebliebenen, auf die die Mehrheitsgesellschaft wohlwollend herabsieht" (Heine 2014, o. S.); vgl. insbesondere den Aufsatz von Gabrielle Foreman zum „Problem of Black Representation in Uncle Tom's Cabin" (2007).

In Übereinstimmung mit Beobachtungen zu literarischem Antisemitismus vor und nach Auschwitz kommen besonders häufig in denjenigen Texten, in denen manichäische Weltbilder und gute Deutsche installiert werden, auch antijüdische Stereotype vor, und die jüdischen Figuren sind stark klischiert gezeichnet. Es handelt sich bei allen jüdischen Figuren eher um Projektionsfiguren als um ‚echte' Charaktere, was schon ihre Tätigkeiten und Attribute verdeutlichen: Sie sind Schrotthändler (bei Grass und Lenz) oder unsympathische Studienräte (bei Richter) und die Frauen sind schöne, zu überwindende Verführerinnen (bei Andersch und Schneider). Ähnlich die Persönlichkeiten: Bei Lenz und Grass erscheinen die jüdischen Figuren verschlagen und mit unrechtmäßiger Bereicherung assoziiert, bei Richter und indirekt auch bei Andersch mit Landesverrat – zwei der wichtigsten antisemitischen Stereotype überhaupt.

Gleichzeitig sind auch all diese Figuren nicht komplett vom ‚Eigenen' abgegrenzt; so kommen nur Juden vor, die dieselbe Sprache sprechen wie die jeweiligen Erzählinstanzen; anders als „die Nazis", oder in einigen Texten auch „die Russen", bekommen sie Gesichter und Namen, Lenz' Heilmann ist wie Anderschs Judith sogar intern fokalisiert, bei Nowakowski und Lenz handelt es sich trotz gegenläufigem hegemonialem Diskurs um Opferfiguren, bei Andersch und Schneider sind die schönen Jüdinnen sehr begehrenswert. Insgesamt entsprechen die jüdischen Figuren in den *Almanach*- und Preistexten also fast ausnahmslos dem, was Holz als nicht-identische Identität beschrieben hat: „Erstens gibt es die Wir-Gruppe, z. B. die Deutschen, zweitens Fremde, z. B. die Franzosen, und drittens die Juden" –[1465] die so für das stünden, was die ‚geordnete' manichäische Welt bedrohe, wie Globalisierung oder Urbanismus.[1466]

Und diesen Ort des Dazwischen nehmen sie nun, wie die Analysen gezeigt haben, oft auch in Fragen der Moral ein: Als moralische Instanzen, gar als Widerstands- oder Retterfiguren wie viele Deutsche, aber auch überhaupt als selbstständig agierende, positive Figuren mit einer eigenen Geschichte, die über deutliche jüdische Stereotype hinausgeht, erscheint keine der handelnden Figuren. Im Gegenteil können die klischierten Darstellungen, die nationalen Stereotype und das Bestreben einer Aufwertung der Tätergesellschaft dazu führen, dass nicht nur jüdische Figuren, sondern Juden im Allgemeinen prinzipiell von den als moralisch markierten Handlungen der Texte ausgeschlossen sind. Sowohl bei Andersch als auch bei Richter können sie sich nicht gegen eine Flucht und für den Kampf für ihre Nation entscheiden,

---

1465 Holz 2007, S. 45.
1466 Ebd.

weil ihnen solche Banden gar nicht zugeschrieben werden. Und andernorts übernehmen sie durch eine Annäherung an die Täterrolle sogar symbolisch die moralische Schuld der Deutschen, so wenn bei Lenz der Jude quasi selbst für seine Deportation verantwortlich ist und bei Richter der jüdische Oberstudienrat durch die Parallelisierung der Gefangenenlager mit KZs als eine Art KZ-Aufseher beschrieben wird.

Diejenigen jüdischen Figuren, die primär über ihr erlittenes Leid erinnert werden – sie tauchen explizit in Texten von Weyrauch und Celan auf – sind dagegen differenzierter gestaltet und weniger von Stereotypen geprägt. Da das damit einhergeht, dass die Autoren partikulare Moralvorstellungen und manichäische Weltbilder in ihren Texten auch gezielter reflektieren und sie nicht nur als Kulisse für andere – bzw. ihre eigenen – Geschichten entwerfen, ist im nächsten Teil der Studie genauer darauf einzugehen.

5   Zwischenfazit II

> [...] Meinungen hat jeder, die eines Schriftstellers sind belanglos, und was nicht in seinen Büchern steht, existiert nicht.[1467]

Diese Aussage, die Gruppe-47-Mitglied Ingeborg Bachmann 1972 in Bezug auf ihre eigene Literatur formuliert hat, kann im doppelten Sinne auf die Befunde in diesem Teil der Studie übertragen werden. Einerseits wird sie in den hier untersuchten literarischen Texten bestärkt: Trotz der Selbstwahrnehmung der Gruppe 47 als Instanz des moralischen und subversiven Schreibens in der BRD, trotz ihrer programmatisch formulierten *Meinungen*, wie der literarische Neuanfang zu stemmen sei, korrespondieren die Zuschreibungen von Moral und Zugehörigkeit in den literarischen *Subtexten* oft mit den vorherrschenden Diskursen der Nachkriegszeit und schließen darin wiederum enger an NS-Ideologeme an, als es die Aussagen der Autoren/-innen selbst vermuten lassen würden. Andererseits weist die von Bachmann formulierte kritische Haltung gegenüber Meinungen auf Gegenstimmen in der Gruppe 47 hin, die das explizite, auf eigene moralische Erkenntnisse fokussierte normative Engagement hinterfragten.[1468]

1467 Ingeborg Bachmann in ihrer Rede anlässlich der Verleihung des Anton-Wildgans-Preises [1972] 2005, S. 489.

1468 Wie Christine Steinhoff in ihrer Studie zur „Poetologie des Traumes" in Bachmanns Literatur (2008) herausstellt, verdeutlicht das Zitat, dass „[n]icht die Stellungnahmen zu Zeitfragen, sondern die literarischen Äußerungen von Autoren [...] bedeutsam" seien (ebd., S. 92; zu Bachmanns Poetik vgl. Kap. 3 in Teil III der vorliegenden Studie).

Auch auf solche Stimmen sowie auf weitere Aspekte der Gruppe 47, die im bis hier eingenommenen eher quantitativ orientierten Blickwinkel noch unterbelichtet blieben, wird im dritten, abschließenden Studienteil noch genauer eingegangen; aber zunächst sind die einzelnen Stationen der Argumentation im vorliegenden Teil noch einmal zu rekapitulieren. Die bis hier erfolgten Lektüren sollten einen möglichst repräsentativen Querschnitt über vorherrschende diskursive Verknüpfungen von Identitäts- und Alteritätsvorstellungen mit Moraldiskursen in den wichtigsten Texten der Gruppe 47 geben; wie im ersten Teil der Studie hergeleitet sind das im vorliegenden Kontext die *Almanach-* und Preistexte, die gemäß interner Definitionen am ehesten der ‚Mentalität der Gruppe 47' entsprechen.[1469]

Kapitel 1: In einer ersten Annäherung an dieses große Untersuchungskorpus wurden zunächst Annahmen, Möglichkeiten und Einschränkungen diskutiert, um Verknüpfungen von Moral und Zugehörigkeit sowie damit verbundene Diskurse, Motive und Schreibweisen zu untersuchen. Ausgehend von den Hypothesen aus dem ersten Teil der Studie wurden die Texte in einer tabellarischen Erfassung zahlreichen Fragen nach literarisch konstruierten Oppositionen in Figurenkonfiguration, Handlung, Erzählinstanz, zeitlichem und räumlichem Setting sowie nach moralkorrelierten Motiven (Schuldige, Opfer, Täter) gegenübergestellt. Ausgehend davon wurden vier Texte identifiziert,[1470] die sich hinsichtlich besonders vieler dieser Kriterien als potenziell relevant herausgestellt hatten. Als erstes Ergebnis konnte verzeichnet werden, dass diese Texte neben ihren inhaltlichen Gemeinsamkeiten auch alle von wichtigen Gruppenmitgliedern aus dem ‚innersten Kreis' geschrieben wurden, die zudem alle stärker in den Nationalsozialismus involviert waren als die durchschnittlichen Gruppenmitglieder – was die Annahme stützt, dass diese beiden Aspekte einen besonders großen Einfluss auf die literarisch verarbeiteten Moralvorstellungen haben.

Christian Ferbers Erzählung „Mimosen im Juli" wurde vorab paradigmatisch analysiert, wobei alle drei schon im ersten Teil dieser Studie identifizierten Möglichkeiten, wie Moral und Zugehörigkeit in der Gruppe 47 verknüpft werden konnten, bereits in dieser ersten als ‚Mustertext' identifizierten Erzählung auftraten: vermindertes *Mitleid* insbesondere gegenüber den französischen Opfern, eine Verweigerung gegenüber der *Deutung* ‚Anderer' in

---

1469 Vgl. dazu Kap 2.3 in Teil I der vorliegenden Studie.

1470 Diese Erzählungen stammen aus verschiedenen Phasen der Gruppe von 1949 (Schneider: „Die Mandel reift in Broschers Garten") über die 50er Jahre (Mönnich: „Die Wanderkarte", gelesen 1956) bis zu zwei der letzten Texte, die noch Eingang in den *Almanach* gefunden haben (Ferber: „Mimosen im Juli", 1960, und Lenz: „Gelegenheit zum Verzicht", 1960).

der Figurenrede und in der Vielzahl für ‚Nichtdabeigewesene‘ unverständlicher Andeutungen in der Erzählung sowie hinsichtlich *Tugend* eine historische Umformung der ‚eigenen‘ Verbrechen in Frankreich. Darüber hinaus hat sich die Erzählung im Umgang mit der NS-Verstrickung von Ferbers Mutter Ina Seidel auch außerliterarisch als bemerkenswert herausgestellt. In Bezug auf diesen einen Text können diese Beobachtungen überpointiert wirken; die Präsenz der genannten Aspekte in einer größeren Menge von Gruppe-47-Texten konnte nun aber ausgehend von diesen ersten Schlüssen in den folgenden Kapiteln genauer untersucht werden.

Kapitel 2: Zunächst wurde die in der Forschung zur Nachkriegsliteratur schon häufig gestellte Frage nach dem Umgang mit dem Holocaust und damit einhergehend mit dem Verhältnis von *Mitleid* gegenüber den Opfergruppen des Nationalsozialismus aufgegriffen. Der ‚Mustertext‘ „Die Mandel reift in Broschers Garten“ (gelesen 1949) wurde den Analysen vorangestellt, da sich das Thema des Kapitels darin besonders deutlich niederschlägt: Die hier ver-arbeiteten Erlebnisse des Protagonisten mit der jüdischen Familie Broscher erzählen davon, wie hart das Leben als deutscher Soldat im Krieg war – so hart, dass sich die Juden um ihn kümmern müssen und sich sorgen, als er vor den Russen fliehen muss. Die Verfolgung der rumänischen Juden kommt im Text kaum zur Sprache, sondern wird angesichts einer höchst privilegierten Familie als einzige jüdische Akteure, die dem deutschen Opfer gegenüber-stehen, innerfiktional sogar fast ins Gegenteil verkehrt.

Ein daraufhin zusammengestellter Überblick theoretischer Überlegungen zu deutschen Opferkollektiven und Opferkonkurrenzen in der deutschen Nach-kriegsgesellschaft wie auch -literatur hat verdeutlicht, dass die NS-Kontinuität in diesem Ausbleiben von Empathie über das Fortleben partikularer Moral-diskurse hinausgeht: Der Antisemitismusforscher Werner Bergmann sieht die Konstitution eines deutschen Opferkollektivs, also das Bestreben, „die ‚deutsche Volksgemeinschaft‘ ihrerseits zum ‚Opferkollektiv‘ zu erheben“,[1471] in einem direkten Zusammenhang mit dem Bestreben einer Aufrechnung von Schuld und Schuldabwehr.[1472] Klaus Holz kommt zu einem ähnlichen Ergeb-nis, wenn er die mit einer „universalen Täter-Opfer-Dichotomie“ verbundene Umkehr von Opfer- und Täterrollen als eins von drei grundlegenden Gegen-satzpaaren des Antisemitismus vor und nach Auschwitz einordnet.[1473]

Ein quantitativer Überblick über die *Almanach*- und Preistexte hat bestätigt, dass die Literatur der Gruppe 47 in dieser Hinsicht mit den vorherrschenden

---

1471 Bergmann 2007, S. 22.
1472 Vgl. ebd., S. 17.
1473 Holz 2007, S. 40.

Diskursen der Nachkriegszeit übereinstimmt. Zwar finden sich darin mehr jüdische Opferfiguren und Evokationen des Holocaust als angenommen, sie sind aber oft durch Figuren aus der ‚Wir'-Gruppe ergänzt, die noch größeres Leid erfahren; vor allem machen sie verglichen mit der Gesamtheit der Texte, die im Nationalsozialismus spielen, einen kleinen Anteil der Opfererzählungen aus. Am Beispiel von Bölls Roman *Billard um halbzehn* und der darin erfolgten literarischen ‚Verarbeitung' von Paul Celan – die sich in mehreren weiteren Texten wichtiger Gruppe-47-Mitglieder in ähnlicher Weise findet –, wurde deutlich, dass sich dieses verschobene Verhältnis auch in verminderter Empathie gegenüber diesem ‚anderen' Leid äußert. Böttigers (2017) Postulat, der Gruppe 47 werde zu Unrecht Antisemitismus unterstellt, kann angesichts dieser Befunde, so die hier vertretene Annahme, nicht stehen bleiben.

Kapitel 3: Hinsichtlich der Frage nach Verknüpfungen von moralischer Deutung und Identität / Alterität wurde der Fokus insbesondere darauf gerichtet, ob die außerliterarisch beobachtete Tendenz, Urteile nur Mitgliedern der ‚Erlebnisgemeinschaft' des Zweiten Weltkriegs zuzugestehen, auch einen Niederschlag in der Literatur der Gruppe 47 gefunden hat. Aufarbeitungen der NS-Propaganda über ‚das Erlebnis' und die damit verbundene überlegene Gemeinschaft im Nationalsozialismus sowie historiografische Beschreibungen von deren Kontinuitäten in der Nachkriegsgesellschaft haben gezeigt, dass sich nicht nur im Konzept der ‚jungen Generation' selbst, sondern auch in der Vorstellung, einer überlegenen Erlebnisgemeinschaft anzugehören, relativ direkt Vorstellungen aus der NS-Propaganda fortsetzen.

Die im außerliterarischen Diskurs wichtigen moralischen Aspekte dieser Vorstellung – wer nicht dabei war, hat ‚uns' nicht moralisch zu verurteilen – sind in den literarischen Texten noch deutlicher mit der NS-Ideologie verbunden: mehrere *Almanach*-Texte implizieren eine Skepsis gegenüber abstrakten, intellektuellen Urteilen und stellen ihnen gemeinschaftliche Erfahrungen als überlegen gegenüber. Es gibt auch *Almanach*-Texte, die dieses Narrativ zu persiflieren scheinen; vor allem in Amerys Romankapitel „Das jähe Ende des Pater Sebaldus" (gelesen 1957) liegt es sehr nahe, diese Persiflage als Auseinandersetzung mit dem vorherrschenden Gruppe-47-Diskurs zu lesen. Die genauere Betrachtung der erhitzten Diskussionen auf der Tagung, auf der Amerys Lesung stattfand, hat den Eindruck auch im Außerliterarischen bestätigt, dass es im ‚inneren Kreis' der Gruppe 47 eine gewisse Skepsis gegenüber ‚abstrakter' Weltzugänge gab. Sie äußerte sich insbesondere darin, dass man die Literatur der ‚Nichtdabeigewesenen', aber akademisch höher gebildeten Gruppenmitglieder als grundverschieden vom ‚eigenen', mit Weyrauch dezidiert moralischen, engagierten Schreiben als unpolitisch und ästhetizistisch abqualifizierte.

Im darauf folgenden Überblick zu verschiedenen Varianten ‚dabei gewesener' Erzählinstanzen in der Literatur der Gruppe 47 wurden einige Argumente für die These zusammengetragen, dass sich eine Überlegenheit moralischer Deutung auch in der *Schreibweise* der wichtigsten Gruppe-47-Mitglieder niedergeschlagen habe: In den frühen Texten kann in der Tradition des Hyperrealismus sowie der Betonung des journalistischen Anspruchs, die beide *a priori* dezidiert mit der Augenzeugenschaft des Autors verknüpft und als besonders moralische Schreibweisen konzeptualisiert wurden, sowie in den kryptischen, nur ‚dabei gewesenen' Lesenden verständlichen Anspielungen des magischen Realismus' ein solcher Zusammenhang gesehen werden. Beides scheint sich zudem auch in einer sehr spezifischen experimentelleren Schreibweise jüngerer ‚Dabeigewesener' fortzusetzen, wenn, wie zum Beispiel in mehreren Werken Grass' oder Walsers, alle Figuren als Projektionen der (dem Autor angenäherten) Erzählinstanz ausgewiesen werden und deutlich wird, dass alle letztlich mit einer Stimme gesprochen haben und für ein Wertesystem stehen.

Kapitel 4: Zuletzt wurde die am nächsten liegende Variante diskursiver Verknüpfungen von Moral und Zugehörigkeit beleuchtet, nämlich Zuschreibungen von Tugenden, das heißt die essentialistische Aufteilung moralisch ‚guter' oder moralisch ‚schlechter' Eigenschaften auf verschiedene Gruppen. Am deutlichsten hat sich hierbei die These einer allgemeinen Dichotomisierung von ‚Gut' und ‚Böse' im Sinne manichäischer Weltbilder in solchen Texten bestätigt, die sich mit dem Nationalsozialismus auseinandersetzen. In der Untersuchung von Anderschs *Sansibar oder der letzte Grund* (1957) zeigte sie sich in der bereits vielfach kritisierten klischierten Figurenzeichnung Judiths als ‚typische Jüdin', aber auch in der konsequenten Abgrenzung alles Unmoralischen vom ‚Eigenen', die sich in der Benennung der ‚Nazis' als den ‚Anderen', der Dominanz ‚guter Deutscher' und der negativen Darstellung sämtlicher ‚Fremder' und ‚Anderer' im Roman äußert. Im national argumentierenden moralischen Narrativ, das für alle männlichen deutschen Figuren ein Verbleiben in Deutschland als Frage von Haltung idealisiert, verbinden sich diese Aspekte, indem der Jüdin als passive Opferfigur und als national nicht Zugehörige auch ein moralisch ambivalenter Ort zugewiesen wird.

Diese Beobachtungen haben es erlaubt, mehrere für die Gruppe 47 besonders typische Phänomene herauszuarbeiten. In Lenz' Erzählung „Gelegenheit zum Verzicht", die eingangs ebenfalls als ‚Mustertext' identifiziert worden ist, strukturiert die deutliche Dichotomie zwischen den ‚guten Deutschen' und den ‚bösen Nazis', die als anonyme, gesichtslose ‚Andere' erscheinen, ebenfalls die Erzählung. Demgegenüber konnte in v. Camers Erzählung die

Dämonisierung und Pathologisierung der Nazifigur und damit quasi die ‚andere
Seite' dieser Dichotomie nachgezeichnet werden – eine Dichotomie, die sich
im *Almanach* angesichts der deutlichen Vorherrschaft ‚guter Deutscher' bestätigt. Die Gruppe 47 stimmt hier mit dem zeitgenössischen Diskurs, für den
Paul (2002) bis Anfang der 6oer Jahre eine „Diabolisierung" der NS-Täter beschrieben hat, überein.

Hinsichtlich einer Auslagerung des ‚Bösen' auf ‚Fremde', die nicht direkt in
den Nationalsozialismus involviert waren, ließen sich in den *Almanach-* und
Preistexten weniger deutliche Tendenzen ausmachen, wobei die grundsätzliche Annahme einer Dichotomisierung moralischer Eigenschaften zugunsten
des ‚Eigenen' sich dennoch bestätigt hat. Jüdische Figuren scheinen in den
Almanach- und Preistexten dagegen relativ eindeutige Funktionen einzu-
nehmen. Primär werden sie herangezogen, wenn die Charakterisierung
deutscher Figuren als besonders moralisch verdeutlicht werden soll – was
auch erklären dürfte, warum zwei von vier ‚Mustertexten' jüdische Figuren
enthalten, obwohl sie insgesamt nur in wenigen Texten vorkommen. In der
genaueren Analyse hat sich eine weitere Funktion jüdischer Figuren heraus-
kristallisiert: Sowohl Richters *Die Geschlagenen* als auch Lenz' „Gelegenheit
zum Verzicht" deuten eine Täter-Opfer-Umkehr an, indem bei Richter gerade
der jüdische Lagerleiter (der ein geflohener deutscher Jude ist) symbolisch
einem KZ-Aufseher angenähert wird und bei Lenz die jüdische Figur ihre
eigene Deportation offenbar als einzige zu wollen scheint, während die ‚guten
Deutschen' alle schwer darunter leiden.

In allen drei Analysekapiteln hat sich gezeigt, dass Alterität – fremde
Figuren, ‚Nichtdabeigewesene', Verfolgte der NS-Diktatur – in einer großen
Zahl der maßgeblichen Texte der Gruppe 47 eine geringe Rolle spielt und
als moralisch irrelevant und minderwertig erscheint, während ‚das Eigene' –
Deutsche, Bekannte und Erlebte – für die ‚Moral der Geschichte' wie auch die
impliziten Wertesysteme maßgebend ist. Oft sind die gezeichneten Weltbilder
manichäisch, wobei die Grenzen von Gut und Böse entlang der Grenze von
‚Eigenem' und ‚Fremdem' verlaufen. Dabei findet keine dezidierte Abgrenzung
zum partikularen Moralverständnis im Nationalsozialismus statt, wodurch
sich auch problematische Denkmuster fortsetzen und teilweise direkt an NS-
Ideologeme angeknüpft wird: Die so deutliche Missachtung ‚anderen' Leids
könnte nicht zuletzt von der im Nationalsozialismus als ‚sozialdarwinistisches'
Ideal geforderten Mitleidlosigkeit und Härte gegenüber ‚Nichtariern' her-
rühren. Das NS-Ideologem der Volksgemeinschaft, die durch ‚das Erlebnis'
des Kriegs zusammengeschweißt werden soll, setzt sich relativ deutlich in den
Nachkriegserzählungen und in der Skepsis gegenüber abstraktem, schulischem
Wissen fort. Und die Bilder fremder und jüdischer Figuren, so sie sich in den

literarischen Texten denn überhaupt finden, entsprechen fast ausnahmslos rassistischen und antisemitischen Vorstellungen, die im Nationalsozialismus vom ‚Feind' geschürt wurden.

Als besonders hartnäckig haben sich dabei in allen drei Analysekapiteln Vorstellungen aus dem Arsenal antisemitischer Zuschreibungen herausgestellt. Tatsächlich können die drei Kategorien partikularistischer Moralverknüpfungen sogar auf die von Holz (2007) unterschiedenen „drei grundlegende[n] Muster des nationalen Antisemitismus" bezogen werden,[1474] die

> vor der nationalsozialistischen Judenvernichtung in aller erdenklichen Breite und Offenheit in antisemitischen Texten (re)produziert wurden und die im Antisemitismus nach Auschwitz zumindest in Fragmenten, in verschlüsselteren und latenteren Formen weiter getragen werden. Dabei handelt es sich um drei Gegensatzpaare, durch die Selbst- und Judenbild in weiten semantischen Feldern ausgearbeitet werden: Opfer versus Täter, Gemeinschaft versus Gesellschaft, Identität versus Nicht-Identität.[1475]

Die Implikationen dieser Befunde werden im Fazit am Ende dieser Studie noch einmal reflektiert; zunächst kann festgehalten werden, dass die Gruppe 47 in der Nachkriegszeit keine deutliche Ausnahme zu sein scheint, sondern gerade in Bezug auf problematische Aspekte im Einklang mit vorherrschenden Nachkriegsdiskursen steht. In Bezug auf die Frage nach einer Kontinuität partikularer Moralvorstellungen hinsichtlich Mitleidlosigkeit, Verwehrung von Deutung und Externalisierung des ‚Bösen' gibt es – in den Besonderheiten einzelner Romankapitel, die Grass, Amery und v. Cramer für die Gruppe 47 ausgewählt haben – Hinweise darauf, dass sich eine radikale Unterscheidung zwischen ‚uns' und ‚den anderen' in der Gruppe 47 trotz (oder gerade wegen) ihres Status' als moralische Instanz hartnäckiger hielt als außerhalb. Wie eingangs von diesem Teil II der Studie vermutet, lässt sich in diesem Sinne auch im ‚Wendejahr 1959' keine Veränderung in diesen Moralvorstellungen feststellen – im Gegenteil: Zwei der vier ‚Mustertexte', die sich hinsichtlich partikularistischer Moraldiskurse als besonders interessant erwiesen haben, und darunter Ferbers paradigmatisch analysierter Text, wurden erst Anfang der 60er Jahre auf einer Gruppentagung gelesen. Obwohl ihnen in dieser späteren Phase mehr kritische Stimmen gegenüberstanden, bevorzugten die ‚Dabeigewesenen' diese Texte nach wie vor, und Richter sah wie gesehen bis zuletzt darin die Mentalität widergespiegelt, die in seinen Augen die Gruppe 47 ausmachte.

1474 Holz 2007, S. 38.
1475 Ebd., S. 38 f.

Angesichts dieser Beobachtungen könnte sogar der Eindruck entstehen, dass sich eine Entwicklung der ‚Vergangenheitsbewältigung' in Deutschland weg von diskriminierenden Vorstellungen und eine Überwindung der entsprechenden exkludierenden Moraldiskurse nicht *dank*, sondern fast eher *trotz* der Gruppe 47 vollzogen hat. So soll dieser Schluss aber nicht stehen bleiben; denn wie nun im letzten Teil der Studie gezeigt wird, bilden diese Ergebnisse über *mengenmäßig* dominante Verknüpfungen von Moral noch nicht die ganze Wahrheit ab. Es gibt unter den besonders erfolgreichen Texten der Gruppe 47 auch solche, die partikulare Moralvorstellungen und Vorurteile auf der Textoberfläche thematisieren; deren ‚Moral der Geschichte' so direkt auf die bis hier beobachteten Diskurse bezogen werden kann. Da dies *qualitativ* viel über die entsprechenden Diskurse aussagen kann, sollen drei solche Texte aus der Literatur der Gruppe 47, die sich auf ganz unterschiedliche Weise mit partikularen Moralvorstellungen auseinandersetzen, abschließend etwas genauer untersucht und auf ihre Resonanz in der Gruppe 47 befragt werden.

TEIL III

Reflexionen

Du sollst die Fremde neben dir am schönsten schmücken. / Du sollst sie
schmücken mit dem Schmerz um Ruth, um Mirjam / und Noemi. / Du sollst zur
Fremden sagen: / Sieh, ich schlief bei diesen![1476]

Das Gedicht „In Ägypten", das Celan 1952 auf der Gruppe-47-Tagung in Niendorf
im Jahr 1952 gelesen hat, kam bereits mehrmals in dieser Studie zur Sprache.
Celans Lesung rief bei einigen wortführenden Mitgliedern der Gruppe 47
Amüsement hervor und er las danach nicht mehr in ihrem Kreis.[1477] Vielleicht
auch ausgehend von dieser Erfahrung hat Celan noch früher als Widmer und
Raddatz[1478] auf NS-Kontinuitäten in der Literatur der Gruppe 47 hingewiesen,
wenn er in einem Brief an Böll die vorherrschende ‚engagierte' Schreibweise in
der Gruppe 47 problematisierte.[1479]

1476 Celan [1952] 1962, S. 155.

1477 Die Begebenheit wurde als Hinweis auf Empathieverweigerung bei wichtigen Gruppe-
47-Mitgliedern gesehen, eine Einschätzung, der in der vorliegenden Studie in Bezug auf
die Reaktionen von Richter und seinem ‚inneren Kreis' größtenteils gefolgt wird, obwohl
ihr jüngst von Böttiger widersprochen wurde (Böttiger 2017; vgl. dazu Kap. 2.3 und 2.4 in
Teil II der vorliegenden Studie).

1478 Zu Widmer vgl. die Einleitung des Teils I der vorliegenden Studie, zu Raddatz diejenige
des Teils II. Widmer schrieb 1966: „Und allmählich dämmert unter der Totenmaske der
nationalen Machtansprüche das wahre Gesicht der Völker herauf. Nirgend stärker als
in Deutschland, wo die Maske nicht langsam abgenommen wird, sondern klirrend zerspringt, unter den Hammerschlägen eines tragischen Geschicks.' [...] Man kann im ‚Ruf'
tatsächlich das Spielchen mit der Nadel spielen, wahllos in eine Seite stechen und den
aufgespießten Satz lesen: Er wird immer so ähnlich klingen. Das ‚Dritte Reich' hat die
Sprache in einem weit größeren Maß zerstört, als man annahm" (Widmer [1965] 1967,
S. 330 f.); nahm die Gruppe 47 aber inhaltlich noch von seiner Kritik aus (vgl. die Einleitung zu Teil I der vorliegenden Studie). Raddatz bezog sich mehr als zehn Jahre später
explizit auf Inhalte in der Literatur der Gruppe 47, wenn er, wie bereits zu Beginn von
Teil II zitiert, schrieb: „Die Schubladen waren leer, eine Stunde Null hatte nie geschlagen,
und einen ‚Kahlschlag' gab es nicht: Die deutsche Nachkriegsliteratur hat nicht nach
dem Krieg begonnen." (Raddatz 1979, S. 33; vgl. die Einleitung zu Teil II der vorliegenden
Studie.)

1479 Sein Fazit, da Andersch, Böll und andere Gruppe-47-Mitglieder in seinen Augen zu großzügig über Antisemitismus in der BRD hinwegsehen und sich der „Hitlerei" verdächtig
machen, lautet: „Zum Teufel mit den Menschen, es lebe die engagierte Literatur!" (Celan
2011, S. 360 [Brief an Böll vom 08.04.1959]; vgl. dazu Kap. 2.3.3 in Teil II der vorliegenden
Studie.)

© NICOLE WEBER, 2020 | DOI:10.30965/9783846765388_004

Die zitierte Stelle zeigt, dass auch Celans literarische Präsenz in der Gruppe 47 trotz ihrer kurzen Dauer relevant für die Fragestellung der vorliegenden Studie ist, da das Gedicht in verschiedener Hinsicht eine ganz andere Reflexion von Fremdheit zu vollziehen scheint, als sie im vorangehenden Teil als vorherrschend für die Gruppe 47 beschrieben wurde. Die formale Besonderheit des lyrischen ‚Dus‘, die betont positive Konnotation der ‚Fremden‘ – die am schönsten geschmückt werden soll – wie auch die Evokation der Shoah, die durch autobiografische und biblische Bezüge in der Nennung der Namen jüdischer Frauen – um die getrauert wird – deutlich wird,[1480] deuten darauf hin, dass darin eine kritische Auseinandersetzung mit dem negativen Umgang mit Fremdheit und mit der Aufarbeitung des Holocaust stattfindet. Auf solche Texte, die die Verknüpfung von Moralvorstellungen und Zuschreibungen von Identität und Alterität auf der Text*oberfläche* reflektieren, soll nun im letzten Teil der Studie genauer eingegangen werden. Zentral ist hierfür die eigentliche ‚Moral der Geschichte‘. Dabei steht nicht nur die Untersuchung von hinsichtlich der bisher beschriebenen Moralvorstellungen besonders *kritischen* Texten noch aus, sondern auch diejenige von Texten, welche solche Vorstellungen womöglich *affirmativ* reflektieren oder trotz vordergründiger Kritik im Subtext dennoch daran anknüpfen.

In den Teilen I und II der vorliegenden Studie wurde herausgearbeitet, dass in der Gruppe 47 implizite Verknüpfungen der Vorstellungen über Identität und Alterität mit Zuschreibungen von moralischem Wert über Fragen von *Mitleid, Deutung* und *Tugendhaftigkeit* vollzogen werden. Empörung über unmoralisches Verhalten gegenüber ‚Anderen‘ erscheint geringer als Empörung gegenüber Leid in der eigenen konstruierten ‚Wir-Gruppe‘; Unterschiede zum ‚Eigenen‘ werden als Grund genannt, warum ‚Andere‘ davon ausgeschlossen seien, moralische Urteile zu fällen, und als moralisch gut bewertetes Verhalten wird mit Vorliebe der ‚Wir-Gruppe‘ vorbehalten, während Schuld und Unmoral ausgelagert werden.

Neben diesen drei bis hier untersuchten Verknüpfungen von Moraldiskursen mit Zuschreibungen von Identität und Alterität ist noch eine weitere Variante denkbar, die aber erst durch die Auseinandersetzung mit der ‚Moral der Geschichte‘ identifiziert werden kann. Denn hier wird sichtbar, dass Moral und Identität nicht nur implizit durch die (positive oder negative)

1480 Ruth und Noëmi waren die beiden Vornamen einer Jugendfreundin Celans aus Czernowitz; alle drei Namen sind alttestamentarisch, wobei Noëmi Ruths Mutter ist und ihren Mann wie Celan seine Eltern „in der Fremde" verloren hat; vgl. Wiedemann 2005, S. 610.

abgrenzende Evaluation des ‚Anderen‘ verbunden sein können, sondern auch explizit, als moralischer Imperativ, indem die Unterscheidung zwischen dem ‚Eigenen‘ und dem ‚Anderen‘ einen inhärenten Teil der transportierten Ethik bildet. Wie im ersten Teil der Studie gesehen, kann dies als Spezifikum nationalsozialistischer Moralvorstellungen gesehen werden: Der Gemeinschaft als Ursprung, Maßstab und Ziel moralischen Handelns wurde die radikale Ablehnung des ‚Fremden‘, das als Quelle des moralischen Verfalls stigmatisiert war, gegenübergestellt.[1481]

Alle beschriebenen Varianten der diskursiven Verknüpfung von Moral und Identität können in literarischen Texten andererseits auch gerade kritisch reflektiert werden; für die Analyse solcher Texte sind nun die Ergebnisse des Teils II der Studie eine unverzichtbare Grundlage. Einerseits deshalb, weil die dort beschriebenen Oppositionen in Bezug auf moralische Relevanz und Tugendhaftigkeit auch dann nicht unproblematisch sein können, wenn ihre Vorzeichen im Rahmen einer kritisch gemeinten Reflexion gerade umgedreht werden. Wie insbesondere in den *post colonial studies* schon öfters gezeigt wurde,[1482] können sich stigmatisierende Dichotomien auch in Form von positivem Rassismus oder Philosemitismus fortsetzen. Daneben gibt es aber unter den literarischen Texten der Gruppe 47 auch solche, die auf einem grundsätzlich anderen Verständnis von Werten und Normen aufbauen und als Versuche ethischen Schreibens zu verstehen sind. Auch darauf soll nun im vorliegenden Teil noch genauer eingegangen werden. Einerseits soll dadurch ein stimmigeres Gesamtbild entstehen, das der Frage nach moralischen Konfigurationen besser gerecht wird als der alleinige Fokus auf problematische Texte, andererseits kann gerade durch dezidierte Gegenentwürfe zu hegemonialen Gruppe-47-Moraldiskursen der Blick für NS-Kontinuitäten noch geschärft werden.

1481 Vgl. dazu Kap. 2.1 in Teil I und die Einleitung zu Kap. 4 in Teil II der vorliegenden Studie. Es galt davon ausgehend sogar als moralische Pflicht, dem ‚Anderen‘ keinen moralischen Wert zuzumessen und eine angeblich gefährliche ‚Rassendifferenz‘ zu überwinden. Diese radikale Wertvorstellung äußerte sich in der NS-Ideologie in Kontaminations-‚Angst‘ und der Überzeugung, der moralische Wert der deutschen Volksgemeinschaft bestehe in deren ‚Reinheit‘. Wie Bialas (2014) zusammenfasst: „Eine rassenindifferente Universalistische Moral wurde als jüdisch apostrophiert, gleichzeitig wurden die Juden als unmoralisch diffamiert. Ihnen wurde vorgeworfen, durch Rassenmischung die moralische Substanz der nordischen Rasse zu schwächen.“ (Ebd., S. 14.)

1482 Vgl. z. B. Dubiel (2007), der Konzepte von Hybridität vorschlägt, um dieser „bipolaren Dichotomisierung“ (ebd., S. 17) zu begegnen; zum positiven Rassismus vgl. u. a. Böcker 2011, S. 658.

Die unterschiedlichen Formen expliziter Reflexion partikularer Moralvorstellungen werden in diesem dritten Teil der Studie anhand dreier
charakteristischer Textbeispiele genauer beleuchtet, um solchen quantitativ
weniger dominanten, aber schon in einzelnen Fällen bemerkenswerten
Phänomenen gerecht zu werden. Die im Folgenden untersuchten Texte
wurden nicht mehr wie im letzten Teil der Studie ausgewählt, weil sie besonders repräsentativ für eine Haltung in der Mehrheit der Gruppe 47 sind,
sondern weil sie besonders paradigmatisch für je eine Möglichkeit der
narrativen Reflexion der im letzten Teil beschriebenen Verknüpfungen von
Moral und Zugehörigkeit stehen. In den Zwischenbilanzen jedes Kapitels wird
darüber hinaus noch kurz darauf eingegangen, ob und in welcher Form sich
die jeweiligen Aspekte auch in weiteren Gruppe-47-Texten finden.

Das NS-Narrativ, in dem eine Abkehr vom ‚Fremden‘ als moralischer
Imperativ erscheint, findet sich in den wenigsten der gesichteten Gruppe-
47-Texten – dafür bei einem wichtigen Gruppe-47-Mitglied: Wolfgang
Weyrauchs „Indianische Ballade“ (gelesen 1955) handelt davon, wie durch die
Abkehr vom ‚eigenen Volk‘ auch die ‚eigenen Werte‘ verloren gehen, was durch
die Parallelisierung einer moralischen Abwärtsspirale mit der räumlichen
und emotionalen Fortbewegung vom ‚Eigenen‘ gestaltet ist und schließlich
erzählerisch durch den endgültigen Niedergang bestraft wird. Ein vergleich-
bares Narrativ findet sich, hier mit Schwerpunkt auf Mitleid, zudem in der
Almanach-Erzählung Herbert Eisenreichs. Da er ein eher marginales Gruppenmitglied war, wird diese Lektüre nur als Ergänzung zur Zwischenbilanz vorgestellt (Kap. 1). Eine kritische Thematisierung partikularer Moral auf der
Textoberfläche liefert Martin Walsers preisgekrönte Erzählung „Templones
Ende“ (gelesen 1955). Die Alterisierung des Unmoralischen bildet hier aber
erneut einen Subtext, der der oberflächlichen Kritik von Vorurteilen gerade
entgegenläuft; die ebenfalls preisgekrönten Gruppe-47-Texte von Morriën
und Böll werden als Vergleichsfolie zur Verdeutlichung der Problematik
von Walsers Konstruktion herangezogen (Kap. 2). Eine zweite Variante, wie
partikulare Moral auf der Textoberfläche kritisiert wird, liefert Bachmanns
Erzählung „Alles“ (gelesen 1959). Hier wird aus der kritischen Auseinandersetzung mit vorherrschenden Gruppe-47-Diskursen und unter anderem unter
Bezugnahme auf Celans lyrische und theoretische Auseinandersetzung mit
Alterität und Moral ein alternativer Umgang mit ‚dem Andern‘ entworfen.
Zum Schluss werden einige Hinweise betrachtet, wonach solche alternativen
Ethiken auch in weiteren Texten der Gruppe 47 eine wesentliche Rolle spielen
(Kap. 3).

1   „Kein Indianer mehr"? Wolfgang Weyrauchs „Indianische Ballade"
        (gelesen 1955)[1483]

Ich wandere, ich wandere durch eine fremde Stadt. Keiner kennt mich, und ich
kenne keinen. [...] So habe ich mich verändert. Ich bin kein Held mehr. Ich bin
kein Indianer mehr. Ich bin ein Landstreicher. [...] Ich werde meinen Tapfer-
keitsorden verkaufen.[1484]

Wolfgang Weyrauchs hat sein Hörspiel „Indianische Ballade" auf der 17. Tagung
der Gruppe 47 im Oktober 1955 in Bebenhausen bei Tübingen gelesen.[1485] Den
Kern seiner Handlung bildet der zunächst moralische und schließlich auch
äußerliche Niedergang des Soldaten und Indianers „Schwarze Schlange" aufgrund großen Ruhmes, der ihm unverdientermaßen von seiner Regierung
zufällt. Die Themen, entlang derer sich diese dezidiert als moralische Verfalls-
geschichte konzipierte Handlung vollzieht – Heldentum, Ruhmsucht, Umgang mit Familie, „Rasse" und Herkunft – sowie die trotz Universalisierung
der Geschehnisse deutlichen Anspielungen auf den Nationalsozialismus und
Weyrauchs wichtige Position und interessante Entwicklung innerhalb der
Gruppe 47 legen eine Analyse des Hörspiels als Reflexion partikularer Moraldiskurse nahe.

Als Person entspricht Weyrauch der Ambivalenz vieler Gruppe-47-
Mitglieder der Nachkriegsjahre: Er wurde zur ‚jungen Generation' gezählt
und schrieb mit dem Nachwort zu der Anthologie *Tausend Gramm* (1949)
eine der wichtigsten und hier bereits mehrfach zitierten Programmatiken
der Gruppe 47, in der er das Schlagwort des ‚Kahlschlags' prägte und eine
moralische Literatur forderte.[1486] Gleichzeitig war er aber selbst schon bei der
Veröffentlichung von *Tausend Gramm* mit 45 Jahren nicht mehr so jugendlich,
wie das Label der ‚jungen Generation' erwarten ließe, und betonte ähnlich wie
andere Gruppenmitglieder, das Attribut ‚jung' sei in diesem Zusammenhang
weniger quantitativ als vielmehr qualitativ zu verstehen: „Unsere Dichter sind
im dichterischen Anfang, mögen sie nun zwanzig oder vierzig Jahre alt sein.
[...] Nachwuchs ist alles, was nachwächst. Jeder, der zu schreiben beginnt, ist

---

1483 Teile dieses Kapitels wurden bereits in älterer Fassung publiziert (vgl. Weber 2017).
1484 Aus Wolfgang Weyrauchs Hörspiel „Indianische Ballade" ([1955] 1962), S. 127; in der Folge
      im vorliegenden Kapitel im Fließtext zitiert (Sigle: WI). Zum Zitat vgl. weiter unten in
      diesem Kapitel.
1485 Nickel 1994, S. 357.
1486 Vgl. Kap. 1 in Teil I der vorliegenden Studie und weiter unten in diesem Kapitel.

in diesem Beginn, der Jüngling und der Mann der reifen Jahre."[1487] Allerdings hatte Weyrauch auch keinesfalls erst kurze Zeit vorher zu schreiben begonnen, sondern war bereits im Nationalsozialismus als Autor erfolgreich gewesen.[1488]

Passend dazu ist seiner Kahlschlag-Reflexion, ganz ähnlich wie Anderschs Programmatik *Deutsche Literatur in der Entscheidung* (1948),[1489] die Abgrenzung bereits als zentrales Moment eingeschrieben. Schon 1980 hat Manfred Durzak darauf hingewiesen, dass die Theorie von Weyrauchs Nachwort in der Sammlung nicht eingelöst werde: „[S]chaut man sich die legendäre ,Sammlung neuer deutscher Geschichten', die unter dem Titel *Tausend Gramm* 1949 erschienen ist, näher an und setzt Weyrauchs Nachwort in Beziehung dazu, dann liegen die eigentlichen Akzente *nicht* auf dieser mit Nachdruck verkündeten Zäsur eines kompromißlosen Neuanfangs [...]."[1490] Durzak zielt vor allem darauf, dass Weyrauch vielmehr an ältere dezidiert deutsche Traditionen anknüpfe; „überraschenderweise" finde sich kein einziges US-amerikanisches Beispiel in den fünf „Modelltexten".[1491] Dieses Primat des ,Eigenen' und die Ablehnung gerade der USA sind aber weniger überraschend, wenn man sich die Herleitung seines Kahlschlagbegriffs genauer ansieht. Eine Dichotomie zwischen den Rechten und Pflichten der ,Wir-Gruppe' und den „Gästen"[1492], also ,Anderen', ist hier schon im Grundgedanken des Neuanfangs konstitutiv eingebaut:

1487 Weyrauch 1946, zit. n. Landzettel 2003, S. 304.

1488 Zu seinen literarischen Texten, die er im Nationalsozialismus veröffentlichte, vgl. weiter unten in diesem Kapitel. Militärisch kann man zwar nicht von einer Karriere sprechen, in der Wehrmacht war er aber immerhin zum Obergefreiten befördert worden (vgl. Landzettel 2003, S. 33; S. 215 f.), einem der höheren Mannschaftsgrade. Zwar handelt es sich dabei um eine häufige Auszeichnung, immerhin aber musste „der Soldat nach Persönlichkeitswert, Leistungen, Kenntnissen, nach seiner Befähigung und Führung zur Beförderung geeignet" sein, um dafür vorgeschlagen zu werden (Absolon 1995, S. 480). Da der 1904 geborene Autor den so genannten weißen, d. h. nicht wehrpflichtigen Jahrgängen der Weimarer Republik angehörte und erst 1935 erstmals zum Wehrdienst eingezogen werden konnte, hatte er diesen Leistungsnachweis komplett unter der NS-Regierung erbracht. Der Einfluss der nationalsozialistischen Strukturen auf den Autor scheint also trotz seines relativ hohen Alters eher groß gewesen zu sein, seine äußere Verstrickung stärker als bei anderen Gruppenmitgliedern. Dass er später verhältnismäßig ehrlich und selbstkritisch mit seiner NS-Vergangenheit umging, wurde ihm größtenteils zugutegehalten. Teilweise wurde dies aber auch problematisiert und ihm vorgeworfen, er begnüge sich damit und ziehe sogar moralisches Kapital daraus, seine Verfehlungen eingesehen zu haben (vgl. Landzettel 2003, S. 2 f.).

1489 Vgl. Kap. 3.2 in Teil I der vorliegenden Studie m. w. H.

1490 Durzak, 1980, S. 170.

1491 Ebd., S. 171.

1492 Weyrauch 1989, S. 177.

[D]ie Literaturen der andern können uns erst dann achten, [...] wenn wir sie nicht, direkt oder indirekt, nachahmen, [...] wenn wir versuchen, eine Literatur [...] zu gründen und zu entwickeln, welche die unsre ist. Eine deutsche Literatur, die nimmt – aber auch gibt! Und immerhin – sie gibt schon etwas. Was aber gibt sie? Sie gibt einen Kahlschlag in unserm Dickicht.[1493]

Weil wir uns nicht länger an die *fremde* Literatur anlehnen wollen, brauchen *wir* eine Literatur, die „die unsre" ist, etwas Eigenes leistet – und einen Kahlschlag „gibt": Dieses partikulare Verständnis von Zuständigkeiten war ein Grundgedanke der ‚Kahlschlagliteratur', der Fokus auf vorwiegend nationale Traditionen eine logische Konsequenz daraus.[1494] In diesem Oszillieren zwischen dem Bestreben eines Bruchs und der Verhaftung in alten Dichotomien, in seiner durchzogenen Biografie und dem moralischen Impetus seiner Literatur gleicht Weyrauch also einer großen Zahl von Gruppenmitgliedern aus dem ‚inneren Kreis'.

In zwei für diese Untersuchung wichtigen Aspekten weicht Weyrauch aber von diesem Ansatz ab: Seine wie gerade beschrieben ganz explizit als moralische Narration konstruierte Verhandlung der Treue zur ‚natürlichen' Gemeinschaft, zu Herkunft und Heldentum im Hörspiel „Indianische Ballade" knüpft nämlich, wie gezeigt werden soll, viel deutlicher an nationalsozialistische Moralvorstellungen an als die Mehrheit der Gruppe-47-Texte (1.2). Zugleich machte Weyrauch, wie zuvor beschrieben werden soll, in der literarischen wie auch außerliterarischen Verarbeitung solcher Diskurse aber eine viel stärkere Entwicklung durch als die meisten Gruppenmitglieder, sodass er deren ‚innerem Kreis' schon weniger als ein Jahrzehnt nach seiner Lesung der „Indianischen Ballade" quasi auf der ‚anderen Seite' gegenüber stand und nun für seinen Philosemitismus kritisiert wurde. Da Weyrauch trotz seiner wichtigen Rolle in der Gruppe 47 bisher noch wenig zur Sprache kam,

---

1493 Ebd., S. 178.
1494 Wie im ersten Teil dieser Studie ausgeführt wurde, steht eine solche Dichotomisierung spätestens dann, wenn sie damit einhergeht, dass den ‚Andern' jegliches Recht zu Urteil und Wertung über ‚uns' abgesprochen wird, der Grundidee universeller Moral entgegen, die auch universelle moralische Pflichten und Verantwortung fordert. Dass daraus auch exkludierende Effekte entstehen, lässt sich ebenfalls schon im obenstehenden kurzen Zitat erkennen: Die Intention, die ‚Achtung' der ‚Andern' für das ‚deutsche Volk' wiederzugewinnen, (vgl. TG 178) kann implizit nach wie vor ausschließlich denjenigen Teil der deutschen Bevölkerung meinen, der nicht zu den Opfern des Nationalsozialismus gehört (und so diese Achtung überhaupt verloren hat). Wie bereits bei Andersch beschrieben (vgl. Kap. 3.2.4 in Teil I der vorliegenden Studie), sind auch hier gerade in der Art, in die Aufarbeitung dieser Vergangenheit Deutschlands im Standardwerk des ‚Kahlschlags' gedacht wird, diejenigen Personengruppen weiterhin ausgeschlossen, gegen die sich der Nationalsozialismus gerichtet hatte.

soll dieser Verschiebung innerhalb der Gruppe 47 und seine literarische Entwicklung vor der Analyse von „Indianische Ballade" etwas genauer ausgeführt
werden (1.1). Am Schluss des Kapitels wird schließlich in einem knapperen
Ausblick darauf eingegangen, dass Weyrauch nicht der einzige war, der seine
Fabel so eng an NS-Moralnarrative anschloss. Dies geschieht auch in einer im
Almanach aufgenommene Erzählung von Herbert Eisenreich (gelesen 1953);
wobei hier, wie abschließend zu differenzieren ist, die Vorstellung verarbeitet
ist, Mitleid mit ‚Anderen' sei unmoralisch, während es bei Weyrauch um die
Abwendung von der Volksgemeinschaft an sich geht (1.3).

1.1   *War Weyrauch ‚ein Nazi'? Außerliterarisches zu Weyrauch im und nach dem Nationalsozialismus*

Weyrauch war schon in deren ersten Jahren mit der Gruppe 47 verbunden. In
seine kanonische Anthologie *Tausend Gramm* nahm er zu großen Teilen Texte
der frühen Gruppenmitglieder auf, sein Konzept der „Kahlschlagliteratur"
bildete eine ästhetische Maxime der ersten Jahre.[1495] Auf der achten Gruppentagung im Jahr 1951 nahm er zum ersten Mal als Lesender teil, schon 1952 nannte
Martin Walser ihn als einen von sechs Autoren, die zum „Stamm" der Gruppe
gehörten.[1496] Und er war einer von wenigen Gruppenmitgliedern – wie gerade
Günter Grass später lobend hervorheben würde –,[1497] der auch von Beginn an
offen mit seiner Publikationstätigkeit während des Nationalsozialismus umgegangen sein soll. Angesichts seiner Karriere erstaunt das nicht: Zwischen
1933 und 1945 hatte er unter anderem mehrere Anthologien veröffentlicht und
regelmäßig sowohl literarische als auch literaturkritische Beiträge für diverse
Tageszeitungen geschrieben,[1498] sodass sein Name mindestens Literatur-
interessierten längst ein Begriff gewesen sein muss.

Das Wechselspiel von Kontinuität und Brüchen in Weyrauchs Biographie
und seine selbstkritische Auseinandersetzung mit dem Nationalsozialismus
in späteren Jahrzehnten ist für diese Untersuchung besonders interessant. Die
Ausführungen dazu sollen den Hintergrund für die darauffolgende kritische
Lektüre seines erfolgreichen Hörspiels „Indianische Ballade" bilden.

1.1.1   Kontinuitätslinien aus dem Nationalsozialismus

Ausgehend von Weyrauchs Publikationstätigkeit im Nationalsozialismus
lassen sich einige offensichtliche Kontinuitäten in seinem Leben und Werk

---

1495 Vgl. dazu Kap. 1.1 in Teil I der vorliegenden Studie.
1496 Vgl. Walser [1952] 1967, S. 278.
1497 Grass 1979, S. 50.
1498 Vgl. Landzettel 2003, S. 1.

feststellen. Seine Biografin Ulrike Landzettel hat in ihrer Weyrauch-Monografie auf unzählige personelle Überschneidungen hingewiesen: Ganze 10 der 70 Autorinnen und Autoren, die Weyrauch in *Tausend Gramm* als exemplarische Vertreter des Kahlschlags nennt, waren zum Beispiel schon in seinen zwei wichtigsten Anthologien aus der Zeit vor 1945 enthalten;[1499] in seiner Nachkriegsanthologie *Pflugschar* von 1947 finden sich ebenfalls sechs Autoren wieder, die er auch schon während des ‚Dritten Reiches' gedruckt hatte.[1500]

Diese Überschneidungen entsprechen auch einer Kontinuität von Weyrauchs Anliegen als Herausgeber, die in Bezug auf Konzeption und Formfragen augenfällig ist: Nicht nur die ‚jungen' Autorinnen und Autoren überschneiden sich in nationalsozialistischen und Nachkriegsanthologien Weyrauchs, sondern auch der oben angesprochene Gedankengang, deren ‚Jugend' sei eher metaphorisch zu verstehen, findet sich schon in der Anthologie *1940. Junge deutsche Prosa* (1940). Dort formulierte er als Ziel, „eine Sammlung von Erzählungen junger deutscher Autoren zu veranstalten [...]. ‚Jung' sollte nicht altersmäßig verstanden sein."[1501]

Wie Landzettel zeigen konnte, verhält es sich in Bezug auf die formalen Anliegen und den Stil Weyrauchs ganz ähnlich. Schon in seinen Publikationen während des Nationalsozialismus habe er die beiden Ideen vertreten, die sie als die „wesentlichen Punkte" seines Kahlschlag-Ideals identifiziert: Eine „sprachreinigende Funktion, die auf eine stilistische Kargheit hinzuarbeiten sucht" und eine „moralische Intention".[1502] Schon 1934 gab Weyrauch anhand des Beispiels von Kleists *Michael Kohlhaas* (analog zu den „Modellgeschichten" aus dem 19. Jahrhundert in *Tausend Gramm*) der „kargen Sprache" den Vorzug und hob sie positiv von der „banalen", der „metaphorischen" und der „schwülstigen" Schreibweise" ab; in demselben Text betont er auch, dass die „belehrende Moral [...] den unumgänglichen Gehalt einer grossen [sic] erzählenden Prosa' erst ausmache", bzw., an anderer Stelle, „erst aufs höchste bedeutend" mache.[1503] Weyrauchs eigene Beiträge in den beiden erwähnten Anthologien zeigen, dass er selbst schon im ‚Dritten Reich' versucht hatte, diese Poetik umzusetzen;

1499 Emil Belzner, Kurt Kusenberg, Eberhard Meckel, H. G. Rexroth, Luise Rinser, Eduard Zak, Karl Zimmermann in Weyrauch 1940b.; Martin Kessel, Friedo Lampe, H. G. Rexroth in Weyrauch 1941; vgl. Landzettel 2003, S. 308.

1500 Karl Bahnmüller, Albrecht Goes, Martin Kessel, Eduard Zak und Hedwig Rohde, vgl. Landzettel 2003, S. 308.

1501 Weyrauch 1940, o. S.

1502 Landzettel 2003, S. 300.

1503 Weyrauch 1934, zit. n. Landzettel 2003, S. 300 f.

stilistische oder poetologische Unterschiede zu seinen frühen Nachkriegstexten sind in seinen fiktionalen Texten kaum zu erkennen.[1504]

Neben Weyrauchs früher Nachkriegspublikation *Tausend Gramm*, in deren
Nachwort ein nationalistisches Narrativ dominiert und worin relativ deutlich antisemitische Erzählungen Platz gefunden haben,[1505] sind denn auch
seine frühen Nachkriegshörspiele, die auf Gruppentagungen gelobt wurden,
mittlerweile kritisch analysiert worden. So las Weyrauch 1952 in Göttingen
wahrscheinlich „Woher kennen wir uns bloß?"[1506] Hans-Joachim Hahn hat
beschrieben, wie im Gespräch zwischen einem Juden und einem Polizisten
zwar die verbreitete Täter-Opfer-Umkehrung zunächst als falsches – nicht
aber antisemitisches – Bewusstsein ausgewiesen wird. Die „dialogisch aus-
gebreitete Idee eines Lernprozesses der deutschen Nachkriegsgesellschaft im
Hinblick auf den Holocaust" münde zuletzt aber dennoch „ausgerechnet in
der Vorstellung, auch ein ‚Jude' könne – wenn wir nicht alle wachsam bleiben –
eines Tages das Gute wollend das Böse erreichen."[1507]

1.1.2   Brüche in der Nachkriegszeit

Auch das Hörspiel „Indianische Ballade", das drei Jahre später gelesen wurde,
erscheint, wie gleich gezeigt werden soll, ambivalent; hier ist die Kritik an der
NS-Vergangenheit aber schon deutlich klarer erkennbar. Diese Entwicklung ist
beachtenswert, weil Weyrauch weitere vier Jahre später, ausgerechnet im Jahr
1958, in dem die Lesung von Grass' *Blechtrommel* eine neue Ära der Vergangenheitsbewältigung eingeläutet haben soll, wie bereits im letzten Teil der Studie
erwähnt auf der Gruppentagung in Großholzleute das Hörspiel „Mit dem Kopf

---

1504 Vorherrschend sind vor wie auch nach 1945 realistische bis naturalistische Kurzgeschichten, in denen kleine Alltagsanekdoten und die Lebenswelt, Liebe und Sorgen
einfacher Leute im Zentrum stehen. Die Sätze sind knapp, meist ohne Nebensätze, enthalten viele Dialoge, die umgangssprachlich, teilweise derb formuliert sind; man könnte
auch vor 1945 getrost von einer Art Landser-Sprache sprechen. Das stellenweise auf-
tretende Pathos scheint Weyrauch dabei eher in Form von Stilblüten zu unterlaufen und
ist wiederum auch in den frühen Nachkriegstexten, gerade auch im Nachwort zu *Tausend
Gramm*, keineswegs ‚überwunden', wenn er schreibt, die gegenwärtige deutsche Prosa be-
finde sich „in einem Verschlungenen und finsteren Dickicht" (Weyrauch 1989, S. 176), oder
sein Pamphlet mit den Worten enden lässt: „Diese Sätze, denen das Torsohafte wie ein
Siegel aufgedrückt ist, wollen bloß Steine ins moorige Wasser werfen, damit sich Wellen
bilden, die ans Ufer schlagen, übers Ufer schäumen, die Füße der Ohnmächtigen netzen.
Diese verzweifelten und doch immer hoffenden Sätze." (Ebd., 182 f.) Zu der Kontinuität
antisemitischer Klischees in allen Erzählungen dieses Bandes, in denen jüdische Figuren
vorkommen, vgl. Weber 2017, S. 310–316.

1505 Vgl. ebd.

1506 Vgl. Landzettel 2003, S. 354.

1507 Hahn 2007, S. 64.

durch die Wand" vorlas und dadurch eine Debatte über ‚Philosemitismus'
auslöste.[1508]

Dafür, dass sich Weyrauchs Umgang mit der deutschen Vergangenheit
immer weiter von demjenigen der Gruppe 47 distanzierte, spricht ein etwas
jüngeres Dokument aus der Mitte der 60er Jahre, in dem Weyrauch seine Verstrickung in den Nationalsozialismus ungeschönt thematisierte. Hierin hebt
er sich deutlich vom ‚inneren Kreis' der Gruppe 47 ab, in dem man wie gesehen noch in den autobiografischen Dokumenten der 90er und 2000er Jahre
die eigene Verstrickung relativierte.[1509] 1966 arbeitete Weyrauch mit Ludwig
Marcuse an der Herausgabe des Bandes *War ich ein Nazi?* (1968), für den er
auch selbst einen Beitrag verfasste.[1510]

Vom österreichischen Schriftsteller Alexander Lernet-Holenia wurde ein
offener Brief an Weyrauch im Band aufgenommen, der gleichzeitig als offener
Angriff den hegemonialen Diskurs der Zeit verdeutlichte: Lernet-Holenia fragt
darin Weyrauch, wieso es „auf einmal nichts Unbewältigteres als unsere Vergangenheit" geben solle; das seien „Narrereien".[1511] Der Zynismus seiner darauf
folgenden selbstmitleidigen Ausführung bedarf keiner Erläuterung: „Selbst
unsere Opfer haben das Unrecht, das wir ihnen zugefügt haben, vergessen,
soweit sie überhaupt noch vergessen können. Wir haben es nicht vergessen."[1512]

Weyrauch leitet seine eigene Stellungnahme zur Frage, ob er „ein Nazi" gewesen sei, dagegen sensibler und reflektierter wie folgt ein: „Ich frage mich:
war ich einer davon? (die Frage belegt, daß ich einer war)".[1513] Anders als
bei Lernet-Holenia, der im Verlauf seiner Argumentation eine Apologie des
Nationalsozialismus formuliert und sich selbst größtenteils freispricht,[1514]

1508 Vgl. Landzettel 2003, S. 350; vgl. dazu auch Kap. 4.3.1 in Teil II der vorliegenden Studie.

1509 So Christian Ferber in seiner Autobiografie aus dem Jahr 1996 (vgl. dazu Kap. 1.2.2 in Teil II
      der vorliegenden Studie); ähnlich auch Grass in *Beim Häuten der Zwiebel* aus dem Jahr
      2006.

1510 Im Band ist nur Ludwig Marcuse als Herausgeber angegeben; dass Weyrauch an der Zu-
      sammenstellung der Beiträge beteiligt war, ließ sich erst aus seinem Nachlass definitiv
      erschließen; vgl. Landzettel 2003, S. 36. Die Beiträge waren zuvor schon der Reihe nach in
      der Monatsschrift Merkur abgedruckt worden und beziehen sich aufeinander, vgl. dazu
      Krüger 1968, o. S.

1511 Lernet-Holenia 1968, S. 112.

1512 Ebd., S. 113.

1513 Weyrauch 1968, S. 161.

1514 So sei es „kompletter Unsinn, zu glauben, Hitler habe alles falsch gemacht" (Lernet-
      Holenia 1968, S.111); das Bestreben Weyrauchs und der Gruppe 47, die deutsche NS-
      Vergangenheit aufzuarbeiten, bezeichnet er als „Narrereien" (ebd., S. 112), und über sich
      selbst sagt er: „Ich habe zwar, persönlich, wohl am wenigsten angestellt, aber ich ex-
      kludier' mich trotzdem nicht. [...] Ich richte nicht über mich selbst, um auch die anderen
      nicht richten zu müssen. Denn allzu gut ginge das auch für sie nicht aus." (Ebd., S. 114.)

folgen bei Weyrauch darauf teilweise recht massive Eingeständnisse; zuletzt
weist er darauf hin, dass er noch im Frühling 1945 in einer Erzählung zu er-
bittertem Widerstand aufgerufen habe – „nicht gegen H[itler], sondern gegen
die, welche uns von ihm befreien wollten, dies ist der äußerste Punkt, zu dem
ich gelangt bin [...]"[1515] Sein Fazit lautet:

> Da hilft es ganz und gar nichts, daß mir, später, ein Russenfeind einzureden ver-
> suchte, ich hätte zum Widerstand ausschließlich gegen die Sowjets aufgerufen,
> er wollte wohl, daß ich das bliebe, was ich zwölf Jahre lang gewesen war, ein X.
> und ein U., kein W. (ich antwortete mir: ich war einer davon)[.][1516]

Diese Stellungnahme Weyrauchs weist auf zweierlei hin. Einerseits den Versuch eines wirklich offenen Umgangs mit der Vergangenheit, wie er in größten
Teilen der BRD auch im Jahr 1966 noch undenkbar war: anders als Weyrauchs
NS-Geständnisse wurde der schon erwähnte offene Brief Lernet-Holenias von
keiner Seite problematisiert. Und andererseits – und diese Implikation dieses
‚Geständnisses‘ ist im vorliegenden Kontext noch wichtiger –, dass Weyrauch
tiefer in den Nationalsozialismus und seine Ideologie involviert war, als beispielsweise sein Nachwort in *Tausend Gramm* vermuten ließe.

Die besagte letzte Erzählung aus der NS-Zeit Weyrauchs scheint denn
auch keine Auftragsarbeit gewesen, sondern eigenem Antrieb entsprungen
zu sein: *„im dreizehnten Jahr* [...] stand in der letzten Nummer des ‚Reich‘ ein
Aufsatz von mir, was heißt, er stand, ich hatte ihn hingeschickt [...]."[1517] Die
Bemerkung, jemand habe ihm später „einzureden versucht[]", sein Text sei
ausschließlich gegen „die Sowjets" gerichtet gewesen (und entsprechend, von
einem Höhepunkt des Kalten Kriegs aus betrachtet, fast wieder respektabel),
ist dabei ebenfalls wichtig. Sie weist auf den häufigen Mechanismus hin, dass
das eigene Handeln im Nationalsozialismus wie auch das nahestehender
Personen nachträglich als moralisch vertretbar oder sogar widerständig umgedeutet wurde, wie er in der vorliegenden Studie auch schon in der Literatur
der Gruppe 47 nachgewiesen wurde und hier von Weyrauch noch zur Zeit von
deren Bestehen kritisiert wird.

1.2   „Indianische Ballade"

Trotz dieser Entwicklung ist nicht von der Hand zu weisen, wie direkt
„Indianische Ballade" an NS-Ideologie anknüpft: In diesem Hörspiel ist die
Kritik an der nationalsozialistischen Vergangenheit einerseits viel deutlicher

---

1515 Weyrauch 1968, S. 166.
1516 Weyrauch 1968, S. 166.
1517 Ebd.

erkennbar als in Weyrauchs früheren Publikationen. Andererseits entspricht die dieser Kritik zugrunde liegende Werteordnung auch in der vordergründigen ‚Moral der Geschichte' fast musterhaft einer völkischen Vorstellung des Gegensatzes von Gemeinschaft und Gesellschaft, wie sie im Nationalsozialismus strikt antagonistisch gedacht wurden. Diese Dichotomie prägt auch die ästhetischen Verfahren im Hörspiel: sowohl die Sympathielenkung in der Figurenzeichnung als auch die Gegenüberstellung von semantisch als moralisch mit solchen als unmoralisch aufgeladenen Räumen verläuft, wie nun gezeigt werden soll, genau entlang des Gegensatzes von Gemeinschaft und Gesellschaft.

„Indianische Ballade" soll auf der Gruppentagung, anders als „Mit dem Kopf durch die Wand", noch sehr wohlwollend aufgenommen worden sein. Im einzigen von Lettau abgedruckten Tagungsbericht erwähnt Ferber lobend, Weyrauch habe in einem „lyrischen Staccato die Nervenstränge der Handlung seziert";[1518] im Nachgang der Tagung hat Martin Walser, der damals frisch gekrönte Preisträger der Gruppe, Hörspiele Weyrauchs inszeniert und die Anthologie, in der „Indianische Ballade" enthalten ist, mit einem lobenden Nachwort versehen:[1519] Weyrauch sei „von allen mir bekannten Hörspielautoren der radikalste"; die Stimmen in seinen Hörspielen stellten „den rhythmischen Monolog des Autors [...] her". So würden sie nicht ihre eigene Sache verfechten, sondern „ein Drittes" darstellen, „einen sie übersteigenden Prozeß sichtbar [...] machen" – sie seien „als Gleichnis und Warnung oder als Klage" zu lesen.[1520] Was für ein Gleichnis ist es also, das „Indianische Ballade" erzählt; welche Moralvorstellungen werden darin transportiert, die den Gruppenmitgliedern 1955 so gut zu entsprechen schienen?

1.2.1   Handlung und Hintergründe: „Indianische Ballade" als
         NS-Persiflage

Die Handlung des kurzen Textes ist schnell umrissen: Ein junger Soldat, der Indianer namens „Schwarze Schlange", muss wider Willen in einen Krieg ziehen. In einer Kampfhandlung wird er von seinem Vorgesetzten trotz großer Gefahr gezwungen, auf die „Spitze des höchsten Bergs der Feinde" (WI 100) zu laufen, wo die nationale Flagge gehisst werden soll. Er fürchtet sich, und erst als sein Vorgesetzter damit droht, ihn zu erschießen, läuft er vor lauter Angst

---

1518 Ferber [1955] 1967, S. 115.
1519 Walser 1962. Das Hörspiel gilt übrigens gemäß Vorlesungsverzeichnis der Universität
      Chemnitz noch heute als „Klassiker" (vgl. o. A. 2007, es ist dort als Klassiker neben u. a.
      Borchert, Beckett und Bachmann angeführt).
1520 Walser 1962, S. 247 f.

los und landet so – quasi versehentlich – als Erster seiner Truppe lebend auf dem Berg. In Folge dessen wird er zum Helden hochgejubelt, ausgezeichnet und von allen Seiten geehrt. Der falsche Ruhm, gegen den er sich zunächst wehrt, korrumpiert ihn immer mehr und die Regierung ködert ihn zusätzlich mit Geld, damit er sich in seine Heldenrolle einfügt, bis er sich schließlich von seiner Heimat, seiner Familie und deren Traditionen abwendet. Er zieht nach Hollywood, wo sein Leben verfilmt werden soll. Dort scheitert er aber, ist moralisch und finanziell ruiniert und stirbt schließlich als Trinker und Bettler – um nach seinem Tod ein Staatsbegräbnis zu bekommen und erneut als Held gefeiert zu werden.

In der spärlichen Sekundärliteratur zum Hörspiel ist erstaunlicherweise nicht explizit erwähnt, dass die erzählte Story eng an die Lebensgeschichte Ira Hayes' (1923–1955), eines amerikanischen Kriegshelden mit Wurzeln im indianischen Pima-Stamm, angelehnt ist. Hayes gehörte zu der Einheit, die im Zweiten Weltkrieg die Flagge der USA auf einem Hügel der Insel Iwo Jima hisste. Die Fotografie „Raising the Flag on Iwo Jima"[1521] wurde zu einem nationalen Geschichtssymbol der US-amerikanischen Kriegserinnerung; 1949 spielte Hayes tatsächlich sich selbst im Film *Sands of Iwo Jima*.[1522] Er litt unter diesem plötzlichen Ruhm und endete als Alkoholiker. 1955, als Weyrauch sein Hörspiel auf der Gruppentagung las, war das Thema sehr aktuell. Ira Hayes' letzter medienwirksamer Auftritt war kein Jahr her[1523] und im Januar 1955 war er verstorben; er wurde in einer Hütte in seinem heimatlichen Indianerreservat gefunden, mit dem Gesicht in Blut und Erbrochenem.[1524]

Dass auf der Tagung in Bebenhausen noch ein weiterer Text vorgelesen wurde, der Hayes' Lebensgeschichte verarbeitete,[1525] deutet darauf hin, dass diese Geschichte einen Nerv der damaligen Gruppe 47 traf. Interessanter als die Parallelen zu Hayes' Geschichte sind aber bei Weyrauch die auffälligen Abweichungen, die die Implikationen des Textes – tatsächlich, wie Walser lobt, sehr vordergründig gleichnishaften – Texts stark beeinflussen. Die „Moral der Geschichte" ist aus zwei Strängen zusammengesetzt: einerseits einer Ironisierung des militärischen Heldenkultes – die ‚fanatische' Feier von

---

1521 Fotografie von Joe Rosenthal (23.02.1945).

1522 Vgl. Demain 2012, o. S.

1523 Er soll während einer öffentlichen Ehrung Eisenhowers im Weißen Haus 1954 auf die Frage, wie im die pompösen Festlichkeiten gefielen, traurig „gar nicht" gesagt haben (vgl. Huss/Werther 2009, S. 257).

1524 Vgl. Demain 2012, o. S.; vgl. aber auch Markowitz 1995, S. 318, der Hayes' Tod anders beschreibt. Er betont zwar ebenfalls, Hayes sei Alkoholiker gewesen, schreibt aber: „[...] he was found dead of exposure in a field not far from his birthplace." (Ebd.)

1525 Vgl. Ferber [1955] 1967, S. 115.

Tapferkeit und Mut wird als lächerlich und betrügerisch ausgestellt –, andererseits einer Darstellung der Gefahren, die von Ruhmsucht, Geldgier und Eitelkeit ausgehen. Gerade diese beiden Stränge haben keine direkte Entsprechung
in der Lebensgeschichte Hayes': Zwar konnte auch dieser bis zuletzt nicht mit
seinem Ruhm umgehen, anders als Weyrauchs Figur litt er aber unter der Aufmerksamkeit und wurde gerade nicht verschwenderisch und eitel.[1526] Auch
der Strang der Story, sein Heldentum sei in Wirklichkeit von der Regierung
konstruiert worden, ist frei erfunden. Die Implikationen ersterer Verschiebung
hängen, wie weiter unten ausgeführt wird, mit dem im Hörspiel verarbeiteten
Narrativ zusammen, eine Entfremdung von den eigenen ‚Wurzeln' führe zu
einem moralischen Zerfall. Zunächst soll knapp darauf eingegangen werden,
dass der dazu gedichtete falsche Heldenkult als Bezug auf den Nationalsozialismus gesehen werden könnte.

Dass dem Protagonisten in Weyrauchs Hörspiel jedes ‚heldenhafte' Verhalten noch früher abgesprochen wird, als Hayes' Lebensgeschichte sowieso
hergäbe, verstärkt nämlich den Eindruck einer hinterlistigen und be-
trügerischen Regierung. In Weyrauchs Version ist der Heldenkult komplett
von den Führungskräften inszeniert und hat keine reale Grundlage. Die Idee
des Betruges ‚am Volk' durch eine böswillige Regierung, die eine Doppelmoral lebte, war im Nachkriegsdeutschland – anders als zur gleichen Zeit in
den USA – sehr weit verbreitet. Der Vorwurf der Doppelmoral zielte darauf,
dass nicht einmal die führenden Protagonisten des Nationalsozialismus
die moralischen Anforderungen erfüllen konnten, die sie der Bevölkerung
stellten; dass sie diese predigten, um Anhänger für ihre falschen Machenschaften zu gewinnen.[1527] Solche Vorwürfe können ähnlich wie die weiter
oben beschriebene Dämonisierung ‚der Nazis' als Konstruktion der ‚einfachen
Deutschen' als hilflose Opfer eingeordnet werden,[1528] im Hörspiel sind sie sehr
betont.[1529] Angesichts der Dominanz dieses Motivs in Weyrauchs Hörspiel

---

1526 Ebd.

1527 Vgl. Gross 2010, Kapitel 6 (i. e. „Der Führer als Betrüger", S. 134–142; insbesondere S. 134–
137). Dass dieser Diskurs heute noch aktuell ist, zeigt die relativ neue Publikation *Diktatur
und (Doppel-)Moral* von Susanne Fischer (2014), in der nicht der Diskurs untersucht wird,
sondern danach gefragt wird, ob die Nationalsozialisten „in den Kategorien der Doppelmoral" gedacht hätten (ebd., S. 20).

1528 Vgl. Kap. 4.2.2 in Teil II der vorliegenden Studie zur Dämonisierung der ‚Nazis' sowie
Kap. 2.2 in Teil II der vorliegenden Studie zu deutschen Opfernarrativen in der
Nachkriegszeit.

1529 Die Vorgesetzten des Indianers instrumentalisieren ihn von Anfang an, zeigen keine
Empathie und sind systematisch unaufrichtig. Seine Einwände gegen die Auszeichnung
durch den Staat, seine Beteuerungen, er habe sich „immer gefürchtet", (WI 100) werden
mit populistischen Floskeln abgewehrt: „Tapferkeit ist die Überwindung der Furcht",

drängt es sich auf, nach weiteren Hinweisen zu suchen, die das Stück auch als Kritik an der nationalsozialistischen Regierung und deren Heldenkult verorten lassen.

Einer solchen Assoziation mit dem Nationalsozialismus steht weniger entgegen, als auf den ersten Blick zu vermuten wäre. Das Verfahren, Erinnerungsarbeit und Hinweise auf die nationalsozialistische Vergangenheit durch eine Verwischung und Universalisierung von Ort und Zeit der erzählten Geschehnisse latent zu halten, war ja wie gesehen gerade in der Gruppe 47 sehr populär, ebenso wie die Wahl explizit weit entfernter Orte zur Verhandlung der deutschen Vergangenheit.[1530] Dass der Krieg, der in „Indianische Ballade" erzählt wird, der Zweite Weltkrieg sein muss, ist auch abgesehen vom realen Hintergrund (Hayes kämpfte im Zweiten Weltkrieg) eindeutig: Der Indianer wird vom Filmset entlassen, als er sich weigert, seine Rolle zu *sprechen*; da der erste abendfüllende Tonfilm im Jahr 1927 in die Kinos kam und der Krieg von einem eindeutig westlichen und wohlhabenden Land geführt wird, kommt zur Entstehungszeit des Hörspiels kein anderer Konflikt in Frage. Durch die großflächig organisierten SA-Störaktionen bei den Vorführungen eines der ersten deutschsprachig synchronisierten Tonfilme, *Im Westen nichts Neues* (1930), bei denen der rapide wachsende Einfluss der NSDAP deutlich wurde,[1531] konnte diese Technik im deutschen Sprachraum damals zudem mit der Zeit des Nationalsozialismus assoziiert werden.

Der Schauplatz des Stücks dagegen wird dezidiert im Unbestimmten gelassen. Wie Ferber in seinem Tagungsbericht schreibt, ist das Hörspiel in der

---

(ebd.) erklärt ihm der Offizier, als er ihm die Medaille verleiht; „Sie gehorchten, aber Sie gehorchten nicht blind", sagt der Festredner (WI 105). Die Geschichte des Indianers wird dabei so umgeschrieben, dass sie der eines „Helden des Vaterlandes" entspricht: „FEST-REDNER Wir müssen Sie gegen sich selbst in Schutz nehmen. Wir glauben Ihnen ganz einfach nicht, daß Sie Angst hatten – ein Begriff, ein Verhalten, das einem Mann wie Ihnen, einem Nachfahren stolzer indianischer Krieger, zweifellos ganz fremd ist. [...] Sie gehorchten, aber Sie gehorchten nicht blind. Kein Feldherr kann sich einen besseren Soldaten vorstellen. / INDIANER Es war nicht so. / FESTREDNER Wir wissen es besser als Sie." (Ebd.) Da der Protagonist lange versucht, sich gegen seine ungerechtfertigte Verherrlichung zu wehren, ködern sie ihn sogar mit Geld, woraufhin er sich schließlich auf ihr Spiel einlässt. Die Verschlagenheit dieses Verhaltens der Regierung wird gerade in der beschriebenen Persiflage des Heldenkults, der zuletzt um ihn gemacht wird, besonders deutlich. Die Doppelmoral dieser Zeremonie wird dadurch untermalt, dass die Geschichte vom Sterben des Indianers – der in Tat und Wahrheit beim Betteln in einem Wirtshaus betrunken vom Stuhl fiel, hinauskroch und im Schnee erfror – völlig frei erfunden und als „Ende, würdig seines unsterblichen Verhaltens im Kriege" umgedeutet wird (WI 137).

1530 Vgl. Bigelow [2020].
1531 Vgl. z. B. Doherty 2013, S. 1–12.

Tat von allem „nationalen Drum und Dran entkleidet";[1532] jeder Hinweis auf Handlungsorte ist betont allgemein gehalten. Die Rede ist von verschiedenen „Landessendern" (u. a. WI 104), eingekauft wird in „der kleinen Stadt über dem See" (WI 117), „das ganze Land" (WI 134) hat an der Trauerfeier teil. Am ehesten auf die USA deutet die Beschreibung der Gegenden, die dieses „ganze Land" ausmachen, hin: „Die Männer der schwimmenden Warnstationen auf hoher See, die Männer in den einsamen Wachtürmen inmitten der Riesenwälder des Nordens, die Plantagenarbeiter im Süden, die Kanalisationsarbeiter in den Städten des Ostens" (WI 135). Geht man vom „großdeutschen Reich" aus, unterbinden auch diese geografischen Hinweise Assoziationen mit dem Nationalsozialismus nicht – diverse Elemente des Hörspiels erinnern nämlich stark an das nationalsozialistische Deutschland. Schon dass die Figuren deutsch sprechen, ist insofern nicht ganz banal, als die Dialoge teilweise frappant an die Landser-Sprache, wie sie für die frühen Gruppe-47-Jahre charakteristisch war, erinnern.[1533] Wenn der heimgekehrte Soldat gefragt wird, ob er „auch nichts abbekommen" habe (WI 102), der Offizier ihm „Maul gehalten" befiehlt (WI 104) oder die Offiziere berichten: „Hierauf steckten wir uns hinter seine Frau" (WI 106), ist der spezifisch deutsche Kontext dieser Verwendung knapper, soldatischer Umgangssprache konnotiert, die in der Gruppe 47 zur Identitätskonstruktion einer ‚soldatischen Erlebnisgemeinschaft' verbreitet waren.[1534]

Dazu kommen inhaltliche Elemente, die den Text *auch* als NS-Allegorie lesbar machen. Indianer – insbesondere in dieser engen Verbindung mit staatlicher Propaganda – waren in den 50er Jahren nicht nur mit den USA konnotiert: im Nationalsozialismus wurden viele Indianerromane publiziert, Klassiker wie Karl May wurden in neuen Prachtausgaben aufgelegt und Indianer „völlig in den Dienst der NS-Propaganda" gestellt.[1535] Alle Elemente von Hayes' Geschichte, die direkt mit den USA zusammenhängen, wurden entsprechend dieser Universalisierung des Handlungsortes und Annäherung

---

1532 Ferber [1955] 1967, S. 115.

1533 Vgl. Küpper 1970.

1534 Vgl. Hoffmann 2006, S. 90 f.; vgl. auch Kap. 3.4 in Teil II der vorliegenden Studie m. w. H.

1535 Haible 1998. Haible hat herausgearbeitet, „dass die in diesen Texten dargestellten Herrschaftsverhältnisse eindeutig das nationalsozialistische Führerprinzip und die NS-‚Rassenlehre' widerspiegeln. Dabei repräsentieren zum einen die als faschistische Führerfiguren verherrlichten indianischen Helden die Ideale der NS-Ideologie. Zum anderen werden insbesondere die Deutschen als den Indianern überlegene weiße ‚Herrenrasse' beschrieben." (Ebd.) Der erste Teil dieser Charakterisierung trifft genau den Mechanismus, der in „Indianische Ballade" persifliert wird. Das rassistische Element dagegen ist auf den ersten Blick durch Universalisierung des Handlungsortes und der narrativen Solidarisierung mit den Indianern relativiert.

an Deutschland abgewandelt oder ausgelassen: Die Namen von Medaille, Trupp oder feindlichem Berg werden nicht genannt. Die Tatsache, dass sich Ira Hayes nach Ende des Krieges wieder in sein Indianerreservat zurückziehen musste, dass er überhaupt nur aus Armut in den Krieg gezogen war – die in kritischen US-amerikanischen Bearbeitungen des Themas zentral ist –,[1536] wird weggelassen. Und auch ein bekanntes Zitat von Hayes' Beerdigung, das ebenfalls auf diesen spezifisch amerikanischen Diskurs hinweist, findet keine Entsprechung im Hörspiel: „Wollen wir sagen, er hatte einen kleinen Traum in seinem Herzen, in dem eines Tages der Indianer dem Weißen gleichgestellt sein würde – und im Stande ist, sich überall in den Vereinigten Staaten frei zu bewegen".[1537]

Am Schluss wird man sogar fast explizit auf die Analogie zu Deutschland im Nationalsozialismus gestoßen: Der Name Schwarze Schlange – der ja ebenfalls frei erfunden ist, was seine Signalwirkung noch verstärkt – wird explizit mit dem Kürzel „SS" assoziiert, das zudem ausgerechnet als Rauch im Himmel zu lesen ist:

> Zuschauerstimmen [...] Die vielen Flugzeuge. / [...] Sie fliegen ein doppeltes S. / Warum denn das? / Buchstabiere mal: S wie Schwarze, S wie Schlange. / Ach so. Chic. (WI 136)

Das Akronym „SS" nicht auszuformulieren, aber unmissverständlich anzudeuten, ist ein in der Gruppe 47 schon mehrfach nachgewiesenes Stilmittel bei SS-Anspielung, das sich ähnlich in Grass' *Katz und Maus* (1961)[1538] oder in Martin Walsers Theaterstück *Der Schwarze Schwan* (Uraufführung 1964) findet.[1539] Im zeitgenössischen Kontext, als Geschichte und Name des realen

---

1536 So der Song *The Ballad of Ira Hayes* von Peter La Farge (1963), der u. a. von Johnny Cash (1964) und Bob Dylan (1973) gecovert wurde und darum kreist, dass Ira Hayes wegen seiner indianischen Wurzeln nicht einmal als Held eine echte Chance in den USA hatte: „Now Ira's folks were hungry / And their land grew crops of weeds / When war came, Ira volunteered / And forgot the white man's greed [...] / But he was just a Pima Indian / No water, no crops, no chance / At home nobody cared what Ira'd done [...] / Yeah, call him drunken Ira Hayes / But his land is just as dry / And his ghost is lyin' thirsty / In the ditch where Ira died [.]" (Vgl. dazu auch Demain 2012, o. S.)

1537 Chavers 2007, S. 243.

1538 Mahlke hinterlässt im Ausbildungslager das „Stabat Mater Dolorosa" in Runenschrift, und wie Lorenz (2011) festhält, bedarf es „nicht allzu viel Phantasie, um sich vorzustellen, dass das, was ‚Mahlke so richtig und an heimlichster Stelle zitiert hatte', [...] das Signet der SS enthält." (Ebd., S. 299.)

1539 Der SS-Wärter, dem der Protagonist des Stücks als Kind begegnet ist, wird „Schwarzer Schwan" genannt, was mit folgender Geschichte begründet wird: „Was heißt das, SS? Haben wir gefragt. Schwarzer Schwan, sagte er und hielt die mit dem schwarzen Zopf an

Vorbilds Ira Hayes in allen Medien waren, muss schon die Namensänderung auf der Gruppentagung sofort aufgefallen und die Auflösung im Kürzel „SS" entsprechend beachtet worden sein.

Aufgrund ihrer Kritik am Militär kann dies sicher auch im Kontext der Wiederbewaffnung der Bundesrepublik gelesen werden; die Gründung der Bundeswehr erfolgte im selben Jahr wie Weyrauchs Lesung des Stücks auf der Gruppe-47-Tagung und wurde im Hinblick auf die NS-Verbrechen besonders vehement kritisiert. Mindestens genauso wichtig scheint in Weyrauchs Hörspiel aber, wie in der Zusammenfassung deutlich wurde, auch die in dieser Studie bereits mehrfach angesprochene apologetische Geschichtsdeutung zu sein, wonach die nationalsozialistischen Führer einfache Bürger durch Instrumentalisierung, Bedrohung und Manipulation so korrumpierten, dass sie daran zerbrechen konnten.[1540] Neben dem oben thematisierten Vorwurf der Doppelmoral wird auch das deutsche Opfernarrativ aufgegriffen,[1541] sodass der Text zwei der wichtigsten NS-Deutungen der deutschen Nachkriegszeit bedient; zudem wird der anklingende nationalsozialistische Heldenkult sehr deutlich persifliert.[1542]

---

ihrem schwarzen Zopf" (Walser 1987, S. 238; vielen Dank an Matthias N. Lorenz für diesen Hinweis.)

1540　Vgl. zu dieser verbreiteten und gut beforschten Schuldzuweisung an eine kleine Elite von dämonisierten Tätern auch Kap. 4.2.2 in Teil II der vorliegenden Studie m. w. H.

1541　Vgl. dazu Kap. 2.2 in Teil II der vorliegenden Studie. Der Opferstatus des Protagonisten als ‚einfacher Soldat', der von der Regierung zu ihren Zwecken missbraucht wurde, wird vom Text sehr stark gemacht, indem er diversen Figuren des Hörspiels irgendwann in den Mund gelegt wird. Schon früh sagt der Indianer selbst: „Sie haben mich aufgeblasen. Ich werde platzen." (WI 104) Als er, schon verarmt und vereinsamt, einem Trödler seine Medaille verkaufen will, erklärt ihm dieser: „Du tust mir leid. Dir geht es nicht gut. Sie haben dich kaputt gemacht. [...] Die, welche die Orden verleihen." (WI 128) Auch die Polizisten, die den toten Indianer identifizieren, sind sich einig, wer die Verantwortung für seinen Tod trägt: „Erst kriechen sie ihm hintenrein, und dann lassen sie ihn verrecken." (WI 133.)

1542　Das wird besonders in der letzten Szene deutlich, die die Beerdigung des Protagonisten beschreibt. Die Beerdigung ist pompös, auf allen Sendern wird berichtet. „Das ganze Land" soll gemäß enthusiastischen Radioberichten „von einem wahren Taumel erfaßt" (WI 134) sein; der Tote wird sinnbildlich zum König („Den toten Helden? Ist er wirklich tot? Nein." WI 134 f.) und, entsprechend dem ideologischen Vorbild, gar zum Heiligen emporgejubelt, indem „Gipsabdrucke der Totenmaske des Helden" (WI 137) zu kaufen sind. Der „vaterländische[] Schmerz" (ebd.) und die „vaterländische Erregung" (WI 136) werden, klar ironisch aufgeladen, beklagt. Die Lächerlichkeit der Szene ist durch unfreiwillig komische Figurenrede im Publikum unterstrichen. „Der tote Held, wie er leibt und lebt" wird zum Kauf als Fotografie angepriesen; seine „schöne Leiche" (WI 137) enthusiastisch gelobt. Hier sind auch die Hinweise auf die NS-Regierung gehäuft; nicht nur wird wie erwähnt „SS" an den Himmel geschrieben, die ausgemalte Art des

Da all diese Aspekte im Text dazu führen, dass der Protagonist *moralisch* korrumpiert wird, ist für die Fragestellung der vorliegenden Studie nun insbesondere interessant, *wie* sein Zerbrechen an den angeprangerten Umständen konstruiert ist, wodurch sein moralischer Zerfall deutlich werden soll – also auf welche Werte und Normen (gegen die er verstößt) die literarische Gestaltung seines Niedergangs schließen lässt.

1.2.2   ,Moral der Geschichte'

Um dieser moralischen Entwicklungsgeschichte und ihren möglichen Berührungspunkten mit Ideologemen aus dem Nationalsozialismus nachzugehen, ist zunächst ein Blick auf die Raumsemantik des Texts aufschlussreich: Der „hohle Baum" am „schwarzen See", in dem der Indianer zu Beginn des Hörspiels lebt, erscheint als idyllische Idealwelt. Unter anderem in der mehrfach wiederholten Aussage der Indianerin: „Du liebst mich, *wenn* wir in dem hohlen Baum sitzen" (WI 102 [Hervorhebung N. W.]), sind schon hier topografische und semantische Aspekte eng gekoppelt. Die erste Bewegung des Protagonisten, nachdem er ein „Säckchen Geld" von der Regierung bekommen hat (WI 107), verläuft *aus* dem hohlen Baum *hinaus* in ein ,richtiges Haus', in dem sich sein Vater und seine Frau nicht wohl fühlen (WI 109) – woraufhin der Protagonist sich noch weiter von seiner Gemeinschaft entfernt, wie sein Vater zusammenfasst:

> Sie haben nur ein einziges Mal in ihrem neuen Bett geschlafen. Dann ist die Frau meines Sohns in den hohlen Baum geflohen. Sie konnte hinter dem Vorhang aus Damast nicht schlafen. Mein Sohn ist in einen Gasthof gezogen. Ihm war der Vorhang aus Damast nicht gut genug. (WI 117)

Den endgültigen Zerfall des Protagonisten markiert die Reise nach Hollywood, mit der er eine offenbar irreversible Grenze überschreitet und kurz darauf einsam und elend stirbt (vgl. WI 132). Seine letzte Grenzüberschreitung ist als Fehlgang konstruiert, der zwingend zu seinem finalen moralischen Verfall führt, was darauf hindeutet, dass das Weltmodell im Text nicht einfach „restitutiv" (eine Grenzüberschreibung wird als Fehler erkannt und rückgängig gemacht), sondern quasi pönalisierend gestaltet ist: die Grenzüberschreitung

---

Heldenkultes ist insgesamt eng mit dem nationalsozialistischen Regime verbunden. Sie bildete einen Kern der NS-Propagandastrategien und wird in der historischen Forschung sogar als „religiöses Phänomen" interpretiert. (Behrenbeck 1996, S. 19) Gleichzeitig war der Heldenkult eines der ersten Phänomene, die in der Nachkriegszeit kritisch aufgearbeitet wurden (vgl. ebd., u. a. S. 18) und galt rasch als überwunden; der vielbeachtete Aufsatz von Herfried Münkler zur „postheroischen Gesellschaft" (2006) setzt denn auch 1945 als Grenze, an der in Mitteleuropa ein „postheroisches Zeitalter" eingesetzt haben soll (ebd.).

wird hart bestraft. In Lotmans Typologie der Raumsemantik ist diese Variante
gar nicht vorgesehen, der konservativen Version eines restitutiven Sujets ist das
„revolutionäre[] Sujet" gegenübergestellt, in dem eine Grenzüberschreitung
die Lösung eines Konflikts und eine neue Erkenntnisstufe markiert.[1543] In der
Folge soll nun danach gefragt werden, wie sich dieses raumsemantisch ganz
spezifisch hervortretende moralische Narrativ zu Diskursen der NS-Moral
verhält.

Dass der Abstieg des Protagonisten insbesondere ein moralischer ist, wird
im Stück nämlich sehr starkgemacht: Er verlässt seine Ehefrau und seinen im
Sterben liegenden Vater, er wird habgierig, eitel und arrogant, alles Verhaltensweisen, die wohl universell (und auch im Nationalsozialismus)[1544] als ‚schlecht'
gelten. *Ex negativo* lassen sich so die Werte erkennen, die das Hörspiel als
moralisch *gut* postuliert, nämlich weitere, die der Indianer als Konsequenz
seiner Grenzüberschreitung hinter sich lässt, und die nun genau konstitutiven
nationalsozialistischen Werten entsprechen: Die Wahl eines Indianers als
Protagonist spielt auch hier eine Rolle. Indianer waren im Nationalsozialismus
nicht nur durch das arische Heldenbild vereinnahmt, sondern symbolisierten
auch ein zweites Ideal: Sie konnten „in ihrer naturverbundenen Lebensweise
als ‚fremde' Versionen des heimatlich bäuerlichen Stereotyps charakterisiert
werden";[1545] und in Weyrauchs Erzählung scheinen sie tatsächlich eine
‚naturbelassene' Blut*gemeinschaft* par excellence zu symbolisieren, die dem
modernen ‚melting pot' der US-amerikanischen Gesellschaft entgegensteht.

Die Handlung des Hörspiels setzt mit der Beerdigung eines verstorbenen
Kindes ein, die für den Rest der Handlung kaum relevant ist, aber ganz west-
europäischen Vorstellungen ‚archaischer Bräuche' entspricht. Dem Kind
wird seine „Hose mit Fransen" ausgezogen und die jungen Eltern werfen es
in der „Mitte eines Sees" ins Wasser und Schuhe hinterher, damit es für die
„Wanderung nach dem Tod" ausgerüstet sei (WI 95 f.) – was im Übrigen ein
bekannter *germanischer* Brauch war.[1546] In dieser Szene zeigt sich auch, dass

---

1543 Vgl. Lotman/Keil 1972.

1544 Vgl. Bialas 2014b, S. 25: „Durch die biologische Werterevolution des Nationalsozialis-
      mus wurde die konventionelle Moral nicht einfach durch die neue Rassenmoral ersetzt,
      sondern diese galt weiter als eine Art sekundäre Gewissensinstanz. Es gab noch immer
      Dinge, die ein anständiger Mensch nicht tat: Lüge, Diebstahl, Vorteilsnahme, Korruption,
      Grausamkeit, Mord galten nach wie vor als unmoralisch und eines anständigen Deutschen
      unwürdig."

1545 Oberheiden-Brent 2014, S. 34.

1546 Dieser Kult erinnert, gerade in Bezug auf die Schuhe und den langen Weg, die am stärksten
      hervorgehoben werden, vielmehr an germanische denn an indianische Bräuche: „In den
      meisten Quellen heißt es, dass vor allem die Kranken und Alten nach dem Tod in [Hels]
      Reich gelangen." (Maier 2003, S. 8.) Für die Wanderung sollen die Füße der Toten in feste

die Familie ihre Sitten über staatliche Pflichten stellt; der junge Indianer gibt dem Kind seine „Soldatenstiefel" (WI 95) mit, obwohl die Indianerin befürchtet, er werde deswegen Probleme bekommen. „Sie sind wie neu. Sie sind das Schönste, was ich habe. [...] Vielleicht trippelt es so lange, bis es so groß geworden ist, daß sie ihm passen." (WI 96)

Vom „hohlen Baum", in dem das Paar sein ursprüngliches, ‚natürliches' Leben lebt, entfernt sich der Protagonist im Verlauf der Erzählung nun aber nicht nur durch den Bau des Hauses; je mehr er sich der Lüge seines Heldentums hingibt, desto weiter entfernt er sich in jeder Hinsicht von einer ‚natürlichen Lebensweise'. Bald will er ein Radio („Wer ein Radio im Haus hat, hat die Welt im Haus", WI 106) und einen Kühlschrank kaufen – klassische Zivilisations- und Globalisierungsprodukte.[1547] Gleichzeitig wendet er sich gegen seine Familie, sagt seinem Vater, wer nicht lesen könne, könne „auch nicht mitreden", und zu seiner Frau, sie spinne. (WI 106 f.) Die Hinwendung zur ‚Zivilisation' ist damit ganz direkt mit der Abwendung von den Seinigen verbunden. Der Protagonist selbst formuliert das Fazit seines Abstiegs, als er – zu spät – bemerkt hat, was er falsch gemacht hat, gegen Ende des Hörspiels auch selbst wie folgt: „Ich wandere durch eine fremde Stadt. So habe ich mich verändert. Ich bin kein Held mehr. Ich bin kein Indianer mehr." (WI 127) Der aus seinem Ruhm resultierende moralische Zerfall des Protagonisten entspricht damit einer Abwendung von seiner „Volksgemeinschaft" – „ich bin kein Indianer mehr" – hin zur „Gesellschaft" und der „Fremde".

Dieser Gegensatz, der in Weyrauchs Text räumlich und semantisch aufgemacht wird, war wie bereits im Teil II der Studie gesehen für die nationalsozialistische Ideologie grundlegend – und wie im Hörspiel war er verbunden mit stereotypen Zuschreibungen ‚rassentypischen', ‚natürlichen' Verhaltens.[1548] Hier wird er nun, anders als in den bisher untersuchten Texten, nicht als zugrunde liegendes Wertesystem, sondern auch auf der Metaebene verhandelt:

Schuhe („Hel-Schuhe") gebunden worden sein; vgl. den entsprechenden Eintrag im *Reallexikon der germanischen Altertumskunde*. (Beck 2007, S. 349.) Zumal die Beerdigung des Vaters, die später geschildert wird, ganz anders beschrieben wird, scheint hier gleich am Anfang des Hörspiels eine weitere gezielte NS-Anspielung eingebaut zu sein, die zeitgenössischen – mit germanischen Mythen übersättigten – Lesenden aufgefallen sein dürfte.

1547 Vgl. Orloffs Aufsatz „Erfindung der Zivilisation" (³2006), S. 1–3, der genau diejenigen Zivilisationserrungenschaften, die im Hörspiel vorkommen, *pars pro toto* für die Mitte des 20. Jahrhunderts aufzählt: „2 Generationen bewegten sich mit dem Flugzeug fort, benutzten das Radio und den Kühlschrank." (Ebd., S. 2.)

1548 Um den ursprünglichen, natürlichen Zustand der ‚deutschen Rasse' zurückzugewinnen, sollte durch den Nationalsozialismus eine „antigesellschaftliche Radikalisierung von Gemeinschaft als Sozialform" herbeigeführt werden (Knoch 2014, S. 25).

Nicht nur ist die Gemeinschaft positiver konnotiert als die Gesellschaft, sondern sogar die Hinwendung zur Gesellschaft *an sich* erscheint schon als unmoralisch. Bialas spricht in diesem Zusammenhang von einer „rassenbiologischen Ethik":[1549]

> Die rassenbiologische Ideologie unterstellte, dass rassische Zugehörigkeit und die entsprechende Affinität zu einer bestimmten Moral durch Vererbung generiert würden. Damit korrespondierte die Verpflichtung, die Möglichkeit der Zugehörigkeit zu einer überlegenen Rasse nicht durch rassisches Fehlverhalten zu verspielen.[1550]

In Weyrauchs Hörspiel erwachsen nun aus der rassischen Herkunft insbesondere moralische Pflichten – und das markiert das Spezifische seines Weltmodells: Im Text wird sehr stark gemacht und von den integersten Figuren vertreten, dass er seine moralische Integrität mit der Grenzüberschreitung hin zum ‚Fremden‘ verloren hat, und dass dieser Verlust mit einem Verlust seiner rassischen Identität gleichzusetzen ist: Sein Vater sagt, er sei ein *„Verräter*, der vergessen hat, was Indianer [nie] tun dürfen, oder sie sind keine Indianer mehr." (WI 112) Seine Frau will ihn vergessen: „Er ist es nicht wert. Er taugt nichts. [...] Er ist kein Indianer mehr. [...] Er hat alles im Stich gelassen." (WI 116)[1551] Während ‚Indianer sein‘ also schon durch die raumsemantischen

---

1549   Bialas 2014b, S. 38.
1550   Bialas 2014, S. 29.
1551   Der Vater des Indianers und seine liebende Ehefrau, die den Abstieg des Protagonisten registrieren und problematisieren, fungieren dabei den ganzen Text hindurch nicht nur hinsichtlich Traditionen und Werte als moralische Instanzen, sie sind in jeder Hinsicht glaubwürdig konzipiert. Sie geraten niemals in Versuchung, sich ins Rampenlicht zu stellen oder vom Geld der Regierung, das dem Indianer seinen Ruhm schmackhaft machen soll, korrumpiert zu werden. Selbst als sich ihr Mann schon längst von ihr abgewandt hat und sie verarmt ist, weigert sich die Indianerin, von seinem falschen Ruhm zu profitieren: „Ich habe einmal gesehen, wie er ein Säckchen mit Geld in den hohlen Baum legte. Ich habe es nicht angefaßt. Das Lügengeld, das Teufelsgeld." (WI 117) Der Vater erscheint als weiser alter Mann, der alle Geschehnisse als erster durchschaut und resigniert hinnimmt. Schon als der Indianer gerade erst aus dem Krieg heimgekommen ist, sich noch gegen seinen Ruhm wehrt und die Indianerin überglücklich ist, hat der Vater Bedenken: „Ist er zurückgekommen? Seine Fotografie ist zurückgekommen." (WI 102) Wenn der Vater den jungen Indianer schließlich als „Verräter, der vergessen hat, was Indianer tun dürfen" (WI 112) bezeichnet und die Indianerin zu ihm sagt, er sei „meine Schlange nicht mehr" (WI 123), so sind sie quasi die moralischen Stimmen der ‚Moral der Geschichte‘. Die ethische Konnotation der rassischen Herkunft wird daneben auch vielen anderen Figuren in den Mund gelegt, Sympathieträgern wie auch Antagonisten der Familie. Über den Punkt, dass Indianer sich in einer gewissen festgelegten Weise zu verhalten haben und dass Abweichungen davon amoralisch seien, scheint es in der Fiktion Weyrauchs keine Zweifel zu geben. So schilt der Offizier Schwarze Schlange, der

Implikationen des Texts daran geknüpft ist, dass ‚der Indianer' bei seiner eigenen Gemeinschaft bleibt und sich nicht der verdorbenen Gesellschaft zuwendet, erfolgt durch Ehefrau und Vater noch eine Explikation dieses Gedankens: ‚Indianer sein' wird auch logisch austauschbar mit ‚etwas taugen' und ‚etwas Wert sein'. Heimat und Tradition (hohler Baum, Fransen usw. vs. Hollywood), ‚Rasse' (‚Indianer sein') und Moral (für die Familie sorgen vs. ein Verräter und Taugenichts sein) erscheinen damit im Hörspiel alle drei zwingend kausal verbunden.

Das moralische Kapital der Figuren ergibt sich in dieser Verbindung gewissermaßen automatisch aus ihrer ‚rassischen' Herkunft, und mit dem Einfügen in einen unmoralischen Lebenswandel geht konsequenterweise auch der moralische ‚Rasseninstinkt' verloren. Das retardierende Moment, in dem der Protagonist seine Frau noch einmal zurückzugewinnen versucht, passt in die Logik einer „rassenbiologischen Ethik". Er findet sie, nun völlig verarmt, auf einem Rummelplatz. Trotz seiner Entschuldigungen weist sie, die durchgehend für eine tugendhafte Position steht, ihn mit den Worten ab, er sei ihr „Indianer" und ihre „Borke nicht mehr". (WI 123) Die Borke ist ein weiteres Signalwort für die verlorene Natürlichkeit, für seine ehemals ‚gute' Lebensweise – und dass er diesen Verlust nicht mehr rückgängig machen kann, entspricht genau dem im Nationalsozialismus propagierten wie bekanntermaßen auch praktizierten Paradigma: „Jede/r [...] konnte [durch rassenschädigendes Verhalten] schon am nächsten Tag vom ‚Volksgenossen' zum ‚Gemeinschaftsfremden' werden."[1552]

1.2.3   Hollywood und die antagonistischen Figuren in der ‚Gesellschaft'
Der Höhepunkt seiner Lebenslüge, der damit einhergehenden Überheblichkeit sowie auch seiner Abwendung von seiner Heimat und seinen Wurzeln ist die Reise nach Hollywood, auf die abschließend noch etwas genauer eingegangen werden soll. In diesem Teil des Hörspiels wird ein weiteres Mal an mehrere Diskurse angeknüpft, die auch in den *Almanach*- und Preistexten der Gruppe 47 eine wichtige Rolle spielen und hier nun das moralische Narrativ des Zerfalls in der Fremde auch auf der Textoberfläche stützen. In Hollywood

---

sich fürchtet, als einen „Indianer, der keiner mehr ist. Der vergessen hat, daß seine Väter den Bären mit der Hand fingen"; (WI 99) der Budenbesitzer, der die verarmte Indianerin einstellt, verlangt von ihr: „zeigen Sie sich Ihrer indianischen Vorfahren würdig. Beweisen Sie, daß die stolze indianische Tradition ungebrochen ist." (WI 122); an der Beerdigung erwähnt ein Radiosprecher lobend, dass der Protagonist „zurückgezogen, ja, einsam, kaum anders als seine Vorfahren, in seinem heimatlichen Bereich" gelebt habe – er sei „[n]ur selten [...] in die nahe Stadt" gekommen (WI 135). Der Gegensatz vom natürlichen Land- und entfremdeten Stadtleben wird hier in der letzten Szene noch einmal aufgerufen.

1552   Thieler 2014, S. 8.

sollen die Heldentaten des Protagonisten verfilmt werden. Dass er die gar nie
begangen hat, lässt sein arrogantes Auftreten, als er seinen Flug plant, umso
verwerflicher erscheinen:

> INDIANER Ich fliege nach Hollywood. Es kostet mich nichts. [...] Ich kann in
> meinem Flugzeug wie in einer Straße spazierengehen. Die Straße in dem Flug-
> zeug ist fast so lang und breit wie die Straße in der kleinen Stadt über dem
> See. [...] Das größte Flugzeug ist für mich noch fast zu klein. Als mich die Leute
> der Filmgesellschaft Universum abholten, fragte ich sie: gibt es noch ein größeres
> Flugzeug als das da? [...] Hätten sie Ja gesagt, wäre ich nicht mit ihnen geflogen.
> Ich weiß, wer ich bin. Ich werde mich selbst spielen. (WI 110 f.)

Das vergangene Gemeinschaftsleben hallt zu Beginn dieses Monologs noch
nach, wenn der Indianer die Größe des Flugzeugs mit der Straße in seinem
Städtchen vergleicht; es ist aber überdeckt von Geldgier (der mehrmaligen Betonung, dass er eingeladen wird) und Eitelkeit. Dieses Gebaren ist zusätzlich
nicht nur insofern als sehr unmoralisch markiert, als er ja kein Recht auf seinen
Ruhm hat, dieser auf einer Lüge basiert – was sich in Hollywood bald rächen
wird –, sondern insbesondere auch, weil er seine Frau, die ohne ihn hilflos
ist, und seinen mittlerweile im Sterben liegenden Vater ohne Zögern alleine
zurücklässt (vgl. WI 110). Gerade dieser verwerflichste Teil seiner Entwicklung
ist mit Hollywood kurzgeschlossen, das im Nationalsozialismus als Höhepunkt
der „Gesellschaft" und allen, was der Nationalsozialismus ablehnte, galt: Der
Kapitalismus, das Kosmopolitische und Globalisierte, das Intellektuelle, kurz
‚das Jüdische'.[1553]

In Hollywood merkt der Protagonist denn auch, wie falsch der Weg ist, den
er eingeschlagen hat, so verworfen ist die Welt dort, dass selbst ihm die Augen
geöffnet werden. Die Figur, die er als erstes antrifft, ist ein erfolgsversessener,
habgieriger Regisseur, der aus dem Leben des Indianers einen Erfolgsfilm
drehen möchte und mit seiner abstoßenden Art gut zu der Vorstellung, die
während des Nationalsozialismus von Hollywood aufgebaut worden war, passt.
Nachdem der Protagonist das Spiel der Regierung so lange mitgespielt hatte,
bringt er es nun hier nicht mehr übers Herz, seine Lüge aufrechtzuerhalten. In
der entscheidenden Szene, nach dem Sturmbefehl, soll er einen Satz sprechen,
der seine Tapferkeit zeigen soll und ihm seine Frau in Erinnerung ruft, was
ihn zum Verstummen bringt (vgl. WI 113). Schließlich gesteht er, dass er immer
nur Angst hatte und das Drehbuch auf einer Lüge basiert. Die Reaktion des
Regisseurs ist mitleidlos und egoistisch:

1553 Vgl. dazu jüngst Dotherys (2013) Monografie *Hollywood and Hitler*.

REGISSEUR Es kommt heraus, es kommt heraus. Das Vaterland ist in Gefahr. /
INDIANER Sie haben sich versprochen, Herr Regisseur: Ihr Film ist in Gefahr. Ihr
Geld ist in Gefahr. Sie tun mir leid. / *Filmmusik, dann Indianermusik*[.] (WI 116)

Die aufklingende „Indianermusik" untermalt, dass der Protagonist in diesem
Augenblick eine Wandlung durchgemacht hat:[1554] Direkt nach diesem Dialog
kehrt er nach Hause zurück, versucht also auch räumlich, seine Grenzüberschreitung rückgängig zu machen, beerdigt seinen Vater und versucht erfolg-
los, seine Frau noch einmal zurückzugewinnen.

    Auslöser für diesen Sinneswandel ist primär das abstoßende Verhalten
des Regisseurs, das sogar dem korrumpierten Indianer noch negativ auffällt. Nachdem der Indianer sein Geständnis abgelegt hat und ausgelacht
wird, folgt folgender Dialog: „INDIANER Du hast gut lachen, du warst nicht
dabei / REGISSEUR Ich war zu gescheit, um dabei zu sein." (WI 115) Der
Regisseur verkörpert damit das beschriebene Feindbild der Nachkriegszeit, das wiederum mit ‚Gemeinschaftsdenken' verbunden war, nämlich das
des ‚Nichtdabeigewesenen', der Emigration und damit des Außenseiters der
spezifischen Erlebnisgemeinschaft des Kriegs. Und nicht zuletzt klingt in der
Zeichnung des Regisseurs, im ‚Abwesenheitstopos' wie in seiner Synchro-
nisation mit Geld und in seiner Machtgier, ziemlich unmissverständlich an,
dass Hollywood im Zweiten Weltkrieg als Zentrum insbesondere jüdischen
Exils galt und von den Nationalsozialisten als ‚verjudet' stigmatisiert war.

    Eine Lesart als jüdisch markierte Figur könnte auch eine Erklärung für seine
auffällige Sprechweise bieten. Er nennt den Protagonisten in einem seltsam
schmeichelnden Tonfall „mein Sohn", „mein lieber Freund" und immer wieder
sogar „Liebling",[1555] was in der ansonsten einheitlich trockenen Sprache des
Stücks sehr auffällt und dem Verfahren entspricht, jüdische Figuren durch
wie auch immer geartetes ‚anderes' Sprechen auszuweisen.[1556] Zudem wird
damit das antisemitische Stereotyp eines kriecherischen, heuchlerischen
Charakters bedient, nach Gubser ein häufiges Merkmal der literarischen Figur

---

1554 Dass die musikalische Untermalung im Stück die herausgearbeitete moralische
     Implikation unterstützt, kommt im Hörspiel regelmäßig vor; als sich der Indianer der
     modernen ‚Gesellschaft' zuwendet, soll z. B. laut Regieanweisung „Indianermusik, über-
     gehend in Walzer" (WI 105) eingespielt werden.
1555 „Du mußt es schaffen, mein Sohn. Ich flehe dich an. Mein lieber Freund. [...] Geld, Lieb-
     ling, Geld, das ist nichts. Die Rolle ist alles. Die Rolle macht neue Rollen. Das Geld kommt
     von allein. Und die Rolle nehme ich dir ab, Liebling, wenn du jetzt nicht augenblicklich
     deinen Satz so sprichst, wie er im Drehbuch steht." (WI 112 f.)
1556 Vgl. Lorenz 2005, S. 69: „Vor diesem Hintergrund – die Juden als Fremd- und Eindringlinge
     zu beschreiben – wurde es zunehmend unwichtiger, ob sich die sprachlich ausgedrückte
     Andersartigkeit noch auf Elemente des Jiddischen bezog."

des „Gefährlichen Juden".[1557] Ähnliche Eigenschaften hat auch die einzige
andere Figur, mit der der Indianer fern seiner Heimat ein längeres Gespräch
führt: ein Trödelhändler, dem der Protagonist in einem letzten Versuch, sich
zu fangen, seine Tapferkeitsmedaille verkaufen will. Bekanntermaßen ist der
„Trödeljude" ein besonders verbreitetes literarisches Stereotyp,[1558] und dieser
Trödelhändler wirft ihm vor, wenn er eine Tapferkeitsmedaille habe, habe er
ja „jemanden in den Tod geschickt", woraufhin ihm der Indianer erklärt: „Das
macht man so, wenn Krieg ist." (WI 128) Der Trödler wiederum reagiert darauf
(auch darin einem alten jüdischen Klischee entsprechend) mit Gegenfragen.[1559]
Regisseur *und* Trödler rufen damit durch ihre fehlende Kriegserfahrung das
Nachkriegsfeindbild des Exils auf, und die Elemente jüdischer Stereotype in
ihrer Zeichnung unterstützen einerseits diese Assoziation, andererseits ihre
negative Rolle.

So eröffnet sich ein weiterer problematischer Aspekt dieser Figurenzeichnung und ihrer Funktion:[1560] Indem sie die Gegenwelt zur Indianer-Idylle
verkörpern, entsprechen die beiden Figuren genau dem nationalsozialistischen Konzept von Gesellschaft als rassenzersetzender und damit zuvor-
derst ,jüdischer Gefahr'. Auch hier unterstützten narrative Elemente dieses
Konstrukt; wie Lorenz beschreibt, ist es eine verbreitete Funktion jüdischer
Figurenstereotype, „dass sie im Romangefüge entweder – wo plump negativ
geschildert – als Gegenwelt des Helden auftreten, oder aber – wo ambivalent
geschildert – zum Prüfstein für eine Entwicklungsstufe des Helden werden."[1561]
Während die Begegnung mit dem Regisseur eindeutig als „Prüfstein" konzipiert
ist (der den Protagonisten zur Erkenntnis seines Irrwegs führt), markiert die
Begegnung mit dem Trödler die letzte Stufe vor seinem endgültigen Zerfall:
in der Szene, die direkt darauf folgt, bettelt er betrunken in einer Kneipe und
stirbt kurze Zeit später.

1557 Diese würden als „warnende Beispiele für den sich [...] auf den verschiedensten Ebenen
      manifestierenden jüdischen Macht- und Zerstörungswillen" evoziert; ein „orientalisch
      anmutendes Einschmeicheln" listet er als eines der häufigen Merkmale dieser Figuren
      auf (Gubser 1998, S. 123).
1558 Vgl. ebd., S. 146 f.: „Die agrarisch-handwerkliche Gesellschaft beschimpft und benutzt
      Juden, die von allen anderen Gelderwerbsmöglichkeiten ausgeschlossen sind, als Trödler
      und Geldhändler"; vgl. zudem ebd., S. 120–123, zum lächerlichen „Trödeljuden" in seiner
      literarischen Textfunktion.
1559 „INDIANER: Ich wollte dir meinen Orden für Tapferkeit vor dem Feind verkaufen. /
      TRÖDLER: Ei, folglich hast du [...] jemanden in den Tod geschickt. / INDIANER: Das macht
      man so, wenn Krieg ist. / TRÖDLER: Das macht man so? Macht man es so?" (WI 128.)
1560 Vgl. Gross 2010, S. 138, 250.
1561 Lorenz 2005, S. 66, mit Bezug auf Gubser 1998, insbesondere S. 9–15: „Das ,jüdische
      Problem' als Prüfstein".

Die narrativ konstruierte Opposition unterscheidet damit zwei moralisch semantisierte Räume, deren Grenze weitestgehend entlang dem Gegensatz von Gemeinschaft und Gesellschaft verläuft, wie er auch im Nationalsozialismus moralisch aufgeladen war, wobei auch antisemitische Elemente der Kritik am modernen, ‚entfremdeten‘ Leben weiterhin eine wichtige Rolle spielen. Dadurch wird die NS-Ideologie in Weyrauchs Hörspiel quasi mit ihren eigenen Mitteln angegriffen: Die Quintessenz lautet, die Regierung habe das Volk zu ihren Zwecken missbraucht und dabei bewirkt, dass das Volk moralisch zerfallen sei – was mittels ästhetischer und stereotypisierender Verfahren ausgerechnet so dargestellt wird, dass der Protagonist sich von seiner ‚natürlichen‘ Volksgemeinschaft‘ abwendet und Teil der verdorbenen, als jüdisch markierten ‚Gesellschaft‘ wird. Die Kritik, die geäußert wird, wendet sich damit zwar gegen das nationalsozialistische System, überwindet aber auch auf der Textoberfläche nicht den ideologisch-moralischen Hintergrund ebendieses Systems. Ein partikulares zweigeteiltes Weltmodell, in dem moralisches Handeln nur innerhalb des Raumes der ‚Volksgemeinschaft‘ möglich ist, bildet im Gegenteil das Fundament der erzählten Handlung und die moralische Kernaussage des Texts.

1.3 *Zwischenbilanz und eine Ergänzung zu NS-Narrativen in der Gruppe 47 (Eisenreich)*

Moralische Kontinuitäten äußern sich in der „Indianischen Ballade" gerade *aufgrund* der gleichnishaften Anlage des Texts und des normativen Narrativs. Damit korrespondieren hier, anders als in den meisten zuvor untersuchten Texten, nicht nur Zuschreibungen von moralischem Wert im Subtext mit NS-Moraldiskursen, sondern die moralischen Reflexionen finden auf der Textoberfläche statt. Mit Bialas kann so von einer nationalsozialistischen oder „nazistischen Rassenethik"[1562] gesprochen werden. Der Übergang von der ursprünglichen Gemeinschaft zur unmoralischen Gesellschaft wird als Geschichte eines moralischen Zerfalls erzählt, wobei beides reziprok-kausal zusammenhängt und sich gegenseitig verstärkt, und wie in der NS-Ideologie wird eine Grenze in diesem Prozess gesetzt, nach deren Überschreitung keine Umkehr mehr möglich ist: Obwohl er seine Verfehlungen irgendwann einsieht, stirbt der ehemals würdevolle Protagonist maximal weit entfernt von seinen ‚Wurzeln‘ – seiner Heimat, seinem inzwischen verstorbenen Vater, seiner Frau – und zugleich maximal entwürdigt, betrunken, mit dem Gesicht im

---

1562 Bialas 2014, S. 128–150; Bialas 2014b; auch in einer jüngeren Publikation des Fritz Bauer Instituts zur NS-Moral ist in diesem Zusammenhang von „Ethik und Ethiken im Nationalsozialismus" die Rede (Konitzer/Palme 2016); vgl. auch weiter oben in diesem Kapitel.

Dreck. Der Subtext korrespondiert mit dieser deutlich an partikulare Moral-
entwürfe des Nationalsozialismus angelehnte ‚Moral der Geschichte', indem
die ‚archaischen' Lebensweisen und Sitten positiv aufgeladen sind, die Darstellung der Gesellschaft als Prüfstein, der überwunden werden muss, erfolgt
und der Protagonist in der ‚Gesellschaft' fast nur noch Figuren begegnet, die
sich anders als er vor dem Krieg gedrückt haben und deren Beschreibung sich
aus dem Arsenal antisemitischer Stereotype bedient.

Während die „Indianische Ballade" hierin anderen Erzählungen, Romankapiteln und Gedichten unter den *Almanach*- und Preistexten, um die es bisher in dieser Studie ging, ähnelt, gibt es nicht viele, die NS-Moralvorstellungen
auch auf der Textoberfläche affirmativ zum Thema haben. Eine Erzählung, die
auch im *Almanach* enthalten ist, bietet hierzu aber eine weitere Ausnahme,
nämlich Herbert Eisenreichs Erzählung „Tiere von ganz natürlicher Grausamkeit" (gelesen 1953). Während sich in Weyrauchs Hörspiel die Vorstellung
wiederfindet, dass *Tugendhaftigkeit* an die Volksgemeinschaft geknüpft sei,[1563]
schließt Eisenreichs Erzählung an einen zweiten Aspekt nationalsozialistischer
Moraldiskurse an, der im vorangehenden Teil dieser Studie ebenfalls schon
in Bezug auf die Subtexte besprochen wurde: nämlich an die Forderung, nur
gegenüber der eigenen ‚Wir-Gruppe' *Mitleid* zu empfinden, ‚Volksfremden' dagegen mit Härte zu begegnen.[1564]

Eisenreich war nun anders als Weyrauch ein eher marginales Gruppenmitglied, von dem man sich aufgrund seiner explizit rechtskonservativen
Haltung und seiner nicht verheimlichten Waffen-SS-Mitgliedschaft in den
6oer Jahren zu distanzieren begann,[1565] und sein Text bildet in seiner recht

---

1563 Vgl. dazu auch Kap. 4 in Teil II der vorliegenden Studie.

1564 Vgl. dazu Kap. 2 in Teil II der vorliegenden Studie; zu diesen in der vorliegenden Studie
      unterschiedenen Varianten partikularer Verknüpfungen von Moral und Zugehörigkeit
      vgl. das Zwischenfazit in Teil I der vorliegenden Studie.

1565 Ab 1959 erschienen regelmäßig Essays, in denen er ganz explizit konservative und
      nationalistische Positionen vertrat, so ein Essay mit dem sprechenden Titel „Warum
      ich derzeit Monarchist bin" (1962) oder der Aufsatz: „Das schöpferische Mißtrauen oder
      ist Österreichs Literatur eine österreichische Literatur?" ([1959] 1964), dessen Anliegen
      es ist, „[i]n dieser Epoche der Selbsttäuschung das Wesen des Österreichischen treu
      zu bewahren", was er als „das Existenz-Problem der österreichischen Literatur und des
      nationalen Geistes überhaupt" wahrnimmt (ebd., S. 103). Die Nation will er dabei nicht
      als „die Summe der Staatsbürger", sondern als „kulturelle Person" bzw. „Gemeinschaft [...],
      die sich eines gemeinsamen Schicksals mittels der Sprache bewußt ist", verstanden wissen
      (ebd., S. 74). Als er aufgrund dessen in der Öffentlichkeit als „Wortführer der politischen
      Reaktion" (Eisenreich 1964, S. 78) wahrgenommen wurde, distanzierte sich die Gruppe
      von ihm; er scheint dort so stark polarisiert zu haben, dass Reich-Ranicki ihn in der *Zeit*
      (1964) zu verteidigen versuchte. Auch Eisenreichs nicht verheimlichte Mitgliedschaft bei
      der Waffen-SS ab dem Jahr 1943 (vgl. Köhler 1990, S. 21) dürfte dazu beigetragen haben,

deutlichen Thematisierung einer ‚rassenbiologischen Moral' eine Ausnahme
in der Gruppe 47. Diese Erzählung las Eisenreich aber, bevor man sich in
der Gruppe 47 von ihm abwandte, sie wurde positiv aufgenommen und hat
auch Eingang in den *Almanach* gefunden.[1566] Deswegen soll im Folgenden
zumindest auf wenigen Seiten dargelegt werden, inwiefern es sich bei seiner
Erzählung um ein weiteres von wenigen Beispielen aus der Gruppe 47
handelt, in denen NS-Moral auf der Textoberfläche ähnlich affirmativ wie in
Weyrauchs frühem Gruppenbeitrag reflektiert wird. Nach diesem Ausblick soll
zu anderen, kritischeren und häufigeren Formen solcher Reflexionen übergegangen werden.

Eisenreich: „Tiere von ganz natürlicher Grausamkeit" (gelesen 1953)[1567]

Eisenreichs *Almanach*-Erzählung „Tiere von ganz natürlicher Grausamkeit" spielt in den letzten Jahren des Zweiten Weltkriegs. Die Handlung ist
aus der Perspektive eines namelosen Ich-Erzählers, der einfacher Soldat zu
sein scheint,[1568] geschildert; seine Truppe befindet sich an der russischen
Front. Der Protagonist erzählt rückblickend von Hunger, Leid, Kameradschaft, Tod und Verzweiflung an der Front – und von den seltenen „Dinge[n],
die man nicht vergißt" (ET 163), die er dadurch erlebt habe. Der Anfang der
kurzen Erzählung gleicht darin vielen weiteren Texten der ersten Jahre der
Gruppe 47;[1569] in der Mitte des Texts hört die Fronterzählung aber auf und der
Bericht über einen moralischen Konflikt setzt ein, auf den nun etwas genauer
eingegangen werden soll.

---

dass ihm ähnlich wie im „Fall Schroers" oder bei Walser nach öffentlichen Debatten um
problematische Positionen kurzerhand rückwirkend die Zugehörigkeit zur Gruppe 47 abgesprochen wurde (vgl. dazu Kap. 3.3.2 in Teil I der vorliegenden Studie).

1566   Mitte der 50er Jahre hatte Eisenreich noch an jeder der damals zweimal pro Jahr statt-
findenden Gruppentagungen teilgenommen; „Tiere von ganz natürlicher Grausamkeit"
war die erste Kurzgeschichte, die er (1953 in Mainz) las, nach der Lesung erkundigten sich
Höllerer und Mampell bei Richter nach ihm; (vgl. Richter 1997, S. 182 f., 191) Walser förderte
ihn beim Stuttgarter Fernsehen; (vgl. Richter 1997, S. 191) die Gruppe-47-Mitglieder
Siegfried Unseld, Rolf Schroers und Peter Härtling beurteilten den Band *Böse schöne Welt*,
in dem die Erzählung abgedruckt wurde, in den einschlägigen Feuilletons sehr positiv
(zit. n. Köhler 1990, S. 13).

1567   In der Folge im vorliegenden Kapitel im Fließtext zitiert (Sigle: ET).

1568   Seine Mannschaft wird von einem Unteroffizier angeführt, vgl. ET 165.

1569   So könnten die Dialoge sehr ähnlich auch aus Richters *Geschlagenen*, Bölls *Wo warst du
Adam* oder einer der Kurzgeschichten in *Tausend Gramm* von Weyrauch stammen; vgl.
zum Stil dieser Kriegserzählungen Kap. 3.4 in Teil II der vorliegenden Studie.

Der hungrige Protagonist wählt seine Schlafstätte bei einer alten Russin und deren Familie, zu der auch ein kleines Kind gehört. Weil er so abgekämpft aussieht, gibt ihm die alte Frau aus Mitleid etwas zu essen. Sie nimmt ihm aber das Versprechen ab, niemandem etwas davon zu sagen, weil sie außer diesem Brei nichts mehr hätte und „die Hirse dem ganz kleinen Kind gehörte, die Hirse gehörte nur dem ganz kleinen Kind, denn ohne diese Hirse würde es sterben müssen" (ET 169). Trotz seines Wissens darum bricht der Protagonist aber, nachdem er sich sattgegessen hat, sein Versprechen: Er lässt seine (ebenfalls halbverhungerten) Kameraden wissen, dass die alte Frau noch Vorräte hat. Dieses Vorgehen sieht er als selbstverständlich an – „war doch klar, dass ich's euch sagte" (ET 172). Nachdem er zusammen mit seinen Kameraden alles weggegessen hat, quälen ihn aber Gewissensbisse, er kommt sich „sehr kläglich vor" (ET 171) und versucht, diese Gefühle zu verdrängen. Inmitten seiner gequälten, „unordentlichen" Gedanken (ET 175) kommt die alte Frau plötzlich auf ihn zu und bekreuzigt ihn. Dieses Erlebnis beschreibt er als „über alle Maßen grauenhaft" (ebd.) und es führt ihn zu der Erkenntnis:

> Was ich wissen mußte, wußte ich nun: daß ich besiegt war für mein Leben. Und ich wußte von diesem Moment an: selbst wenn wir siegen würden bis Wladiwostock und rund um den Erdball –: für mich war dieser Krieg verloren, und mehr als der Krieg. (ET 176)

Damit endet die Erzählung. Auf Anhieb erscheint dieser Handlungsverlauf rätselhaft. Insbesondere stellt sich die Frage, warum der Protagonist diesen Moment des Bekreuzigens so unvergleichlich schrecklich findet, als einen Albtraum bzw. schlimmer als einen Albtraum – „denn das Grauen des Traumes hat zumindest das Maß der Zeit, und das ist das Vergessen. Was aber nun geschah, ist unvergeßlich geschehen" (ET 175) – schildert; wieso dieses Erlebnis für ihn „über alle Maßen grauenhaft" (ET 176) ist und wieso er ausgerechnet dieses Geschehen noch rückblickend als eine Art Trauma beschreibt: Das meiste Leid vergehe irgendwann, man vergesse Hunger und Probleme, es gebe aber „Dinge, die man nicht vergißt" (ET 163).

Die moralischen Implikationen dieser Schilderung werden nun auch hier besonders durch einen Blick auf die ästhetischen Verfahren des Texts deutlich. Die Schilderung ist als Anekdote gestaltet, die Eisenreich selbst als „die kleine unpsychologische Schwester" der Novelle bezeichnet hat.[1570] Und

---

1570 Eisenreich 1955, o. S. Was er beschreibt, lässt sich ohne Weiteres auf die vorliegende Erzählung übertragen: „Dem einzelnen Menschen, dem psychologisch faßbaren Individuum, wird selten soviel Gewicht zuteil [...] wie in den dramatischen Formen des Erzählens. Diese – die Novelle und ihre kleine unpsychologische Schwester, die

in der Tat weist seine Kurzgeschichte alle Strukturmerkmale einer Novelle auf:[1571] Der Erzähler selbst markiert das Geschehen durch die oben zitierte Einleitung seines Berichts als „unerhörte Begebenheit". In der genauen Mitte der Erzählung – auf der siebenten von 13 Seiten (ET 169) – hat der Protagonist den Topf mit der wertvollen Hirse leergegessen, was den Wendepunkt markiert, „von dem aus sich die Handlung meist verselbstständigt und auf die Katastrophe bzw. die Lösung zutreibt", wie die Novellentheorie es beschreibt.[1572] Und selbst das für die idealtypische Novelle geltende dramatische Strukturprinzip ist eingehalten.[1573]

Wird nun das Ende als ‚Katastrophe' im Sinne der Novellentheorie verstanden, können auch weitere Elemente, die in der Novelle spezifische

---

Anekdote – haben gemeinsam die unbeirrbare Fixierung auf ein Ziel, welches erreicht wird durch Aktion. In der Anekdote stürzt das Geschehen, ein schicksalhaftes zumeist, schnurstracks auf die verblüffende Pointe zu; die Novelle wiederum lebt weniger von der Pointe als von der Handlung selber, von dem Handeln ihrer Figuren, die meist mehr als in der Anekdote das Geschehen vorwärtstreiben. Beide existieren überhaupt erst von ihrem Ende her, welches bereits mit dem ersten Wort vom Erzähler anvisiert wird." (Ebd.)

1571   Winfried Freund thematisiert in seinem Standardwerk zur Novelle, dass das „Verständnis der Gattung als Merkmalkomplex" inzwischen überholt, aber doch hilfreich sei (Freund 1998, S. 30 f.). Nicht zuletzt unter Berücksichtigung des konservativen Literaturverständnisses Eisenreichs kann eine entsprechende Einordnung hier wohl bedenkenlos vorgenommen werden. Da der Autor seine Texte selbst immer nur als „Geschichten" bezeichnet (Eisenreich 1955) und weil der Text so kurz ist, dass er nach gewissen Definitionen nicht als Novelle gelten könnte, wird hier aber auf die Übertragung des Gattungsbegriffs verzichtet.

1572   Wassmann 2009, S. 62.

1573   Auf eine kurze Exposition, die die Situation der Soldaten erklärt (ET 163–164), folgt die Hinführung zum zentralen Ereignis: Die Soldaten streiten über Verschiedenes, und zwar ganz explizit, weil sie so hungrig sind; schließlich kehrt der Erzähler bei der russischen Familie ein und erweckt dort Mitgefühl, weil er so erschöpft aussieht. (ET 164–168) Nach dem Wendepunkt, als alle Essensreste der armen russischen Frau vertilgt sind, (ET 168–171) gibt es ein retardierendes Moment (das dem Protagonisten „eine willkommene Abwechslung" (ET 172) ist, weil es ihn vom Hadern ablenkt): die satten Soldaten beobachten eine Katze, die eine Maus fängt, was über drei Seiten ausführlich berichtet wird (ET 172–175). Erst dann tritt die Katastrophe, die wie zitiert ganz vehement als solche markiert ist, ein. (ET 176; zum aus der Dramentheorie abgeleiteten idealtypischen Aufbau einer Novelle – Exposition-Steigerung-Wendepunkt-retardierendes Moment-Katastrophe –, vgl. Aust 1995, S. 13 f.) Die ebenfalls aus der Dramentheorie übernommenen Novellenmerkmale eines dialogischen Erzählens, hoher Dichte und „Ereignishaftigkeit" kennzeichnen auch Eisenreichs Text, und sogar die Einheit von Zeit, Handlung und Ort ist eingehalten: Das Geschehen findet innerhalb von 24 Stunden statt, wobei die Katastrophe am Ende der Nacht eintritt. Die Handlung umkreist konsequent den zentralen Konflikt und ist aus der Perspektive des Ich-Erzählers geschildert, was Nebenschauplätze ausschließt. Durch seine einfache Landser-Sprache klingt auch eine „fingierte Mündlichkeit" an (Wassmann 2009, S. 67; vgl. Freund 1998, S. 20).

Funktionen im Zusammenhang mit dieser Katastrophe erfüllen, aufschlussreich dafür sein, worin genau die moralische Irritation oder vielmehr tiefe
Erschütterung des Protagonisten am Ende der Kurzgeschichte besteht. Das
„Leitmotiv" bzw. „Dingsymbol" bietet sich hierfür besonders an, aber auch
der bereits erwähnte Rahmen der Erzählung (als „strukturierende und sinn-
stiftende Klammer" ebenfalls novellentypisch)[1574], in dem der Erzähler seine
Anekdote einleitet, bekommt damit eine zusätzliche Bedeutung.

Beides ist, wie gezeigt werden soll, hier hinsichtlich der ‚Moral der Geschichte'
sehr relevant und hilft dabei, das rätselhafte Ende besser zu verstehen. Da
durch die Rahmenerzählung gemäß Novellentheorie „jede Erzählung zugleich
‚besprochen' und ‚reflektiert'" werden soll,[1575] verdeutlichen die formalen
Merkmale noch einmal, dass wirklich der Schluss das ist, was Eisenreichs Ich-
Erzähler als eine Art Trauma einleitet, wenn er sagt, fast alle Gaunereien und
Leiden können vergessen gehen, aber manche „Dinge" nicht.[1576] Da die Novelle
auf die Katastrophe *zusteuert*, diese am *Ende* der Erzählung stattfindet, wird
auch das anfangs als ‚unvergesslich' markierte schreckliche „Ding" schon mit
der letzten Szene und damit der „grauenvollen" Segnung durch die Russin –
anstatt sein Verrat der Familie an die Kameraden oder die Kriegserlebnisse[1577] –
in Verbindung gebracht.

Wieso ausgerechnet diese Segnung als Katastrophe wahrgenommen wird,
könnte nun durch eine Anekdote, die in der Erzählung retardierend eingeschoben ist, erklärt werden. Darin beobachten die Soldaten, die sich inzwischen alle im Haus der Russin verpflegt haben, die Jagd einer Katze auf eine
Maus. Diese Anekdote wird sehr ausführlich erzählt sogar von der Bildsprache
hervorgehoben, indem die ganze Szene im Lichtkegel der Taschenlampe des

---

1574 Wassmann 2009, S. 65.

1575 Ebd., S. 66.

1576 „Den Hunger, den man hatte, vergißt man, sowie man sich sattgegessen hat, und auch die
     Gaunereien, die man begangen hat, vergißt man, [...] und sogar die Probleme, die man
     nicht gelöst hat, hören einmal auf, Probleme zu sein, und man vergißt sie. Es gibt aber
     Dinge, die man nicht vergißt, und wenn man sich an solche Dinge erinnert, fällt einem
     alles andre mit ein, was damit verknüpft war; auch der Hunger, und auch die Gaunereien."
     (ET 163.)

1577 So die Tatsache, dass ein abtrünniger Soldat der Mannschaft die Häuser des Dorfes an-
     gezündet hat, (vgl. ET 171) die Tatsache, dass der Erzähler sich potentiell des Verhungerns
     eines kleinen Kindes schuldig gemacht hat, und auch die, dass sein liebster Kamerad ge-
     storben ist, was er im Verlauf der Erzählung erfährt (vgl. ebd.). Das alles scheint er nur zu
     erzählen (bzw. überhaupt zu erinnern, wie er sagt), da es zur Katastrophe am Ende hin-
     führt; als „Leid" und ‚Gaunereien' wird es von der Moral der Geschichte nicht sehr scharf
     verurteilt.

Protagonisten spielt.[1578] Es handelt sich dadurch um eine Art Spiel im Spiel,
bzw. in der Binnenerzählung, und vor der Folie der novellistischen Struktur
kann dieser Szene nun eine besonders wichtige Funktion für das Verständnis
der „Katastrophe" am Ende der erzählten Handlung zugeschrieben werden.
Werden Katze und Maus als „Dingsymbol" bzw. als „Falke" verstanden, so sollten
sie im Sinne der klassischen Novelle nicht einfach ‚irgendeine' allegorische
Wahrheit verdeutlichen, sondern sind als „Sinnträger und novellistische
Pointe zugleich" zu verstehen.[1579] Und tatsächlich kann das an sich einfache
Geschehen in dieser Szene – eine Katze jagt eine Maus, die ihrerseits einen
aussichtslosen Kampf dagegen führt, bis die Katze sie endgültig erledigt hat –
in deutlichem Zusammenhang mit der weiteren Handlung gestellt werden,
da die Geschichte wie diejenige der Soldaten um Hunger, Gewalt und Über-
lebenskampf kreist, was von den Kommentaren der Soldaten auch sehr betont
wird, wenn sie mehrfach hervorheben, wie ausgehungert die Katze sei,[1580] und
das Verhalten der Katze in Soldaten- oder Landser-Vokabular beschreiben.[1581]

Als besonders wichtig erscheint nun die Stelle, an der bei den zuschauenden
Soldaten Mitleid für die Maus aufkommt. Sie überlegen sich, ob sie der Maus
„einen Vorsprung verschaffen" sollen (ET 173) – doch der Einwand von Bader,
einem Freund des Erzählers und Sympathieträger der Handlung,[1582] überzeugt
alle sofort:

1578   Vgl. ET 172: „Ich knipste meine Taschenlampe an, und in dem Lichtkegel fing ich die Katze
       ein"; ET 174: „[Sie war] dermaßen flink, daß ich sie mehrmals aus dem Lichtkegel meiner
       Taschenlampe verlor."

1579   Am Falken vollzieht sich *in nuce*, was auch die Erzählmotivation der ganzen Novelle
       ausmacht, der „zentrale Konflikt spiegel[t sich]" in ihm und wird ins Allgemeine ge-
       hoben: „Der Falke [...] offenbart in sinnlicher Erscheinung den wesenhaften Sinn und
       objektiviert das subjektiv sich ereignende zu allgemeiner Beziehung." (Freund 1998, S. 35.)
       Wie in der heutigen Wahrnehmung des Urtyps dieses Prinzips, Boccaccios Falkennovelle,
       steht, stehen die Tiere auch in Eisenreichs Geschichte im Titel des Texts (Boccaccio,
       Decamerone V, 9 – dass Leitmotiv oder Dingsymbol schon im Titel des Texts stehen,
       ist auch bei anderen modernen Novellen, in denen das Strukturprinzip der Novelle be-
       sonders sinnstiftend eingesetzt wird, der Fall; so in Manns *Tod in Venedig* (1912) oder
       Grass' *Katz und Maus* (1961), um zwei Autoren zu nennen, die wichtige Bezugspunkte von
       Eisenreichs Schreiben waren).

1580   „An der ist nichts dran. An der ist doch wirklich nichts dran. An der ist weniger dran als
       an einem Froschschenkel." (ET 172.)

1581   „Die hat sie festgenagelt"; (ebd.) „die hämmert sie fest"; (ET 173) und „mein lieber Freund,
       die schenkt ihr wirklich nichts!" (Ebd.)

1582   Dies vor allem, indem er dem Antipathieträger Hartleben zu Beginn am vehementesten
       entgegensteht, der unzähligen negativen Eigenschaften ausgestattet ist: Hartleben tritt
       als unerfahren im Kampf, aber größter „Angeber" (ET 164) hervor, er bedroht russische
       Familien mit Handgranaten, um an Essen zu kommen, vermag sie aber „nicht einmal" ein-
       zuschüchtern (ET 170) – und man erfährt noch über ihn, dass er ‚hatte überlaufen wollen

Nein! Das ist wahrhaft nicht unsere Sache. Die sollen ihre Sache ganz unter sich ausmachen. Uns geht das nichts an, es ist ja nur ein Zufall, dass wir dabei sind. Darum sollten wir uns gar nicht einmischen in diese Sache. Uns geht es nichts an. (ET 173 f.)

Wie in diesem Zitat deutlich wird, ist diese Reflexion erzählerisch unverhältnismäßig betont, faktisch lässt der Erzähler die Figur hier viermal dasselbe sagen. Und auf diesen Hinweis hin beharrt nun niemand mehr auf die Rettung der Maus und alle „merkten", dass die Maus „sich in ihr Schicksal fügte" – sie hat, wie die Soldaten, „eingesehen [...], daß jedes Aufbegehren, jeder Ausbruchsversuch aus dem Kreis ihres Schicksals, den die Katze [...] zog, eine [...] sinnlose Revolte gewesen wäre." (ET 174)

Der Impuls, die Maus zu beschützen, wird also am Ende der Anekdote als Fehlüberlegung aufgelöst, allgemeiner und erzählerisch gestützter Konsens ist zuletzt, dass sie sich in ihr Schicksal zu fügen hatte. In der Szene um Katze und Maus wird das „Recht des Stärkeren" so durch die Kommentare der Soldaten als existentielles Prinzip dargestellt: Sie sehen ein, dass sie sich nicht einmischen dürfen, weil Katze und Maus letztlich nur ihrem ‚Schicksal' folgten und ihr Eingriff widernatürlich wäre. Wenn man diesen Einschub nun gemäß der durchkomponierten Konstruktion und der expliziten Parallelisierungen als Dingsymbol liest und damit als „Sinnträger und novellistische Pointe"[1583] auch auf die menschlichen Figuren des Texts bezieht, zeigt sich eine deutliche Parallele zu nationalsozialistischer ‚Rassenmoral', in deren Sinne ein solcher Eingriff immer, und auch unter Menschen verschiedener ‚Art', sogar als unmoralisch zu werten gewesen wäre:

Im Drang zum Leben setze sich die Humanität der Natur als Moral der Stärke gegen eine unmoralische Humanität der Schwäche durch [...]. Man solle es der Natur überlassen, die Menschen nach ihrer Lebenstauglichkeit durch natürliche Auslese im Daseinskampf zu sortieren [...]. Was wie Humanität aussehe, untergrabe in Wirklichkeit die natürlichen Grundlagen menschlicher Existenz.[1584]

---

und von den eigenen Leuten abgeknallt wurde", (ET 171) was mit deutlicher Genugtuung berichtet wird. Wenn Bader ihn am Anfang anführt, er solle nicht über Gott sprechen, „der paßt nicht in dein dreckiges Maul, (ET 165) und ihm später im Streit darum, welches ‚Volk' das Potential habe, den Krieg zu gewinnen, als einziger die Stirn bietet, (ET 166) also als sein Gegenspieler auftritt, zeichnet ihn das *ex negativo* auch als einer der moralisch integren Figuren aus.

1583 Der sich jeweils *in nuce* im „Falken" der Novelle spiegle (vgl. Freund 1998, S. 35).

1584 Bialas 2014b, S. 42.

Der ‚zentrale Konflikt' der Handlung[1585] lässt sich über diese Geschichte um Katze und Maus als einer unterschiedlicher moralischer Prinzipien entschlüsseln: Eine Humanität der Schwäche erweist sich gegenüber einer Moral der Stärke, die das Mitgefühl überwindet, als unterlegen.[1586] Dazu passt auch, dass zusätzlich zu der exponierten Position der Szene innerhalb der Novellenstruktur schon vorher die Schilderung der Kriegshandlung in einem ähnlichen Deutungsrahmen verläuft[1587] und sich gerade die positivsten Figuren des Texts in diesem Sinne äußern.[1588] Und nicht zuletzt war Eisenreich selbst nicht nur wie bereits erwähnt im Krieg überzeugter Nationalsozialist, er war auch in späteren Jahren noch ein rechtskonservativer Anhänger des „Fatalismus", den er außerliterarisch in nicht unähnlich essentialistischer Weise begründete.[1589]

1585 Die Handlung umkreist konsequent den zentralen Konflikt und ist in der Perspektive des Ich-Erzählers geschildert, was Nebenschauplätze ausschließt. Durch seine einfache Landser-Sprache klingt auch eine „fingierte Mündlichkeit" an (Wassmann 2009, S.67; vgl. Freund 1998, S. 20).

1586 Auch der Begriff der „Grausamkeit" im Titel der Erzählung wird durch diesen Hintergrund relativiert, wie Bialas beschreibt: „Nach den durch humanistische Beweggründe geleiteten Eingriffen des Menschen in die *vermeintliche Grausamkeit der Natur* gelte es, eine Umkehrbewegung zu initiieren. Die ‚Auslese der besten, lebenstüchtigsten Einzelwesen der Art wurde ursprünglich von der Natur selbst besorgt, von den Menschen aber nur, solange sie in Übereinstimmung mit der Natur handelten.'" (Bialas 2014, S. 46 [Hervorhebung N. W.].)

1587 Bereits eingangs der Erzählung streiten sich die Soldaten über ‚Wertigkeit' verschiedener Nationen – dass die verschiedenen ‚Völker' verschieden viel Wert haben, wird aber von keiner einzigen Stimme in Frage gestellt. Die Frage, warum die Russen „rennen", beschließt den Streit: „‚Die Russen sind einen Dreck was wert!' brüllte nun Hartleben gegen Jahn. ‚Schau sie dir an, wie sie rennen! Schau sie dir an!' ‚Die rennen, weil sie nicht wollen' [...] ‚Und wie die wollen! Das haben wir heute früh gemerkt.' [...] ‚Sie wollen nicht, aber sie müssen', sagte der Prinz zu Reith." (ET 164) Das korrespondiert mit einer Reflexion, die in Zusammenhang mit Katze und Maus formuliert wird, als die Maus nicht mehr vor ihrem Jäger wegrennt: „Thiele meinte: ‚Die läßt sich aber auch alles gefallen', doch Edthofer entgegnete ihm: ‚Sie kann doch nicht anders, merkst du das nicht?'" (ET 173.)

1588 Neben dem (durch seine Maßregelung des unsympathischen Soldaten positiv markierten) Bader, der den biologischen Determinismus und die partikulare Idee, man dürfe sich beim Konflikt ‚anderer' nicht einmischen, in Bezug auf die Katze betont, vertritt auch die Figur „der Prinz" am Anfang der Erzählung die (spätestens im Zusammenhang mit der Tiergeschichte als solche zu interpretierende) rassisch-deterministische Sichtweise, die Russen „müßten" rennen, und beschwört mit seinem Hinweis auf Tolstoi ein spezifisch ‚russisches Wesen'; er wird vom Erzähler als „phantastisch feiner Kerl" (ET 164) bezeichnet.

1589 Er glaubte, „daß das menschliche Leben in eine transzendente Ordnung eingebunden und damit einem Schicksal unterworfen sei." (Köhler 1990, S. 42.) „Menschliche Freiheit" beschränke sich „auf die Akzeptanz einer individuellen Disposition." (Ebd., S. 197.) Damit steht er in verschiedenen religiösen und philosophischen Traditionen; sein Konzept des Schicksals korrespondiert aber nicht zuletzt auch mit der NS-Ideologie, wenn er die

Die Lesart, dass die ‚Natürlichkeit' von Grausamkeit zwischen verschiedenen ‚Rassen' in diesem Text affirmativ reflektiert wird, lässt sich auch beibehalten, wenn dieser „Kernkonflikt" auf die rätselhafte „Katastrophe" am Schluss der Handlung bezogen wird. Eine Reflexion der NS-Rassenmoral, die Mitleid als moralische Gefahr brandmarkt, würde nämlich erklären, wieso die Katastrophe in diesem Text ausgerechnet in der Segnung durch die Frau liegt, statt in den vielen anderen, moralisch aus einer universalistischen Sicht empörender scheinenden Handlungselementen des Texts. Der Protagonist scheint nämlich ihr gegenüber in der Überwindung genau jenes ‚rassenindifferenten' Mitleids zu scheitern, wenn er ein schlechtes Gewissen hat, die Hirse weggegessen zu haben. Diese – wie er auch selbst sagt „unordentlich[en]" – Gedanken (ET 175) weisen ihn im Sinne der NS-Ideologie als untauglichen Rassenkämpfer aus, der die „harmonische und gesunde Sozialordnung"[1590] gefährden könnte, da er nicht, wie nötig „vertrauend auf seine gesunden Erbwerte, ehrfürchtig vor der Rangordnung des Lebens [...] Steigerung des Lebens auf seine Fahnen geschrieben" hat.[1591]

Obwohl er davon überzeugt ist, dass jedes Individuum sich „in sein Schicksal ergeben" muss, wie er selbst angesichts der Jagd zwischen Katze und Maus sagt, lässt er sich gegenüber der Russin dazu hinreißen, sich ihr anzunähern; und diese Annäherung scheint einen irreversiblen Ehrverlust nach sich zu ziehen und ihn, wie die rätselhafte Beschreibung ihres Blicks kurz vor Schluss impliziert, unabwendbar und schrecklicherweise an sie zu binden:

Schicksalsidee direkt mit nationalistischen Konzepten verbindet und an „geistig einheitliche" Reaktionen unterschiedlicher „Völker" glaubt. So wenn er darlegt, dass „wir [also der Autor, N. W.] unter dem Begriff der Nation nicht das Staatsvolk, die Summe der Staatsbürger verstehen können", sondern „eine menschliche Gemeinschaft sehen, die, unabhängig von ihrer staats- und völkerrechtlichen Organisation, dadurch entstanden ist, daß eine gewisse Zahl von Menschen auf ein gemeinsames [...] Schicksal geistig einheitlich reagiert hat. [...] Wir [erblicken], kurz gesagt, in der Nation nicht eine politische, sondern eine kulturelle Person." (Eisenreich 1964, S. 74.) Eine „äußerste Radikalität des Denkens, unerweichliche Härte des Gefühls, unbeirrbare[r] metaphysische[r] Stolz, aber dies alles bauschig gehüllt in äußerliche Nachgiebigkeit" präge u. a. das „österreichische Wesen" (ebd., S. 88).

1590 Bialas 2014, S. 12: „Der von biologischen Schranken und moralischen Hemmschwellen befreite Mensch wurde zum Leitbild einer harmonischen und gesunden Sozialordnung. Gegen eine religiöse Moral des Mitleids mit den Schwachen und der Fürsorge Bedürftigen sollte die Geschichte wieder in Übereinstimmung mit den Natur- und Lebensgesetzen gebracht werden [...]."

1591 Römer 1940, zit. n. Bialas 2014, S. 28.

> [S]ie blickte auf irgend etwas, das ich nicht sah, und sie blickte dieses ferne Ding durch uns hindurch an. Sie durchbohrte uns mit ihrem Blick auf jenes unsichtbare Ding, welches sie also an uns heranzog, durch uns hindurchzog und durch uns mit sich verband. Mir fiel ein, was der Prinz ein paarmal orakelt hatte: ,Das ist nicht Stalin, das ist Tolstoi.' (ET 171)

Die Formulierung, die Russin werde „durch uns hindurch" gezogen, impliziert in ähnlicher Weise die Vorstellung einer Art innerer Kontamination durch das fremde Wesen, wie sie in NS-Moralvorstellungen als „kontagionistische" Angst geschürt wurde.[1592] Durch ihr ,Durchdringen' seines Körpers hat sie im Wortsinn seine „*Verkörperung* gegenteiliger Prinzipien" zur Rassenmoral[1593] irreversibel – „untrennbar [...] auf Gedeih und Verderb" (ET 172), besiegelt. Das an dieser Stelle wiederholte Zitat seines Freundes: „Das ist nicht Stalin, das ist Tolstoi", bestärkt noch zusätzlich, dass damit eine Art russische ,Volksseele' gemeint ist.

Obwohl diese Deutung von heute aus gesehen sehr fern liegt, scheint Eisenreichs Erzähler hier ganz ähnlich wie Weyrauchs Protagonist für seine Verstöße gegen ,natürliche', rassenbiologische Regeln bestraft zu werden; hier weil er der nationalsozialistischen Ablehnung gegenüber Mitleid mit ,Fremden' nicht gerecht wird. Innerhalb des völkischen Moralsystems des Nationalsozialismus erwies sich nun in genau diesem Sinne jeder als untauglich – und lebensunwert –, der seinen natürlichen Instinkten nicht zu folgen vermochte:

> In bewusster Gegensteuerung zur kulturellen Domestizierung müssten die ihrer biologischen Natur entfremdeten Menschen erst wieder lernen, *Versuchungen zu rassenindifferentem Verhalten zu widerstehen* und die Souveränität eines artgemäßen Egoismus auszubilden. Ihre Konditionierung zu instinktsicherem Verhalten legte ihnen ein solches Verhalten als *moralisch* nahe.[1594]

In diesem Sinne kämpft Eisenreichs Erzähler vom Wendepunkt bis zum Schluss der Erzählung mit seinen im Nationalsozialismus als widernatürliche und unmoralische Einschränkungen des Naturrechts des Stärkeren stigmatisierten Gewissensbissen und seinem Gefühl der Verbundenheit mit der Russin. Dadurch, dass der ,Feind' sie dem Erzähler ohne Widerstand, in einer bedrohlichen und erniedrigenden Situation, aufzwingen und ihn damit ,kontaminieren' konnte, bestätigt sich, was er „wissen mußte": dass er seinen „Wert", die rassische Überlegenheit durch seine arische Herkunft verloren

---

1592 So Gross 2010, S. 44; vgl. dazu die Einleitung zu Kap. 4 in Teil II der vorliegenden Studie m. w. H.
1593 Bialas 2014b, S. 25 [Hervorhebung N. W.]; vgl. weiter oben in diesem Kapitel.
1594 Bialas 2014b, S. 29 f. [Hervorhebung N. W.].

hatte und damit, wie er schon einleitend angekündigt hat, „besiegt war für mein Leben." (ET 176)

Schlüsse

Beide in diesem Kapitel besprochenen Texte lassen die Lektüre zu, dass sie auf der Textoberfläche eng an partikularen Moralvorstellungen aus dem Nationalsozialismus anschließen und ‚rassenindifferentes' Verhalten als moralische Gefahr für das ‚Eigene' beschreiben, wobei in beiden Texten nicht nur essentialistische, sondern auch konkret rassenbiologische Begründungen für Zugehörigkeit anklingen: Weyrauch konstruiert seinen Protagonisten als Abtrünnigen einer dezidiert ‚ursprünglichen' Gemeinschaft, die als ethnische Minderheit in den USA wie auch durch tradierte Bräuche – insbesondere natürlich die Blutsbrüderschaft – vor allem über ihr ‚Blut' definiert ist. Die ‚Natürlichkeit' ihrer Lebensweise zeigt sich auch daran, dass die ‚Indianerfamilie' vor dem Eingreifen der ‚Gesellschaft' in einem hohlen Baum wohnt, sich von rohen Fischen ernährt und keine technischen Geräte verwendet. In Eisenreichs Erzählung ist die biologistisch-deterministische Komponente einer Allegorie über „ganz natürliche Grausamkeit" nicht nur im Titel eingeschrieben, sondern auch in einer eingeschobenen Szene über die Jagd einer Katze auf eine Maus, die durch die strenge Novellenstruktur und zahlreiche Querverweise im Text als Allegorie markiert ist und den Kernkonflikt durch ihren sozialdarwinistischen Gehalt zusätzlich biologistisch auflädt.

Obwohl es sich bei „Tiere von ganz natürlicher Grausamkeit" wie auch bei Weyrauchs „Indianischer Ballade" um Ausnahmen in der Gruppe 47 handelt, was diese Nähe ihrer Reflexionen zur NS-Ideologie angeht, sind die Beobachtungen doch bemerkenswert: Beide Texte wurden erfolgreich auf Gruppentagungen gelesen, obwohl sie relativ unmissverständlich für moralische Botschaften stehen, wie sie bereits im Nationalsozialismus propagiert wurden: Mitleid gegenüber ‚Anderen' sei unmoralisch bei Eisenreich; durch die Hinwendung zu der pluralistischen ‚Gesellschaft' verliere man seinen ‚natürlichen', moralischen Kompass und seine Tugenden bei Weyrauch. Dass für beide hier analysierten Texte keine diesbezügliche Kritik dokumentiert ist, kann neben der Tatsache, dass beide Aspekte auch in den Subtexten der *Almanach-* und Preistexte eine wichtige Rolle spielten, als weiterer Beleg dafür gesehen werden, dass zwar bei den meisten Gruppenmitgliedern das Anliegen bestand, mit NS-Diskursen zu brechen, die Sensibilität dafür aber nicht sehr ausgeprägt war.

Und das wird nun im Text von Martin Walser, der im folgenden Kapitel untersucht werden soll, noch deutlicher: obwohl Walsers Satire auf der Textoberfläche gerade gegenteilig mit partikularer Moral umgeht und Vorurteile gegenüber den ‚Anderen' kritisch reflektiert, läuft der Subtext dieser ‚Moral der Geschichte' dennoch entgegen.

2   „Wissen Sie was, ich nenne Sie einfach Herr Ausländer" –
     preisgekrönte Satiren auf Vorurteile gegenüber ‚Andern'

> Er vermutete, daß die neuen Besitzer, die sich nach dem Kriege in das Viertel
> eingekauft hatten, die da und dort alte Nachbarschaften [...] getrennt und zer-
> stört hatten, untereinander einen regen gesellschaftlichen Verkehr unterhielten;
> sie feierten mehr Feste als er und seine Bekannten früher gefeiert hatten. Und
> glichen sie einander nicht, als wären sie alle untereinander verwandt? Oder ge-
> hörten sie gar einer Sekte an, einer Sekte, die den Plan gefaßt hatte, ganz Bernau
> für ihre Mitglieder zu erobern? Je mehr Herr Templone vereinsamte, desto
> schärfer beobachtete er.[1595]

Im Folgenden soll es um die wohl am nächsten liegende Form gehen, wie partikulare Moral auf der Textoberfläche, in der ‚Moral der Geschichte', thematisiert werden kann: Nämlich als Persiflage auf Vorurteile gegen-über ‚Anderen' und auf die moralische Abwertung ‚Fremder'. Diese Art der Reflexion partikularer Moralvorstellungen ist auch in der Gruppe 47 viel häufiger als die gerade für Weyrauch und Eisenreich beschriebene Affirmation der NS-Vorstellung eines sozialdarwinistischen Moralsystems. Insbesondere fremdenfeindliche Vorurteile werden in mehreren Texten kritisch verarbeitet – und unter anderem in mehreren Texten, die den Preis der Gruppe 47 erhalten haben.

Sowohl in Martin Walsers Erzählung „Templones Ende", die 1955 mit dem Preis der Gruppe 47 ausgezeichnet wurde, als auch in Adriaan Morriëns bereits 1954 preisgekrönter Satire „Zu große Gastlichkeit verjagt die Gäste" (aus der das Zitat im Titel dieses Kapitels stammt)[1596] steht eine Figur im Mittelpunkt, deren fremdenfeindliche Wahrnehmung vom Text satirisch ge-brochen wird. Und Heinrich Bölls Satire „Die schwarzen Schafe", die den Preis der Gruppe 47 schon im Jahr 1951 erhalten hat, handelt zwar nicht von einem ethnisch ‚Fremden', aber von den Schwierigkeiten einer Familie mit einigen

---

1595 Aus Walsers *Almanach*-Erzählung „Templones Ende" ([1955] 1962), S. 225; in der Folge
      im vorliegenden Kapitel im Fließtext zitiert (Sigle: WT). Zum Zitat vgl. weiter unten in
      diesem Kapitel. Das Titelzitat des Kapitels stammt aus Adriaan Morriëns Satire „Zu große
      Gastlichkeit verjagt die Gäste" ([1954] 1962); vgl. weiter unten in diesem Kapitel.

1596 „Wissen Sie was, ich nenne Sie einfach Herr Ausländer" sagt die unangenehme Wirtin
      zum Protagonisten in dem schmuddeligen Gasthof, in dem er untergebracht ist (Morriën
      [1954] 1962, S. 192); vgl. dazu weiter unten in diesem Kapitel (2.3).

ihrer Mitglieder, die, eben als ‚schwarze Schafe‘, anders sind als alle anderen. Auch wenn in diesen Texten verschiedene Formen von Vorureilen gegenüber ‚Anderen‘ reflektiert werden und partikulare Moralvorstellungen nicht exklusiv im Zentrum stehen, sollen sie im Folgenden genauer betrachtet werden, zumal, wie in den letzten Kapiteln gesehen, die Abwertung des Fremden oft auch mit Vorurteilen moralischer Minderwertigkeit und der Reduktion moralischen Werts verbunden ist.

„Templones Ende" wird dabei einer genaueren Relektüre unterzogen: Walsers Satire scheint für die vorliegende Fragestellung besonders gewichtig zu sein, weil trotz seiner kritischen Bearbeitung von Fremdenfeindlichkeit im Subtext ein Othering vollzogen wird; wie zu zeigen ist, bestätigt sich sogar zu einem gewissen Grad Lorenz' Fazit einer antisemitischen Werkkontinuität des Autors: Es kommen zwar keine jüdischen Figuren vor, aber eine so große Menge aller negativer Zuschreibungen im Text – ob sie ‚die Fremden‘, vor denen sich der Erzähler fürchtet, oder den persiflierten Erzähler selbst und seine Angehörigen betreffen – stammt aus dem Arsenal antisemitischer Zuschreibungen, dass genauer zu überdenken ist, welche Implikationen das für die ‚Moral der Geschichte‘ hat (2.2). Bevor das genauer ausgeführt wird, sollen die Handlung und die bestehenden Lektüren von „Templones Ende" und Walsers Rolle in der Gruppe 47 etwas genauer ausgeführt werden (2.1). Die Satiren Bölls und Morriëns werden zuletzt als Vergleichsfolien für die im Folgenden vorgeschlagene Lesart von Walsers Erzählung herangezogen, in denen sich zeigt, dass in der Gruppe 47 durchaus auch kritische Reflexionen über Fremdenfeindlichkeit geschrieben wurden, die selbst weniger diskriminierend gestaltet sind (2.3).

2.1   Martin Walser: „Templones Ende" (gelesen 1955) – Rezeption und Lektüren

Martin Walsers kurze Erzählung „Templones Ende" wurde 1955 mit dem sechsten Preis der Gruppe 47 ausgezeichnet, anders als in anderen Jahren sogar mit absolutem Mehr.[1597] Der Text erschien noch im selben Jahr im Band *Ein Flugzeug über dem Haus* (1955) zusammen mit weiteren Erzählungen Walsers als seine erste Prosapublikation überhaupt. Zu dieser Zeit galt Walser, einer der damals wenigen Studierten der Gruppe 47, als unpolitischer Theoretiker, später wurde er dem linken Flügel der Gruppe zugeordnet.[1598]

1597 Vgl. den Tagungsbericht von Stephan [1955] 1967, S. 106.

1598 Vgl. zur Unzulänglichkeit dieser Wahrnehmung Walsers Lorenz 2005, S. 19–31 (i. e. Kap.: „Walsers Wandel – Ein Problem"; vgl. auch weiter unten in diesem Kapitel). So beschreibe Ingrid Kreuzer eine „Wandlung des Theoretikers Walser in der zweiten Hälfte

Erst in jüngeren Jahren, als es die Gruppe 47 längst nicht mehr gab, wurde
er allmählich als konservativ oder sogar rechtsgerichtet und polemisierend
wahrgenommen. Einen Höhepunkt dieser Rezeption Walsers markiert seine
Paulskirchenrede 1998, die Gross und Konitzer wie dargelegt als Musterbeispiel
für Kontinuitäten partikularer NS-Moralvorstellungen und Antisemitismus
bis ins 21. Jahrhundert heranziehen.[1599] Ein weiteres Mal wurde die öffentliche
Diskussion um Walsers Antisemitismus einige Jahre später vom Schlüsselroman *Tod eines Kritikers* (2002) wegen der antisemitischen Darstellung der
Figur „Ehrl-König", einer Karikatur Reich-Ranickis, befeuert.[1600] Ausgehend
von unter anderem diesen beiden Vorfällen hat Matthias N. Lorenz in seiner
Studie *Auschwitz drängt uns auf einen Fleck* (2005) den literarischen Antisemitismus im Gesamtwerk Walsers untersucht. Er nimmt eine „Werkkontinuität" antisemitischer Subtexte an,[1601] womit er sich gegen die simplifizierende
Sichtweise einer *Entwicklung* Walsers als immer weiter nach rechts driftender
„ehemaliger Linker"[1602] stellt. Lorenz kommt zum Schluss, der literarische
Antisemitismus habe sich nicht im Verlauf der Jahre entwickelt, sondern sei
ein im *Gesamtwerk* erkennbares „Element der literarisch und außerliterarisch
vermittelten nationalistischen Bestrebungen des Autors".[1603]
   Die ersten Erzählungen Walsers und damit auch „Templones Ende" blieben
bisher aber von diesen Erwägungen und Debatten ausgenommen, auch bei
Lorenz, da der Band *Flugzeug über dem Haus* noch „kaum Bezüge oder Rück-
schlüsse auf Walsers Bewusstsein der jüngsten deutschen Vergangenheit"

---

         der sechziger Jahre zu einem marxistisch orientierten Klassenkämpfer" (zit. n. Lorenz
         2005, S. 30). Die frühere Wahrnehmung Walsers als unpolitischer Theoretiker wurde
         auch bereits im Kap. 3.3.3 in Teil II der vorliegenden Studie im Zusammenhang mit dem
         Intellektuellenbild in der Gruppe 47 angesprochen.
1599   Gross 2010, S. 201–237. In seiner Friedenspreisrede griff Walser kurz vor der Jahrtausend-
         wende noch einmal die Täter-Opfer-Umkehr und deutsche Opfernarrative der Nach-
         kriegszeit auf und perpetuierte die Dichotomie zwischen ‚uns Deutschen' und ‚den
         Anderen', speziell den jüdischen Opfern des Holocaust, womit er eine Antisemitis-
         musdebatte auslöste. Walser beklagt „unsere geschichtliche Last" durch die „Dauer-
         präsentation unserer Schande" und erklärt u. a. „sie" – die Opfer des Nationalsozialismus
         und die Intellektuellen – sollten die Vergangenheit endlich ruhen lassen, es sei „un-
         erträglich", dass Deutschland nach wie vor nicht als „ganz normales Volk" gesehen werde
         (Walser 1999; vgl. dazu Kap. 2 in Teil I der vorliegenden Studie m. w. H.).
1600   Die Debatte kann bei Lorenz 2005, S. 79–113 nachgelesen werden.
1601   Vgl. ebd., S. 33: „Hauptanliegen dieses Ansatzes ist es, Belege anzuführen, dass die Ent-
         wicklung des Gesamtwerks von Walser nicht im Zeichen von Wandel oder Bruch zu
         deuten ist, sondern mit gleicher Berechtigung auch unter der Prämisse einer Werk-
         kontinuität betrachtet werden kann."
1602   Ebd., S. 17.
1603   Ebd., S. 483 f.

zulasse.[1604] Zur ganzen Bestehenszeit der Gruppe 47 war von rechtskonservativen Positionen oder Antisemitismus Walsers in diesem Sinne auch keine Rede und die interne Geschichtsschreibung behauptete auch im Nachhinein eher das Gegenteil: Reich-Ranicki scheibt noch Jahrzehnte später, bereits Anfang der 60er Jahre sei ein Bruch mit der Gruppe 47 erfolgt, und zwar weil Walser sie „zu einem sozialdemokratischen Stoßtrupp" habe machen wollen.[1605]

Zu den frühen Erzählungen Walsers gibt es dementsprechend aus dem Umfeld der Gruppe 47 und aus der Forschungsliteratur wenig Kritik, sie sind allgemein noch sehr wenig untersucht.[1606] Die Frage, ob Walsers frühe Texte auf den Nationalsozialismus zu beziehen sind, steht im Folgenden nicht im Zentrum: Aus der Perspektive dieser Studie ist die Erzählung schon deshalb bemerkenswert, weil sie ein manichäisches Weltbild zum *Thema* hat und als ‚Moral der Geschichte' infrage stellt. Gleichzeitig lässt sich aber, so die These, in der damit verbundenen Auslagerung von ‚schlechtem Verhalten' Walsers Entwicklung zu einer konservativen Stimme der BRD dennoch vorausahnen, wie nach dem folgenden Überblick über die Handlung (2.2.1) und bestehende Lektüren des Texts (2.1.2) gezeigt werden soll.

2.1.1   Handlung und Bezüge in „Templones Ende"

„Templones Ende" handelt von einem älteren Herrn namens Templone, der „nach dem Kriege" (WT 225) in einem Villenviertel am Stadtrand von Bernau lebt und daran verzweifelt, dass immer mehr Leute ihre Häuser an „Spekulanten" (WT 227, 235) verkaufen, die Häuserpreise deswegen verfallen und neue, fremde Leute von außerhalb hinzuziehen. Er will dagegen vorgehen, sein Haus unter allen Umständen behalten und die verbliebenen „Alteingessenen" (WT 233, 236) dazu bringen, es ihm gleichzutun. Wie in der eingangs von diesem Kapitel zitierten Stelle besonders deutlich wird, nimmt er die Fremden als bedrohliche Einheit wahr, ist der Meinung, es scheine, „als wären sie alle untereinander verwandt" (WT 225), überlegt, ob sie alle „gar einer Sekte" (ebd.) angehörten oder „eine Organisation am Werke sei, das

---

1604 Ebd., S. 258.

1605 Reich-Ranicki 1997, S. 216. Reich-Ranicki datiert den Bruch auf den Zeitpunkt, als Walser den Band *Die Alternative oder Brauchen wir eine neue Regierung* (1961b) publiziert habe, vgl. ebd. Das ist aber nur eine Position von vielen; zu den teilweise diametral auseinandergehenden Interpretationen von Walsers politischer Einordnung und Entwicklung vgl. Lorenz 2005, S. 24–27.

1606 Allen voran der Reclam-Lektüreschlüssel von Andreas Meier (2004); sein Literaturüberblick enthält keine weiteren Aufsätze explizit zu „Templones Ende", vgl. ebd., S. 9–17; vgl. aber auch den Forschungsüberblick weiter unten in diesem Kapitel.

Villenviertel Bernau planmäßig zu erobern, eine ausländische oder staatsfeindliche Organisation gar!" (WT 226). Und in diese Paranoia verrennt er
sich im Verlauf der Erzählung immer mehr, was schließlich zu seinem titelgebenden „Ende" führt.

Da Templone das Gefühl hat, die Fremden würden hinter ihren Mauern
flüstern und Feste feiern, von denen er ausgeschlossen sei, versucht er nämlich mit immer ausgefalleneren Mitteln dagegenzuhalten: Er organisiert selbst
ausgelassene, laute Feste, die ‚den Neuen' zeigen sollen, dass die ‚die Alten'
genauso viel Spaß hätten, und gewährt einem uralten Professor, der Opfer der
Spekulation geworden ist und ausziehen musste, bei sich Obdach. Aber das
macht alles nur noch schlimmer, seine Feste sind lächerlich und seine Tochter
verliebt sich in den uralten Professor, woraufhin die beiden ihr gemeinsames
Zimmer nicht mehr verlassen und Templone seine einzige Bezugsperson
auch noch verliert. Er verzweifelt und stirbt zuletzt einsam und verlassen,
indem er von einem großen Buch in seiner verstaubten Bibliothek begraben
wird. Erst ganz am Ende, als nach seinem Tod die Erzählperspektive wechselt,
erfährt man, wie die angeblich so bösen Nachbarn in Wirklichkeit auf ihn
reagiert hätten:

> Der Gasmann, der ja sein monatliches Geld haben mußte, kam dazu und holte
> gleich die Nachbarn von links und rechts. Die besahen sich alles und sorgten für
> die Beerdigung des alten Herrn, der zwischen ihnen gelebt hatte, unverständlich
> wie ein Stein. Aber sie trugen es ihm nicht nach, daß er nie gegrüßt hatte, wenn
> man ihm begegnet war. (WT 233 f.)

Spätestens in diesem letzten Satz ist deutlich: Die Feindseligkeiten, das Ge-
tuschel, ja die Verschwörungen, die Templone gewittert hatte, waren seiner
Phantasie entsprungen; er selbst ist es, der mit seiner Paranoia sein jämmer-
liches Ende herbeigeführt hat.

In den wenigen zugänglichen Analysen dieser Erzählung, allen voran dem
Reclam-Lektüreschlüssel von Andreas Meier aus dem Jahr 2004, wird insbesondere der Bezug der Erzählung zu Franz Kafka stark gemacht.[1607] Das
liegt doppelt nahe: Kafka war in der Frühphase der Gruppe 47 sehr populär,[1608]
und Walser hat zudem sein Germanistikstudium im Jahr 1952 mit einer Dissertation abgeschlossen, die den Titel „Beschreibung einer Form – Versuch
über die empirische Dichtung Franz Kafkas" trägt;[1609] was einen Vergleich

---

1607   Vgl. Meier 2004, S. 3–8.
1608   Vgl. Böttiger 2012, S. 126–128 dazu, wie viel es um Kafka ging; vgl. auch Waine 1999, S. 128 f.
1609   Eingereicht am 09.02.1952, einsehbar im Archiv der Universität Tübingen; publiziert
       wurde sie 1961 unter dem Titel *Beschreibung einer Form*.

seiner Erzählung mit den affirmativen Thesen dieser Dissertation ermöglicht. Wie Meier betont, waren denn auch in der frühen Rezeption „Schlagwörter vom ‚Kafka-Epigonen' [...], vom ‚Kafka-Schüler' [...] und ‚der Nachfolge Kafkas'" dominant, „wobei als Indiz der Abhängigkeit stets die Kollision des Individuums mit ihm anonym entgegenstehenden Mächten angeführt" worden sei.[1610] Diese Rezeption prägt nach wie vor die spärlichen Darstellungen über den ersten Erzählband.[1611]

Die Parallelen zwischen „Templones Ende" und dem Werk Kafkas sind aber höchstens auf den ersten Blick überzeugend. Zwar ist Templone, wie das Walser auch als Kern von Kafkas Texten sieht, unbekannten und fremden Kräften ausgesetzt, an denen er zugrunde geht.[1612] Und die Protagonisten der Handlung können wohl auch als „entwicklungsunfähig[]"[1613] und nur durch ihre „Charakteristik" funktional[1614] beschrieben werden, was Walser den Figuren Kafkas ebenfalls zuschreibt.[1615] Bereits Waine verwirft den Bezug zu Kafka aber überzeugend mit Hinweis auf die Ironie Walsers, die dem Kafkaesken entgegenstehe.[1616] Dem sind gerade hinsichtlich der Funktion ‚des Fremden' etliche inhaltliche Aspekte hinzuzufügen: So bleibt, wie auch Meyer bemerkt, bei Walser anders als bei Kafka eben *nicht* offen, wer oder was wirklich hinter der bedrohlichen fremden Macht steckt[1617] – es sind ganz explizit die nach dem Krieg neu zugezogenen Nachbarn. Bei Walser ist es damit kein diffuses

---

1610 Meier 2004, S. 4.

1611 So werden in Arnold (2004b) die Ähnlichkeiten zwischen „Templones Ende" und Kafkas Erzählung „Der Nachbar" betont (ebd., 101); auch Waine (1999) schreibt vom „kafkaesque style" in Walsers frühen Texten (ebd., S. 127).

1612 Übrigens ist auch gar nicht selbstverständlich, dass Walser gerade die literarische Bearbeitung einer *Bedrohung* durch das *Fremde* ins Zentrum seiner Kafka-Referenz stellt. Das ist im Sinne der Fragestellung nach Moral und Alterität angesichts der Vielschichtigkeit und des Wandels der Konnotation einer ‚Angst vor dem Fremden' von Kafkas Lebzeiten zu der Zeit nach dem Holocaust bereits bemerkenswert. Die Kafka-Referenzen z. B. einer Ilse Aichinger (die in der Gruppe 47 zur gleichen Zeit als „Fräulein Kafka" galt; vgl. z. B. Böttiger 2012, S. 122) gehen mit diesem Aspekt ganz anders um (zu Kafka und Aichinger im Kontext der Gruppe 47 vgl. Bigelow [2020]).

1613 Meier 2004, S. 6.

1614 Walser 1997, zit. n. Meier 2004, S. 5.

1615 „Weitaus nachhaltiger jedoch prägte die analytische Beschäftigung mit Kafka Walsers frühe Erzählform, prägte der zentrale Konflikt entwicklungsunfähiger Figuren mit einer opponierenden, erzählimmanent nicht verstehbaren und als fremd empfundener Ordnung seinen literarischen Beginn." (Meier 2004, S. 6).

1616 Während „the shadow of Kafka" in anderen Erzählungen Walsers durchscheine, sei er in „Templones Ende" „alsmost disappeared" (Waine 1999, S. 136).

1617 Vgl. Meier 2004, S. 7: „In diesem Sinne illustriert vor allem der Schlussabsatz von Templones Ende die sich von Kafka entfernende Perspektivierung, indem Templones Verhalten in psychologische wie soziale Erklärungszusammenhänge gestellt wird."

und abstraktes, sondern ein reales Fremdes, das dem Protagonisten bedrohlich erscheint, die Vorurteile, die er wie Kafkas Ich-Erzähler in „Der Nachbar" hat,[1618] treffen hier speziell die Auswärtigen. Und der entwicklungsunfähige, ‚typenhafte' Protagonist ist dementsprechend auch keine tragische, in sich erstarrte Figur, sondern erscheint vor allem lächerlich.

Was bei Kafka kafkaesk erscheint, wird hier dadurch als leicht erklärbarer Wahn des Protagonisten dargestellt, sodass spätestens vom Ende her gelesen ein ganz spezifisches und viel weniger kafkaeskes Thema im Zentrum des Texts steht, nämlich Fremdenfeindlichkeit.

2.1.2   Parabel um Fremdenfeindlichkeit

Das ist auch die zweite bereits bestehende Lesart des Texts:[1619] Die vordergründige ‚Moral der Geschichte' ist eine einfache Parabel gegen die Angst vor dem Neuen und Fremden. Diverse Konstruktionsmomente drängen die Lesart auf, dass der Protagonist selbst schuld ist, dass er an den Fremden zugrunde gegangen ist; dass es gerade sein eigener Wahn war, der zu seinem „Ende" geführt hat. Seine Vorurteile und Rassismen sind in der Erzählung sehr präsent. So betont Templone, wie zitiert, es handle sich bei der fremden ‚Invasion' – die er ausgerechnet mit einer durch Insekten bzw. „Ungeziefer" vergleicht (WT 225) – wahrscheinlich „gar" um Ausländer (WT 226). Einen drahtziehenden Immobilienmakler, von dem er phantasiert, stellt er sich wie eine exotistische Gruselfigur mit satanischem Lachen vor: „wahrscheinlich würde seine Aussprache fremdländisch und betörend sein, bis er dann plötzlich zu lachen begänne ..." (WT 232). Und wenig überraschend erscheinen die Fremden in seiner Perspektive auch in Bezug auf Moral als minderwertig. Templone ist zwar früher selbst Immobilienmakler gewesen, aber mit der Geschäftstüchtigkeit der Neuen kann er seiner Meinung nach schon deshalb nicht mithalten, weil sie überhaupt keine Skrupel zu haben scheinen: Wie er behauptet, reisen sie mit einer „von der Post nicht mehr zu erreichenden Geschwindigkeit von Hotel zu Hotel", sodass sie auf keine menschlichen

---

1618 Ebd., S. 6.

1619 Meier 2004 schreibt, frühere antikapitalistische Lesarten („die die Kollision des Individuums mit ökonomisch bedingten sozialen Strukturen in den Vordergrund rücken, die gar betonen, seine Figuren seien ‚erkennbar an das kapitalistische System gebunden, in dem die Konkurrenz und die anonyme Macht der großen Konzerne die Menschen ihren wirklichen Lebensmöglichkeiten entfremden'", ebd., S. 2) seien durch die Schlusspointe widerlegt: Durch sie verliere „das gesellschaftliche Umfeld seine Bedrohlichkeit und somit Templone seine potentielle Rolle als Opfer sozialer Zustände" (ebd., S. 2); es zeige sich, dass „die von ihm als bedrohlich empfundene Außenwelt" keineswegs „gewaltsam in seinen Besitz ein[dringt]." (Ebd.).

Einwände mehr eingehen können (WT 230), bis sich Templone gezwungen sieht, „ein Beispiel [zu] geben [...], wie man sich in diesen Tagen zu verhalten habe." (WT 229)

Gleichzeitig wird diese Selbstwahrnehmung Templones als Opfer desavouiert und seine Vorurteile wie auch seine moralische Überlegenheit werden dadurch relativiert. Die externe Erzählstimme fokalisiert ihn zwar bis kurz vor Ende der Erzählung als einzige Reflektorfigur, seine Wahrnehmung wird aber mit viel ironischer Distanz wiedergegeben. Allem voran geschieht dies durch die bereits zitierte Schlusspointe, die Neuen hätten ihm sein schrulliges Verhalten nachgesehen: Nachdem seitenlang beschrieben wurde, welche Bedrohlichkeit Templone den Nachbarn zuschreibt, werden sie in nur zwei Sätzen rehabilitiert. Dazu kommen schon vorher Hinweise, dass Templones Einschätzung nicht einfach die ‚Moral der Geschichte‘ wiedergeben soll.

Seine Angst vor den Fremden kippt schon auf der ersten Seite ins Lächerliche, wenn er über sie denkt: „Vielleicht waren sie schlimmer als die giftigste Insektensorte, vielleicht waren sie viel, viel harmloser, *daß man das nicht recht wußte, war vielleicht sogar das Schlimmste.*" (WT 225 [Hervorhebung N. W.]) Wovor er eigentlich Angst hat, ist also sein eigenes Unwissen – ähnlich dem, was in der aktuellen Tagespresse oft pejorativ unter dem Begriff „diffuse Ängste" gefasst wird.[1620] Da er wie erwähnt sein eigenes Vermögen ebenfalls mit Spekulation erwirtschaftet hat, erscheint es zudem als eine Art erzählerische Rache, dass ihn nun neue Spekulanten in den Ruin treiben: Er wird ‚mit seinen eigenen Mitteln geschlagen‘.

Vor allem aber ist sein schrulliges Benehmen deutlich ausgestellt. So liest er ausschließlich „aus gebundenen Zeitungen der letzten fünfzig Jahre" (WT 227), und zwar „mit dem gleichen gierigen Interesse", als wären es neue (WT 228). Als seine Paranoia vor den Nachbarn beginnt, bauen er und seine Tochter „nach allen Seiten reichende Beobachtungsstände" (WT 229) auf und beobachten die Fremden rund um die Uhr (ebd.); nachts schleichen sie sich zur Gartenmauer und verteilen eine „glitzernde Spur der Glasscherben auf der Mauerkrone" und „Eisenhaken und scharfe Blechschnitzel nach einem von

---

1620 Ein Begriff, der medial bekanntermaßen verbreitet ist als Umschreibung unbegründeter Ängste, bei denen unklar ist, was sie treffen, die aber gerade deswegen anscheinend besonders beängstigend sind; oft auch als Euphemismus für Rassismus verwendet. Vgl. neben vielen anderen: „Asylsuchende diskriminiert? ‚Diffuse Ängste‘ reichen nicht für Rayonverbot" (*SRF* am 27.02.2017); „Diffuse Ängste gefährden die grösste Freihandelszone der Welt" (*Tages-Anzeiger* 24.05.2014); „Asylzentrum Burgdorf: Diffuse Ängste reichen nicht für eine Schliessung" (Berner Zeitung 20.02.2016); „Hilfe! Flüchtlinge! Ob Glyphosat, Einbrüche oder Ausländer: Politiker schüren diffuse Ängste, um Wähler zu gewinnen" (*Zeit* 12.06.2016).

ihm selbst gezeichneten Plan" (ebd.). Da seine zur Abwehr inszenierten Feste trotz allem Alkohol nicht so laut und lustig sind, wie er es möchte, spielt er irgendwann sogar Lärmschallplatten ab, um Spaß zu simulieren: „Stimmen-durcheinander', ‚Theaterbeifall', ‚Kindergarten', ‚Schulhof' und sogar ‚Fußball-platz'". (WT 232) Seine Tochter ist ihrerseits ein 38-jähriges „Fräulein", und es wird in langen Abschnitten beschrieben, wie sie und Templone sich den ganzen Tag lang aus dem Weg gehen (WT 228 f.), obwohl sie anscheinend seine einzige Bezugsperson ist und ihn noch lange „nicht im Stich" (WT 229) lässt. Dass er sie schließlich an den alten Professor verliert, ist von heute aus gesehen etwas unangenehm humorig beschrieben: nun müsse er ihr auch noch in ihrer ‚späten Blüte' bei „unverhüllter Schamlosigkeit" zuhören. (WT 232) Und nicht zuletzt erscheint selbst die Todesart Templones, begraben unter einem der dicken alten Zeitungsbände in seiner Bibliothek, weniger tragisch als komisch.

Schon bevor die Nachbarn sich plötzlich als freundliche Leute entpuppen, ist die Situation im Haus Templones also längst ins Groteske überzeichnet worden. Allerdings stellt sich die Frage, ob dadurch auch die ausgestellten Vor-urteile und die Angst vor dem ‚Andern' wirklich so eindeutig unterwandert werden, wie es der Text auf den ersten Blick impliziert.

2.2   Relektüre: Wer ist Templone?

Die zunächst recht simpel wirkende Parabel gegen Fremdenfeindlichkeit bleibt nämlich, will man die Erzählung konsequent in ihrem Sinn lesen, nicht störungsfrei. Dies ist vor allem zwei Aspekten geschuldet, die in der Folge noch etwas genauer beleuchtet werden sollen: Erstens verwirrt eine ungewöhnliche Mischung aus scheinbar sehr konkreten Informationen und Zuschreibungen (der Text spielt in Bernau, nach dem Krieg, die Figuren sind aufgrund von Werteverfall verarmt) und Unklarheiten, die dabei doch erhalten bleiben, die Deutung, wer hier eigentlich persifliert wird. Es bleibt nämlich unklar, wer die Fremden überhaupt sind, nach welchem Krieg der Text spielt, wieso die Im-mobilienpreise fallen und vor allem, was zentral für das Verständnis der Satire wäre, wieso die Protagonisten binnenfiktional *und* vom Erzähler plötzlich so marginalisiert werden. Zweitens wird die Fremdenfeindlichkeit insofern nicht konsequent subvertiert, als die Fremden bzw. die ‚Neuen', von denen sich Templone bedroht fühlt, tatsächlich viel Schaden anrichten, sodass sich die Ängste des unsympathischen Protagonisten größtenteils bewahrheiten – und dafür auch in der Figurenzeichnung von Templone und den ‚Seinigen' fremdenfeindliche Aspekte auszumachen sind.

Wie zu zeigen ist, tragen beide Aspekte dazu bei, das Wertesystem des Texts in Bezug auf erzählte Alterität deutlich zu verschieben. Um das deut-lich zu machen, sollen zunächst die offenen Fragen und Unklarheiten genauer beleuchtet und daraufhin die Figurenzeichnung kontextualisiert werden, bevor herausgearbeitet werden kann, wie sich die ‚Moral der Geschichte‘ zu den im letzten Teil der Studie beschriebenen vorherrschenden Subtexten in der Literatur der Gruppe 47 verhält.

2.2.1   Setting

Dass die genaue Handlungszeit und die biografischen Hintergründe der Figuren unklar und scheinbar unwichtig bleiben, verstärkt zunächst den parabelhaften Charakter und die kafkaesken Anklänge der Erzählung. Gleichzeitig generieren diese Unklarheiten, gerade durch die wenigen dennoch enthaltenen Anspielungen, auch selbst eine Bedeutung. So ist nicht zufällig, dass Lorenz in seiner Dissertation einschränkt, Walsers frühe Erzählungen wiesen *kaum* Bezüge zum Nationalsozialismus auf,[1621] und Hamm 2002 schreibt: „wenn in ‚Templones Ende‘ von dem Besitz die Rede ist, den ‚Herr Templone vor dem Krieg in Berlin erworben hatte‘, so lässt die völlige Unschuld des Erzählers nicht die Frage zu, ob es sich um arisierten Besitz handeln könnte".[1622] Dass er überhaupt auf die Idee kommt, das abzuweisen, zeigt paradoxerweise, dass der Gedanke gerade in dieser frühen Erzählung durchaus aufkommen kann.

Und es gibt in der Tat einige Hinweise, die NS-Bezüge von „Templones Ende" nahelegen. Zuallererst, dass es sich – ‚die Neuen‘ sind „nach dem Kriege" gekommen (WT 225) – um einen Text über *eine* Nachkriegszeit handelt,[1623] der in *der* Nachkriegszeit 1951 publiziert wurde; in den *Almanach*- und Preistexten bedeutet das wie im letzten Teil der Studie gesehen oft, dass sich die Erzählung auch unterschwellig mit dem Nationalsozialismus auseinandersetzt.[1624] In „Templones Ende" kommen dazu noch einige konkretere Hinweise, die in den 50er Jahren in der Gruppe 47 vermutlich sogar noch einfacher verstanden wurden. Da der in Bernau lebende Templone Schallplatten abspielt und

---

1621 „Die frühesten Texte Walsers weisen, soweit sie uns bekannt sind, kaum Verknüpfungspunkte mit der unmittelbaren nationalsozialistischen Vergangenheit, geschweige denn mit dem Holocaust, auf." (Lorenz 2005, S. 258.) Wie er später auch ergänzt, seien „durchaus unausgesprochene Subtexte denkbar [...]." (Ebd., S. 259.)

1622 Hamm 2002, zit. n. Lorenz 2005, S. 259.

1623 Die bereits ganz am Anfang aufgerufen wird, wenn es (wie am Anfang dieses Kapitels länger zitiert) heißt, „vor dem Krieg" habe Templone „seinen Besitz in Bernau erworben"; jetzt aber, [n]ach dem Kriege", hätten „viele Häuser ihre Besitzer" gewechselt (WT 225).

1624 In der Gruppe 47 klingt in vielen Texten der Nationalsozialismus an, obwohl Handlungszeit und -ort nicht genannt werden oder sie sogar explizit in einer anderen Zeit oder an einem anderen Ort spielen, so bereits in der im letzten Kapitel genauer untersuchten „Indianischen Ballade" (vgl. Kap. 1.2.1 im vorliegenden Teil III der Studie), aber insbesondere auch in vielen *Almanach*-Texten; vgl. dazu Kap. 2.3.1 in Teil II der vorliegenden Studie.

Tischtennis spielt, ist klar,[1625] dass es sich um einen Krieg im 20. Jahrhundert in Deutschland handeln muss, das heißt den Ersten oder Zweiten Weltkrieg.

Wie übrigens auch in anderen frühen Erzählungen aus dem Band *Flugzeug über dem Haus*[1626] kann hier zudem ein großer Teil des Assoziationsraums auf den Nationalsozialismus bezogen werden. Einerseits soll der Text im Bernau spielen, das real existiert, aber wohl dennoch klanglich nicht zufällig an Braunau, den Geburtsort Hitlers, erinnert. Dazu kommen einzelne Versatzstücke der Handlung, die ebenfalls, sogar beinahe chronologisch, den Nationalsozialismus aufrufen: Wirtschaftskrise, paranoide Angst vor Fremden, die ausgerechnet als „Ungeziefer" (WT 225) beschrieben werden,[1627] Abschottung und Selbstverteidigung gegen erfundene Gefahren, Propaganda bei den anderen ‚Alteingesessenen', quasi ‚enteignete' Villen, ‚Vertriebene', die man bei sich unterbringt (der alte Professor), ein Gasmann – aus diesen Handlungselementen lässt sich die Erzählung fast komplett zusammensetzen

---

1625 Beides wurde in Deutschland erst etwa um 1900 populär, vgl. Gauß 2009 zu den Schallplatten; o. A. 1998, Bd. 22, S. 125 zum Tischtennis.

1626 Das kann hier nicht genauer ausgeführt werden; der Assoziationsraum ist in den meisten Texten des Bandes sehr ähnlich, so in der – noch viel kafkaesker anmutenden – Titelerzählung „Flugzeug über dem Haus" (Walser 1955, S. 7–13): Dieser Text handelt von einer Geburtstagsfeier eines Mädchens aus der Klasse des Protagonisten, in der zunächst alles ganz normal scheint. Als aber die Mutter der Gastgeberin weg ist, trennt sich die Gesellschaft plötzlich in die Geschlechter auf und die Mädchen werden immer seltsamer und bedrohlicher, bis sie sich: „mit farblosen Gesichtern und rotgeränderten Augen um den Tisch drängten und zu uns herstarrten" (ebd., S. 12). Der Eindruck entsteht, sie wollten die Jungs angreifen, die ihrerseits plötzlich wie Tiere beschrieben werden, „sich langsam von den Stufen hoben und ihre Lippen von den Zähnen nahmen" (ebd.). Und als der Großonkel des Mädchens kommt und den Jungen helfen will, schreit das Geburtstagskind: „Warum bist du nicht droben geblieben? Wir hätten es geschafft! Du hast uns an sie ausgeliefert!" (ebd., S. 12 f.), und der Erzähler zieht schließlich den Schluss: „[W]ir waren so sehr Herr geworden über alles, dass wir uns nicht einmal rächten." (Ebd., S. 13.) Auch dieser Text wäre hinsichtlich einer Täter-Opfer-Umkehr trotz der diffusen Handlungszeit genauer zu beleuchten, da auch hier in Anklang an den Nationalsozialismus ein donnerndes Flugzeug die Situation auflöst (vgl. ebd., S. 13) und zudem das Mädchen den Namen Bergmann trägt wie die Hochspringerin Gretel Bergmann, die 1936 als einzige Jüdin im olympischen Team als „Hitlers jüdisches Alibi" galt (vgl. Teuffel 2017), damit Deutschland nicht disqualifiziert wurde, aber schließlich mit fadenscheinigen Begründungen ebenfalls ausgeschlossen wurde. Sie war im Nationalsozialismus als eine von wenigen Jüdinnen in den Medien entsprechend präsent; zudem wird auch hier die gewaltvolle Handlung anspielungsreich durch ein Flugzeug, das über das Haus donnert, beendet.

1627 Entsprechend einer jahrhundertealten antisemitischen Semantik über die Juden, vgl. z. B. Gubser 1998, der die Metapher als wichtiges sprachliches Mittel des Antisemitismus beschreibt, weil eine „Strategie der Entmenschlichung' [...] in all den vielen Ungeziefer-, Unkraut- und Seuchenmetaphern [...] einige Relevanz" gewinne (ebd., S. 85).

und sie decken zugleich wichtige Aspekte der Chronologie des ‚Dritten Reichs‘ ab; sogar die siegreichen USA sind in Form des überlegenen Investors aus Templones Traum vertreten.[1628]

Zugleich passt aber nichts richtig zusammen: Es ist verwunderlich, dass die Wohnungsbesitzer immer noch in Scharen verkaufen, als die Preise schon längst im Keller sind. Und vor allem stellt sich die Frage: Wieso sinken diese Preise überhaupt? In der Nachkriegszeit des Zweiten Weltkriegs sanken die Immobilienpreise nicht, sondern stiegen wegen Wohnungsmangels in den zerbombten Städten vielmehr rasant an. Die ‚neuen‘, ärmeren und argwöhnisch beäugten Nachbarn erinnern im Nachkriegskontext zunächst an die Ostgeflohenen. Dazu passt aber weder ihre exotistische Beschreibung (bunt, laut, sie spielen das neuartige Tischtennis), noch eine weitere Tatsache, auf die gleich genauer eingegangen wird: Dass die „Alteingesessenen“ ihrerseits eher jüdisch erscheinen – und es nach dem Zweiten Weltkrieg natürlich keine reichen Juden waren, die von den Ostgeflohenen verdrängt wurden oder die überhaupt eine Villa besaßen; wenn es Juden wären, wäre zudem der ironische Ton der Erzählung erstaunlich und ihre Verfolgungsgeschichte im Nationalsozialismus komplett ausgespart.

Angesichts der sinkenden Wohnungspreise und dieser jüdischen Markierung liegt deswegen doch wieder ein Bezug zum Ersten Weltkrieg nahe; es könnte auf die Krise 1929 anspielen. Die war aber global, es profitierten keine ‚fremden‘ oder US-amerikanischen Spekulanten von deutscher Not, auch waren Häuser wegen der Inflation gefragt und ihre Preise zerfielen nicht – und zudem müsste dann der Verlauf der Erzählung als Darstellung der Enteignung der Juden im Nationalsozialismus gelesen werden; was sich kaum mit der Beschreibung der Geschehnisse als paranoider Wahn der Figur in Deckung bringen lässt. Widerspruchsfrei ist also keine dieser vereindeutigenden Lesarten, was vor allem dem Parabelhaften der Erzählung geschuldet ist. Dass gerade der jüdische Anklang der Figuren einige der Ambivalenzen verursacht, wirft aber Fragen auf. Es scheint, als wäre es für den Text unabdingbar, dass die Figuren jüdische Klischees bedienen, obwohl es der Handlung und der Stringenz der erzählten Welt des Texts kaum dienlich ist. Deswegen soll die Figurenzeichnung im Folgenden noch etwas genauer betrachtet werden.

1628 Der eingebildete Amerikaner „Mister Berry“ erlebt in Templones Albtraum auch wirklich eine Art Sieg; Templone fantasiert, dass er dessen Überlegenheit eingestehen müsse, er „würde [...] dann kraftlos zurücksinken, würde Mister Berry seine Villa hinwerfen“ (WT 232). Dieser habe seinerseits extra „eine Reise gemacht, um Sie zu sehen, Sie, den letzten der Alteingesessenen, den hartnäckigen“ (ebd. 233) – man habe lange gewartet, weil man gewusst habe, „ein Mann wie Templone kann nur von sich selbst zur Strecke gebracht werden, soweit wäre es also, nicht wahr, Herr Templone“ (ebd.).

2.2.2   Zuschreibungen ‚des Jüdischen‘

Zwar werden die Protagonisten nicht explizit als Juden dargestellt, es handelt
sich nur um Assoziationsräume, die auch einige Kontrapunkte haben, ähnlich
wie das bereits für die anderen beschriebenen Anspielungen gilt. Hier sind die
Signale aber noch deutlicher. Das wohl deutlichste Gegenindiz dazu, dass es
sich um jüdische Figuren handelt, ist zwar, dass „Templone“ und „Priamus“ –
letzteres ist der Name des uralten Professors, der eine Affäre mit der Tochter
Templones beginnt – keine jüdisch konnotieren Namen sind. Es sind vielmehr sprechende Namen, die die Rolle der Figuren in der Parabel vorweg-
nehmen. „Priamus“ kann nach griechischer Etymologie auf das griechische
oder lydische Wort πρίασθαι (priasthai ‚kaufen‘) bezogen werden;[1629] in der
lautlichen Ähnlichkeit zum ‚Primus‘ der Klasse klingt seine Intellektualität
an. Zudem erinnert der Name gleich an zwei Figuren der griechischen Mytho-
logie, wie Waine bemerkt hat, nämlich an Priamos und an Priapus / Priapos.[1630]
Beides korreliert ihn passend zur Handlung mit außergewöhnlicher Sexualität:
Priamos hat bis ins hohe Alter unzählige Kinder gezeugt, Priapus gilt als Gott
der Fruchtbarkeit und Begründer eines vorchristlichen Kultes, sein wichtigstes
Attribut in bildlichen Darstellungen ist ein enormer Phallus.[1631]

Die Bedeutung von „Templone“ ist bei Meier aufgeschlüsselt; auch dieser
Name steht in griechischer Tradition und kann – genauso passend zur
Handlung – als Abwandlung des Begriffs Tempel, der ursprünglich „heilige
Abgeschiedenheit“ bedeutete, gelesen werden.[1632] Waine weist zudem auf die
Endung -„lone“ und ihre ganz ähnliche Bedeutung im Englischen hin.[1633] Be-
merkenswert ist aber, dass damit beide Namen auch dezidiert un- oder sogar
antichristliche Assoziationen aufrufen: Mit Priapus eine Art heidnischer
Messias, mit dem Tempel im antiken Rom Stätten des Heidentums.[1634] Die
Figuren sind also im Kontext der Gruppe 47, wo deutsche, christliche Männer

---

1629   Vielen Dank an Matthias N. Lorenz für diesen Hinweis.
1630   Vgl. Waine 1999, S. 133; letzteres ist die deutsche Schreibweise, Priapus die Latinisierte, die
       auf Englisch gebräuchlich ist.
1631   Vgl. ebd.
1632   Meier 2004, S. 4.
1633   Waine 1999, S. 134.
1634   Letzteres merkt auch Waine (1999) an, er deutet es aber rein allegorisch, nicht als Hinweis
       auf konkrete Religionszugehörigkeit der Figuren: „It is also worth remembering that a
       temple in Roman times designated a non-Christian building, wherein a cult would meet,
       worship, and celebrate. Templone and his pre-war villa-inhabiting neighbours would in-
       deed regularly meet and hold ‚Feste‘, and the post-war Templone resuffects precisely this
       social ritual, the ‚Fest‘ in order to communicate to his new neighbours the vitality and the
       values of the old inhabitants of their quarter. The villa, as in pre- and post-Christian cultic
       rites and practices, becomes an object of fetishistic worshipping.“ (Ebd., S. 134.)

das unmarkierte ‚Normale‘ sind, bereits durch ihre Namen alterisiert, und zwar wie auch die Juden als kulturell-religiöse, nicht-christliche Andere.

Und in genau diesem Sinn ist ein beachtlicher Teil der negativen Attribute, die den Figuren ‚auf Templones Seite‘ zugeschrieben werden,[1635] auch aus negativen jüdischen Figurenzeichnungen bekannt. Alle entsprächen sie Gubsers Kategorie der „lächerlichen Juden“,[1636] und das Figurenarsenal passt genau dazu: Ein reicher Immobilienspekulant,[1637] seine jungfräuliche Tochter, zu der er ein irritierend enges Verhältnis hat,[1638] seine Freunde, die von Beruf „Ober-medizinalrat“ und „Hofrat und ehemaliger Kammersänger“ sind (WT 230), ein uralter hochintellektueller, lebensuntauglicher, gebrechlicher, aber dennoch lüsterner Professor[1639] und dessen „einem gestorbenen Raubvogel ähnelnde

1635 Auf die ‚Fremden‘ dagegen trifft das nicht zu; weder die Spekulanten noch die Neu-zugezogenen werden mit entsprechenden Attributen belegt. Nur eine Stelle könnte man so deuten, die aber eher der Nähe zwischen antiamerikanischen und antisemitischen Vorurteilen geschuldet sein könnte. Nämlich die (zudem nur in der Phantasie Templones stattfindende) Charakterisierung als von Hotel zu Hotel hetzende Kosmopoliten (WT 230). Vgl. dazu Lorenz 2005, S. 279, der die Eigenschaften des jüdischen Intellektuellen mit Gubser 1998 als „heimatlos, urban, kosmopolitisch, zynisch und gottlos beschrieben“ zusammenfasst. Mehrheitlich sind es aber gar nicht die Spekulanten selbst, die nun dort wohnen, sondern einfach neue, weniger reiche Mieter/-innen oder Käufer/-innen. Templones Vorstellung, sie würden von den neuen Spekulanten gezielt eingesetzt, wird vom Text nicht gestützt. Es wird nur gesagt, dass sie Tischtennis spielen (WT 232), Feste feiern (WT 225) und Templone am Schluss beerdigen (WT 234).

1636 Gubser 1998, S. 120–123, beschreibt den ‚lächerlichen Juden‘ neben dem ‚edlen‘ und dem ‚gefährlichen‘ Juden als einen der drei „gängigsten jüdischen Figurenklischees“ (ebd., S. 119) der antisemitischen Judendarstellung im 19. Jahrhundert.

1637 Doppelt klischiert über das populärste Stereotyp überhaupt, Spekulation und Geldgier, sowie über den Handel mit Immobilien. Vgl. Gubser (1998) zum „Schacherjuden“ S. 123–125: Dieser sei „verschlagen, schmutzig, gierig und immer auf seinen ökonomischen Vor-teil bedacht“ (ebd., S. 123); und zwar „gleichgültig, ob als kleiner Schacherer, Güterhändler oder moderner Finanzkapitalist“ (ebd., S. 125).

1638 Sexuelle Andersartigkeiten, auch Inzest, fließen oft in die negative Zeichnung jüdischer Figuren ein; vgl. u. a. v. Brauns Eintrag im Band *Bilder der Judenfeindschaft* (1999) zum Thema „Blutschande“ (Braun 1999, S. 91); zur sexuellen Andersartigkeit vgl. auch die nächste Fußnote.

1639 Zum „Stereotyp der sexuell gierigen jüdischen Intellektuellen“ vgl. Jakubowski 1999, S. 200. Auch nach Gubser ist „der ‚gebildete Jude‘“ ein typisches Beispiel für den ‚lächer-lichen Juden‘ und „eine Figur, die in der zweiten Jahrhunderthälfte im Klischee des jüdischen Intellektuellen beträchtlich an Harmlosigkeit verlieren wird“ (Gubser 1998, S. 122). Wegen der starken „Zunahme des jüdischen Anteils in den intellektuellen Be-rufen“ im 19. Jahrhundert werde später auch der Intellektuelle neben dem ‚Schacher-juden‘ und der ‚schönen Jüdin‘ zum jüdisches Figurenklischee des ‚gefährlichen Juden‘ (Gubser 1998, S. 126 f.). Zwar ist die Figur des Intellektuellen bei Walser sehr vielseitig besetzt (vgl. Barsch 2000); als ein Aspekt von vielen stützt aber auch die Beschreibung seiner Freunde und insbesondere des alten Professors die jüdische Markierung. In einem

Haushälterin" (ebd.)[1640]. Über besagte Haushälterin wird auch gesagt, dass
sie beim Reden „zischt" (ebd.),[1641] und als der Professor mit der Tochter verschwunden ist, liegt sie nur noch im Bett und trommelt „unablässig mit ihren
Beinfingern gegen das Holz des Bettgestells" (WT 233). Der Professor selbst
wird als lächerlicher Mann beschrieben: Als er sich einmal überreden lässt,
nachts zur Beobachtung der Fremden mitzukommen,

> *stürzte er einige Male* so empfindlich, daß er die Gartenmauer nicht erreichte.
> Mit Hilfe der Haushälterin mußten sie ihn, der *jammernd* und kaum noch
> atmend *in ihren Armen* lag, in seine Arbeitsstube hinauftragen, mußten ihn
> verbinden, seine arg zerschundenen *zarten Glieder* bandagieren ihn auf seinen
> hartnäckigen Wunsch gleich wieder an den *Schreibtisch* setzen, wo er auch
> sofort wieder zu *lachen begann.* (WT 230 [Hervorhebungen N. W.])

Er hinkt und jammert also, klassische antisemitische Zuschreibungen, ist
körperlich schwach und mit ‚zarten Gliedern' auch effeminiert,[1642] und er bedient als reine Karikatur eines Intellektuellen das bekannte antisemitische
Stereotyp.[1643]

Auch Templone selbst ist mittels mehrerer der Stilmittel, die seine Unzulänglichkeit ausstellen, gleichzeitig mit negativen Stereotypen des Jüdischen
ausgestattet: Er war *vor* dem Krieg enorm reich, sein Selbstbewusstsein und
das seiner Freunde habe darauf beruht, „daß sie auf wertvollen Besitzungen
lebten, [...] teuer, nicht bloß zum Verkaufen, sondern teuer, um darauf zu
leben". Dass er nach dem Krieg arm ist, würde der Lesart als jüdische Figur
zumindest nicht zuwiderlaufen, wichtig ist aber vor allem die ausdrückliche
Betonung, wie wichtig ihm das Reichsein *an sich* sei, die den Typus ‚gieriger
Jude' aufruft.[1644] Diesen Reichtum hat er durch Spekulation erwirtschaftet;
und in diesem Sinn liest er in seinen alten Zeitungen auch ausschließlich den

----

           in *Bilder der Judenfeindschaft* abgebildeten Set von Juden-Karikaturen aus dem Sturm
           (Ziege 1999, S. 184 f.) ist das ganze Personal von Walsers Erzählung unter den dort ab-
           gebildeten verschiedenen „Judentypen" vertreten.

1640   Die Ähnlichkeit mit einem Raubvogel lässt eine große Nase vermuten; Tier- und ins-
           besondere Vogelvergleiche sind gängige antisemitische Abwertungsstrategien, vgl. u. a.
           Hortzitz 1999, S. 21 f.

1641   Wie eine Schlange, sodass sie sowohl in ihrer ‚Vertierung' als auch in der Anspielung auf
           die biblische Verführung zur Sünde negativ und jüdisch konnotiert ist.

1642   Vgl. dazu Holz 2001, S. 530.

1643   Vgl. zu der Gleichsetzung von Juden und Intellektuellen im Nationalsozialismus Kap. 3 in
           Teil II der vorliegenden Studie m. w. H.

1644   Vgl. beispielsweise Holz' Sekundäranalyse der repräsentativen Studie von Bergmann und
           Erb 1991 (ebd., S. 312) zu den verbreitetsten antisemitischen Stereotypen (zit. n. Holz 2001,
           S. 524–532).

Wirtschaftsteil, und zwar mit einem ebenfalls ausgerechnet „gierigen" Interesse. (WT 227)

Auch sein abstoßendes Äußeres entspricht, wie das ‚zartgliedrige‘ von Priamus, der von Holz als stereotyp antijüdisch identifizierten „Konstruktion eines ‚jüdischen Körpers‘, der dem Ideal eines mannhaften, wohlgestalteten Heros kontrastiert":[1645] Das Gesicht sei „durch Fältelung zu stetem Grinsen verzerrt", wenn er nachts die Mauer mit Glassplittern versieht, dann „schlich [er] in gebückter Haltung" (ebd.). Dass es schließlich ausgerechnet der „*Gasmann*" sein muss, der Templone findet, erscheint in einer Erzählung nach Auschwitz, die direkt nach dem (sehr wahrscheinlich Zweiten) Weltkrieg spielt, als unnötig geschmackloses Detail – das die NS- wie auch die antijüdischen Assoziationen noch stützt. Zusätzlich zur Figurenzeichnung erinnert auch der Handlungsverlauf an eine antisemitische Narration: Die nachbarschaftliche, lokale Gemeinschaft geht an den Machenschaften von konsequent mit dem Ausland in Verbindung gebrachten Geschäftsleuten (wie sie im Nationalsozialismus als Vertreter der jüdisch-kosmopolitischen Gesellschaft gebrandmarkt wurden) zugrunde.[1646] Diese simple Form der Kapitalismuskritik, die in der frühen Rezeption der Erzählung betont worden ist,[1647] wird heute in ihrer klischierten Konstellation kritisch gesehen und spätestens seit der beginnenden historischen Aufarbeitung der 68er-Bewegung mit „Antisemitismus von Links" assoziiert.[1648]

Werden die Figuren um Templone als jüdisch markierte gelesen, wären die Vorzeichen hier nun aber verkehrt, da Templone zum Opfer dieser Machenschaften wird (bzw. als ehemaliger Immobilienspekulant Täter und Opfer zugleich ist). Hier wird erneut deutlich, dass wie in Bezug auf Zeit und Ort letztlich trotz aller Signale dezidiert nicht entscheidbar bleibt, ob überhaupt Figuren als Juden gelesen werden können und wenn ja, welche, sodass anhand der einzelnen Erzählung nicht von literarischem Antisemitismus gesprochen werden kann. Dass das vor allem darin gründet, dass fast alle negativen

---

1645 Holz 2001, S. 530.

1646 Der Gegensatz zwischen positiv konnotierter (Volks-)Gemeinschaft und kapitalistischer, raffgieriger Gesellschaft hat eine lange antisemitische Tradition (vgl. z. B. Holz 2001, Kap. „Gemeinschaft und Gesellschaft" S. 218–224) und war auch im Nationalsozialismus zentral; vgl. z. B. Knoch 2014; vgl. auch Kap. 3.3 in Teil II der vorliegenden Studie m. w. H.

1647 Vgl. weiter oben in diesem Kapitel; Meier (2004) paraphrasiert frühere antikapitalistische Lesarten so, dass sie „die Kollision des Individuums mit ökonomisch bedingten sozialen Strukturen in den Vordergrund rücken, [...] gar betonen, seine Figuren seien ‚erkennbar an das kapitalistische System gebunden, in dem die Konkurrenz und die anonyme Macht der großen Konzerne die Menschen ihren wirklichen Lebensmöglichkeiten entfremden.'" (Ebd., S. 2.)

1648 Vgl. Warnecke 2015, S. 88–193 m. w. H.

Begebenheiten und Beschreibungen dem Repertoire antijüdischer Stereotype entnommen sind, ist aber angesichts von Walsers Gesamtwerk bemerkenswert.

Weil so viele Elemente aus dem antisemitischen Diskurs aufgegriffen werden, könnte eine Beobachtung auf die Erzählung bezogen werden, die Lorenz in seiner Monografie über das Gesamtwerk Walsers gemacht hat: Walser setze „,das Jüdische' mitunter auch als autonome Strategie der Abwertung ein, die gar keine vordergründig jüdische Figur treffen muss".[1649] Es ist angesichts der Konstruktion von „Templones Ende", der vorherrschenden Diskurse in der Gruppe 47 und der Kontinuität antisemitischer Texte in Walsers restlichem Gesamtwerk nicht unwahrscheinlich, dass es sich bei den diffusen Anspielungen auf Nationalsozialismus und Judentum auch in dieser Erzählung bereits um eine Abwertungsstrategie Walsers handelt.

Dabei scheinen auch hier, wie das Lorenz für das Gesamtwerk beschrieben hat, die negativen Klischees über ,das Jüdische' weniger das Ziel zu verfolgen, Juden abzuwerten, sondern als Mittel zum Zweck eingesetzt zu werden – bzw., wie Walser es selbst formuliert, eben als *Funktion* der Figur.[1650] Das Ziel der Erzählung scheint nämlich vorrangig dennoch das oben beschriebene zu sein, die Figur in ihrer Angst vor dem Fremden zu desavouieren. Und die vielen jüdisch assoziierten Merkmale der Figuren, dienen vor allem dazu, die Seltsamkeit des Protagonisten zu verdeutlichen. Dadurch verhandelt der Text Vorurteile und Angst vor dem Fremden in einer doppelt problematischen Weise. Erstens bedient er sich Vorurteilen, um seine Parabel deutlich zu machen. Und zweitens, wie abschließend beleuchtet werden soll, begnügt er sich sogar ganz mit dieser Diskreditierung der Figuren: Die Parabel lautet, salopp gesagt, dass nur seltsame Personen Angst vor dem Neuen und Fremden hätten, während die Ängste selbst, die die Figur äußert, nicht zum Gegenstand der Kritik werden.

2.2.3   „Templones Ende" als Parabel gegen *den* Fremdenfeindlichen

Die Ängste Templones, dass die ,Anderen' eine Gefahr darstellen, bestätigen sich nämlich, wie in der Folge zu zeigen ist, vielmehr zu großen Teilen auf Ebene der Handlung, sodass seine manichäische Weltsicht vom Text selbst letztlich eher gestützt als subvertiert wird. Die Fremden, vor denen sich Templone scheinbar so wahnhaft und unbegründet fürchtet, sind nämlich doch nicht so unschuldig, wie der Schlusssatz der Erzählung auf den ersten Blick impliziert: Ohne deren ,Eindringen' wäre sein ganzes Elend nicht passiert – hätte er sich hingegen einfach nur weniger davor gefürchtet, hätte ihm das wenig geholfen.

1649 Lorenz 2005, S. 486.
1650 Vgl. weiter oben in diesem Kapitel.

Das wird deutlich, wenn man sich vor Augen führt, was denn wirklich zu Templones Ende führt: a) Sein Haus und damit alles, was er sich vor dem Krieg erarbeitet hat, verliert an Wert, b) seine Freunde sind weggezogen, c) er verliert seine Tochter an einen uralten Professor, und d) er entwickelt eine wahnhafte Abneigung gegenüber den ‚Neuen‘. Von all diesen Aspekten ist nur d) ihm selbst zuzuschreiben. Angesichts all der Veränderungen ist das aber gar nicht so unverständlich, und die Details der Konstruktion lassen wenig Zweifel daran, dass alle anderen Veränderungen nicht einfach seiner Paranoia erwachsen.

a)   *Die Fremden und die Spekulation*
Zwar wird deutlich, dass sich Templone nur einbildet, es könnte sich um eine „Sekte“, eine „ausländische“ oder gar eine „staatsfeindliche Organisation“ handeln, die das Villenviertel geplant übernimmt. Das verschwörungs-theoretische Vokabular erscheint wahnhaft – der einzige Aspekt davon, der auch vom Text gestützt wird, ist aber derjenige, dass es wohl *ausländische* Leute sind, die Spekulanten inserieren nämlich „in großen ausländischen Zeitungen“. (WT 226) Auch werden die Villen wirklich zu äußerst niedrigen Preisen abgegeben, seit die Fremden dort walten. Es ist eine neutrale Stimme, die zu erklären scheint: „die Zeiten nach dem Krieg waren so verwirrt und so voller unvorhersehbarer Ereignisse, daß der und jener Hals über Kopf verkaufen mußte“ (ebd.); „man“ erzählt sich, „daß ein Käufer von einer Ver-handlung laut lachend aufgestanden sei und das Haus verlassen habe mit dem Ruf, er werde die Villa in absehbarer Zeit auch umsonst haben können, ohne einen Pfennig Geld […].“ (Ebd.) Das Villenviertel ist also durch den Verkauf der Alteingesessenen und die Machenschaften der Fremden *tatsächlich* zu einem „verlorene[n] Viertel“ (ebd.) geworden, gerade dabei handelt es sich nicht bloß um eine fremdenfeindliche Projektion Templones.

b)   *Die Freunde und das Sozialleben*
Auch dass er vereinsamt, ist nicht nur ihm selbst, sondern auch den Ver-änderungen von außen zuzuschreiben. Die Handlungsebene stützt seine Be-hauptung, früher hätten er und seine Tochter mit den Nachbarn „im besten Einvernehmen gelebt. Man hatte Feste gefeiert, hatte sich regelmäßig besucht, ohne die Gesellschaftlichkeit zu übertreiben.“ (WT 225) Immerhin kommen die noch übrigen Alteingesessenen nämlich nach wie vor zu seinen grotesken Festen, und sie vertrauen ihm sogar so sehr, dass sie nur seinetwegen ihre Häuser nicht verkaufen: Sie „glaubten […] ihm und blieben vorerst noch in Bernau, mieden aber die neuen Nachbarn mit Vorsatz und Plan, als wären die lauter Aussätzige.“ (WT 227)

Die Verdrängung dieser Alteingesessenen durch die Fremden ist nun angesichts der finanziellen Lage und des Verhaltens der übriggebliebenen Freunde fraglos real –[1651] und es bleibt sogar zweifelhaft, ob sein mangelnder Kontakt mit den Neuen wirklich so vollständig selbst verschuldet ist, wie am Schluss impliziert wird. Von Kontaktversuchen ihrerseits wird nicht berichtet, zu ihren sozialen Aktivitäten, die wirklich stattzufinden scheinen, scheint er nicht eingeladen zu sein. Selbst als er seine Lärmplatten abspielt, reagieren die Nachbarn nicht darauf, sondern „spielten weiterhin ihr leichtfertiges Tischtennis, lagen in grellfarbigen Liegestühlen, tuschelten und lachten und kümmerten sich nicht um ihn." (WT 232) Zwar wird durch den Schlusssatz darauf hingewiesen, dass er sich anscheinend sehr abweisend verhalten und nicht einmal gegrüßt habe, dennoch erscheint hier auch die Bemühung der Nachbarn, ihn kennenzulernen, gering.

c)   *Die Tochter*

Weder der Wertverfall, der auch durch den Zuzug fremder, ärmerer Leute bedingt zu sein scheint, noch die Tatsache, dass alles Althergebrachte in Templones Leben dadurch verdrängt wird, entspringen also Templones fremdenfeindlicher Phantasie – und dass er schließlich seine Tochter verliert, ergibt sich aus genau diesen beiden Aspekten: Sie und der alte, abstoßende Professor kommen sich zwar auf einem der von Templone inszenierten Feste (also durch seine Schuld) näher; ohne die Fremden wäre der Professor aber gar nicht erst eingezogen. Der Besitzer der von ihm gemieteten Villa – der sich „die meiste Zeit im Ausland aufhielt" (WT 229) –, habe „wahrscheinlich von seinem Verwalter erfahren, wie es um die Grundstücks- und Villenpreise in Bernau stand und hatte nichts Besseres zu tun gewußt, als kurzerhand seinen ganzen Besitz zu verkaufen." (Ebd.). Das ist der Grund, warum der alte Professor „die Villa räumen" musste und Templone „eingegriffen" hat (WT 230), um ein Vorbild abzugeben – und direkte Ursache dafür, dass die Tochter schließlich nur noch ausrichten lässt, er solle sich eine neue Haushälterin besorgen, sie „werde für immer bei Professor Priamus bleiben." (WT 232)

Schlüsse

Was für die „Indianische Ballade" gilt, gilt fast analog auch für „Templones Ende", obwohl der Text diese Denkweise auf der Oberfläche zugleich kritisiert:

1651 Und sie scheint in einem unglaublichen Tempo voranzuschreiten: „Es wurden nicht einmal mehr Abschiedsbesuche gemacht. Eines Morgens merkte man, daß in der Nachbarvilla neue Gesichter auftauchten, dann wußte man, wieder einer hatte verkauft." (WT 226.)

Das Eindringen ‚des Fremden‘ bedroht ‚das Eigene‘ existenziell und führt zu dessen – bei Walser wie bei Weyrauch zunächst moralischem und schließlich physischen – unwiderruflichem Zerfall. Den größten Unterschied machen die Zuschreibungen der beiden Seiten aus: In Walsers Erzählung ist nicht nur das ‚Fremde‘, sondern auch das ‚Eigene‘ negativ gezeichnet. Deswegen kann der Text überhaupt als Satire auf Fremdenfeindlichkeit gelesen werden. Er führt aber nicht zu dem Schluss, dass ‚Fremde‘ keine Bedrohung für das ‚Eigene‘ darstellten, sondern vielmehr, dass das, was Templone verliere, gar nicht so schützenswert gewesen sei.

Die negative Zeichnung der Figuren über Attribute, wie sie aus anti-semitischen Klischees bekannt sind, geschieht sogar auf Kosten der Textlogik – oder auf Kosten der Pietät: Ist die Zeit nach dem Zweiten Weltkrieg gemeint, passt der Preiszerfall der Häuser nicht ins Bild, ist aber die Zeit nach dem Ersten Weltkrieg gemeint, wird die Enteignung der Juden Anfang der 30er ausgesprochen pietätlos dargestellt. Durch die Offenheit des Texts und seinen Anspielungsreichtum schwingen beide Deutungen mit, sodass letztere Les-art unvermeidlich anklingt – eine mögliche Lesart, der sich bis zum Tod des Protagonisten und zum Gasmann, der ihn findet, anbietet.

Auch wenn diese Vieldeutigkeit vor allem dazu dient, die Parabel möglichst zeitlos zu halten; ganz deutlich wird zumindest eins: Damit der Fremdenhass in dieser Parabel abgewertet werden kann, muss er selbst auf das ‚Andere‘ und ‚Fremde‘ ausgelagert werden. Ausgerechnet *um* Vorurteile und ein manichäisches Weltbild auf Ebene der ‚Moral der Geschichte‘ zu verhandeln, schließt die Erzählung damit an diskriminierende Strategien in der Gruppe 47 an, wie sie im letzten Teil dieser Studie beschrieben wurden: Verwerfliche Handlungen werden ausgelagert und ‚Anderen‘ zugeschrieben – sogar, ähnlich wie bei Schneider oder Ferber, auf Kosten der historischen Genauigkeit und Plausibilität.[1652]

Lorenz’ Beobachtungen über Walsers Gesamtwerk passen also noch genauer auf die Erzählung als bereits angesprochen, wenn er festhält:

> Zum einen setzt Walser ‚das Jüdische‘ mitunter auch als autonome Strategie der Abwertung ein, die gar keine vordergründig jüdische Figur treffen muss [...].
> Zum anderen wird die Täter-Opfer-Nivellierung durch die Suggestion von jüdi-schem Antisemitismus, Nationalismus und Faschismus unterstrichen [...].[1653]

Da in „Templones Ende" eine negativ markierte Figur mit einigen jüdischen Stereotypen ausgestattet zu sein scheint *und* als nationalistisch und

---

1652 Vgl. dazu die Kapitel 1.2 und 2.1 in Teil II der vorliegenden Studie.
1653 Lorenz 2005, S. 486.

fremdenfeindlich dargestellt wird, träfe hier ausgehend von der ersten auch die zweite dieser Beobachtungen zu: Den jüdisch markierten Figuren wird die vom Text kritisierte ‚fanatische' Fremdenfeindlichkeit und Konservativismus zugeschrieben.

2.3   *Zwischenbilanz und einige Ergänzungen zu Reflexionen partikularer Moral in weiteren Preistexten (Morriën und Böll)*

Obwohl Walser hier also Vorurteile und Rassismen sowie damit einhergehende partikulare Moralvorstellungen thematisiert, trägt er sie in der Art und Weise seiner Darstellung subkutan weiter – nicht in ihrer direkten Form, aber wie beim ‚innersten Kreis' der Gruppe 47 in Form einer dichotomen Weltsicht, die Zuschreibungen von Alterität nutzt, um eine Figur abzuwerten, wobei auch negative Vorurteile aus dem Nationalsozialismus weiterhin mitschwingen. „Templones Ende" geht darin sogar einen Schritt weiter als die meisten im letzten Teil der Studie untersuchten Texte: Es wird latent auf den Nationalsozialismus angespielt und die Schuld ausgelagert, indem der ‚Andere', auf den sie ausgelagert wird, ausgerechnet selbst jüdisch markiert wird. Zwar bleibt die Erzählung in allen diesen Punkten vage, sie enthält aber kaum Aspekte, die ihnen zuwiderlaufen, so dass sie zumindest mitschwingen.

Dass das nun auch in der Gruppe 47 keineswegs ein unumgänglicher Aspekt einer satirischen Reflexion von Vorurteilen ist, zeigt der Kontrast, in dem Walsers Text gerade in dieser Hinsicht zu Morriëns Satire „Zu große Gastlichkeit verjagt die Gäste" und Bölls Erzählung „Die Schwarzen Schafe" steht, die, wie schon eingangs erwähnt, beide ebenfalls den Preis der Gruppe 47 erhalten haben.[1654]

Morriën

Adriaan Morriëns Erzählung „Zu große Gastlichkeit verjagt die Gäste" (gelesen 1954)[1655] ist diesbezüglich besonders deutlich, weil sie viele Parallelen zu Walsers Preistext aufweist: Auch Morriëns Text ist eine Satire, auch hier geht es vornehmlich darum, wie ein intern fokalisierter Protagonist das ‚Fremde' misstrauisch und voller Vorurteile beäugt, und auch dieser Protagonist wirkt dabei irgendwie lächerlich. Dennoch funktioniert diese Satire, wie im Folgenden anhand einiger Beispiele verdeutlicht werden soll, hinsichtlich eines manichäischen Weltbildes und partikularer Moralvorstellungen entgegengesetzt zu „Templones Ende": Hier werden nämlich die Vorurteile und Rassismen, die der Protagonist äußert, nicht primär durch die Diskreditierung

---

1654   Böll im Jahr 1951, Morriën im Jahr 1954.
1655   Morriën [1954] 1962; in der Folge im vorliegenden Kapitel im Fließtext zitiert (Sigle: MZ).

der Figur, sondern vor allem vom Verlauf der Handlung unterlaufen und de-
montiert; ganz einfach, indem sie wirklich irrational sind und sich im Handlungsverlauf gerade *nicht* bewahrheiten.

Der erste Satz der Erzählung lautet: „Es war sein erster Besuch im Ausland"
(MZ 189), und daraufhin geht es auf weiteren 21 Seiten fast nur darum, wie un-
wohl sich der Protagonist in besagtem Ausland fühlt. Er wird meistens als „der
Reisende" bezeichnet und scheint ein relativ junger Mann zu sein. Angereist
ist er für fünf Tage (MZ 200) „mit einem journalistischen Auftrag" (MZ 196).
Er kommt in einer Pension unter, wo außer ihm noch die Pensionsinhaberin
und ein „Landsmann" des Protagonisten, auch Letzterer anscheinend länger-
fristig, wohnen. Mit diesen beiden verbringt der Protagonist einen großen Teil
der Zeit, über die berichtet wird, obwohl er beide offenbar ausnehmend ab-
stoßend findet.[1656] Dass er trotzdem mit ihnen zusammen ist, liegt vor allem
daran, dass sich ihm die Pensionsinhaberin geradezu aufdrängt, was den Gast
schließlich bei seiner Abreise zur titelgebenden Erkenntnis führt: „Zu große
Gastlichkeit verjagt die Gäste, sagte er sich. Ein schöner Gedanke für eine
Lichtreklame in allen Hauptstädten der Welt." (MZ 210)

Die Hinweise sind subtil, dennoch bestehen zuletzt wenig Zweifel, dass
die Erzählung in Deutschland spielt. Einen Hinweis gibt ein Fest, zu dem der
Protagonist mitgeschleppt wird: Wie ihm die Wirtin erklärt, entspreche es
einem alten ‚Volksbrauch, in einem bestimmten Viertel der Stadt den neuen
Apfelwein zu probieren.' (MZ 204) Die genaue Lokalisierung des Apfel-
weinviertels „auf dem anderen Ufer des Flusses" und die Beschreibung der
Wirtschaften mit „einem Kranz aus Apfellaub über der Tür" deuten darauf hin,
dass es sich bei der ‚fremden Stadt' um Frankfurt am Main handelt;[1657] zumal
regelmäßige Erwähnungen „zerstörter" Häuser (MZ 209),[1658] die „während des

---

1656   Die Pensionsinhaberin erscheint in seinen Augen als übermäßig kokette und verzweifelt
       wirkende Frau „mittleren Alters" (MZ 190), unattraktiv und unangenehm geschwätzig;
       in ihrer Pension, die unästhetisch eingerichtet ist, herrscht Chaos (vgl. ebd.). Auch sein
       Landsmann scheint nicht viel sympathischer zu sein. Wie die Pensionsinhaberin be-
       hauptet, ist er mit „allerlei Krankheiten behaftet und zum Unglück geboren" (MZ 193).

1657   In Frankfurt-Sachsenhausen gibt es ein solches eigenes „Apfelweinviertel"; dieser ‚Stadt-
       teil' befindet sich auch wirklich vom Zentrum aus betrachtet „auf der anderen Seite des
       Flusses" (MZ 208), nämlich des Main, und das Schild der „Vereinigung der Äpfelweinwirte
       Frankfurt am Main und Umgebung e.V." ist von einem Kranz aus Apfellaub geschmückt
       (vgl. z. B. den Internetauftritt der Vereinigung. http://www.apfelweinwirte.de/ [Abruf:
       03.06.2018]).

1658   So geht er durch Straßen „mit den leeren Stellen halb oder ganz zerstörter Gebäude"
       (MZ 209), sein Geiz hindert ihn daran, „tiefer in das fremde Land einzudringen, dessen
       Eingangstür diese halbzerstörte Stadt war" (MZ 200); „Manche Kirchen waren halb zer-
       stört. Die unbeschädigten Teile waren mit Brettern verschalt (MZ 202); „Offenbar blieb

Krieges zerbombt" worden seien (MZ 189) und das Bild einer „geschundenen"
Stadt (MZ 210) zeichnen, die Deutschland-Referenz stützen. Die Herkunft des
Protagonisten selbst bleibt dagegen innerfiktional noch unbestimmter, er wird
seinerseits als generell ‚Fremder' wahrgenommen, wenn die Pensionsbesitzerin
ihn, wie bereits im Titel dieses Kapitels zitiert, einfach „Herr Ausländer" nennt
(MZ 192, 195, 206). Es liegt nahe, Morriëns eigene Herkunft aus den Nieder-
landen auf den Protagonisten zu übertragen.[1659]

Wichtig für das vorliegende Kapitel sind nun weniger die ‚tatsächliche'
Herkunft der Figuren als die von Vorurteilen geprägte Wahrnehmung des
‚fremden Lands' Deutschland, die dem Protagonisten zugeschrieben wird.
Viele der Klischees, mittels derer der Protagonist sein Reiseziel beschreibt, erinnern nun eher an Beschreibungen einer orientalistischen Ferne. Nicht zuletzt
die titelgebende Zuschreibung übermäßiger Gastlichkeit; ein Stereotyp, das
meist eher auf ‚Südländer' zielt. Ähnlich die Beschreibung der ausgelassenen
Stimmung auf dem ‚Volksfest', die der Protagonist mit seiner ‚eigenen' Kultur
kontrastiert: „Ihr Vergnügen war nicht ohne eine Schamlosigkeit, die so wenig

---

nach einem Bombardement immer mehr Hausrat als Wohnraum übrig" (MZ 209) – das
ganze Zentrum erscheint als „ein Denkmal der Vernichtung" (MZ 208).

1659 Dass der Text, in dem ein Fremder, der identifikatorisch gelesen werden kann, so negativ,
ja angewidert über Deutschland schreibt, den Preis der Gruppe 47 erhalten konnte, ist
zunächst überraschend. Möglich wäre, dass nicht alle Teilnehmenden bei der Spontan-
kritik den Deutschlandbezug überhaupt verstanden, immerhin wird das Land ja sehr
exotistisch beschrieben. Das könnte auch ein zusätzlicher Grund dafür sein, wieso
„Adriaan Morriën, […] in den Rückblicken auf die Gruppengeschichte immer als der einzige Preisträger genannt wird, der aus der Reihe der überragenden Namen herausfalle"
(Böttiger 2012, S. 200). Wahrscheinlicher für den Erfolg des Texts trotz seines rassistischen
und überkritischen Blicks auf das ‚Eigene' der Gruppe ist aber wohl der Grund, den
Morriën selbst für seinen Erfolg in der Gruppe 47 anführt: Man habe ihn gemocht, weil
er als einer von wenigen Deutschland „nicht mit Schadenfreude" betrachtet habe. (Zit. n.
einem Wiederabdruck des Interviews auf der Webseite der Universität Wien; o. A. 2008b).
Das erscheint nur auf den ersten Blick paradox, denn in Morriëns Erzählung sind es ja
gerade die Vorurteile gegen das Land, die vorgeführt werden. Und hinter dem Rücken des
Protagonisten kommt Deutschland in zwei zentralen Punkten sogar sehr gut weg: Noch
als der Protagonist abreist, sieht er „die Stadt, *freundlich* und *zerschunden*, in dem hohen
Sonnenlicht." (MZ 210 [Hervorhebung N. W.]) Wie bereits im Titel erscheint Deutschland
während der ganzen Erzählung also erstens ausgerechnet als speziell fremden*freundliches*
Land – was in der direkten Nachkriegszeit wohl nicht der verbreitetsten Einschätzung
im Ausland entsprach, und zweitens wird in Morriëns Erzählung das klassische Opfernarrativ Deutschlands fast noch konsequenter aufgerufen als in den frühen Kriegserzählungen. Nicht nur betont er vehement die zerstörten Häuser, die er als „Denkmal
der Vernichtung" (MZ 208) beschreibt (und damit also die ‚Vernichtung' der Tätergesellschaft durch die Alliierten meint). Das Leid wird auch immer wieder in scheinbar ganz
beiläufigen Erwähnungen deutlich, wie derjenigen, das Mädchen auf dem Fest lasse „eine
Tragödie von Entbehrungen und Vergewaltigungen vermuten" (MZ 207).

dem eigenen Volkscharakter zu entsprechen schien." (MZ 205). Sowohl der aufgeladene Begriff des „Volkscharakters" als auch sein Ekelgefühl gegenüber einer fremden Schamlosigkeit deuten bereits auf einen fremdenfeindlichen Blick der Figur hin.

Das wird dadurch gestützt, dass Ekel überhaupt das dominante Gefühl des Protagonisten auf seiner Reise zu sein scheint, auch gegenüber seiner Pension, wo er es möglichst vermeidet, überhaupt etwas anzufassen (MZ 191)[1660], und gegenüber seiner Wirtin, der gegenüber er sogar „Widerwillen" empfindet, „die Luft einzuatmen, in der ihr Körper sich aufgehalten hatte" (ebd.). Die große Hitze stützt den Eindruck einer abstoßenden Fremde: Sobald „der Reisende" in der „fremden Stadt" angekommen ist, beginnt er stark zu schwitzen, was bis zu seiner Abreise immer wieder aufgegriffen wird[1661] – eine Beschreibung, die eher in Berichten aus den Tropen denn aus Frankfurt am Main zu erwarten wäre.

Diese Differenz zwischen dem ‚tatsächlichen‘ Handlungsort und seiner Wahrnehmung durch den ‚Fremden‘ kann bereits als Aspekt der Persiflage gesehen werden, und an vielen Stellen werden die Vorurteile und der Ekel des Protagonisten noch viel deutlicher unterwandert. Dies zeigt sich insbesondere in den zahlreichen Passagen, wo seine fremdenfeindliche Wahrnehmung ganz konkret expliziert wird. Schon auf der ersten Seite denkt er: „Eigentlich haßte er das Reisen, das Suchen einer fremden Adresse, den Anblick eines unbekannten Gesichtes. Sobald er sein Bad verließ, überkam ihn Ekel vor den Menschen." (MZ 189) Er empfindet immer wieder ‚vaterländische‘ Gefühle – wird heimgesucht von einer „vaterländischen Angst vor Erkältung und Rheumatismus" (MZ 208) und vermisst seinen „vaterländischen Ärger" (MZ 190) – sowie Heimweh als „kaum spürbarer Mangel an Luft" (MZ 191). Als er schließlich abreist,

---

1660 „Er faßte aber nichts an, auch später so wenig wie möglich, denn alle Gegenstände zeigten deutlich, daß sie einem anderen gehörten." (MZ 191) Später beschreibt er zudem: „Alles glänzte vor Fett. Es war kühl in der Küche, und der Essensgeruch schien sich auf den Boden gesenkt zu haben." (MZ 190.)

1661 Bereits im ersten Abschnitt wird das betont: „Er machte sich auf den Weg, den Koffer in der Hand, und ein paar Minuten später fühlte er, wie ihm der Schweiß aus den Achselhöhlen tropfte" (MZ 189); als er in der Pension eintrifft, ist sein Hemd „naß von Schweiß" (MZ 190). Auf dem Weg zurück zum Bahnhof beschreibt er, fast wörtlich dem Einstieg entsprechend: „Sie hatten die Straße noch nicht erreicht, als ihm der Schweiß aus den Achseln zu tropfen begann" (MZ 209); auch die Pensionsinhaberin scheint stark zu schwitzen („Er sah in der Hitze der Stadt Schweißtropfen auf ihrer Oberlippe perlen" (MZ 210); „[…] und die ersten Schweißtropfen zeigten sich auf ihrer Oberlippe" (MZ 205). Diese tropische Hitze wird denn auch „jeden Tag drückender", bis sie ihn willenlos macht und „jeden Entschluß hinauszuschieben drängte" (MZ 200), was ein weiterer beliebter Topos kolonialer Reiseberichte ist.

kommt es ihm vor, als würde er aus einem schlechten Traum erwachen, was ein weiteres Merkmal auch kolonialer Fremdheitserfahrung ist: „So sah der Reisende sie zum letztenmal: ein Traum, nicht mehr beängstigend, denn das Erwachen war in vollem Gang." (MZ 210)

Diese Stellen machen überdeutlich, dass der Text den Rassismus der Figur nicht einfach aufweist, sondern sich darüber lustig macht.[1662] Nicht, dass dieser Tonfall in Texten der Gruppe 47 grundsätzlich als Ironie aufzufassen wäre, aber: Hier handelt es sich um eine kurze Geschäftsreise, der Reisende fährt nach *fünf* Tagen wieder wie geplant aus Deutschland ab, an besagter Stelle ist er gerade einmal vier Tage fortgewesen. Durch die ganze Erzählung hindurch wird sein pathetisches Elend in dieser Weise ins Groteske überzeichnet: Er leidet schon auf der ersten Seite daran, dass er nach dem Klingeln auf eine Antwort warten muss – „er versank in Willenlosigkeit" (MZ 189) –; nachdem er ins Haus gekommen ist und den Koffer in den dritten Stock getragen hat, fragt er sich schwitzend: „Warum war er nicht zu Hause geblieben, anstatt mit sauberer Leibwäsche und einem schweren Koffer eine so weite Reise zu unternehmen?" (MZ 190); insgesamt benutzt er das Wort „fremd" 18 Mal in der kurzen Erzählung.

Und am deutlichsten werden seine negativen Vorurteile wie gesagt dadurch relativiert, dass sich seine Ängste nicht bewahrheiten. Einmal, zu Beginn der Erzählung, wird ihm das selbst bewusst: „Er drückte gegen die erste und größere Tür, denn zu Hause hatte man ihm erzählt, im Ausland würden die Türen meist nicht abgeschlossen. *Aber diese war abgeschlossen* [...]." (MZ 189 [Hervorhebung N. W.]) Sein Vorurteil, ‚die Ausländer' seien alle gleich, bestätigt sich also von Anfang an nicht, und implizit prägt dieses Prinzip den ganzen Text: Anders als bei Walser hat keines der schrecklichen Gefühle, die „der Reisende" durchlebt, eine reale Grundlage. Ihm passiert von Anfang bis Ende nichts objektiv oder gar nachhaltig Schlechtes; er ist auch nicht wirklich in „eine Falle geraten" (MZ 191) oder führt „das Leben eines Gefangenen" (MZ 200), wie er klagt. Im Gegenteil: Auf dem Apfelweinfest kommt es sogar

---

1662 Eine Stelle, an der der Protagonist sein Heimweh besonders ausführlich beklagt, ist ein gutes Beispiel für das übertriebene Pathos dieser Gefühle: „Er empfand eine tiefe Zärtlichkeit für den Inhalt seines Koffers, die Kleider und die Toilettenartikel, die ihn aus dem fernen Vaterland begleitet hatten. [...] In Gedanken nannte er jeden Gegenstand bei seinem Namen. Von der eigenen Sprache ging [...] ein durchdringender Trost aus, der seine Einsamkeit vergrößerte, aber auch überwölbte. Die einfachsten Worte wurden Liebesworte. Hinter ihm, in der Ferne, lag seine Heimat. Sie bestand noch immer, das nahm er voller Vertrauen an." (MZ 204) Auf einer so kurzen Reise eine derartige „Einsamkeit", aber doch fatalistisches „Vertrauen" zu empfinden, dass die Heimat noch existiere, ist selbst bei ausgeprägter Heimatverbundenheit erstaunlich.

zu einer „beginnende Verliebtheit" in eine nette junge Frau (MZ 207), und nach fünf Tagen reist er unbeschadet wieder ab. Lächerlich und unvernünftig erscheint in diesem Fall also, anders als bei Walser, weniger die Figur selbst als vielmehr ihre *Angst*: die Fremdenfeindlichkeit wird auf Ebene der Narration dekonstruiert.

Böll

Auch Heinrich Bölls bereits 1951 preisgekrönter Text „Die schwarzen Schafe"[1663] liegt als Vergleichsfolie geradezu auf der Hand, da auch hier der Umgang mit Alterität das Thema der gesamten Satire ausmacht: Sie dreht sich um einen familieninternen Außenseiter, aus dessen Sicht beschrieben wird, wie er allmählich in die Fußstapfen seines Onkels Otto, des letzten ‚Schwarzen Schafs‘ der Familie, tritt. Dieser Onkel ist faul, arbeitet nicht und muss sich regelmäßig Geld leihen. Der Text handelt, wie abschließend gezeigt werden soll, ebenfalls explizit von Vorurteilen und von der Abwertung von Alterität, auch ist er ebenfalls eine Satire. Hier funktioniert die Persiflage aber noch einmal anders; der Text kommt ganz ohne konkretere Zuschreibungen des ‚Fremden‘ aus, es scheint ihm ganz universalistisch um das Prinzip des Othering an sich zu gehen.

Zwar bewahrheiten sich auch bei Böll, ähnlich wie bei Walser, die Vorurteile, die in der erzählten Welt gegen den ‚Anderen‘ bestehen. Dem Onkel wird zugeschrieben, er gebe geliehenes Geld nie zurück, und genau so geschieht es auch immer wieder. Im Verlauf der Erzählung stellt sich auch heraus, dass genau wie bei Walser aus der Perspektive des ‚Andern‘, der selbst die eigentlich persiflierten Defizite aufweist, berichtet wird: Der Ich-Erzähler, der zunächst davon erzählt, wie besagter Onkel der ganzen Familie auf der Tasche liege, entwickelt sich, nachdem er von jenem zum Erben bestimmt worden ist, zum gleichen ‚Schmarotzer‘. Er arbeitet nur einmal im Leben für ungefähr zwei Wochen,[1664] in der restlichen Zeit lebt er von Geld, das ihm geliehen wird.

Anders als Walsers Protagonist wird Bölls Ich-Erzähler aber schließlich erzählerisch belohnt: Er gewinnt im Lotto und wird reich.[1665] Und vor allem

---

1663   Böll [1951] 1962, in der Folge im vorliegenden Kapitel im Fließtext zitiert (Sigle: BS).

1664   „So verbrachte ich meine Tage einen nach dem andern, es waren fast vierzehn – im Büro dieses unintelligenten Menschen [...]." (BS 151.)

1665   „[E]ines Tages führte mir meine Wirtin einen finster dreinblickenden Menschen ins Büro, der sich als Lotterie-Einnehmer vorstellte und mir erklärte, daß ich Besitzer eines Vermögens von 50 000 DM sei, falls ich der und der sei und sich ein bestimmtes Los in meiner Hand befände. Nun, ich war der und der, und das Los befand sich in meiner Hand. Ich verließ sofort ohne Kündigung meine Stelle, [...] und es blieb mir nichts anderes übrig, als nach Hause zu gehen, das Geld zu kassieren und die Verwandtschaft durch den Geldbriefträger den neuen Stand der Dinge wissen zu lassen." (BS 152.)

erscheinen Bölls schwarze Schafe, die für das ‚Andere' der Gesellschaft stehen,
ganz anders als Walsers Templone als Sympathieträger. Der Ich-Erzähler soll
zwar wenig Charme haben, aber immerhin von Kindern sehr geschätzt werden,
was wohl durchaus als erzählerisches Signal für einen ‚guten Charakter' gesehen werden kann: „Säuglinge werden ruhig, sobald sie auf meinen Arm liegen,
und wenn sie mich ansehen, lächeln sie [...].“ (BS 150) Dass er sich schwertut,
eine Arbeit zu finden, wird ebenfalls in nachvollziehbarer Weise geschildert.
Gerade in einer ‚Wir-Gruppe' nonkonformistischer Schriftsteller/-innen, die
die Erzählung ausgezeichnet haben, gibt es ihm keinen unmoralischen Anschein, wenn er sich beklagt, er habe durch die Arbeit seine Freiheit geopfert:
„Jeden Abend, wenn ich müde nach Hause kam, ärgerte ich mich, daß wieder
ein Tag meines Lebens vergangen war, der mir nur Müdigkeit eintrug, Wut und
ebensoviel Geld, wie nötig war, um weiterarbeiten zu können [...].“ (BS 151)
    Für den Onkel, der vor ihm der Außenseiter der Familie war, gilt das alles
ebenso, zudem scheint er charmant und klug zu sein, „es gab kein Gebiet, auf
dem er nicht wirklich beschlagen war [...]. Sogar Fachleute unterhielten sich
gern mit ihm, fanden ihn anregend, intelligent, außerordentlich nett, bis der
Schock des anschließenden Pumpversuches sie ernüchterte“ (BS 147). Und
die gesamte Konstruktion geht auch nicht auf Kosten der gegenübergestellten
Gruppe, der ‚normalen' Verwandtschaft. Auch diese erscheinen in ihrem Verhalten nachvollziehbar und genauso wenig unmoralisch, sie geben beiden
Außenseitern immer wieder von neuem eine Chance, hoffen bei jedem Besuch des Onkels, er würde sie diesmal nicht anpumpen,[1666] vermitteln dem
‚verlorenen Sohn' eine Arbeit.[1667]

1666 „Alle Leute waren der Meinung, er könne sein Wissen ‚versilbern' – so nannten sie es in der
      vorigen Generation, aber er versilberte es nicht, er versilberte die Nerven der Verwandt-
      schaft. Es bleibt sein Geheimnis, wie er es fertigbrachte, den Eindruck zu erwecken, daß
      er es an diesem Tage nicht tun würde. Aber er tat es. Regelmäßig. Ich glaube, er brachte
      es nicht über sich, auf eine Gelegenheit zu verzichten. Seine Reden waren so fesselnd,
      so erfüllt von wirklicher Leidenschaft, scharf durchdacht, glänzend witzig, vernichtend
      für seine Gegner, erhebend für seine Freunde, zu gut konnte er über alles sprechen, als
      daß man hätte glauben können, er würde ...! [...] Aber wo immer und worüber das Ge-
      spräch gewesen war, wenn das Ende nahte [...], meist in der Diele, steckt er seinen blassen
      Kopf [...] noch einmal zurück und sagte, als sei es etwas Nebensächliches, mitten in die
      Angst der harrenden Familie hinein, [...]: ‚übrigens, kannst du mir nich ...?'“ (BS 147 f.)
1667 „Ich beschwor die Familie, mir zu helfen, mich unterzubringen, ihre Beziehungen spielen
      zu lassen, um mir einmal, wenigstens einmal eine feste Bezahlung gegen eine bestimmte
      Leistung zu sichern. Und es gelang ihnen. Nachdem ich die Bitten losgelassen, die Be-
      schwörungen schriftlich und mündlich formuliert hatte, dringend, flehend, war ich ent-
      setzt, als sie ernst genommen und realisiert wurden, und ich tat etwas, was bisher noch

Die beiden titelgebenden Außenseiter werden in Bölls „Die schwarzen Schafe" auch im Subtext genauso wenig zur Zielscheibe von moralischer Abwertung wie die ihnen gegenübergestellten ‚normalen‘ Familienmitglieder, die ihren Außenseitern immer wieder vertrauen und sie unterstützen. Hier wird der satirische Gehalt am ehesten aus der gesamten, universell gezeichneten Gesellschaft gezogen, in der ein liebenswerter, kluger und schrulliger – aber eben *anderer* – Mensch nur schwer bestehen kann. Die beiden wichtigsten Figuren der Erzählung, die schwarzen Schafe, erscheinen also als *andere*, aber trotzdem nicht als *unmoralische* Figuren. Die Vorzeichen der Verknüpfung von Moral und Zugehörigkeit sind dadurch noch einmal mehr vertauscht worden, wodurch die Abwertung von Außenseitern auch im Subtext der Erzählung subvertiert wird.

Schlüsse

Während bei Böll, vereinfacht gesagt, der Humor im Text durch eine Persiflage des Otherings entsteht und bei Morriën aufgrund der Divergenz verschiedener Wahrnehmungen, entsteht er bei Walser, der vordergründig ebenfalls Fremdenfeindlichkeit persifliert, fast ausschließlich auf Kosten des Protagonisten. Zwar ist dieser fremdenfeindlich, aus der Wahrnehmung der ‚Wir-Gruppe‘, der der Autor angehört und in der die Erzählung vorgelesen wurde. Der Protagonist ist aber selbst ein ‚Anderer‘, was sein Verhalten auslagert. Walser stellt zwar die Angst des Protagonisten merklicher aus als die beiden anderen Preistexte, aber die Handlung gibt nur bei Walser der fremdenfeindlichen Angst der Figuren auch tatsächlich Recht. „Templones Ende" stützt so letztlich die Vorstellung, dass das ‚Eigene‘ durch das ‚Fremde‘ bedroht wird, während es bei Morriën gerade umgekehrt ist: Der Figur wird zwar keine so komplette Blöße gegeben, aber ihre Sorgen werden erzählerisch nicht ernst genommen, da sie durch den Handlungsverlauf konterkariert werden.

Es ist bemerkenswert, dass sich von nur sieben Texten, die den Preis der Gruppe 47 erhalten haben, ganze drei auf der Textoberfläche um Vorurteile drehen und diese, wenn auch auf verschiedenen Ebenen, auch explizit kritisieren. Abschließend soll mit Bachmanns Erzählung „Alles" (gelesen 1959) der Text einer weiteren Preisträgerin der Gruppe 47 untersucht werden, der sich noch konkreter um partikulare Moralvorstellungen dreht und diese, wie gezeigt werden soll, auch noch viel radikaler unterwandert.

---

kein schwarzes Schaf getan hat: ich wich nicht zurück, setzte sie nicht drauf, sondern nahm die Stelle an, die sie für mich ausfindig gemacht hatten." (BS 150.)

3   „Lern du selbst" – Ingeborg Bachmanns Erzählung „Alles"
         (gelesen 1959) im Dialog mit Celan, Buber und der Gruppe 47

> Aber jetzt, seit alles vorbei ist [...], rede ich manchmal mit ihm in der Sprache,
> die ich nicht für gut halten kann. [...] Wenn ich ihn damit auch nicht lebendig
> machen kann, so ist es doch nicht zu spät zu denken: Ich habe ihn angenommen,
> diesen Sohn. Ich konnte zu ihm nicht freundlich sein, weil ich zu weit ging mit
> ihm. Geh nicht zu weit. Lern erst das Weitergehen. Lern du selbst.[1668]

Die Analyse einer Erzählung von Ingeborg Bachmann bietet sich aus verschiedenen Gründen dafür an, den vorliegenden Teil der Studie über
Reflexionen partikularer Moral und deren Kontinuitäten abzuschließen. Bachmann gilt als eines der populärsten Gruppe-47-Mitglieder der sogenannten
‚zweiten Generation', die ab 1952 in Niendorf wichtiger wurde und mit der die
Landser-Literatur ihre Vorherrschaft allmählich verlor,[1669] und sie ist bis heute
eine der berühmtesten Autoren/-innen der Gruppe 47.
    Gleichzeitig gehörten aber ihre engsten Freunde in der Gruppe, Aichinger,
Celan und Dor, alle zu den im Krieg ‚Nichtdabeigewesenen' und zur Opfergruppe des Nationalsozialismus, und Bachmann hat die Gruppe 47 von Beginn
an kritisch gesehen. Nach ihrer ersten Lesung auf einer Gruppentagung berichtete sie: „Am zweiten Abend wollte ich abreisen, weil ein Gespräch,
dessen Voraussetzungen ich nicht kannte, mich plötzlich denken ließ, ich sei
unter deutsche Nazis gefallen";[1670] und Mitte der 60er Jahre findet sich nach
wie vor ein ähnlicher Eindruck in einem Tagebucheintrag: Die deutschen
Intellektuellen seien „beinahe groteskerweise zu verwechseln [...] mit den

---

1668   Aus Ingeborg Bachmanns Erzählung „Alles" ([1959] 1961), S. 10; in der Folge im vor-
       liegenden Kapitel im Fließtext zitiert (Sigle: BA). Zum Zitat vgl. weiter unten in diesem
       Kapitel.
1669   Zu der Tagung in Niendorf vgl. Böttiger 2012, S. 122–156 (i. e. Kap. „Fräulein Kafka".
       Aichinger, Bachmann, Celan: Ein unvermutet neues Abc); vgl. zu den Generationen in
       der Gruppe 47 Kap. 2.3 in Teil I der vorliegenden Studie m. w. H.
1670   Bachmann [1961] 2005, S. 367; diese Erinnerung an ihre erste Tagung der Gruppe 47 im
       Jahr 1952 blieb ein Fragment und wurde erst posthum veröffentlicht. Er ist auch in Bezug
       auf Männerdominanz und Exklusion in der Gruppe 47 interessant, wie Briegleb (1999,
       S. 56–58) hervorgehoben hat: Bachmann hat darin notiert, sie sei auf der Tagung so
       nervös gewesen, dass schließlich „ein anfreindlicher [sic] Schriftsteller" ihren Text noch
       einmal „laut und deutlich" gelesen habe. In den alten Editionen ist dieser Verschreiber
       zu „freundlich" korrigiert worden, dabei sei, wie Briegleb einleuchtend schreibt, das
       Wort eher etwas zwischen „unfreundlich" und „feindlich". Schlinsog 2005 greift diese Be-
       obachtung auf und ergänzt, es sei auch unwahrscheinlich, dass Bachmann einen „laut
       und deutlichen" Vortrag ihrer Gedichte bevorzugt habe (ebd., S. 71). Vgl. zu Bachmanns
       Position in der Gruppe 47 auch Schneider-Handschin 1999.

ganz und gar Gestrigen, Unversöhnlichen, Unbelehrbaren."[1671] Bachmanns 2009 erschienener Briefwechsel mit Paul Celan dokumentiert noch darüber hinaus, dass sie beide Bachmanns Engagement in Deutschland und gerade in der Gruppe 47 immer wieder kritisch sahen.[1672] Schon Ende der 50er Jahre begann sich Bachmann schließlich endgültig von der Gruppe 47 zu distanzieren, 1961 las sie zum letzten Mal auf einer Tagung. Die Frage liegt nahe, ob sich bei dieser kritischen Wahrnehmung gerade in Zusammenhang mit dem Nationalsozialismus auch die literarischen Texte, die Bachmann auf Gruppentagungen las, in einem Bezug zu den Kontinuitäten in den Moralkonfigurationen der ‚Dabeigewesenen' in der Gruppe 47 stehen.

Auch abgesehen von werkbiografischen und außerliterarischen Aspekten dürfte Bachmanns Werk für die vorliegende Fragestellung besonders relevant sein. Die Begriffe „Moral", Realität und „Erleben" sind in ihrer Poetik zentral: In ihrer ersten Frankfurter Poetik-Vorlesung erklärt sie, auf den ersten Blick übereinstimmend mit der Poetik des ‚innersten Kreises' der Gruppe 47, dass Moral nur möglich sei, indem über Erfahrungen bzw. die „Realität" in einer „neuen Sprache" geschrieben werde.[1673] Genauer betrachtet sind die Begriffe aber schon in den theoretischen Texten mit leicht abweichender Bedeutung aufgeladen: Ebenfalls bereits in der ersten Frankfurter Vorlesung ergreift Bachmann Partei gegen die „Parteiischkeit",[1674] dagegen, sich beispielsweise auf Seite des „Kahlschlag[s]",[1675] der „engagierten Literatur" oder dem „l'art pour l'art"[1676] zu stellen.

Dementsprechend anders dürften die Konzepte auch die Moraldiskurse in Bachmanns literarischen Texten prägen, sie kritisch reflektieren oder gerade unterwandern. Die 1959 gelesene Erzählung „Alles" erscheint insbesondere

---

1671 Bachmann 1978, S. 67, zit. n. Schlinsog 2005, S. 71.

1672 Wie der Briefwechsel zeigt, war Bachmann zwar versöhnlicher, aber stets vehement auf seiner Seite, wenn er sich mit Gruppenmitgliedern überwarf: Dies nicht nur nach seiner einzigen Lesung auf einer Gruppentagung im Jahr 1952 (vgl. Bachmann/Celan 2008, S. 50–53), sondern gerade auch 1959, als Bachmann im November die Erzählung „Alles" auf der Gruppentagung las, unterstützte sie Celan im Kampf gegen eine antisemitische Rezension seines Gedichtbands *Sprachgitter* durch Günter Blöcker, in dem sich Celan gerade von den Gruppe-47-Mitgliedern im Stich gelassen fühlte und dabei war, sich von wichtigsten Gruppenmitgliedern wie Böll, Andersch, Bobrowski und Schroers zu distanzieren; vgl. dazu Kap. 2.3.3 in Teil II der vorliegenden Studie.

1673 Vgl. Bachmann [1959] 2005, S. 253–270. Die Formulierungen sind dabei aber viel weniger normativ, wenn sie schreibt: „Von einem notwendigen Antrieb, den ich vorläufig nicht anders als einen moralischen vor aller Moral zu identifizieren weiß, ist gesprochen worden. [....] Nennen wir es vorläufig: Realität." (Ebd., S. 263.)

1674 Ebd., S. 257.

1675 Ebd., S. 256.

1676 Ebd., S. 257.

fruchtbar, um das genauer zu beleuchten. Sie thematisiert nämlich explizit den Zusammenhang von Moral und ‚Erlebnis‘, die Idee des Neuanfangs und der ‚neuen Sprache‘, was nach einem Überblick über die Rezeption des Texts in der Gruppe 47 und die Forschungsliteratur zunächst genauer untersucht werden soll (3.1). Darüber hinaus kann die Erzählung, wie zu zeigen ist, in der Evokation eines dialogischen Schreibens auch konkret die Verknüpfung von Identität und Alterität mit Moral bezogen werden (3.2). Die Relevanz des dialogischen Schreibens, die sich durch diese Lektüre zeigt, öffnet den Blick darauf, dass auch andere der bisher in der vorliegenden Studie noch wenig untersuchten ‚Außenseiter‘ in dieser Hinsicht eine genauere Analyse wert wären, wie schließlich im Ausblick genauer ausgeführt wird (3.3). Durch diese letzten Analysen soll also noch eine weitere, noch einmal grundverschiedene diskursive Verknüpfung von Zugehörigkeit und Moral genauer beleuchtet werden, die in ‚der‘ Literatur der Gruppe 47, wie zu zeigen ist, ebenfalls eine nicht unwesentliche Rolle spielt. Angesichts dessen können die bisherigen Ergebnisse noch einmal justiert werden, sodass schließlich im Fazit der Studie nicht nur die dominantesten Stimmen des ‚innersten Kreises‘, sondern auch die subtileren, aber nicht weniger wichtigen Ethiken berücksichtigt werden können (4).

3.1   „Alles“: Rezeption und Lesarten

Die Lesung von „Alles“ fand auf der 21. Tagung der Gruppe 47 im Jahr 1959 im Schloss Elmau im sogenannten ‚Wendejahr 1959‘ statt, auf der ersten Tagung nach Günter Grass’ spektakulärem Durchbruch auf der Gruppentagung in Großholzleute – also mitten im Umschwung, der eine neue Ära der ‚Vergangenheitsbewältigung‘ eingeleitet haben soll.[1677] Bachmanns Erzählung gilt allgemein als eine der gelungensten des Bands und wurde auch auf der Tagung relativ positiv aufgenommen.[1678] Als 1961 der gesamte Erzählband *Das dreißigste Jahr* publiziert wurde, herrschte dann aber gerade bei Mitgliedern der Gruppe 47 die Meinung vor, Bachmann hätte bei den Gedichten bleiben sollen. Nach der Lesung von „Alles“ verblasste die Popularität Bachmanns in der Gruppe allmählich;[1679] nach 1959 las Bachmann nur noch einmal

---

1677 Vgl. dazu die Einleitung zu Teil II sowie Kap. 2.3.2 in Teil II der vorliegenden Studie.

1678 So heißt es in einem Tagungsbericht: „Es war, darin stimmte die Kritik völlig überein, als geschlossene Konzeption die beste Arbeit der Tagung. Stilistisch bleibt, wie immer bei der Bachmann, und obwohl es sich hier ausdrücklich um eine Werkstattarbeit handelte, manches ungeschickt.“ Wagenbach [1959] 1967, S. 154.

1679 So formulierte Jens in seiner Rezension apodiktisch, der Erzählband sei „als Ganzes mißlungen. Auf sehr hohem Niveau, aber mißlungen.“ (Jens 1961, S. 13.)

auf einer Tagung der Gruppe 47, das Gedicht „Worte" zu Ehren von Nelly Sachs im Jahr 1961.

3.1.1   Inhalt und Deutungsansätze

In der Rahmenerzählung von „Alles" erinnert sich der männliche Ich-Erzähler an die problematische Beziehung zu seinem einzigen Sohn, genannt Fipps, der an den Folgen eines Sturzes auf den Kopf verstorben ist, und an die damit zusammenhängende Zerrüttung seiner Ehe. Sein Bericht zeugt dabei weniger von Trauer über den Verlust als von Resignation und – leisen – Schuldgefühlen wegen des Verhältnisses zu seinem Kind: Nach dessen Geburt entwickelt der Erzähler, wie er im Binnenteil erzählt, allmählich die Utopie, es zum „neue[n] Mensch[en]" (BA 89) heranwachsen zu lassen. Er versteigt sich in der Idee, dass es eine „neue Zeit einleiten" würde, indem es eine neue Sprache begründe (BA 84)[1680] – und dass es „die Welt erlöse" (BA 92). Naturgemäß wird er von seinem Sohn enttäuscht, der seinen Anforderungen nicht gerecht wird. Schon als das Kind erste Laute von sich zu geben beginnt, wendet sich der Vater von ihm ab (vgl. BA 83), und spätestens als er beobachtet, wie es mit Freunden ein kindliches Forschungsmoment zelebriert, gibt er es endgültig auf:

> Es lag eine Spannung in der Luft. Welch männliche Spannung! Es mußte etwas geschehen! Und dann fanden sie, einen Meter entfernt, den Ort. Sie hockten sich wieder nieder, verstummten, und Fipps neigte die Büchse. Das schmutzige Wasser floß über die Steine. [...] Es war geschehen, vollbracht. [...] Die Welt konnte sich auf diese kleinen Männer verlassen, die sie weiterbrachten. Sie würden sie weiterbringen, dessen war ich nun ganz sicher. [...] Die Welt war weitergebracht worden, der Ort war gefunden, von dem aus man sie vorwärtsbrachte, immer in dieselbe Richtung. Ich hatte gehofft, mein Kind werde die Richtung nicht finden. [...] Ich stand auf und schüttete mir ein paar Hände voll kaltes Leitungswasser ins Gesicht. Ich wollte dieses Kind nicht mehr. Ich haßte es, weil es zu gut verstand [...]. (BA 88 f.)

Sinn und Zweck von Fipps' Ausschütten schmutzigen Wassers bleiben diffus, der Erzähler scheint einzig und allein wegen dessen Entdeckungslust und Ehrgeiz *an sich* so enttäuscht von seinem Kind zu sein. Wie angesichts solcher Stellen nachvollziehbar wird, erkaltet in Folge seines Verhaltens allmählich auch die Beziehung zu seiner Frau, die ihm Unverständnis entgegenbringt. Die Beziehung zerbricht kurze Zeit später endgültig, als er einige Male Betty, „eine Verkäuferin von der Maria Hilferstraße" (BA 95), trifft – in der „Zeit der größten Verwirrung, wegen des Kindes. Ich schlief nie mit Betty, im Gegenteil,

---

1680 „Alles war eine Frage, ob ich das Kind bewahren konnte vor unserer Sprache, bis es eine neue begründet hatte und eine neue Zeit einleiten konnte." (BA 84.)

ich war auf der Suche nach Selbstbefriedigung" (ebd.) – und schließlich von seiner Frau mit Betty gesehen wird (vgl. BA 95 f.). In der Zeit der Rahmenhandlung, nach dem Verlust des Sohnes, leben der Erzähler und seine Frau nebeneinander her, einen „Trauerbogen" (BA 103) zwischen sich, und wechseln kein Wort mehr miteinander: „[...] sie geht ins Schlafzimmer, ohne ‚Gute Nacht' zu sagen, und ich flüchte mich in mein Zimmer, an meinen Schreibtisch, um dann vor mich hinzustarren, ihren gesenkten Kopf vor Augen und ihr Schweigen im Ohr." (BA 77)

Im Zentrum der Reflexionen des Erzählers steht aber nicht die Ehe der beiden Eltern, sondern das Scheitern der hohen Ansprüche, die er an seinen Sohn gehabt hatte, seine Enttäuschung über sein eigenes Versagen darin, sein Kind seinen rigorosen Moralvorstellungen entsprechend zu erziehen. Seine rückblickenden Kommentare zeigen, dass er sich auch nach dem Tod des Kindes nicht komplett von der Idee distanziert hat, dass er aus ihm auch einen neuen Menschen und ‚Erlöser' hätte formen kommen. So kommentiert er aus seiner Gegenwart: „Ich hatte nicht die Kraft, dieses Lächeln, [...] diese Schreie im Keim zu ersticken. *Darauf wäre es nämlich angekommen!*" (BA 83 [Hervorhebung N. W.])

Er ist aber aus der rückblickenden Position gegenüber seinem eigenen Verhalten kritischer als in der Zeit, als das Kind noch gelebt hatte, sieht in einigen seiner damaligen Überlegungen eine „Sprengkraft, daß ich hätte zurückschrecken müssen, aber ich ging weiter, ohne Sinn für die Gefahr" (BA 78) oder sagt, er sei in dieser Zeit „irrgeworden" (BA 84). Eine Bemerkung genau in der Mitte der Erzählung expliziert die Ambivalenz des Erzählers gegenüber seinem eigenen Verhalten zwischen Unsicherheit, Schuldgefühl und Kontinuität seiner Überzeugungen:

> Ich weiß nicht, ob ein Mann sein eigenes Kind so beobachten darf. [...] Ich hatte erwartet, daß dieses Kind [...] die Welt erlöse. Es hört sich an wie eine Ungeheuerlichkeit. Ich habe auch wirklich ungeheuerlich gehandelt an dem Kind, aber das ist keine Ungeheuerlichkeit, was ich erhoffte. (BA 92)

Wegen dieser Ambivalenz ist in „Alles" eine vordergründige ‚Moral der Geschichte' weniger deutlich auszumachen, obwohl sie ähnlich wie die im letzten Kapitel untersuchten Satiren von Walser oder Morriën ganz in der Perspektive dieser moralisch problematischen Erzählerfigur gehalten ist. Die meisten Deutungsansätze lesen nämlich die Ideale des Erzählers trotz dessen negativer Rolle für die Entwicklung des Kinds affirmativ. Der bisher wichtigste Interpretationsansatz ist die Auseinandersetzung mit Wittgensteins Sprachphilosophie: Die Erkenntnis, zu der der männliche Ich-Erzähler im Laufe seines Berichts gelange, entspreche dem Erkenntnisstand des alten

Wittgenstein. Die radikale Suche nach einer ‚neuen Sprache', die ihn zunächst umtreibt und die erzählte Handlung motiviert, entspreche dagegen Wittgensteins Frühwerk, von dessen Radikalität dieser sich später distanzierte.[1681] Im Folgenden soll noch etwas genauer beleuchtet werden, in welcher Beziehung diese Ideale des Erzählers zu seinem Verhalten stehen, was aus seiner Rede vom Text selbst subvertiert wird und was nicht und welche Schlüsse das über die ‚Moral der Geschichte' zulässt. Dabei sind das Verhältnis der innerfiktionalen Moralvorstellungen zu Bachmanns eigenen Ethikreflexionen besonders wichtig, wobei wie zu zeigen ist „Alles" auch als Auseinandersetzung mit Nachkriegskontinuitäten sowie insbesondere mit der Gruppe 47 im Text zu lesen sein könnte.[1682]

3.1.2   Ist der Erzähler eine moralische Reflexionsfigur?

Obwohl Figurenzeichnung und Handlungsverlauf kein deutliches moralisches Vorbild stehen lassen und der Erzähler in seinem Verhalten bestraft wird – er verliert schließlich Frau und Kind und scheint am Schluss sehr unglücklich zu sein –,[1683] bleibt zugleich die Möglichkeit bestehen, dass das, was der Erzähler *vertritt*, mit der Ethik des Textes durchaus kompatibel ist. Weder seine Utopie noch seine Ablehnung des Ist-Zustands sind durch das Unrecht, das er begangen hat, als falsch markiert. Vielmehr werden seine Ideen – und auch seine Enttäuschung von seinem Kind – vom Text grundsätzlich gestützt. Auch die Form der Erzählung kann als Hinweis darauf gelesen werden, dass sie dennoch einen durchaus ethischen Anspruch hat: Sie enthält in der Struktur Anklänge an die Novelle und an die religiöse Parabel, beides sehr moralische Gattungen; die Binnenerzählung wird entsprechend ‚predigend' angekündigt mit den Worten: „Aber alles, was geschah, handelt nicht etwa von mir oder Hanna oder Fipps, sondern von Vater und Sohn, einer Schuld und einem Tod" (BA 97). Dazu kommen, wie nun ausgeführt werden soll, einige weitere textimmanente

1681   Vgl. Göttsche 1987, S. 171–174; der Text kann auch als Auseinandersetzung mit der Reformpädagogik (vgl. Schneider 2013, S. 117) und mit der „Menschwerdung" des Affen in Kafkas ‚Ein Bericht für eine Akademie' (vgl. Pilipp 2001, S. 64–67) gelesen werden.

1682   Die Untersuchungen zum Nationalsozialismus in Bachmanns Gesamtwerk sind zahlreich, fokussieren aber vor allem das Spätwerk, in dem die Auseinandersetzung mit dem Nationalsozialismus erst ganz explizit wird und schärfere Konturen gewinnt, während im Frühwerk oft kein Unterschied zwischen Krieg und Holocaust gemacht wird; vgl. dazu insbesondere Monika Albrechts Eintrag zum Nationalsozialismus im *Bachmann-Handbuch* (2013), S. 237–246 m. w. H.

1683   Sein Empfinden auf der Beerdigung seines Sohnes beschreibt er in Worten, wie Patienten klinische Depressionen beschreiben: „Es gibt eine Kälte innen, die macht, daß das Nächste und Fernste uns gleich entrückt sind." (BA 102.)

wie auch werkbiografische Hinweise darauf, dass der Erzähler in seinen kruden
Idealen zumindest zu einem gewissen Grad auch Recht bekommt.

Haltung des Erzählers und Handlungsverlauf: Das Böse im Kind
Erstens lässt der Text wenig Zweifel daran, dass sich das Kind Fipps, von dem
der Erzähler so enttäuscht ist, wirklich nicht moralisch einwandfrei verhält.
Wie der Erzähler sagt, gehört es „zu den Menschen ‚draußen'" und ist dementsprechend dazu disponiert, wie sie zu „verletzen, beleidigen, übervorteilen,
töten" (BA 93) – und nicht alle Enttäuschungen des Erzählers wirken deshalb
so unverhältnismäßig wie die über seinen Forschungsdrang: So bedroht der
Junge schon im Alter von drei Jahren seine Eltern mit den Worten: „Das Haus
anzünden werde ich euch. Alles kaputtmachen. Euch alle kaputtmachen"
(BA 94) und stößt ein Mädchen absichtlich die Treppe hinunter (ebd.), später
greift er ein anderes Kind lebensbedrohlich mit einem Messer an.[1684] Und
als er daraufhin gezwungen wird, sich zu entschuldigen, ergreift ihn, wie der
Erzähler beobachtet, aus gekränktem Stolz ein „sehr feiner, sehr erwachsener
Haß", der ihn „wie zum Menschen geschlagen" zurücklasse (BA 100).
   Zweitens wird durch den Handlungsverlauf sogar implizit gestützt, was der
Erzähler über sein Kind formuliert: „das Böse, wie wir es nennen, steckte in
dem Kind wie eine Eiterquelle" (BA 93). Mit dieser Aussage korrespondiert
nämlich die Todesursache des Kindes: Es stirbt an einer Zyste – also genau
einer Eiterquelle –, die nach einem Sturz aufplatzt (vgl. BA 101). So gelesen erscheint eine Überwindung des Bösen also erst im Tod erstmals überhaupt als
Deutungs*möglichkeit*, indem diese Eiterquelle zerstört wird. Der Zusammenhang zwischen Zyste und ‚Eiterquelle des Bösen' wird nicht durch den Erzähler
konstruiert, der gar nicht weiß, dass Zysten mit Eiter gefüllt sind: „Die Kopf-
wunde sei an sich ungefährlich gewesen, aber der Arzt habe dann die Erklärung für den raschen Tod gefunden, eine Zyste, ich wisse wahrscheinlich ...
Ich nickte. Zyste? Ich wußte nicht, was das ist." (Ebd.) Damit handelt es sich
relativ ausdrücklich um ein Deutungsangebot des Textes selbst.
   Der Name Fipps könnte darüber hinaus als intertextueller Bezug zu
Wilhelm Buschs Band *Fipps der Affe* (erschienen 1879) verstanden werden,
wie auch im *Bachmann-Handbuch* angemerkt ist, wo Schneider darauf hingewiesen hat, dass auch in diesem Affen das Böse wie eine Eiterquelle stecke.[1685]

1684   „Fipps war auf einen Mitschüler mit einem Taschenmesser losgegangen. Er wollte es ihm
       in die Brust rammen; es rutschte ab und traf das Kind in den Arm." (BA 99.)
1685   Schneider 2013, S. 117: „Durch den Sturz auf einen Felsen erleidet Fipps während eines
       Schulausflugs eine Kopfwunde, die zum Aufbrechen einer Zyste und damit zum Tod
       führt. Hiermit ist [...] an die ‚Eiterquelle' [...] des Bösen erinnert, das – wie in Wilhelm
       Buschs gleichnamiger Affenfigur – von Anfang an in Fipps steckt."

Tatsächlich gibt es einige Parallelen zwischen den beiden Figuren, die wegen dem Signalverweis durch den außergewöhnlichen Namen zumindest erwähnt sein sollen. Beide Figuren sterben jung und überraschend umgeben von den Leuten, die sie zuvor bedroht haben[1686] – und vor allem wird der Affe Fipps von Buschs Erzähler sehr deutlich als böse beschrieben: „Was ihm beliebt, das muß er stehlen / Wenn wer was macht, er macht es nach / Und Bosheit ist sein Lieblingsfach."[1687] Wenn man auf dieser Grundlage von einem intertextuellen Bezug ausgeht und den Affen Fipps als literarisches Vorbild für den Jungen liest, so entlastet das den Jungen in „Alles" genauso wenig von den Vorwürfen des Vaters wie der Handlungsverlauf der Erzählung: Das Böse erscheint unveränderlich in ihm angelegt.

Haltung des Erzählers und Bachmanns philosophische Texte:
Aufklärungsskepsis
Über Bachmanns eigene ethischen Erwägungen in ihren theoretischen Texten wird die Annahme, dass der Erzähler tatsächlich von einer grundsätzlich ‚besseren' Moral träumt, als sie das Kind und die Welt in aktuellen Zustand aufweisen, gestützt. Das wichtigste Signal dafür ist die Utopie des Erzählers, eine ‚neue Sprache', zu entwickeln, die insbesondere dadurch charakterisiert sei, keine Züge des Bestehenden mehr zu tragen. Indem dieses Ideal wie auch seine spätere Relativierung wie bereits oben erwähnt auf Wittgensteins Philosophie und dessen Entwicklung referiert, steht es auch nahe an Bachmanns eigenen Reflexionen über Sprache, die ihrerseits eng an Wittgenstein angelehnt sind.[1688]

Zu Bachmanns außerliterarisch formulierten Ethik- und Poetikreflexionen passt darüber hinaus auch der Schock des Erzählers, als das Kind sich wie ein Ingenieur zu benehmen beginnt. Wie Bachmann selbst schließt der Erzähler ab dieser Stelle Gewalt und Fortschritt kurz, indem er keinen Unterschied in seinen Reaktionen zeigt, ob das Kind ein anderes Kind körperlich bedroht oder

---

1686 Wie Busch über den Affen Fipps schreibt: „Anfangs ist er recht lebendig, Und am Schlusse ist er tot" (Busch 1998, S. 271), bzw. am Schluss: „Wehe! Wehe! Dümmel zielte wacker. / Fipps muß sterben, weil er so ein Racker. / – Wie durch Zufall kommen alle jene, / Die er einst gekränkt, zu dieser Szene." (Ebd., S. 302.)

1687 Ebd., S. 272.

1688 Wittgenstein gilt in der Forschung neben Musil und Heidegger als einer der wichtigsten Einflüsse auf Bachmanns Schaffen (Eberhardt 2013), in ihren theoretischen Schriften hat sie sich immer wieder mit seinen Theorien auseinandergesetzt, unter anderem im Essay „Ludwig Wittgenstein: Zu einem Kapitel der jüngsten Philosophiegeschichte" (Bachmann [1954] 2005) und dem Radioessay „Sagbares und Unsagbares" (ebd.), in dem ein fiktives Gespräch aus Fragen eines „Sprechers", die mit Zitaten von Wittgenstein beantwortet werden, montiert ist, das dessen Theorie darlegt.

ob es Eroberungs- und Entdeckungswillen zeigt. Insbesondere für Bachmanns Spätwerk ist nachgewiesen worden, wie Kolonialismus, Faschismus und Unterdrückung in einem Analogieschluss als das männliche Prinzip gelten,[1689] dem im Sinne der Dialektik der Aufklärung auch Fortschritt und der Eroberungsdrang zugeordnet sind.[1690]

Auch in „Alles" wird nun der Hang zum Schlechten ganz besonders im Aufklärungs- und Fortschrittsglauben und im Ordnungsdrang des Menschen verortet: Das Kind untersucht und tötet Käfer, zerlegt seine Spielsachen (BA 87) – es entwickelt also ein Streben nach Erkenntnis ohne Rücksicht auf Verluste. Die endgültige Resignation des Erzählers erfolgt wie erwähnt nach der Beobachtung eines ganz gewaltfreien Ereignisses: Sein Sohn spielt mit anderen Kindern mit Wasser, sie benehmen sich wie „Ingenieure, wo sie mit den Bohrungen beginnen", „männliche Spannung" liegt in der Luft und der Erzähler folgert: „Die Welt konnte sich auf diese kleinen Männer verlassen, die sie weiterbrachten." Diese Beobachtung ist es, die ihn in Verzweiflung stürzt (vgl. BA 88 f.)

Es sind also gerade die Merkmale der westlichen, technisierten und aufgeklärten Welt, die hier auf das Schlechte verweisen, und der „Haß" des Erzählers richtet sich auf den „verfilzten ausgeklügelten Wust, der sich Ordnung nennt" (BA 89). Die Werteordnung des Texts stellt damit am dezidiertesten diejenigen Eigenschaften des aufgeklärten Menschen als gefährlich aus, die im Zeitkontext von den kritischsten linken Stimmen, insbesondere Adorno, Horkheimer und Arendt, als Erklärungsansätze der NS-Diktatur herangezogen wurden.

3.1.3   „Alles" als Auseinandersetzung mit dem Nationalsozialismus –
          und dessen Reflexion in der Gruppe 47?
Durch diese Nähe der Utopie des Erzählers zu Bachmanns eigener Theorie über Faschismus und Gesellschaft kommt noch eine weitere Bedeutungsebene des Texts hinzu: Er kann durch die Infragestellung der Errungenschaften der Aufklärung auch als implizite Auseinandersetzung mit dem Nationalsozialismus und NS-Kontinuitäten in der Nachkriegsgesellschaft gelesen werden, wodurch ein erster direkter Bezug zu der vorliegenden Fragestellung aufgemacht werden kann.

1689 Vgl. dazu den Handbucheintrag „Postkolonialismus und Kritischer Exotismus" (Albrecht 2013b) m. w. H.

1690 Vgl. dazu den Bachmann-Handbucheintrag „Kritische Theorie und Soziologie" (Schmaus 2013) m. w. H.

Werkkontext

Dass „Alles" auf den Nationalsozialismus anspielt, ist insbesondere insofern schlüssig, als die Auseinandersetzung mit dem Nationalsozialismus ein – manchmal mehr, manchmal weniger explizit angesprochener – Subtext des gesamten Bandes *Das dreißigste Jahr* (1961) ist, in dem „Alles" abgedruckt wurde. Auf diesen Subtext des Erzählbands wurde schon mehrfach eingegangen,[1691] hier kann noch die Beobachtung einer möglichen Systematik in der Reihenfolge der abgedruckten Erzählungen ergänzt werden: Der Text „Jugend in einer österreichischen Stadt", der den Einmarsch der ‚Nazis' in Bachmanns Heimatstadt im Jahr 1938 aus Kinderperspektive schildert, eröffnet den Band, darauf folgt die Titelerzählung *Das dreißigste Jahr*, in der es um das innerliche Erkalten und die moralische Resignation eines Mannes geht, der sein 30. Lebensjahr erreicht. Dass mit dem „dreißigsten Jahr" nicht nur das biografische Alter, sondern auch die dreißiger Jahre assoziiert sind, ist in dieser Konstellation sehr plausibel.

Die darauf folgende Erzählung „Alles" könnte in dieser andeutungsweisen Chronologie auf den Krieg selbst sowie die ‚Stunde Null' bezogen werden; auch weil daran „Unter Mördern und Irren" anschließt, die zentrale Erzählung des Bandes, die sich explizit mit der Nachkriegszeit, mit österreichischen ‚Altnazis' und Mitläufern an einem Stammtisch in den 50er Jahren, auseinandersetzt.[1692] Darauf folgen zwei Erzählungen, die sich mit Gewalt, Schuld und Unschuldsbeteuerungen auseinandersetzen und als zeitgenössische philosophische bzw. juristische Faschismusreflexionen gedeutet werden können.[1693] Die abschließende Erzählung des Bandes, „Undine geht", in der ein weibliches, mythisches Ich sich aus der Gesellschaft der Menschen zurückzieht, kann schließlich als Utopie von dessen Überwindung gelesen werden. Hier laufen die wichtigsten zuvor aufgebrachten Motive und Erzählstrukturen zusammen, und das Wesen Undine, das kein Mensch und so gewissermaßen das ‚absolut Andere' ist, verabschiedet sich schließlich aus der Sphäre der Menschen, die von Gewalt und normativen Zuschreibungen geprägt erscheint; dieser Erzählung sind die Bezüge zum Nationalsozialismus, schon durch ihre

---

1691 Vgl. u. a. Töller 1998; Gehle 1998, 1998b.

1692 Wie Gehle schreibt, rechne die Erzählung „noch einmal [...] mit Formen der erlebnisorientierten, quasi realistischen Kriegserinnerung, sei sie konventioneller oder psychoanalytischer Art, als im Kern destruktiv oder autodestruktiv ab." (Gehle 1998, S. 194.)

1693 „Ein Schritt nach Gomorrha" handelt von der Verführung einer jungen durch eine etwas dominantere Frau und Machtstrukturen und Gewaltzusammenhängen einer Beziehung, die sich bei den beiden nach kurzer Zeit einstellen; „Ein Wildermuth" von einer Gerichtsverhandlung und dem damit verbundenen Verzweifeln an Konzepten von ‚Wahrheit'.

Bezugnahme auf Celans 1960 zur Verleihung des Büchnerpreises gehaltene Rede *Der Meridian*, besonders deutlich eingeschrieben.[1694]

Bezüge zur Gruppe 47(I)

Wenn man davon ausgehend den NS-Bezug in „Alles" versuchshalber zu Ende denkt, dann fällt auf, dass der Text die beiden wohl zentralsten Reflexionen in den (insbesondere moralischen) Erwägungen der Gruppe 47 der ersten Nachkriegsjahre aufgreift: Eine ‚neue Sprache' sowie der Nullpunkt und bedingungslose Neuanfang (bzw. die ‚Stunde Null'). Neuanfang und neue Sprache, 1959 noch immer die vorläufigen Schlusspunkte einer ‚Bewältigung' des Nationalsozialismus in der Gruppe 47, erscheinen auch in „Alles" als Mittel zur Überwindung des Gewesenen. Sie sollen das „Böse, wie wir es nennen", (BA 93) und die „wölfische Praxis" (BA 104), die den Menschen ausmachen, überwinden; sie sollen also helfen, genau jene Utopie des Erzählers zu erreichen, die auch der Ethik des Texts zu entsprechen scheint. In diesem Punkt deckt sich „Alles" auf den ersten Blick mit den schon frühen Gruppe-47-Programmatiken.[1695] Genauer betrachtet – und für die vorliegende Fragestellung besonders wichtig – gibt es aber diametrale Unterschiede zu ihnen, und zwar gerade wenn die Frage nach Identität und Alterität und Moral gestellt wird.

Dies einerseits im Weltbild des Erzählers, das wie gesagt vom Text grundsätzlich nicht konterkariert wird. Was hier als das zu Überwindende erscheint, als das, was durch den ersehnten Neuanfang endlich abgelöst würde (analog zum nationalsozialistischen Gedankengut in Programmatiken der ‚Stunde Null'), äußert sich gerade im ‚Eigenen': Der Vater selbst spricht die „neue Sprache", die er fordert, nicht. Es handelt sich bei der „Schattensprache" auch um ein deutlich

---

1694 Vgl. Kann-Cooman 1997; zu Bachmanns Bezugnahmen auf *Der Meridian* (1999) vgl. weiter unten in diesem Kapitel m. w. H.

1695 Vgl. dazu Kap. 1.1 in Teil I der vorliegenden Studie und weiter unten in diesem Kapitel. Die Vorstellung des Neuanfangs bleibt im Text aber nicht einfach ungebrochen stehen. Bachmanns Erzähler ist wie die frühen Gruppe-47-Mitglieder in der paradoxen Situation, den Neuanfang und die neue Sprache zwar radikal (und in seiner Radikalität gewaltsam) zu fordern, er ist dabei aber selbst in allen Belangen ein Vertreter der Tradition und der ‚alten Sprache' und kann sich davon nicht lossagen. In der plötzlichen Kehrtwende des Erzählers könnte sogar eine Persiflage der Selbstdarstellung als junge, unbefleckte Generation angelegt sein: Als sein Kind zur Welt kommt, also am von ihm selbst erfundenen ‚Nullpunkt', trifft der Erzähler nämlich all seine moralischen Überlegungen zum ersten Mal: „Aber des Kindes wegen, auf das ich wartete, begann alles sich für mich zu verändern; ich kam auf Gedanken, unvermutet [...]. Wie soll ich bloß ausdrücken, was in mir vorging? Es erging mir wie einem Wilden, der plötzlich aufgeklärt wird [...]." (BA 78 f.) Er hat sich also vorher noch nicht mit der Frage nach Richtig und Falsch auseinandergesetzt und erst am Nullpunkt damit angefangen, sich vom Bösen zu distanzieren, wie das der ‚jungen Generation' u. a. vonseiten exilierter Schriftsteller/-innen vorgeworfen wurde.

abstrakteres Konzept als bei der neuen Sprache in den Programmatiken der Gruppe 47. Die erträumte „Neue Sprache" ist hier nur als Utopie denkbar, also anders als die „Kahlschlagsprache" nicht als etwas, was durch die eigene Instanz vorgelebt werden kann. Darüber hinaus ist diese Utopie auch gerade als maximal Fremdes, Neues und Unbekanntes beschrieben. Das Jetzt, aber auch das Hier gelte es zu überwinden: *„Hier*, wo wir stehen, ist die Welt die schlechteste aller Welten." (BA 84 [Hervorhebung N. W.]) In diesem Sinn wird das Schlechte strukturell im Eigensten verortet: Der Erzähler nimmt an, dass sein eigenes Kind „verletzen, beleidigen, übervorteilen, töten", also zu „Niedrigkeit" fähig sein wird (BA 93), und der Verlauf der Handlung gibt ihm recht; er erklärt: „Zärtlichkeiten, Koketterien, Spielereien, entsetzte ich mich. Er geriet uns nach." (BA 85)

Auch darin äußert sich ein bezeichnender Unterschied zum hegemonialen Diskurs der Gruppe 47, wo die ‚Niedrigkeit' von Gruppenmitgliedern (also den ‚*eigenen* Leuten') dem Konzept einer höheren moralischen Instanz so sehr widerspricht, dass Belastendes verschwiegen werden musste,[1696] und wo das Böse auch in den literarischen Texten vorzugsweise in die Fremde verlagert wird.[1697] In Bachmanns Erzählung ist es demgegenüber zunächst sogar die *Erzählstimme*, die an ihrem Kind eine „Ungeheuerlichkeit" begeht und innerhalb der Erzählung deren eigenes Kind, das das Schlechte verkörpert – also das Eigenste, auch in Bezug auf die Machart des Texts. Ort der Utopie ist dagegen quasi das ‚absolut Andere',[1698] das mit allen Traditionen und aller Herkunft bricht; „neu" das am positivsten besetzte Wort des Texts. Die einzige Stelle, an der das Gute nicht nur *ex negativo* herzuleiten ist, formuliert denn auch ein dezidiert universalistisches Ideal: „Alle Wege waren ihm gleich. Alle Wesen gleich. [...] Wie lange noch?" (BA 85)

Und auch die ‚neue Sprache' selbst, auf die der Erzähler hofft, um diese Welt zu überwinden, ist denn auch höchstens auf den ersten Blick mit der Kahlschlag- und Trümmerliteratur verwandt. Die Schriftsteller von Weyrauchs Kahlschlag-Ideal „schreiben das, was ist", sie „fixieren die Wirklichkeit" – das, wonach gesucht wird, ist also das maximal normative Richtige.[1699] Was in „Alles" als Utopie formuliert ist, ist das genaue Gegenteil davon: die Abwesenheit von Wahrheit und normativen Setzungen. Die ideale Welt erscheint hier nämlich „Blank und ohne Sinn" (BA 84); der Erzähler will das Kind „nicht

---

1696 Vgl. Kap. 3.3.2 in Teil I der vorliegenden Studie.

1697 Vgl. Kap. 4.3 in Teil II der vorliegenden Studie.

1698 Nach Levinas im Sinne von Waldows narrativer Ethik, vgl. Waldow 2012, S. 90–131; vgl. dazu weiter unten in diesem Kapitel.

1699 Vgl. Kap. 1.1 in Teil I der vorliegenden Studie, Kap. 3.4.1 in Teil II der vorliegenden Studie und weiter unten in diesem Kapitel.

einweihen in Zwecke und Ziele, nicht in Gut und Böse, in das, was wirklich
ist und was nur so scheint" (ebd.) und nicht in Dichotomien wie „oben und
unten, gut und böse, hell und dunkel [...]" (BA 90).[1700] „Sittlichkeit" (BA 104)
bzw. „Dressurakt auf Dressurakt [...]. Gerade gehen. Winken" (BA 94) sind auf
der Seite des Schlechten verortet, „nichts, ganz und gar nichts" wünscht er sich
für das Kind (BA 92). Auch die erträumte ‚neue Sprache' ist dementsprechend
oppositionell zum Realismus der ‚jungen Generation' eine dezidiert nicht-
referentielle Sprache: Er wünscht sich, dem Kind „die Benennung der Dinge zu
verschweigen" (BA 143), er soll eine „Schattensprache", „Wassersprache" lernen
(BA 86), also das Gegenteil der ‚chirurgischen', ‚röntgenden', ‚funktionellen'
Sprache der jungen Generation.

Der Erzähler hat also Vorstellungen, die textimmanent wie werkbio-
grafisch relativ eindeutig als ‚richtig' markiert sind, und diese unterscheiden
sich in fundamentalen Hinsichten von hegemonialen Moraldiskursen in der
Gruppe 47. Ungeklärt bleibt aber nach wie vor, woran es liegt, dass der Erzähler
dennoch scheitert, wenn er doch gemäß Textlogik und gemäß Werkbiografie
Bachmanns eigentlich genau das Richtige *will*? Dieses Scheitern ist durchaus
nicht einfach ‚tragisch' gestaltet, sondern durch seine herzlose Behandlung des
eigenen Kinds und seiner Ehefrau so, dass er letztlich als ‚unmoralische' Figur
markiert ist. Auch dieser Widerspruch im Text wird durch die Lesart des Texts
als Auseinandersetzung mit der Gruppe 47 schlüssiger erklärbar und ist, wie
nun abschließend ausgeführt werden soll, für das Verständnis der Textethik
besonders wichtig.

3.2   Das „dialogische Prinzip" Martin Bubers in „Alles"

Zwei wichtige Aspekte von „Alles" wurden in den bis hier gemachten Überlegungen noch nicht berücksichtigt: Erstens Beginn und Ende der Erzählung,
wo weniger vom Tod des Kinds als von der Beziehung des Erzählers zu seiner
Frau die Rede ist. Und zweitens das refrainartig wiederholte Mantra an ein
nicht klar bestimmbares Du, das in der Erzählung immer wieder einfließt,
ohne dass man weiß, welche Stimme hier spricht und was die Einschübe zu
bedeuten haben. In der eingangs von diesem Kapitel zitierten Passage wird
deutlich, wie unmotiviert diese Stellen eingeschoben sind;[1701] der Erzähler

---

1700 Es wird sehr deutlich, dass es dem Erzähler dabei gerade um die Dichotomien geht: „Man
      hält es nicht für möglich, aber es gibt keinen Ausweg für unsereins. Immer wieder teilt
      sich alles in oben und unten, gut und böse, hell und dunkel, in Zahl und Güte, Freund
      und Feind, und wo in den Fabeln andere Wesen oder Tiere auftauchen, nehmen sie gleich
      wieder die Züge von Menschen an." (BA 90.)
1701 „Aber jetzt, seit alles vorbei ist [...] rede ich manchmal mit ihm in der Sprache, die ich
      nicht für gut halten kann. [...] Wenn ich ihn damit auch nicht lebendig machen kann, so

führt sie zwar einmal ein, wenn er sagt, er meine, eine Stimme zu hören; manchmal reagieren die handelnden Figuren aber auch gar nicht darauf, es scheint, als würden hinter dem Rücken der Figuren die Leserinnen und Leser der Erzählung adressiert, wenn es heißt: „lass ihn zu den Schatten gehen" (BA 86) oder: „Lern du die Schattensprache! Lern du selber" (BA 102).[1702]

Wie in der Folge gezeigt werden soll, können dadurch gerade diese zunächst besonders rätselhaften Stellen die scheinbar widersprüchlichen und unklaren moralischen Aussagen der Erzählung aufzulösen helfen – nämlich indem sie Ambivalenz, Abwesenheit von klaren moralischen Aussagen und von normativen Setzungen gerade als ethische Maxime lesbar machen, die ein *dialogisches* Schreiben aufrufen, das normativen Setzungen entgegenstehen soll. Und wenn man diesen Bezug berücksichtigt, dann liegt nahe, diese dialogischen Stellen als Bezüge zu Martin Bubers Hauptwerk *Ich und Du* (1923) zu lesen,[1703] in dem Buber das ‚dialogische Prinzip' als Handlungsmaxime für das ‚richtige Leben' beschrieben hat. Nach ersten Hinweisen auf die Präsenz von *Ich und Du* in „Alles" soll deswegen im Folgenden zunächst die Theorie Bubers genauer ausgeführt und in einen breiteren Kontext gestellt werden (3.2.1) und gezeigt werden, in wie vielen Hinsichten dieser Kontext für „Alles" relevant scheint (3.2.2), bevor die Buber-Bezüge in „Alles" detaillierter herausgearbeitet und auf die bis hier gemachten Erwägungen zurückbezogen werden (3.2.3).

3.2.1 Bubers dialogisches Prinzip

In „Alles" bietet sich eine Einordnung des dialogischen Moments als Bezug zu Buber als wichtigem jüdischem Religionsphilosophen schon insofern an, als die jüdische Religion durch die referierte Ahnenkette gleich zu Beginn des Textes evoziert wird:

---

ist es doch nicht zu spät zu denken: Ich habe ihn angenommen, diesen Sohn. Ich konnte zu ihm nicht freundlich sein, weil ich zu weit ging mit ihm. *Geh nicht zu weit. Lern erst das Weitergehen. Lern du selbst.*" (BA 103 [Hervorhebung N. W.].)

1702 Vereindeutigend werden diese Stellen von Schneider im *Bachmann-Handbuch* interpretiert, der sie als Stimme des Erzählers deutet, der sich zugunsten der Reformpädagogik ausspricht (Schneider 2013, S. 117), weshalb er in dieser Erzählung eine „im Vergleich zu anderen Texten der Autorin relativ explizit formulierten ‚Botschaft'" aussende (ebd.). Die hier folgenden Ausführungen sind mit dieser Deutung insofern konform, als die Stimme, die sich an die Lesenden wendet, auch hier näher an ebenjener ‚Botschaft' verortet wird als die anderen Redeanteile im Text; wie hier im Folgenden argumentiert werden soll, scheint diese Botschaft aber durchaus noch weitere, insbesondere auch ethische Implikationen zu umfassen.

1703 In der Folge im vorliegenden Kapitel im Fließtext zitiert (Sigle: BD).

Ich habe nach diesem Rezept nie einschlafen können, obwohl *Hanna*, die es von *ihrer Mutter* hat, beschwört, es sei beruhigender als ein Schlafmittel. Vielleicht ist es für viele beruhigend, an diese Kette zu denken: Und *Sem* zeugte Arpachsad. Als Arpachsad fünfunddreißig Jahre alt war, zeugte er den Selah. Und Selah zeugte den Heber. Und Heber den Peleg. Als Peleg dreißig Jahre alt war, zeugte er den Regu, Regu den Serug und Serug den Nahor, und jeder außerdem noch viele Söhne und Töchter danach, und die Söhne zeugten immer wieder Söhne, nämlich Nahor den Tharah und Tharah den Abram, den Nahor und den Haran. (BA 79 f. [Hervorhebungen N. W.])

Es ist bezeichnend, dass, obwohl die „[c]hristlich-biblische Sprachwelt die einzige ‚traditionelle' Sprach- und Bildwelt, deren Bedeutung für Bachmann bislang systematisch nachgeforscht wurde", ist,[1704] noch nicht darauf hingewiesen wurde, dass es hier um die (zumindest in der populären zeitgenössischen Deutung) *jüdische* Ahnenkette geht: nämlich diejenige Sems als biblischer Urvater der Semiten.[1705] Sowohl der Name der Frau des Erzählers, Hanna, als auch die Bemerkung im zitierten Abschnitt, dass deren *Mutter* ihr die semitische Ahnenkette zur Beruhigung beigebracht habe,[1706] können ebenfalls als Hinweise auf einen Bezugsrahmen in der jüdischen noch mehr als in der christlichen Tradition hinweisen, und die radikale Idee des Vaters, sein Kind könne „die Welt erlöse[n]" (BA 92), erinnert eher an das Konzept des Messias als an das Erlösungskonzept des Christentums, demgemäß der Erlöser schon erschienen ist.

Zwar ist die Ahnenkette in „Alles" nicht wörtlich aus Bubers *Tanach*-Übersetzung zitiert,[1707] dafür findet sich ein möglicher anderer Signalverweis für Intertextualität zu Buber schon im ersten Satz der Erzählung (der als einer der letzten wiederholt wird):

Wenn wir uns, wie zwei Versteinte, zum Essen setzen oder abends an der Wohnungstür zusammentreffen, weil wir beide gleichzeitig daran denken, sie abzusperren, fühle ich unsere Trauer *wie einen Bogen, der von einem Ende der Welt zum anderen reicht – also von Hanna zu mir –,* und an dem gespannten Bogen einen *Pfeil bereitet, der den unbewegten Himmel ins Herz treffen müßte.* (BA 77 [Hervorhebung N. W.])

1704 Vgl. Eberhardt 2002, S. 71; am einschlägigsten ist in diesem Zusammenhang der Aufsatz des Theologen und Moralphilosophen Dietmar Mieth, der bereits im ersten Teil der vorliegenden Studien im Zusammenhang mit seinen Theorien narrativer Ethik zitiert wurde (vgl. Kap. 2.2 in Teil I der vorliegenden Studie); hier nun zur „‚Umsetzung' biblischer Sprache im Werk Ingeborg Bachmanns" (1988).

1705 Vgl. o. A. 1998, Bd. 20, S. 52.

1706 Da die jüdische im Gegensatz zur christlichen Religion nach der *Mischna* (3,12) über die Mutter weitergegeben wird.

1707 Was auf den ersten Blick ersichtlich ist, da die Übersetzung des Stammvaters dort „Schem", nicht „Sem" lautet, vgl. Buber/Rosenzweig 1934, 1. Mose 5,32.

Es wurde schon darauf hingewiesen, dass dieser „Bogen" die Erzählung rahmt, in der Sekundärliteratur wird er meistens als Metapher für eine Verbundenheit trotz Distanz gelesen und nicht weiter kontextualisiert.[1708] Die Metaphorisierung einer Beziehung zwischen zwei Individuen als Bogen, der die Welt umspannt, findet sich in ähnlicher Formulierung auch bei Buber: Dieser spricht nämlich von einem „*Weltbogen*[] der reinen Beziehung".[1709] Und dieser ‚Weltbogen' hat dieselbe paradoxe Eigenschaft, nur zwischen zwei Personen zu bestehen und gerade dadurch die Welt zu umspannen:

> Jede *wirkliche Beziehung zu einem Wesen oder einer Wesenheit in der Welt* ist ausschließlich. [...] Es *füllt den Himmelskreis* [...] so lang die Gegenwart der Beziehung währt, ist diese ihre *Weltweite* unantastbar. (BD 92 f. [Hervorhebung N. W.])

Im Werk *Ich und Du* (1923), aus dem dieses Zitat stammt, hat Buber sein berühmtes „dialogisches Prinzip" erstmals formuliert.[1710] Und angesichts dieser Parallelen und der in der Forschung schon vielfach konstatierten dialogischen Schreibweise Bachmanns liegt es nahe, eine Bezugnahme auf Buber in „Alles" genauer zu prüfen, die bisher noch ein Desiderat ist. In der Folge soll Bubers dialogisches Prinzip deswegen in seinen gröbsten Grundzügen umrissen werden, bevor genauer auf Parallelen zu „Alles", Querbezüge zu anderen Texten der Gruppe 47 und deren mögliche Relevanz für die Fragestellung der Arbeit eingegangen wird.

Das philosophische Hauptwerk Bubers[1711] arbeitet die „Grundverschiedenheit der Ich-Es-Beziehung von der Ich-Du-Beziehung"[1712] heraus: Die alltägliche „Ich-Es-Beziehung", um die sich die meisten philosophischen Theorien fälschlicherweise drehten, umfasse alle „Tätigkeiten [...], die ein Etwas zum Gegenstand haben. Ich nehme etwas wahr. Ich empfinde etwas. Ich stelle etwas vor. Ich will etwas. Ich fühle etwas. Ich denke etwas." (BD 10) Die „Ich-Du-Beziehung" dagegen sei grundsätzlich anders beschaffen: Sie beziehe sich auf keine konkreten Eigenschaften, meine den Anderen als Ganzen, in allen Möglichkeiten seines Seins – vereinfacht ausgedrückt als *anderes Subjekt*, das

---

1708 Vgl. Pilipp 2001, S. 70; Sammer [o.J.], S. 85 f.

1709 „Wenn die Abhängigkeitslehre den Ich-Träger des Weltbogens der reinen Beziehung so schwach und nichtig sieht, daß seine Tragfähigkeit nicht mehr glaubhaft ist, läßt die eine Versenkungslehre den Bogen in seiner Vollendung verschwinden, die andre behandelt ihn als ein zu überwindendes Wahnbild." (BD 99.)

1710 Vgl. auch den Sammelband *Das dialogische Prinzip*, in dem alle Publikationen Bubers zu diesem Themenkomplex zusammengetragen sind und der 2014 bereits in der 13. Auflage erschienen ist.

1711 Das auch von christlichen Theologen intensiv rezipiert wird, so hat Emil Brunner den Text als „kopernikanische Wende im Denken" bezeichnet (zit. n. Werner 1994, Klappentext).

1712 Ebd.

seinerseits reagiert und das Ich als Du wahrnimmt: „Wo aber Du gesprochen wird, ist kein Etwas. Du grenzt nicht. Wer Du spricht, hat kein Etwas, hat nichts. Aber er steht in der Beziehung." (BD 10 f.) Anders als das pragmatische Ich-Es-Verhältnis, das das Subjekt zu allem positivistisch Beschreibbaren in Bezug setzt, handelt es sich bei der Beziehung zum Du um ein In-Kontakt-Treten mit dem nicht definierbaren, nicht logisch fassbaren ‚Anderen'.[1713]

In den Augenblicken, in denen sich zwei Personen in dieser Weise in ihrer Ganzheit begegnen, in denen sich ein Subjekt auf das „Andere" einlässt, sieht Buber das eigentliche Wesen, den wahren Sinn des Menschen entfaltet: „Alles wirkliche Leben ist Begegnung." (BD 18) Während Attribute wie Strebsamkeit und Gier, aber auch ‚Bescheid wissen' (vgl. BD 53), „Ursächlichkeit" (u. a. BD 62) und „Ordnung" (u. a. BD 42, 62) der ‚unwirklichen' Welt der Ich-Es-Beziehung zugeschrieben werden, ordnet Buber der Ich-Du-Beziehung Attribute wie unmittelbar (vgl. u. a. BD 18–24), gegenwärtig (u. a. BD 50–57), lebendig (vgl. u. a. ebd.), wirklich vgl. (u. a. BD 16, 70–73), frei (vgl. u. a. BD 62–67), aber auch dunkel (vgl. BD 12, 52 f.), „kreaturhaft" (BD 23, 95 f.) und nicht fassbar zu: „Die Eswelt hat Zusammenhang im Raum und in der Zeit. Die Duwelt hat in beidem keinen Zusammenhang." (BD 116) Worte scheinen dabei unzulänglich zu sein, um das Du zu erreichen: „Das heischende Schweigen der Gestalt, das liebende Sprechen des Menschen, die kundtuende Stummheit der Kreatur: alle sind sie Pforten in die Präsenz des Worts." (BD 118)

Buber spielt den relativ einfachen Grundgedanken des dialogischen Prinzips auf den 150 Seiten von *Ich und Du* in allen möglichen Varianten durch und reflektiert die Ich-Du-Beziehung zur Natur, zu den Menschen und im letzten Teil zu Gott, der „das ganz Andere'; aber [...] auch das ganz Selbe" sei (BD 93), da in ihm „die verlängerten Linien der Beziehung sich schneiden" (BD 116). Die in *Ich und Du* vorgenommene Unterscheidung zwischen zielgerichteten Bewegungen des Ichs und einer ‚absoluten' Bewegung hin zum Du ist trotz dieser letzten religiösen Begründung auch außerhalb der Religionsphilosophie von Bedeutung. Sie eröffnet im Postulat des dialogischen Wesens des Menschen eine weitere, neue Möglichkeit neben subjektzentrierten Theorien in der Tradition von Descartes und phänomenologischen oder materialistischen Theorien, wie sie zur Erscheinungszeit von *Ich und Du* vorherrschten.[1714] Bubers Hinwendung

---

1713 „Nur noch Zwei sind nebeneinander, das Andere und das Eine [...]. Nun aber erst hebt die Verwirklichung in mir an." (BD 63.)

1714 Zur Schwierigkeit der Einordnung von Bubers Philosophie in die bekannten Strömungen vgl. Werner 1994, S. 10–14. In Zusammenhang mit der Gruppe 47 ist wichtig, dass er sich auch von der Existenzphilosophie Kierkegaards und Heideggers abwandte (vgl. ebd., S. 12 f.). Auch Heideggers „Mitsein" schließt er in die Kritik ein, dass den Mitmenschen

zum Anderen und seine kritische Perspektive auf Normativität im Sinne allgemeingültiger Setzungen machten Buber auch zum Bezugspunkt jüngerer strukturalistischer und poststrukturalistischer Denker und insbesondere der narrativen Ethik;[1715] seine Reflexionen über Macht[1716] und Fortschritt im Allgemeinen hatten sie auch schon anschlussfähig für Adornos kritische Theorie gemacht, die in Bachmanns Werk ebenfalls wichtig ist.[1717]

3.2.2   Bachmann – Buber – Celan

Der wichtigste Hinweis auf eine Auseinandersetzung Bachmanns nicht nur mit der Prosa Bubers, sondern auch mit seinen Theorien, ist ein anderer intertextueller Bezug des Bandes *Das dreißigste Jahr*, nämlich derjenige zu Paul Celan. Sein Einfluss ist nicht nur wie bereits erwähnt außerliterarisch belegt (und hier besonders bedeutsam, da die Lesung von „Alles" auf der Gruppentagung im Jahr 1959 wie bereits weiter oben erwähnt in die Zeit direkt nach dem engsten Kontakt zwischen Bachmann und Celan und der Zerwürfnisse Celans mit mehreren Gruppenmitgliedern fällt). „Undine geht", die letzte Erzählung des Bandes *Das dreißigste Jahr*, gilt in der Forschung als literarische Auseinandersetzung mit Celans Poetik-Rede anlässlich der Verleihung des Georg-Büchner-Preises, *Der Meridian*,[1718] die er 1960 gehalten hat – und diese Rede ist wiederum erwiesenermaßen zentral von Bubers Werk *Ich und Du* beeinflusst: Die kritische kommentierte Ausgabe des *Meridian* weist mehrere konkrete Bezüge und Buber-Exzerpte in der Textgenese nach,[1719] auch der Titel kann unter anderem auf Buber bezogen werden, der schreibt: „Erst indem die

---

dort kein Stellenwert beigemessen werde und sie nur als Störfaktoren diskutiert würden. Ähnlich rezipiert auch Celan den Unterschied zwischen Buber und Heidegger und stellt sich eher gegen Heidegger, dem er wegen seiner Involviertheit in den Nationalsozialismus keinen „Persilschein" ausstellen will, wie er schreibt (May 2012, S. 269).

1715 Vgl. weiter unten in diesem Kapitel.

1716 So die Textstelle zu Napoleon, die nach 1945 wieder aufgegriffen und anachronistisch als Faschismusanalyse gelesen wird; vgl. BD 80 f.

1717 Vgl. Eberhardt 2002; Schmaus 2013; zu Bachmanns Bezügen zur Kritischen Theorie im Kontext des ‚Wunderjahre' 1959 vgl. Larcati 2009, S. 220 f.

1718 Gehalten am 22. Oktober 1960, erschienen 1961 im S. Fischer Verlag, im Folgenden zit. n. der historisch-kritischen Tübinger Ausgabe von 1999.

1719 Vgl. Celan 1999, u. a. auf S. 129 mit der folgenden Notiz: „Buber, Ich und Du, S. 137, – bis der große Schauder kommt, und das Atemanhalten im Dunkel, und das bereitende Schweigen". Interessant sind auch S. 210, wo Celan notiert hat: „Die Kreatur' (Buber)" sowie seine Exzerpte zum Thema „Umkehr – das Fremde als das Eigenste – Jüdisches" (ebd., S. S. 127 f.).

Dinge aus unsrem Du zu unsrem Es werden, werden sie koordinierbar. Das Du kennt kein Koordinatensystem." (BD 39)[1720]

Die poetische, direkte Anrufung der Lesenden in der Du-Form sowie die Referenz auf die ‚Schattensprache' und das ‚Dunkle' in „Alles" erinnern nun nicht nur an Buber, sondern auch an die Lyrik Celans, die in Bachmanns Werk oft durch genau diese Chiffren aufgerufen wird. Im vorangehenden Teil der vorliegenden Studie wurde auf die Präsenz Celans in *Malina* (1971) eingegangen, wo Celan als „dunkler Ritter" in den märchenhaft-utopischen Einschüben über die „Prinzessin von Kagran" erscheint.[1721] Das eingangs dieses Teils zitierte Gedicht Celans „In Ägypten" ist seinerseits das einzige, von dem bereits zu Lebzeiten bekannt war, dass er es Bachmann gewidmet hatte,[1722] auch hier werden die Lesenden ganz direkt mit Du angesprochen, auch dieser Text wurde auf einer Gruppe-47-Tagung gelesen. Da die rätselhafte Stimme von Bachmanns Tagungstext „Alles" in dieser Ansprache wie auch in der Semantik des Dunkeln den literarischen Dialog zwischen Bachmann und Celan aufruft, bietet es sich an, auch Celans theoretische Erwägungen zur Entschlüsselung von „Alles" heranzuziehen.

Obwohl die Dialogizität von Bachmanns Werk, gerade in der Auseinandersetzung mit Celan,[1723] in vielen Studien erwähnt ist, wurde bisher erstaunlicherweise noch nicht genauer nach der theoretischen Herkunft dieses Konzepts gefragt. Das Dialogische im Werk Bachmanns wurde bereits oft beschrieben und schon vereinzelt auf den russischen Theoretiker Mikhail

---

1720 Celans Metapher von Meridian erinnert einerseits an Bubers Konzept vom „Weltbogen" und greift andererseits die topografische Bildsprache Bubers auf: „Ich suche das alles mit wohl sehr ungenauem, weil unruhigem Finger auf der Landkarte – auf einer Kinder-Landkarte, wie ich gleich gestehen muß. [...] Ich finde etwas – wie die Sprache – Immaterielles, aber Irdisches, Terrestrisches, etwas Kreisförmiges, über die beiden Pole in sich selbst Zurückkehrendes und dabei – heitererweise – sogar die Tropen Durchkreuzendes –: ich finde ... einen Meridian." (Celan 1999, S. 12.) Die Bezugnahmen Celans auf Buber sind gut erforscht; vgl. z. B. auch James K. Lyons bereits 1971 erschienenen Artikel zu „Paul Celan and Martin Buber: Poetry as Dialogue", in dem er auf Parallelen in Titeln (So Celans „Gespräch im Gebirge" und Bubers „Gespräch in den Bergen") und auf die zahlreichen Personen und Objekte, die Celan in seinen Gedichten als „Du" anruft, eingeht (ebd.)

1721 Vgl. dazu Kap. 2.3 in Teil II der vorliegenden Studie.

1722 Vgl. Böttiger 2008, o. S.

1723 Im *Bachmann-Handbuch* wird betont, dass Bachmann in ihrem Aufsatz über Celan „die Bewegung seiner Sprache als ‚dialogische'" kennzeichne und ihre „zustimmende Auseinandersetzung mit dieser Konzeption" betont – es sei aber noch offen, ob diese Zustimmung „einen Niederschlag in den späteren Gedichten und anderen Texten findet [...]." (Eberhardt 2013, S. 215). Vgl. zuletzt Schilling 2015.

Bachtin bezogen,[1724] über diesen als Bezug auf Wittgensteins Sprachspiel[1725] oder biografisch als Anrufung verschiedener Personen, insbesondere Celans und Frischs, verstanden.[1726] Es gibt auch einzelne Arbeiten, die Buber beiläufig auf Bachmann beziehen – und zwar gerade in Zusammenhang mit dem Nationalsozialismus –,[1727] aber für „Alles" wurde dieser Bezug noch nie erwähnt und auch fürs Gesamtwerk bleibt es bisher bei beiläufigen, eher hypothesenhaften Erwähnungen.

Dass Bachmann Buber gekannt haben muss, belegt die Tatsache, dass sich nicht nur dessen deutsche Übersetzung des *Tanach* in ihrer nachgelassenen Bibliothek befindet,[1728] sondern der von Buber zusammengestellte, übersetzte und ausführlich eingeleitete Band *Geschichten des Rabbi Nachman* (1906) in einem der Bücherregale direkt neben ihrem Schreibtisch, den „Umbrischen

---

1724 Bachtin wurde in der Forschung insbesondere auf *Simultan* bezogen, so aktuell in Schilling 2015, der allerdings nur auf die Dialogizität des Texts abstützt. Da Bachmann kaum Russisch sprach, kann sie Bachtin in den 50er Jahren erst indirekt rezipiert haben. Im Zusammenhang mit dem „Monolog des Fürsten Myschkin" (zu Henzes Oper nach Dostojewskis „Idiot"), das Bachmann auch auf einer Gruppentagung gelesen hat, wäre der Bachtin-Bezug aber sicher genauer zu prüfen, da Bachmann von Bachtins Dostojewski-Buch (1929) beeinflusst sein könnte, das in Wittgensteins Rezeption besonders wichtig ist.

1725 „Als echte ‚Nachfolger' von Dostojewski suchen Wittgenstein und Bachtin nach den Wegen der Überwindung des Solipsismus. Sowohl Bachtin in der Dialogtheorie, als auch Wittgenstein in der Theorie der Sprachspiele geben uns die Schlüssel, die die Anderen verstehen lassen." (Fedjaewa 2009, S. 160.) Vgl. zu biografischen Beziehungen zwischen Bachtin und Wittgenstein über Bachtins Bruder Mikail Fedjaewa 2009b.

1726 Vgl. u. a. Schilling 2015; Albrecht 1989.

1727 In Eberhardts Standardwerk zur Intertextualität im Werk Bachmanns (Eberhardt 2002), das keinen Anspruch auf Vollständigkeit erhebt (ebd., S. 43), taucht Buber nur selten auf, aber u. a. als Hinweis auf eine Beobachtung Gehles in seiner Monografie zu Bachmanns Aufarbeitung des Nationalsozialismus (1995). Ein jüngerer Aufsatz zur Aufarbeitung des Nationalsozialismus von Gehle ist in diesem Zusammenhang besonders wichtig. Dort schreibt Gehle, Bachmann sei 1953 „wohl vertraut mit der Philosophie Martin Bubers, wonach ein Ich [...] sich erst im Dialogischen zu konstituieren vermag", gewesen (Gehle 1998, S. 68). Er begründet das mit der Buchpreisrede zum deutschen Buchpreis in der Paulskirche mit dem Titel *Das echte Gespräch und die Möglichkeit des Friedens*, die Buber 1953 gehalten hat. Dort hat er das dialogische Prinzip auf die Nachkriegsgesellschaft übertragen, was Furore gemacht habe und sich genau in Bachmanns Auseinandersetzung mit dem Nationalsozialismus zu dieser Zeit einreihe. Seine Analyse eines kurzen Texts aus dem Nachlass, den er auf das dialogische Prinzip hin liest, macht insbesondere auch Querbezüge zu verschiedenen Texten aus *Das dreißigste Jahr*, vor allem „Jugend in einer österreichischen Stadt". In „Jugend in einer österreichischen Stadt" ist die Sprache der Kinder vor dem Einbruch des Nationalsozialismus (die Gehle als Literarisierungen des dialogischen Prinzips liest) fast wörtlich mit der liebevollen „Schattensprache" in „Alles" identisch (so sagen die Kinder „Du mein Wasser. Du meine Welle. [...] Mein Alles"; vgl. zu den damit verbundenen Buber-Anklängen Gehle 1998, S. 75 f.).

1728 Vgl. Eberhardt 2002, S. 81.

Kästen", aufgestellt war, wo sie ihre wichtigsten Texte aufbewahrte.[1729] Bubers wichtigste theoretische Schrift *Ich und Du* ist zwar im Nachlass nicht erhalten. Dieser Nachlass bildet Bachmanns Lektüren allerdings nicht ansatzweise vollständig ab,[1730] sodass angesichts der philosophiegeschichtlichen Bedeutung des Texts, des Stellenwerts seiner anderen Texte für Bachmann sowie des Stellenwerts von *Ich und Du* für Celan ausgesprochen nahe liegt, dass sie auch dieses Werk gekannt hat.

Dass der Bezug dennoch noch nicht beschrieben worden ist, dürfte auch mit den umfangreichen theoretischen Schriften von Bachmann selbst zusammenhangen, in denen Bachmann auf Vordenker/-innen hinweist; Namen, die von ihr selbst in diesen Schriften nicht genannt werden, werden in der Forschung oft vernachlässigt. Dabei ist der Weg zu Buber auch von dieser Seite her nicht weit: Mehrere von Bachmanns bekanntesten theoretischen Einflüssen haben sich in ihrem Werk erwiesenermaßen intensiv mit Buber auseinandergesetzt, neben Celan allen voran auch Robert Musil,[1731] dessen Utopiebegriff als wichtigster Einfluss auf Bachmanns Konzept der „Richtungsutopie" gesehen wird.[1732] Vor diesem Hintergrund ist es zumindest eine Erwähnung wert, dass die Erzählung „Die Geschichte von dem Rabbi und sein Sohne",[1733] eine von fünf Legenden in Bubers Band *Die Geschichten des Rabbi Nachman* auf Bachmanns Nachttisch,

---

1729 Das sei von mehreren Zeitzeugen/-innen so überliefert worden; es handle sich um die sog. ‚Umbrischen Kästen', deren Aufstellung eindeutig rekonstruierbar sei. Bachmann habe die 6. Auflage von 1922 besessen; Lektürespuren seien im Katalog keine vermerkt. Herzlichen Dank für die freundliche Auskunft an Prof. Dr. Robert Pichl, der die Bibliothek Bachmanns verwaltet und sich die Zeit genommen hat, die entsprechenden Anfragen zu beantworten (Auskunft vom 30.11.2016; von Bachtin seien dagegen keine Werke in der Bibliothek enthalten; Auskunft vom 18.12.2016). Rabbi Nachman ist ein Vertreter des alten Chassidismus und wird in diesem schmalen Band als „vielleicht der letzte jüdische Mystiker" beschrieben (Buber 1906, S. 5). Der Einfluss dieses Bandes auf andere Texte Bachmanns, insbesondere auf die nachweislich eng an Celan geknüpfte „Legende der Prinzessin Kagran" in Malina, wäre eine Untersuchung wert, so sehr ähneln sich schon auf den ersten Blick Klang und Sprache der Texte. Zu Bachmanns Bibliothek und der Bedeutung der ‚Umbrischen Kästen' vgl. auch Eberhardt 2002, S. 75–82.

1730 Vgl. ebd.; Bachmann hat auch nicht alle Bücher gelesen, die die Bibliothek enthält (vgl. ebd., S. 75).

1731 Vgl. Goltschnigg 1974.

1732 Vgl. den Handbucheintrag zu Bachmanns Utopiebegriff (Schmaus 2013b, S. 220–222); besonders wichtig sind in diesem Zusammenhang Bachmanns Musil-Essays „Das tausendjährige Reich" [1953] 2005) und „Der Mann ohne Eigenschaften" ([1954b] 2005). Neben Musil haben sich z. B. auch die enge Freundin Nelly Sachs sowie Hannah Arendt, die einen wichtigen Bezugspunkt für Bachmanns Denken bildet (vgl. Wandruszka 2007, S. 55), intensiv mit Buber auseinandergesetzt (zu Sachs und Buber vgl. Füglister 1988, S. 47–60; zu Arendt und Buber vgl. Thürmer-Rohr 2009).

1733 Buber 1906, S. 53–62.

eine gewisse strukturelle Nähe zu „Alles" aufweist. Sie berichtet von einem Rabbi, der „alle seine Tage" damit verbringen wollte, seinen „einzigen Sohn" so zu erziehen, dass er „gleich ihm mit strengen Gedanken in die Tiefe der Lehre eindringe [...]."[1734] Sein Sohn enttäuscht ihn, und in indirekter Folge dessen, dass der Rabbi seinen Willen unbedingt durchsetzen will, stirbt der Sohn schließlich jung.[1735]

3.2.3 Ich und Du in „Alles"

Wenn man nun auf dieser Grundlage von einem möglichen Einfluss der Theorien Bubers auf „Alles" ausgeht und detaillierter nach Intertextualitätsmarkern fragt, finden sich noch weitere Korrespondenzen zwischen den beiden Texten. Insbesondere gibt es eine enge Verwandtschaft der Begriffswahl. So sagt Bachmanns Erzähler:

> Von mir sollte es die Namen hören: Tisch und Bett, Nase und Fuß. Auch Worte wie: Geist und Gott und Seele, meinem Dafürhalten nach *unbrauchbare Worte*, aber verheimlichen konnte man sie nicht [...]. Ich würde dafür zu sorgen haben, daß *mein Kind erfuhr, was alles bedeutete und wie alles zu gebrauchen sei.* (BA 81 [Hervorhebung N. W.])

Bei Buber sind es genau diese beiden Begriffe, „erfahren", „gebrauchen", die am engsten an die Ich-Es-Beziehung gekoppelt sind, entsprechend oft erwähnt werden und im direkten negativen Zusammenhang mit der Ich-Du-Beziehung stehen: „[D]ie Ausbildung der *erfahrenden und gebrauchenden* Funktion erfolgt zumeist durch *Minderung der Beziehungskraft* des Menschen [...]." (BD 49)[1736] Wenn der Ich-Erzähler das Kind nicht nur lehren will, wie es alles zu „gebrauchen" hat, sondern zudem ausgerechnet die Begriffe Gott, Seele und Geist (bei Buber im Gegensatz zu „Geistigkeit" positiv besetzt)[1737] auf ihre *Brauch*barkeit befragt, dann ist er zunächst denkbar weit weg von dessen Prinzipien. Durch „stumme Zwiesprachen", also durch *Dialog* mit dem Kind,

---

1734 Ebd., S. 55.
1735 Vgl. ebd., S. 61.
1736 Zur Erfahrung vgl. u. a. auch BD 12: „Der Erfahrende hat keinen Anteil an der Welt. [...] Die Welt als Erfahrung gehört dem Grundwort Ich-Es zu. Das Grundwort Ich-Du stiftet die Welt der Beziehung" oder BD 16: „den Menschen, zu dem ich Du sage, erfahre ich nicht"; zum Gebrauchen BD 72: „Der willkürliche Mensch glaubt nicht und begegnet nicht. Er kennt die Verbundenheit nicht, er kennt nur die fiebrige Welt da draußen und seine fiebrige Lust, sie zu gebrauchen [...]."
1737 „Der Geist ist wahrhaft ‚bei sich', wenn er der Welt gegenübertreten, sich ihr hingeben, sie und an ihr sich erlösen kann. Das könnte die zerstreute, geschwächte, entartete, widerspruchdurchsetzte Geistigkeit, die heute den Geist vertritt, freilich erst, wenn sie wieder zum Wesen des Geistes, zum Dusagenkönnen gediehe." (BD 62.)

wird er aber im Verlauf der Handlung ‚irre‘ – kommt also von seinem ursprünglich rationalen Denken ab:

> „Früher hatte ich gedacht, ihn die Welt lehren zu müssen. Seit den *stummen Zwiesprachen* mit ihm war ich *irregeworden* und anders belehrt. Hatte ich es, zum Beispiel, nicht in der Hand [...] ihn den *Gebrauch der Gegenstände nicht zu lehren?*“ (BA 84 [Hervorhebung N. W.])

Die „Nachgeborenen“ *keine* Fakten zu lehren, ist wiederum ein zentrales Anliegen Bubers, der der Entwicklung in der Kindheit ein langes Kapitel seiner Arbeit widmet:

> So steht es vor den Nachgeborenen, *sie zu lehren, nicht was ist und nicht was sein soll,* sondern wie im Geist, im Angesicht des Du, gelebt wird. [...] Sie aber, zum lebendigen Verkehr, dem weltauftuenden, unlustig und untauglich geworden, *wissen Bescheid*; sie haben die Person in der Geschichte und ihre Rede in der Bücherei eingefangen; sie haben die Erfüllung oder den Bruch, gleichviel, kodifiziert [...], wie es dem modernen Menschen geziemt. *O einsames Angesicht* sternhaft im Dunkel, *o lebendiger Finger* auf einer unempfindlichen Stirn, *o verhallender Schritt!* (BD 52 f. [Hervorhebung N. W.])

Damit korrespondiert in ähnlicher Formulierung auch eine Reflexion des Erzählers in „Alles“: „Er riß alles an sich, biß hinein, betastete alles, warf es weg oder nahm es an! *O eines Tages.* Eines Tages würde er *Bescheid wissen.*“ (BA 87) Diese Textstellen korrespondieren insofern besonders einschlägig, als der gleiche Zusammenhang – nämlich dem Gedanken, dass ein Kind durch „Bescheid wissen“ seine Unschuld verliert – von demselben pathetischen Ausruf („O“) begleitet ist. Und die in beiden Texten vehement negative Konnotation von „Bescheid wissen“ entspricht auch der generellen Fortschrittsskepsis in beiden Texten, die oben schon im Zusammenhang mit der kritischen Theorie erwähnt wurde. Bei Buber heißt es ganz ähnlich:

> Aber man kann Erkenntnis auch so betreiben, daß man feststellt: ‚so also verhält es sich damit, so heißt das Ding, so ist es beschaffen, da gehört es hin‘, daß man das zu Es Gewordene als Es beläßt, als Es erfährt und gebraucht, es mitverwendet für die Unternehmung, sich in der Welt ‚auszukennen‘, und sodann für die, die Welt zu ‚erobern‘. (BD 51)

Auch in „Alles“ folgt auf das wachsende Verständnis der Dinge bald der Eroberungsdrang des Kindes, und wie beschrieben gibt der Erzähler die Hoffnung auf einen Neuanfang genau in diesem Moment auf und fängt an, sein Kind zu ‚hassen‘.

Doch was sagen diese Parallelen nun über eine ethische Position des Ich-Erzählers aus? Seine Haltung, die wie gesehen wohl nicht grundsätzlich problematisiert wird, scheint neben Einflüssen Wittgensteins, Adornos und vieler anderer auch aus Konzepten Bubers gespeist zu sein. Das, was er ablehnt – Erkenntnis, „Bescheid wissen", „die Welt weiterbringen" – entspricht teilweise Wortgenau dem Ich-Es-Prinzip, wie es Buber problematisiert. Andererseits ist es auch dieser Erzähler – und hierin nun könnte sein Scheitern begründet liegen –, der die Beziehung zu seinem Kind und zu Hanna abbricht, der sich weigert zu glauben, dass das Kind ihn meint, wenn es kurz vor dem Sterben „Du" sagt. Er scheint selbst den fundamentalsten Grundsatz des dialogischen Prinzips nicht zu befolgen, nämlich mit den Personen, die ihn umgeben, in eine Ich-Du-Beziehung zu treten. Stattdessen tritt er kompromisslos und normativ an sein Kind heran, er scheitert also nicht an seinen Inhalten, aber an der Art und Weise, wie er diese Inhalte zu vermitteln versucht: an seiner rigorosen, kompromisslosen Moral, die alle ‚Anderen' außer Acht lässt. Der Text würde das dialogische Prinzip so quasi doppelt vertreten, einerseits auf Ebene der Figurenrede und andererseits auf Ebene der Konstruktion des Texts als Anruf an die Lesenden – als wirkliche ‚Moral der Geschichte'.

Für die Verarbeitung eines dialogischen Prinzips über die reine Figurenrede des Erzählers hinaus spricht, dass nicht er es ist, der das Konzept dialogischen Denkens aufbringt, sondern die schon erwähnte mysteriöse Stimme, die sich an einer Stelle explizit an ihn wendet:

> Und wenn die Bäume Schatten warfen, meinte ich, eine Stimme zu hören: Lehr ihn die Schattensprache! Die Welt ist ein Versuch, und es ist genug, daß dieser Versuch immer in derselben Weise wiederholt worden ist mit demselben Ergebnis. Mach einen anderen Versuch! Laß ihn zu Schatten gehn! Das Ergebnis war bisher: ein Leben in Schuld, Liebe und Verzweiflung. (Ich hatte begonnen, an alles im allgemeinen zu denken; mir fielen dann solche Worte ein.) [...] Ja, sonntagswanderte ich mit ihm durch den Wienerwald, und wenn wir an ein Wasser kamen, sagte es in mir: Lehr ihn die Wassersprache! Es ging über Steine. Über Wurzeln. Lehr ihn die Steinsprache! Wurzle ihn neu ein! Die Blätter fielen, denn es war wieder Herbst. Lehr ihn die Blättersprache! (BA 86)

Die Natur selbst, das „Kreatürliche", Vorsprachliche, scheint hier in einen Dialog einzutreten, wie es Buber als ursprünglichste Form der Ich-Du-Beziehung beschreibt: „Drei sind die Sphären, in denen sich die Welt der Beziehung errichtet. Die erste: das Leben mit der Natur. Da ist die Beziehung im Dunkel schwingend und untersprachlich. Die Kreaturen regen sich uns gegenüber, aber sie vermögen nicht zu uns zu kommen, und unser Du-Sagen zu ihnen haftet an der Schwelle der Sprache." (BD 12) Ebenfalls in einem vorsprachlichen Dialog weist auch das Kind den Erzähler in die ‚bessere Richtung‘ im Sinne der ‚Moral der Geschichte‘, indem es ihn wie zitiert im ‚stillen Zwiegespräch‘ davon abbringt, ihm „alles" beibringen zu wollen.

Und vor dem Hintergrund von *Ich und Du* liegt es insbesondere nahe, eines der letzten Worte des sterbenden Kindes als Signalbegriff anzusehen:

> Er konnte *nichts* sagen, als er dort auf dem Felsvorsprung der Schlucht lag, nur zu dem Schüler, der zuerst bei ihm anlangte: „*Du.*" [...] Und endlich flüsterte er *doch*, als sich ein paar Augenblicke später der Lehrer über ihn beugte: „Ich möchte nach Hause." (BA 97 f.)

Der exponierte Ort dieses „Du" als beinahe letztes Wort des Kindes (und übrigens auch als eine von wenigen Stellen direkter Figurenrede im Text) ist an sich schon auffällig. Das isolierte „Du" ist hier zudem, was zunächst paradox scheint, als ‚keine Aussage‘ markiert: er sage „nichts", erst mit „ich möchte nach Hause" dann „doch" etwas. Im Kontext der Theorie Bubers erscheint das stringent, der ja genau das „Dusagen" von inhaltlichen Aussagen, also davon ‚etwas zu sagen‘, unterscheidet.

Der Erzähler nun möchte sich zwar trotz dieser Information hüten „zu glauben, es hätte ihn ausdrücklich nach Hanna und mir verlangt" (BA 98), aber die Metaebene des Texts deutet darauf hin, dass er sich irrt. Trotz der Ich-Erzählsituation treten ‚hinter dem Rücken‘ des Erzählers durch das Kind und die „kreatürliche" Stimme weitere Positionen zu Tage, die offenlegen, dass die Beziehung zwischen den Figuren für die Ethik des gesamten Texts wichtiger ist, als der Erzähler bis zuletzt einsehen will. Ganz am Schluss scheint sogar der Text selbst in diese Polyphonie einzutreten. Zunächst ist es wie zitiert nur der Erzähler, der meint „eine Stimme zu hören" (BA 86); am Schluss der Erzählung erscheint die mutmaßlich selbe Stimme dann aber, wie bereits eingangs erwähnt, fast ganz aus dem narrativen Zusammenhang gelöst:

> „Den ganzen Zentralfriedhof sah ich weit draußen am Horizont nach Osten abtreiben, und noch als man mir die Hand drückte, spürte ich nur Druck auf Druck und sah die Gesichter dort draußen, genau und wie aus der Nähe gesehen, aber sehr fern, erheblich fern. *Lern du die Schattensprache! Lern du selber.* Aber jetzt, seit alles vorbei ist und Hanna auch nicht mehr stundenlang in seinem Zimmer sitzt, sondern mir erlaubt hat, die Tür abzuschließen, durch die er so oft gelaufen ist, rede ich manchmal mit ihm in der Sprache, die ich nicht für gut halten kann. Mein Wildling. Mein Herz." (BA 102 f. [Hervorhebung N. W.])

Die Aussage „Lern du selber" kann hier nicht mehr als Imperativ an das Kind verstanden werden, sondern muss entweder den Erzähler meinen oder die Lesenden ansprechen. Der Text selbst würde so in einen Dialog eintreten und

nach der Parabel des scheiternden Vaters direkt an die Lesenden – oder im
Rahmen der Gruppe 47 an die Zuhörenden – appellieren. Auch dieser fast
mystische Ton der Erzählung lässt sich mit Buber deuten: Als „wirkliches" Werk
versteht er eines, das dem Ich als „Gestalt" gegenübertritt und erst dadurch
zum Werk wird. So sei das Werk keine „Ausgeburt seiner Seele, sondern Erscheinung, die an sie tritt", also zum aktiven Gegenüber wird (vgl. BD 16).

Bezüge zur Gruppe 47 (II)

Bubers Philosophie kann nun als weiterer Hinweis darauf gesehen werden,
dass „Alles" sich gegen vorherrschende Moraldiskurse in der Gruppe 47 stellt.
Wie bereits erwähnt, klingt das schon in den Idealen des Erzählers selbst an,
bei dem die Vorstellung der ‚Stunde Null' und der ‚neuen Sprache' hinsichtlich Zuschreibungen von Identität und Alterität gerade gegensätzlich zur
‚Gruppenmentalität' gestaltet sind, wenn er das Böse im ‚Eigenen' verortet und
den Neuanfang in der Abwesenheit aller Sitten und moralischer Setzungen
imaginiert. Das dialogische Prinzip bietet noch in weiterer Hinsicht ein Gegenkonzept zur engagierten Literatur der ‚Moralapostel' in der ersten Gruppe-
47-Generation. Am offensichtlichsten – und für die Frage nach Kontinuitäten
am grundlegendsten – ist die Tatsache, dass in Bubers Fokus auf Dialogizität
die *Alterität* im Zentrum der Bemühungen steht. Je offener und dialogbereiter
ein Subjekt auf das Fremde zugeht, je kompletter es dieses in seiner Andersartigkeit annimmt, ohne es in das Selbst integrieren zu wollen, desto näher
ist es gemäß Buber am wirklichen und damit richtigen Leben. In der NS-
spezifischen partikularen Verschränkung von Moral und Alterität verhält sich
diese Gleichung genau umgekehrt: Wer sich für das Fremde interessiert, wird
dadurch in seiner Integrität gefährdet; wer sich auf das Fremde einlässt, ist
moralisch irreversibel desavouiert.[1738]

Mit dem Bezug auf Bubers dialogisches Prinzip stellt sich „Alles" also nicht
nur auf Ebene der Diskurse über Sprache und Moral sowie das ‚Eigene' und
das ‚Fremde' in einen Gegensatz zur Gruppe 47, sondern auch auf der Metaebene, und auch hier in Bezug zu ethischen Fragen. Gemäß Buber können
Richtig und Falsch nur dialogisch – also im Kontakt mit dem ‚Anderen' – verhandelt werden, sie zeigen sich nur in der Begegnung, können nicht absolut
gesetzt werden und sind von Fakten und Meinungen losgelöst. ‚Die Wahrheit schreiben' funktioniert ausschließlich in der *Abwesenheit* von festen,
normativen Setzungen. Die moralischen Stellungnahmen der Wortführer der
Gruppe 47 bis heute stehen dem, wie im Verlauf der Studie immer wieder
gesehen, diametral entgegen. Das manifestierte sich schon in den ersten

---

1738   Vgl. Kap. 1 im vorliegenden Teil III der Studie.

poetologischen und institutionellen Programmen, insbesondere demjenigen
des Kahlschlags.[1739] Die Ethikreflexionen in Bachmanns theoretischen Texten
dagegen sind mit Bubers Ausführungen kompatibel, ihre eingangs erwähnten
Modifikationen der Konzepte Moral, Erfahrung und Realität nähern sie dem
dialogischen Prinzip an, das in „Alles" nun auch literarisch umgesetzt ist.

Der normative, monologische Modus des Erzählers, der deutend eine einzige Wahrheit predigt und einen ‚Neuanfang' durch seinen Sohn – die neue
Generation – ausgerechnet ohne jeden Dialog – auch nicht mit seiner Frau,
die allegorisch für die jüdische Ahnenlinie steht – erreichen will, wird durch
die kritische, dialogische Stimme, die im Text anklingt, subvertiert. Und indem in dieser kritischen Stimme Buber anklingt, wird inhaltlich noch einmal
die Utopie des Erzählers, etwas ganz ‚Anderes' zu erreichen, als grundsätzlich
‚richtige' Textethik gestützt. Indem der Erzähler das ‚Andere' als ethisches Ziel
sieht, steht er auch darin den Texten des innersten Kreises der Gruppe 47 diametral gegenüber, die das ‚Eigene' als Ort der Moral konstruieren. Und sogar
insofern, als er durch diese Gegensätze ambivalent erscheint, ist er ein Gegenprinzip zum häufigsten Erzähler in Texten der Gruppe 47, der gerade als eindeutige moralische Instanz erscheint.[1740] Wie entgegengesetzt dialogische

---

1739 Vgl. dazu Kap. 1.1 in Teil I und insbesondere Kap. 3.4.1 in Teil II der vorliegenden Studie.
       Weyrauch schreibt: „Aber die vom Kahlschlag wissen, oder sie ahnen es doch mindestens,
       daß dem neuen Anfang der Prosa in unserm Land allein die Methode und die Intention
       des Pioniers angemessen sind. Die Methode der Bestandsaufnahme. Die Intention der
       Wahrheit. Beides um den Preis der Poesie. Wo der Anfang der Existenz ist, ist auch
       der Anfang der Literatur. Wenn der Wind durchs Haus geht, muß man sich danach er-
       kundigen, warum es so ist. Die Schönheit ist ein gutes Ding. Aber Schönheit ohne Wahr-
       heit ist böse. Wahrheit ohne Schönheit ist besser. Sie bereitet die legitime Schönheit vor,
       die Schönheit hinter der Selbstdreingabe, hinter dem Schmerz. Es gibt vier Kategorien
       von Schriftstellern. Die einen schreiben das, was nicht sein sollte. Die andern schreiben
       das, was nicht ist. Die dritten schreiben das, was ist. Die vierten schreiben das, was sein
       sollte. Die Schriftsteller des Kahlschlags gehören zur dritten Kategorie. Einer von ihnen,
       Gerd Behrendt, hat es selbst einmal formuliert: ‚ich schrieb das auf, was passierte'. Sie
       fixieren die Wirklichkeit. Da sie es wegen der Wahrheit tun, photographieren sie nicht. Sie
       röntgen. Ihre Genauigkeit ist chirurgisch. Ihre Niederschrift ist eine Antisepsis. Sie sind
       auf dem Weg, funktionell zu schreiben." (Weyrauch 1989, S. 181.)
1740 Vgl. Kap. 3.4.1 in Teil II der vorliegenden Studie. Das in diesem Zusammenhang ebenfalls
       in Teil II beschriebene ‚monologische' Schreiben, in dem nur scheinbar zahlreiche ver-
       schiedene Figuren intern fokalisiert werden, aber letztlich alle mit einer Stimme, der des
       Autors, sprechen, könnte als Gegenprinzip dazu gesehen werden, da es sich quasi um ver-
       vielfachte Monologe handelt (vgl. Kap. 3.4.3 in Teil II der vorliegenden Studie) Und auch
       Jens' Deutung des Gedichts „Anrufung an den großen Bären" von Bachmann in einer Vor-
       lesung zeigt, wie weit weg ihre Schreibweise vom ‚klassischen' Engagement der Gruppe 47
       entfernt ist. Er hebt den Vers „Fürchtet euch oder fürchtet euch nicht" hervor – der in
       seiner biblischen Anspielung und dadurch, dass er dezidiert keine Handlungsanweisung

Schreibweisen zu der ‚Mentalität des innersten Kreises' sind, zeigt sich an
Bubers durchwegs negativem Gebrauch des Begriffs „Erfahrung".[1741] Buber
schreibt: „Die Welt als Erfahrung gehört dem Grundwort Ich-Es zu. Das Grund-
wort Ich-Du stiftet die Welt der Beziehung." (BD 12) Das stellt er in direkten
Zusammenhang mit einem ‚falschen' Umgang mit Alterität: „Erfahrung ist Du-
Ferne." (BD 16) Der ‚unwirkliche', selbstbezogene Mensch setze „sich gegen das
Andere ab und sucht so viel davon als e[r] kann in Besitz zu nehmen, durch
Erfahren und Gebrauchen." (BD 77)

Und schließlich kann eine Bezugnahme auf Buber vielleicht sogar hinsichtlich des Antisemitismus in Texten von wichtigen Gruppe-47-Mitgliedern Bedeutung zugemessen werden, wenn im Zusammenhang mit NS-Kontinuitäten
in der Gruppe 47 gerade der Theorie eines der wichtigsten Vertreter der jüdischen Mystik, einem Übersetzer religiöser Schriften, die Referenz erwiesen
wird. Die Konzeption von Hanna, der Ehefrau des Erzählers, die er aus seinem
moralischen Neuanfang ausschließt, kann so gesehen sogar als Spiegelung des
Ausschlusses jüdischer Erfahrung in der Gruppe 47 gelesen werden, und zudem womöglich auch als Gegenentwurf zu den jüdischen Figuren, die in den
letzten Kapiteln erwähnt wurden: Wie eingangs gesehen, scheint sie Jüdin zu
sein, was durch ihr Zitat der Ahnenlinie Sems angedeutet wird (BA 79 f.). Ähnlich wie in Celans Gedicht „In Ägypten" wird so die jüdische Geschichte durch
die Referenz auf jüdische Ahnen angedeutet.[1742] Sie wird aber weder durch
ihr Aussehen noch durch ihr Verhalten stereotyp als Jüdin festgeschrieben.
Anders als bei Grass' Sigismund Markus[1743] oder Anderschs Judith Levin[1744]
korrespondiert hier die Irrelevanz ihrer Herkunft mit der Uneindeutigkeit von
Gut und Böse in der Erzählung.

---

gibt, ein gutes Beispiel für die Anleihen an Buber ist – und beschreibt zwar, dass das Gedicht ‚nicht mehr' monologisch sei. Die Anrede an die Lesenden, obwohl sie so dezidiert
nicht normativ ist, deutet er aber ganz im Sinne des moralischen Impetus der ‚dabei gewesenen' Gruppe-47-Mitglieder: „Maxime! Imperativ! Keine monologische Dichtung,
meine Damen und Herren [...] nicht mehr dieses Über-der-Zeit-Schweben, sondern Ansprache!" (o. A. 2014 [Video-Dokumentation über Ingeborg Bachmann], Min. 13.25–13.47.)

1741 In der frühen Gruppe 47 war das Konzept der Erfahrung, wie im zweiten Teil der Studie
     gesehen, im Gegenteil dazu sehr positiv besetzt und ein zentrales Kriterium, das über das
     Recht zum moralischen Urteil entschied; vgl. Kap. 3 in Teil II der vorliegenden Studie.
1742 Vgl. dazu Kap. 4.3.1 in Teil II der vorliegenden Studie und weiter oben in diesem Kapitel.
1743 Vgl. Kap. 4.3.1 in Teil II der vorliegenden Studie.
1744 Vgl. Kap. 4.1.2 und 4.1.3 in Teil II der vorliegenden Studie.

3.3   Zwischenbilanz und einige Ergänzungen zum dialogischen Prinzip in der Gruppe 47 (*Aichinger, Hildesheimer, Dor*)

Der Erzähler in „Alles" hat also hohe Ideale, deren *grundsätzliche* Richtigkeit auch vom Text nicht hinterfragt werden. Er scheitert aber gerade an der Radikalität und Normativität, mit der er dieses Denken seinem Kind aufzwängen will, anstatt, mit Buber formuliert, dessen „Du" anzunehmen. Wie er es selbst ausdrückt: „Ich habe auch wirklich ungeheuerlich gehandelt an dem Kind, aber das ist keine Ungeheuerlichkeit, was ich erhoffte." (BA 92) Der Ruf „Lehr ihn die Schattensprache", der zunächst seiner Erziehung des Kinds gilt, kehrt sich im Verlauf dieser Entwicklung um in eine Selbsterkenntnis, die dialogisch formuliert ist und so auch die Lesenden – und vielleicht die Hörenden auf der Tagung der Gruppe 47 – anzusprechen scheint: „Lern du selbst." (BA 103) In zahlreichen Bezügen kann die Erzählung und ihre intertextuelle Referenz auf Buber als Auseinandersetzung mit partikularen Moraldiskursen in der Gruppe 47 gesehen werden.

Nun wird Buber selbst zwar nicht als Ethiker gesehen, die Bezeichnung „narrative Ethik", wie sie eingangs dieser Studie vorgestellt wurde, kann für Bachmanns ethisches Schreiben in „Alles" durch die Buber-Bezüge aber durchaus *avant la lettre* verwendet werden. Gerade über den Kontext der Gruppe 47 lassen sich die Bezüge zu Buber bei Bachmann und Celan bereits als Ethik im Sinne von Reflexionen über Moraldiskurse definieren: Nämlich indem sie als konkrete Stellungnahmen gegen Moraldiskurse in der Gruppe lesbar sind, sich dezidiert gegen genau diejenigen Diskurse wenden, in denen Moral und Alterität in einer Fortsetzung partikularer Moral verhandelt werden.

Diese Nähe zu den im ersten Teil dieser Studie vorgestellten Theorien narrativer Ethik im Sinne von Lévinas, der ethisches Schreiben als „Begegnung mit dem Anderen" denkt,[1745] ist kein Zufall: Lévinas hat sich in seiner Theorie intensiv mit Celans Schaffen auseinandergesetzt.[1746] Der ideengeschichtlichen Kette Lévinas / Derrida / Ricoeur / Butler, die Waldow in ihrem Band zu narrativer Ethik beschreibt, könnte der bei ihr unerwähnte Buber denn auch an den Anfang gestellt werden, da Lévinas (gerade auch in seinen Celan-

---

1745   Vgl. Kap. 2.3.3 in Teil I der vorliegenden Studie

1746   Dzikowksa (2007) fasst in ihrem Aufsatz „Ein Zeichen für den Nächsten. Emmanuel Lévinas liest Paul Celan" die vielen Bezüge zusammen, die sich zwischen den beiden herstellen lassen, obwohl sie sich „höchstwahrscheinlich" nie begegnet seien (ebd., S. 145); der wichtigste ist eine Studie in Lévinas' Band *Eigennamen* (1988), in der er sich mit Celan auseinandersetzt sowie mit Maurice Blanchot, Marcel Proust und Martin Buber; vgl. dazu Dzikowksa 2007, S. 148 f.

Bezügen)[1747] explizit von Buber ausgeht.[1748] Damit klärt sich die Frage nach Alterität und Moral in der Gruppe 47 von der ‚anderen Seite' her, was ein ganzes Feld neuer Fragen eröffnet: Über die gegenseitigen und philosophischen Bezugnahmen der ‚Nichtdabeigewesenen' könnte womöglich ein paralleler Diskurs nachgezeichnet werden, der einen wesentlichen Beitrag zu postmodernen Ethiktheorien, wie sie eingangs dieser Studie beschrieben wurden, geleistet hat.

Dabei würde es sich aber wegen der Komplexität die Bezugssysteme um eine eigene Studie handeln, die hier in größerer Ausführlichkeit ein Desiderat bleiben muss, da sie nicht den Kern der Moraldiskurse in der Gruppe 47 trifft. In der Folge soll nur noch knapp verdeutlicht werden, dass es sich hinsichtlich der ‚Mentalität der Gruppe 47' um Außenseiterpositionen handelt: Die Gegensätzlichkeit des dialogischen Ansatzes gegenüber den bis hier beschriebenen Moraldiskursen in der Gruppe 47 korrespondiert damit, dass sich offenbar gerade Gruppe-47-Mitglieder mit einer „anderen Erinnerung" (Braese) als dem Kriegserlebnis von diesem Ansatz angesprochen fühlen. Wie nun abschließend gezeigt werden soll, gibt es einige Hinweise darauf, dass nicht nur Bachmann, sondern auch weitere Gruppe-47-Mitglieder in ihren narrativen Ethiken als Gegenstimmen zum ‚inneren Kreis' und der ‚Mentalität der Gruppe 47' verstanden werden können.

Dialogische Ethiken in der Gruppe 47

Allen voran hat auch Celan, wie bereits gesehen, den Umgang mit ‚Fremden', das Gedenken an die Shoah und das Verständnis der Verknüpfung von Moral und Literatur im Engagement-Begriff der ‚Dabeigewesenen' früh sehr kritisch benannt.[1749] In seinem Bachmann gewidmeten *Almanach*-Gedicht „In Ägypten", die dadurch in den Zeilen „Du sollst die Fremde neben dir am schönsten schmücken"[1750] als ‚Fremde' neben hebräischen Namen anklingt, zeigt sich sein grundverschiedener Umgang mit genau diesen Themen auch schon literarisch. Es ist der erste *Almanach*-Text überhaupt, in dem das Lexem

---

1747 Vgl. ebd.

1748 Es gibt u. a. einen ganzen Sammelband zu *Levinas and Buber. Dialogue and Difference* (Atterton/Calarco/Friedman 2004).

1749 Vgl. die Einleitung zu diesem Kapitel sowie Kap. 2.3.3 in Teil II der vorliegenden Studie.

1750 Das Gedicht ist Bachmann gewidmet, es scheint eine Reflexion der Konstellation ihrer Liebesbeziehung zu sein, in der sie als Tochter eines Mitglieds der österreichischen NSDAP ihm als Sohn von Eltern, die im KZ ermordet wurden, als Fremde gegenübersteht, der er dennoch begegnet, der Begegnung aber zugleich das Gedenken des Holocaust einschreibt.

‚fremd' vorkommt,[1751] und Fremdheit ist hier, da es sich um ein Liebesgedicht handelt, anders als im beschriebenen vorherrschenden Gruppe-47-Diskurs sehr positiv konnotiert.

Celans Lesung vor der Gruppe 47 und seine Auswahl für den *Almanach* kann dadurch grundsätzlich *auch* als Stellungnahme zum Umgang mit Alterität in der Gruppe 47 gelesen werden, zumal „In Ägypten" zudem einer von nur fünf *Almanach*- und Preistexten ist, in denen jüdische Opferfiguren vorkommen.[1752] Fruchtbar könnte es auch sein, den gesamten literarischen Dialog zwischen Bachmann und Celan in ihren Lesungen auf den Gruppentagungen in diesem Zusammenhang noch einmal zu untersuchen. Bachmanns Gedichte im *Almanach* – die wiederum explizit auf Celan Bezug nehmen – könnten in ähnlicher Weise wie „Alles" auf Bubers dialogisches Prinzip referieren.[1753] Insbesondere auch das Hörspiel „Ein Monolog des Fürsten Myschkin", das sie im Jahr 1953 auf der Gruppe-47-Tagung gelesen hat, scheint wie erwähnt sogar stark mit Buber zu korrespondieren. Durch die Kombination der Dostojewski-Referenz mit dem Begriff „Monolog" im Titel wird Bachtin evoziert, der seine Theorie des dialogischen Prinzips, in der er sich ebenfalls auf Buber bezieht, in seinem Buch über Dostojewski herausgearbeitet hat (1929).

Celans Lesung von „In Ägypten" ist für die Einschätzung hegemonialer Diskurse in der Gruppe 47 noch in einem weiteren Punkt interessant, auf den Böttiger schon in seinem Radiobeitrag über (bzw. gegen die Annahme von)

1751 Vgl. zu der Entstehung dieser Auswertungen auch Kap. 1.1.2 in Teil II der vorliegenden Studie. Als Substantiv kommt der Begriff im *Almanach* nur bei Celan sowie einmal bei Bobrowski vor; zum ersten Mal im Eintrag zu Celans Gedicht „In Ägypten". Als Adjektiv kommt es dagegen öfter vor, und besonders gehäuft bei Morriën, Bachér und Dor, die alle drei als Gegenbeispiele zum herkömmlichen Umgang mit Fremdheit in der Gruppe 47 gesehen werden können (vgl. Kap. 4.3.1 in Teil II der vorliegenden Studie zu Bachér; Kap. 2.3 bzw. 3.3 in Teil III der vorliegenden Studie zu Morriën bzw. Dor). Ebenfalls mehrfach ist die Rede von „fremd" bei Walser und Nowakowski – die Vorurteile ebenfalls beide kritisch thematisieren – sowie bei Wohmann. Zudem kommt der Begriff bei Johnson zweimal, aber in leicht anderer Bedeutung (als poetologische Metareflexion über „Fremde Erinnerung") und je einmal bei Brenner, Kolbenhoff, Jens, Federmann und schließlich v. Cramer vor.

1752 Vgl. dazu Kap. 2.3.1 in Teil II der vorliegenden Studie.

1753 Außerliterarisch referieren sie deutlich auf Celan, und zwar insbesondere in der Semantik des ‚Dunklen', die wie gesehen auch auf Buber bezogen werden kann. So beschreibt Böttiger (2017b) die Lesung auf der Gruppentagung wie folgt: „Sie hat ein Gedicht vortragen wollen, das heißt ‚Dunkles zu sagen', und das ist eine direkte Antwort auf ein Liebesgedicht von Celan, in dem die Zeile steht: ‚Wir sagen uns Dunkles', das ist eindeutig auf Bachmann gemünzt. Und ihre Antwort, ‚Dunkles zu sagen', wollte sie vorlesen und ihr brach die Stimme. Also, diese Tagung war aufgeladen von dieser privaten Situation, und das muss man, um das würdigen zu können, eigentlich berücksichtigen." (Ebd., o. S.)

Antisemitismus in der Gruppe 47 hinweist.[1754] Wie aus Celans Briefwechsel mit Gisèle Lestrange ersichtlich wird, stieß er mit seiner Lesung nicht nur auf negative Reaktionen, sondern konnte durchaus auch Erfolge verbuchen. Dass sich Verleger für ihn interessieren, verwundert kaum; interessant ist im vorliegenden Kontext aber die gruppeninterne Preisverleihung: Auch wenn der Preis schließlich an Aichinger ging, kam Celan nämlich bei der anonymen Abstimmung in die zweite Runde, wie er seiner Frau berichtet: „Am Ende der Sitzung, als man zur Wahl schritt, haben sich sechs Personen an meinen Namen erinnert."[1755] Und in der nächsten Wahlrunde kam ihm schließlich immerhin „unter den mehr als 20 Vorlesenden" der dritte Platz zu.[1756] Das deutet darauf hin, dass weniger dominante Stimmen in der Gruppe mehr Sympathien für ihn gezeigt haben als die ‚Alteingesessenen'.[1757]

Und dass es Aichingers „Spiegelgeschichte" (gelesen 1952) war, die auf dieser Tagung ausgezeichnet wurde, stärkt den Eindruck noch, dass das dialogische Prinzip einen starken Gegendiskurs unter den etwas weiter am Rand stehenden Gruppe-47-Mitgliern gebildet hat: Erstens ist auch die „Spiegelgeschichte" durchgehend in der Du-Form gehalten, entspricht in diesem seltenen Stilmittel also denjenigen Texten Celans und Bachmanns, die sich auf Buber beziehen. Und für andere Werke Aichingers wurde bereits nachgewiesen, dass eine Auseinandersetzung mit Buber stattfindet, und zwar ebenfalls über topografische Metaphern. Simone Fässler (2011) identifiziert den „Raum der Kindheit" in verschiedenen Erzählungen und im Roman *Die größere Hoffnung* Aichingers als qualitativ grundverschieden vom Raum der Erwachsenen. Sie weist dabei insbesondere das Bild der Weltkarte (dreidimensionaler Raum der Kindheit vs. zweidimensionaler Raum der Erwachsenen, der sich auf Landkarten abbilden lässt) als zentrales Motiv für diese Dichotomie nach. In ihrer Lektüre

---

1754 Böttiger 2017; vgl. dazu Kap. 2.4 in Teil II der vorliegenden Studie m. w. H.

1755 Celan/Lestrange 2001, S. 22 [Brief von Celan an Lestrange am 31. Mai 1952]; vgl. Böttiger 2017, S. 26.

1756 Ebd., S. 14.

1757 Diese Alteingesessenen fanden seine Stimme zu pathetisch und amüsierten sich beim anschließenden Mittagessen über seine Lesung (in der er unter anderem auch die Todesfuge vortrug sowie weitere Gedichte, die er als „Grabschriften" für seine kürzlich verstorbenen Eltern sah und die den Holocaust auch viel unmissverständlicher evozieren, als das Celans verbreitete Wahrnehmung als ‚hermetischer' Dichter glauben machen will). Richter sagte dazu wie bereits weiter oben erwähnt, er habe wie Goebbels gelesen; Jens berichtet aus vielen Jahren Entfernung, wahrscheinlich im Rückblick etwas überspitzt (vgl. Böttiger 2017, S. 26), davon: „Er wurde ausgelacht, so dass dann später ein Sprecher der Gruppe 47, Walter Hilsbecher aus Frankfurt, die Gedichte noch einmal vorlesen musste. Die ‚Todesfuge' war ja ein Reinfall in der Gruppe!" (Jens im Interview 1976, abgedruckt in Arnold 2004, S. 76); vgl. dazu Kap. 2.4 in Teil II der vorliegenden Studie m. w. H.

verweist sie auch auf Ähnlichkeiten bei Bachmann und Eich; sie deutet ihre Ergebnisse insbesondere mit Merleau-Ponty, macht aber darauf aufmerksam, dass auch Buber als wichtiger Intertext zu lesen sei, der Aichingers Schreiben beeinflusst.[1758]

Aichingers grundlegend anderen Zugang zu Identität und Moral, der ebenfalls recht deutlich in Opposition zu demjenigen der ‚dabei gewesenen‘ Gruppe-47-Mitglieder steht, nehmen schon die berühmten Worte aus Aichingers bereits im Jahr 1946 geschriebenen „Aufruf zum Mißtrauen" vorweg:

> Aufruf zum Mißtrauen. Ein Druckfehler? Nein! Sie haben ganz richtig gelesen [...]. Sie sollen ja nur geimpft werden. Sie sollen ein Serum bekommen, damit Sie das nächste Mal um so widerstandsfähiger sind! Sie sollen im kleinsten Maß die Krankheit an sich erfahren, damit sie sich im größeren nicht wiederhole. [...] Sie sollen nicht Ihrem Bruder mißtrauen, nicht Amerika, nicht Rußland und nicht Gott. [...] Unserer eigenen Wahrhaftigkeit müssen wir mißtrauen! [...] Unserer eigenen Ehre!"[1759]

Aichinger hat noch unter dem unmittelbaren Eindruck des Nationalsozialismus den Appell formuliert, Fehler seien nun im ‚Eigenen‘ zu suchen, um zu vermeiden, dass sich sie sich „im größeren" wiederholten. Man solle nicht den ‚Anderen‘, sondern sich selbst misstrauen, und man solle die eigene moralische Integrität nicht als unverrückbare Gegebenheit wahrnehmen. Und gerade ihre frühesten literarischen Texte sind in diesem Sinn auch abgesehen von ihren Buber-Referenzen kaum misszuverstehen, was schon daran deutlich wird, dass als Klappentext-Zitat ihres bekanntesten, bereits 1948 erschienenen Romans *Die größere Hoffnung* in der Werkausgabe (1991) das folgende Zitat gewählt wurde: „Wer ist fremder, ihr oder ich? Der haßt, ist fremder als der gehaßt wird, und am fremdesten sind die, die sich am meisten zu Hause fühlen."[1760]

Diese Abwendung vom ‚Eigenen‘ und utopische Hinwendung zum radikal ‚Anderen‘ nimmt nun wiederum auch in der Prosa Hildesheimers eine wichtige Rolle ein und kulminiert in seinem Roman *Tynset* (1965). In diesem Text, der den Nationalsozialismus und seine ausbleibende Aufarbeitung in Deutschland so explizit wie keiner seiner frühen Texte verhandelt,[1761] ist die titelgebende Ortschaft „Tynset" eine Utopie, der Ort, an den sich der Protagonist träumt und der gerade durch seine Fremdheit zu dieser Utopie wird, wie Braese zusammenfasst:

1758 Fässler 2011, S. 13 f.; S. 41 f.
1759 Aichinger 1946, S. 588.
1760 Aichinger 1991, Klappentext.
1761 Vgl. dazu Braese 2001, S. 287–320; zu Hildesheimer in der Gruppe 47 vgl. ausführlich Bigelow 2016 [2010].

Tynset, der Ort, den der Erzähler in einem norwegischen Kursbuch findet, an einer Nebenlinie zwischen Hamar und Stören, bleibt, zuletzt, ein ‚Geheimnis‘ (T 243) – ‚Ich sollte froh sein, diesen Namen gefunden zu haben, ohne nach dem Ding oder dem Ort zu forschen, der diesen Namen trägt‘ (T 244). In den Lektüren ist zurecht immer wieder auf das Irreale von Hildesheimers Tynset hingewiesen worden. Domin bestimmte ihn als ‚de[n] Punkt im Unendlichen, in dem sich die Parallelen treffen. Durch Deutschland laufen die Parallelen hindurch, irgendwo weit im Norden, jenseits von Deutschland, konvergieren sie [...].‘[1762]

Diese Verbindung von Hildesheimers „erinnerungspoetologischen" Über-legungen und der Hinwendung zur Alterität wäre zweifellos eine genaue Untersuchung im Kontext der Moraldiskurse in der Gruppe 47 wert. Ebenso können die Versuche weiterer Gruppe-47-Autoren/-innen, durch den Text in einen Dialog mit den Lesenden zu treten, in diesen Kontext noch weiter aus-gedeutet werden: Diese Dialogizität ist unter anderem in der Metapher der Literatur als Flaschenpost – als Kontaktaufnahmen mit einem notwendig un-bekannten, fremden Empfänger – gebündelt, die bei Aichinger beschrieben wird und die Bachmann und Celan aufgreifen.[1763] Diese Metapher ist zu-dem insbesondere auch bei Milo Dor, einem weiteren engen Freund Celans,[1764]

1762 Braese 2001, S. 299.

1763 Dazu ausführlich Kohn-Waechter in ihrem Aufsatz zu „Dichtung als ‚Flaschenpost‘ bei Paul Celan und Ingeborg Bachmann" (1997), in dem sie auf die Dialogizität der Werke beider Autoren/-innen eingeht, deren theoretischen u. a. Kontext bei Bachtin, Heidegger und der kritischen Theorie verortet (obwohl sie auf Celans Büchnerpreisrede „Der Meridian" eingeht, ist auch hier Buber erstaunlicherweise nicht erwähnt, vgl. ebd., S. 219 f.). Ihr Fazit lautet: „Im Zeichen der Flaschenpost greifen moderne Dichter auf die jüdische Tradition des Widerspruchs gegen eine herrschende religiöse Praxis zurück und wenden sie gegen die moderne wissenschaftliche Rationalität und Technik. Nähme man die Sicht auf Wissenschaft und Technik ernst, die sich in dieser literarischen Tradition herausbildet, so wäre es eine ungeheure Provokation gegen deren Selbstverständnis. Denn während der moderne wissenschaftliche Rationalismus jede Religiosität als irrational zu brandmarken sucht, beginnt die Dichtung, diese Rationalität selbst als Religion zu reflektieren. Als höchster Grund der modernen Vernunftreligion stellt sich in der Dichtung Bachmanns und Celans wie in der Philosophie Heideggers das Nichts dar. Jedoch anders als Heidegger setzt diese Dichtung der rationalen ‚Zustellung‘ des Grundes nicht die mystische ‚Zusage‘ eines göttlichen Nichts entgegen, sondern erkennt dieses Göttliche als vernichtend und sucht es dialogisch aufzulösen." (Ebd., S. 225). Hier wird erneut deutlich, wie eng die theoretischen Hintergründe in der Erzählung „Alles"– die im Titel wie auch im Anliegen des Erzählers das Gegenkonzept zu Heideggers „Nichts" evoziert; dem Rationalismus stattdessen „alles" entgegengesetzt – mit Celan und der Traditionslinie des ‚dialogischen Schreibens‘ korrespondieren.

1764 Vgl. z. B. Böttiger 2012, S. 150.

wichtig, der seine Literatur als „Flaschenpost gegen den Nationalismus"[1765] versteht. Dors literarische Texte sind in der Forschung noch wenig diskutiert, eine Sichtung hinsichtlich seiner Auseinandersetzung mit der Gruppe 47 wäre vielversprechend.

Mit all diesen Beobachtungen verbunden wäre auch eine vertiefte poetologische Untersuchung des Verhältnisses von Literatur und Ethik in der Gruppe 47 denkbar. Mit Fokus auf die Opposition partikularistischer und universalistischer Moralvorstellungen ließe sich der Konflikt zwischen engagierter Literatur und abstrakter *l'art pour l'art*, wie sie gerade Autoren/-innen wie Bachmann, Aichinger und Celan unterstellt wurde, noch einmal neu beleuchten, und auch der Debatte über den ‚Tod des Romans' in den 60er Jahren könnten aus dieser Perspektive neue Aspekte angefügt werden. Es sind die älteren und ‚dabei gewesenen' Mitglieder der Gruppe 47, die mit den neuen Konzepten einer nicht explizit moralischen, keine Stellung beziehenden, nicht narrativen und entsprechend nicht normativen Funktion von Literatur nichts anfangen konnten, sie als unmoralisch und gefährlich verurteilten und dadurch in einen nicht mehr auflösbaren Konflikt gerade mit den jungen Linken der 68er-Bewegung und der Kritischen Theorie gerieten.

Schlüsse

Die Ergebnisse dieser letzten Analyse fügt den bisherigen Erkenntnissen dieser Studie einige ganz neue Aspekte hinzu: Es hat sich gezeigt, dass es der Gruppe 47 nicht gerecht wird, sie nur über NS-Kontinuitäten in den Moraldiskursen fassen zu wollen, da Autorinnen wie Bachmann und Aichinger sowie Autoren wie Hildesheimer in der Gruppe nicht nur geduldet, sondern sogar sehr geschätzt waren. Gleichzeitig relativieren diese Befunde aber nicht die Hegemonie der Diskurse, wie sie im vorangehenden Teil der Studie beschrieben wurden. Mit der Beschreibung alternativer ethischer Entwürfe konnte der Blick auf problematische Aspekte der moralischen Konfigurationen der ‚dabei gewesenen' Gruppe-47-Mitglieder sogar noch einmal geschärft werden – denn dagegen scheinen diese Texte anzuschreiben. Dass die alternativen Ethiken

---

1765 Und auch Dor äußert sich dabei dezidiert gegen dichotome Zuschreibungen und für den Dialog: „Manchmal habe ich darunter gelitten, nirgends richtig dazuzugehören, aber mit der Zeit habe ich mich daran gewöhnt, verschiedene Kulturräume als Heimat, als Zuhause zu empfinden. Von Anfang an bin ich gegen die Vorurteile aufgetreten [...]. Ich weiß nicht, ob Bücher zum Abbau der nationalen Schranken und somit zur Verständigung zwischen verschiedenen Völkern dienen können, mir stehen aber keine anderen Waffen zur Verfügung als Worte, die vielleicht eines Tages als Flaschenpost irgendwelche junge Leserinnen und Leser erreichen und sie zum Nachdenken ermuntern werden." (Schulz 1998, S. 20.)

von so vielen Gruppenmitgliedern, die gerade nicht zu den ‚Dabeigewesenen‘ zählen, verfasst wurden, stützt auch die dieser Studie zugrunde liegende Hypothese, dass die Prägung als Angehöriger der Tätergesellschaft im Nationalsozialismus langfristige Auswirkungen auf das Moralverständnis hatte. Die dialogischen ‚Anrufungen‘ im Sinne Bubers in den zur Lektüre auf den Gruppentagungen gewählten Texten können so nicht zuletzt als konkrete Versuche des Dialogs der ‚anderen Seite‘ mit der ‚jungen Generation‘ gelesen werden.

4   Fazit und Ausblick

> Wir waren überzeugt davon, daß der Mensch mit Hilfe des Wortes, d. h. der Literatur, verändert werden kann. Wir wollten die Mentalität der Deutschen grundsätzlich verändern, weg vom obrigkeitsstaatlichen Denken, hin zum demokratischen. Und dafür schien uns die Literatur das geeignete Mittel. Wir glaubten, langfristig werde die Mentalität eines Volkes von seiner Literatur geprägt.[1766]

Diese Aussage Hans Werner Richters wird am Ende des Gedenkbands *Die Gruppe 47 in Bildern und Texten*, den seine Ehefrau Toni Richter 1997 zusammengestellt hat, zitiert. Sie leitet auch die abschließenden Überlegungen in der vorliegenden Studie ein, weil sie sowohl Anspruch und Bedeutung der Gruppe 47 als auch die Notwendigkeit, sich damit kritisch auseinanderzusetzen, widerspiegelt. Das in Richters Worten anklingende große politische und gesellschaftliche Verantwortungsgefühl, das die Mitglieder der Gruppe 47 empfanden, ist angesichts deren zeitlicher und räumlicher Verortung inmitten des historischen Ausnahmezustands sicherlich keine Übertreibung: Die Gruppe 47 formierte sich unmittelbar nach dem ‚Zivilisationsbruch Auschwitz‘, am Beginn der ersten lang anhaltenden Demokratie Deutschlands, sie bestand bis unmittelbar vor den nächsten tiefgreifenden gesellschaftlichen Umwälzungen im Jahr 1968. In dieser Phase war die Gruppe 47 ein wichtiger Ort intellektueller Debatten und gesellschaftspolitischen Engagements und die wahrscheinlich zentralste Institution überhaupt zur Förderung junger und progressiver Autorinnen und Autoren in der BRD – eine Verantwortung, der man sich in der Gruppe 47 bewusst war und mit der man reflektiert umging.

Obwohl sich in der vorliegenden Studie gezeigt hat, dass auch gerade in diesen Bemühungen um einen radikalen Bruch mit der Vergangenheit Kontinuitätslinien aus dem Nationalsozialismus mitgetragen wurden, wurde

---

1766 Hans Werner Richter in T. Richter 1997, S. 201.

die Gruppe 47 dem von Richter formulierten Anspruch, die ‚Mentalität des Volkes‘ zum Positiven zu prägen, zweifellos in verschiedenen Bereichen gerecht. Das wurde im Verlauf der vorliegenden Studie immer wieder deutlich: Wenn inzwischen konsequentere, differenziertere und inklusivere Möglichkeiten des Bruchs mit NS-Ideologie denkbar sind, dann auch deswegen, weil die Bemühung darum in der Gruppe 47 früh eingesetzt hat. Entgegen Raddatz’ vielzitierter Aussage über den *Almanach*[1767] hat sich herausgestellt, dass sich neben Enzensberger, Nowakowski und v. Cramer auch die *Almanach-* und Preistexte von Celan, Lenz, Eich und Bobrowski mit dem Holocaust auseinandersetzen; und Weyrauch bezieht sich keineswegs nur am Rande darauf, sondern so deutlich, dass ihm der ‚Philosemitismus‘ des Texts vorgeworfen wurde. In der Diskussion um Bachmanns Gedicht „Liebe: Dunkler Erdteil“, dem Amery Exotismus vorwarf, wie auch angesichts des Figurenarsenals in der Literatur der Gruppe 47 ist dokumentiert, dass offenbar ein starkes Bewusstsein um die Problematik rassistischer und insbesondere kolonialer Bilder herrschte. Und einige persönliche Erinnerungen jüdischer Gruppe-47-Mitglieder, so Reich-Ranickis Erzählung, wie Böll ihn und seine Frau unbekannterweise mit Blumen in der BRD empfangen habe, oder die fast exzessive literarische Verarbeitung Paul Celans in verschiedenen literarischen Texten der Gruppe 47 zeigen die Intensität der Auseinandersetzung mit der Vergangenheit zentralster Gruppe-47-Mitglieder.

Zugleich hat sich dennoch eine Mehrzahl der eingangs dieser Studie formulierten Thesen über Kontinuitäten aus dem Nationalsozialismus in der Literatur der Gruppe 47 bestätigt. Es hat sich gezeigt, dass Moralvorstellungen, die in der Gruppe 47 vertreten wurden und die sich in den literarischen Texten wiederfinden, deutliche Spuren partikularer NS-Moraldiskurse aufweisen. Der Bruch mit dem Nationalsozialismus in der Gruppe 47 erfolgte nicht annähernd so vollständig, wie ihre Programmatik es forderte, und besonders deutliche Kontinuitäten zeigten sich bemerkenswerterweise gerade in Überlegungen und Schreibweisen, die den Neuanfang begründen sollten. Fremde erscheinen als moralisch irrelevant; ‚andere‘ Figuren und Räume sind in stereotyper Weise ab-, das ‚Eigene‘ hingegen aufgewertet; mehrere Texte folgen dem Narrativ eines moralischen Zerfalls durch Kontakt mit dem Fremden, auch offener Antisemitismus findet sich in unter Beifall der Gruppe gelesenen Texten.

Da die Argumentationsschritte der Studie auch in den einzelnen Zwischenbilanzen nachzulesen sind, werden die Ergebnisse im Folgenden nur kurz zusammengefasst, bevor einige Desiderate beleuchtet werden, um die sich diese Befunde ergänzen ließen.

1767 Vgl. Raddatz 1962, S. 55.

Ergebnisse

Der wichtigste Ausgangspunkt der Untersuchung war eine Vielzahl von Einzelbeobachtungen in Feuilleton und Forschung, in denen NS-Kontinuitäten in
der Gruppe 47 beschrieben wurden. Angesichts dessen, dass die Gruppe 47
insbesondere über ihre Forderung eines moralischen Schreibens und die Rolle
ihrer Mitglieder als ‚Gewissen der Nation' erinnert wird und aktuell Moraldiskurse im Nationalsozialismus interdisziplinär intensiv beforscht werden,
sollte der Frage nachgegangen werden, ob und inwiefern sich einzelne NS-
Moraldiskurse auch in den Moralvorstellungen in der Literatur der Gruppe 47
fortsetzen. Um fokussierter und zugleich ergebnisoffener zu arbeiten, wurde
die Fragestellung auf die moralischen und ethischen Implikationen der
Konstruktionen von Identität und Alterität in der Literatur der Gruppe 47
konzentriert. Die Frage nach diskursiven Verschränkungen von Moral und
Alterität hat sich als fruchtbar und methodisch sinnvoll erwiesen, um die
Gruppe 47 als moralische Instanz mit Blick auf NS-Kontinuitäten neu zu beleuchten, da die Abwertung des ‚Anderen' den Kern nationalsozialistischer
Moraldiskurse bildete und Alterität gleichzeitig auch in den aktuellen Theorien
zu narrativer Ethik und Literatur zentral ist.

In Teil I der Studie wurden der Forschungsstand, der theoretische Hintergrund von NS-Moral, NS-Kontinuitäten und narrativer Ethik sowie die außerliterarischen Kontexte ausgeführt und ausgewertet. Als Zwischenergebnis
konnte ausgehend vom bestehenden kritischen Forschungsstand zur Gruppe 47
eine Kontinuität partikularer Moralkonfigurationen in zahlreichen frühen
nichtliterarischen Texten der Gruppe 47 konstatiert werden. Kritische Lektüren
von NS-Kontinuitäten in der Gruppe 47 als *Institution* sind bereits zahlreicher
als diejenigen zu den dazugehörigen literarischen Texten, und wie gezeigt
werden konnte, spielen partikularistische Moraldiskurse in diesen kritisierten
außerliterarischen Stellungnahmen und Debatten eine wichtige Rolle. Dies
unter anderem im Postulat der Deutungshoheit der ‚dabei gewesenen' jungen
Generation und der Diskriminierung ins Exil geflohener Autorinnen und
Autoren, deren Meinung nicht mehr zähle, da sie „abgetrennt vom Raum der
deutschen Sprache und damit vom Strom des deutschen Lebens" gewesen
seien,[1768] aber auch im feindseligen Umgang mit der alliierten Besatzung und
in sehr expliziten nationalistischen Stellungnahmen in der frühen Publizistik.
Opferkonkurrenzen, Empathieverweigerung gegenüber ‚anderer' Erfahrung
und teilweise offener Antisemitismus durch den Gruppenchef Hans Werner
Richter zeigten bereits an dieser Stelle, wie eng die Fortsetzung problematischer
Diskurse mit dieser Dichotomisierung verbunden sein kann.

1768 Andersch [1947] 1948, S. 17

Solche partikularen Moralvorstellungen in der außerliterarisch dokumentierten, von Richter oft als solche benannten ‚Mentalität der Gruppe 47‘
herrschten in der gesamten Bestehenszeit der Gruppe 47 im ‚inneren Kreis‘
ihrer Mitglieder vor, sie spielten in den Konflikten auf der Auslandtagung
in Princeton 1966 eine wichtige Rolle und hatten in Richters eigener Wahrnehmung auch einen Zusammenhang mit dem Ende der Gruppe 47. Die
Sichtung dieser außerliterarischen Kontexte hat die weitere Studie doppelt
strukturiert: Erstens konnten anhand der gruppeninternen Definitionen, was
die ‚Mentalität‘ der *wirklich* dazugehörigen Gruppenmitglieder ausmache,
die wichtigsten Texte für die weiteren Analysen identifiziert werden. Und
zweitens ließen die außerliterarischen Begebenheiten bereits die Arbeitshypothese zu, dass in der Gruppe 47 einerseits moralische *Relevanz*, andererseits
moralischer *Wert* partikularistisch mit ‚Eigenem‘ oder ‚Anderem‘ verknüpft
werden können, wobei verfeinert eine Dichotomisierung von Mitleid, von
Deutung und von zugeschriebenen Tugenden unterschieden wurde. Die Drei-
teilung Mitleid / Deutung / Tugend hat sich als fruchtbar erwiesen und wurde
zur Aufteilung des zweiten Teils der Studie beibehalten.

In Teil II der Studie wurde davon ausgehend nach *impliziten* Moralkonfigurationen in den *Subtexten* der wichtigsten Erzählungen gefragt. Um die
nötige Repräsentativität zu gewährleisten, wurde ein Untersuchungskorpus
erstellt, das ausschließlich aus Texten der relevanten Generationen besteht:
Autorinnen und Autoren, die vor 1930 geboren sind, da diese den Nationalsozialismus bewusst wahrnehmen und seine Werte internalisieren konnten.
Damit wurde einer engen Definition von Kontinuitäten gefolgt, die den Begriff dann legitimiert, „[w]enn die Träger von Wissen und / oder Erfahrungen,
seien es Personen oder Institutionen, über verschiedene Kontexte hinweg
fortbestehen“.[1769] Rund 90 repräsentative Texte dieser älteren Generationen
wurden ausgewertet und vier besonders typische Erzählungen als ‚Mustertexte‘ identifiziert, die in den folgenden Kapiteln den Blick leiteten, um größere
Mengen von Texten nach ähnlichen Motiven und Narrativen zu befragen.
Dabei haben sich etliche Parallelen zu den außerliterarisch festgestellten
partikularistischen Unterscheidungen zwischen moralischen Rechten und
Pflichten verschiedener Gruppen gezeigt.

Eine Zurückhaltung in Bezug auf ‚fremdes‘ *Leid* konnte in den literarischen
Texten insofern festgestellt werden, als jüdische Opfererfahrungen in vie-
len Texten relativiert oder sogar geleugnet werden, wohingegen deutsche
Wehrmachtsangehörige den übermächtigen Hauptanteil der Opferfiguren

---

1769 Kundrus/Steinbacher 2013, S. 13.

ausmachen. Die Antisemitismusforschung hat solche Phänomene der Empathieverweigerung und Opferkonkurrenz in der gesamten Nachkriegsgesellschaft als wichtige Ausprägungen des Antisemitismus nach 1945 identifiziert; eine Deutung, die durch die fast durchgängig stereotypen Konzeptionen der wenigen jüdischen Figuren in den Gruppe-47-Texten gestützt wird. Dass dem ‚Eigenen‘ eine größere moralische *Deutungsmacht* zugeschrieben wird als dem Fremden, schlägt sich auch in den literarischen Texten insbesondere in der Konstruktion einer ‚jungen Generation‘ von ‚Dabeigewesenen‘ nieder. Diese erscheint durch das Kriegserlebnis zu besonders qualifizierten moralischen Urteilen über den Nationalsozialismus fähig; eine Vorstellung, mit der auch die bevorzugten literarischen Formen in der Gruppe 47 korrespondieren.

Eine Unterscheidung zwischen dem moralischen *Wert* verschiedener Gruppen im Sinne unterschiedlicher Zuschreibungen von Tugenden zeigte sich andeutungsweise schon in der großen Beliebtheit der Figur des ‚guten Deutschen‘. Gerade in Texten, in denen die Verbrechen des Nationalsozialismus‘ etwas konkreter thematisiert werden, ist dieses Motiv besonders häufig anzutreffen. Deutlicher wird eine Kontinuität partikularistischer Moralkonfigurationen darin, dass unmoralische Eigenschaften und ‚böses‘ Verhalten mit nur wenigen Ausnahmen konsequent auf das ‚Andere‘ ausgelagert sind, was sich sowohl in der Raumsemantik der Texte als auch in den Figurenkonzeptionen und in stereotypen negativen Fremdheitsbildern zeigt. Letztere decken sich mit denjenigen Feindbildern, die in der NS-Propaganda eine besonders große Rolle spielten, nämlich Russen, Franzosen, Italiener, US-Amerikaner und insbesondere Juden.

Die Lektüren in Teil II der vorliegenden Studie haben in Bezug auf alle drei eingangs unterschiedenen Varianten, wie Moral und Zugehörigkeit partikularistisch verknüpft werden können, die These bestätigt, dass sich darin auch konkrete Diskurse aus dem Nationalsozialismus fortsetzen. Die Unterscheidung von Mitgefühl, das sich gegenüber der ‚eigenen‘ Erfahrung stärker äußert als gegenüber derjenigen ‚Anderer‘, korrespondiert mit der schon früh als Kontinuität der Missachtung problematisierten Kommunikationslatenzen und Opferkonkurrenzen gegenüber den Opfergruppen des Nationalsozialismus. Die unterschiedlichen Zugeständnisse von moralischer Deutung korrespondieren mit der von Möckel (2014) beschriebenen Kontinuität einer Idealisierung von Gemeinschaft im Nationalsozialismus und in der Nachkriegsgesellschaft, wobei trotz der herkömmlichen Wahrnehmung der Gruppe-47-Mitglieder als Intellektuelle die Skepsis gegenüber abstrakter Bildung in mehreren literarischen Texten und außerliterarischen Debatten nachweisbar ist. Und die Dichotomisierung von Tugend korrespondiert mit der Tendenz zur Dämonisierung der NS-Täter in der Nachkriegszeit und in der dezidierten Konstruktion des ‚Eigenen' als moralisch Besseres, das sich in verschiedenen Varianten gezeigt hat, mit dem Grundprinzip partikularer Moral.

In Teil III der Studie wurden schließlich *explizite* Thematisierungen partikularer Verknüpfungen zwischen Zugehörigkeit und Moral untersucht. Zu diesem Zweck wurde eine breitere Auswahl von Texten gesichtet als für Teil II, und als Ergebnis kann nicht zuletzt das Korpus gewertet werden, das letztlich stehen geblieben ist. Unter denjenigen Gruppe-47-Texten, die hinsichtlich einer narrativen Reflexion partikularer Moral besonders interessant sind, sind überdurchschnittlich viele preisgekrönte Gruppe-47-Texte; genauer analysiert wurden Texte von Bachmann, Böll, Walser und Morriën.

Den hier untersuchten Texten ist gemein, dass sie auf der Textoberfläche von partikularistischen Moralvorstellungen und Vorurteilen handeln; in welcher Weise sie das tun und wie sich dies zu den Subtexten der jeweiligen Texte verhält, ist aber sehr unterschiedlich. So zeigen zwei Erzählungen (Eisenreich, Weyrauch) sogar auf der Textoberfläche eine ungebrochene Kontinuität des (relativ spezifischen) nationalsozialistischen Narrativs, dass der Kontakt zum ‚Fremden' und Mitleid mit ‚den Anderen' *an sich* schon unmoralisch sei. Dabei handelt es sich allerdings um Ausnahmen unter den Gruppe-47-Texten, die auch nicht zu den erfolgreichsten gehörten. Deutlich mehr Texte gehen auf der Textoberfläche kritisch mit partikularen Moralvorstellungen um, indem sie sich explizit mit Vorurteilen gegenüber Fremden (Walser, Morriën) oder sonst wie dezidiert ‚Anderen' (Böll) auseinandersetzen. Wie gezeigt werden konnte, setzt sich im Subtext von Walsers Erzählung aber zugleich eine Abwertung fort, die, obwohl hier keine explizit jüdischen Figuren vorkommen, mit dem Befund des literarischen Antisemitismus korrespondiert, wie er in Bezug auf Walsers spätere Texte bereits ausführlich untersucht wurde.

Ein weiteres relevantes Muster der narrativen Thematisierung von Diskursen über Alterität und Moral konnte anhand von Ingeborg Bachmanns Erzählung „Alles" (1961) identifiziert werden. Gefahr und Böses erwachsen in „Alles" gerade durch den Anspruch, überhaupt als moralische Instanz selbst Setzungen vorzunehmen; als ethisches Handeln erscheint dagegen das dialogische Eingehen auf den ‚Anderen' *ohne* konkrete normative Forderungen – im diametralen Gegenteil zum NS-Narrativ ist hier also das radikale Sich-Einlassen auf das ‚Andere' als ethische Maxime gestaltet. Diese Analyse konnte einen intertextuellen Bezug auf Martin Bubers Schrift *Ich und Du* (1923) aufdecken, in der dieser das Konzept des ‚dialogischen Prinzips' entwickelt und der bemerkenswerterweise zugleich auch einer der wichtigsten Grundlagentexte aktueller postmoderner Theorien der narrativen Ethik ist. Der Befund einer Kontinuität partikularer Moralvorstellungen im hegemonialen Diskurs der Gruppe 47 wird durch diese Entdeckung eines zeitgenössischen Gegenentwurfs durch eine Außenseiterin innerhalb der Gruppe, in dem darüber hinaus weitere deutliche Bezüge zur Gruppe 47 nachweisbar sind, noch bestätigt, zumal sich Bubers ‚dialogisches Prinzip' und die Hinwendung zum ‚Anderen' als ethische Maxime auch für die Literatur weiterer wichtiger, aber gerade nicht ‚dabei gewesener' Gruppenmitglieder (Aichinger, Celan, Hildesheimer) als relevant erwiesen hat.

Weitere Schlüsse: Die wichtigsten Thesen, die im Verlauf der Studie formuliert worden sind, haben sich in der Untersuchung bestätigt. Die Annahme, dass bereits öfter kritisierte außerliterarische NS-Kontinuitäten mit Bezug zu partikularistischen Moralvorstellungen ihren Niederschlag auch in den literarischen Texten haben würden, hat sich als berechtigt erwiesen, und ausgehend von den Beobachtungen in den literarischen Texten konnte wiederum auf die Institution und ihre Rezeption zurückgeschlossen werden. Gewissermaßen scheint, wie diese Ergebnisse vermuten lassen, in der die Gruppe 47 *in nuce* eine ähnliche Dynamik stattgefunden zu haben wie die, die Gross und Konizer in der deutschen Nachkriegsgesellschaft als ganze beobachtet haben:

> Fragen wir nach der Geschichte des moralischen Bewusstseins, so war auch in dieser Hinsicht das Jahr 1945 keine Stunde null, andererseits aber war die Veränderung, die es brachte, auch nicht bedeutungslos oder nur oberflächlich. Die Wünsche, die der Nationalsozialismus zu befriedigen versprach, [...] haben sich durch das von außen erzwungene Ende der Volksgemeinschaft nicht einfach in Luft aufgelöst. Ebenso wenig verschwand das in der Kommunikation verankerte, für die Volksgemeinschaft bis dahin konstitutive System wechselseitiger Anerkennung oder Verachtung. [...] So übernahm man sehr schnell – teils weil das alte System diskreditiert war, teils weil der Druck von außen es erzwang – die moralischen Urteile der jeweils herrschenden Macht. [...] Die Situation im Kalten Krieg, in dem die Forderung nach allgemeinen Menschenrechten von beiden Seiten einseitig, also im Sinne einer partikularen Moral, ausgelegt wurde, war vermutlich besonders geeignet, beides zu transportieren: das Gefühl, moralisch richtig zu handeln, das Gefühl, diese Moral an eine der Nation nunmehr übergeordnete Gemeinschaft zu binden, und zugleich auch jenes Gefühl, welches das alte partikulare System bestimmt hatte: die Auszeichnung der eigenen Gemeinschaft.[1770]

Ebenfalls konform mit der Entwicklung in der gesamten BRD ist, dass diese Kontinuität – wie sich in der vorliegenden Studie über den engen Fokus auf Moralvorstellungen hinaus gezeigt hat – auch für antisemitische Aversionen in der Literatur der Gruppe 47 gilt. Der Vorwurf des Antisemitismus ist der wohl

---

1770 Gross 2010, S. 210 f.

am häufigsten geäußerte Kritikpunkt an der Gruppe 47 als Institution. Dass antisemitische Stereotype und Argumentationsmuster in der vorliegenden Studie auch in den wichtigsten Texten der Gruppe 47 nachgewiesen werden konnten, erhärtet noch stärker die Annahme, dass es sich bei den beobachteten Parallelen zwischen Moralvorstellungen im und nach dem Nationalsozialismus nicht einfach um beliebige Korrelationen, sondern um kausal verknüpfte Kontinuitäten handelt.

Die verschiedenen partikularen Verknüpfungen von Moral und Zugehörigkeit, wie sie in der Literatur der Gruppe 47 nachgewiesen werden konnten, korrespondieren sehr eng mit drei grundlegenden Dichotomien im nationalen Antisemitismus vor und nach Auschwitz, wie sie Holz (2007) beschrieben hat: einer Gegenüberstellung von bipolar unterschiedenen Opfern und Tätern, von natürlicher Gemeinschaft und abstrakter, jüdisch konnotierter Gesellschaft sowie von ‚Identität und nicht-identischer Identität‘ in dem Sinne, dass ‚das Jüdische‘ weder als ganz ‚Eigenes‘ noch als ganz ‚Anderes‘, sondern als nicht zuordenbares und dadurch besonders irritierendes ‚Drittes‘ konstruiert ist.

In diesem Sinne wurde auch die in dieser Studie eingangs formulierte, durch Moralphilosophen/-innen und Historiker/-innen gestützte, Annahme bestätigt, dass einmal erlernte und eingeübte moralische Deutungsmuster besonders tief verinnerlicht seien und spontane, wenig rational abgestützte Urteile hervorbrächten: In den Texten der ‚dabei gewesenen‘ Autorinnen und Autoren, die der NS-Propaganda besonders stark ausgesetzt waren, hat sich eine Fortsetzung von NS-Moraldiskursen besonders deutlich niedergeschlagen; die Texte, in denen antisemitische Stereotype und Aversionen gegen ‚Andere‘ nachgewiesen werden konnten, stammen ausnahmslos von Gruppe-47-Mitgliedern, die den Nationalsozialismus aufseiten der Tätergesellschaft erlebt haben. Hinsichtlich der Frage, ob eine besonders tiefe Prägung durch NS-Moraldiskurse wegen des jungen Alters dieser Generationen – wie sie schon in der unmittelbaren Nachkriegszeit vermutet wurde und wie sie Gross und Konitzer in Bezug auf Walser als Möglichkeit formuliert haben, erfolgt sei, ließ die Anlage der vorliegenden Studie allerdings auch keine weiteren Erkenntnisse zu.

Wenig Zweifel bestehen hingegen angesichts der vorliegenden Ergebnisse darüber, dass das eingangs dieser Studie von Widmer zitierte Diktum, das ‚Dritte Reich‘ habe „die Sprache in einem weit größeren Maß zerstört, als man annahm“,[1771] ergänzt werden kann: Das ‚Dritte Reich‘ scheint auch die Sensibilität für einen inklusiven ethischen Umgang mit ‚Anderen‘ in einem größeren Maße zerstört zu haben, als man sich in der Gruppe 47 bewusst war.

1771 Widmer [1965] 1967, S. 330 f.

Desiderate

An die Ergebnisse dieser Studie könnte in verschiedenen Punkten angeknüpft werden. Die wohl am nächsten liegende Fortsetzung der vorliegend untersuchten Fragestellung wäre eine chronologische, also die Frage, ob sich die beschriebenen Kontinuitäten auch in jüngeren Werken der ‚dabei gewesenen‘ Gruppe-47-Autoren/-innen aus dem ‚inneren Kreis‘, deren Werke hier untersucht wurden, zeigen. Diese Untersuchung würde sich auch angesichts der These, dass NS-Moraldiskurse besonders hartnäckige Kontinuität beweisen, anbieten. Sie wurde hier wegen des engen Fokus auf die aktive Bestehenszeit der Gruppe 47 beiseitegelassen; es gibt aber einige Hinweise, dass sie sehr aufschlussreich wäre. So geben insbesondere in Bezug auf Grass nicht nur aktuellere Feuilletondebatten um diskriminierende Aspekte in seinen Werken (um sein Israel-Gedicht „Was gesagt werden muss“, 2012, oder den Umgang mit Schuld in *Beim Häuten der Zwiebel*, 2006) Hinweise darauf, dass sich in seinem Werk, womöglich ähnlich wie in demjenigen Walsers, eine langjährige Kontinuität partikularer Moralvorstellungen zeigen könnten. Besonders interessant dürfte diesbezüglich seine Novelle *Im Krebsgang* (2002) sein, zu deren Analyse auf mehrere Ergebnisse der vorliegenden Studie zurückgegriffen werden könnte, da er Opferkonkurrenzen thematisiert, ‚übermäßige‘ Empathie mit den Opfern des Nationalsozialismus erzählerisch mit einer Aneignung ‚anderer‘ Erfahrung parallelisiert, und in verschiedenen Hinsichten ein verwirrendes Spiel um Identitäten, Alteritäten und Generationen in einer höchst moralischen Erzählung konstruiert, die in ihrem Figurenarsenal und so auch in metafiktionalen Elementen erneut an die ‚monologische‘ Erzählsituation der ‚Danziger Trilogie‘ anschließt.

Zudem könnten insbesondere die beiden polarisiertesten und vielleicht wichtigsten Ergebnisse der vorliegenden Studie noch deutlich vertieft werden: die relativ dominanten Antisemitismen auf der einen Seite und die Bezugnahmen auf alternative Ethiken, die in einer jüdischen Tradition stehen und nicht zuletzt vorherrschenden Gruppe-47-Diskursen diametral gegenüberstehen, auf der anderen Seite. Zur Vertiefung der Frage nach jüdischen Figuren und Antisemitismen in der Literatur der Gruppe 47 könnten großflächig alle auf Tagungen gelesenen literarischen Texte der Gruppe mit dem engen Fokus auf jüdische Themen gesichtet und die gesamten relevanten Texte – weil jüdische Themen nicht gerade vorherrschen, dürfte es bei einem überschaubaren Korpus bleiben – hinsichtlich literarischen Antisemitismus’ ausgewertet werden. Die Ergebnisse der vorliegenden Studie würden eine solche selektive Herangehensweise durchaus rechtfertigen und legen nahe, dass sie interessante Aufschlüsse geben würde. Auch eine umfassende Untersuchung der Buber-Rezeption in der Nachkriegszeit und ihres Bezugs zum

Engagement-Verständnis der Gruppe 47 wäre vermutlich aufschlussreich. In ähnlicher Weise wie in Bezug auf die Frage nach literarischem Antisemitismus würde sich auch hier eine Sichtung aller literarischen Werke der Gruppe 47 hinsichtlich Bezügen zum ‚dialogischen Prinzip‘ anbieten.

Auch in der Analyse des vorliegenden Korpus sind einige Fragen offengeblieben und einige Beobachtungen, die womöglich eine Vertiefung wert gewesen wären, nicht näher beleuchtet worden. So wurden im *distant reading* der Texte einige Motive identifiziert, die in sehr vielen Texten vorkommen. Sehr häufig treten Pfarrer auf, oft in moralisch ambivalenten Rollen zwar nicht als Antagonisten, aber doch als Hindernisse für die Sympathieträger der Texte. Es könnte interessant sein, die Konstruktion dieser Figuren mit derjenigen der jüdischen Figuren zusammenzulesen, da sie eine durchaus ähnliche Textfunktion zu haben scheinen. Mehr Deutungsmöglichkeiten lässt das Motiv der intergenerationellen Beziehungen zu, das ebenfalls in vielen Texten eine Rolle spielt: In der *Blechtrommel*, wo „meine arme Mama“ die häufigste Phrase ist, in Ferbers Erzählung über den Ausflug von Mutter und Sohn auf der Suche nach dem Vater, in Bölls Preistext, wo ein Junge in die Fußstapfen des Onkels tritt, erst recht in Bölls *Billard um halbzehn*, in Lenz’ *Almanach*-Erzählung, wo von den ganzen Generationen der ‚Wir-Gruppe‘ die Rede ist, die die ‚Sippe‘ der Heilmanns betrogen hätten, in Weyrauchs „Indianischer Ballade“, wo der Vater des Protagonisten als Stimme der Moral fungiert – die Liste ließe sich fortsetzen, und sowohl der möglichen Erklärung, dass sich in diesem Motiv ein selbstreflexives Moment der ‚jungen Generation‘ zeigt, als auch derjenigen, dass es mit der Idealisierung der ‚natürlichen‘ Gemeinschaft korrespondiert, würde es womöglich nachzugehen lohnen.

Das Thema der Generationen spielt auch in Hinblick auf mögliche Erweiterungen des in der vorliegenden Studie untersuchten Korpus’ eine Rolle. Es könnte untersucht werden, ob es eine Art intergenerationeller Übertragung der hier beschriebenen Kontinuitäten in den jüngeren Jahrgängen der Gruppe 47 gibt, die nicht untersucht wurden: Denkbar wäre, dass auch die Werke jüngerer Autorinnen und Autoren, die nicht so direkt im Nationalsozialismus geprägt wurden, sich aber mit der entsprechenden ‚Wir‘-Gruppe und dem moralischen Anspruch der Gruppe 47 identifizierten, ähnliche Motive, Strukturen und Schreibweisen enthalten, da sie ja vom programmatischen und poetologischen Ideal der Gruppe 47 ‚großgezogen‘ worden waren. So würde sich das engagierte Selbstverständnis des jüngsten Gruppenmitglieds Hans Christoph Buch für eine vergleichende Lektüre anbieten, dessen Schreibweise des körperlichen ‚Dabeigewesenseins‘ im Autoren/-innen-Bild deutliche Parallelen zu der Kriegsprosa der Gruppe 47 zeigt, in anderen Bereichen, so in seinen multiperspektivischen, postkolonialen Formen, aber auch weit davon abweicht.

Deutlicher noch als diese neuen Aspekte in der engagierten Schreibweise Buchs spricht der Blick weit über die Gruppe 47 hinaus auf die Literatur zeitgenössischer junger Autorinnen und Autoren dafür, dass die Kontinuitäten abwertender Alterisierungen und Dichotmisierungen in literarischen Texten über den Nationalsozialismus immer mehr von kollektiveren Formen der Aufarbeitung abgelöst werden, in denen gemeinsam nach der Möglichkeit eines ethischen Miteinanders nach dem Holocaust gesucht wird. Wie es im *Call for Papers* einer jüngst abgehaltenen Tagung über „Ko-Erinnerung" (Michael Rothberg) im neueren Shoagedenken heißt,[1772] sind inzwischen jenseits vom Konstatieren problematischer Opferkonkurrenzen „dialogische und inklusive Modelle" des Erinnerns vorstellbar, die nun auch „intellektuell fruchtbare und ethisch wünschenswerte Debatten zwischen Opfernachkommen" ermöglichen könnten.[1773] Solche neueren Ansätze weisen auf weitere Brüche mit NS-Kontinutiäten hin, nicht nur mit sprachlichen und ideologischen Aspekten, sondern auch mit partikularistischen Moralvorstellungen des Nationalsozialismus, die in der Vorstellung des Neuanfangs als moralische Instanz lange mitgetragen wurden.

*

1772 Henke/Vanassche 2018, o. S.
1773 Ebd.

Literaturverzeichnis

Siglenverzeichnis

Die vollständigen bibliografischen Angaben sind im Verzeichnis der verwendeten Literatur nachzulesen.

AD: Alfred Andersch: Deutsche Literatur in der Entscheidung ([1947] 1948).

AP: Carl Amery: Das jähe Ende des Pater Sebaldus ([1957] 1962).

AS: Alfred Andersch: Sansibar oder der letzte Grund (1957).

BA: Ingeborg Bachmann: Alles ([1959] 1961).

BD: Martin Buber: Ich und Du (1923).

BS: Heinrich Böll: Die schwarzen Schafe ([1951] 1962).

CB: Heinz v. Cramer: Bericht des jungen Mannes ([1961] 1962).

ET: Herbert Eisenreich: Tiere von ganz natürlicher Grausamkeit ([1953] 1962).

FM: Christian Ferber: Mimosen im Juli ([1960]1962).

HG: Georg Hensel: In der großen Pause ([1949] 1962).

LG: Siegfried Lenz: Gelegenheit zum Verzicht ([1960] 1962).

MW: Horst Mönnich: Die Wanderkarte ([1956] 1962).

MZ: Adriaan Morriën: Zu große Gastlichkeit verjagt die Gäste ([1954] 1962).

RG: Hans Werner Richter: Die Geschlagenen (1949).

ScM: Paul Schallück: Monologe eines Süchtigen ([1954] 1962).

SM: Franz Joseph Schneider: Die Mandel reift in Broschers Garten ([1949] 1962).

WI: Wolfgang Weyrauch: Indianische Ballade ([1955] 1962).

WT: Martin Walser: Templones Ende ([1955] 1962).

Verzeichnis der verwendeten Literatur

Primärtexte und Quellen

o. A.: Endgültig: Das Schlußwort. Zur Kontroverse über das Zeit-Dossier „Wir werden weiterdichten ..." [Stellungnahme der gesamten *Zeit*-Redaktion], in: Die Zeit 07.12.1979 (online: http://www.zeit.de/1979/50/engueltig-das-schlusswort [Abruf: 09.06.2018]).

o. A.: Richters Richtfest, [in: Der Spiegel 24.10.1962, Titelgeschichte,] abgedruckt in Reinhard Lettau (Hg.): Die Gruppe 47. Bericht, Kritik, Polemik. Ein Handbuch, Neuwied: Luchterhand 1967, S. 290–309.

o. A.: Andersch. Rot in Venedig [Rezension], in: Der Spiegel 02.11.1960, S. 80–83.

o. A.: Liste der auszusondernden Literatur der DDR. Ergänzungen 1953 (online: http://www.polunbi.de/bibliothek/1953-nslit.html [Abruf: 09.06.2018]).

o. A.: Sieger und Besiegte. Gespräch mit dem Ministerpräsidenten von Schleswig-Holstein, in: Der Ruf. Unabhängige Blätter der jungen Generation 15.01.1947, S. 3 f.

o. A.: 500. Rede an die deutsche Jugend. Eine Parodie, frei nach Ernst Wiechert, in: Der Ruf. Unabhängige Blätter der jungen Generation 15.08.1946, S. 12.

o. A.: Verzeichnis der auszusondernden Literatur der DDR 1946 (online: https://archive.org/stream/Abteilung-fuer-Volksbildung-der-Stadt-Berlin-Verzeichnis-der-auszusondernden-Lit/AbteilungFuerVolksbildungDerStadtBerlin-VerzeichnisDerAuszusonderndenLiteratur1946187S.Scan#page/no/mode/2up [Abruf: 09.06.2018]).

o. A.: Bekanntmachung der neuen Fassung des Reichswahlgesetzes und des Gesetzes über die Wahl des Reichspräsidenten, in: Reichsgesetzblatt 06.03.1924, T. 1, S. 159–168.

Aichinger, Ilse: Die größere Hoffnung. Roman, Frankfurt am Main: Fischer 1991.

Aichinger, Ilse: Spiegelgeschichte [gelesen 1952], in: Hans Werner Richter (Hg.): Almanach der Gruppe 47. 1947–1962, Reinbek bei Hamburg: Rowohlt 1962, S. 156–162.

Aichinger, Ilse: Aufruf zum Mißtrauen, in: Plan 1 (1946), H. 7, S. 588.

Amery, Carl: Die große Deutsche Tour. Heiterer Roman aus den fünfziger Jahren. Mit einem ‚Nachwort 1986‘, München: Süddeutscher Verlag 1986.

Amery, Carl: Das jähe Ende des Pater Sebaldus [gelesen 1957], in: Hans Werner Richter (Hg.): Almanach der Gruppe 47. 1947–1962, Reinbek bei Hamburg: Rowohlt 1962, S. 248–254.

Andersch, Alfred: Gesammelte Werke in 10 Bänden in Kassette, hg. v. Dieter Lamping, Zürich: Diogenes 2004.

Andersch, Alfred: Rede auf einem Empfang bei Arnoldo Mondadori am 9. November 1959, abgedruckt in: Petra Kiedaisch (Hg.): Lyrik nach Auschwitz? Adorno und die Dichter, Stuttgart: Reclam 1995, S. 76–78.

Andersch, Alfred: Efraim, Zürich: Diogenes 1967.

Andersch, Alfred: Betrifft: Die Gruppe 47 (1963), in: Norman Ächtler (Hg.): Alfred Andersch. Engagierte Autorschaft im Literatursystem der Bundesrepublik, Stuttgart und Weimar: Metzler 2016, S. 354–356 [Erstdruck in italienischer Übersetzung u. d. T.: Alfred Andersch: Dibattito sul ‚Gruppo 47‘, in: L'Europa Letteraria 4 (1963), H. 21/22, S. 27–30].

Andersch, Alfred: Weltreise auf deutsche Art [gelesen 1949], in: Hans Werner Richter (Hg.): Almanach der Gruppe 47. 1947–1962, Reinbek bei Hamburg: Rowohlt 1962, S. 87–97.

Andersch, Alfred: Die Rote, Olten und Freiburg im Breisgau: Walter 1960.

Andersch, Alfred: Sansibar oder der letzte Grund, Olten und Freiburg im Breisgau: Walter 1957.

Andersch, Alfred: Mit den Augen des Westens (Thomas Mann als Politiker), in: Texte und Zeichen 1 (1955), H. 1, S. 85–100.

Andersch, Alfred: Deutsche Literatur in der Entscheidung. Ein Beitrag zur Analyse der literarischen Situation [gelesen 1947], Karlsruhe: Volk und Zeit 1948.

[Andersch, Alfred]: Das patriotische Trinkwasser, in: Der Ruf. Unabhängige Blätter der jungen Generation 01.03.1947, S. 8 [der Artikel wurde unter dem Pseudonym Gerd Klaass publiziert].

Andersch, Alfred: Das junge Europa formt sein Gesicht, in: Der Ruf. Unabhängige Blätter der jungen Generation 15.08.1946, S. 1 f.

Andersch, Alfred: Grundlagen einer deutschen Opposition, in: Der Ruf. Unabhängige Blätter der jungen Generation 15.12.1946b, S. 1 f.

Arendt, Hannah: Besuch in Deutschland. Aus dem Amerikanischen von Eike Geisel. Mit einem Vorwort von Henryk M. Broder und einem Portrait von Ingeborg Nordmann, Berlin: Rotbuch 1993.

Arendt, Hannah: Eichmann in Jerusalem. Ein Bericht von der Banalität des Bösen, München: Piper 1964.

Arnold, Heinz Ludwig (Hg.): Der Skorpion. Reprint d. Jg. 1, 1948, Heft 1, München. Mit einer Dokumentation zur Geschichte des *Skorpions* und einem Nachwort zur Geschichte der Gruppe 47 von Heinz Ludwig Arnold, Göttingen: Wallstein 1991.

Bachér, Ingrid: Unaufhaltsam vor Jamaika [gelesen 1958], in: Hans Werner Richter (Hg.): Almanach der Gruppe 47. 1947–1962, Reinbek bei Hamburg: Rowohlt 1962, S. 281–288.

Bachmann, Ingeborg: Rede zur Verleihung des Anton-Wildgans-Preises [gehalten 1972], in: Dies.: Kritische Schriften, hg. v. Monika Albrecht und Dirk Göttsche, München: Piper 2005, S. 486–491.

Bachmann, Ingeborg: Die Gruppe 47 [Entwurf, geschrieben 1961], in: Dies.: Kritische Schriften, hg. v. Monika Albrecht und Dirk Göttsche, München: Piper 2005, S. 365–367.

Bachmann, Ingeborg: Fragen und Scheinfragen. Erste Frankfurter Poetikvorlesung [gehalten 1959], abgedruckt in: Dies.: Kritische Schriften, hg. v. Monika Albrecht und Dirk Göttsche, München: Piper 2005, S. 253–270.

Bachmann, Ingeborg: Sagbares und Unsagbares [Erstausstrahlung 1954], abgedruckt in: Dies.: Kritische Schriften, hg. v. Monika Albrecht und Dirk Göttsche, München: Piper 2005, S. 123–144.

Bachmann, Ingeborg: Ins tausendjährige Reich [Erstdruck 1954], in: Dies.: Kritische Schriften, hg. v. Monika Albrecht und Dirk Göttsche, München: Piper 2005, S. 96–100.

Bachmann, Ingeborg: Ludwig Wittgenstein. Zu einem Kapitel der jüngsten Philo-sophiegeschichte [Erstdruck 1953], in: Dies.: Kritische Schriften, hg. v. Monika Albrecht und Dirk Göttsche, München: Piper 2005, S. 64–74.

Bachmann, Ingeborg: „Der Mann ohne Eigenschaften" [Erstdruck 1954b], in: Dies.: Kritische Schriften, hg. v. Monika Albrecht und Dirk Göttsche, München: Piper 2005, S. 101–122.

Bachmann, Ingeborg: Malina. Roman, Frankfurt am Main: Suhrkamp 1971.

Bachmann, Ingeborg: Alles [gelesen 1959], in: Dies.: Das dreißigste Jahr, München: Piper 1961, S. 77–104.

Bachmann, Ingeborg: Das dreißigste Jahr, München: Piper 1961b.

Bachmann, Ingeborg und Paul Celan: Herzzeit. Briefwechsel, Frankfurt am Main: Suhrkamp 2008.

Bauer, Arnold: Hier kann jeder seine Meinung sagen, [in: Der Kurier 05./06.10.1957,] abgedruckt in Reinhard Lettau (Hg.): Die Gruppe 47. Bericht, Kritik, Polemik. Ein Handbuch, Neuwied: Luchterhand 1967, S. 125–128.

Beecher Stowe, Harriet: Uncle Tom's Cabin, London: Routledge 1852.

Bender, Hans: Sentimentale Erinnerungen, in: Toni Richter (Hg.): Die Gruppe 47 in Bildern und Texten, Köln: Kiepenheuer und Witsch 1997, S. 146 f.

Bichsel, Peter: Skizzen aus einem Zusammenhang [gelesen 1955], in: Hans A. Neunzig (Hg.): Hans A. Neunzig (Hg.): Lesebuch der Gruppe 47, München: Deutscher Taschenbuch Verlag 1983, S. 117–124.

Bichsel, Peter: Die Jahreszeiten, Neuwied: Luchterhand 1967.

Blöcker, Günter: Die Gruppe 47 und ich, [in: Die Zeit 26.10.1962,] abgedruckt in Rein-hard Lettau (Hg.): Die Gruppe 47. Bericht, Kritik, Polemik. Ein Handbuch, Neuwied: Luchterhand 1967, S. 353–359.

Bobrowski, Johannes: Wiedererweckung, in: Ders.: Gesammelte Werke in vier Bänden, hg. v. Eberhard Haufe, Berlin: Union 1987, Bd. 1, S. 203 f.

Bobrowski, Johannes: Der lettische Herbst [gelesen 1962], abgedruckt in: Hans A. Neunzig (Hg.): Lesebuch der Gruppe 47, München: Deutscher Taschenbuch Ver-lag 1983, S. 111 f.

Böll, Heinrich: Todesursache: Hakennase, in: Ders.: Werke. Kölner Ausgabe, hg. v. Árpád Bernáth et al., Bd. 3. 1947–1948 hg. v. Frank Finlay und Jochen Schubert, Köln: Kiepenheuer und Witsch 2003, S. 145–152.

Böll, Heinrich: Bekenntnis zur Trümmerliteratur, in: Ders.: Werke. Essayistische Schriften und Reden, hg. v. Bernd Balzer, Köln: Kiepenheuer und Witsch 1979, Bd. 1, S. 31–34.

Böll, Heinrich: Die schwarzen Schafe [gelesen 1951], in: Hans Werner Richter (Hg.): Almanach der Gruppe 47. 1947–1962, Reinbek bei Hamburg: Rowohlt 1962, S. 147–153.

Böll, Heinrich: Billard um halbzehn, Köln: Kiepenheuer und Witsch 1959.

Böll, Heinrich: Wo warst du, Adam?, Opladen: Friedrich Middelhauve 1951.

Buber, Martin: Das dialogische Prinzip. Ich und Du. Zwiesprache. Die Frage an den Einzelnen. Elemente des Zwischenmenschlichen. Zur Geschichte des dialogischen Prinzips, hg. v. Gütersloh: Gütersloher Verlagshaus [13]2014.

Buber, Martin: Das echte Gespräch und die Möglichkeit des Friedens. Heidelberg: Lambert Schneider 1953.

Buber, Martin und Franz Rosenzweig (Hg.): Die Schrift. Aus dem Hebräischen verdeutscht von Martin Buber und Franz Rosenzweig, Berlin: Schocken 1934.

Buber, Martin: Ich und Du, Leipzig: Insel 1923.

Buber, Martin: Die Geschichten des Rabbi Nachman. Ihm nacherzählt von Martin Buber, Frankfurt am Main: Rütten und Loening 1906.

Busch, Wilhelm: Fipps der Affe, in: Ders.: Das Schönste von Wilhelm Busch, Köln: Buch und Zeit Verlagsgesellschaft 1992, S. 271–302.

Celan, Paul: Briefwechsel mit den rheinischen Freunden. Heinrich Böll, Paul Schallück, Rolf Schroers. Mit einzelnen Briefen von Gisèle Celan-Lestrange, Ilse Schallück und Ilse Schroers, hg. und kommentiert v. Barbara Wiedemann, Berlin: Suhrkamp 2011.

Celan, Paul: Todesfuge, in: Ders.: Die Gedichte. Kommentierte Gesamtausgabe in einem Band, Hg. und kommentiert von Barbara Wiedemann, Frankfurt am Main 2005, S. 40 f.

Celan, Paul: Der Meridian. Endfassung, Entwürfe, Materialien, hg. v. Bernhard Böschenstein und Heino Schmull, Frankfurt am Main: Suhrkamp 1999.

Celan, Paul: In Ägypten [gelesen 1952], in: Hans Werner Richter (Hg.): Almanach der Gruppe 47. 1947–1962, Reinbek bei Hamburg: Rowohlt 1962, S. 155.

Celan, Paul und Giesèle Lestrange: Briefwechsel. Mit einer Auswahl von Briefen Paul Celans an seinen Sohn Eric, aus dem Französischen von Eugen Helmlé, hg. und kommentiert von Bertrand Badiou in Verbindung mit Eric Celan. Anmerkungen übersetzt und für die deutsche Ausgabe eingerichtet von Barbara Wiedemann, Frankfurt am Main: Suhrkamp 2001.

Cramer, Heinz v.: Bericht des jungen Mannes [gelesen 1961], in: Hans Werner Richter (Hg.): Almanach der Gruppe 47. 1947–1962, Reinbek bei Hamburg: Rowohlt 1962, S. 396–416.

Cramer, Heinz v.: Die Kunstfigur, Köln und Berlin: Kiepenheuer und Witsch 1958.

Dollinger, Heinz: Außerdem: deutsche Literatur minus Gruppe 47 = wieviel? Mit einem Grußwort von Hans Werner Richter, München: Scherz 1967.

Dor, Milo und Reinhard Federmann: Internationale Zone. Kriminalroman, Wien: Medusa 1951.

Dreyer, Alfred: Hoffnung, in: Wolfgang Weyrauch: Tausend Gramm. Ein deutsches Bekenntnis in dreißig Geschichten aus dem Jahr 1949, Reinbek bei Hamburg: Rowohlt 1989 [Überarbeitete und erweiterte Neuausgabe mit einer Einleitung von Charles Schüddekopf], S. 142–145.

Eich, Günter: D-Zug München-Frankfurt [gelesen 1950], in: Hans Werner Richter (Hg.):
    Almanach der Gruppe 47. 1947–1962, Reinbek bei Hamburg: Rowohlt 1962, S. 144 f.

Eichholz, Armin: Welzheimer Marginalien, [in: Die Neue Zeitung München,
    27./28.10.1951,] abgedruckt in: Reinhard Lettau (Hg.): Die Gruppe 47. Bericht, Kritik,
    Polemik. Ein Handbuch, Neuwied: Luchterhand 1967, S. 69–71.

Eisenreich, Herbert: Warum ich derzeit Monarchist bin, in: Forum 9 (1962), H. 100,
    S. 139–141.

Eisenreich, Herbert: „Das schöpferische Mißtrauen oder ist Österreichs Literatur eine
    österreichische Literatur?" [Erstdruck 1959], abgedruckt in: Ders.: Reaktionen.
    Essays zur Literatur, Gütersloh: Sigbert Mohn 1964, S. 72–104.

Eisenreich, Herbert: Eine Geschichte erzählt sich selbst. Erfahrungen und Gedanken
    eines Schriftstellers zur Ästhetik der Prosadichtung, in: Die Zeit 17.03.1955 (online:
    https://www.zeit.de/1955/11/eine-geschichte-erzaehlt-sich-selbst/komplettansicht
    [Abruf: 09.06.2018]).

Eisenreich, Herbert: Tiere von ganz natürlicher Grausamkeit [gelesen 1953], in: Hans
    Werner Richter (Hg.): Almanach der Gruppe 47. 1947–1962, Reinbek bei Hamburg:
    Rowohlt 1962, S. 163–176.

Enzensberger, Hans Magnus: Die Clique, in: Hans Werner Richter (Hg.): Almanach der
    Gruppe 47. 1947–1962, Reinbek bei Hamburg: Rowohlt 1962, S. 22–27.

Enzensberger, Hans Magnus: Schaum [gelesen 1959], in: Hans Werner Richter (Hg.):
    Almanach der Gruppe 47. 1947–1962, Reinbek bei Hamburg: Rowohlt 1962,
    S. 296–301.

Ferber, Christian: Ein Buch könnte ich schreiben. Die autobiographischen Skizzen
    Georg Seidels (1919–1992). Mit einem Nachwort von Erwin Wickert, Göttingen:
    Wallstein 1996.

Ferber, Christian: Man war sich selten einig, [in: Die Welt 17.10.1955,] abgedruckt in
    Reinhard Lettau (Hg.): Die Gruppe 47. Bericht, Kritik, Polemik. Ein Handbuch, Neu-
    wied: Luchterhand 1967, S. 114 f.

Ferber, Christian: Kalendergeschichte, in: o. A. (Hg.): Neunzehn deutsche Erzählungen,
    München: Nymphenburger 1963, S. 131–146.

Ferber, Christian: Mimosen im Juli [gelesen 1960], in: Hans Werner Richter (Hg.):
    Almanach der Gruppe 47. 1947–1962, Reinbek bei Hamburg: Rowohlt 1962,
    S. 365–369.

Friedrich, Heinz: Gruppe 47 Anno 1953, [in: Hessische Nachrichten Kassel 26.10.1953,]
    abgedruckt in Reinhard Lettau (Hg.): Die Gruppe 47. Bericht, Kritik, Polemik. Ein
    Handbuch, Neuwied: Luchterhand 1967, S. 94.

Friedrich, Heinz: [Tagungsbericht über die Gruppe 47], [in: Deutsche Zeitung, Köln,
    05.10.1957,] auszugsweise abgedruckt in Reinhard Lettau (Hg.): Die Gruppe 47.
    Bericht, Kritik, Polemik. Ein Handbuch, Neuwied: Luchterhand 1967, S. 135 f.

Friedrich, Heinz: Nationalismus und Nationalismus, in: Der Ruf. Unabhängige Blätter der jungen Generation 01.03.1947, S. 8.

Frisch, Max: Mein Name sei Gantenbein, Frankfurt am Main: Suhrkamp 1964.

Grass, Günter: Was gesagt werden muss, in: Süddeutsche Zeitung 04.04.2012 (online: http://www.sueddeutsche.de/kultur/gedicht-zum-konflikt-zwischen-israel-und-iran-was-gesagt-werden-muss-1.1325809 [Abruf: 09.06.2018]).

Grass, Günter: Beim Häuten der Zwiebel, Göttingen: Steidl 2006.

Grass, Günter: Warum ich nach sechzig Jahren mein Schweigen breche. Eine deutsche Jugend. Günter Grass spricht zum ersten Mal über sein Erinnerungsbuch und seine Mitgliedschaft in der Waffen-SS, in: Frankfurter Allgemeine Zeitung 12.8.2006, S. 33–35.

Grass, Günter: Im Krebsgang, Göttingen: Steidl 2002.

Grass, Günter: Zur Diskussion um das ZEIT-Dossier: Kein Schlußwort, in: Die Zeit 23.01.1979, S. 50.

Grass, Günter: Der weite Rock [gelesen 1958], in: Hans Werner Richter (Hg.): Almanach der Gruppe 47. 1947–1962, Reinbek bei Hamburg: Rowohlt 1962, S. 255–263.

Grass, Günter: Katz und Maus, Neuwied: Luchterhand 1961.

Grass, Günter: Die Blechtrommel, Neuwied: Luchterhand 1959.

Grosser, J. F. G. (Hg.): Die große Kontroverse, Hamburg: Nagel 1963.

Gy. [Kürzel nicht aufgelöst]: Gruppe 47 tagte am Ammersee, [in: Kasseler Nachrichten, 22.10.1949,] abgedruckt in Reinhard Lettau (Hg.): Die Gruppe 47. Bericht, Kritik, Polemik. Ein Handbuch, Neuwied: Luchterhand 1967, S. 45 f.

Heißenbüttel, Helmut: Und es kam Uwe Johnson, [in: Deutsche Zeitung Köln, 10.11.1960,] abgedruckt in Reinhard Lettau (Hg.): Die Gruppe 47. Bericht, Kritik, Polemik. Ein Handbuch, Neuwied: Luchterhand 1967, S. 156–158.

Hensel, Georg: In der großen Pause. Abiturientengespräch im November 1946 [gelesen 1949], in: Hans Werner Richter (Hg.): Almanach der Gruppe 47. 1947–1962, Reinbek bei Hamburg: Rowohlt 1962, S. 127–132.

Hildesheimer, Wolfgang: Der Brei auf unserem Herd [gelesen 1962], in: Hans Werner Richter (Hg.): Almanach der Gruppe 47. 1947–1962, Reinbek bei Hamburg: Rowohlt 1962, S. 264–272.

Hildesheimer, Wolfgang: Tynset, Frankfurt am Main: Suhrkamp 1965.

Himmler, Heinrich: Posener Rede vom 4.10.1943, Dokument 1919-P5, in: Der Prozess gegen die Hauptkriegsverbrecher vor dem Internationalen Militärgerichtshof Nürnberg. 14. November 1945–1. Oktober 1946, Bd. XXIX, Nürnberg 1948, S. 110–173 (online: http://www.zeno.org/Geschichte/M/Der%20N%FCrnberger%20Proze%DF [Abruf: 09.06.2018]).

Höcke, Bernd: „Gemütszustand eines total besiegten Volkes" [Rede im Rahmen der Veranstaltungsreihe „Dresdner Gespräche" der AfD-Jugendorganisation Junge

Alternative (JA) im Wortlaut], in: Der Tagesspiegel 19.01.2017 (online: http://www.
tagesspiegel.de/politik/hoecke-rede-im-wortlaut-gemuetszustand-eines-total-
besiegten-volkes/19273518-all.html [Abruf: 09.06.2018]).

Hocke, Gustav René: Deutsche Kalligraphie oder: Glanz und Elend der modernen
Literatur, in: Der Ruf. Unabhängige Blätter der jungen Generation 15.11.1947, S. 9–10.

Holthusen, Hans Egon: Fünf junge Lyriker (II), in: Merkur 8 (1954), H. 74, S. 378–390.

Hupka, Herbert: Die Gruppe 47, [in: Münchner Rundfunk 22.20.1949,] abgedruckt in
Reinhard Lettau (Hg.): Die Gruppe 47. Bericht, Kritik, Polemik. Ein Handbuch, Neuwied: Luchterhand 1967, S. 46–48.

Jens, Walter: Der Mann, der nicht alt werden wollte [gelesen 1953], in: Hans Werner
Richter (Hg.): Almanach der Gruppe 47. 1947–1962, Reinbek bei Hamburg:
Rowohlt 1962, S. 182–188.

Jens, Walter: Zwei Meisterwerke in schwacher Umgebung, in: Die Zeit 08.09.1961, S. 13.

Johnson, Uwe: Das dritte Buch über Achim [gelesen 1960], in: Hans Werner
Richter (Hg.): Almanach der Gruppe 47. 1947–1962, Reinbek bei Hamburg:
Rowohlt 1962, S. 386–395.

Johnson, Uwe: Das dritte Buch über Achim, Frankfurt am Main: Suhrkamp 1961.

Johnson, Uwe: Mutmaßungen über Jakob, Frankfurt am Main: Suhrkamp 1959.

Kaiser, Joachim: Erlebte Literatur, München: Piper 1988.

Karasek, Hellmuth: Jahrmarkt der Flüchtigkeiten, in: Der Spiegel 26.11.1979, S. 229–236.

Kesten, Hermann: Der Richter der Gruppe 47, [in: Deutsche Zeitung Köln 13./14.07.1963,]
abgedruckt in Reinhard Lettau (Hg.): Die Gruppe 47. Bericht, Kritik, Polemik. Ein
Handbuch, Neuwied: Luchterhand 1967, S. 320–328.

Kesten, Hermann: (Hg.): Ich lebe nicht in der Bundesrepublik, München: List 1964.

Kesten, Hermann: Andre Völker, andre Sitten, in: Die Kultur 12 (1960), S. 16.

Kolbenhoff, Walter: Ich sah ihn fallen [gelesen 1949], in: Hans Werner Richter (Hg.):
Almanach der Gruppe 47. 1947–1962, Reinbek bei Hamburg: Rowohlt 1962,
S. 100–104.

König, Barbara: Hans Werner Richter. Notizen einer Freundschaft, München:
Hanser 1997.

Krüger, Horst: Waren sie Nazis? Neun Schriftsteller und die Anfechtung des Gewissens,
in: Die Zeit 05.07.1968 (online: https://www.zeit.de/1968/27/waren-sie-nazis/
komplettansicht [Abruf: 09.06.2018]).

Lenz, Siegfried: Diskrete Auskunft über die Masuren, in: Ders.: Die Erzählungen. Mit
einem Geleitwort von Marcel Reich-Ranicki, Hamburg: Hoffmann und Campe 2006,
S. 321.

Lenz, Siegfried: Deutschstunde, Hamburg: Hoffmann und Campe 1968.

Lenz, Siegfried: Gelegenheit zum Verzicht [gelesen 1960], in: Hans Werner Richter (Hg.):
Almanach der Gruppe 47. 1947–1962, Reinbek bei Hamburg: Rowohlt 1962,
S. 373–380.

Lenz, Siegfried: Gelegenheit zum Verzicht, in: Die Zeit 11.11.1960 (online: http://www.zeit.de/1960/46/gelegenheit-zum-verzicht/komplettansicht [Abruf: 09.06.2018]).

Lenz, Siegfried: Die Nacht im Hotel [1952], in: Ders.: Jäger des Spotts. Geschichten aus dieser Zeit, Hamburg: Hoffmann und Campe 1958, S. 208–214.

Lenz, Siegfried: So zärtlich war Suleyken. Kurzgeschichten, Hamburg: Hoffmann und Campe 1955.

Leonhardt, Rudolf Walter: Afaha – aber doch lieber Tregrusi, in: Die Zeit 11.11.1960 (online: http://www.zeit.de/1960/46/afaha-aber-doch-lieber-tregrusi/komplettansicht [Abruf: 09.06.2018]).

Lernet-Holenia, Alexander: Ein Brief, in: Ludwig Marcuse (Hg.): War ich ein Nazi? Politik – Anfechtung des Gewissens, München, Bern, Wien: Rütten und Loening 1968, S. 109–116.

Lettau, Reinhard (Hg.): Die Gruppe 47. Bericht, Kritik, Polemik. Ein Handbuch, Neuwied: Luchterhand 1967.

Mann, Thomas: Warum ich nicht zurückkehre!, abgedruckt in: Grosser, J. F. G. (Hg.): Die große Kontroverse, Hamburg: Nagel 1963, S. 27–36.

Mann, Thomas, Frank Thieß und Walter von Molo: Ein Streitgespräch über die äußere und die innere Emigration, Dortmund: Druckschriften Vertriebsdienst 1946.

Marcuse, Ludwig (Hg.): War ich ein Nazi? Politik – Anfechtung des Gewissens, München, Bern, Wien: Rütten und Loening 1968.

Mayer, Hans: In Raum und Zeit, in: Hans Werner Richter (Hg.): Almanach der Gruppe 47. 1947–1962, Reinbek bei Hamburg: Rowohlt 1962, S. 28–36.

Meyer-Brockmann, Henry: Dichter und Richter. Die Gruppe 47 und ihre Gäste, München: Rheinsberg 1962.

Minssen, Friedrich: Avantgarde und Restauration, [in: Frankfurter Rundschau 05.05.1949,] abgedruckt in Reinhard Lettau (Hg.): Die Gruppe 47. Bericht, Kritik, Polemik. Ein Handbuch, Neuwied: Luchterhand 1967, S. 40–42.

MM [Kürzel nicht aufgelöst]: Herbsttagung der Gruppe 47 am Ammersee, [in: Münchner Merkur, November 1949,] abgedruckt in Reinhard Lettau (Hg.): Die Gruppe 47. Bericht, Kritik, Polemik. Ein Handbuch, Neuwied: Luchterhand 1967, S. 48–50.

Mönnich, Horst: Zweimal Schweigen, in: Toni Richter (Hg.): Die Gruppe 47 in Bildern und Texten, Köln: Kiepenheuer und Witsch 1997, S. 33 f.

Mönnich, Horst: Die Wanderkarte [gelesen 1956], in: Hans Werner Richter (Hg.): Almanach der Gruppe 47. 1947–1962, Reinbek bei Hamburg: Rowohlt 1962, S. 237–247.

Mönnich, Horst: Erst die Toten haben ausgelernt. Roman, Braunschweig: Westermann 1956.

Mönnich, Horst: Russischer Sommer. Tagebuch eines jungen Soldaten, Riga: Aufbau 1944.

Mönnich, Horst: Die Zwillingsfähre, Wolfenbüttel: Kallmeyer 1942.

Morriën, Adriaan: Zu große Gastlichkeit verjagt die Gäste [gelesen 1954], in: Hans Werner Richter (Hg.): Almanach der Gruppe 47. 1947–1962, Reinbek bei Hamburg: Rowohlt 1962, S. 189–210.

Münnich, H. R.: Tagung der Gruppe 47, [in: Süddeutsche Zeitung, München, 07.05.1949,] abgedruckt in Reinhard Lettau (Hg.): Die Gruppe 47. Bericht, Kritik, Polemik. Ein Handbuch, Neuwied: Luchterhand 1967, S. 43.

Musil, Robert: Der Mann ohne Eigenschaften. Band 1, Berlin: Rowohlt 1930.

Neunzig, Hans A. (Hg.): Lesebuch der Gruppe 47, München: Deutscher Taschenbuch Verlag 1983.

Neunzig, Hans A. (Hg.): Hans Werner Richter und die Gruppe 47, München: Nymphenburger Verlagshandlung 1979.

Neunzig, Hans A. (Hg.): Der Ruf. Unabhängige Blätter für die junge Generation. Eine Auswahl, München: Nymphenburger Verlagshandlung 1976, S. 168–173.

Nowakowski, Tadeuz: Polonaise Allerheiligen [gelesen 1959], in: Hans Werner Richter (Hg.): Almanach der Gruppe 47. 1947–1962, Reinbek bei Hamburg: Rowohlt 1962, S. 302–308.

Nowakowski, Tadeuz: Polonaise Allerheiligen, Köln: Kiepenheuer und Witsch 1959.

Pohl, Gerhart: Sohn der Prophezeiung, in: Wolfgang Weyrauch: Tausend Gramm. Ein deutsches Bekenntnis in dreißig Geschichten aus dem Jahr 1949, Reinbek bei Hamburg: Rowohlt 1989 [Überarbeitete und erweiterte Neuausgabe mit einer Einleitung von Charles Schüddekopf], S. 108–112.

Raddatz, Fritz J.: „Wir werden weiterdichten, wenn alles in Scherben fällt ...“ Der Beginn der deutschen Nachkriegsliteratur, in: Die Zeit 12.10.1979, S. 33–36.

Raddatz, Fritz J.: Wiedersehen mit der Gruppe 47, in: Neue Deutsche Zeitung, Berlin, Juli 1955,] abgedruckt in Reinhard Lettau (Hg.): Die Gruppe 47. Bericht, Kritik, Polemik. Ein Handbuch, Neuwied: Luchterhand 1967, S. 110–113.

Raddatz, Fritz J.: Die ausgehaltene Realität, in: Hans Werner Richter (Hg.): Almanach der Gruppe 47. 1947–1962. Reinbek bei Hamburg: Rowohlt 1962, S. 52–59.

Reich-Ranicki, Marcel: Ein Kauz, der den Dichtern half. Zum Tod von Franz Joseph Schneider [Nachruf aus dem Jahr 1984], abgedruckt in: Adrienne Schneider (Hg.): Zelt-reden. 40 Jahre Stadtschreiber von Bergen, Wiesbaden: Waldemar Kramer 2014, S. 10–12.

Reich-Ranicki, Marcel: Was taugt Enzensbergers Lyrik?, in: Frankfurter Allgemeine Zeitung 12.01.2009 (online: http://www.faz.net/aktuell/feuilleton/buecher/fragen-sie-reich-ranicki/fragen-sie-reich-ranicki-was-taugt-enzensbergers-lyrik-1759726.html [Abruf: 09.06.2018]).

Reich-Ranicki, Marcel: Geleitwort, in: Siegfried Lenz: Die Erzählungen. Mit einem Geleitwort von Marcel Reich-Ranicki, Hamburg: Hoffmann und Campe 2006, S. 11–14.

Reich-Ranicki, Marcel: Mein Leben, Stuttgart: Deutsche Verlags-Anstalt 1999.

Reich-Ranicki, Marcel: „Mancher Dichter fand es grausam" [Interview], in: Der Spiegel 01.09.1997, S. 214–219.

Reich-Ranicki, Marcel: Siegfried Lenz. Die Ein-Mann-Partei. Eine Jubiläumsrede, in: Rudolf Wolff (Hg.): Siegfried Lenz. Leben und Wirkung, Bonn: Bouvier 1985, S. 8–13.

Reich-Ranicki, Marcel: Wovon wir leben und woran wir sterben, in: Die Zeit 10.06.1964 (online: https://www.zeit.de/1964/28/wovon-wir-leben-und-woran-wir-sterben/ komplettansicht [Abruf: 09.06.2018]).

Reich-Ranicki, Marcel: Von der Fragwürdigkeit und Notwendigkeit mündlicher Kritik, in: Hans Werner Richter (Hg.): Almanach der Gruppe 47. 1947–1962, Reinbek bei Hamburg: Rowohlt 1962, S. 434–499.

Richter, Hans Werner: Mittendrin. Die Tagebücher 1966–1972, München: C. H. Beck 2012.

Richter, Hans Werner: Briefe, hg. v. Sabine Cofalla, München: Hanser 1997.

Richter, Hans Werner: Im Etablissement der Schmetterlinge. Einundzwanzig Portraits aus der Gruppe 47, München: Hanser 1986.

Richter, Hans Werner: Wie entstand und was war die Gruppe 47?, in: Hans A. Neunzig: Hans Werner Richter und die Gruppe 47, München: Nymphenburger Verlagshandlung 1979, S. 41–176.

Richter, Hans Werner: Fünfzehn Jahre, in: Hans Werner Richter (Hg.): Almanach der Gruppe 47. 1947–1962. Reinbek bei Hamburg: Rowohlt 1962, S. 8–14.

Richter, Hans Werner: Die Holzkreuze [gelesen 1948], in: Ders. (Hg.): Almanach der Gruppe 47. 1947–1962. Reinbek bei Hamburg: Rowohlt 1962b, S. 78–86.

Richter, Hans Werner (Hg.): Almanach der Gruppe 47. 1947–1962, Reinbek bei Hamburg: Rowohlt 1962c.

Richter, Hans Werner (Hg.): Bestandsaufnahme. Eine deutsche Bilanz. Sechsunddreißig Beiträge deutscher Wissenschaftler, Schriftsteller und Publizisten, München: Kurt Desch 1962d.

Richter, Hans Werner: Die Geschlagenen, München: Kurt Desch 1949.

Richter, Hans Werner: Literatur im Interregnum, in: Der Ruf. Unabhängige Blätter der jungen Generation 15.03.1947, S. 10 f.

Richter, Hans Werner: Warum schweigt die junge Generation?, in: Der Ruf. Unabhängige Blätter der jungen Generation 01.09.1946, S. 1 f.

Richter, Toni (Hg.): Die Gruppe 47 in Bildern und Texten, Köln: Kiepenheuer und Witsch 1997.

Rohnert, Ernst Theo: Symposion junger Schriftsteller, [in: Das Literarische Deutschland, Darmstadt, 20.05.1951,] abgedruckt in Reinhard Lettau (Hg.): Die Gruppe 47. Bericht, Kritik, Polemik. Ein Handbuch, Neuwied: Luchterhand 1967, S. 58–63.

Rühmkorf, Peter: Das Zeitvertu-Lied [gelesen 1960], in: Hans Werner Richter (Hg.): Almanach der Gruppe 47. 1947–1962, Reinbek bei Hamburg: Rowohlt 1962, S. 361.

Rühmkorf, Peter: Luft-Lied [gelesen 1960], in: Hans Werner Richter (Hg.): Almanach der Gruppe 47. 1947–1962, Reinbek bei Hamburg: Rowohlt 1962, S. 362 f.

Schallück, Paul: Monologe eines Süchtigen [gelesen 1954], in: Hans Werner Richter (Hg.): Almanach der Gruppe 47. 1947–1962, Reinbek bei Hamburg: Rowohlt 1962, S. 211–217.

Schinke, Gerhart: Woran sterben Völker? Auslese und Gegenauslese, in: SS-Leitheft 5 (1939), H. 3, S. 15–19.

Schneider, Franz Joseph: Die Ziege hat ein weißes Fell [gelesen 1951], in: Toni Richter (Hg.): Die Gruppe 47 in Bildern und Texten, Köln: Kiepenheuer und Witsch 1997, S. 44–46.

Schneider, Franz Joseph: Es kam der Tag, in: Wolfgang Weyrauch (Hg.): Tausend Gramm. Ein deutsches Bekenntnis in dreißig Geschichten aus dem Jahr 1949, Reinbek bei Hamburg: Rowohlt 1989, S. 46–50.

Schneider, Franz Joseph: Die Mandel reift in Broschers Garten, Berlin: Friedenauer Presse 1967.

Schneider, Franz Joseph: Die Mandel reift in Broschers Garten [gelesen 1949], in: Hans Werner Richter (Hg.): Almanach der Gruppe 47. 1947–1962, Reinbek bei Hamburg: Rowohlt 1962, S. 133–138.

Schneider, Franz Joseph: Kind unsrer Zeit. Deutsche Stories, Heidelberg: Rau 1947.

Schneider-Lengyel, Ilse: schlachtvieh [gelesen 1949], in: Hans Werner Richter (Hg.): Almanach der Gruppe 47. 1947–1962, Reinbek bei Hamburg: Rowohlt 1962, S. 98.

Schnurre, Wolfdietrich: Seismographen waren sie nicht, [in: Die Welt 03./04.11.1961,] abgedruckt in Reinhard Lettau (Hg.): Die Gruppe 47. Bericht, Kritik, Polemik. Ein Handbuch, Neuwied: Luchterhand 1967, S. 159–163.

Schnurre, Wolfdietrich: Das Begräbnis, in: Hans Werner Richter (Hg.): Almanach der Gruppe 47. 1947–1962, Reinbek bei Hamburg: Rowohlt 1962, S. 60–64.

Schroers, Rolf: Der Partisan. Ein Beitrag zur politischen Anthropologie, Köln: Kiepenheuer und Witsch 1961.

Schroers, Rolf: Jakob und die Sehnsucht, Köln: Diederichs 1953.

Schulz, Thomas: „Immer auf dem falschen Dampfer". Ein Interview mit dem österreichisch-ungarischen Schriftsteller Milo Dor, in: Zeitschrift für Kultur-Austausch 48 (1998), H. 3, S. 19–21.

Seidel, Ina: Aus den schwarzen Wachstuchheften. Monologe, Notizen, Fragmente, hg. v. Christian Ferber, Stuttgart: Deutsche Verlags-Anstalt 1980.

Seidel, Ina: Das Wunschkind, Stuttgart: Deutsche Verlags-Anstalt 1930.

Sombart, Nicolaus: Capriccio Nr. 1 [gelesen 1947], in: Hans Werner Richter (Hg.): Almanach der Gruppe 47. 1947–1962, Reinbek bei Hamburg: Rowohlt 1962, S. 65–73.

Stephan, Charlotte: Junge Autoren unter sich, [in: Der Tagesspiegel, Berlin, 17.05.1955,] abgedruckt in Reinhard Lettau (Hg.): Die Gruppe 47. Bericht, Kritik, Polemik. Ein Handbuch, Neuwied: Luchterhand 1967, S. 106 f.

Trahan, Elizabeth Welt (Hg.): Gruppe 47. Ein Querschnitt. An Anthology of Contemporary German Literature, Waltham et al.: Blaisdell 1969.

Tschejschwili, Alexander: Bei den westdeutschen Schriftstellern, [in: Literaturnaja Gazeta, Moskau, Oktober 1957,] abgedruckt in Reinhard Lettau (Hg.): Die Gruppe 47. Bericht, Kritik, Polemik. Ein Handbuch, Neuwied: Luchterhand 1967, S. 129–136.

Wagenbach, Klaus: Gruppen-Analyse, [in: Frankfurter Hefte, Dezember 1959,] abgedruckt in Reinhard Lettau (Hg.): Die Gruppe 47. Bericht, Kritik, Polemik. Ein Handbuch, Neuwied: Luchterhand 1967, S. 150–155.

Walser, Martin: Tod eines Kritikers, Frankfurt am Main: Suhrkamp 2002.

Walser, Martin: Erfahrungen beim Verfassen einer Sonntagsrede. Dankesrede von Martin Walser zur Verleihung des Friedenspreises des Deutschen Buchhandels in der Frankfurter Paulskirche am 11.Oktober 1998, abgedruckt in: Schirrmacher, Frank (Hg.): Die Walser-Bubis-Debatte. Eine Dokumentation, Frankfurt am Main: Suhrkamp 1999, S. 7–17.

Walser, Martin: Der Schwarze Schwan, in: Ders.: Stücke, Frankfurt am Main: Suhrkamp 1987, S. 215–272.

Walser, Martin: Gruppenbild 1952, [in: Radio Bern, November 1952,], abgedruckt in Reinhard Lettau (Hg.): Die Gruppe 47. Bericht, Kritik, Polemik. Ein Handbuch, Neuwied: Luchterhand 1967, S. 278–286.

Walser, Martin: Sozialisieren wir die Gruppe 47!, in: Die Zeit 03.06.1964 (online: https://www.zeit.de/1964/27/sozialisieren-wir-die-gruppe-47/komplettansicht [Abruf: 09.06.2018]).

Walser, Martin: Templones Ende [gelesen 1955], in: Hans Werner Richter (Hg.): Almanach der Gruppe 47. 1947–1962, Reinbek bei Hamburg: Rowohlt 1962, S. 225–234.

Walser, Martin: Regie-Erfahrungen mit Weyrauchs Hörspielen, in: Wolfgang Weyrauch: Dialog mit dem Unsichtbaren. Sieben Hörspiele. Mit einem Nachwort von Martin Walser. Olten, Freiburg: Walter 1962, S. 245–249.

Walser, Martin: Beschreibung einer Form, München: Hanser 1961.

Walser, Martin (Hg.): Die Alternative oder Brauchen wir eine neue Regierung? Reinbek bei Hamburg: Rowohlt 1961b.

Walser, Martin: Ein Flugzeug über dem Haus und andere Geschichten, Frankfurt am Main: Suhrkamp 1955.

Weiss, Peter: Notizbücher 1960–1971, Frankfurt am Main: Suhrkamp 1981.

Weiss, Peter: Notizbücher 1971–1980, Frankfurt am Main: Suhrkamp 1981b.

Weyrauch, Wolfgang (Hg.): Ich lebe in der Bundesrepublik, München: List 1960.

Weyrauch, Wolfgang: Nachwort, in: Ders. (Hg.): Tausend Gramm. Ein deutsches Bekenntnis in dreißig Geschichten aus dem Jahr 1949, Reinbek bei Hamburg: Rowohlt 1989 [Überarbeitete und erweiterte Neuausgabe mit einer Einleitung von Charles Schüddekopf].

Weyrauch, Wolfgang (Hg.): Tausend Gramm. Ein deutsches Bekenntnis in dreißig Geschichten aus dem Jahr 1949, Reinbek bei Hamburg: Rowohlt 1989b [Überarbeitete und erweiterte Neuausgabe mit einer Einleitung von Charles Schüddekopf].

Weyrauch, Wolfgang: War ich einer davon?, in: Ludwig Marcuse (Hg.): War ich ein Nazi? Politik – Anfechtung des Gewissens, München, Bern, Wien: Rütten und Loening 1968, S. 161–166.

Weyrauch, Wolfgang: Mit dem Kopf durch die Wand [gelesen 1958], in: Hans Werner Richter (Hg.): Almanach der Gruppe 47. 1947–1962, Reinbek bei Hamburg: Rowohlt 1962, S. 289–296.

Weyrauch, Wolfgang: Indianische Ballade [gelesen 1955], in: Ders.: Dialog mit dem Unsichtbaren. Sieben Hörspiele. Mit einem Nachwort von Martin Walser. Olten, Freiburg: Walter 1962, S. 90–139.

Weyrauch, Wolfgang (Hg.): Das Berlin-Buch. Leipzig: Payne 1941.

Weyrauch, Wolfgang: Vorwort, in: Ders. (Hg.): Junge deutsche Prosa, Berlin: Herbig 1940, o. S.

Weyrauch, Wolfgang (Hg.): 1940. Junge deutsche Prosa, Berlin: Herbig 1940b.

Wickert, Erwin: Erinnerung an einen Freund, in: Christian Ferber: Ein Buch könnte ich schreiben. Die autobiographischen Skizzen Georg Seidels (1919–1992). Mit einem Nachwort von Erwin Wickert, Göttingen: Wallstein 1996, S. 249–256.

Widmer, Urs: So kahl war der Kahlschlag nicht, [in: Die Zeit 26.11.1965,] abgedruckt in Reinhard Lettau (Hg.): Die Gruppe 47. Bericht, Kritik, Polemik. Ein Handbuch, Neuwied: Luchterhand 1967, S. 328–335.

Widmer, Urs: 1945 oder die „neue Sprache". Studien zur Prosa der „Jungen Generation", Düsseldorf: Schwann 1966.

Wittstock, Uwe: „Bölls Theaterstücke und Gedichte sind nichts wert" [Interview mit Marcel Reich-Ranicki], in: welt.de 15.07.2010 (online: https://www.welt.de/kultur/article8476083/Boells-Theaterstuecke-und-Gedichte-sind-nichts-wert.html [Abruf: 09.06.2018]).

Zimmermann, Hans Dieter: Hans Werner Richter. Literatur und Politik in der BRD [Interview mit Hans Werner Richter], in: Ders.: Wahnsinn des Jahrhunderts. Die Verantwortung der Schriftsteller in der Politik, Stuttgart: Kohlhammer 1992, S. 105–118.

Sekundärliteratur und weitere Quellen

o. A.: 50 Jahre ‚Gruppe 47'. Ein Dichtertreffen [Kurz-Dokumentation], in: ZDF (Ausstrahlung: 17.10.2017).

o. A.: Zur Erinnerung an Günter Grass. Ein deutsches Leben [Kurz-Dokumentation], in: ZDF (Ausstrahlung: 13.04.2015).

o. A.: Portrait von Ingeborg – Ähnlichkeiten mit Ingeborg Bachmann [Dokumentation], hg. v. Kunst Frankfurt, veröffentlicht am 11.12.2014 (online: https://www.youtube.com/watch?v=Pcfqyzx6aMA [Abruf: 09.06.2018]).

o. A.: Pressemeldung zum Preis der Leipziger Buchmesse 2013 (online: http://www.preis-der-leipziger-buchmesse.de/de/Archiv/2013/#preistraeger [Abruf: 09.06.2018]).

o. A.: Ich finde Ihre Entgegnung auch nicht gut. Briefwechsel Max Frisch – Paul Celan [Rezension], in: Frankfurter allgemeine Zeitung 07.08.2008 (online: http://www.faz.net/aktuell/feuilleton/buecher/rezensionen/belletristik/briefwechsel-max-frisch-paul-celan-ich-finde-ihre-entgegnung-auch-nicht-gut-1681901.html [Abruf: 09.06.2018]).

o. A.: Neue Impulse aus dem Ausland, in: Literatur im Kontext 07.29.2008b [Projekt der Universität Wien] (online: https://web.archive.org/web/20090414082804/http://lic.ned.univie.ac.at/node/6870 [Abruf: 09.06.2018]).

o. A.: Tadeusz Nowakowski (1917–1996), in: Karl Dedecius (Hg.): Porträts. Panorama der polnischen Literatur des 20. Jahrhunderts IV, Zürich: Ammann 2000, S. 619–623.

o. A.: Brockhaus. Die Enzyklopädie. In vierundzwanzig Bänden. 20., überarbeitete und aktualisierte Auflage, Leipzig und Mannheim: F. A. Brockhaus 1998.

o. A.: Gibt es überall [zur Freistellung des Oberstudienrats Gerhard Schinke], in: Der Spiegel 29.06.1970, S. 65 (online: http://www.spiegel.de/spiegel/print/d-44931059.html [Abruf 09.06.2018]).

Aanei, Mihaela: Ingeborg Bachmann und Paul Celan als Antihelden in Hans Weigels Unvollendete Symphonie. Der Schlüsselroman oder die Kunst der Verschleierung, in: AIC 15 (2015), H. 1, S. 179–187.

Absolon, Rudolf: Die Wehrmacht im Dritten Reich: 19. Dezember 1941 bis 9. Mai 1945, Boppard am Rhein: Harald Boldt 1995, S. 480.

Ächtler, Norman: Einleitung, in: Ders. (Hg.): Alfred Andersch. Engagierte Autorschaft im Literatursystem der Bundesrepublik, Stuttgart und Weimar: Metzler 2016, S. 1–42.

Ächtler, Norman: Zwischen Existenzialismus und Strukturalismus, Engagement und Degagement. Alfred Anderschs Poetik des Beschreibens, in: Ders. (Hg.): Alfred Andersch. Engagierte Autorschaft im Literatursystem der Bundesrepublik, Stuttgart und Weimar: Metzler 2016b, S. 111–131.

Ächtler, Norman (Hg.): Alfred Andersch. Engagierte Autorschaft im Literatursystem der Bundesrepublik, Stuttgart und Weimar: Metzler 2016c.

Ächtler, Norman: Deserteur ja, ›Waldgänger‹ nein. Jörg Döring, Felix Römer und Rolf Seubert deuten Alfred Anderschs „Kirschen der Freiheit" im militärgeschichtlichen Kontext [Rezension], in: literaturkritik.de 2015, H. 9 (online: http://literaturkritik.de/id/20990 [Abruf: 09.06.2018]).

Ächtler, Norman: „Sieh in die Grube, scheener Herr aus Daitschland!" Vom Auftauchen der Täter im deutschen Kriegsroman, in: Mittelweg 36 23 (2014), H. 1, S. 75–98.

Ächtler, Norman: Generation in Kesseln. Das Soldatische Opfernarrativ im westdeutschen Kriegsroman 1945–1960. Göttingen: Wallstein 2013.

Ächtler, Norman: Das Lager als Paradigma der Moderne. Der Kriegsgefangenendiskurs in der westdeutschen Nachkriegsliteratur (1946–1966), in: Deutsche Vierteljahresschrift für Literaturwissenschaft und Geistesgeschichte 87 (2013b), H. 2, S. 264–294.

Ächtler, Norman: Beredtes Schweigen: Hans Werner Richter und die Rhetorik der Störung im „Ruf", in: Carsten Gansel und Werner Nell (Hg.): „Es sind alles Geschichten aus meinem Leben". Hans Werner Richter als Erzähler und Zeitzeuge, Netzwerker und Autor, Berlin: Erich Schmidt 2011, S. 46–67.

Adam, Christian: Der Traum vom Jahre Null, Köln: Kiepenheuer und Witsch 2016.

Adorno, Theodor W.: Schuld und Abwehr, in: Friedrich Pollock (Hg.): Gruppenexperiment. Ein Studienbericht, Frankfurt am Main: Europäische Verlagsanstalt 1955, S. 278–428.

Adorno, Theodor W.: Kulturkritik und Gesellschaft, in: Karl-Gustav Specht (Hg.): Soziologische Forschungen in unserer Zeit. Ein Sammelwerk. Leopold Wiese zum 75. Geburtstag, Köln und Opladen: Westdeutscher Verlag 1951, S. 228–241.

Agazzi, Elana und Erhard Schütz (Hg.): Handbuch Nachkriegsliteratur. Literatur, Sachbuch und Film in Deutschland (1945–1962), Berlin und Boston: De Gruyter 2013.

Ahrends, Martin: Lenz und die Freiheit, in: Die Zeit 07.10.1988 (online: https://www.zeit.de/1988/41/lenz-und-die-freiheit/komplettansicht [Abruf: 09.06.2018]).

Albrecht, Monika: Nationalsozialismus, in: Dies. und Dirk Göttsche (Hg.): Bachmann-Handbuch. Leben – Werk – Wirkung. Sonderausgabe, Stuttgart: Metzler 2013, S. 237–246.

Albrecht, Monika: Postkolonialismus und Kritischer Exotismus, in: Dies. und Dirk Göttsche (Hg.): Bachmann-Handbuch. Leben – Werk – Wirkung. Sonderausgabe, Stuttgart: Metzler 2013b, S. 255–258.

Albrecht, Monika: Die andere Seite. Zur Bedeutung von Werk und Person Max Frischs in Ingeborg Bachmanns ‚Todesarten', Würzburg: Königshausen und Neumann 1989.

Aly, Götz: Hitlers Volksstaat. Raub, Rassenkrieg und nationaler Sozialismus, Frankfurt am Main: Fischer 2005.

Anderson, Benedict: Imagined Communities, London und New York: Verso 1983.

Anz, Thomas: Der Streit um Christa Wolf und die Intellektuellen im vereinten Deutschland. Ein Rückblick aus dem Jahr 1996, [in: German Monitor 38 (1996)], abgedruckt in: literaturkritik.de (2011) H. 12 (online: https://literaturkritik.de/id/16181 [Abruf: 09.06.2018]).

Anz, Thomas (Hg.): „Es geht nicht um Christa Wolf". Der Literaturstreit im vereinten Deutschland, München: Edition Spangenberg 1991.

Arnold, Heinz Ludwig: Die Gruppe 47, Reinbek bei Hamburg: Rowohlt 2004.

Arnold, Heinz Ludwig (Hg.): Die Gruppe 47. Ein kritischer Grundriß. Sonderband Text und Kritik. 3., überarbeitete Auflage, München: Edition Text und Kritik 2004b.

Arnold, Heinz Ludwig: Die drei Sprünge der westdeutschen Literatur. Eine Erinnerung, Göttingen: Wallstein 1993.

Arnold, Heinz Ludwig: Die drei Sprünge der westdeutschen Literatur, in: Akzente. Zeitschrift für Literatur 20 (1973), S. 70–80.

Atterton, Pete, Matthew Calarco und Maurice S. Friedman (Hg.): Levinas and Buber. Dialogue and Difference, Michigan: Duquesne University Press 2004.

Aust, Hugo: Novelle. 2., überarbeitete und ergänzte Auflage, Stuttgart: Metzler 1995.

Avenel-Cohen, Pascale: Ailleurs et quête de soi dans Zanzibar d'Alfred Andersch. Selbstfindung und Versuchung der Ferne im Roman von Alfred Andersch Sansibar oder der letzte Grund, in: Germanica 40 (2007), S. 13–24 (online: http://journals. openedition.org/germanica/239 [Abruf: 09.06.2018]).

Bach, Janina: Erinnerungsspuren an den Holocaust in der deutschen Nachkriegs- literatur, Wrocław: Neisse 2007.

Bajohr, Frank und Michael Wildt (Hg.): Volksgemeinschaft. Neue Forschungen zur Ge- sellschaft des Nationalsozialismus, Frankfurt am Main: Fischer 2009.

Balzer et al. (Hg.): Die deutschsprachige Literatur in der Bundesrepublik Deutschland. Vorgeschichte und Entwicklungstendenzen, München: Iudicum 1988.

Barsch, Frank: Ansichten einer Figur. Die Darstellung der Intellektuellen in Martin Walsers Prosa, Heidelberg: Winter 2000.

Bärtschi Sarah: Layered Reading. Wie kann man das Gesamtwerk eines Autors lesen? Quantitative und qualitative Methoden am Beispiel der unselbständigen Schriften Alexander von Humboldts, Dissertation an der Universität Bern 2018.

Baßler, Moritz, Hubert Roland und Jörg Schuster (Hg.): Poetologien deutschsprachiger Literatur 1930–1960. Kontinuitäten jenseits des Politischen, Berlin: De Gruyter 2016.

Beck, Heinrich (Hg.): Reallexikon der germanischen Altertumskunde. Bd. XXXV, Berlin: De Gruyter 2007.

Beer, Susanne: Helene Jacobs und die „anderen Deutschen". Zur Rekonstruktion von Hilfeverhalten für Juden im Nationalsozialismus, in: Brigitta Schmidt-Lauber und Gudrun Schwibbe (Hg.): Alterität. Erzählen vom Anderssein, Göttingen: Schmerse 2010, S. 85–110.

Behrenbeck, Sabine: Der Kult um die toten Helden. Nationalsozialistische Mythen, Riten und Symbole 1923 bis 1945, Vierow: SH 1996.

Bender, Hans: Sentimentale Erinnerungen, in: Toni Richter (Hg.): Die Gruppe 47 in Bildern und Texten, Köln: Kiepenheuer und Witsch 1997, S. 146 f.

Benz, Wolfgang: Rumänien und der Holocaust, in: Ders. und Brigitte Mihok (Hg.): Holocaust an der Peripherie. Judenpolitik und Judenmord in Rumänien und Transnistrien 1940–1944, Berlin: Metropol 2009, S. 11–30.

Benzinger, Fredrik: Die Tagung der „Gruppe 47" in Schweden 1964 und ihre Folgen, Stockholm: Germanistisches Institut Universität Stockholm 1983.

Berger, Karina: Expulsion Novels of the 1950s. More than Meets the Eye?, in: Stuart Taberner und Karina Berger (Hg.): Germans as Victims in the Literary Fiction of the Berlin Republic, New York: Camden House 2009, S. 42–55.

Bergmann, Werner: ‚Störenfriede der Erinnerung'. Zum Schuldabwehr-Antisemitismus in Deutschland, in: Klaus-Michael Bogdal, Klaus Holz und Matthias N. Lorenz (Hg.):

Literarischer Antisemitismus nach Auschwitz, Stuttgart und Weimar: Metzler 2007, S. 13–35.

Bergmann, Werner: Geschichte des Antisemitismus, München: Beck 2002.

Bergmann, Werner: Kommunikationslatenz und Vergangenheitsbewältigung, in: Helmut König, Michael Kohlstruck und Andreas Wöll (Hg.): Vergangenheitsbewältigung am Ende des zwanzigsten Jahrhunderts, Wiesbaden: Westdeutscher Verlag 1998, S. 393–408.

Bering, Dietz: Der Name als Stigma. Antisemitismus im deutschen Alltag 1812–1933, Stuttgart: Klett-Cotta 1987.

Bering, Dietz: Die Intellektuellen. Geschichte eines Schimpfwortes, Stuttgart: Klett-Cotta 1978.

Berning, Nora: Towards a Critical Ethical Narratology. Analyzing Value Construction in Literary Non-Fiction Across Media, Trier: Wissenschaftlicher Verlag 2013.

Beutner, Gunnar: Das Pogrom von Gunzenhausen 1934. Anfänge des NS-Terrors in Westmittelfranken, in: Heike Tagsold (Hg.): „Was brauchen wir einen Befehl, wenn es gegen Juden geht?" Das Pogrom von Gunzenhausen 1934, Nürnberg: Antogo Verlag, 2006, S. 7–30.

Bialas, Wolfgang: Moralische Ordnungen des Nationalsozialismus, Göttingen: Vandenhoeck & Ruprecht 2014.

Bialas, Wolfgang: Nationalsozialistische Ethik und Moral. Konzepte, Probleme, offene Fragen, in: Ders. und Lothar Fritze (Hg.): Ideologie und Moral im Nationalsozialismus, Göttingen: Vandenhoeck & Ruprecht 2014b, S. 23–63.

Bialas, Wolfang und Lothar Fritze: Einleitung, in: Dies. (Hg.): Ideologie und Moral im Nationalsozialismus, Göttingen: Vandenhoeck & Ruprecht 2014, S. 9–19.

Bialas, Wolfgang und Lothar Fritze (Hg.): Ideologie und Moral im Nationalsozialismus, Göttingen: Vandenhoeck & Ruprecht 2014b.

Biermann, Kai: Frauke Petry. „Völkisch" ist nicht irgendein Adjektiv. Analyse, in: Die Zeit 11.09.2016 (online: http://www.zeit.de/kultur/2016-09/frauke-petry-afd-voelkisch-volk-begriff-geschichte/komplettansicht [Abruf: 09.06.2018]).

Bigelow, Jennifer: „… die Gewissheit einer unaustilgbaren Lebensschuld"? Erinnerungsdiskurse und Identitätskonstruktionen in der Literatur der Gruppe 47 [Arbeitstitel; Parallel zur vorliegenden Studie entstanden, vsl. 2020].

Bigelow, Jennifer: Schreiben um den Holocaust. Zum Magischen Realismus in der deutschen Nachkriegsliteratur, in: Carsten Gansel und Manuel Maldonado-Alémán (Hg.): Realistisches Erzählen als Diagnose von Gesellschaft, Berlin: Okapi 2018, S. 81–106.

Bigelow, Jennifer: Generationelle Schreibweisen in frühen Texten der Gruppe 47. Zum Motiv der Verführung bei Rolf Schroers, Wolfdietrich Schnurre und Wolfgang Hildesheimer, in: Manuel Maldonado-Alemán und Carsten Gansel: Literarische

Inszenierungen von Geschichte. Formen der Erinnerung in der deutschsprachigen Literatur nach 1945 und 1989, Wiesbaden: Metzler 2018b, S. 289–298.

Bigelow, Jennifer: „Nicht nur Grauen also". Wolfgang Hildesheimers Poetik des Absurden und die Narrative der Gruppe 47, in: Treibhaus. Jahrbuch für die Literatur der fünfziger Jahre 12 (2016), S. 61–84.

Bigelow, Jennifer: Günter Grass' Waffen-SS-Mitgliedschaft, in: Torben Fischer und Matthias N. Lorenz (Hg.): Lexikon der „Vergangenheitsbewältigung" in Deutschland. Debatten- und Diskursgeschichte des Nationalsozialismus nach 1945. 3., überarbeitete und erweiterte Auflage, Bielefeld: Transcript 2015, S. 422–426.

Böcker, Anna: ‚Positiver Rassismus', in: Susan Arndt und Nadja Ofuatey-Alazard (Hg.): Wie Rassismus aus Wörtern spricht. (K)Erben des Kolonialismus im Wissensarchiv deutsche Sprache. Ein kritisches Nachschlagewerk, Münster: Unrast 2011, S. 658.

Bogdal, Klaus-Michael: Abenteuerliche, Abgebrühte, Ausgebrannte. 1945: Narrative eines historischen Epochenumbruchs, in: Dieter Wrobel, Tilman von Brand und Markus Engelns (Hg.): Gestaltungsraum Deutschunterricht. Literatur – Kultur – Sprache, Hohengehren: Schneider 2017, S. 235–258.

Bogdal, Klaus-Michael: Literarischer Antisemitismus nach Auschwitz. Perspektiven der Forschung, in: Ders., Klaus Holz und Matthias N. Lorenz (Hg.): Literarischer Antisemitismus nach Auschwitz, Stuttgart und Weimar: Metzler 2007, S. 1–12.

Bogdal, Klaus-Michael, Klaus Holz und Matthias N. Lorenz (Hg.): Literarischer Antisemitismus nach Auschwitz, Stuttgart und Weimar: Metzler 2007.

Bogdal, Klaus-Michael: Wer darf sprechen? Schriftsteller als moralische Instanz. Überlegungen zu einem Ende und einem Anfang, in: Weimarer Beiträge. Zeitschrift für Literaturwissenschaft, Ästhetik und Kulturwissenschaften 37 (1991), H. 4, S. 597–603.

Booth, Wayne C.: Die Rhetorik der Erzählkunst, Heidelberg: Quelle und Meyer 1974.

Böschenstein, Bernhard und Sigrid Weigel (Hg.): Poetische Korrespondenzen. Vierzehn Beiträge, Frankfurt am Main: Suhrkamp 1997.

Böttiger, Helmut: „Alle Dichter sind Juden". Der Auftritt Paul Celans bei der Gruppe 47 im Mai 1952 [Radiofeature], in: Deutschlandfunk 21.05.2017 (Manuskript online: http://www.deutschlandfunkkultur.de/lesung-im-jahr-1952-die-wahrheit-ueber-paul-celans-auftritt.974.de.html?dram:article_id=386529 [Abruf: 09.06.2018]).

Böttiger, Helmut: Die Gruppe 47. Als die deutsche Literatur Geschichte schrieb, München: Deutsche Verlags-Anstalt 2012.

Böttiger, Helmut: „Ich habe ihn mehr geliebt als mein Leben!" Ingeborg Bachmann / Paul Celan: Herzzeit. Der Briefwechsel [Rezension], in: Deutschlandfunk 17.08.2008 (online: http://www.deutschlandfunk.de/ich-habe-ihn-mehr-geliebt-als-mein-leben.700.de.html?dram:article_id=83739 [Abruf: 09.06.2018]).

Braese, Stephan: Das deutsche Objektiv. Der Holocaust im Film und der deutsche Literaturbetrieb 1945–1956, in: Sven Kramer (Hg.): Die Shoah im Bild. München: Edition Text und Kritik 2003, S. 71–85.

Braese, Stephan: Die andere Erinnerung. Jüdische Autoren in der westdeutschen Nachkriegsliteratur, Berlin: Philo 2001.

Braese, Stephan (Hg.): Bestandsaufnahme. Studien zur Gruppe 47, Berlin: Erich Schmidt 1999.

Braese, Stephan: „... nicht uns zugehörig". Hermann Kesten und die Gruppe 47, in: Ders. (Hg.): Bestandsaufnahme. Studien zur Gruppe 47, Berlin: Erich Schmidt 1999b, S. 175–207.

Braese, Stephan et al. (Hg.): Deutsche Nachkriegsliteratur und der Holocaust, Frankfurt und New York: Campus 1998.

Braun, Christina von: „Blut und Blutschande", in: Julius H. Schoeps und Joachim Schlör (Hg.): Bilder der Judenfeindschaft. Antisemitismus. Vorurteile und Mythen, Augsburg: Bechtermünz 1999, S. 80–95.

Briegleb, Klaus: Missachtung und Tabu. Eine Streitschrift zur Frage: „Wie antisemitisch war die Gruppe 47?", Berlin: Philo 2003.

Briegleb, Klaus: Ingeborg Bachmann, Paul Celan. Ihr (Nicht-)Ort in der Gruppe 47 (1952–1964/65). Eine Skizze, in: Bernhard Böschenstein und Sigrid Weigel (Hg.): Poetische Korrespondenzen: Vierzehn Beiträge, Frankfurt am Main: Suhrkamp 2000, S. 29–81.

Briegleb, Klaus: ‚Neuanfang' in der westdeutschen Nachkriegsliteratur – Die Gruppe 47 in den Jahren 1947–1951, in: Stephan Braese (Hg.): Bestandsaufnahme. Studien zur Gruppe 47, Berlin: Erich Schmidt 1999, S. 35–63.

Briegleb, Klaus: ‚Neuanfang' in der westdeutschen Nachkriegsliteratur – Die ‚Gruppe 47' in den Jahren 1947–1951, in: Sigrid Weigel und Birgit R. Erdle (Hg.): Fünfzig Jahre danach. Zur Nachgeschichte des Nationalsozialismus, Zürich: VDF 1996, S. 119–163.

Briegleb, Klaus: Unmittelbar zur Epoche des NS-Faschismus. Arbeiten zur politischen Philologie 1978–1988, Frankfurt am Main: Suhrkamp 1989.

Brons, Lajos: Othering, an Analysis, in: Transcience 6 (2015), H.1, S. 69–90.

Browning, Christopher: Ganz normale Männer. Das Reserve-Polizeibataillon 101 und die „Endlösung" in Polen. Deutsch von Jürgen Peter Krause, Reinbek bei Hamburg: Rowohlt 1992.

Bundeszentrale für politische Bildung (Hg.): Gruppe 47. Aus Politik und Zeitgeschichte 25 (2007).

Cammann, Alexander: Gruppe 47. Eine Art Hauptstadtersatz [Rezension], in: Die Zeit 22.11.2012 (online: http://www.zeit.de/2012/48/Buch-Gruppe-47/komplettansicht [Abruf: 09.06.2018]).

Chapoutot, Johann: Das Gesetz des Blutes. Von der NS-Weltanschauung zum Vernichtungskrieg, Mainz: Philipp von Zabern 2016.

Chavers, Dean: Modern American Indian Leaders. Their Lives and Their Work, New York: Mellen Press 2007.

Cofalla, Sabine: Hans Werner Richter. Anmerkungen zum Habitus und zur sozialen Rolle des Leiters der Gruppe 47, in: Stephan Braese (Hg.) Bestandsaufnahme. Studien zur Gruppe 47, Berlin: Erich Schmidt 1999, S. 65–85.

Cofalla, Sabine: Der „Soziale Sinn" Hans Werner Richters. Zur Korrespondenz des Leiters der Gruppe 47, Berlin: Weidler 1997.

Cofalla, Sabine: Kommentare, in: Hans Werner Richter: Briefe, hg. v. Sabine Cofalla, München: Hanser 1997b.

Cruz, Max Jorge Hinderer und Ruth Sonderegger: Zur Kritik von Kritiken der Ideologiekritik. Genealogische Konstellationen und Zeitdiagnosen, in: Dies., Eva Birkenstock und Jens Kastner (Hg.): Kunst und Ideologiekritik nach 1989, Bregenz: Kunsthaus Bregenz Arena 2014, S. 27–49.

Davis, Todd F. und Kenneth Womack (Hg.): Mapping the Ethical Turn. A Reader in Ethics, Culture, and Literary Theory, Charlottesville: University Press of Virginia 2001.

Degen, Andreas: Kafka zum Beispiel. Literarische Beziehungen bei Johannes Bobrowski, in: literaturkritik.de (2017), H. 4 (online: http://literaturkritik.de/ungebrochenes-vertrauen-sinnlichkeit-wortes-literarische-bezuege-beziehungen-johannes-bobrowski,23235.html [Abruf 09.06.2018]).

Demain, Bill: Music History #11. „The Ballad of Ira Hayes", in: Mental Floss 19.10.2012 (online: https://www.mentalfloss.com/article/12791/music-history-11-ballad-ira-hayes [Abruf: 09.06.2018]).

Diner, Dan: Vorwort, in: Ders. (Hg.): Zivilisationsbuch. Denken nach Auschwitz, Frankfurt am Main: S. Fischer 1988, S. 7–13.

Doherty, Thomas: Hollywood and Hitler, 1933–1939, New York: Columbia University Press 2013.

Döring, Jörg: Peter Handke beschimpft die Gruppe 47, Siegen: Universi 2019.

Döring, Jörg: „Beschreibungsimpotenz". Rezension zu Helmut Böttiger, „Die Gruppe 47. Als die deutsche Literatur Geschichte schrieb", in: Popzeitschrift.de 07.04.2015 (online: http://www.pop-zeitschrift.de/2015/04/07/beschreibungsimpotenzrezension-zu-helmut-boettiger-die-gruppe-47-als-die-deutsche-literatur-geschichte-schriebvon-joerg-doering7-4-2015/ [Abruf: 09.06.2018]).

Döring, Jörg: Mit Günter Eich im ‚Viewwagen'. Die Träume der westdeutschen Nachkriegsgesellschaft, in: Carsten Dutt und Dirk von Petersdorff (Hg.): Günter Eichs Metamorphosen. Marbacher Symposium aus Anlass des 100. Geburtstages am 1. Februar 2007, Heidelberg: Winter 2009, S. 141–161.

Döring, Jörg, Felix Römer und Rolf Seubert: Alfred Andersch desertiert. Fahnenflucht und Literatur, Berlin: Verbrecher 2015.

Döring, Jörg und Markus Joch (Hg.): Alfred Andersch ‚revisited'. Werkbiographische Studien im Zeichen der Sebald-Debatte, Berlin: De Gruyter 2011.

Drews-Sylla, Gesine und Renata Makarska (Hg.): Neue alte Rassismen? Differenz und Exklusion in Europa nach 1989, Bielefeld: Transcript 2015.

Dubiel, Jochen: Dialektik der postkolonialen Hybridität. Die intrakulturelle Überwindung des kolonialen Blicks in der Literatur, Bielefeld: Aisthesis 2007.

Durzak, Manfred: Die deutsche Kurzgeschichte der Gegenwart. Autorenporträts. Werkstattgespräche. Interpretationen. 3. erweiterte Auflage, Würzburg: Königshausen und Neumann 2002.

Durzak, Manfred: Die deutsche Kurzgeschichte der Gegenwart. Würzburg: Königshausen und Neumann 1980.

Dzikowska, Katarzyna: Ein Zeichen für den Nächsten. Emmanuel Levinas liest Paul Celan, in: Convivium (2007), S.145–162.

Eberhardt, Joachim: Sprachphilosophie und poetologische Sprachreflexion, in: Monika Albrecht und Dirk Göttsche (Hg.): Bachmann-Handbuch. Leben – Werk – Wirkung. Sonderausgabe, Stuttgart: Metzler 2013, S. 214–216.

Eberhardt, Joachim: „Es gibt für mich keine Zitate". Intertextualität im dichterischen Werk Ingeborg Bachmanns, Tübingen: Max Niemeyer 2002.

Echternkamp, Jörg: „Verwirrung im Vaterländischen"? Nationalismus in der deutschen Nachkriegsgesellschaft 1945–1960, in: Ders. und Sven Oliver Müller (Hg.): Politik der Nation. Deutscher Nationalismus in Krieg und Krisen 1760–1960, München: Oldenbourg 2002, S. 219–246.

Echternkamp, Jörg und Sven Oliver Müller: Perspektiven einer politik- und kulturgeschichtlichen Nationalismusforschung. Einleitung, in: Dies. (Hg.): Politik der Nation. Deutscher Nationalismus in Krieg und Krisen 1760–1960, München: Oldenbourg 2002, S. 1–24.

Eggebrecht, Harald: Der Rebell, Sprachspieler und Aufklärer [Nachruf], in: Süddeutsche Zeitung 18.05.2005.

Egyptien, Jürgen: Alfred Andersch – Sansibar oder der letzte Grund, Braunschweig: Schroedel 2012.

Egyptien, Jürgen: Erzählende Literatur über den zweiten Weltkrieg aus dem Zeitraum 1945 bis 1965. Einleitende Bemerkungen zu Forschung, Gegenstand und Perspektiven, in: Treibhaus. Jahrbuch für die Literatur der fünfziger Jahre 3 (2007), S. 7–18.

Egyptien, Jürgen und Raffaele Louis: 100 Kriegsromane und -erzählungen des Zeitraums 1945 bis 1965. Eine kommentierte Synopse ihrer Publikationsgeschichte, in: Treibhaus. Jahrbuch für die Literatur der fünfziger Jahre 3 (2007), S. 211–237.

Eickmans, Heinz, Werner Jung und Jürgen Pütz (Hg.): Im Abseits der Gruppe 47. Albert Vigolais Thelen und andere ‚Unzeitgemäße' im Literaturbetrieb der 1950er und 1960er Jahre, Duisburg: UVRR 2019.

Elm, Theo: Siegfried Lenz. Zeitgeschichte als moralisches Lehrstück, in: Rudolf Wolff (Hg.): Siegfried Lenz. Werk und Wirkung, Bonn: Bouvier 1985, S. 98–128.

Fahlbusch, Michael und Ingo Haar (Hg.): Völkische Wissenschaften und Politikberatung im 20. Jahrhundert, Paderborn: Schöningh 2010.

Fässler, Simone: Von Wien her, auf Wien hin. Ilse Aichingers „Geographie der eigenen Existenz", Wien, Köln und Weimar: Böhlau 2011.

Fedjaewa, Tatjana: Michail Bachtin und Wittgensteins Spätphilosophie, in: Dies: Vitgenštejn i Rossija = Wittgenstein und Russland, Sankt Petersburg: Duma 2009, S. 155–162.

Fedjaewa, Tatjana: Wittgenstein und Nikolai Bachtin: Eine unbekannte Freundschaft, in: Dies: Vitgenštejn i Rossija = Wittgenstein und Russland, Sankt Petersburg: Duma 2009b, S. 125–133.

Fellgiebel, Walther-Peer: Elite of the Third Reich. The Recipients of the Knight's Cross of the Iron Cross, 1939–45. An Illustrated Reference, West Midlands: Helion and Company Limited 2003.

Felstiner, John: Paul Celan, München: C. H. Beck 1997.

Ferber, Thorbjörn: Nationaler Antisemitismus im literarischen Realismus, Berlin: Weidler 2014.

Fetscher, Justus, Eberhard Lämmert und Jürgen Schutte (Hg.): Die Gruppe 47 in der Geschichte der Bundesrepublik, Würzburg: Königshausen und Neumann 1991.

Feuchert, Sascha: Realitätsreferenzen, inadäquate Erzähler und verantwortungsfreie Zonen. Zu Alfred Anderschs Roman Efraim im Kontext des Diskurses der Holocaust- und Lagerliteratur, in: Norman Ächtler (Hg.): Alfred Andersch. Engagierte Autorschaft im Literatursystem der Bundesrepublik, Stuttgart und Weimar: Metzler 2016, S. 163–177.

Finlay, Frank: „Ein Schriftsteller, der funktioniert, ist keiner mehr". Heinrich Böll and the Gruppe 47, in: Stuart Parkes und John J. White (Hg.): The Gruppe 47 fifty Years on. A Re-appraisal of its Literary and Political Significance, Amsterdam und Atlanta: Rodopi 1999, S. 105–126.

Fischer, Susanne: Diktatur und (Doppel-)Moral? Einblicke in das Sexual- und Familienleben der deutschen Herrschaftselite zu Zeiten des Nationalsozialismus und des SED-Regimes, Göttingen: Franz Steiner 2014.

Fischer, Torben und Matthias N. Lorenz: Anlage und Benutzung [Einführung], in: Dies. (Hg.): Lexikon der „Vergangenheitsbewältigung" in Deutschland. Debatten- und Diskursgeschichte des Nationalsozialismus nach 1945. 3., überarbeitete und erweiterte Auflage, Bielefeld: Transcript 2015b, S. 15–17.

Fischer, Torben: Goldhagen-Debatte, in: Ders. und Matthias N. Lorenz (Hg.): Lexikon der „Vergangenheitsbewältigung" in Deutschland. Debatten- und Diskursgeschichte

des Nationalsozialismus nach 1945. 3., überarbeitete und erweiterte Auflage, Bielefeld: Transcript 2015, S. 317–319.

Fischer, Torben und Matthias N. Lorenz (Hg.): Lexikon der „Vergangenheitsbewältigung" in Deutschland. Debatten- und Diskursgeschichte des Nationalsozialismus nach 1945. 3., überarbeitete und erweiterte Auflage, Bielefeld: Transcript 2015.

Flanagan, Clare: Der Ruf and the Charge of Nationalism, in: Stuart Parkes und
John J. White (Hg.): The Gruppe 47 Fifty Years on. A Re-Appraisal of its Literary and
Political Significance, Amsterdam/Atlanta: GA 1999, S. 15–24.

Foreman, P. Gabrielle: Who gets to create the Lasting Images? The Problem of Black
Representation in Uncle Tom's Cabin, in: Elizabeth Ammons (Hg.): Harriet Beecher
Stowe's Uncle Tom's Cabin: A Casebook, Oxford: Oxford University Press 2007,
S. 193–205.

Frei, Norbert: 1945 und wir. Das Dritte Reich im Bewußtsein der Deutschen, München:
Beck 2005.

Freund, Winfried: Novelle, Stuttgart: Reclam 1998.

Fritze, Lothar: Anatomie des totalitären Denkens. Kommunistische und nationalsozialistische Weltanschauung im Vergleich, München: Olzog 2012.

Fritze, Lothar: Totalitäre Verbrechen und außermoralische Überzeugungen. Antwort
auf Helmut König, in: Leviathan 37 (2009), H. 2, S. 240–243.

Füglister, Notker: Die Wirkgeschichte biblischer Motive in den Dichtungen von Nelly
Sachs, in: Johann Holzner und Udo Zeilinger (Hg.): Die Bibel im Verständnis der
Gegenwartsliteratur, Wien: Niederösterreichisches Pressehaus 1988, S. 47–60.

Fulbrook, Mary: Eine kleine Stadt bei Auschwitz. Gewöhnliche Nazis und der Holocaust. Übersetzt aus dem Englischen von Eva Eckinger, Essen: Klartext 2015.

Fulbrook, Mary: Dissonant lives. Generations and violence through the German
dictatorships, Oxford: Oxford University Press 2011.

Gauß, Stefan: Nadel, Rille, Trichter. Kulturgeschichte des Phonographen und des
Grammophons in Deutschland (1900–1940), Köln, Weimar und Wien: Böhlau 2009.

Gansel, Carsten: „Krieg im Rückblick des Realisten". Hans Werner Richters „Die Ge-
schlagenen", in: Ders. und Werner Nell (Hg.): „Es sind alles Geschichten aus meinem
Leben". Hans Werner Richter als Erzähler und Zeitzeuge, Netzwerker und Autor,
Berlin: Erich Schmidt 2011, S. 11–28.

Gansel, Carsten und Norman Ächtler: CFP für die Tagung „Die Gruppe 47. Wirkung
und Nachwirkungen im internationalen Kontext zwischen Aufstörung und
Stabilisierung", in: H-Germanistik 20.04.2017 (online: https://networks.h-net.org/
node/79435/discussions/176530/cfp-die-gruppe-47-%E2%80%93-wirkung-und-
nachwirkungen-im-internationalen [Abruf: 09.06.2018]).

Gansel, Carsten und Matthias Braun (Hg.): Es geht um Erwin Strittmatter oder Vom
Streit um die Erinnerung, Göttingen: Vandenhoeck und Ruprecht 2012.

Gansel, Carsten und Werner Nell: Einleitung, in: Dies. (Hg.): „Es sind alles Geschichten aus meinem Leben". Hans Werner Richter als Erzähler und Zeitzeuge, Netzwerker und Autor, Berlin: Erich Schmidt 2011, S. 7–9.

Gehle, Holger: Die NS-Verbrechen und das Erzählproblem. Ein nachgelassenes ‚Vorwort' Ingeborg Bachmanns von 1954, in: Irene Heidelberg-Leonhard (Hg.): „Text-Tollhaus für Bachmann-Süchtige?" Lesarten zur Kritischen Ausgabe von Ingeborg Bachmanns Todesarten-Projekt. Mit einer Dokumentation zur Rezeption in Zeitschriften und Zeitungen, Wiesbaden: Westdeutscher Verlag 1998, S. 67–78.

Gehle, Holger: „Auschwitz" in der Prosa Bachmanns, in: Stephan Braese et al. (Hg.): Deutsche Nachkriegsliteratur und der Holocaust, Frankfurt und New York: Campus 1998b, S. 183–196.

Gehle, Holger: NS-Zeit und literarische Gegenwart bei Ingeborg Bachmann, Wiesbaden: Deutscher Universitätsverlag 1995.

Gendolla, Peter und Rita Leinecke (Hg.): Die Gruppe 47 und die Medien, Siegen: UGHS 1997.

Geppert, Dominik: Helmut Böttigers Porträt der Gruppe 47 prämiert [Rezension], in: Die Welt 14.03.2013 (online: https://www.welt.de/kultur/literarischewelt/article114450304/Helmut-Boettigers-Portraet-der-Gruppe-47-praemiert.html [Abruf: 09.06.2018]).

Geppert, Dominik: Hans Werner Richter, die Gruppe 47 und die „Stunde Null", in: Alexander Gallus und Axel Schildt (Hg.): Rückblickend in die Zukunft. Politische Öffentlichkeit und intellektuelle Positionen in Deutschland um 1950 und um 1930, Göttingen: Wallstein 2011, S. 203–220.

Gerland, Kirsten, Benjamin Möckel und Daniel Ristau (Hg.): Generation und Erwartung. Konstruktionen zwischen Vergangenheit und Zukunft, Göttingen: Wallstein 2013.

Giesen, Rolf und Manfred Hobsch: Hitlerjunge Quex, Jud Süss und Kolberg. Die Propagandafilme des Dritten Reiches. Dokumente und Materialien zum NS-Film, Berlin: Schwarzkopf und Schwarzkopf 2005.

Gilcher-Holtey, Ingrid: Die APO und der Zerfall der Gruppe 47, in: Aus Politik und Zeitgeschichte 25 (2007), S. 19–24.

Gilcher-Holtey, Ingrid: „Askese schreiben, schreib: Askese". Zur Rolle der Gruppe 47 in der politischen Kultur der Nachkriegszeit, in: Internationales Archiv für Sozialgeschichte der deutschen Literatur 25 (2000), H. 2, S. 134–167.

Glass, Hildrun: Deutschland und die Verfolgung der Juden im rumänischen Machtbereich 1940–1944, München: Oldenbourg 2014.

Glienke, Stephan Alexander, Volker Paulmann und Joachim Perels (Hg.): Erfolgsgeschichte Bundesrepublik? Die Nachkriegsgesellschaft im langen Schatten des Nationalsozialismus, Göttingen: Wallstein 2008.

Goldhagen, Daniel Jonah: Hitlers willige Vollstrecker. Aus dem Englischen übersetzt von Klaus Kochmann, München: Siedler 1996.

Goltschnigg, Dietmar: Mystische Tradition im Roman Robert Musils. Martin Bubers ‚Ekstatische Konfessionen' im ‚Mann ohne Eigenschaften', Heidelberg: Lothar Stiehm 1974.

Göttsche, Dirk: Die Produktivität der Sprachkrise in der modernen Prosa, Frankfurt am Main: Athenäum 1987.

Graubner, Hans: Anklage und Rechtfertigung. Johannes Bobrowski zwischen Paul Celan und Johann Georg Hamann, in: Andreas Degen und Thomas Taterka (Hg.): Zeit aus Schweigen. Johannes Bobrowski – Leben und Werk, München: Meidenbauer 2009, S. 95–117.

Grimm, Gunter E.: Alfred Anderschs Gedicht ‚Artikel 3 (3)' und seine Wirkung in Presse und Rundfunk, in: Stefan Neuhaus und Johann Holzner (Hg.): Literatur als Skandal. Fälle – Funktionen – Folgen, Göttingen: Vandenhoeck und Ruprecht 2007, S. 458–468.

Gross, Raphael: Anständig geblieben. Nationalsozialistische Moral, Frankfurt am Main: S. Fischer 2010.

Gross, Raphael und Werner Konitzer (Hg.): Moralität des Bösen. Ethik und national-sozialistische Verbrechen, Frankfurt am Main und New York: Campus 2009.

Gubser, Martin: Literarischer Antisemitismus. Untersuchungen zu Gustav Freytag und anderen bürgerlichen Schriftstellern des 19. Jahrhunderts, Göttingen: Wallstein 1998.

Gumbrecht, Hans Ulrich: Zentrifugale Pragmatik und ambivalente Ontologie. Dimensionen von Latenz, in: Ders. und Florian Klinger (Hg.): Latenz. Blinde Passagiere in den Geisteswissenschaften, Göttingen: Vandenhoeck und Ruprecht 2011, S. 9–17.

Günter, Andreas Lothar: Präfaschistische Weltanschauung im Werk Max Halbes, Frankfurt am Main: Peter Lang 2002.

Guntermann, Georg: Einige Stereotype zur Gruppe 47, in: Stephan Braese (Hg.): Bestandsaufnahme. Studien zur Gruppe 47, Berlin: Erich Schmidt 1999 S. 11–34.

Guthrie, Donald und J. Alec Motyer (Hg.): Kommentar zur Bibel. AT und NT in einem Band, Holzgerlingen: SCM R. Brockhaus 2012.

Haffner, Sebastian: DIE GRUPPE 47. EIN DOKUMENTARBERICHT, in: SWR (Ausstrahlung: 14.01.1964).

Hahn, Hans-Joachim: Andersch, Klüger, Sebald: Moral und Literaturgeschichte nach dem Holocaust – Moral im Diskurs, in: Jörg Döring und Markus Joch (Hg.): Alfred Andersch ‚revisited'. Werkbiographische Studien im Zeichen der Sebald-Debatte. Berlin: De Gruyter 2011, S. 357–379.

Hahn, Hans-Joachim: ‚Die, von denen man erzählt hat, dass sie die kleinen Kinder schlachten.' Deutsche Leiderfahrung und Bilder von Juden in der deutschen Kultur nach 1945. Zu einigen Texten Wolfgang Weyrauchs, in: Helmut Schmitz (Hg.): A

Nation of Victims? Representations of German Wartime Suffering from 1945 to the Present, Amsterdam und New York: Rodopi 2007, S. 51–70.

Hahn, Hans-Joachim: Leerstellen in der deutschen Gedenkkultur. Die Streitschriften von W. G. Sebald und Klaus Briegleb, in: German Life and Letters 57 (2004), H. 4, S. 357–371.

Hahn, Hans-Joachim: ‚Literarische Gesinnungsnazis‘ oder spätbürgerliche Formalisten? Die Gruppe 47 als deutsches Problem, in: Stuart Parkes und John J. White (Hg.): The Gruppe 47 Fifty Years on. A Re-Appraisal of its Literary and Political Significance, Amsterdam und Atlanta: Rodopi 1999, S. 279–292.

Haible, Barbara: Indianer im Dienste der NS-Ideologie. Untersuchungen zur Funktion von Jugendbüchern über nordamerikanische Indianer im Nationalsozialismus, Hamburg: Dr. Kovač 1998.

Hall, Stuart: Wer braucht ‚Identität‘?, in: Ders.: Ideologie, Identität, Repräsentation. Ausgewählte Schriften 4, hg. v. Juha Koivisto und Andreas Merkens, Hamburg: Argument 2004, 167–187.

Hall, Stuart: Cultural Studies. Zwei Paradigmen, in: Roger Bromley et al.: Cultural Studies. Grundlagentexte zur Einführung, Lüneburg: zu Klampen 1999, S. 113–138.

Hall, Stuart: Kulturelle Identität und Diaspora, in: Ders.: Rassismus und kulturelle Identität. Ausgewählte Schriften 2, hg. u. Übers. v. Ulrich Mehlem et al., Hamburg: Argument 1994, S. 26–43.

Häntzschel, Günter, Sven Hanuschek und Ulrike Leuschner (Hg.): Das Jahr 1959 in der deutschsprachigen Literatur, München: Edition Text und Kritik 2009.

Hare, Robert D.: Gewissenlos. Die Psychopathen unter uns. Übersetzt von Karsten Petersen, Wien und New York: Springer 2005.

Härtling, Peter: Vorwort, in: Schutte, Jürgen, Elisabeth Unger und Irmtraud Gemballa (Hg.): Dichter und Richter. Die Gruppe 47 und die deutsche Nachkriegsliteratur. Ausstellung der Akademie der Künste, 28. Oktober bis 7. Dezember 1988, Berlin: Akademie der Künste 1988, S. 5.

Hasenbach, Sabine: Textanalyse und Interpretation zu Alfred Andersch. Sansibar oder der letzte Grund, Hollfeld: Bange 2013 [Reihe: Königs Erläuterungen].

Heer, Hannes: Hitler war's. Die Befreiung der Deutschen von ihrer Vergangenheit, Berlin: Aufbau 2005.

Heer, Hannes: Vom Verschwinden der Täter. Der Vernichtungskrieg fand statt, aber keiner war dabei, Berlin: Aufbau 2004.

Heidelberger-Leonard, Irene: Zur Dramaturgie einer Abwesenheit. Alfred Andersch und die Gruppe 47, in: Stephan Braese (Hg.): Bestandsaufnahme. Studien zur Gruppe 47, Berlin: Erich Schmidt 1999, S. 87–101.

Heine, Matthias: In Wahrheit ist Kiezdeutsch rassistisch, in: Die Welt 30.06.2014 (online: https://www.welt.de/kultur/article129622721/In-Wahrheit-ist-Kiezdeutsch-rassistisch.html [Abruf: 09.06.2018]).

Heinrich-Böll-Stiftung: Teilabdruck „Begründung der Schwedischen Akademie für die Verleihung des Nobelpreises an Heinrich Böll, 1972" (online: https://www.boell.de/de/content/heinrich-boell-leben-und-werk-13 [Abruf: 09.06.2018]).

Hellwinkel, Lars: Hitlers Tor zum Atlantik. Die deutschen Marinestützpunkte in Frankreich 1940–1945, Berlin: Ch. Links 2012.

Henke, Daniela und Tom Vanassche: CFP für die Tagung „Ko-Erinnerung: Grenzen, Herausforderungen und Perspektiven des neueren Shoagedenkens, Freiburg (19.-21.4.2018)", in: H-Germanistik 15.03.2018 (online: https://networks.h-net.org/node/79435/discussions/1507825/konf-ko-erinnerung-grenzen-herausforderungen-und-perspektiven-des [Abruf: 09.06.2018]).

Henzel, Karin und Stefan Walter: „Du trägst dein Blut nur zur Lehn …" – Wertvorstellungen des NS-Staats in Poesiealben zwischen 1933 und 1945 [unveröffentlichter Vortrag, gehalten auf der Tagung: NS-Moral. Eine vorläufige Bilanz. Konferenz des Fritz Bauer Instituts und der Evangelischen Akademie Frankfurt in Frankfurt am Main (16.–18.09.2015)].

Hepp, Andreas: Überblicksartikel: Identität und Subjekt, in: Ders. et al. (Hg.): Handbuch Cultural Studies und Medienanalyse, Wiesbaden: Springer 2015, S. 259–264.

Hepp, Andreas et al. (Hg.): Handbuch Cultural Studies und Medienanalyse, Wiesbaden: Springer 2015.

Hepp, Andreas: Ein erster Zugang: Grundbegriffe der Cultural Studies, in: Ders. (Hg.): Cultural Studies und Medienanalyse. Eine Einführung. 3., überarbeitete und erweiterte Auflage, Wiesbaden: VS 2010, S. 27–80.

Herf, Jeffrey: The Jewish Enemy. Nazi Propaganda during World War II and the Holocaust, Harvard: Harvard University Press 2008.

Herf, Jeffrey: Zweierlei Erinnerung. Die NS-Vergangenheit im geteilten Deutschland. Aus dem Amerikanischen von Klaus-Dieter Schmidt, Berlin: Propyläen 1998.

Herrmann, Anne-Kathrin und Torben Fischer: Junge Generation, in: Torben Fischer und Matthias N. Lorenz (Hg.): Lexikon der „Vergangenheitsbewältigung" in Deutschland. Debatten- und Diskursgeschichte des Nationalsozialismus nach 1945. 3., überarbeitete und erweiterte Auflage, Bielefeld: Transcript 2015, S. 60 f.

Herrmann, Ruth: Sein Credo: Die Gemütlichkeit. Kritische Auseinandersetzung mit unserer Vergangenheit, die den „Preis der jungen Generation" erhielt [Rezension], in: Die Zeit 03.04.1959 (online: http://www.zeit.de/1959/14/sein-credo-die-gemuetlichkeit/komplettansicht [Abruf: 09.06.2018]).

Hieber, Jochen: Der Fall Emil Nolde. Wir haben das Falsche gelernt, in: Frankfurter Allgemeine Zeitung 25.04.2014 (online: http://www.faz.net/aktuell/feuilleton/buecher/der-fall-emil-nolde-wir-haben-das-falsche-gelernt-12908490.html [Abruf: 09.06.2018]).

Hobuß, Steffi: Mythos ‚Stunde Null', in: Torben Fischer und Matthias N. Lorenz (Hg.): Lexikon der „Vergangenheitsbewältigung" in Deutschland. Debatten- und

Diskursgeschichte des Nationalsozialismus nach 1945. 3., überarbeitete und erweiterte Auflage, Bielefeld: Transcript 2015, S. 44–45.

Hoffmann, Dieter: Arbeitsbuch deutschsprachige Prosa seit 1945, Tübingen: A. Francke 2006.

Hofmann, Michael: Im Zwielicht des Erlebnisses. Neuanfang und Abwehr von Verantwortung im Nachkrieg. Zu Hans Werner Richter, in: Klaus-Michael Bogdal, Klaus Holz und Matthias N. Lorenz (Hg.): Literarischer Antisemitismus nach Auschwitz, Stuttgart und Weimar: Metzler 2007, S. 147–158.

Holz, Klaus: Die Paradoxie der Normalisierung. Drei Gegensatzpaare des Antisemitismus vor und nach Auschwitz, in: Ders., Klaus-Michael Bogdal und Matthias N. Lorenz (Hg.): Literarischer Antisemitismus nach Auschwitz, Stuttgart und Weimar: Metzler 2007, S. 37–57.

Holz, Klaus: Nationaler Antisemitismus: Wissenssoziologie einer Weltanschauung, Hamburg: Hamburger Edition 2001.

Horaczek, Nina: Neues Liederbuch mit antisemitischen Texten, in: Falter 20.02.2018 (online: https://www.falter.at/archiv/wp/neues-liederbuch-mit-antisemitischen-texten [Abruf: 09.06.2018]).

Horkheimer, Max und Theodor W. Adorno: Vorwort, in: Friedrich Pollock (Hg.): Gruppenexperiment. Ein Studienbericht, Frankfurt am Main: Europäische Verlagsanstalt 1955, S. V–VIII.

Horton, Aaron D.: German POWs, Der Ruf, and the Genesis of Group 47. The Political Journey of Alfred Andersch and Hans Werner Richter, Madison: Farleigh Dickinson 2014.

Hortzitz, Nicoline: Die Sprache der Judenfeindschaft, in: Julius H. Schoeps und Joachim Schlör (Hg.): Bilder der Judenfeindschaft. Antisemitismus. Vorurteile und Mythen, Augsburg: Bechtermünz 1999, S. 19–40.

HU Berlin: Zusammenstellung von Software für quantitative Literaturwissenschaft: https://www.linguistik.hu-berlin.de/de/institut/professuren/korpuslinguistik/links/software [Abruf: 09.06.2018].

Hubmann, Philipp: Ethische Dimensionen des pikturalen und textuellen Erzählens. Nora Bernings Propädeutik einer ‚ethischen' Narratologie [Rezension], in: Diegesis 4 (2015), H. 2, S. 103–109.

Hugentobler, Markus: Gemeingefährliche psychisch kranke Personen in Untersuchungs- und Sicherheitshaft, Zürich: Schulthess 2008.

Huss, John und David Werther: Die Philosophie bei Johnny Cash. Übersetzt von Stefan Pannor, Weinheim: John Wiley & Sons 2009.

IfZ München–Berlin (Hg.): Abschlussbericht der Vorstudie zum Thema: Die Nachkriegsgeschichte des Bundesministeriums des Innern (BMI) und des Ministeriums des Innern der DDR (MdI) hinsichtlich möglicher personeller und sachlicher Kontinuitäten zur Zeit des Nationalsozialismus. Leitung: Frank Bösch und Andreas

Wirsching, Stand: 29.10.2015 (online: www.ifz-muenchen.de/BMI_Abschluss-bericht_der_Vorstudie.pdf [Abruf: 09.06.2018]).

Ile d' Oléron, Internetseite: https://www.oleron.fr/ [Abruf: 09.06.2018].

Internationale Biografie-Datenbank, Internetseite: www.biography.com [Abruf: 09.06.2018].

Jacob, Joachim: Alfred Anderschs Artikel 3 (3) – Über engagierte Lyrik, Metapher und Erinnerungskultur 1976, in: Norman Ächtler (Hg.): Alfred Andersch. Engagierte Autorschaft im Literatursystem der Bundesrepublik, Stuttgart und Weimar: Metzler 2016, S. 178–195.

Jagow, Bettina von: Ästhetik des Mythischen. Poetologien des Erinnerns im Werk von Ingeborg Bachmann, Köln, Weimar und Wien: Böhlau 2003.

Jakubowski, Jeanette: „Die Jüdin", in: Julius H. Schoeps und Joachim Schlör (Hg.): Bilder der Judenfeindschaft. Antisemitismus. Vorurteile und Mythen, Augsburg: Bechtermünz 1999, S. 196–209.

Janssen, Ute und Torben Fischer: Günter Grass. Im Krebsgang, in: Torben Fischer und Matthias N. Lorenz (Hg.): Lexikon der „Vergangenheitsbewältigung" in Deutschland. Debatten- und Diskursgeschichte des Nationalsozialismus nach 1945. 3., überarbeitete und erweiterte Auflage, Bielefeld: Transcript 2015, S. 375–377.

Jaumann, Herbert: Die Andersch-Debatte und ihre tiefere Bedeutung. Zum Essay von Dieter Lamping aus Anlass des 100. Geburtstags von Alfred Andersch. Eine Replik, in: literaturkritik.de (2014) H. 2 (online: http://literaturkritik.de/id/18895 [Abruf: 09.06.2018]).

Jendricke, Bernhard: Alfred Andersch, Reinbek bei Hamburg: Rowohlt 1988.

Joch, Markus: Der Biografist. Zu Alfred Anderschs ‚Realismus' und den Bemühungen seiner Verehrer, in: literarurkritik.de 2014, H. 2 (online: http://literaturkritik.de/id/19005 [Abruf: 09.06.2018]).

Joch, Markus: Erzählen als Kompensieren, Andersch revisited und ein Seitenblick auf die Sebald-Effekte, in: Jörg Döring und Markus Joch (Hg.): Alfred Andersch ‚revisited'. Werkbiographische Studien im Zeichen der Sebald-Debatte. Berlin: De Gruyter 2011, S. 253–296.

Joch, Markus: Vom Reservieren der Logenplätze. Das Dreieck Thiess – Mann – Andersch, in: Hans-Gerd Winter (Hg.): „Uns selbst mussten wir misstrauen." Die „junge Generation" in der deutschsprachigen Nachkriegsliteratur, Hamburg: Dölling und Galitz 2002, S. 67–79.

Joisten, Karen (Hg.): Narrative Ethik. Das Gute und das Böse erzählen, Berlin: De Gruyter 2007.

Jureit, Ulrike und Christian Schneider: Gefühlte Opfer. Illusionen der Vergangenheitsbewältigung, Stuttgart: Klett-Cotta 2010.

Kann-Coomann, Dagmar: Undine verläßt den Meridian. Ingeborg Bachmann gegenüber Paul Celans Büchnerpreisrede, in: Bernhard Böschenstein und Sigrid

Weigel (Hg.): Ingeborg Bachmann und Paul Celan. Poetische Korrespondenzen, Frankfurt am Main: Suhrkamp 1997, S. 250–259.

Käpple, Lena: Wehrmachtsausstellung, in: Torben Fischer und Matthias N. Lorenz (Hg.): Lexikon der „Vergangenheitsbewältigung" in Deutschland. Debatten- und Diskursgeschichte des Nationalsozialismus nach 1945. 3., überarbeitete und erweiterte Auflage, Bielefeld: Transcript 2015, S. 312–314.

Kazimierz, Rymut und Johannes Hoffmann (Hg.): Lexikon der Familiennamen polnischer Herkunft im Ruhrgebiet. Band 2, M–Z, Krakau: Polska Akademia Nauk – Instytut Jezyka Ploskiego / Forschungsstelle Ostmitteleuropa an der Universität Dortmund 2010.

Kiedaisch, Petra (Hg.): Lyrik nach Auschwitz? Adorno und die Dichter, Stuttgart: Reclam 2006.

Kiermeier-Debre, Joseph (Hg.): Carl Amery. „... ahnen, wie das alles gemeint war". Ausstellung eines Werks, München und Leipzig: Paul List 1996.

Kilian, Michael: Die junge Bundesrepublik im Spiegel der deutschen Nachkriegsliteratur am Beispiel des Romans „Die große Deutsche Tour" von Carl Amery, in: Christian Fahl et al. (Hg.): Ein menschengerechtes Strafrecht als Lebensaufgabe. Festschrift für Werner Beulke zum 70. Geburtstag, Heidelberg: Müller 2015, S. 1291–1308.

Klee, Ernst: Das Kulturlexikon zum Dritten Reich. Wer war was vor und nach 1945. Überarbeitete Ausgabe, Frankfurt am Main: S. Fischer 2009.

Kleinhans, Bernd: Erziehung zur Volksgemeinschaft. Der Jugendspielfilm im ‚Dritten Reich', in: Werner Konitzer und David Palme (Hg.): ‚Arbeit', ‚Volk', ‚Gemeinschaft'. Ethik und Ethiken im Nationalsozialismus. Jahrbuch 2016 zu Geschichte und Wirkung des Holocaust, Frankfurt am Main und New York: Campus 2016, S. 225–240.

Klemperer, Victor: LTI. Notizbuch eines Philologen. Berlin: Aufbau 1947.

Klockow, Bettina: Opfernarrative in der Fernsehserie „Unsere Mütter, unsere Väter", in: Lisa Dopke et al.: Deutsche Kontinuitäten ...?!, Hannover: Scius 2016, S. 290–303.

Klüger, Ruth: Gibt es ein Judenproblem in der deutschen Nachkriegsliteratur?, in: Dies.: Katastrophen. Über deutsche Literatur, Göttingen: Wallstein 1994, S. 9–38.

Klüger, Ruth: Die Leiche unterm Tisch: Jüdische Gestalten aus der deutschen Literatur des neunzehnten Jahrhunderts, in: Dies: Katastrophen. Über deutsche Literatur, Göttingen: Wallstein 1994b, S. 83–105.

Knoch, Habbo: Die Zerstörung der sozialen Moderne. ‚Gemeinschaft' und ‚Gesellschaft' im Nationalsozialismus, in: David Reinicke et al. (Hg.): Gemeinschaft als Erfahrung. Kulturelle Inszenierungen und soziale Praxis 1930–1960, Paderborn: Schöningh 2014, S. 21–34.

Koebner, Thomas (Hg.): Tendenzen der deutschen Literatur seit 1945, Stuttgart: Alfred Kröber Verlag 1971.

Kohl, Katrin: „Diesmal wollte man [ihn] gern anders". Peter Rühmkorf und die Gruppe 47, in: Stuart Parkes und John J. White (Hg.): The Gruppe 47 Fifty Years on.

A Re-Appraisal of its Literary and Political Significance, Amsterdam und Atlanta: Rodopi 1999, S. 159–178.

Köhler, Juliane: Janusköpfige Welt. Die Kurzgeschichten Herbert Eisenreichs, München: Ludwig 1990.

Kohlheim, Rosa und Volker Kohlheim (Hg.): Duden. Das große Vornamenlexikon. 3., völlig neu bearbeitete Auflage, Mannheim et al.: Dudenverlag 2007.

Kohn-Waechter, Gudrun: Dichtung als ‚Flaschenpost‘ bei Paul Celan und Ingeborg Bachmann, in: Bernhard Böschenstein und Sigrid Weigel (Hg.): Ingeborg Bachmann und Paul Celan. Poetische Korrespondenzen, Frankfurt am Main: Suhrkamp 1997 S. 211–230.

Konitzer, Werner und David Palme (Hg.): ‚Arbeit‘, ‚Volk‘, ‚Gemeinschaft‘. Ethik und Ethiken im Nationalsozialismus. Jahrbuch 2016 zu Geschichte und Wirkung des Holocaust, Frankfurt am Main und New York: Campus 2016.

Konitzer, Werner: Antisemitismus und Moral. Einige Überlegungen, in: Mittelweg 36 14 (2005), H. 2, S. 24–35.

Körte, Mona: „Juden und deutsche Literatur“. Die Erzeugungsregeln von Grenzziehungen in der Germanistik, in: Werner Bergmann und dies. (Hg.): Antisemitismusforschung in den Wissenschaften, Berlin: Metropol 2004, S. 353–375.

Koschel, Christine: „Malina ist eine einzige Anspielung auf Gedichte“, in: Bernhard Böschenstein und Sigrid Weigel (Hg.): Ingeborg Bachmann und Paul Celan. Poetische Korrespondenzen, Frankfurt am Main: Suhrkamp 1997, S. 17–22.

Kramer, Sven: Zusammenstoß in Princeton. Peter Weiss und die Gruppe 47, in: Stephan Braese (Hg.): Bestandsaufnahme. Studien zur Gruppe 47, Berlin: Erich Schmidt 1999, S. 155–174.

Krause, Tilman: Alfred Andersch 100. Er war der Mann, der stets alles verdarb, in: Die Welt 04.02.2014 (online: https://www.welt.de/kultur/literarischewelt/article 124498276/Er-war-der-Mann-der-stets-alles-verdarb.html [Abruf: 09.06.2018]).

Kröll, Friedhelm: Gruppe 47, Stuttgart und Weimar: Metzler 1979.

Kröll, Friedhelm: Die Gruppe 47. Soziale Lage und gesellschaftliches Bewußtsein literarischer Intelligenz in der Bundesrepublik, Stuttgart und Weimar: Metzler 1977.

Krönert, Veronika und Andreas Hepp: Identität und Identifikation in den Cultural Studies, in: Andreas Hepp et al. (Hg.): Handbuch Cultural Studies und Medienanalyse, Wiesbaden: Springer 2015, S. 266–268.

Kundrus, Birthe und Sybille Steinbacher: Einleitung, in: Dies. (Hg.): Kontinuitäten und Diskontinuitäten. Der Nationalsozialismus in der Geschichte des 20. Jahrhunderts, Göttingen: Wallstein 2013, S. 9–29.

Kupczyńska, Kalina: Vorwort, in: Dies. und Artur Pełka (Hg.): Repräsentationen des Ethischen. Festschrift für Joanna Jabłkowska, Frankfurt am Main: Peter Lang 2013, S. 9–12.

Küpper, Heinz: Am A … der Welt. Landserdeutsch 1939–1945, Hamburg: Claassen 1970.

Lamping, Dieter: Realist, Ästhet und Provokateur. Über Alfred Andersch aus Anlass
seines 100. Geburtstags am 4. Februar 2014, in: Literaturkritik.de (2014), H. 2 (online:
http://literaturkritik.de/id/18862 [Abruf: 09.06.2018]).

Lamping, Dieter: „Die Rückkehr des Geistes". Alfred Andersch und die literarische Remigration, in: Irmela von der Lühe und Claus-Dieter Krohn (Hg.): Fremdes Heimatland. Remigration und literarisches Leben nach 1945, Göttingen: Wallstein 2005,
S. 169–182.

Lamping, Dieter: Von Kafka bis Celan. Jüdischer Diskurs in der deutschen Literatur des
20. Jahrhunderts, Göttingen: Vandenhoeck und Ruprecht 1998.

Landzettel, Ulrike: Identifikationen eines Eckenstehers. Der Schriftsteller Wolfgang
Weyrauch (1904–1980), Marburg: Universität Marburg 2003 [Inaugurialdissertation].

Larcati, Arturo: Ingeborg Bachmann und das ‚Wunderjahr‘ 1959. Die Frankfurter
Vorlesungen im Kontext, in: Günter Häntzschel, Sven Hanuschek und Ulrike
Leuschner (Hg.): Das Jahr 1959 in der deutschsprachigen Literatur, München:
Edition Text und Kritik 2009, S. 219–239.

Levinas, Emmanuel: Eigennamen. Aus dem Französischen von Frank Miething.
München und Wien: Hanser 1988.

Lewandowski, Wacław: Das Manuskript „Polonaise Allerheiligen" von Tadeusz
Nowakowski, in: Porta Polonica (2016) (online: http://www.porta-polonica.de/de/
Atlas-der-Erinnerungsorte/das-manuskript-polonaise-allerheiligen-von-tadeusz-
nowakowski [Abruf: 09.06.2018]).

Link, Jürgen: Literaturanalyse als Interdiskursanalyse. Am Beispiel des Ursprungs
literarischer Symbolik in der Kollektivsymbolik, in: Jürgen Fohrmann und Harro
Müller (Hg.): Diskurstheorien und Literaturwissenschaft, Frankfurt am Main:
Suhrkamp 1988, S. 284–307.

Lorenz, Matthias N.: Notwendige Neubewertung, in: Junge Welt 06.09.2017, S. 12 f.

Lorenz, Matthias N.: „Au weia. Kein Frühstück ohne Papaya." Poetiken des Pazifiks bei
Christian Kracht und Hans Christoph Buch, in: Johannes Görbert, Mario Kumekawa
und Thomas Schwarz (Hg.): Pazifikismus. Poetiken des Stillen Ozeans, Würzburg:
Königshausen und Neumann 2017b, S. 461–479.

Lorenz, Matthias N.: Die Walser-Bubis-Debatte, in: Torben Fischer und Ders. (Hg.):
Lexikon der „Vergangenheitsbewältigung" in Deutschland. Debatten- und Diskursgeschichte des Nationalsozialismus nach 1945. 3., überarbeitete und erweiterte Auflage, Bielefeld: Transcript 2015, S. 320–322.

Lorenz, Matthias N.: Vom Mythos der Gruppe 47 zum Gründungsmythos des modernen
Literaturbetriebs. Der Literaturkritiker Helmut Böttiger schreibt die Geschichte
der Gruppe 47, in: IASL online 04.02.2013 (online: http://www.iaslonline.de/index.
php?vorgang_id=3708 [Abruf: 09.06.2018]).

Lorenz, Matthias N.: „von Katz und Maus und mea culpa". Über Günter Grass'
Waffen-SS-Vergangenheit und „Die Blechtrommel" als moralische Zäsur, in:

Matthias N. Lorenz und Maurizio Pirro (Hg.): Wendejahr 1959? Die literarische Inszenierung von Kontinuitäten und Brüchen in gesellschaftlichen und kulturellen
Kontexten der 1950er Jahre, Bielefeld: Aisthesis 2011, S. 281–305.

Lorenz, Matthias N.: Literatur und Zensur in der Demokratie, Göttingen: Vandenhoeck
und Ruprecht [UTB] 2009.

Lorenz, Matthias N.: ‚Political Correctness‘ als Phantasma. Zu Bernhard Schlinks ‚Die
Beschneidung‘, in: Klaus-Michael Bogdal, Klaus Holz und Matthias N. Lorenz (Hg.):
Literarischer Antisemitismus nach Auschwitz, Stuttgart und Weimar: Metzler 2007,
S. 219–242.

Lorenz, Matthias N.: Deutsche Opfer, deutsche Tugenden. Zur Rehabilitierung des
‚Volkskörpers‘ in Martin Walsers Eiche und Angora, in: Mittelweg 36 14 (2005b), H. 2,
S. 81–93.

Lorenz, Matthias N.: „Auschwitz drängt uns auf einen Fleck“. Judendarstellung und
Auschwitzdiskurs bei Martin Walser, Stuttgart und Weimar: Metzler 2005.

Lorenz, Matthias N. und Maurizio Pirro: Einleitung, in: Dies. (Hg.): Wendejahr 1959?
Die literarische Inszenierung von Kontinuitäten und Brüchen in gesellschaftlichen
und kulturellen Kontexten der 1950er Jahre, Bielefeld: Aisthesis 2011, S. 9–20.

Lotman, Juri und Rolf-Dietrich Keil: Die Struktur literarischer Texte. München:
Fink 1972.

Lotz, Jürgen: Gehorsam auf verlorenem Posten, in: Die Zeit 21.01.1994, S. 62 (online:
https://www.zeit.de/1994/04/gehorsam-auf-verlorenem-posten [Abruf: 09.06.2018]).

Lubkoll, Christine und Oda Wischmeyer (Hg.): ‚Ethical Turn‘? Geisteswissenschaften
in neuer Verantwortung, München: Fink 2009.

Lühe, Irmela von der und Claus-Dieter Krohn (Hg.): Fremdes Heimatland. Remigration
und literarisches Leben nach 1945, Göttingen: Wallstein 2005.

Lundius, Wiebke: Die Frauen in der Gruppe 47. Zur Bedeutung der Frauen für die
Positionierung der Gruppe 47 im literarischen Feld, Basel: Schwabe 2017.

Lundius, Wiebke: Weibliche Stimmen in der Erfolgsphase der Gruppe 47. Zur
Präsenz und Wirkung der Autorinnen Gabriele Wohmann, Gisela Elsner, Helga
Novak und Renate Rasp, in: literaturkritik.de (2017b), H. 11 (online: https://
literaturkritik.de/wiebke-lundius-ueber-die-frauen-in-der-gruppe-47,23869.html
[Abruf: 09.06.2018]).

Lyon, James K.: Paul Celan and Martin Buber. Poetry as Dialogue, in: PMLA 86 (1971),
H. 1, S. 110–120.

Magenau, Jörg: Princeton 66. Die abenteuerliche Reise der Gruppe 47, Stuttgart: Klett-
Cotta 2015.

Maldonado-Alemán, Manuel und Carsten Gansel: Literarische Inszenierungen von
Geschichte. Formen der Erinnerung in der deutschsprachigen Literatur nach 1945
und 1989, Wiesbaden: Metzler 2018.

Maier, Bernhard: Die Religion der Germanen. Götter – Mythen – Weltbild, München: C.H. Beck 2003.

Markowitz, Harvey: Hayes, Ira Hamilton [Lexikonartikel], in: Ders. (Hg.): American Indians. Volume I, Abenaki – Hayes, Ira Hamilton, Pasadena: Salem Press 1995, S. 318.

Martínez, Matías und Michael Scheffel: Einführung in die Erzähltheorie, 9., erweiterte und aktualisierte Auflage, München: C. H. Beck 2012.

Matthies, Marcel: Die Blechtrommel als avantgardistischer Roman des Vergangenheitsrecyclings, in: Sans Phrase 11 (2017), S. 165–185.

May, Markus, Peter Goßens und Jürgen Lehmann (Hg.): Celan Handbuch. Leben – Werk – Wirkung. 2., aktualisierte und erweiterte Auflage, Stuttgart und Weimar: Metzler 2012.

Meier, Andreas: Martin Walser. Templones Ende, Stuttgart: Reclam 2004.

Melchert, Monika: Die Zeitgeschichtsprosa nach 1945 im Kontext der Schuldfrage, in: Ursula Heukenkamp (Hg.): Deutsche Erinnerung. Berliner Beiträge zur Prosa der Nachkriegsjahre (1945–1960), Berlin: Erich Schmidt 2000, S. 101–166.

Merkel, Marcus: Erlebnisgemeinschaft in der Moderne. Über die Inszenierung von Gemeinschaft seit Beginn der europäischen Moderne, Berlin: Panama 2014.

Meyer, Ahlrich: Moral oder Unmoral? [Rezension zu Gross 2010], in: NZZ 04.10.2010 (online: https://www.nzz.ch/moral_oder_unmoral-1.7800742 [Abruf: 09.06.2018]).

Meyer, Dennis: Entnazifizierung, in: Torben Fischer und Matthias N. Lorenz (Hg.): Lexikon der „Vergangenheitsbewältigung" in Deutschland. Debatten- und Diskursgeschichte des Nationalsozialismus nach 1945. 3., überarbeitete und erweiterte Auflage, Bielefeld: Transcript 2015, S. 20 f.

Meyer, Sonja: Die Gruppe 47 und der Buchmarkt der frühen Bundesrepublik. Mit umfangreichen Korpora auf CD-ROM, Wiesbaden: Harrowitz 2013.

Mieth, Dietmar: Literaturethik als narrative Ethik, in: Karen Joisten (Hg.): Narrative Ethik. Das Gute und das Böse erzählen, Berlin: De Gruyter 2007, S. 215–233.

Mieth, Dietmar: Vorwort, in: Ders. (Hg.): Erzählen und Moral. Narrativität im Spannungsfeld von Ethik und Ästhetik, Tübingen: Attempto 2000, S. 5–10.

Mieth, Dietmar: Die „Umsetzung" biblischer Sprache im Werk Ingeborg Bachmanns, in: Johann Holzner und Udo Zeilinger (Hg.): Die Bibel im Verständnis der Gegenwartsliteratur, Wien: Niederösterreichisches Pressehaus 1988, S. 61–68.

Mitscherlich, Alexander und Margarete Mitscherlich: Die Unfähigkeit zu trauern. Grundlagen kollektiven Verhaltens, München: Piper 1967.

Möckel, Benjamin: Der Krieg als Generationserfahrung? Jugendliche und die Gewalterfahrung des Zweiten Weltkriegs in den deutschen Nachkriegsgesellschaften, in: David Reinicke et al. (Hg.): Gemeinschaft als Erfahrung. Kulturelle Inszenierungen und soziale Praxis 1930–1960, Paderborn: Schöningh 2014, S. 157–179.

Möckel, Benjamin: Erfahrungsbruch und Generationsbehauptung: die ‚Kriegs-
    jugendgeneration' in den beiden deutschen Nachkriegsgesellschaften, Göttingen:
    Wallstein 2014b.

Möckel, Benjamin: „Warum schweigt die junge Generation?" Die Jugend des Zweiten
    Weltkriegs im Spannungsfeld ambivalenter Generationserwartungen, in: Kirsten
    Gerland, Benjamin Möckel und Daniel Ristau (Hg.): Generation und Erwartung.
    Konstruktionen zwischen Vergangenheit und Zukunft, Göttingen: Wallstein 2013,
    S. 158–177.

Moeller, Robert G.: Deutsche Opfer, Opfer der Deutschen. Kriegsgefangene, Vertriebene,
    NS-Verfolgte. Opferausgleich als Identitätspolitik, in: Klaus Naumann (Hg.): Nach-
    krieg in Deutschland, Hamburg: Hamburger Edition 2001, S. 29–58.

Münkler, Herfried: Die postheroische Gesellschaft und ihre jüngste Herausforderung,
    in: Ders.: Der Wandel des Krieges, Weilerswist: Velbrück Wissenschaft 2006,
    S. 310–354.

Munzert, Maria: Neue Antisemitismuswelle. Häufung von Friedhofs- und Synagogen-
    schändungen und antisemitischen öffentlichen Äußerungen um das Jahr 1959,
    in: Torben Fischer und Matthias N. Lorenz (Hg.): Lexikon der „Vergangenheits-
    bewältigung" in Deutschland. Debatten- und Diskursgeschichte des National-
    sozialismus nach 1945. 3., überarbeitete und erweiterte Auflage, Bielefeld: Transcript
    2015, S. 91–93.

Müssener, Helmut: „Du bist draußen gewesen." Die unmögliche Heimkehr des
    exilierten Schriftstellers Peter Weiss, in: Justus Fetscher, Eberhard Lämmert und
    Jürgen Schutte (Hg.): Die Gruppe 47 in der Geschichte der Bundesrepublik, Würz-
    burg: Königshausen und Neumann 1991, S. 135–151.

Naumann, Klaus (Hg.): Nachkrieg in Deutschland, Hamburg: Hamburger Edition 2001.

Neunzig, Hans A.: Nachwort, in: Ders. (Hg.): Lesebuch der Gruppe 47, München:
    Deutscher Taschenbuch Verlag 1983b, S. 376–384.

Nickel, Artur: Hans Werner Richter. Ziehvater der Gruppe 47. Eine Analyse im Spiegel
    ausgewählter Zeitungs- und Zeitschriftenartikel, Stuttgart: Hans-Dieter Heinz 1994.

Nordmann, Ingeborg: „Der Intellektuelle". Ein Phantasma, in: Julius H. Schoeps und
    Joachim Schlör (Hg.): Bilder der Judenfeindschaft. Antisemitismus. Vorurteile und
    Mythen, Augsburg: Bechtermünz 1999, S. 252–259.

Nünning, Ansgar: Autor, impliziter, in: Ders. (Hg.): Metzler Lexikon Literatur- und
    Kulturtheorie. Ansätze – Personen – Grundbegriffe. Fünfte, aktualisierte und er-
    weiterte Auflage, Stuttgart und Weimar: Metzler 2013, S. 46 f.

Oberheiden-Brent, Andrea: Der Spielfilm des Nationalsozialismus. Abgrenzung von
    der Fremde und Kampf für die Heimat, Hamburg: Diplomica 2014.

Ohler, Norman: Der totale Rausch. Drogen im Dritten Reich, Köln: Kiepenheuer und
    Witsch ²2015.

Olbert, Frank: Der Regiegigant. Heinz von Cramer ist tot – dazu ein Nachruf und ein Gespräch mit Stefanie Hoster, in: Deutschlandfunk 18.04.2009 (online: http://www.deutschlandfunk.de/der-regiegigant.757.de.html?dram:article_id=113441 [Abruf: 09.06.2018]).

Oldenburg, Ralf: Martin Walser. Bis zum nächsten Wort. Eine Biographie in Szenen, Meerbusch: Lehrach 2003.

Orloff, Michael A.: Erfindung der Zivilisation, in: Ders: Grundlagen der klassischen TRIZ, Berlin: Springer ³2006, S. 1–3.

Parkes, Stuart und John J. White (Hg.): The Gruppe 47 Fifty Years on. A Re-Appraisal of its Literary and Political Significance, Amsterdam und Atlanta: Rodopi 1999.

Paul, Gerhard: Von Psychopathen, Technokraten des Terrors und „ganz gewöhnlichen" Deutschen, in: Ders. (Hg.): Die Täter der Shoah. Fanatische Nationalsozialisten oder ganz normale Deutsche? Göttingen: Wallstein 2002, S. 13–90.

Peitsch, Helmut: Nachkriegsliteratur 1945–1989, Göttingen: Vandenhoeck und Ruprecht 2009.

Peitsch, Helmut: Revision der Nachkriegsliteraturgeschichte [unveröffentlichtes Vortragsmanuskript 2006].

Peitsch, Helmut: Hans Mayers und Stephan Hermlins Blick von Osten auf die Gruppe 47, in: Irmela von der Lühe und Claus-Dieter Krohn (Hg.): Fremdes Heimatland. Remigration und literarisches Leben nach 1945, Göttingen: Wallstein 2005, S. 119–136.

Peitsch, Helmut: Der Soldat als Mörder – eine ‚Kunstfigur'? Zum ‚Fall Schroers' 1959/60, in: Stephan Braese (Hg.): Bestandsaufnahme. Studien zur Gruppe 47, Berlin: Erich Schmidt 1999, S. 247–271.

Peitsch, Helmut: Die Gruppe 47 und die Exilliteratur – ein Mißverständnis?, in: Justus Fetscher, Eberhard Lämmert und Jürgen Schutte (Hg.): Die Gruppe 47 in der Geschichte der Bundesrepublik, Würzburg: Königshausen und Neumann 1991, S. 108–134.

Peukert, Detlev: Volksgenossen und Gemeinschaftsfremde. Anpassung, Ausmerze und Aufbegehren unter dem Nationalsozialismus, Köln: Bund 1982.

Pilipp, Frank: Ingeborg Bachmanns „Das dreißigste Jahr". Kritischer Kommentar und Deutung, Würzburg: Königshausen und Neumann 2001.

Plimpton, George: Gespräch mit Ernest Hemingway, in: Merkur. Deutsche Zeitschrift für europäisches Denken (1959), H. 13, S. 526–543.

Pollock, Friedrich (Hg.): Gruppenexperiment. Ein Studienbericht, Frankfurt am Main: Europäische Verlagsanstalt 1955.

Preece, Julian: What They thought of themselves and each other, in: Stuart Parkes und John J. White (Hg.): The Gruppe 47 Fifty Years on. A Re-Appraisal of its Literary and Political Significance, Amsterdam/Atlanta: GA 1999, S. 263–278.

Prenzel, Thomas: Ausschreitungen von Rostock-Lichtenhagen, in: Torben Fischer und Matthias N. Lorenz (Hg.): Lexikon der „Vergangenheitsbewältigung" in Deutschland. Debatten- und Diskursgeschichte des Nationalsozialismus nach 1945. 3., überarbeitete und erweiterte Auflage, Bielefeld: Transcript 2015, S. 307–309.

Rahner, Mechtild: „Tout est neuf ici, tout est à recommencer ...". Die Rezeption des französischen Existentialismus im kulturellen Feld Westdeutschlands (1945–1949), Würzburg: Königshausen und Neumann 1993.

Reese, Dagmar (Hg.): Die BDM-Generation. Weibliche Jugendliche in Deutschland und Österreich im Nationalsozialismus, Berlin: Verlag für Berlin-Brandenburg 2007.

Reid, J. H.: „Diesem Böll der Preis ...". Heinrich Bölls problematisches Verhältnis zur Gruppe 47, in: Stephan Braese (Hg.): Bestandsaufnahme. Studien zur Gruppe 47, Berlin: Erich Schmidt 1999, S. 103–114.

Reinhardt, Stephan: Alfred Andersch. Eine Biographie. Mit zahlreichen Abbildungen, Anmerkungen und Zeittafel, Zürich: Diogenes 1996.

Reinhold, Ursula: Alfred Andersch. Politisches Engagement und literarische Wirksamkeit, Berlin: Akademie-Verlag 1988.

Reinicke, David et al. (Hg.): Gemeinschaft als Erfahrung. Kulturelle Inszenierungen und soziale Praxis 1930–1960, Paderborn: Schöningh 2014.

Retterath, Jörn: Fritz Bauer Institut; Konitzer, Werner; Palme, David (Hrsg.): „Arbeit", „Volk", „Gemeinschaft". Ethik und Ethiken im Nationalsozialismus. Frankfurt am Main 2016 [Rezension], in: H-Soz-Kult 30.01.2018 (online: www.hsozkult.de/publicationreview/id/rezbuecher-26946 [Abruf: 09.06.2018]).

Ritter, Alexander: Eine Skandalinszenierung ohne Skandalfolge. Zur Kontroverse um Alfred Andersch in den neunziger Jahren, in: Stefan Neuhaus und Johann Holzner (Hg.): Literatur als Skandal. Fälle – Funktionen – Folgen, Göttingen: Vandenhoeck und Ruprecht 2007, S. 469–479.

Rosenthal, Joe: Raising the Flag on Iwo Jima. Fotografie vom 23.02.1945.

Russo, Chantal: Spiegel-Serien: Deutsche Opfer, in: Torben Fischer und Matthias N. Lorenz (Hg.): Lexikon der „Vergangenheitsbewältigung" in Deutschland. Debatten- und Diskursgeschichte des Nationalsozialismus nach 1945. 3., überarbeitete und erweiterte Auflage, Bielefeld: Transcript 2015, S. 379–380.

Sammer, Simone Rebecca: Interpretationen zu Ingeborg Bachmanns „Das Dreißigste Jahr". Inauguraldissertation zur Erlangung der Doktorwürde, Philosophische Fakultät der Universität Passau: o. J. (online: https://opus4.kobv.de/opus4-uni-passau/files/172/Sammer_Simone.pdf [Abruf: 09.06.2018]).

Sarasin, Philipp: Nach #Kölnhbf ein wenig über Göring plaudern. Und Durchsetzen, Durchsetzen, in: Geschichtedergegenwart.ch 17.01.2016 (http://geschichtedergegenwart.ch/nach-koelnhbf-ein-wenig-ueber-goering-plaudern-und-durchsetzen-durchsetzen/ [Abruf: 09.06.2018]).

Sarkowicz, Hans: „Von der Zumutung höchster Ansprüche". Die Rundfunkarbeit von Alfred Andersch am Beispiel des Frankfurter Abendstudios. Ein Bericht aus dem Rundfunkarchiv, in: Ächtler, Norman (Hg.): Alfred Andersch. Engagierte Autorschaft im Literatursystem der Bundesrepublik, Stuttgart und Weimar: Metzler 2016, S. 231–251.

Schefczyk, Michael: Kollektivschuldthese, in: Torben Fischer und Matthias N. Lorenz (Hg.): Lexikon der „Vergangenheitsbewältigung" in Deutschland. Debatten- und Diskursgeschichte des Nationalsozialismus nach 1945. 3., überarbeitete und erweiterte Auflage, Bielefeld: Transcript 2015, S. 45–48.

Schilling, Erik: Der Dialog der Dichter. Poetische Beziehungen in der Lyrik des 20. Jahrhunderts, Bielefeld: Transcript 2015.

Schirrmacher, Frank (Hg.): Die Walser-Bubis-Debatte. Eine Dokumentation, Frankfurt am Main: Suhrkamp 1999.

Schirrmacher, Frank: Abschied von der Literatur der Bundesrepublik, in: Frankfurter Allgemeine Zeitung 02.10.1990.

Schlinsog, Elke: Berliner Zufälle. Ingeborg Bachmanns „Todesarten"-Projekt, Würzburg: Königshausen und Neumann 2005.

Schmaus, Marion: Kritische Theorie und Soziologie, in: Monika Albrecht und Dirk Göttsche (Hg.): Bachmann-Handbuch. Leben – Werk – Wirkung. Sonderausgabe, Stuttgart: Metzler 2013, S. 216–218.

Schmaus, Marion: Bachmanns Utopiebegriff, in: Monika Albrecht und Dirk Göttsche (Hg.): Bachmann-Handbuch. Leben – Werk – Wirkung. Sonderausgabe, Stuttgart: Metzler 2013b, S. 220–222.

Schmidt-Lauber, Brigitta: Erzählen vom Anderssein und Anderswerden. Eine Einführung, in: Dies. und Gudrun Schwibbe (Hg.): Alterität. Erzählen vom Anderssein, Göttingen: Schmerse 2010, S. 7–12.

Schmidt-Lauber, Brigitta und Gudrun Schwibbe (Hg.): Alterität. Erzählen vom Anderssein, Göttingen: Schmerse 2010.

Schmitz, Helmut: A Nation of Victims? Representations of German Wartime Suffering from 1945 to the Present, Amsterdam und New York: Rodopi 2007.

Schneider, Adrienne: Vorwort, in: Dies. (Hg.): Zelt-Reden. 40 Jahre Stadtschreiber von Bergen, Wiedbaden: Waldemar Kramer 2014, S. 7–9.

Schneider, Jost: Das dreißigste Jahr und Erzählfragmente aus dem Umfeld, in: Monika Albrecht und Dirk Göttsche (Hg.): Bachmann-Handbuch. Leben – Werk – Wirkung. Sonderausgabe, Stuttgart: Metzler 2013, S. 112–126.

Schneider-Handschin, Esther von: ‚Die Wahrheit ist dem Menschen nämlich zumutbar' – Ingeborg Bachmann und die Gruppe 47 auf dem Hintergrund der Österreichischen bzw. deutschen Kulturpolitik, in: Stuart Parkes und John J. White (Hg.): The Gruppe 47 Fifty Years on. A Re-Appraisal of its Literary and Political Significance, Amsterdam/Atlanta: GA 1999, S. 229–244.

Schroth, Joachim: Geschichte als Legitimationsstrategie oder die Frage nach der Tradition des Durchhaltefilmes, Münster et al.: LTI 2016.

Schutte, Jürgen, Elisabeth Unger und Irmtraud Gemballa (Hg.): Dichter und Richter. Die Gruppe 47 und die deutsche Nachkriesliteratur. Ausstellung der Akademie der Künste, 28. Oktober bis 7. Dezember 1988, Berlin: Akademie der Künste 1988.

Schwab, Hans-Rüdiger (Hg.): Eigensinn und Bindung. Katholische deutsche Intellektuelle im 20. Jahrhundert: 39 Porträts, Kevelaer: Butzon & Bercker 2009.

Schwarz, Hans-Peter: Die Ära Adenauer 1949–1957, Stuttgart: DVA 1981.

Sebald, W. G.: Between the devil and the deep blue sea. Alfred Andersch. Das Verschwinden in der Vorsehung, in: Lettre International 20 (1993), S. 80–84.

Segebrecht, Wulf: Die skandalösen Gedichte Erich Frieds, in: Stefan Neuhaus und Johann Holzner (Hg.): Literatur als Skandal. Fälle – Funktionen – Folgen, Göttingen: Vandenhoeck und Ruprecht 2007, S. 480–490.

Seibel, Andrea: „Meinen Vater lese ich immer wieder neu". Die Tochter des Schriftstellers Alfred Andersch über seine Frauen, den Böll-Besuch und Nazi-Vorwürfe [Interview], in: Die Welt 13.06.2009 (online: https://www.welt.de/kultur/article3917483/Meinen-Vater-lese-ich-immer-wieder-neu.html [Abruf: 09.06.2018]).

Serrer, Michael: Das Sakrament des Büffels. Zum Umgang mit dem Nationalsozialismus im Frühwerk Heinrich Bölls, in: Stephan Braese et al. (Hg.): Deutsche Nachkriegsliteratur und der Holocaust, Frankfurt und New York: Campus 1998, S. 213–228.

Seubert, Rolf: „Mein lumpiges Vierteljahr Haft ...". Alfred Anderschs KZ-Haft und die ersten Morde von Dachau. Versuch einer historiografischen Rekonstruktion, in: Jörg Döring und Markus Joch (Hg.): Alfred Andersch ‚revisited'. Werkbiographische Studien im Zeichen der Sebald-Debatte, Berlin: De Gruyter, S. 47–146.

Sidowska, Karolina: Ethische Literaturkritik in den Zeiten der postmodernen Blasiertheit, in: Kalina Kupczyńska und Artur Pełka (Hg.): Repräsentationen des Ethischen. Festschrift für Joanna Jabłkowska, Frankfurt am Main: Peter Lang 2013, S. 13–24.

Sieg, Christian: Die ‚engagierte Literatur' und die Religion. Politische Autorschaft im literarischen Feld zwischen 1945 und 1990, Berlin und Boston: De Gruyter 2017.

Siegburg, Friedrich: Eine ungeheure Ahnung, in: Frankfurter Allgemeine Zeitung, 05.07.1957 (Auszüge online: https://www.uni-giessen.de/fbz/fb05/germanistik/abliteratur/glm/uber-uns/andersch/werk/Romane/Sansibar/rezeption [Abruf: 09.06.2018]).

Simonis, Udo E. (Hg.).: Vordenker und Vorreiter der Ökobewegung. 40 ausgewählte Porträts, Stuttgart: Hirzel 2014.

Śliwińska, Katarzyna: Hans Werner Richters „Sie fielen aus Gottes Hand" oder wie „ein europäischer Wirrwarr" inszeniert wird, in: Carsten Gansel und Werner Nell (Hg.): „Es sind alles Geschichten aus meinem Leben". Hans Werner Richter als Erzähler und Zeitzeuge, Netzwerker und Autor, Berlin: Erich Schmidt 2011, S. 69–81.

Spielberg, Steven: SCHINDLER'S LIST, USA 1993.

Steinhoff, Christine: Ingeborg Bachmanns Poetologie des Traumes, Würzburg: Königshausen und Neumann 2008.

Sternberger, Dolf, Gerhard Storz und W. E. Süskind: Aus dem Wörterbuch des Unmenschen, München: Deutscher Taschenbuch Verlag 1962.

Taberner, Stuart und Karina Berger (Hg.): Germans as Victims in the Literary Fiction of the Berlin Republic, New York: Camden House 2009.

Teuffel, Friedhard: Hitlers jüdisches Alibi [Nachruf auf Gretel Bergmann], in: Tagesspiegel 25.07.2017 (online: https://www.tagesspiegel.de/sport/hochspringerin-gretel-bergmann-hitlers-juedisches-alibi/1541190.html [Abruf: 09.06.2018]).

Thieler, Kerstin: Gemeinschaft, Erfahrung und NS-Gesellschaft. Eine Einführung, in: David Reinicke et al. (Hg.): Gemeinschaft als Erfahrung. Kulturelle Inszenierungen und soziale Praxis 1930–1960, Paderborn: Schöningh 2014.

Thiessen, Malte: Dresden 1945, in: Torben Fischer und Matthias N. Lorenz (Hg.): Lexikon der „Vergangenheitsbewältigung" in Deutschland. Debatten- und Diskursgeschichte des Nationalsozialismus nach 1945. 3., überarbeitete und erweiterte Auflage, Bielefeld: Transcript 2015, S. 383–385.

Thürmer-Rohr, Christina: Zum ‚dialogischen Prinzip' im politischen Denken von Hannah Arendt, in: HannahAerndt.net 5 (2009), H. 1, S. 1–9 (online: http://www.hannaharendt.net/index.php/han/article/view/151/267 [Abruf: 09.06.2018]).

Töller, Ursula: Erinnern und Erzählen: Studie zu Ingeborg Bachmanns Erzählband „Das dreißigste Jahr", Berlin: Erich Schmid 1998.

Treichel, Hans-Ulrich: Mit dem Großen Zackenbarsch auf Streifzug durch ein Seeaquarium. Aus dem Lebenswerk eines Erfolgsschriftstellers. Sämtliche Erzählungen von Siegfried Lenz, versammelt in einem Band [Rezension], in: Frankfurter Allgemeine Zeitung 12.08.2006 (online: https://www.buecher.de/shop/buecher/die-erzaehlungen-jubilaeumsausgabe/lenz-siegfried/products_products/detail/prod_id/20769429/#reviews [Abruf: 09.06.2018]).

Trommler, Frank: Der zögernde Nachwuchs. Entwicklungsprobleme der Nachkriegsliteratur in West und Ost, in: Thomas Koebner (Hg.): Tendenzen der deutschen Literatur seit 1945, Stuttgart: Alfred Kröber Verlag 1971, S. 1–116.

Tuchel, Johannes: Alfred Andersch im Nationalsozialismus, in: Marcel Korolnik und Annette Korolnik-Andersch (Hg.): Sansibar ist überall. Alfred Andersch. Seine Welt in Texten, Bildern, Dokumenten, München: Text und Kritik 2008, S. 31–41.

Tugendhat, Ernst: Der moralische Universalismus in der Konfrontation mit der Nazi-Ideologie, in: Raphael Gross und Werner Konitzer (Hg.): Moralität des Bösen. Ethik und nationalsozialistische Verbrechen, Frankfurt am Main und New York: Campus 2009, S. 61–75.

Tugendhat, Ernst: Vorlesungen über Ethik, Frankfurt am Main: Suhrkamp 1993.

Turda, Marius: ‚Rasse', Eugenik und Nationalismus in Rumänien während der 1940er Jahre, in: Wolfgang Benz und Brigitte Mihok (Hg.): Holocaust an der Peripherie.

Judenpolitik und Judenmord in Rumänien und Transnistrien 1940–1944, Berlin: Metropol 2009, S. 161–171.

Ulsamer, Lothar: Zeitgenössische deutsche Literatur als Ursache oder Umfeld von Anarchismus und Gewalt. Aufgaben und Wirkungen der Kulturintelligenz, dargestellt an exemplarischen Beispielen, Esslingen am Neckar: Deugro 1987.

Urbach, Tilman: Wallfahrt im Gegenwind [Nachruf auf Carl Amery], in: Neue Zürcher Zeitung 31.5.2005 (online: https://www.nzz.ch/article4VRC4-1.142329 [Abruf: 09.06.2018]).

Vaillant, Jérôme: Der Ruf. Unabhängige Blätter der jungen Generation (1945–1949). Eine Zeitschrift zwischen Illusion und Anpassung, München, New York, London, Paris: Saur 1978.

Vereinigung der Äpfelweinwirte Frankfurt am Main und Umgebung e. V., Internetseite: http://www.apfelweinwirte.de/ [Abruf: 09.06.2018].

Vogel, Bernhard, Dieter Nohlen und Rainer-Olaf Schultze: Wahlen in Deutschland. Theorie, Geschichte, Dokumente 1848-1970, Berlin und New York: De Gruyter 1971.

Vogt, Jochen: Erinnerung, Schuld und Neubeginn. Deutsche Literatur im Schatten von Weltkrieg und Holocaust, Bern: Peter Lang 2014.

Vogt, Jochen: Hans Werner Richter: Sie fielen aus Gottes Hand. Roman [Handbucheintrag], in: Elena Agazzi und Erhard Schütz (Hg.): Handbuch Nachkriegsliteratur. Literatur, Sachbuch und Film in Deutschland (1945–1962), Berlin und Boston: De Gruyter 2013, S. 229 f.

Vogt, Jochen: Langer Abschied von der Nachkriegsliteratur. Aus Anlass der letzten westdeutschen und ersten gesamtdeutschen Literaturdebatte, in: Weimarer Beiträge. Zeitschrift für Literaturwissenschaft, Ästhetik und Kulturwissenschaften 37 (1991), H. 3, S. 452–461.

Vormweg, Heinrich: Kritiker der Gruppe 47 – innen und außen, in: Justus Fetscher, Eberhard Lämmert und Jürgen Schutte (Hg.): Die Gruppe 47 in der Geschichte der Bundesrepublik, Würzburg: Königshausen und Neumann 1991, S. 239–250.

Vormweg, Heinrich: Deutsche Literatur 1945–1960: Keine Stunde Null, in: Manfred Durzak (Hg.): Die deutsche Literatur der Gegenwart. Aspekte und Tendenzen, Stuttgart: Reclam 1971, S. 13–30.

Waine, Anthony: ‚Templone's Ende' and Walser's Arrival, in: Stuart Parkes und John J. White (Hg.): The Gruppe 47 Fifty Years on. A Re-Appraisal of its Literary and Political Significance, Amsterdam/Atlanta: GA 1999, S. 127–137.

Waldow, Stephanie: Schreiben als Begegnung mit dem Anderen. Zum Verhältnis von Ethik und Narration in philosophischen und literarischen Texten der Gegenwart, München: Fink 2013.

Wandruszka, Marie Luise: Ingeborg Bachmann und Hannah Arendt unter Mördern und Irren, in: Sprachkunst. Beiträge zur Literaturwissenschaft 38 (2007), S. 55–66.

Wassmann, Elena: Die Novelle als Gegenwartsliteratur. Intertextualität, Intermedialität und Selbstreferentialität bei Martin Walser, Friedrich Dürrenmatt, Patrick Süskind und Günter Grass, St. Ingbert: Röhrig 2009.

Weber, Nicole: Vom „Druck der Verzweiflung" in der frühen Gruppe 47. Partikulare Moral in Alfred Anderschs Essay „Deutsche Literatur in der Entscheidung" (1948), in: Carsten Gansel und Manuel Maldonado-Alémán (Hg.): Realistisches Erzählen als Diagnose von Gesellschaft, Berlin: Okapi 2018, S. 107–128.

Weber, Nicole: „Kein Indianer mehr"? Kontinuitäten partikularer Moraldiskurse und literarischer Antisemitismus im Nachkriegswerk Wolfgang Weyrauchs, in: Detlef Haberland (Hg.): Ästhetik und Ideologie 1945. Wandlung oder Kontinuität poetologischer Paradigmen deutschsprachiger Schriftsteller, München: De Gruyter 2017, S. 301–323.

Weber, Nicole: Deutsche Kontinuitäten in der Gruppe 47, in: Deutsche Kontinuitäten ...?! Beiträge zur interdisziplinären studentischen Tagung an der Universität Hannover im März 2016, hg. v. Lisa Dopke et al., Hannover: Scius 2016, S. 155–185.

Weber, Nicole: NSDAP-Mitgliedschaften, in: Torben Fischer und Matthias N. Lorenz (Hg.): Lexikon der „Vergangenheitsbewältigung" in Deutschland. Debatten- und Diskursgeschichte des Nationalsozialismus nach 1945. 3., überarbeitete und erweiterte Auflage, Bielefeld: Transcript 2015, S. 426–429.

Weber, Nicole: Literatur über Flucht und Vertreibung, in: Torben Fischer und Matthias N. Lorenz (Hg.): Lexikon der „Vergangenheitsbewältigung" in Deutschland. Debatten- und Diskursgeschichte des Nationalsozialismus nach 1945. 3., überarbeitete und erweiterte Auflage, Bielefeld: Transcript 2015b, S. 129–131.

Wehdeking, Volker: Die Werkentwicklung des Autors Alfred Andersch: Der veränderte Engagement-Begriff im Spiegel medialer Bezüge, in: Norman Ächtler (Hg.): Alfred Andersch. Engagierte Autorschaft im Literatursystem der Bundesrepublik, Stuttgart und Weimar: Metzler 2016, S. 43–59.

Wehdeking, Volker: Alfred Andersch, Stuttgart und Weimar: Metzler 1983.

Wehdeking, Volker: Der Nullpunkt. Über die Konstituierung der deutschen Nachkriegsliteratur (1945–1948) in den amerikanischen Kriegsgefangenenlagern, Stuttgart und Weimar: Metzler 1971.

Wehler, Hans-Ulrich: Radikalnationalismus und Nationalsozialismus, in: Jörg Echternkamp und Sven Oliver Müller (Hg.): Politik der Nation. Deutscher Nationalismus in Krieg und Krisen 1760–1960, München: Oldenbourg 2002.

Weigel, Sigrid: Die Spur von Scham, Schuld und Schulden. Vergangenheitspolitik und -rhetorik im intergenerationellen Gedächtnis seit 1945, in: Thomas Macho (Hg.): Bonds. Schuld, Schulden und andere Verbindlichkeiten, München: Fink 2014, S. 267–488.

Weigel, Sigrid: Bilder des kulturellen Gedächtnisses. Beiträge zur Gegenwartsliteratur, Dülmen-Hiddingsel: Tende 1994.

Weigel, Sigrid und Birgit R. Erdle (Hg.): Fünfzig Jahre danach. Zur Nachgeschichte des Nationalsozialismus, Zürich: VDF 1996.

Welzer, Harald, Sabine Moller und Karoline Tschuggnall: Nachwort zur zweiten Auflage, in: Dies.: Opa war kein Nazi. Nationalsozialismus und Holocaust im Familiengedächtnis, Berlin: S. Fischer ²2002, S. 246–248.

Welzer, Harald, Sabine Moller und Karoline Tschuggnall: Opa war kein Nazi. Nationalsozialismus und Holocaust im Familiengedächtnis, Berlin: S. Fischer 2002.

Wernecke, Klaus: „1968", in: Torben Fischer und Matthias N. Lorenz (Hg.): Lexikon der „Vergangenheitsbewältigung" in Deutschland. Debatten- und Diskursgeschichte des Nationalsozialismus nach 1945. 3., überarbeitete und erweiterte Auflage, Bielefeld: Transcript 2015, S. 188–192.

Werner, Hans-Joachim: Martin Buber, Frankfurt am Main und New York: Campus 1994.

Wiedemann, Barbara: Der Gast. Paul Celan in Rolf Schroers Roman „Jakob und die Sehnsucht", in: Ruth Vogel-Klein (Hg.): Die ersten Stimmen: deutschsprachige Texte zur Shoah 1945-1963, Würzburg: Königshausen und Neumann 2010, S. 199–228.

Wiedemann, Barbara: „trugen viele der Leichen seidene Damenunterwäsche". Antisemitische Altlasten der Lektüre im Deutschunterricht, in: Gesine Drews-Sylla und Renata Makarska (Hg.): Neue alte Rassismen? Differenz und Exklusion in Europa nach 1989, Bielefeld: Transcript 2015, S. 167–186.

Wiedemann, Barbara: „du willst das Opfer sein". Bachmanns Blick auf Celan in ihrem nicht abgesandten Brief vom Herbst 1961, in: Gernot Wimmer (Hg.): Ingeborg Bachmann und Paul Celan. Poetische Korrespondenzen, Berlin und Boston: De Gruyter 2014, S. 42–70.

Wiedemann, Barbara: „Zwei, drei Worte verstecken". Heinrich Bölls Roman „Billard um halb zehn" und Paul Celan, in: Zeitschrift für deutsche Philologie 2 (2013), S. 241–274.

Wiedemann, Barbara: Der Gast. Paul Celan in Rolf Schroers Roman „Jakob und die Sehnsucht", in: Ruth Vogel-Klein (Hg.): Die ersten Stimmen: deutschsprachige Texte zur Shoah 1945–1963, Würzburg: Königshausen und Neumann 2010, S. 199–228.

Wiedemann, Barbara: In Ägypten [Kommentar], in: Paul Celan: Die Gedichte. Kommentierte Gesamtausgabe in einem Band, hg. u. komm. v. ders., Frankfurt am Main: Suhrkamp 2005, S. 610 f.

Wiedemann, Barbara: Todesfuge [Kommentar], in: Paul Celan: Die Gedichte. Kommentierte Gesamtausgabe in einem Band, hg. u. komm. v. ders., Frankfurt am Main: Suhrkamp 2005b, S. 606–609.

Wiedemann, Barbara (Hg.): Paul Celan – die Goll-Affäre. Dokumente zu einer ‚Infamie', Zusammengestellt, herausgegeben und dokumentiert von Barbara Wiedemann, Frankfurt am Main: Suhrkamp 2000.

Wiegenstein, Roland H.: Die Gruppe 47 und ihre Kritiker, in: Jürgen Schutte, Elisabeth Unger und Irmtraud Gemballa (Hg.): Dichter und Richter. Die Gruppe 47 und die deutsche Nachkriesliteratur. Ausstellung der Akademie der Künste, 28. Oktober bis 7. Dezember 1988, Berlin: Akademie der Künste 1988. S. 103–109.

Wildt, Michael: Volksgemeinschaft als Selbstermächtigung. Gewalt gegen Juden in der deutschen Provinz 1919 bis 1939, Hamburg: Hamburger Edition 2007.

Wildt, Michael: Generation des Unbedingten. Das Führungskorps des Reichssicherheitshauptamtes, Hamburg: Hamburger Edition 2002.

Williams, Rhys W.: Deutsche Literatur in der Entscheidung. Alfred Andersch und die Anfänge der Gruppe 47, in: Justus Fetscher, Eberhard Lämmert und Jürgen Schutte (Hg.): Die Gruppe 47 in der Geschichte der Bundesrepublik, Würzburg: Königshausen und Neumann 1991, S. 23–42.

Wimmer, Gernot (Hg.): Ingeborg Bachmann und Paul Celan. Poetische Korrespondenzen, Berlin und Boston: De Gruyter 2014.

Winter, Hans-Gerd (Hg.): „Uns selbst mussten wir misstrauen". Die „junge Generation" in der deutschsprachigen Nachkriegsliteratur, Hamburg: Dölling und Galitz 2002.

Ziege, Eva-Maria: „Mörder der Göttinnen", in: Julius H. Schoeps und Joachim Schlör (Hg.): Bilder der Judenfeindschaft. Antisemitismus. Vorurteile und Mythen, Augsburg: Bechtermünz 1999, S. 180–195.

Detailliertes Inhaltsverzeichnis